Gerald Knapp/Helmut Spitzer
(Hrsg.)

Altern, Gesellschaft und Soziale Arbeit

Lebenslagen und soziale
Ungleichheit von alten Menschen
in Österreich

Klagenfurt/Celovec – Ljubljana/Laibach – Wien/Dunaj

"Studien zur Sozialpädagogik". Reihe des Instituts für Erziehungswissenschaft und Bildungsforschung (Abt. Sozial- und Integrationspädagogik) der Alpen-Adria-Universität Klagenfurt
Hrsg. von Ao. Univ.-Prof. Mag. Dr. Gerald Knapp
Band 11

gegen ⁁ armut

Gerald Knapp/Helmut Spitzer (Hrsg.)
ALTERN, GESELLSCHAFT UND SOZIALE ARBEIT
Lebenslagen und soziale Ungleichheit von alten Menschen in Österreich

Umschlaggestaltung: ilab.at (mit einem Bild von Valentin Oman: Ausschnitt: Kreuz und Glasfenster in der Verabschiedungshalle in Ledenitzen/Ledince)
©2010 Hermagoras Verlag/Mohorjeva založba, Klagenfurt/Celovec–Ljubljana/Laibach–Wien/Dunaj
Gesamtherstellung: Hermagoras Verein/Mohorjeva družba, Klagenfurt/Celovec

Gedruckt mit Unterstützung des Kärntner Netzwerkes gegen Armut und soziale Ausgrenzung, des Forschungsrates der Alpen-Adria-Universität Klagenfurt und des Bundesministeriums für Wissenschaft und Forschung in Wien.

ISBN 978-3-7086-0555-5

INHALT

	Seite
Grußworte	7
Vorwort	9

I. EINFÜHRUNG — 11

Gerald Knapp/Helmut Spitzer
Altern, Gesellschaft und Soziale Arbeit:
Eine Einführung — 12

II. ALTERN UND SOZIALPÄDAGOGISCHE THEORIEDISKURSE — 33

Anton Amann
Altern im Kontext globaler Entwicklungen — 34

Cornelia Schweppe ✶
Alter und Soziale Arbeit: Theoretische Perspektiven — 57

Gerald Knapp ✶
Altersstrukturwandel, Alterstheorien und soziale Problemlagen — 69

Helmut Spitzer ✶
Soziale Arbeit mit alten Menschen
Theorieperspektiven, Handlungsmodelle und Praxisfelder — 91

III. ALTERN UND GESELLSCHAFT — 123

Leopold Rosenmayr
Lebensmut und Weisheit
Ein Beitrag zur Praxis des Alterns — 124

Anton Amann
Alternde Gesellschaft, Soziale Arbeit und Pflege — 136

Christoph Reinprecht
Altern und Migration — 158

Hannes Krall
Lebensbewältigung im Alter –
Psychodrama und Soziometrie mit älteren Menschen — 178

IV. ALTERN UND INSTITUTIONELLE LEBENSWELTEN   197

Gerald Knapp/Cornelia Kössldorfer
Altern und Familien
Veränderte Familienstrukturen, Generationsbeziehungen
und informelle Pflege   198

Gerald Gatterer
Strukturen der Altenbetreuung in Österreich   215

Franz Kolland
Altern, Bildung und Freizeit   237

Karl-Heinz Braun
Lebensweltbezogene Altenbildung
Dialogische Foto-Arbeit mit älteren und alten Menschen   261

V. ALTERN UND SOZIALE LEBENSLAGEN   293

Barbara Hönig
Altern und Geschlecht   294

Gerald Knapp
Altern, Armut und soziale Ungleichhheit   314

Cornelia Kössldorfer/Kerstin Zlender
Altern, Frauen und Armut
„Frau-Sein" als armutsgefährdender Faktor   330

Barbara Hardt-Stremayr
Altern mit Behinderung   343

Gertrud Simon
Lebensbedürfnisse Hochaltriger   374

VI. ALTERN, SOZIALE BEZIEHUNGEN, GESUNDHEIT UND TOD 385

Eva Maria Deutsch
Altern, Partnerschaft und Sexualität 386

Josef Hörl
Gewalt gegen ältere Menschen in der Familie 414

Hans Günther Homfeldt
Altern und Gesundheit 435

Helmut Spitzer
Altern, Sterben und Tod
Vom schwierigen Umgang mit der fast vollendeten Biographie 458

VII. PERSPEKTIVEN: ALTERN UND SOZIALE ARBEIT 475

Ulrich Otto
Altern und lebensweltorientierte Soziale Arbeit –
aktuelle Herausforderungen 476

Bringfriede Scheu/Otger Autrata
Alte Menschen und die Gestaltung des Sozialen 504

Rosemarie Kurz
Partizipation älterer Menschen zwischen Anspruch und
Wirklichkeit 535

Anton Amann/Gerald Knapp/Helmut Spitzer
Alternsforschung und Soziale Arbeit in Österreich 553

Verzeichnis der Autorinnen und Autoren 567

ANHANG 571

Programm der 4. Kärntner Armutskonferenz 572
Pressespiegel 577

GRUSSWORTE

Die 4. Kärntner Armutskonferenz beschäftigt sich im „Europäischen Jahr der Armutsbekämpfung 2010" mit dem Thema „Altern, Armut und Gesellschaft – Lebenslagen und soziale Ungleichheit von alten Menschen in Österreich".
Das „Kärntner Armutsnetzwerk" deckt auf, worüber im viertreichsten Land der Europäischen Union nicht gern gesprochen wird: Die alltägliche Armut bei uns, nicht in Ländern weit weg, nicht in längst vergangenen Zeiten – sondern die Armut der Menschen, die mit uns Tür an Tür wohnen, insbesonders auch im Alter.
Probleme werden erst durch Thematisierung sichtbar gemacht. Das Kärntner Armutsnetzwerk leistet mit seiner Arbeit einen wichtigen Beitrag zur Sichtbarmachung und zeigt auch auf, wer die Betroffenen sind. Auch im Alter sind Frauen häufiger von Armut bedroht als Männer. Ein wesentlicher Punkt ist in diesem Zusammenhang die gerechtere Verteilung von Reproduktions- und Erwerbsarbeit. Kinderbetreuung, Haushalt oder Altenpflege sind keine Frauenangelegenheiten, sondern eine gesamtgesellschaftliche Aufgabe. Das Angebot einer gerecht entlohnten Erwerbsarbeit ist der Schlüssel für soziale Sicherheit in allen Lebensphasen! Gleichberechtigung und gleiche Zugangsmöglichkeiten für alle Menschen dürfen keine leeren Worte bleiben. Frau-sein darf kein Armutsrisiko sein!

Ihre Frauenreferentin des Landes Kärnten

Landesrätin Beate Prettner

Unter den Risikogruppen für Armut kommen Frauen auch im Alter auffallend häufig vor – der Schlüsselbegriff ist „Arbeit": Die sicherste Möglichkeit, das Armutsrisiko zu senken, ist Erwerbstätigkeit. Aber auch diese Sicherheit wird in Zeiten prekärer Beschäftigungsverhältnisse brüchig. Gegenwärtig sind wir mit einem Anwachsen der Gruppe der sogenannten „working poor" konfrontiert. Auch in dieser Gruppe finden sich vermehrt Frauen. Altersarmut resultiert daraus, dass Menschen nicht in der Lage sind, die erforderlichen Versicherungsjahre vorzuweisen, oder im Niedriglohnsektor beschäftigt waren.  Frauen arbeiten zwar ihr Leben lang, leisten in Österreich 2/3 der unbezahlten Arbeit, sind im Alter aber häufiger als Männer von Armut bedroht. Daher muss es unser Ziel sein, die Erwerbstätigkeit von Frauen zu fördern – eine Erwerbstätigkeit, die den Lebensbedarf sichern kann. Daher brauchen Frauen Zugang zu Jobs, die Vollbeschäftigung und gerechtes Einkommen bieten.

Das Referat für Frauen und Gleichbehandlung freut sich, zum nunmehr dritten Mal bei der Kärntner Armutskonferenz mitwirken zu können.

Ihre Frauenbeauftragte des Landes Kärnten

Helga Grafschafter

VORWORT

Die demographischen und ökonomischen Entwicklungen haben in den letzen Jahren auch in Österreich große Veränderungen der Lebenslagen von älteren Menschen als Individuen und als gesellschaftliche Gruppe mit sich gebracht. Die Prognosen zur Bevölkerungsentwicklung zeigen, dass die Zahl alter Menschen in den nächsten Jahrzehnten weiter steigen wird.

Die Zahl der Älteren wurden absolut und prozentuell in der Gesamtgesellschaft höher, die ökonomische Ausgliederung (Arbeitsplatzverlust der über 50-jährigen, Frühpensionierung, Verschärfung der Pensionsberechtigungsleistungen, Altersarmut) stieg, die soziale Bedeutung der Alten als Gruppe für die Gesamtgesellschaft wurde unklar und die Probleme der Pflege alter Menschen, insbesonders der Hochbetagten (über 85 Jahre) haben sich aufgrund der demographischen Entwicklung verschärft.

Hinzu kommt, dass der gesellschaftliche Wandel der Familienstrukturen, insbesonders durch die rückläufigen Geburtenraten, die hohen Scheidungsquoten, die Zunahme der Einpersonenhaushalte sowie eine stärkere Beteiligung der Frauen am Erwerbsleben u. a., die Gefahr entstehen lässt, dass die bisher kostenlos zur Verfügung gestellten sozialen Hilfs- und Bezugssysteme (Familie, Verwandtschaft, Nachbarschaft) im Bereich der Pflege immer brüchiger werden und alte Menschen in zunehmendem Ausmaß von einem institutionalisierten und professionellen Hilfssystem (z. B. Alten- und Pflegeheime) abhängig werden. Die Gründe dafür liegen zum einen in der Bevölkerungs- und Haushaltsentwicklung und dem Wandel der Familienstrukturen, zum anderen aber auch in der höheren Lebenserwartung und der dadurch verursachten Zunahme des Anteils hilfs- und pflegebedürftiger alter Menschen.

Ein besonderes Problem besteht in der Zunahme der „Armut im Alter", die eine selbstbestimmte Lebensführung und die gesellschaftlichen Teilhabechancen in unterschiedlichen Lebensbereichen (Wohnung, Gesundheit, Bildung, Freizeit, kulturelle und politische Teilhabe) erschweren und zur gesellschaftlichen Ausgrenzung führen können. Die „alternde Gesellschaft" bringt daher nicht nur für die Soziale Arbeit mit alten Menschen („Altenhilfe") im 21. Jahrhundert völlig neue Herausforderungen mit sich, sondern vor allem für die Sozial- und Altenpolitik.

Die vorliegende Veröffentlichung nimmt auf diese kurz angedeuteten gesellschaftlichen Entwicklungen Bezug und ist im Kontext der Vorbereitung, Planung und Durchführung der 4. Kärntner Armutskonferenz zum Thema „Altern, Armut und Gesellschaft – Lebenslagen und soziale Ungleichheit von alten Menschen in Österreich" entstanden, die am 14. und 15. Oktober 2010 im „Europäischen Jahr der Armutsbekämpfung" in St. Georgen am Längsee in Kärnten stattgefunden hat. Organisiert wurde die Tagung vom Kärntner Netzwerk gegen Armut und soziale Ausgrenzung in Kooperation mit dem Frauen- und Gleichbehandlungsreferat des Landes Kärnten sowie mit dem Institut für Erziehungswissenschaft und Bildungsforschung (Abteilung für Sozial- und Integrationspädagogik) der Alpen-Adria-Universität Klagenfurt.

Mit dieser Veröffentlichung verfolgen wir das Ziel, die unterschiedlichen Dimensionen sozialer Lebenslagen alter Menschen in Österreich vor dem Hintergrund sozialpädagogischer Theoriediskurse und gesellschaftlichen Entwicklungen darzustellen. Dabei ist uns besonders wichtig, die sozialen Probleme, Benachteiligungen, sozialen Ungleichheiten und Ausgrenzungsmechanismen von alten Menschen im Wohlfahrtsstaat Österreich aufzuzeigen und in einen gesamtgesellschaftlichen Zusammenhang zu stellen.

Schließlich verfolgen wir auch das Ziel, sozialpolitische und sozialpädagogische Ansatzpunkte aufzuzeigen, welche die Lebensverhältnisse alter Menschen in Österreich verbessern und zu einer selbstbestimmten Lebensführung sowie größeren gesellschaftlichen Teilhabechancen beitragen können. Im Zusammenhang mit diesen Zielsetzungen gliedert sich die vorliegende Publikation in sieben Bereiche:

„Einführung", „Altern und sozialpädagogische Theoriediskurse", „Altern und Gesellschaft", „Altern und institutionelle Lebenswelten", „Altern und soziale Lebenslagen", „Altern, soziale Beziehungen, Gesundheit und Tod" sowie „Perspektiven: Altern und Soziale Arbeit".

Der Aufbau dieses Buches verknüpft eine sozialpädagogische Perspektive mit einer gesellschaftspolitisch-emanzipatorischen Sichtweise und ist aus unzähligen gemeinsamen Diskussionen der Herausgeber entstanden. Er spiegelt nicht nur unsere theoretische, sozialpädagogische und gesellschaftspolitische Haltung zum Thema „Altern" wider, sondern vereinigt in den einzelnen Beiträgen namhafte, fachlich ausgewiesene Kolleginnen und Kollegen der Alters- und Armutsforschung im deutschsprachigen Raum.

An dieser Stelle möchten wir allen Autorinnen und Autoren, die an dieser Veröffentlichung mitgewirkt haben, für ihre Bereitschaft zur Mitarbeit recht herzlich danken.

Die Herausgeber

Gerald Knapp/Helmut Spitzer

I. EINFÜHRUNG

Gerald Knapp/Helmut Spitzer

ALTERN, GESELLSCHAFT UND SOZIALE ARBEIT:
Eine Einführung

1. Einleitung

Die demographischen und strukturellen Veränderungen stellen die „alternde Gesellschaft" vor völlig neue Herausforderungen. Das demographische Altern ist ein global beobachtbares Phänomen, das in den Weltregionen allerdings große Unterschiede aufweist. Gesamt betrachtet werden die weltweiten Bevölkerungsentwicklungen gekoppelt mit Globalisierungseffekten in den nächsten Jahrzehnten zu einer menschheitsgeschichtlich einzigartigen Situation führen: Demographische Berechnungen gehen davon aus, dass bis zum Jahr 2050 die Anzahl der alten Menschen über 60 Jahren jene der jungen Generation bis 14 Jahren erstmals weltweit übersteigen wird (vgl. AMANN 2004, S. 225). Die internationale Staatengemeinschaft hat mit der Ausrufung des „Internationalen Jahres der alten Menschen" 1999 sowie mit der Zweiten Weltversammlung über das Altern in Madrid 2002, bei der eine politische Erklärung sowie ein internationaler Aktionsplan über das Altern verabschiedet wurden, wichtige politische Akzente gesetzt, um auf die Möglichkeiten und Herausforderungen des Alterns der Bevölkerung im 21. Jahrhundert zu reagieren und die Entwicklung einer Gesellschaft für alle Altersgruppen zu fördern (vgl. VEREINTE NATIONEN 2002).

Der zunehmend größer werdende Anteil der älteren Menschen in den industrialisierten Ländern führt zu einer allgemeinen Befürchtung, dass die Sozial- und Gesundheitsausgaben immer weiter ansteigen und die gegenwärtigen Pensionssysteme auf Dauer nicht mehr finanzierbar sein werden. Diese Tendenz ist in allen europäischen Ländern zu beobachten (vgl. ERIKSSON/ WOLF 2005).

Für Österreich kann festgehalten werden, dass die Bevölkerungsentwicklung, abgesehen von den demographisch wirksamen politischen Katastrophen der ersten Hälfte des 20. Jahrhunderts, weitgehend dem Muster vergleichbarer europäischer Länder folgt (vgl. KYTIR 2009, S. 43). Die gegenwärtige demographische Struktur ist maßgeblich von der so genannten „Baby-Boom-Generation" geprägt, die zunächst die Zahl der Personen im höheren Erwerbsalter und nach 2020 jene im Pensionsalter stark erhöhen wird (ebd., S. 44). Der apostrophierte „Strukturwandel des Alters" mit seinen Merkmalen der Verjüngung, Entberuflichung, Singularisierung, Feminisierung und Hochaltrigkeit trifft auf Österreich ebenso zu wie das prognostizierte Phänomen des „dreifachen Alterns", wonach immer mehr ältere Menschen im Vergleich zu weniger werdenden jüngeren immer älter werden (vgl. TEWS 1993). Der für das Altern einer Gesellschaft maßgebliche Indikator der Fertilität zeigt seit nunmehr 30 Jahren eine Kinderzahl, die deutlich unter dem so genannten demographischen Reproduktivitätsniveau von zwei Kindern pro Frau liegt. In Österreich liegt die durchschnittliche Geburtenrate aktuell bei 1,4 Kindern pro Frau (vgl. KYTIR 2009, S. 44).

Demographische und altersstrukturelle Veränderungen einer Gesellschaft sind nur vor dem Hintergrund umfassender und langfristiger historischer, sozialer und kultureller Prozesse zu verstehen. Einer solchen sozialwissenschaftlich-analytischen Perspektive steht die Kurzsichtigkeit der Politik diametral entgegengesetzt gegenüber: Die sozial-, familien- und altenpolitischen Maßnahmen, die als Reaktion auf die skizzierten Entwicklungen und Herausforderungen ins Leben gerufen werden, wirken vergleichsweise verhalten und entsprechen im Kern dem auf Legislaturperioden ausgerichteten Denken politischer Entscheidungsträger. Es ist nicht verwunderlich, dass es sowohl im politischen und öffentlichen Diskurs als auch in der medialen Berichterstattung an Tiefenschärfe in der Wahrnehmung von Altersthemen mangelt und es immer wieder zu Fehleinschätzungen, verkürzten Perspektiven und einseitigen Betrachtungen kommt. Darauf wurde auch schon im „Österreichischen Seniorenbericht" hingewiesen (vgl. AMANN 2000, S. 5).

Im vorliegenden Band werden Fragen des Alters und Alterns aus verschiedenen wissenschaftlichen Perspektiven aufgegriffen und in unterschiedlichen Zusammenhängen verortet, womit insgesamt ein Beitrag zu einer differenzierten und kritischen Sicht auf Altersthemen in unserer Gesellschaft intendiert ist. Die Grundausrichtung ist dabei einerseits interdisziplinär und multiperspektivisch angelegt und zielt auf eine breite theoretische, empirische und sozialpolitisch relevante Auseinandersetzung ab. Andererseits liegt dem Buch ein besonderer Fokus zugrunde, nämlich Altersfragen in einen sozialpädagogischen Kontext zu stellen und im Bezug auf Theoriebildung, Praxisfelder und Forschungsfragen der Sozialen Arbeit fruchtbar zu machen. Im Gegensatz zum Nachbarland Deutschland, wo die Verknüpfung von Alter und Sozialer Arbeit zwar auch noch recht jung ist, aber immerhin schon auf eine gewisse Diskursgeschichte verweisen kann (vgl. z. B. SCHMIDT 1989, HEDTKE-BECKER/SCHMIDT 1995, SCHWEPPE 1996, KARL 1999, OTTO/BAUER 2004, SCHWEPPE 2005a, ANER/KARL 2008 und 2010), steckt die Diskussion in Österreich gewissermaßen noch in den Kinderschuhen. Eine Ausnahme stellt die schon fast 30 Jahre zurückliegende Studie „Lebenslage und Sozialarbeit" dar, in der AMANN (1983) auf die besonderen Lebenslagen älterer Menschen eingeht.

Der Lebenslagenansatz mit seinem analytischen Potenzial, soziale Strukturen in ihrer Mehrdimensionalität zu erfassen und soziale Ungleichheiten aufzudecken (vgl. STIEHR/SPINDLER 2008), bildet in diesem Band eine Querschnittsperspektive, um die Lebenssituation älterer und alter Menschen in

Österreich zu erforschen, darzustellen und auf zentrale sozialpolitische Herausforderungen hin anzufragen. Dabei soll deutlich werden, dass die Soziale Arbeit in ihren disziplinären und professionellen Ausprägungsformen der Sozialpädagogik und Sozialarbeit ein maßgebliches Kompetenz- und Gestaltungsprofil aufweist, um im Hinblick auf die großen Altersfragen in unserer Gesellschaft entscheidend mitwirken zu können. Grundlegend für einen sozialpädagogischen Zugang sind die Orientierung an einem mehrdimensionalen Altersbegriff sowie eine sorgfältige Analyse der Lebenslagen und Lebenswelten älterer und alter Menschen.

2. Altern und sozialpädagogische Theoriediskurse

Ob in der Praxis der Altenarbeit und Altenhilfe, in der wissenschaftlichen Auseinandersetzung mit Altersfragen oder im Bereich der Sozial- und Altenpolitik – eine interdisziplinär angelegte Herangehensweise und Zusammenarbeit erscheint unerlässlich, um das Alter in seiner Breite und Komplexität umfassend begreifen und adäquat auf Problemlagen reagieren zu können. Aufgrund der soziodemographischen und gesamtgesellschaftlichen Entwicklungen ist davon auszugehen, dass auch die Soziale Arbeit im Konzert unterschiedlicher wissenschaftlicher Disziplinen, Berufsgruppen und sozialpolitischer Akteure eine maßgebliche Rolle spielt bzw. spielen sollte. Allerdings konnte sich eine „soziale Altenarbeit" in Österreich noch nicht so recht etablieren (vgl. KITTL-SATRAN/SIMON 2010), weil ihr in den Praxisfeldern die rechtlich-finanziellen Grundlagen und eine entsprechende institutionelle Absicherung fehlen. Auch in der sozialpädagogischen Theorieentwicklung wurden in der Vergangenheit – abgesehen von einzelnen Beiträgen – Fragen des Alterns und Alters kaum aufgegriffen (vgl. KARL 1999, S. 378). Erst langsam macht sich an ausgewählten Abteilungen der österreichischen Universitäten und Fachhochschulen ein wissenschaftliches Interesse bemerkbar, Altersfragen im Zusammenhang mit sozialpädagogischen Theorieansätzen und Handlungsmodellen aufzugreifen (vgl. z. B. EGGER DE CAMPO 2004, EGGER DE CAMPO/ POSCH 2005, KNAPP 2006, HÖHN/LOIDL-KEIL 2007, KITTL-SATRAN 2008, SPITZER 2008). Angesichts der komplexen Individualisierung, Pluralisierung und Differenzierung des Alters in unserer Gesellschaft ist jedenfalls eine große Notwendigkeit dafür zu konstatieren, dass sich die Soziale Arbeit weiterhin dem Alter öffnet und über den Weg theoretischer und empirischer Auseinandersetzung sowie professioneller Expertise einen nachhaltigen Qualitätsbeitrag im österreichischen Sozial- und Gesundheitssystem für alte Menschen leistet.

Wir beginnen den Band zunächst mit einer breit angelegten Perspektive. Anton AMANN skizziert in seinem Beitrag „Altern im Kontext globaler Entwicklungen" weltweite Prozesse und Zusammenhänge, die auch für sozialpädagogische Diskurse bedeutsam sind. Im weltweiten Vergleich werden große Disparitäten im Bereich der sozialen Lebenslagen, der Versorgungs- und Sicherungssysteme sowie der Partizipationsmöglichkeiten und Teilhabechancen älterer und alter Menschen sichtbar. Die regional unterschiedlichen Kurven auf unserem Globus, in denen der Bevölkerungszuwachs generell oder die Veränderung der Größen von Altersgruppen speziell dargestellt werden, heißen „Wachstumspfade". Obwohl diese in den Bevölkerungen der Weltregionen ungeheuer divergieren, ist doch die ganze Welt einem unaufhaltsamen Alterungsprozess unterworfen. Es ist heute vorhersehbar, dass die Weltbevölkerung mit einer Wahrscheinlichkeit von 90% im Laufe dieses Jahrhunderts (um das Jahr 2070) einen Gipfel von 8,9 Milliarden Menschen erreichen und dann langsam etwas absinken wird. Die größten Wachstumsanteile finden sich in Asien und Afrika, wobei der „Schwarze Kontinent" in der Zukunft die mit Abstand jüngste Bevölkerung haben wird. In diesem Prozess des demographischen Wandels gibt es eine Vielzahl von Verknüpfungen mit einem anderen Prozess von weltweiter Wirkung: der Globalisierung. Einige Weltregionen haben bisher von dieser Entwicklung profitiert und werden vermutlich weiterhin profitieren, andere stehen eher auf der Verliererseite. Zu ihnen zählen viele weniger entwickelte Nationen und Schwellenländer. Gerade diese sind es aber, wo in Zukunft die Zahl der Älteren enorm steigen wird. Damit wird es für diese Länder immer schwieriger, auch nur einigermaßen stabile und angemessene Systeme der sozialen Sicherung, der Gesundheitsvorsorge und der sozialen Teilhabe zu schaffen.

Cornelia SCHWEPPE zeigt in ihrem Beitrag „Alter und Soziale Arbeit: Theoretische Perspektiven" auf, dass sich die Soziale Arbeit zwar nicht mehr nur auf die historisch mit ihr verbundenen Lebensphasen der Kindheit und Jugend beschränkt, dass aber eine systematische Erschließung des Alters über die Zugrundelegung sozialpädagogischer Kategorien und sozialpädagogischer Erkenntnisinteressen noch weitgehend aussteht. Die Autorin greift in ihrer Erörterung insbesondere das Konzept der Lebensbewältigung auf und erweitert es um biographietheoretische Überlegungen. Dabei wird Alter als eine entstandarisierte, gestaltbare und gestaltungsnotwendige Altersphase verstanden. Lebensbewältigung und Biographie sind zwei Konzepte, über die sich die Soziale Arbeit den spezifischen Lebensformen und Lebenssituationen, den subjektiven Orientierungsmustern und den jeweiligen Bedürfnislagen sowie den subjektiven, sozialen und gesellschaftlichen Ressourcen und Hindernissen zur Gestaltung und Bewältigung des Alters nähern kann. Dabei lässt sich das Konzept der Lebenslage als sozialstrukturelle Einbettung der Lebensbewältigung verstehen, in dem die sozialpolitisch vermittelten Belastungen wie Spielräume der Bewältigung aufeinander bezogen sind.

Gerald KNAPP geht in seinem Beitrag „Altersstrukturwandel, Alterstheorien und soziale Problemlagen" zunächst von der Frage aus, was unter Altern in unserer Gesellschaft und Kultur überhaupt zu verstehen ist. Vor diesem Hintergrund werden die demographische Entwicklung und die Veränderungen in der Altersstruktur in Österreich dargestellt. Des Weiteren geht KNAPP der Frage nach, welches Bild des alten Menschen den unterschiedlichen „Theorien des Alters" im gesellschaftlichen und kulturellen Kontext zugrunde liegt. In der Folge werden einige soziale Problemlagen im Alter erörtert, insbesondere der Zusammenhang zwischen der vorangegangenen beruflichen Stellung und den sozialen Teilhabechancen im Alter, die berufliche Ausgliederung und korrelierende Umorientierungsprobleme, die indirekten Zusammenhänge zwischen Einkommensverhältnissen, Wohnungsqualität und Freizeitgestaltung sowie Gesundheitsrisiken und Aspekte von Hilfs- und Pflegebedürftigkeit im Alter. Dabei werden auch zukünftige gesellschaftliche und sozialpolitische Herausforderungen herausgearbeitet.

Helmut SPITZER legt unter dem Titel „Soziale Arbeit mit alten Menschen – Theorieperspektiven, Handlungsmodelle und Praxisfelder" einen Überblicksartikel zur sozialen Altenarbeit vor. Ausgehend von einer Analyse der gesellschaftlichen und strukturellen Rahmenbedingungen und Voraussetzungen Sozialer Arbeit wird soziale Altenarbeit als ein Professionsfeld herausgearbeitet, das weit über pflegeflankierende Maßnahmen im Altenhilfebereich hinausreicht. In dem Beitrag werden einige theoretische Positionen der Sozialen Arbeit vorgestellt, der „sozialpädagogische Blick" auf das Alter konturiert sowie ausgewählte Konzepte und Handlungsfelder vorgestellt. Schließlich werden auch Überlegungen über Konsequenzen und Anforderungen im Ausbildungsbereich angestellt, wobei der Autor für eine konsequente und umfassende Berücksichtigung von Altersfragen im Studium der Sozialen Arbeit plädiert.

3. Altern und Gesellschaft

Altern kann als ein vieldimensionaler Prozess verstanden werden, in dem kalendarische, biologische, psychologische und soziale Aspekte berücksichtigt werden sollten. Jede Auseinandersetzung mit Altersfragen sollte aber auch die gesellschaftliche Dimension mit einbeziehen, die maßgeblich sowohl auf die objektiven Lebensbedingungen und Lebenslagen älterer und alter Menschen als auch auf ihre subjektiven Orientierungsmuster, Bedürfnislagen und Selbstdeutungen einwirkt. Alterstheoretische Perspektiven sehen die Gesellschaft und den Menschen im Zusammenhang von Geschichte und Lebensgeschichte (vgl. ROSENMAYR 1990, S. 12). Der alte Mensch und seine soziale Situation werden demnach im Kontext historischer, kultureller und politischer Rahmenbedingungen verortet. Dieses Spannungsfeld zwischen den gesellschaftlichen Strukturen und Entwicklungen und den individuellen Biographien und Lebenswelten alternder Menschen ist für eine sozialpädagogische Erschließung des Alters konstituierend. Die Analyse der Lebenssituation des alten Menschen erfolgt vor dem Hintergrund vorherrschender Altersbilder, dem zuerkannten kulturellen und sozialen Status, im Hinblick auf den Wandel in den Familienstrukturen, den Generationen- und Geschlechterbeziehungen sowie in Bezug auf die ökonomischen, gesundheitlichen und ökologischen Verhältnisse in einer bestimmten historischen Lage.

Gegenwärtig ist von einer enormen Pluralisierung der Altenpopulation, einem breiten Spektrum von Lebensformen im Alter sowie insgesamt einer großen Heterogenität der Altersphase auszugehen (vgl. SCHWEPPE 2005b). Entgegen dieser gesellschaftlichen Vielfalt des Alters halten sich hartnäckige, tendenziell eindimensionale, zum Teil negativ besetzte Altersbilder, die die Stellung alter Menschen in der Gesellschaft stereotypisieren. AMANN (2004) ortet im öffentlichen Diskurs über alte Menschen, insbesondere im Zusammenhang mit dem „Generationenvertrag", der medial schon mal als „Generationenkrieg" aufgebauscht wird, in erster Linie eine unangebrachte Panikmache. Seiner Analyse zufolge sind große Bereiche der öffentlichen Diskussion über die Lebenssituation von alten Menschen dem „Diktat des Ökonomismus" erlegen. Damit sei eine Denkart gemeint, die „die großen Fragen nach einer Bewältigung der gesellschaftlichen Veränderungen nur noch in den Begriffen von Kosten und Nutzen beschreibt" (ebd., S. 13). Für Österreich kann zumindest festgehalten werden, dass das gesamtgesellschaftliche Verhältnis von Jung und Alt gegenwärtig nicht vom Phänomen des „Ageism" (Altersfeindlichkeit) geprägt ist (vgl. MAJCE 2009). Die große Herausforderung der Zukunft liegt wohl darin, das Potenzial der Altenpopulation zu erkennen und alte Menschen als bedeutsamen und unverzichtbaren Teil der Gesellschaft zu akzeptieren. Somit wird der Umgang mit der älteren Generation zu einem Gradmesser für die Humanität einer Epoche und einer Gesellschaft.

In seinem Beitrag „Lebensmut und Weisheit – Ein Beitrag zur Praxis des Alterns" knüpft Leopold ROSENMAYR an diesen Themenkomplex an. Der Autor stellt die Frage, welche Voraussetzungen für Änderungsfähigkeit in den Einstellungen und der Lebenspraxis im höheren Alter (70+) notwendig sind, um innere Zufriedenheit zu erreichen. Hierzu werden aus moralischen und gesellschaftlichen Bedingungen verschiedener Weltkulturen Wege zu Sinnsuche und Sinnwillen im späten Leben aufgezeigt. Diese Suche reicht vom Evangelium nach Johannes bis zu den Upanishaden. Aus der Darstellung von Alterskreativität und Altersweisheit geht hervor, dass schöpferisches Tun trotz Krisen und verschiedentlich eingeschränkter körperlicher und sozialer Potenziale eine notwendige Bedingung für Altersweisheit ist. Weisheit verlangt ein hohes Ausmaß von Auswahlfähigkeit in Grundorientierungen wie auch in der Lebenspraxis. Dazu sollten eine besondere Konzentration und Ruhefindung als Ablösungsqualitäten kommen. Sie ermöglichen eine Orientierung auf Vollendung, wie sie bereits in den Schriften des frühen Christentums dargelegt wurde. Der Autor wirft dabei die Fragen auf: Kann heute etwas davon in veränderter Form und mit neuen Inhalten wiedergewonnen werden? Und wodurch?

Anton AMANN arbeitet in seinem Beitrag „Alternde Gesellschaft, Soziale Arbeit und Pflege" Sozialarbeit und Pflege als zwei spezifische Ausprägungen der Praktischen Sozialpolitik heraus, die sich historisch einander überlagernd herausgebildet haben und mit anderen Funktionen der Sozialpolitik in engem Zusammenhang stehen. Wenn die Perspektive der „Feld"-Konzeption angewendet wird, ist klar, dass sie als spezifische Subsysteme oder Felder definiert werden können, die zwar ihre jeweils eigenen Regeln und Logiken entwickeln, aber nicht unabhängig voneinander und von den umgebenden Systemen funktionieren. Ihre Eigenart besteht, wie bei allen Feldern, vor allem darin, dass sie sich ständig weiter ausdifferenzieren, an Komplexität zunehmen, und damit notwendig in Konflikte geraten, aber auch ständig neue Segmente erobern können und müssen. Das Altern der Bevölkerung stellt einen Prozess dar, der sowohl Soziale Arbeit als auch Pflege miterfasst, weil die Zahl der Betreuungs- und Hilfebedürftigen ständig wächst, weil Professionalisierungs- und Verwissenschaftlichungsbestrebungen (mit und ohne demographischen Wandel) die Felder ausdifferenzieren, und weil, unter dem Gesichtspunkt steigenden Betreuungsbedarfs, auch neue Aufgabenbereiche und Leistungsangebote in beiden Feldern entwickelt werden müssen. Die pragmatische These in dem Beitrag von AMANN lautet, dass die Praktische Sozialpolitik einen gezielten Eingriff des Staates (und seiner auch halbstaatlichen Institutionen) in die Lebenslagen bzw. Lebensverhältnisse von Menschen darstellt. Die Eingriffe beziehen sich auf die Produktion und die Reproduktion in ihren materiellen, sozialen und kulturellen Dimensionen. Ihre Mittel sind die jeweils spezifischen Interventionsformen des Sozialstaats und der Zivilgesellschaft; die Ziele und auch Folgen der Eingriffe sind immer die Gestaltung der Lebenslagen von Gruppen oder einzelnen.

Nach dieser Analyse wird das Augenmerk auf die Lebenslagen einer spezifischen Gruppe innerhalb der Altenpopulation gerichtet: Der Beitrag von Christoph REINPRECHT rückt den Zusammenhang von „Altern und Migration" in den Mittelpunkt. Die Lebenssituation älterer Menschen mit Migrationshintergrund hat in Österreich bis dato sozialpolitisch und auch in der Praxis der Altenarbeit nur sehr unzulänglich Beachtung gefunden. Zunehmende Migration verändert die Struktur der älteren Bevölkerung nach Herkunft und ethnischer Affiliation, trägt zur Diversifizierung von Lebensformen und Lebensstilen bei und stellt die Altenarbeit vor die Herausforderung einer grundsätzlichen Neuausrichtung ihrer Konzepte und Handlungsansätze. Eingebettet in eine Diskussion der internationalen und österreichischen Forschung werden in dem Beitrag sowohl die spezifischen Problem- und Bedarfslagen als auch die Potentiale älterer MigrantInnen, insbesondere der ersten Generation der Arbeitsmigration, herausgearbeitet.

Mit der Kategorie Alter lässt sich keine homogene gesellschaftliche Gruppe beschreiben. Biographische, soziokulturelle und ökonomische Aspekte tragen wesentlich zur Ausdifferenzierung der Lebensumstände und Lebensstile im Alter bei. Vor dem Hintergrund dieses Befundes beschäftigt sich Hannes KRALL in seinem Beitrag „Lebensbewältigung im Alter – Psychodrama und Soziometrie mit älteren Menschen" mit spezifischen Belastungen und Herausforderungen im Alter. Der Autor geht davon aus, dass sich im Bereich der Sozialen Arbeit mit älteren Menschen für alle Tätigkeitsbereiche die Aufgabe ergibt, verstärkt subjekt- und biographiesensible Arbeitsformen in den Blick zu rücken. Dazu werden methodische Ansätze aus dem Psychodrama und der Soziometrie, die vielfältige Arrangements und Arbeitsformen für die Arbeit mit alten Menschen bieten, vorgestellt. Anhand konkreter Beispiele werden Möglichkeiten zur Aktivierung und Unterstützung bei der Lebensbewältigung von alten Menschen dargelegt.

4. Altern und institutionelle Lebenswelten

Der sozialpädagogische Blick auf institutionelle Lebenswelten des Alters soll aufzeigen, dass alte Menschen in unterschiedlichen Kontexten leben. Die gesetzlichen Rahmenbedingungen (z. B. Pensionsregelungen), die gesellschaftlichen Werthaltungen und Zielsetzungen der Sozial- und Altenpolitik beeinflussen indirekt die Lebensbedingungen und institutionellen Lebenswelten der alten Menschen. Diese gesellschaftlichen Voraussetzungen können die Lebensbedingungen der alten Menschen fördern oder hemmen. Sie entscheiden darüber, ob in unserer Gesellschaft ein „Altern in Würde" ermöglicht wird. Dabei sind alte Menschen keineswegs nur passiv diesen Einflüssen ausgesetzt, sondern können als Subjekte und Akteure auch aktiv Einfluss auf die Gestaltung ihrer Lebenskontexte und Lebenswelten (z. B. in der Familie, in Bildungseinrichtungen) nehmen.

Unter „Lebenswelten alter Menschen" verstehen wir in diesem Zusammenhang jene Lebensverhältnisse, in denen Hilfen zur Lebensbewältigung praktiziert werden. Sie umfassen individuelle, ökonomische und soziale Ressourcen und beziehen sich auf soziale Netzwerke sowie auf lokale und regionale Strukturen (vgl. THIERSCH 1992). Wesentliche Dimensionen einer Lebenswelt sind dabei Zeit, Raum und Interaktionsprozesse (vgl. SCHÜTZ/LUCKMANN 1979). Für die Lebenszufriedenheit und Lebensqualität im Alter, insbesonders bei der Bewältigung der Hilfs- und Pflegebedürftigkeit, spielen auch heute noch – trotz zunehmender Gefahr der „Aushöhlung" – die primäre soziale Lebenswelt der Familie und die sozialen Netzwerke der Verwandtschaft und Nachbarschaft eine wichtige Rolle. Die häusliche Versorgung und Betreuung hilfs- und pflegebedürftiger alter Menschen erfolgt immer noch im überwiegenden Ausmaß von Ehefrauen, Töchtern oder Schwiegertöchtern und nur in einem geringen Umfang durch ein institutionalisiertes und professionelles Hilfesystem.

Ein weiterer gesellschaftlicher und lebensweltlicher Aspekt zielt auf Freizeit- und Bildungsfragen im Alter ab. Daran sind Aufgaben für Bildungsinstitutionen sowie allgemeine bildungspolitische Herausforderungen gekoppelt. Mit der Verknüpfung von Bildung und Altern soll dem Umstand Rechnung getragen werden, dass Bildung eine zentrale Kategorie der Sozialen Arbeit darstellt (vgl. KARL 2008), die im Diskurs um moderne Konzepte sozialer Altenarbeit zwar unterrepräsentiert, aber unverzichtbar ist. Die Beiträge in diesem Abschnitt nehmen auf diese thematische Rahmung Bezug.

Im Hinblick auf familiale Lebenswelten beschäftigen sich Gerald KNAPP und Cornelia KÖSSLDORFER mit dem Themenkomplex „Altern und Familien – Veränderte Familienstrukturen, Generationsbeziehungen und informelle Pflege". Dabei spielen sowohl Fragen nach der gesellschaftlichen Bedeutung der Familien für alte Menschen, insbesondere bei der Bewältigung von Hilfs- und Pflegebedürftigkeit, als auch Fragen demographischer Veränderungen und deren Auswirkungen auf Familienstrukturen eine Rolle. Familien werden als soziale Netzwerke beleuchtet und die Generationenbeziehungen in Österreich dargestellt. Vor diesem Hintergrund wird der Frage nachgegangen, ob die vorhandenen informellen sozialen Netze bei der Bewältigung altersbedingter Hilfs- und Pflegebedürftigkeit in Zukunft ausreichen werden oder zunehmend der Ergänzung und Unterstützung durch ein professionelles Hilfssystem bedürfen.

Gerald GATTERER beschreibt und analysiert in seinem Beitrag die „Strukturen der Altenversorgung in Österreich". Diese sind sehr vielfältig, und es kommen ständig neue innovative Konzepte und Überlegungen zu den bestehenden Strukturen dazu. Viele davon sind von Philosophien und standespolitischen Überlegungen geprägt. In dem Beitrag werden die Altenbetreuungsstrukturen unter dem Gesichtspunkt des Qualitätsmanagements und des älteren Menschen als Kunden betrachtet. Dies ist deswegen wichtig, weil bei der Betrachtung der vorliegenden Angebotsformen der Eindruck entsteht, dass die Grundbedürfnisse älterer Menschen bei der Konzeption von Betreuungsstrukturen nur eine untergeordnete Rolle spielen. Die in Österreich derzeit vorhandenen Strukturen lassen sich grob nach den Kategorien extramural/ambulant vs. stationär und eher (psycho-)sozial vs. medizinisch orientiert einteilen. Die stationären Versorgungsstrukturen orientieren sich gegenwärtig stark an medizinisch-pflegerischen Aspekten, was zu Lasten der sozialen Betreuungs- und Versorgungsqualität geht. Im ambulanten Bereich kann derzeit von einem Ausbau der Versorgungsstrukturen ausgegangen werden.

Franz KOLLAND widmet sich in seinem Beitrag dem Themenkomplex „Altern, Bildung und Freizeit". Die gerontologische Forschung zeigt, dass Freizeit- und Bildungsaktivitäten wesentliche Inhalte der Lebensgestaltung im Alter sind. Steigende Bildungsniveaus und eine ausreichende wohlfahrtsstaatliche Sicherung haben dazu beigetragen, dass die Lebensphase Alter zu einem eigenständigen Lebensraum geworden ist. In der Freizeit ergeben sich Möglichkeiten für selbstbestimmtes Handeln, Chancengleichheit und Lebensqualität. Dieser Bedeutungszugewinn von Freizeit in der Gesellschaft lässt sich auch in verschiedenen Handlungsfeldern der Sozialen Arbeit nachzeichnen. Wesentlich für die Soziale Arbeit im Handlungsfeld Alter sind Aspekte wie selbstbestimmte und aktive Zeitgestaltung, Gesundheitsprävention und soziale Teilhabe.

Karl-Heinz BRAUN beschäftigt sich in seinem Beitrag mit einem innovativen Medium im Bereich der geragogischen Arbeit mit alten Menschen. Sein Beitrag „Lebensweltbezogene Altenbildung – Dialogische Foto-Arbeit mit älteren und alten Menschen" geht von der Einsicht aus, dass Altenarbeit weit über Betreuung hinausgeht und das ganze Spektrum der Bildungsarbeit einbeziehen sollte. Dazu wird eine besondere Methode vorgestellt: das dialogische Fotointerview. Dies wird in drei Stufen entwickelt. Zunächst wird als Rahmenkonzept der Lebensweltbezug des visuellen Gedächtnisses skizziert. Das wird anschließend in drei exemplarischen Projekten aus Ostdeutschland konkretisiert und spezifiziert: der Darstellung des gegenwärtigen Alltagsleben eines älteren Menschen und seines biographischen Hintergrundes; einer Arbeitsbiographie in der Großindustrie; und der Erinnerung einer Tochter und eines Enkelkindes an ihre kürzlich verstorbenen Eltern bzw. Großeltern. Im dritten Teil werden diese Einzelbefunde in den Kontext der epochalen Umbruchprozesse der letzten 70 Jahre gestellt. Dabei wird auch deutlich, dass es sich bei dem dialogischen Fotointerview nicht nur um eine Handlungsmethode, sondern auch eine Forschungsmethode der Sozialen Arbeit handelt.

5. Altern und soziale Lebenslagen

Die sozialen Lebenslagen alter Menschen sind sehr vielschichtig und heterogen. Aufgabe einer kritischen Sozialen Arbeit ist es, menschliche Lebenslagen im Hinblick auf soziale Exklusion und mangelnde Partizipation an sozialen, ökonomischen und kulturellen Prozessen aufzuzeigen und im Kontext der Gesellschaft zu interpretieren. Soziale Ungleichheit im Alter kann als Ergebnis eines doppelten Prozesses verstanden werden. Zum einen resultiert soziale Ungleichheit aus einer allgemeinen Ungleichheit in der Gesellschaft, zum anderen ist sie Folge bestimmter Pensionssysteme, die die Ungleichheit im Alter verstärken oder reduzieren (vgl. AMANN/KOLLAND 2008). Eine Analyse sozialer Lebenslagen im Alter sollte daher mehrdimensional angelegt sein und beispielsweise Aspekte wie Einkommen, Gesundheit, Bildung, Lebensalter, Gender, Migrationshintergrund usw. einbeziehen, die Heterogenität von Lebensentwürfen, Lebensstilen und Lebenslagen berücksichtigen sowie die Teilnahme- und Teilhabechancen älterer Menschen am öffentlichen, kulturellen und politischen Leben erfassen.

Bis heute ist es nicht gelungen, ein „einheitliches, allgemein anerkanntes Konzept der Lebenslagenanalyse sowie ihrer methodischen Operationalisierung" (STIEHR/SPINDLER 2008, S. 37) zu entwickeln. Allerdings besteht in der einschlägigen Forschungsliteratur Einigkeit darüber, dass Lebenslagen als multidimensionale Konstrukte sowohl materielle und immaterielle als auch objektive und subjektive Dimensionen umfassen (vgl. dazu ANER 2002, S. 89 ff.). Für die Analyse sozialer Ungleichheit bzw. Armut im Alter scheint uns das von NEUMANN (1999) weiterentwickelte Lebenslagenkonzept von NAHNSEN (1975) als interessante Perspektive. Sie konzipiert fünf Einzelspielräume der Lebenslage, die für die Analyse der Altersarmut bedeutsam sind: den Versorgungs- und Einkommensspielraum (Versorgung mit Gütern und Dienstleistungen), den Kontakt- und Kooperationsspielraum (Möglichkeit sozialer Kontakte), den Lern- und Erfahrungsspielraum (Sozialisation, Ausbildung, berufliche und räumliche Mobilität u. a.), den Muße- und Regenerationsspielraum (Ausgleich von psycho-physischen Belastungen) sowie den Dispositionsspielraum (Möglichkeit zur Teilhabe an Entscheidungen) (vgl. NEUMANN 1999, S. 26). Altersarmut lässt sich durch Unterversorgung in diesen fünf Einzelspielräumen der Lebenslage alter Menschen identifizieren und im gesellschaftlichen Zusammenhang interpretieren. Damit kann eine ausschließlich auf materielle Ressourcen (z. B. Pensionseinkommen) orientierte Analyse von Altersarmut – so wichtig sie auch ist – erweitert werden.

Eine differenziertere Analyse der Lebenslagen alter Menschen und deren Ursachen stellt aus unserer Sicht die Voraussetzung für eine präventive Sozial- und Altenpolitik dar. Sie zielt auf die Beseitigung der Problemursachen ab und beschränkt sich nicht bloß auf die Bekämpfung von Symptomen. Eine Sozial- und Altenpolitik, die eine qualitative Verbesserung der Lebensverhältnisse alter Menschen zum Ziel hat, braucht daher differenzierte Lebenslagenanalysen, um politische Maßnahmen und Strategien zur Beseitigung sozialer Problemlagen im Alter entwickeln zu können, ein selbstbestimmtes Leben zu ermöglichen und im Bedarfsfall menschenwürdige und bedürfnisorientierte Betreuungsformen zu gewährleisten. Auf diesen theoretischen Kontext nehmen die folgenden Beiträge Bezug.

Barbara HÖNIG geht in ihrem Beitrag über „Altern und Geschlecht" einem doppelten Anliegen nach: Auf der Ebene der Theoriebildung befasst sie sich mit der Frage, wie Ansätze der Geschlechterforschung zur Erforschung der Lebenssituation alter Frauen und Männer fruchtbar gemacht werden können. Ausgangspunkt ist dabei die Überlegung, dass sich die Altersforschung unter anderem mit dem Spannungsverhältnis von biologischem und sozialem Alter befasst, in Analogie zum biologischen und sozialen Geschlecht. Auf konzeptueller Ebene wird die These von der „Feminisierung des Alters" kritisch mit der Perspektive einer Kumulation von Altersrisiken im Lebensverlauf von älteren Frauen und Männern kontrastiert. Auf der Ebene einer empirischen Untersuchung der Situation älterer Menschen werden schließlich geschlechtssensible Daten zur Analyse geschlechtlicher Differenzen und sozialer Ungleichheiten zwischen älteren Frauen und Männern am Beispiel einer Kärntner Kleinstadt geliefert. Die Ergebnisse zeigen, dass trotz der gewandelten Geschlechterbilder und Geschlechternormen in den vergangenen Jahrzehnten nach wie vor soziale Ungleichheiten zwischen älteren Frauen und Männern bestehen, die sich mit zunehmendem Alter häufig noch verschärfen, insbesondere im Hinblick auf ihre sozialen und finanziellen Ressourcen.

Gerald KNAPP zeigt in seinem Beitrag „Altern, Armut und soziale Ungleichheit" einen komplexen Zusammenhang auf, der ein Schattenlicht auf eines der reichsten Länder der Erde wirft. Ausgehend von der Erörterung von Armutsbegriffen und unterschiedlichen Armutskonzepten werden die Entstehungsbedingungen von Altersarmut im Kontext einer krisenhaften Arbeitsmarktentwicklung aufgezeigt. Es werden einige neuere empirische Befunde zur Armutsgefährdung im Alter sowie Altersarmut im ländlichen Raum als Form von „versteckter" Armut dargestellt. Im Zusammenhang damit werden die Auswirkungen der Altersarmut beispielhaft beleuchtet und schließlich einige sozialpolitische Ansatzpunkte zur Bekämpfung der Altersarmut diskutiert, wobei das Augenmerk vor allem auf den Abbau sozialer Ungleichheit und gesellschaftlicher Diskriminierungsprozesse zwischen Männern und Frauen im Alter gelenkt wird.

Cornelia KÖSSLDORFER und Kerstin ZLENDER beschäftigen sich in ihrem Beitrag „Altern, Frauen und Armut" mit den strukturellen Ungleichheiten, die dazu führen, dass Frauen ein höheres Armutsrisiko besitzen. Sie gehen davon aus, dass die Ursache in der unterschiedlichen Bewertung von Arbeit liegt und stellen Daten zur Teilung der Arbeitsbereiche zwischen Männern und Frauen dar. Durch die Höherbewertung von Erwerbsarbeit und die ungleiche Teilung von Reproduktionsarbeit verdoppelt sich die Arbeitsleistung von Frauen insgesamt, führt aber durch prekäre Beschäftigungsverhältnisse zu niedrigem Einkommen und in späterer Folge zu niedrigen Pensionen. Die Autorinnen zeigen auf, dass der Grund für die höhere Armutsgefährdung von Frauen strukturelle Ursachen hat: So geht das wohlfahrtsstaatliche Modell Österreichs immer noch von Familienfrauen aus, deren Einkommen Zuverdienst ist; die Ehe wird dabei als Altersversorgung für Frauen angesehen. Im Mittelpunkt der Überlegungen stehen die Neubewertung von Erwerbs-, Reproduktions- und Freiwilligenarbeit, eine gerechtere Verteilung unter den Geschlechtern sowie ein Neudenken des Wohlfahrtsstaates.

Barbara HARDT-STREMAYR widmet sich in ihrem Beitrag „Altern mit Behinderung" einem stark vernachlässigten, aber wichtigen Teilgebiet der wissenschaftlichen und praktischen Beschäftigung mit Altersfragen. Wie Menschen mit einer lebenslangen, so genannten geistigen Behinderung altern, welchen Herausforderungen sie sich stellen müssen und mit welchen Veränderungen sie im Alter konfrontiert werden, ist Gegenstand des Beitrages. Die Autorin geht davon aus, dass Altern ein Entwicklungsvorgang im Lebensverlauf aller Menschen ist, der grundsätzlich als normal und unvermeidbar bezeichnet werden kann. Eine Behinderung nimmt Einfluss auf den Verlauf des Alterungsprozesses und wirkt sich je nach Form und Ausmaß auf die Lebenserwartung des Menschen aus. Es werden die Bereiche Wohnen, Beschäftigung, Freizeit und Gesundheit betrachtet und die jeweils spezifischen Besonderheiten sowie Benachteiligungen gegenüber Menschen ohne Behinderungen und Menschen in anderen Lebensphasen beleuchtet. Der Beitrag schließt mit Entwicklungsperspektiven und zukünftigen Aufgaben auf unterschiedlichen Ebenen, die zu einem gelingenden und gleichberechtigten Altern von Menschen mit Lernschwierigkeiten führen.

Gertrud SIMON setzt ihren Fokus auf die „Lebensbedürfnisse Hochaltriger". Im Gegensatz zum Dritten Lebensalter bringt das Vierte im Durchschnitt wesentliche Einschränkungen mit sich. Die Lebensbedürfnisse Hochaltriger werden von ihrer Umgebung oft sehr stereotyp wahrgenommen und interpretiert. Dabei sind auch in dieser Altersgruppe die individuellen Unterschiede sehr groß. SIMON zielt in ihren Überlegungen auf die Verbesserung der Lebensqualität im Alter – auch bei stark eingeschränkten Menschen – ab. Ausgehend von der Diversität und den realen Lebensbedingungen Hochaltriger in Österreich wird der Frage nachgegangen, wie alte Menschen selbst ihre Bedürfnisse besser erkennen und wie andere im Umgang mit ihnen die individuellen Bedürfnisse besser verstehen und auf sie eingehen können. Solche Überlegungen erscheinen relevant für die Pflege, die gerontologische Beratung, die Soziale Arbeit, die Medizin und alle therapeutischen Bereiche.

6. Altern, soziale Beziehungen, Gesundheit und Tod

Vor dem Hintergrund der Auseinandersetzung mit den institutionellen Lebenswelten und Lebenslagen im Alter wird der Blick auf tabuisierte Beziehungsaspekte (Partnerschaft, Sexualität, Gewalterfahrungen), Gesundheit und Tod gerichtet. Dabei gehen wir davon aus, dass soziale Beziehungen und soziale Netzwerke für das emotionale Wohlbefinden und die Bewältigung belastender Lebensereignisse (z. B. Gewalterfahrungen, Tod eines Ehepartners) im Alter eine wichtige Rolle spielen. Sie beeinflussen nicht nur die persönliche Lebensqualität, sondern vermitteln auch soziale Bindungen und Sicherheit. Außerdem ist die Zugehörigkeit zu einer sozialen Gruppe auch eine wichtige Voraussetzung für ein angstfreies und positives Lebensgefühl im Alter. Soziale Kontakte und Beziehungen stellen wichtige Ressourcen für ein von Gesundheit und Zufriedenheit geprägtes Altern dar (vgl. GRÜNENDAHL 2001, S. 13 ff.). Allerdings kann die Aufrechterhaltung und Pflege sozialer Kontakte und Beziehungen im Alter auch als psychische Belastung und Einengung empfunden werden.

Um überhaupt soziale Beziehungen und Aktivitäten im Alter pflegen zu können, ist Gesundheit die wichtigste Voraussetzung. Für die individuelle Bestimmung von Lebensqualität scheint sie einer der bedeutsamsten Dimensionen zu sein. Ist das gesundheitliche Befinden eingeschränkt, dann führt dieser Zustand zu einem negativen Empfinden von Lebensqualität. Die wissenschaftlichen Erkenntnisse der Sozialmedizin zeigen deutlich auf, dass gesundheitliche Beeinträchtigungen im hohen Maße das Befinden älterer Menschen beeinflussen (vgl. KERKHOFF 1999, S. 43 f.).

In der Präambel der Satzung der Weltgesundheitsorganisation (WHO) wird Gesundheit wie folgt definiert: „Gesundheit ist ein Zustand des völligen körperlichen, psychischen und sozialen Wohlbefindens und nicht nur des Freiseins von Krankheit oder Gebrechen". Mit ihrer Definition von Gesundheit führten Mitglieder der Weltgesundheitsorganisation die Begrifflichkeit der Lebensqualität in die Gesundheitsversorgung ein. 1978 konstatierte die WHO ausdrücklich, dass alle Menschen zusätzlich zur physiologischen Fürsorge ein Recht auf psychosoziale Fürsorge und angemessene Lebensqualität haben (vgl. KING/HINDS 2001, S. 19).

Der Umgang mit Tod und Trauer sowie die Auseinandersetzung mit der eigenen Sterblichkeit gehören zu den größten Herausforderungen im Leben eines Menschen, insbesondere im Alter. Sterben, Tod und Trauer gehören zu den letzten Tabuthemen in unserer Gesellschaft, obwohl wir täglich mit dem Tod in den Medien oder im eigenen Umfeld konfrontiert werden. Während das Sterben und die Trauer früher viel selbstverständlicher zum Leben dazugehörten und auch Kinder miterlebten, wie der tote Großvater gewaschen, gekleidet und im eigenen Haus aufgebahrt wurde, wird heutzutage der Umgang mit Sterbenden, Toten und Trauernden zunehmend professionellem Fachpersonal übertragen (vgl. ARNDT 1990, S. 75). Die einst gesellschaftlich akzeptierte Trauer wird von der heutigen Gesellschaft immer mehr in den Bereich des Privaten verwiesen und als Ausdruck von Schwäche betrachtet. Der Tod und die Trauer wirken als Ausnahme und gehören nicht mehr zum Leben dazu, sondern stehen ihm eher unversöhnlich gegenüber. Aus diesem Grund ist es normal und alltäglich geworden, sich von dem Tod und der Trauer so weit wie möglich zu distanzieren und sie aus dem Leben auszugrenzen.

Die einzelnen Beiträge in diesem Abschnitt gestalten sich wie folgt:
Eva Maria DEUTSCH greift in ihrem Beitrag „Altern, Partnerschaft und Sexualität" ein komplexes und zum Teil mit Schwierigkeiten behaftetes Thema auf. Die Autorin geht davon aus, dass Partnerschaft, Liebe und Sexualität im

Alter Themenbereiche darstellen, die zwar zögerlich, aber doch in den Fokus der Gesamtgesellschaft rücken. In der Ausarbeitung wird Alterssexualität aus vielfältigen Blickwinkeln beleuchtet. Es werden Ursachen für die Tabuisierung der Alterssexualität, sexuelle Veränderungen im Alter, die Funktion der Alterssexualität sowie sexuelle Ausdrucksformen und Aktivitäten im Rahmen des Alterungsprozesses dargelegt. Weiters wird der Schwerpunkt auf das Thema Partnerschaft im Alter gerichtet und die Möglichkeiten und Restriktionen, Partnerschaft, Liebe und Sexualität in geriatrischen Einrichtungen auszuleben, kritisch erörtert. Abschließend werden mögliche praxisbezogene Strategien und Lösungsversuche geschildert, wobei auch Verbesserungsvorschläge und nötige Modifikationen aufgezeigt werden.

Zum Beitrag von Eva DEUTSCH erlaubt sich einer der beiden Herausgeber eine kurze episodische Schilderung. Dabei geht es um eine Exkursion mit Studierenden des Studiengangs Soziale Arbeit der Fachhochschule Kärnten in eines der modernsten Alten- und Pflegeheime Kärntens (zumindest was die architektonische Gestaltung und die pflegerische Ausstattung betrifft). Der Heimleiter der Einrichtung stellte sich mit Schützenhilfe der Pflegedienstleiterin tapfer den kritischen Fragen der bestens vorbereiteten StudentInnen. Auf die Frage einer Studentin, wie in dem Heim, in dem immerhin 50 alte Menschen lebten, mit deren Sexualität umgegangen wird, antwortete der betriebswirtschaftlich ausgebildete Heimleiter lapidar: „Das gibt es bei uns nicht." Die sozialarbeiterische Delegation war fassungslos, doch auch auf die wiederholte Nachfrage seitens der Studierenden blieb der Heimleiter bei seiner strikten Auffassung, dass die BewohnerInnen in „seinem" Heim asexuell seien.

Josef HÖRL geht in seinem Beitrag „Gewalt gegen ältere Menschen in der Familie" auf ein gesellschaftspolitisch brisantes Thema ein. Familienbeziehungen im Alter nehmen dann mit höherer Wahrscheinlichkeit gewaltsame Formen an, wenn bestimmte Risikokonstellationen vorliegen: unfreiwillige Abhängigkeitsverhältnisse, insbesondere Pflege- und Betreuungsnotwendigkeiten, eine ungünstige familienbiographische Vorgeschichte und Verwahrlosungsphänomene, oft im Zusammenhang mit Suchtproblemen. Die Angaben zur Prävalenz bzw. zum Ausmaß des Gewaltrisikos schwanken in den internationalen Studien sehr stark. Als wahrscheinlichster Wert ist anzunehmen, dass 4-6 % aller älteren Menschen über 65 Jahren pro Jahr zum Opfer von familialen Gewaltakten werden. Es gibt eine Vielfalt von Formen des körperlichen, verbal-psychisch/ seelischen, finanziell-ausbeuterischen Missbrauchs bzw. der Vernachlässigung. Die hohe Gefühlsdynamik in den Familienbeziehungen muss sowohl bei der Aufklärung als auch bei der Prävention besondere Berücksichtigung finden. Eine wichtige Erkenntnis besteht darin, dass der herkömmliche Täter-Opfer-Antagonismus bei der Gewalt im Alter nur begrenzt vorzufinden ist.

Hans Günther HOMFELDT beschäftigt sich mit dem Zusammenhang von „Altern und Gesundheit". Er geht davon aus, dass Soziale Arbeit im Handlungsfeld Gesundheit und Alter facettenreich eingebunden ist. Dabei steht die Profession aufgrund sozial bedingter gesundheitlicher Ungleichheiten, die auch im Alter fortbestehen, sozial ungleicher Versorgung im Alter, vor allem auch in Bezug auf Migranten und Migrantinnen, sowie genderspezifischer Grundgegebenheiten vor vielfältigen Herausforderungen. Spezifische Beiträge der Sozialen Arbeit werden in Projekten zur Gesundheitsförderung und in der Prävention sowohl in der Altenpflege wie auch in der stationären Altenhilfe verortet. Unerlässlich wichtig ist inzwischen die Kompetenz zu interprofessioneller Kooperation. Der Autor fordert, dass Soziale Arbeit als Wissenschaft ihr Forschungsprofil im Handlungsfeld Gesundheit und Alter weiter profilieren sollte.

Im letzten Beitrag in diesem Abschnitt geht es um Fragen, die das Lebensende des alten Menschen betreffen. Helmut SPITZER untersucht in seinem Beitrag „Altern, Tod und Sterben – Vom schwierigen Umgang mit der fast vollendeten Biographie" vor dem Hintergrund der anthropologischen Grundfeststellung, dass der Tod zum Leben gehört und alle Menschen erfasst, die mentalen und strukturellen Abwehrhaltungen gegenüber Sterben und Tod in unserer Gesellschaft. Als Gegenentwurf zur gesellschaftlichen Verdrängung und Institutionalisierung des Sterbens werden die Ansätze und Prinzipien der Hospizarbeit dargestellt. Schließlich wird auf die Rolle der Sozialen Arbeit in diesem Feld eingegangen. Dabei geht es nicht nur um Sterbebegleitung – die der Autor als Lebensbegleitung herausarbeitet –, sondern auch um die Herausforderung einer gesellschaftlichen Rehumanisierung des Sterbens sowie um eine der zentralsten Bildungsaufgaben des Menschen, nämlich die existenzielle Klärung des Verhältnisses zu sich selbst.

7. Perspektiven: Altern und Soziale Arbeit

Der letzte Abschnitt der vorliegenden Veröffentlichung befasst sich mit einigen Perspektiven und Herausforderungen, die in der Verknüpfung von Altern und Sozialer Arbeit begründet liegen. Da sich die Lebensphasen, Lebenslagen und Lebenswelten und die damit verbundenen Lebensformen und Lebensstile im Alter äußerst vielfältig, plural und heterogen darstellen, ist es in diesem Rahmen unmöglich, für jede dieser Altersdimensionen differenzierte Perspektiven zu entwickeln. Diesen Anspruch haben wir als Herausgeber auch nicht verfolgt. Die hier gesammelten Beiträge beleuchten ausgewählte Perspektiven wie Altern und lebensweltorientierte Soziale Arbeit, gesellschaftliche Partizipationsmöglichkeiten alter Menschen im Kontext einer „Gestaltung des Sozialen" bzw. im Rahmen der österreichischen Seniorenpolitik, sowie einige Anregungen zur Altersforschung und Sozialen Arbeit in Österreich.

Ulrich OTTO fokussiert in seinem Beitrag perspektivisch auf eine wichtige konzeptuelle Diskussionslinie der sozialen Altenarbeit. Unter dem Titel „Altern und lebensweltorientierte Soziale Arbeit – aktuelle Herausforderungen" wird für eine Standortbestimmung des Konzepts lebensweltorientierter Sozialer Altenarbeit zunächst eine ältere nachbardisziplinäre Quelle als Folie dafür herangezogen, traditionsreiche Anschlussstellen an das Lebensweltkonzept neu zu akzentuieren – zunächst mit problemorientiert ausgewählten theoretisch organisierten Konzepten. Weiters wird die traditionsreiche These der Marginalität der sozialen Altenarbeit im Allgemeinen, ihrer lebensweltorientierten Ausprägung im Besonderen aktuell hinterfragt. Mit dem Fokus Kommune, der Aktivitätsorientierung sowie der Aufwertung der Generationenperspektive werden in der Folge wichtige Debatten aufgegriffen, die die lebensweltorientierte Altenarbeit aufwerten könnten. Schließlich wird versucht, zwei ebenfalls stark kontextbezogene Aktivitätsfelder – sozial formatierte kontext- und lebenslauforientierte Wohn- sowie technikunterstützte Assistenzmodelle – mit lebensweltorientierten analytischen und normativen Argumenten zu konfrontieren, was einen beiderseitigen Nutzen versprechen könnte.

Bringfriede SCHEU und Otger AUTRATA beleuchten in ihrem Beitrag „Alte Menschen und die Gestaltung des Sozialen" die veränderte Lebenssituation älterer und alter Menschen in der Gesellschaft und die damit im Zusammenhang stehenden Fragen, wie künftig Alter in das gesellschaftlich-soziale Gefüge eingebaut werden kann. Die beiden AutorInnen gehen davon aus, dass das Leistungsvermögen staatlicher Sicherungssysteme zur Bewältigung dieser neuen Situation nicht mehr ausreicht. Die Frage nach dem Verhältnis von Individuen und Gesellschaft stellt sich aus ihrer Sicht aber nicht nur für die Lebensphase des Alters, sondern über alle Altersgruppen hinweg. Um zu gangbaren und adäquaten Lösungen zu kommen, hat die Debatte um Ehrenamtlichkeit, freiwillig-unentgeltliche Tätigkeiten und bürgerschaftliches Engagement an Raum gewonnen. Das wird auch so gewendet, dass alten Menschen nahe gelegt wird, ihre zeitlichen Ressourcen für soziales Engagement zur Verfügung zu stellen. Das deckt sich freilich nicht mit empirisch beobachtbarer Engagementhäufigkeit im Alter. Deswegen sind neue Formen für gesellschaftliche Partizipation alter Menschen zu finden, ebenso aber auch neue Inhalte. So wird in der Spitze des Beitrags der von den AutorInnen schon früher vorgetragene Vorschlag aufgenommen, die Gestaltung des Sozialen als theoretisch fundiertes Vorhaben unter Begleitung durch die Soziale Arbeit anzugehen. In diesem Konzept hat auch die Partizipation alter Menschen, bezogen aber auf die Breite des Sozialraums, ihren wichtigen Stellenwert.

Rosemarie KURZ knüpft in ihrem Beitrag „Partizipation älterer Menschen zwischen Anspruch und Wirklichkeit" an diese Fragen an. Die Autorin geht von dem Befund aus, dass ältere Frauen und Männer von heute ein neues Lebensalter hinzugewonnen haben, und spricht dabei von der Möglichkeit einer „Dritten Karriere". Ein wesentlicher Aspekt dieser Dritten Karriere wäre die

Förderung gesellschaftspolitischer Mitsprache. Inwieweit ältere Frauen und Männer sich engagieren, hängt davon ab, ob die jeweiligen Anliegen aus der eigenen Lebenswelt zu öffentlichen Themen gemacht werden. Für das Leben im Alter könnten in Zukunft neue gesellschaftliche Ausrichtungen wesentlich werden, die auf ein höheres Maß an sozialer und politischer Beteiligung gerichtet und mit konkreten Erfahrungen in diesem Bereich verbunden sind. Die offiziellen Vertretungen der gut organisierten Seniorenorganisationen, die im Vorfeld der politischen Parteien agieren, haben sich auf Grund der steigenden Zahl der PensionistInnen zu einem Machtfaktor entwickelt. Ein Engagement der gesunden, aktiven älteren Menschen insgesamt hält sich jedoch in Grenzen. Da die Bevölkerungsgruppe der älteren Menschen durch eine besonders ausgeprägte Heterogenität gekennzeichnet ist, stößt die Durchsetzung spezifischer Ansprüche auf große Hindernisse. Die Frage ist, ob eine gesellschaftliche Mitbeteiligung von der Gesellschaft, das heißt von den erwachsenen Erwerbstätigen, als Anspruch der älteren Generation anerkannt wird.

Der Sammelband schließt mit dem Beitrag „Alternsforschung und Soziale Arbeit in Österreich", in dem von Anton AMANN, Gerald KNAPP und Helmut SPITZER sozialgerontologische und sozialpädagogische Perspektiven verschränkt werden. Ausgehend von der Analyse der gegenwärtigen Forschungslage und der Forschungsbedingungen im österreichischen Hochschulsektor werden ausgewählte Forschungsfelder und Forschungsfragen der Sozialen Arbeit im Bereich Alter skizziert. Perspektivisch geht es darum, eine sozialpädagogisch orientierte Altersforschung in Österreich zu stärken und ihren spezifischen Beitrag in der transdisziplinären Forschungslandschaft darzustellen. Ein solcher Forschungsstrang kann vor dem Hintergrund der theoretischen Determinanten Sozialer Arbeit zweifellos wichtige Impulse liefern und für die Praxis der Altenarbeit sowie für sozial- und altenpolitische Maßnahmen innovative Konzepte beisteuern. Mit Blick auf ein diesbezügliches Forschungsprogramm ergeben sich auch Synergien und Kooperationsmöglichkeiten zwischen den jeweiligen Universitätsabteilungen, den Fachhochschulstudiengängen sowie außeruniversitären Akteuren. Der vorliegende Sammelband versteht sich als ein Beitrag dazu.

Literatur

AMANN, A.: Lebenslage und Sozialarbeit. Elemente zu einer Soziologie von Hilfe und Kontrolle. Berlin 1983.

AMANN, A.: Einleitung. In: BUNDESMINISTERIUM FÜR ARBEIT, SOZIALES UND KONSUMENTENSCHUTZ (Hg.): Seniorenbericht 2000 – Bericht zur Lebenssituation älterer Menschen in Österreich. Wien 2000, S. 5-7.

AMANN, A.: Die großen Alterslügen. Generationenkrieg, Pflegechaos, Fortschrittsbremse? Wien/Köln/Weimar 2004.

AMANN, A./KOLLAND, F.: Kritische Sozialgerontologie – Konzeptionen und Aufgaben. In: AMANN, A./KOLLAND, F.: (Hg.): Das erzwungene Paradies des Alters? Fragen an eine kritische Gerontologie. Wiesbaden 2008, S. 13-43.

ANER, K.: Über situative Handlungslogiken und Lebenslagenkonzept. In: KARL, F./ZANK, S. (Hg.): Zum Profil der Gerontologie. Kassel 2002, S. 89-97.

ANER, K./KARL, U. (Hg.): Lebensalter und Soziale Arbeit. Band 6. Ältere und alte Menschen. Hohengehren 2008.

ANER, K./KARL, U. (Hg.): Handbuch Soziale Arbeit und Alter. Wiesbaden 2010.

ARNDT, M.: Leben, Leid, Sterben, Trauer. Freiburg 1990.

EGGER DE CAMPO, M./POSCH, K. (Hg.): Strategien gegen soziale Ausgrenzung alter Menschen. Tagungsband. Graz 2005.

EGGER DE CAMPO, M.: Arbeitsfeld alte Menschen – ein Plädoyer für die Sozialarbeit. In: KNAPP, G. (Hg.): Soziale Arbeit und Gesellschaft. Entwicklungen und Perspektiven in Österreich. Klagenfurt/Ljubljana/Wien 2004, S. 646-664.

ERIKSSON, B./WOLF, J.: European perspectives on elderly people. Ältere Menschen aus europäischen Blickwinkeln. Frankfurt am Main 2005.

GRÜNENDAHL, M.: Generationsbeziehungen im Wandel? Untersuchungen zum Einfluss von Alter, Region und Kohorte auf familiäre Generationsbeziehungen im mittleren und höheren Erwachsenenalter. Frankfurt am Main 2001.

HEDTKE-BECKER, A./SCHMIDT, R. (Hg.): Profile Sozialer Arbeit mit alten Menschen. Berlin/Frankfurt am Main 1995.

HÖHN, M./LOIDL-KEIL, R.: Alterssozialarbeit und Lebensqualität im Wohn- und Pflegeheim. In: KNAPP, G./STING, S. (Hg.): Soziale Arbeit und Professionalität im Alpen-Adria-Raum. Klagenfurt/Ljubljana/Wien 2007, S. 499-536.

KARL, F.: Sozialarbeitswissenschaft/Sozialpädagogik. In: JANSEN, B./KARL, F./RADEBOLD, H./SCHMITZ-SCHERZER, R. (Hg.): Soziale Gerontologie. Ein Handbuch für Lehre und Praxis. Weinheim/Basel 1999, S. 370-382.

KARL, U.: Bildsamkeit und Bildungsprozesse im Alter. In: ANER, K./KARL, U. (Hg.): Lebensalter und Soziale Arbeit. Band 6. Ältere und alte Menschen. Hohengehren 2008, S. 161-173.

KERKHOFF, E.: Lebensqualität im Alter – Perspektiven für die Zukunft. In: KERKHOFF, E. (Hg.): Selbstbestimmtes Alter(n). Denkanstöße und Perspektiven aus Forschungs-, Entwicklungsvorhaben und Praxis. Mönchengladbach 1999, S. 43-56.

KING, C./HINDS, P. (Hg.): Lebensqualität. Pflege- und Patientenperspektiven. Theorie – Forschung – Praxis. Bern 2001.
KITTL-SATRAN, H.: Betreuung alter Menschen in der Familie unter sozialpädagogischer Perspektive. Bedingungen, Leistungen, Belastungen. Saarbrücken 2008.
KITTL-SATRAN, H./SIMON, G.: Soziale Arbeit für ältere Menschen in Österreich. In: ANER, K./KARL, U. (Hg.): Handbuch Soziale Arbeit und Alter. Wiesbaden 2010, S. 223-229.
KNAPP, G.: Alter, Gesellschaft und Kultur. In: HEIMGARTNER, A./LAUERMANN, K. (Hg.): Kultur in der Sozialen Arbeit. Festschrift für Univ.-Prof. Dr. Josef Scheipl. Klagenfurt/Ljubljana/Wien 2006, S. 251-272.
KYTIR, J.: Demographische Entwicklung. In: BUNDESMINISTERIUM FÜR ARBEIT, SOZIALES UND KONSUMENTENSCHUTZ (Hg.): Hochaltrigkeit in Österreich. Eine Bestandsaufnahme. Wien 2009, S. 41-68.
HEDTKE-BECKER, A./SCHMIDT, R. (Hg.): Profile Sozialer Arbeit mit alten Menschen. Berlin/Frankfurt am Main 1995.
MAJCE, G.: Generationensolidarität und Generationenkonflikt im höheren Alter. In: BUNDESMINISTERIUM FÜR ARBEIT, SOZIALES UND KONSUMENTENSCHUTZ (Hg.): Hochaltrigkeit in Österreich. Eine Bestandsaufnahme. Wien 2009, S. 217-242.
NAHNSEN, I.: Bemerkungen zum Begriff und zur Geschichte des Arbeitsschutzes. In: OSTERLAND, M. (Hg.): Arbeitssituation, Lebenslage und Konfliktpotential. Frankfurt am Main 1975, S. 145-166.
NEUMANN, U.: Strukturen und Dynamik von Armut. Eine empirische Untersuchung für die Bundesrepublik Deutschland. Freiburg im Breisgau 1999.
OTTO, U./BAUER, P.: Lebensweltorientierte Soziale Arbeit mit älteren Menschen. In: GRUNWALD, K./THIERSCH, H. (Hg.): Praxis Lebensweltorientierter Sozialer Arbeit. Handlungszugänge und Methoden in unterschiedlichen Arbeitsfeldern. Weinheim/München 2004, S. 195-212.
ROSENMAYR, L.: Die Kräfte des Alters. Wien 1990.
SCHÜTZ, A./LUCKMANN, T.: Strukturen der Lebenswelt. Band 1. Frankfurt am Main 1979.
SCHWEPPE, C. (Hg.): Soziale Altenarbeit. Pädagogische Arbeitsansätze und die Gestaltung von Lebensentwürfen im Alter. Weinheim/München 1996.
SCHWEPPE, C. (Hg.): Alter und Soziale Arbeit. Theoretische Zusammenhänge, Aufgaben- und Arbeitsfelder. Baltmannsweiler 2005a.
SCHWEPPE, C.: Soziale Altenarbeit. In: THOLE, W. (Hg.): Grundriss Soziale Arbeit. Ein einführendes Handbuch. Wiesbaden 2005b, S. 331-348.
SCHMIDT, R. (Hg.): Ausbildung und Praxisfelder für Sozialarbeit/Sozialpädagogik in der Altenarbeit. Berlin 1989.
SPITZER, H.: Die Entdeckung des Alters. Konturen einer Sozialen Arbeit mit alten Menschen. In: GSTETTNER, P./HAUPT, G. (Hg.): menschenwürde statt almosen. Sozialarbeit – Schule – Gesellschaft. Innsbruck 2008, S. 46-54.

STIEHR, K./SPINDLER, M.: Lebenslagen im Alter. In: ANER, K./KARL, U. (Hg.): Lebensalter und Soziale Arbeit. Band 6. Ältere und alte Menschen. Hohengehren 2008, S. 37-53.

THIERSCH, H.: Lebensweltorientierte Soziale Arbeit: Aufgaben der Praxis im sozialen Wandel. Weinheim/München 1992.

TEWS, H.-P.: Neue und alte Aspekte des Strukturwandels des Alters. In: NAEGELE, G./TEWS, H.-P. (Hg.): Lebenslagen im Strukturwandel des Alters. Alternde Gesellschaft – Folgen für die Politik. Opladen 1993, S. 15-42.

VEREINTE NATIONEN: Zweite Weltversammlung über das Altern. Madrid 2002.

II. ALTERN UND SOZIALPÄDAGOGISCHE THEORIEDISKURSE

Anton Amann

ALTERN IM KONTEXT GLOBALER ENTWICKLUNGEN

1. Was heißt „Globale Entwicklung"?

Das Stichwort, dem hier eine gewisse Leitfunktion zukommt, ist „Globalisierung". Angesichts der gegenwärtigen Entwicklungen und der weltweiten Diskussion über sie ist es geboten, nüchtern und schlicht jene Zusammenhänge zu betrachten, um die es in den folgenden Überlegungen gehen soll. Ich sehe Globalisierung, von einer eher abstrakten Warte aus gesprochen, als einen sich beinahe weltweit abspielenden Vorgang an, der durch die Ausdehnung und Intensivierung sowie wachsende gegenseitige Abhängigkeit aller sozialen Beziehungen auf der Welt gekennzeichnet ist (auch wenn es wissenschaftlich und sozialräumlich noch sehr entlegene Welten gibt). Weder ist es ein geradliniger und harmonischer, noch ein ausschließlich konflikthafter Prozess. Seine Merkmale sind die Entgrenzung von traditionellen Raum- und Zeitordnungen bzw. -schwellen und die Reflexivität der Prozesse. Etwas alltäglicher ausgedrückt könnte auch gesagt werden, dass es sich, zumindest seit Anfang der Neunzigerjahre des Zwanzigsten Jahrhunderts, um eine rasant sich beschleunigende Modernisierung im Weltmaßstab handle. Was damit gemeint ist und was Globalisierung bedeutet – darüber herrscht erhebliche Unklarheit, zumindest aber eine beträchtliche Konkurrenz der Deutungen. Dass dieser Prozess nicht nur aus ökonomischer Perspektive betrachtet werden kann, weil dann allzu viele wichtige Aspekte außer Acht gelassen werden, habe ich an anderer Stelle ausführlich dargestellt (vgl. AMANN 2008).

Trotzdem wird weithin im öffentlichen Diskurs das Gewicht vor allem auf die ökonomische Perspektive gelegt. Unter ihr geht es um die weltweite Durchsetzung eines standardisierten Wirtschaftssystems, in dem der freie und von keinen wesentlichen Einschränkungen mehr behinderte Verkehr von Information, Kapital, Arbeitskraft und Dienstleistungen gilt. Die kollektiven Akteure in diesem Prozess sind die Finanzmärkte, die multinationalen Unternehmen, die Internationalen Organisationen wie Weltbank, Internationaler Währungsfonds (IMF), Welthandelsorganisation (WTO), aber auch nationale Regierungen. Als 1994 im Abschlussabkommen der Uruguay-Runde das alte Zoll- und Handelsabkommen GATT (General Agreement on Tariffs and Trade) durch die Welthandels Organisation abgelöst wurde, prägten Politiker und Medien die Metapher von der „steigenden Flut, die alle Boote emporheben wird" (vgl. MANDER 2004, S. 10). Dieses Ereignis wurde medial als Geburt einer neuen Welt gefeiert, in der innerhalb kurzer Zeit eine Ausweitung der weltweiten wirtschaftlichen Tätigkeit um 250 Milliarden US-Dollar möglich sein werde, und dass, natürlich, alle davon profitieren würden. Was in diesen mehr als dreißig Jahren an vorher existierenden nationalen und regionalen Besonderheiten eingeebnet wurde, macht zugleich das aus, was die „neue" globale Wirtschaft kennzeichnet. Es sind gleiche Regeln für alle, die der WTO als Mitglied beitreten, aber auch für jene, die ohne Mitgliedschaft teilhaben wollen. Es sind zentralbürokratische Bündelungen politischer Macht in den großen Internationalen Organisationen um den Preis der teilweisen Aufgabe nationaler, demokratisch verabschiedeter Gesetze, Abschaffung von Kontrollmechanismen für den globalen Handel von Konzernen und jenen mit Devisen, was zu der weltweiten Wirtschaftskrise 1998 sowie, zumindest teilweise, zur gegenwärtigen Bankenkrise führte. Und es ist schließlich die Durchsetzung ideologischer Prinzipien zur Steuerung sozialer, wirtschaftlicher und ökologischer Prozesse. Zu diesen zählen vor allem: Die machtvolle Durchsetzung eines einheitlichen wirtschaftlichen Entwicklungsmodells für die ganze Welt, schnelles und immer steigendes Wachstum sowie Freihandel zur Stimulierung dieses Wachstums im Sinne des „freien Marktes", Verzicht auf staatliche Regulierungen, Privatisierung staatlicher Dienstleistungen, und die Dominanz unbegrenzten Konsums, um die Produktion auch des Nutzlosen ständig voranzutreiben (vgl. MANDER 2004, S. 11).

Prozesse der Globalisierung sind auch politischer und soziokultureller Art. Aus politischer Sicht stellt sich die Frage, welche Rolle der Politik bzw. den nationalen Staaten in diesem Spiel zukommt. Die Antwort ist nicht ganz einfach, doch Tendenzen zeichnen sich ab. Bis ins letzte Drittel des 20. Jahrhunderts wurde technischer Fortschritt immer noch mit sozialem Fortschritt in eins gesetzt. Als Folge davon fand die wirtschaftliche Innovation auch breite Unterstützung durch die Politik. In dieser Zeit konnte sich die Politik mit Erfolg durch staatliche Interventionen in ökonomische Entwicklungen und Entscheidungen einmischen. Doch staatliche Interventionen stoßen zunehmend und deutlich auf den Widerstand privater Investoren, wo diese eine Schmälerung der Kapitalrendite befürchten – also vor allem im Bereich hoher Arbeitskosten. Sie reagieren mit sinkender Investitionsbereitschaft und Rationalisierungen, die zur Entlassung von Arbeitskräften führen. Noch nie war dies vermutlich eine so weithin in Politik und Wirtschaft einträchtig akzeptierte und praktizierte Strategie wie seit dem Herbst 2008.

Dass diese Logik ohne gesellschaftlichen Widerstand funktionieren kann, basiert vor allem auf der Abnahme der Steuerungsmöglichkeiten der Politik gegenüber der Wirtschaft und den Internationalen Organisationen. Vorrangig wird der Grundsachverhalt verkannt, dass die moderne Gesellschaft kein Steuerungszentrum mehr hat. Trotzdem fällt der Politik gemäß ihrem Selbstverständnis und gemäß dem demokratischen Grundverständnis der Bevölkerung die Aufgabe zu, jede gesellschaftsverändernde Entscheidung im Nachhinein zu legitimieren. Gerade weil die Politik nach diesem Selbstverständnis für die Gestaltung von gesellschaftlichen Verhältnissen zuständig ist, aber de facto schwindenden Einfluss auf wissenschaftlich-ökonomische Entscheidungen hat, bleibt ihr gar nichts anderes übrig, als dem Volk Entwicklungsrichtung und Ergebnis des technischen Wandels als Ausdruck unausweichlicher technisch-ökonomischer oder wissenschaftlich-technischer „Sachzwänge" zu verkaufen (vgl. AMANN 2008, S. 157). Die schon Jahre andauernde Diskussion über internationale Konkurrenzfähigkeit, Wirtschaftsstandorte und Marktnotwendigkeiten geben ein beredtes Zeugnis davon.

Das Fazit aus diesen Überlegungen stellt sich folgendermaßen dar: Naturwissenschaftlich-technisch-ökonomische Investitionsentscheidungen, und nicht politische Entscheidungen, treiben den Modernisierungsprozess immer weiter in Richtung Risikogesellschaft. Die künftige Entwicklung ist daher von einem Dezisionismus abhängig, der von Akteuren in gänzlich unpolitischen Handlungszusammenhängen betrieben wird. Weil es damit *letztlich keine fixierte, fixierbare Entscheidung* gibt, lassen sich auch für die Nebenwirkungen dieser „Nicht"-Entscheidung keine Verantwortlichen heranziehen. Der Nichtzuständigkeit der Wissenschaft entspricht eine Implizitzuständigkeit der Betriebe und die bloße Legitimationszuständigkeit der Politik. Fortschritt ist die in die Unzuständigkeit hineininstitutionalisierte Gesellschaftsveränderung (vgl. BECK 1986, S. 345).

Nun ist natürlich zu ergänzen, dass diese Überlegungen, die U. Beck Mitte der 1980er Jahre vorgestellt hat, vor allem im Detail modifiziert gehören, weil sich inzwischen in vielen Politikbereichen das, was als relative Autonomie der Nationalstaaten gegenüber Internationalen Organisationen bezeichnet werden kann, auch neue Formen angenommen hat. Wie ich an anderer Stelle gezeigt habe (vgl. AMANN 2008), wird diese relative Autonomie des National- bzw. Sozialstaats in manchen Politikbereichen durch Anstrengungen weiterhin gewahrt, in anderen ist sie eingeschränkt worden, und wiederum in anderen völlig unberührt geblieben. Dass der Grundgedanke einer indirekten Steuerung des Wandels durch die Wirtschaft (und die Wissenschaft), in dem Defizite entstehen (z. B. Massenentlassungen von Arbeitskräften), die dann durch staatliche Verantwortung aufgefangen werden müssen, wobei dem staatlichen Handeln kaum Spielräume für ein „bargaining" mit den Unternehmen bleiben, sodass staatlicherseits quasi hinterher auch noch die Legitimationsaufgabe übernommen werden muss, ist unbestreitbar geblieben.

Das Thema, um das es hier geht, nämlich Altern im globalen Kontext, wurde aus den Modellvorstellungen der Globalisierung, gleich welcher Provenienz, bisher weitgehend ausgeblendet, d. h. in keinem der grundlagentheoretischen Versuche, Globalisierung wissenschaftlich zu konzeptualisieren, spielt der Altersstrukturwandel eine konstitutive Rolle. Davon bleibt die Tatsache unberührt, dass es daneben aus finanztechnischen und budgetären Gründen eine global inszenierte Diskussion über die Belastung nationaler Volkswirtschaften durch den Zuwachs an älteren Menschen gibt. Es ist dies ein Belastungsdiskurs, in dem als technokratischer Ausweg seit Jahren angepriesen wird, dass den immer größeren Kosten, die für die Pensionssysteme entstehen, durch die herkömmliche Beitragspolitik in den Umlagesystemen nicht mehr zu begegnen sei, und die Systeme deshalb, wegen der höheren Renditen, auf fondsbasierte Finanzierungen umzusteigen hätten. Dass damit buchstäblich „heillose" Risiken verbunden sind, hat die gegenwärtige Krise gezeigt, in der Millionen in aller Welt um ihre Pensions"investitionen" gebracht wurden (vgl. KOLLAND/AMANN 2008, S. 14 ff.).

2. Der Altersstrukturwandel global

2.1 Die Demographie

Die Demographie nennt die regional[1)] unterschiedlichen Kurven, in denen der Bevölkerungszuwachs generell oder die Veränderung der Größen von Altersgruppen speziell dargestellt werden, „Wachstumspfade". Obwohl nun diese Wachstumspfade der Bevölkerungen in einzelnen Weltregionen ungeheuer divergieren, ist doch die ganze Welt einem unaufhaltsamen Alterungsprozess unterworfen. Die jüngsten Weltbevölkerungsprognosen des International Institute of Applied Systems Analysis (IIASA) belehren uns unmissverständlich darüber, dass die Weltbevölkerung mit einer Wahrscheinlichkeit von 90% im Laufe dieses Jahrhunderts einen Gipfel von 8,9 Milliarden Menschen erreichen (um das Jahr 2070) und dann langsam etwas absinken wird. Diese Prognosen zeigen zusätzlich, dass sich der Prozess der Bevölkerungsalterung weltweit *beschleunigen* wird. Die Hauptursache für das beschleunigte Altern liegt in den Geburtenraten der vergangenen Jahrzehnte. Sie haben in vielen Ländern der Erde in dieser Zeit rasch abgenommen. Den niedrigsten Stand haben gegenwärtig Europa und Ostasien erreicht und selbst im bevölkerungsreichsten Land, China mit 1,28 Milliarden Menschen, hat die Geburtenziffer den Wert von 1,5 erreicht (im Vergleich zur Europäischen Union mit 1,3)[2)]. Deshalb und wegen der sich ändernden Sterblichkeit/Lebenserwartung variiert auch die Altersstruktur der Bevölkerungen im internationalen Vergleich stärker als jemals zuvor. Nach wie vor gilt aber eine Einsicht, die sich schon weithin durchgesetzt hat: Praktisch das gesamte Bevölkerungswachstum auf der Erde wird sich in den Ländern Afrikas, Asiens und Lateinamerikas abspielen (vgl. HAUB 2002).

Was heißt nun beschleunigtes Altern? Mit der Annahme, dass in der Zukunft in einer bestimmten Region und zu einem bestimmten Zeitpunkt die Älteren (60+) mehr als ein Drittel der Bevölkerung ausmachen werden, und dass der Zeitraum bis dahin kürzer sein wird als in der bisherigen Entwicklung, wird eine Marke für den Grad der zu erwartenden Alterung gesetzt. Nach den schon erwähnten Prognosen des IIASA wird diese Marke 2020 noch keine der Weltregionen, 2050 aber werden schon fünf von ihnen (West- und Osteuropa, Nordamerika, China, und Japan/Ozeanien) sie erreicht haben, wobei Japan/Ozeanien mit hoher Wahrscheinlichkeit die Spitzenreiter mit 57,7% sein werden. Nun liegt dieser Zeitpunkt in der Zukunft aus politischer Perspektive noch weit voraus. Je näher aber der anvisierte Zeitpunkt in der Zukunft liegt, desto genauer werden die Prognosen. Mit sehr geringer Unsicherheit lässt sich daher sagen, dass Japan/Ozeanien die 31% Marke schon 2020 erreicht haben werden, während West- und Osteuropa dann bei 25% halten werden (vgl. LUTZ/SANDERSON/SCHERBOV 2008). Ein zweiter Indikator, der in diesem Prozess eine wichtige Rolle spielt, ist die Entwicklung der so genannten Hochaltrigen (80+). Derzeit liegt ihr Anteil in Westeuropa bei vier Prozent, ein Wert, der sich bis 2040 wahrscheinlich auf 8% verdoppeln wird. Nach 2040 ist eine dramatische Entwicklung aufgrund der Baby-Boom-Generation in den 1960er Jahren zu erwarten, andere Entwicklungen in der Altersstruktur in einzelnen Ländern sind jenseits dieses Zeitpunktes relativ unsicher. Nicht zuletzt deshalb, weil so weit voraus die Wanderungen bzw. Zuwanderungen nicht verlässlich genug geschätzt werden können (vgl. LUTZ/SANDERSON/ SCHERBOV 2008).

Kaum sonst wo tun sich solche Differenzen auf wie in der Unterscheidung zwischen den Ländern der so genannten Dritten und der industrialisierten Welt. Während in Europa die Sicherung der Pensionen und der Pflege im Alter Dauergespräch sind und darüber häufig die soziokulturellen Veränderungen eines massenhaft auftretenden langen Lebens übersehen werden, stellen sich in den weniger entwickelten Ländern die Fragen völlig anders. Dort geht es um existenzielle Probleme für die ganze Gesellschaft in fundamentaler Weise. Der Aufbau sozialer Sicherungssysteme, wie sie bei uns „selbstverständlich" sind, ist nicht leistbar, weil die Mittel fehlen; Afrika ist in den letzten 20 Jahren ärmer geworden, nicht reicher. Dies bedeutet angesichts der Tatsache von Massenarmut, Hunger und Krankheit, Landflucht und Zerbrechen der traditionellen Versorgungseinrichtungen wie Familien und Clans durch Abwanderung und technische Zivilisation eine katastrophale Situation. Für die Frage der Alterssicherung ist in vielen Ländern die Zukunft völlig ungewiss. In 20 Jahren werden in der sogenannten Dritten Welt in absoluten Zahlen mehr alte Menschen leben als in allen industrialisierten Ländern zusammen. Davon zu reden, dass dort die Prozentanteile der Älteren an der Gesamtbevölkerung niedriger seien als in den Industrieländern, führt am Kern der Probleme vorbei: 12% Ältere in China mit fast 1,3 Milliarden Menschen hat andere Dimensionen als 25% Ältere in Österreich mit knapp 8 Millionen Menschen.

Doch auch in den entwickelteren Ländern ist das Bewusstsein über die vielfältigen Folgen des individuellen und demographischen Alterns längst nicht in einem Maße entwickelt, das der Situation angemessen wäre. Auch hier gibt es Probleme der Desolidarisierung, der Ungleichheit und der mangelnden Zugangsmöglichkeiten zu gesellschaftlichen Gütern und Chancen; es gibt Altersdiskriminierung, systematische Schlechterstellung der Frauen und weithin eine völlige Verkennung der Möglichkeiten, welchen Beitrag die älteren Menschen in einer sich wandelnden Gesellschaft zu leisten imstande wären.

2.2 Weniger gut sichtbare Entwicklungen

Dass der Altersstrukturwandel buchstäblich keinen gesellschaftlichen Bereich unberührt lässt, wurde schon öfters gesagt. Darüber wird hier nicht nochmals berichtet. Was aber weit weniger deutlich sichtbar ist, vermutlich, weil einfach weniger darüber diskutiert wird, sind ganz andere Phänomene. Keine andere Region auf der Erde hat ein so großes Potenzial für weiteres Bevölkerungswachstum wie Afrika und damit hat auch keine andere Region in der Zukunft eine so junge Altersstruktur. Bis ca. 2050 wird, eben aus Gründen der jungen Altersstruktur, die Bevölkerung in Afrika um 1,2 Milliarden Menschen wachsen – so viele, wie heute in den Industrieländern insgesamt leben (vgl. HAUB 2002, S. 18). Über das Zusammenspiel zwischen den Folgen von HIV/AIDS für die Bevölkerungsentwicklung, den immer noch dominierenden traditionellen Reproduktionsvorstellungen, die zu hoher Kinderzahl führen, und den Gründen für die relativ geringe Wirkung von Programmen zur Familienplanung und Kontrazeption liegen keine umfassenderen soziokulturellen Studien vor, Analysen sind auf Einzelberichte angewiesen. Natürlich ist bekannt, dass eine der schwierigsten Aufgaben der Aufbau einer entsprechenden Infrastruktur für Familienberatung und Familienplanung ist, dass selbst dort, wo solche Strukturen bestehen, immer wieder der Rückfall in die traditionellen Muster durchschlägt, und dass die Wirkungen sich nur in sehr langfristiger Perspektive zeigen. Kenia, eines der sehr wenigen Länder in Afrika mit deutlich sinkender Fertilität, hat schon Anfang der 1960er Jahre eine nationale Kampagne zur Verlangsamung des Bevölkerungswachstums begonnen. Dennoch dauerte es, entgegen den Erwartungen der Demographen, fast dreißig Jahre, bis die Geburtenraten zu sinken anfingen (vgl. HAUB 2002, S. 22).

In diesen Kontext gehört nun ein weiteres Argument. Die Zukunft des demographischen Alterns sind die heute zahlreichen Jungen. Eine den Umständen angemessene Lebensplanung ist eine Frage der soziokulturellen Einstellungen, Einstellungen sind von der Bildung abhängig, und diese wieder von adäquaten Lebensverhältnissen. Deshalb gilt auch in der Entwicklungssoziologie der Anteil der Jungen und Mädchen an einer Kohorte, die zur Schule gehen, als einer der aussagekräftigsten Entwicklungsindikatoren. Wenn nun ein immer wieder bestätigtes Ergebnis mit hinzugenommen wird, dass nämlich ein signifikanter Zusammenhang zwischen einer besseren Bildung und dem Empowerment von Frauen einerseits und ihren Reproduktionsentscheidungen andererseits besteht, wird klar, wo der Angelpunkt aller Überlegungen liegt. Verbesserung benachteiligter Lebensverhältnisse und Erhöhung der Bildungsteilnahme sind das Um und Auf für die künftig erwachsene und ältere Bevölkerung in dieser Region. Was künftig als Potenziale der erwachsenen und älteren Bevölkerung im weitesten Sinn wirksam werden soll (das so genannte Humankapital), muss heute unterstützt werden, denn, es geht um langfristige Prozesse. Zwar kann diese Behauptung nahezu immer Geltung beanspruchen, doch wohl nirgends auf der Erde so dringend wie gegenwärtig in Afrika. Und gerade dort stellen die Kosten insbesondere weiterführender Bildungseinrichtungen eine kaum überwindbare Hürde dar, und wenn überhaupt, steht die Bildung der Söhne im Vordergrund (vgl. HAUB 2002, S. 26). Dass Bildung der Schlüssel für viele soziale Probleme ist, wird nicht mehr bestritten. Das Leistungspotenzial von Menschen ist die Drehscheibe der Zukunftsbewältigungen in den Industrie- und in den Entwicklungsländern. Das IIASA und das Wiener Institut für Demographie (VID) haben zusammen ein Berechnungsmodell bzw. einen Datensatz entwickelt – „Multistate Demography" -, mit dessen Hilfe die Dynamik der sich ändernden Bildungsstruktur nach Alter und Geschlecht abgebildet sowie die Unterschiede im Geburtenverhalten, in den Überlebenswahrscheinlichkeiten und in den Migrationstrends verschiedener Bildungsgruppen berücksichtigt werden können.

An zwei ausgewählten Beispielen lassen sich interessante Effekte darstellen. Für Pakistan wurde gezeigt, wie die Bildungsentwicklungen nicht nur das Bildungsprofil der Bevölkerung, sondern auch deren Größe und Altersstruktur beeinflussen, da höher gebildete Frauen allgemein weniger Kinder haben. Würde das Bildungssystem in diesem Land bis 2050 nicht ausgeweitet, befände es sich dann in einer Lage, eine Bevölkerung versorgen zu müssen, die fast dreimal so groß ist wie heute und die weiter wächst, in der aber die Mehrheit ohne Schulbildung wäre. Wird die Annahme zugrunde gelegt, dass das Bildungssystem mit ähnlicher Geschwindigkeit wachsen wird wie im Durchschnitt anderer Länder, wäre die Bevölkerung bis 2050 zwar älter, der überwiegende Teil aber hätte zumindest eine Sekundarschule besucht. Im zweiten Beispiel zeigt eine statistische Zeitreihenanalyse über 120 Länder im Vergleich den signifikant positiven Beitrag von Humankapital zum Wirtschaftswachstum (vgl. LUTZ/CUARESMA/SANDERSON 2008). Allgemeine Volksschulbildung, wie sie als Jahrtausendziel von den Vereinten Nationen (UN) formuliert worden ist, genügt nicht, um arme Länder auf einen Weg nachhaltigen Wachstums zu führen, dafür bedarf es auch großer Teile der Bevölkerung mit Sekundarausbildung. Für Industrieländer ist dagegen Hochschulausbildung entscheidend. Damit wird auch der Zusammenhang zwischen alternder Bevölkerung und internationaler Wettbewerbsfähigkeit berührt. Die Älteren werden in Zukunft in vielen Ländern besser ausgebildet und damit auch gesünder und mit einiger Wahrscheinlichkeit weniger pflegebedürftig sein. Es wird aber auch eine im Durchschnitt ältere Erwerbsbevölkerung die volkswirtschaftlichen Leistungen schaffen müssen. Die Konsequenzen verbesserter Bildung können sehr weitreichend sein, hin bis zu den Effekten der Bildung auf die Achtung von Menschenrechten oder auf Klima- und Umweltbewusstheit. Allerdings: Es braucht Zeit, bis sich bessere Bildung bei Kindern in höhere Potenziale bzw. in Humankapital in den Erwachsenen transformiert. – hier geht es um Langzeitinvestitionen, die gegenwärtig Kosten verursachen (vgl. LUTZ/GOUJON/SAMIR/SANDERSON 2007).

Diese Vorstellungen können nun nochmals an einem anderen Phänomen gespiegelt werden. Einen weiteren wichtigen Indikator stellt der Grad der wachsenden Urbanisierung dar. Unter ihr wird die Zunahme des Anteils der Bevölkerung verstanden, der in Mittel- und Großstädten lebt. Wiederum unterscheidet sich die Urbanisierung Afrikas von allen anderen Regionen insofern, als dort sowohl die städtische als auch die ländliche Bevölkerung wächst. Tatsächlich ist Afrika jene Weltregion, in der bis 2030 ein signifikantes Wachstum der ländlichen Bevölkerung prognostiziert wird. Wie in vielen Definitionen liegt auch hier das Problem in den nicht explizierten Details. Zwar liegt es nahe, mit dem Begriff „Megastädte" Agglomerationen wie Lagos oder Mexiko-City oder Kairo zu verbinden, tatsächlich lebt aber der Großteil der urbanen Bevölkerung der Welt in weitaus kleineren Städten und regionalen Zentren, die auch als „urban" bezeichnet werden. Zutreffender wäre es, anstatt von urbaner Bevölkerung von Menschen zu sprechen, die „nicht in der Landwirtschaft tätig sind". In Äthiopien z. B. gelten alle Siedlungen mit über 2000 Einwohnern als „urban", in Afrika leben zwar 60% der urbanen Bevölkerung in Städten mit weniger als einer halben Million Einwohnern, doch die durchschnittliche Ortschaft ist wesentlich kleiner (vgl. HAUB 2002, S. 26 f.). Abhängig von den unterschiedlichen Siedlungsgrößen und ihrer „Nähe" zueinander aber stellen sich Fragen der infrastrukturellen Entwicklung, der wirtschaftlichen Leistungskraft, der Mobilität der Menschen etc. völlig unterschiedlich und oft nicht einmal als vergleichbar heraus.

Dass Arbeit die Grundlage des Lebens ist, gilt für die meisten Menschen. Sicher aber gilt das in einem sehr spezifischen Sinn für die Menschen in ärmeren Ländern mit großen Anteilen an bäuerlicher Bevölkerung und wenig entwickelten sozialen Sicherheitssystemen. Dort beenden alte Männer ihre Arbeit meist (manchmal gelingt es ihnen auch, Beschäftigung über die bei uns üblichen Altersgrenzen hinaus zu erhalten), Frauen können es nicht. Sie unterstützen ihre Familien, indem sie Handel mit kleinen Dingen treiben, immer noch einfachen Verrichtungen auf dem Feld nachgehen und sich um die Enkel kümmern und deren einfachste Bedürfnisse zu stillen versuchen. Sie kümmern sich um die alten Verwandten, und wenn sie dann selbst am Ende eines langen, harten Lebens Hilfe brauchen, ist fast niemand mehr da, der sie ihnen gibt.

Ein Bewusstsein über Missbrauch, Vernachlässigung, Gewalt und Verletzung der Rechte bei alten Menschen entsteht erst sehr langsam in unserer Welt, in manchen, besonders weniger entwickelten Ländern, ist kaum eine Ahnung davon vorhanden. Die Rechte alter Menschen werden sozial, psychisch, politisch und ökonomisch verletzt. Oft wird geglaubt, dass in Afrika, oder in anderen Ländern mit traditionalen Kulturen, die herkömmlichen Familienstrukturen, verbunden mit Normen des Respekts, für die Alten Unterstützung und Ansehen bedeuten. Das Gegenteil ist meist der Fall. Alte Menschen sind der Anklage der Zauberei ausgesetzt. Dies gilt vor allem für alte Frauen. Wenn es zuviel oder zuwenig regnet, wenn die Ernte schlecht oder die Preise niedrig sind, wenn Kinder krank werden, sind sie die Schuldigen. In Ghana werden als Zauberinnen angeklagte alte Frauen vom Dorfhäuptling an einen einsamen Ort verbannt, wo sie den Rest ihres Lebens vegetieren. Im ländlichen Tansania haben wirtschaftliche Krisen und Landknappheit vermehrt dazu geführt, dass alte Frauen der Zauberei angeklagt wurden, Grund genug, sie aus ihren Heimen zu vertreiben und sie sogar wegen ihres Besitzes umzubringen. Raub und Gewalt durch Familienmitglieder an den alten Verwandten sind in manchen Regionen alarmierend angewachsen. In manchen Gegenden hat sexueller Missbrauch augenscheinlich zugenommen, genährt durch den Mythos, dass Geschlechtsverkehr mit Alten HIV/AIDS-Infektion heilen könne. Welcher Art der Missbrauch auch immer sein mag, die politischen Systeme versäumen den Schutz der Rechte der Alten. Wo die allgemeine Gesetzgebung tatsächlich Zuflucht böte, ist es für die Alten ungeheuer schwer, Zugang zum Recht zu finden. Die Verletzung dieser Rechte hat ganz allgemein zu einer Zerstörung von Lebensqualität geführt, sichtbar an wachsenden Niveaus der Mittellosigkeit, an Unterernährung und an schlechter physischer und psychischer Gesundheit. Sie münden in Gebrechlichkeit, niedriges Selbstwertgefühl, Stress, Frustration und oft in Selbstmord (vgl. AMANN 2004).
Viele afrikanische Staaten leiden unter den Folgen von Bürgerkriegen, lokalen Konflikten und Naturkatastrophen. Die geringen Möglichkeiten der alten Menschen, mit solchen Notsituationen umzugehen, werden zusätzlich durch völlige Verständnislosigkeit der Hilfseinrichtungen für die Alten negiert. Sie werden von den meisten von ihnen als Menschen geringer Bedeutung angesehen und nur ganz wenige bemühen sich, ihre spezifischen Bedürfnisse zu verstehen. Die Alten sind üblicherweise an letzter Stelle, wenn es darum geht, Hilfsgüter zu verteilen. Eine Untersuchung in Benin hat zutage gefördert, dass es ausschließlich jungen Frauen erlaubt wurde, die Lebensmittelration für die Familien einzusammeln, ja, es gab nicht einmal Anstrengungen, die alten Menschen zu informieren, dass sie ein Recht auf Zuteilung hätten. Alte Witwen werden im Rahmen von Wiederaufbauprogrammen bei der Zuteilung von Land diskriminiert. Meist bekommen sie qualitativ schlechtes Land, dazu noch weit entfernt von ihren Wohnstätten. Unfähig, das schlechte Land ergeb-

nisvoll zu bewirtschaften, überstrapazieren sie es mit dem Resultat schlechter Ernten. Alte Witwen in Sambesi, einer Provinz in Mosambik, klagten kollektiv, dass sie schlechter behandelt würden als die Männer.

Witwenschaft unter über 60jährigen Frauen ist am häufigsten in Nordafrika und Zentralasien, am niedrigsten in Lateinamerika und den Karibischen Inseln. Sich in den Zustand des Verwitwetseins einzugewöhnen ist überall schwer. Besonders schwer aber ist es in Afrika und Asien. In vielen Ländern ist das Erbschaftsrecht dürftig und zum Nachteil der Witwen angelegt. Familienvermögen, Häuser, Land und Geld werden an männliche Verwandte vererbt, häufig zusammen mit den Witwen. Sie haben einen verheerend niedrigen sozialen Status, was sie zu bevorzugten Opfern der Isolation und Diskriminierung, sogar der physischen Gewalt macht. In Südasien verhindern Beschränkungen des sozialen Verkehrs und der Wiederverheiratung für Witwen, dass sie aus der Isolation wieder heraus kommen. In Indien sind 54% der über 60jährigen Frauen verwitwet, 12% sind es unter den 35- bis 59jährigen. Wiederverheiratung ist die Ausnahme, nur 10% schaffen es. Witwer leiden in Indien nicht unter dem sozialen Stigma und unter Einschränkungen und Tabus. Sie behalten ihren Besitz und heiraten auch viel häufiger wieder. Im Kontrast dazu wird von den ca. 33 Millionen Witwen ein keusches, zurückgezogenes und asketisches Leben gefordert. Nur verwitwete Frauen aus einer wohlhabenden Familie können dem entsprechen, wenn diese es sich leisten kann, eine abhängige Witwe zu versorgen. Berichte machen klar, dass Schwäger sich den Erbteil der Witwe widerrechtlich aneignen und ihr keinen Anteil an der Ernte oder einen täglichen Unterhalt gewähren. Söhne, die entfernt leben, unterstützen die verwitwete Mutter nicht und Brüder helfen ihrer verwitweten Schwester nicht, obwohl sie den Erbteil der Witwe vom gemeinsamen Vater an sich nahmen. Wenn sie gar keine Mittel haben, bleibt ihnen der Weg eines religiösen Lebens, das Betteln, die Prostitution oder ein Konkubinat (vgl. AMANN 2004).

Ost- und Zentraleuropa sind eine Region mit ca. 385 Millionen Menschen. Die über 60jährigen machen 19% aus. Krankheits- und Sterblichkeitsraten sind im Steigen begriffen, besonders unter den Männern. Trotz der riesigen Unterschiede in der Geschichte der ehemaligen Sowjetunion, der Balkanländer und Zentraleuropas haben sie alle den Schock eines schnellen und unerwarteten Kollapses politischer und sozialer Systeme erlebt. Die Desintegration und nur teilweise gelungene Reform der Sozial- und Gesundheitssysteme hat zu erheblicher Unsicherheit geführt. Desillusion ist die vorherrschende Erfahrung. Die alten und früher berechtigten Hoffnungen auf eine wenn auch kleine Pension und freien Zugang zur Gesundheitsversorgung sind zusammengestürzt. Es gibt kein einziges Land in dieser riesigen Region Osteuropa, in der das Einkommen der alten Menschen nicht kleiner geworden ist. In manchen Ländern ist es gewaltig abgesunken. Bei vielen herrscht unsägliche Armut. Es fehlt an allem, auch an Lebenswillen.

Desillusion verbindet sich mit einem allgemeinen Gefühl der Machtlosigkeit und der Bestürzung über die Verluste und die Benachteiligung. In manchen dieser Länder haben die Alten den Eindruck, dass es ihnen schlechter geht als während des Zweiten Weltkriegs, weil ihre gesamte Position in der Gesellschaft in Frage gestellt ist und ihre ehemals berechtigten Erwartungen an Pensionssicherheit im Alter ruiniert wurden. Nicht wenige, die Opfer der Massendeportationen waren, fühlen sich verraten, weil sie in den Regierungen dieselben Gesichter sehen wie in den damaligen Regimes. Das ist allerdings kein einzigartiger Fall. In Deutschland und Österreich konnten in der Justiz, in den Behörden und den Schulen zwanzig Jahre nach dem Ende des Nazireichs auch viele derselben Gesichter wieder gesehen werden, die den „Anstreicher" tatkräftig unterstützt hatten (vgl. AMANN 2004).

2.3 Das Altern und die UN

Vom 5. bis 12. April 2002 fand in Madrid die 2. Weltversammlung der Vereinten Nationen zum Thema Altern statt. „Eine Gesellschaft für alle Lebensalter bauen" stand als anspruchsvoller Wunsch über den Anstrengungen. Die erste Weltversammlung zum nämlichen Thema war 1982 in Wien abgehalten worden. Einige der Madrider Ergebnisse sind hier von Belang.

1998 war das Jahr, in dem die demographischen Berechnungen für die entwickelteren Länder das erste Mal eine größere Zahl an älteren Menschen (60+) im Vergleich zu jüngeren (> 14) nachgewiesen hatten. Um 2050 wird dies für die ganze Welt zutreffen und einen Fall darstellen, der in der Menschheitsgeschichte noch nicht da war. Das Altern der Weltbevölkerung ist ein globales Phänomen, jeder Mann, jede Frau, jedes Kind werden auf verschiedene Weise davon betroffen. Dieser Prozess ist irreversibel und die Effekte der demographischen Veränderungen treffen alle Bereiche des täglichen Lebens. Im wirtschaftlichen Bereich werden Wachstum, Sparen, Investition und Konsum, im sozialpolitischen Bereich Arbeit und Pensionen, im allgemeinen Wohlfahrtsbereich Steuern, Transfers, Vermögen etc. berührt. Ebenso werden Gesundheitswesen, Familienzusammensetzung und Lebensverhältnisse, Wohnen und Wanderungen verändert. Ähnliches gilt für politische Wahlen und Repräsentation. Trotzdem hat das globale Altern der Bevölkerungen außerhalb der Sozialpolitik, der akademischen Arenen und der zwischenstaatlichen Organisationen noch nicht viel mehr als moderate Aufmerksamkeit hervorgerufen.

Die ältere Bevölkerung altert in sich; die am schnellsten wachsende Gruppe in der Welt sind jene, die 80 Jahre und älter sind. Sie nehmen gegenwärtig um 3,8% pro Jahr zu und umfassen 12% der gesamten älteren Bevölkerung. In der Mitte des Jahrhunderts wird ein Fünftel der Älteren über 80 Jahre alt sein.

Der größte Teil der älteren Menschen sind Frauen. Gegenwärtig stehen in der Weltbevölkerung 100 älteren Frauen 81 ältere Männer gegenüber. Unter den sehr Alten (85 +) ist das Verhältnis 100 zu 53. Die Differenzen in den hohen Altersgruppen sind in den entwickelteren Ländern geringer als in den weniger entwickelten wegen der größeren Unterschiede in der durchschnittlichen Lebenserwartung zwischen Männern und Frauen in den entwickelteren Ländern.

Eine, wenn auch nicht immer aussagekräftige Maßzahl, die sogenannte Belastungsquote (Potential Support Ratio = PSR), zeigt in diesem demographischen Prozess erhebliche Veränderungen. Diese Quote fällt seit längerer Zeit und wird weiterhin fallen. Zwischen 1950 und 2000 fiel sie von 12 auf 9 Personen im Erwerbsalter pro einer Person im Alter von 65 und mehr, in der Mitte des 21. Jahrhunderts wird sie auf 4 Personen im Erwerbsalter gegenüber einer Person im Alter von 65 und mehr abgesunken sein. Diese Veränderungen sind von eminenter Bedeutung besonders für jene Alterssicherungssysteme, in denen traditionellerweise die jeweils aktiv Beschäftigten für die nicht (mehr) Beschäftigten zahlen. In den entwickelteren Ländern ist das Regelpensionsalter in mehr als der Hälfte dieser Länder 65 oder älter für Männer und ebenfalls in über der Hälfte der Länder zwischen 55 und 59 Jahren für Frauen. Das Regelpensionsalter in den weniger entwickelten Ländern liegt bei den Männern meist niedriger, zwischen 60 und 64 Jahren, bei den Frauen um die 60 Jahre. Diese Differenzen spiegeln nach Auffassung von Experten/innen aus diesen Ländern vor allem die dort niedrigere Lebenserwartung.

Zu den wichtigsten Punkten zählten auf der Madrider Versammlung die folgenden, im „International Plan of Action on Ageing" angenommenen. Er basiert auf *drei Prioritätsperspektiven*: a) Ältere Menschen und Entwicklung unter Gesichtspunkten der Notwendigkeit für die Gesellschaften zu betrachten, ihre Politiken und Institutionen auf eine Unterstützung der älter werdenden Bevölkerung in ihrer Rolle als produktive Kraft für die Gesellschaft auszurichten; b) Verbesserung der Gesundheit und des Wohlbefindens bis ins hohe Alter mit der Aufforderung an die Politik zu verbinden, die Gesundheitsförderung ab der frühesten Kindheit und durch den ganzen Lebensverlauf gezielt zu unterstützen, um ein gesundes hohes Alter zu erreichen; c) die Gewährleistung einer fördernden und unterstützenden Umwelt einzuhalten, die eine familien- und gemeinschaftsorientierte Politik fördert und so die Basis für ein sicheres Altern zur Verfügung stellt. Der Plan betont die Notwendigkeit einer Einpassung des Alterns in die globale Entwicklungs-Agenda und umfasst ausdrücklich neue Entwicklungen im sozialen und ökonomischen Bereich, die seit der Annahme des Wiener International Plan of Action die Welt verändert haben.

Der Madrid Plan of Action ist ein umfassendes Dokument, das unter den drei genannten Prioritätsperspektiven *35 Sachziele* und *221 Handlungsempfehlungen* auflistet, die primär an nationale Regierungen gerichtet sind, aber eindeutig die Notwendigkeit einer Partnerschaft zwischen den Regierungen, allen Teilen der Zivilgesellschaft und dem privaten Sektor im Interesse der Implementierung des Plans betonen.

Die Themen sind aus einer Perspektive normativer Festlegung formuliert, sodass der Aufforderungscharakter durchgängig die Bedeutung der behandelten Themen bestimmt. Dabei werden die Forderungen nur teilweise auf Forschungsergebnisse gestützt, teilweise sind sie einfach das Resultat von „Einigungen", die die Vertreter/innen verschiedenster Länder und Organisationen in den Vorverhandlungen zur Weltkonferenz gefunden haben. Ob des generellen Aussagenniveaus der Themen ist es offensichtlich, dass es zwischen der allgemeinen Normativität, die die Sachziele und Handlungsempfehlungen auszeichnet, und der Notwendigkeit, Differenzen und Details in den Sachverhalten zu berücksichtigen, um die Erreichbarkeit der Ziele abschätzen zu können, erhebliche Spannungen gibt. Die herausragenden Themen sind jedenfalls folgende: „Ältere Menschen und Entwicklung", „Verbesserung der Gesundheit und des Wohlbefindens bis ins hohe Alter", „Gewährleistung einer fördernden und unterstützenden Umwelt". Das in seiner Reichweite am deutlichsten als *global* bedeutsam ausformulierte Prioritätenthema ist das letztgenannte. Es wird seinerseits an sehr allgemeine Bedingungen rückgebunden: Schaffung von Wohn- und Wohnumweltbedingungen für ältere Menschen, die emotionale und psychische Sicherheit, finanzielle Bewältigbarkeit und die Förderung von Gesundheit und Wohlbefinden ermöglichen; Gewährleistung von Hilfe und Pflege für alle, die diese brauchen sowie nachhaltige Unterstützung jener, die Hilfe und Pflege leisten; Bekämpfung aller Formen von Vernachlässigung, Missbrauch und Gewalt von und gegen ältere Menschen; Herstellung angemessener Altersbilder, die die Autorität, die Weisheit und die Würde, aber auch die Einschränkungen, die mit dem Alter kommen, ohne Vorurteile berücksichtigen (vgl. AMANN 2003).

2.4 Armut und Sicherung in den Entwicklungsländern

Zu den inzwischen weithin bekannten Zusammenhängen zählt, dass das Altern mit sinkendem Lebensstandard für ältere Menschen und ihre Haushalte Hand in Hand geht (vgl. BARRIENTOS/GORMAN/HESLOP 2003). In Entwicklungsländern ist dieses Phänomen stärker ausgeprägt, es trifft wesentlich größere Gruppen als in den entwickelteren Ländern, wobei die Ursachen vielfältig sind. Eine der wichtigsten liegt darin, dass die formalen Schutzsysteme nicht ausreichen, große Teile der Bevölkerung zu erreichen, während gleichzeitig die bestehenden informellen (verwandtschaftlichen) Versorgungssysteme vom raschen wirtschaftlichen und demographischen Wandel, allem voran durch Binnenwanderung vom Land in die Städte, ausgehöhlt werden. Hohe Raten an Altersarmut und Bedürftigkeit treten häufig auf. Umfrageergebnisse zur Altersarmut in Lateinamerika und Afrika belegen einen sehr hohen Einkommens- und Konsumverzicht älterer Menschen und ihrer Haushalte , und da diese Älteren immer noch oft in mehrere Generationen umfassenden Haushalten leben, spiegeln die Armutsquoten älterer Menschen mitunter auch jene der ganzen Bevölkerung wieder. Überwiegend sind aber ältere Menschen in vielen Ländern unter den Armen überrepräsentiert, die Armutsquoten liegen hoch über jenen der Gesamtbevölkerung. In einer Studie, die 18 Länder Lateinamerikas erfasste, waren die Armutsraten in zehn Ländern von diesen achtzehn höher als in der Gesamtbevölkerung (vgl. BARRIENTOS 2007), in einer über 14 afrikanische Länder zeigten zehn von diesen ebenfalls einen höheren Anteil an Armen unter den Älteren (vgl. KAKWANI/SUBBARAO 2005).

Wie hängen nun diese Befunde mit der Sozialen Sicherheit zusammen? Am deutlichsten reduzieren die Armutsquoten unter den Älteren Systeme der Sozialen Sicherheit und wirtschaftliche Entwicklung. Chile, Uruguay, Argentinien und Brasilien, die ja einmal die Pioniere bei den Sozialversicherungssystemen in der Region Lateinamerika waren, haben auch niedrigere Armutsquoten unter der älteren Bevölkerung. In Ecuador dagegen ist die Armutsquote unter ihnen anderthalb mal so hoch wie im Gesamtdurchschnitt. Doch, um die Systeme finanzieren zu können, bedarf es günstiger ökonomischer Entwicklung. Die hohen Anteile an informeller Beschäftigung z. B. in Südasien, wo die beitraggestützten Rentensysteme allenfalls die staatlich Bediensteten erfassen, vor allem aber auch die Umformung der Arbeitsmärkte in verschiedenen Weltgegenden unter neoliberalen Direktiven und der Rückgang des Wirtschaftswachstums in vielen Entwicklungsländern führten in den letzten Jahren dazu, dass sowohl die Mitteldeckung als auch die Reichweite entweder stagnieren oder zurückgehen. In Ländern mit niedrigen Einkommen verhindert die informelle Beschäftigung geradezu eine Ausdehnung der beitragfinanzierten Sozialen Sicherheit über einen kleinen Teil der Arbeitnehmerschaft hinaus.

Der ökonomische und teilweise auch der demographische Wandel bewirken in den Entwicklungsländern eine Veränderung der Formen der Bedürftigkeit im Alter. Sinkende Geburtenziffern, steigende Lebenserwartung und Veränderung der Beschäftigungsstruktur, weg von der Landwirtschaft und hin zu Industrie und Dienstleistungen, stülpen Beschäftigungsniveau und Lebensformen um. In China führte der wirtschaftliche Transformationsprozess z. B. zu einem raschen Anstieg der Arbeitslosigkeit bei den älteren Arbeitskräften, während gleichzeitig der aus der Ein-Kind-Politik erwachsende beschleunigte Wandel der Altersstruktur die traditionellen Formen der Altersvorsorge untergräbt. Nationale und internationale Migration ist ein anderer Faktor der die Bedürftigkeit im Alter verändert. Während die Überweisungen der Migranten/innen die Haushalte im Heimatland unterstützen, vermögen sie die Zersplitterung und den Verlust von Familien und sozialen Netzwerken nicht zu

kompensieren, ja beschleunigen diese manchmal noch, weil die Barmittel die gemeinschaftliche Haushaltsökonomie teilweise verzichtbar machen, an der die Älteren herkömmlicher weise einen hohen Anteil hatten. In Afrika und in Teilen Asiens haben andererseits wieder HIV/AIDS bewirkt, dass viele ältere Menschen erhebliche und unerwartete Aufgaben bei der Versorgung der Betroffenen und ihrer Kinder übernehmen müssen (vgl. BARRIENTOS 2007).
Die Afrikanische Union hat Fragen des Alterns auf ihre Agenda gesetzt und ihre Mitgliedsstaaten aufgefordert, Strategien zu entwickeln und zu implementieren, um die Reichweite formeller und informeller Systeme der sozialen Sicherheit zu verbessern. Die Vereinigte Republik Tansania hat ebenfalls auf die aktuellen Herausforderungen reagiert und eine nationale Alterspolitik ausgerufen, die Gesundheitsleistungen, Soziale Sicherheit und soziale Teilhabe für ältere Menschen verbessern soll. Doch, man wird sehen müssen, ob die Programme auch von konkretem Handeln begleitet sein werden (SPITZER/ RWEGOSHORA/MABEYO 2009). Die hier eben zitierte kulturvergleichende Studie (mit 400 standardisierten und 40 halb standardisierten Interviews sowie 32 Fokusgruppen-TeilnemerInnen) wurde in Dar es Salaam (Kingugi) und in der Lindi Region (Kineng'ene) durchgeführt, letztere wird als die ärmste Region ganz Tansanias angesehen. Hier traten ähnliche Notsituationen und Problemlagen auf, wie sie wiederholt dokumentiert worden sind. Es zeigte sich, dass die meisten alten Menschen erheblichen Mangel an Grundvoraussetzungen hatten wie angemessene Lebensbedingungen und Wohnmöglichkeiten. Letztere ist eine der Schlüsselbedingungen, die geschaffen werden müssten, damit ältere Menschen in einer geeigneten Umgebung leben können. In der genannten Studie gab es zwar leichte Unterschiede im Stadt-Land-Zusammenhang, doch war die Wohnversorgung bzw. Behausungsmöglichkeit für beide Gruppen ärmlich. In Kineng'ene lebten 96% der Befragten in grasgedeckten Lehmhäusern, in Kingugi hatte ein großer Prozentsatz unter den Älteren zwar Blockhäuser mit Blechdach, doch selbst, wenn solche „besseren" Häuser vorhanden sind (in den meisten Fällen haben die Dächer Löcher, sind in einem jämmerlichen Zustand und bedürften grundsätzlicher Reparaturen), es fehlen elektrische Energie und vor allem – Wasser. In Kineng'ene bestätigte jede einzelne interviewte Person den Wassermangel als das größte Problem. Bis zu sieben Stunden pro Tag müssen manche aufwenden, um an Wasser zu kommen und alte Frauen sitzen mitunter einen ganzen Tag an einer Quelle um einen Topf Wasser.
Armut wird in den weniger entwickelten Ländern in zwei Weisen sichtbar. Die erste und eindringlichste besteht in der Unmöglichkeit eines großen Teils der Bevölkerung, auch nur die grundlegenden Lebensbedürfnisse stillen zu können, wobei die Alten meist den extremen Fall darstellen. Diese Lage wird durch die zweite Weise verstärkt, in der Armut sichtbar wird. Die Unfähigkeit der nationalen Regierungen, in deren Ländern die Armen leben, die notwendi-

gen Ressourcen zu mobilisieren, um die Armut zu bekämpfen oder zumindest die Leiden zu lindern. Obwohl städtische und ländliche Bevölkerung unter Armut leiden, ist das Problem am akutesten in den großen Teilen ländlicher Bevölkerung, die in den meisten dieser Länder dominiert. Da die größten Teile der ländlichen Bevölkerung Bauern und Handwerker sind, die außerhalb des formalen Sektors arbeiten, ist das Konzept der Sozialen Sicherheit, insbesondere das der Sicherung von Pensionen, gegenstandslos und die Auszahlung von Pensionen ohne Bedeutung (vgl. AMANN 2004).

In Südasien stieg die Rate der Lebensmittelproduktion im Agrarsektor aufgrund des technologischen Wandels über die Rate des Bevölkerungswachstums. Da aber das Wachstum der Beschäftigung in anderen Sektoren weit zurück blieb, stieg die Armut unter denen, die kein Land besitzen oder nur sehr wenig, dramatisch an. In Subsahara-Afrika haben die Bodenzerstörung und der allgemeine ökonomische Rückschritt die Zahl der Armen unter den Subsistenzbauern rapid ansteigen lassen.

Dort, wo Armut am schärfsten auftritt, führt die Konkurrenz um Ressourcen unter den Generationen zum Zerbrechen alter traditioneller Allianzen. Junge Menschen verlassen die ländlichen Gegenden, ziehen in die Städte, wodurch die Struktur der traditionalen Familie unterminiert wird. Die Alten, vor allem die Witwen, bleiben in den armen ländlichen Gebieten zurück. Die von St. M. ALBERT und M. G. CATTELL vor 15 Jahren konstatierten hoch integrierten Zusammenlebensformen der Familien in den weniger entwickelten Ländern, in denen die allein wohnenden und allein lebenden Älteren eine Minorität ausmachten, gelten längst nicht mehr so allgemein (vgl. ALBERT/CATTELL 1994). Die Bedingungen, unter denen alte Menschen im urbanen Gebiet in Baracken und Wellblech- oder Papphütten leben, treffen die Ärmsten und Gefährdetsten besonders hart, wie z. B. die Schwarzen in Südafrika. Die Armut ist so groß, dass sogar Menschen im selben Haushalt physische Gewalt gegenüber den kranken Alten üben oder sie töten, um ihnen Lebensmittel oder Pensionsgeld wegzunehmen, falls sie solches haben. Die Armut verteilt sich ungleich über die Rassen (weiß und schwarz) und über die Geschlechter. In Südafrika hat die Jahrzehnte dauernde unsägliche Apartheidpolitik die Schwarzen in eine katastrophale Lebenssituation getrieben. Die Schwarzen stellen 78% der Bevölkerung, die Weißen 10%. Die Schwarzen tragen 37% der Arbeitslosigkeit, die Weißen 5%. Die Haushalte, denen Frauen vorstehen, zählen zu den ärmsten im ganzen Land. Unter den Alten leben 13% in Unterkünften ohne Toiletten, 25% von ihnen haben keinen direkten Zugang zu Wasser.

Für die große Mehrheit, ob der urbanen oder der ländlichen Bevölkerung, ist „Alter" keine Vorstellung des kalendarischen Alters, sondern ein Zustand wachsender Unfähigkeit zu arbeiten und deshalb der Zustand unvermeidlicher und zunehmender Armut. Da die jährlich, ja monatlich neu hinzukommenden Armenzahlen so hoch sind und mit großer Wahrscheinlichkeit auch in Zukunft weiter wachsen werden, wird Armut eine der größten Barrieren für die Entwicklung und Durchsetzung von politischen Programmen zugunsten der Älteren darstellen (vgl. UNITED NATIONS POPULATION FUND 2002). Als notwendige Konsequenz ergibt sich daraus, dass die Implementation des „International Plan of Action", der, wie bereits erwähnt, 2002 anlässlich der Weltversammlung der Vereinten Nationen über das Alter in Madrid verabschiedet wurde, in diesen Ländern keine Chance hat, wenn nicht die reichen Länder massiv einspringen. Dabei ist es offensichtlich, dass „Entwicklungshilfe" der konventionellen Art hilflos bleiben und die Rolle großer Institutionen, wie z. B. jene der Weltbank, zu überdenken sein wird (vgl. AMANN 2004).

3. Märkte und Wanderungen

Globalisierung als ein umfassender Prozess ökonomischer, politischer und sozialer Veränderung hat selbstverständlich auch die Zahlen und Muster der Migration weltweit beeinflusst. Erstens hat sich das Migrationsvolumen erheblich vergrößert, weil die ölreichen und neu industrialisierten Länder Arbeitsmigranten/innen buchstäblich eingesogen haben. Zweitens hat sich eine weltweite Nachfrage nach weiblicher Arbeitskraft auf Kosten der Männer schon sehr früh entwickelt (vgl. CAMPANI 1995), was einen rasanten Anstieg der weiblichen Migration bewirkte, sowohl primärer Migrantinnen als auch nachfolgender Verwandter. Drittens haben internationale Desaster und das Anwachsen separatistischer Bewegungen (inkl. Bürgerkriege etc.) die Zahl der Flüchtlinge und Asylsuchenden drastisch erhöht. Alle diese Entwicklungen haben einen direkten Einfluss auf die Unterstützungsmöglichkeiten im späteren Leben und auf die Fragmentierung von Familien und ganzen Gemeinden, die ihrer Mitglieder im mittleren Lebensalter verlustig gehen (vgl. WILSON 2002, S. 657). Es ist mittlerweile eine alte Einsicht, dass Arbeitsmigranten/innen in den aufnehmenden Ländern ursprünglich als vorübergehende Gäste angesehen wurden, während sie nun meist als „Fremde" bleiben. Diese Länder sehen sich mit Fragen konfrontiert, die früher nicht so brennend waren, und die sich heute meist um das Problem drehen, was „mit den Migranten/innen zu tun" sei. Manche werden als „problemfreie Minderheiten" wahrgenommen wie asiatische Einwanderer/innen in den USA oder höher gestellte und gut bezahlte Ausländer/innen in Österreich – die anderen werden fast automatisch stereotypisiert. Wirtschaftliche Abschwünge oder Krisen scheinen fast unvermeidlich alle Schwierigkeiten zu vergrößern, die von Migranten/innen erfahren werden können, angefangen bei Rassismus in der Arbeit und Benachteiligung von Gesetzes wegen bis zu Problemen beim Wohnen, in der Gesundheitsversorgung oder in Bildung und Erziehung. Vor diesem Hintergrund werden Ältere veranlasst, sich um Kinder und Enkel zu kümmern, während die mittlere Generation Arbeit sucht, im Inland wie im Ausland. Überlastete Familien können die Älteren nicht mehr unterstützen, die Pensionen für die Älteren sind unzureichend oder gar nicht vorhanden, und die Veränderung der Arbeitsmärkte (z. B. Verschwinden von Jobs für ungelernte oder angelernte Arbeitskräfte) vermehrt die Zahl arbeitsloser Haushalte (vgl. WILSON 2002, S. 658).

Es ist nur eine kleine Minorität unter den Älteren in den Entwicklungsländern, denen es gelingt, ausreichende Ersparnisse zusammenzutragen oder andere Möglichkeiten des Lebensunterhalts in früheren Jahren zu schaffen, und sogar diese sind meist abhängig von bezahlter Arbeit der Jüngeren. In globaler Sichtweise können ältere Frauen und Männer in Abhängigkeit von kollektiver Unterstützung gesehen werden, die in drei sich überlappenden Systemen dargestellt werden kann.

Erstens gibt es das System der Arbeitsredistribution. In den meisten Gesellschaften sind die Beschäftigungsaussichten mit dem Status im Lebenslauf verbunden. Ältere Männer und Frauen verrichten die Arbeit, die von dieser Altersgruppe jeweils erwartet wird. Dieses Muster gilt für Familienarbeit zuhause und für bezahlte Arbeit außerhalb (im schlechteren Fall werden sie in entwickelteren Ländern nicht mehr beschäftigt, sondern gekündigt oder in Sozialprogramme verschoben). Wenn die Pensionen niedrig, nicht vorhanden oder nur auf Staatsbedienstete und Militärangehörige beschränkt sind, wie dies in vielen Ländern der Fall ist, wird erwartet (und dieser Erwartung ist nicht zu entkommen), dass ältere Menschen weiter arbeiten, so lange sie können (vgl. TRACY 1991). Die zweite Form der kollektiven Unterstützung ist die gegenseitige Hilfe im Rahmen der Familie bzw. Verwandtschaft. In entwickelteren Ländern trifft dies hauptsächlich auf die Kernfamilie und die unmittelbar blutsverwandten Großeltern und Kinder zu, in weniger entwickelten Ländern allerdings sind Familien größer und komplexer. In ihnen umfasst das Unterstützungssystem Familienarbeit, Wohnen und Ernährung, materielle und emotionale Unterstützung, und im besonderen Fall Pflege (hauptsächlich wieder durch Frauen). All jene, für die familiäre Ressourcen nicht zur Verfügung stehen, sind auf das dritte Unterstützungssystem angewiesen, das einerseits auf Wohltätigkeit gründet und andererseits auf der kollektiven Vorsorge über Versicherungen, Pensionen und Gesundheitsförderung innerhalb der verschiedenen Typen von Sozialstaatsleistungen. Wohltätigkeitsverbände und Glaubensgemeinschaften sowie andere Nicht-Regierungsorganisationen sind die wesentlichen kollektiven Einrichtungen, die einige der sozialstaatlichen Lücken füllen (vgl. WILSON 2002, S. 649).

Im Rahmen der Globalisierung hat die „new economy" höchst marginale Effekte zugunsten der Älteren gezeigt, für sie wird größtenteils gar nicht erwartet, dass sie an den „Errungenschaften" teilhaben – trotz der Verbesserung der Altersvorsorge in manchen Staaten Lateinamerikas und in den Wirtschaftszentren am westlichen Pazifikrand. Der immer wieder erzählten

Leitgeschichte, dass die Globalisierung den Lebensstandard auch der Älteren gehoben habe, ist einfach das Faktum gegenüber zu stellen, dass als globaler Effekt ein Transfer von Ressourcen von den armen zu den reichen Nationen und ein Transfer der Risiken von den Reichen zu den Armen stattgefunden hat, und damit auch zu den Individuen (vgl. GHAI 1997, AMANN 2008). Der ganze Prozess hat die am wenigsten entwickelten Länder marginalisiert, die Situation der Älteren ist dabei z. T. katastrophal geworden, Diese Länder umfassen mehr als 20% der Weltbevölkerung und generieren 0,03% des Welthandelsvolumens (vgl. KWA 1998).

4. Alter und Gesundheit

In den Politiken der Dritten Welt, aber auch in der internationalen Literatur, gibt es eine verbreitete Tendenz, Fragen des Lebensunterhalts und der Gesundheit getrennt zu behandeln, obwohl die Verbindungen zwischen den beiden Komplexen vielfältig und augenfällig sind. Die bedeutsamste Wirkung des Alterungsprozesses auf die Gesundheitsysteme, so muss angenommen werden, erfolgt über den Wandel epidemiologischer Veränderungen. In den entwickelteren Ländern spiegelt sich dieser Sachverhalt in der nicht endenden Debatte darüber, ob die steigende Lebenserwartung eine Ausdehnung des aktiven und gesunden Lebens bedeute, oder eine Restlebensspanne mit erweiterter Morbidität. Dieses Diskussionsmuster ist auf andere Weltregionen nicht anwendbar, schlicht wegen des Mangels an geeigneten Daten, und Analogieschlüsse sind fruchtlos, weil nicht angenommen werden kann, dass die epidemiologischen Muster älterer Menschen sich in diesen verschiedenen Regionen jemals so annähern werden, dass eine informierte Diskussion möglich ist.

Ältere in weniger entwickelten Länder sind Risiken ausgesetzt, die sowohl vor als auch nach der demographischen Transition auftauchen. Vor der Transition, so wird wiederum angenommen, sind es z. B. akute Erkrankungen mit tödlichem Ausgang, nach der Transition sind es z. B. chronische und kostenintensive Krankheiten, die mit dem höheren Alter assoziiert sind. In Mexico, wie in vielen anderen sich entwickelnden Ländern, gibt es eine wachsende Besorgnis, dass das Altern der Bevölkerung zu einer wahren Explosion der Gesundheitskosten wegen chronischer Erkrankungen führen wird (vgl. DURÀN-ARENAS/SÀNCHEZ/VALLAJO/CARREÒN/FRANCO 1996), jedenfalls zu einem unverhältnismäßig höheren Anstieg als er in den entwickelten Ländern beobachtbar ist. Der Gesundheitszustand und der Zugang zu Gesundheitsleistungen älterer Menschen in Armut werden beide in hohem Maße durch zwei Faktoren beeinflusst, die einander häufig verstärken: das Alter und die spezifische Erscheinungsform der Armut. Wird nach dem erklärenden Faktor für diesen Zusammenhang gesucht, so dürfte er mit hoher Wahrscheinlichkeit, in entwickelten wie in weniger entwickelten Ländern, im voraus liegenden ungleichen Zugang zur Bildung zu finden sein (vgl. ABEL-SMITH 1994).

In einem weiten Blick über die einschlägige Literatur kann der Eindruck gewonnen werden, dass, auch in weniger entwickelten Ländern, Gesundheitsfragen in Hinsicht auf empirische Daten am fruchtbarsten unter dem Konzept der „diversity" diskutiert werden können. Dies hat konzeptuell damit zu tun, dass dahinter eine entwickelte und vielfach ausdifferenzierte Begrifflichkeit der sozialen Ungleichheitsdebatte steht, wobei selbstverständlich Gruppen und nicht Individuen miteinander verglichen werden. Dieser Gedanke ist wichtig, weil damit ausgesagt wird, dass gesundheitliche Diversität nicht einfach das Ergebnis der Tatsache sein kann, dass jedes Individuum vom anderen verschieden ist. Aus einer methodologischen Perspektive bedeutet es weiter, dass durch Aggregierung geeigneter Daten individuelle Unterschiede neutralisiert werden können, und dass man signifikante Unterschiede zwischen ganzen Populationen, aber auch zwischen Untergruppen in einer Population finden kann. Eine der Basisdifferenzen, die in der Forschung verwendet wird, und die auch sozialpolitische Implikationen hat, ist gesundheitliche Diversität, die auf dem sozioökonomischen Status gründet (HERTZMANN/FRANK/ EVANS 1994, ANDERSSON/ÖBERG 2004). Gleichzeitig muss allerdings bewusst sein, dass die Art und Reichweite empirischer Daten, um die es hier geht, das Ergebnis einer in den Industrieländern lange wirksamen Tradition der Sozialberichterstattung sind, ein Umstand, der für die weniger entwickelten Länder nur in geringem Maße gelten gemacht werden kann. Ich greife ein Beispiel aus dieser Diskussion heraus, das auf empirischer Datenbasis sehr klare Unterscheidungsmerkmale abbildet.

Öffentliche Sozialdaten aus Schweden (auf nationaler, regionaler und lokaler Ebene) lassen es zu, sehr verschiedene Typen von gesundheitlicher Ungleichheit auf der Grundlage des sozioökonomischen Status zu analysieren (vgl. FOLKHÄLSORAPPORT 2001 zit. nach ANDERSSON/ÖBERG 2004). Ein solcher Typus zeigt die sozioökonomischen Differenzen der Mortalität, die über den gesamten Lebensverlauf hinweg bestehen bleiben, allerdings unter den Pensionierten weniger deutlich hervortrete als unter den Beschäftigten. Sowohl die durchschnittliche Lebensdauer als auch die Todesursachen differieren zwischen den Siedlungsgrößen nach sozioökonomischen Kriterien.

Für die Morbidität zeigen dieselben Daten für Verheiratete, die in Schweden geboren wurden, dass bei den Männern unter ihnen, die gleichzeitig ins niedrigste Einkommensfünftel fallen, das Risiko ernstlich zu erkranken, viermal so hoch ist wie unter den verheirateten Männern im höchsten Fünftel. Für Frauen aus derselben Gruppe gilt das dreifach höhere Risiko. Das Risiko einer ernsthaften Erkrankung ist nach denselben Daten am höchsten bei den 80- bis 84jährigen, die allein leben, im Ausland geboren wurden, und ins unterste Einkommensfünftel fallen. Die Wahrscheinlichkeit für eine solche Erkrankung liegt in dieser Gruppe bei den Männern bei 36% und bei den Frauen bei 42% (vgl. ANDERSSON/ÖBERG 2004).

Als eine noch zu testende Hypothese würde ich folgende ansehen: Diversivität in gesundheitlicher Hinsicht hat einen kritischen Punkt im Zeitverlauf; Es ist anzunehmen, dass die Zusammenhänge zwischen sozialer Klasse und Gesundheit/Krankheit sich im Laufe der Zeit entfalten, doch gegenwärtig ist dieses Zeitfenster, in der sich die Zusammenhänge aktualiseren, nicht eindeutig festlegbar. Dafür müsste auch die „Geschichte" der sozialen Klassen und die Genese der Krankheit(en) zum Zeitpunkt der Messung bekannt sein, da Menschen auf diesem langen Weg die Klassenlagen auch gewechselt haben können.

5. Schlussbemerkung

Das globale Altern ist ein irreversibler Prozess, der in den einzelnen Weltregionen sehr verschiedenartige Effekte zeigt. Von diesen Effekten zu sprechen setzt jedoch voraus, dass der Blick nicht nur auf die sich verändernde Altersstruktur gerichtet wird, sondern auch auf die wirtschaftlichen, politischen und sozialen Veränderungen. Mit Urteilen über konkrete Lagen ist insbesondere für die weniger entwickelten Länder vorsichtig umzugehen, weil häufig für methodisch gute Analysen die angemessenen Daten fehlen. Aus einer weltpolitischen Perspektive, der aus ethischen Gründen der Kampf gegen systematische Ungleichheit und Benachteiligung zugrunde liegt, stellt sich gegenwärtig wohl als wichtigste Aufgabe heraus, die am wenigsten entwickelten Länder der Erde in diesem Prozess zu unterstützen, weil sie die geringsten Mittel haben, um ihre Menschen und unter ihnen vor allem auch die Älteren aus der allgemeinen Notsituation heraus zu führen.

Anmerkungen

[1] In der weiteren Diskussion wird „regional" im Sinne von Weltregionen verwendet, wie sie in den demographischen Veröffentlichungen der UN definiert sind.

[2] Über die Hälfte der Weltbevölkerung hat ein Geburtenniveau unterhalb der so genannten Nettoreproduktionsrate mit 2,1 überlebenden Kindern pro Frau. Hier ist auch gleich dem verbreiteten Vorurteil über die geburtenfreudigen islamischen Bevölkerung entgegenzutreten: Der Iran hat in den letzten 20 Jahren das schnellste Absinken der Geburtenrate in der Menschheitsgeschichte erlebt (soweit wir dies überprüfen können). Alle genannten Werte nach: LUTZ, SANDERSON, SCHERBOV (2008)

Literatur

ABEL-SMITH, B.: An introduction to health. Policy, planning and financing. London 1994.

ALBERT, St. M./CATTELL, M. G.: Old Age in Global Perspective. Cross-Cultural and Cross-National Views. New York/Oxford/Singapore/Sydney 1994.

AMANN, A.: Nach der Teilung der Welt. Logiken globaler Kämpfe. Wien 2008.

AMANN, A.: Die großen Alterslügen. Generationenkrieg, Pflegechaos, Fortschrittsbremse? Wien 2004.

AMANN, A.: Die UN-Weltversammlung über das Altern in Madrid 2002. In: ROSENMAYR, L./BÖHMER, F. (Hg.): Hoffnung Alter. Forschung, Theorie, Praxis. Wien 2003, S. 301-313.

AMANN, A./KOLLAND, F.: Kritische Sozialgerontologie – Konzeptionen und Aufgaben. In: AMANN, A./KOLLAND, F. (Hg.): Das erzwungene Paradies des Alters? Fragen an eine Kritische Gerontologie. Wiesbaden 2008, S. 13-43.

ANDERSSON, L./ÖBERG, P.: Diversity, health and ageing. In: DAATLAND, S. O./BIGGS, S. (Hg.): Ageing and Diversity. Multiple pathways and cultural migrations. Bristol (UK), S. 45-60.

BARRIENTOS, A.: Neue Strategien zur Einkommenssicherheit im Alter in Ländern mit niedrigem Einkommen. In: INTERNATIONALE VEREINIGUNG FÜR SOZIALE SICHERHEIT. Fachausschuss für Alters-, Invaliden- und Hinterbliebenenversicherung – Weltforum für soziale Sicherheit, Moskau, 10.-15. September 2007 (http://www.issa.int/Ressourcen).

BARRIENTOS, A./GORMAN, M./HESLOP, A.: Old age poverty in developing countries: contributions and dependence in later life. In: WORLD DEVELOPMENT, Nr: 3; 2003.

BECK, U.: Die Risikogesellschaft. Frankfurt am Main 1986.

CAMPANI, G.: Women migrants: from marginal subjects to social actors. In: COHEN, R. (ed.): The Cambridge Survey of World Migration. Cambridge (Mass.) 1995, S. 546-550.

DURÁN-ARENAS, L./SÁNCHEZ, R./VALLEJO, M./CARREÓN, J./FRANCO, F.: Financiamiento de la atencion a la saludad de la poblacion de la terra edad. In: SALUDAD PÚBLICA DE MÉXICO 8 (1996), S. 501-512.

FOLKHÄLSORAPPORT: Äldres hälsa och välbefinnande. En utmaning for folkhälsoarbetet. Stockholm 2001.

GHAI, D.: Economic Globalization, Institutional Change and Human Security. Discussion Paper 91, United Nations Development Research Institute for Social Development. Geneva 1997.

HAUB, C.: Dynamik der Weltbevölkerung 2002. Stuttgart 2002.

KAKWANI, N./SUBBARAO, K.: Ageing and poverty in Afrika and the role of social pensions (Working Paper, No. 8). Brasilia, International Poverty Centre, UNDP 2005.

KWA, A.: Focus on the Global South. WTO and Developing Countries (1998: www.foreignpolicy-infocus.org/briefs/vol3/v3n37wto.html).

LUTZ, W./SANDERSON, W./SCHERBOV, S.: The coming acceleration of global population ageing (Letter). In: NATURE 451/7179 (2008), S. 716-719.

LUTZ, W./GOUJON, A./SAMIR, K. C./SANDERSON, W.: Reconstruction of populations by age, sex and level of educational attainment for 120 countries for 1970-2000. In: LUTZ, W. (Hg.): Vienna yearbook of population research. Vienna 2007, S. 193-235.

LUTZ, W./CUARESMA, J. C./SANDERSON, W.: The demography of edcational attainment and economic growth. In: SCIENCE 319/5866 (2008), S. 1047-1048.

MANDER, J.: Gegen die steigende Flut. In: MANDER, J./GOLDSMITH, E. (Hg.): Schwarzbuch Globalisierung. Eine fatale Entwicklung mit vielen Verlierern und wenigen Gewinnern. München 2004, S. 9-30.

TRACY, M. B.: Social Policies for the Elderly in the Third World. New York 1991.

SPITZER, H./RWEGOSHORA, H./MABEYO, Z. M.: The (Missing) Social Protection for Older People in Tanzania. A Comparative Study in Rural and Urban Areas. Feldkirchen/Dar es Salaaam, July 2009 (Forschungsbericht).

UNITED NATIONS POPULATION FUND: Situation and Voices. The Older Poor and Excluded in South Africa and India. Population and Development Strategies Series. New York 2/2002.

WILSON, G.: Globalisation and older people: effects of markets and migration. In: AGEING & SOCIETY 22 (2002), S. 647-663.

Cornelia Schweppe

ALTER UND SOZIALE ARBEIT: THEORETISCHE PERSPEKTIVEN

1. Einleitung

Die Soziale Arbeit hat sich gegenüber der gesamten Lebensspanne geöffnet. Sie zielt nicht mehr nur auf spezifische Zielgruppen und beschränkt sich nicht mehr nur auf die historisch mit ihr verbundenen Lebensphasen der Kindheit und Jugend. Dennoch werden Fragen des Alters immer noch eher randständig behandelt. Obwohl in den letzten Jahrzehnten eine zunehmende Auseinandersetzung mit Fragen des Alters zu erkennen ist (vgl. aktuell z. B. ANER/KARL 2008, SCHWEPPE 2005), steht eine systematische Erschließung des Alters über die Zugrundelegung sozialpädagogischer Kategorien und sozialpädagogischer Erkenntnisinteressen weitgehend aus. Die relativ späte sozialwissenschaftliche Erforschung des Alters, die späte Verpflichtung zur Entwicklung einer Altenhilfe-Infrastruktur auf kommunaler Ebene erst im Jahr 1962 durch die Einführung des § 75 des Bundessozialhilfegesetzes – bis dahin waren Angebote für Ältere im Bildungs- und Sozialwesen kaum existent – aber vor allem durch die historisch bedingte Fokussierung der Sozialpädagogik auf die junge Generation, ist Alter für die Sozialpädagogik eine außerordentlich junge Kategorie. In der Theoriebildung der Sozialpädagogik hat sie bisher wenig Platz gefunden. Eine sozialpädagogisch orientierte empirische Forschung zu Fragen des Alters lässt sich bislang wenig nachweisen. In der sozialpädagogischen Ausbildung nehmen Fragen des Alters eher eine Randstellung ein. Und im Arbeitsfeld der Sozialen Altenarbeit, in dem sozialpädagogisches Fachpersonal bislang nur eine Minderheit darstellt, hat die Soziale Arbeit nicht annähernd ein mit anderen sozialen oder pädagogischen Arbeitsfeldern vergleichbares fachliches Selbstverständnis entwickelt (vgl. OTTO/SCHWEPPE 1996). Soziale Arbeit mit Alten vollzieht sich dabei auf dem Hintergrund einer Altenhilfe, die durch ihre Fürsorgetradition vorwiegend auf Hilfe, Betreuung und Versorgung ausgerichtet ist mit einem entsprechenden Institutionensystem, das im Wesentlichen auf manifeste Hilfs- und Pflegebedarfe und die Zielgruppe der hilfs- und pflegebedürftigen Alten fokussiert (vgl. OTTO 2001).
In den folgenden Ausführungen werden Zusammenhänge zwischen Alter und der Sozialen Arbeit aus einer theoretischen Perspektive unter Zugrundelegung aktueller sozialpädagogischer Konzepte thematisiert. Dazu wird insbesondere das Konzept der Lebensbewältigung aufgegriffen, das um biographietheoretische Überlegungen erweitert wird. Ausgangspunkt ist dabei ein Verständnis von Alter als entstandarierte, gestaltbare und gestaltungsnotwendige Altersphase (vgl. SCHWEPPE 1999, 2000).

2. Alter als entstandardisierte Lebensphase

Altern geschieht inmitten von Freisetzungs-, Pluralisierungs- und Detraditionalisierungsprozessen, durch die Lebensentwürfe und Lebensformen nicht (mehr) von vornherein auf festgelegte und standardisierte Lebensentwürfe und Lebenswege fixiert und durch eine fixes Koordinatensystem antizipierbarer Lebensumstände vorhersehbar sind. Alter geschieht inmitten sozialer Räume und Möglichkeiten, die im Hinblick auf Tätigkeiten, Beziehungen, Wohnformen, Lebensstile, Lebenssinn, Freizeitgestaltung, Familienbeziehungen nicht durch verbindliche und kollektiv gültige Muster festgelegt und standardisiert sind. Alter kann nicht mehr durch den Rückgriff auf verbindliche kulturelle Altersbilder, -normen und -modelle, die alte Menschen in ihrem Handeln orientieren könnten, gestaltet werden. Traditionelle Leitbilder für die Altersphase sind brüchig geworden. Ein „übergreifendes kulturelles Konzept" (ZEMAN 1992, S. 36), das der mittlerweile entwickelten Vielfalt von Lebensformen und Lebensstilen besser gerecht wird, gibt es jedoch nicht. Alter ist zu einer Lebensphase geworden, die kaum mit einer verbindlichen gesellschaftlichen Aufgabe bzw. einem kulturellem Aufgabenbereich verbunden ist, die dieser Lebensphase zugeschrieben wäre (vgl. MADER 1994). Sie geht gleichzeitig aber auch mit der Erweiterung von Lebensgestaltungs- und Handlungsmöglichkeiten einher.

Es ist dieses Spannungsverhältnis zwischen abnehmenden Verbindlichkeiten von kollektiven Lebensmustern, dem Brüchigwerden traditioneller Lebensmuster im Alter und der Erweiterung und Verfügbarkeit von Entscheidungs-, Orientierungs- und Handlungsalternativen sowie der Einbindung in neue Regulierungen, Anforderungen und Zwänge, das für das Leben im Alter kennzeichnend ist. Die Altersphase ist gestaltbar und gestaltungsnotwendig geworden und muss ohne den Rückgriff auf gemeinsam geteilte Lebensformen hergestellt werden. Freisetzungsprozesse und erweiterte Handlungs- und Gestaltungsspielräume führen dazu, dass die Altersphase nicht mehr nur eine Restzeit ist, die unter vorgegebenen Vorzeichen und Bedingungen reaktiv und vorgezeichnet zu durchleben ist. Es grenzt sich zunehmend von einer als Einschnitt und Abkoppelung des bisherigen Lebens konzipierten Lebensphase ab, da es zunehmend die Möglichkeit der Weiterführung und Gestaltung des eigenen Lebensprojektes enthält. Insofern lässt es sich nicht mehr eindeutig vom mittleren Erwachsenenalter abgrenzen. Allerdings bedeutet dies nicht, dass hierdurch Spezifika der Altersphase aufgelöst und obsolet werden. Vielmehr werden diese Entwicklungen durch die spezifischen Anforderungen, die Ressourcen und die Gegebenheiten der Lebensphase Alter ‚altersspezifisch geprägt'.

3. Alter und Lebensbewältigung

BÖHNISCH versteht Lebensbewältigung als Herstellung bzw. Aufrechterhaltung biographischer Handlungsfähigkeit und sozialer Integration. Handlungsfähigkeit wird als „subjektiv zu erreichendes psychosoziales Gleichgewicht" begriffen, in dem die Variablen Selbstwert, soziale Anerkennung und Selbstwirksamkeit/Selbstkontrolle einander bedingen" (BÖHNISCH u. a. 2005, S. 125 f., zit. nach KARL/SCHRÖER 2008, S. 257). Im Lebensbewältigungskonzept werden personale Schwierigkeiten im Kontext sozialstruktureller Gegebenheiten konzipiert. Nach BÖHNISCH (2001) ist Lebensbewältigung nicht nur strukturiert in psychosozialen Settings, sondern auch durch die sozialstrukturellen Gegebenheiten des Einzelnen maßgeblich beeinflusst. Dadurch kann mit diesem Konzept das Verhältnis von Individuum und Gesellschaft und das Zusammenwirken von sozialstrukturellen und psychosozialen Einflussfaktoren beleuchtet werden.

Dabei lässt sich das Konzept der Lebenslage als sozialstrukturelle Einbettung der Lebensbewältigung verstehen, in dem die sozialpolitisch vermittelten Belastungen wie Spielräume der Bewältigung aufeinander bezogen sind (vgl. KARL/SCHRÖER 2008, S. 262).

Der Begriff „Lebenslage" wurde von dem Nationalökonom und Philosophen Otto NEURATH während der Weimarer Republik entwickelt. Er fasst ihn als „Inbegriff all der Umstände, die verhältnismäßig unmittelbar die Verhaltensweise eines Menschen, seinen Schmerz, seine Freude bedingen. Wohnung, Nahrung Kleidung, Gesundheitspflege, Bücher, Theater, freundliche menschliche Umgebung, all das gehört zur Lebenslage (…)" (NEURATH 1931, zit. nach GLATZER/HÜBINGER 1990, S. 35). Nach dem 2. Weltkrieg wurde das Konzept der Lebenslage wesentlich durch Gerhard WEISSER geprägt, welcher ihn durch die Fokussierung auf lebenslagenspezifische Handlungsspielräume erweiterte. WEISSER versteht unter Lebenslage jenen „Spielraum, den einem Menschen (einer Gruppe von Menschen) die äußeren Umstände nachhaltig für die Befriedigung der Interessen bieten, die den Sinn seines Lebens bestimmen" (WEISSER 1956, zit. nach GLATZER/HÜBINGER 1990, S. 35). Die Betonung der Handlungsspielräume und ihrer lebenslagenspezifischen Grenzen lässt sich als ein zentrales Element des Lebenslagenkonzepts bewerten (vgl. GLATZER/HÜBINGER 1990, S. 36).

Der Begriff der Lebenslage umfasst sowohl gesellschaftliche als auch individuelle Lebensdimensionen (vgl. BÖHNISCH/SCHEFOLD 1985, S. 88). Er ist multidimensional und beinhaltet ökonomische, nicht-ökonomische und immaterielle Dimensionen und berücksichtigt ebenso die je subjektive Aneignung, Gestaltung und Wahrnehmung vorgegebener Strukturen. Lebenslagen werden verstanden als „Produkt gesellschaftlicher Entwicklung (strukturiert), zugleich aber Bedingung und Ausgangssituation (strukturierend) der Entwick-

lung von einzelnen Menschen und Gruppen" (AMANN 1994, S. 324). Insgesamt verweist das Konstrukt Lebenslage auf die sozialökonomisch bestimmten Lebensverhältnisse als Ressource individueller Lebensgestaltung. Mit dem Begriff werden einerseits die quantitative und qualitative Beschaffenheit und Ausgestaltung verschiedener Lebensbereiche – wie Versorgung, soziale Kontakte, Bildung, Regeneration und Partizipation – betrachtet und die materiellen, sozialen und kulturellen Ressourcen (Wohnverhältnisse, verfügbares Familieneinkommen, Bildungssituation usw.) abgesteckt, die den Akteuren in ihrem alltäglichen Handeln zur individuellen Interessensentfaltung und -realisierung und Bedürfnisbefriedigung zur Verfügung stehen. Die Handlungsspielräume werden dadurch vorstrukturiert. Als Grundthese zur Erfüllung wichtiger Interessen und Bedürfnisse formuliert NAHNSEN: „Die Entfaltung und Erfüllung wichtiger Interessen ist umso wahrscheinlicher, je mehr reale Alternativen der Lebenslagengestaltung dem Einzelnen bekannt und zugänglich sind" (NAHNSEN zit. nach CHASSÉ/ZANDER/RASCH 2003, S. 54). Damit kann das Lebenslagenkonzept zur Analyse der je individuellen Lebensgesamtchance der untersuchten Akteure und ihrer Handlungsmöglichkeiten benutzt und Lebensverhältnisse auf die zur Verfügung stehenden Handlungsspielräume und Handlungsmöglichkeiten hin untersucht werden. Gleichzeitig handelt es sich um ein Analysekonzept, das die gesamtgesellschaftliche Ebene mit in den Blick nimmt. Lebenslagen sind „Substrat" sozialhistorischer und -politischer Entwicklung. Sie umfassen die sozialen Handlungsspielräume und ökonomischen Erwartungen an die Menschen sowie die darin enthaltenen Handlungsformen der Menschen: „Historische Lebenslagen sind also Ausdruck dafür, wie sich Menschen individuell und gesellschaftlich gleichermaßen entfalten müssen, wie sie ihre Interessen gleichzeitig subjektiv entfalten können und objektiv vordefiniert erfahren" (BÖHNISCH 1982, S. 86). Die Lebenslage umfasst somit einerseits die politischen und sozialen Vorstellungen von menschlichen Lebensverläufen, durch die auch mitbestimmt wird, welche Bedürfnisse der Menschen anerkannt werden und welche Erwartungen an sie gerichtet werden. Hierdurch können individuelle Lebenslagen an die gesellschaftliche Entwicklung rückgebunden werden (vgl. SCHRÖER/ SCHWEPPE 2008).
Neuere Perspektiven erweitern den Begriff der Lebenslage um das Konzept ‚agency'. Agency ist ein Begriff, der auf die Betrachtung sozialer Konstellationen und sozialer Prozesse der Handlungsmächtigkeit zielt. Lebenslagen werden in Bezug auf ihre Handlungsspielräume untersucht, indem Deutungen, Ressourcen und Begrenzungen der Akteure sowohl individuell als auch strukturell in Bezug auf die Bewältigung und Gestaltung von Lebenssituationen in den Blick genommen werden (vgl. HOMFELD/SCHRÖER/SCHWEPPE 2006). KARL/SCHRÖER machen deutlich, dass Agency als Prozess unmittelbar anschlussfähig an die Bewältigungsperspektive ist. Denn hierdurch

würden nicht nur Konstellationen in Sozialisationsprozessen herausgearbeitet, die zur Stärkung der biographischen Handlungsfähigkeit führen können, sondern auch die soziohistorischen und -strukturellen Bedingungen, die eine zivilgesellschaftliche Handlungsmächtigkeit von Akteuren ermöglichen. Dabei betonen sie: „Die Diskussion über agency ist gerade heute zentral, da der Sozialstaat einerseits die zivilgesellschaftlichen Aktivierung der Bürger in den Mittelpunkt rückt, dies aber andererseits angesichts seiner politisch-fiskalen Krise und der hegemonialen Dynamik der ökonomischen Modernisierung strukturell erschwert" (KARL/SCHRÖER 2008, S. 262).

Bezieht man diese Überlegungen auf die Lebensphase Alter, lässt sich zum einen festhalten, dass sich die Lebenslagen von alten Menschen in sozioökonomischer Hinsicht insgesamt betrachtet verbessert haben. So gehören alte Menschen weitgehend nicht mehr zu den finanziell benachteiligten Bevölkerungsgruppen, auch wenn zu befürchten ist, dass die Veränderungen der gesetzlichen Rentenversicherung sich diesbezüglich negativ auswirken werden und zu fragen ist, wie sich die gegenwärtigen prekären Arbeitsverhältnisse auf die finanzielle Situation von alten Menschen auswirken werden. Alte Menschen verfügen zudem über eine relativ gute Gesundheit, allerdings mit der Ausnahme hochaltriger Menschen, deren Lebenslage häufig durch körperliche und geistige Einschränkungen und Abhängigkeiten geprägt ist. Schließlich zeigen sich schon jetzt vor allem bei den jüngeren Kohorten formal bessere Bildungs- und Ausbildungsniveaus (vgl. STIEHR/SPINDLER 2008).[1)]

Obwohl diese sozialstrukturellen Verbesserungen eine wesentliche Voraussetzung für die Erweiterung von Handlungsspielräumen zur Gestaltung und Bewältigung des Lebens im Alter sind, ist diesbezüglich auch entscheidend, inwieweit sich angesichts der Pluralisierung von Lebensentwürfen, Interessen und Ressourcen im Alter dies mit einer entsprechenden Strukturveränderung aufseiten gesellschaftlicher Institutionen einhergeht und die pluralen Lebensformen gesellschaftlich anerkannt und abgesichert werden. Wie viele Spielräume bietet also heute die Gesellschaft den Alten zur Befriedigung und Entfaltung ihrer Interessen? Inwieweit haben sich gesellschaftliche Strukturen auf die veränderte Altersphase eingestellt und entsprechen ihr? Inwieweit findet die Vervielfältigung sozialer Kategorien im Alter ihre Entsprechung in gesellschaftlichen Organisationen und Institutionen? Inwieweit werden sie der Pluralität des Alters, ihren Bedürfnissen und Bedarfen gerecht?

BÖHNISCH (1998) geht davon aus, dass die in modernen Gesellschaften den Lebenslauf strukturierenden Lebensalter zwei Dimensionen enthalten: zum einen eine allgemein gesellschaftliche Definition der Lebensführung, des sozialen Spielraums und der Erwartungen, welche durch Institutionen aktiv in die Lebensläufe eingebracht und durchzusetzen versucht werden. Über die gesellschaftliche Definition von Lebensaltern vermittelt sich Gesellschaft massiv in die individuellen Lebenswelten. Zum anderen enthalten Lebensalter

aber auch eine subjektiv-biographische Seite, die sich auf die subjektive Ausformulierung dieser gesellschaftlichen Vorgaben bezieht.
Neuere sozialwissenschaftliche Perspektiven zur Entgrenzung von Arbeit und Leben stellen heraus, dass diese beiden Dimensionen zunehmend in Spannung zueinander geraten und neue Bewältigungsherausforderungen freisetzen (BÖHNISCH et al. 2005). Auf der subjektiv-biographischen Seite lösen sich Lebensstile und Lebensgefühle von den mit den Lebensaltern verbundenen traditionellen, sich um die Dreiteilung in eine Vorbereitungs-, Aktivitäts- und Ruhephase herumgruppierenden Rollenerwartungen. Es kann darum von einer Biographisierung der Lebensalter gesprochen werden, in der sich tendenziell die in den traditionellen Lebensaltern vorgegebenen Lebensmuster als subjektiv überholt oder nicht mehr verlässlich erweisen. Auf der gesellschaftlich-strukturellen Ebene strukturieren traditionelle Lebensalter aber weiterhin den Lebenslauf. Bei allen Tendenzen der Relativierung von Lebensaltern ist nämlich gleichzeitig festzustellen, dass Gesellschaft immer noch nach der klassischen Struktur der Dreiteilung des Lebenslaufs und den damit verbundenen traditionellen Lebensaltern und -bildern gegliedert ist, auch wenn sich diese Grenzziehungen tendenziell verwischen: Kindheit und Jugend ist immer noch gesellschaftlich durch Erziehung und Bildung gerahmt, das Erwachsenenalter durch Familie und Erwerbsarbeit und Alter durch Entberuflichung. Hieran sind gesellschaftliche Strukturen, Institutionen und Rollenwartungen weiterhin geknüpft, die durch sozialstaatliche Regulierungen, Institutionen und Altersbilder in Lebensformen eingreifen.
Bezogen auf die Altersphase zeigt sich, dass auf der subjektiv-biographischen Ebene alte Menschen plurale Lebensformen entwickelt haben und Lebensentwürfe jenseits des auf Abhängigkeit und Nichtstun fixierten traditionellen Altersbildes entwerfen. Diese pluralisierten Lebensformen und die sich von den traditionellen Lebensaltern lösenden biographischen Entwürfe finden aber oft keine Entsprechungen auf der gesellschaftlichen Seite und lassen sich durch ihre Institutionen und Ressourcen nicht immer absichern. RILEY/RILEY (1992) sowie BALTES (1996) sprechen diesbezüglich von einem ‚cultural lag'. Hiermit ist das Hinterherhinken gesellschaftlicher Strukturveränderung gegenüber den Veränderungen der Altersphase gemeint. Das moderne Altern steht somit in der Spannung von biographischer Altersperspektive und gesellschaftlicher Altersdefinition (vgl. BÖHNISCH 1999). Aus dieser Spannung entstehen nach BÖHNISCH zentrale Bewältigungsprobleme auch im Alter.

4. Lebensbewältigung, Biographie und Alter

Obwohl das Bewältigungskonzept ein sozialpädagogisches Konzept ist, das perspektivenreiche Anschlüsse an Fragen des Alter(n)s ermöglicht, ist es weiterführend, es durch biographietheoretische Überlegungen zu erweitern. Denn die Gestaltung und Bewältigung des Alters vollzieht sich vor dem Hintergrund der bisherigen Lebensgeschichte, die nicht einfach suspendiert werden kann. Die Biographie bildet die Folie, auf der das Leben im Alter gestaltet und bewältigt werden kann und muss. Gestaltungs- und Bewältigungsprozesse im Alter sind somit auch abhängig und begrenzt durch den bisherigen Biographieverlauf. Lebensgeschichtliche Strukturen und Verläufe werden im Bewältigungskonzept unzureichend berücksichtigt.

Mit MADER (1995a) sei unter Biographie „die subjektive Geschichte (...), die jemand für sich und andere zu den objektiven Erfahrungsgeschichten seines Lebenslaufs und seiner Generationenlage gefunden hat und ständig neu erfindet" (MADER 1995a, S. 27) verstanden. „Sie liefert (...) eine zwar offene, aber doch auf Gestalt angelegte Geschichte, die sich anderen erzählen lässt, in der aber auch der Erzähler sich wiedererkennen kann. Sie beinhaltet eine sequentielle Logik, wie Lebensereignisse zusammenhängen. Sie integriert in diese Logik auch, was nicht möglich war: das ungelebte Leben als Horizont des gelebten Lebens. Und sie umfasst Zukunftsphantasien" (MADER 1994, S. 97). In dieser Doppelperspektive enthält das Konzept Biographie einerseits eine sequentielle Ordnung gesellschaftlich vorgegebener Muster, die nicht beliebig veränderbar sind und durch die Biographie nicht grenzenlos gestaltbar ist (vgl. ALHEIT 1993). Biographien konstituieren sich jedoch nicht in dem Nachvollziehen der vorgegebenen Strukturen und durch die Reproduktion sozialer Strukturbedingungen auf individueller Ebene. Biographien lassen sich nicht fassen, ohne das Individuelle, Eigensinnige im biographischen Prozess zu berücksichtigen, über das die vorgegebenen und veränderbaren Strukturen in die individuelle Lebensgeschichte aufgenommen, integriert und angeeignet wird. Biographie ist Gesellschaftlichkeit und Subjektivität in einem (vgl. ALHEIT 1995). Beides gehört zum konstitutiven Bestandteil von Biographie.

Hier zeigt sich die vielschichtige Bedeutung der Biographie für den Lebensgestaltung und Lebensbewältigung im Alter. So sind die sozioökonomischen Bedingungen der individuellen Lebenslage im Alter weitgehend abhängig bzw. zumindest deutlich beeinflusst von der individuellen Bildungs-, Ausbildungs-, Erwerbs- und Familiengeschichte. Auch das Verhältnis zu sozialstaatlichen Institutionen, ihren Leistungen und Möglichkeiten steht in Abhängigkeit vom bisherigen Lebensverlauf. Besonders deutlich wird dies am gegenwärtigen Rentensystem. Wer den im Rentensystem verankerten Leitfiguren während seiner/ihrer Erwerbsbiographie nicht entsprochen hat, wird im Alter mit entsprechenden Renteneinbußen bezahlen müssen.

Der Biographie kommt aber auch insbesonders deshalb eine zentrale Bedeutung zu, weil sich Alter(n) vor dem Hintergrund der lebensgeschichtlich geprägten Lebensentwürfe und -perspektiven, subjektiver Sinndeutungen, Selbstdeutungen und individuell geprägten Handlungsmustern vollzieht. Biographien sind auf Kontinuität angelegt. Die Gestaltung und Bewältigung des Lebens im Alter muss entsprechend so vollzogen werden, das biographische Kontinuität und Kohärenz erlebt werden kann. Altersgestaltung und Altersbewältigung gehen einher mit dem Bedürfnis des einzelnen Menschen, seine Lebensgeschichte so zu konstruieren, dass sie nicht in mehrere Einzelteile zerfällt, sondern sie mit einem roten Faden versehen ist, durch den eine Lebensgeschichte eine sequentielle Logik erhält, durch die Lebensereignisse verknüpft werden. Individuen werden vor die Aufgabe gestellt, die unterschiedlichen Ereignisse, Bedeutungen, Erlebnisse, Zeitabschnitte so in eine Geschichte zu integrieren, dass die Einzelelemente untereinander verbunden werden und sich damit subjektiv ‚sinnvoll leben lässt. Sie muss Gestalt haben, auch wenn dies eine offene, veränderbare ist (vgl. MADER 1995a, 1994). Obwohl sich die Kontinuitätsfrage in allen Lebensphasen stellt, stellt sie sich in der Altersphase mit besonderem Nachdruck. Durch die Endlichkeit des Lebens, durch die die Vergangenheit und auch die Gegenwart zunehmend den Charakter des Endgültigen annehmen (vgl. KADE 1994a), wird von alten Menschen die Notwendigkeit, (zurückliegende) Ereignisse in eine umfassende und kohärente Ordnung zu bringen, herausgestellt (vgl. KRUSE 1990). Die mit dem Alter verbundene Lebensbilanzierung ist nicht nur mit dem Wunsch verbunden, ‚Frieden zu schließen' und ungelöste, über lange Zeit herumgetragene Konflikte und Erlebnisse zu bewältigen oder zu lösen, sondern auch mit dem Wunsch, das Leben als eine mit einem ‚roten Faden' versehene Einheit erfahren zu können (KADE 1994b).

Dennoch ist Biographie nie etwas in sich Abgeschlossenes, Beendetes. Biographie ist ein Prozess, in dem gegenwärtige Erfahrungen vor dem Hintergrund der bisherigen Lebensgeschichte gedeutet werden, diese neuen Erfahrungen aber wiederum auch die Vergangenheit in einem neuen Lichte erscheinen lässt und biographische Zukunft offenhält. Gerade hierin liegen auch die Möglichkeiten für das Alter, Umorientierungs- und Veränderungsprozesse zu vollziehen. Biographische Konituinität im Alter bedeutet deshalb keineswegs die unveränderte Weiterführung und Akzeptanz dessen, was man schon immer gemacht und gedacht hat. Denn dies kann gefährliche Diskontinuitäten (vgl. MADER 1995b) und problematische Lebenskonstellationen hervorrufen, weil das, was in anderen Lebensphasen und anderen Zeiten Gültigkeit hatte, aufgrund gesellschaftlicher und lebenszyklischer Veränderungen im Alter gerade an Gültigkeit verliert. Biographische Kontinuität bedeutet vielmehr, die bisherige Biographie mit den Veränderungen des Alters in Bezug auf Zeit, Raum, soziale Bezüge und Tätigkeiten in Beziehung zu setzen. Biographische Kontinuität vollzieht sich in der Spannung von Stetigkeit und Wandel.

Die Zeitlichkeit von Biographien (vgl. BAACKE 1993), die „immer auch den Charakter eines offenen Entwurfes" (KOHLI 1985, S. 21) haben, ermöglicht im Alter auch, bislang nicht gelebten Potentialen, Ressourcen, Wünschen, Bedürfnissen und Interessen nachzukommen. Gerade hierdurch können vielleicht neue Handlungs- und Lebensgestaltungsoptionen auch im Alter möglich werden und kann Enttäuschungen und Resignationen durch unerfüllte Erwartungen und Wünsche entgegengewirkt werden.

Allerdings sind diese Prozesse nicht beliebig und unbegrenzt möglich. Neue Erfahrungen, neues biographisches Wissen (vgl. ALHEIT/HOERNING 1989) entstehen nicht im Vakuum, sondern sind aufs engste mit der Lebensgeschichte verbunden und durch sie begrenzt. KADE weist darauf hin, dass durch das Bedürfnis nach ‚Abrundung des Lebens' am Lebensende und nach Kontinuität gegenüber Erfahrungen, die mit dem bisherigen Leben nicht in Einklang zu bringen sind oder ihm gar diametral entgegenstehen, eher abwehrend und resistent reagiert werden wird. Neue Ereignisse, Erfahrungen und Anforderungen würden auf dem Hintergrund der bisherigen Lebensgeschichte dahingehend interpretiert, ob sie die Kontinuität der Lebensgeschichte ermöglichen oder diese abgewiesen werden müssen, weil sie mit der bisherigen Lebensgeschichte nicht zu vereinbaren sind (vgl. KADE 1994b).

5. Fazit

Lebensbewältigung und Biographie sind zwei Konzepte, über die sich die Soziale Arbeit den spezifischen Lebensformen und Lebenssituationen, den subjektiven Orientierungsmustern und den jeweiligen Bedürfnislagen sowie den subjektiven, sozialen und gesellschaftlichen Ressourcen und Hindernissen zur Gestaltung und Bewältigung des Alters nähern kann. Sie setzen biographisiertes Alter(n) in Bezug zu den Strukturen bzw. Gelegenheiten der Lebensumwelt. Sie ermöglichen die Analyse sozialstruktureller Lebensbedingungen im Hinblick auf die darin enthaltenen Belastungen, Einschränkungen und Optionen und setzen diese in Bezug zu den lebensgeschichtlich entwickelten, je eigenwilligen und individuellen Lebensentwürfen. Eine solche Analyse bietet die Möglichkeit, Perspektiven zu entwickeln, dass die individuell entworfenen und eigensinnigen Lebensentwürfe mit sozialen, kulturellen und gesellschaftlichen Strukturen und Gelegenheiten der Lebensumwelt in Verbindung gesetzt und abgesichert werden. So gesehen verbinden beide Begriffe Perspektiven zur Entfaltung individueller Subjektivität einhergehend mit der Umbildung gesellschaftlicher Verhältnisse, um hierdurch selbstbestimmte, subjektiv als befriedigend, kontinuierlich und sinnvoll erlebte Lebenspraxen zu fördern (vgl. THIERSCH 1986, 1992).

Anmerkungen

[1] Trotz dieser insgesamt erzielten sozioökonomischen Verbesserungen darf nicht übersehen werden, dass einige Teile der Altenbevölkerung besonderen Benachteiligungen ausgesetzt sind. Dazu gehören ältere Menschen mit Migrationshintergrund und ältere allein lebende Frauen.

Literatur

ALHEIT, P./HOERNING, E. (Hg.): Biographisches Wissen. Beiträge zur einer Theorie lebensgeschichtlicher Erfahrung. Frankfurt/New York 1989.

ALHEIT, P.: Biographizität als Lernpotential: Konzeptionelle Überlegungen zum biographischen Ansatz in der Erwachsenenbildung. In: KRÜGER, H.-H./MAROTZKI, W. (Hg.): Erziehungswissenschaftliche Biographieforschung. Opladen 1995, S. 276-307.

ALHEIT, P.: Transitorische Bildungsprozesse: Das ‚biographische Paradigma' in der Weiterbildung. In: MADER, W. (Hg.): Weiterbildung und Gesellschaft. Grundlagen wissenschaftlicher und beruflicher Praxis in der Bundesrepublik Deutschland. Bremen 1993, S. 343-420.

AMANN, A.: Offene Altenhilfe. Ein Politikfeld im Umbruch. In: REIMANN, H./REIMANN, H.(Hg.): Das Alter: Einführung in die Gerontologie. Stuttgart 1994, S. 319-347.

ANER, K./KARL, U. (Hg.): Lebensalter und Soziale Arbeit. Ältere und alte Menschen. Baltmannsweiler 2008.

BAACKE, D.: Biographie: Soziale Handlung, Textstruktur und Geschichten über Identität. In: BAACKE, D./SCHULZE, Th. (Hg.): Aus Geschichten lernen. Zur Einübung pädagogischen Verstehens. Weinheim/München 1993, S. 41-84.

BALTES, P. B.: Über die Zukunft des Alterns: Hoffnung mit Trauerflor. In: BALTES, M./MONTADA, L. (Hg.): Produktives Lebens im Alter. Frankfurt am Main/New York 1996, S. 29-68.

BÖHNISCH, L.: Der Sozialstaat und seine Pädagogik. Neuwied/Darmstadt 1982.

BÖHNISCH, L.: Das Generationenproblem im Lichte der Biographisierung und der Relativierung der Lebensalter. In: ECARIUS, J. (Hg.): Was will die jüngere mit der älteren Generation. Generationenbeziehungen in der Erziehungswissenschaft. Opladen 1998, S. 67-80.

BÖHNISCH, L.: Altern als biographischer Prozess. In: LENZ, K./RUDOLPH, M./SICKENDIEK, U. (Hg.): Die alternde Gesellschaft. Problemfelder gesellschaftlichen Umgangs mit Altern und Alter. Weinheim/München 1999, S. 121-136.

BÖHNISCH, L.: Lebensbewältigung. In: Otto, H.-U./THIERSCH, H. (Hg.): Handbuch Sozialarbeit/Sozialpädagogik. Neuwied/Kriftel 2001, S. 1119-1121.

BÖHNISCH, L./SCHRÖER, W./THIERSCH, H.: Sozialpädagogisches Denken. Wege zu einer Neubestimmung. Weinheim/München 2005.

CHASSÉ, K. A./ZANDER, M./RASCH, K.: Meine Familie ist arm. Opladen 2003.

GLATZER, W./HÜBERINGER, W.: Lebenslagen und Armut. In: HANESCH, W./GLATZER, W./HÜBERINGER, W. (Hg.): Armut im Wohlstand. Frankfurt am Main 1990, S. 31-55.

HOMFELDT, H. G./SCHRÖER, W./SCHWEPPE, C.: Transnationalität, Soziale Unterstützung und Agency. Nordhausen 2006.

KADE, S. (Hg.): Individualisierung und Älterwerden. Bad Heilbrunn 1994a.

KADE, S.: Altersbildung. Ziele und Konzepte. Deutsches Institut für Erwachsenenbildung. Frankfurt 1994b.

KARL, U./SCHRÖER, W.: Sozialpädagogische Theoriebildung und Alter(n)sforschung – aktuelle Perspektiven. In: ANER, K./KARL, U. (Hg.): Lebensalter und Soziale Arbeit. Ältere und alte Menschen. Baltmannsweiler 2008, S. 257-269.

KOHl, M.: Thesen zur Geschichte des Lebenslaufs als sozialer Institution. In: CONRAD, Ch./v. KONDRATOWITZ, H.-J. (Hg.): Gerontologie und Sozialgeschichte. Wege zu einer historischen Betrachtung des Alters. Berlin 1985, S. 133-147.

KRUSE, A.: Potentiale im Alter. In: Zeitschrift für Gerontologie 23/1990, S. 235-245.

MADER, W.: Emotionalität und Individualität im Alter – Biographische Aspekte des Alterns. In: KADE, S. (Hg.): Individualisierung und Älterwerden. Bad Heilbrunn 1994, S. 95-114.

MADER, W. (Hg.): Älterwerden in einer alternden Gesellschaft. Kontinuitäten und Krisen in biographischen Verläufen. Opladen 1995a.

MADER, W.: Vorwort. In: MADER, W. (Hg.): Älterwerden in einer alternden Gesellschaft. Kontinuitäten und Krisen in biographischen Verläufen. Opladen 1995b, S. 7-10.

OTTO, U.: Altenarbeit. In: OTTO, H.-U./THIERSCH, H. (Hg.): Handbuch Sozialarbeit/Sozialpädagogik. Neuwied/Kriftel 2001 (2), S. 11-20.

OTTO, U./SCHWEPPE, C.: Individualisierung ermöglichen, Individualisierung begrenzen – Soziale Altenarbeit als sozialpädagogischer Beitrag und allgemeine Arbeitsorientierung. In: SCHWEPPE, C. (Hg.): Soziale Altenarbeit – Pädagogische Arbeitsansätze und die Gestaltung von Lebensentwürfen im Alter. Weinheim 1996, S. 53-72.

RILEY, W. R./RILEY, J. W. Jr.: Individuelles und gesellschaftliches Potential des Alterns. In: AKADEMIE DER WISSENSCHAFTEN ZU BERLIN (Hg.): Zukunft des Alterns und gesellschaftliche Entwicklung. Berlin 1992, S. 437-459.

SCHRÖER, W./SCHWEPPE, C.: Alte Migrantinnen und Migrantinnen: Vom Kulturträger zum transnationalen Akteur? In: ANER, K./KARL, U. (Hg.): Lebensalter und Soziale Arbeit. Ältere und alte Menschen. Baltmannsweiler 2008, S. 151-160.

SCHWEPPE, C.: Biographie und Alter – Ein Thema für die Sozialpädagogik? In: neue praxis 6/1999, S. 575-594.
SCHWEPPE, C.: Biographie und Alter(n) auf dem Land. Opladen 2000.
SCHWEPPE, C: Alter und Soziale Arbeit. Theoretische Zusammenhänge, Aufgaben- und Arbeitsfelder. Hohengehren 2005.
STIEHR, K./SPINDLER, M.: Lebenslagen im Alter. In: ANER, K./KARL, U. (Hg.): Lebensalter und Soziale Arbeit. Ältere und alte Menschen. Baltmannsweiler 2008, S. 37-53
THIERSCH, H.: Die Erfahrung der Wirklichkeit. Perspektiven einer alltagsorientierten Sozialpädagogik. Weinheim/München 1986.
THIERSCH, H.: Lebensweltorientierte Soziale Arbeit. Aufgaben der Praxis im sozialen Wandel. Weinheim/München 1992.
ZEMAN, P.: Innovative Seniorenkulturarbeit. In: GLASER, H./RÖPLEKE, Th. (Hg.): Dem Alter einen Sinn geben. Heidelberg 1992, S. 30-42.

Gerald Knapp

ALTERSSTRUKTURWANDEL, ALTERSTHEORIEN UND SOZIALE PROBLEMLAGEN

1. Einleitung

Das Thema „Altern" ist äußerst komplex, umfangreich und ambivalent. Daher können die vielfältigen Aspekte, die damit zusammenhängen, in diesem Rahmen weder vollständig noch ganz ausgewogen behandelt werden.

Die Auseinandersetzung mit dem Thema kann nur versuchen, einige wichtige „Gesichtspunkte" und Zusammenhänge zu verdeutlichen, mit dem Ziel, die eigene Reflexion des Lesers anzuregen.

Es scheint mir in diesem Rahmen auch nicht zielführend, „Alter" bzw. die „Stellung des alten Menschen" im Blickfeld der Vergangenheit zu beleuchten (vgl. dazu ROSENMAYR 1983, 1995, LASLETT 1995, BÖHNISCH 2001, DE BEAUVOIR 2004), sondern die aktuellen gesellschaftlichen Entwicklungen der „Lebensphase Alter" in Österreich aufzugreifen.

Dabei gehe ich zunächst von der Frage aus, was unter „Alter(n)" in unserer Gesellschaft und Kultur überhaupt zu verstehen ist, und skizziere vor diesem Hintergrund die demographische Entwicklung und die Veränderungen in der Altersstruktur in Österreich. Weiters wird der Frage nachgegangen, welches Bild des alten Menschen den unterschiedlichen „Theorien des Alters" im gesellschaftlichen und kulturellen Kontext zugrunde liegt. Vor diesem Hintergrund werden einige soziale Problemlagen im Alter erörtert, insbesondere der Zusammenhang zwischen der vorangegangenen beruflichen Stellung und den sozialen Teilhabechancen im Alter, die berufliche Ausgliederung und Umorientierungsprobleme, die indirekten Zusammenhänge zwischen Einkommensverhältnissen, Wohnungsqualität und Freizeitgestaltung sowie Gesundheitsrisiken, Hilfs- und Pflegebedürftigkeit im Alter. Schließlich wird ein kleiner Blick in die Zukunft gewagt, der für unsere Gesellschaft und Kultur sowie für die Sozialpolitik eine enorme Herausforderung darstellt.

2. Von der Schwierigkeit „Alter(n)" zu definieren

Im Zusammenhang mit diesem komplexen Thema stellt sich zunächst die Frage, was denn unter „Alter" bzw. „Altern" überhaupt zu verstehen ist. Den interdisziplinär orientierten Forschungsbemühungen in den letzten Jahrzehnten ist es bis heute noch nicht gelungen, eine einheitliche Auffassung zu erarbeiten, was „Alter(n)" ist und wodurch es verursacht wird. Eine umfassende Theorie, die den komplexen Altersvorgang in seiner Ganzheit beschreiben und erklären kann, wurde bislang noch nicht entwickelt. Vielmehr umfasst „Alter(n)" verschiedene Prozesse, die nebeneinander laufen und ineinander verwoben sind. Der Gesamtprozess des „Alterns" ist mit vielschichtigen Aspekten verbunden, die sich gegenseitig ergänzen und beeinflussen. Die jeweilige „Lebenslage im Alter" wird von „biologisch-genetischen", „psychologischen", „biographischen", „sozialen", „ökonomischen", „geschlechtsspezifischen" und „epochalen" Aspekten beeinflusst (vgl. dazu OYEN 1991, THOMAE 1971, ROSENMAYR 1978, LEHR 1979 und 1983, SCHMÄHL 1992, THIERSCH 2002, BACKES/CLEMENS 2003).

Die Beschleunigung oder Verzögerung des Altersprozesses wird darüber hinaus von zahlreichen Faktoren mitbestimmt. Dabei spielen nicht nur die Erbanlagen, die Umwelteinflüsse und die eigene gefühlsmäßige Wahrnehmung eine Rolle, sondern auch die vorangegangenen Arbeits- und Lebensverhältnisse. Aus diesem Grund sind die spezifischen Problemlagen, mit denen sich ältere Menschen auseinandersetzen müssen, nicht nur durch das „kalendarische", „biologische", „psychologische" und „soziale" Alter (vgl. ROSENMAYR 1983, S. 314, DÜHRING 2000, S. 3 f.) vorgegeben, sondern variieren mit der sozialen Schichtzugehörigkeit, dem Bildungsniveau, der beruflichen Stellung, den Einkommensverhältnissen und der materiellen Lebenssituation. Diese Faktoren beeinflussen letztlich auch den Gesundheitszustand des (alten) Menschen. Der Alterungsprozess verändert daher nicht nur die Lebenssituation des (alten) Menschen, sondern die unterschiedlichen Lebenslagen beeinflussen umgekehrt die Art und Weise des Alterungsprozesses.

Inwieweit die „Lebensphasen im Alter" zur „späten Freiheit" oder zu materiellen und psychischen Einschränkungen und Belastungen führen, hängt letztlich in hohem Ausmaß von der gesellschaftlichen Stellung ab, die der einzelne Mensch während seines gesamten Lebenslaufes eingenommen hat.

Eine gehobene berufliche Stellung, die vielfach mit einem höheren Einkommen, geringeren arbeitsplatzbedingten Gesundheitsrisiken, größeren Handlungs- und Entscheidungsspielräumen usw. verbunden ist, bewirkt wahrscheinlich im Alter günstigere materielle und immaterielle Lebensbedingungen. Menschen, die umgekehrt während ihrer Erwerbsbiographie eine niedrige berufliche Position inne hatten und dadurch auch soziale Benachteiligungen in Kauf nehmen mussten, werden auch im Alter größeren Belastungen und Einschränkungen ausgesetzt sein.

Im gesamten sind die „Lebenslagen, Lebensläufe und Lebensstile" im Alter immer eingebunden in die jeweilige Gesellschaft und Kultur und umfassen einen Vergangenheits-, Gegenwarts- und Zukunftsaspekt.

Der Vergangenheitsaspekt beinhaltet die Summe aller bisherigen Erfahrungen und Erlebnisse, den individuellen Lebenslauf und Lebensstil usw.

Der Gegenwartsaspekt spiegelt die aktuelle Lebenssituation wider, in der

Merkmale wie Einkommen, Wohnen, Konsum, Freizeit, Gesundheit, Interesse, Lebenszufriedenheit bedeutsam sind.
Im Zukunftsaspekt manifestieren sich noch bestehende Hoffnungen, Wünsche, Ziele und Erwartungen. Alter und Altern vollzieht sich stets im Schnittpunkt dieser drei Aspekte.

2.1 Lebensphasen im Alter

Die Abgrenzung der „Lebensphase Alter als Teil des Lebenslaufes" ist äußerst schwierig. Die Beantwortung der Frage nach dem Beginn, der Struktur und der Qualität dieser Lebensphase wird einerseits durch die unsichere Datierung des Altersbeginns, andererseits durch die zunehmende Individualisierung, Pluralisierung und Differenzierung des Alters erschwert (vgl. BACKES/CLEMENS 2003, S. 23 f.).
Eine eindeutige Festlegung, ab wann ein Mensch als „älter" oder „alt" gilt, gibt es nicht. Nach den Vorschlägen der Weltgesundheitsorganisation (WHO) wird in der zweiten Lebenshälfte zwischen älteren Menschen zwischen 60 und 75 Jahren, alten Menschen zwischen 75 und 90 Jahren, sehr Alten oder Hochbetagten über 90 Jahre und Langlebigen über 100 Jahre unterschieden (vgl. SENIORENBERICHT 2000, S. 26).
Nach dem 60. Lebensjahr unterscheiden sich alte Menschen, laut HÖPFLINGER, folgendermaßen:

- Junge Alte im Alter von 60 bis 69 Jahren: In diese Phase fällt meist der endgültige Übergang in den Ruhestand. Frauen und Männer in diesem Alter sind gesundheitlich häufig noch gut in der Lage, ein aktives Leben in ausgeprägter Autonomie zu führen.
- Betagte im Alter von 70 bis 79 Jahren: Jetzt werden die gesundheitlichen Einschränkungen und Belastungen des Alters mehr und mehr spürbar. Die gesundheitliche und soziale Lage von Männern und Frauen dieses Alters variiert aber sehr stark. Neben aktiven Alten, die weiterhin ein erfülltes Leben führen, finden sich aber auch beeinträchtigte alte Menschen, die an verschiedenen Krankheiten leiden.
- Hochbetagte im Alter von 80 Jahren und älter: Hier handelt es sich um Menschen, die eine überdurchschnittliche Lebenserwartung aufweisen. In manchen Fällen ist die Möglichkeit, ein eigenständiges Leben zu führen, nur geringfügig eingeschränkt. Es treten aber schon Altersbeschwerden auf. Andere hingegen kämpfen in dieser Altersphase mit gesundheitlichen Einschränkungen. Lebensqualität und Autonomie werden jedenfalls geringer, die Wahrscheinlichkeit von Pflegebedürftigkeit steigt und auch der Tod rückt näher (vgl. HÖPFLINGER 1994, S. 25).

Es gibt natürlich auch noch andere Enteilungsmöglichkeiten. Diese Altersbegrenzungen haben aus meiner Sicht aber immer nur Orientierungswert. Die

Grenzen und die jeweiligen sozialen Problemlagen sind immer fließend. Für die Gestaltung einer lebensweltorientierten Altenarbeit in der Praxis scheint mir aber eine solche Einteilung durchaus sinnvoll und brauchbar.

3. Alter und demographische Entwicklung in Österreich

In den letzten Jahrzehnten wurde die Entwicklung der „Lebensphase Alter" durch zwei gesellschaftliche Veränderungsprozesse beeinflusst: Zum einen durch den demographischen Wandel, der zu einer „Alterung der Gesellschaft" geführt hat, zum anderen durch sozialstrukturelle Veränderungen, die einen enormen Zuwachs der Zahl der älteren Menschen mit sich gebracht haben und als „Strukturwandel des Alters" bezeichnet werden (vgl. BACKES/CLEMENS 2003, S. 32). Dieser sozialstrukturelle Wandlungsprozess verändert nicht nur die „Lebenslagen, Lebensläufe und Lebensstile" der älteren Menschen (vgl. TIETZE 2005, S. 122 ff.), sondern führt auch zu einer Individualisierung und Pluralisierung der Erscheinungsform des Alters. Der damit einhergehende Routineverlust des Alltags betrifft fast alle Lebensbereiche: soziale Beziehungen, Wohnen und Freizeitformen, Aktivitäten, Verhaltensweisen, sowie den Umgang mit Gesundheit, Krankheit und unterstützenden Hilfen. Neue Lebensentwürfe werden im Alter notwendig. Wie sieht nun der demographische Wandel in Österreich aus?

Aus Sicht der Bevölkerungswissenschaft ist jede Veränderung in Größe und Zusammensetzung der Bevölkerung Resultat der Entwicklung demographischer Prozesse der Fertilität, der Mortalität und der Migration. Dies gilt auch für den demographischen Alterungsprozess, sprich die steigende Zahl älterer Menschen in einer Gesellschaft. Die wichtigste Ursache für das Altern einer Bevölkerung ist nicht so sehr die steigende Lebenserwartung, sondern der Rückgang der durchschnittlichen Kinderzahl pro Frau.

Die tief greifenden ökonomischen, sozialen und politischen Veränderungen durch die modernen Industriegesellschaften in Europa hatten erhebliche demographische Konsequenzen. Sie bewirkten einen nachhaltigen Rückgang der Sterblichkeit und in weiterer Folge auch der Kinderzahlen. Die Bevölkerungswissenschaft bezeichnet dieses Phänomen als den demographischen Übergang. Das Altern ist aus diesem Blickwinkel eine zeitlich verschobene, insgesamt aber unvermeidbare Folge dieses demographischen Übergangs und der ihm zugrunde liegenden gesellschaftlichen Wandlungsprozesse (vgl. KYTIR 2005, S. 17 f.).

Verfolgt man die Entwicklung der Altersstruktur der Bevölkerung über einen langen Zeitraum, so ergibt sich das Bild einer kontinuierlichen Ausdehnung der Alterspopulation. „Es ist eine Eigenart demographischer Prozesse, dass sie sich langsam entwickeln, aber dafür auf die Dauer eine um so größere Wucht entfalten" (KAUFMANN 2005, S. 10).

Österreich befindet sich in einer Phase des Wandels von einer demographisch jungen zu einer demographisch alten Gesellschaft. Dieser Prozess des demographischen Alterns lässt sich seit Ende des Ersten Weltkrieges beobachten. Vor allem die verbesserte Ernährungslage und Hygiene sowie medizinische Fortschritte haben schon im 18. Jahrhundert zu dieser Entwicklung beigetragen.

3.1 Bevölkerungsentwicklung in Österreich: Ein kleiner Rückblick

Derzeit hat Österreich etwas mehr als acht Millionen EinwohnerInnen. An der Wende vom 19. zum 20. Jahrhundert lebten in den Grenzen der Republik sechs Millionen. Österreichs EinwohnerInnenzahl stieg somit in den 100 Jahren um rund zwei Millionen. Das ist ein Zuwachs von einem Drittel. Der Anstieg verlief allerdings nicht kontinuierlich. Drei entscheidende demographische Veränderungen prägten die Bevölkerungsentwicklung im 20. Jahrhundert. Ein von Alexander HANIKA, Gustav LEBHART und Stephan MARIK verfasster Bericht über die Bevölkerung Österreichs im 21. Jahrhundert, der von der STATISTIK AUSTRIA im Jahr 2003 herausgegeben wurde, dokumentiert diese demographischen Veränderungen.

Zum ersten sank die durchschnittliche Kinderzahl von rund vier um 1900 auf unter 1,4 Kinder pro Frau. Ihr erstes historisches Tief erreichten die Kinderzahlen während des Ersten Weltkriegs und ein zweites während der Weltwirtschaftskrise. Darauf folgten ein markanter Anstieg nach dem Anschluss Österreichs an das nationalsozialistische Deutschland und ein weiterer Anstieg in der Nachkriegszeit. Seit dem Höhepunkt des Baby-Booms Mitte der 1960er-Jahre sinken die durchschnittlichen Kinderzahlen. 2001 erreichten sie mit 1,33 Kindern pro Frau ihren bisherigen historischen Tiefststand. Noch nie bekam eine Generation in Österreich so wenige Kinder wie die heute jüngeren BewohnerInnen dieses Landes. Zugleich wächst der Anteil lebenslang kinderloser Frauen und Männer.

Zum zweiten stieg die Lebenserwartung beinahe auf das Doppelte: Bei Männern von 40,6 Jahren (um 1900) über 62,4 (1951) auf derzeit 75,8 Jahre (2002), bei Frauen von 43,4 Jahren (um 1900) über 67,7 (1951) auf derzeit 81,7 Jahre (2002). Neben dem Rückgang der Säuglings- und Kindersterblichkeit erklärt sich dies in den letzten Jahrzehnten vor allem durch gewonnene Jahre im Alter. Noch nie wurde eine Generation in Österreich so alt.

Das Fazit dieser Erhebung lautet, dass im Laufe des 20. Jahrhunderts die Bevölkerung Österreichs immer langlebiger wurde und tendenziell weniger Kinder zur Welt kamen. Dadurch begann die Gesellschaft langsam zu altern. All diese Trends werden auch die demographischen Entwicklungen im 21. Jahrhundert prägen.

3.2 Veränderungen in der Altersstruktur der österreichischen Gesellschaft

Der Altersstrukturwandel ist Teil eines allgemeinen Strukturwandels in allen gesellschaftlichen Bereichen und Lebensphasen. Deshalb kann der Altersstrukturwandel auch nicht als isolierter Prozess innerhalb eines altersspezifischen Feldes oder hinsichtlich der Lebenslagen im Alter betrachtet werden. Alter stellt kein eigenständiges soziales Feld dar, sondern durchzieht als allgemeines Strukturmerkmal alle sozialen Bereiche und alle Altersgruppen (vgl. AMRHEIN 2004, S. 63).

Die Altersstruktur einer Bevölkerung wird im Wesentlichen durch die Fertilität der Vergangenheit und die Mortalitätsverhältnisse bestimmt. Die Veränderungen in der heutigen Altersstruktur der Bevölkerung folgen einem durchgängigen Trend, der als „demographisches Altern" bezeichnet wird. Ihm ging jedoch eine Phase demographischer Verjüngung voraus.

Diese gegenläufige säkulare Veränderung der Altersstruktur kann als notwendige Begleiterscheinung der Modernisierung bezeichnet werden. In Europa begann mit der Verbesserung der allgemeinen Lebenslage im 18. Jahrhundert vor allem die Kindersterblichkeit zu sinken, woraus im 19. Jahrhundert ein starkes Bevölkerungswachstum und eine tendenzielle Verjüngung der Bevölkerung resultierten. Da sich die statistischen Lebensgewinne heute aber überwiegend in den höheren Lebensaltern zu Buche schlagen, steigern sie die Altenquote und reduzieren den Anteil der Personen im Erwerbsalter. Dieser demographische Übergang vollzieht sich heute in großen Teilen der Weltbevölkerung (vgl. KAUFMANN 2005, S. 39 f.).Veränderungen im Bevölkerungsaufbau Österreichs werden deutlich, wenn die Alterspyramide zu Beginn des 20. Jahrhunderts mit der aktuellen und der für das Jahr 2050 prognostizierten verglichen wird (siehe Abb. 1). Aus der Pyramidenform zu Beginn des 20. Jahrhunderts, bei der noch fast jede jüngere Altersgruppe stärker besetzt war als die nächst ältere, wird bis zum Jahr 2050 eine Pilzform als graphische Darstellung des Altersaufbaus der Bevölkerung entstehen. Zur Volkszählung 1910 hatte auch der Bevölkerungsaufbau in Österreich noch die klassische Form einer Pyramide, nämlich eine breite Basis, die sich bis zu den Ältesten hin verschmälert. Die Ergebnisse des 20. Jahrhunderts haben ihre Spuren im Altersaufbau hinterlassen. Deutlich sichtbar sind in der Pyramide von 2001 die Geburtenausfälle der beiden Weltkriege sowie der Wirtschaftskrise in den 1930er-Jahren.

Diese Geburtenausfälle verursachten die niedrigeren Besetzungszahlen bei den derzeit rund 85-, 65- und 55-Jährigen. Andererseits sind das kleinere Geburtenhoch um 1940 sowie der Baby-Boom der 1950er und 1960er Jahre bei den derzeit 60- sowie 30- bis 40-Jährigen zu erkennen. Schon während der letzten Jahrzehnte alterte die Bevölkerung Österreichs. Auch in naher Zukunft

Abb. 1: Veränderungen in der Altersstruktur zwischen 1910 und 2050 in Österreich

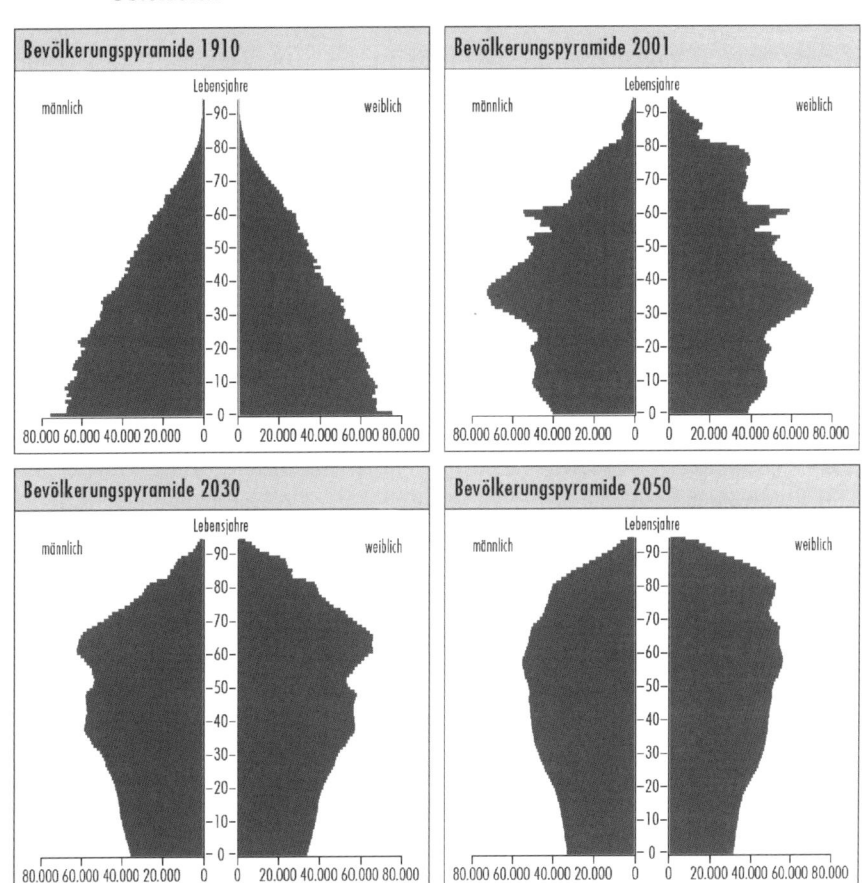

Quelle: [Statistik Austria, 2003, Seite 22 f.]

wird sich die Altersstruktur dramatisch und nachhaltig verschieben. Zahl und Anteil der Kinder unter 15 Jahren sinken, während die Bevölkerung im Alter über 60 Jahren stark an Gewicht gewinnt. Die Bevölkerung im heutigen Haupterwerbsalter von 15 bis 60 Jahren wird ab 2012 schrumpfen (vgl. STATISTIK AUSTRIA 2003, S. 22).
Der skizzierte Altersstrukturwandel beinhaltet daher auch in Österreich soziale Phänomene, die man allgemein als „Verjüngung des Alters" (vgl. TEWS 1993, S. 24), „Entberuflichung des Alters" (vgl. AMANN 2000, S. 388 f.), „Feminisierung des Alters" (vgl. KYTIR/MÜNZ 2000, S. 31), „Singularisierung im Alter" (vgl. NIEDERFRANKE 1999, S. 12 f.) sowie „Hochaltrigkeit" (KYTIR/MÜNZ 2000, S. 32) bezeichnet. Diese Veränderungen des Al-

ters werden eine Vielzahl von Lebensbereichen, wie Familie, Beruf, Freizeit, Wohnen und Gesundheit betreffen.
Die Rahmenbedingungen für Alter und Älterwerden sind vor allem für Männer und Frauen im Alltag unterschiedlich. In den verschiedenen Lebenslagen, Lebensstilen und Befindlichkeiten spielt besonders die Geschlechtszugehörigkeit in der dritten Lebensphase eine wichtige Rolle, und diese soziale Kategorie wirkt sich auch auf die Lebenswelten und Erwartungshaltungen bei Männern und Frauen aus.
Diese These von der „Feminisierung des Alters" besagt, dass es ein starkes Übergewicht an Frauen im Alter gibt. 1999 kamen auf 100 Frauen über 60 Jahre nur 66 Männer. Die Ursache für dieses Ungleichgewicht liegt aber nicht nur darin, dass Frauen länger leben. Vielmehr ist es das zeitlich verschobene Ergebnis der beiden Weltkriege. Deshalb ist der Höhepunkt des Frauenüberhangs bereits überschritten. Zwar werden auch zukünftig die Frauen das Alter und vor allem das sehr hohe Alter dominieren, jedoch nicht mehr so stark. Schon 2015 werden bei den über 60-Jährigen bereits 80 Männer auf 100 Frauen kommen und ab 2025 sogar 85 Männer. Damit pendeln sich die Geschlechterproportionen wieder bei den Werten des frühen 20. Jahrhunderts ein, ehe die Kriege vor allem die männliche Bevölkerung dezimierten (vgl. KYTIR/MÜNZ 1999, S. 16).
Die demographischen Veränderungen der letzen Jahrzehnte haben somit zu einem Ungleichgewicht in der Geschlechterverteilung zwischen alten Menschen geführt. Die Mehrheit der Betagten und Hochbetagten in Österreich ist zum heutigen Zeitpunkt weiblichen Geschlechts. Aus diesem Grund sind Frauen in vielerlei Hinsicht eher von den „typischen Problemen des Alterns" betroffen als Männer. Mehr Frauen als Männer leben allein und leiden an Einsamkeit; das Angebot an Altershilfen wird mehrheitlich von Frauen genützt und mehr Frauen als Männer sind pflegebedürftig. Demographische Alterung geht daher besonders Frauen an (vgl. HÖPFLINGER 1994, S. 19 f.).
Aus der hohen Überlebenswahrscheinlichkeit von Frauen ergeben sich auch eine Reihe von gesellschaftlichen Folgen. Innerhalb des Altersstrukturwandels ist die quantitative Feminisierung eng verbunden mit „Hochaltrigkeit" und „Singularisierung". Die Dimensionen weisen auf typische soziale Gefährdungsbereiche des Alters hin. Soziale Probleme im Alter, wie etwa Altersarmut, Gefährdung und Abhängigkeit sowie kritische Lebensereignisse und Partnerverlust, sind zum überwiegenden Teil Probleme alter und hochbetagter Frauen. Die heute durchschnittlich sechs Jahre höhere Lebenserwartung von Frauen und das höhere Alter von Männern in Partnerschaft und Ehe führen zu einem hohen Anteil an Witwenschaft und somit auch zu „Singularisierung im Alter". Ihre Lebenslage im Alter ist in materieller und sozialer Hinsicht besonders gefährdet. Sie sind stärker als alte Männer auf soziale Unterstützung und soziale Netzwerke angewiesen. Je älter die Frauen sind, umso eher

benötigen sie familiäre, geschlechts- und altershomogene Kontakte. Somit stellen Frauen bis ins hohe Alter hinein ein ganz wesentliches gesellschaftliches Hilfepotential gegenüber alten und hoch betagten sowie auch jüngeren Menschen dar. Frauen werden deshalb auch als die heimliche Ressource der Sozialpolitik bezeichnet. Die zur Verfügung gestellten Ressourcen der Unterstützung bis hin zur Pflege im familiären, verwandtschaftlichen und nachbarschaftlichen Kontext liegen überwiegend bei älteren und alten Frauen (vgl. BACKES/CLEMENS 2003, S. 88 ff.).

4. Das Bild des alten Menschen in Alterstheorien

Eine umfassende und in sich konsistente „Theorie des Alters" ist bislang, wie schon erwähnt, noch nicht erarbeitet worden. Vielmehr geht man heute von unterschiedlichen Theorieansätzen und „Altersmodellen" aus. Welches Bild des alten Menschen liegt nun diesen Theorien zugrunde?

4.1 Defizit-Theorie

Die Defizit-Theorie, zu dessen bedeutendsten Vertreter WECHSLER (1944) und LEHMANN (1966) zählen, geht davon aus, dass „Altwerden" mit einem gleichzeitigen Nachlassen emotionaler, geistiger und körperlicher Fähigkeiten verbunden ist. Dieser Zustand sei als konstitutiv für das Alter anzusehen. Dieser Theorieansatz geht also von einem linearen Zusammenhang der Zu- bzw. Abnahme der Qualität und Quantität der Leistung und Produktivität des Menschen aus, wobei etwa mit dem 20. Lebensjahr das Leistungsmaximum erreicht werde, um dann stetig und unaufhaltsam abzunehmen. „Altern" wurde in diesem Ansatz daher vorwiegend als biologischer Prozess verstanden, der durch das „kalendarische Alter" eines Menschen hinreichend bestimmbar wäre. Damit wurde in dieser Theorie quasi das „kalendarische Lebensalter" mit dem „biologischen" und „psychologischen" Alter gleichgesetzt. Man ging davon aus, dass der kontinuierliche biologische Alterungs- und Abbauprozess dem psychologischen Abbauprozess entspricht. Diese Annahmen konnten aber durch gerontologische Längsschnittuntersuchungen weitgehend widerlegt werden, sodass die Defizit-Theorie des Alters heute als überholt gilt (vgl. LEHR 1991, S. 78 ff.).

Dennoch prägte dieses negativ getönte Bild des alten Menschen jahrzehntelang die Vorstellungen der Gesellschaft, wobei erwähnt werden sollte, dass im öffentlichen Bewusstsein diese Einstellung noch immer nicht ganz überwunden wurde.

Nach wie vor ist das Bild des älteren Menschen in unserer heutigen Gesellschaft durch Feststellungen von „Isolation und Vereinsamung", von „Abhängigkeit und Hilfsbedürftigkeit" charakterisiert. Auch der Abbau geistiger

Fähigkeiten wird als geradezu selbstverständlich angenommen. An diesen Einstellungen wird auch noch heute von vielen PraktikerInnen (z. B. in der Alten- und Pflegebetreuung) festgehalten, was in den verschiedenen Institutionen (z. B. Pflegeheimen) immer wieder beobachtbar ist. Die Folge ist, dass Wünsche alter Menschen nicht erkannt werden.

4.2 Aktivitäts-Theorie

Dieser theoretische Ansatz geht davon aus, dass ein Höchstmaß an Lebenszufriedenheit im Alter dann erreicht wird, wenn der alte Mensch weiterhin aktiv bleibt, sozial eingebunden ist und das Gefühl hat, noch gebraucht zu werden. Nicht selten aber erleiden alte Menschen nach Auffassung dieser Theorie durch das Ausscheiden aus dem Beruf und die Auflösung der Großfamilie einen doppelten Rollen- und Funktionsverlust, der sehr oft mit einer Krise der Selbstbewertung einhergeht und das Selbstwertgefühl beeinträchtigt. Infolge dessen kann der betagte Mensch ein Gefühl des „Überflüssig- und des Im-Weg-Seins" entwickeln (vgl. TARTLER 1961).
Im Gesamten würde nach dieser Theorie der beste Weg zur Bewahrung von Lebensqualität im Alter das Bemühen um Beibehaltung oder Wiederherstellung von möglichst weitreichender äußerer und innerer Kontinuität sein.
Aber auch dieses Altersmodell blieb nicht unhinterfragt. Die Hauptkritik bezieht sich auf das dahinter liegende Menschen- und Gesellschaftsbild. Im Mittelpunkt der Theorie stünde das Bild eines „hyperaktiven" alten Menschen, der sich seines Alters gar nicht bewusst werden könne, weil er „ständig" aktiv sei. Außerdem gäbe es geschlechtsspezifische Unterschiede. Bei Frauen gäbe es mit zunehmendem Alter eher eine Konstanz und sogar Zunahme, bei Männern häufiger eine Abnahme der Aktivitäten. Gleichbleibende oder zunehmende Aktivität sei dabei immer gekoppelt mit intensiven, positiv erlebten Freundschaftskontakten und dem Bemühen um Ausweitung des eigenen Interessenskreises (vgl. LEHR 1991, S. 141 f.).
In diesem Zusammenhang wurde auch gefragt, was denn mit den vielen alten Menschen sei, die aus welchen Gründen auch immer, nicht entsprechend der Aktivitätstheorie leben? Sind sie deshalb Menschen zweiter Klasse und/oder werden sie von der Gesellschaft deswegen isoliert?
Außerdem wurde betont, dass die Aktivitätstheorie eine klassenlose Gesellschaft suggeriere, in der jeder die gleichen Chancen zu Aktivität und damit zu Lebenszufriedenheit habe (vgl. EBEL 1987, S. 30). Dies entspräche nicht der gesellschaftlichen Wirklichkeit und berücksichtige die unterschiedlichen sozio-ökonomischen Voraussetzungen alter Menschen nicht.

4.3 Disengagement-Theorie

Die „Disengagement-Theorie" setzt der Aktivitätstheorie ein völlig entgegengesetztes, anderes Bild vom zufriedenen Alter entgegen. Demnach ist das Alter (nur) dann glücklich und erfolgreich, wenn es zu einem allgemeinen „Disengagement" kommt.

Die Herauslösung und Entbindung des alternden Menschen aus (fast) allen gesellschaftlichen Verpflichtungen und Strukturen steht im Mittelpunkt der Überlegungen. Der zurückgezogene, mit sich selbst und seinem eingeschränkten Lebensraum zufriedene Alte ist also das Ideal dieser Theorie, als deren Vertreter CUMMING/HENRY (1961) gelten. Disengagement wird als unvermeidbarer Prozess angesehen, „der zu dem Zeitpunkt beginnt, an dem sich das Individuum der Abnahme seiner Fähigkeiten und des nahenden Todes bewusst wird, und erst mit dem Tod als abgeschlossen gilt" (OSWALD/ FLEISCHMANN, 1983, S. 44).

Die Grundvorstellung dieses Ansatzes richtet sich somit gegen die Grundthese der Aktivitäts-Theorie, nämlich die Aufrechterhaltung der Leistung der mittleren Jahre als Voraussetzung für ein erfolgreiches Altern. Beide Modelle gehen von Werturteilen aus und behaupten jeweils einen Zusammenhang zur subjektiven Zufriedenheit der Individuen, woraus die Bestimmung der optimalen Alterssituation abgeleitet werden soll (vgl. TEWS 1974, S. 108 f.). Die beobachtbaren Ablösungsprozesse werden im Sinne gesellschaftlicher Harmonievorstellungen gedeutet. Diese gesellschaftliche Funktionalität ist mit der These verknüpft, dass dieser Rückzug für die Älteren befriedigend sei. Die Disengagement-Theorie geht davon aus, dass der alte Mensch selber einen Rückzug aus sozialen Rollen und Beziehungen, aus Aktivitäten und Leistungsdruck wünsche. Zunehmende Isolation und die Lösung aus alten Bindungen seien ein natürlicher Prozess, eine Vorbereitung auf den Abschied vom Leben und der Altersrückzug als Motor des kontinuierlichen sozialen Wandels zu sehen. Solchermaßen ausgegrenzte alte Menschen seien dann zufriedener als diejenigen, denen auch im Alter noch Aktivität und Leistung abverlangt werde. Stützt man sich auf die Disengagement-Theorie, dann sind Eingriffe in den Prozess des Alterns überflüssig. Allerdings wird dem alten Menschen nicht per se unterstellt, er sei zu keiner Leistung mehr fähig, nur sei er zur Leistung nicht mehr bereit.

Durch ihren Absolutheitsanspruch hat die Disengagement-Theorie heftige Diskussionen ausgelöst, die zu mehreren Relativierungen ihrer zentralen Aussagen führte. Die Annahme eines generellen Disengagements musste verworfen und die bis dato für zwingend positiv gehaltene Korrelation zwischen Disengagement und Lebenszufriedenheit revidiert werden (vgl. OLBRICH 1976, S. 155 f.).

Von LEHR/DREHER (1969) ist die Disengagement-Theorie dahingehend modifiziert worden, dass sie von einem „vorübergehenden Disengagement" sprechen.

„(...) danach erscheint ein ‚vorübergehendes Disengagement' (im Sinne von höherer Zufriedenheit bei geringem Sozialkontakt) als eine Form der Reaktion auf Belastungssituationen (...)." (LEHR 1991, S. 245) Demnach kann es nach einer Anpassung und Umorientierung an die neue Situation (z. B. Ruhestand) zu neuem Engagement bzw. Aktivitäten kommen.

Diese modifizierte Form scheint den Wünschen und Bedürfnissen alter Menschen am ehesten gerecht zu werden, da sie sowohl einen selbst gewünschten Rückzug wie erneutes Engagement und Aktivitäten zulässt.

Im gesamten kann man zur Disengagement-Theorie und ihrem Bild vom Alter Folgendes kritisch anmerken:

Im Gegensatz zum Defizit-Modell behandelt die Disengagement-Theorie Altern nicht aus der Verlustperspektive, sondern sieht im Rückzug eine notwendige, weil entlastende und befreiende Entwicklung. Ein harmonischer Verlauf des Disengagement-Prozesses ist nur dann gegeben, wenn das Disengagement gleichzeitig sowohl vom alternden Menschen als auch von der Gesellschaft angestrebt wird (vgl. PRAHL/SCHROETER 1996, S. 279). Dies bedeutet, dass die Disengagement-Theorie von einem Harmoniemodell zwischen Individuum und Gesellschaft ausgeht, ohne die Widersprüche zu thematisieren. Danach würde sich der alternde Mensch das wünschen, was für die Gesellschaft nützlich ist, nämlich Rückzug und Ausgliederung. Das Altersbild der Disengagement-Theorie ist ähnlich der Defizit-Theorie undifferenziert von einem allgemeinen Abbauprozess im Alter geprägt. Außerdem besteht die Gefahr, damit den wissenschaftlichen Begründungszusammenhang für einen gesellschaftlich legitimierten Ausgliederungsprozess zu liefern.

4.4 Kognitive Theorie des Alterns

Die von THOMAE (1971) entwickelte „kognitive Theorie des Alterns" befasst sich mit der subjektiven Seite des Älterwerdens, d. h. wie der alternde Mensch objektive Voraussetzungen und Begleiterscheinungen (z. B. das Nachlassen der körperlichen oder geistigen Leistungsfähigkeit) subjektiv erlebt und interpretiert. Diese Perspektive ist deshalb bedeutsam, weil das Verhalten eines Menschen primär auch durch die Art und Weise beeinflusst wird, wie er sich und seine Umwelt wahrnimmt (vgl. OSWALD/FLEISCHMANN 1983, S. 39 f.). Dabei ist vor allem die Auseinandersetzung mit der „persönlichen Entscheidung", der „Sozialen Integration bzw. Isolation" sowie der „Endlichkeit des eigenen Daseins" bedeutsam. Die Grundlage für die kognitive Theorie des Alters bildet das „Persönlichkeitsmodell" von THOMAE, welches auf drei Grundannahmen beruht: Erstens, dass Veränderungen des menschlichen Verhaltens stärker mit „erlebter Veränderung als mit objektiver

Veränderung" in Zusammenhang stehen. Zweitens, die „Art, in der situative Veränderungen erlebt werden, ist von dominanten Bedürfnissen und Erwartungen des Individuums oder der Gruppe abhängig". Drittens, „Anpassung an das Altern ist eine Funktion des Gleichgewichts zwischen kognitiven und motivationalen Systemen des Individuums" (vgl. THOMAE 1971, S. 8 ff.). Der große Verdienst dieser Theorie ist zweifellos, dass wahrgenommene und erlebte Veränderungen im Alternsprozess weit gefasst und neutral beschrieben werden können. Die „kognitive Theorie des Alterns" trägt wesentlich zum Verständnis des Alternsprozesses bei. Durch das explizite Einbeziehen von Kognition und Motivation, also subjektiver Wahrnehmungen und Bedürfnisse, wird deutlich, dass es nicht „das Altern" schlechthin gibt, sondern dass jeder Mensch seinen eigenen, individuellen Lebenslauf hat (vgl. SCHAIE 1973, S. 151 ff.).

4.5 Kompetenzmodell des Alterns

Als neuere wissenschaftliche Sichtweise betont das „Kompetenzmodell" das Freisein von Verpflichtungen und Arbeitsbelastungen sowie die Entwicklungsfähigkeit älterer Menschen und ihre Potenziale und Chancen, wie sie sich im Konstrukt der „jungen Alten" finden. Gezeigt werden in diesem Modell die Möglichkeiten, bei besserer Gesundheit auch im Alter noch belastbar und lernfähig zu sein, sowie Fähigkeiten für ein zufriedenstellendes, selbstbestimmtes Leben zu erhalten oder zu entwickeln. Kompetenzen bestehen nicht nur in Bildung und finanzieller Sicherheit, sondern auch in Basisfunktionen des täglichen Lebens wie etwa Einkaufen gehen, Stiegen steigen oder das Benutzen öffentlicher Verkehrsmittel. Allerdings ist diese Basiskompetenz nicht zwingend an das Leistungsvermögen des jeweiligen Menschen gebunden, sie kann auch durch entsprechende Hilfe (technische und persönliche) gesichert werden. Es wird darauf zu achten sein, dass nicht alle älteren Menschen qua Alter gleich behandelt werden, ohne Rücksicht auf deren individuelle Situation, deren Kompetenzen und deren Handlungsmotivation (vgl. BALTES 1996, S. 33). Es geht im Kompetenzmodell also stärker um die Voraussetzungen für Aktivität und Aktivierung im Alter.

Allerdings ist mit dem „Kompetenzmodell" des Alters die heute eher im hohen Alter vorfindbare Phase der Krankheit, Gebrechlichkeit sowie Hilfe- und Pflegebedürftigkeit nicht verschwunden. Die Grenze zu dieser Phase ist nur weiter nach hinten verschoben. Dieser Paradigmenwechsel, der Unabhängigkeit und aktive Mitwirkung betont und damit der herkömmlichen Rundum-Versorger-Rolle widerspricht, fordert auch eine Neubestimmung der Rolle der Gemeinden.

Zusammenfassend kann gesagt werden, dass es allen skizzierten Theorieansätzen nicht gelingt, ein umfassendes Bild des „Alters und Alterns" zu entwickeln. Der Anspruch, eine Theorie zu entwerfen, welche die Gesamtheit der Prozesse, Begleiterscheinungen und Auswirkungen des Alterns erklärt, ist schwer erfüllbar. Viel wichtiger scheint mir, „Altern" als Chance und Prozess der Selbsterfahrung und auch als Spielraum von Veränderungsmöglichkeiten zu sehen. Damit können auch Fragen eines neuen menschlichen Seinsverständnisses mit Dimensionen einer neuen Beziehung zum Leben und seinem Schutz verbunden sein. „Alterstheorien" können die Vertiefung des eigenen Selbstverständnisses fördern und Voraussetzungen zur Selbstreflexion bieten (vgl. ROSENMAYR 1983, S. 303).

5. Soziale Problemlagen und Lebenschancen im Alter

Das Verständnis sozialer Problemlagen im Alter setzt die Analyse der Lebenslagen alter Menschen in ihrem gesamtgesellschaftlichen Vermittlungs- und Verursachungszusammenhang voraus. Die möglichen sozialen Probleme, Belastungen oder Risiken, die im Alter auftreten können, haben ihre Ursachen und Wurzeln vielfach in den gesamten, dem Alter vorausliegenden Lebensphasen, insbesonders in der Erwerbsbiographie. Die altenspezifischen Problemlagen können daher nur dann einer angemessenen Analyse unterzogen werden, wenn man sie auf die soziale und berufliche Stellung während des Erwerbslebens rückbezieht und im Zusammengang mit den jeweiligen Einkommensverhältnissen und den materiellen Lebensbedingungen stellt.

5.1 Vorausgegangene berufliche Stellung und soziale Teilhabechancen im Alter

Ein selbstbestimmtes Leben und entsprechende Lebenschancen im Alter hängen zunächst von den materiellen und immateriellen Ressourcen ab, die jemand zur Verfügung hat. Je höher das Pensionseinkommen aufgrund der vorausgegangenen beruflichen Stellung ist, desto höher sind auch die Chancen, ein materiell abgesichertes und belastungsfreies Leben im Alter zu gestalten. Wer aber eine niedrige berufliche Stellung während seines Lebens inne hatte oder aufgrund wirtschaftlicher Krisensituationen in die Arbeitslosigkeit geriet und damit nicht die für eine angemessene Pension notwendigen Versicherungszeiten erwerben konnte, wird auch im Alter mit einer Einschränkung seiner Lebensgrundlagen rechnen müssen.

Menschen, die ein kontinuierliches Erwerbsleben aufweisen können, werden auch im Alter eher in der Lage sein, ein „aktives", „befriedigendes" und „selbstbestimmtes" Leben zu führen. Die sozialen Teilhabechancen in unterschiedlichen Lebensbereichen (z. B. Wohnen, Gesundheit, Freizeitgestaltung, Bildung, Beteiligung am kulturellen und politischen Leben usw.) können durch einen größeren materiellen Lebensstandard erweitert werden. Dadurch nimmt auch der jeweilige Aktivitäts- und Handlungsspielraum im Alter zu. Erwerbsbiographische Benachteiligungen (z. B. niedrige Einkommensverhältnisse, geringes soziales Ansehen, fremdbestimmte Arbeitsbedingungen, erhöhte Gesundheitsrisiken) können hingegen nicht nur die Chancen sozialer Teilhabe und entsprechende Handlungsmöglichkeiten verringern, sondern auch die „Lebensqualität".

5.2 Berufliche Ausgliederung und Umorientierungsprobleme

Die beruflichen Ausgliederungsprozesse und die damit verbundenen Umorientierungsprobleme werden ebenso durch die vorangegangene Lebensphase, soziale Stellung und berufliche Position beeinflusst. Das Ausscheiden aus dem Berufsleben ist eine der tiefgreifendsten Erfahrungen, die sich einerseits mit Hoffnungen, Sehnsüchten und Träumen der bevorstehenden „neuen Freiheit und Freizeit", andererseits aber mit sozialen und beruflichen Verlusterlebnissen und Erfahrungen des Alterns verbindet. Dieses Eintreten in den sogenannten „Ruhestand", das den letzten Lebensabschnitt eröffnet, wird individuell sehr unterschiedlich und nicht selten als „existentielle Lebenskrise" empfunden.
Diese kann sich nicht nur in Schwierigkeiten bei der Anpassung an die Pension, sondern auch in Befürchtungen vor dem Pensionierungszeitpunkt zeigen. Die Anpassungsprozesse an den „Ruhestand" scheinen umso besser zu gelingen, je besser die Gesundheit, je höher die Bildung und je breiter das Spektrum der Interessen ist (vgl. ROSENSTIEL 1994, S. 236 f., DE BEAUVOIR 2004, S. 348).
Die berufliche Ausgliederung stellt heute hauptsächlich die älteren Männer vor ein Umorientierungsproblem, insbesondere dann, wenn der Beruf selbst als „identitätsstiftende Komponente erlebt und praktiziert" wurde. Noch schwieriger wird es für alleinstehende Männer. Die größte Herausforderung ist dabei die „Neustrukturierung des Alltags, da die handlungs- und zeitstrukturierenden Rahmenbedingungen des Berufsalltags fehlen und zudem die sozialen Kontakte zu Personen am Arbeitsplatz nach der Pensionierung nur selten aufrecht erhalten werden können" (TIETZE 2005, S. 131).
Die Entwicklung neuer Fertigkeiten für eine erfüllende Tätigkeit während der Pension fällt schwerer, wenn nicht zuvor Grundlagen dafür gelegt wurden. Um eine bessere Umorientierung zu gewährleisten, ist eine Vorbereitung auf den Ruhestand erforderlich. Diese könnte langfristig darin bestehen, dass der einzelne generell besser und vielseitiger ausgebildet wird, wobei nicht nur Anforderungen des künftigen Berufs, sondern auch der Freizeit und des „Ruhestandes" berücksichtigt werden sollten. Kurzfristig erscheinen ausreichende Informationen über die berufliche Ausgliederung und die Planung sinnvoller

Aktivitäten ratsam. Zudem wäre die Umstellung auf den „Ruhestand" leichter zu bewältigen, würde der Übergang von der Arbeit in die „Entberuflichung" nicht abrupt, sondern in Phasen erfolgen. Auch wenn der Übertritt in die Pension erhebliche Belastungen mit sich bringen kann, so kann die Zeit der Pension neue Möglichkeiten eröffnen, wenn es gelingt, die Veränderungen als Herausforderungen und Chancen und nicht als Bedrohung zu begreifen. Die „Pensionierung" einer Person stellt somit ein bedeutendes, mit Alter assoziiertes Merkmal „familiärer und partnerschaftlicher Veränderung" (vgl. dazu BACKES/CLEMENS 2003, S. 67 f.) dar.

5.3 Einkommensverhältnisse, Wohnungsqualität und Freizeitgestaltung

Die subjektive Bedeutung des Wohnens und der Wohnumgebung nimmt im Alter erheblich zu. Ältere Menschen wollen so lange wie möglich in ihrer gewohnten und vertrauten Umgebung bleiben. Darin drückt sich der Wunsch nach Lebenskontinuität aus, nach Sicherheit im vertrauten Lebensumfeld (vgl. FEGEBANK 1999, S. 249 ff.).

Die Qualität der Wohnung und der Wohnumgebung wird aber ganz stark von den Einkommensverhältnissen bestimmt. Ältere Menschen, die über ein geringes Pensionseinkommen verfügen, werden in den meisten Fällen unter ungünstigeren Wohnverhältnissen leben müssen. Zusätzliche Belastungen ergeben sich, wenn die Wohnung in Gegenden liegt, die eine mangelnde Infrastruktur (z. B. schlechte Verkehrsverbindungen, fehlende Nahversorgung) aufweist. Besonders betroffen sind dabei ältere Menschen in ländlichen Gebieten. Wichtige Lebensbedürfnisse können damit nicht mehr in ihrem unmittelbaren Lebensraum befriedigt werden. Mangelnde finanzielle Mittel können auch dazu führen, dass im Bedarfsfall eine alten- und behindertengerechte Adaptierung der Wohnung kaum möglich ist und damit eine vorzeitige Abhängigkeit von „fremder Hilfe" gefördert wird.

Darüber hinaus kann es bei einkommensschwachen alten Menschen zu einer erheblichen Einschränkung der Gestaltung ihrer Freizeit kommen. Da das Pensionseinkommen fast ausschließlich für die Befriedigung der unmittelbaren materiellen Lebensbedürfnisse (z. B. Nahrung, Kleidung, Wohnung, Medikamente) gebraucht wird, ist die Finanzierung von Reisen, Urlauben, Theaterbesuchen oder anderen kulturellen Aktivitäten vielfach eingeschränkt.

5.4 Gesundheitsrisiken, Hilfs- und Pflegebedürftigkeit

Die Gesundheitsrisiken im Alter stehen ebenfalls in engem Zusammenhang mit den Arbeitsbedingungen und den daraus resultierenden Arbeitsbelastungen während der Erwerbsarbeit. Angestellte und Beamte haben im Durchschnitt nicht nur eine größere Lebenserwartung und um ein vielfach niedrigeres Gesundheitsrisiko als ArbeiterInnen und Bauern/Bäuerinnen. Diese gesellschaftlichen Gruppen sind daher auch im Alter in höherem Maße von Hilfs- und Pflegebedürftigkeit betroffen und kommen damit auch früher in die Abhängigkeit „fremder Hilfe". Dabei spielen die Ressourcen, die dem/ der einzelnen Betroffenen bei der Bewältigung der daraus entstehenden Belastungen zur Verfügung stehen (z. B. Höhe der Pension, soziale Einbindung, Angebot an sozialen Diensten) eine wichtige Rolle.

Sozial benachteiligte alte Menschen, insbesonders ArbeiterInnen und Bauern/Bäuerinnen, haben aufgrund der eingeschränkten Lebensgrundlagen auch geringere materielle Ressourcen und Handlungsmöglichkeiten, ihre sozialen Probleme zu bewältigen. Sie sind daher vielfach im höheren Maße von „fremder Hilfe" abhängig und gezwungen, vorzeitig soziale Dienste in Anspruch zu nehmen.

Dabei tragen, trotz gesunkener Heiratshäufigkeit, geringerer Kinderzahlen und steigender Ehescheidungen, die Familien immer noch die Hauptlast der Pflege. Der größte Teil der pflegebedürftigen alten Menschen werden in Österreich nach wie vor zu Hause durch Familienmitglieder, insbesonders durch Frauen und nahe Verwandte und nicht durch das „professionelle Hilfssystem" betreut. Daraus resultieren für die Familien und besonders für erwerbstätige Frauen enorme Belastungen und Einschränkungen eigener Lebensmöglichkeiten, die auch die eigenen familiären Beziehungen belasten können. Daher brauchen auch Familien bei ihrer Betreuungs- und Pflegearbeit Unterstützung.

6. Herausforderungen der Zukunft und die Entwicklung einer präventiven Sozialpolitik des Alters

Kehren wir zum Ausgangspunkt zurück: Wie alle modernen Gesellschaften ist auch Österreich mit dem Prozess der demographischen Alterung konfrontiert. Gesunkene Kinderzahlen und eine weiterhin steigende Lebenserwartung bewirken, dass die Bevölkerung langfristig altert. Die Bevölkerungsprognose für Österreich bis zum Jahr 2050 hat eine aktuelle Grundlage. Sie stützt sich auf die Ergebnisse der Volkszählung von 2001. Und sie liefert fundierte Daten zur künftigen Bevölkerungsentwicklung sowie zu den Änderungen der Altersstruktur. Diese Prognose macht klar, dass sich Österreich um die Mitte des 21. Jahrhunderts wegen seiner im Schnitt viel älteren Bevölkerung deutlich vom heutigen Österreich unterscheiden wird (vgl. STATISTIK AUSTRIA 2003, S. 8 f.).

Die Hauptvariante der Bevölkerungsprognose rechnet zukünftig mit einer durchschnittlichen Zahl von 1,4 Kindern pro Frau. Zugleich ist davon aus-

zugehen, dass das Durchschnittsalter der Mütter weiter steigen wird – von derzeit 28,5 Jahre (2002) auf 31,0 Jahre (2050). Dieses immer höher werdende Alter, in dem Frauen ihre Kinder zur Welt bringen, hat auch eine klare Folgewirkung. Der Trend vergrößert den Abstand der Generationen. Zudem wird ein weiterer Anstieg der Lebenserwartung prognostiziert. Die Prognose rechnet damit, dass 60-jährige Männer nach 2050 im Schnitt über 85 Jahre und 60-jährige Frauen über 89 Jahre alt werden. Trotz steigender Geburtendefizite wird Österreichs EinwohnerInnenzahl in den kommenden 30 Jahren noch etwas wachsen. Dies erklärt sich ausschließlich aus der Zuwanderung.
Bei den hochbetagten Personen der Altersgruppe 80plus Jahre wird es in den kommenden Jahrzehnten die stärksten Zuwächse geben. Die stetig steigende Lebenserwartung, die starken Geburtsjahrgänge um 1940 und 1960, aber auch das Nachrücken von Männergenerationen, die von Kriegsverlusten nicht mehr betroffen sind, sorgen langfristig für diesen Anstieg (vgl. STATISTIK AUSTRIA 2003, S. 18 ff.).
Welche gesellschaftliche Konsequenzen und Herausforderungen ergeben sich aus dieser zukünftigen Entwicklung?
Erstens wird das sich veränderte Verhältnis zwischen jüngeren und älteren Erwachsenen, das Wirtschafts- und Gesellschaftssystem, vor allem im Bereich der Pensionssysteme, nicht nur in Österreich, sondern in allen europäischen Staaten, zukünftig vor weitere enorme Finanzierungsprobleme stellen. Denn tendenziell müssen immer weniger Junge für immer mehr Alte aufkommen.
Zweitens bedeutet die rasch wachsende Zahl alter, insbesondere hochaltriger Menschen, eine enorme Herausforderung für das Gesundheitssystem und die Pflegesicherung. Denn die demographische Alterung bewirkt fast automatisch mehr Gesundheitsausgaben, auch wenn die Alten von morgen gesünder sein werden als die Alten von heute (vgl. auch AMANN 2000, S. 402; KAUFMANN 2005, S. 46).
Drittens werden die geringeren Kinderzahlen, gesunkene Heiratshäufigkeit und steigenden Scheidungsraten jene familiären Netzwerke (vgl. SCHEIPL 1995, S. 123 ff.; KNAPP 2003, S. 370 ff.; KNAPP/REGENFELDER 2004, S. 540 ff.) ausdünnen, innerhalb derer bislang unentgeltlich Pflegeleistungen erbracht wurden. Dadurch wird die Nachfrage nach professionellen Hilfe- und Pflegeleistungen steigen.
GRONEMEYER (2004, S. 27 ff.) weist in diesem Zusammenhang zurecht darauf hin, dass die „Altersfrage" nicht mehr ausschließlich als „ökonomische Frage" mit technischen, medizinischen und administrativen Aspekten diskutiert werden sollte, sonst besteht nämlich leicht die Gefahr, dass das Alter zu einer „sozialpolitischen Managementaufgabe" verkommt. Vielmehr bedarf es der Entwicklung einer „Kultur des Gemeinwohls, die Alte und Junge" umfasst.
In diesem Zusammenhang scheint es mir besonders wichtig, ein neues Selbst-

verständnis einer „Sozialpolitik des Alters" zu entwickeln, das sich nicht nur auf ökonomische und kompensatorische Funktionen beschränkt. Vielmehr wäre eine präventive Sozialpolitik des Alters zu entwickeln, die an den Ursachen und Wurzeln sozialer Problemlagen (z.B.: Armut im Alter) ansetzt, die Entstehung sozialer Probleme und Belastungen im Alter verhindert, Gesundheitsrisiken durch erschwerte Arbeitsbedingungen in einzelnen Berufsfeldern entschärft und insgesamt die Lebens- und Arbeitsbedingungen der Menschen verbessert. Damit würden auch günstige Voraussetzungen für ein aktives, befriedigendes und selbstbestimmtes Leben im Alter geschaffen und die sozialen Teilhabechancen in unterschiedlichen Lebensbereichen (z. B.: Wohnen, Gesundheit, Freizeitgestaltung, Bildung, Beteiligung am kulturellen und politischen Leben) erhöht werden.

Eine präventive Sozialpolitik des Alters sollte durch vorbeugende Maßnahmen im Bereich der Einkommens- und Arbeitsmarktpolitik, der Familienpolitik, der Wohnbau- und Infrastrukturpolitik die Entstehung von sozialer Benachteiligung, Hilfe- und Pflegebedürftigkeit im Alter zu verhindern versuchen und die sozialen Dienste, so wichtig sie im Gesamtzusammenhang auch sind, erst dann weiter ausbauen, wenn alle Möglichkeiten zur Erhaltung der Selbstständigkeit alter Menschen ausgeschöpft sind und die Inanspruchnahme „fremder Hilfe und Pflege" aufgrund biologischer Altersprozesse unvermeidbar wird. Erst dann werden eine „lebensweltorientierte Altenarbeit" und „Konzepte der individualisierten Begleitung" (vgl. THIERSCH 2002, S. 179) sinnvoll, mit dem Ziel, die Fähigkeit zur Selbsthilfe und zu eigenständigen Problemlösungen des alten Menschen so lange wie möglich aufrecht zu erhalten.

Literatur

AMANN, A.: Vom Erwerbsleben in den Ruhestand. In: BUNDESMINISTERIUM FÜR SOZIALE SICHERHEIT UND GENERATIONEN (Hg.): Ältere Menschen – neue Perspektiven. Seniorenbericht 2000: Zur Lebenssituation älterer Menschen in Österreich. Graz 2000, S. 384-407.

AMRHEIN, L.: Die zwei Gesichter des Altersstrukturwandels und die gesellschaftliche Konstruktion der Lebensführung im Alter. In: BACKES, G. M./CLEMENS, W./KÜNEMUND, H. (Hg.): Lebensformen und Lebensführung im Alter. Wiesbaden 2004, S. 59-86.

BACKES, G. M./CLEMENS, W.: Lebensphase Alter. Eine Einführung in die sozialwissenschaftliche Alternsforschung. 2., überarbeitete und erweiterte Auflage. Weinheim/München 2003.

BALTES, P.: Über die Zukunft des Alterns: Hoffnung mit Trauerflor. In: BALTES, M./MONTADA, L. (Hg.): Produktives Leben im Alter. Frankfurt/New York 1996, S. 29-68.

BLOMBERG, A.: Generation Aufbruch – Jetzt geht's erst richtig los. Eine Polemik gegen das Altern. Frankfurt am Main 2005.

BÖHNISCH, L.: Sozialpädagogik der Lebensalter. Eine Einführung. Weinheim/ München 2001.

BUNDESMINISTERIUM FÜR SOZIALE SICHERHEIT UND GENERATIONEN (Hg.): Ältere Menschen – neue Perspektiven. Seniorenbericht 2000: Zur Lebenssituation älterer Menschen in Österreich. Graz 2000.

DE BEAUVOIR, S.: Das Alter. Reinbek bei Hamburg 2004.

CUMMING, E./HENRY, W. E.: Growing old. The process of disengagement. New York 1961.

DÜHRING A.: Das Altenpflegebuch. Medizinische und psychosoziale Grundlagen für die Pflege alter Menschen. 2. überarbeitete und erweiterte Auflage. Stuttgart 2000.

EBEL, T.: Der alte Mensch und sein Bild in der Gesellschaft. Frankfurt am Main 1987.

FEGEBANK, B.: Altengerechtes Wohnen – altersgerechtes Wohnen. Eine Problemsicht aus hauswirtschaftlicher Perspektive. In: LENZ, K./SICKENDIEK, U./RUDOLPH, M. (Hg.): Die alternde Gesellschaft. Problemfelder gesellschaftlichen Umgangs mit Altern und Alter. Weinheim/München 1999, S. 247-260.

GRONEMEYER, R.: Kampf der Generationen. Die Gesellschaft des 21. Jahrhunderts im Konflikt zwischen Jung und Alt. München 2004.

HÖPFLINGER, F.: Frauen im Alter – Alter der Frauen. Ein Forschungsdossier. Zürich 1994.

KAUFMANN, F.-X.: Schrumpfende Gesellschaft. Vom Bevölkerungsrückgang und seinen Folgen. Frankfurt am Main 2005.

KNAPP, G.: Sozialpädagogische Familienhilfe als Handlungsfeld Sozialer Arbeit. In: LAUERMANN, K./KNAPP, G. (Hg.): Sozialpädagogik in Österreich. Perspektiven in Theorie und Praxis. Klagenfurt/Ljubljana/Wien 2003, S. 370-399.

KNAPP, G./REGENFELDER, J.: Soziale Arbeit in der Familie. In: KNAPP, G. (Hg.): Soziale Arbeit und Gesellschaft. Entwicklungen und Perspektiven in Österreich. Klagenfurt/Ljubljana/Wien 2004, S. 525-570.

KYTIR, J./MÜNZ, R.: Demographische Rahmenbedingungen: die alternde Gesellschaft und das älter werdende Individuum. In: BUNDESMINISTERIUM FÜR SOZIALE SICHERHEIT UND GENERATIONEN (Hg.): Ältere Menschen – neue Perspektiven. Seniorenbericht 2000: Zur Lebenssituation älterer Menschen in Österreich. Graz 2000, S. 22-51.

KYTIR, J.: Demographische Prognosen über die voraussichtliche Altersverteilung der nächsten Jahre. In: LIKAR, R./BERNATZKY, G./PIPAM, W./ JANIG, H./ SADJAK, A. (Hg.): Lebensqualität im Alter. Therapie und Prophylaxe von Altersleiden. Wien 2005, S. 17-20.

LASLETT, P.: Das Dritte Alter. Historische Soziologie des Alterns. Weinheim/ München 1995.

LEHMANN, H. C.: The most creative years of engineers and other technologists. In: Journal of Genetical Psychology, 108, 1966, S. 263-277.

LEHR, U.: Psychologie des Alterns. Heidelberg 1979.

LEHR, U. (Hg.): Altern – Tatsachen und Perspektiven. Ergebnisse interdisziplinärer gerontologischer Forschung. Bonn 1983.

LEHR, U.: Psychologie des Alterns. 7. Auflage. Heidelberg/Wiesbaden 1991.

LEHR, U./DREHER, G.: Determinants of attitudes toward retirement. In: HAVIGHURST, R./MUNNICHS, I. M. A./NEUGARTEN, B. L./ THOMAE, H. (Eds.): Adjustment to retirement – a crossnational study, Assen 1969, S. 116-137.

NIEDERFRANKE, A.: Geschlechtszugehörigkeit, Alter und Armut. In: NIEDERFRANKE, A./LEHR, U. M./OSWALD, F./MAIER, G. (Hg.): Altern in unserer Zeit. Heidelberg/Wiesbaden 1992, S. 127-138.

NIEDERFRANKE, A.: Das Altern ist weiblich. Frauen und Männer altern unterschiedlich. In: NIEDERFRANKE, A./NAEGELE, G./FRAHM, E. (Hg.): Funkkolleg Altern. Band 2. Darmstadt 1999, S. 7-52.

OLBRICH, E.: Der ältere Mensch in der Interaktion mit seiner sozialen Umwelt. Phil. Dissertation an der Universität Bonn. Bonn 1976.

OSWALD, W. D./FLEISCHMANN, U. M.: Gerontopsychologie. Psychologie des alten Menschen. Stuttgart/Berlin/Mainz/Köln 1983.

OYEN, R.: Zur Biologie des Alterns. In: TRAPMANN, H./HOFMAN, W./ SCHAEFER-HAGENMAIER, T./SIEMENS, H. (Hg.): Das Alter. Grundfragen – Einzelprobleme – Handlungsansätze. Dortmund 1991, S. 182-196.

PRAHL, H.-W./SCHROETER, K. R.: Soziologie des Alterns: Eine Einführung. Paderborn/München/Wien/Zürich/Schöningh 1996.

ROSENMAYR, L.: Die soziale Bewertung des alten Menschen. In: ROSENMAYR, L. & H. (Hg.): Der Alte Mensch in der Gesellschaft. Reinbek 1978, S. 110-132.

ROSENMAYR, L.: Die späte Freiheit. Das Alter – ein Stück bewusst gelebtes Leben. Berlin 1983.

ROSENMAYR, L.: Die Kräfte des Alters. Wien 1995.

ROSENSTIEL, L. von: Psychische Probleme des Berufsaustritts. In: REIMANN, H. (Hg.): Das Alter. Einführung in die Gerontologie. Stuttgart 1994, S. 230-250.

CHAIE, K. W.: Developmental process and aging. In: EISDORFFER, D./LAWTON, M. P.: The psychology of adult development and aging. Washington D. C.: American Psychological Association, 1973, S. 151-157.

SCHEIPL, J.: Kindergarten und Familie: Gesellschaftliche Aufgaben und Bedingungen. In: KNAPP, G. (Hg.): Kindergarten und Familie als Lebens- und Erfahrungsraum. Politik für KIND-ge-RECHTE Strukturen. Wien/ Köln 1995, S. 120-134.

SCHIRRMACHER, F.: Das Methusalem-Komplott. München 2004.

SCHMÄHL, W.: Ökonomische Aspekte der Absicherung im Alter. In: Zeitschrift für Gerontologie, 25, 1992, S. 135-136.

STATISTIK AUSTRIA (Hg.): HANIKA, A./LEBHART, G./MARIK St.: Bevölkerung Österreichs im 21. Jahrhundert. Wien 2003.

STATISTIK AUSTRIA (Hg.): o. V., Statistisches Jahrbuch 2005. Wien 2005.

TARTLER, R:. Das Alter in der modernen Gesellschaft. Stuttgart 1961.

TEWS, H. P.: Soziologie des Alterns. 2., durchgesehene Auflage. Heidelberg 1974.

TEWS, H. P.: Neue und alte Aspekte des Strukturwandels des Alters. In: NAEGELE, G./TEWS, H. P. (Hg.): Lebenslagen im Strukturwandel des Alterns. Alternde Gesellschaft – Folgen für die Politik. Opladen 1993, S. 15-42.

THIERSCH, H.: Von den kränkenden Mühen, alt zu werden. In: SCHWEPPE, Ch. (Hg.): Generation und Sozialpädagogik. Theoriebildung, öffentliche und familiale Generationenverhältnisse, Arbeitsfelder. Weinheim/München 2002, S. 173-179.

THOMAE, H.: Die Bedeutung einer kognitiven Persönlichkeitstheorie des Alterns. In: Zeitschrift für Gerontologie, Bd. 4,. Ausgabe 1, 1971, S. 8-18.

THOMAE, H.: Lebensqualität im Alter. Objektive Rahmenbedingungen und psychische Verarbeitungsprozesse. In: BORSCHEID, P./ROSENMAYR, L. u.a. (Hg.): Die Gesellschaft braucht die Alten. Opladen 1998, S. 56-66.

TIETZE, W.: Mann und Alter. In: KRALL, H. (Hg.): Jungen- und Männerarbeit. Bildung, Beratung und Begegnung auf der „Baustelle Mann". Wiesbaden 2005, S. 120-134.

WECHSLER, D.: The measurement and appraisal of adult intelligence. Baltimore 1944.

Helmut Spitzer

SOZIALE ARBEIT MIT ALTEN MENSCHEN
Theorieperspektiven, Handlungsmodelle und Praxisfelder

1. Überblick

In diesem Beitrag gehe ich der Frage nach, worin das spezifische Kompetenzprofil und das professionelle Handlungsrepertoire Sozialer Arbeit im Hinblick auf die Zielgruppe alte Menschen bestehen. Dabei sollen zunächst ein paar grundlegende Fragen geklärt werden: Was ist unter „Sozialer Arbeit" zu verstehen, und worin bestehen die gesellschaftlichen und strukturellen Rahmenbedingungen und Voraussetzungen, innerhalb derer sich Soziale Arbeit im breiten Feld der Arbeit mit alten Menschen positionieren kann? (2) Weiters wird der Frage nachgegangen, worin die Ursachen und Hintergründe für die Randständigkeit Sozialer Arbeit in den Bereichen Altenarbeit und Altenhilfe zu suchen sind. (3) Die dort verortbare „Dominanz des medizinischen Paradigmas" (SCHWEPPE 2005c) ist dabei nur ein Antwortstrang. Vor dem Hintergrund altersstruktureller Veränderungen und einer zunehmenden Pluralisierung und Differenzierung des Alters in unserer Gesellschaft wird soziale Altenarbeit in der Folge als ein Professionsfeld herausgearbeitet, das weit über pflegeflankierende Maßnahmen im Altenhilfebereich hinausreicht. (4) In einem nächsten Schritt werden einige theoretische Positionen der Sozialen Arbeit vorgestellt und der „sozialpädagogische Blick" auf das Alter umrissen. (5) Diese Überlegungen werden anschließend auf die Handlungsebene Sozialer Arbeit bezogen, indem in einer verschränkenden Perspektive ausgewählte Handlungsmodelle und gegenwärtige und wünschenswert zukünftige Handlungsfelder Sozialer Arbeit vorgestellt werden. (6). Überlegungen über Konsequenzen und Anforderungen im Ausbildungsbereich bilden den Abschluss des Artikels (7).

2. Soziale Arbeit: Unübersichtlicher aber wichtiger Gesellschaftsbereich

Wenn hier von „Sozialer Arbeit" gesprochen wird, so im Bewusstsein, dass es sich hierbei um einen professionspolitischen und wissenschaftsumkämpften Terminus handelt, der geradezu zu einer Begriffsklärung herausfordert. Dazu ist an dieser Stelle wenig Platz, ich begnüge mich mit ein paar kurzen Kommentaren und beginne mit dem Vermerk, dass wir in Österreich eine Situation haben, in der sich Soziale Arbeit in einem veritablen Umwälzungsprozess befindet. Dies lässt sich am ehesten im Ausbildungssektor ablesen, wo innerhalb einer Dekade die traditionelle postsekundäre Ausbildungsform der Sozialakademien zunächst von den ab 2001 eingeführten tertiären Fachhochschul-Diplomstudiengängen abgelöst wurde, nur um sich unmittelbar darauf, noch bevor die ersten FH-AbsolventInnen auf den Arbeitsmarkt entlassen wurden, im Zuge des Bologna-Prozesses noch weiter in Bachelor- und Masterstudiengänge auszudifferenzieren (vgl. SPITZER 2008b, S. 21 ff.). Im Kontext dieser Veränderungen und dem damit einhergehenden Akademisierungs- und Professionalisierungsprozess scheint sich der Begriff der Sozialen Arbeit als Sammelbegriff für die beiden aus unterschiedlichen historischen Entwicklungslinien ableitbaren Bereiche der Sozialarbeit einerseits und der Sozialpädagogik andererseits abzuzeichnen. Allerdings wird der Diskurs maßgeblich von zum Teil stark divergierenden Fachmeinungen geprägt. In hochschulpolitischer Hinsicht und eingebettet in das Spannungsfeld zwischen Universitäten und Fachhochschulen geht es besonders um die Frage nach einer wissenschaftlichen „Leitdisziplin" Sozialer Arbeit (Sozialpädagogik versus Sozialarbeitswissenschaft). Aus der Perspektive der Berufsverbände – hier SozialarbeiterInnen, dort SozialpädagogInnen – stehen standes- und berufspolitische Interessen im Vordergrund (vgl. ebd., S. 24 ff.). Die Praxisfelder Sozialer Arbeit sind darüber hinaus in einen heterogenen und sich ständig ausdifferenzierenden sozialberuflichen Arbeitsmarkt eingebettet, in dem sich ehedem getrennte sozialpädagogische und sozialarbeiterische Tätigkeitsfelder zunehmend auflösen und vermischen. Für die Ausrichtung des vorliegenden Beitrages verwende ich den Begriff der Sozialen Arbeit in einer konvergenten Perspektive, in der die beiden Begriffstraditionen von Sozialarbeit und Sozialpädagogik subsumiert werden, ohne ihnen dadurch ihre Eigenständigkeit gänzlich abzusprechen (vgl. SCHILLING/ZELLER 2007, S. 137).

Unabhängig von dieser Debatte, die für Außenstehende oft schwer nachvollziehbar ist und nicht von ungefähr zu einer verzerrten Wahrnehmung des Qualifikations- und Handlungsspektrums Sozialer Arbeit führt, kann die Profession als ein bedeutsamer Gesellschaftsbereich im Kontext der sich herausbildenden strukturellen und psychosozialen Modernisierungsfolgen der apostrophierten „Risikogesellschaft" verstanden werden (vgl. RAUSCHENBACH 1994, S. 89 ff.). In der Terminologie der Risikogesellschaft spielt das Individualisierungstheorem eine wichtige Rolle, wonach sich in den Industriegesellschaften sowohl die Biographiemuster als auch die Lebenslagen der Menschen verändern, d. h. sich biographisch und sozial ausdifferenzieren. Eine voranschreitende Pluralisierung von Lebensstilen produziert sowohl Wahlmöglichkeiten und Entscheidungsfreiheiten als auch (neue) biographische Risiken und Entscheidungsnotwendigkeiten, die die Menschen vor (neue) Bewältigungsaufgaben stellen. BECK/BECK-GERNSHEIM (1994, S. 13) sprechen vom Übergang der „Normalbiographie" zur „Wahlbiographie", auch von einer „Risikobiographie", die zu einer „Drahtseilbiographie" wird, womit „ein Zustand der (teils offenen, teils verdeckten) Dauergefährdung" von Individuen gemeint ist. Im Zusammenhang mit diesem Gesellschaftsbefund ist auch von einer „Entgrenzung der sozialen Risiken" die Rede, woraus sich für die Soziale Arbeit ergibt, dass sich ihr Fokus nicht mehr nur auf materiell benachteiligte Schichten und Randgruppen richtet, sondern immer stärker in die Bereiche durchschnittlicher, privater Lebenslagen hineinreicht und sich ihre Aufgaben somit „veralltäglichen und normalisieren" (RAUSCHENBACH 1994, S. 99). RAUSCHENBACH hat SozialarbeiterInnen und SozialpädagogInnen als „soziale Risikoexperten" bezeichnet (ebd., S. 103), die in Fragen der Lebensplanung, Lebensführung und Lebensbewältigung tätig werden, und zwar in verschiedenen Phasen des Lebenslaufs und in unterschiedlichen Lebenslagen. BÖHNISCH arbeitet Soziale Arbeit als lebensphasenübergreifende „Hilfen zur Lebensbewältigung" heraus und vertritt die These, „dass der soziologische Befund der Risikogesellschaft im sozialpädagogischen Konzept der biographischen Lebensbewältigung seine Entsprechung findet" (BÖHNISCH 2005, S. 30). Nach diesem Verständnis wird Lebensbewältigung als Streben nach subjektiver Handlungsfähigkeit in Lebenssituationen definiert, in denen das psychosoziale Gleichgewicht eines Menschen gefährdet ist. Soziale Arbeit hat demgemäß dort Hilfen zu leisten, wo die biographische Handlungsfähigkeit und die soziale Integration von Menschen so bedroht sind, dass sie von den Betroffenen nicht mehr alleine bewerkstelligt und ausbalanciert werden können (vgl. ebd., S. 31, 35). Allerdings würde eine solche Konzeption Sozialer Arbeit zu kurz greifen, wenn in ihr nicht auch eine sozialpolitische und gesellschaftstheoretische Dimension mitschwingt. Der gesellschaftlich und strukturell verursachte Bewältigungsdruck von Menschen und die damit einhergehenden sozialen Problemkonstellationen machen es erforderlich, dass sich Soziale Arbeit in den „öffentlichen Raum" – vor allem verstanden als regionaler und kommunaler Kontext – einbringen muss, um über den sozialpolitischen Gehalt der von ihr wahrgenommenen Problemlagen aufklären und darauf Einfluss nehmen zu können (vgl. BÖHNISCH/ SCHRÖER/THIERSCH 2005, S. 127). Zusammenfassend kann festgehalten werden, dass Soziale Arbeit in den lebensweltlichen und biographischen Bezügen von Menschen Hilfen zur Lebensbewältigung bereitstellt und als sozialpolitische Handlungsinstanz einen maßgeblichen Beitrag zur Bearbeitung von sozialen Problemlagen leistet bzw. präventiv auf deren Vermeidung abzielt.

Geht man davon aus, dass gerade das Alter eine Lebensphase darstellt, in der vielfältig und kumuliert Risikofaktoren, krisenhafte Lebensereignisse und Desintegrationsprozesse auftreten, so rücken alte Menschen unvermittelt ins Blickfeld des hier in aller Kürze skizzierten Profils Sozialer Arbeit. Für ältere und alte Menschen bedeuten die genannten Entwicklungen, neben den „traditionellen" Gefährdungen von Abhängigkeit, Armut, Vereinsamung, Pflegebedürftigkeit und Demenz, auch neue Herausforderungen im Hinblick auf ihre biographische Lebensgestaltung und den Entwurf neuer sozialer Rollen und Funktionen jenseits der Erwerbsarbeit. Im Zusammenspiel mit Erodierungstendenzen sozialer und sozialstaatlicher Unterstützungssysteme wird Altern somit zu einer mindestens ebenso hochgradig riskanten Lebensphase wie die Adoleszenz. Berücksichtigt man weiters die komplexen gesellschaftspolitischen, sozialen und individuellen Auswirkungen eines allgemeinen demographischen und strukturellen Wandels des Alters in unserer Gesellschaft (vgl. TEWS 1993 sowie AMANN und KNAPP in diesem Band), so verstärkt sich der Eindruck, dass das Alter eine geradezu prädestinierte Zielgruppe für die Soziale Arbeit darstellt. In der verschränkenden Analyse der komplexen Folgen der Risikogesellschaft, des demographischen Wandels und des Altersstrukturwandels auf Lebenslagen und Lebensentwürfe älterer und alter Menschen sowie deren soziale und intergenerative Beziehungen liegt ein zentraler Zugang zu der Erschließung des Alters als Bezugskategorie für die Soziale Arbeit. Allerdings – so verwundert es – hat die Soziale Arbeit erst sehr spät begonnen hat, sich für diesen Lebensabschnitt zu öffnen.

3. Randständigkeit Sozialer Arbeit mit alten Menschen

In ihrer zum Teil historisch begründeten Ausrichtung auf Fragen der Sozialisation, der Lebenslagen und der biographischen Konflikte und Probleme in Kindheit und Jugend, bestenfalls auch in der Ausweitung ihres Interessenspektrums auf das Erwachsenen- und Erwerbsalter, hat Soziale Arbeit das Alter lange Zeit aus dem Horizont ihres Erkenntnis-, Forschungs- und Handlungsinteresses ausgeblendet. Im Ausbildungsbereich waren Fragen des Alter(n)s curricular oft völlig unterrepräsentiert (und zum Teil sind sie es immer noch). In der sozialpädagogischen Theorieentwicklung ist, abgesehen von einzelnen Beiträgen, dem Alter ebenfalls keine sonderliche Aufmerksamkeit zuteil geworden (vgl. KARL 1999, S. 378). Allerdings kann beim Studium der einschlägigen Publikationslandschaft festgestellt werden, dass sich ab den 80er-Jahren ein manchmal zwar fragmentarischer, aber doch interessanter Diskussionsstrang ergeben hat, im Zuge dessen Altersfragen sukzessive im Zusammenhang mit theoretischen Positionen bzw. angewandten Fragestellungen sozialer Altenarbeit aufgegriffen und diskutiert werden (LOWY 1981, HUMMEL 1982, AMANN 1983, SCHMIDT 1989, HEDTKE-BECKER/ SCHMIDT 1995, SCHWEPPE 1996a, THIELE 2001, ZIPPEL/KRAUS 2003, OTTO/BAUER 2004, BÖHNISCH 2005, SCHWEPPE 2005a, WOOG 2006, ANER/KARL 2008, ZIPPEL/ KRAUS 2009, ANER/KARL 2010).

Die angedeutete Randständigkeit Sozialer Arbeit lässt sich auf mehrere Faktoren zurückführen. Wie erwähnt fristete die soziale Altenarbeit innerhalb des eigenen professionellen und disziplinären Diskurses lange Zeit ein Schattendasein. Gleichzeitig nehmen sozialpädagogische Konzepte, Tätigkeiten und Aufgabenbereiche in den verschiedenen Handlungsfeldern der Altenhilfe und Altenarbeit eine Randstellung ein (vgl. SCHWEPPE 2005c). Dazu genügt ein Blick in die Altenbetreuungsstrukturen in Österreich (vgl. GATTERER 2007 sowie in diesem Band), wo der Eindruck entsteht, Soziale Arbeit kommt bis auf die klassischen Aufgabenbereiche der geriatrischen und gerontopsychiatrischen Krankenhaussozialarbeit so gut wie gar nicht vor. Die empirische Lage spricht hierzu Bände. Bei einer österreichweiten Erhebung der Beschäftigtenzahlen in der Altenbetreuung wurden die Qualifikationsstrukturen in den Bereichen Alten- und Pflegeheime, geriatrische Tageszentren und mobile Dienste für alte Menschen untersucht (vgl. NEMETH/BERGMANN/HLAVA/POCHOBRADSKY 2007). Bezeichnenderweise werden in der Studie SozialarbeiterInnen erst gar nicht gesondert ausgewiesen, sondern in der Berufsgruppe „weiteres Personal" subsumiert (neben „sonstigem Personal" und Zivildienern). Die quantitativ bedeutendste Berufsgruppe in allen drei Bereichen sind diplomierte Gesundheits- und Krankenpflegefachkräfte und das Pflegehilfspersonal, zusammengesetzt aus PflegehelferInnen und AltenfachbetreuerInnen. Dieser Personalkader macht zusammengenommen 81,4 % in den Alten- und Pflegeheimen aus, 74 % in den geriatrischen Tageszentren und 43,5 % in den mobilen Diensten. Im Vergleich dazu ergibt sich für die Soziale Arbeit als Subkategorie von „weiterem Personal" folgendes Bild: Bei den Alten- und Pflegeheimen fallen nur 8,1 % in die genannte Kategorie, im Bereich der geriatrischen Tageszentren sind es 10 % und bei den mobilen Diensten 6,6 %. Allerdings zeigt sich bei der Analyse der Entwicklung des Beschäftigtenstandes in den Alten- und Pflegeheimen zwischen den Jahren 2003 und 2006 ein Lichtblick: Während der Zuwachs beim diplomierten Gesundheits- und Krankenpflegepersonal zwar absolut gesehen am höchsten ist, stellt sich die Berufsgruppe der SozialarbeiterInnen (im Längsschnittvergleich wird sie dezidiert genannt) als prozentuell am stärksten gewachsene Kategorie heraus – ihre Anzahl hat sich in 221 untersuchten Heimen von knapp 120 auf 430 Personen fast vervierfacht (vgl. ebd., S. 20).

Verschiedene AutorInnen weisen darauf hin, dass es der Sozialen Arbeit bislang noch kaum gelungen ist, eine eigenständige Expertise innerhalb dieses von medizinischen und pflegerischen Tätigkeiten beherrschten Arbeitsfeldes zu entwickeln und ihren spezifischen professionellen Beitrag zu verdeutlichen (z. B. KARL 1999, SCHWEPPE 2005b, 2005c). WISSMANN konstatiert, dass Soziale Arbeit sich in den Bereichen der Altenhilfe „als fremdbestimmte Handlangertätigkeit" darstellt, die „sich in Kostenklärungs- und Auftragsarbeiten für die Pflege erschöpft" (WISSMANN, S. 102). Dieser Befund lässt sich freilich auch lösungsorientiert lesen: Die große Herausforderung für die Soziale Arbeit besteht gerade darin, das eigene professionelle Leistungs- und Kompetenzprofil zu schärfen und im Sozial- und Gesundheitssystem entsprechend darzustellen, um Transparenz zu schaffen und deutlich zu machen, dass durch den Wegfall der eigenen professionellen Expertise ein nachhaltiger Qualitätsverlust entsteht (vgl. KRAUS 2003, S. 35). Denn eines scheint klar zu sein: VertreterInnen pflegerischer, medizinischer und betriebswirtschaftlicher Berufssparten, die gemeinhin in der Arbeit mit alten Menschen anzutreffen sind, haben oft keine klare Vorstellung vom Qualifikationsprofil und den Handlungsmöglichkeiten Sozialer Arbeit. Ich hatte in den letzten Jahren vielfältige Kontakte mit diversen Akteuren im Bereich der Altenarbeit und Altenhilfe im Bundesland Kärnten und konnte mich davon überzeugen, dass hier eine eklatante Missdeutung der Agenden Sozialer Arbeit vorherrscht. Drei Auszüge aus Gesprächen in verschiedenen Altenheimen sollen diese Schieflage exemplarisch verdeutlichen. Ich hatte Personen in Leitungsfunktionen nach ihrem Verständnis und der zudachten Relevanz Sozialer Arbeit befragt:

- „Sozialarbeit? – Ja wir haben tatsächlich Bedarf an *Animation* [Hervorhebung H.S.], aber das macht bei uns eine der Pflegehelferinnen." (Leiter eines Alten- und Pflegeheimes, Quellenberuf Betriebswirt)
- „Sozialarbeiterische Gespräche mit den Patienten und Angehörigen sind wichtig, aber das wird bei uns so nebenbei gemacht." (Leitende Krankenschwester in einem Alten- und Pflegeheim)
- „Die Soziale Arbeit im Heim ist wichtig, aber das mache in erster Linie ich selbst." (Heimleiterin in einem Alten- und Pflegeheim, Quellenberuf Krankenschwester)

Neben den genannten Faktoren ist noch ein weiterer von entscheidender Bedeutung für die schwierige Situation der Sozialen Arbeit im Altenhilfesektor: Es fehlen der Profession schlichtweg die rechtlichen und damit finanziellen Rahmenbedingungen und Grundlagen, um sich entsprechend mit Fachpersonal positionieren zu können. Wenn sozialarbeiterische Leistungen im Pflegegeldgesetz, in Altenheimverordnungen, in Regelungen für Tageszentren und ambulante Betreuungsangebote keine Berücksichtigung finden, entbehrt die Profession auch jeglicher Argumentation im Hinblick auf entstehende Zusatzkosten und droht somit noch mehr ins sozialpolitische Abseits zu gleiten. Selbst bei den in den Gemeinden angesiedelten Sozial- und Gesundheitssprengeln, wo die Koordination von ambulanten, stationären und teilstationären sozialen Diensten erfolgt (bzw. erfolgen sollte) und wo Schnittstellen- und Vernetzungsarbeit gefragt ist, sucht man mancherorts vergebens nach SozialarbeiterInnen – mit erheblichen Unterschieden in den einzelnen Bundesländern. An manchen Standorten (z. B. in den meisten Bezirken in Kärnten) werden Aufgabenbereiche, die einer Stellenbeschreibung Sozialer Arbeit entsprechen, von Fachfremden oder Verwaltungspersonal wahrgenommen. Insgesamt ist zu befürchten, dass sich die Perspektiven sozialer Altenarbeit in Folge der Auswirkungen der Wirtschafts- und Finanzkrise, aber auch durch die Verschuldungspolitik einzelner Bundesländer nicht sonderlich bessern werden. Knappe Kassen in Bund, Ländern und Gemeinden lassen den Rückschluss zu, dass der Sparstift im Bereich der Sozial- und Altenpolitik genau jene Bereiche treffen wird, wo es um die Qualität sozialer Unterstützungsangebote für alte Menschen geht. Die Finanzierung sozialarbeiterischer Aufgaben wird dabei noch mehr auf partikulare Subventionsleistungen durch Kommunen oder auf einzelne, besonders engagierte Altenhilfeorganisationen, die auf den „Luxus" Sozialer Arbeit nicht verzichten möchten, angewiesen sein. Dieser soziale Rückbau steht allerdings im krassen Widerspruch zu gesamtgesellschaftlichen Entwicklungen: In Anbetracht des prognostizierten demographischen Wandels und dem damit verknüpften „dreifachen Altern" – immer mehr ältere Menschen werden im Verhältnis zu weniger werdenden Jüngeren immer älter (vgl. TEWS 1993, S. 17) – kann davon ausgegangen werden, dass das junge Berufsbild der sozialen Altenarbeit an Bedeutung zulegen wird.

4. Soziale Altenarbeit ist mehr als Altenhilfe

Die bisher getätigten Ausführungen sollen nicht den Eindruck erwecken, Soziale Arbeit mit alten Menschen erschöpfe sich in pflegeflankierenden oder pflegekoordinierenden Tätigkeitsfeldern. Ein solches Verständnis sozialer Altenarbeit, das sich in Fürsorgetradition vorwiegend bis ausschließlich auf das so genannte abhängige Alter und auf Lebenslagen älterer und alter Menschen bezieht, die sich in Betreuungs- und Pflegekategorien erschöpfen, muss als anachronistisch eingestuft werden (vgl. SCHWEPPE 2005b, S. 40). Es bietet sich vielmehr eine Perspektivenerweiterung an, die Alter als eine breite und vielfältige Lebensspanne mit höchst unterschiedlichen Lebensentwürfen und damit korrespondierenden Lebens- und Bedarfslagen begreift. Die Ausweitung der Lebensphase, die gemeinhin dem Alter zugerechnet wird, ist ja auch Ausgangspunkt für eine zunehmende Differenzierung des Alters (vgl. TEWS 1993, S. 16). Bei der Generation 60plus muss im Hinblick auf die erhöhte durchschnittliche Lebenserwartung in den industriekapitalistischen Ländern inzwischen mit einer chronologischen Spannbreite von vier Jahrzehnten und mehr gerechnet werden, und zweifellos haben die oft als „junge Alte" apostrophierten Mittsechziger und Frühsiebziger ein anderes Autonomie- und Gestaltungspotenzial als hochbetagte Menschen jenseits der 90 – mit großen interindividuellen Unterschieden. Auf der anderen Seite rücken im Zusammenhang mit den altersstrukturellen Merkmalen der Verjüngung und Entberuflichung auch Menschen diesseits der 60 ins Blickfeld. Während die Gesellschaft in ihrer Gesamtheit altert, verjüngt sich die Arbeitswelt zusehends, was sich zum Beispiel im Jargon des Arbeitsmarktservice mit dem Begriff der „älteren ArbeitnehmerInnen" für Personen ab 45 Jahren niederschlägt. Diese sind von prekären Arbeitsmarktverhältnissen besonders betroffen. Der Übergang von der Erwerbsarbeit in den Ruhestand wird risikoreicher, wobei sich eine frühzeitige und erzwungene Entberuflichung jedenfalls sozial selektiv auswirkt und besonders ArbeitnehmerInnen mit beruflich niedrigem Status, unzureichenden fachlichen Qualifikationen und eingeschränktem Gesundheitszustand betrifft (vgl. DIECK/NAEGELE 1993, S. 40). Ältere ArbeitnehmerInnen, die auf dem Arbeitsmarkt schwer vermittelt werden können und die im Zuge von erzwungener Langzeitarbeitslosigkeit multiple persönliche, familiäre, ökonomische und soziale Probleme bekommen, treten zusehends als Klientel Sozialer Arbeit in Erscheinung – und zwar quer durch alle Handlungsfelder.

Die Breite, Komplexität und Heterogenität des Alters verbieten es demnach, soziale Altenarbeit ausschließlich in einer verengten Perspektive von Altenhilfe und damit einhergehenden Denkkategorien von Hilfs- und Pflegebedürftigkeit zu verorten. Vielmehr erfordert das breite Spektrum zwischen jungen Altersphasen und frühem Erwerbsausstieg einerseits und mehrfach belasteten abhängigen Lebenslagen im hohen Alter andererseits eine differenzierte alters- und lebenslagenspezifische Betrachtung und entsprechend ausdifferenzierte Angebote. Einen ersten Anhaltspunkt bietet die von OTTO (2001, S. 13) vorgenommene begriffliche Unterscheidung in „Soziale Altenarbeit" und „Soziale Arbeit in der Pflege". Während der letztgenannte Bereich das so genannte betreute Alter im Fokus hat, verweist der Terminus der Sozialen Altenarbeit eher auf eine breite Orientierung in Richtung offener Altenarbeit mit Menschen, die weitgehend keinen Betreuungs- und Unterstützungsbedarf haben. LOIDL-KEIL/POSCH (2005) sprechen von einer „Alterssozialarbeit", die sich von einer „Sozialarbeit mit pflegebedürftigen Menschen" zu distanzieren hat, und halten fest: „Für eine den heterogenen Lebenslagen und Lebensführungen älterer Menschen entsprechende Positionierung einer Alterssozialarbeit ist zu wünschen, dass Alterssozialarbeit über pflegeflankierende, pflegeanreichernde und pflegebegleitende Altensozialarbeit hinausgeht." (ebd., S. 156) In diesen Abgrenzungsbestrebungen steckt der Versuch einer Emanzipierung von einer Altenhilfekultur, in der alte Menschen überwiegend bis ausschließlich in somatisch ausgerichteten Pflege-, Ernährungs- und Hygienekategorien erfasst und entsprechend *behandelt* werden. Es geht also auch um die Erschließung eines für die Soziale Arbeit handlungsleitenden Altersbildes, das jenseits von Defizitzuschreibungen angesiedelt ist und der Multidimensionalität des Alterns und Alters in unserer heutigen Gesellschaft entspricht. Um der Diversität der Altenpopulation Rechnung zu tragen, schlägt KARL den Arbeitsbegriff einer „Generationen- und Altenarbeit" vor. Dieser Zugang kann sich auch für die Soziale Arbeit als brauchbar erweisen, da er verdeutlicht, „dass die in der Lebensspanne zwischen 50 und 90 Jahren vorfindbaren Altersgruppen auf dem Hintergrund ihrer Lebensgeschichte identifiziert werden müssen" (KARL 2009, S. 12). Hier ergeben sich Anknüpfungspunkte für sozialpädagogische Perspektiven auf alte Menschen.

5. Der sozialpädagogische Blick auf das Alter

Es gibt eine Vielzahl theoretischer Bezüge Sozialer Arbeit, die teils in Ergänzung, teils in Widerspruch zueinander stehen (für einen Überblick vgl. FÜSSENHÄUSER/THIERSCH 2001, ENGELKE 2002, MAY 2008). Im Folgenden werden aus unterschiedlichen Denkrichtungen einige Bezugskategorien und Orientierungen aufgegriffen und auf die Zielgruppe alte Menschen umgelegt. Aufbauend auf den bisherigen Überlegungen soll somit der „sozialpädagogische Blick" auf das Alter weiter konturiert und als theoretische Grundlage für Handlungsmodelle und Praxisbezüge Sozialer Arbeit herausgearbeitet werden.

5.1 Subjekt- und Autonomieorientierung

Als Ausgangspunkt wird als zentrale sozialpädagogische Kategorie der *Subjektbegriff* ins Spiel gebracht (vgl. WINKLER 2006, MENNEMANN 2005). Dieser droht sowohl im Theoriediskurs als auch in Professionszusammenhängen in den Hintergrund zu treten (vgl. WINKLER 2006, S. 74), und man läuft Gefahr zu vergessen, dass es die Soziale Arbeit in erster Linie mit Menschen zu tun hat. Eine konsequente Bezugnahme auf den Subjektstatus und die Subjektivität von Menschen rückt den individuellen alternden Menschen ins Zentrum sozialpädagogischer Überlegungen und Handlungen. Der Begriff des Subjekts verweist auf den allen Menschen zugeschriebenen Status, „sich erkennend, aneignend und verändernd zu seiner gegenständlichen und sozialen Umwelt als Gegenüber zu verhalten und auch diese mitzugestalten" (MENNEMANN 2005, S. 50). Die Subjektivität des Menschen meint hingegen „das vorfindbare Subjekt mit seinen Fähigkeiten, seinem Empfinden, Wollen, Denken, seiner Sehnsucht, Liebe, seinem Leiden und seinem Glauben" (ebd.). Die Beschaffenheit der Subjektivität in der Moderne wird dabei als brüchig, gespalten, ambivalent, zugleich frei und fremdbestimmt, gleichermaßen autonom und beherrscht betrachtet (vgl. WINKLER 2006, S. 75). Der subjekttheoretische Zugang zielt gerade darauf ab, Subjekten – zumal solchen, die von Marginalisierung, Ausgrenzung, Deprivation und mangelnden Teilnahme- und Teilhabechancen betroffen sind – Entwicklungsprozesse zu ermöglichen, die ihnen Autonomie und Integrität erlauben. Dahinter verbergen sich grundlegende Annahmen im Hinblick auf die Entwicklungs-, Lern- und Verwirklichungsfähigkeit des Menschen unabhängig von seinem Alter. Nun ist es aber nach wie vor so, dass das Alter trotz seiner gegenwärtigen Pluralität als eine Lebensspanne aufgefasst wird, die eher mit Abbau- und Verlustprozessen, mit Krankheit, Verfall und Siechtum assoziiert wird und an deren Ende konsequenterweise der unpopuläre Tod steht. Gemäß dem alterstheoretischen Diktum des so genannten Defizitmodells werden alten Menschen Entwicklungs-

und Verwirklichungsmöglichkeiten tendenziell in Abrede gestellt, und trotz gegenteiliger gerontologischer Erkenntnisse und proklamierter kompetenzorientierter Leitbilder halten sich in den Praxisbezügen tradierter Alten- und Seniorenarbeit hartnäckig konzeptuelle Zugänge „betreuten Alters", die sich durch eine auf Betreuung und Bevormundung ausgerichtete Angebotskultur auszeichnen (vgl. CARLS 2008). Die normative Kraft wissenschaftlicher Alterstheorien und Forschungsresultate und ihre Auswirkungen auf alltagstheoretische und berufsrelevante Altersbilder darf nicht unterschätzt werden. Ihre implizite Normativität verfestigt sich weiter, wenn aus ihnen politische oder sozialpädagogische Maßnahmen abgeleitet werden (vgl. PRAHL/SCHROETER 1996, S. 86). Auch wenn es manchmal mühsam ist und großer Kraftanstrengung bedarf – der Standpunkt einer subjekttheoretischen Alterswahrnehmung, der im Diskurs und im praktischen Handeln ohne Abstriche vertreten wird, kann auf Gesellschaft, Politik und Praxis entscheidend Einfluss nehmen. Ich kann Hugo MENNEMANN nur zustimmen, wenn er meint, dass es keine Alternative dazu gibt, sich für die größtmögliche Selbstbestimmung eines jeden Subjekts einzusetzen. „Nicht an dem Subjektsein jedes Einzelnen festzuhalten bedeutet, jedweder Fremd- und Zwangsherrschaft argumentativ zuzuspielen." (MENNEMANN 2005, S. 51)

5.2 Kompetenz- und Ressourcenorientierung

Mit der sozialpädagogischen Subjektperspektive bietet sich das Anknüpfen an das gerontologische *Kompetenzmodell* an, das auf Kompetenzen, Ressourcen, Potenziale und Produktivität im Alter ausgerichtet ist (vgl. ANER 2008). Dabei werden biologisch bedingte Abbauprozesse, das Nachlassen bestimmter Fertigkeiten und der soziale Rückzug aus bestimmten Rollen und Funktionen nicht negiert, aber der Blick wird in Richtung Ressourcen, Entwicklungsmöglichkeiten und Handlungskompetenzen des alten Menschen geschärft. Der alte Mensch wird als selbstbestimmter Akteur seiner eigenen Lebenszusammenhänge anerkannt, er wird „vom Behandelten zum Handelnden" (KRAUS 2003, S. 40). Nicht was jemand nicht (mehr) kann, sondern was er oder sie (noch immer) zu tun imstande ist, rückt ins Blickfeld der professionellen Aufmerksamkeit. Dabei geht es auch um die Entdeckung des „Potentials schöpferischer Fähigkeiten" (ROSENMAYR 1990, S. 86), um Alterskreativität, Lebenserfahrung, Weisheit und Alterswissen. Zu letzterem gehört auch die „Informationsaskese", das Wissen um unnötiges und unbrauchbares Wissen (vgl. ebd., S. 87) – ein Kompetenzbereich, der im schnelllebigen digitalisierten Internetzeitalter auch jüngeren Alterskohorten zu wünschen wäre. Selbst im letzten Lebensabschnitt, im Angesicht des Todes, unter dem Aspekt der „fast vollendeten Biographie" (BADRY 1991, S. 117) kann auf einen subjekt- und kompetenzorientierten Blick nicht verzichtet werden. Gerade dem sterbenden Menschen sollte ein größtmöglicher Entscheidungs- und Gestaltungsraum zugestanden werden. Analog zum „kompetenten Säugling" in der Säuglingsforschung sollte man sich nicht scheuen, in der Thanatologie und in der medikalisierten und zum Teil entpersonalisierten Arbeit mit alten sterbenden Menschen vom „kompetenten Sterbenden" zu sprechen.

5.3 Empowerment

Vor dem Hintergrund des bisher Gesagten stellt die *Empowerment*-Perspektive der Sozialen Arbeit eine wichtige orientierungsgebende Ergänzung dar. Wenn Empowerment als „Selbstbefähigung und Selbstbemächtigung, Stärkung von Eigenmacht, Autonomie und Selbstverfügung" (HERRIGER 2002, S. 18) verstanden wird, erhalten diesbezügliche Handlungsansätze in der Arbeit mit alten Menschen eine besondere Relevanz, leidet doch die ältere Generation sowohl individuell als auch strukturell unter den Folgen mangelnder Selbstbestimmungsmöglichkeiten und nicht zugestandener Autonomie. HERRIGER beschreibt das Handlungsziel einer sozialberuflichen Empowerment-Praxis darin, „Menschen das Rüstzeug für ein eigenverantwortliches Lebensmanagement zur Verfügung zu stellen und ihnen Möglichkeitsräume aufzuschließen, in denen sie sich die Erfahrung der eigenen Stärke aneignen und Muster einer solidarischen Vernetzung erproben können" (ebd., S. 17). Damit ist nicht nur eine individuelle Autonomieförderung gemeint, sondern die Forderung verknüpft, an den gegebenen, verengten Strukturen sozialer Dienstleistungen für alte Menschen zu rütteln und sie für die Realisierung der Selbstgestaltungskräfte der Betroffenen zu öffnen. Unter einem solchen Blickwinkel würden unsere Altersheime jedenfalls anders aussehen, als sie gegenwärtig beschaffen sind. Die Soziale Arbeit ist hier gefordert, sich auf mitunter anstrengende Aushandlungs- und Vermittlungsprozesse zwischen den individuellen Bedarfslagen der alten Menschen und den sie umgebenden Dienstleistungs- und Betreuungssystemen einzulassen.

5.4 Alltags- und Lebensweltorientierung

Letztlich geht es darum, wie Menschen mit den ihnen zur Verfügung stehenden Kompetenzen und Ressourcen ihren Alltag möglichst selbstständig bis ins hohe Alter gestalten können. Der Begriff des Alltags – oder besser des *gelingenderen Alltags* – ist eine zentrale Kategorie im maßgeblich von Hans THIERSCH geprägten Konzept der Lebensweltorientierung. Umgelegt auf alte Menschen erweist sich der Ansatz als sehr ergiebig: „Lebensweltorientierte Soziale Arbeit agiert in den Ressourcen des Alltags begleitend, unterstützend, aber auch provozierend und kritisch, um soziale Strukturen und Lebensräume so zu gestalten, dass Menschen sich in ihnen als Subjekt ihres Lebens erfahren können" (FÜSSENHÄUSER/THIERSCH 2001, S. 1893). OTTO und BAUER haben diesen sozialpädagogischen Theorieentwurf auf soziale Altenarbeit umgelegt und definieren den Begriff der Lebenswelt wie folgt: „Sie bezeichnet jenen Wirklichkeitsausschnitt, zu dem das Subjekt Zugang hat und in dem es sich zu Hause fühlt. Lebenswelt als die die Subjekte umgebende Wirklichkeit unter Einschluss anderer Personen, mit denen sie durch eine Wir-Beziehung verbunden sind, die sich durch gemeinsame Orientierungen, Werte und Normen herstellt, ist intersubjektiv und fraglos gegeben. Die Lebenswelt hat ihren Ausgangspunkt im Alltag als einem wiederkehrenden, eingeschliffenen Ablauf" (OTTO/BAUER 2004, S. 196). Die Verlässlichkeit des Alltäglichen, Gewohnten und Vertrauten gewinnt speziell im höheren Alter an Bedeutung – die, wenn auch fragile, aber dauerhafte Beziehung zum Nachbarn, der tägliche Spaziergang mit dem Hund, die sozialhistorische und biographische Bedeutung des Stadtteils oder des Dorfes, in dem man seit Jahrzehnten lebt, der Laden um die Ecke, bei dem die Verkäuferin nicht gleich ungeduldig wird, wenn man im Portemonnaie nach etwas Kleingeld sucht, und die eigenen vier Wände, in denen man so lange wie möglich, am liebsten bis zum Tod, verbleiben möchte.

5.5 Eigensinn und Protestpotential

Neben der Alltagskategorie spielt im lebensweltorientierten Ansatz auch der Begriff des *Eigensinns* eine wichtige Rolle. In ihm spiegelt sich das Bemühen, das Verhaltens- und Bewältigungsrepertoire alter Menschen zu verstehen, anzuerkennen und partizipativ in mögliche sozialpädagogische Interventionen zu integrieren. Es geht auch darum, das im Alltag eingebettete „Protestpotential" (THIERSCH 2006, S. 40) und die darin angelegten Differenzen und Widersprüche produktiv zu nutzen, „um daraus Perspektiven zur Arbeit an einem humaneren Leben zu gewinnen" (ebd.). Besondere Brisanz erhält die Betonung des Eigensinns und des Protestpotentials dort, wo es um den Umgang und die Kommunikation mit hochaltrigen, an Demenz erkrankten Menschen geht (vgl. SPITZER 2008c). Sowohl in stationären Betreuungseinrichtungen als auch in den Familien, wo demente Angehörige versorgt und gepflegt werden, fehlt oft ein grundlegendes Verständnis für die Wahrnehmungs- und Gefühlswelt der Betroffenen, und es droht die Gefahr, ihren Eigen-Sinn, ihre unverstandenen Deutungs- und Handlungsmuster zu überfahren. In seinem Buch „Das Recht der Alten auf Eigensinn" enttarnt Erich SCHÜTZENDORF (2004) gut gemeinte und scheinbar fachlich begründete pflegerische Maßnahmen als disziplinierende Erziehungsmethoden im Umgang mit als eigensinnig, senil und unangepasst wahrgenommenen alten Menschen.

5.6 Biographie und Lebensbewältigung

Der Eigensinn eines Menschen lässt sich sehr schön über seine Biographie erschließen. Das Konstrukt der *Biographie* weist auf das „biographisch handelnde und immer wieder dem sich wandelnden gesellschaftlichen Prozess ausgesetzte Subjekt im Lebenslauf hin" (BÖHNISCH 2005, S. 36). In seinem bereits weiter oben kurz vorgestellten Konzept der „biographischen Lebensbewältigung" stellt BÖHNISCH fest, dass das *biographische Gewordensein* eines Menschen „in der individuellen Erfahrung des Lebenslaufs mit zunehmendem Lebensalter zur entscheidenden Bezugsdimension für die Bewältigungsarbeit" (ebd., S. 38) wird. Für die Arbeit mit alten Menschen hat besonders Cornelia SCHWEPPE auf den Biographiebegriff rekurriert und ihn als „Grundkategorie der Theorie und Praxis sozialer Altenarbeit" herausgearbeitet (SCHWEPPE 1996b). Die biographische Bezugsdimension, die für die Bewältigung und Gestaltung der Altersphase von zentraler Bedeutung ist, wird dabei in einem wechselseitigen Verhältnis zwischen der subjektiven Perspektive und den gesellschaftlichen Strukturen, innerhalb derer sich menschliche Lebensvollzüge entfalten können, aber auch begrenzt werden, erschlossen. Lebensgeschichtliche Selbstthematisierungen aufseiten der alten Menschen und biographieanalytisches Denken und Handeln bei den in der Sozialen Arbeit Tätigen sind dabei wichtige Grundvoraussetzungen (vgl. auch SCHWEPPE in diesem Band).

5.7 Sozialisation im Alter – Alter als Vergesellschaftungskategorie

Zum „biographischen Gewordensein" gehört auch die eigene Sozialisationsgeschichte, also muss sich Soziale Arbeit als eine wichtige sekundäre Sozialisationsinstanz auch für die *Sozialisation* im Alter öffnen und interessieren. Auch wenn inzwischen fachwissenschaftlicher Konsens darüber zu bestehen scheint, dass Sozialisation ein lebenslanger Prozess ist, wird die Lebensphase Alter in sozialisationstheoretischen Diskursen – wenn sie denn überhaupt Erwähnung findet – sehr kurz gehalten. Die Sozialisation und Persönlichkeitsentwicklung kann trotz der Fundierung in Kindheit und Jugendalter nie als „abgeschlossen" bezeichnet werden (vgl. HURRELMANN 2006, S. 37). „Die Spannung zwischen Individualisierung und Vergesellschaftung der menschlichen Persönlichkeit hält ein Leben lang an. Sozialisation kann deshalb auch als ein permanentes Bewältigungsverhalten verstanden werden" (ebd., S. 38). Die immer breiter werdende Altersspanne hält eine Vielzahl von zu bewältigenden Entwicklungsaufgaben parat: der Übergang von der Erwerbsarbeit in die Pension, mit dem sich Männer zumeist schwerer tun, weil sie sich stärker als Frauen über ihre identitätsstiftende berufliche Rolle definieren; das Hineinfinden in neue soziale Rollen und nachberufliche Lebensaufgaben; der Verlust des Partners, manchmal der eigenen Kinder und anderer zentraler Bezugspersonen; das Annehmen bestimmter körperlicher und psychischer Veränderungen und Funktionsverluste; die Frage des (zumeist endgültigen) Wohnortwechsels beim Übertritt in ein Altersheim; das Ringen um eine integrative Gesamtschau im retrospektiven Blick auf das eigene Leben; bis hin zur letzten Entwicklungsaufgabe des Menschen, die Auseinandersetzung mit seiner biographischen Begrenztheit und schließlich die Akzeptanz seiner Endlichkeit. PRAHL und SCHROETER (1996) sprechen von einem wechselseitigen Zusammenspiel von Sozialisation und *Desozialisation*, wobei es bei zweiterem um einen Anpassungsprozess geht, in dem sich die alternden Individuen von bisherigen Aktivitätsmustern und gesellschaftlichen Funktionen trennen. Bei der Loslösung von alten Rollen fallen alte Menschen allerdings nicht in ein soziales Vakuum, wie vielfach angenommen wird, sondern sehen sich vielmehr der komplexen und ambivalenten Realität einer Leistungsgesellschaft ausgesetzt, die von den Alten auf der einen Seite den sozialen Rückzug verlangt, sie auf der anderen Seite aber zusehends als Zielgruppe unterschiedlicher sozialer Gruppierungen ins Visier nimmt (z. B. als kaufkräftige Konsumenten, potenzielle Wähler, umkämpfte Klienten diverser Sozial-, Gesundheits- und Bildungsangebote usw.). Die Auseinandersetzung mit neuen sozialen Rollen ist dabei stets mit existierenden normativen Erwartungshaltungen verknüpft, an denen sich der alte Mensch orientieren muss (vgl. PRAHL/SCHROETER 1996, S. 119 ff.). Im Zusammenhang mit der Kluft zwischen der kulturellen und politischen Definition und Akzeptanz des Alters, die in der Unterstellung von Rollen- und Entwicklungslosigkeit zum Ausdruck kommt, und der realen Entwicklung der Lebensverhältnisse alternder Menschen in der so genannten Zweiten Moderne ist folgerichtig von einer „gespaltenen Lebenslage Alter" die Rede (vgl. BÖHNISCH/LENZ/SCHRÖER 2009, S. 221 ff.). Um diese Spaltung zu überbrücken, bedarf es eines gesellschaftspolitischen Entwicklungsschubs, im Zuge dessen das Alter als eigene Vergesellschaftungskategorie anerkannt und entsprechend zu einem relevanten Faktor der Gestaltung von Gesellschaft wird. Der Diskurs um Sozialisations- und Bewältigungsaufgaben im Alter würde somit nicht mehr nur an Aspekten körperlicher Gebrechlichkeit und die Fixierung auf die lebenszeitliche Endlichkeit ausgerichtet sein, sondern um eine gesellschaftliche Handlungs- und Sinnperspektive biographisch erweitert werden. Dem zunehmenden demographisch relevanten Gewicht der Altenpopulation kommt in diesem Blickwinkel ein allgemeiner gesellschaftlicher Bedeutungszuwachs gleich. Damit wäre auch der gesellschafts- und sozialpolitische Grundstein dafür gelegt, die traditionelle „Betreuungskultur" des Alters durch eine „bürgergesellschaftliche Ermöglichungskultur" abzulösen (vgl. BÖHNISCH/SCHRÖER/THIERSCH 2005, S. 153).

5.8 Ganzheitlichkeit

Soziale Arbeit erhebt für sich den Anspruch, ihr professionelles Handeln nach dem Prinzip der *Ganzheitlichkeit* auszurichten (vgl. z. B. HEINER 2007, S. 137 ff.). Der Begriff wirkt mitunter etwas diffus und kann in der Praxis zur Überforderung führen, er verweist aber auf ein grundlegendes sozialpädagogisches Erkenntnis- und Handlungsmerkmal: Es geht um eine umfassende Sicht auf den Menschen, nicht um den Fokus auf einen Einzelaspekt seiner Existenz. Auch wenn in der Sozialen Arbeit Tätige oft als ExpertInnen für das Soziale gehandelt werden, berücksichtigen sie in ihrem Verstehens- und Deutungshandeln und ihren Interventionen neben der sozialen Dimension auch physiologische, psychische, ökonomische und ökologische (wohnumfeld- und umweltbezogene) Aspekte (vgl. ebd., S. 496 f.). Auch im so genannten *bio-psycho-sozialen Modell*, das in den Gesundheitswissenschaften und in einer ganzheitlicher orientierten Medizin anzutreffen ist, finden neben der somatischen Ebene auch psychische und soziale Faktoren Berücksichtigung. Im Zusammenhang mit alten Menschen wären die genannten Bereiche noch um die Dimension des Spirituellen zu erweitern, besonders gegen die letzte Phase des Lebens hin, wo sich die zentralen existenziellen Fragen des eigenen Daseins und Lebenssinns nicht mehr aufschieben lassen. RADEBOLD hat gemeint, Soziale Arbeit könne „gegenüber anderen Berufsgruppen (medizinische, pflegerische und rehabilitative) eine umfassendere *Gesamtsicht* [Hervorhebung H.S.] entwickeln und damit die Auswirkungen lebenslanger Sozialisationsprozesse auf das Altern und die Alterssituation erkennen" (RADEBOLD 1984, zit. nach KARL 1999, S. 376). Um diese Gesamtsicht auch auf der Handlungsebene handhaben zu können, ist die Einsicht geboten, dass Soziale Arbeit mit alten Menschen um einen interdisziplinären Brückenschlag nicht herumkommt. Im kollegialen Austausch, multiprofessionellen Dialog und kooperativen Handeln mit anderen Disziplinen und Berufsgruppen kann eine ganzheitliche, integrative Sicht auf den alternden und alten Menschen am ehesten gelingen.

5.9 Soziale Gerechtigkeit

Ich komme zuletzt noch auf eine weitere anschlussfähige sozialpädagogische Kategorie zu sprechen. Soziale Arbeit zielt in ihrer Denkrichtung und ihrem Wirkungskreis auf die Bekämpfung sozialer Ungleichheit und sozialer Ausgrenzung und damit auf die Verwirklichung *sozialer Gerechtigkeit* ab. In der vom Internationalen Berufsverband und von der Internationalen Vereinigung der Ausbildungsstätten Sozialer Arbeit konsensual verabschiedeten Definition Sozialer Arbeit wird ausdrücklich auf die fundamentale Bedeutung der Prinzipien der Menschenrechte und sozialer Gerechtigkeit hingewiesen (vgl. STAUB-BERNASCONI 2007, S. 14). Im kritischen Blick auf gesellschaftliche Verhältnisse, auf soziale Lebenslagen, auf Etikettierungsprozesse bestimmter Bevölkerungsgruppen, aber auch auf institutionelle Gegebenheiten und organisationsbezogene Strukturen analysiert Soziale Arbeit zumeist verdeckte, Ungleichheit produzierende und perpetuierende Muster und Elemente struktureller Exklusion, Unterdrückung und Gewalt. Tradierten Altersstereotypen und sozialen Ausgrenzungsmechanismen einer allgemeinen Altersdiskriminierung („Ageism") und ihren konkreten Manifestationen in Alltag und beruflichem Handeln sollte dabei besondere Aufmerksamkeit zuteil werden. Soziale Arbeit kann im Hinblick auf die Selbstbestimmung und die Integration älterer und alter Menschen in die Gemeinschaft und Gesellschaft als „Seismograph" für strukturelle Defizite, Benachteiligungen und Teilhabestörungen fungieren und sich entsprechend sowohl auf der Einzelfallebene als auch auf der Systemebene einbringen (vgl. KRAUS/HEGELER 2009, S. 102). Um dies leisten zu können, bedarf es allerdings einer starken, selbstbewussten Positionierung sowie einer permanenten Selbstvergewisserungsschleife. Bekanntlich agiert Soziale Arbeit im Spannungsfeld des so genannten *doppelten Mandats*, womit das Zusammenwirken von Hilfe und Kontrolle, von Unterstützung und Disziplinierung, von Emanzipierung und Normierung gemeint ist (vgl. SPITZER 2008b, S. 27). In dieser oft widersprüchlichen Mandatsbestimmung hat sich Soziale Arbeit nicht ausschließlich nach den Bedürfnissen und Vorstellungen ihres Klientels zu orientieren, sondern auch nach gesellschaftlichen Vorgaben, gesetzlichen Bestimmungen und den institutionellen Rahmenbedingungen, innerhalb derer sie agiert. ZEMAN (1996, S. 49) weist darauf hin, dass zum fachlichen Rüstzeug für jeden, der sich professionell mit dem Thema Alter(n) beschäftigt, ein hohes Maß an „spezifischer Reflexivität" gehört. Diese Reflexivität ist unter anderem auf „das Aufdecken anachronistischer, situationsunangemessener, starrer und blockierender Altersorientierungen" sowie auf „die Bewusstheit gegenüber dem eigenen Beitrag bei der Entwicklung oder Blockade von Ansätzen neuer Alterskultur" (ebd.) ausgerichtet. Eine „Sozialpädagogisierung des Alters" darf nicht Gefahr laufen, zum Bestandteil der Kontroll- und Disziplinarstrukturen moderner Gesellschaften zu werden (vgl. WINKLER 2005, S. 30). Das könnte in der Konsequenz bedeuten, „dass den Alten noch jener Restbestand an gesellschaftlich zuerkannter Würde genommen wird, der bislang noch auszumachen war" (ebd.). So ist Soziale Arbeit – und mit ihr die anderen mit alten Menschen befassten Professionen – herausgefordert, in ihren Konzepten und Praxisbezügen stets darauf zu achten, die Wahrung der Integrität und der Selbstbestimmung des alten Menschen nicht durch ihr eigenes Tun zu konterkarieren.

6. Handlungsmodelle und Praxisfelder sozialer Altenarbeit

Im Folgenden wird der Versuch unternommen, ausgewählte Konzepte und Methoden sozialer Altenarbeit in bestimmten Handlungsfeldern zu erschließen. Ich nähere mich der Thematik insofern, als dass ich zuerst die Felder in Altenhilfe, Altenarbeit und Altenbildung begrifflich unterscheide (vgl. SPITZER 2008a). Dies mag zu analytischen Zwecken und auch zur Konzeption von sozialpolitisch relevanten und interessanten Projektentwürfen sinnvoll sein, aber es mangelt bei dieser Herangehensweise auch an Abgrenzungsschärfe, und es gibt durchaus Überschneidungsbereiche. In der Folge werden unterschiedliche Handlungsmodelle sozialer Altenarbeit vorgestellt, die diesen drei Feldern mehr oder weniger eindeutig zuordenbar sind, in der Mehrheit aber eher als Querschnittskonzepte sichtbar werden, die wechselseitig anschlussfähig und miteinander verknüpfbar sind. Um dies an einem Bespiel zu verdeutlichen: Psychosoziale Beratung mit alten Menschen und deren Angehörigen in einem stationären Altenhilfesetting kann neben einer Unterstützungs- und Entlastungsfunktion auch der Ressourcenerschließung und der Koordinierung von informellen und formalen Hilfsangeboten dienen. Sie zielt aber implizit auch auf eine Empowerment-Perspektive ab und kann für die Betroffenen ferner wichtige Bildungsimpulse liefern, die sich zum Beispiel in der selbstinitiierten Organisation einer Selbsthilfemaßnahme für pflegende Angehörige konkretisiert. Bei entsprechender Koordinierung und Vernetzung mit weiteren professionellen Akteuren kann eine solche Maßnahme durch Bewusstseinsarbeit und offensives Lobbying kommunale und sozialräumliche Entwicklungs- und Gestaltungsprozesse, die die Belange alter Menschen tangieren, beeinflussen. Somit findet im Kontext von Beratung in der Altenhilfe Bildungsarbeit statt, die in der Konsequenz auch eine sozialpolitische Dimension mit sich bringt.

6.1 Überblick über die Felder Altenhilfe, Altenarbeit und Altenbildung

Der Bereich der *Altenhilfe* richtet sein Angebotsspektrum vorwiegend an Lebenslagen alter Menschen aus, die von Betreuungs- und Pflegebedürftigkeit, der Abhängigkeit von Hilfe und Unterstützung, chronischen Erkrankungen, Multimorbidität, Demenzerkrankungen und einem tendenziellen Verlust der Autonomie charakterisiert sind. Vielfach wird dieser Bereich mit dem Begriff der *Altenpflege* gleichgesetzt, was zu einer verkürzten Sichtweise auf die Lebens- und Bedarfslagen dieser Zielgruppe führt. Jedenfalls rücken im Feld der Altenhilfe hochaltrige Menschen ins Blickfeld der professionellen Aufmerksamkeit. Für Österreich wird prognostiziert, dass sich die Anzahl der über 90jährigen bis 2030 beinahe verdreifachen und bis 2050 um mehr als das Fünffache anwachsen wird (von knapp 45.000 auf mehr als 250.000 Personen). Die Lebenslagen dieser Altersgruppe sind durch die zunehmende Verdichtung von gesundheitlichen, ökonomischen und sozialen Altersrisiken gekennzeichnet (vgl. KITTL-SATRAN/SIMON 2010, S. 223). Sozialer Arbeit kommt hier die Aufgabe zu, die soziale Dimension der Lebenslagen und Bedürfnisse alter Menschen, die von anderen Professionen vernachlässigt wird, konsequent zu berücksichtigen. Neben Koordinations- und Schnittstellenarbeit werden für die Soziale Arbeit zusehends auch Aufgaben des Qualitätsmanagements, der Organisationsentwicklung und der sozialrechtlichen Beratung bedeutsam.

Der Bereich der *Altenarbeit* orientiert sich im Wesentlichen an den Lebenslagen älterer Menschen ohne gravierende und kontinuierliche gesundheitliche Beeinträchtigungen oder soziale Abhängigkeiten (vgl. SCHWEPPE 2005c, S. 232 f.). Hier geht es in erster Linie um die Arbeit mit „aktiven SeniorInnen" im Bildungs-, Kultur- und Sozialbereich, wobei die Förderung von Freiwilligenarbeit und bürgerschaftlichem Engagement von besonderer Bedeutung ist. Wichtig ist auch, dass Altersfragen als generationenübergreifende Aufgaben erkannt und die Lebensverhältnisse älterer Menschen nicht unabhängig von denen anderer Altersgruppen gesehen werden. Altenarbeit verfolgt somit das Ziel, fachlich abgestimmte Angebote für verschiedene Gruppen aufeinander zu beziehen, soziale und kulturelle Konzepte miteinander zu verbinden und Räumlichkeiten und Ressourcen wechselseitig zu nutzen (vgl. KARL 2009, S. 96). Insgesamt liegt im Begriff der Altenarbeit eine Verabschiedung vom Versorgungsparadigma hin zu einem Ermöglichungsparadigma im Sinne einer Gewährleistung der Partizipation und Teilhabe älterer und alter Menschen am gesellschaftlichen Leben begründet (vgl. SPITZER 2008a, S. 51).

Die Grenzen zwischen Altenarbeit und *Altenbildung* (Geragogik) sind fließend. In geragogischen Ansätzen (die manchmal auch mit sozialpädagogischen Zugängen kombinierbar sind) geht es vorwiegend um die Schaffung und Ausgestaltung von alltagspraktischen Kompetenzen und neuen Bildungserfahrungen, die auf Selbstauseinandersetzung, Bewusstseinsbildung und schließlich auf die Beschäftigung mit dem Altern an sich abzielen – und weniger um Aspekte kognitiver Kompetenzsteigerung oder abstrakter Wissensvermittlung. PETZOLD/BUBOLZ (1976, S. 8) umschreiben geragogisches Handeln als „Lernen des Alterns, Lernen für das Alter und Lernen im Alter". Obwohl insgesamt davon auszugehen ist, dass Bildungsangebote für ältere und alte Menschen gegenwärtig nur unzureichend ausgebaut sind und einer substantiellen Finanzierungsgrundlage entbehren, stellen sie perspektivisch eine wichtige Investition in die Zukunft dar, die nicht nur zu mehr sozialer Teilhabe und größerer Lebenszufriedenheit führen, sondern langfristig auch Kosteneinsparungen im Pflege- und Gesundheitsbereich bewirken (vgl. KRICHELDORFF 2010, S. 109).

6.2 Koordination, Vernetzung und Vermittlung

Ein maßgeblicher Aufgabenbereich Sozialer Arbeit im Versorgungssystem für alte Menschen bestünde in der Koordinations- und Schnittstellenarbeit sowie in der Entwicklung sinnvoller Strukturen interdisziplinärer Zusammenarbeit unterschiedlicher Maßnahmen- und Leistungsträger. Im ÖSTERREICHISCHEN SENIORENBERICHT werden in diesem Bereich deutliche Mängel festgestellt und die Forderung nach mehr Koordination und besserer Kooperation zwischen den unterschiedlichen Betreuungsangeboten erhoben. Selbst in den Modellen der „Sozial- und Gesundheitssprengel", die eine Integrationsfunktion für Gesundheits-, Sozial- und Pflegedienste zu leisten hätten, kann eine effektive Kooperation und Abstimmung zwischen mobilen Dienstleistungen, dem stationären Bereich der Altenhilfe, dem Gesundheitssystem und Einrichtungen der Sozialarbeit kaum gewährleistet werden (vgl. BADELT/ LEICHSENRING 2000, S. 430). Nicht zuletzt sollten solche Stellen auch den hilfe- und ratsuchenden alten Menschen Informations-, Beratungs- und Vermittlungsdienste anbieten können, damit sich diese nicht im „Dienstleistungs- und Versorgungsdschungel" (WISSMANN 2003b, S. 139) verlieren. Diese Versorgungsnische, die gegenwärtig noch völlig unzureichend abgedeckt ist, kann die Soziale Arbeit mit ihren Kommunikations-, Beratungs-, Organisations- und Systemkompetenzen füllen. Dabei geht es auch um Vernetzungsarbeit zwischen formalen Betreuungsangeboten und informellen Unterstützungsstrukturen wie Familienangehörige, Freunde, Nachbarn und andere relevante Bezugspersonen und Sozialsysteme. Auch der Hausarzt, bei dem ja allerlei Fragen und Beschwerden zusammenlaufen, auch wenn sie nicht somatischer Natur sind, spielt eine wichtige Rolle. Von besonderer Bedeutung ist eine umfassende Zusammenarbeit mit dem familiären System. VertreterInnen verschiedener Professionen scheinen mitunter zu vergessen oder nicht wahrhaben zu wollen, dass die Familie „in einem wohlbalancierten System der Altenhilfe ein unverzichtbares Element ist" (AMANN 1983, S. 169).

Ein Konzept, dass genuin aus der Sozialen Arbeit kommt – abgeleitet aus der methodischen Einzelfallhilfe – und sich in diesem Zusammenhang anbietet, ist das Case Management. Der Begriff des Case Management (auch „Unterstützungsmanagement") verweist auf die Organisation eines zielgerichteten Systems der Zusammenarbeit, wobei das Konzept in der Regel bei einer komplexen Problematik mit einer Mehrzahl von Beteiligten und in vernetzten Bezügen zur Anwendung kommt (vgl. WENDT 2001, S. 14). Bei der Bearbeitung bzw. dem Management eines Versorgungszusammenhangs sind eine Vielzahl von Dienstleistungen und Dienstleistungserbringern zu koordinieren und in einen durchdachten und kontrollierten Unterstützungsprozess zu integrieren (vgl. WISSMANN 2003a, S. 122). Allerdings sind solche Konzepte, oft mit gleichem Namen, manchmal als Care Management oder Pflegemanagement, von anderen Berufsgruppen besetzt, so dass sich Akteure der Sozialen Arbeit hier in einem veritablen Konkurrenzbetrieb wiederfinden. Die Profession muss auch achtgeben, dass sie sich in einem ausschließlich als Case Manager missverstandenen Berufsprofil nicht in administrativ-manageriellen Tätigkeiten erschöpft. So geht es zum Beispiel in der geriatrischen Krankenhaussozialarbeit nicht nur um Informations- und Vermittlungsdienste sowie Entlassungsmanagement, sondern immer auch um psychosoziale Kommunikations-, Beziehungs- und Klärungsarbeit. Dieser Bereich wird von keiner anderen Berufsgruppe abgedeckt. Wer ist schon geschult in professioneller Gesprächsführung, integrativer Beratungskompetenz und metakommunikativer Reflexionsfähigkeit? Ärzte, Krankenpflegepersonal, PsychologInnen?

6.3 Soziale Netzwerkarbeit

Ebenfalls auf Vernetzung und Unterstützungsprozesse zielen professionelle Handlungsmodelle einer sozialen Netzwerkarbeit ab. Diese können zum einen den Charakter einer Netzwerkanalyse haben, die die Beziehungskonstellationen von Individuen oder Gruppen untersucht und das Ziel verfolgt, die Tragfähigkeit und Wirksamkeit bestehender Netze in Zusammenarbeit mit den Betroffenen und im Sinne der Betroffenen zu optimieren. Dabei hat der Sozialarbeiter bzw. die Sozialarbeiterin nur eine unterstützende Funktion, die Arbeit im und am Netzwerk ist vom Klienten bzw. Klientensystem weitgehend selbst zu leisten. Zum anderen geht es um den Prozess der Vernetzung an sich, also die Konstruktion neuer selbstständiger Netze bzw. die Verknüpfung bestehender Netze, wobei der Sozialen Arbeit hier die Rolle eines „Netzwerkkonstrukteurs" zukommt (vgl. FISCHER 2003, S. 67). Hilfreich ist dabei das Bild eines Fischernetzes: die Knotenpunkte sind die einzelnen Personen, Organisationen oder Netzwerkmitglieder; das Garn stellt die Verbindungen und Verknüpfungen zu anderen Personen oder Systemen dar (vgl. NESTMANN 2001, S. 1684).

Von besonderer Relevanz beim Netzwerkmodell ist die konsequente Berücksichtigung und Verzahnung individueller und sozialer Netzwerke. In der Altenarbeit bedeutet das, dass die Arbeit am Einzelfall (mit dem individuellen alten Menschen) sinnvoll mit der Vernetzungsarbeit in einer Gruppe und im Gemeinwesen kombiniert werden, z. B. durch die Unterstützung beim Aufbau eines Gruppen-Netzwerkes, in dem sich ältere Menschen freiwillig selbst organisieren, um im Sinne bürgerschaftlichen Engagements für andere im Gemeinwesen tätig zu werden, was wiederum der Ressourcenstärkung des einzelnen zugutekommt (vgl. FISCHER 2003, S. 68). Für das Alter wird festgehalten, dass die subjektive Zufriedenheit mit den sozialen Beziehungen nicht in erster Linie nach der Größe bzw. Quantität des Netzwerkes bemessen wird, sondern vielmehr nach der Qualität, also der Tiefe und Festigkeit der Beziehungen (vgl. THIELE 2001, S. 51). Im Umkehrschluss bedeutet das, dass beim Verlust zentraler Bezugspersonen die Negativseiten der altersstrukturellen Singularisierung, nämlich die Gefahr sozialer Isolation und Vereinsamung, überhand nehmen und der Aufbau neuer sozialer Netzwerke, der mitunter mühsam sein kann und professioneller Unterstützung bedarf, erforderlich wird.

Eine vernetzende Soziale Arbeit im Gemeinwesen wird im Idealfall auch Intergenerationsbeziehungen konzeptuell aufgreifen und nutzbar machen. In Projekten gemeinsamen Erlebens, gemeinsamen Lernens, gegenseitigen Gebens und Nehmens (z. B. in Form von Tauschringen) und gemeinsamen Wohnens (z. B. in Form generationenübergreifenden Zusammenlebens in Wohngemeinschaften) sind maßgebliche Anknüpfungspunkte für eine innovative Alten- und Generationsarbeit beinhaltet (vgl. ebd., S. 60 ff.).

6.4 Beratung

Beratung ist eine Querschnittsaufgabe und Kernkompetenz Sozialer Arbeit. Von den vielfältigen Beratungsformen und Einsatzmöglichkeiten sollen hier nur einige beispielhaft skizziert werden, wobei ein breites Basiswissen über die Lebenslagen und Lebensprobleme alter Menschen sowie eine interdisziplinäre Sichtweise grundlegend sind.

6.4.1 Aufsuchende, präventive Maßnahmen und gemeinwesenorientierte Beratung

Um alte Menschen überhaupt zu erreichen – besonders solche, die isoliert leben und deren soziale Unterstützungsnetzwerke unzureichend sind – sind zugehende, präventive Maßnahmen unerlässlich. Nun sind gerade im Bereich der mobilen Dienste die Angebote stark bis ausschließlich pflegezentriert, was sich in Österreich im Begriff der Haus*kranken*hilfe exemplarisch niederschlägt. Hier lohnt sich ein Blick in skandinavische Länder. Ein interessantes Interventionskonzept wurde in Dänemark unter dem Titel „Präventive Hausbesuche" erprobt und erfolgreich umgesetzt (vgl. ROTH 2009). Dabei ermitteln multiprofessionelle Teams bei älteren Menschen ab 75 Jahren zweimal jährlich sowohl den gesundheitlichen wie sozialen Unterstützungsbedarf und mobilisieren entsprechend Selbsthilfekräfte sowie individuell optimierte informelle und professionelle Hilfen. Damit soll der Weiterverbleib der Betroffenen in den eigenen vier Wänden ermöglicht werden und sich der Bedarf an Altersheimen insgesamt erübrigen – eine sozialpolitische Perspektive, die von Österreich aus betrachtet nur als visionär bezeichnet werden kann.

Eine zugehende Altenarbeit, bei der auch Beratung als niedrigschwellige Angebotsform eine wichtige Rolle spielt, sollte im Stadtteil bzw. in der Gemeinde institutionell verankert und vernetzt sein. Somit können auch zurückgezogene, sozial benachteiligte Teile der älteren Bevölkerung erreicht werden (vgl. KARL

2004, S. 287). Ein gemeindeorientiertes Beratungskonzept wird versuchen, je nach Bedarf und Einzelfall mobile Beratung mit ortsgebundenen Beratungsstellen zu kombinieren. Für manche Menschen stellt der Gang zu einer Sozialeinrichtung eine große, oft unüberwindbare Hürde dar; andere wiederum erleben den Kontakt in der eigenen Wohnung als zu aufdringlich. Mit einem professionellen Beratungsangebot für alte Menschen, das sich als gemeinwesenorientiert definiert und in ein multiprofessionelles Team eingebettet ist, kann sowohl wichtige Präventionsarbeit als auch frühzeitige Krisenintervention in akuten Lebenslagen geleistet werden (vgl. BRÜCKNER/AL AKEL/KLEIN 2006).

6.4.2 Partnerschaftsberatung und allgemeine Beratungsangebote für alte Menschen

Eine tragfähige Partnerschaft wird als eines der wichtigsten Lebensgüter im Alter betrachtet (vgl. VOGT 2001, S. 29 ff.). Veränderungen im Alterungsprozess können jedoch erhebliche Konsequenzen im Partnerschaftsverhalten mit sich bringen. „Partner altern nicht gleich, wenn auch beide altern." (ebd., S. 66) So kann die Vitalität der Partner völlig unterschiedlich sein, und auch Entwicklungsaufgaben werden in unterschiedlicher Weise angegangen. Fragen der Sexualität und damit im Zusammenhang stehende Konflikte können Beratungsanlässe darstellen, allerdings gibt es große Hemmschwellen, diesbezügliche Angebote aufzugreifen, bzw. sind solche überhaupt nicht existent. Im Zusammenhang mit Demenzerkrankungen und Pflegeaufgaben kommt es vielfach zu Problemen in der Handhabung von Ambivalenzen von Pflege- und Intimbeziehungen sowie zu einer Diskontinuität bei der Referenz auf die partnerschaftliche Geschichte, die gerade in Krisenzeiten einen wichtigen Ankerpunkt darstellen kann (vgl. LINDNER 2010, S. 77). Auch der Verlust des Partners bzw. bereits die Angst davor, eines Tages ohne ihn oder sie leben zu müssen, kann zu einer Krise führen, oft gekoppelt mit der Vorstellung, dass eine neuerliche Partnerschaft im fortgeschrittenen Alter kaum mehr möglich sein wird. Isolations- und Vereinsamungsgefühle sowie allgemeine Perspektivlosigkeit unterstreichen die Wichtigkeit von Beratungsangeboten. Um mögliche Stigmatisierungseffekte zu vermeiden, bietet es sich an, Fragen der Konfliktbewältigung älterer und alter Menschen im Kontext ihres Lebens und ihrer Beziehungen als integrierten Bestandteil des Regelangebotes von bereits bestehenden Beratungsstellen zu definieren. Ein interessantes Konzept wurde in Essen unter dem Titel „Partnerschafts- und Familienberatung im Alter" umgesetzt, wobei das Beratungsangebot an die Ehe-, Familien- und Lebensberatungsstellen gekoppelt war (vgl. VOGT 2001, S. 72 ff.). Insgesamt kann davon ausgegangen werden, dass es über den Partnerschaftsbereich hinaus vielfältige Themen und Bewältigungsaufgaben gibt, die für den Ausbau von Beratungsdiensten für alte Menschen sprechen.

6.4.3 Angehörigenberatung

Beratung von Angehörigen, die in der Familie die Unterstützung und Pflege von alten Menschen leisten, kann im stationären Bereich der Krankenhaussozialarbeit und in den Alten- und Pflegeheimen, aber auch im Zusammenhang mit ambulanten und mobilen Diensten ein wichtiger Aufgabenbereich sein. Neben der Informations- und Entlastungsfunktion beugen professionelle Beratungsgespräche auch der sozialen Isolation vor, in die Angehörige nach langer und aufreibender Pflege geraten können (vgl. THIELE 2001, S. 90). In der Praxis kommen die komplexen Veränderungen im Familiensystem, die mit familiärer Pflegearbeit einhergehen, meistens viel zu kurz, oder sie werden überhaupt nicht thematisiert. Die soziologische Forderung nach einer „Intimität auf Abstand", die durch räumliche Distanz Ambivalenzen in intergenerativen Familienbeziehungen reduziert und innere Nähe erst ermöglicht und begünstigt (vgl. ROSENMAYR 1990, S. 186), wird im familiären Pflegekontext zur distanzlosen Intimität, die bis in den Bereich der körperlichen Hygieneversorgung reicht und vielfach die beteiligten Personen auf beiden Seiten überfordert. Hinzu kommen familiendynamische Entwicklungen in der Eltern-Kind-Beziehung, die sich oft völlig umkehrt, wenn zum Beispiel der dominante Vater pflegebedürftig wird und die Tochter in die Rolle der Pflegenden kommt. Dominanz- und Abhängigkeitsverhältnisse können sich dadurch oft völlig umdrehen. Die Betreuungsperson erlebt die Pflege nicht nur als Belastung, sondern sie erhält dadurch auch eine große Machtbefugnis, die wiederum – zum Teil unbewusste – Vergeltungsimpulse und damit verbundene Misshandlungs- und Gewalthandlungen freisetzen kann (vgl. dazu auch HÖRL in diesem Band). All dies gilt es in professionellen Beratungssettings aufzugreifen und behutsam zu bearbeiten.

6.4.4 Politik- und Trägerberatung

Ein wichtiges, aber in der Praxis kaum anzutreffendes Beratungsfeld Sozialer Arbeit sehe ich in der Bereitstellung professioneller Expertisen für politische Entscheidungsträger und Organisationen der Altenhilfe und Altenarbeit. Dazu gehören begleitende Beratung bei der Planung und Umsetzung altenpolitischer Maßnahmen und konkreter Altenhilfeprojekte, Organisations- und Systemanalysen bestehender Einrichtungen sowie Begleitforschung mit entsprechenden Empfehlungen auf Basis der generierten Ergebnisse. Auf diesem Weg kann sich die Soziale Arbeit einerseits für eine ganzheitlicher ausgerichtete, den sozialen Kontext der Lebenslagen alter Menschen berücksichtigende Sozialpolitik einsetzen. Andererseits kann sie einen öffentlichen und politischen Diskurs beeinflussen, der sich zunehmend in ökonomischen Effizienz- und Effektivitätskriterien und betriebswirtschaftlichem Kostensparnisdenken erschöpft. Allerdings ist davon auszugehen, dass Politiker sich eher davor hüten werden, sich eine Expertise zu holen, von der sie annehmen müssen, dass sie ihnen Probleme bereiten wird. Vertreter von Institutionen der Altenhilfe werden sich – sofern sie nicht für innovative Konzepte und Ideen und damit assoziierte Finanzierungsnotwendigkeiten offen sind – ebenfalls bedeckt geben. Daher handelt es sich bei dem hier vorgeschlagenen Tätigkeitsfeld wohl in erster Linie um eine Bringschuld der Sozialen Arbeit.

6.5 Leitungsfunktionen, Ausbildungsangebote und Praxisberatung

Perspektivisch hätte sich die Soziale Arbeit auch im Leitungsbereich der Altenhilfe und Altenarbeit zu positionieren. Aus meiner Sicht wäre das Qualifikationsprofil Sozialer Arbeit prädestiniert für die Aufgabenbereiche eines Leiters bzw. einer Leiterin eines Altersheims oder eines mobilen Versorgungsteams. Der Grundstein für die fachliche Fundierung und eine entsprechende selbstbewusste Positionierung für solche Funktionen muss bereits im Ausbildungsbereich gelegt werden. Ich sehe SozialarbeiterInnen und SozialpädagogInnen auch in der Rolle von Ausbildungspersonal im Qualifizierungssektor für Pflege- und Altenhilfeberufe. Die ganzheitliche Perspektive der Sozialen Arbeit, gekoppelt mit einem analytischen Blick für Kommunikations- und Strukturfragen, würde diesen Bereich enorm aufwerten und disziplinübergreifende Synergien schaffen. Schließlich könnte die Soziale Arbeit auch als Akteur im Bereich der Supervision bzw. Praxisberatung in den Strukturen der Altenhilfe in Erscheinung treten. Es kann davon ausgegangen werden, dass in Alten- und Pflegeheimen, aber auch im Bereich der mobilen Dienste, für die Reflexion von beruflichen, persönlichen und institutionellen Problem- und Konfliktkonstellationen ein großer Bedarf besteht. Allerdings gibt es auch Widerstände im Hinblick auf die „Psycho-Ebene" von Supervision bzw. wird von Leitungspersonen eine Bedrohung gegebener struktureller und hierarchischer Verhältnisse befürchtet. Hier müsste auf Basis von exemplarischen Projekterfahrungen Überzeugungsarbeit geleistet und auf den langfristigen Nutzen und die Qualitätsmerkmale solcher Interventionspraxis hingewiesen werden. Denn nicht selten scheitern solche Initiativen, die vom Pflegepersonal aus der eigenen Betroffenheit heraus gefordert werden, an der Finanzierung.

6.6 Soziale Arbeit mit alten Menschen am Rande der Gesellschaft

Zuletzt sei noch einmal darauf hingewiesen, dass Soziale Arbeit auch den sozialpolitischen und professionellen Auftrag hat, sich um jene zu kümmern, die sich an den Grenzen der Gesellschaft wiederfinden bzw. überhaupt aus dem sozialen System hinauszufallen drohen. Mit Blick auf die gegenwärtige Finanz- und Wirtschaftskrise kann festgehalten werden, dass gerade die vulnerablen Bevölkerungsgruppen im Alter von den dadurch verursachten sozialpolitischen Sparmaßnahmen und wohlfahrtsstaatlichen Rückbauprozessen besonders betroffen sind. Im Zusammenhang mit Altersarmut erhält der ländliche Raum, der traditionell von der Sozialen Arbeit eher vernachlässigt wird, eine besondere Bedeutung, da die Armutsgefährdung in ländlichen Gebieten überproportional hoch ist (vgl. KNAPP/KOPLENIG 2008). Auch hochaltrige Frauen sowie ältere Menschen mit Migrationshintergrund rücken ins Blickfeld, tragen diese Gruppen doch die größten Armutsrisiken (vgl. STIEHR/ SPINDLER 2008). Darüber hinaus gibt es eine Reihe von älteren und alten Menschen und Gruppen, deren Lebenswelten und Bedarfslagen ebenfalls einer besonderen Aufmerksamkeit bedürfen: Sinti und Roma, alte Menschen mit einer homosexuellen Orientierung, wohnungslose Alte, ältere Menschen im Strafvollzug, in die Jahre gekommene „Junkies", alte Menschen mit körperlicher und/oder geistiger Behinderung, alt gewordene Prostituierte, u.v.m. (vgl. SEEBERGER/BRAUN 2003). Soziale Arbeit mit alten Menschen hat noch viel zu tun. Was ihr substantiell fehlt, sind die Grundlagen, die ihr Handeln auch ermöglichen würden. Dazu gehört ein klarer politischer Wille.

7. Konsequenzen für die Ausbildung

Abschließend wird hier die Frage nach der Relevanz von Altersfragen im Ausbildungsbereich der Sozialen Arbeit aufgeworfen. Vor dem Hintergrund der Ausführungen in diesem Beitrag wird klar, dass die Auseinandersetzung mit Alter und Altern in der Qualifizierung von SozialarbeiterInnen und SozialpädagogInnen unabdingbar ist. In der Vergangenheit spielten Belange, die alte Menschen betreffen, jedoch eine stark nachgeordnete Rolle, und das Alter hat gegenüber anderen Lebensphasen einen großen Aufholbedarf. Eine zentrale Frage ist jene der curricularen Verankerung. Das Studium der Sozialen Arbeit zielt ja gemeinhin auf die Ausbildung von Generalisten ab, d. h. dass die AbsolventInnen möglichst breit auf die unterschiedlichen Handlungsfelder und Aufgabenbereiche vorbereitet werden sollen. DRINGENBERG (1989, S. 10) spricht in diesem Zusammenhang von „Generalisten mit möglichst hoher Transferkompetenz". Diese Transferkompetenz macht es erforderlich, dass im Studium erworbene Kompetenzen und allgemeinbedeutendes Wissen auf die Lebenslagen und Lebenswelten älterer und alter Menschen bezogen und umgelegt werden müssen. Bedarf es dazu eigener curricularer Elemente einer sozialwissenschaftlichen und methodischen Beschäftigung mit Altersfragen? Im Hinblick auf eine proklamierte „Entgrenzung der Lebensalter" (vgl. BÖHNISCH/SCHRÖER/THIERSCH 2005, S. 134 ff.) kann davon ausgegangen werden, dass das Alter für eine Vielzahl von Lehrplanangeboten anschlussfähig ist und als Querschnittsthematik ins Blickfeld rückt. Es ginge also um die

Integration von basalen Inhalten und Methoden der Gerontologie und Altenarbeit/Altenhilfe in das Grundstudium der Hochschulstudiengänge, oder anders ausgedrückt: um die Öffnung der Fächer für Altersfragen (vgl. HEDTKE-BECKER/SCHMIDT 1995, S. 197). Eine solche Perspektive würde aufseiten der Lehrenden verlangen, dass diese ihrerseits mit altersbezogenen Fragestellungen vertraut sind und diese entsprechend in ihre Lehre einbauen. In der Ausbildungspraxis ist eher eine andere Variante anzutreffen: Einzelne Lehrende und WissenschaftlerInnen spezialisieren sich auf gerontologische Aspekte und verschränken diese mit der Perspektive Sozialer Arbeit – und sie sind diejenigen, die dann als „Experten" für das Alter gehandelt werden und die entsprechenden spezialisierten Lehrveranstaltungen anbieten. Manche Studiengänge gehen überhaupt so weit, dass sie das Alter in den Bereich von Wahlpflichtfächern verbannen, womit indiziert ist, dass nur ein kleiner, ohnehin interessierter Teil der StudentInnen sich intensiver damit beschäftigt. Das Alter befindet sich also im Studium der Sozialen Arbeit in einem Spannungsfeld zwischen völliger Vernachlässigung, der Forderung nach einer Gerontologisierung des Fächerkanons und der Möglichkeit der Spezialisierung auf Altersthemen (vgl. DRINGENBERG 1989). In diesem Spannungsfeld gibt es noch eine Option, die der Bologna-Prozess in Form der Modularisierung von Studieninhalten vorsieht: So können Altersfragen in Moduleinheiten zusammengefasst und in einem Verbund von Lehrveranstaltungen vertieft bearbeitet werden. Im Studienbereich Soziales der Fachhochschule Kärnten wurde bei der Umstellung vom Diplom- auf das Bachelorsystem dieser Weg beschritten. Dabei werden in zwei kombinierten Modulen („Grundlagen professionellen Handelns" und „Integration disziplinärer Bezüge in der Sozialen Arbeit") ein Semester lang Fragen des Alters und Alterns curricular verortet, womit es erstmals gelungen ist, das Alter neben Kindheit und Jugend bzw. Erwachsenenalter und Erwerbsleben im Lehrplan gleichberechtigt abzubilden. Ob das der Weisheit letzter Schluss ist, ist fraglich. Vielleicht sollte die Frage nicht Gerontologisierung *oder* Spezialisierung, sondern Gerontologisierung *und* Spezialisierung lauten, womit ein doppeltes Ziel verfolgt werden könnte: SozialarbeiterInnen werden insgesamt besser auf gerontologische, demographische und andere altersbezogene Fragestellungen ausgebildet, und gleichzeitig wird die Qualität Sozialer Arbeit durch adäquate Formen exemplarischer Vertiefung für die Einsatzbereiche der Altenarbeit erhöht (vgl. DRINGENBERG 1989, S. 17). Diese Möglichkeit hat auch AMANN (1999) formuliert, allerdings in chronologischer Folge: Er plädiert für eine breite Grundlagenausbildung und eine darauf aufbauende sozialgerontologische Spezialisierung.

Insgesamt geht es um eine Aufwertung der Belange alter Menschen im Studium, wie immer auch der Weg dorthin aussieht. Dabei müssen die Lehrenden auch mit Ressentiments und Widerständen aufseiten der Studierenden rechnen. Viele sehen ihren zukünftigen beruflichen Werdegang in der Kinder- und

Jugendarbeit und haben Berührungsängste, was alte Menschen betrifft. Hier liegt die große Herausforderung darin, diese Zugangshürden behutsam und sukzessive abzubauen und Interesse und Begeisterung zu wecken. Es ist ja oft die Perspektivlosigkeit, die mit dem Alter assoziiert wird und bei den Studierenden Ängste hervorruft. Um es in Anlehnung an THIERSCH auszudrücken: Bei kleinen Kindern dauert es zwar eine Weile, bis sie „mit Scheiße und Pipi zurechtkommen" (THIERSCH 2002, S. 175), doch wird im Endeffekt Lernzuwachs und Fortschritt erwartet und mit Freude begrüßt werden. Bei alten Menschen hingegen stoßen Probleme wie Inkontinenz oft auf Ablehnung und Ekelgefühle, und eine optimistisch stimmende Perspektive fehlt, zumindest bei undifferenzierter Betrachtung. Dasselbe gilt übrigens auch für Fragen der Sexualität alter Menschen: Bei der ersten Konfrontation mit diesem Thema äußern Studierende nicht selten, dass sie dies als befremdlich, unästhetisch und ekelig empfinden. Es geht also darum, die Studierenden bei ihren verinnerlichten Altersbildern abzuholen und in einem dialogischen Prozess neue Perspektiven auf das Alter zu erschließen. Fachlich angeleitete Praktika in der Altenarbeit und kleine empirische Projekte, bei denen es zu konkreten Begegnungen mit alten Menschen kommt, können wichtige Bestandteile dieser Auseinandersetzung sein. Auch das Einbeziehen von Fachkräften aus der Praxis in den Unterricht und die Arbeit an praxisorientierten Fallbeispielen, z. B. in Form von strukturierten Rollenspielen, sind wichtige curriculare Elemente und tragen insgesamt zu einem für die Studierenden nachvollziehbaren Theorie-Praxis-Transfer bei. Bei all dem spielt die selbstreflexive Auseinandersetzung mit Alter und Altern eine entscheidende Rolle. Leider kommt der Bereich der Selbstreflexion in so manchen Studiengängen der Sozialen Arbeit zu kurz. Durch den Aspekt des Alterns und Altwerdens, auch durch die Beschäftigung mit Fragen des Sterbens und des Todes, die ja anthropologische Grundkonstanten darstellen und letztlich alle Menschen betreffen, können gerade in diesem Feld Potenziale der Selbstreflexion und der Selbstreflexivität erschlossen werden. Die von SozialarbeiterInnen in professionellen Kontexten geforderte Selbstreflexivität kann dadurch eine „vertiefte, zu Grundfragen der Existenz führende Dimension" (HEDTKE-BECKER/SCHMIDT 1995, S. 201) erhalten.

Literatur

AMANN, A.: Lebenslage und Sozialarbeit. Elemente zu einer Soziologie von Hilfe und Kontrolle. Berlin 1983.

ANER, K.: Potenziale des Alters. Ein gerontologisches Konstrukt aus sozialpädagogischer Perspektive. In: ANER, K./KARL, U. (Hg.): Lebensalter und Soziale Arbeit. Band 6. Ältere und alte Menschen. Hohengehren 2008, S. 244-256.

ANER, K./KARL, U. (Hg.): Lebensalter und Soziale Arbeit. Band 6. Ältere und alte Menschen. Hohengehren 2008.

ANER, K./KARL, U. (Hg.): Handbuch Soziale Arbeit und Alter. Wiesbaden 2010.

BADELT, C./LEICHSENRING, K.: Versorgung, Betreuung, Pflege. In: BUNDESMINISTERIUM FÜR ARBEIT, SOZIALES UND KONSUMENTENSCHUTZ (Hg.): Seniorenbericht 2000 – Bericht zur Lebenssituation älterer Menschen in Österreich. Wien 2000, S. 408-453.

BADRY, E.: „Altenbildung" oder „Lebenslanges Lernen". Zur Aufgabe des Sozialpädagogen in der „Bildungsarbeit mit alten Menschen". In: TRAPMANN, H./HOFMANN, W./SCHAEFER-HAGENMAIER, T./SIEMES, H. (Hg.): Das Alter. Grundfragen – Einzelprobleme – Handlungsansätze. Dortmund 1991, S. 96-124.

BECK. U./BECK-GERNSHEIM, E.: Individualisierung in modernen Gesellschaften – Perspektiven und Kontroversen einer subjektorientierten Soziologie. In: BECK, U./BECK-GERNSHEIM, E. (Hg.): Riskante Freiheiten. Individualisierung in modernen Gesellschaften. Frankfurt am Main 1994, S. 10-39.

BÖHNISCH, L.: Sozialpädagogik der Lebensalter. Eine Einführung. Weinheim/München 2005.

BÖHNISCH, L./LENZ, K./SCHRÖER, W.: Sozialisation und Bewältigung. Eine Einführung in die Sozialisationstheorie der zweiten Moderne. Weinheim/München 2009.

BÖHNISCH, L./SCHRÖER, W./THIERSCH, H.: Sozialpädagogisches Denken. Wege zu einer Neubestimmung. Weinheim/München 2005.

CARLS, C.: Kompetenz oder Defizit? Leitbildjargon in der Seniorenarbeit. In: SOZIAL EXTRA 5/6 2008, S. 12-14.

BRÜCKNER, B./AL AKEL, S./KLEIN, U. (Hg.): Verstehende Beratung alter Menschen. Orientierungshilfen für den Umgang mit Lebenskonflikten, Krisen und Notfällen. Regensburg 2006.

DIECK, M./NAEGELE, G.: „Neue Alte" und alte soziale Ungleichheiten – vernachlässigte Dimensionen in der Diskussion des Altersstrukturwandels. In: NAEGELE, G./TEWS, H.-P. (Hg.): Lebenslagen im Strukturwandel des Alters. Alternde Gesellschaft – Folgen für die Politik. Opladen 1993, S. 43-60.

DRINGENBERG, R: Zwischen Gerontologisierung und Spezialisierung. Anmerkungen zur Entwicklung des Fachgebiets Gerontologie/Altenarbeit in den Studiengängen des Sozialwesens. In: SCHMIDT, R. (Hg.): Ausbildung und Praxisfelder für Sozialarbeit/Sozialpädagogik in der Altenarbeit. Berlin 1989, S. 3-19.

ENGELKE, E.: Theorien der Sozialen Arbeit. Eine Einführung. Freiburg im Breisgau 2002.

FISCHER, V.: Netzwerkarbeit – Ein neuer Typus der sozialen Arbeit mit Älteren. In: FISCHER, V./EICHENER, V./NELL, K. (Hg.): Netzwerke – ein neuer Typ bürgerschaftlichen Engagements. Zur Theorie und Praxis der sozialen Netzwerkarbeit mit Älteren. Schwalbach 2003, S. 67-97.

FÜSSENHÄUSER, C./THIERSCH H.: Theorien der Sozialen Arbeit. In: OTTO, H.-U./THIERSCH, H. (Hg.): Handbuch Sozialarbeit/Sozialpädagogik. München/Basel 2005, S. 1876-1900.

GATTERER, G.: Strukturen der Altenbetreuung in Österreich. In: GATTERER, G. (Hg.): Multiprofessionelle Altenbetreuung. Ein praxisbezogenes Handbuch. Wien 2007, S. 33-43.

HEDTKE-BECKER, A./SCHMIDT, R. (Hg.): Profile Sozialer Arbeit mit alten Menschen. Berlin/Frankfurt am Main 1995.

HEDTKE-BECKER, A./SCHMIDT, R.: Profile Sozialer Arbeit mit alten Menschen: Überlegungen zu Konsequenzen für die Ausbildung. In: HEDTKE-BECKER, A./SCHMIDT, R. (Hg.): Profile Sozialer Arbeit mit alten Menschen. Berlin/Frankfurt am Main 1995, S. 195-205.

HEINER, M.: Soziale Arbeit als Beruf. Fälle – Felder – Fähigkeiten. München 2007.

HERRIGER, N.: Empowerment in der Sozialen Arbeit. Eine Einführung. 2., überarb. Aufl. Stuttgart/Berlin/Köln 2002.

HUMMEL, K.: Öffnet die Altersheime! Gemeinwesenorientierte, ganzheitliche Sozialarbeit mit alten Menschen. Weinheim/Basel 1982.

HURRELMANN, K.: Einführung in die Sozialisationstheorie. Weinheim/Basel 2006.

KARL, F.: Sozialarbeitswissenschaft/Sozialpädagogik. In: JANSEN, B./KARL, F./RADEBOLD, H./SCHMITZ-SCHERZER, R. (Hg.): Soziale Gerontologie. Ein Handbuch für Lehre und Praxis. Weinheim/Basel 1999, S. 370-382.

KARL, F.: Beratung für alte Menschen. In: NESTMANN, F./ENGEL, F./SICKENDIEK, U. (Hg.): Das Handbuch der Beratung. Band 1: Disziplinen und Zugänge. Tübingen 2004, S. 281-290.

KARL, F.: Einführung in die Generationen- und Altenarbeit. Opladen/Farmington Hills 2009.

KITTL-SATRAN, H./SIMON, G.: Soziale Arbeit für ältere Menschen in Österreich. In: ANER, K./KARL, U. (Hg.): Handbuch Soziale Arbeit und Alter. Wiesbaden 2010, S. 223-229.

KIRCHELDORFF, C.: Bildungsarbeit mit älteren und alten Menschen. In: ANER, K./KARL, U. (Hg.): Handbuch Soziale Arbeit und Alter. Wiesbaden 2010, S. 99-109.

KNAPP, G./KOPLENIG, D.: Altersarmut im ländlichen Raum. Eine empirische Studie zur Lebenssituation alter Menschen. In: KNAPP, G./PICHLER, H. (Hg.): Armut, Gesellschaft und Soziale Arbeit. Perspektiven gegen Armut und soziale Ausgrenzung in Österreich. Klagenfurt 2008, S. 385-418.

KRAUS, S.: Rolle und Selbstverständnis von Sozialarbeit in der Altenhilfe. In: ZIPPEL, C./KRAUS, S. (Hg.): Soziale Arbeit mit alten Menschen. Sozialarbeit in der Altenhilfe, Geriatrie und Gerontopsychiatrie. Ein Leitfaden für Sozialarbeiter und andere Berufsgruppen. Berlin 2003, S. 33-41.

KRAUS, S./HEGELER, H.: Soziale Arbeit in der Geriatrie: In: ZIPPEL, C./

KRAUS, S. (Hg.): Soziale Arbeit für alte Menschen. Ein Handbuch für die berufliche Praxis. Frankfurt am Main 2009, S. 84-105.

LINDNER, R.: Soziale Arbeit für Angehörige von demenzkranken Menschen. Systemtheoretische Beobachtungen aus der Praxis. In: NEUE PRAXIS 40 (1), 2010, S. 70-95.

LOIDL-KEIL, R./POSCH, K.: Sozialarbeit mit alten Menschen: ein junges Berufsbild. In: EGGER DE CAMPO, M./POSCH, K. (Hg.): Strategien gegen soziale Ausgrenzung alter Menschen. Tagungsband. Graz 2005.

LOWY, L.: Soziale Arbeit mit älteren Menschen. Ein Lehrbuch. Freiburg im Breisgau 1981.

MAY, M.: Aktuelle Theoriediskurse Sozialer Arbeit. Eine Einführung. Wiesbaden 2008.

MENNEMANN, H.: Sozialpädagogik als theoriestiftende Disziplin für die soziale Altenarbeit – subjekttheoretische Überlegungen. In: SCHWEPPE, C. (Hg.): Alter und Soziale Arbeit. Theoretische Zusammenhänge, Aufgaben- und Arbeitsfelder. Baltmannsweiler 2005, S. 47-63.

NEMETH, C./BERGMANN, F./HLAVA, A./POCHOBRADSKY, E.: Beschäftigte im Alten- und Behindertenbereich im Jahr 2006. Wien 2007.

NESTMANN, F.: Soziale Netzwerke – Soziale Unterstützung. In: OTTO, H.-U./THIERSCH, H. (Hg.): Handbuch Sozialarbeit/Sozialpädagogik. München/Basel 2005, S. 1684-1692.

OTTO, U.: Altenarbeit. In: OTTO, H.-U./THIERSCH, H. (Hg.): Handbuch Sozialarbeit/Sozialpädagogik. München/Basel 2005, S. 11-20.

OTTO, U./BAUER, P.: Lebensweltorientierte Soziale Arbeit mit älteren Menschen. In: GRUNWALD, K./THIERSCH, H. (Hg.): Praxis Lebensweltorientierter Sozialer Arbeit. Handlungszugänge und Methoden in unterschiedlichen Arbeitsfeldern. Weinheim/München 2004, S. 195-212.

PETZOLD, H./BUBOLZ, E. (Hg.): Bildungsarbeit mit alten Menschen. Stuttgart 1976.

PRAHL, H.-W./SCHROETER, K. R.: Soziologie des Alterns. Eine Einführung. Paderborn/München/Wien/Zürich 1996.

RAUSCHENBACH, T.: Inszenierte Solidarität: Soziale Arbeit in der Risikogesellschaft. In: BECK, U./BECK-GERNSHEIM, E. (Hg.): Riskante Freiheiten. Individualisierung in modernen Gesellschaften. Frankfurt am Main 1994, S. 89-111.

ROSENMAYR, L.: Die Kräfte des Alters. Wien 1990.

ROTH, G.: Das Leiden älterer Menschen im deutschen Wohlfahrtsstaat. Probleme, Hintergrund und Perspektiven einer professionellen Altenhilfe und Sozialarbeit. In: NEUE PRAXIS 39 (3), 2009, S. 233-251.

SCHILLING, J./ZELLER, S.: Soziale Arbeit. Geschichte – Theorie – Profession. München 2007.

SCHMIDT, R. (Hg.): Ausbildung und Praxisfelder für Sozialarbeit/Sozialpädagogik in der Altenarbeit. Berlin 1989.

SCHÜTZENDORF, E.: Das Recht der Alten auf Eigensinn. Ein notwendiges Lesebuch für Angehörige und Pflegende. München/Basel 2004.
SCHWEPPE, C. (Hg.): Soziale Altenarbeit. Pädagogische Arbeitsansätze und die Gestaltung von Lebensentwürfen im Alter. Weinheim/München 1996a.
SCHWEPPE, C.: ‚Biographie' als Grundkategorie der Theorie und Praxis sozialer Altenarbeit. In: SCHWEPPE, C. (Hg.): Soziale Altenarbeit. Pädagogische Arbeitsansätze und die Gestaltung von Lebensentwürfen im Alter. Weinheim/ München 1996b, S. 249-259.
SCHWEPPE, C. (Hg.): Alter und Soziale Arbeit. Theoretische Zusammenhänge, Aufgaben- und Arbeitsfelder. Baltmannsweiler 2005a.
SCHWEPPE, C.: Alter und Sozialpädagogik – Überlegungen zu einem anschlussfähigen Verhältnis. In: SCHWEPPE, C. (Hg.): Alter und Soziale Arbeit. Theoretische Zusammenhänge, Aufgaben- und Arbeitsfelder. Baltmannsweiler 2005b, S. 32-46.
SCHWEPPE, C.: Soziale Altenarbeit. In: THOLE, W. (Hg.): Grundriss Soziale Arbeit. Ein einführendes Handbuch. Wiesbaden 2005c, S. 331-348.
SEEBERGER, B./BRAUN, A. (Hg.): Wie die anderen altern. Zur Lebenssituation alter Menschen am Rande der Gesellschaft. Frankfurt am Main 2003.
SPITZER, H.: Die Entdeckung des Alters. Konturen einer Sozialen Arbeit mit alten Menschen. In: GSTETTNER, P./HAUPT, G. (Hg.): menschenwürde statt almosen. Sozialarbeit – Schule – Gesellschaft. Innsbruck 2008a, S. 46-54.
SPITZER, H.: Soziale Arbeit in Österreich. Anmerkungen zum Verhältnis von Sozialarbeit und Sozialpädagogik. In: GSTETTNER, P./HAUPT, G. (Hg.): menschenwürde statt almosen. Sozialarbeit – Schule – Gesellschaft. Innsbruck 2008b, S. 18-30.
SPITZER, H.: Soziale Arbeit mit alten Menschen – eine Spurensuche. In: SiO SOZIALARBEIT IN ÖSTERREICH 01/2008c, S. 36-38.
STAUB-BERNASCONI, S.: Soziale Arbeit als Handlungswissenschaft. Systemtheoretische Grundlagen und professionelle Praxis – ein Lehrbuch. Bern/ Stuttgart/Wien 2007.
STIEHR, K./SPINDLER, M.: Lebenslagen im Alter. In: ANER, K./KARL, U. (Hg.): Lebensalter und Soziale Arbeit. Band 6. Ältere und alte Menschen. Hohengehren 2008, S. 37-53.
TEWS, H.-P.: Neue und alte Aspekte des Strukturwandels des Alters. In: NAEGELE, G./TEWS, H.-P. (Hg.): Lebenslagen im Strukturwandel des Alters. Alternde Gesellschaft – Folgen für die Politik. Opladen 1993, S. 15-42.
THIELE, G.: Soziale Arbeit mit alten Menschen. Handlungsorientiertes Grundwissen für Studium und Praxis. Köln 2001.
THIERSCH, H.: Die Erfahrung der Wirklichkeit. Perspektiven einer alltagsorientierten Sozialpädagogik. 2., ergänzte Aufl. Weinheim/München 2006.
THIERSCH, H.: Von den kränkenden Mühen, alt zu werden. Eine Skizze. In: SCHWEPPE, C. (Hg.): Generation und Sozialpädagogik. Theoriebildung,

öffentliche und familiale Generationenverhältnisse, Arbeitsfelder. Weinheim/ München 2002, S. 173-179.
VOGT, M.: Partnerschaft im Alter als neues Arbeitsfeld psychosozialer Beratung. Neue Aufgabenprofile der Ehe-, Familien- und Lebensberatungsstellen. Freiburg im Breisgau 2001.
WENDT, W.R.: Case Management im Sozial- und Gesundheitswesen. Eine Einführung. Freiburg im Breisgau 2001.
WISSMANN, P.: Case Management. In: ZIPPEL, C./KRAUS, S. (Hg.): Soziale Arbeit mit alten Menschen. Sozialarbeit in der Altenhilfe, Geriatrie und Gerontopsychiatrie. Ein Leitfaden für Sozialarbeiter und andere Berufsgruppen. Berlin 2003a, S. 121-137.
WISSMANN, P.: Informations- Beratungs- und Vermittlungsstellen für ältere Menschen. In: ZIPPEL, C./KRAUS, S. (Hg.): Soziale Arbeit mit alten Menschen. Sozialarbeit in der Altenhilfe, Geriatrie und Gerontopsychiatrie. Ein Leitfaden für Sozialarbeiter und andere Berufsgruppen. Berlin 2003b, S. 139-144.
WISSMANN, P.: Sozialarbeit in der ambulanten Altenhilfe: Von der klassischen Einzelfallhilfe zum Case Management. In: HEDTKE-BECKER, A./ SCHMIDT, R. (Hg.): Profile Sozialer Arbeit mit alten Menschen. Berlin/ Frankfurt am Main 1995, S. 101-110.
WINKLER, M: Sozialpädagogik im Ausgang der Freiheit. Versuch einer Annäherung an üblicherweise nicht gestellte Fragen. In: SCHWEPPE, C. (Hg.): Alter und Soziale Arbeit. Theoretische Zusammenhänge, Aufgaben- und Arbeitsfelder. Baltmannsweiler 2005, S 6-31.
WINKLER, M.: Kleine Skizze einer revidierten Theorie der Sozialpädagogik. In: BADAWIA, T./LUCKAS, H./MÜLLER, H: (Hg): Das Soziale gestalten. Über Mögliches und Unmögliches der Sozialpädagogik. Wiesbaden 2006, S. 55-80.
WOOG, A.: Einführung in die Soziale Altenarbeit. Theorie und Praxis. Weinheim/ München 2006.
ZEMAN, P.: Altersbilder, soziale Arbeit und die Reflexivität des Alters. In: SCHWEPPE, C. (Hg.): Soziale Altenarbeit. Pädagogische Arbeitsansätze und die Gestaltung von Lebensentwürfen im Alter. Weinheim/München 1996, S. 33-51.
ZIPPEL, C./KRAUS, S. (Hg.): Soziale Arbeit mit alten Menschen. Sozialarbeit in der Altenhilfe, Geriatrie und Gerontopsychiatrie. Ein Leitfaden für Sozialarbeiter und andere Berufsgruppen. Berlin 2003.
ZIPPEL, C./KRAUS, S. (Hg.): Soziale Arbeit für alte Menschen. Ein Handbuch für die berufliche Praxis. Frankfurt am Main 2009.

III. ALTERN UND GESELLSCHAFT

Leopold Rosenmayr

LEBENSMUT UND WEISHEIT
Ein Beitrag zur Praxis des Alterns

1. Aufgaben der Langlebigkeit

Weltweit gesehen, zeigt die menschliche Lebensdauer eine immense Streuungsbreite. Die Lebenserwartung liegt z. B. in den subsahariellen afrikanischen Ländern bei 50, in den reichen Ländern Europas, wie z. B. in Deutschland, bei fast 80 Jahren.

In den ärmsten Ländern der Welt werden nur etwa 5% der Menschen 60 Jahre oder älter, in den privilegierten Ländern sind es 20% und mehr, mit der Tendenz, 25% zu erreichen. Die 60jährigen haben in diesen reichen Ländern eine mittlere Lebenserwartung von 22-23, in Japan sogar von fast 25 Jahren. Ein Viertel Jahrhundert ist dort die durchschnittliche Lebenserwartung beim 60. Geburtstag. Zum Vergleich: Zu Beginn unserer Zeitrechnung lag die gesamte Lebensspanne der Menschen in Europa bei 2 ½ Jahrzehnten. Um 2050 wird in den hochentwickelten Ländern ein Drittel der Menschen 60 Jahre oder älter sein.

Kann man über eine so große Streuungsbreite bei der gesamten Lebensspanne und den Phasen über 60 ein- und dieselbe Philosophie des Alterns entwerfen? Variieren da nicht auch die Kreativitätspotenziale im Alter? Und unterscheiden sich nicht die jungen von den alten Alten? Die Frage ist durchaus zu bejahen, ein Beitrag hiezu wird hier gegeben.

Unter den neuen demographischen und medizinischen Bedingungen sollte, bestimmt durch die neue Langlebigkeit, auch die Philosophie des Alterns neu gedacht werden.

In den armen, in manchen Bereichen noch stark dörflich bestimmten Ländern Afrikas und mancher Teile Asiens ist das relativ kleine Häuflein der Alten in Rückzugsgebieten – 5% der Gesamtbevölkerung oder weniger – noch sippenmäßig mehr oder minder gut integriert. Die Alten werden in den nach Sippen strukturierten Gesellschaften meist besonders beachtet und respektiert. Aber es gibt auch starke Einflüsse sogenannter gesellschaftlicher Modernisierung, die das zunichte machen. Die Jungen gehen in der Regenzeit in die Stadt arbeiten und bringen danach ein geändertes Verhältnis zu den Alten nach Hause.

Vom Maßstab der entwickelten Länder aus gesehen, bleiben die Alten medizinisch so gut wie unversorgt. Sie sind auf Familienhilfe und örtliche Heiler angewiesen. Die moderne Medizin ist zu teuer und zu weit entfernt, wenn überhaupt verfügbar. Aber auch die neu urbanisierten Regionen der armen

Welt, samt ihren Slums und den dortigen Krankheiten, müssen sich hinsichtlich der Alten „selber helfen". Das trägt zum Verfall von moralisch stützenden Traditionen und der kulturellen Sicherheit der Älteren bei.

Die Massierung älterer und hochbetagter Menschen in den reichen Ländern der Welt bringt ein größeres und vielfältiger werdendes gesellschaftliches Bedürfnissystem. Es entstehen dadurch allerdings nur wenig kulturell gestützte Impulse für persönliche Kreativität. Man muss sich das Meiste an Kultur individuell selber suchen, wenn man älter wird, will man nicht außengeleitet, bedingt auch durch die Medien, leben. Das medizinisch-soziale Potenzial für kulturelle Entwicklung, ja Kreativität, wäre in den hochentwickelten Ländern vorhanden, wird aber gesellschaftlich und kulturell nur wenig genutzt und gepflegt. Der Trend geht in die Frühpension, die sich oft als ein Irrtum über sich selbst herausstellt.

Wo liegen Korrekturmöglichkeiten des Ist-Zustandes? Der gesellschaftliche und kulturelle Wert des Alters sollte historisch und sozial von Generation zu Generation jeweils neu gesehen und gewogen werden, je nach dem, was das Alter fordert, aber auch nach dem, was es gesellschaftlich, individuell und zwischenmenschlich zu bieten vermag. Hier liegt noch viel Potenzial brach.

Ein neues Verhältnis zwischen (steigender) Lebenserwartung und dem derzeitigen, aus politischen Gründen festgezurrten frühen Ende der beruflichen Arbeitstätigkeit ist gefordert. Denn bei den durch Medizin und Sozialgesetzgebung gesund überlebenden Menschen ergibt sich durch Unterforderung auch die Reduktion von Solidarität. Die Aufmerksamkeit beschränkt sich dann auf die „gegebene" und bezieht sich nicht auch auf die, wie Viktor FRANKL formulierte, „aufgegebene Welt". Die Notwendigkeit von neuen Zielen und Schritten der Reform im Arbeits- und Pensionsrecht in den Institutionen müsste ins Zentrum von Überlegungen gerückt werden, für jung und alt. Wenn diese Reformen und Ziele fehlen, gibt es Schwierigkeiten bei der Suche nach Sinn (Viktor FRANKL) und damit auch beim gegenseitigen Verstehen der Generationen.

Die nach Kapazitäten und Kompetenzen divergierenden 60jährigen und Älteren werden in wenigen Jahrzehnten ein Drittel der Bevölkerung der reichen Länder betragen. Mit dieser Zunahme mehren sich auch die individuellen Verschiedenheiten in ein- und derselben Altersgruppe.

Es wird in zweieinhalb bis drei Jahrzehnten in den hoch entwickelten Ländern trotz Einwanderungen mehr über 80jährige geben, als Kinder und Jugendliche unter 14 Jahren. Da steht eine Dynamik der Polarisierung von Aufgaben, aber auch von Erfordernissen und Zuwendungsbedürfnissen bevor.

Es geht daher um die Schaffung von Voraussetzungen für die Spätlebenskreativität, weit über das 80ste Jahr hinaus. Ein Blick auf die Gruppe der 100jährigen ist notwendig, die sich zahlenmäßig stark zu verbreiten beginnt und weiter verbreiten wird.

Dadurch, dass die älter werdenden Menschen heute durchschnittlich gesünder sind als noch vor 20 Jahren, wäre mehr Mitwirkung der Älteren an der Gesellschaft möglich. Die Lust, im Beruf zu verbleiben, hat jedoch nicht zugenommen, im Gegenteil. Man kann geradezu von einer Flucht aus der Berufsarbeit sprechen, die teilweise auch die Folge eines Hinausdrängens der Älteren aus dem Beruf ist. Sie kommen den Unternehmen nach kaufmännischen Überlegungen zu teuer. Umschulungen sind wenig beliebt und nicht effizient genug. In den Prozessen der Vereinzelung durch Alleinleben und durch die Einpersonen-Haushalte der über 60jährigen, wachsen meist die Herausforderungen für Sorge und Verantwortung für sich selber. Die hätte früher im Leben gelernt werden sollen. Es fehlt an Hilfen besonders für die Minderheit der in ihren Lebensvollzügen eingeschränkten, geistig oder körperlich teilweise behinderten 80jährigen und Älteren. Besonders der Anteil der Alzheimerkranken nimmt mangels Früherkennung zu. Die sich heute weltweit ausbreitende Singularisierung wird dann über 80 oder über 85 noch deutlicher zur zwischenmenschlichen und sozialen Aufgabe, fallweise zur menschlichen und sozialen Katastrophe. Wer ist bereit, zur Lösung dieser Aufgaben beizutragen? Die Familien? Fast die Hälfte dieser Altersgruppe 85+ lebt in West- und Mitteleuropa allein.

2. „Herummodeln" an sich selbst

Auf welche moralischen Fundamente soll sich die Erhaltung und Pflege eines voraussichtlich auch hilfsbedürftigen Lebens zwischen 80 und 100 in Zukunft stützen? Wie wird in einer auf „survival of the fittest" hin orientierten Gesellschaft, deren religiöse und moralische Institutionen teilweise selber um das geistige und soziale Überleben ringen, zureichend Altruismus und Hilfsbereitschaft „produziert" werden können?
Alles deutet auf die Notwendigkeit der Erhöhung eines Potenzials einfallsreicher und damit kreativer Selbstsorge und Beobachtung der eigenen Gesundheit hin. Diese müsste spezifische Stützungen erfahren, besonders in der Bewältigung des Alltags. Ohne diese gestützte Selbstsorge wird es auch keine Sicherheit im Alter geben können. Aber die Selbstsorge müsste angesichts der Ehekrisen und Trennungen Älterer früh im Leben gelernt werden. Wem geholfen wird, den kann man auch auf einen Eigenbeitrag für sich selbst ansprechen.
Erst seit Freud, so schrieb der Philosoph Richard RORTY (1931-2007), kennen wir ein brauchbares Verfahren, wodurch wir an uns „herummodeln" können. In der saloppen Ausdrucksweise des anerkannten Philosophen Richard RORTY war mit „Herummodeln" auch Kreativität und tägliche Änderungsfähigkeit des Menschen durch eigene Einsicht gemeint. Durch Herummodeln als tägliche Bemühung gewinnen wir Modifikationen unseres Selbst. Wir

bleiben zwar derselbe oder dieselbe, aber das alte Ich vermag sich zu wandeln und bei eigener Bemühung Anregungen zu Änderungen aufzunehmen.
RORTY bezog sich auf Wandlungen in der Selbstentdeckung. Das alte Ich kann sich besser wandeln, möchte ich hinzufügen, wenn es durch Erzählung über sich selbst den Horizont seiner selbst neu aufrollt. Auch aus der Selbsterzählung zwecks Selbstvergegenwärtigung ergeben sich Perspektiven darauf, was erreichbar erscheint, was im eigenen Leben (noch) sein kann oder sein könnte. Beispiele sind, sich verstärkt in die Familie einzubringen, lange aufgeschobene Projekte künstlerischen Schaffens im Sinn der Befreiung eigener Talente endlich zu realisieren, bürgerschaftlich tätig zu werden und dergleichen. Das bedarf neuer Schritte und eines gewissen Glaubens an sich selbst. Den muss man, vielleicht mit religiöser Hilfe, stärken.
Wo lassen sich Anregungen zu solchen Neuerungen finden? Wo finden wir in Philosophie und Religion heute Kräfte der inneren Erneuerung? Dazu ist „Urvertrauen" nötig. Es gibt Elemente des Glaubens, die dabei, bei der Erneuerung, hilfreich sein können. Die Säkularisierung schafft allerdings durch ihre kritische Grundhaltung auch viele Mängel des Glaubens an sich selbst.
Im europäischen und später weltweit sich ausbreitenden Christentum wurde Jesus als der seinem Gott ergebene Messias, Bote und selbst Akteur der Möglichkeit von Veränderung und Erneuerung. Jesus forderte, wie das Evangelium nach Johannes (Jo 3, 1-13) an einem Beispiel berichtet, die Lebensänderung des ganzen Menschen. Jesus wendet sich in diesem Sinn an einen bei ihm Heilsanleitung suchenden alten Pharisäer namens Nikodemus. Ein solcher Weg des Heils, sagte Jesus, damals schon ein berühmter Rabbi, dem alten Schriftgelehrten, bedeute, einer Änderung in seinem Leben zuzustimmen.
Diese Änderung wurde von Jesus als eine „Neugeburt" bezeichnet. Und eben diese Bereitschaft zur Neugeburt forderte er von dem erstaunten alten pharisäischen Würdenträger Nikodemus, der sich aufs erste aus seiner Rolle als alter Mann denkend nicht zu befreien vermochte.
Die Neugeburt solle persönlich dadurch geschehen, schlug Jesus vor, dass der Mensch (hier der alte Pharisäer Nikodemus) einer gesamthaften Lebensänderung zustimmt. Er müsse sich bereit erklären „nochmals zu leben". Eine solche Neugeburt geschieht laut den Worten Jesu in dem Evangelium nach Johannes „von oben". Sie muss vom Geist (oben) inspiriert werden. Leben sucht dann die Übereinstimmung mit dem, was geschenkt, was in einem Menschen selber „ausgelöst" wird. Eine subjektive Zustimmung zu dieser geschenkten Neugeburt ist allerdings erforderlich.
Nach dem Text Jo 3,1-13 und 3, 20 ist für den alten Nikodemus diese Zustimmung zur Neugeburt als einer „Erhellung" möglich. Wenn der Mensch diesem Impuls der Erhellung durch Neugeburt folgt, kann sich die existenzielle Neuerung als eine „Kreativität in sich selber" ergeben. Es ist eine „Geburt" von oben („anothen" Jo 3,1). Sie bewirkt (nach Johannes) Entfaltung und Er-

neuerung von Leben. Licht gibt schließlich die Führung in dieser Änderungsbereitschaft, die den Eintritt in ein neues Leben im alten erlaubt.
Das bedeutet z. B. ein Leben mit weniger Lüge, mehr Bereitschaft, mit Partnern und Partnerinnen über Ziele zu verhandeln, sich zurückzunehmen und Erfolge nicht nur im eigenen, sondern im gemeinsamen Handeln zu suchen, Egoismus zu bekämpfen, mit anderen Menschen zu teilen, ein neues Verhältnis der Rücksicht und der Anerkennung von nahestehenden Menschen gewinnen. Diese Fähigkeiten ergeben sich aus der „Neugeburt".

3. Altersbewertung in verschiedenen Kulturen

In Europa begann sich ab dem späten Mittelalter eine eigene Form der Lebenserneuerung zu entwickeln. Jedenfalls wird die christliche Auffassung vom Lebenslauf nun eingebettet in eine Vorstellung göttlicher Interventionen im gesamten menschlichen Leben und in der menschlichen Suche nach göttlicher Hilfe. Meister Eckharts „Deutsche Predigten" sind da ein großer Führer und eine Hilfe im Selbstverständnis.
Die Gläubigkeit in Ostasien ging andere Wege. Sie konnte im Vergleich zu Europa und den Religionen Ägyptens und des Nahen Orients sowohl magische als auch moralische Ausprägungen annehmen. Eine dieser Ausprägungen ist die Fähigkeit der Alten, unter Bedingungen meditativer Konzentration, z. B. Gegenstände in Reittiere umzuwandeln und mit ihnen Reisen durch die Luft zu unternehmen.
Vielleicht lässt sich diese magische Kapazität auch als Symbol für eine mögliche geistige Beweglichkeit im Alter auslegen. Jedenfalls setzt die Transformation, z. B. einer Kürbishülle in ein Reittier, eine gewisse magische Beeinflussungskraft und Verwandlung der Umwelt durch die Alten voraus. Die Alten wurden zu Schamanen des eigenen Lebens und dadurch auch zu Vorbildern.
Über die Erwerbung von Transformations-Kapazitäten gibt eine Legende über einen Xiān, einen taoistischen Hochbetagten („Unsterblichen"), gut Auskunft. Sehr hohes Alter und „Unsterblichkeit" fließen in der alten chinesischen Kultur oft ineinander über.
Nach dieser Legende war dieser Xiān ein einfacher Hirte einer Ziegenherde. Dann entdeckte er eine Höhle und verbrachte dort 40 Jahre in Meditation, wobei er die Tiere nicht vernachlässigte. Er erwarb sich in dieser Meditationsphase die Geisteskraft, Unbelebtes zu beleben. Er vermochte schließlich Felsblöcke und Steine in Lebewesen zu verwandeln. Die Kreativität dieses Xiān lag in der Verlebendigung, einer auch für uns bemerkenswerten und schönen Kraft des Alters. Dabei müssen nicht unbedingt Steine verlebendigt werden. Es genügt, wenn z. B. „versteinerte" Beziehungen verlebendigt, Vorurteile oder Hass im Menschen in Familie und Beruf aufgelassen werden.
Das Tier, auf dem der alte Mann, der „Unsterbliche", in vielen Abbildungen

so dargestellt, reitet, ist ein verlebendigtes Stück Felsen. Die humanistische Botschaft dieser taoistischen Zaubermetapher, Steine zu beleben, scheint zu besagen, dass die Alten – gleichsam als Abschiedsgeschenk an die Welt – zur Verlebendigung dieser Welt beizutragen vermögen. Das ist ihre, der Xiāns „Alterskreativität". Daraus folgte auch gesellschaftliche Anerkennung der Alten. Wer etwas für sich und andere schafft, sollte dafür auch anerkannt werden. Welche Instanz in unserer gegenwärtigen Welt achtet heute auf die dringend nötige Anerkennung der Alten? Bemühen sich diese auch darum? Es müssen ja nicht unbedingt Steine sein, die sie in Lebewesen verwandeln. Man kann für manch andere „Verlebendigung" dankbar sein.

In vielen frühen Gesellschaften der Hirten wie auch der Ackerbauern, sowohl im System der Nomaden als auch in dem der Sesshaften, konnten durch die Anerkennung alter Menschen als Übermittler von Traditionen und als Autoritäten, diese auch einen eigenen sozialen und kulturellen Schutz für sich selber gewinnen. So konnten die Alten auch im Rahmen ihrer Dörfer und Traditionen kreativ werden. Generelle Anerkennung der Alten fördert ihren Mut und ihren Einsatz, gibt ihnen Chancen der Kreativität.

Wer gibt in welcher Form diese Anerkennung den Alten heute?

4. Über Ausprägungen von Alterskreativität

Ich möchte diese Frage, um sie überhaupt behandelbar zu machen, hier auf Gebiete von Kultur und Wissenschaft einschränken.

In der Wissenschaft lässt sich Alterskreativität häufig in zwei Ausprägungen finden: Es handelt sich einmal darum, auf der Basis eigener Entdeckungen und Erkenntnisse, die wissenschaftlich anerkannt wurden, innovative Schritte auf neuen Gebieten des eigenen Faches oder Forschungsbereiches zu setzen.

Als eine zweite Ausprägung lässt sich ansehen, dass Forscher in neue Entdeckungsbereiche anderer Fächer überwechseln, wie z. B. der österreichische Nobelpreisträger Erwin SCHRÖDINGER (1887-1961) von der Physik in die Biologie. Er errang dabei auch überzeugende Erfolge. Als Beispiel der Kreativität eines Wissenschaftlers, der Gehirnforschung und Tiefenpsychologie zu verbinden sucht, ist in seinem späten Leben heute der Neurobiologe und Nobelpreisträger Eric KANDEL (geb. 1929) zu nennen.

Die Überblicks-Erklärungen und Darstellungen von komplexen Zusammenhängen zwischen verschiedensten Forschungsergebnissen, oder zu einem gewissen „Stand der Forschung", kann man als kreative Leistung ansehen. Ohne solche integrativen Ergebnisse fehlen Grundlagen für Ausgangspunkte zu neuen Erkenntnisprozessen. Erfahrene, und damit vielfach ältere Forscherinnen und Forscher, vermögen hiezu in schöpferischer Weise wichtige Beiträge zu leisten.

Man mag schließlich auch hervorheben, dass nach langen Forschungsjahren und damit meist auch erreichtem höherem Alter, die Fragen nach dem Sinn des eigenen Tuns sich vermehrt aufdrängen. Solche Einsichten gelten auf verschiedenen Kulturgebieten, auch bei den Tätigkeiten des Lehrens und Informierens, einschließlich der Medien.

Sinnsuche und Sinnwille in den Bereichen der Forschung und deren Bedeutung für den Forscher als Person, bzw. für dessen ethische Verantwortung, beginnen sich in der Regel mit dem Alter des Forschers/der Forscherin zu mehren. Kreative Antworten sind da zweifellos gefragt.

Alterskreativität besteht auch in dem Versuch, sich den Sinnfragen und der Verantwortung für das eigene Tun ausdrücklich zu stellen.

Alterskreativität hätte eine mehrfache Leistung zu vollbringen. Die eine Leistung bestünde darin, dort anzuknüpfen oder neu anzufangen, wo ein zentrales Bedürfnis nach Fortführung besteht. Oder es zeichnet sich eine neue Herausforderung bei einem Wissenschaftler, Künstler oder Politiker ab. Dabei muss diese Kreativität im späten Leben darauf Bedacht nehmen, sich der jeweiligen kulturellen und sozialen Gegenwart verständlich zu machen. Die Kreativität müsste sich also, um wirksam zu werden, dem aktuellen Strom des Geschehens in Kunst, Kultur, Wissenschaft und Politik öffnen.

Es gibt keine Kreativität ohne Gegenwartsbezug. Das gilt für Angehörige aller Altersgruppen. Offenheit fördert die Menschen und die Kulturentwicklung.

Alterskreativität ist nicht identisch mit der sogenannten Altersweisheit. In der Regel wird im allgemeinen Sprachgebrauch unter Altersweisheit ein durch Besonnenheit und Zusammenfassung von eigener Erfahrung und von Wissen im späten Leben gebündelter Einsichtsbereich verstanden. So soll als Altersweisheit eine durch Selektivität des eigenen Denkens und Handelns überlegene Urteilsfähigkeit, eine besondere Handlungsberatung, eventuell auch eine erhöhte Entscheidungskapazität entstehen. Weisheit zu erwerben, bedeutet von eigener Spezialisierung ausgehend, gleichsam neue Flügel des Denkens zu gewinnen, nicht nur Wissen anzuhäufen. Nur wer in diesen Sinn zu fliegen vermag, gewinnt Freiheiten für die Weisheit.

5. Was vermag die „Altersweisheit"?

Altersweisheit kann sich sehr konkret z. B. auch durch die kritische Abschätzung eigener Fähigkeiten ausdrücken. Körperliche Veränderungen oder physiologische Schwächen sind entstanden und führen zu verringerten Kompetenzen. Das alles einzusehen und als Bedingungen eigenen Lebens zu akzeptieren, sind Vorstufen zur Weisheit. Denn Weisheit ist kein Luftgebilde, sie kann nur auf dem Boden der akzeptierten Realität entstehen und sich dort so entwickeln.

Die Fachliteratur hat in den Dezennien seit 1970 auf psychologischem Gebiet

viel Forschung zum Weisheitsbegriff, bezogen auf das höhere Alter, beigetragen.
Integration von Erkennen und Emotionalität in der Persönlichkeit sowie die Zusammenführung von „Mind and Virtue" in jeweils ein- und demselben Menschen, mag man nach den Psychologen BALTES und STAUDINGER als Voraussetzung für Altersweisheit ansehen.
Für Altersweisheit wurde auch argumentiert, dass sie die Einsicht in die Begrenztheit des eigenen Wissens einschließe. Laut dem amerikanischen Forscher STERNBERG verlange Weisheit mehr die „kristallisierte" als die „fluide" Intelligenz. D. h. es müssen für Weisheit bereits gewonnene Erkenntnisse vorliegen, nicht erst entstehen, wie bei der fluiden Intelligenz, dem Flussprozess des Verstehens.
Patricia ARLIN forderte eine im Kulturverlauf jeweils neue Problemdefinition für Altersweisheit. Was weise ist, oder als weise gelten kann, verändert sich in der Geschichte, ist ARLIN'S Auffassung. Diese Forderung rückt den Begriff der Altersweisheit in die Nähe unseres Konzepts der Alterskreativität. Die Kreativität ist nach meiner Auffassung immer eine Antwort auf Herausforderungen intellektueller oder sozialer Art. Kreativität bringt ja dadurch Neues hervor, dass sie in einem eigenen Schöpfungsakt darauf antwortet, was schon vorhanden ist.
Wir haben Kreativität als kultur- und situationsabhängig bezeichnet, ganz im Gegensatz zu der oft als zeitunabhängig gesehenen „Weisheit". Die Kreativität lässt sich natürlich auch als eine Art Voraussetzung für „Weisheit" ansehen. Denn an der Kreativität liegt es schließlich, die laut Paul BALTES entscheidende Selektion samt optimierendem Zuschnitt durchzuführen und entsprechende Kompensationen in verschiedenen Lebensbereichen zu finden und einzusetzen. Auswahl, Selektivität, das ist daraus zu folgen, muss sich auch auf die Präsentation einstellen. Man muss das, was man für sich ausgewählt hat, auch präsentieren können und dabei um Verständnis von Kreativität kämpfen. Optimierung, die zwecks Präsentation verbesserte Fassung des Auswahlergebnisses geschieht, richtet sich auf „Publikum".
Empirische Studien an bisher untersuchten weit gestreuten Populationen zeigen laut STERNBERG relativ niedrige Korrelationen in der Einschätzung von Altersweisheit einerseits und der Alterskreativität anderseits. Man will die beiden also trennen. Ich plädiere allerdings für die Beachtung der operativen Zusammenhänge zwischen Kreativität einerseits und Weisheit im Alter andererseits. Nach meiner Auffassung setzt die Weisheit Kreativität voraus. Ohne Kreativität wird Weisheit leblos und erstarrt.
Leistungen der Alterskreativität haben überall dort eine Chance, wo Vorbedingungen für sie bestehen, wo z. B. das „Interesse im Publikum" geschaffen wird oder bereits vorhanden ist. Im Grunde ist aber für Alterskreativität

beides notwendig: Eigeninitiative und Heranziehung von gesellschaftlich und kulturell auffindbaren Ressourcen, die ich „Publikum" nenne.

Kreativität entsteht nicht im leeren Raum. Sie bedarf nicht nur der Bedingungen, sondern auch der Herausforderungen. Diese sind meist in sozialen Strukturen und Gruppen enthalten und in den Erwartungen, die von diesen Gruppen ausgehen. In den Oberschichten, besonders ab der Renaissance in Europa, waren bei Gruppen oder Individuen bestimmte Erwartungen und auch die finanziellen Möglichkeiten für neue Bilder der Meister gegeben.

Durch das Bild, das ein betagter Meister bei Erwartungen von außen gerade malte, wurde bei ihm auch die Motivation gestärkt, dieses Bild zu vollenden. Die Motivation verstärkte sich, das Bild wurde von Auftraggebern bereits erwartet, vom Künstler vollendet, und vom Auftraggeber mit Stolz abgeholt und bezahlt.

Durch den sozialen Auftrieb wurde beim alten Meister Kreativität herausgefordert, auch dadurch, dass sein Bild in eine bestimmte Sammlung eingehen, einer Gemeinschaft dienen, in einer Kirche, einem Kloster oder in der Galerie einer (Adels-) Familie den Meister präsent halten konnte.

Die europäische Kultur hatte, indem sie lange das Handwerk als hoch geachteten Produktionszweig weiter entwickelte, die älteren Menschen herausgefordert. So hatte das Handwerk zur Achtung der Alten beigetragen. Die kundigen alten Meister wurden gefordert, für die Gestaltung der kulturellen Umwelt als Gärtner, Tischler und Schmied tätig zu bleiben. Das galt ähnlich auch für die Künstler.

Das Bauerntum, das die Alten durch das System des Ausgedinges im westlichen Europa weiterhin dosiert in den Arbeitsprozess und in den Familienverband integrierte, führte bei allen intergenerationellen Konflikten gewisse Formen der Achtung der Alten weiter. Die Kunst, aber auch der Kunsthandel, taten in den Oberschichten das ihre, um die Spätlebensmeisterschaft zu fördern. Tizians Spätwerke geben Beispiele hierfür.

Der alte Kaufmann in den Städten genoss hohes Ansehen, nicht nur durch die für Kunden bereit gehaltenen Waren, sondern auch dadurch, dass Kapitalrücklagen bei ihm zu erwarten waren. Sie kamen dann z. B. dem Neubau von Stadtpalästen, Bürgerhäusern oder Kirchen zugute, oder dem Ankauf von neuer oder „bewährter" Kunst alter Meister.

Die Kulturbegleitung und Stützung für die Alten durch den Vaterbegriff des christlichen Gottes verlor allerdings in der Moderne an Bedeutung. Das Neue und die Kreativität wurden seit der Renaissance mehr und mehr der Jugend zugeschrieben. Daher galt es nach Jean Jacques ROUSSEAU (1712-1778), die nach dem Prinzip der Aufklärung schöpferische Jugend entsprechend zu „erziehen". Dann könnte die zweite, die schöpferische soziale Natur des Menschen, getragen von Jugendlichkeit, im Sinne aufklärerischer „Erleuchtung", die Gesellschaft entsprechend verändern.

Erst dadurch, dass die Langlebigkeit bei den Künstlern und in verschiedener Weise kulturell schaffenden Alten mehr und mehr hervortrat, begann so etwas wie eine Neugier an den sich wandelnden schöpferischen Zeugnissen eines späten Lebens. In dessen Genuss kam Pablo PICASSO, als paradigmatische Figur des schöpferischen Alten des 20. Jahrhunderts. Auf die Frage eines Journalisten, was denn sein Alter sei, antwortete er konsequent, dass er keines habe.

Was kann die Zukunft für die Alterskreativität bringen? Vielleicht kann man sagen: Interesse beim Publikum, zum Teil durch die Erwartung von Besonderheit, ja Kuriosität. Kaum jemand ist heute von der Reife in der Gestaltung in Wissenschaft und Kunst beeindruckt. Der Neuigkeit und der Spektakularität des jeweils Neuen werden die ersten Plätze und die besten Preise eingeräumt. Aber Erneuerung wird aufgrund des Kults von Wandlungsfähigkeit auch alten Künstlern zugetraut, und, wollen sie etwas gelten, auch von ihnen erwartet. Man braucht nur die Galerien moderner Kunst oder die laufenden Versteigerungen zu beobachten, um die angebotenen Werke alter Künstler zu finden. Viele alte Künstler wurden zu Trägern von Signalen des Wandels.

Nicht auf Rat oder Orientierung von Seiten der Alten kommt es an. Die Orientierungen werden von den jüngeren Generationen ohnehin von überall, wo sie zu holen sind, in die eigene Lebensdeutung eingebracht. Aber die gelebten (Lebens-)Beispiele der Alten stoßen auf Interesse. Es wird als spannend empfunden, ob und wie die Hochbetagten, die Oktogenariens, weiterarbeiten und was ihnen (noch) einfällt bzw. zu gestalten gelingt.

Bis jetzt haben nur wenige Alte die Kräfte so einsetzen können wie der nach damaligen Verhältnissen alt gewordene REMBRANDT (1606-1669). REMBRANDT vermochte in seinen letzten Lebensjahren, als er sowohl seine von ihm geliebte Frau Hendrijke als auch den Sohn Titus durch deren Krankheit verloren hatte, sich immer wieder neu zur Selbstvergegenwärtigung durch Selbstporträts aufzuschwingen. Sie trugen dazu bei, ihn am Leben zu erhalten. Die Aufforderung zur Selbstvergegenwärtigung ist ein Teil einer normativen Altersphilosophie. Dazu gehören Bildung und Motivation, aber auch die Entdeckung der eigenen Kompetenz und deren Anerkennung.

Angelehnt sowohl an historische Figuren, als auch aus der bilanzierenden Selbstbetrachtung, vermochte REMBRANDT als alter Mann immer neue Porträts von sich zu schaffen. Da fließt die Großartigkeit seiner Ausdruckskraft und seiner Sicht des Lebens samt dessen realen Tragik des von Frau und Sohn getrennten alten Meisters zusammen.

So erklärt sich die Unermüdlichkeit des deutenden Menschen Rembrandt, ein Verständnis der eigenen leidenden Person schöpferisch zu gewinnen. (Vgl. dazu auch ausführliche historische Darstellungen und Bebilderungen in: Henry BONNIER, Rembrandt und seine Welt, Gondrom Verlag, Bayreuth, 1980 sowie als Bilddokumentation Ludwig MÜNZ, Rembrandt, Frankfurt am Main 1969).

6. Zum Schluss: Die Weisheit im späten Leben

Was ist schließlich für die zunehmende große Bevölkerungsgruppe der über 60jährigen wichtiger: Kreativität oder Weisheit? Und was wird individuell im Prozess des Alterns mehr gebraucht? Ist es die weitere schöpferische Ausformung eigener Begabungen und Fähigkeiten, um diese auch sozial und kulturell zum Ausdruck zu bringen? Oder ist es die Konzentration, die strenge Auswahl eigener Kapazitäten? Soll auch Vorbildlichkeit in der eigenen Lebensführung zur Lebens-Weisheit beitragen?

Ich möchte mit einem metaphorischen Bild antworten: Kreativität und Weisheit sind zwei Gipfel ein und desselben Gebirgszuges. Man mag dabei Kreativität als handlungs- und tatbestimmte Lebensform als Vorgipfel bezeichnen. Die Weisheit, in der sich Denken und emotionaler Reichtum verbinden, bildet den Hauptgipfel. Kreativität wird nie auf zielorientierte Tätigkeit verzichten können, welche die Hervorbringung von Neuem bewirkt. Für die Weisheit ist die Erreichung von Ruheetappen eine unbedingte Forderung, um schöpferisch leben zu können. Die Upanishaden haben Pausen der Ruhe für die Entwicklung des Menschen gefordert. Dem jeweils neu erweiterten Denken und Bewußtseinsstand wird, wenn die Kraft hiefür erhalten bleibt, durch Weisheit ein eigener Platz zugewiesen.

Wird im Alter Ruhefindung nicht ermöglicht und durch religiös-meditative Prozesse in das eigene Leben nicht eingebracht, dann wird erst der physische Tod die Ruhe aufnötigen. In kirchlicher Sprache heißt dies: „Er (oder sie) ruht in Gott." Die Upanishaden meinen dies anders: „Ohne gewirkt zu haben, vollendet man sich nicht" heißt es in der Chandogya Upanishad aus der indischen Weisheit 400-200 v. Chr. In der Isha-Upanishad heißt es für das Alter, dass Du „Deine Werke losgelöst tun" musst. Im Umfassenden ist Ruhe auch für das eigene Schaffen zu finden, das ist die Botschaft der Upanishaden.

Daraus kann Vollendung folgen. Die Vollendung bedarf der inneren Ruhe. Es ist dies eine Ruhe, die von innen ausgeht und alles Übrige bestimmen kann. So wird das, was als Rückzug erscheinen mag, neue Lebenskräfte erwecken, nämlich gerade die Kräfte, welche über das bisher gelebte Leben hinausgehen.

Ob das Weisheit ist oder Glaube, sei dahingestellt. Ich vermute allerdings, dass die tiefste Zuversicht eher zum Glauben gehört. Dieser aber bringt Vertrauen hervor, eine lebensnotwendige Form von Geborgenheit.

Literatur

ANER, K./KARL, F./ROSENMAYR, L.: Die neuen Alten, Retter des Sozialen? Wiesbaden 2007.

ARLIN, P. K.: Wisdom, the Art of problem-finding. In: STERNBERG, R. J. cd. Wisdom, its nature, origin and development, New York 1990, S. 230-244.

ATTIAS-DONFUT, C./ROSENMAYR L.: Viellir en Afrique, Paris 1994.

CLAYTON, V.: Wisdom. In: The Encyclopedia of Aging. In: MADDOX, G. L. etql. (Eds.): New York 1987, S. 696.

MEACHAM, J.: Wisdom and the context of Knowledge: "Knowing that one does not know". In: KUHN, D./MEACHAM, J. A. (Eds.): On the development of developmental psychology. Basel 1984, S. 111-124.

ROSENMAYR, L./MAJCE, G./KOLLAND, F.: Jahresringe, Altern gestalten. Sozialwissenschaftliche Forschungen aus Österreich. Wien 1996.

ROSENMAYR, L./BÖHMER, F.: Hoffnung Alter, Forschung, Theorie, Praxis, Wien 2003.

ROSENMAYR, L.: Schöpferisch Altern. Wien/Berlin, 2007.

ROSENMAYR, L.: Neue Daten und Thesen zur Generationenfrage – Österreichische und europäische Befunde. In: SWS-RUNDSCHAU, 40. Jahrgang, Heft 3/2000, S. 229-248.

ROSENMAYR, L.: Weisheit des Alters in der Stammesgesellschaft. Aus ethnosoziologischen Untersuchungen in Westafrika seit 1982. In: Anzeiger der phil. hist. Klasse der Österreichischen Akademie der Wissenschaften, 136. Jahrgang. Wien 2001, S. 5-42.

ROSENMAYR, L.: Changing Values and Positions of Aging in Western Culture. In: BIRREN, J. F./SCHAIE, K. (Eds.): Warner, Handbook of the Psychology of Aging. Van Nostrand Reinhold Company 1985, S. 190-215.

ROSENMAYR, L.: Philosophie. In: JANSEN, B./KARL F./RADEBOLD, H./ SCHMITZ-SCHERZER, R. (Hg.): Soziale Gerontologie. Ein Handbuch für Lehre und Praxis. Weinheim/Basel 1999, S. 78-105.

ROSENMAYR, L.: L'image de la viellesse à la naissance de l'Europe. In: RETRAITE ET SOCIÉTÉ, num. 34, Oct. 2001, S. 11-27.

STERNBERG, R. J: Implicit Theories of Intelligence, Creativity and Wisdom: In: Journal of Personality and Social Psychology, Band 49 (31), 1985, S. 607-627.

STERNBERG, R. J./GRIGORENKO, E. L.: Intelligence and Wisdom. In: JOHNSON, M. L. et al: Age and Aging. Cambridge 2005, S. 209-215.

Anton Amann

ALTERNDE GESELLSCHAFT, SOZIALE ARBEIT UND PFLEGE

1. Die Praxisfelder Sozialarbeit und Pflege – Soziologische Überlegungen

Jeder genauere Blick auf gesellschaftliche Entwicklungen zeigt, dass sich im sozialen Wandel spezialisierte und differenzierte, relativ autonome „soziale Verflechtungen", „soziale Felder" oder „Figurationen" oder „soziale Systeme" herausbilden.[1] In diesem Gedanken treffen sich die differenzierungsanalytischen Überlegungen von Georg SIMMEL, Norbert ELIAS und Pierre BOURDIEU denn auch in der Intention, den Differenzierungsgedanken zu fassen. In der Soziologie wird der Mechanismus dieser Herausbildung als *strukturelle* und *funktionale Differenzierung* bezeichnet. Damit ist ein gesellschaftlicher Prozess der Trennung und Teilung, aber auch Neuzusammenfügung (z. B. Arbeitsteilung) gemeint, bei dem sich zum einen die Zahl, die Vielfalt und die Vernetzung der einzelnen Element erhöhen (*strukturelle Differenzierung*), zum andern sich aber auch gegenseitige Abgrenzungen und Ergänzungen einstellen mit dem Ergebnis eigener gesellschaftlicher Teilbereiche wie Wirtschaft, Politik, Wissenschaft, Bürokratie, Gesundheit und Pflege, Sozialpolitik und Sozialarbeit, Bildung, Erziehung etc. (*funktionale Differenzierung*). Zugleich betrifft diese Vorstellung die Komplementarität von Individuum und Gesellschaft. Mit Bezug auf das Alter hieße das, nach den Vergesellschaftungsformen des Alters zu fragen, wobei dann, neben Familie, Verwandtschaft und anderen sozialen Gruppierungen und Netzwerken, vor allem die über die Erwerbsarbeit abgeleiteten Institutionen der Pensionierung und des Generationenvertrags ins Blickfeld geraten.

Felder sind nicht, wie im alltäglichen Sprachgebrauch meist verwendet, einfach als räumlich voneinander abgegrenzt[2] zu verstehen, sie sind immer Strukturen, in denen Verflechtungen und Abhängigkeiten im Vordergrund stehen, sie sind als „figurative Felder" gedacht. Sie sind ausdifferenzierte gesellschaftliche Teilbereiche mit ihren je eigenen Rationalisierungs-, Regulierungs- und Disziplinierungsstrategien. Für eine erste Bestimmung der Sozialarbeit könnte deshalb gelten, dass in ihr jene Differenzierung hervorgebracht wurde, die der „Lebensbewältigung unter erschwerten Bedingungen" dient (vgl. MÜHLUM 1996). Dies ist eine Anlehnung an ältere Konzepte der Sozialpolitik, die dem Ausgleich von Benachteiligungen galten (vgl. AMANN 1983), allerdings gewendet in eine neuere Vorstellung professioneller Intervention. Aus sozialarbeitswissenschaftlicher Sicht hätte sie dann einen handlungstheoretischen Rahmen. Sie würde pointiert als Initiierung, Aufbau und Weiterentwicklung von fördernden Strukturen verstanden, was wiederum auf die Komplementarität von Individuum und Gesellschaft verweist. Der Sozialarbeiter gälte als „Profi" der „sozialen Infrastruktur" und hätte die Vermittlung zwischen formellen und informellen Ressourcen zu leisten (vgl. WENDT 1993, KARL 1997). So gesehen, wäre Sozialarbeit auch als Teil der Praktischen Sozialpolitik zu verstehen, die auf die Intervention in spezifische „Lebenslagen" ausgerichtet ist (vgl. AMANN 1983), sie wäre ein relativ autonomes Feld im Grenzbereich zwischen Sozial- und Gesundheitssystem. Lebenslage und Feld als Konzeptionen lassen sich unter einer empirischen Perspektive problemlos koppeln, da sich die mit ihnen verbundene Analyseintention in beiden Fällen auf die Strukturierung und die Feindifferenzierung von Lebensbedingungen richtet.

Angewandt auf die Pflege heißt der Feldgedanke, dass diese ein relativ autonomes soziales Feld des umfassenderen Gesundheitssystems der Gesellschaft ist, untergliedert wiederum in zahlreiche Subbereiche, in denen verschieden spezialisierte Akteure und Ressourcen nach eigenen Logiken und Regeln am Werke sind, welche die Sozialarbeit auch für ihre eigenen Felder entwickelt. Diese Regeln und Logiken sind komplex und differenziert, sie sind aber nicht völlig autonom, also losgelöst von jenen der Umgebungssysteme Gesundheit, Politik, Wirtschaft etc. Die Subbereiche oder Subfelder haben sozusagen wieder ihre eigenen Regeln, in der Pflege sichtbar an der Spitalspflege, Altenpflege, Behindertenpflege etc. Diese lassen sich wiederum in Subfelder gliedern wie z. B. kurative, präventive und rehabilitative Pflege, oder in Selbstpflege und professionelle Pflege, oder in stationäre, teilstationäre und ambulante Pflege.

Ähnliche Differenzierungen lassen sich aber auch in der Sozialarbeit auffinden. Noch vor 25 Jahren wurde Sozialarbeit wissenschaftlich über ihre Methoden und praktisch über ihre Zielgruppen definiert. Auf der einen Seite dienten als Abgrenzungen Einzelfallhilfe, Gruppenarbeit, Gemeinwesenarbeit, street work und integrative case work, auf der anderen Seite standen Jugend-, Familien- und Drogenarbeit etc. Heute gilt Sozialarbeit als eigenes Praxisfeld, das in die Systeme Gesundheit und Soziales eingebettet ist. Daher sind auch die Funktionsbestimmungen sehr verschieden, wie sie sich in der Sozialarbeitswissenschaft im „ökosozialen" Ansatz (vgl. WENDT 1990) oder im Ansatz des „Sozial-" und „Sozialisationsstaats" (vgl. THIERSCH 1996), oder in der sozialwissenschaftlichen Konvergenz von Sozialarbeit und Sozialpädagogik äußern (vgl. BIERMANN 2007). Folgerichtig entstehen daraus die bekannten Abgrenzungs- und Zuständigkeitsdiskussionen. Wie sehr diese eine Rolle spielen und sich zugleich im wissenschaftlichen Reflexionsraum niederschlagen, lässt sich an den Versuchen einer Positionsbestimmung der Sozialarbeit in wissenschaftlichen Konzeptionen über die letzten ca. fünfzehn Jahre beobachten. Sozialpolitik und Sozialarbeit, Sozialarbeit und Wissenssysteme (Bologna-Prozess), Sozialarbeit als Profession, Sozialarbeit und soziales Kapital, Sozialarbeit als differenzierungstheoretisches Phänomen und Sozialarbeit im Lichte neomarxistischer Gesellschaftstheorie haben den Diskurs bisher vornehmlich bestimmt.

Mit Blick auf die in sich äußerst differenzierte Gruppe der Älteren hat die Sozialarbeit wiederum ihre eigenen Logiken z. B. in den Subbereichen psychosoziale Betreuung, Umwelt-Integration, Spitalsarbeit, Pflegeheimarbeit etc. entwickelt. Zugleich zeigen sich in solchen Bereichen auch die Konfliktgrenzen zu anderen Subbereichen. Im Spital gilt der strategische Code gesund/krank, daher hat die Sozialarbeit dort weniger Definitionsmacht als die Medizin, die den Code vorgibt. Im Pflegeheim hat die Sozialarbeit dort Definitionsmacht, wo psychosoziale Betreuung systematisch und organisiert eingeführt ist; auch hier gibt es Konfliktgrenzen, z. B. zur Psychologie. Charakteristisch ist, dass z. B. die Pädagogik sich im Bereich „Menschen mit besonderen Bedürfnissen" ein Subfeld erobert hat, in Pflegeheimen aber kaum. Das sind Effekte von Felddynamiken, die in der älteren Soziologie, z. B. bei Georg SIMMEL, als Resultate dauernder „Wechselwirkungen" verstanden wurden. In ihnen werden Positionskämpfe ausgefochten, Gruppen- und Standesinteressen kommen zum Zuge und Regulierungen im Sinne gesetzlicher Festlegungen stellen das Ergebnis des Interessenkampfes auf Dauer – bis zur nächsten Runde.

Es liegt in der Logik der Feldstruktur, eine alte Einsicht des Systemdenkens, dass eine Veränderung in den Beziehungen Auswirkungen auf andere Elemente oder Subfelder hat. So hat z. B. die Einführung der Leistungsorientierten Krankenhausfinanzierung (LKF) in Österreich, die mit dem Ziel der Kosteneinsparungen auch die Belegdauer in Spitälern reduzieren sollte, dazu geführt, dass vermehrt Menschen mit Pflegebedarf von den Spitälern direkt in die Pflegeheime kamen. Die so genannte Artikel 15A-Vereinbarung nach Bundesverfassungsgesetz, die in Österreich die Pflegevorsorge auf eine einheitliche Grundlage gestellt hat (1993), ist ein Regelwerk, das eine ganze Anzahl von Feldern umstrukturiert hat, beginnend bei körperschaftlichen Zuständigkeiten und reichend bis zu Aufgabenstellungen wissenschaftlicher Dokumentation und Evaluation.

Sozialarbeit und Pflege sind immer komplexe Konstruktionen mit vielschichtigen und auch auseinander weisenden Sinnzusammenhängen, sie werden auf verschiedenen Ebenen wahrgenommen, gedeutet und konstruiert. Aus dem Feldgedanken sind Sozialarbeit und Pflege als Strukturrahmen, Handlungsrahmen und Deutungsrahmen zu verstehen. Je nach Ebenenzusammenhang entstehen auch grundsätzliche Konflikte. Zu den bekanntesten gehört der für helfende Berufe geradezu charakteristische zwischen bedürfnisorientierter Zuwendung (interpersonelle Handlungsebene) und kostenoptimierendem Einsatz der Arbeitskraft (Organisationsebene). Solche Konflikte werden einerseits in der Pflegepraxis dauernd ausgetragen (Alltagshandeln), können aber auch zum Gegenstand theoretisch-empirischer Untersuchungen werden. Diese hätten auf der personalen Ebene die Akteure, auf der interpersonalen Ebene die Interaktionen zwischen Akteuren, auf der organisatorischen die Funktionen und Logiken von Einrichtungen, und auf der gesellschaftlichen Ebene die feldexternen Bedingungen zu berücksichtigen. Ich schlage daher, im Sinne einer epistemologischen Ordnung, folgende Ebenen theoretischer Betrachtung vor: Ebenen der Gesellschaft, der Organisationen und Institutionen, der Expertensysteme, des Alltagshandelns.

Die Praxisfelder Sozialarbeit und Pflege sind gleichzeitig auch ihr eigener Deutungsrahmen, in dem die Logik des Feldes verankert ist. Diese kann z. B. den Richtlinien der Weltgesundheitsorganisation (WHO) zur Förderung und Erhaltung von Gesundheit bzw. der Verhinderung von Krankheit und der Schaffung der dafür erforderlichen Rahmenbedingungen folgen. Aus diesen Richtlinien ergeben sich weitere Differenzierungen für die Praxisfelder, in denen wiederum Regeln z. B. für Gesundheitspflege, Pflege bei Gesundheitsproblemen und Altenpflege festgehalten sind (vgl. SCHROETER 2006, S. 41). Dass auch die Regeln dauernder Interpretation ausgesetzt sind und verändert werden, zeigt wiederum die mühevolle Diskussion über Qualitätsstandards der Pflege und der betreuenden Arbeit. Selbstverständlich kommt es auch hier wieder zu Konkurrenzen, Auseinandersetzungen und in der Folge zu Differenzierungen der Felder, es sei nur an die unterschiedlichen Systeme des Qualitätsmanagements gedacht, die in den letzten Jahren im Gesundheits- und Sozialbereich in Österreich etabliert worden sind.

1.1 Sozialarbeit und Pflege als Praktische Sozialpolitik

Hier wird mit einigen notwendigen Vorbemerkungen begonnen. Um die Mitte des 19. Jahrhunderts entstand das Kompositum „Sozial-Politik". In der alteuropäischen Tradition war „societas" und „res publica" - Gesellschaft und Staat bzw. Gesellschaft und Politik - als Einheit gesehen worden. Das „moderne Trennungsdenken" (Otto BRUNNER), also der bürgerliche Rationalismus, hat dann diese Identität in die strikt getrennten Problembereiche des „Politischen" und des „Sozialen" zerlegt. Mit der programmatischen Konstruktion „Sozial-Politik" sollte die Polarisierung zwischen marktgesellschaftlicher Privatheit und rechtsstaatlicher Öffentlichkeit wieder aufgehoben werden (vgl. PANKOKE 1970).

Schon Georg W. F. HEGEL hatte erkannt, dass die Emanzipation des Individuums aus familiären, lokalen und korporativen Bindungen und damit zugleich aus dem Schutzraum herrschaftlicher genossenschaftlicher Fürsorge es notwendig mache, dem Staat die Verantwortung für die „soziale Frage" der modernen Heimatlosigkeit, Verelendung und Entfesselung zu übertragen: „Die allgemeine Macht übernimmt die Stelle der Familie bei den *Armen*,

ebensosehr in Rücksicht ihres unmittelbaren Mangels als der Gesinnung der Arbeitsscheu, Bösartigkeit und der weiteren Laster, die aus solcher Lage und dem Gefühl des Unrechts entspringen" (HEGEL 1970, Bd. 7, § 241).
Die sozialpolitische Aufgabe der Bewältigung von Massenarmut - denn diese war das Kernstück der sozialen Probleme der damaligen Zeit - wurde also in den sich ausweitenden Zuständigkeitsbereich des staatlichen „Polizeywesens" übernommen. Hierin liegt die Begründung für die These, auf die ich an anderer Stelle eingegangen bin, dass die Sozial-Politik ihre wichtigste Wurzel in der Armenfürsorge habe (vgl. AMANN 1983). Die sozialpolitische Programmatik entsteht aus ökonomischen Interessenkonstellationen in einem ganz materiellen Sinn und zugleich aus geschichtsphilosophischen Orientierungen, in derer Licht die Programme formuliert wurden. Diese bewegten sich zwischen konservativer Sozialpolitik, sozialer Reform und sozialer Revolution (vgl. PANKOKE 1970, S. 170).
Die beiden äußersten Pole waren auf der einen Seite eine systemerhaltende, rechts- und polizeistaatliche Sozialpolitik des herrschenden Bürgertums, auf der anderen Seite eine radikale Infragestellung der strukturbestimmenden Prinzipien und damit eine grundlegende Umgestaltung des bestehenden Gesellschaftssystems der sozialistischen Gruppierungen.
Allerdings wurde der Begriff „Sozialpolitik" damals in den sozialrevolutionären Programmen vermieden, weil er Konnotationen mit staatlicher Reform von oben und dem Überbau-Charakter des „Klassenstaates" aufwies. Eine „Sozialistische Politik" war nur außerhalb der bestehenden Institutionen denkbar. Um es nochmals zu wiederholen: Die sozialpolitischen Programme der frühen Industriegesellschaft waren durch einen prinzipiellen Gegensatz der geschichtsphilosophischen Perspektiven gekennzeichnet, und diese reichten von konservativen Versuchen einer Restauration feudal-ständischer Ordnungsstrukturen über sozialliberale Konzepte einer weitgehend staatsfreien Selbstregulierung bis zur sozialistischen Zukunftsgesellschaft (vgl. ausführlich PANKOKE 1970).
Nun ist danach zu fragen, ob es in diesen Positionen einen, wenn auch noch so schmalen, Bereich gibt, in dem eine allen gemeinsame Zielsetzung erkennbar ist. Sie wird sichtbar sowohl in den sozialistischen wie ständischen Antithesen zur bürgerlichen Gesellschaft des frühen Industriezeitalters: Während die frühesten sozialpolitischen Programme noch auf eine prinzipielle Reform der bürgerlichen Sozialverfassung zielten, reduzierten sich Ziele und Inhalte der Sozialpolitik – wo es nicht um Revolution und radikalen Umsturz der Verhältnisse ging – mit zunehmender Ausdehnung der industriekapitalistischen Produktion „auf die systemimmanente Entschärfung von Klassenkonflikten" (PANKOKE 1970, S. 169) bzw. auf eine Gestaltung des Verhältnisses zwischen Kapital und Arbeit an jenem Punkt, an dem äußere Verhältnisse Armut, Elend und Krankheit erzeugten.

Funktionsbestimmungen der Sozialpolitik sind danach zahlreich geworden. Je nach wissenschaftlichem Ansatz wurde sie als (ökonomische) Umverteilungspolitik, als (staatliche) Ordnungspolitik, oder auch einfach als (soziale) Sicherungspolitik verstanden. Ich schlage hier eine Betrachtungsweise vor, in der institutionalisierte Felder der sozialpolitischen Intervention im Zentrum stehen, wobei diese sich nach *Grund, Interventionsform und Zielsetzung* unterscheiden lassen. Die Perspektive der Betrachtung lehnt sich an eine grobe Vorstellung historischer Entwicklung an, wie ich sie eben skizziert habe. Mit zunehmender Durchsetzung des Industriekapitalismus und Ausdifferenzierung des Sozialstaats konzentrierten sich sozialpolitische Anstrengungen immer mehr auf eine systemimmanente Regulierung der Klassengegensätze. Sozialpolitik fand den Grund für ihr eigenes Aktivwerden im Verhältnis zwischen Kapital und Arbeit, aus dem Armut, Elend und lebenslagenspezifische Benachteiligungen entstanden. Der Grund war der unsägliche Zustand in der Klassenlage, die Interventionsform der Eingriff durch das Versicherungsprinzip und die Abschwächung der Klassengegensätze bzw. des Elends war das Ziel (vgl. AMANN 2000, S. 54). Aus sozialrechtlicher Sicht ging es um die Kollektivierung der Risikoabsicherung.

Eng verbunden mit diesem Grund des Klassengegensatzes war ein zweiter, der die Produktionserfordernisse betraf. Es ging um die Herstellung, Erhaltung und Sicherung eines verwertbaren Bestandes menschlicher Arbeitskraft. Pensions-, Krankheits- und Unfallversicherung sowie später dann die Arbeitslosenversicherung, die beginnende Institutionalisierung und Professionalisierung der Fürsorge waren die Interventionsformen, das Ziel war der Bestand der verwertbaren Arbeitskraft. Diese beiden Gründe mischten sich in ihrer Art der Problemerzeugung, und die Interventionsformen, die zur Lösung der Probleme erfunden wurden, mischten sich ebenfalls (vgl. PANKOKE 1970, AMANN 2000, S. 56).

Während sich der erste Grund in der Funktionsbestimmung der Sozialpolitik auf den Ausgleich von Interessengegensätzen und der zweite auf eine kollektive Risikoabsicherung für die Arbeitskräfte (die Manövriermasse der Industrieproduktion) bezog, so traf der dritte bestimmte, situationsspezifische Sondergruppen, die individualisierten und damit selektiven Deklassierungsdefinitionen entsprachen: „Sieche und Gebrechliche, geistig Schwache und Blöde jeden Alters, Verarmte, eben solche, die das sichere Steuer einer klaren Lebensführung verloren hatten" (AMANN 2000, S. 55). Hier kamen nun zentral die Interventionsformen der Fürsorge-Sozialarbeit-Sozialhilfe zum Tragen. Sie waren und sind die leitenden Interventionsformen, die aus dem Grund der Existenzerschütterung bzw. der individuellen Notlage entstanden und deren Ziel es war und ist, im Sinne einer gesellschaftlichen Gesamtstrategie, die Deklassierten einzugrenzen. Im Unterschied zu den ersten beiden genannten Gründen und Interventionsformen geht es hier aber auch zentral um *nichtmaterielle Belastungen und Risiken* mit dem Ziel der Therapie (vgl. AMANN 2000, S. 56). Hierin liegt einer der Gründe, weshalb bis heute Sozialhilfe am Prinzip der individuellen Bedürftigkeit ansetzt (im Gegensatz zum Versicherungs- und Versorgungsprinzip).

Nun ist noch ein vierter Grund zu benennen, um die Funktionsbestimmungen vollständiger zu machen. Dieser liegt in einem relativ jungen Phänomen, als das die wachsende Zahl jener Menschen gelten kann, die ihre Arbeitskraft nach sozialstaatlicher Definition und kapitalistischer Verwertungslogik prinzipiell nicht mehr verkaufen können: die Alten. Bei ihnen mischen sich die Interventionsformen der Pensions-, Kranken- und Unfallversicherung mit denen der Sozialhilfe, der Sozialarbeit und – in jüngerer Zeit – der Pflegevorsorge. Das Ziel der nicht versicherungsorientierten Intervention ist auch hier die angemessene Therapie.

Mit diesen Überlegungen habe ich versucht zu zeigen, dass Sozialarbeit und Pflege als zwei spezifische Ausprägungen der Praktischen Sozialpolitik angesehen werden können, die sich historisch einander überlagernd herausgebildet haben, und mit den anderen Funktionen der Sozialpolitik in engem Zusammenhang stehen. Wenn nun an die oben angeführte „Feld"-Konzeption erinnert wird, so wird auch klar, dass sie als spezifische Subsysteme oder Felder definiert werden können, die zwar ihre jeweils eigenen Regeln und Logiken entwickeln, aber nicht unabhängig voneinander funktionieren. Ihre Eigenart besteht, wie bei allen Feldern, vor allem darin, dass sie sich ständig weiter ausdifferenzieren, an Komplexität zunehmen, und damit notwendig in Konflikte geraten, aber auch ständig neue Segmente erobern können und müssen.

Die aus den bisherigen Überlegungen abzuleitende These lautet, dass die Praktische Sozialpolitik der gezielte Eingriff des Staates (und seiner auch halbstaatlichen Institutionen) in die Lebenslagen bzw. Lebensverhältnisse von Menschen darstellt. Die Eingriffe beziehen sich auf die Produktion und die Reproduktion in ihren materiellen, sozialen und kulturellen Dimensionen. Ihre Mittel sind die jeweils spezifischen Interventionsformen des Sozialstaats und der Zivilgesellschaft, die Ziele und auch Folgen der Eingriffe sind immer die Gestaltung der Lebenslagen von Gruppen oder einzelnen.

1.2 Sozialarbeit und Pflege: Gemeinsamkeiten

Aus soziologischer Sicht müssen beide Felder immer wieder auf den verschiedenen, oben bereits genannten Ebenen analysiert werden; auf allen vier Ebenen erscheinen Sozialarbeit und Pflege zugleich als Systeme der praktischen Tätigkeit und als Gegenstand wissenschaftlicher Analyse, etabliert als Sozialarbeitswissenschaft und als Pflegewissenschaft.

1.2.1 Ebene gesellschaftlicher Strukturen

Auf dieser Ebene geht es um große Zusammenhänge, um Verhältnisse, um wirtschaftliche, soziale, kulturelle und politische Verflechtungen, eben um Strukturen. Alle zusammen machen die Gesellschaftsstruktur aus. Innerhalb dieser gibt es Teilstrukturen wie die Familien- und Haushaltsstruktur etc. Wenn als Beispiel *Sozialarbeit in der Integrierten Versorgung* herangezogen wird, so ist es augenfällig, dass z. B. Strukturreformen im Gesundheitswesen als gesellschaftliche Herausforderung für die Sozialarbeit zu gelten haben, dass es um Versorgungsprobleme, um verschiedene Berufsgruppen etc. geht (vgl. GREUÈL/MENNEMANN 2006). Wenn als Beispiel die *Pflegevorsorge* herangezogen wird, treten sogleich demographischer Wandel, Veränderung der Bevölkerungs- und Familienstrukturen etc. vor Augen, und ebenso wird klar, dass auch in diesem Fall der Bezug zu gesellschaftlichen Strukturen ausschlaggebend für die Gestaltung des Feldes ist (vgl. AMANN 2004). Für die relative Autonomie dieser Felder spricht nachdrücklich, dass in den letzten Jahren deren Ausdifferenzierung massiv unter das Diktat eines anderen Feldes, nämlich jenes der Wirtschaft geraten ist. Knappheit der Mittel ist primär ein ökonomisches Prinzip. Das ist einmal fiskalisch zu verstehen und einmal sozial. Sozial bedeutet: Das ökonomische System ist, entgegen allen anders lautenden Argumenten, nie in der Lage gewesen und wird es auch nie sein, alle Menschen sozial zu integrieren. Den Ausfall hat die Politik zu übernehmen. So könnte auch argumentiert werden, dass die Gesellschaft jene Krisen und Schäden, die das ökonomische System produziert, durch die Entwicklung anderer Systeme zu heilen versucht – z. B. durch die Sozialarbeit.

1.2.2 Ebene der Institutionen und Organisationen

Ambulante, teilstationäre und stationäre Einrichtungen, in denen Sozialarbeit und Pflege geleistet werden, sind Organisationen und/oder Institutionen. In ihnen wird gehandelt, entschieden, gestaltet etc. Es ist daher sinnvoll, die beiden Begriffe kurz zu untersuchen. Im Alltagsgebrauch werden häufig Schulen, Krankenhäuser und Behörden, z. B. jene der EU, als *Institutionen*, Fabriken, Betriebe, Versicherungen und Parteien als *Organisationen* bezeichnet. Für wissenschaftliche Zwecke ist eine genauere Bestimmung nötig.
Im Fall von *Institutionen* wird an Zusammenhänge von *habitualisierten* Handlungs- und Interaktionsformen gedacht, deren Sinn und Berechtigung der jeweiligen Kultur entstammen und die durch Beachtung der umgebenden Gesellschaft gesichert werden (vgl. GUKENBIEHL 2002, S. 144). Der Kern des Begriffs ist also die *gesellschaftlich geregelte Kooperation*. Unterricht, Tausch, Diskussion, Pflege, Soziale Arbeit und Erziehung sind Formen von Institutionen. Institutionen sind „dinghaft", sie sind eine erfahrbare Realität

(wie z. B. Brauch und Sitte), von außen vorgegeben, sie sind selbstverständlich und meistens sind sie nicht unbedingt materieller Natur (eine Realität sui generis im Sinne Émile DURKHEIMS). Einsichtig wird die Bedeutung von Institutionen am besten, wenn nach ihren „Funktionen" gefragt wird. Institutionen sind in der Gesellschaft für solche Aufgaben vorhanden, die als wichtig oder zentral gelten, die immer wieder auftreten und gelöst werden müssen. Dieser Gedanke ist in der Funktionsbestimmung praktischer Sozialpolitik bereits ausgeführt worden.

Unter *Organisationen* werden ganz verschiedene Einrichtungen gezählt: Banken, Autokonzerne, Warenhäuser, Verkehrsbetriebe, Krankenhäuser, Pflegeheime etc. Sie sind Formen geregelter Kooperation, im Unterschied zu Institutionen aber *entwickelt auf der Grundlage rationaler Planung*, also hervorgebracht durch *rationales Denken und Handeln*. Trotz der hohen Variabilität ihrer Erscheinungsformen lassen sich für Organisationen gemeinsame Definitionsmerkmale finden: Sie sind meist planvoll und dauerhaft eingerichtet, um bestimmte Ziele/Zwecke zu verfolgen. Sie besitzen eine (gedanklich) geschaffene und allgemein verbindliche Ordnung (Regelsystem/Struktur). Mit ihrer Hilfe werden das Handeln der Menschen/Mitglieder und die vorhandenen Mittel/Ressourcen koordiniert, um die definierten Ziele zu erreichen. Die für Organisationen typische Festlegung, bestimmte Ziele erreichen zu wollen/müssen, und das auf der Grundlage des geregelten Zusammenwirkens bestimmter Menschen, ist nichts, was nur einmalig auftaucht – es muss auf Dauer gestellt werden können. Handeln in Organisationen muss also in konkreter Weise immer wieder erwartbar sein. Die Regeln sind daher in Gesetzen, Statuten, Satzungen, Berufsbildern, Handelsregistern etc. festgelegt. Auf sie kann sich die jeweilige Organisation berufen, wenn es strittige Auffassungen gibt. Doch formelle Regelwerke allein genügen nicht, damit Organisationen „funktionieren". Es bedarf auch des „subjektiven Faktors" oder der „informellen Beziehungen". Damit kommt das Verhältnis zwischen Organisation und Person ins Spiel. Welche Rolle spielen die vielfältigen Kontakte unter der Belegschaft und die informelle Kommunikation, die „Beziehungen", die viele haben und einsetzen? Wie könnten Dienstplanänderungen bei plötzlichen Krankheitsfällen oder ähnlichen Anlässen bewältigt werden, wenn es unter den Bediensteten nicht das informelle Aushandeln über das „Einspringen" gäbe?

1.2.3 Ebene der Expertensysteme der Profession und des Berufs

Diese Ebene verweist auf ein System von Kompetenzen und Qualifikationen, mit dem den Bedürfnissen der Klienten begegnet werden soll. Solche Systeme können als *Expertensysteme* bezeichnet werden. Zur Erläuterung mag hier eine Konzeption dienen, die vom englischen Soziologen Anthony GIDDENS entwickelt wurde und die eine Antwort auf die Frage geben soll, was passiert, wenn traditionelle soziale Beziehungen zunehmend durch professionelle Beziehungen ersetzt werden.

Entbettung ist „das ‚Herausheben' sozialer Beziehungen aus ortsgebundenen Interaktionszusammenhängen und ihre unbegrenzte Raum-Zeit-Spannen übergreifende Umstrukturierung" (GIDDENS 1995, S. 33), also die Herauslösung von Beziehungen aus traditionellen Zusammenhängen wie Familie, Dorfgemeinschaft etc. Mechanismen der Entbettung sind Zeichen und Expertensysteme (vgl. GIDDENS 1995, S. 34). Unter den Zeichen ist Geld (Medium des Austausches) der dominante Mechanismus, auf ihn wird hier nicht näher eingegangen. Im Zentrum steht die Idee der Expertensysteme. Sie sind „Systeme technischer Leistungsfähigkeit oder professioneller Sachkenntnis" (GIDDENS 1995, S. 40), sie produzieren Entbettung, weil sie „dazu dienen, soziale Beziehungen von den unmittelbaren Gegebenheiten ihres Kontextes zu lösen". Diese Dislozierung der Beziehungen/Bindungen wird begleitet von einer Umgestaltung in eine neue Form der Verbindung mittels moderner Institutionen, die als formelle, professionelle und kompetente auftreten.

Rückbettung ist die Rückaneignung oder Umformung entbetteter sozialer Beziehungen, durch die sie wieder an lokale Kontexte geknüpft werden. Hier unterscheidet GIDDENS zwischen „gesichtsabhängigen" und „gesichtsunabhängigen" Bindungen; die ersten beziehen sich auf soziale Zusammenhänge gemeinsamer Anwesenheit, letztere auf die Beziehungen unter symbolischen Zeichen oder Expertensystemen, so genannte „abstrakte Systeme". Jedes Hilfehandeln ist somit einerseits gesichtsabhängige Bindung und andererseits zugleich in die Kontrolle der gesichtsunabhängigen Bindung des Expertensystems eingebunden.

Diese Überlegungen provozieren die Frage nach dem Zusammenhang zwischen Vertrauen und Expertensystemen, eine Frage bzw. Forderung, die Sozialarbeit und Pflege ständig begleitet. Es ist klar, dass es dabei um „Vertrauenswürdigkeit" geht, also um die Vorstellung, dass die den Expertensystemen Unterworfenen diese für zuverlässig erachten (vgl. GIDDENS 1995, S. 107 ff.). Expertensysteme müssen, damit sie vertrauenswürdig wirken, Beweise für Vertrauenswürdigkeit bieten. Parallel dazu gilt dann Anthony GIDDENS' Gedanke, dass „das Wesen der modernen Institutionen zutiefst mit den Mechanismen des Vertrauens in abstrakte Systeme verknüpft ist" (GIDDENS 1995, S. 107). Dabei haben Laien grundsätzlich Berechnungen über Nutzen und Risiken für Situationen anzustellen, für die das Expertensystem (das Expertenwissen) nicht nur den entsprechenden Kalkül bereitstellt, „sondern infolge der ständigen reflexiven Umsetzung ebendieses Wissens den Bereich der Ereignisse tatsächlich *erschafft* (oder reproduziert)" (GIDDENS 1995, S. 108).

1.2.4 Ebene des Alltagshandelns

„... wenn aufgrund einer körperlichen, geistigen oder psychischen Behinderung oder einer Sinnesbehinderung der ständige Betreuungs- und Hilfsbedarf...". Diese Formulierung aus einer Gesetzesgrundlage für die Pflegevorsorge öffnet den Blick auf das, worum es hier geht. Was heißt körperlich oder geistig, was heißt Behinderung, wie konstruieren Menschen ihre Vorstellungen von ihrer Umwelt und wie handeln sie im Alltag, und zwar so, dass das Handeln erfolgreich abläuft und nicht in immer neuen Anläufen strandet?

Im *Symbolischen Interaktionismus* gilt menschliches Handeln als symbolisch vermittelte Interaktion, d. h., dass in den Handlungen zwischen mehreren Menschen verwendete Symbole subjektiv und unter gegenseitiger Abstimmung interpretiert und mit einem eigenen Sinn versehen werden. Die Bedeutung der Welt wird über symbolische Bedeutungen erschlossen. Wenn ein Zeichen oder eine Geste an einem anderen Menschen bei zwei Beteiligten die gleiche Vorstellung über deren Bedeutung hervorruft, spricht George H. MEAD von einem „signifikanten Symbol". Körperliche Hinfälligkeit (in vielfältigen Erscheinungsformen) wird z. B. in unserer Kultur von vielen als signifikantes Symbol wahrgenommen, das Vorstellungen über krank, der Hilfe bedürftig etc. aktiviert. Diese Symbole haben also eine allgemeine Bedeutung. Die gesamte Persönlichkeit und das gesamte Handeln sind durch Symbolik geprägt (Sprache, Gestik, Mimik, Aussehen), diese haben die Menschen im Laufe ihrer Sozialisation erworben und im ständigen Austausch miteinander bestätigt oder verändert. Alles, was die Menschen in ihrem Alltag wahrnehmen, erhält erst durch seine Interpretation eine spezifische Bedeutung, und da die Interpretationen gemeinsam vorgenommen werden, sind sie „konstruiert". Da sie auch neu interpretiert und umgedeutet werden können, werden die Menschen als „Interpreten" und „Konstrukteure" ihrer sozialen Welt verstanden. Durch die „symbolische Kommunikation" sind Menschen also in der Lage, die eigenen Handlungen, die Handlungen der anderen Menschen, die ganze soziale Umwelt, mit Bedeutung zu versehen.

Meine These lautet nun, dass Sozialarbeit und Pflege, gesehen als relativ autonome Felder im Rahmen der Praktischen Sozialpolitik, ihre Gemeinsamkeiten und Verschiedenheiten aus ihren je spezifischen Bezügen zu den vier genannten Ebenen konstruieren können, und dies auch immer wieder tun, da diese für beide konstitutiv sind. Was an Besonderheiten herausgearbeitet wird (Professionalisierungsstrategien, Zuständigkeitsabgrenzungen etc.), dient zwar der Binnendifferenzierung der Felder, vermag aber nicht, das eine vom jeweils anderen sach- und begründungslogisch zu trennen.

2. Überlegungen zum Altersstrukturwandel

2.1 Tendenzen

Der Altersstrukturwandel ist, im soziodemographischen Zuschnitt, Folge und Ausdruck eines allgemeineren sozialen Wandels, der die ökonomischen, politischen, kulturellen und sonstigen Teilsysteme der Gesellschaft unterschiedlich verändert, und sich in den Lebenslagen und den Lebensverläufen der Menschen niederschlägt. Unsere Gesellschaften altern. Der wichtigste Grund dafür ist nicht der Rückgang der Sterblichkeit, also die steigende Lebenserwartung, sondern das Absinken der durchschnittlichen Kinderzahl pro Frau. Um 1923 gab es in Österreich mehr als 1,6 Millionen Kinder bis zum Alter von vierzehn Jahren, heute sind es ca. 1,2 Millionen, und in den nächsten 35 Jahren wird die Zahl vermutlich auf weniger als eine Million absinken. Parallel dazu stieg die Zahl der über 60jährigen 1923 das erste Mal auf 663.099 (10% der Bevölkerung). Bis 1970 war diese Zahl auf 1,5 Millionen angestiegen (20%), und um 2040 wird sie dann über 2,8 Millionen (34%) betragen. Nimmt die Lebenserwartung noch stärker zu, was manche für sicher halten, wird sich die Zahl auf über drei Millionen erhöhen. Das demographische Altern hat in Österreich nach dem Ersten Weltkrieg eingesetzt (vgl. AMANN 2004, S. 418).

Die neue Bevölkerungsprognose der „Statistik Austria" hat gegenüber den älteren Voraussagen u. a. einige erhebliche Veränderungen gebracht. Es werden die langfristigen Geburtenzahlen in dieser Prognose deutlich niedriger angenommen als zuletzt, da die neue langfristige Prognoseannahme für die Gesamtfruchtbarkeitsrate mit 1,40 (140 Lebendgeburten auf je 100 Frauen) niedriger ist als in der letzten Prognosegeneration (1,50).

Die drei bedeutenden Parameter der Bevölkerungsentwicklung sind die Fruchtbarkeit, die Sterblichkeit (Lebenserwartung) und die Wanderungen. Letztere werden in der aktuellen Prognose ebenfalls verändert angenommen. Für die folgenden Darstellungen wird aus den drei Varianten des Prognosemodells die „Mittlere Variante" verwendet, da in ihr keine zu hohe Fruchtbarkeit und ein moderates Ansteigen der Lebenserwartung sowie ein leicht fallender Wanderungsgewinn angenommen werden.

- Die österreichische Bevölkerung wird, wie in der Vergangenheit, auch in der näheren Zukunft wachsen,
- im Jahr 2027 wird mit ca. 8,5 Mio. Einwohnern vermutlich das Maximum des Bevölkerungswachstums erreicht werden,
- dramatischer als die Gesamtbevölkerung verändert sich deren Altersstruktur,
- Zahl und Anteil der unter 15-jährigen Kinder sinken stark ab, die Bevölkerung im Alter von über 60 Jahren und insbesondere von über 75 Jahren bzw. über 80 Jahren gewinnt zahlen- und anteilsmäßig an Gewicht,

- das Erwerbspotenzial, die Bevölkerung im Alter von 15 bis unter 60 Jahren, geht kontinuierlich zurück.

Nun ist zuerst einmal sorgfältig zwischen den Prozessen individuellen Alterns und den Fragen nach dem Altern der Bevölkerung zu unterscheiden. Für die Entwicklungsdynamik der Gesellschaft sind beide von Bedeutung, wenngleich auf unterschiedlichen Ebenen. Zweitens wird umstandslos und zunehmend häufiger vom Altern der Gesellschaften gesprochen. So wurde aus den USA schon vor mehr als zwanzig Jahren der Begriff der „ergrauenden Gesellschaft" übernommen. In dieser Metapher war die Zwiespältigkeit, mit der das Altern beurteilt wird, ein Schwanken zwischen übertrieben positiven und übertrieben negativen Konnotationen, von Anfang an mit enthalten (vgl. DONICHT-FLUCK 1994). Gesellschaften altern nicht in dem hier meist unterstellten Verständnis, sondern die Menschen und die Bevölkerungen werden älter; deren Altern aber hat Konsequenzen für die Gesellschaften. Diese sind sehr unterschiedlich, je nach den gesellschaftlichen Bereichen, die davon betroffen sind. Gemeinsam ist ihnen, dass sie notwendig zu einer geänderten Wahrnehmung, Bewertung und „Bewältigung" des Alter(n)s in der Gesellschaft führen. Drittens wird das oft reklamierte Konzept einer Politik für ältere Menschen missverstanden, wenn sie Politik *nur* für ältere Menschen sein soll. Diese Perspektive ist in der Sozialarbeit und in der Pflege immer wieder zu beachten. Wenn schon eine neue Politik gefordert wird, muss sie sich auf den gesamten Lebensverlauf beziehen und generationenübergreifende Perspektiven berücksichtigen (vgl. AMANN 2000). Viertens ist der wahrscheinlich größere Anteil der wissenschaftlichen Forschung und jedenfalls des medialen Diskurses mit dem individuellen Altern, seinen Ursachen, seinen Folgen und möglichen Wegen der Bewältigung beschäftigt, der kleinere Teil mit dem, was die Veränderung gesellschaftlicher Strukturen durch das Altern der Bevölkerung anbelangt. Hier gibt es ein Diskussionsdefizit betreffend Veränderungen der institutionellen Rahmenbedingungen und der Rolle von Politik und Medien. Zudem wird ein Charakteristikum des Alterns häufig übersehen: Dass es nicht nur einen Teil der Gesellschaft betrifft, sondern (fast) alle gesellschaftlichen Gestaltungsbereiche (vgl. BALTES/ MITTELSTRASS 1992, AMANN 2004).

2.2 Kritische Sicht

Die gegenwärtige Beschäftigung mit der Gruppe der älteren Menschen und die Aufmerksamkeit, die ihren speziellen Bedürfnissen und Problemen gewidmet wird, speist sich vordergründig aus drei Entwicklungen: dem zunehmenden Ausmaß an direkter und indirekter Betroffenheit, der Erwartung steigender Kosten, und der relativen Gewissheit, dass die Altersphase jedes einzelnen

Menschen länger wird. Da in der Wahrnehmung von Alternsphänomenen besonders in der medialen Öffentlichkeit Kostenfragen (Pensionen, Pflege etc.) und politische Perspektiven (z. B. die Macht der Älteren im Rahmen demokratischer Wahlen) immer wieder dominieren, darf es nicht verwundern, dass falsche Altersbilder und Ideologien fruchtbaren Boden finden. Die Reden von der „Last der Alten" oder von der „Überalterung" sind so geläufig geworden, dass nach ihrer Berechtigung gar nicht mehr gefragt wird. Der Begriff „Überalterung" der Gesellschaft birgt eine gleichförmige Negativbewertung, weitgehend unabhängig von den tatsächlichen Quantitäten und Zahlenrelationen der Altersstruktur der Bevölkerung. Dennoch werden die negativ wertenden Bezeichnungen „Überalterung" und „Altenlast" im politischen Diskurs und auch in der Wissenschaft häufig unbedacht gebraucht (vgl. AMANN 2004, S. 16).
Der Fokus des Diskurses um den Altersstrukturwandel ist die „Alterung" der Bevölkerungen. Sinkende Fertilität, schrumpfende Bevölkerung und steigende Lebenserwartung stehen im Zentrum. Häufig ist vom „Dilemma der Demographie", vom „Krieg der Generationen", vom „Kostenchaos" die Rede. Der Diskurs erlangte vermutlich auch deshalb breite Aufmerksamkeit, weil in dramatisch klingender Weise die Überalterung und der Geburtenrückgang geschildert wurden. Einerseits werden demographische Umschichtungen und Verwerfungen hervorgehoben, die in ihren Folgen mit den Auswanderungswellen im 19. Jahrhundert vergleichbar wären, und andererseits werden einzelne Regionen in einem Land jeweils speziell bewertet. Der Hinweis auf „Schrumpf-„ oder Absteigerregionen" hat die Politik aufgescheucht. Auf erhöhte Sensibilitäten dürfte die These gestoßen sein, dass z. B. Deutschland oder Österreich eine gelenkte Zuwanderung in erheblichem Ausmaß benötige, um am Wohlstand weiterhin zu partizipieren.
Vor dem Hintergrund einer in der Zukunft möglicherweise schrumpfenden Gesamtbevölkerungszahl konzentriert sich die sozialpolitische Diskussion auf den steigenden Anteil älterer und hochaltriger Menschen. Es ist dies eine immanente Schwerpunktsetzung, die sich aus der Tatsache ableiten lässt, dass es gerade die Hochaltrigen sind, die die größten Zuwachsraten im Vergleich zu anderen Bevölkerungsgruppen zeigen. Die Geburtenrate sinkt seit längerer Zeit, die Lebenserwartung steigt seit Jahrzehnten. Auf Grund der regional verschiedenen Entwicklung der Altersstruktur, der unterschiedlichen Siedlungsdichte und der Wanderungen käme es, so heißt es, auch zu erheblichen regionalen Disparitäten. Daran wird dann, auch von vielen Experten/innen, die Vermutung geknüpft, dass sich der klassische Sozialstaat bisher nicht da gewesenen Herausforderungen gegenüber sehe bzw. „vor dem Offenbarungseid" stehe oder wir es mit einer „demographischen Zeitbombe" zu tun hätten. Hier sei einmal angemerkt, dass die Rede vom Ende des Sozialstaats wohl überzogen ist (vgl. OFE 2003), dass die gegenwärtigen Entwicklungen allerdings das Aufweichen einer Reihe wichtiger Staatsfunktionen im sozialpo-

litischen Bereich bedeuten werden, wo gegenwärtige Regelungen der Umverteilungspolitik, Grundsätze der Existenzsicherung etc. betroffen sind (vgl. AMANN 2004), und dass genau dieser Zusammenhang zwischen Veränderungen der Leistungsbreite und des Leistungsniveaus des Sozialstaates einerseits und der wachsenden Zahl an Menschen außerhalb der Erwerbssphäre andererseits die Frage nach den Potenzialen oder der Produktivität des Alters mit motivieren.

Dramatisch klingende Warnungen sind übertrieben, gerade weil sich die Folgewirkungen des demographischen Wandels schon seit Jahrzehnten abzeichnen (vgl. AMANN 1985). Die Charakteristik eines Diskurses ist eine Sache, die Realität, die er abbilden will, eine andere. In der Soziologie wurden diese Wandlungen immer wieder zum Thema gemacht (vgl. CLEMENS/BACKES 1998, NAEGELE/TEWS 1993, KOHLI 1998, WEYMANN 1998). Die Öffentlichkeit und vor allem die verantwortliche Politik haben sich mit den neuen Herausforderungen zumeist aber nur am Rande beschäftigt, im Vordergrund standen bisher die Themen der Pensionssicherung und der Pflegevorsorge.

Der Diskurs über die Zukunft, der vor dem Hintergrund einer schrumpfenden und alternden Bevölkerung entworfen wird, ist, sofern er politisch-mediale Dimensionen betrifft, primär ein sozialpolitischer Belastungsdiskurs. Seine Verschärfung, die insgesamt immer unter dem Kostenargument steht, hat vor allem folgende Bezüge:

- die Dauerdebatte über den „Generationenvertrag" mit den praktischen Problemen des Verhältnisses zwischen gesetzlicher, betrieblicher und privater Altersvorsorge,
- die Hinaufsetzung des faktischen Rentenantrittsalters bei gleichzeitig steigender Arbeitslosigkeit unter den älteren Arbeitskräften,
- die Alterung der gesamten Erwerbsbevölkerung,
- die Zunahme an Hilfe- und Pflegebedürftigen,
- die Umschichtungen und Bedarfszuwächse im Gesundheitsbereich,
- die Individualisierung und „Singularisierung" der Gesellschaft und damit verbunden der Trend zur Alterung und Verkleinerung der Haushalte.

Die steigende Lebenserwartung ist kein selbstlaufender Prozess, er muss erkauft, also bezahlt werden – durch individuelle lebensdienliche Anstrengungen, durch Strukturausbau und durch laufenden Kostenaufwand. So schlägt im Alter nicht nur die medizinische Versorgung bei den klassischen chronischen Zivilisationserkrankungen (Herz-Kreislauferkrankungen, Diabetes) verstärkt zu Buche, hinzu kommen spezifische Erkrankungen wie Demenz, Alzheimer etc., die nicht nur betreuungsintensiv, sondern auch forschungsaufwändig sind. Es ist dies übrigens ein Thema, zu dem im öffentlichen Diskurs, teilweise auch im wissenschaftlichen, immer noch viel Ungenaues beigetragen wird, indem zu wenig differenziert das Alter fast allein als die Kosten steigernder

Faktor prominent in den Vordergrund gerückt wird. Aus den genannten Gründen muss aber auch eine zeitgemäße Gesundheitspolitik die Krankheitsvermeidung durch Früherkennung und Prävention in den Vordergrund stellen und den Menschen die Möglichkeit geben, durch neue Technologien (wie etwa die Telemedizin) die Risikofaktoren zu erkennen und sich dementsprechend zu verhalten (vgl. BRINKMANN/SCHNEE 2003).

Der Mangel an Differenziertheit macht sich auch in der immer wieder wirksamen Vernachlässigung der Geschlechterdifferenzen und ihrer Peripherien bemerkbar. Natürlich wird unter den Perspektiven des Gesundheitsverhaltens, der freiwilligen Tätigkeiten, der sozialen und politischen Partizipation der Älteren solchen Unterschieden empirisch nachgegangen. Die Diskrepanz zwischen einer in der Forschung mit Recht unablässig eingemahnten Konzentration auf solche Fragen und dem weithin in der Alltagspraxis einfach nicht vorhandenen Bewusstsein über diese Differenzen, die in der Forschung als konstitutiv für die gesellschaftliche Lage beurteilt werden, rührt gerontologisches Denken aber kaum. Es fehlt in dieser Wissenschaft eine intensive theoretische Auseinandersetzung mit den Konstitutionsbedingungen der Genderdifferenzen im Alter und deren Wirkungen für den Diskurs über das Alter. Die Folge davon ist, dass über mögliche Unterschiede männlicher und weiblicher Ressourcen und Produktivität überhaupt nicht diskutiert wird (mit Ausnahme der stereotypen Wiederholungen von der grundsätzlichen Unterschiedlichkeit des Geschlechterlebens, denen die empirischen Basisbefunde meist fehlen).

Jenseits aller Risiken und Herausforderungen ist das Altern der Bevölkerung, so wird allenthalben argumentiert, aber auch mit neuen Chancen und Potenzialen für die wirtschaftliche und soziale Entwicklung verknüpft. Eine am Strukturwandel des Alters und den damit einhergehenden neuen Handlungsressourcen orientierte Sichtweise zeigt sich auch zunehmend in der gesellschaftlichen Thematisierung des Alters (etwa in der Politik und den Medien) und die Aufmerksamkeit richtet sich stärker darauf, wie das Leistungspotenzial Älterer von der Gesellschaft genutzt werden kann. Die Erwartungen beziehen sich auf:

- Ausweitung bürgerschaftlichen und zivilgesellschaftlichen Engagements älterer Menschen,
- Belebung von Arbeitsmärkten und Belegschaften durch eine stärkere Partizipation Älterer am Erwerbsleben,
- Eigenvorsorge und neue Wachstumsimpulse für die „Gewinnerbranchen" des demographischen Wandels (etwa die Gesundheitswirtschaft und spezifische „Seniorenmärkte"),
- Erziehungsprozesse für Anpassungen an den technologischen Wandel (insbesondere Informationstechnologien),
- Wissens- und Erfahrungsnutzung im Austausch mit den Folgegenerationen.

3. Sozialarbeit und Pflege im Lichte des Altersstrukturwandels

Mit dieser Themenformulierung wird der Anschluss an einen soziologischen Begriff hergestellt, der eingangs bereits genannt worden ist: „Vergesellschaftungsformen des Alters". Notwendigkeiten der Hilfe, Betreuung und Pflege ergeben sich aus geänderten Lebenslagen und aus den organischen und geistig-psychischen Bedingungen des Menschen in ihrem jeweiligen Zusammenspiel. Sowohl in prophylaktischen wie bewahrenden oder verbessernden Intervention greifen Sozialarbeit und Pflege in dieses Zusammenspiel ein und gestalten, im oben definierten Sinn der Praktischen Sozialpolitik, die Lebenslagen bzw. leisten einen Differenzierungsbeitrag in Feldern, diesfalls jenen der Lebenswelt und der Systemorganisation. Eine sozialarbeiterische Intervention im Prozess des Übergangs vom Akutspital in die private Wohnung oder von der privaten Wohnung in ein Pflegeheim z. B. ist immer ein gestaltender Eingriff in (vorher) bestehende Figurationen unter spezifischen Zielsetzungen einer Änderung in die Zukunft.

Allerdings: Diskussionen zu diesem Thema werfen immer wieder Fragen auf, bei denen ein Defizit zu berücksichtigen ist, das gewisse Schwierigkeiten bereitet: *Die begriffliche Abgrenzung von Betreuungs-, Hilfe- und Pflegebedürftigkeit ist in vielen Fällen unscharf*, jedenfalls aber sind die Begriffsbestimmungen mit unterschiedlichen Konzepten des Gesundheitsbereichs, der Sozialpolitik und der Altenarbeit verknüpft. Auch hier tauchen die eingangs genannten Probleme der Abgrenzung zwischen verschiedenen Feldern auf. In verschiedenen Rechtsmaterien stehen für die Bestimmung von Pflegebedürftigkeit medizinische Kriterien im Vordergrund (z. B. für die Zuerkennung von Invaliditätspensionen), in einigen wichtigen Versorgungsrichtlinien wie z. B. den Sozialhilfegesetzen, ist eine zentrale Norm: „Jenen Menschen die Führung eines menschenwürdigen Lebens zu ermöglichen, die dazu der Hilfe der Gemeinschaft bedürfen" (z. B. NÖ SHG §2-§8). Hiervon ist auch die Sozialarbeit betroffen, insbesondere, wenn sie sich, wie oben erwähnt, am Grundsatz der „Lebensbewältigung unter schwierigen Bedingungen" orientiert. Für die immer dringlicher werdenden Weichenstellungen der Betreuungsvorsorge in der Zukunft ist eine *Integration medizinischer, sozialarbeiterischer, psychosozialer und gerontopsychiatrischer Konzepte unerlässlich*. Am Rande sei hier vermerkt, dass die nahezu zahllosen Vorschläge für Änderungen und Reformen, die in den letzten Jahren aus Praxis und Wissenschaft hervorgegangen sind, in mancher Hinsicht Veränderungen implizieren, die auch kostensparend wirken könnten. Generell ist ja bekannt, dass die Investitionen in eine Verbesserung der Lebensqualität von Klienten/innen und Patienten/innen in der weiteren Entwicklung kostendämpfend wirkt.

Einige kurze Hinweise müssen an dieser Stelle genügen. Psychische und geistige Veränderungen, Inklusion und Exklusion im Alter, vor allem aber im hohen Alter, sind zuwenig erforscht, ihre psychosoziale und epidemiologische Erkennung ist mangelhaft und damit auch die Integration der korrespondierenden Betreuungsangebote ins rechtliche und institutionelle System – also wiederum eine Frage der Integration der Felder. Einschlägige gesetzliche Bestimmungen des ASVG und anderer Rechtsmaterien müssten geändert werden, um z. B. die gerontologische Rehabilitation zu verstärken. Nicht ohne Bedauern muss festgehalten werden, dass der Primat der Kostendiskussion in den letzten Jahren eine ganze Reihe solcher sinnvollen Veränderungen an den Rand der Aufmerksamkeit hat treten lassen. Demgegenüber ist aber klar, dass in der Zukunft aufgrund demographischer Effekte und aufgrund kultureller und sozialer Differenzierung (die Situation älterer Immigranten, die wachsende Prävalenz demenzieller Erkrankungen, die Sondersituation älterer, materiell benachteiligter Frauen zählen u. a. zu diesen Differenzierungen) Problemkonstellationen entstehen werden, denen allein im Wege über einen ökonomischen Diskurs nie und nimmer zu begegnen sein wird.

Der zukünftige Betreuungsbedarf ist keineswegs unabänderlich festgeschrieben. Er wird u. a. durch demographische Effekte, gesetzlich-sozialpolitische Regelungen und die Höhe von Qualitätsstandards bestimmt werden. In allen Bundesländern sind in den letzten Jahren Weichenstellungen erfolgt, die die Quantität und Qualität des weiteren Ausbaus der Versorgungseinrichtungen betreffen.[3)] Wie sich eindeutig zeigt, ist der Ausbau auch geeignet, bisher latente, noch gar nicht aktualisierte Nachfrage zu wecken. Eine Konzentration auf die demographischen Effekte allein, wie dies in vielen Bedarfsdiskussionen geschieht, führt zu falschen Ergebnissen. Doch selbst bei günstigen Bedingungen ist mit einer signifikanten Zunahme der Zahl der Betreuungsbedürftigen im Feld der Pflegevorsorge zu rechnen, ein Anwachsen auf über 800.000 bis zum Jahr 2030 ist möglich; außerdem werden allein schon deshalb zusätzliche Ausgaben nötig sein, um nur das gegenwärtige Betreuungsniveau halten zu können. Diese Entwicklung birgt Besonderheiten: *die Gruppe der Hochaltrigen wird, wie bereits hervorgehoben, am stärksten anwachsen, sodass bestimmte Erkrankungen wie Polypathologie, demenzielle Veränderungen und Inkontinenz häufiger werden; die Unterbringung in Heimen wird zunehmend auf Pflegeplätzen geschehen, während Wohnplätze rückläufig sind; die Tendenz zu einem immer höheren Alter der Bewohner und Bewohnerinnen von Heimen wird sich fortsetzen* (in manchen Bundesländern heute im Schnitt 82 Jahre), sodass dort die Zahl der Desorientierten sogar dramatisch ansteigen könnte. Diese Veränderungen stellen die Angehörigen, das betreuende Personal, aber auch die Organisationen des Sozial- und Gesundheitswesens vor z. T. völlig neue Anforderungen. Andererseits werden mobile Dienste und Tagesbetreuung stark expandieren, eine Entwicklung, in der die Sozialarbeit in Zukunft Terrain gewinnen könnte. So ist eine immer wieder auftretende schwierige Situation für alle Beteiligten der

Übertritt eines Menschen aus seiner privaten Wohnung oder aus einem Spital in ein Heim. Dass für diesen Prozess professionelle Unterstützung nötig ist, wird allgemein zugegeben und wird auch gefordert. Hier ergäbe sich für die Sozialarbeit ein reiches Betätigungsfeld, wo sie sich im Sinn eines oben beschriebenen Expertensystems etablieren und ihre Interventionen institutionalisieren könnte.

Im Bereich des Personals wird es einer Qualifizierungsoffensive bedürfen sowie einer besseren gegenseitigen Durchlässigkeit der sehr heterogenen vielfältigen Ausbildungsgänge. Diese Offensive muss an der Tatsache ausgerichtet werden, dass auf einen in der Zukunft erheblichen Bedarf an medizinisch-pflegerischen *und* sozial-integrativen Betreuungsbedarf angemessen reagiert werden muss. Darauf sollten alle Bildungs- und Weiterbildungsprogramme in qualifikatorischer Hinsicht, aber auch in ihrem Umfang und in ihrer Organisationsstruktur Rücksicht nehmen (z. B. aktuelle Forschungsergebnisse zu Einzelthemen, theoretische Grundlagen in allen Bereichen des menschlichen Alterns, Praktika in Einrichtungen, Personalführung und Management, Persönlichkeitsbildung, Teamentwicklung etc.). Wird der Bereich des sozial-integrativen Betreuungsbedarfs bei Älteren ins Auge gefasst, stellen sich auch für Sozialarbeit geänderte Aufgaben, für manche bestehen Lösungen, für andere müssen sie erst gesucht werden:

- Zugehende Gemeinwesen- und Bildungsarbeit als Projekte,
- Integrations- und Koordinationsarbeit in stationären Einrichtungen,
- Einsatz von Case-Management in mobilen Angeboten,
- Übersetzungs- und Aushandlungsarbeit in Betreuungsinstitutionen (Lebenslauf- und Labenslagenansatz),
- Wahrnehmung der Eigenleistungen der Bürger im Sinn einer gegenseitigen Unterstützung im Gemeinwesen,
- Integrationsarbeit zwischen den Generationen (Erinnerung, Kommunikation, Lernen).

Neue Formen der Betreuung werden sich vor allem im teilstationären Feld entwickeln müssen; betreutes Wohnen, Übergangspflege bzw. Kurzzeitpflege oder Tagespflege und Tagesbetreuung (letztere könnte ein neues Betätigungsfeld der Sozialarbeit werden) gehören zu diesen Neuerungen. Im Prinzip wird in teilstationären Einrichtungen danach getrachtet, Funktionen wahrzunehmen, die innerhalb der jeweiligen Leistungslogik stationärer oder ambulanter Systeme nicht befriedigend zu erfüllen sind; sie haben also eine Brücken- und Verbindungsfunktion, die erkannt und ausgebaut werden muss.

In allen diesen Strukturen der Pflegevorsorge bedarf es intensiver und zielorientierter Koordination. Kern dieser Koordination muss die *Schaffung eines vernetzten Versorgungsmodells* mit dem Ziel sein, eine regional ausgewogene Versorgung auf angemessenem Niveau zu angemessenen Kosten zu erreichen.

Im Bereich der Vernetzung könnte sich die Sozialarbeit ein eigenes Subfeld erkämpfen.

Die familiären Betreuungsleistungen stellen nach wie vor den bei weitem größten Teil der Betreuungs- und Pflegearbeit dar. Mikrozensusergebnisse weisen sogar darauf hin, *dass die familiäre Pflege in den letzten Jahren zugenommen hat; 88% der Pflegenden waren 1997 mit den von ihnen Betreuten durch Ehe- oder Lebensgemeinschaft oder verwandtschaftliche Beziehungen verbunden.* Es überrascht nicht, dass auch im Kreis der Personen, die Langzeitpflege leisten, Frauen mit 80% vertreten sind. Männer stehen primär erst dann für Betreuungsarbeiten zur Verfügung, wenn sie älter als 60 Jahre sind und ihre Erwerbstätigkeit bereits aufgegeben haben. Hier ist anzumerken, dass sich die Relation zwischen betreuenden Frauen und Männern in den letzten zehn Jahren etwas verbessert hat. Informelle Pflege wird nur in 13% aller Fälle von Personen geleistet, die jünger sind als 40 Jahre sind, in 41% der Fälle sind die Pflegepersonen zwischen 41 und 60 Jahre und im restlichen Segment sind sie über 60 Jahre alt. *Betreuungsleistungen werden also in erheblichem Maße von Menschen erbracht, die selbst schon alt sind.* In 69% der Fälle leben Betreuende und Betreute im selben Haushalt, in 18% beträgt die Wegzeit bis zu 15 Minuten, in den übrigen Fällen ist sie länger. Eine wissenschaftlich und politisch virulente Frage ist die Unterstützung und Begleitung pflegender Angehöriger. Auch hier wäre die Sozialarbeit gefragt.

4. Eine Aufforderung

Zum Schluss soll noch ein Gedanke hervorgehoben werden, der die Aufgabe der gesellschaftlichen Integration der Betreuten und Betreuenden mit betrifft. Eine der zentralen Strategien unserer Politik/Gesellschaft ist es, in ökonomisch, sozial oder politisch angespannten Situationen auszugrenzen: Pflegebedürftige und Behinderte in Heime, Beschädigte, Gestrandete und Hilflose aus der Öffentlichkeit, Leistungsbeeinträchtigte aus dem sozialen Leistungssystem, weniger gebildete und weniger bedeutende Ausländer aus dem Land und immer mehr das Alter aus der gesellschaftlichen Produktivität. Alle historische Erfahrung lehrt, dass Ausgrenzungsstrategien keine Integration herbeiführen können. Als wahrscheinlich komplexeste Aufgabe für die Zukunft wird sich daher eine die verschiedenen Lebensabschnitte übergreifende Generationenpolitik im Sinne einer von allen getragenen Gesellschaftspolitik herausstellen. Welchen Beitrag die Sozialarbeit hier leisten könnte, ist erst noch zu überlegen.

Anmerkungen

[1] „Soziale Felder" ist ein Begriff, der auf Pierre BOURDIEU, „Figurationen" einer, der auf Norbert ELIAS und „soziale Systeme" einer, der auf Talcott PARSONS und Niklas LUHMANN zurückgeht. Sie meinen im Prinzip denselben Gedanken, werden aber von den genannten Autoren unterschiedlich konzipiert.

[2] Dem wird heute in der Diskussion über Soziale Arbeit z. B. durch jene Versuche Rechnung getragen, in denen neue Raumkonzeptionen entwickelt werden.

[3] Vgl. die Entwicklungen auf der Grundlage der so genannten 15a-Vereinbarungen nach BVG und auf Grundlage des Pflegegeldgesetzes.

Literatur

AMANN, A.: Lebenslage und Sozialarbeit. Elemente einer Soziologie der Hilfe und Kontrolle. Berlin 1983.

AMANN, A.: The Changing Age Structure of the Population and Future Policy. Population Studies (Strasbourg), Council of Europe, no. 18; 1985.

AMANN, A.: Sozialpolitik und Lebenslagen älterer Menschen. In: BACKES, G. M./CLEMENS, W. (Hg.): Lebenslagen im Alter. Gesellschaftliche Bedingungen und Grenzen. Opladen 2000, S. 53-74.

AMANN, A.: Die großen Alterslügen. Generationenkrieg, Pflegechaos, Fortschrittsbremse? Wien 2004.

BALTES, P./MITTELSTRASS, J. (Hg.): Zukunft des Alterns und gesellschaftliche Entwicklung. Berlin/New York 2000.

BIERMANN, B.: Soziologische Grundlagen der Sozialen Arbeit. München 2007.

BRINKMANN, H./SCHNEE, M.: Eigenverantwortung im Gesundheitswesen. In: BÖCKEN, J./BRAUN, B./SCHNEE, M. (Hg.): Gesundheitsmonitor 2003. Die ambulante Versorgung aus Sicht von Bevölkerung und Ärzteschaft. Gütersloh. 2003, S. 12-67.

CLEMENS, W./BACKES, G. M. (Hg.): Altern und Gesellschaft. Opladen 1998.

DONICHT-FLUCK, B.: Bilder des Alters in den USA im 20. Jahrhundert und ihr Einfluss auf die amerikanische Altenbildung und Alten-(Sozial)Politik. Berlin 1994.

GIDDENS, A.: Konsequenzen der Moderne. Frankfurt am Main 1995.

GREUÈL, M./MENNEMANN, H.: Soziale Arbeit in der Integrierten Versorgung. München 2006.

GUKENBIEHL, H. L.: Institution und Organisation. In: KORTE, H./SCHÄFERS, B. (Hg.): Einführung in Hauptbegriffe der Soziologie. Opladen 2002, S. 143-159.

HEGEL, G. W. F.: Werke in zwanzig Bänden. Bd. 7: Grundlinien der Philosophie des Rechts. Frankfurt am Main. 1970.

KARL, F.: Zur Funktion von Sozialarbeit. Eine neue Theoriediskussion? In: JANSEN, B./KARL, F. (Hg.): Lebensweltorientierung oder Marktdiktat? Zur Zukunft Sozialer Arbeit (mit Älteren). Kasseler Gerontologische Schriften Bd. 22. Kassel Gesamthochschulbibliothek 1997, S. 47-58.

KOHLI, M.: Alter und Altern der Gesellschaft. In: SCHÄFERS, B./ZAPF, W. (Hg.): Handwörterbuch zur Gesellschaft Deutschlands. Opladen 1998.

MÜHLUM, A.: Sozialarbeit und Sozialpädagogik. Ein Vergleich. Frankfurt-Deutscher Verein 1996.

NAEGELE, G./TEWS, H. P. (Hg.): Lebenslagen im Strukturwandel des Alters. Alternde Gesellschaft – Folgen für die Politik. Opladen 1993.

OFFE, C.: Freiheit, Sicherheit, Effizienz. Spannungen zwischen Gerechtigkeitsnormen für Arbeitsmarkt und Wohlfahrtsstaat. In: ALLMENDINGER, J. (Hg.): Entstaatlichung und Soziale Sicherheit. Verhandlungen des 31. Kongresses der Deutschen Gesellschaft für Soziologie in Leipzig 2002. Opladen 2003, Teil 1, 15-32.

PANKOKE, E.: Sociale Bewegung – Sociale Frage – Sociale Politik. Stuttgart 1970.

SCHROETER, K. R.: Das soziale Feld der Pflege. Eine Einführung in Strukturen, Deutungen und Handlungen. Weinheim/München 2006.

THIERSCH, H.: Theorie der Sozialarbeit/Sozialpädagogik. In: KREFT, D./ MIELENZ, I. (Hg.): Wörterbuch Soziale Arbeit. Weinheim 1996.

WENDT, W. R.: Ökosozial denken und handeln. Grundlagen und Anwendungen in der Sozialarbeit. Freiburg/Breisgau 1990.

WENDT. W. R. (Hg.): Ambulante sozialpflegerische Dienste in Kooperation. Freiburg/Breisgau 1993.

WEYMANN, A.: Sozialer Wandel. Weinheim/München 1998.

Christoph Reinprecht

ALTERN UND MIGRATION

1. Vorbemerkung

Altern und Migration repräsentieren bedeutsame demographische Entwicklungen der Gegenwart. Sie führen zu Veränderungen in der Sozialstruktur und dienen zugleich als Folie für die Produktion von Ängsten und Phantasien. In hohem Ausmaß normativ besetzt – etwa in Hinblick auf die Vorstellungen einer „richtigen" Gliederung bzw. Mischung der Bevölkerung – befeuern sie die Debatte über die Zukunft und Ausrichtung des Sozialmodells, wobei die zur Diskussion gestellten sozial- und migrationspolitischen Strategien ineinandergreifen. Die demographische Alterung lässt Zuwanderung bevölkerungs- und arbeitsmarktpolitisch wünschenswert erscheinen, was wiederum das Bedürfnis stärkt, Migration und Integration einer wirksameren Regulation und Kontrolle zu unterwerfen. An der Schnittstelle von Altern und Migration öffnet sich freilich auch eine Perspektive, die eine für manche vielleicht überraschende Einsicht bereithält: Migration schreibt sich mit der Zeit in das Erscheinungsbild des Alterns ein. Zuwanderung verändert die Zusammensetzung der älteren Bevölkerung nach Herkunft und ethnischer Affiliation, trägt zur Diversifizierung der Lebensweisen und Lebensstile bei und formt auf individueller Ebene einen spezifischen biographischen Erfahrungshorizont, der die Erwartungen, Präferenzen und Bedürfnisse strukturiert, die sich im Prozess des Älterwerdens herauskristallisieren.

Wie beeinflussen die mit Migration und Integration verbundenen Prozesse und Erfahrungen das Älterwerden? Was ist über die Lebenslage und das Befinden der verschiedenen Gruppen an Älteren ausländischer Herkunft bekannt? Welche Folgen hat die Diversität der älteren Bevölkerung für Altenarbeit, Gesundheits- und Sozialsystem, auch für die soziale Arbeit? Wie auf den folgenden Seiten sichtbar wird, gleicht die Suche nach Materialien, die eine Antwort auf diese Frage geben können, einer Lückendetektion. In Österreich sind einschlägige Forschungen und zuverlässige Sozialstatistiken zur Lebenssituation von älteren MigrantInnen nach wie vor rar. Der Artikel versucht eine Annäherung an diese Fragen in drei Schritten. Der Beitrag ist so aufgebaut, dass, im Anschluss an eine kritische Hinführung mit Präzisierung der Begrifflichkeit, zentrale Erkenntnisse der internationalen Forschung zum Verhältnis von Altern und Migration zusammengefasst werden, um daran anknüpfend, in einem dritten Abschnitt die Situation in Österreich näher zu beleuchten. Dabei wird auf Grundlage verfügbarer amtlicher statistischer Informationen ein demographisches Profil der älteren Bevölkerung ausländischer Herkunft erstellt, sodann wird der aktuelle Forschungsstand zusammengefasst und diskutiert. Ein Ausblick umreißt den Forschungs- und Handlungsbedarf.

2. Klischees und Vorurteile bestimmen den Diskurs

Die ältere Bevölkerung ist auch in Österreich durch vielfältige, wenngleich unterschiedlich gut identifizierbare Spuren der Migrationsgeschichte geprägt. Zerfall der Monarchie und erster Weltkrieg, Weltwirtschaftskrise und NS-Herrschaft, politische Neuordnung Europas und Wirtschaftsaufschwung der Nachkriegszeit mit wachsender Arbeitskräftenachfrage, samtene Revolution in Mitteleuropa und Jugoslawienkrieg, europäische Integration und Globalisierung: Das vergangene Jahrhundert war ein Zeitalter der Migration, von Exilierung und Flucht, aber auch von freiwilliger Aus- und Einwanderung. Die ältere Bevölkerung ist ein Abbild dieser Geschichte. Sie umfasst Autochthone, also Einheimische, und Allochthone, das heißt Personen, die unter variierenden Bedingungen und mit unterschiedlichen Motivlagen, aus einer Vielzahl an Staaten und Weltteilen, allein oder gemeinsam mit Familienmitgliedern, Freunden oder Bekannten nach Österreich eingewandert sind und so zum Werden des multikulturellen Charakters dieses Landes beigetragen haben.

Die Diversität der Älteren – die sozialwissenschaftliche Literatur spricht von einer „kulturellen Ausdifferenzierung des Alters und des Alterns" (OLBERMANN 1995) – ist im gesellschaftlichen Bewusstsein wenig verankert. Im öffentlichen Diskurs hat sich stattdessen die Kategorie der „alten MigrantInnen" etabliert, deren mediale Repräsentation, auch im Bereich der sozialen Arbeit, stark miserabilistische Züge aufweist. Hier dominieren Figuren wie der in Armut lebende, körperlich ausgezehrte und heimatlose Gastarbeiter, besonders klischeehaft werden ältere Migrantinnen in eine Opferrolle gedrängt. So als hätten Ältere ausländischer Herkunft nur dann Anspruch auf soziale Visibilität und Anerkennung, sofern die Lage, in der sie sich wiederfinden, Hilfsbedürftigkeit und Interventionsbedarf evoziert. „Alte Migranten" heißen nun die „armen, kleinen Alten", die mit leeren Händen dastehen, einsam, vergessen, ohnmächtig, an den gesellschaftlichen Rand gedrängt. „Zu wenig werden die vielfältigen sozialen Beziehungen, in welche sie während des Migrationsprozesses eingebunden und denen sie verpflichtet sind, sowie ihre Intentionen als handelnde Individuen berücksichtigt" (DIETZEL-PAPAKYRIAKOU 1993). Im Gegensatz zu dieser Aufforderung unterstreicht die neu geschaffene Kategorie der alten MigrantInnen die Dimension der Vulnerabilität, was die Entwicklung spezieller Maßnahmen und Interventionen legitimiert und mit deren Hilfe sich zugleich die Leerstelle ausfüllen lässt, die das Altern im Projekt der

Arbeitsmigration repräsentiert (das Altern der Gastarbeiter war weder von der Gesellschaft noch von den Individuen vorgesehen).

Auch die fachwissenschaftliche Diskussion neigt dazu, sich mit generalisierten Vorstellungen von Migration als soziales Problem in den „Fallstricken des Exklusionsbegriffs" (CASTEL 2000) zu verfangen. Ob sich aus dem Wechselspiel von Altern und Migration Armuts- und Benachteiligungslagen ergeben oder nicht, so ließe sich in Anschluss an WACQUANT formulieren, spielt letztlich keine Rolle. „Schon das Vorurteil, dass es so sei, führt zu sozialen benachteiligten Konsequenzen" (WACQUANT 2007).

Die sozialgerontologische Forschung denkt nicht an die Älteren ausländischer Herkunft, wenn sie von neuen Alten oder der Buntheit des Alters spricht. Die von der Alternsforschung lancierten Leitkonzepte – Altersstrukturwandel, Pluralisierung und Ausdifferenzierung von Lebensstilen und Altersleitbildern – reflektieren Prozesse der Individualisierung, Auflösung von Altersgrenzen, De-Standardisierung der Übergangsverläufe, Demokratisierung der Altersleitbilder, Vervielfältigung von Konsumpraktiken und Lebensstilen. Migrationsbedingte und ethnische Formen der Lebensführung stehen in einem Spannungsverhältnis zu den ent-traditionalisierten und individualisierten Formen der Sozialintegration. Studien zur Milieubildung im Alter, welche Migration und Ethnizität als Variablen mit aufnehmen, sind rar. Die wachsende Aufmerksamkeit für die zunehmende kulturelle Ausdifferenzierung des Alter(n)s gilt der ersten Generation der Arbeitsmigration; andere Migrationen (z. B. Flucht und Asyl, Braindrain aus dem globalen Süden, innereuropäische Wanderung) sowie spezielle Aspekte des Älterwerdens im Migrationskontext (z. B. Hochaltrigkeit, Transnationalismus) werden noch wenig wahrgenommen.

Erweist sich die (sozialgerontologische) Alternsforschung als farbenblind, so die Migrationsforschung als altersblind. Forschungen, die Migrations- und Integrationsprozesse zum Gegenstand haben, fokussieren primär auf jene Bedingungen, die das Wanderungsgeschehen strukturieren und die Situation von Einwanderung und Niederlassung bestimmen, sowie auf die Analyse der langfristigen Folgen von Migration, sei es auf individueller Ebene in Bezug auf die Mobilitätschancen in der Generationenfolge oder in Hinblick auf den sozialen Wandel in den betroffenen Aufnahme- und Herkunftsgesellschaften. Dem Prozess des Alterns wird bei alldem wenig Beachtung geschenkt. In der Altersblindheit der Migrationsforschung manifestiert sich die ungebrochene Hegemonie des Assimilationsmodells (MigrantInnen werden mit der Zeit von der Aufnahmegesellschaft absorbiert), sie steht aber auch im Zusammenhang mit dem lange Zeit gültigen Rotationsprinzip der Arbeitskräfteanwerbung („Gastarbeit"). Dass das Konzept einer ständigen Neuanwerbung von zeitlich befristeten ausländischen Arbeitskräften nicht griff, ist bekannt: „Temporary workers have been recruited to meet permanent labor demand" (CASTLES

2006, S. 743); zum anderen ließen sich viele ausländische Arbeitskräfte dauerhaft nieder, sei es aufgrund lebenszyklischer Entscheidungen (Familiengründung) oder wegen der wirtschaftlichen Misere in den Herkunftsländern. Die Einwanderung von ArbeitsmigrantInnen beruht so gesehen häufig nicht auf einer expliziten Einwanderungsentscheidung, sondern „passiert", weshalb die Migrationsforschung auch von Einwanderung ohne bewusste Einwanderungsentscheidung spricht (BOOS-NÜNNING 1990). Hier findet der gebräuchliche Topos von Österreich als einem Einwanderungsland „wider Willen" (FASSMANN/MÜNZ 1995) sein Komplement auf lebensweltlicher Ebene.

3. Begriffsklärung

Soziologisch gesehen resultiert die spezifische Lage älterer MigrantInnen aus der ungleichen Chancenverteilung in der Verwirklichung von Grundansprüchen an ein gutes Leben, wie Gesundheit, Bildung, Teilhabe, soziale Anerkennung oder Autonomie. Im Alter, im Übergang in die nachberufliche Lebensphase, sorgen die Kräfte der gesellschaftlichen Ungleichheitsordnung für eine neue Chancenverteilung, wobei verschiedene Aspekte ineinandergreifen, wie etwa die Verlängerung der Gratifikationen und Restriktionen des Erwerbslebens, der selektiver Zugang zu den Institutionen des wohlfahrtsstaatlichen Sicherungssystems, die für Migrationsprojekte charakteristische Erfahrung von komplexer Unsicherheit im Lebensphasenübergang oder die im Migrationskontext erzeugten Potentiale und Ressourcen für ein autonomes und erfolgreiches Altern. Bevor näher auf diese und weitere Aspekte eingegangen wird, erscheint es notwendig, den Zusammenhang von Migration und Altern begrifflich zu präzisieren.

Allgemein definiert verknüpft der Ausdruck „ältere MigrantInnen" die Aspekte Lebensalter bzw. Stellung im Lebenszyklus mit der Erfahrung grenzüberschreitender Wanderung. Der Begriff bezieht sich somit auf die Gesamtheit der Älteren, die außerhalb Österreichs geboren und im Laufe ihres Lebens nach Österreich zugewandert sind. In dieser Definition finden sich drei wichtige Hinweise, die erklärungsbedürftig sind:

Erstens die Gleichsetzung von Migration mit internationaler Wanderung. Diese eingrenzende Festlegung – im Prinzip umfasst der Begriff der Migration jede dauerhafte räumliche Verlegung des Lebensmittelpunktes, d. h. auch Binnenwanderung – folgt der Überlegung, dass für die Realisierung von Lebenschancen nationalstaatlich organisierte Regelungssysteme (etwa in Hinblick auf das soziale Sicherungs-, oder das Gesundheits- und Pflegewesen) bestimmend sind.

Zweitens enthält die Definition keinen Hinweis auf den Staatsbürgerschaftsstatus, die Kategorie „ältere MigrantInnen" umfasst vielmehr sowohl Personen, die über die ausländische Staatsbürgerschaft verfügen, als auch Eingebürgerte. Bei einer definitorischen Einschränkung auf Ältere mit ausländischer Staatsbürgerschaft, wie dies in einem Großteil der amtlichen Statistik in Österreich der Fall ist, würden Eingebürgerte der Kategorie der ÖsterreicherInnen zugerechnet und somit, statistisch gesehen, unsichtbar gemacht (vgl. dazu REINPRECHT 2003). Nun bildet Einbürgerung zwar insofern eine Anerkennungsform, als sie mit politischer und rechtlicher Gleichstellung verknüpft ist; die Mechanismen sozialer Ungleichheit (etwa infolge der Zuweisung von Statuspositionen aufgrund sozial konstruierter Merkmale wie Herkunft, Alter, Ethnizität, Geschlecht) werden durch einen Wechsel der Staatsbürgerschaft jedoch nicht außer Kraft gesetzt: Über Ausgrenzungsdiskurse und Praktiken amtlicher (auch sozialwissenschaftlicher) Klassifikationen und Kategorisierungen schreiben sich „ausländische Herkunft" und „Migrationshintergrund" als Stigma in den Erfahrungshorizont von MigrantInnen ein. Für jede differenzierte Analyse ist es daher unentbehrlich, eingebürgerte Bevölkerungsgruppen mit einzubeziehen.

Drittens: Soziale Kategorisierungen verleiten dazu, Ähnlichkeiten nach innen und Differenzen nach außen überzubewerten. So regt auch die Kategorie „ältere MigrantInnen" dazu an, Zugewanderte als eine homogene Gruppe zu betrachten, und zwar in Relation zur ebenfalls homogenisierten Kategorie der nicht-migrantischen (Mehrheits-)Bevölkerung. Dieser „Gruppismus" (BRUBAKER 2002) bildet nicht nur einen festen Bestandteil von Alltagstheorien, sondern imprägniert auch sozialwissenschaftliche Ordnungsschemata. Ältere MigrantInnen verkörpern keine homogene Bevölkerungsgruppe. Zum einen wirken nationale Herkunft und Ethnizität, Geschlecht und Schichtzugehörigkeit als ungleichheitserzeugende Strukturmerkmale, die in komplexer Weise miteinander interagieren. Darüber hinaus stellen migrationsbezogene Faktoren wie Zeitpunkt, Motiv und Kontext der Migration, Aufenthaltsdauer und aufenthaltsrechtlicher Status sowie der Grad der strukturellen, sozialen und kulturellen Integration relevante Differenzierungsmerkmale dar. Die Erfahrung von Wanderung und Eingliederung variiert aber auch nach dem Typus der Migration (z. B. Arbeitskräfteanwerbung, Familiennachzug oder Fluchtmigration), der Art des jeweils vorherrschenden Migrations- und Integrationsregimes (Gesamtheit der rechtlichen und institutionellen Regelungen) und der Existenz nationaler, ethnischer bzw. religiöser Bezugsgruppen (Diaspora) sowie deren Organisationsgrad (etwa als ethnische Minderheiten) und Status im gesellschaftlichen Machtgefüge von Zentralität und Peripherie. Die Konfiguration und das Zusammenspiel all dieser Merkmale beeinflussen, wie sich der Prozess der Migration und Integration gestaltet, welche Altersbilder und Lebensentwürfe erzeugt werden und welche Ressourcen zur Lebensbewältigung zur Verfügung stehen.

4. Migration, Altern und soziale Ungleichheit: Einsichten der internationalen Forschung

Auf welche Weise strukturiert die Migrationserfahrung den Alternsprozess, welche spezifischen Problemlagen, Bedürfnisse und Ressourcen werden unter Migrationsbedingungen erzeugt? Zu dieser Frage existieren umfangreiche Forschungen auf internationaler Ebene, insbesondere aus den traditionellen Einwanderungsländern wie USA, Israel oder Kanada, während in Europa das Interesse an der Thematik erst in jüngerer Vergangenheit, vor allem im Zusammenhang mit dem Älterwerden der Arbeitsmigration der Nachkriegsjahrzehnte eingesetzt hat. Viele der in diesem Zusammenhang entstandenen Forschungen reflektieren das Bedürfnis von Stadtverwaltungen oder sozialen Dienstleistungsunternehmungen, die Bedarfslagen der ersten Generation der Arbeitsmigration besser kennenzulernen und angemessene Handlungsstrategien zu entwickeln. Forschungen, die das Verhältnis von Migration und Altern aus grundlagentheoretischer Perspektive und methodenkritisch bearbeiten, sind hingegen selten.

Bei der Sichtung der internationalen Literatur lassen sich fünf Themenbereiche herausfiltern, die im Hinblick auf die Analyse des Zusammenhangs von Altern und Migration in allgemeiner Weise bedeutsam sind: (a) Kumulation sozialer Problemlagen und prekäres Altern; (b) Zentralität des Familien- und Verwandtschaftssystems; (c) ethnischer Rückzug und Lebensstil; (d) Gesundheitsressourcen und „healthy migrant effect"; (e) spezielle Pflege- und Betreuungsbedürfnisse.

(a) Kumulation sozialer Problemlagen und prekäres Altern
Seit den klassischen Arbeiten von DOWD und BENGTSON (1978) werden Alter und Ethnizität als sich wechselseitig verstärkende Risikofaktoren angesehen. Nach der „double jeopardy"-These erhöht der Minderheitenstatus die mit dem Alter prinzipiell wachsenden Risiken von gesundheitlicher Einschränkung, Einkommensarmut und sozialer Isolation, wobei Migration und Alter in keinem mechanischen Wechselverhältnis zueinander stehen und das Zusammentreffen dieser Merkmale nicht zwangsläufig einen Deprivationskreislauf in Gang setzt. Entscheidend sind vielmehr sozialstrukturelle Platzierung und Integrationspfade. Erhöhte Vulnerabilität resultiert aus der sozialen Position (z. B. Unterschichtung im Falle der Arbeitsmigration), dem bürgerrechtlichen Status, in Abhängigkeit von Geschlecht sowie auch von kontextbezogenen Faktoren (z. B. Änderungen in der Migrationspolitik, integrationspolitische Diskurse). Empirische Analysen zu den Interrelationen von Migration/Ethnizität, sozialer Schicht/Klassenlage und Gender zeigen, dass die genannten Merkmale sozialer Ungleichheit kontextabhängig aufeinander wirken (vgl. BLAKEMORE/BONEHAM 1994).

Das Ineinandergreifen von alterns- und minderheitsbezogenen Faktoren ist empirisch gut abgesichert, wobei drei Beobachtungen besondere Relevanz zukommt. Erstens: Im Alter verstärken sich die Ungleichheiten des Erwerbssystems. Niedrige Einkommen schreiben sich in einem niedrigen Pensionseinkommen fort, Instabilitäten und Unterbrechungen im Erwerbsverlauf erschweren den Übergang in die nachberufliche Lebensphase, gesundheitliche Belastungen am Arbeitsplatz erhöhen das Risiko von Pflegebedürftigkeit im Alter. Diese allgemein gültige Beobachtung gilt in besonderen Maße unter Migrationsbedingungen, wo die Arbeitsmarktintegration ein Schlüsselkriterium gesellschaftlicher Teilhabe darstellt, die gleichberechtigte Integration in die Strukturen des Arbeitsmarktes jedoch nur ausgewählten Gruppen offensteht (EU-BürgerInnen, internationale Führungskräfte). Zweitens sind viele Leistungen des Wohlfahrtssystems für migrantische Bevölkerungsgruppen oft nicht oder weniger gut zugänglich. So sind aufgrund des vorherrschenden Staatsbürgerschaftsprinzips im Bereich des zweiten sozialen Sicherungsnetzes nicht eingebürgerte Personen im Zugang zu sozialen Diensten und Leistungen aus der Sozialhilfe erheblich benachteiligt. Alltagsideologien, die migrantischen Minderheiten die Legitimität zur Inanspruchnahme von sozialen Leistungen (latent) absprechen, verstärken diesen Mechanismus sozialer Ausgrenzung, der auch bei Einbürgerung nicht außer Kraft gesetzt wird. Drittens ist zu berücksichtigen, dass im Kontext von Migrationsprozessen der Übergang in die nachberufliche Lebensphase generell eine prekäre und kritische Statuspassage darstellt. An anderer Stelle habe ich vorgeschlagen, das für prekäre Übergangsprozesse charakteristische Ineinandergreifen und sich gegenseitige Verstärken von unterschiedlichen Unsicherheitserfahrungen – Ungeschütztheit in Bezug auf die Exponiertheit am Arbeitsmarkt und gegenüber gesellschaftlicher Zurückweisung und Missachtung, Ungesichertheit betreffend materielle und sozialrechtliche Restriktionen und Ungewissheit in Hinblick auf Verhaltenserwartungen und Zukunftsoffenheit – als „komplexe Unsicherheit" zu benennen (REINPRECHT 2006). Die Statuspassage in die Nacherwerbsphase fungiert im Migrationskontext freilich zugleich als ein Rahmen für Lebensbilanzierung und Migrationsbilanz. Neben materiellen und kulturellen Ressourcen beeinflusst vor allem auch die Verfügbarkeit an sozialem Kapital, inwieweit dieser kritische Lebensphasenübergang produktiv bewältigt werden kann.

(b) Zentralität des Familien- und Verwandtschaftssystems
Unter den Bedingungen der Migration bilden die (häufig transnational verankerten) familiären und verwandtschaftlichen Solidarzusammenhänge eine wichtige Ressource für die Bewältigung altersbezogener Lebenssituationen und Problemlagen. In Migrationsprozessen werden an Familie und Verwandtschaft eine Vielzahl an Aufgaben herangetragen, etwa sozial-emotive Unter-

stützungs- oder Schutzbedürfnisse vor Umweltrisiken und gesellschaftlicher Stigmatisierung, bedeutsam sind im Alter aber auch ökonomische sowie insbesondere instrumentelle Funktionen der Familie wie etwa in den Bereichen Pflege und Betreuung. Sowohl Quantität als auch Qualität der sozialen Beziehungsressourcen variieren zwischen den verschiedenen Gruppen jedoch beträchtlich. So etwa verfügen Ältere türkischer Herkunft zumeist über weitaus größere familiäre und verwandtschaftliche Beziehungssysteme als ImmigrantInnen aus Ex-Jugoslawien, wobei das Vorhandensein sozialer bzw. ethnischer Netze für ein erfolgreiches Altern sehr förderlich sein kann.

In der internationalen Forschung zu Altern und Migration werden die familiengestützten sozialen Beziehungssysteme als „networks of necessity" (LITWIN 1997, S. 45) charakterisiert. Auch migrantische Ältere erhalten Hilfe und Unterstützung im Falle von Alltagsbeeinträchtigungen, Krankheit oder Pflege überwiegend von anderen Familienmitgliedern, zumeist Frauen (für Österreich zeigt dies u. a. KREMLA 2005). In zahlreichen migrantischen Milieus existiert darüber hinaus eine von starken Verpflichtungsnormen getragene Solidarität der Generationen, die nicht nur Kinder und Jugendliche der nachfolgenden Generationen in das familiäre Stützungssystem einbindet, sondern auch den Älteren eine wichtige Orientierungsfunktion in Bezug auf den Transfer von Werten, Traditionen und Familienwissen zuweist (vgl. etwa NAUCK 2004). In einer Befragung von 130 Jugendlichen der 2. und 3. Generation, die 2004 in Wien durchgeführt wurde, gab jeder dritte befragte Jugendliche an, persönliche Angelegenheiten mit einer älteren familiären Bezugsperson zu besprechen, zwei Drittel der Befragten bringen dieser Person uneingeschränkt Respekt entgegen, fast alle sind davon überzeugt, von den Alten in der Familie lernen zu können und identifizieren sich positiv mit ihrer Migrationsbiographie (REINPRECHT/DONAT 2004). Wie dieses Beispiel demonstriert, erfüllt die migrantische Familie in Hinblick auf den mit dem Älterwerden verbundenen Anerkennungsverlust auch eine kompensatorische Funktion, indem sie im Rahmen der familiären Arbeitsteilung den Älteren neue Rollen zuweist, welche Sinn und Wertschätzung vermitteln.

Verglichen mit autochthonen Bevölkerungsgruppen haben ältere MigrantInnen meist mehr Kinder und leben bis ins höhere Alter häufiger in Mehrgenerationenhaushalten, was die Fähigkeit zur Umweltadaptation und zur Erzeugung von subjektivem Wohlbefinden stärkt (vgl. DIETZEL-PAPAKYRIAKOU 2005). Kapazität und Tragfähigkeit der familiären Ressourcen sollten freilich nicht idealisiert werden. Zum einen lebt ein oftmals unterschätzter (und wachsender) Anteil älterer MigrantInnen alleine (z. B. allein zugewanderte männliche Singles oder verwitwete und geschiedene Migrantinnen). Zum anderen erhöhen materiell restriktive Lebensbedingungen das psychosoziale Belastungsempfinden (Angst vor Abhängigkeit und Einsamkeit). Im höheren

Alter büßt zudem auch in familial stabil integrierten migrantischen Milieus das familiäre Stützungssystem insgesamt an Dichte und Tragfähigkeit.

(c) Ethnischer Rückzug und Lebensstil

Mit dem Ausscheiden aus dem Produktionsprozess lässt sich bei vielen MigrantInnen eine Ausrichtung auf das eigene soziale und kulturelle Umfeld beobachten. Der wachsende Stellenwert von Ethnizität im Prozess des Älterwerdens ist durch zahlreiche Forschungen belegt. Demnach kann der Rückbezug auf herkunftsbezogene, gemeinschaftsbezogene Vorstellungen, Präferenzen und kulturelle Praktiken Wohlbefinden erzeugen sowie Identitätsbedürfnisse befriedigen und wird deshalb als eine zentrale Ressource für erfolgreiches Altern bewertet (vgl. BROCKMANN 2002). Ethnizität als Lebensstil bedeutet nicht nur Orientierung an der eigenen Bezugsgruppe, sondern schließt auch alternative Formen der Lebensführung ein, die neben dem genormten Bild von Altern Legitimität beanspruchen. Zu den sozialen Praktiken, denen diesbezüglich Relevanz zukommt, zählen etwa die Nutzung und Pflege von ethnischen Infrastrukturen, religiösen und kulturellen Einrichtungen oder Vereinen (SOHLER/WALDRAUCH 2004), aber auch die in der nachberuflichen Lebensphase vielfach praktizierte Form der Pendelmigration, die es ermöglicht, die im Herkunfts- und Immigrationsland vorhandenen Ankerpunkte aktiv zu verknüpfen (KRUMME 2004, BAGIV 2002, DIETZEL-PAPAKYRIAKOU 1999).

Forschungen unterstreichen zudem den Stellenwert von herkunfts- bzw. kulturabhängigen Altersnormen, auf die in Hinblick auf die Erzeugung von Gesundheit und (funktioneller) Selbstständigkeit zurückgegriffen werden kann. Österreichische Studien identifizieren etwa für migrantische Milieus aus Südosteuropa und der Türkei eine Zentralität von Wir-Gruppen-bezogenen, vornehmlich familiär ausgerichteten Altersnormen, die in einem Spannungsverhältnis zur Ich-Zentralität der dominierenden Altersnormen stehen (vgl. REINPRECHT 2006). Die mit Altern verbundene Rekonstruktion des Lebenslaufs provoziert im Migrationskontext mitunter schmerzhafte Gefühle von Heimweh, Verlust und Nostalgie, was der Neigung zu ethnischer Abschließung förderlich sein kann. In diesem Zusammenhang ist auch von „ethnischer Insulation" (DIETZEL-PAPAKYRIAKOU 1993) die Rede. Instabile soziale Integration in der Aufnahmegesellschaft verstärkt die Neigung zu ethnisch segmentierter Identität und Lebensführung (vgl. TORRES/BIKSON-MOGA 2001).

(d) Gesundheitsressourcen und „healthy migrant effect"

Migration ist ein selektiver Prozess, der hohen Ressourceneinsatz erfordert, und zwar insbesondere auch von Gesundheit. Es zählt zu den wichtigsten Beobachtungen der internationalen Migrationsforschung, dass zu Beginn von Wanderungen vielfach überdurchschnittliche Gesundheitsressourcen zur Verfügung stehen (etwa im Falle der Rekrutierung von Arbeitskräften sogar vorhanden sein müssen), die je nach Akkulturationsbedingungen unterschiedlich rasch aufgebraucht oder konserviert werden (können). Während für traditionelle Einwanderungsländer (USA, Kanada) ein „Healthy-Migrant-Effekt" nachgewiesen werden kann – anfängliche Gesundheitsressourcen können erhalten werden und senken das Morbiditäts- und Mortalitätsrisiko noch im höheren Alter –, befördert das in den europäischen Gesellschaften verbreitete Modell der „Gastarbeit" den Raubbau von Gesundheit und Lebensqualität (vgl. RAZUM/TWARDELLA 2004). Gesundheitlicher Verschleiß und verkürzte Lebenserwartung bilden messbare Folgen dieser Migrationsform, die der Devise „import labour but not people" (CASTLES 2006) folgt und für die, neben den generell harten Arbeits- und Lebensbedingungen, Instabilität und Marginalität charakteristisch sind.

In der internationalen Literatur besteht Übereinstimmung, dass primär nicht das Migrationsgeschehen die Produktion von Gesundheit negativ beeinflusst, sondern die beschwerlichen und die vorhandenen Ressourcen aufsaugenden oder gar zerstörenden Lebensumstände in der Aufnahmegesellschaft (vgl. für Österreich BIFFL 2003). Im Falle der für die Arbeitsmigration zumeist charakteristischen Unterschichtung (unqualifizierte Tätigkeiten in benachteiligten und peripheren Segmenten des Arbeitsmarktes) schmilzt der Gesundheitsvorsprung objektiv (Verschleiß) wie auch subjektiv (Ermüdung und Erschöpfung). Epidemiologische Studien stützen diese Beobachtung. Es sind vor allem körperlich belastende Erwerbstätigkeit, chronischer psychosozialer Stress, ungünstige und sozial segregierte Wohnverhältnisse sowie ungesunde Lebensgewohnheiten, die dazu führen, dass ausländische Arbeitskräfte im Alter über eine stark abgenutzte Gesundheit und ein überhöhtes Morbititätsrisiko verfügen. Nur bei dauerhafter Stabilisierung der sozialen Position kann noch im hohen Alter auf die ursprünglich reichlich vorhandenen Gesundheitsressourcen zurückgegriffen werden. Wie US-amerikanische Studien zeigen, sind es dann häufig die nachfolgenden Generationen, die für die hohen Kosten, die mit Migration verbunden sind, aufkommen müssen; der Gesundheitsstatus der zweiten Generation liegt vielfach unter jenem ihrer Eltern (vgl. dazu PORTES/RUMBAUT 2001).

(e) Spezielle Pflege- und Betreuungsbedürfnisse

Der Zugang zu Hilfs- und Stützungsressourcen bildet für ältere MigrantInnen eine Schlüsselfrage der Lebensgestaltung, und dies gilt umso mehr für marginalisierte Gruppen mit hohen institutionellen Zugangsbarrieren zu den Leistungen und Angeboten der Altenarbeit, etwa ehemalige ArbeitsmigrantInnen; der Altersstrukturwandel konfrontiert zudem die Einrichtungen mit der Notwendigkeit einer sozio-kulturellen Diversifizierung der sozialen Dienste.

Barrieren im Zugang zu den institutionellen Diensten und Hilfssystemen existieren auf individueller, vor allem aber auch auf institutioneller bzw. systemischer Ebene. In Bezug auf die institutionelle Ebene identifiziert BRANDEN-

BURG (1994) vier konkrete Problemkreise: So gehen, erstens, viele Maßnahmen und Einrichtungen von einer Holschuld aus, wodurch sozial schwächere und bildungsfernere Schichten, die über geringes Orientierungswissen und wenig Information verfügen, ins Hintertreffen geraten. Zweitens wird die im Gesundheitsbereich vielfach existierende Diversität der Personalstruktur nach Herkunft und Sprache nur selten als eine Ressource betrachtet, auch erfolgt die gezielte Einbindung und Förderung von Fachpersonal aus der zweiten Einwanderergeneration nur zögerlich. Drittens sind viele Angebote auf Gewohnheiten und Lebenspraktiken der Mehrheitsbevölkerung abgestellt, während davon abweichende Einstellungen und Verhaltensmuster von migrantischen Gruppen als störend wahrgenommen und ignoriert werden. Zudem sind, viertens, die Einrichtungen zumeist nur ungenügend über die Lebens- und Bedarfssituation der unterschiedlichen migrantischen Bevölkerungsgruppen informiert, weshalb in Bezug auf die Frage der speziellen Bedürfnisse Unsicherheit und Fantasien vorherrschen. Sprachliche und Verständigungsschwierigkeiten begünstigen Fehldiagnosen und Medikamentisierung, das Fehlen von Information in den Zielgruppensprachen stellt eine weitere wichtige institutionelle Barriere dar. Empirische Forschungen bestätigen zudem die Erfahrung von Beratungsstellen, dass das subjektive Unsicherheitsempfinden unter älteren Migrantinnen in Abhängigkeit von kulturellen, sozialen und psychosozialen Ressourcen – Sprachkenntnisse und Orientierungswissen, soziale Netzwerke und Brückenkontakte oder Selbstwirksamkeit („erlernte Hilflosigkeit") – variiert.

Betreuungs- und Pflegebedürfnisse älterer MigrantInnen sind sowohl durch die Migrationserfahrung als auch durch kulturelle Vorstellungen geformt. Migrationsbiographisch geprägt ist etwa die Zentralität der Familienbindungen, kulturell sozialisiert sind unter anderem Vorstellungen von Altern, Körper, Krankheit und Tod. Viele ältere MigrantInnen richten ihre Hilfserwartungen auch bei chronischer Erkrankung und Pflegebedürftigkeit an das Solidarsystem von Familie und Verwandtschaft, auch wenn dieses den damit verbundenen Anforderungen nicht gewachsen ist. Befragungen von MigrantInnen deuten darauf hin, dass, ungeachtet der dominierenden Familienpräferenz und Vorbehalten gegenüber den Institutionen der Altenarbeit, in Bezug auf die Versorgung mit sozialen Diensten, teilweise aber auch in Hinblick auf den stationären Bereich durchwegs realistische Einschätzungen überwiegen und die Inanspruchnahme entsprechender Dienste im Bedarfsfall gewünscht wird (KIENZL-PLOCHBERGER/REINPRECHT 2005, KREMLA 2005, REINPRECHT 2006). Die Akzeptanz von Diensten und Leistungen steigt an, sobald diese einmal in Anspruch genommen worden sind. Von großer Bedeutung ist aber auch die Adaptierung bestehender bzw. die Entwicklung zielgruppenspezifischer Angebotsstrukturen (zu den Themen kultursensible Pflege bzw. interkulturelle Öffnung der sozialen Dienste vgl. etwa WHO 2006, BINDER-FRITZ 2003; SCHNEPP/ WALTER 2009).

5. Ältere MigrantInnen in Österreich: Demographie, Besonderheiten und sozio-ökonomische Lage

Wie für alle anderen europäischen Industrieländer, ist auch für Österreich davon auszugehen, dass die ältere Bevölkerung ausländischer Herkunft in den kommenden Jahren kontinuierlich zunehmen wird. Seit dem Beginn der Anwerbung ausländischer Arbeitskräfte in den 1960er Jahren hat sich der Anteil der ausländischen Bevölkerung in Österreich insgesamt mehr als verzehnfacht (Anstieg von 1 auf 10,7% zwischen 1960 und 2010; 18% der Bevölkerung sind außerhalb Österreichs geboren, für 1960 existiert keine Vergleichszahl für das Geburtsland). In diesem Zeitlauf nimmt aber auch der Anteil der älteren Bevölkerung ausländischer Herkunft zu. Liegt dieser Anteil (über 50-Jährige) 1960 im Promillebereich, beträgt er 2010 knapp über 9% (2010 sind rund 15% der über 50-Jährigen außerhalb Österreichs geboren; für 1960 existiert keine Vergleichszahl für das Geburtsland). In Wien, wo ein Drittel der Bevölkerung über einen Migrationshintergrund verfügt, sind mehr als 20% der über 50jährigen Wohnbevölkerung außerhalb von Österreich geboren; seit 1991 hat sich hier die Zahl der migrantischen Älteren mehr als verdoppelt.

Der Blick in die amtlichen Statistiken dokumentiert den Strukturwandel der älteren Bevölkerung auch als einen Prozess zunehmender Diversifizierung nach nationaler oder ethnischer Zugehörigkeit. Noch immer sind die Spuren der österreichischen Migrationsgeschichte des 20. Jahrhunderts unübersehbar in die Struktur der Bevölkerung eingraviert. So etwa bilden Personen, die aus der ehemaligen tschechoslowakischen Republik zugewandert sind, neben den ImmigrantInnen aus dem ehemaligen Jugoslawien, die zahlenmäßig bedeutsamste Zuwanderergruppe unter den Älteren. Weitere wichtige Herkunftsländer sind Deutschland und Polen. Während der Anteil der in der Zwischen- oder unmittelbaren Nachkriegszeit immigrierten Bevölkerung naturgemäß sinkt, rücken nun zunehmend Angehörige der ersten Generation der Arbeitsmigration, die ab Mitte der 1960er Jahre als „GastarbeiterInnen" nach Österreich eingewandert sind, in höhere Altersgruppen vor.

Laut Bevölkerungsstatistik hat sich seit den 1960er Jahren die über 50-Jährige Bevölkerung aus Ex-Jugoslawien und der Türkei in absoluten Zahlen mehr als verzwanzigfacht und in Anteilswerten mehr als verzehnfacht. Charakteristische Merkmale dieser Bevölkerungsgruppe sind ein überdurchschnittlicher Anteil an jüngeren Alten, während die höheren Alterskategorien erst schwach besetzt sind. Hinsichtlich der Geschlechterproportion ist ein relativ höherer Anteil an Männern auffallend, wobei im Zeitverlauf sowie in höheren Alterssegmenten auch in der arbeitsmigrantischen Bevölkerung eine Feminisierung des Alters zu beobachten ist; weitere Merkmale sind ein relativ geringerer Anteil an Singlehaushalten sowie ein höherer Anteil an Mehrgenerationenhaushalten (was jedoch nicht zu Übergeneralisierungen verleiten sollte; bei rund einem Viertel der Haushalte älterer MigrantInnen aus Ex-Jugoslawien und der Türkei handelt es sich um Singlehaushalte), schließlich ein längerer Verbleib in der Erwerbsarbeit, auch für Frauen, und relativ spätere Pensionseintritte.

Wie sehr sich die Situation der ersten Generation der Abeitsmigration aus Ex-Jugoslawien und der Türkei von der Lage älterer ImmigrantInnen aus anderen Herkunftsländern bzw. Regionen unterscheidet, lässt sich an Daten sowohl zur sozio-ökonomischen Struktur als auch zu verschiedenen Lebenslageaspekten festmachen.

Laut Volkszählung 2001 sind 73% bzw. 80% der über 50-jährigen MigrantInnen aus Ex-Jugoslawien und der Türkei dem Arbeiterstatus zuzuordnen, ein Großteil von ihnen sind angelernte oder Hilfsarbeiter. Für Ältere aus den EU-15 (ohne Österreich), aber auch aus den neuen EU-Ländern gilt dies nur für 5 bzw. 25 Prozent (autochthone Ältere: 21%). Der Arbeiterstatus korrespondiert mit Bildungsferne: 73% der Älteren aus Ex-Jugoslawien und 89% jener aus der Türkei verfügen höchstens über einen Pflichtschulabschluss. Unter Älteren aus der EU-15 (ohne Österreich) trifft dies auf 9%, aus den neuen EU-Ländern auf 23% und unter autochthonen Älteren auf 31% zu.

Auch nach dem Einkommen differenziert die Situation zwischen den verschiedenen älteren Bevölkerungsgruppen erheblich, wobei Ältere aus der Türkei die ökonomisch schwierigste Lebenssituation vorfinden, während sich die Einkommenslage für Ältere aus Ex-Jugoslawien besser darstellt und etwa auf dem Niveau der Älteren aus den neuen EU-Ländern liegt; die Einkommenssituation der Älteren aus den EU 15-Staaten übersteigt jene der autochthonen Älteren. Nach den Ergebnissen der Armutsforschung weist (in Wien) die über 60jährige Bevölkerung aus der Türkei eine achtmal so hohe, die Älteren aus dem ehemaligen Jugoslawien eine dreimal so hohe Armutsgefährdung wie die gleichaltrigen Einheimischen auf (UNTERWURZACHER 2006, S. 96). Mit der Pensionierung spitzt sich die prekäre Einkommenssituation häufig weiter zu: In einer zwischen 2003 und 2004 in Wien durchgeführten Befragung von knapp tausend über 55-jährigen ImmigrantInnen aus der Türkei und Ex-Jugoslawien gaben vier Fünftel der bereits pensionierten Befragten an, keine reguläre Alterspension zu beziehen (vgl. KIENZL-PLOCHBERGER/REINPRECHT 2005). Die materiellen Restriktionen spiegeln sich für die erste Generation der Arbeitsmigration auch in einer benachteiligten Wohnsituation (niedrige Ausstattungskategorie, geringe Nutzfläche, Überbelag, hoher Anteil an befristeten Mietverträgen und überteuerten Mieten); nur ein kleiner Teil der migrantischen Wohnungen kann als altersgerecht eingestuft werden.

Hinsichtlich der Gesundheitsressourcen fehlt es österreichweit zwar an epidemiologischen Studien, für die erste Generation der Arbeitsmigration sind die kumulativen Effekte von körperlich verschleißendem Erwerbsleben, belastenden Wohnverhältnissen und ungesunden Ernährungsgewohnheiten jedoch vielfach dokumentiert (vgl. AMESBERGER et al. 2003). Dass Migration nicht mit Gesundheitsarmut gleichgesetzt werden kann, zeigen Auswertungen der von Statistik Austria 2006/07 durchgeführten Gesundheitsbefragung, die erhebliche Ungleichheiten unter über 50-Jährige nach Herkunftsland bzw. -region dokumentiert. So fühlen sich Personen, die aus den EU-15-Ländern nach Österreich eingewandert sind, im Schnitt gesünder als Angehörige der autochthonen österreichischen Bevölkerung (Mittelwert 2,2 im Vergleich zu 2,4 auf einer 5-stufigen Skala von sehr gut=1 bis sehr schlecht=5), während Angehörige der Arbeitsmigration deutlich niedrigere Werte aufweisen (Mittelwert von 2,9 beziehungsweise 3); die Werte für Personen aus den neuen EU-Mitgliedsländern entsprechen in etwa jenen der autochthonen österreichischen Bevölkerung. Weiters dokumentieren die Daten eine unterschiedliche Belastung durch chronische Erkrankungen: Während 74% der aus der Türkei stammenden Personen und 60% jener aus dem ehemaligen Jugoslawien angeben, unter einer chronischen Krankheit zu leiden, nennen dies 48% der zugewanderten Älteren aus den EU-Ländern und 57% der autochthonen Bevölkerung.

6. Forschungen zur Intersektion von Altern und Migration in Österreich

Für Österreich erweist sich nicht nur die Datenlage der amtlichen Statistik aufgrund des teilweise noch immer vorherrschenden Staatsbürgerschaftsprinzips selektiv, auch die Forschungssituation zur Lebenssituation der älteren Bevölkerung ausländischer Herkunft ist wenig befriedigend. Umfassende Analysen, welche der (nach Herkunft, ethnischer Zugehörigkeit oder beruflicher Qualifikation) Heterogenität der migrantischen Bevölkerung gerecht werden, existieren für Österreich nicht. Relativ gut erforscht ist das prekäre Altern der Arbeitsmigration (zusammenfassend aufbereitet, analysiert und interpretiert in REINPRECHT 2006, vgl. auch REINPRECHT 2007 und 2003), darüber hinaus liegt mittlerweile eine Reihe an Fallstudien und Expertisen vor, die zumeist lokal und auf Teilpopulationen eingegrenzt sind oder institutionelle Informationsbedürfnisse abdecken bzw. anlassbezogen durchgeführt wurden. Die nachfolgenden Ausführungen fokussieren auf ausgewählte Forschungsergebnisse zur Situation der Bevölkerung aus den beiden wichtigsten Herkunftsländern der Arbeitsmigration, Ex-Jugoslawien und Türkei, die, gemessen am Kriterium der Staatsbürgerschaft, bereits heute zwei Drittel der älteren ausländischen Bevölkerung umfassen und auch nach dem Kriterium der Herkunft in den kommenden Jahren die Mehrheit stellen werden (derzeit ein Drittel). Themen, auf die im Folgenden unter Bezugnahme auf die Forschung kurz eingegangen werden sollen, beziehen sich auf die Produktion von Lebensqualität trotz prekärer Lebensbedingungen, Aspekte von Identitätskonstruktion und Migrationsbilanz, Partizipationspotentiale sowie Einsichten zur spezifischen Lebenssituation älterer Frauen ausländischer Herkunft.

Lebensqualität trotz Prekarität?

Die skizzierte Ressourcenknappheit in den Bereichen Einkommen, Wohnen und Gesundheit manifestiert sich in Befragungen älterer ArbeitsmigrantInnen in einem überdurchschnittlich empfundenen Belastungsdruck, wobei zusätzlich zur gesundheitlichen und ökonomischen Situation die Sorge um das Wohlergehen der Kinder sowie die Angst vor Einsamkeit und das Gefühl, von anderen abhängig zu sein, als Stressoren wirken. Zugleich verweisen die Forschungsergebnisse darauf hin, dass die schwierigen Lebensumstände zwar das allgemeine Wohlbefinden, nicht aber den Lebenssinn beeinträchtigen. Zu den wichtigsten Ressourcen, die mobilisiert werden können, um Lebensqualität trotz Prekarität zu erzeugen, zählen soziale Beziehungen, insbesondere im Bereich der Familie – die Netze erstrecken sich häufig über mehrere Länder – und im Wohnumfeld. Für die Aufrechterhaltung von Lebensqualität im höheren Alter sind die Verankerung der sozialen Ressourcen in der eigenen Lebenswelt und ihre Aktivierbarkeit für Partizipation ausschlaggebend. Da soziale Netzwerk- und Opportunitätsstrukturen vorwiegend im sozialräumlichen Wohnumfeld lokalisiert sind, kommt der sozialräumlichen und nachbarschaftlichen Dimension von Lebensqualität ein großer Stellenwert zu.

Lebensqualität wird auch durch eine positive Migrationsbilanz erklärt. Diese äußert sich subjektiv (Ausmaß an Zufriedenheit) und objektiv (erreichte Statusposition). In den eigenen Studien wurde zwischen Randphänomenen von Erfolg (14%) und Scheitern (15%) ein breites Spektrum an Mischformen sichtbar, für die adaptive Strategien charakteristisch sind. Als interessantes Ergebnis erweist sich, dass Migrationserfolg nicht primär mit der ökonomischen Zielerreichung zusammenhängt (bessere Arbeit finden, Lebensstandard verbessern); Erfolg kristallisiert sich, wenn es gelingt, die zukunftsbezogenen Ziele (Geld ansparen, den Kindern eine bessere Zukunft/eine qualifizierte Berufsausbildung ermöglichen) und Autonomieansprüche (ein interessantes und unabhängiges Leben führen) zu realisieren; herkunftsbezogene Ziele (etwas im Herkunftsland erwerben, die Familie in der Heimat unterstützen) spielen in Hinblick auf den subjektiven Migrationserfolg eine weniger zentrale Rolle. Die Konsistenz von erreichter Stabilität der Position und positiver Gesamtbewertung der Migration (Erfolg) zeigt sich von folgenden Einflüssen abhängig: Fehlen von größeren Brüchen im Erwerbsleben, Aneignung von Deutschkenntnissen, geringe Diskriminierungserfahrung. Ein Effekt von Einbürgerung kann nicht festgestellt werden.

Mehrschichtige Identitätskonstruktionen

Migrationserfolg korrespondiert mit einer positiven Österreichbindung, die das Gefühl der Zugehörigkeit zum Herkunftsland nicht ausschließt. In den eigenen Forschungen dominiert die Doppelbindung (positive Zugehörigkeitsgefühle zu Österreich und zum Herkunftsland), Assimilation und ethnische Segmentierung sind hingegen von eher nachrangiger Bedeutung, das Ausmaß an Unzugehörigkeit ist gering. Die emotionale Bindung an Österreich wird durch Akkulturation (Dauer des Aufenthalts, positive Migrationsbilanz) und Bildungsressourcen (über die Schulpflicht hinausgehende Schulbildung, gute Deutschkenntnisse) begünstigt, für die Doppelzugehörigkeit ist darüber hinaus das Aufrechterhalten von Bindungen an das Herkunftsland bedeutsam (keine Ablösung von Herkunftskultur und traditioneller Gruppenbindung, wie dies im Falle der Assimilation der Fall ist). Eine stabile soziale Position und eine positive Migrationsbilanz machen die ethnische Insulation (Rückzug in ein homogenes ethnisches Segment) unwahrscheinlich, ethnische Inhalte können in der Lebensführung dennoch Geltung beanspruchen. Bei genauerer Hinsicht erweist sich ethnische Identität als ein mehrdimensionales Konstrukt. Traditionsorientierung (Wichtigkeit von Sitten und Bräuchen) löst sich von der Orientierung an Religion ab, Religion teilt sich in Religiosität und Ritualismus. So zeigt sich etwa, dass Personen, die sich emotional an Österreich binden, häufig die Traditionsbindung aufrechterhalten und Religion abspalten.

Bleiben, Rückkehr, Pendeln

Die Identitätskonstruktion beeinflusst auch die Präferenzen für die nachberufliche Lebensführung. Für die Mehrzahl der älteren MigrantInnen bleibt Österreich auch nach dem altersbedingten Ausscheiden aus dem Erwerbsleben der Lebensmittelpunkt, wobei die Orientierung an Österreich nicht nur funktional (Qualität des Gesundheitssystems, Sicherheitsstandards, etc.) und sozial (Familienanbindung), sondern auch emotional und identifikatorisch begründet ist, wobei die emotionale Bindung an das Herkunftsland teilweise ebenfalls aufrechterhalten und über transnationale Netzwerke und/oder die Praxis der Pendelmigration aktiv gelebt wird.

Zurückkehren, Bleiben und Pendeln werden häufig als Entscheidungsdilemma beschrieben, die unterschiedlichen Präferenzen können aber auch als Optionenvielfalt interpretiert werden. Die Alternative von Zurückkehren, Pendeln oder Bleiben erhält ihre Plausibilität aus der Perspektive der Aufnahmegesellschaft, die im Prinzip, wie alle nationalstaatlich gefassten Gesellschaften, auf der Festsetzung (und dem Mobilitätsmanagement) ihrer Bevölkerung beruht, wozu die häufig ungewissen und uneindeutigen Zukunftsperspektiven migrantischer Gruppierungen in einem Gegensatz stehen. Die empirischen Analysen bestätigen, dass die Bleibeorientierung eine stabile gesellschaftliche Platzierung bedingt. Eine fragile und marginale Position in der Gesellschaft fördert hingegen den Wunsch nach Rückkehr. Pendeln möchten jene, die in beiden Lebenskontexten in soziale Beziehungszusammenhänge eingebettet sind. Die Intention, in Österreich auch das Alter zu verbringen, ist umso stärker, je weniger Diskriminierungserfahrungen berichtet werden und je geringer das Ausmaß an ethnischer Segregation im Wohnbereich ist. Die Qualität des Wohnens und der Zugänglichkeit des Wohnumfeldes bildet im Kontext des migrantischen Alterns ein Schlüsselkriterium für selbständige Lebensführung und Lebensqualität. Je restriktiver die Wohnbedingungen, desto reduzierter der Handlungsraum und Aktivitätsradius. Sozialräumliche Segregation erhöht zudem insbesondere im Alter und bei reduzierter Mobilität die Verwundbarkeit, da sie die gesellschaftliche Isolation verstärkt, konkret etwa die Erreichbarkeit und Zugänglichkeit von Informationen über soziale Dienste.

Hohe Partizipationspotentiale
Obwohl aufgrund der harten Arbeitsbedingungen die Pensionierung herbeigesehnt wird, wird das tatsächliche Ausscheiden aus dem Produktionsprozess nur selten als Lebensverbesserung beschrieben. Neben Geldsorgen verbindet sich für ältere ArbeitsmigrantInnen der Übertritt in die nachberufliche Lebensphase häufig mit sozialem Rückzug sowie mit der Erwartung von Einsamkeit und Passivität. Die empirischen Untersuchungen zeigen, dass viele MigrantInnen in der Tat im Alter ihre Freizeit häufig alleine (zu Hause) verbringen und mehr soziale Geselligkeit und gesellschaftliche Teilhabe wünschen, wobei das Bedürfnis nach Aktivität generell stärker auf die Wir-Gruppe und weniger auf individuelle Selbstverwirklichung bezogen ist. Es besteht ein großes Potential für Freiwilligenarbeit (REINPRECHT 2009).

Zur Situation älterer Migrantinnen
Die Situation älterer migrantischer Frauen ist wenig erforscht (für Deutschland vgl. MATTHÄI 2006). Die vorhandenen Daten für Österreich unterstreichen zum einen Unterschiede zwischen Herkunftsgruppen (etwa in Bezug auf die Scheidungs- und Singularisierungsraten, die unter Frauen aus Ex-Jugoslawien höher sind als in anderen Gruppen); zum anderen bestätigt sich die Annahme geringerer sozio-ökonomischer Ressourcen. Interessant sind die langfristigen Auswirkungen der Wanderungsbiographie auf das Älterwerden der Frauen. Migrantinnen, die selbständig zugewandert sind, leben häufiger alleine und sind zumeist weniger stark in ethnische Milieus integriert. Insgesamt sind migrantische Frauen weniger an Rückkehr und Pendeln orientiert, vor allem verwitwete und geschiedene Frauen planen in Wien bzw. Österreich zu bleiben.

7. Fazit

Der Anteil der Älteren ausländischer Herkunft und ihre Diversität werden weiter zunehmen, und dies konfrontiert die etablierten Systeme der Altenarbeit mit neuen Herausforderungen, sei es in der intra- und extramuralen Altenhilfe oder hinsichtlich Versorgung und Pflege. Gleichzeitig werden differenzierte

Vorstellungen vom Älterwerden und alternative Konzepte der Lebensführung gelebt und stärker sichtbar. In Österreich setzt sich das Bewusstsein diesbezüglich erst langsam durch. Freilich: Solange es nicht gelingt, die stereotypen Bilder von Alter und Migration aufzulösen, können die Problemlagen, mit denen sich zugewanderte Bevölkerungsgruppen konfrontiert sehen, nicht differenziert erkannt und benannt werden. Stattdessen werden weiterhin Einzelbeobachtungen generalisiert und kulturelle Zuschreibungen getätigt, und Bedürfnisse, die aus der Migrationssituation resultieren, als Ausdruck von Andersheit gedeutet. Not tut eine unvoreingenommene Forschung, die nicht vorab Gruppen als Problemträger klassifiziert und kategorisiert, sondern die die Interaktionseffekte von Altern und Migration aus der Perspektive einer Soziologie der sozialen Ungleichheit analysiert.

Literatur

AMESBERGER, H./HALBMAYR, B./LIEGL, B.: Gesundheit und medizinische Versorgung von ImmigrantInnen. In: FASSMANN, H./STACHER, I. (Hg): Österreichischer Migrations- und Integrationsbericht. Klagenfurt 2005, S. 171-194.

BIFFL, G.: Socio-economic Determinants of Health and Identification of Vulnerable Groups in the Context of Migration: The Case of Austria. WIFO Working Papers 206. Österreichisches Institut für Wirtschaftsforschung. Wien 2003.

BINDER-FRITZ, Ch.: Herausforderungen und Chancen interkultureller Fortbildungen für den Pflegebereich am Beispiel Österreich. In: FRIEBE, J./ZALUCKI, M. (Hg): Interkulturelle Bildung in der Pflege. Bielefeld 2003, S. 116-144.

BLAKEMORE, K./BONEHAM, M.: Age, Race and Ethnicity. Buckingham 1994.

BOOS-NÜNNING, U.: Einwanderung ohne Einwanderungsentscheidung: Ausländische Familien in der Bundesrepublik Deutschland. In: AUS POLITIK UND ZEITGESCHICHTE 1990, 40, S. 16-25.

BRANDENBURG, H.: Altern in fremden Umwelten. In: ZEITSCHRIFT FÜR GERONTOLOGIE, Vol. 27, 1994, S. 419-428.

BROCKMANN, M.: Quality of Life Among Older Ethnic Minority Migrants in Germany, Austria and the UK. In: EUROPEAN SOCIETIES, 4 (3), 2002, S. 285-306.

BRUBAKER, R.: Ethnicity without Groups. In: ARCHIVES EUROPEÉNNE DE SOCIOLOGIE, 18 (2), 2002, S. 163-189.

BUNDESARBEITSGEMEINSCHAFT DER IMMIGRANTENVERBÄNDE IN DER BUNDESREPUBLIK DEUTSCHLAND (BAGIV) (Hg.): Mobilität als Handlungsfähigkeit gegen Diskriminierung. Bonn 2002.

CASTEL, R.: Die Fallstricke des Exklusionsbegriffs. In: Mittelweg 36, 9 (3), 2000, S. 11-25.

CASTLES, St.: Guestworkers in Europe: A Resurrection? In: INTERNATIONAL MIGRATION REVIEW, Vol. 40 (4), 2006, S. 741-766.

DIETZEL-PAPAKYRIAKOU, M.: Potentiale älterer Migranten und Migrantinnen. In: ZEITSCHRIFT FÜR GERONTOLOGIE UND GERIATRIE, 38 (6), 2005, S. 396-406.

DIETZEL-PAPKYRIAKOU, M.: Wanderungen alter Menschen. Das Beispiel der Rückwanderung älterer Arbeitsmigranten. In: NAEGELE, g./SCHÜTZ, R.-M. (Hg): Soziale Gerontologie. Lebenslagen im Alter und Sozialpolitik für ältere Menschen. Wiesbaden 1999, S. 141-156.

DIETZEL-PAPAKYRIAKOU, M.: Altern in der Migration. Die Arbeitsmigranten vor dem Dilemma: zurückkehren oder bleiben? Stuttgart 1993.

DOWD, J. J/BENGTSON, V. L.: Aging in Minority Populations. An Examination of the Double Jeopardy Hypothesis. In: JOURNAL OF GERONTOLOGY, 3, 1978 S. 427-436.

FASSMANN, H./MÜNZ, R.: Einwanderungsland Österreich? Wien 1995.

KREMLA, M. (2005): Interkulturelle Altenpflege in Wien: Angebot und Veränderungsbedarf aus der Sicht von ZuwanderInnen und Trägereinrichtungen. Forschungsbericht. Wien 2005.

KIENZL-PLOCHBERGER, K./REINPRECHT, Ch.: IntegrationsInfoService von MigrantInnen für MigrantInnen (IIS). Projektbericht. Wien 2005.

KRUMME, H.: Fortwährende Remigration: Das transnationale Pendeln türkischer Arbeitsmigrantinnen und Arbeitsmigranten im Ruhestand. In: ZEITSCHRIFT FÜR SOZIOLOGIE, 33, 2004, S. 138-153.

LITWIN, H.: The network shifts of elderly immigrants: The case of Soviet Jews in Israel. In: JOURNAL OF CROSS-CULTURAL GERONTOLOGY, 12, 1997, S. 45-60.

MATTHÄI, I.: Die „vergessenen" Frauen aus der Zuwandergeneration. Zur Lebenssituation von alleinstehenden Migrantinnen im Alter. Wiesbaden 2006.

NAUCK, B.: Soziales Kapital, intergenerative Transmission und interethnischer Kontakt in Migrantenfamilien. In: MERKENS, H./ZINNECKER, J. (Hg): Jahrbuch Jugendforschung 4. Wiesbaden 2004, S. 18-49.

OLBERMANN, E.: Ältere Ausländer – eine neue Zielgruppe für Altenarbeit und -politik. In: KÜHNERT, S./NAEGELE, G. (Hg), Perspektiven moderner Altenpolitik und Altenarbeit. Hannover 1995, S. 18-49.

PORTES, A./RUMBAUT, R. G.: Legacies: The Story of Immigrant Second Generation. Berkely 2001.

RAZUM, O./TWARDELLA, D., Niedrige Sterblichkeit unter Migranten – ein Paradoxon? In: KRÄMER, A./PRÜFER-KRÄMER, L. (Hg.), Gesundheit von Migration. Weinheim und München 2004, S. 61-74.

REINPRECHT, Ch.: Freiwilliges Engagement und MigrantInnen. In: BUNDESMINISTERIUM FÜR ARBEIT, SOZIALES UND KONSUMENTENSCHUTZ (Hg.), Freiwilliges Engagement in Österreich. 1. Freiwilligenbericht, Wien 2009, S. 137-147.

REINPRECHT, Ch.: Alt nach der Gastarbeit. In: FASSMANN, H. (Hg): 2. Österreichischer Migrations- und Integrationsbericht. Klagenfurt 2007, S. 211-223.

REINPRECHT, Ch.: Nach der Gastarbeit. Prekäres Altern in der Einwanderungsgesellschaft. Wien 2006.

REINPRECHT, Ch.: Zur Lebenssituation älterer Migrantinnen und Migranten in Österreich. In: FASSMANN, H./STACHER, I. (Hg): Österreichischer Migrations- und Integrationsbericht. Klagenfurt 2003, S. 212-223.

REINPRECHT, Ch./DONAT, L.: Aktiv ins Alter. Ergebnisse der Begleitforschung zum WHO-Projekt „Investition in die Gesundheit älterer Menschen". Forschungsbericht. Wien 2005.

REINPRECHT, Ch./DONAT, L.: Jung und Alt im Migrationsprozess. Eine Befragung von Jugendlichen der 2. und 3. Generation über ihr Verhältnis zu älteren Bezugspersonen. Forschungsbericht. Wien 2004.

SCHNEPP, W./WALTER, I. (Hg.): Multikulturalität in Pflege und Gesellschaft. Wien 2009.

SOHLER, K./WALDRAUCH, H.: MigrantInnenorganisationen in der Großstadt. Entstehung, Strukturen und Aktivitäten am Beispiel Wien. Frankfurt am Main/New York 2004.

TORRES-GIL, F./BIKSON-MOGA, K.: Multiculturalism, social policy and the new aging. In: JOURNAL OF GERONTOLOGY SOCIAL WORK, 36 (3-4), 2001, S. 12-32.

UNTERWURZACHER, A.: Migrantische Armutslagen. In: TILL, M./TILL-TENTSCHERT, U. (Hg.): Armutslagen in Wien Empirische Befunde zur Arbeits-, Geld- und Wohnsituation sowie spezifischen Disparitäten nach Migrationshintergrund und Geschlecht Schriftenreihe des Institut für Soziologie Bd. 40. Wien Institut für Soziologie der Universität Wien, 2006, S. 87-105.

WACQUANT, L.: Territoriale Stigmatisierung im Zeitalter fortgeschrittener Marginalität. In: DAS ARGUMENT 271, 2007, S. 399-409.

WHO: Gesundes Altern. Aufsuchende Aktivierung älterer Menschen. Kopenhagen: Weltgesundheitsorganisation Regionalbüro für Europa 2006.

Hannes Krall

LEBENSBEWÄLTIGUNG IM ALTER –
Psychodrama und Soziometrie mit älteren Menschen

1. Einleitung

Moderne Lebenswelten und Biographien zeichnen sich dadurch aus, dass sie sich nur schwer in allgemeinen Zustandsbeschreibungen und Ablaufmustern erfassen lassen. Was man mit Jung-Sein und Alt-Sein in Verbindung bringt, ließe sich anhand vieler Gegenbeispiele rasch widerlegen. Was als gemeinsam angesehen werden kann, ist die Freude, Aufgabe oder Herausforderung, den Alltag zu leben und die „Zeitlichkeit" unseres Seins, den Lauf der Dinge täglich zu durchschreiten oder zu „bewältigen". Je nach sozialen, kulturellen, ökonomischen und politischen Voraussetzungen, wird diese tägliche Aufgabe mehr oder weniger individualisiert oder in vorgegebenen soziokulturellen Bahnen erfüllt.

Angesichts der Diversität von Lebenslagen im Alter sind Verallgemeinerungen über verschiedene Altersphasen hinweg kritisch zu betrachten. Dennoch lässt sich sagen, dass mit zunehmendem Alter Veränderungen in folgenden Bereichen zu Beeinträchtigungen und Belastungen führen (vgl. KÜNZEL-SCHÖN 2000, S. 56): physische und psychische Veränderungen und Erkrankungen, Veränderungen in der sozialen Situation, Veränderungen im Bereich des Wohnens, des Wohnumfeldes (NIEPEL 2004, VOGES/ZINKE 2010) und der materiellen Absicherung (vgl. ENGELS 2010).

Die Veränderungen können im Alltag zu spezifischen Belastungen führen. Im Alter sind vermehrt kritische Lebensereignisse und gesundheitliche Belastungen zu bewältigen, was in der Folge zur alltäglichen Herausforderung beispielsweise in der Körperpflege, der Haushaltsführung etc. führen kann. Zu beachten ist letztlich auch, dass sich mehrere Stressoren wechselseitig verstärken können. Gesundheitliche Beeinträchtigungen können zu einer vermehrten Abhängigkeit führen, depressive Gefühle verstärken oder Ängste hervorrufen. Beeinträchtigungen und erhöhter Unterstützungsbedarf können die finanziellen Möglichkeiten erheblich reduzieren. Und Einschränkungen im sozialen Umgang können zu Abhängigkeiten oder Konflikten mit Nachbarn führen (vgl. KÜNZEL-SCHÖN 2000, S. 110).

Die aus diesen Veränderungen resultierenden Belastungen stellen unangenehme subjektive Diskrepanzerfahrungen dar, die sich auf objektive Umstände beziehen. Damit sind sowohl Umstände und Beziehungen in der Lebenswelt des betroffenen Menschen angesprochen, als auch deren psychisches und

physisches Befinden. Wie diese belastenden Umstände oder Ereignisse erlebt werden und zu welchen Reaktionen und Bewältigungsversuchen sie führen, wird von den betroffenen Menschen und deren Lebensumfeld mitbestimmt.
Veränderungen im Alltag von alten Menschen sind zumeist nicht nur durch kontinuierliche Prozesse bestimmt – wie den vorhersehbaren Veränderungen im beruflichen oder familiären Alltag –, sondern vielfach auch durch nicht vorhersehbare Veränderungen, wie plötzlich auftretende Krankheiten oder Beeinträchtigungen oder dem Verlust von wichtigen Bezugspersonen. ROSENMAYR sieht es als Herausforderung im Alter, „diskontinuitätsfähig" zu sein: „Wer ‚diskontinuitätsfähig' ist, also Einbrüche im Curriculum als Bedrohungen der Person zu verarbeiten versteht und die Diskontinuität als *Herausforderung* und Chance sieht und kreativ ‚bewältigt', kann neben der äußeren Kontinuität auch (tief greifende) Wandlungsprozesse in Mentalität und Handeln im Dienst einer *dynamischen Stabilisierung* begreifen" (ROSENMAYR 2003, S. 39).
Für die Soziale Arbeit mit älteren Menschen ergibt sich daraus die Herausforderung, dass bestehende Formen der biographieorientierten Arbeit in der Beratung, beim Assessment oder etwa im Bereich des bürgerschaftlichen Engagements weiterentwickelt und ausgebaut werden sollten. Vor allem sind die Übergänge in den Lebensphasen zu beachten, da damit auch Veränderungen in den jeweiligen Rollen – manche Rollen müssen aufgegeben, andere müssen neu erschlossen werden – von Bedeutung sind (vgl. OTTO 2008, S. 197).

2. Psychodrama mit alten Menschen

Das Psychodrama hat mit der Rollentheorie von Beginn an die Entwicklung des Menschen über die Lebensspanne im Auge gehabt. Sowohl Kindheit als auch Alter wurden bei MORENO thematisiert. Der Rollenverlust – bis hin zum „sozialen Tod" – wurden von MORENO in seinen Schriften angesprochen. PETZOLD und BUBOLZ (1976, S. 137 ff.) haben bereits in den 1970er Jahren die Bedeutung psychodramatischer Sichtweisen für die Bildungsarbeit mit alten Menschen hervorgehoben. Vor allem die Bedeutung sozialer Beziehungen und die Rollenentwicklung im Alter seien in der geragogischen Arbeit zu beachten. PETZOLD (1983 u. 1985) kritisierte auch zu Recht, dass Psychotherapie für alte Menschen kaum angeboten werde. Es sei ein Vorurteil anzunehmen, dass alte Menschen für Psychotherapie nicht geeignet wären. Diesem Vorurteil steht entgegen, dass viele Menschen im Alter allein sind und nur schwer neue soziale Zugänge finden. PETZOLD weist darauf hin, dass psychosoziale Interventionen bei älteren Menschen wirksam eingesetzt werden können, dass Bewältigungshilfen für den Umgang mit schwierigen Lebenssituationen gegeben werden können, Persönlichkeitsentwicklung gefördert werden kann, psychische und psychosomatische Erkrankungen geheilt oder gelindert werden können.

Psychodramatische Arbeit orientiert sich an einer salutogenetischen Sichtweise. Aaron ANTONOVSKY (1997) konnte zeigen, dass Menschen psychische Belastungen gut verarbeiten können, wenn sie ein Kohärenzgefühl („Sense of Coherence") aufbauen oder erhalten können. Menschen bleiben trotz hoher psychischer Belastung gesund, wenn es gelingt, das Verstehen (Comprehensibility), die Handhabbarkeit (Manageability) und die Bedeutsamkeit (Meaningfulness) in Bezug auf belastende Erfahrungen zu fördern. Psychodramatische Arbeit mit älteren Menschen zielt daher primär darauf, die eigene Lebenssituation besser zu verstehen, die Handlungsfähigkeit zu erhalten und auftretende Belastungen als Herausforderungen nicht nur für die Bewältigung des Lebensalltages zu sehen, sondern auch in das eigene Selbstverständnis integrieren zu können. In besonderer Weise können in Anlehnung an Michael RATH (2007, S. 39) folgende Zielsetzungen psychodramatischer Arbeit mit alten Menschen genannt werden:

- Stärkung der Ich-Funktionen
- Förderung von Selbstkohärenz und Selbstkontinuität
- Rollenrepertoire erhalten bzw. erweitern: Rollen im Spiel wieder aktivieren
- Förderung der Fähigkeit, den Verlust von sozialen Rollen zu betrauern
- Aktives Einbeziehen der Lebenswelt der alten Menschen
- Förderung von unterstützenden sozialen Beziehungen: psychodramatische Arbeit am sozialen Atom
- Den Erfahrungen der Vergangenheit eine Bedeutung geben
- Auseinandersetzung mit Wert- und Sinnfragen: Förderung der „transzendenten Rollen"

All diese Zielsetzungen können Ausgangspunkt für die praktische psychodramatische Arbeit sein, was an einem Beispiel veranschaulicht werden soll. In den folgenden Ausschnitten einer psychodramatischen Arbeit mit dementen Menschen schildert Michael RATH die psychotherapeutische Arbeit mit Herrn G. (80 Jahre), der sich seit drei Jahren auf einer geriatrischen Station eines Krankenhauses befindet. Im Rahmen einer einzeltherapeutischen Begleitung konnte Herr G. Unterstützung für verschiedene Themen finden, die ihn belasten: Er trauert um seine Frau, die vor einigen Jahren an Brustkrebs verstorben ist. Er hat Zweifel, ob er für sich den richtigen Lebensweg nach dem 2. Weltkrieg gefunden hat. Und schließlich belasten ihn unausgetragene Konflikte mit seinem jüngeren Bruder.

Bei einem Treffen in der Psychodrama-Gruppe äußert er seinen Wunsch, dass er gerne wieder heiraten würde. Von einer Sitznachbarin, die er gleich fragt, erhält er einen Korb. Von seiner Sitznachbarin auf der anderen Seite erhält er

jedoch gleich eine Einwilligung. Händchen haltend wird der Rest der Stunde verbracht und beim nächsten Psychodrama-Treffen soll geheiratet werden. Wie diese psychodramatische Inszenierung verläuft, beschreibt Michael RATH in dem folgenden Fallbeispiel:
„Eine Woche später, in der Gruppensitzung (auf der Begegnungsbühne), will sich Herr G. dann doch versichern. Er befragt Frau J., die sich immer noch als mit der Hochzeit einverstanden zu erkennen gibt.
Herr G.: „warum wüüsd mii heiraddn?" („Warum willst du mich heiraten")
Frau J.: „weusd ma gfoisd." („Weil du mir gefällst.")
Herr G.: [sichtbar noch nicht zufrieden] „warum wüüsd mii heiraddn?" („Warum willst du mich heiraten?")
Frau J.: „weu ra dii gean hob." („Weil ich dich mag.")
Bevor sich die Handlungsenergie wieder verflüchtigt, öffne ich mit der Co-Leiterin den Sitzkreis. Zusammen bauen wir die Szene auf. Das ‚Brautpaar' auf der einen, die anderen GruppenteilnehmerInnen als ‚geladene Gäste' auf der anderen Seite. Sowohl Herr G., als auch Frau J. sitzen im Rollstuhl. (Letztere vermag diesen nicht mehr zu bedienen). Ich biete den beiden Requisiten (Stoffe, Kleidungsstücke) zur Wahl an. Frau J. erwärmt sich für rosa Tüll, den sie sich als Schal um den Hals legt. Herr G. entscheidet sich für einen weißen Hut, und mit Unterstützung der künftigen Braut, für ein elegantes Sakko. Danach wird der Korb mit Tüchern im Kreis herumgereicht. Jede Teilnehmerin sucht sich eines (zum Winken) aus. Der Co-Leiter greift nach einer (echten) Kamera. Er wird der Hochzeitsfotograf sein. Sogleich stimmt die Co-Leiterin als Hochzeitslied ‚Hoch sollen sie leben' an. Die meisten ‚Hochzeitsgäste' winken mit ihren Tüchern und stimmen in das Lied mit ein. Ein Gast singt ‚Dick soll sie werden!' Daraus entspinnt sich noch ein humorvoller Disput über das Kinderkriegen. Dann folgt der Brautkuss. Herr G. kommt auf den Geschmack und fordert einige Wiederholungen ein. Der ‚Braut' wird dies zu viel. Als Leiter bewege ich den Rollstuhl der ‚Braut' von ‚Gast' zu ‚Gast', damit sie sich ihre Glückwünsche persönlich abholen kann. Auf der jeweils anderen Seite steht die Co-Leiterin bereit, um im Bedarfsfall den jeweiligen ‚Hochzeitsgast' zu doppeln, falls einer die Spielszene vergessen haben sollte. Alle ‚Hochzeitsgäste' gratulieren in diesem Modus aufs freundlichste. Zuerst der ‚Braut', dann dem ‚Bräutigam'. Nach Auflösung der Szene sitzen wieder alle im Gruppenkreis und singen das stets gleichbleibende Abschiedslied" (RATH 2007, S. 53).
Das Gruppenspiel einer Hochzeit geht von einem Beziehungswunsch von Herrn G. aus. Herr G. sucht eine Frau, da seine Frau an Brustkrebs verstorbene war und er sich nach einer neuen Beziehung sehnte. Im Spiel erfährt Herr G., dass er liebenswert ist. Spielerisch wird ein Körperkontakt möglich – „Händchen" werden gehalten und ein „Brautkuss" ist – mit Einwilligung der „Braut" – erlaubt. Eingebettet ist die Szene in eine Gruppe, die selbst Spaß an

dieser Inszenierung hat und spielerisch imaginativ Anteil an dem Glück des „Brautpaares" nimmt. Das Psychodrama fördert den Kontakt und die soziale Beziehung in der Gruppe – auf der so genannten „Begegnungsbühne" –, und ermöglich eine Aktivierung und ein Erleben eines Wunschbildes auf der Spielbühne.

2.1 Psychodrama: Konstituenten und Arbeitsformen

Das Psychodrama wurde von Jakob Levy MORENO (1889-1974) in der ersten Hälfte des vorigen Jahrhunderts entwickelt. Der Begriff Psychodrama (vgl. MORENO 1967, 1989, 1997) schließt im weiteren Sinne als Sammelbegriff die Soziometrie und das Soziodrama mit ein. Diese Begriffe umreißen weitgehend die Arbeiten Morenos, die eine Form der Sozio- und Psychotherapie zum Inhalt haben. Morenos Arbeiten haben ihren Ursprung in seinen Beobachtungen des kindlichen Spiels, seinem sozialen Engagement als Arzt und seinen künstlerischen Ambitionen im Bereich der expressionistischen Literatur und des experimentellen Theaters.

Moreno folgt einer humanistischen Tradition, in der der Mensch als ein schöpferisch handelndes Wesen gesehen wird, das sich selbst über seine Beziehungen zur Welt bestimmt. Das Psychodrama geht von der These aus, dass die Subjektivität der Menschen innerhalb ihrer entwicklungsfördernden und entwicklungshemmenden Verhältnisse in konkrete Szenen des Alltages eingebettet und somit „dramatisch organisiert" ist. Veränderung und Förderung von Entwicklungen sind erst über sich einlassende Teilhabe an den bewusstunbewussten Inszenierungen möglich (vgl. OTTOMEYER 1992).

Das Psychodrama ist in seiner Entstehungsgeschichte eng mit Sozialer Arbeit verknüpft: „Im Psychodrama geht es um Hilfe für einzelne Menschen und Förderung ihrer subjektiven Autonomie sowie um die Konstitution gesundheits- und entwicklungsförderlicher Lebenswelten. Ziel ist somit eine humane Gestaltung gesellschaftlicher Realität über das Medium der Veränderung zwischenmenschlicher Beziehungen" (STIMMER/ ROSENHAGEN 1999, S. 982).

Wenn vom Psychodrama als einem Verfahren gesprochen wird, subsumiert man genau genommen unterschiedliche Arbeitsweisen. Das Verfahren wird den entsprechenden Erfordernissen angepasst, je nach dem ob eine inhaltlich umschriebene Auseinandersetzung in einem themenzentrierten Psychodrama erfolgt, Themen bearbeitet werden, die sich aus dem Gruppenprozess ergeben, die Beziehungen in der Gruppe zum Gegenstand soziometrischer Arbeit werden oder einzelne Gruppenmitglieder in einem protagonistenzentrierten Psychodrama ihr Anliegen mit Unterstützung der Gruppe zum Gegenstand der gemeinsamen Reflexion machen. Am Beispiel des protagonistenzentrierten Psychodramas lassen sich alle Konstituenten psychodramatischer Arbeit darstellen. Das sind

- *der Protagonist*, der ein Anliegen, eine Frage oder eine Problemstellung einbringt und diese als Hauptdarsteller auf der Bühne in Szene setzt. Der Protagonist entscheidet sich freiwillig für die szenische Umsetzung und bestimmt die Inhalte und den Verlauf des Spieles,
- die *Gruppenleitung (meist mit einer Co-Leitung)*, die den Gruppenprozess strukturiert und begleitet. Die Leitung ist verantwortlich für die Struktur und den Rahmen des Psychodramas. Sie macht Vorschläge hinsichtlich der Form der Inszenierung und unterstützt den Protagonisten in seiner Arbeit, ohne vorgegebene Lösungen aufzusetzen,
- die *Mitspieler/innen in ihren Hilfs-Ich-Rollen*, in denen einzelne Gruppenmitglieder sowohl Teile der Lebenswelt (z. B. Personen im sozialen Umfeld) als auch Anteile der psychischen Innenwelt (z. B. Angst, Zuversicht) des Protagonisten repräsentieren,
- die *Gruppe* als wichtiger sozialer Resonanzkörper für das gesamte Geschehen und als Unterstützung für die einzelnen Gruppenmitglieder und
- die *Bühne* als Ort der Inszenierung, des Spieles und der Aktion.

Der Verlauf einer psychodramatischen Arbeit lässt sich idealtypisch in drei Phasen gliedern:

- *Phase der Erwärmung*: Psychodramatische Einheiten beginnen in der Regel mit einer Einstiegsrunde, bei der nach der momentanen Befindlichkeit gefragt wird und geäußert werden kann, mit welchen Themen, Fragestellungen, Ereignissen etc. sich die Gruppenteilnehmer/innen im Augenblick beschäftigen und woran sie in der Gruppe arbeiten wollen. In der Erwärmungsphase wird deutlich, ob es ein oder mehrere Gruppenthemen gibt. Als Vorbereitung für die Spielphase dient die Erwärmung auch der Aktivierung der Teilnehmer/innen
- *Aktions- oder Spielphase*: Je nach Gruppenentwicklung und Verlauf der Erwärmung kann mit einem Gruppenspiel, einer soziometrischen Übung, einem Protagonistenspiel etc. fortgesetzt werden. Der Psychodramaleiter schlägt ein Spiel vor oder entscheidet mit der Gruppe. Nach dem Einrichten einer Bühne und dem Auswählen von Rollen wird das Spiel in Szene gesetzt.
- *Abschlussphase*: Diese Phase der Nachbesprechung und der Integration setzt sich wiederum aus mehreren Teilschritten zusammen. Nach der Spielphase geben die Mitspieler/innen ein Rollenfeedback. Sie erzählen, wie sie sich in der Rolle erlebt haben, was sie wahrgenommen haben, was überraschend, irritierend, hilfreich etc. war. Danach folgt in einem weiteren Schritt ein Sharing, in dem die Gruppenmitglieder mitteilen, welche Aspekte der Rolle bzw. des Spieles sie aus ihrem Lebensalltag kennen.

Im Psychodrama kommen verschiedene Arbeitsformen zur Anwendung, für die hier einige beispielhaft erwähnt werden:

- Das *Protagonistenspiel*: Ein Teilnehmer stellt in einer szenischen Darstellung etwas von sich oder aus einer vertrauten Interaktion vor. Ausgehend von der szenischen Darstellung wird an einem besseren Verständnis einer vergangenen oder aktuellen sozialen Situation gearbeitet bzw. nach einer besseren „Lösung" für die Zukunft gesucht.
- Das *Stegreifspiel*: In der Gruppe werden ausgehend von einer Thematik und eines skizzierten Kontextes die Mitspieler/innen eingeladen, eine Rolle im Stegreif unter Bezugnahme auf das Thema und die anderen Mitspieler/innen zu entwickeln. Die Bühne könnte als öffentlicher Ort (z. B. Autobus, Kaffeehaus) eingerichtet sein, an dem sich unterschiedliche Menschen treffen und sich bezüglich eines Themas in ein Bühnenspiel verwickeln lassen.
- Der *„leere Stuhl"*: Es wird zu einem Thema eine nicht anwesende Person auf einem leeren Stuhl imaginiert bzw. mit einem Mitspieler besetzt, der bezüglich eines vorgebrachten Sachverhalts befragt werden kann.
- *Das Standbild/die Skulptur*: Ähnlich wie auf einem Foto können beispielsweise Menschen zu einem vorher bestimmten Sachverhalt in Form eines Standbildes aufgestellt und betrachtet oder befragt werden. Die Skulptur ist eine Weiterführung eines Standbildes. Eine Skulptur kann genauer ausgestaltet, geformt und verändert werden.
- *Das soziale Atom*: Beziehungen können mit Hilfe eines sozialen Atoms veranschaulicht werden. Dabei werden anhand einer Zeichnung oder in Form einer Aufstellung durch Nähe, Distanz, Blickrichtungen etc. Beziehungen dargestellt und ausgehend von einer konkreten Fragestellung kann nach Veränderungsmöglichkeiten gesucht werden.

Ebenso wie unterschiedliche Arbeitsformen gibt es auch spezifische Techniken, die in der psychodramatischen Arbeit zum Einsatz kommen. Zu den bekanntesten Techniken zählen der Rollentausch und der Rollenwechsel, das Doppeln (der Psychodramaleiter tritt seitlich hinter den Protagonisten und verbalisiert Wahrnehmungen, Gefühle, Konflikte etc.), das Spiegeln (der Protagonist tritt aus einer Szene heraus und sieht sich von außen wie in einem Spiegel). Eine wichtige personenbezogene Technik ist auch der innere Monolog (der Protagonist wird aufgefordert Gedanken, Gefühle oder Körperwahrnehmungen auszusprechen).

2.2 Themen und Modifikationen des Psychodramas für die Arbeit mit alten Menschen

Grundsätzlich können alle Lebensthemen in die psychodramatische Arbeit mit alten Menschen einfließen. Aufgrund der Entwicklungserfordernisse im

Alter rücken aber spezifische Themen in den Vordergrund. FREDE (2007) führt dabei vier grundlegende Belange von älteren Menschen an: die Auseinandersetzung mit der Frage nach dem Sinn, der Autonomie, der Einsamkeit und dem Tod. Auch die Vorgangsweise in der psychodramatischen Arbeit mit älteren Menschen unterscheidet sich nicht grundsätzlich, wenn auch einzelne spezifische Techniken ein besonderes Gewicht erhalten. FREDE hebt folgende Modifikationen hervor:

- *Hilfs-Ich-Funktion*: Die Arbeit mit einem oder mehreren Hilfs-Ichs hat gleich mehrfach eine wichtige Funktion, die über die klassische Funktion auf der Spielbühne hinausgeht. Das Hilfs-Ich wird im Kontakt mit dem sozialen Umfeld zu einer wichtigen Unterstützung – es unterstützt im Bedarfsfall den Kontakt zu den Angehörigen, zum Gesundheits- und Pflegepersonal in Institutionen oder bietet Hilfen für den Zugang zu bestimmten sozialen Leistungen und Ressourcen. Das Hilfs-Ich wird somit neben seiner Funktion im psychotherapeutischen Vorgehen auch Teil eines soziotherapeutischen Vorgehens im Rahmen eines erweiterten Beratungs- und Unterstützungssystems. Michael RATH bekräftigt, dass Hilfs-Ich-Rollen ausschließlich von Psychodrama-Assistent/innen wahrgenommen werden. Das Hilfs-Ich kommt nicht erst – wie im klassischen Psychodrama – auf der Spielbühne zum Einsatz, sondern es nimmt seine Rolle über den gesamten Zeitraum der gemeinsamen Arbeit ein. Das professionelle Hilfs-Ich erhält in der Vorbesprechung seinen Platz an der Seite eines Patienten. Neben den Möglichkeiten als „empathisches Doppel" zu arbeiten – Gefühlen und Gedanken werden in einfühlsamer Weise ausgesprochen – kann das Hilfs-Ich auch eine Rolle als „Doppelgänger" in einem Spiel übernehmen. Vor allem aber unterstützt das Hilfs-Ich die Kommunikation in der Gruppe, indem Sätze zum besseren Verständnis wiederholt oder lauter ausgesprochen werden (vgl. RATH 2007, S. 49).
- *Doppeln*: Vor allem das einfühlsame, stützende und stellvertretende Doppeln spielt eine große Bedeutung, da es den älteren Menschen signalisiert, dass ihre Wahrnehmungen und Bedürfnisse gehört und mitgeteilt werden. Sie sind damit Teil eines fortlaufenden sozialen Prozesses und finden Unterstützung, wenn es Verständnis- oder Kommunikationsprobleme gibt. Als entscheidend wird auch die Tonlage beim Doppeln angesehen, da sie nicht nur zum Verständnis beiträgt, sondern auch emotionale Qualitäten für die betroffene Person transportiert und ein positives Klima in der Gruppe fördert. FREDE weist darauf hin, dass der Standort beim Doppeln der jeweiligen Situation anzupassen ist: „Nicht bei jedem alten Menschen ist es angezeigt, sich neben oder seitlich hinter ihn zu stellen. Je nach kognitiver Leistungsfähigkeit des Gegenübers kann der Therapeut das Verstandene auch

vom eigenen Stuhl aus verbalisieren. Auf jeden Fall sollte für die Patient/innen deutlich sein, dass es um ihr Erleben geht" (FREDE 2009, S. 27).

- *Arbeit mit dem sozialen Atom*: Mit dem Alter geht häufig eine Reduktion sozialer Kontakte einher. Umgang mit Beziehungsverlust und Vereinsamung sind daher zumeist wichtige Themen von alten Menschen. Der Arbeit mit dem sozialen Atom ist daher nicht nur in der Lebenswelt der betroffenen Menschen wichtig, sondern auch auf der psychodramatischen Bühne bedeutsam. So können mit Hilfe von Intermediärobjekten (ROJAS-BERMUDEZ 2003, PRUCKNER 2004) – also Handpuppen, Fotos, Steinen etc. – unterstützende Beziehungen als soziale Ressourcen sichtbar gemacht werden. Im Spiel mit diesen Intermediärobjekten werden hilfreiche Aspekte in diesen Beziehungen aktiviert und ins Bewusstsein gerufen. So können etwa wichtige emotionale Qualitäten in der Beziehung zu verstorbenen Menschen erhalten werden, wenn diese beispielsweise mittels Handpuppen sichtbar gemacht und in die therapeutische Arbeit integriert werden (vgl. RATH 2007, S. 41 f.).

- *Rollenwechsel und Rollentausch*: In der Arbeit mit alten Menschen wird vorzugsweise der „einseitige" Rollenwechsel eingesetzt, bei dem sich die Patient/innen eine andere Perspektive aneignen. Es findet seltener ein „zweiseitiger" Rollentausch statt, bei dem die Patient/innen zwischen ihrer und einer anderen Perspektive hin und her wechseln. Die Vorgangsweise beim Rollenwechsel ist wiederum der spezifischen Situation anzupassen. Der gedanklich und emotional vollzogene Standortwechsel kann ausschließlich innerlich in der Imagination oder unterstützt durch Positionen von Stühlen oder anderen Objekten erfolgen. FREDE (2007, S. 33) unterstreicht, dass vor allem positive und unterstützende Rollen durch einen Rollenwechsel aktiviert werden sollen. In besonderer Weise gelangen „transzendente Rollen" (LEUTZ 1974, S. 50) in den Blickpunkt, mit deren Hilfe grundsätzliche Fragen nach den Werten, Lebensfragen und auch spirituelle und religiöse Ausrichtungen thematisiert werden.

FREDE bringt ein anschauliches Beispiel aus einer Arbeit einer Therapeutin (Th) mit einer 85-jährigen Frau (Pt), die wiederholt von ihren Schuldgefühlen spricht und meint, in ihrem Leben versagt zu haben. Die Therapeutin setzt als Arbeitsform den „leeren Stuhl" und als spezifische Technik den Rollenwechsel ein:

„Th: Frau A., ich stelle mir gerade vor, Gott würde an unserem Gespräch teilnehmen. Vielleicht auf diesem Stuhl hier (Th weist auf einen leeren Stuhl) ... Ob Sie ihm einmal sagen könnten, was Sie bewegt ..."

Th (nachdem die Patientin ihre Gefühle ausgesprochen, ihre Fragen gestellt hat): „Was würde Gott Ihnen wohl antworten? Wenn Sie ihn hören könnten, was würde er sagen? Oder würde er gar nicht viel sagen, vielleicht nur eine bestimmte Geste machen?"

Pt (auf ihrem eigenen Platz): „Ich sehe, nein, ich spüre zwei schützende Arme, die mich als etwa zwei Monate altes Baby behutsam tragen. Das Gefühl einer wärmenden Geborgenheit und einer unendlichen Liebe Gottes erfüllt mich. ... Nun ist es ganz ruhig in mir ... vom Bauch aus" (FREDE 2007, S. 30).

Es macht einen großen Unterschied, ob ein wohlmeinendes Gegenüber versucht, die Schuldgefühle zu beschwichtigen, oder ob die betroffene Frau diese „innere Rolle" selbst entdeckt oder entwickelt und vor allem auch – vom „Bauch aus" sozusagen – „spüren" kann. In der „transzendenten Rolle" des verinnerlichten Gottes wird es ihr möglich, ein Gefühl der Geborgenheit und Selbstliebe zu entwickeln.

RATH (2007, S. 51) hebt hervor, dass sich der Ablauf der psychodramatischen Gruppenarbeit an gemeinsamen Ritualen in der Gruppe orientieren sollte. Dies beginnt mit dem persönlichen Abholen der Gruppenmitglieder, die in die Gruppe gebracht werden. Auf diesem gemeinsamen Weg erfolgt ein erstes Gespräch, das bereits über wichtige Aspekte der Befindlichkeit Auskunft gibt. In der Gruppe wird jedes einzelne Gruppenmitglied nochmals begrüßt. Auch die Platzwahl erfolgt durch den Leiter bzw. die Leiterin der Gruppenarbeit, um hilfreiche Aspekte für jeden Einzelnen zu berücksichtigen. Ebenso wird jede Gruppensitzung mit Hilfe eines Rituals – beispielsweise ein gemeinsam gesungenes Lied am Schluss – beendet.

3. Psychodrama und Trauma bei alten Menschen

Veränderungen im Alter können frühere Traumatisierungen und deren Folgen wieder in Erinnerung rufen. Reaktivierung vergangener Traumata (vgl. HEUFT/KRUSE/RADEBOLD 2006, S. 113) kann dadurch eintreten, dass ältere Menschen durch das Wegfallen alltäglicher Anforderungen – Familie, Beruf, Existenzaufbau etc. – sich verstärkt mit unbewältigten Erfahrungen konfrontiert sehen. Weiters nehmen ältere Menschen die Endlichkeit ihres Seins bewusster wahr, was dazu führt, dass sie sich unerledigten Aufgaben stellen und sich mit unaufgearbeiteten Ereignissen im Alter wieder stärker auseinandersetzen. Und nicht zuletzt kann der Prozess des Alterns selbst Auslöser für eine Reaktivierung vergangener Traumatisierung sein. Beziehungsverlust, Belastungen oder Beeinträchtigung können frühere traumatische Erfahrungen wieder beleben. Wenn beispielsweise alte Menschen eine Betreuung benötigen, können sich Gefühle der Abhängigkeit und Ohnmacht mit früheren Formen dieses Erlebens vermischen. Gerade in Pflege- und Betreuungssituationen ist diesem Umstand ein besonderes Augenmerk zu schenken. Es stellt sich die Frage, ob und wie Menschen im Alter therapeutisch betreut werden können, wenn aufgrund zurückliegender Traumatisierungen belastende Symptome hervorgerufen werden.

Aspis – ein Forschungs- und Beratungszentrum für Opfer von Gewalt an der Universität Klagenfurt – bietet in einem Projekt über dreißig betagten Opfern des Nazi-Terrors psychotherapeutische Hilfe an. Klaus OTTOMEYER und Gerald LACKNER (2007) zeigen in einem Beitrag über psychodramatische Traumatherapie mit Überlebenden des Nazi-Terrors, wie alten Menschen therapeutische Unterstützung gegeben werden kann. Es werden zwei Fallbeispiele von Therapien mit Frauen vorgestellt, die posttraumatische Symptome im Alter entwickelten, nachdem der Lebensgefährte verstorben war. Wiederkehrende Albträume, Flashbacks, Hyperarousal, psychosomatische Beschwerden, Minderwertigkeitsgefühle etc. waren bestimmende Symptome, die im Zusammenhang mit traumatischen Erfahrungen in der Kindheit standen. Die Falldarstellungen sind eingebettet in eine kritische Betrachtung des historischen und aktuellen politischen Umfeldes, das auch wesentliche Einflüsse auf das Erleben der Patientinnen hat.

OTTOMEYER und LACKNER (2007, S. 59 f.) berichten aus einer psychotherapeutischen Arbeit mit einer älteren Frau, die als Kind im Zuge der von den Nationalsozialisten angeordneten Deportation von slowenischen Familien in ein Zwangsarbeitslager gebracht worden war. Als Kind erlebte Frau H. Todesangst und reagierte mit körperlichem Erstarren. Sie fühlte sich völlig hilflos der Situation ausgeliefert. Nach dieser traumatischen Erfahrung kam es im Arbeitslager zu weiteren Traumatisierungen, die auf die mehrfach erlebte Gewalt und Demütigung, dem Erleben von Ohnmacht und Hilflosigkeit und der Verzweiflung der Eltern zurückzuführen sind.

Trotz dieser schwerwiegenden traumatischen Erfahrungen gelang es Frau H. nach dem Krieg, eine eigene Familie zu gründen und sich mit ihrem Mann eine Existenz aufzubauen und drei Kinder großzuziehen. Jahre später – das Paar war bereits im fortgeschrittenen Alter – starb der Ehemann. Durch diesen Verlust sah sich die Frau verstärkt mit belastenden Symptomen – Albträume, Flashbacks, Gedanken an die traumatischen Ereignisse in ihrer Vergangenheit, psychosomatische Beschwerden etc. – konfrontiert. Sie nahm therapeutische Hilfe in Anspruch, was zu einer Besserung und Stabilisierung führte. Um eine weitere Besserung ihrer Situation zu erreichen, suchte sie um einen Kuraufenthalt an. Dafür musste sie bei einem niedergelassenen Arzt eine Untersuchung über sich ergehen lassen, bei der sie sich schlecht behandelt und ausgeliefert erlebte. Das nüchterne Untersuchungsprozedere, die Umgebung und der befehlende Ton des Arztes warfen sie psychisch in jene Situation zurück, in der sie sich als Kind den SS Wachebeamten im Lager ausgeliefert fühlte. Die Untersuchung war für sie eine schwere Belastung, von der sie sich nicht erholte. Sie entwickelte Vorstellungen, dass der Arzt es auf sie abgesehen haben könnte. Nach der Untersuchung war sie über Monate belastet, erkrankte und suchte in verschiedenen Krankenhäusern eine Abklärung ihrer Situation. In der Psychotherapie wurde eine Besserung erst erreicht, als mit Hilfe des Psychotherapeuten ein Kontakt zum untersuchenden Arzt hergestellt und diesem mitgeteilt wurde, welche Folgen der Umgang bei der Untersuchung ausgelöst hatte. Der Arzt entschuldigte sich bei der Patientin und bekräftigte, dass es nicht in seiner Absicht war, sie unfreundlich zu behandeln. Darüber hinaus brachte er sein Mitgefühl zum Ausdruck, nachdem er erfahren hatte, mit welchen Erfahrungen Frau H. in ihrer Kindheit konfrontiert worden war. Frau H. konnte die Entschuldigung des Arztes annehmen, blieb aber skeptisch.

Psychotherapeutisch führte diese gemeinsame Intervention auf der „sozialen Bühne" im Alltag dazu, dass Frau H. im geschützten Rahmen der Psychotherapie an der Aufarbeitung ihrer traumatischen Erfahrungen weiter arbeiten konnte. Frau H. wurde in der Bewältigung ihres aktuellen Konfliktes mit dem Arzt unterstützt, wobei gegenwärtige Erfahrungen und vergangene Traumatisierung auseinander gehalten werden konnten. In der Psychotherapie konnte die Geschichte von Frau H., die als kleines Mädchen traumatisiert worden war, rekonstruiert und in ihren Lebenslauf integriert werden. Mit stützenden und schützenden therapeutischen Maßnahmen konnte Frau H. schließlich in der Vorstellung als erwachsene Frau dem kleinen (verinnerlichten) Mädchen Trost zusprechen und Schutz vermitteln.

Diese Ausschnitte aus einer Fallgeschichte belegen anschaulich, wie alltägliche Ereignisse – wie beispielsweise bei der ärztlichen Versorgung – eine Retraumatisierung auslösen können. Das Fallbeispiel zeigt aber auch, dass eine therapeutische Arbeit im Alter wesentlich zur Verbesserung des Lebensalltages der Betroffenen beitragen kann. Es wird weiters eindrucksvoll gezeigt, dass eine Auseinandersetzung mit dem Trauma selbst für die psychische Gesundheit förderlich ist. Voraussetzung dabei ist selbstverständlich immer, dass die Arbeit auf die individuellen Voraussetzungen und Möglichkeiten der Patient/innen abgestimmt wird.

In der therapeutischen Arbeit mit traumatisierten Menschen geht es primär um Unterstützung, Stabilisierung, Wahrnehmen und Stärken von Ressourcen. Konfrontation mit den traumatischen Erfahrungen und Deutung sind nicht das erklärte Ziel, können aber unter günstigen Umständen wesentlich zu einer Verbesserung des Verständnisses und Befindens der Patient/innen beitragen. Der folgende Ausschnitt eines weiteren Fallbeispiels zeigt eine Sequenz psychodramatischer Arbeit, bei der die Technik des Rollenwechsels zum Einsatz kommt.

OTTOMEYER und LACKNER (2007) schildern eine traumatherapeutische Arbeit mit einer älteren Patientin, die auch nach dem Tod ihres Ehemannes Albträume entwickelt hatte, die sie an die Kriegszeit und die Verfolgung im

Nationalsozialismus erinnerten. In ihren Albträumen wurde sie vor allem mit der Ermordung ihrer älteren Schwester konfrontiert.

Ausgangspunkt sind belastende Erfahrungen der Patientin, von denen sie in der Therapie erzählt. Sie erinnert sich an die Kälte, als sie und ihre um 15 Jahre ältere Schwester von den Nazis inhaftiert worden waren. Sie klagte ihrer Schwester, wie sehr sie unter der Kälte litt. Die Schwester gab ihr daraufhin eine Jacke. Diese Erinnerung blieb eng mit der Ermordung der Schwester kurze Zeit später verbunden. Die Patientin litt unter diesen Erinnerungen und an dem Schuldgefühl, ihre Schwester angesichts dieser Bedrohung so „wehleidig" beunruhigt zu haben. In der Therapie wurde ein fiktives Gespräch mit der Schwester szenisch nachgestellt. Die Spielbühne: zwei Sessel, bedeckt mit Tüchern. Ein Tisch mit einer Tasse Kaffee für die Schwester. Der Sessel für die Schwester stand nahe am Fenster mit Ausblick auf eine blühende Landschaft. Mit dem Therapeuten als Hilfs-Ich wird folgende Szene entwickelt: „Frau M. erzählt der Schwester kleinlaut und schuldbewusst die Geschichte von der nächtlichen Kälte, ihrer Klage und der Jacke, welche sie kurz vor dem Tod der Schwester noch von dieser bekommen hatte. Der Therapeut ermutigt sie, das Gegenüber direkt zu fragen: ‚Ich möchte wissen, wie Du das siehst?' Dann wird Frau M. zum Rollenwechsel mit der Schwester eingeladen. Sie wechselt auch zügig auf den Sessel der Schwester. Der Therapeut wiederholt, hinter dem (abgesehen vom Tuch jetzt leeren) Sessel von Frau M. stehend die Frage von Frau M. an die Schwester und Frau M. sagt als Schwester mit einem freundlichen Lächeln: ‚Das ist doch überhaupt kein Problem. Ich war froh, dass ich Dir habe helfen können und dass Du überlebt hast.' Der Therapeut wechselt nun rasch von Frau M.'s leerem Sessel hinüber zu einer Position hinter dem Sessel der Schwester und ergänzt aus seinem Wissen heraus: ‚Und ich bin glücklich darüber, dass Du unseren Kampf für Gerechtigkeit und gegen das Vergessen in Deinem Leben weitergeführt hast.' Frau M. in der Rolle der Schwester nickt zustimmend und wiederholt den Satz. Der Therapeut bittet sie nun wieder auf ihren ursprünglichen Sessel zurück und sagt hinter dem Sessel der Schwester stehend noch einmal die letzten Sätze zu Frau M. Sie scheinen zu wirken. Der Therapeut kniet sich neben den Sessel von Frau M. und fragt vorsichtig nach den Gefühlen, die sich jetzt einstellen. Die Gefühle sind Erleichterung und Freude. Die Erleichterung ist im oberen Brustbereich spürbar. Frau M. bedankt sich noch bei der Schwester für dieses Geschenk, bevor sich der Therapeut und Frau M. von ihr verabschieden. Sie gehen dann von der Spielbühne wieder auf die Sitzmöbel, von denen aus sie üblicherweise das therapeutische Gespräch führen" (OTTOMEYER/LACKNER 2009, S. 56 ff.).

Psychodramatische Arbeit auf der Spielbühne lässt sich gut mit psychodynamisch imaginativen Techniken (REDDEMANN 2004) – sozusagen auf der „inneren Bühne" der Vorstellung – kombinieren. Techniken der psychodynamisch imaginativen Traumatherapie – wie etwa der Bildschirmarbeit, bei der die belastenden Ereignisse aus einer distanzierten Perspektive wie auf einem imaginierten Bildschirm verfolgt werden – können so mit dem Psychodrama verbunden werden. Dies hat den Vorteil, dass sich Patient/innen bei der Konfrontation mit den belastenden Inhalten besser schützen und distanzieren können.

4. Altern aus rollentheoretischer und soziometrischer Sicht

Aus soziometrischer Sicht ist das Alter mit Blick auf die Beziehungen und auf die verfügbaren und gelebten Rollen bedeutsam. Über die Lebensspanne werden Beziehungen auf der Basis von sozialen Interaktionen hergestellt, die wiederum Ergebnis eines fortlaufenden wechselseitigen Prozesses von aktiver Rollengestaltung und Rollenerwartungen sind. In Anlehnung an MORENO führt FÜRST (2009) aus, dass jede Beziehung eine Rollenentwicklung ermöglicht. Eine Erweiterung des „Rollenatoms" – ebenso wie soziale Beziehung sind Rollen von Individuen aufeinander bezogen – erfolgt über soziale Interaktionen. Fehlen verfügbare und geeignete Interaktionspartner bzw. soziale Situationen, die es nicht zulassen, entsprechende Rollen zu übernehmen, zu erproben, zu verändern etc., so kann sich ein Rollenatom nur mangelhaft entwickeln. Dies hat zur Folge, dass bestimmte Rollen im Rollenrepertoire nicht verfügbar sind. Wurden Rollen im Laufe der eigenen Sozialisation gut entwickelt, so kann es durch das Wegfallen von entsprechenden sozialen Bezügen – Kinder werden erwachsen, ein wichtiger Lebenspartner kann versterben etc. – zu einem Rollenverlust führen. Gibt es für diese Rollen keinen Ersatz, so verbleibt die Rolle zwar im Rolleninventar der jeweiligen Person verfügbar, findet jedoch im Alltag keine entsprechende soziale Situation zur Realisierung. Auf diesem Wege können mit den mangelnden Beziehungen und sozialen Situationen sowohl das „soziale Atom" als auch das „Rollenatom" verkümmern. Die betroffene Person verliert dadurch nicht nur schrittweise ihre soziale Funktion in einem sozialen Ganzen, sondern auch wichtige emotionale Qualitäten, die mit diesen Rollen untrennbar verknüpft sind. Gerade an das Älterwerden ist daher die Herausforderung geknüpft, ein soziales Bezugssystem und damit verbunden ein entsprechendes Rollenrepertoire zu erhalten und – wenn möglich – auch im Alter neu zu entwickeln, dass ein emotional befriedigendes (Selbster-) Leben möglich ist.

Der drohende Rollenverlust ist auf allen Ebenen zu sehen: der psychosomatischen Rollen, wenn aufgrund des Alterungsprozesses die Teilhabe an körperlichen Tätigkeiten – in der Arbeit, Freizeit etc. – nur noch eingeschränkt oder gar nicht mehr möglich ist. Oder der psychodramatischen Rollen, wenn beispielsweise gegenüber den Kindern eine emotional befriedigende Rolle des liebevollen Versorgers oder der sich stolz identifizierenden Eltern nicht mehr gelebt werden kann. Der Verlust dieser Rolle kann unter ungünstigen Umständen dazu führen, dass sich Eltern gegenüber erwachsenen Kindern plötzlich in der Rolle einer unangenehmen Last für die Kinder erleben, was wiederum zu Konflikten und Frustration bis hin zu Beziehungsverlust führen kann. Wer will sich schon gerne auf alte Menschen einlassen, die einem in der psychodramatischen Rolle von permanent vorwurfsvollen „grantelnden" alten Menschen begegnen. Auch wenn man spürt, dass dahinter der Wunsch nach Beziehung und Wertschätzung durchklingt, wird man im Alltag eher versuchen, diesen Kontakten auszuweichen. Und nicht zuletzt ist das Rollenatom auf Seiten soziodramatischer Rollen im Alter in Frage gestellt, wenn man alleine an den Verlust der Berufsrolle denkt, die häufig mit sozialer Anerkennung einhergeht und über symbolische und materielle Gratifikation gesellschaftliche Wertschätzung auch sichtbar macht. Zugespitzt formuliert bedeutet dies, dass ältere Menschen in ihrem sozialen Umfeld mehr oder weniger freiwillig oft von der Rolle eines „Produktionsfaktors" in die Rolle eines „Kostenfaktors" wechseln müssen. Psychodramatische Rollen, sich ohnehin als unnütz und wertlos zu erleben, können dadurch erheblich zusätzlich belastet werden, was sich wiederum in psychosomatischen Rollen in Form von psychisch bedingten Beschwerden und Krankheiten niederschlagen kann. Individuelle Krankheitsgeschichten in sozialen Interaktionen von alten Menschen – ertragenes Leid und überstandene Operationen – lassen oft die Suche nach sozialer Wahrnehmung und Anerkennung noch erahnen. Es bleibt jedoch zumeist nur beim Versuch, sich dadurch die soziodramatische Rolle eines „produktiven Leisters" wieder zurückzuholen, die oft mit dem Verlust der Berufsrolle oder mit dem Verlust familiärer Rollen verbunden ist.

Dazu ein kurzes Fallbeispiel, mit dem FÜRST zeigt, dass diesem Rollenverlust mit einfachen psychodramatischen Mitteln zumindest partiell entgegengewirkt werden kann.

„Nach dem Tod ihres langjährigen Partners verliert die 67jährige Marianne jegliches Interesse. Sie hat in den letzten Jahren ihren Mann, der einen Schlaganfall erlitten hatte, gepflegt und betreut. Zeit ihres Lebens hatte sie die Mutterrolle übernommen. Zuerst für ihre eigene Mutter, die an einer Depression litt, später für ihren Mann, der selbst nie mütterliche Liebe in seiner Kindheit erfahren hatte, schließlich für ihre Kinder und am Ende wieder für ihren pflegebedürftigen Partner. Nun nach dem Tod des Ehemannes hat sie die wichtigste Bewältigungsrolle in ihrem Leben verloren. Bald folgen Schlafstörungen und Suizidgedanken. Die Vorstellung und der Wunsch wieder mit ihrem Partner im Jenseits vereint zu sein, wird immer stärker.

In einer psychodramatischen Szene, in der sie einen Rollenwechsel mit ihrem Partner im Himmel vollzieht, antwortet sie in seiner Rolle auf die Frage, ob er noch gerne etwas auf Erden getan hätte, wozu ihm keine Gelegenheit mehr geblieben sei, dass er sich immer gewünscht hätte, in seiner Pension mit dem Hund spazieren zu gehen. Er würde das gerne noch wenigstens vom Himmel aus sehen.

Marianne holt sich wenig später gemeinsam mit ihrer Tochter einen kleinen Mischlingshund aus dem Tierheim, den sie liebevoll pflegt. Mit dem Tier gewinnt sie ihre versorgende, bemutternde Rolle wieder zurück, was zu einer erheblichen Verbesserung ihrer Symptomatik führt" (FÜRST 2009, S. 21).

5. Resümee

Das In-der-Welt-Sein hat immer einen zeitlichen Aspekt und ist mit Entstehen, Werden und Vergehen verbunden. Mit jung und alt geben wir auf diesem vorgestellten Kontinuum nicht nur der Welt um uns, sondern auch uns selbst einen Platz – oder genauer: je nach Verwendung und Kontextualisierung mehrere Plätze oder Bereiche auf einer zeitlich gedachten Lebenslinie. Und diese Punkte oder Abschnitte auf dieser Lebenslinie sind aus der Perspektive des jeweiligen Individuums mit ganz unterschiedlichen Erfahrungen, Zuschreibungen, Erwartungen, Sehnsüchten und Hoffnungen verbunden. „Alter per se gibt es nicht", stellt Jutta FÜRST fest. Und weiter: „Es steht immer in Relation zu einem Kalendersystem (kalendarisches Alter), zu einer medizinischen Norm (biologisches Alter), zu einer Kultur (soziokulturelles Alter) oder zu Menschen und Situationen (subjektiv erlebtes Alter)" (FÜRST 2009, S. 8).

Biographische, soziokulturelle und ökonomische Aspekte tragen wesentlich zur Ausdifferenzierung der Lebensumstände und Lebensstile im Alter bei. Um die Möglichkeiten, Beeinträchtigungen, Belastungen, Bewältigungsformen von älteren Menschen bestimmen zu können, braucht es einen Blick auf den subjektiven Umgang mit lebensweltlichen und biographischen Herausforderungen. Identität und Sinngebung sind eng verbunden mit einer individuellen Deutung des Lebensalltages. Diese bestimmt in hohem Maße, ob etwa Veränderungen im Alter – Beeinträchtigungen oder Verlusterfahrungen – biographisch integriert werden können oder nicht. Dies wiederum kann Einfluss darauf haben, wie Entwicklungsherausforderungen, Möglichkeiten und Ressourcen im Alltag wahrgenommen und genutzt werden.

Psychodrama und Soziometrie können für die Soziale Arbeit mit älteren Menschen in folgenden Bereichen wichtige Beiträge liefern:
- Blick auf Rollenentwicklung: Veränderungen aufgrund von Entwicklungen und Brüchen/Diskontinuitäten im Alter
- Netzwerkperspektive: Soziometrische Arbeit, Arbeit mit dem sozialen Atom

- Arbeit an der erzählten Geschichte/Biographie: Sinn- und Bedeutungsgebung

Spontaneität und Kreativität sind grundlegende Ausgangspunkte psychodramatischer Arbeit. Im Zusammenspiel sind sie – verkürzt gesagt – als jedem Menschen innewohnender Antrieb und Fähigkeit zur schöpferischen Gestaltung des eigenen Lebens der Angelpunkt jeder Entwicklung. FÜRST (2009, S. 22) sieht durch eine entsprechende „Erwärmung" dieser Komponenten auch bei älteren Menschen großes Entwicklungspotenzial, um im Alter nicht dem von MORENO beschriebenen „social death shock" anheim zu fallen, sondern in kreativer Weise mit den eigenen Möglichkeiten und jenen des sozialen Umfeldes nach Lösungen für Entwicklungsherausforderungen zu suchen.

Literatur

ANTONOVSKY, A.: Salutogenese. Zur Entmystifizierung der Gesundheit. Tübingen 1997.
ENGELS, D.: Einkommen und Vermögen. In: ANER, K./KARL, U. (Hg.): Handbuch Soziale Arbeit und Alter. Wiesbaden 2010, S. 289-300.
FREDE, U.: Die Bedeutung des Psychodramas in der Begegnung mit alten Menschen. In: ZEITSCHRIFT FÜR PSYCHODRAMA UND SOZIOMETRIE 1/2009, S. 25-39.
FÜRST, J.: Altern – eine Reflexion aus psychodramatischer Sicht. …Will you still need me, will you still feed me, when I`m sixty-four… In: ZEITSCHRIFT FÜR PSYCHODRAMA UND SOZIOMETRIE, 1/2009, S. 6-24.
HEUFT, G./KRUSE, A./RADEBOLD, H.: Lehrbuch der Gerontopsychosomatik und Alterspsychotherapie. München 2006.
KÜNZEL-SCHÖN, M.: Bewältigungsstrategien älterer Menschen. Grundlagen und Handlungsorientierungen für die ambulante Arbeit. Weinheim und München 2000.
LEUTZ, G.: Psychodrama. Theorie und Praxis. Berlin/New York 1986.
MORENO, J. L.: Die Grundlagen der Soziometrie. Wege zur Neuordnung der Gesellschaft. Opladen 1967.
MORENO, J. L. : Psychodrama und Soziometrie. Köln 1989.
MORENO, J. L.: Gruppenpsychotherapie und Psychodrama. Stuttgart, New York 1997 (5. Auflage).
NIEPEL, T.: Wohnberatung für ältere Menschen. Tübingen 2004, S. 1173-1186.
OTTO, U.: Alter/alte Menschen. In: HANSES, A./HOMFELDT, H.-G. (Hg.): Lebensalter und Soziale Arbeit. Hohengehren 2008, S. 194-209.
OTTOMEYER, K.: Lebensdrama und Entfremdung. FORUM KRITISCHE PSYCHOLOGIE 29/1992, S. 109-129.
OTTOMEYER, K./LACKNER, G.: Traumatherapie mit Kinder-Überlebenden

des Nazi-Terrors. In: ZEITSCHRIFT FÜR PSYCHODRAMA UND SOZIOMETRIE, 1/2009, S. 53-63.

PETZOLD, H./BUBOLZ, E. (Hg.): Bildungsarbeit mit alten Menschen. Stuttgart 1976.

PETZOLD, H.: Puppen und Puppenspiel in der Psychotherapie. Mit Kindern, Erwachsenen und alten Menschen. Leben lernen. J. Pfeiffer: München 1983.

PETZOLD, H. (Hg.): Mit alten Menschen arbeiten. Bildungsarbeit, Psychotherapie, Soziotherapie. Leben lernen. München 1985.

PRUCKNER, H.: Arbeit mit intermediären und intraintermediären Objekten. In: FÜRST, J./OTTOMEYER, K./PRUCKNER, H. (Hg.): Psychodrama-Therapie. Wien 2004, S. 266-278.

RATH, M.: Das Drama der verwirrten Bühnen. Störungsspezifische Modifikation der Psychodramatherapie mit Morbus Alzheimer-Patienten. Abschlussarbeit im Rahmen der fachspezifischen Ausbildung zum Psychodrama-Psychotherapeuten. Wien, 2007.

REDDEMANN, L.: Psychodynamisch Imaginative Traumatherapie. PITT – das Manual. Stuttgart 2004.

ROJAS-BERMUDEZ, J.: Y de las cosas hicieron instrumentos... Vom Gegenstand zum Instrument – Das intermediäre und das intraintermediäre Objekt im Psychodrama. In: ZEITSCHRIFT FÜR PSYCHODRAMA UND SOZIOMETRIE 2/2003, S. 331-349.

ROSENMAYR, L.: Soziologische Theorien des Alterns und der Entwicklung im späten Leben. In: KARL, F. (Hg.): Sozial- und verhaltenswissenschaftliche Gerontologie. Alter und Altern als gesellschaftliches Problem und individuelles Thema. München 2003, S. 19-44.

STIMMER, F./ROSENHAGEN, G.: Psychodrama. In: COLLA, H./GABRIEL, T./MILLHAM, S. u. a.: Handbuch Heimerziehung und Pflegekinderwesen in Europa. Neuwied 1999, S. 979-989.

VOGES, W./ZINKE, M.: Wohnen im Alter. In: ANER, K./KARL, U. (Hg.): Handbuch Soziale Arbeit und Alter. Wiesbaden 2010, S. 301-308.

IV. ALTERN UND INSTITUTIONELLE LEBENSWELTEN

Gerald Knapp/Cornelia Kössldorfer

ALTERN UND FAMILIEN

Veränderte Familienstrukturen, Generationsbeziehungen und informelle Pflege

1. Einleitung

Altern und Familien stehen in einem komplexen Zusammenhang. Dabei spielen sowohl Fragen nach der gesellschaftlichen Bedeutung der Familien für alte Menschen, insbesondere bei der Bewältigung der Hilfs- und Pflegebedürftigkeit, als auch Fragen demographischer Veränderungen und deren Auswirkungen auf Familienstrukturen eine Rolle.

Im folgenden Beitrag wird zunächst von den demographischen Veränderungen und neuen Familienstrukturen ausgegangen, Familien als soziale Netzwerke beleuchtet und die Generationenbeziehungen in Österreich dargestellt. Vor diesem Hintergrund wird der Frage nachgegangen, ob die vorhandenen informellen sozialen Netze bei der Bewältigung altersbedingter Hilfs- und Pflegebedürftigkeit in Zukunft ausreichen oder zunehmend der Ergänzung und Unterstützung durch ein professionelles Hilfssystem bedürfen.

2. Demographischer Wandel und neue Familienstrukturen

Ein Ansatzpunkt für die Diskussion um Stabilität und Wandel sozialer Beziehungen im Alter, und damit auch intergenerativer Beziehungen, ist die demographische Entwicklung. Die erhöhte Lebenserwartung führt zu einer Vertikalisierung und Pluralisierung der Familienstrukturen. Vier- und Fünf-Generationen-Familien mit jeweils nur wenigen Familienmitgliedern pro Generation nehmen auch in Österreich zu. Tendenziell ist eine Zunahme der Mehr-Generationen-Familien bei gleichzeitigem Rückgang der Mehr-Generationen-Haushalte zu beobachten. Diese Entwicklung hat wiederum dazu geführt, dass nur noch wenige Kinder die ständige Anwesenheit der Großeltern erleben, genauso wie umgekehrt nur noch wenige Großeltern das Aufwachsen ihrer Enkel im gleichen Haushalt miterleben (vgl. GRÜNEDAHL 2001, S. 24 ff.). Ältere Menschen werden folglich in Zukunft auch in Österreich weniger Verwandte aus mehr Generationen haben.

Die gesellschaftlichen Modernisierungsprozesse und die mit ihr verbundene Verlängerung der Lebenserwartung führen aber keineswegs nur zu „Individualisierung", sondern eben zu neuen Familienstrukturen, in der Form der „multilokalen Mehrgenerationenfamilie", mit gleichzeitig drei, vier oder sogar fünf Generationen (vgl. LIEBAU 1997, S. 19).

Es kommt zu einer Vervielfältigung sowohl auf einer vertikalen als auch horizontalen Ebene. Die Familienstrukturen zeichnen sich durch die Anwesenheit mehrerer Generationen aus, denen aber nur jeweils wenige Mitglieder angehören. In der historischen Entwicklung der Familie hat es noch nie Familienstrukturen gegeben, die so viele Generationen gleichzeitig umfassen. Das Vorhandensein „zweier Altersgenerationen" bzw. „zweier Enkelgenerationen" innerhalb der Familie wird heute nicht mehr selten zur Normalität, sodass sich mittlerweile alte Menschen in der Familie um noch ältere Familienangehörige kümmern. Neben der vertikalen Ausdifferenzierung der Generationen lassen sich auch horizontale Vervielfältigungen beobachten. Höhere Scheidungsraten und zeitlich begrenzte Partnerschaften bewirken auch in Österreich, dass Kinder nicht nur mehrere „Väter" oder „Mütter", sondern auch Großeltern haben. Die höhere Lebenserwartung führt auch dazu, dass die Mitglieder der Familien mehr Lebenszeit miteinander verbringen und sich damit auch die „gemeinsame Lebenszeit" verlängert (vgl. auch SCHWEPPE 2002, S. 183 f., KNAPP/REGENFELDER 2004, S. 540 ff.).

Infolgedessen hat sich in den Verhaltensmustern der Familien einiges verändert wie zum Beispiel auch das Zusammendrängen der Phase, in der Kinder geboren und aufgezogen werden. Demnach hat sich auch der innere Aufbau der Familie gewandelt, welcher durch die Dauer des Zusammenlebens von Eltern und Kindern beeinflusst wird. Heute ergibt sich eine Verlängerung der Phase der „nachelterlichen Gefährtenschaft". Diese Lage setzt mit dem Zeitpunkt ein, zu dem das letzte Kind den Haushalt seiner Herkunftsfamilie verlässt und von dem an die Eltern wieder allein leben (vgl. ROSENMAYR 1983, S. 120 f.).

Die „nachelterliche Gefährtenschaft" bringt auch ein größeres Scheidungsrisiko mit sich. Aufgrund der Fokussierung auf die Familie während des gemeinsamen Lebens mit den Kindern, kann nach dieser Phase ein vermehrtes Abgrenzungsverhalten der Partner auftreten. Eigene Wünsche treten dabei wieder in den Vordergrund und stehen sich oftmals gegenüber. Diese „Machtkämpfe" zwischen Egoismus und Bindung zwischen den Partnern auf anderen Ebenen forcieren die Vorwurfshaltungen und führen nicht selten zu vermehrten Konflikten, zu Trennung bis hin zur Scheidung. Anzumerken ist, dass dieser Verlauf neben gesellschaftlichen Trends (z. B. Individualisierung) vor allem durch die erhöhte Lebenserwartung zustande kommt (vgl. BECK-GERNSHEIM 1993, S. 160 f.).

Welche Folgen haben nun diese charakteristischen Tendenzen für das Verhältnis der einzelnen Familienmitglieder zueinander?

Die Kinder verlassen heute den Haushalt der Eltern im Durchschnitt früher und trotzdem bleiben starke Bindungen zu ihnen bestehen. Die Jugend kann aber nicht nur durch ihre Anwesenheit, sondern auch durch ihre Abwesenheit Probleme in der älteren Generation verursachen. Man spricht von einem

„empty-nest-Syndrom" nach Auszug der jungen Generation (vgl. BAROLIN 2005, S. 144).
Diese Veränderung hinsichtlich des familiären Zusammenlebens zeigt sich vermehrt im Tagesrhythmus der zurückbleibenden Eltern, die diese Situation, je nach biographischen Erfahrungen, unterschiedlich wahrnehmen und erleben (vgl. BECK-GERNSHEIM 1993, S. 160).
Oft ist es für die Eltern schwierig, ihren Kindern innerlich und räumlich genügend Freiheit einzuräumen. Die äußere Trennung, die Verringerung der Kontakte mit den erwachsenen Kindern, die ausgezogen sind, schafft eine vielfach wenig vorbereitete Situation, in der die Eltern nunmehr auf die ursprüngliche Partnerschaft zurückgeworfen werden (vgl. ROSENMAYR 1983, S. 122). Vor allem für Frauen, die sich besonders auf ihre Hausfrauen- und Mutterrolle fokussiert haben, kann die „empty-nest" Situation zu psychischen Problemen führen (vgl. BECK-GERNSHEIM 1993, S. 161). Das „empty-nest" bringt aber auch Entlastungen. Der Spielraum der Toleranz und die partielle Anerkennung von verschiedenen Formen des Zusammenlebens nehmen zu. All das nimmt Einfluss auf das Ausmaß und die Art der Familienbeziehungen (vgl. ROSENMAYR 1983, S. 122).
Das Erleben des „Leeren Nestes" ist auf keinen Fall als rein kritische Lebensveränderung zu betrachten. Soziale und psychologische Faktoren beeinflussen die Art der Auseinandersetzungsprozesse mit dieser Veränderung. Väter und Mütter, die eigene Interessen aufbauen können und sich in einer guten Partnerschaft befinden, erleben den Auszug der Kinder als Aufforderung zur Gestaltung des eigenen Lebens. Die Herausforderung dieser Lebensphase besteht darin, sich von den Kindern zu lösen und sich gleichzeitig intensiv mit der Frage auseinanderzusetzen, welche Inhalte und Ziele das zukünftige Leben beinhalten soll, um zu neuen Lebensentwürfen und Zufriedenheit zu gelangen (vgl. NIEDERFRANKE 1999, S. 31). In diesem Sinne enthält die „empty-nest-Situation" für alle Familienmitglieder Entwicklungsmöglichkeiten und -anreize für eine zukunftsorientierte Lebensgestaltung.
„Aus diesem zeitlichen Neben- und Miteinander der Generationen kann sich eine Konstellation ergeben, die in der amerikanischen Literatur ‚squeeze' oder auch ‚Sandwich-Position' genannt wird" (BECK-GERNSHEIM 1993, S. 162). Demzufolge ist die mittlere Generation nicht nur für die eigenen Kinder, sondern auch für die eigenen Eltern verantwortlich und übernimmt neben der Erziehung auch Aufgaben der Pflege und Unterstützung.

3. Familien als soziale Netzwerke

Die Art sozialer Beziehungen und sozialer Netzwerke im Alter wird von der Gestalt der Familie und den Möglichkeiten, außerfamiliäre Kontakte bis ins hohe Alter zu pflegen, beeinflusst. Wichtige Faktoren für entsprechende Beziehungen sind die Familienstruktur, die Größe des Freundes- und Bekanntenkreises sowie die regionale Erreichbarkeit der alten Menschen. Familie und Verwandtschaft haben zwar im höheren Alter unter den sozialen Beziehungen den größten Stellenwert, doch auch Freunde und Nachbarn spielen im sozialen Netzwerk eine bedeutsame Rolle. Dabei bietet ein differenziertes soziales Netzwerk und eine entsprechende Infrastruktur die beste Voraussetzung für ein zufriedenstellendes Leben im Alter (vgl. BACKES/CLEMENS 2003, S. 74 f.).

Vor allem die Erfüllung der Großelternrolle kann zur Lebenszufriedenheit im Alter beitragen. Die Chance Großeltern zu sein, ist vielfach von einer gut gelingenden Ehe der mittleren Generation abhängig. „Das Ereignis Scheidung verändert dann nicht nur das Verhältnis der erwachsenen Partner, und auch nicht das zu den Kindern, sondern es verschiebt insgesamt und umfassend die Konstellation der Familienbeziehungen" (BECK-GERNSHEIM 1993, S. 163). Gerade alleinerziehende Frauen sind vielfach auf die Unterstützung im materiellen wie immateriellen Bereich angewiesen und suchen die Hilfe vielfach bei den eigenen Eltern. Gleichzeitig wird der Kontakt zum Kindesvater und besonders zu den väterlichen Eltern häufig eingeschränkt, sofern er nicht überhaupt abbricht.

Ergebnisse empirischer Studien zu Generationenbeziehungen zeigen ein verhältnismäßig positives Bild, wenn die familiäre Integration älterer Menschen zur Diskussion steht. Die Situation wird durch zwei Schlagworte, die Ähnliches meinen, charakterisiert. Die Rede ist von „Intimität auf Abstand" und von der „inneren Nähe durch äußere Distanz". Familienmitglieder erachten ihre Beziehungen zwar als bedeutsam, eine dauernde unmittelbare Nähe im Zusammenleben wird aber nicht angestrebt.

Einerseits wird ein Bedürfnis nach Intimität deutlich, andererseits aber auch nach Distanz trotz des Wunsches nach einem gewissen Maß an Nähe. Beziehungen beruhen folglich auf Ambivalenzen. Zur Kennzeichnung dieser widersprüchlichen Haltung spricht ROSENMAYR von „Intimität auf Abstand" (ROSENMAYR 1983, S. 138).

Ein gewisser Abstand der Mitglieder unterschiedlicher Generationen geht demnach mit einer besseren sozialen und emotionalen Beziehung und mit einer höheren Lebensqualität der älteren Generation einher. Sicherlich braucht diese physische und räumliche Distanz ihre Voraussetzungen, wie etwa die Freiheit der älteren Generation von wirtschaftlichen Belastungen, gute Gesundheit und Partnerschaft. Daneben helfen außerfamiliäre Beziehungen, ein breites Spektrum an Interessen und das Gefühl gebraucht zu werden (vgl. OLBRICH 1997, S. 182).

4. Generationenbeziehungen in der Familie

Familiale Generationsbeziehungen zeigen im Hinblick auf Zugehörigkeit eine Besonderheit, denn sie sind „unkündbar". So bleiben für Kinder Väter wie Mütter, unabhängig von den Umständen, bis über den Tod hinaus ihre Eltern. „In dieser Dauerhaftigkeit liegt ein besonderes Potential zur Verläßlichkeit" (LÜSCHER 1997, S. 35). Man muss jedoch davon ausgehen, dass die Verlässlichkeit in beide Richtungen (zu den eigenen Kindern, wie auch zu der älteren Generation) insbesondere eine Aufgabe der Frauen darstellt. „Doch die Autorität beanspruchen traditionell die Männer, sogar gegenüber den Frauen – ein Widerspruch, der jetzt, unter postmodernen Prämissen, nachhaltig kritisiert wird" (ebd. S. 36). Obwohl die Familie noch vermehrt der Vorstellung unterliegt, sie sei für die Öffentlichkeit tabu, sei „Inbegriff des Privaten", darf man nicht außer Acht lassen, das Vorkommnisse in der Familie bzw. bestehende Konfliktherde und Probleme vielfach von äußeren Rahmenbedingungen bzw. Umwelten beeinflusst werden. So wird ebenfalls deutlich, dass familiale Generationenbeziehungen mit außerfamilialen Generationszugehörigkeiten korrelieren. Die Herausforderung für Generationenbeziehungen liegt vor allem in der Doppeldeutigkeit: Auf der einen Seite sollen diese Beziehungen, die immer unter dem Einfluss von gesellschaftlichen Tendenzen und Ereignissen stehen, für die persönliche Identitätsentwicklung als besonders wichtig betrachtet werden. Dies betrifft vor allem „Vorgaben für das Zusammenleben und den – damit zusammenhängenden – Anforderungen" (ebd. S. 41). Demnach müsste man, so der Autor, im Hinblick auf postmoderne Strukturen der Gesellschaft von einer Gefährdung sprechen. Auf der anderen Seite sollen gerade diese familialen Beziehungen eben diese Probleme lösen (vgl. LÜSCHER 1997 S. 36 ff.).

Hervorzuheben ist in diesem Zusammenhang aber auch, dass die Verlängerung der durchschnittlichen Lebenserwartung und die räumliche Nähe zwischen den Kernhaushalten und den Haushalten der Großeltern Gelegenheiten für die Erfahrung und Gestaltung von Mehrgenerationenbeziehungen bieten. Diese Beziehungspotenziale können in unterschiedlichem Umfang und in unterschiedlicher Weise die Möglichkeit für wechselseitige Lernprozesse darstellen. Im Hinblick auf die junge Generation spielt die Erfahrung von Mehrgenerationenbeziehungen in ihrem Leben eine wichtige Rolle. Die von Enkeln und Großeltern gemeinsam verbrachte Zeit bietet den Großeltern die Chance, ihren Enkeln spezifische Lernerfahrungen zu vermitteln. Diese Beziehungen weisen eine große Vielfalt auf. Großeltern werden nicht als Autoritätsperson und Repräsentanten einer Tradition von Wissen und Werten wahrgenommen, vielmehr gelten sie als vertraute Gesprächspartner, mit welchen Erfahrungen ausgetauscht und Erwartungen entwickelt werden können.

Auch im Leben der älteren Generation spielen Mehrgenerationenbeziehungen eine wichtige Rolle und zwar wie bei der mittleren Generation in der zweifa-

chen Perspektive des Gebens und Nehmens. Kinder und Enkel tragen bei den gelebten Mehrgenerationenbeziehungen dazu bei, dass alte Menschen das Gefühl bewahren können, gebraucht zu werden und in ihrem Lebensabschnitt Sinn zu finden. Zusammenfassend lässt sich feststellen, dass für die Angehörigen aller Generationen den jeweiligen Mehrgenerationenbeziehungen eine wichtige Bedeutung für die lebensbegleitenden Prozesse des Lernens und der Identitätsbildung der Person zukommt (vgl. LÜSCHER/LIEGLE 2003, S. 178 ff.).
Dennoch können zwischen älteren und jüngeren Generationen Spannungsmomente bestehen, obwohl die ältere Generation in den familiären Netzwerken finanziell und sozial nachweislich mehr für die Jungen leisten als diese für sie. Aber was sie Kindern und Enkeln bieten, rechnet sich nicht für den sozialen Status. Wir leben gerade in einer Phase, da Kräfte gegen diese Ausgrenzung für eine neue Form des Alterns Platz zu machen beginnen. Die neuen Generationen werden diesen Platz gestalten müssen, um sich sozial durchsetzen zu können, besonders unter der Voraussetzung von Selbststeuerung und Solidarisierung (vgl. ROSENMAYR 2005, S. 8 f.).
Die angesprochene Solidarität zwischen den Generationen wird insbesondere von BUSEK aufgegriffen, der hinsichtlich des Generationenvertrages davon spricht, „daß Solidarität heißt, aufeinander angewiesen zu sein" (BUSEK 1997, S. 30). Um dem gerecht werden zu können, bedarf es jedoch einiger Voraussetzungen. Es geht nicht nur um ein Umdenken in der Aufgabenverteilung je nach Lebensalter, sondern insbesondere um den Zeitfaktor, um überhaupt füreinander Zeit zu haben. Der Autor verweist darauf, dass „das Füreinander-Zeit-Haben zur Schlüsselfrage der Generationen wird" (ebd.). Ein weiteres Indiz seien demnach auch „Gefühle füreinander". Wie sich unsere Gefühle füreinander tendenziell entwickeln werden entscheidet über die Humanität der Gesellschaft. So kann Solidarität auch als „Nächstenliebe" verstanden werden, die sich jedoch nicht auf bereits existierende Generationen, sondern auch auf unsere Nachkommenschaft auswirken wird (vgl. BUSEK 1997, S. 31).

4.1 Empirische Befunde: Generationenbeziehungen in Österreich

Die Studie „Generationenbeziehungen in Österreich" gibt über Inhalte, Konflikte, Solidaritätspotentiale und Kooperationsformen von Generationen auf familiärer und gesellschaftlicher Ebene Auskunft (vgl. MAJCE 1999, S. 52-68). Die Vorstellung, dass der Generationenkonflikt sowohl die Beziehungen innerhalb der Familie als auch die Verhältnisse in der Gesellschaft prägt, ist weit verbreitet. Dass das Zusammenleben der Jungen und der Alten in beiden Feldern zwar nicht frei von Konflikten, aber durchaus freundlich geprägt ist, zeigte die Studie deutlich auf. Ihr zentraler Befund lautet:
Die Familie, vor allem Kinder und Eltern, stellt nach wie vor ein sehr tragfähiges solidarisches System dar, das kaum ein Mitglied, das in Notlage gerät,

im Stich lässt. Auf Hilfe und Unterstützung kann gezählt werden. Die familiären Hilfstransfers, vor allem die finanziellen, fließen dabei überwiegend von der älteren zur jüngeren Generation. Das Bild zeigt, von außen her gesehen, somit eine überraschend hohe Hilfsbereitschaft. Die stereotype Auffassung, dass die Familien ihre alten Angehörigen am liebsten ins Alters- oder Pflegeheim abschieben wollen, lässt sich durch keinerlei Studien belegen. Die weitaus überwiegende Zahl der Pflegebedürftigen, soweit sie Partner oder Kinder haben, wird zuhause gepflegt.

In dieser Hinsicht kann festgestellt werden, dass die Familie besser ist als ihr Ruf. Zumindest in der Aushilfe im Haushalt und der Pflege bei nicht zu lange andauernden Erkrankungen alter Familienangehöriger gibt es ein nachweisbares Muster der Hilfsbereitschaft und eine von der Mehrheit der Bevölkerung gezeigte Stützung. Selbst in schweren Pflegefällen leistet die Familie mehr, als gemeinhin angenommen wird. Die in Altersheimen und ähnlichen Einrichtungen lebenden alten Menschen wurden in der überwiegenden Mehrheit der Fälle dorthin nicht von ihren Kindern abgeschoben, sondern sind zumeist kinderlos.

Ebenso lässt sich auch die vielfach unterstellte Abnahme familiärer Beziehungen nicht so ohne weiteres behaupten. Innerhalb der Familien der Gegenwart erweisen sich die Bindungen zu älteren Generationen nach wie vor als stark genug, um wechselseitige, zum Teil auch durch Verpflichtungs- und Solidaritätsgefühle abgesicherte, einseitige Hilfsaktionen zu gewährleisten. Die Jüngeren müssen sich oft Angehörigen von zwei älteren Generationen zuwenden. Die Zunahme der über 75-Jährigen an der Gesamtbevölkerung in Österreich und ganz Europa ist ein Hinweis darauf, dass das Problem der Sorge um die Älteren für die Familie einen Zwei-Generationen-Aspekt gewinnt: Neben alten Eltern werden es auch zunehmend noch alte Großeltern sein, die überleben und Hilfe brauchen.

In der Familie scheint der Zusammenhalt der Generationen kaum bedroht zu sein. „Gelebte Solidarität" lässt sich in den Fragen der gegenseitigen Unterstützung feststellen. Allerdings dürften die Kapazitäten der Familien weitgehend ausgeschöpft sein. Es sollte nicht darauf gebaut werden, dass die Familien auch die künftigen Belastungen noch auffangen können. Für den gegenwärtigen Zustand zeigt die Generationenstudie aber klar: Die Familien funktionieren immer noch sehr gut, wenn es um Hilfe geht. Praktizierte Solidarität ist die Regel.

Finanzielle Engpässe, Bedürfnis nach Aussprache und Beaufsichtigung von Kindern sind die Bereiche, in denen die Jüngeren stärkere Hilfe beanspruchen als die Älteren.

Zusammenfassend kann von einer Aufkündigung des Generationenvertrages innerhalb der Familie nicht die Rede sein. Die Antworten im Rahmen der Studie zeichnen ein gegenteiliges Bild. In den Beziehungen zwischen Jungen und Alten wurden keine Feindseligkeiten festgestellt. Von den drei Bereichen „Familie", „Öffentlichkeit" und „Arbeitswelt" wird die Familie weitaus am stärksten als Feld des Konflikts zwischen den Generationen gesehen. Kritisch anzumerken ist aber, dass die Frage nicht auf die eigene Familie bezogen war. Geschieht dies, gehen die Konflikthäufigkeiten stark zurück. Das eigene Verhältnis zur jeweils anderen Generation wird wesentlich besser beurteilt als das allgemeine Verhältnis zwischen Jung und Alt.

Altenfeindlichkeit ist nach dieser Studie in Österreich nicht festzustellen. Vielmehr dürften Jung und Alt weniger miteinander sprechen. Sie scheinen in verschiedenen Welten nebeneinander zu leben. Die Atmosphäre ist dabei prinzipiell von Fairness geprägt.

Der Schluss, der in der „Generationenstudie" gezogen wird: „In der Sphäre der Medien und der Gesellschaftspolitik ist der Generationenkonflikt näher als in der Familiensphäre. Die Vorstellung, die Ressourcen seien ungerecht verteilt und würden knapper, begünstigt Auseinandersetzungen um Lebensstandard und Lebensqualität. Es bleibt abzuwarten, wie die zunehmend besser gebildeten, konfliktfähigeren Altengenerationen der Zukunft, die überdies eine ständig wachsendes Wählerpotential darstellen, darauf reagieren werden, wenn sie von den jüngeren Bevölkerungsgruppen mit Hinweisen auf einen ungerechten Generationenvertrag zu Verzichtleistungen aufgefordert werden" (MAJCE 1999, S. 68). Darüber hinaus bestehen aber in Zukunft noch andere soziale Probleme, wie etwa die Zunahme der Armut sowohl bei jungen als auch bei älteren Generationen (vgl. KNAPP/PICHLER 2008) oder unzureichende Pflege- und Hilfestrukturen für Hochaltrige. Die Fähigkeit der Familie, die Belastung einer wachsenden Zahl sehr alter Menschen und die Auswirkungen eines zunehmend prekären Arbeitsmarktes in Zukunft ohne öffentliche Hilfe zu tragen, ist äußerst fragwürdig.

5. Informelle Pflege als Familienaufgabe

Die Pflege und unterstützenden Hilfeleistungen alter Menschen als Aufgaben von Angehörigen sind weitestgehend nicht im öffentlichen Bewusstsein verankert, obwohl der Wert der informellen Pflegearbeit monetär ausgedrückt in Österreich bei ca. 2-3 Mrd. Euro liegt (vgl. MÜHLBERGER/KNITTLER et. al. 2008, S. 14). Auch wenn die informelle Pflegearbeit nicht direkt als Geldwert messbar ist, wird durch den angegebenen Wert seine Bedeutung durchaus bewusst. Nicht nur, dass es eine enorme Belastung der Staatskasse bedeuten würde, wenn sich Familienangehörige nicht mehr für Pflegedienste zur Verfügung stellen, auch für die zu pflegenden Personen würde es vermehrte Belastungen im Bereich ihrer psychosozialen Gesundheit mit sich bringen, werden sie aus ihrem gewohnten Lebensumfeld herausgerissen.

Die Autoren zeigen diesbezüglich auf, dass Pflegeleistungen in der heutigen Gesellschaft überwiegend von Familienangehörigen übernommen werden. 80% der „Langzeitbetreuungsfälle" werden hauptsächlich von Angehörigen gepflegt. Vor allem Frauen sind in diesem Bereich mit wiederum 80% sehr hoch vertreten (vgl. BADELT et al. 1997 zit. n. MÜHLBERGER/KNITTLER et. al. 2008. S. 19). Mit der Aufgabe der häuslichen Pflege ergeben sich aber auch Belastungen und geringere Handlungsspielräume für die Betreuungspersonen. Dies zeigt sich beispielsweise im Verzicht von Berufskarrieren und damit verbundenen Einkommenseinbußen, sowie einer Einengung des persönlichen Freiraums, insbesondere der Freizeit- und Erholungsphasen. Die Autoren DAWID/LUDESCHER et al. (2008) konnten in ihrer qualitativen Studie über zwölf pflegende Angehörige aufzeigen, dass sich neben einer Reduzierung der sozialen Kontakte, die Freizeitaktivitäten stark einschränken. Darüber hinaus erzählen Angehörige kaum in Urlaub fahren zu können, noch ihren außerhäuslichen Hobbies nachgehen zu vermögen (vgl. DAWID/LUDESCHER et al. 2008, S. 84).

Weiteres zeigt sich in verschiedenen Studien, dass die pflegenden Angehörigen, gesamt gesehen, ungleich in der Bevölkerung verteilt sind. Die häusliche Pflege als Aufgabe erstreckt sich vor allem auf Frauen mittleren Alters (vgl. TRUKESCHITZ 2008, S. 27). Als häufigste Gründe, weshalb Frauen die Betreuungs- und Pflegearbeit von Angehörigen übernehmen, werden „Selbstverständlichkeit" und „Pflichtgefühl" genannt (GEISTER 2005 zit. n. POCHOBRADSKY/BERGMANN et al. 2005, S. 14).

Problematisch ist, dass häufig Angebote für Beratung und Unterstützung der pflegenden Angehörigen fehlen bzw. regional ungleich verteilt sind. Die Studie „Situation pflegender Angehöriger" (2005), die vom österreichischen Bundesinstitut für Gesundheitswesen durchgeführt wurde, konnte zeigen, dass in diesem Bereich personelle wie finanzielle Ressourcen häufig zu knapp sind. Neben einer weiteren Unterstützung durch private Personen, wie Freunde, Nachbarn oder anderen Familienmitgliedern (in einem Drittel der Fälle), sind es zu 25% mobile Dienste, die als Hilfsangebot angenommen werden. Neben der Hauskrankenhilfe zählen die Heimhilfe und Essen auf Rädern zu den am meisten beanspruchten Diensten. Auffallend ist, dass die Inanspruchnahme im Zusammenhang mit Erwerbstätigkeit und Schulbildung der Angehörigen steht. Je höher die Schulbildung und je höher das Beschäftigungsausmaß umso eher wird der mobile Dienst beansprucht (POCHOBRADSKY/BERGMANN et al. 2005, S. 32 f.). Die Ursachen, warum bereits bestehende Angebote nicht wahrgenommen werden „sind unter anderem die Selbstüberschätzung der eigenen Person und gleichzeitig die Unterschätzung der auf sie zukommenden Betreuungs- und Pflegearbeit, vermeintliche soziale Verpflichtung, diese Arbeit alleine schaffen zu müssen, Angst, Scham oder Scheu, fremde Personen in das eigene private Umfeld zu lassen, Unwissenheit insbesondere über finanzielle Unterstützung und schließlich die Inkongruenz zwischen vorhandenem Angebot und speziellen Bedarf an Unterstützung" (POCHOBRADSKY/ BERGMANN et al. 2005, S. 3).

Die Gründe, warum in weiterer Folge mit erhöhtem Bedarf an Pflegedienstleistungen zu rechnen ist und die bisher vorhandenen informellen sozialen Netze bei der Bewältigung der Hilfs- und Pflegebedürftigkeit in Zukunft nicht mehr ausreichen werden und zunehmend der Ergänzung und Unterstützung durch soziale Dienste bedürfen, liegen zum einen in der Bevölkerungs- und Haushaltsentwicklung, zum anderen in der höheren Lebenserwartung und der dadurch bedingten Zunahme des Anteils hilfs- und pflegebedürftiger alter Menschen. Zu berücksichtigen ist aber auch, dass die veränderten Familienstrukturen die Pflege von alten Menschen aufgrund von zeitlichen Ressourcen, sowie den Entfernungen zwischen den Familienangehörigen, wie auch den beruflichen Belastungen, denen sie unterliegen, erschweren werden. Eine Prognose der STATISTIK AUSTRIA zeigt die Bevölkerungsentwicklung bis 2050 und verdeutlicht diesen Zusammenhang:

Abb. 1: Bevölkerungspyramide 2008, 2030 und 2050

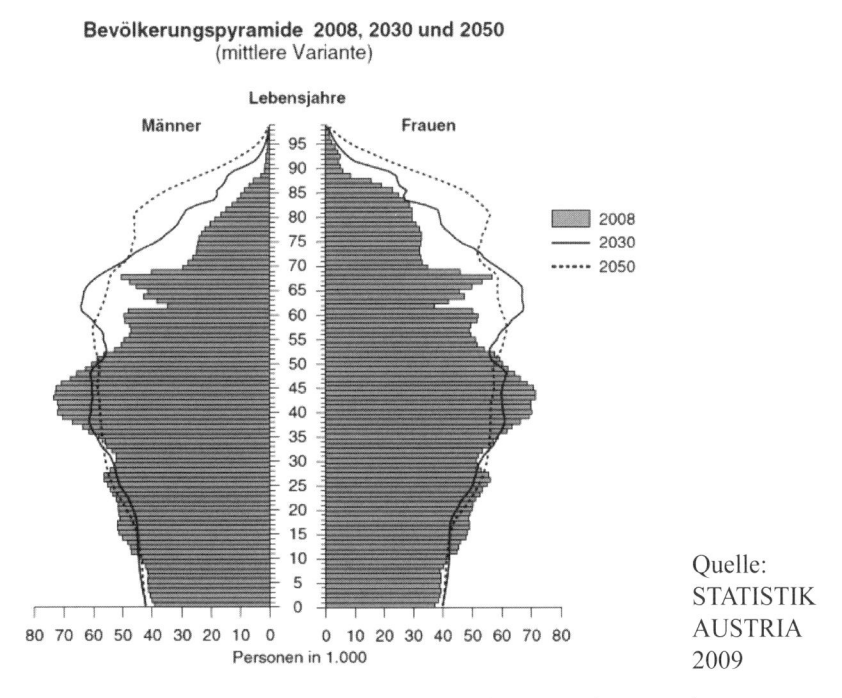

Quelle: STATISTIK AUSTRIA 2009

Aus dieser Grafik wird ersichtlich, dass mit einem starken Anstieg von Personen über dem 55. Lebensjahr zu rechnen ist. Vor allem wird die Population der über 80-Jährigen deutlich steigen und damit ein erhöhter Pflegebedarf be-

stehen. Diese Entwicklung stellt eine enorme Herausforderung für die Sozial- und Gesundheitspolitik dar.
Die Familien werden darüber hinaus mehr Unterstützungs- und Beratungsangebote brauchen, da jüngere Frauen tendenziell häufiger einer Erwerbsarbeit nachgehen (vgl. MÜHLBERGER/GUGER et.al 2008, S. 11). Die fehlende bzw. geringe Erwerbsbeteiligung von gegenwärtig pflegenden Angehörigen kann in der nächsten Grafik verdeutlicht werden:

Abb. 2: Erwerbstätigkeit der pflegenden Angehörigen und Pflegestufen der zu betreuenden Pflegegeldbezieher

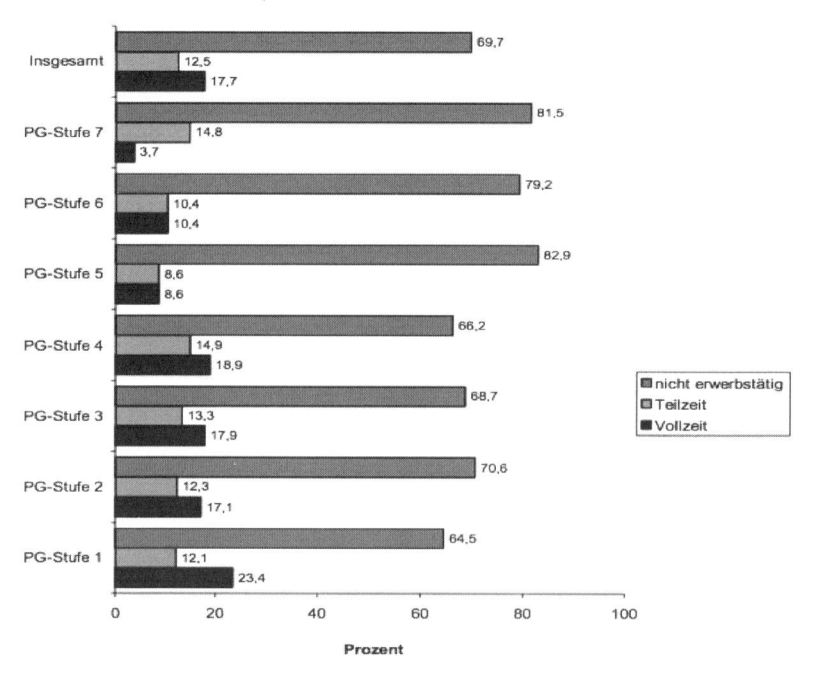

	nicht erwerbstätig	Teilzeit	Vollzeit
Insgesamt	69,7	12,5	17,7
PG-Stufe 7	81,5	14,8	3,7
PG-Stufe 6	79,2	10,4	10,4
PG-Stufe 5	82,9	8,6	8,6
PG-Stufe 4	66,2	14,9	18,9
PG-Stufe 3	68,7	13,3	17,9
PG-Stufe 2	70,6	12,3	17,1
PG-Stufe 1	64,5	12,1	23,4

n = 1.117, p = 0,099. Niedrig signifikanter Zusammenhang zwischen Erwerbstätigkeit und PG-Stufen
Quelle: ÖBIG-eigene Erhebung und Auswertung 2005

Quelle: POCHOBRADSKY/BERGMANN et al. 2005, S. 32)

Die Abbildung zeigt, dass pflegende Angehörige sehr häufig keiner Erwerbsbeschäftigung nachgehen, wobei der Wert in den Pflegestufen 5-7 im Gegensatz zu den Stufen 1-4 noch einmal um ca. 10% steigt.
Erwerbstätigkeit wird von pflegenden Angehörigen vielfach als Ausgleich, als Normalität im Gegensatz zur Pflege als Ausnahmezustand empfunden. Erfolgserlebnisse und geistige Herausforderung sind Faktoren, die neben der Möglichkeit von sozialen Kontakten am häufigsten genannt werden. Berufstätigkeit bekommt diese Geltung vor allem dann, wenn pflegende Angehörige

mit „Krankheit, Alter und Pflege" schlechter zu Recht kommen. Bei einigen der Befragten führte die pflegende Tätigkeit dazu, dass der Beruf bzw. die Erwerbstätigkeit an Wert verloren hat. Abhängig ist dies auch von der Akzeptanz des Arbeitgebers und der ArbeitskollegInnen hinsichtlich der geleisteten Pflegedienste der Berufstätigen (DAWID/LUDESCHER et al. 2008, S. 83).

Aus vielen Studien zum Thema „Armut und soziale Ungleichheit" insbesondere des Alters ist bekannt, dass es gerade diese brüchigen Erwerbsbiographien sind, die zu einem erhöhten Armutsrisiko beitragen. Weiteres sind auch fehlende Pensionsversicherungen der pflegenden Angehörigen problematisch. Die Studie „Situation pflegender Angehöriger" konnte zeigen, dass etwa ein Fünftel der pflegenden Angehörigen davon betroffen sind. Obwohl sie für die Gesellschaft wertvolle Dienste leisten, fehlt ihnen später die eigene Absicherung im Alter (vgl. auch den Beitrag von KNAPP in diesem Band). Häusliche Pflege wird vielfach aufgrund des Pflegegeldes für Angehörige möglich. Doch auch hier zeigt sich, dass etwa die Hälfte der pflegenden Angehörigen das Pflegegeld nur dafür verwenden kann, die zukommenden Kosten aufgrund der Betreuung und Pflege abdecken zu können. Trotz der zeitintensiven Aufgabenübernahme kann die Erwerbsbeteiligung der pflegenden Angehörigen nicht aufgegeben und der Wohnraum für die zu pflegenden Personen nicht adaptiert werden. Die Kostenabdeckung durch das Pflegegeld ist insbesondere von der Pflegestufe des zu pflegenden Angehörigen abhängig. Man kann davon ausgehen, dass je höher die Pflegestufe ist, desto besser gestaltet sich der finanzielle Spielraum (vgl. POCHOBRADSKY/BERGMANN et al. 2005, S. 22 f).

Um die Situation von informellen Pflegediensten auch hinsichtlich des Belastungsausmaßes für pflegende Angehörige zu verdeutlichen, kann man wieder auf zentrale Ergebnisse der Studie verweisen. Durch quantitative wie qualitative Befragungen konnten einige zentrale Faktoren konkretisiert werden.

Besonders beachtenswert sind die Hilfs- und Betreuungsmaßnahmen, die von den Angehörigen übernommen werden:

Aus der Grafik (Abb. 3) wird ersichtlich, dass die pflegenden Angehörigen enorme Leistungen bezüglich der Betreuung und Pflege von hilfsbedürftigen Familienmitgliedern übernehmen. Die zu leistenden Maßnahmen im Bereich der Betreuungsleistungen (Hilfe bei An- u. Auskleiden bis Mobilitätshilfe im Wohnbereich) nehmen mit steigender Pflegestufe deutlich zu, während Hilfsmaßnahmen (Mobilitätshilfe außerhalb Wohnbereich bis Wohnraumbeschaffung) in beiden Gruppen ähnlich stark vertreten sind. Weiteres konnte gezeigt werden, dass fast die Hälfte der pflegenden Angehörigen ständig anwesend sind und 24,1% angeben, mehrmals täglich Hilfe und Unterstützung zu bieten. Dem gegenüber liegen wöchentliche Besuche zwischen 1-5mal pro Woche unter 10%. (vgl. POCHOBRADSKY/BERGMANN et al. 2005, S. 28 ff.).

Abb. 3: Erbrachte Leistungen in Abhängigkeit von der Pflegegeldstufe (getrennte Auswertung)

Leistungsart	PG-St 1 (n=249)	PG-St 2 (n=387)	PG-St 3 (n=202)	PG-St 4 (n=155)	PG-St 5 (n=71)	PG-St 6 (n=47)	PG-St 7 (n=27)
	Prozent	Prozent	Prozent	Prozent	Prozent	Prozent	Prozent
Hilfe bei An- u. Auskleiden	35,7	59,2	75,3	81,9	94,4	97,9	85,2
Hilfe bei Körperpflege	61,5	77,5	80,2	85,2	94,4	93,6	85,2
Zubereitung von Mahlzeiten	69,5	82,7	86,1	91,0	95,8	95,7	92,6
Einnahme von Mahlzeiten	6,4	11,9	26,7	43,2	71,8	85,1	88,9
Notdurft/Inkontinenzbetreuung	11,2	21,2	35,6	61,9	85,9	85,1	85,2
Einnahme von Medikamenten	48,6	64,3	75,7	83,9	88,7	95,7	88,9
Mobilitätshilfe im Wohnbereich	30,9	37,7	48,0	68,4	63,4	83,0	77,8
Mobilitätshilfe außerhalb Wohnbereich	63,5	70,8	74,8	79,4	57,8	70,2	77,8
Besorgung von Nahrungsmittel, etc.	93,2	96,1	96,0	97,4	91,6	93,6	96,3
Reinigung der Wohnung	92,4	95,1	93,6	92,9	90,1	97,9	92,6
Pflege der Leib- u. Bettwäsche	79,9	87,9	91,6	96,1	88,7	97,9	88,9
Wohnraumbeschaffung	53,4	63,3	62,4	76,8	76,1	83,0	74,1

Quelle: POCHOBRADSKY/BERGMANN et al. 2005, S. 145

Pflege zu Hause bringt auch physische wie psychische Belastungen für die pflegenden Angehörigen mit sich. Dieser ist weitgehend vom Gesundheitszustand der betreuungsbedürftigen Person und der damit verbundenen Pflegestufe abhängig. Nachstehende Tabelle zeigt den Zustand der zu pflegenden Personen der befragten Teilnehmer:

Abb. 4: Zustand der betreuungsbedürftigen Person

Tabelle 46: Zustand der betreuungsbedürftigen Person

Zustand der BTP	absolut	Prozent
weitgehend mobil	725	71,6
weitgehend bettlägerig	154	17,0
manchmal verwirrt (mehrmals pro Woche)	232	45,9
teilw. verwirrt (mehrmals am Tag)	188	37,2
völlig verwirrt (ganzzeitig)	86	17,0

BTP = betreuungsbedürftige Person
weitgehend mobil n = 1.013; weitgehend bettlägerig n = 964; völlig verwirrt n = 506; teilw. verwirrt n = 506; manchmal verwirrt n = 506
Mehrfachnennungen möglich

Quelle: POCHOBRADSKY/BERGMANN et al. 2005, S.14

Unter den angegebenen körperlichen Belastungen für pflegende Angehörige finden sich neben Schulter und Nackenbeschwerden (36,9%) am häufigsten Kreuzschmerzen (47,5%), während 30,8% angeben, keine nennenswerten Belastungen im Bereich der physischen Gesundheit zu verspüren. Gerade bei der körperlichen Belastung kann ein deutlicher Zusammenhang zwischen Pflegestufe und Belastungsmoment aufgezeigt werden (während Pflegende von Angehörigen der 1. Pflegestufe zu 58% angeben körperliche Beschwerden zu haben, sind es in Pflegestufe 7 schon 84%).

Im Bereich der psychischen Belastungen wird die übertragene Verantwortung mit 49,5% am häufigsten genannt. Weitere Beeinträchtigungen zeigen sich bezüglich Überforderung (29,0%), familiärer Probleme (18%), sowie Aussichtslosigkeit (18,4%) und Isolation (17,8%). Nur 19% der Befragten geben an, keine nennenswerten Belastungen im Bereich ihrer psychischen Gesundheit zu haben. Hier können auch signifikante Unterschiede zwischen den Pflegestufen 1-3 und 4-7 nachgewiesen werden. Besonders die Kategorien „Verantwortung", „Isolation" und „Überforderung" steigen mit höherer Pflegestufe deutlich an.

Neben diesen Faktoren, werden auch zeitliche (58,6%) und finanzielle (22,3%) Belastungen genannt (vgl. POCHOBRADSKY/BERGMANN et al. 2005, S.42 ff.).

Aus den vorliegenden Ergebnissen wird deutlich, dass sich hinter der informellen Pflegeleistung nicht nur ein enormer Aufwand für die zu pflegenden Angehörigen von Familienmitgliedern ergibt, sondern sich dadurch auch Teilhabechancen am gesellschaftlichen Leben für die Pflegenden reduzieren. Dies betrifft die eigene Erwerbsbiographie, als auch ihre sozialen und kulturellen Teilhabemöglichkeiten. Weiteres sind ebenfalls die Faktoren der körperlichen und psychischen Belastung, wie auch die geringe Inanspruchnahme von mobilen Pflegediensten ein Indiz dafür, dass es notwendig sein wird, dass sich die Sozialpolitik und die Soziale Arbeit mit dem Thema Pflege in Zukunft verstärkt auseinandersetzt.

6. Resümee

Der heutige Trend der Singularisierung (weniger Kinder, hohe Scheidungsraten, etc.) führt vermehrt zu der Annahme, dass sich auch informelle Pflegedienste immer mehr reduzieren werden. Ein weiteres Indiz dafür zeigt sich bei jüngeren Generationen, insbesondere bei Frauen, die vermehrt einer Berufs- bzw. Erwerbstätigkeit nachgehen, sodass sich auch dadurch das Ausmaß der informellen Pflege systematisch verringern wird. Aufgrund der derzeitigen Situation, dass 80% der Pflegefälle in den Familien betreut werden, kann man davon ausgehen, dass mit der Reduktion des informellen Pflegebereichs auch mit einem erheblichen Kostenzuwachs für Ressourcen wie mobile Pflegedienste, Tagesstätten sowie Altersheime zu rechnen ist. Das Verhältnis von Jung und Alt in unserer Gesellschaft laut der Prognose der Statistik Austria weist weiters darauf hin, dass die Zahl der alten und hochaltrigen Menschen aufgrund der höheren Lebenserwartung vermehrt steigen und sich damit die Pflege hinsichtlich Dauer und Intensität zusätzlich verändern wird.

Die „Studie über Generationenbeziehungen" sowie auch die „Studie zur Situation pflegender Angehöriger" zeigen auf, dass aufgrund der emotionalen Generationenverbundenheit, „Pflichtgefühl" und „Selbstverständlichkeit" bedeutende Komponenten sind, sich dafür zu entscheiden, pflegebedürftige Familienangehörige zuhause zu pflegen. Trotz vieler Vorurteile, dass der Familienverband immer brüchiger wird, konnte gezeigt werden, dass „Solidarität" und „Hilfsbereitschaft" innerhalb der Generationen immer noch bedeutende Werte darstellen. Allerdings wird auch deutlich, dass nicht mehr nur Eltern, sondern teilweise auch noch die Großeltern, aufgrund höherer Lebenserwartung, vermehrt Unterstützung und Hilfe brauchen. Die Kapazität der Familie, als kompensatorische Stütze zu einem teilweise unzureichend ausgebauten Pflegeangebot, dürfte aber weitgehend ausgeschöpft sein.

Vor diesem Hintergrund gilt es zu überlegen, die regional ungleich verteilten Betreuungs- und Hilfsangebote auszugleichen, um die pflegenden Angehörigen bei ihrer wertvollen Arbeit zu unterstützen. Es wird vor allem notwendig sein, das Angebot von fördernden Hilfsmaßnahmen transparenter zu gestalten, um auch Vorurteile aus dem Weg zu räumen und darauf hinzuweisen, dass die Aufgabe der Pflege nicht alleine „Privatsache" ist. Durch mehr Transparenz könnte es auch gelingen, den Bereich der Pflegearbeit bzw. die gesamten Probleme des Alters vermehrt ins Blickfeld der gesellschaftlichen Aufmerksamkeit zu rücken und nicht nur als ein privates Problem von Familien zu behandeln. Weiteres ist es erforderlich, für pflegende Angehörige den Zugang zu Unterstützungsmaßnahmen zu erleichtern bzw. das Angebot auf dem Gebiet der „Angehörigenarbeit" zu erweitern. Der Erfahrungsaustausch in Selbsthilfegruppen und Bildungsangebote für die Versorgung und Pflege von alten Menschen könnten den Pflegenden ihre Arbeit erleichtern.

Literatur

BACKES, G. M./CLEMENS, W.: Lebensphase Alter. Eine Einführung in die sozialwissenschaftliche Alternsforschung. Weinheim/München 2003.

BAROLIN, G. S.: Psychotherapie im Alter. In: LIKAR, R./BERNATZKY, G./ PIPAM, W./JANIG, H./SADJAK, A. (Hg.): Lebensqualität im Alter. Therapie und Prophylaxe von Altersleiden. Wien 2005, S. 135-159.

BECK-GERNSHEIM, E.: Familie und Alter: Neue Herausforderungen, Chancen, Konflikte. In: NAEGELE, G./TEWS, H. P. (Hg.): Lebenslagen im Strukturwandel des Alters: alternde Gesellschaft – Folgen für die Politik. Opladen 1993, S. 158-170.

BUSEK, E.: Solidarität der Generationen in schwieriger Zeit. In: KRAPPMANN, L./LEPENIES, A. (Hg.): Alt und Jung. Spannungen und Solidarität zwischen den Generationen. (ADIA-Stiftung zur Erforschung neuer Wege für Arbeit und soziales Leben, 7). Frankfurt am Main/New York 1997, S. 17-32.

DAWID, E./LUDESCHER, M./TRUKESCHITZ, B.: ...weil das Leben besteht nicht nur aus jung und schön und gesund. Eine qualitative Studie über die Vereinbarkeit von häuslicher Pflege und Berufstätigkeit aus der Perspektive von zwölf pflegenden Angehörigen. Forschungsbericht 1 des Forschungsinstituts für Altersökonomie. Wien 2008.

GRÜNENDAHL, M.: Generationenbeziehungen im Wandel? Untersuchungen zum Einfluss von Alter, Region und Kohorte auf familiäre Generationenbeziehungen im mittleren und höheren Erwachsenenalter. Frankfurt am Main 2001.

KNAPP, G./REGENFELDER, J.: Soziale Arbeit in der Familie. In: KNAPP, G. (Hg.): Soziale Arbeit und Gesellschaft. Entwicklungen und Perspektiven. Klagenfurt/Ljubljana/Wien 2004, S. 525-570.

LIEBAU, E.: Generation – ein aktuelles Problem? In: LIEBAU, E. (Hg.): Das Generationenverhältnis. Über das Zusammenleben in Familie und Gesellschaft. Weinheim/München 1997, S. 15-37.

LÜSCHER, K./LIEGLE, L.: Generationenbeziehungen in Familie und Gesellschaft. Konstanz 2003.

LÜSCHER, K.: Postmoderne Herausforderungen an die Generationenbeziehungen. In: KRAPPMANN, L./LEPENIES, A. (Hg.): Alt und Jung. Spannungen und Solidarität zwischen den Generationen. (ADIA-Stiftung zur Erforschung neuer Wege für Arbeit und soziales Leben, 7). Frankfurt a. Main/New York 1997, S. 32-49.

MAJCE, G.: „Generationenbeziehungen in Österreich". Erste Studienergebnisse. In: BUNDESMINISTERIUM FÜR UMWELT, JUGEND UND FAMILIE. KOMPETENZZENTRUM FÜR SENIOREN- UND BEVÖLKERUNGSPOLITIK (Hg.): Internationale Fachkonferenz Altern in Europa. Generationensolidarität – eine Basis des sozialen Zusammenhalts. Wien 1998, S. 1-23.

MAJCE, G.: Generationenbeziehungen: gelebte Solidarität. In: BUNDESMINISTERIUM FÜR UMWELT, JUGEND UND FAMILIE. KOMPETENZZENTRUM FÜR SENIOREN- UND BEVÖLKERUNGSPOLITIK (Hg.): Ältere Menschen – Neue Perspektiven. Wien 1999, S. 52-68.

MÜHLBERGER, K./GUGER, A./KNITTLER, K./SCHRATZENSTALLER, M.: Langzeitpflege in Österreich. In: ÖSTERREICHISCHES KOMITEE FÜR SOZIALE ARBEIT (Hg.): Finanzierung der Pflege in Österreich. Bedarf – Modelle – Perspektiven. Wien 2008, S. 11-27.

MÜHLBERGER, K./KNITTLER, K./GUGER, A.: Mittel- und langfristige Finanzierung der Pflegevorsorge. Österreichisches Institut für Wirtschaftsforschung. Wien 2008.

NIEDERFRANKE, A.: Das Alter ist weiblich. Frauen und Männer altern unterschiedlich. In: NIEDERFRANKE, A./NAEGELE, G./FRAHM, E. (Hg.): Funkkolleg Altern 2. Lebenslagen und Lebenswelten, soziale Sicherung und Altenpolitik. Wiesbaden 1999, S. 7-52.

OLBRICH, E.: Das Alter: Generationen auf dem Weg zu einer „neuen Altenkultur"? In: LIEBAU, E. (Hg.): Das Generationenverhältnis. Über das Zusammenleben in Familie und Gesellschaft. Weinheim/München 1997, S. 175-194.

POCHOBRADSKY, E./BERGMANN, F./BRIX-SAMOYLENKO, H./ERFKAMP, H./LAUB, R.: Situation pflegender Angehöriger. Endbericht. Österreichisches Bundesinstitut für Gesundheitswesen. Wien 2005.

ROSENMAYR, L.: Die späte Freiheit. Das Alter – ein Stück bewußt gelebtes Leben. Berlin 1983.

ROSENMAYR, L.: Über die Zukunft der Langlebigkeit (Daten und Prognosen). In: LIKAR, R./BERNATZKY, G./PIPAM, W./JANIG, H./SADJAK, A. (Hg.): Lebensqualität im Alter. Therapie und Prophylaxe von Altersleiden. Wien 2005, S. 1-14.

SCHWEPPE, C.: Krisenszenarium oder Neue Solidarität? Zum Wandel familialer Generationenbeziehungen und -verhältnissen. In: SCHWEPPE, C. (Hg.): Generation und Sozialpädagogik. Theoriebildung, öffentliche und familiare Generationenverhältnisse, Arbeitsfelder. Weinheim/München 2002, S. 181-200.

TRUKESCHITZ, B.: Informelle Pflege: Ansichten, Einsichten & Aussichten. In: ÖSTERREICHISCHES KOMITEE FÜR SOZIALE ARBEIT (Hg.): Finanzierung der Pflege in Österreich. Bedarf – Modelle – Perspektiven. Wien 2008, S. 27-39.

Gerald Gatterer

STUKTUREN DER ALTENBETREUUNG IN ÖSTERREICH

1. Einleitung und Grundüberlegungen zur Altenbetreuung

Die Strukturen der Altenbetreuung in Österreich sind vielfältig, und ständig kommen neue innovative Konzepte und Überlegungen zu neuen Betreuungsstrukturen dazu. Viele davon sind von Philosophien und standespolitischen Überlegungen geprägt. Der folgende Artikel möchte die Strukturen der Altenbetreuung in Österreich unter dem Gesichtspunkt des Qualitätsmanagements und des älteren Menschen als Kunden betrachten.

Das ist insofern wichtig, da bei Betrachtung der vorliegenden Konzepte der Eindruck entsteht, dass die Grundbedürfnisse älterer Menschen bei der Konzeption von Betreuungsstrukturen nur eine untergeordnete Rolle spielen. Die in Österreich derzeit vorhandenen Strukturen lassen sich grob nach den Kategorien extramural/ambulant vs. stationär und eher (psycho-)sozial vs. medizinisch orientiert einteilen. Die in den jeweiligen Bereichen tätigen Personen sind von ihren Konzepten natürlich überzeugt und stellen sie als das „Maß" bzw. die „Norm" für optimale Altenbetreuung dar. Untersuchungen zur Lebensqualität in den einzelnen Strukturen liegen kaum vor und oft sind diese auch nicht vergleichbar, da unterschiedliche Personengruppen mit verschiedenen Grundbedürfnissen betrachtet werden. Auch ist der Blickpunkt, was als gute Betreuungsqualität zu verstehen ist, unterschiedlich. Ist es die gute Pflege, das Maß an Aktivitäten, die wohnliche Umgebung, die netten Betreuungspersonen, der hohe medizinische Standard oder vielleicht auch nur das gute Essen? Insofern soll im nächsten Abschnitt der Begriff „Qualität" in der Altenbetreuung näher betrachtet werden.

2. Qualität in der Altenbetreuung

Was ist Qualität? In der Alltagssprache hat Qualität viele verschiedene Bedeutungen. Sie reichen von der Beschaffenheit von Gütern oder Dienstleistungen über den Wert eines Objektes bis hin zu Sinneseindrücken. Oft sind diese Qualitätsbegriffe für sich nicht unmittelbar mit dem Eindruck von positiv oder negativ verbunden (z. B. süß oder sauer) und erhalten erst durch situationsspezifische oder individuelle Bewertungen eine Bedeutung für den Betroffenen.

Im Allgemeinen hängt also die Bedeutung des Begriffs „Qualität" vom jeweiligen Verwender eines Gutes oder dem Empfänger einer Dienstleistung ab. Beiden ist jedoch gemeinsam, dass ein Vergleich zwischen den Zielen und dem Grad der Zielerreichung hergestellt wird. Als Qualität bezeichnet man demnach

„die Gesamtheit von Eigenschaften und Merkmalen eines Produktes, eines Prozesses oder einer Dienstleistung, die sie zur Erfüllung vorgegebener Erfordernisse geeignet machen" (HAUKE et al. 1994, S. 7). Das bedeutet, dass zur Feststellung von guter Qualität die Sichtweise einer Person oder Gruppe oder auch der Gesellschaft bei der Erreichung eines Zieles notwendig ist. Das bedeutet aber auch, dass Strukturen, die für größere Gruppen geschaffen werden, individuelle Bedürfnisse nur mehr in einem begrenzten Ausmaß erfüllen können.

Aus dieser Definition können für den Bereich des Gesundheitswesens zwei zentrale Qualitätsbegriffe, in Abhängigkeit von den spezifischen Kunden der Leistung, abgeleitet werden, nämlich Qualität aus einer fachlich leistungsbezogenen Sicht (Organisation/Arzt/Pflegeperson/Psychologe/Krankenkasse/Krankenhaus/...) oder aus der Sicht des Kunden (Patienten/Klienten/Bewohner). Erstere bezieht sich darauf, inwieweit diese Dienstleistung gut organisiert ist, die nötigen Mittel zur Verfügung stehen bzw. diese fachlich richtig erbracht wurde. Sie beruht auf der Struktur der Organisation, dem Ablauf der entsprechenden Betreuung und Versorgungsprozesse, Ausbildung der Mitarbeiter, deren Fachkompetenz, notwendigen Zusatzausbildungen etc. Insofern sind zur Wahrung von Qualität auch gesetzliche Bestimmungen (Ärztegesetz, Gesundheits- und Krankenpflegegesetz, Pflegeheimgesetz, ...) und ethische Überlegungen (Medizinethik, Pflegeethik) wesentlich.

Qualität aus der Sicht des Patienten wird durch dessen subjektive Wahrnehmung bestimmt. Dabei werden individuelle Qualitätskriterien, je nach dem spezifischen Anspruchs- bzw. Erwartungsniveau oder den Angaben der Kunden festgelegt. Dadurch ergeben sich oft deutliche Unterschiede in der Bewertung von Maßnahmen aus der Sicht der Leistungserbringer, aber auch bei Personen mit Demenzerkrankung, die sich oft nicht mehr richtig artikulieren können.

Weiters wird der Qualitätsbegriff nach DONABEDIAN (1966) in Struktur-, Prozess- und Ergebnisqualität unterteilt. Unter Strukturqualität werden im Gesundheitssystem die im Zeitablauf relativ konstanten Charakteristika des Leistungserbringers selbst, die ihm zur Verfügung stehenden Mittel und Ressourcen und die physische und organisatorische Umgebung, in der er arbeitet, verstanden. Dazu zählen auch die menschlichen, technischen und finanziellen Voraussetzungen seiner Arbeit.

In Anlehnung an GUTZWILLER/KOCHER (1982) lässt sich Strukturqualität auf folgende Elemente zurückführen:

- *persönliche Elemente:* Dazu gehören die Art und Anzahl des Personals, dessen Ausbildung, sowie dessen fachliche (und auch persönliche) Qualifikationen,
- *materielle Elemente:* Diese beinhalten die Art und den Umfang der materiellen Ausstattung, sowie die zur Verfügung stehenden finanziellen Ressourcen,

- *organisatorische Elemente:* Sie beziehen sich auf den Aufbau der Organisation, sowie die Kooperation mit Unterorganisationen (z. B. Primärprozess: Behandlung eines Patienten/ Sekundärprozesse: Anmeldung, Sekretariat, ...),
- *Systemelemente:* Hier steht das Gesundheitswesen als Gesamtheit im Mittelpunkt, d. h. seine Struktur, die vorhandenen Mittel, die Finanzierung und externe Regulationen.

Prozessqualität gilt als eine der wichtigsten Kategorien im System DONABEDIANS. Sie umfasst alle Maßnahmen, die im Laufe einer Intervention (Aufnahme, Diagnostik, Behandlung, Entlassung, Tod/Sterben, Nachbetreuung, ...) unter Berücksichtigung der jeweils spezifischen Situation und individuellen Krankheitsmerkmale des Patienten ergriffen – oder nicht ergriffen – worden sind. Sie geht davon aus, dass die Ergebnisse dieser Maßnahmen dann am besten sind, wenn die Maßnahme selbst nach nachvollziehbaren bzw. nachprüfbaren Regeln erfolgt, die den Stand des Wissens der entsprechenden medizinischen, pflegerischen, psychologischen oder sonstigen Intervention widerspiegeln. Grundlage sind deshalb professionell anerkannte Standards, an denen sich die Maßnahme orientieren kann. Kritisch muss jedoch angemerkt werden, dass die Prozessqualität lediglich ein indirektes Maß für die Qualität einer Behandlung darstellt. Auch eine noch so perfekte Durchführung garantiert noch nicht ein optimales Ergebnis bzw. Zufriedenheit des Kunden und umgekehrt muss eine schlechte Durchführung noch lange nicht heißen, dass auch das Ergebnis schlecht ist.

Das Ergebnis (Ergebnisqualität) einer Maßnahme stellt die eindeutigste Bezugsbasis für eine Qualitätsbeurteilung dar. Jede Maßnahme wird letztlich daran gemessen, ob sie zu einer Ergebnisverbesserung beigetragen hat oder nicht. Im Gesundheitswesen unterliegt diese Variable nicht nur den Einflüssen des tatsächlichen Leistungserbringers, sondern auch einer Vielzahl anderer Faktoren. So ist die Messung der Ergebnisqualität vom Zeitpunkt der Erhebung abhängig. Je länger nach Durchführung einer Maßnahme gemessen wird, umso geringer ist der tatsächliche Bezug zu dieser. Andererseits sind manche Ergebnisse erst nach langer Zeit messbar und beurteilbar.

Das Ergebnis (outcome) umfasst sehr verschiedene Facetten der Behandlung von der rein medizinischen Änderung des Gesundheitszustands, über die Beeinflussung der sozialen und psychologischen Funktionen des Patienten, bis hin zu gesundheitsbezogenen Bewusstseins-, Wissens- und Verhaltensänderungen und der Patientenzufriedenheit (vgl. DONABEDIAN 1982). Daraus ist ersichtlich, dass Ergebnisqualität nicht nur die „objektive" Seite des „Erfolges" einer Maßnahme (Diagnose, Behandlungserfolg, Heilung, Remission, ...) beinhaltet, sondern sehr häufig auch Parameter wie Lebensqualität oder Patientenzufriedenheit eine wesentliche Rolle spielen. Das ist im Bereich der

Altenbetreuung besonders wichtig. So ergibt sich deshalb auch oft die Frage, soll man dem Leben mehr Jahre (medizinisches Erfolgskriterium) oder den Jahren mehr Leben (psychologisches Erfolgskriterium) geben.
Zusätzlich zu diesen Parametern definiert LAIREITER (1997) drei weitere Ebenen der Qualität und Qualitätssicherung und zwar

- *Versorgungsqualität:* Sie bezieht sich auf die psychosoziale und Gesundheitsversorgung eines Staates, Landes, Bezirks oder einer Gemeinde.
- *Einrichtungsqualität:* Diese beschreibt die Rahmenbedingungen, Prozesse und Ergebnisse der Versorgung leistenden Institutionen (Krankenhaus, Abteilung, Praxis, ...).
- *Behandlungsqualität:* Darunter versteht man die Qualität und Qualitätssicherung der individuellen Behandlung eines Patienten.

Insofern ergeben sich für den Bereich der Altenbetreuung folgende praktische Überlegungen zur Qualitätssicherung:

- *Kundenorientierung:* Der Kunde „älterer Mensch" und seine Bedürfnisse stehen im Mittelpunkt.
- *Bedarfsorientierung:* Leistungen müssen hinsichtlich ihrer Notwendigkeit und Adäquatheit überprüft werden.
- *Ressourcenorientierung:* Auch der Einsatz von Mittel sollte entsprechend der Notwendigkeit und des Bedarfs erfolgen.
- *Mitarbeiterorientierung:* Mitarbeiter sind als primäre Leistungserbringer das „höchste Gut" eines Unternehmens und sollten gut ausgebildet sein.
- *Prozessorientierung:* Die Leistungen sollten hinsichtlich ihrer Durchführung an Prozessen orientiert sein, deren Schnitt- bzw. Nahtstellen genau definiert sind und die auch überprüfbar sind.
- *Qualitätsorientierung:* Standards, Kriterien und klare Vorgaben sollen die Qualität der Leistungen definieren, die sowohl für den Leistungserbringer als auch seine Kunden transparent sind.
- *Effizienzorientierung:* Regelmäßige Messungen sollen überprüfen, inwieweit diese Kriterien erreicht wurden bzw. neu zu definieren wären.
- *Versorgungsqualität:* Strukturprogramme müssen die psychosoziale und Gesundheitsversorgung eines Staates, Landes, Bezirks oder einer Gemeinde definieren. Diese sollten den Kundenbedürfnissen und regionalen Erfordernissen (Stadt/Land) angepasst sein.
- *Einrichtungsqualität:* Die Rahmenbedingungen, Prozesse und Ergebnisse der die Versorgung leistenden Institutionen (Krankenhaus, Pflegeheim, Abteilung, Praxis, ...) müssen ebenfalls den Grundbedürfnissen der Kundengruppe angepasst werden. Insofern kann daraus abgeleitet werden, dass es „die optimale Struktur für alle älteren Menschen" nicht geben kann, sondern Menschen mit individuellen Bedürfnissen individuelle Strukturen benötigen.

- *Behandlungsqualität:* Die Qualität und Qualitätssicherung der individuellen Behandlung eines Patienten muss genau hinsichtlich deren Notwendigkeit unter Berücksichtigung der Kundenbedürfnisse und Möglichkeiten reflektiert werden. Insofern muss sich diese z. B. zwischen einer Akutstation im Krankenhaus und einer Palliativstation hinsichtlich der Ziele und Maßnahmen unterscheiden.

Was sind aber nun die Ansprüche älterer Menschen an das Gesundheitssystem und inwieweit unterscheiden sie sich von denen jüngerer Menschen.

3. Der alte Mensch als Kunde im Gesundheitswesen

Altern wurde bislang immer mit einem Prozess des Verlustes körperlicher, geistiger und sozialer Fähigkeiten gleichgesetzt. Insofern waren viele Modelle der Altenbetreuung primär auf Behandlung und Versorgung ausgerichtet. Typisch hierfür sind die Pflegeheime der Vergangenheit. Der ältere Mensch wurde damit zum Empfänger von und Bittsteller für Leistungen degradiert. Altern ist jedoch ein sehr komplexes Geschehen auf organischer (Altern des Körpers), psychologischer (subjektives Altern), sozialer (Altern in der Gesellschaft) und kontextueller (Versorgungsstrukturen, Hilfen, ...) Ebene. Zusätzlich weist der ältere Mensch eine Reihe von spezifischen Veränderungen auf, die im Rahmen der Betreuung berücksichtigt werden müssen und die eine Abstimmung der Strukturen auf die Bedürfnisse dieser Menschen erfordern. Dazu gehören:

- eine Zunahme körperliche Gebrechen im Rahmen des Alterungsprozesses,
- ein vermehrtes Auftreten kognitiver Abbauerscheinungen (Demenzen) bzw. eine auch im Rahmen des normalen Alterungsprozesses gegebene Verminderung der geistigen Flexibilität, der Gedächtnisleistungen und der Geschwindigkeit der Denkabläufe,
- eine erhöhte Gefährdung für psychische Erkrankungen (Depressionen, Ängste etc.),
- eine große Altersvariabilität hinsichtlich der körperlichen, geistigen und sozialen Funktionalität,
- eine vermehrte Individualität und spezifische Bedürfnisse aus der Biographie des Betroffenen,
- eine erhöhtes Risiko für das gleichzeitige Auftreten von Erkrankungen (Multimorbidität),
- ein vermehrter Anteil an sogenannten „Neuen Alten" (gebildeter, vermögender, mobiler, längere Lebenserwartung, 3. Lebensphase, fordern ihre Rechte),
- die Notwendigkeit zur Definition von Bedürfnissen durch Dritte (Sachwalter, Angehörige, Heimaufenthaltsgesetz), falls der Kunde diese nicht selbst formuliert hat (Patientenverfügung).

Diese veränderten Bedingungen müssen qualitätsorientierte Strukturen der Altenbetreuung berücksichtigen, um den Anforderungen der Kunden gerecht werden zu können. Insofern gibt es auch ein breit gefächertes Angebot und unterschiedliche Philosophien. Diese reichen von der Ansicht einer möglichst langen Betreuung zu Hause, über primär medizinische Behandlungsansätze, eher psychosoziale Strukturen bis zu Spezialabteilungen für Personen mit besonderen Betreuungsbedürfnissen (Demenzstationen). Darüber hinaus gibt es auch die unterschiedlichen Sichtweisen der einzelnen Fachdisziplinen, die jede aus ihrer persönlichen Sicht das „Beste" für den älteren Menschen wollen. Oft sind Entscheidungen für eine bestimmte Betreuungsform deshalb weniger an den Bedürfnissen der Kunden, sondern an Betreuungsphilosophien oder vorhandenen Strukturen, die aufgefüllt werden müssen, orientiert. Übergänge in andere Betreuungsformen sind oft nur schwer möglich bzw. unterliegen anderen Finanzierungsformen.

4. Anforderungen an moderne Strukturen der Altenbetreuung

Jede Organisation im ambulanten oder stationären Bereich der Altenbetreuung muss sich im Rahmen einer Neuorientierung für die Zukunft mit den Megatrends Kundenorientierung, Konzentration auf die Kernkompetenzen und die klare Definition und Strukturierung der Prozesse auseinandersetzen (vgl. GATTERER 2009).

Kundenorientierung bezieht sich dabei auf folgende Bereiche:
- Klare Definition der Zielgruppe hinsichtlich
  - der notwendigen medizinischen Versorgung sowie pflegerischen, therapeutischen und psychosozialen Betreuung,
  - der geforderten Hotelqualität,
  - der Struktur der Betreuung,
  - sozialer Faktoren,
  - individueller Bedürfnisse.
- Multifaktorielle Erfassung und Definition der Bedürfnisse dieser Zielgruppe in Abhängigkeit von Krankheit, Bildung, Biographie, Geschlecht, Alter, regionaler Herkunft und Selbständigkeit
- Möglichkeit der Mitgestaltung und des sich Einbringens im Alltag im Heim,
- Förderung und Nützen vorhandener Ressourcen,
- Größtmögliches Maß an Freiheit und Selbstorganisation,
- Bedürfnisorientierte Betreuungsformen (Basisversorgung mit optionalen Betreuungsmodulen).

Die Bezugnahme auf die Kernkompetenzen ermöglicht es ambulanten Anbietern bzw. Heimen und Krankenhäusern, ihre Leistungen klar definiert an den Kunden heranzubringen. Was können wir als Organisation besonders gut? Eine Institution kann nicht alles anbieten, d. h. die Besinnung auf das Wesentliche ermöglicht es Kundenwünsche besser zu erfüllen. Als Beispiele für Kernkompetenzen können etwa die medizinische, pflegerische und therapeutische Betreuung bei Rehabilitationsabteilungen, das Wohnen bei selbständigen Patienten oder Übergangswohnungen für die Entlassungsvorbereitung angeführt werden. Im ambulanten Bereich wäre Heimhilfe, Essen auf Rädern, mobile Pflegedienste etc. zu nennen. Gerade bei kleinen Organisationen kann das Erkennen von Nischen in den Angeboten anderer Anbieter zu einer Verbesserung der Wettbewerbssituation führen. In Großinstitutionen empfiehlt es sich, kleinere, flexiblere Segmente mit klaren Angeboten zu definieren. Die Definition von Kernkompetenzen, ersichtlich im Leitbild einer Institution, ist eine bedeutsame strategische Entscheidung. Derzeit ist ein starker Bedarf an Betreuungsstrukturen für demenzkranke ältere Menschen und ambulante oder teilstationäre Strukturen gegeben.

Zusätzlich ist durch eine klare Definition der auf die Bedürfnisse der Kunden ausgerichteten Prozesse einerseits eine Steigerung der Qualität als auch eine Verbesserung der Struktur möglich. Der Berücksichtigung von Nahtstellen kommt eine besondere Bedeutung zu. Alle diese Prozesse sollten für den Kunden transparent und klar definiert sein. Als wesentlichste Prozesse einer Organisation sind

- Die Anwerbung, Information, Anmeldung, Auswahl und Aufnahme (administrativ) der Bewohner
- Die Erfassung der Bedürfnisse im Rahmen eines Geriatrischen Assessments, die Zielplanung und Zuweisung zur Zielabteilung bzw. die Auswahl der Betreuungsangebote im ambulanten Sektor
- Die ganzheitliche Versorgung (medizinisch, pflegerisch, therapeutisch, psychologisch, psychosozial, Ernährung, Wäsche, Wohnen, ...) in Abhängigkeit vom Versorgungsbedarf
- Das Ausscheiden aus der Betreuung
- Die Betreuung der Angehörigen
- Die Beschaffung/Vertrieb inklusive der Betreuung der Kooperationspartner (andere Institutionen, Hausärzte, Mobile Dienste, ...)
- Zusätzlich sind unterstützende Prozesse wie Informationssysteme, Personalplanung und -entwicklung, Personalmanagement etc. notwendig.

Die Megatrends definieren die Struktur einer Institution und die damit verbundenen Ressourcen.

Weitere Elemente, die sich in Zukunft in der Altenbetreuung ergeben werden, sind ein vermehrter Wettbewerb, das Eingehen von Vereinbarungen (Contracting) mit den Kunden (angebotene Leistungen, Ziele, Kosten, ...), mit anderen Partnern, mit den Mitarbeitern (Zielvereinbarungen) aber auch politischen

Entscheidungsträgern (politische Rahmenbedingungen) und das Fördern der Eigenkompetenz der Mitarbeiter (Empowerment). Dadurch wird auch eine neue Form des Führens von Organisationen (Leitbilder, strategische Entscheidungen vs. operationales Handeln, Mitarbeiterorientierung, Zielvereinbarungen, etc.) wichtig. Das Zusammenspiel dieser Faktoren ist in Abbildung 1 dargestellt (vgl. GATTERER 2007).

Abb. 1: Zusammenhänge zwischen organischen, sozialen, ökologischen und psychischen Faktoren im Rahmen des Alterungsprozesses

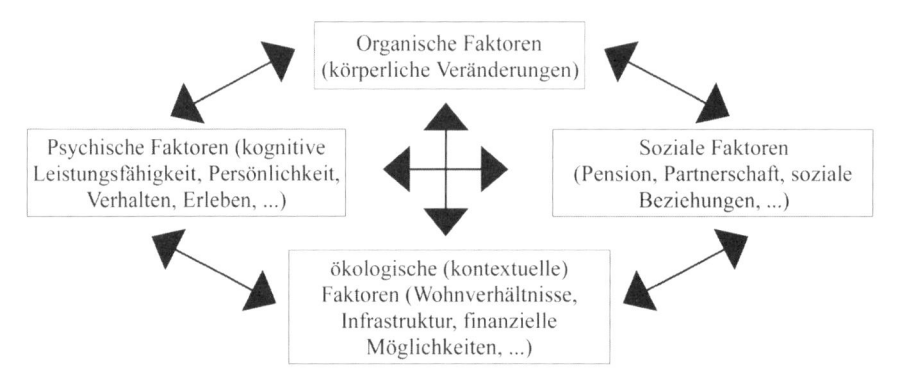

Obwohl in der Zukunft die Mehrzahl der Betagten in verhältnismäßig guter geistiger und körperlicher Verfassung leben wird, erleidet doch ein beträchtlicher Anteil physischen und/oder psychischen Zerfall. Leider scheint die Verlängerung der Lebenserwartung das Eintreten von geistiger und/oder körperlicher Invalidität wohl hinauszuschieben, nicht jedoch zu verhindern oder die Dauer der terminalen Abhängigkeit zu verkürzen. Die Bedeutung einer lebenslangen geistigen Aktivität in Kombination mit psychomotorischem Training (leichte körperliche Übungen, Wahrnehmungstraining, etc.) wird etwa von OSWALD (vgl. OSWALD et al. 2002) im Rahmen des SIMA-Projektes betont.

5. Strukturen der Altenbetreuung in Österreich

Die Strukturen der Altenbetreuung in Österreich können global in stationär/ambulant (extramural) bzw. eher psychosozial versus medizinisch orientiert unterteilt werden. Abbildung 2 gibt einen Überblick.
Die Betreuung des älteren Menschen im extramuralen (ambulanten) Bereich erfolgt primär durch Angehörige und Nachbarn, die etwa 80-90% der Hilfe leisten. Professionelle Dienste sollen primär zu einer Entlastung der Angehörigen beitragen und eine stationäre Aufnahme vermeiden bzw. ein Verbleiben des älteren Menschen zu Hause mit hoher Lebensqualität ermöglichen.

Abb. 2: Strukturen der Altenbetreuung in Österreich

Extramuraler Bereich

- Med./therap.
- Klinische Psychologen
- Hausarzt
- mob. Pfl. Angehörige/Freunde
- Sozialarbeiter
- Psychosozial
- Fachärzte
- Selbsthilfegruppe
- Psychosozialer Dienst
- Soziale Dienste (HH, EAR...)
- Tagesklinik
- PATIENT
- Tageszentren
- Allg. med. KH/Abtlg.
- Wohngemeinschaften
- Psych./Neurolog. KH
- Pensionistenheime
- Gerontopsychiatr. Abt.
- Pflegeheime
- Geriatr. KH/Sonderkrankenanstalten
- Geriatriezentren

Intramuraler Bereich

Diese erstrecken sich auf den Kernbereich der Hauskrankenpflege, die Unterstützung durch Alten- und Pflegehelfer sowie durch die Heimhilfe. Ergänzt werden diese Maßnahmen durch zusätzliche soziale Dienste wie Essen auf Rädern, Besuchsdienst, Transportdienst, Reinigungsdienst und diversen Unterstützungsmaßnahmen.

Teilstationäre Maßnahmen sollen ebenfalls den Verbleib des älteren Menschen zu Hause erleichtern und bestehen aus Tageszentren (primär Tagesbetreuung, inklusive Essen und Beschäftigung) und Tageskliniken (mit mehr medizinischer Ausrichtung). Sie stellen gemeinsam mit im extramuralen und intramuralen Bereich angesiedelten Versorgungsstrukturen Nahtstellen zur Prävention einer allzu frühzeitigen vollstationären Langzeitbetreuung, als auch einer Unterversorgung und Gefährdung der Patienten in ihrer eigenen Wohnung dar. Insofern kommt gerade diesen Nahtstellen eine spezifische Funktion bei der Aufgabe der Optimalversorgung älterer Menschen mit verschiedensten Erkrankungen zu.

Stationäre Betreuungsformen sind Krankenanstalten, die neu eingerichteten Akutgeriatrien, Geriatriezentren, Alten- und Pflegeheime (64800 Heimplätze in Österreich), Pensionistenheime sowie betreutes Wohnen und Wohngemeinschaften. An speziellen Angeboten gibt es Kurzzeitpflege, Rehabilitationsabteilungen und Spezialabteilungen für besondere Krankheitsbilder, z. B. Personen mit einer Demenz. Stationäre Betreuungsformen sind deshalb einerseits auf den Bereich der Rehabilitation bzw. auf die Pflege und Betreuung schwer pflegebedürftiger älterer Menschen ausgerichtet.

Schematisch wäre deshalb die psychosoziale Versorgung älterer Menschen als System von adäquaten extramuralen und intramuralen Versorgungstrukturen mit Schwerpunktbildung im primär medizinischen oder sozialen Bereich darzustellen. Optimale Versorgung bedeutet nach diesem System einerseits, dem Patienten alle jene Betreuungsmaßnahmen angedeihen zu lassen, die zu einer guten Lebensqualität notwendig sind, andererseits jedoch auch eine Überversorgung (z. B. vollstationäre Betreuung) infolge verschiedenster Faktoren zu vermeiden. Insofern benötigt dies eine enge Kooperation und Kommunikation der einzelnen Systeme.

Die Verteilung der Angebote in den einzelnen Regionen und die Zugänglichkeit für den älteren Menschen sind jedoch sehr unterschiedlich. So sind verschiedenste Strukturen, z. B. Wohngemeinschaften primär im städtischen Bereich angesiedelt und auch nur hier effizient. Im ländlicheren Bereich wird eher der Ausbau ambulanter Dienste forciert. Insofern ist der Zugang zu den einzelnen Betreuungsstrukturen von vielen Faktoren abhängig und oft für den älteren Menschen, seine Bezugspersonen aber auch professionelle Helfer nicht immer transparent.

Im folgenden Abschnitt wird versucht, die wichtigsten Bereiche der psychosozialen Versorgung älterer Menschen in ihrer Komplexität und hinsichtlich ihrer Abfolge für den Betroffenen schematisch darzustellen.

Im extramuralen Bereich stehen folgende unterstützende Institutionen zur Verfügung, die meist über den Hausarzt oder Gesundheitszentren angefordert werden können:

- Die *Angehörigen* sind in den meisten Fällen die Personen, die den älteren Menschen bei diversen Krankheiten und Problemen unterstützen. Im ländlichen Bereich sind auch Nachbarn in diesen Prozess stärker eingebunden. Diese Personen beurteilen als erste (neben dem Betroffenen selbst) die Krankheitswertigkeit und Behandlungsbedürftigkeit. Über sie erfolgt in vielen Fällen auch die Kontaktaufnahme mit professionellen Hilfen. Gerade im Bereich der Betreuung von älteren Menschen mit einer Demenz kommt dieser Personengruppe eine wesentliche Bedeutung zu, die oft über die Notwendigkeit eines stationären Aufenthaltes entscheidet.
- Der *Hausarzt* (Facharzt für Allgemeinmedizin) ist in vielen Fällen die erste und wichtigste Ansprechperson im Krisenfall. Er ist auch eine zentrale Stelle für die Anforderung verschiedenster anderer diagnostischer Maßnahmen, die Zuweisung zu Fachärzten und (psycho-)sozialen Diensten. Über ihn erfolgt auch (in Kooperation mit den Angehörigen) die Anforderung des Pflegegeldes, bzw. die Beurteilung der Notwendigkeit stationärer Hilfen.

Im ländlichen Bereich werden von ihm meist mehr Bereiche abgedeckt als in der Stadt, die eher auf eine „Spezialversorgung" ausgerichtet ist.
- *Hauskrankenpflege*: Diese erfolgt durch eine mobile Gesundheits- und Krankenpflegeperson und bietet medizinische Fachpflege (z. B. Wundversorgung, Injektionen, ..), Betreuungspflege, Beratung und Unterweisung, die Organisation weiterer Dienste und stellt in dieser Hinsicht ein Bindeglied zum Hausarzt dar.
- *HeimhelferInnen* unterstützen bei der Haushaltsführung, der Körperpflege, der Besorgung von Medikamenten und sonstigen nicht-medizinischen Maßnahmen.
- *Essen auf Räder* bietet die Möglichkeit, ein Mittagessen zugestellt zu bekommen, wobei auch eine Auswahl zwischen verschiedenen Kostformen besteht.
- *Besuchsdienste* dienen der Aufrechterhaltung sozialer Kontakte, für Einkäufe, Begleitungsdienste etc.
- Weiters bieten *verschiedenste Institutionen* noch Wäschedienst, Reinigungsdienst, Reparaturdienste, Fahrtendienste, Hausnotruf, Vorlesedienste, etc. an.
- Bei psychischen Krisen steht in vielen Regionen ein Psychosozialer Dienst zur Verfügung: Dieser bietet sowohl die Möglichkeit einer fachärztlichen Behandlung und psychosozialen Betreuung durch einen Psychiater, Psychologen, Sozialarbeiter und Fachpflegepersonal als auch die Möglichkeit einer Tagesbetreuung und zur Angehörigenberatung.

Ambulante (extramurale) Strukturen der Altenbetreuung sollen einen möglichst langen Verbleib zu Hause ermöglichen und Defizite des alten Menschen möglichst ausgleichen und Ressourcen nützen. Sie werden in Europa derzeit forciert, da dies von vielen älteren Menschen gewünscht wird und auch hinsichtlich der Finanzierung günstiger erscheint.

Teilstationäre Einrichtungen ergänzen das Angebot der sozialen Dienste und sind dort notwendig, wo die Versorgung zu Hause durch ambulante Dienste nicht mehr ausreicht.

Hierzu zählen:
- *Geriatrische Tageskliniken:* Diese dienen der Aufnahme und Behandlung älterer Menschen während der Tagesstunden über einen begrenzten Zeitraum. Wichtigster Bestandteil des tagesklinischen Behandlungskonzeptes ist die medizinische Behandlung, meist im Sinne von Rehabilitation. Sie sind einem Krankenhaus angegliedert und verfügen deshalb über die dort vorhandenen medizinischen und apparativen Möglichkeiten. Tageskliniken sind jedoch nur in wenigen Gegenden gut ausgebaut.
- *Geriatrische Tageszentren:* Hier steht die psychisch und physisch ganzheitliche Betreuung älterer Menschen mit verschiedensten Gebrechen während

des Tages im Vordergrund. Ziel ist das möglichst lange Verbleiben in der eigenen Wohnung. Die Leistungsangebote von Tageszentren umfassen den Transport ins Tageszentrum, die Bereitstellung von Mahlzeiten, persönliche Assistenz bei Aktivitäten des täglichen Lebens sowie verschiedenste sozial- und ergotherapeutische Maßnahmen. Diese Betreuungsform wird derzeit ausgebaut ist jedoch infolge der notwendigen Transporte eher im städtischen Bereich angesiedelt.

- *Tagespflegeheime* stellen eine neue Form der teilstationären Betreuung für bereits stärker pflegebedürftige Menschen während des Tages dar, während diese abends und am Wochenende meist von der Familie versorgt werden. Auch dadurch wird ein längerer Verbleib zu Hause ermöglicht.
- *Kurzzeitpflegeplätze* bieten eine vorübergehende und zeitlich befristete Versorgung und Betreuung pflegebedürftiger Menschen in einer stationären Altenhilfeeinrichtung. Dadurch können pflegende Angehörige, z. B. im Falle einer eigenen Erkrankung oder eines Urlaubs, zeitweise entlastet werden. In einigen Heimen werden auch sogenannte „Urlaubsbetten" angeboten, die ein ähnliches Konzept verfolgen.
- Ebenfalls relativ neue Betreuungsstrukturen sind *Wohngemeinschaften bzw. Hausgemeinschaften* für ältere Menschen, die sich jedoch infolge der Umgewöhnung für an einer Demenz erkrankte Personen nicht so eignen.
- Einen Bedarf gibt es auch für *Nachtbetreuungsstrukturen*. Diese sind jedoch in vielen Bereichen (vgl. Berlin) nicht kostendeckend und deshalb schwer umzusetzen.

Teilstationäre Strukturen stellen gewissermaßen eine Nahtstelle zwischen ambulanten und vollstationären Bereichen dar. Sie sollen ebenfalls den Verbleib zu Hause erleichtern, jedoch unter tags oder auch in der Nacht (derzeit vermehrt geplant) eine Betreuung bei Krisen oder die Tagesstrukturierung ermöglichen.

Oft reichen jedoch alle extramuralen und teilstationären Betreuungsmöglichkeiten nicht aus, um einen Menschen z. B. mit einer schweren Demenz gut zu versorgen. Dann werden stationäre Versorgungsstrukturen benötigt, vor denen viele Menschen Angst haben, da sie mit dem Begriff der „Endstation" gleichgesetzt werden. Die Verlegung in ein Krankenhaus bzw. Pflegeheim stellt oft auch eine massive psychische Belastung für die Betroffenen dar. Viele reagieren mit Verwirrtheitszuständen und Unruhe, weshalb eine solche wenn möglich gut vorbereitet erfolgen sollte.

Intramurale (vollstationäre) *Strukturen* der Versorgung älterer Menschen erfolgen bei akuten Erkrankungen in Krankenanstalten. Die Aufenthaltsdauer in diesen ist jedoch begrenzt, weshalb bei anhaltender Pflegebedürftigkeit nach einiger Zeit oft die Verlegung in ein Pflegeheim erfolgt. Diese waren bis vor einigen Jahren primär auf eine gute pflegerische und somatische Betreuung ausgerichtet. Die Betreuung psychiatrischer Patienten erfolgt zumeist in psychiatrischen Krankenanstalten (Gerontopsychiatrische Abteilungen). In den letzten Jahren sind jedoch vermehrt innovative Bestrebungen einer differenzierteren und rehabilitativeren Sichtweise in den Mittelpunkt der Betreuung gerückt. So entwickelten sich vermehrt geriatrische Krankenanstalten, Geriatriezentren und teilstationäre Versorgungsstrukturen mit eher medizinischer (Tagesklinik) oder sozialer (Tageszentren) Ausrichtung. Psychosozialen, psychologischen und psychotherapeutischen Betreuungsansätzen kommt hierbei zusätzlich zu pflegerischen und medizinischen Aspekten eine wichtige Position zu.

Weiters rückt der Aspekt „Wohnen" immer mehr in den Mittelpunkt der stationären Langzeitbetreuung älterer Menschen.

Auch im Bereich der *Akutversorgung* älterer Menschen werden neue Konzepte umgesetzt. Derzeit werden in Österreich sogenannte „Akutgeriatrische Abteilungen" in Krankenanstalten eingerichtet, die auf die speziellen Bedürfnisse von Menschen mit Erkrankungen des höheren Lebensalters ausgerichtet sind (vgl. GATTERER 2009).

Akutspitäler

Der Betrieb ist im Krankenanstaltengesetz (KAG) geregelt, die Trägerschaft ist heterogen. Diagnostik und Therapie werden durch die Leistungsorientierte Krankenanstaltenfinanzierung (LKF) honoriert. Die fachgerechte Platzierung geriatrischer Patienten obliegt im Wesentlichen den Fachabteilungen für Innere Medizin und Neurologie, betrifft jedoch auch nahezu alle medizinischen Abteilungen. Typische Beispiele für multimorbide Patienten mit kardiovaskulären oder anderen internistischen Erkrankungen. Speziellen geriatrischen Problemen wie Multimorbidität, Polypharmazie, Sturzkrankheit, Delir, Frailty oder Inkontinenz wird infolge der kurzen Aufenthaltszeiten oft zu wenig Bedeutung geschenkt, ebenso der sozialen Versorgung. Daraus resultiert eine hohe Wiederaufnahmerate.

Psychiatrische Einrichtungen für ältere Patienten benötigen spezielle Angebote wie Gedächtnisambulanzen, Memory-Kliniken oder Gedächtnissprechstunden. Eine weitere Besonderheit sind die Abteilungen für Gerontopsychiatrie mit dem Schwerpunkt der psychiatrischen Erkrankungen im Alter.

Abteilungen und Departments für Akutgeriatrie/Remobilisation (AG/R)

Diese Einrichtungen werden auf dem Niveau von Universitätskliniken, Schwerpunktkrankenhäusern und Bezirkskrankenhäusern angeboten. Sie dienen der fächerübergreifenden Primär- und Sekundärversorgung geriatrischer Patienten durch ein geriatrisch qualifiziertes, interdisziplinäres Team. Das Angebot besteht in einer multidimensionalen Behandlung und Betreuung, wobei somatische, funktionelle, psychische, kognitive und soziale Aspekte der Erkrankung gleichermaßen berücksichtigt werden. Sowohl Primärversorgung (Direktaufnahmen) als auch Sekundärversorgung geriatrischer Patienten werden angeboten.

Zielgruppe der AG/R sind geriatrische Patienten, bei denen folgende Kriterien vorliegen:

- Somatische und/oder psychische Multimorbidität, die eine stationäre Akutbehandlung erforderlich macht.
- Einschränkung oder Bedrohung der Selbstständigkeit durch den Verlust funktioneller und gegebenenfalls kognitiver Fähigkeiten oder durch psychosoziale Probleme im Rahmen einer Erkrankung.
- Bedarf nach funktionsfördernden, funktionserhaltenden oder reintegrierenden Maßnahmen.

Eine wesentliche diagnostische Errungenschaft der AG/R ist das geriatrische Assessment (vergleiche Österreichisches geriatrisches Basisassessment der ÖGGG 2005).

Gemäß den Standards des Österreichischen Strukturplans Gesundheit (ÖSG) umfasst das Leistungsangebot der AG/R folgende Maßnahmen:

- Begutachtung von aus dem stationären Bereich zugewiesenen Patienten vor der Aufnahme,
- Geriatrische Akutdiagnostik und nach Prioritäten geordnete medizinische Behandlung der akuten Erkrankungen,
- Geriatrisches Assessment,
- Wöchentliche Evaluierung von Therapieerfolgen und Behandlungsplanung,
- Funktionsverbessernde, funktionserhaltende und reintegrierende therapeutische Maßnahmen
- Reaktivierende Pflege,
- Klinisch psychologische/psychotherapeutische Betreuung,
- Sozialarbeiterische Betreuung,
- Angehörigenarbeit,
- Entlassungsplanung,
- Geriatrisches Entlassungsassessment,
- Interdisziplinär geführte Dokumentation,
- Tagesklinische Behandlung,
- Konsiliartätigkeit,
- Geriatrische Spezialambulanz,
- Überleitungspflege.

Geriatrische Tageskliniken

Die geriatrische Tagesklinik hat ihren festen Platz im abgestuften Behandlungs- und Versorgungskonzept älterer Menschen in Abhängigkeit von der Schwere des Krankheitsbildes und vom Krankheitsverlauf. Sie bietet eine Brückenfunktion zwischen vollstationärer Krankenhausbehandlung und ambulanter Therapie. Durch die geriatrische Tagesklinik kann unter Umständen ein vollstationärer Krankenhausaufenthalt vermieden oder abgekürzt und ein gleitender Übergang in die häusliche Umgebung ermöglicht werden.

Neben Untersuchung und Behandlung von Organerkrankungen wird großer Wert auf die Erhaltung bzw. Wiederherstellung der Selbstständigkeit und Alltagskompetenz gelegt. Die geriatrische Tagesklinik ist eine teilstationäre Einrichtung für Patientinnen und Patienten, für die eine ambulante Behandlung nicht ausreicht. Über die Tätigkeit des geriatrischen Teams hinaus bietet die Tagesklinik den Vorteil, bei Bedarf das gesamte diagnostische Spektrum des Krankenhauses mit seinen unterschiedlichen Abteilungen zu nutzen.

RNS – Remobilisation/Nachsorge

Abgestufte Form der Akutversorgung zur fächerübergreifenden Weiterführung der Behandlung akutkranker Patientinnen und Patienten aus anderen Abteilungen, unabhängig von deren Alter, vorwiegend in größeren Krankenhäuser. Die RNS ist keine spezielle Struktur für geriatrische Patienten.

Palliativstationen

Aufgabe einer Palliativstation ist die multiprofessionelle Betreuung von Patienten mit einem fortgeschrittenen Leiden, für die eine Heilung nicht mehr möglich ist. Dabei werden neben der somatischen Behandlung vor allem auch die psychischen, sozialen und spirituellen Bedürfnisse berücksichtigt. Der medizinische Aspekt (Palliativmedizin im engeren Sinn) ist somit nur ein Teil des gesamten Betreuungsangebotes (Palliativbetreuung).

Rehabilitationseinrichtungen

Ziel der Rehabilitation ist es, die Leistungsfähigkeit von Versicherten, die an einer körperlichen, geistigen oder psychischen Behinderung leiden, soweit zu steigern, dass sie nicht nur im beruflichen und wirtschaftlichen Leben, sondern auch in der Gemeinschaft den ihnen gebührenden Platz wieder einnehmen können. Entsprechend der 32. ASVG-Novelle 1992 wurde die medizinische Rehabilitation auch für ältere Patienten ermöglicht.

Pflegeeinrichtungen

Pflegebedürftigkeit liegt vor, wenn aufgrund einer körperlichen, geistigen, psychischen oder sozialen Behinderung einschließlich einer Sinnesbehinderung der Betreuungs- und Hilfebedarf voraussichtlich mindestens sechs Monate andauern wird. Die Finanzierung wird durch die Sozialhilfegesetze der Bundesländer geregelt.

Pflegeheim

Es beinhaltet die umfassende hauswirtschaftliche, pflegerische, therapeutische und psychosoziale Betreuung alter Menschen, die aufgrund ihres physischen oder psychischen Allgemeinzustands auf dauernde Hilfeleistung angewiesen sind. Allen BewohnerInnen sollte im Bedarfsfall der Zugang zu einer qualifizierten geriatrischen Betreuung gewährleistet werden. Man unterscheidet zwischen öffentlichen (Städte und Gemeinden), frei gemeinnützigen (Wohlfahrtsverbände, Religionsgemeinschaften) und privat erwerbswirtschaftlichen (Privatpersonen, Gesellschaften) Heimen. Für die Umsetzung seiner Vorgaben ernennt der jeweilige Träger eine Heimleitung.

Kurzzeitpflege

ermöglicht die befristete (typischerweise bis zu drei Monate dauernde) Aufnahme in ein Pflegeheim bei temporärer Pflegebedürftigkeit.

Pflegehospiz

In einem Pflegehospiz werden Menschen in der letzten Lebensphase betreut, bei denen eine Behandlung im Akutkrankenhaus nicht erforderlich und eine Betreuung zu Hause oder in einem Pflegeheim nicht mehr möglich sind.

Betreutes Wohnen

In aller Regel wird darunter eine Wohnform verstanden, die sich als Alternative zur Heimbetreuung versteht. Ziel des betreuten Wohnens ist es, älteren Menschen auch bei einem Nachlassen ihrer Leistungsfähigkeit und zunehmender Hilfsbedürftigkeit weiterhin eine möglichst selbstständige Lebensführung in eigener, wenn auch neuer Häuslichkeit zu ermöglichen. Diese Konzepte sind teilweise auch unter dem Namen „Hausgemeinschaften" bekannt.

Nahtstellenmanagement

- *Nahtstelle häusliche Umgebung – Akutkrankenhaus für geriatrische Patienten:* Durch den niedergelassenen Arzt für Allgemeinmedizin oder Facharzt wird die geeignete Fachabteilung für den geriatrischen Patienten gewählt.

Die Vorbegutachtung an einer geriatrischen Spezialambulanz kann bei der optimalen Positionierung hilfreich sein. In einer zentralen Aufnahmestation in größeren Krankenhäusern sollte unter Mitarbeit von Ärzten mit Zusatzausbildung Geriatrie die Entscheidung zur Zuweisung an eine bestimmte Abteilung erfolgen.

- *Nahtstelle Fachabteilung – AG/R:* Durch einen geriatrischen Konsiliardienst werden zugewiesene Patienten begutachtet, eventuell wird ein geriatrisches Assessment durchgeführt und die weitere Behandlung festgelegt.
- *Nahtstelle Akutgeriatrie – Pflegeeinrichtungen:* Die Aufnahme in ein Pflegeheim ist durch entsprechende geriatrische Expertise mittels Assessment zu sichern, das im Rahmen eines stationären Aufenthalts oder an der Tagesklinik bzw. geriatrischen Ambulanz erstellt wird.

Intramurale Versorgungsstrukturen sind somit ein wesentlicher Bestandteil des Gesamtkonzeptes „psychosoziale Betreuung" älterer Menschen, wobei hier die Bereiche

- Betreuung schwer dementer und pflegebedürftiger Menschen mit medizinischer und pflegerischer Betreuung
- differenzierte diagnostische und therapeutische Sichtweise der einzelnen Patienten
- Ausnützung der rehabilitativen Möglichkeiten
- Kooperation mit extramuralen Versorgungsstrukturen

im Vordergrund stehen.

Dies wird in modernen Geriatiezentren (vgl. Geriatriezentrum am Wienerwald) durch die Schaffung von Aufnahmestationen („Geriatrisches Assessment"), Rehabilitationsabteilungen für physikalische oder psychosoziale Rehabilitation, eine „Palliativstation" und verschiedenen Demenzstation bereits umgesetzt bzw. sind verschiedenste innovative Organisationsstrukturen in Erprobung.

Änderungen ergaben sich hier vor allem durch das neue Heimaufenthaltsgesetz, welches seit 1.7.2005 in Österreich in Kraft getreten ist. Einerseits wird dadurch der Aufenthalt durch einen Heimvertrag zwischen den Bewohnern und dem Betreiber der Institution geregelt, andererseits ist auch die Problematik der „Sicherheit" der Bewohner durch „freiheitsbeschränkende Maßnahmen" durch dieses Gesetz geregelt.

Intramurale (stationäre) Strukturen sind vor allem für die Betreuung von schwer pflegebedürftigen oder an schwerer Demenz erkrankten Menschen notwendig. Gerade in diesem Bereich sind in den nächsten Jahren innovative Ideen gefordert, die einerseits die Freiheit der betroffenen pflegebedürftigen Menschen berücksichtigen, aber auch zu deren Sicherheit beitragen. Neben einer Verbesserung der „Hotelqualität" ist vor allem die Notwendigkeit des Ausbaues von gezielten, patientenorientierten Strukturen (z. B. Demenzstationen) und der Abbau von Vorurteilen gegenüber von Heimen als „letzte Station vor dem Tod" gegeben. Ebenso müssen die durch die veränderte Gesetzeslage notwendigen Maßnahmen zur Sicherheit der Bewohner in Heimen reflektiert werden. Gerade dabei ist die Zusammenarbeit der verschiedenen Professionen der Altenhilfe sowie mit den Bewohnervertretern notwendig.

6. Rechtliche Rahmenbedingungen

Die rechtlichen Rahmenbedingungen in Österreich werden primär durch das Wohn-und Pflegeheimgetz, das Heimaufenthaltsgesetz, das Sachwalterschaftsgesetz, die Patientenverfügung und die Vorsorgevollmacht definiert.

6.1 Wohn-und Pflegeheimgesetz

Der Aufenthalt in einem Wohn- bzw. Pflegeheim wird durch das Wohn- und Pflegeheimgesetz geregelt. Die Betreiber einer solchen Institution müssen danach die von ihnen angeboten Leistungen klar definieren und in einem Heimvertrag festhalten. Dadurch ist eine bessere Transparenz der Leistungen sichtbar und kann dem Kunden beim Vergleich zwischen Organisationen helfen.
Insbesonders regelt dieses Gesetz
– die Gewährleistung der angemessenen Betreuung und im Bedarfsfall der angemessenen Pflege der in Wohn- und Pflegeheimen aufgenommenen Personen (Bewohner);
– die Wahrung der Menschenwürde, Privatsphäre, Individualität, Selbstständigkeit und Selbstverantwortung der Bewohner;
– den Schutz vor Beeinträchtigung der persönlichen, physischen, psychischen, sozialen und wirtschaftlichen Interessen und Bedürfnisse der Bewohner;
– die Sicherstellung der personellen und ausstattungsmäßigen Strukturen der Heime;
– die Berücksichtigung der spezifischen Anforderungen älterer Frauen und älterer Männer.
Das Gesetz betrifft nicht die Pflege zu Hause bzw. das selbstständige Wohnen.

6.2 Heimaufenthaltsgesetz/Freiheitsbeschränkende Maßnahmen

Ziel dieses Gesetzes ist es, für unerlässliche Eingriffe in die Freiheit von Menschen in Alten- und Pflegeheimen oder anderen vergleichbaren Institutionen sog. „freiheitsbeschränkende Maßnahmen", klare rechtliche Regelungen zu schaffen ob und wann diese Eingriffe zulässig sind. Damit wird nicht nur (Rechts-)Sicherheit im pflegerischen Alltag geschaffen, sondern gleichzeitig deutlich, dass freiheitsbeschränkende Maßnahmen lediglich als letztes Mittel, unter genau geregelten Voraussetzungen erlaubt werden.

Der Anwendungsbereich des Gesetzes umfasst vorwiegend,
- Alten- und Pflegeheime;
- Behindertenheime;
- Andere Einrichtungen, in denen wenigstens drei psychisch kranke oder geistig behinderte Menschen ständig betreut oder gepflegt werden können, z. B. Krankenanstalten (mit Ausnahme psychiatrischer Anstalten oder Abteilungen), Pflegeanstalten für chronisch Kranke, Spitalsabteilungen in Pflegeheimen.

Freiheitsbeschränkenden Maßnahmen im Sinne dieses Gesetzes sind solche, durch die es einer Person unmöglich gemacht wird, ihren Aufenthalt nach ihrem freien Willen zu verändern. Die Mittel, um diese Freiheitsbeschränkung herbeizuführen, sind psychische, mechanische, elektronische und medikamentöse. Von einer Freiheitsbeschränkung kann jedoch nicht gesprochen werden, wenn ein Bewohner der Unterbindung der Ortsveränderung ernstlich sowie frei von Zwang und Irrtum zugestimmt hat. Dies sollte jedoch dokumentiert sein.

Eine Freiheitsbeschränkung ist zulässig, wenn
- der Bewohner psychisch krank oder geistig behindert ist und er in diesem Zusammenhang die Gesundheit und das Leben von sich oder anderen ernstlich gefährdet;
- die Freiheitsbeschränkung zur Abwehr dieser Gefahr unerlässlich und geeignet, sowie die Dauer und Intensität im Verhältnis zur Gefahr angemessen ist;
- diese Gefahr nicht durch andere Maßnahmen abgewendet werden kann.

Eine Freiheitsbeschränkung darf nur auf Anordnung einer dazu befugten Person (Arzt, Leitung der Institution) erfolgen. Die Dokumentation des Grundes, der Art, des Beginns und der Dauer der Freiheitsbeschränkung hat schriftlich zu erfolgen und ist dem Bewohner auf geeignete, seinem Zustand entsprechende Weise mitzuteilen. Gleichzeitig ist auch der Leiter der Einrichtung oder dessen Vertreter vom Beginn bzw. vom Ende der freiheitsbeschränkenden Maßnahme in Kenntnis zu setzen. Der Leiter der Einrichtung hat wiederum den/die Vertreter der/des Bewohner(s) unverzüglich zu verständigen.

Die Vertretung des Bewohners kann in zweifacher Form möglich sein, nämlich einerseits durch einen vom Bewohner selbst gewählten Vertreter und unabhängig davon durch einen sog. „Bewohnervertreter", der durch den Verein für Sachwalter- und Patientenanwaltschaft beim örtlich zuständigen Bezirksgericht namhaft zu machen ist. Die gerichtliche Überprüfung erfolgt durch das örtlich und sachlich zuständige Bezirksgericht, jedoch nur auf Antrag der dazu berechtigten Person.

6.3 Pflegegeldgesetz

Das Bundespflegegeldgesetz (BPGG) und die entsprechenden Landespflegegesetze sehen eine Kombination von Geld- und Sachleistungen vor. Das Pflegegeld wird gewährt, wenn Pflegebedürftigkeit vorliegt und der ständige Betreuungs- und Pflegeaufwand voraussichtlich mindestens 6 Monate andauern wird. Es soll die Möglichkeit der Betroffenen verbessern, das Leben selbst zu gestalten (zum Beispiel in der gewohnten häuslichen Umgebung zu bleiben). Voraussetzungen sind weiters der Besitz der Österreichischen Staatsbürgerschaft bzw. eine EU-Staatsbürgerschaft und Hauptwohnsitz in Österreich.

Die Höhe des Pflegegeldes hängt vom Betreuungsaufwand ab und wird in sieben Stufen eingeteilt, wobei durch ein ärztliches Sachverständigengutachten der zeitliche Aufwand der Unterstützung bei Aufgaben des täglichen Lebens (Motorik, Ausscheidung, Ernährung, Anziehen, ...) erfasst wird. Voraussetzung sind mindestens 50 Stunden Pflegebedarf pro Monat (Stufe 1). Pflegestufe 7 erhalten Personen mit mehr als 180 Stunden Pflegebedarf (Unmöglichkeit zielgerichteter Bewegungen aller 4 Extremitäten oder ein gleich zu achtender Zustand, z. B. wenn noch eine gewisse Mobilität vorhanden ist, diese aber nicht nutzbar ist, weil zur Aufrechterhaltung einer lebenswichtigen Funktion technische Hilfe erforderlich ist).

Für blinde und taubblinde Personen sowie für Menschen, die überwiegend auf den Gebrauch eines Rollstuhls angewiesen sind, wurden Mindesteinstufungen beschlossen. Bei Menschen mit Demenzerkrankung kann es manchmal zu geringeren Einstufungen kommen. Hier empfiehlt sich die Beilage zusätzlicher Befunde eines Facharztes für Neurologie oder Psychiatrie sowie psychologischer Testbefunde zur Einstufung der Demenz und des Betreuungsbedarfs.

6.4 Sachwalterschaft

Für Menschen, die aufgrund psychischer Krankheit oder geistiger Behinderung bei der Erledigung ihrer Angelegenheiten auf fremde Hilfe angewiesen sind und daher eine rechtliche Vertretung benötigen, kann vom Gericht ein Sachwalter bestellt werden. Dieser wird vom Gericht mit verschiedenen Aufgabengebieten betraut: also z. B. Unterstützung bei der Regelung finanzieller Angelegenheiten, bei Kontakten mit Ämtern und Behörden, bei der Sicherstellung einer angemessenen Wohnsituation. Je mehr ein Sachwalter über die Lebensgeschichte und aktuelle Situation des/der Betroffenen weiß, desto individueller kann die Unterstützung aussehen. Die Einreichung erfolgt über das zuständige Gericht und nach einem fachärztlichen Gutachten. Trotzdem bedeutet eine Sachwalterschaft immer einen Eingriff in höchstpersönliche Rechte und bewirkt ein Stück Entmündigung. Es ist daher regelmäßig zu überprüfen, ob es nicht eine Alternative zur Sachwalterschaft gibt.

6.5 Patientenverfügung/Vorsorgevollmacht

Jede Therapie bedarf der Zustimmung der Patientin/des Patienten. Eine von der Patientin/vom Patienten errichtete Patientenverfügung soll für den Fall vorsorgen, dass diese Zustimmung nicht gegeben werden kann, weil die Patientin/der Patient z. B. bewusstlos oder nicht einsichtsfähig ist. In einer Patientenverfügung kann somit vorausschauend festgehalten werden, welche Maßnahmen in einem solchen Fall durchgeführt werden oder unterlassen werden sollten.

Das mit 1.6.2006 in Kraft getretene Patientenverfügungsgesetz regelt, wie eine für den behandelnden Arzt verbindliche Patientenverfügung auszusehen hat. Ein Arzt muss die Patientin/den Patienten eingehend beraten. Die Krankheitssituation und die abgelehnte Behandlung müssen konkret umschrieben werden z. B. „bei wahrscheinlicher schwerer Dauerschädigung meines Gehirns lehne ich eine Intensivtherapie oder eine Wiederbelebung ab". Auch die Beratung durch einen Notar oder Rechtsanwalt oder Patientenanwalt ist notwendig. Für die ärztliche und rechtsanwaltliche oder notarielle Beratung sind Kosten zu begleichen. Die Arbeit des Patientenanwaltes wird kostenfrei erbracht. Ärzte, die in Österreich eine Beratung und Bestätigung für eine verbindliche Patientenverfügung gegen Honorar in Wien durchführen, finden Sie auf der Homepage der Ärztekammer.

Mit der Vorsorgevollmacht bestimmt der Betroffene, wer in speziellen Angelegenheiten, z. B. Zustimmung zu einer medizinischen Behandlung, für ihn entscheidet, wenn er dazu selbst nicht (mehr) in der Lage ist.

7. Zusammenfassung

Die Situation der Altenbetreuung in Österreich ist sehr komplex und durch regionale Aspekte mit beeinflusst. Generell kann diese in eher stationäre und ambulante Strukturen und solche mit eher psychosozialer vs. medizinischer Ausrichtung unterteilt werden. Generell wird der Ausbau von ambulanten Strukturen und solcher mit Wohncharakter forciert, wobei hier oft philosophische und individuelle Überlegungen und weniger wissenschaftliche Aspekte im Vordergrund stehen. Insofern sollten Aspekte der Qualitätssicherung nicht unbeachtet bleiben. Aus all diesen Daten ist die Notwendigkeit einer multidimensionalen und multiprofessionellen Betreuung von älteren Menschen ersichtlich, die ein enges Kooperieren von Patient, Angehörigen, Medizin, Pflege, Sozialarbeit, Psychologe, Therapie etc. erfordert. Um aber alle Möglichkeiten unserer modernen Gesellschaft auch für die Betreuung älterer Menschen nützen zu können, ist es jedoch notwendig, mit ihm gemeinsam (soweit möglich) bzw. seinen primären Betreuungspersonen alle diese Möglichkeiten zu diskutieren. Ebenso erscheint es wichtig, dass die einzelnen Fachdisziplinen im Sinne eines ganzheitlichen Ansatzes auch über die eigenen Grenzen hinaussehen und eine gemeinsame, auch für den Betroffenen verständliche

Sprache entwickeln. Dadurch können Fehlplatzierungen von älteren Menschen in Langzeitpflegeabteilungen, bzw. auch das zu lange Verbleiben in diesen und eine „Verwahrlosung" zu Hause infolge unbegründeter Angst vor einem Pflegeheim vermieden werden. Wichtig erscheint bei der Durchführung solcher Behandlungsprogramme jedoch die individuelle Situation des Betroffenen und die Sicht des gesamten Systems. Oft ist etwa infolge eines optimalen sozialen Betreuungssystems und dem Ausnützen aller Hilfsdienste auch der Verbleib eines Patienten mit einer schweren Demenz möglich. Zu vermeiden sind „Patentrezepte", sowie die willkürliche Definition von „Auffälligkeiten" des Patienten und dessen Therapie, anstelle z. B. der Veränderung der Einstellung des Personals oder der Schaffung adäquater Betreuungsstrukturen.

Das System unserer Altenbetreuung ist sehr komplex. Insofern benötigt ein älterer Mensch und dessen Angehörige – aber auch die professionellen Helfer – oft Unterstützung und Beratung, die über das Aufzählen der Möglichkeiten hinausgeht. Die Schaffung solcher Strukturen ist sicher eine Herausforderung für unsere Gesellschaft, um dem älteren Menschen eine optimale Lebensqualität in der für ihn geeigneten Umgebung zu ermöglichen.

Literatur

DONABEDIAN, A.: Evaluating the quality of medical care. MMFQ, 4, 2, 1966, S. 166-206.

DONABEDIAN, A.: Explorations in Quality Assessment and Monitoring. Vol. II: The Criteria and Standards of Quality. Ann Arbor 1982.

GATTERER, G.: Multiprofessionelle Altenbetreuung. Wien 2007.

GATTERER, G: Projektarbeit zur Erlangung des akademischen Grades Akademischer Health Care Manager an der Wirtschaftsuniversität Wien. Studiengang für akademisches Health Care Management. Wien 2009.

GUTZWILLER F./KOCHER G.: Die Qualität medizinischer Leistungen: Konkrete Möglichkeiten der Qualitätsmessung, -kontrolle und -förderung. Schriftenreihe der Schweizerischen Gesellschaft für Gesundheitspolitik, Nr. 5, Zürich, 1982, S. 15–26.

HAUKE, E. et al.: Leitfaden zur Qualitätssicherung im Krankenhaus. Hinweise für die praktische Anwendung. Bundesministerium für Gesundheit und Konsumentenschutz, Wien 1994.

LAIREITER, A. R.: Qualitätssicherung von Psychotherapie: Struktur-, Prozess- und Ergebnisqualität in der ambulanten Praxis. Psychotherapie Forum 5, 4, 1997, S. 203-218.

OSWALD, W. D./HAGEN, B./RUPPRECHT, R./GUNZELMANN, T.: Bedingungen der Erhaltung und Förderung von Selbständigkeit im höheren Lebensalter (SIMA). Teil XVII: Zusammenfassende Darstellung der langfristigen Trainingseffekte. Zeitschrift für Gerontopsychologie & -psychiatrie, 15 (1), 2002, S. 13-31.

Franz Kolland

ALTERN, BILDUNG UND FREIZEIT

1. Ausgangsfragen

Beginnt nach dem letzten Tag im Büro, in der Arztpraxis, an der Werkbank oder im Geschäft die „späte Freiheit"? Kann und wird nach der Pensionierung – befreit von Anforderungen und Zwängen – die Chance zu eigenbestimmten Aktivitäten vermehrt und mit neuen Akzenten wahrgenommen? Oder zeigen die Jahre nach dem Ausscheiden aus dem Berufsleben eine Palette von Freizeit- und Lernaktivitäten mit kaum neuen Farben und Schattierungen? Diskutiert werden soll in diesem Artikel, inwieweit sich ältere Menschen zunehmend aus dem öffentlichen kulturellen Leben in eine wohleingerichtete und zum Teil musealisierte Privatsphäre zurückziehen. Ist die Vorstellung von den „Potentialen im Alter" bloß eine Chimäre oder ein Zukunftsszenario, das erst für kommende „Ruhestands"-Generationen gelten wird? Unterscheiden sich Berufstätige von Pensionisten, die „jungen" und „neuen Alten" von den „alten Alten" in ihren kulturellen Aktivitäten? Und welchen Einfluss haben soziale Lage bzw. biographische Prägungen auf Bildungsteilnahme und Freizeitaktivitäten im Alter?

Gesellschaftspolitisch sind Untersuchungen zum Freizeit- und Bildungsverhalten älterer Menschen deshalb von Bedeutung, weil nachgewiesen werden kann, dass sich ein entsprechendes Aktivitätsniveau in diesen Bereichen günstig auf Lebenszufriedenheit und Gesundheit auswirkt (ROWE/KAHN 1997, HORGAS et al. 1998, ENGELN 2003). Darüber hinaus führen Freizeit- und Bildungsaktivitäten zu sozialer Inklusion und zur Entwicklung von Fertigkeiten und Fähigkeiten, die die Eigenkompetenz stärken. Damit wird auch ihre Bedeutung für die Sozialarbeit sichtbar. Freizeit- und Bildungsaktivitäten sind eine wesentliche Ressource für eine selbstbestimmte Lebensführung. Aktivität im Alter ist nicht nur als Fortsetzung von bereits Vorhandenem (aus der mittleren Lebensphase) zu verstehen, sondern ist, sofern sich „Befreiungselemente" durchsetzen, als stärker situativ bedingtes intentionales Handeln zu sehen. Den älteren Menschen stehen Chancen gesellschaftlichen Handelns deshalb offen, weil sie ihr Leben nicht nur hinnehmen, sondern *führen* (SCHELSKY 1981). Deshalb ist es auch angezeigt, statt von Freizeitverhalten von Freizeitaktivitäten bzw. Freizeitstilen zu sprechen.

Für das hohe Lebensalter ergeben sich daraus mehrere Anforderungen. Zunächst ist die Frage, inwieweit es im Älterwerden zu einer Veränderung von Bedürfnissen kommt (= Lebensalterseffekt). Daneben ist zu untersuchen, inwieweit kohortenspezifische Bedürfnisse und Einflüsse auf Freizeit- und Bildungsstile gegeben sind und diese Bedürfnisse durch die vorhandenen Freizeitangebote abgedeckt sind (= Kohorten- bzw. Generationeneffekt). Und schließlich stellt sich die Frage nach Angeboten unter der Bedingung gesundheitlicher Veränderungen. Eine Reihe von Freizeit- und Bildungsaktivitäten ist an Mobilität gebunden. Wie kann diese Mobilität auch in der Spätphase des Lebens aufrecht erhalten werden? (= Gesundheitseffekt)

Der hauptsächliche Wissensbestand hinsichtlich Freizeit und Bildung im Alter betrifft die 50-75-Jährigen. Doch gilt dieses Wissen, welches auf ein hohes Aktivitätsniveau, auf autonome Lebensgestaltung, Mobilität und soziale Inklusion hinweist, auch für die Hochaltrigen? Paul BALTES (2006) verweist auf die höhere Vulnerabilität und Einschränkungen bei hochaltrigen Menschen. Demnach ist das Alltagsleben von hochaltrigen Menschen eher durch Langeweile, Einsamkeit und Sorgen bestimmt und entspricht damit nicht (mehr) jenem im „jungen Alter". Eine qualitative Studie identifizierte die Ritualisierung der Zeit und der Beschäftigungen im Alltag als besondere Handlungsstrategien des hohen Alters (vgl. CARLSSON et al. 1991), die gleichzeitig Anpassungsleistungen darstellen, um die erhöhte Vulnerabilität auszugleichen. Diese Ritualisierung könnte auch als Rückzugsmotiv identifiziert werden, wonach der Erhalt der häuslichen Gewohnheiten und Routinen wichtiger wird als die gesellschaftliche Integration und soziale Mitwirkung. Demgegenüber finden sich Studien, die eine erhebliche Diversität der Verhaltensweisen auch im hohen Alter belegen. BURY & HOLME (1991) zeigen in einer Untersuchung, dass auch im Aktivitätsspektrum von über 90-Jährigen eine deutliche Variation gegeben ist, und zwar je nachdem, wo und mit wem sie leben.

Für ein Verständnis des Lebensalltags alter Menschen und der in diesem Alltag stattfindenden Aktivitäten ist es von Bedeutung, diese als ein Zusammenwirken von Ressourcen der Person und Faktoren ihrer Umgebung zu verstehen (OLBRICH/DIEGRITZ 1995). Zur Umgebung gehören sowohl die Wohnform als auch die Wohnlage, das soziale Milieu und die Aufforderungsbedingungen. Die „environmental docility"-Hypothese (Umweltgefügigkeitshypothese) von M. Powell LAWTON (1980) besagt, dass mit verstärkter Beeinträchtigung der personalen Kompetenz im Alter Verhalten und Wohlbefinden in größerem Ausmaß von Umweltfaktoren abhängig werden. Ein guter Aktivitätsstatus ist nicht nur von den eigenen gesundheitlichen Bedingungen abhängig, sondern als ein Prozess der Anpassung zu verstehen, d. h. sowohl sozialräumliche Aspekte als auch die verfügbaren sozialen Netzwerke und Erwartungshaltungen sind zum Teil wesentlicher als die physische Funktionstüchtigkeit.

Das soziale Netzwerk, in dem das Individuum lebt, bestimmt zu einem großen Teil mit darüber, welche Handlungsspielräume einer Person zur Verfügung stehen und auf welche Art sie in die soziale Struktur eingebettet ist (vgl. STOSBERG 1999) bzw. von dieser bejaht und dadurch verstärkt wird. Das soziale Netzwerk, welches Familie, Verwandtschaft, Nachbarschaft, Freunde und Bekannte umfasst, ist in verschiedenem Maße mit gesellschaftlichen Makrostrukturen verbunden, aber immer auch von diesen in gewisser Weise vorselektiert.

Befriedigende Kontakte zu anderen Menschen heben das Selbstwertgefühl besonders dann, wenn die Kontakte oder Beziehungen geeignet sind, die Selbständigkeit und Wirksamkeit der älteren Menschen zu fördern (vgl. LANG 2000). Gute soziale Einbindung und soziale Wirksamkeit älterer Menschen kann insbesondere dort erreicht werden, wo die bestehenden sozialen Beziehungen durch emotionale Nähe, Intimität, Vertrauen und Gegenseitigkeit gekennzeichnet sind (vgl. KRUSE/ WAHL 1999, S. 334).

2. Freizeit- und Bildungsaktivitäten als Adaptions-/ Assimilationsleistung

Freizeit- und Bildungsaktivitäten können als zielbezogene, entscheidungsbedingte und emotionale Adaptions- und Assimilationsleistung gesehen werden. Beide Bereiche stehen im Kontext sozialer Chancen und kultureller Angebote. Das Vorstellungspaar Adaption und Assimilation geht auf individuelle Entwicklungsvorstellungen von Jean PIAGET zurück (vgl. KOLLAND/ROSENMAYR 2007). Das Adaptions-Assimilationskonzept wird deshalb herangezogen, weil es die Vorstellung einer Verhaltensstärkung durch Herausforderung mit Hilfe von Zielen vorschlägt, die „assimiliert" (und dann verfolgt) werden. In mancher Hinsicht weist das Konzept auch eine Nähe zur Coping-Forschung auf.

Der Steuerung des Alterns, seiner „Verzögerung" oder der optimierten Nutzung abnehmender biologischer Ressourcen, wird das Modell von individuellen und sozialen Interventionen als Neukonstituierungen im späten Leben gegenübergestellt. Der Reduktion durch Altern werden auch Verbesserungen, „Gewinne" im Sinne von Entwicklung oder Entfaltung gegenübergestellt. Diese Gewinne resultieren aus der Erschließungs-Kompetenz in interpersonell interaktiven Prozessen, und auch aus Gruppenwirkungen.

Die Gestaltung des Lebens lässt sich in diesem Modell durch eine entscheidungsbezogene Handlungskonzeption abbilden. Für dieses Konzept ist es wichtig, die verschiedenen Stadien des späten Lebens als „Umstellungskrisen" zu sehen. Diese Krisen haben alle ihre spezifischen Chancen. Denn in den Krisen werden Entscheidungen notwendig. Die Menschen können, um ihrer „späten Freiheit" und den in dieser Freiheit enthaltenen intrinsischen Belohnungen willen, ihre eigene Lebensführung unter der Perspektive eines wenn auch risikoreichen längeren Lebens begreifen.

Das bedeutet einerseits eine Ausweitung und Vertiefung von Interessen. Andererseits stellt sich die z. T. mühevolle Aufgabe vermehrter Selbststeuerung, die zu Begrenzungen kommen müsste. Man muss wissen, was man will oder dies zumindest zu wissen suchen. Offen und vielleicht gestaltungsfähig wird dann auch, mit welchen Formen und sozialen Aktivitäten man das eigene Leben zu führen gedenkt.

Soziale Integration ist sowohl von Adaptions- als auch von Assimilationsleistungen abhängig. Der Mensch, auch der ältere und selbst der hochbetagte Mensch, ist, um physisch, psychisch und geistig, d. h. mit seinen körperlichen, seelischen und den kulturellen Kräften für sein Überleben und besonders für ein erfüllendes Dasein zu sorgen, auf beide Prozesse, auf Adaption wie Assimilation angewiesen. Je älter Menschen werden, desto eher müssen sie auf Umwelt- und Sozialbedingungen eingehen. Das längere Leben und Erleben (samt Erinnerungen, Gewinnen und Verlusten, Enttäuschungen und Erfüllungen) bringt ihnen eine irreduzible Vielfalt der Festgelegtheiten. Aber: Auf alle diese Festgelegtheiten, einschließlich der Wohn- und „Umwelt"-Gegebenheiten, die für die alltägliche Versorgung wichtig sind (Einkaufen, Arzt, Apotheke, Erholungsräume), muss von den Menschen auswählend reagiert bzw. eingegangen werden.

Das bedeutet, dass sowohl Anpassungsleistungen (Adaption) durch Akzeptanz und Verarbeitung der Vorgaben wie auch Gestaltungsleistungen (Assimilation) gefordert sind. Eine verändernde Einwirkung auf das Erlebte und Gelebte, auf Umwelt- und Sozialbedingungen, wie sie aktuell auferlegt werden, sind gefordert, um „Integration" zu erreichen. Beide Reaktionsformen sind nötig. Aus beiden, der Adaption und der Assimilation, müssen, wenn eine innere Befriedigung erreicht werden soll, Handlungen, innere wie äußere, erfließen. Wer nicht mehr gestaltet, wird abhängig. Durch Abhängigkeiten schwindet die Auswahlkapazität. Die Selbstzufriedenheit sinkt dort ab, wo keine Eigenbestimmtheit oder nur mehr eine eingeschränkte in trivialeren Lebensbereichen erreicht wird. Man mag sehr „aktiv" sein aber doch in der Handlungsfähigkeit beschränkt.

Die Assimilationsmängel zeigen sich vor allem bei den älteren Alten. Schließlich kommt es dann durch physische Veränderungen zu einer Einengung des Bewegungs- und Aktionsradius, sodass gewisse Lebens- und Freizeitstile in der Tat nur mehr schwer möglich sind. Die Energie zur Lebensstilisierung, so könnte man sagen, lässt dann merklich nach. Nimmt die Chance zur Selbststrukturierung, bzw. wie oben benannt, der gestaltenden Assimilation ab, sind strukturierende Angebote notwendig, die von außen kommen (vgl. TEWS 1990).

In den nächsten Kapiteln wird zunächst das Freizeitverhalten alter Menschen konzeptuell und danach anhand ausgewählter Dimensionen dargestellt und in der Folge die Bildungsbeteiligung im Alter. Für die Darstellung wird auf die anfangs gestellten Fragen Bezug genommen.

3. Was bedeutet Freizeit im Alter?

Die Freizeit wird zunehmend – neben der Arbeit – zum zweiten Raum für die Lukrierung von Statusprofilen. Der Erwerb von Kulturgütern und die Produktion von Kultur sind Bestandteile der „Arbeit" in der Freizeit.

Die Normen und Einstellungen im Bereich der symbolischen Kultur – sei es im engeren Sinn von Kunst und ästhetischer Produktion, oder im weiteren Sinne einer Symbolik von Gebrauchsgütern – sind als „Themen" anzusehen, die soziale Anpassungs-, Nachahmungs- und Abgrenzungsprozesse deutlich veranschaulichen. Innerhalb dieser Bedingungen schafft Kultur die soziale Struktur verschiedener Gruppen und Generationen. Indem die verschiedenen sozialen Gruppen die ihnen zugänglichen Freizeitangebote mit ihren persönlichen Erfahrungen mischen, schaffen sie ihre je eigene Freizeitkultur. Dies kann als die Selbstproduktion (vgl. PATTERSON 1996) von Freizeit bezeichnet werden, was soviel heißt wie, dass die verschiedenen gesellschaftlichen Gruppen eine je unterschiedliche Kultur schaffen, indem sie die Freizeitangebote jeweils entsprechend ihren Bedürfnissen verändern. Ausgegangen wird also von einer integrierten bzw. integrierenden Sicht, die Freizeit nicht als etwas Abgehobenes oder Getrenntes von anderen Aktivitäten des Individuums sieht.

Der Begriff Freizeit war nie sehr klar bestimmt und wurde daher in sehr unterschiedlicher Weise verwendet. Wesentliche Dimensionen des Freizeitbegriffs sind *Konsum, Zeit, Aktivität, Bewusstsein* und *Handeln*. Darüber hinaus lassen sich verschiedene Konfliktlinien nachweisen, und zwar zwischen Hochkultur und Populärkultur und zwischen Massen- und elitärer Kultur.

Die erste soziologische Theorie der Freizeit wird um die Wende zum 20. Jahrhundert ausgebildet. Der Amerikaner Thorstein VEBLEN (1899) ist der erste, der den zweckhaften Einsatz der Freizeit für die Selbstbehauptung einer sozialen Klasse zu zeigen versucht. Seine Betrachtung zeigt, dass im Freizeitvergnügen Selbstbestätigung gesucht wird. Das Übertrumpfen des anderen wird im Feld des Genusses angestrebt und zum Selbstzweck gemacht. Die herrschende Klasse zeigt demonstrativ üppigen Konsum. Freizeit hat aus dieser Perspektive unproduktiv zu sein, und zwar aus der Geringschätzung produktiver Arbeit heraus und als Zeichen für den Status, der ein Leben ohne Arbeit gestattet.

3.1 Freizeit als Konsum

Bereits Anfang der 1960er Jahre wird die Rolle des Alters primär in der Konsumwelt gesehen, wobei die Freizeit in besonderer Weise als ein Ort des Konsums gesehen wurde. Tatsächlich ist aber das Schlagwort vom „greying consumer market" von der Werbeindustrie erst in den 1980er Jahren aufgenommen worden. Ein Fokus in der Forschung richtet sich auf die Beziehung zwischen den in der Freizeitwelt verwendeten Konsumgütern und dem sozialen Status, der aus der Verwendung bestimmter Konsumgüter entsteht (vgl. CUTLER/HENDRICKS 1990). So stellt sich in der Sozialarbeit immer wieder die Frage, welche Konsumgüter einer Sozialhilfeempfängerin „zustehen". Wie darf die Ausstattung in einem Geriatrischen Tageszentrum aussehen?

3.2 Freizeit als residuale Zeit

Die häufigste Konzeptualisierung von Freizeit besteht einfach darin, diese als freie Zeit zu bestimmen, die verbleibt, wenn die verpflichtenden Aktivitäten – insbesondere Arbeit – erledigt sind. Ein Problem besteht in diesem Kontext mit dem Begriff Arbeit. Manche Menschen sehen in ihrer (unbezahlten) Arbeit einen primären Ort ihres persönlichen Interesses und der Erholung. Sie sehen die „freie" Zeit als langweilig oder gefüllt durch familiäre Verpflichtungen. Die Arbeit wird somit zur Freizeit und die Freizeit wird zur Arbeit (vgl. GERSHUNY/FISHER 2000).

Aus einer anderen Perspektive wird Freizeit als residuale Zeit betrachtet, als beeinflusst vom Arbeitsstil und dem kontinuierlichen Wachstum der Arbeitsproduktivität in der Marktökonomie, die zu Veränderungen im Freizeitverhalten führt. Deutlich gemacht werden kann dies etwa am Beispiel von Hobbys. Wer für seine Freizeit Vorkehrungen treffen, sie langfristig in eine bestimmte Richtung lenken will, muss sie vorerst aufgeben. Ein einfaches Beispiel ist das mit einem Garten umgebende eigene Haus, das in der Regel über Jahre hinaus Arbeitsaufgaben – produktive Tätigkeit – stellt. So wird Freizeit zur Arbeit.

3.3 Freizeit als Aktivität

Freizeit als Aktivität zu definieren, hat ebenfalls eine Berechtigung, denn das Studium der Freizeit über die Form ihrer Gestaltung zu betreiben, ist sicher gerechtfertigt. Freizeit bedeutet Spiel, Sport, Kultur, soziale Interaktion und bezieht sich auch auf Aktivitäten, die arbeitsähnlich in ihrer Handlung sind aber dennoch nicht Arbeit sind. Wird allerdings Freizeit auf diese Art und Weise definiert, dann findet sich die paradoxe Situation, dass es dafür praktisch keinen theoretischen Ansatz gibt. Es gibt keine Liste von Aktivitäten, die als Freizeit bestimmt sind. Zum Teil liegt es daran, dass eine solche Liste zu lang wäre, und zum Teil liegt es daran, dass solche aufgelisteten Aktivitäten, wenn sie denn ausgeführt werden, nicht immer eindeutig als Freizeitaktivitäten bezeichnet werden können.

Von einem kritischen Standpunkt aus kann keine Aktivität nur von der äußeren Form her als Freizeit eingeschätzt werden. So stellt sich etwa die Frage, ob die Herstellung von Weihnachtsschmuck in einer Altentagesstätte als Arbeit oder als Freizeit verstanden wird. Fast jede Aktivität kann unter bestimmten Bedingungen als Verpflichtung verstanden werden. Es ist jene Aktivität

Freizeit, so wollen wir demgemäß einschränken, die selbstgewählt erfolgt. Wesentlich an Freizeitaktivitäten ist die Dimension der Freiheit. Zu Freizeitaktivitäten gehört auch, dass sie etwas „bringen". Gemeint ist damit die Qualität der Aktivität und nicht nur die Aktivität als solche, die sie als Freizeitaktivität bestimmt. Ansonsten ist eher der Begriff der Alltagsaktivität angemessen, der in der Altenbetreuung bzw. Geriatrie eine eigene Bedeutung hat. Was brauchen wir also, um eine Aktivität als Freizeitaktivität zu bestimmen? Wir müssen wissen, warum und wie eine Aktivität ausgeführt wird. Nur auf dieser Basis können wir entscheiden, ob es sich um Freizeit handelt.

3.4 Freizeit als subjektives Erleben

Ein weiteres Freizeitkonzept bestimmte Freizeit als subjektives Erleben, als eine Orientierung, eine Erfahrung. Gerontologische Studien (z. B. HAVIGHURST 1959) verweisen auf die Bedeutung von Freizeit für ältere Menschen in ihrer identitätsstiftenden Funktion bzw. in ihrer Bedeutung für die Selbstwahrnehmung. Freizeit hat demgemäß nicht etwas mit Zeit zu tun oder der ausgeübten Aktivität, sondern mit dem Akteur. Freizeitakteure verstehen, was sie tun als etwas, was sie gewählt haben. Die getroffene Wahl ist mit einer intrinsischen und weniger mit einer von außen vorgegebenen Motivation verknüpft. Freizeit bedeutet in dieser Definition eine freie Wahl, um zu handeln, etwas zu erfahren. In der Definition von McGUIRE, BOYD und TEDRICK (1999) wird die subjektive Bedeutung der Freizeit hervorgehoben: „leisure is a freely chosen activity done primarily for its own sake, with an element of enjoyment, pursued during unobligated time" (S. 105). KELLY und FREYSINGER (2000) heben den Erlebnischarakter der Freizeit heraus, d. h. „leisure is activity that is done primarily for the experience itself" (S. 3).
Drei zentrale Konstrukte stecken im „Akteursansatz": erwartete Freiheit, intrinsische Motivation und Erfahrungssuche. Das Individuum muss das Gefühl haben, dass die Wahl selbstbestimmt war und nicht auferlegt. Eine solche Bestimmung von Freizeit befindet sich in einem starken Widerspruch zu in der Praxis stattfindenden Aktivierungsangeboten für alte Menschen in Pflegeheimen, Tageszentren oder Wohlfahrtseinrichtungen. In diesen sind es oftmals institutionelle Bedingungen bzw. (nicht) vorhandene Ressourcen, die das Angebot steuern. Das zweite Kriterium ist die intrinsische Motivation, d. h. Aktivitäten werden um ihrer selbst willen ausgeführt. Dies gilt insbesondere für kreative Aktivitäten. Ein Beispiel dafür wäre das in Berlin angesiedelte Projekt "Senior Street Art". In diesem seit 2005 laufenden Projekt werden zu den Themen Graffiti, Street Art und selbstbeauftragte Gestaltung von öffentlichem Raum Workshops, Führungen und andere partizipative Angebote speziell für ältere Menschen entwickelt. [http://www.seniorstreetart.de/ projektbeschreibung.html Zugriff: 12.6.2009] Das dritte Kriterium, die Erlebnisorientierung,

richtet sich auf die unmittelbare Befriedigung von Bedürfnissen. In der Praxis der Altenarbeit wird dieses Bedürfnis sehr oft mit Ausflügen (ins Grüne) oder mit Besuchen von Kulturveranstaltungen abgedeckt.

Ein positiver Begriff von Freizeit im Alter, der jenseits von Ausruhen, Eskapismus und Langeweile liegt, beruht jedenfalls auf Vorstellungen von den Potentialen des Alters. Freizeit zielt nicht auf Existenzsicherung, sondern auf die Verbesserung der Lebensqualität.

4. Soziale Bedingungen von Freizeit- und Kulturaktivitäten

Die neuere gerontologische Freizeitforschung hebt die eigenständige Dimension der Altersfreizeit hervor (vgl. TOKARSKI 1989, KLEIER/RAY 1993). Freizeit ist ein von der Erwerbsarbeit weitgehend unabhängiger Lebensbereich. Wenn auch bestimmte Arbeitshaltungen und -einstellungen, welche in der Arbeitswelt antrainiert werden (Leistung, Disziplin, Pflichtgefühl) die nicht-beruflichen Aktivitäten beeinflussen (z. B. Do-it-yourself-Tätigkeiten), bilden sich in der Freizeit eigene Verhaltensmuster und Lebensstile aus. Der Bedeutungszuwachs der Freizeit im Alter ist zwar gekoppelt an die Entberuflichung des Alters, jedoch die Gestaltung der Freizeit selbst ist nicht durch die ehemaligen Arbeitsbedingungen vollkommen determiniert. Dies umso mehr, je länger die Altersphase dauert. Es ergeben sich subjektive Dispositionsspielräume, die es dem Menschen gestatten, seine Bedürfnisse zu befriedigen, sich Wünsche zu erfüllen, und zwar auch solche, die bisher nicht im Bereich des Möglichen lagen.

Auf Basis einer schwedischen Längsschnittstudie („Umea 85+") für hochaltrige Personen zeigt SILVERSTEIN (2002), dass eine Verstärkung von Freizeitaktivitäten als adaptive Strategie gesehen werden kann, um soziale und physische Defizite zu kompensieren. Dieser Effekt ist besonders stark für hochaltrige verwitwete Männer, die wenig Kontakte zu Familienangehörigen aufweisen und gesundheitlich eingeschränkt sind. Allerdings gilt nicht allgemein, dass ein höheres Aktivitätsniveau besser ist. Denn weitere Auswertungen brachten das Ergebnis, dass etwa Kochen oder Gartentätigkeit keine positiven Gesundheitseffekte aufweisen (vgl. NILSSON et al. 2006).

Untersuchungen der Berliner Altersstudie BASE zu den Aktivitätsprofilen Hochaltriger (85 Jahre und älter) belegen (vgl. HORGAS et al. 1998), dass diese 19% ihrer Wachzeit mit obligatorischen alltäglichen Aufgaben wie Aufstehen, Morgenpflege, Essen und leichten hauswirtschaftlichen Tätigkeiten verbringen, weitere 13% werden komplexeren Hausarbeiten (z. B. Reparaturen) gewidmet. 7% des Tagesablaufs werden für soziale Aktivitäten aufgewendet, 26% der Zeit sind dem Ausruhen gewidmet und 35% werden schließlich für Freizeitaktivitäten und aktive Fortbewegung gewidmet. Gegenüber der Gruppe der 70-84-Jährigen kommt es vor allem zu einer Verschiebung von aktiver

Freizeit hin zu Ausruhen. Während bei den 70-84-Jährigen 12% der Tageszeit dem Ausruhen gewidmet sind, liegt der Anteil bei den 85-Jährigen und älteren bei 25%. Geschlechtsunterschiede zeigen sich darin, dass Männer mehr Zeit mit Freizeitaktivitäten verbringen (41%:35%) und Frauen mehr Zeit für komplexere Hausarbeiten (18%:12%) aufwenden (vgl. BALTES et al. 1996).
Ein Großteil der Freizeitaktivitäten ist alterskorreliert, d.h., je älter jemand ist, desto geringer ist das durchschnittliche Niveau der allgemeinen Ausübung von Freizeitaktivitäten. MAYER und WAGNER (1996) fanden in der Berliner Altersstudie einen deutlichen statistischen Zusammenhang zwischen diesen beiden Faktoren. Zu ähnlichen Ergebnissen kommen in einer Vier-Länder-Studie mit zwei Messzeitpunkten MOLLENKOPF und RUOPPILA (2000). Auch in dieser Untersuchung ging mit höherem Alter die Beteiligung an Freizeitaktivitäten zurück. Doch dieser Zusammenhang, der allein auf Alter und Aktivität beruht, verdeckt sowohl die verschiedenen sozio-ökonomischen Faktoren, die moderierend wirken, als auch die beträchtliche Variabilität innerhalb des Freizeitverhaltens. So stehen das Interesse an kulturellen Veranstaltungen und die Häufigkeit der Besuche pro Jahr in einem deutlichen Zusammenhang mit der Schichtzugehörigkeit. Der Anteil soziokulturell inaktiver Hochaltriger beträgt in der Unterschicht 28% und in der oberen Mittelschicht 4% (vgl. MAYER/WAGNER 1996). Kulturelle Beteiligung ist also deutlich schichtabhängig. Den stärksten Einfluss auf Kulturaktivitäten hat der Faktor Schulbildung. Je höher die Schulbildung, desto häufiger die Teilnahme an kulturellen Veranstaltungen. Im Medienkonsum, bei Bewegungsaktivitäten mit niedriger Zugangsschwelle (z. B. Spazierengehen) und bei religiösen Aktivitäten sind sowohl geringe Unterschiede nach dem Lebensalter als auch nach Schichtzugehörigkeit gegeben (vgl. STRAIN et al. 2002).
Für Österreich liegen Daten zu den Freizeitaktivitäten im Alter aus der Umfrage „Generation 50 Plus" des Fessel-GfK Instituts für Marktforschung aus dem Jahre 2006 vor. Die folgende Tabelle zeigt, dass die konsumtiven Beschäftigungen die vordersten Rangplätze in der Freizeitnutzung einnehmen und als alltagsbestimmend eingeschätzt werden können: es sind dies bei den Hochaltrigen Fernsehen, Radio hören, Zeitungen, Zeitschriften, Illustrierte lesen. Zu einem ähnlichen Ergebnis kommen Studien in den USA (vgl. McGUIRE et al. 2000), Kanada (vgl. STRAIN et al. 2002), Schweden (vgl. NILSSON et al. 2006), Deutschland (vgl. MAYER/WAGNER 1996) und in der Schweiz (vgl. HÖPFLINGER/STUCKELBERGER 1999). Eine weitere Gruppe von Aktivitäten wird weniger häufig ausgeübt, zählt aber auch bei rund der Hälfte der Hochaltrigen zum Aktivitätsprofil. Dazu gehören Tätigkeiten, die mit Bewegung, Ausdruckssuche und Routinen verknüpft sind wie etwa Heimwerken oder einem Hobby nachgehen, Gartenarbeit, auf den Friedhof gehen. Von geringerer Bedeutung sind kulturelle und Sportaktivitäten. Sie gehören nicht

zum Alltag im Alter. Ähnliche Ergebnisse zeigen sich auch für Schweden (vgl. NILSSON et al. 2006)

Tab. 1: Häufigkeit ausgewählter Freizeitaktivitäten nach Altersgruppen und Geschlecht, Österreich 2006, n=1.015 50-Jährige und ältere

	Insgesamt		50-59		60-69		70-79		80+	
	Alle	m	w	m	w	m	w	m	w	
Fernsehen*	98	98	97	95	96	99	96	99	98	99	96
Radiohören*	91	91	91	94	93	91	93	91	87	79	85
Zeitungen/Zeitschriften lesen*	91	93	89	91	90	93	87	94	87	93	93
Ausruhen**	76	78	74	75	68	78	72	82	80	84	86
Hobby nachgehen**	71	75	68	76	73	80	77	71	59	61	49
Heimwerken**	63	68	60	73	68	76	59	59	58	43	44
Einkaufsbummel**	61	56	66	63	76	57	69	44	60	43	48
Auf den Friedhof gehen**	55	43	64	33	58	50	66	43	75	57	60
Gartenpflege**	53	51	55	56	61	51	59	46	59	28	43
Bücher lesen**	53	48	56	48	54	50	65	43	47	54	51
Musik hören**	50	52	48	62	62	48	55	46	31	39	23
Ausflüge unternehmen**	48	50	46	52	49	56	51	43	45	36	27
mit Haustieren beschäftigen**	47	47	48	41	55	53	52	43	37	32	33
selbst Sport betreiben**	41	44	39	54	51	46	45	31	24	32	17
Handarbeiten/Basteln**	33	20	43	23	43	20	46	19	44	18	33
Fotografieren/Filmen**	22	28	17	32	19	33	22	16	14	20	4
im Internet surfen**	20	20	11	30	24	22	7	8	1	2	1
Konzerte/Theater/Oper gehen**	18	16	20	17	23	17	25	13	16	9	6
Musizieren**	14	12	15	12	14	11	17	11	19	11	8
Ausstellungen besuchen**	11	10	12	12	12	10	15	8	12	4	4

Quelle: Studie Generation 50 Plus 2006 der Fessel-GfK Marktforschung Ges.m.b.H.; eigene Berechnungen

* Aktivität mehrmals wöchentlich oder häufiger; ** Aktivität einmal im Monat oder häufiger

Im Vergleich der Altersgruppen ist erwartungsgemäß ein deutlicher Rückgang bei zahlreichen Aktivitäten gegeben. Es kommt insgesamt zu einer Einengung des Aktivitätsspektrums, was auch durch andere Forschungen bestätigt wird (vgl. ISO-AHOLA et al. 1994, MAYER/WAGNER 1996, HORGAS et al. 1998). Dazu kommt, dass Hochaltrige weniger häufig Freizeitaktivitäten, die sie aufgeben, durch andere ersetzen (vgl. STRAIN et al. 2002). Die Reduktion der Freizeitaktivitäten hat mit dem Gesundheitszustand zu tun. So gehen Hochaltrige weniger ins Konzert, in Ausstellungen, ins Theater und betreiben weniger Sport, wenn sie gesundheitlich eingeschränkt sind. STRAIN et al. (2002) zeigen auf Basis ihrer Längsschnittstudie, dass die geringere Zahl an Freizeitaktivitäten bei den Hochaltrigen weniger auf ihren Ausgangsgesundheitszustand zurückzuführen ist, sondern vielmehr auf gesundheitliche Veränderungen in der Beobachtungsperiode. Aber nicht nur objektive Veränderungen der Gesundheit sind von Bedeutung für das Freizeitverhalten, sondern auch die subjektive Einschätzung der Gesundheit. Erwartungsgemäß wirkt sich dabei eine gute subjektive Gesundheit vor allem auf Aktivitäten aus, welche physische Anstrengungen oder Mobilität voraussetzen (vgl. HÖPFLINGER/STUCKELBERGER 1999).

Einen deutlichen Einfluss auf Aktivitäten wie Theater- und Ausstellungsbesuch sowie Musizieren und Bücherlesen übt das Schulbildungsniveau aus. Hochaltrige weisen einen niedrigeren Bildungsstand auf und haben deshalb im Vergleich zu den 50-59-Jährigen eine signifikant niedrigere Beteiligung an den genannten Aktivitäten. Eine Reihe von Aktivitäten ist in umgekehrter Weise bildungs- bzw. schichtkorreliert. Dazu gehören Aktivitäten wie Heimwerken, Handarbeiten/Basteln, Friedhofsbesuche, Kochen und Einkaufsbummel machen. Diese Aktivitäten sind zwar im Altersgruppenvergleich mit Ausnahme der Friedhofsbesuche rückläufig, werden jedoch von Personen aus der E-Schicht („Arbeiterschicht") häufiger ausgeübt als von Personen der A-Schicht („Mittelschicht"). Die Beschäftigung mit Haustieren und im Garten ist nicht schichtabhängig.

Zwischen Frauen und Männern zeigt die Tabelle Unterschiede dahingehend, dass Männer häufiger Hobbys nachgehen, häufiger Musik hören, Ausflüge unternehmen, Sport betreiben und Fotografieren, während die hochaltrigen Frauen vergleichsweise häufiger Radio hören, einen Einkaufsbummel unternehmen, im Garten tätig sind und Handarbeiten/Basteln.

Mobilitätseinschränkungen und gesundheitliche Bedingungen führen bei den über 80-Jährigen zu einer stärker häuslichen Lebensform, die sich im Freizeitverhalten widerspiegelt. Lesen ist jene Beschäftigung, die von den Älteren am häufigsten als Lieblingsbeschäftigung in der Freizeit angegeben wird. Wer immer schon viel in seinem Leben gelesen hat, nützt im Alter die zusätzliche freie Zeit noch mehr zum Lesen (vgl. KOLLAND 1996).

Der Typ an Freizeitaktivitäten, der von älteren Menschen ausgewählt wird, hängt auch von gesellschaftlichen Fremd- bzw. Selbsterwartungen ab. Ein negatives Altersbild führt – übernommen ins eigene Selbstbild – zu einem eher passiven Freizeitverhalten (vgl. CUTLER/HENDRICKS 1990). Je höher jemand seine Kompetenz einschätzt bzw. je höher er von relevanten Bezugspersonen (z. B. Freunden) als kompetent eingeschätzt wird, desto höher ist das Aktivitätsniveau (vgl. SNEEGAS 1986). In der Studie Generation 50 Plus wurde die Aussage vorgegeben: „Ich fühle mich jünger als ich bin." Und hier zeigt sich, dass Personen mit einem positiven Altersselbstbild deutlich häufiger Sport betreiben, Musik hören, auf Ausflüge gehen, sich im Garten betätigen oder Heimwerken und Hobbys nachgehen. Umgekehrt: Bei einem positiven Altersselbstbild findet sich weniger der Friedhofsbesuch und wird weniger angegeben, sich „auszuruhen". Keinen Einfluss hat das Altersselbstbild auf Fernsehen, Radiohören und Zeitung lesen.

Die Messungen von Aktivitäten bzw. Zeitbudgetstudien geben zwar Aufschluss über das Ausmaß gesellschaftlicher Beteiligung und die Struktur im Tages- und Wochenrhythmus, aber sie geben keinen Aufschluss über die interindividuellen Schwankungsbreiten, die sich in bestimmten Freizeitstilen niederschlagen. Kennzeichnend ist für diese Freizeitstile, dass in ihnen sozial Typisiertes und unverwechselbar Individuelles zusammentreffen. Eine Variation in den Freizeitstilen ergibt sich aufgrund der erheblichen Spannweite der Gruppe der Älteren, die von den aktiven, gesunden bis zu den pflegebedürftigen, weniger aktiven Älteren reicht. Dazu kommen sehr unterschiedliche ökonomische Lebensbedingungen und kulturell-kognitive Ressourcen (z. B. Fremdsprachkompetenz, Kommunikationsfähigkeit). Besonders die kulturell-kognitiven Ressourcen verstärken die Ausbildung unterschiedlicher Altersfreizeitstile. Je differenzierter die kulturell-kognitiven Ressourcen, desto wahrscheinlicher sind Freizeitformen in Richtung auf eine bewusste Stilisierung des Lebens.

Fassen wir zusammen: Sichtbar wird in den Freizeitaktivitäten hochaltriger Menschen eine Orientierung auf den eigenen Haushalt. Diese Orientierung ist teilweise durch eine Veränderung individueller Bedürfnisse und teilweise durch einen Mangel an Möglichkeiten zur Aktivitätsgestaltung außer Haus verursacht. Der gesellschaftliche Rückzug im höheren Alter wird zwar in den Aktivitätsprofilen deutlich sichtbar, jedoch stehen dahinter nicht nur eine veränderte Bedürfnislage, sondern auch kohortenbedingte Einflüsse wie z. B. ein geringeres Schulbildungsniveau oder fehlende Gelegenheiten/Angebote für Betätigung.

5. Bildungsbeteiligung und informelles Lernen

Die gesellschaftliche Bedeutung von Bildung lässt sich in den meisten europäischen Ländern an der Gleichzeitigkeit von Bildungsexpansion und sozialer Ungleichheit von Bildungschancen bemessen. Seit den 1960er Jahren bis in die jüngste Gegenwart finden wir eine zunehmende Bildungsbeteiligung in allen Sozialschichten. Doch ist daraus – so die These – kein umfassender Abbau der sozialen Ungleichheit von Bildungs- und Lebenschancen entstanden, sondern zum Teil eine Vertiefung der Unterschiede. Die soziale Ungleichheit verstärkt sich sogar zur Bildungsarmut (vgl. ALLMENDINGER/LEIBFRIED 2003) in bestimmten Bevölkerungsgruppen, wozu auch große Gruppen von älteren Menschen gehören. Als Folge dieses Prozesses kommt es zu sozialer Exklusion. Sichtbar wird dieser soziale Ausschluss etwa in der Nutzung der neuen Informationstechnologien. Ältere Menschen nutzen diese Technologien im Vergleich zu anderen Altersgruppen deutlich weniger.

Zwei Drittel der 80-Jährigen und Älteren verfügen nach den Volkszählungsdaten 2001 über einen Pflichtschulabschluss und 3% über einen universitären Abschluss. Ihr Bildungsstand ist damit deutlich niedriger als der der nachfolgenden Alterskohorten. So liegt der Anteil der Pflichtschulabgänger bei den 70-79-Jährigen bei 56%, bei den 60-69-Jährigen bei 48% und bei den 50-59-Jährigen bei 32%. Während 44% der 80-Jährigen und älteren Männer lediglich über einen Pflichtschulabschluss verfügen, liegt dieser Anteil bei den Frauen bei 74%.

Die älteren Generationen sind in einer Zeit gering qualifiziert, in der die Mehrheit (der jüngeren) Bevölkerung mit dem Fahrstuhl eine Etage höher gefahren ist. Es ist nicht die geringe Qualifikation als solche, die als problematisch einzuschätzen ist, sondern es ist die soziale Spaltung, die sich daraus ergibt, die von Bedeutung ist. Sie, die Älteren, sind im zentralen Projekt der Gegenwartsgesellschaft, nämlich der Bildung, an den Rand geraten. Ein besonderes Problem in demokratischen Gesellschaften besteht im Widerspruch zwischen Ermutigung zum lebenslangen Lernen und der Realität beschränkter Zugangschancen zu Weiterbildung. Dies gilt etwa für einkommensschwache Gruppen, die sich Weiterbildung nicht leisten können. Dazu kommt, dass die Bildung im hohen Alter einen besonderen Stellenwert in der Gesundheitsprävention hat. Bereits in den 1970er Jahren konnte gezeigt werden (vgl. LEHR 1977), dass sich die Lernfähigkeit nicht generell im Lebenslauf verschlechtert, sondern nur in Bezug auf bestimmte Faktoren und Inhalte. In der Folge konnte eine Reihe von positiven Effekten der Bildungsteilnahme nachgewiesen werden. Aufgrund medizinischer Erkenntnisse lässt sich mittlerweile die positive Wirkung von kontinuierlicher mentaler Stimulation auf den Erhalt guter Gesundheit nachweisen (vgl. KHAW 1997). Neurologische Forschungen zeigen, dass mentales Training die intellektuellen Fähigkeiten positiv beeinflusst, indem etwa Gedächtnisverluste verringert bzw. rückgängig gemacht werden können (vgl. KOTULAK 1997). Höhere Bildung, so Forschungsergebnisse, senkt das Mortalitätsrisiko (vgl. HUISMAN et al. 2005). Bildung und gesunde Lebensweise halten fit (vgl. BÖRSCH-SUPAN et al. 2008). Wie gesund Männer und Frauen in Europa leben, hängt überall stark von Einkommen und Ausbildung ab. Befragte mit einem niedrigen Bildungsabschluss bewegen sich wesentlich seltener und

leiden häufiger unter Gewichtsproblemen als Gleichaltrige mit einem höheren Schulabschluss. Bildung wäre demnach präventive Gesundheitspolitik.
Darüber hinaus führt Weiterbildungsteilnahme zu sozialer Integration bzw. verstärkt ein positives gesellschaftliches Altersbild (vgl. PALMORE 1970), steigert das physische und psychische Wohlbefinden (vgl. SCHAIE 1996), erhöht die Antizipation und Verarbeitung kritischer Lebensereignisse (vgl. BECKER 1998) und wirkt sich positiv auf bürgerschaftliches Engagement bzw. Freiwilligenarbeit aus (ROSENMAYR/KOLLAND 2002).
Trotz der nachgewiesenen positiven Effekte von Lernprozessen im Lebenslauf ist die tatsächliche Beteiligungsrate an Bildung in der nachberuflichen Lebensphase gering. Die nachfolgende Tabelle gibt einen Überblick über die Bildungsbeteiligung älterer Menschen in zehn europäischen Ländern. Dabei zeigt sich, dass die Teilnahme an Bildung im letzten Monat in der Bevölkerungsgruppe 50-59 Jahre zwischen 2,5% in Italien und 27% in der Schweiz liegt. In der Bevölkerungsgruppe 80 und älter beträgt der Anteil zwischen 0,2% in Spanien und 2% in der Schweiz. In dieser Untersuchung weist Österreich eine vergleichsweise geringe Bildungsbeteiligung im Alter.

Tab. 2: Beteiligung an Bildungsveranstaltungen von über 50-Jährigen im letzten Monat (Angaben in Prozent)

	Insgesamt	50-59	60-69	70-79	80+
Schweiz	16,6	27,0	14,0	7,7	2,0
Schweden	12,3	20,4	11,0	7,3	1,6
Dänemark	10,3	18,6	5,8	5,1	0,9
Niederlande	7,0	11,1	6,1	2,4	1,4
Deutschland	5,4	11,0	4,2	1,0	0,8
Österreich	4,0	7,9	2,2	1,7	0,5
Frankreich	3,8	7,4	2,8	0,7	0,0
Griechenland	3,6	5,1	4,4	1,1	1,8
Spanien	1,9	3,5	2,4	0,0	0,2
Italien	1,2	2,5	0,5	0,9	0,0

Quelle: Survey of Health, Ageing, and Retirement in Europe (SHARE) 2005, gewichtet (zit. n. KÜNEMUND/KOLLAND 2007).

Die geringe Bildungsbeteiligung im Alter ist multifaktoriell verursacht, wobei die wichtigste Einflussvariable der Bildungsstand ist, d. h. niedrige Schulbildungsabschlüsse führen zu einer geringeren Weiterbildungsbeteiligung. Ungünstig wirken sich außerdem eine geringe Beteiligung an beruflichen Qualifizierungsmaßnahmen aus, ein ungünstiger Gesundheitszustand, ein negatives Altersbild, eine periphere Wohnlage und eine ungünstige Lernbiographie (vgl. KOLLAND/AHMADI/HAUENSCHILD 2009)

5.1 Lern- und Bildungserfahrungen im Lebenslauf

Wenn man sich mit dem Lernengagement im Alter beschäftigt, ist es wichtig, dieses aus einer bildungsbiographischen Perspektive zu betrachten. Empirische Studien belegen einen Zusammenhang zwischen der eigenen Lerngeschichte und der im Alter vorhandenen oder nicht vorhandenen Lernbereitschaft (vgl. BECKER/RUDOLPH 1994). Dabei ist nicht nur von Bedeutung, dass positive Lernerfahrungen in Kindheit und Jugend eine günstige Voraussetzung für spätere Lernprozesse sind, sondern Lernen im Alter ganz spezifisch frühere Lernerfahrungen berücksichtigen muss. Dazu gehört, dass – sollen neue Inhalte gelernt werden – alte Inhalte „vergessen" werden müssen. „Sonst besteht die Gefahr", so BECKER/RUDOLF (1994, S. 28), „dass Lernende im Bewusstsein, eigentlich schon alles zu wissen und zu allen Problemen schon Lösungswege zu kennen, sich nicht für Neues öffnen."

Vor dem Hintergrund der Bedeutung früher Sozialisationserfahrungen und dem Tatbestand der geringen Bildungsbeteiligung älterer Menschen an organisierten Bildungsprozessen wurde eine empirische Studie in Österreich durchgeführt, die sich mit Bedingungen der Bildungsbeteiligung befasst hat. Befragt wurden dazu im Herbst 2006 504 Personen im Alter von 60 und mehr Jahren anhand von computerunterstützten telefonischen Interviews. Untersucht wurde in der Studie, ob Personen mit positiven Schulerfahrungen im Alter eine höhere Lernbereitschaft aufweisen. Dabei zeigt sich, dass 72% der befragten Personen ziemlich „gern in die Schule gegangen sind" und 28% eher ungern. 73% geben an, eher viel „in der Schule gelernt zu haben", 24% eher wenig und 2% fast gar nichts. In dieser Hinsicht haben also die Befragten eine mehrheitlich positive Erinnerung an die Schulzeit. Weniger gute Eindrücke verblieben von den Lehrenden und von der eigenen Schulleistung. 58% finden, dass sie wenig bis gar nicht „von ihren LehrerInnen gefördert" wurden. Fast zwei Drittel der Befragten haben das Gefühl, dass man sie schulisch hätte mehr fördern müssen. Diese Einstellung hängt wohl zum Teil auch noch mit dem Führungsstil in den Schulen zusammen, den die heute alten Menschen in ihrer Kindheit und Jugend erlebt haben. In Bezug auf die schulischen Leistungen finden 53%, dass sie zumindest gut waren, 42%, dass sie mittelmäßig und 5%, dass sie eher schlecht waren.

Von den Frauen sind 79% und von den Männern 62% ziemlich bis sehr gerne in die Schule gegangen. Unter den MaturantInnen und HochschulabsolventInnen sind 79% gerne zur Schule gegangen, danach folgen die VolksschulabsolventInnen (76%). Unter den Älteren, die eine Lehre oder Berufsbildende Mittlere Schule abgeschlossen haben, gibt es die wenigsten, die gerne zur Schule gegangen sind, nämlich nur mehr 68%.

Wirken sich nun die Schulerfahrungen auf die gegenwärtige Bildungsbeteiligung und das gegenwärtige Lernengagement aus? Die nachfolgende Tabelle illustriert einen Zusammenhang zwischen Förderung durch die Lehrenden und aktueller Bildungsbeteiligung und den Einfluss der seinerzeitigen Schulleistungen auf das gegenwärtige Bildungsverhalten.

Tab. 3: Besuch von Bildungsveranstaltungen nach Schulerfahrungen

	Besuch von Bildungsveranstaltungen		
	in den letzten 12 Monaten	liegt länger zurück	p<.01
In die Schule gegangen: Sehr gern/gern	17	83	
Weniger/gar nicht gern	15	85	n.s.
In der Schule...gelernt: Viel gelernt	17	83	
Wenig/überhaupt nichts	16	84	n.s.
Von den Lehrern gefördert: Sehr stark/stark	20	80	
Weniger/kaum	14	86	*)
Schulische Leistungen: Sehr gut/gut	20	80	
Mittelmäßig	12	88	
Weniger gut/schlecht	[8]	92	*)

n=504; Angaben in %.

Abgefragt wurde in der Studie nicht nur der Besuch von Kursen, Vorträgen, Schulungen, sondern ganz allgemein das Lernengagement. Dabei zeigt sich, dass Personen, die ihre Schulerfahrungen positiv bewerten, ihre gegenwärtigen Lernaktivitäten als hoch einschätzen. Während Personen, die eine schlechte Erinnerung an die Schule haben, mehrheitlich (57%) eine geringe Lernaktivität angeben, sind es bei den Befragten mit sehr positiven Schulerinnerungen 21%.

5.2 Begünstigende und hemmende Faktoren der aktuellen Bildungsbeteiligung

Welche Faktoren begünstigen/hemmen den Besuch von Bildungsveranstaltungen im Alter? Die größte Zustimmung finden wissensorientierte Aussagen, d. h. 93% der Befragten nennen das Trainieren der geistigen Fähigkeiten und 88% die Vertiefung des eigenen Wissens als wesentlich für die Teilnahme an Kursen, Seminaren u. ä.. Danach folgt mit einem deutlichen Abstand der Wunsch, mit anderen Menschen zusammenzukommen (70%) und der des Aneignens praktischer Fähigkeiten (64%). Rund die Hälfte der Befragten, die an einem Kurs innerhalb der letzten zwölf Monate teilgenommen hat, nennt (geringe) Kosten als Teilnahmemotiv.

Lebenslanges Lernen wird aber nicht nur von Persönlichkeitsdispositionen, sozialer Herkunft und Milieuvariablen beeinflusst, sondern auch von gesellschaftlichen Altersbildern.

Vier Fünftel der Älteren finden, dass man „im Alter mehr Zeit braucht um etwas zu lernen", dass man „im höheren Alter noch vieles lernen kann, um das alltägliche Leben zu verändern und zu verbessern", dass „Lernen im Alter bedeutet, Fähigkeiten nicht zu verlieren", die „Neugierde keine Altersgrenze kennt", „lebenslanges Lernen gut für die eigene Gesundheit ist", das „Geschlecht beim Lernen und in der Bildung keine Rolle spielt" und man „im Alter auch Dinge lernen kann, die man nicht unmittelbar braucht". Insgesamt findet sich also eine positive Einstellung zum Lernen im Alter, wenn auch dieses langsamer vonstatten geht.

Für das eigene Altern nennen 60% der Befragten die eigenen Eltern als bedeutsame Erfahrungsquelle. Intergenerationelles Lernen erfährt von etwa der Hälfte der Befragten Zustimmung, indem sie der Ansicht sind, dass es Themen gibt, die junge und alte Menschen gleichzeitig interessieren und ansprechen.

Kursbesucher unterscheiden sich von Befragten, die im letzten Jahr keine organisierten Bildungsveranstaltungen besucht haben, dadurch, dass sie signifikant häufiger die Lernfähigkeit und den Lernnutzen im höheren Alter herausstreichen, dem chronologischen Alter eine wesentlich geringere Bedeutung für die Lernbeteiligung zumessen und das gemeinsame Lernen von Jung und Alt eher befürworten.

Fassen wir zusammen: Bildungstand und Bildungsbeteiligung im Alter sind stark von der sozialen Herkunft bestimmt. Wer nur über einen Pflichtschulabschluss verfügt, geht deutlicher seltener im mittleren und späten Leben in Bildungsveranstaltungen. Zum Teil sind es strukturelle Faktoren, die zu einer frühzeitigen Beendigung der Schullaufbahn geführt haben (Einkommen, geschlechtsspezifische Stereotypen), zum Teil sind es „Entmutigungsprozesse", die frühzeitig zu einer „Abkühlung" der Lernmotivation geführt haben. Die geringe Bildungsbeteiligung älterer Menschen an organisierten Lernformen wird zu einem sozialen bzw. sozialpolitischen Problem, wenn sich daraus negative Konsequenzen für alte Menschen hinsichtlich ihrer sozialen Teilhabechancen ergeben. So zeigen die eigenen Forschungen, dass ältere Menschen, die nicht an organisierter Bildung teilnehmen, weniger sozial integriert sind, ein eher negatives Altersbild haben und weniger zuversichtlich ihrem eigenen Altern entgegensehen. Altersbildung muss sich mit den Informationsdefiziten bildungsferner Milieus auseinandersetzen. Diese Defizite resultieren aus sozial homogenen Lebenslagen. Gemeint ist damit, dass sie (die Älteren) in ihrer Lebenswelt über keine ausreichenden sozialen Verbindungen (Sozialkapital) verfügen, die ihnen als Brücken dienen könnten. Bildungsfernen Milieus fehlt es an Verbindungen zu sozialen Gruppen außerhalb des unmittelbaren verwandtschaftlichen bzw. freundlichen Netzwerks.

6. Neue Fragen, alte Probleme: Gender, Gesundheit, sozio-ökonomischer Hintergrund, soziale Teilhabe

Seit den 1990er Jahren wird vor allem eine Frage im Zusammenhang mit der Freizeitverwendung im Alter aufgeworfen: Gibt es neue soziale Ungleichheiten in der Freizeitgestaltung? Die Diskussion bewegt sich um den Aspekt der Vermarktlichung des Alters (z. B. TULLE-WINTON 1999). Erfolgreiches Altern kann nur erreicht werden über entsprechende körperliche Fitness und Leistungsfähigkeit. Um Altern zu vermeiden, muss relativ viel Geld für Wellness ausgegeben werden. Auf diese Weise wird Alter – obwohl aus dem Produktionskreislauf „ausgeschlossen" – in die Warenzirkulation einbezogen. Damit kommt es zur Polarisierung zwischen den „Silver Agers" und den „Fourth Agers", zwischen den gut situierten Älteren und jenen in ungünstigen sozialen Lebenslagen. Es wird die Vermutung geäußert, dass ältere Menschen mit körperlichen bzw. funktionalen Einschränkungen ihre persönliche Identität weniger in Freizeitaktivitäten finden als in gutem Gesundheitszustand (vgl. VINCENT 1999).

Welche Bedeutung haben Gender-Aspekte hinsichtlich der Freizeitverwendung? Forschungen zeigen deutliche geschlechtsspezifische Unterschiede (vgl. ISO-AHOLA 1994). Frauen geben Freizeitaktivitäten und Freizeitinteressen eher auf, wenn diese mit anderen Anforderungen kollidieren. Dazu gehören Betreuungs- und andere soziale Aktivitäten (vgl. KELLY 1987). Dazu kommen Einstellungsunterschiede, und zwar dahingehend, dass Frauen eher das Gefühl haben, kein Recht auf Freizeit zu haben. Sie fühlen sich schuldig und stellen ihre Freizeitbedürfnisse hinter Bedürfnissen ihrer Angehörigen zurück (vgl. RIDDICK 1993). CALASANTI (1996) kommt zu dem interessanten Ergebnis, dass sowohl für Frauen als auch für Männer die Pensionierung als "Befreiung von Erwerbsarbeit" gesehen wird, jedoch für Männer damit eine Wahlfreiheit hinsichtlich ihrer Freizeitaktivitäten gegeben ist, während Frauen die Wahlfreiheit darin sehen, häusliche Aufgaben nicht an einem bestimmten Tag oder zu bestimmten Stunden machen zu müssen.

Sichtbar wird in den Freizeitaktivitäten hochaltriger Menschen eine Orientierung auf den eigenen Haushalt. Diese Orientierung ist teilweise durch eine Veränderung individueller Bedürfnisse und teilweise durch einen Mangel an Möglichkeiten zur Aktivitätsgestaltung außer Haus verursacht. Der gesellschaftliche Rückzug im höheren Alter wird zwar in den Aktivitätsprofilen deutlich sichtbar, jedoch stehen dahinter nicht nur eine veränderte Bedürfnislage, sondern auch kohortenbedingte Einflüsse wie z. B. ein geringeres Schulbildungsniveau oder fehlende Gelegenheiten/Angebote für Betätigung. Berücksichtigt werden müsste bei den Angeboten für Hochaltrige, dass die über 80-Jährigen weniger über private PKWs verfügen, mehr auf Angebote Wert legen, die mit unmittelbarer Kommunikation verknüpft sind und nicht den Zugang zum Internet voraussetzen.

Was kann aus diesen Forschungsergebnissen für eine präventive Altenarbeit abgeleitet werden? Bislang setzten gut gemeinte Aktivierungsprogramme bei individueller Kompetenzerhaltung und Kompetenzförderung an. Heute ist die Wirksamkeit solcher Interventionsansätze zumindest umstritten (vgl. BALTES 1987). Einerseits bestehen Zweifel, dass mehr Aktivität zu stärkerer sozialer Interaktion führt, andererseits können Aktivierungsprogramme Abhängigkeit und Marginalisierung erzeugen und verstärken, die aufzuheben sie begonnen worden waren. Aktivierung in Altenwohn- und Pflegeheimen zielt oftmals auf die Befriedigung punktueller Bedürfnisse und weniger auf die strukturelle Veränderung von Umweltbedingungen. Sie findet teilweise in einem Rückzugsraum belangloser, sozial und gesellschaftlich irrelevanter Tätigkeiten und Rollen statt.

Freizeitgestaltung ist ein wichtiger Faktor für die Lebensqualität im Alter. Allerdings können zu starke Erwartungen an die Freizeitaktivitäten auch zur Belastung werden und trotz eines hohen Aktivitätsniveaus Sinnleere gegeben sein (vgl. KOLLAND 1996). So kann sich durch Überforderung die für die Lebensqualität ansonsten hilfreiche Funktion sinnstiftender Freizeitaktivitäten ins Gegenteil verkehren, wie dies neuere Studien zu Altenwohnsiedlungen (Retirement Communities) und Seniorendörfern (Retirement Villages) zeigen (vgl. BERNARD et al. 2007).

Die geringe Bildungsbeteiligung älterer Menschen an organisierten Lernformen wird zu einem sozialen bzw. sozialpolitischen Problem, wenn sich daraus negative Konsequenzen für alte Menschen hinsichtlich ihrer sozialen Teilhabechancen ergeben. So zeigt die Befragung älterer Menschen, die nicht an organisierter Bildung teilnehmen, dass sie weniger sozial integriert sind, ein eher negatives Altersbild haben und weniger zuversichtlich ihrem eigenen Altern entgegensehen.

Es braucht neue und vielfältige Lernherausforderungen und Lernsettings, die der Differenzierung des Alters gerecht werden. Für eine neue Lernkultur braucht es Angebote, die eine aktive Teilnahme der Lernenden erlauben. Es braucht Bildungsangebote, die sich mit den alltäglichen Herausforderungen älterer Menschen befassen (z. B. Technisierung des Alltags), um bildungsferne Schichten zu erreichen. Und es braucht Angebote, die einen sinnstiftenden Charakter aufweisen.

Selbsterfüllung und Selbstbestimmung als Ziele des Lernen im Alter ergeben sich nicht aus der Reproduktion des Bestehenden, aus defensivem Lernen.

Sie resultieren eher aus einem Lernen, welches sich auf die Erweiterung von Handlungsmöglichkeiten des Individuums bezieht. Über produktives Lernen wachsen die Erkenntnisse der Selbst- und Weltsicht und kann sich eine subjektive Lebensqualität fortentwickeln (vgl. KÖSTER 2005).

7. Alter(n)sfreizeit und Alternsbildung in der Sozialen Arbeit

Innerhalb der Sozial(arbeits)wissenschaften findet sich seit einigen Jahren eine zunehmende Thematisierung des Konzepts der sozialen Exklusion (vgl. PIERSON 2002). Gemeint ist damit, dass eine wachsende Zahl von Menschen in ihrer sozialen und politischen Teilhabe ausgegrenzt ist. Und diese Ausgrenzung aus wichtigen Lebensbereichen (Erwerbsarbeit, Bildung, Konsum) wird von den Ausgegrenzten selbst als beschämend und erniedrigend erlebt. Die Ausgrenzung bedeutet die Auflösung sozialer Bindungen bzw. ihre Beschränkung auf den Kreis der Benachteiligten, womit wiederum Möglichkeiten der wechselseitigen materiellen Unterstützung und der gesellschaftlichen Teilhabe schrumpfen. Ursachen für diese Veränderungen werden in der Ausdünnung der Leistungen des Wohlfahrtsstaates gesehen, im Verschwinden informeller sozialer Stützsysteme und im Strukturwandel der Ökonomie bzw. der Städte (vgl. HÄUßERMANN/KRONAUER/SIEBEL 2004).

Soziale Ausgrenzung wurde zunächst als ein Sammelbegriff eingeführt, um die Mehrdimensionalität von Armut gegenüber einer nur monetär verstandenen Armut zum Ausdruck zu bringen. KRONAUER (2002, S. 43) bestimmt soziale Exklusion einerseits als zunehmende Prekarität in der Erwerbsarbeit, andererseits als Schwächung der sozialen Einbindung, die bis zur sozialen Ausschließung reicht. Soziale Ausgrenzung verweist damit auf den Ausschluss von Lebenschancen und den damit verbundenen Erfahrungen, an gesellschaftlichen Erwartungen und Anforderungen zu scheitern.

Ausgrenzung kann heute weniger denn je als Ausgrenzung aus der Gesellschaft verstanden werden, sondern muss vielmehr als Ausgrenzung in der Gesellschaft begriffen werden. Es wäre falsch, von einer Dichotomie des Innen und Außen auszugehen (vgl. KRONAUER 2006). Ausgrenzung stellt ein gesellschaftliches Ungleichheitsverhältnis besonderer Art dar. Die Ausgegrenzten sind Teil der Gesellschaft, auch wenn sie nicht an ihr teilhaben. Ausgrenzung in der Gesellschaft bedeutet, dass die formale Berechtigung auf Zugehörigkeit vorausgesetzt wird, ohne dass dieser Anspruch aber eingelöst wird. Deutlich wird dies etwa in der Vorstellung bezüglich der positiven Auswirkungen der Neuen Medien und der tatsächlich gegebenen Digital Divide, d. h. es fehlt – insbesondere älteren Menschen – das Handwerkszeug und die entsprechende technische Ausstattung für eine adäquate Nutzung der Neuen Medien. Ausgrenzung manifestiert sich dann in dem Gefühl, mit anderen

nicht „mithalten" zu können und der Erfahrung von Macht- und Chancenungleichheit.
Die Leitdifferenz soziale Inklusion/Exklusion bildet einen Rahmen für sozialarbeiterische Intervention. Und jede Intervention ist letztlich mit der Inklusions-/Exklusionsspannung beschäftigt.
Soziale Ausgrenzung beginnt bereits im Zugang zu Freizeit- und Bildungsangeboten. Wer nicht die entsprechenden Voraussetzungen mitbringt, d. h. auf eine erfolgreiche Bildungskarriere zurückblickt, nimmt seltener an Bildungsprozessen und aktiver Freizeitgestaltung teil. Ältere Menschen werden einfach nicht mehr gebraucht, weshalb gegenwärtig ein vergleichsweise geringes Bildungsinteresse älterer Menschen festzustellen ist. Sie werden durch die gängigen Programme nicht angesprochen. Fremdsprachenangebote, Seidenmalerei, Fotobearbeitungskurse und Thai Chi „passen" nicht in ihren Lebensalltag.
Für SozialarbeiterInnen stellt sich im Zusammenhang von sozialer Ausgrenzung die Frage, wann, wo und wie interveniert wird. Wo gilt es die sozialen Teilhabechancen zu fördern und wer ist in den Interventionsprozess einzuschließen? Es geht jedenfalls darum, jene Lebens- und Erfahrungswelten zu untersuchen, in denen sich ältere Menschen das Wissen und die Fähigkeiten aneignen, die sie für die alltägliche Lebensführung brauchen. Es gilt erfahrungsweltliche Bildungsprozesse zu stimulieren, die die Lebenszusammenhänge in Nachbarschaft und Freundeskreisen thematisieren und so den Dritten Sozialraum aufwerten.
Was kann aus diesen Forschungsergebnissen für eine präventive Altenarbeit abgeleitet werden? In Bezug auf die Altersbildung braucht es eine Vorstellung, die diese als sozial gerichtete Tätigkeit versteht. Damit wird in gewisser Weise über den Begriff des Lernens hinausgegangen und in Richtung einer sozial-reflexiven Tätigkeit erweitert. Statt Anpassung der Individuen an den sozialen Wandel ginge es um die Betonung der Handlungsfähigkeit älterer Menschen („agency") in Richtung auf eine Stärkung der kollektiven Kapazität. Statt Wissensvermittlung ginge es um eine Orientierung an der Praxis der Teilnehmenden. Neben einer wissenschaftlich und fachlich fundierten Vermittlung braucht es Formen gemeinwesenorientierten Arbeitens, welches in die Milieus von ausgegrenzten Gruppen eingebunden ist und deren Lebenswelt thematisiert.
Schließlich braucht es eine Orientierung, die in Richtung einer kreativen Alltagsgestaltung geht. Die Selbstverständlichkeit des Alltags im Alter weist große Redundanzen und Routinen auf. Deshalb ist es notwendig, auch im Alltag eine kreative Haltung einzunehmen. Der Sonnenaufgang, der Duft des Kaffees, die Wärme einer Stimme, das Wohlgefühl unter der Dusche, der Abendspaziergang sind keine Nebensächlichkeiten: Sie öffnen die Sinne für die persönlich erlebte Welt. In dieser Hinsicht ist auch Selbstverwirklichung eine alltägliche und kreative Aufgabe. Die Sehnsucht nach Selbstverwirkli-

chung und Autonomie kann allerdings auch zu einer vereinseitigenden und rastlosen Selbstbezüglichkeit führen. Dann ist der lebendige Kontakt zu Mitmenschen ein wesentliches Korrektiv. Der Einzelne findet am besten zu sich selbst in der kreativen Beziehung zu den Anderen.

Literatur

ALLMENDINGER, J./LEIBFRIED, S.: Bildungsarmut. In: AUS POLITIK UND ZEITGESCHICHTE, B 21-22, 2003, S. 12-18.

BALTES, M. M.: Erfolgreiches Altern als Ausdruck von Verhaltenskompetenz und Umweltqualität. In: NIEMITZ, C. (Hg.): Erbe und Umwelt. Frankfurt a. M. 1987, S. 353-376.

BALTES, M. M./MAAS, I./WILMS, H.-U./BORCHELT, M.: Alltagskompetenz im Alter: Theoretische Überlegungen und empirische Befunde. In: MAYER, K. U./BALTES, P. B. (Hg.): Die Berliner Altersstudie. Berlin 1996, S. 526-542.

BALTES, P. B.: Facing Our Limits: Human Dignity in the Very Old. Daedalus, 2006, 135(1), S. 32-39.

BERNARD, M./BARTLAM, B./SIM, J./BIGGS, S.: Housing and care for older people: life in an English purpose-built retirement village. In: AGEING & SOCIETY, 2007, 27(4), S. 555-578.

BÖRSCH-SUPAN, A./BRUGIAVINI, A./JÜRGES, H/ KAPTEYN, A./ MACKENBACH, J./SIEGRIST, J./WEBER, G.: Health, Ageing and Retirement in Europe (2004-2007). Starting the Longitudinal Dimension.: Mannheim Research Institute for the Economics of Aging (MEA). Mannheim 2008.

BURY, M./HOLME, A.: Life After Ninety. London 1991.

CALASANTI, T.: Incorporating diversity: Meaning, levels of research, and implications for theory. In: THE GERONTOLOGIST, 1996, 36, S. 147-156.

CUTLER, S. J./HENDRICKS, J.: Leisure and time use across the life course. In: BINSTOCK, R. H./GEORGE, L.K. (Hg.): Handbook of Aging and the Social Sciences. New York 1990, S. 169-185.

ENGELN, A.: Zur Bedeutung von Aktivität und Mobilität für die Entwicklung im Alter. In: ZEITSCHRIFT FÜR GERONTOPSYCHOLOGIE & -PSYCHIATRIE, 2003, 16(3), S. 117-129.

GERSHUNY, J./FISHER, K.: Leisure. In: HALSEY, A. H./WEBB, J. (Hg.): Twentieth-Century British Social Trends. London 2000, S. 620-649.

HAVIGHURST, R. J.: The Nature and Values of Meaningful Free-Time Activity. In: KLEEMEIER, R. W. (Hg.): Aging and leisure. New York 1961, S. 309-344.

HAVIGHURST, R. H.: Meanings of leisure. In: SOCIAL FORCES, 1959, 37, S. 355-360.

HÖPFLINGER, F./STUCKELBERGER, A.: Demographische Alterung und individuelles Altern. Zürich 1999.

HORGAS, A. L./WILMS, H.-U./BALTES, M.: Daily life in very old age: everyday activities as expression of successful living. In: THE GERONTOLOGIST, 1998, 38(5), S. 556-568.
ISO-AHOLA, S. E.: Leisure lifestyle and health. In: COMPTON, D. M. (Hg.): Leisure & Mental Health, Vol. 1. Park City, UT: Development Ressources 1994, S. 43-60.
ISO-AHOLA, S.E./JACKSON, E.L./DUNN, E.: Starting, ceasing, and replacing leisure activities over the life span. In: Journal of Leisure Research, 1994, 26(3), S. 227-249.
KALISH, R. A.: The new ageism and the failure model: A new polemic. In: THE GERONTOLOGIST, 1979, 19, S. 398-402.
KELLY, J. R.: Peoria winter. Styles and resources in later life. Lexington 1987.
KELLY, J. R./FREYSINGER, V. J.: 21st Century leisure. Current issues. Boston 2000.
KHAW, K.-T.: Healthy aging. In: BRITISH MEDICAL JOURNAL, 1997, 315, S. 1090-6.
KOLLAND, F./ROSENMAYR, L.: Altern in der Großstadt – Eine empirische Untersuchung über Einsamkeit, Bewegungsarmut und ungenutzte Kulturchancen in Wien. In: BACKES, G. M/CLEMENS, W. (Hg.): Zukunft der Soziologie des Alter(n)s. Opladen 2002, S. 251-278.
KOLLAND, F.: Kulturstile älterer Menschen. Wien 1996.
KOLLAND, F./ROSENMAYR, L.: Altern und zielorientiertes Handeln: Zur Erweiterung der Aktivitätstheorie. In: WAHL, H.-W./MOLLENKOPF, H. (Hg.): Alternsforschung am Beginn des 21. Jahrhunderts. Berlin 2007, S. 203-221.
KOLLAND, F./AHMADI, P./HAUENSCHILD, B.: Bildung, aktives Altern und soziale Teilhabe. Forschungsbericht. Wien 2009.
KRUSE, A./WAHL, H.-W.: Persönlichkeitsentwicklung im Alter. In: ZEITSCHRIFT FÜR GERONTOLOGIE UND GERIATRIE, 1999, 32, S. 279-293.
LANG, F. R.: Soziale Beziehungen. In: WAHL, H.-W./TESCH-RÖMER, C. (Hg.), Angewandte Gerontologie in Schlüsselbegriffen. Stuttgart 2000, S. 142-147.
POWELL, M.: Environment and aging. Monterey, Cal. 1980.
LEHR, U.: Psychologie des Alterns. Heidelberg 1977.
MAYER, K. U./WAGNER, M.: Lebenslagen und soziale Ungleichheit im hohen Alter. In: MAYER, K. U./BALTES, P. B. (Hg.): Die Berliner Altersstudie. Berlin 1996, S. 251-275.
McGUIRE, F. A./BOYD, R. K./TEDRICK, R. E.: Leisure and aging. Ulyssean living in later life. Champaing, IL 1999.
McGUIRE, F./O´LEARY, J./YEH, C.-K./DOTTAVIO, F. D.: What do we know? Not much: The state of leisure and aging research. In: JOURNAL OF LEISURE RESEARCH, 2000, 32, S. 97-100.

MOLLENKOPF, H./RUOPPILA, I.: The MOBILATE Project. Enhancing Outdoor Mobility in Later Life. Heidelberg 2000.

NILSSON, I./LÖFGREN, B./FISHER, A. G./BERNSPANG, B.: Focus on leisure repertoire in the oldest old. In: THE JOURNAL OF APPLIED GERONTOLOGY, 2006, 25(5), S. 391-405.

OLBRICH, E./DIEGRITZ, U.: Das Zusammenwirken von Person- und Umweltfaktoren im Alltag: Eine kritische Diskussion von Aktivitäten des täglichen Lebens und instrumentellen Aktivitäten des täglichen Lebens. In: ZEITSCHRIFT FÜR GERONTOPSYCHOLOGIE & -PSYCHIATRIE, 1995, 8, S. 199-212.

PALMORE, E.: Normal aging: Reports from the Duke Longitudinal Study. Durham 1970.

PATTERSON, I.: Participation in Leisure Activities by Older Adults after a Stressful Life Event: The Loss of a Spouse. In: INTERNATIONAL JOURNAL OF AGING AND HUMAN DEVELOPMENT, 1996, 42, S. 123-142.

ROWE, J. W./KAHN, R. L.: Successful Aging. In: THE GERONTOLOGIST, 1997, 37, S. 433-440.

SCHAIE, K. W.: Entwicklung im Alter. In: FRIEDRICH-EBERT-STIFTUNG (Hg.): USA: Alterung und Modernisierung. Bonn 1996, S. 69-85.

SCHELSKY, H.: Die Erfahrungen vom Menschen. In: Ders. Rückblicke eines „Anti-Soziologen". Opladen 1981, S. 109-133.

SILVERSTEIN, M.: Leisure Activities and Quality of Life among the Oldest Old in Sweden. In: RESEARCH ON AGING, 2002, 24(5), S. 528-547.

SNEEGAS, J. J.. Components of Life Satisfaction in Middle and Later Life Adults. In: JOURNAL OF LEISURE RESEARCH, 1986, 18, S. 248-258.

STRAIN, L. A./GRABUSIC, C. C./SEARLE, M. S./ & DUNN, N.: Continuing and ceasing leisure activities in later life: A longitudinal study. In: THE GERONOTOLOGIST, 2002, 42, S. 217-22.

TEWS, H.-P.: Ältere Menschen in Schleswig-Holstein. Forschungsbericht. Lübeck 1990.

TOKARSKI, W.: Freizeit- und Lebensstile älterer Menschen. Kassel 1989.

VEBLEN, T.: The theory of the leisure class: An economic study of institutions. New York 1979<1889>.

Karl-Heinz Braun

LEBENSWELTBEZOGENE ALTENBILDUNG

Dialogische Foto-Arbeit mit älteren und alten Menschen

1. Einleitung

In der Altenarbeit setzt sich immer mehr die Einsicht durch (und zeitigt teilweise auch praktische Konsequenzen), dass sie nicht auf *Betreuung* reduziert werden kann und darf, sondern dass sie immer auch einen *Bildungsauftrag* zu erfüllen hat (vgl. z. B. KARL 2009, Kap. 2 u. 6). Damit ist selbstverständlich ein sehr komplexes Aufgabenfeld benannt; und die Foto-Arbeit ist *ein* mögliches Angebot der selbstaufklärenden Bildungsarbeit. Dabei ist die Bedeutung der Fotografien besonders für die Biographiearbeit mittlerweile breit anerkannt[1]; es besteht aber die Neigung, sie nur als Anlass und „Auslöser" für biographische Erzählungen zu nutzen und damit ihre spezifischen Ausdrucksqualitäten und Erkenntnisgehalte nicht einzubeziehen. Erst in jüngster Zeit sind – vor dem Hintergrund anspruchsvoller dokumentarischer Fotointerpretationen (vgl. bes. BOHNSACK 2009, Kap. 3 u. 4) die Bemühungen verstärkt worden (z. B. von KULCKE 2009, Kap. 3 u. 5), zu einer entwicklungsoffenen Balance zwischen *verbalen* (auch diskursiven) und *ikonischen* Analyse- und Darstellungsweisen zu gelangen; *eine* mögliche Form dafür ist die *Sozialreportage* (vgl. BRAUN/WETZEL 2010, Erster Teil). Vor diesem Hintergrund stellt der Beitrag – nach einer knappen Skizze des theoretischen Rahmens (Kap. 2) – im Hauptteil (Kap. 3) in exemplarischer Absicht eine gegenwartsbezogenen Alltagsbeschreibung, eine Biographie und eine biographische Erinnerung von Kindern an ihre verstorbenen Eltern vor, bei denen zunächst die Sozialreportage als *Handlungsmethode* der Sozialen Arbeit und die *ikonografisch-dialogische* Bildinterpretation im Vordergrund steht. Der Ausblick (Kap. 4) skizziert dann knapp die Möglichkeiten der Sozialreportage als *Forschungsmethode* und damit der *ikonologisch-diskursiven* Bildinterpretation. – Den institutionellen Kontext der Projekte bildet das 2008 gegründete „Magdeburger Archiv für Sozialfotografie" (MASoF)[2]. Deshalb wurden Beispiele ausschließlich aus diesem sozialräumlichen und lebensweltlichen Kontext ausgewählt. Für die österreichischen LeserInnen ist dies aber kein Nachteil, weil einerseits die konkreten Verfahrensweisen erläutert und insofern gut auf andere Kontexte übertragen werden können; und weil der distanzierte Blick auf *andere* gesellschaftlich-historische Umbrüche den Blick auf die eigene Gesellschaftsgeschichte und Biographie erleichtern kann.

2. Zum theoretischen Rahmenkonzept: Lebenswelt und visuelles Gedächtnis

Es ist das besondere Verdienst von Hans THIERSCH, den Lebenswelt-Ansatz zu einem der Basiskonzepte der Sozialen Arbeit gemacht zu haben. Allerdings werden damit bis heute sehr unterschiedliche bis gegensätzliche Vorstellungen verbunden. Deshalb soll zunächst sehr knapp umrissen werden, worin der Lebensweltbezug der hier vorgestellten Foto-Arbeit besteht.

2.1 Alltägliche Lebensführung im sozialräumlichen und systemischen Kontext

Das Lebenswelt-Konzept ist von Edmund HUSSERL (1859-1938) schrittweise herausgearbeitet worden und bildet in seinem Spätwerk, besonders der berühmten „Krisis"-Studie, das Zentrum seines zeitdiagnostisch ausgerichteten Theorieentwurfes. Danach hat die Krise der europäischen Wissenschaft/ Philosophie ihren zentralen Grund im eindimensionalen, funktionalistischen, objektivistisch-naturwissenschaftlichen Wissenschaftsideal, welches die zentrale Bedeutung der sozialen Lebenspraxis der Menschen und der dabei gemachten und reflektierten Erfahrungen für den wissenschaftlichen Erkenntnisfortschritt ignoriert (vgl. HUSSERL 1992, §§ 8-27). Als hermeneutische und intersubjektivitätstheoretisch, auf die *Ich-* und *Wir*-Perspektive zentrierte Alternative bot sich ihm der Bezug auf die Lebenswelt an, die in einem ersten Schritt verstanden wurde als alltägliche Lebenspraxis der Menschen (vgl. ebd., §§ 28 f. u. 34). Ihre Besonderheit liegt darin, dass sie mir vorgegeben ist, ich mich quasi naturwüchsig in sie hineinentwickele, sie mir und uns vertraut ist, ich mich aber nur in bestimmten Situationen und Phasen auch reflexiv-distanziert zu ihr verhalte. Was aber HUSSERL unterschätzt hatte war die Tatsache, dass diese alltägliche Lebensführung, bevor sie für uns als sozial handelnden Subjekten zur „zweiten Natur" wird, von uns aufgebaut, in gewisser Weise konstruiert werden muss. Diese Seite des Lebensweltbezuges ist deshalb auch in der Alten(bildungs)arbeit so wichtig, weil die alltägliche Lebensführung der sozialhistorische Ort der Subjektkonstitution ist. Denn ich muss zur Bewältigung der alltäglichen Anforderungen zunächst einmal drei praktische Konstruktionsleistungen vollbringen:

- Ich muss die Vielfalt und Widersprüchlichkeit der Anforderungen in einen *synchronen* und *zyklisch* wiederkehrenden Ablauf integrieren;
- dies erfordert den Aufbau individueller *Relevanzstrukturen* (was ist mir wie wichtig) und eines darauf abgestimmten *Zeitbudgets* (wofür muss, will oder kann ich wieviel Zeit aufbringen);
- da dies nicht individualistisch erfolgen kann, impliziert dies den Aufbau eines bestimmten *Koordinationsniveaus* (z. B. zwischen den Essenszeiten

und den Öffnungszeiten der Geschäfte), von *Beziehungsmustern* (z. B. in der Ehe/Familie, in der Nachbarschaft, im Verein) und *Handlungsroutinen* (z. B. zur optimalen Erledigung der Wohnungsreinigung und des Schriftverkehrs), aus denen sich *intersubjektive Verbindlichkeiten* ergeben in Form von informellen oder formellen Regeln, der Verteilung von Rechten und Pflichten sowie von wechselseitig akzeptierten oder zumindest bekannten Gewohnheiten (wann man z. B. wen besser nicht in einer bestimmten Sache anspricht).

Der innere Zusammenhang und damit die *Tiefenstruktur* der alltäglichen Lebensführung ergibt sich aus den darin enthaltenen *lebenspraktischen Verallgemeinerungen*. Diese umfassen die Wechselbeziehungen zwischen den personalen Erfahrungsmodi, den Denkstilen, den emotionalen Bewertungs- und Befindlichkeitsformen und den motivationalen Anstrengungsweisen. Dabei ist die alltägliche Lebensführung stets eingebunden in die unmittelbaren sozialräumlichen Lebensbedingungen, die gesellschaftsstrukturell verankerte Milieus und die übergreifenden Systemstrukturen des Marktes sowie des (Sozial-)Staates. Diese Kontexte *ermöglichen* die alltägliche Lebensführung, weil sie Entwicklungs- und Lernräume darstellen; sie *stützen* sie, weil sie Zuverlässigkeit bieten und daher entlasten; und sie *beschränken* sie, weil sie ein Vermittlungsmedium ökonomischer, sozialer, kultureller und ethnischer Ungleichheiten sind.

2.2 Biographischer Sinnentwurf im epochalen Kontext

In dem Maße, wie diese Aufgaben bewältigt werden und sich die alltäglichen Handlungsabläufe durch Routinen „automatisiert" haben, in dem Maße werden sie in gewisser Weise *zeitlos*. Es scheint dann so, als wenn ich ewig so leben könnte oder auch müsste. Diese scheinbar-reale zeitliche *Unendlichkeit* wird aber lebenspraktisch grundsätzlich in Frage gestellt durch die Tatsache des individuellen Todes und damit der Endlichkeit meiner Existenz. Sie wirft zwingend die Frage nach dem *„eigentlichen"* Leben auf, für das es sich lohnt Risiken einzugehen, sich anzustrengen, Enttäuschungen zu verarbeiten, es immer wieder neu zu versuchen usw. In dem Maße, wie ich mich dieser Herausforderung stelle, in dem Maße überschreite ich meinen Alltag, indem ich über die Routinen hinaus nach einer inneren Entwicklungskontinuität suche und um eine innere Stimmigkeit meiner gesamten Lebenszeit ringe. Das Erlebnis der Antizipation des mit der eigenen Geburt auch gesetzten eigenen Todes, der gerade in dieser Lebensspanne dadurch immer präsenter wird, dass viele LebensgefährtInnen, Verwandte, Bekannte, ArbeitskollegInnen, Vereinsmitglieder usw. sterben, bringt also eine neue Herausforderung zwingend mit sich: Dass ich mich selbst in ein bewusstes Verhältnis zum eigenen Tod stelle, ihn als Herausforderung betrachte, ein wirksames und befriedigendes Leben zu führen, an dessen Ende eine Bilanz steht, zu der ich „Ja" sagen kann. Das hatte schon – trotz einer gewissen „Todessehnsucht" – Lucius Annaeus SENECA (4 v.Chr-65 n. Chr.) erkannt: „Der wollte nicht leben, der nicht sterben will. Denn das Leben ist uns mit der Bedingung des Todes geschenkt; es ist der Weg zu diesem Ziel." (SENECA 1984b, S. 140) Oder anders gesagt: „Wer den Tod fürchtet, wird in seinem Leben nie etwas Rechtes leisten ..." (ders., 1984a, S. 52)[3] – Man kann diese Überlegungen auch dahingehend zusammenfassen, dass das individuelle *Selbstverhältnis* stets nicht nur ein *Weltverhältnis* impliziert, sondern auch einen *Selbstentwurf*, der die Faktizität des je gegebenen Lebens überschreitet. Das ist im Ursprungskonzept von HUSSERL (1992, §§ 47, 62 f.) zumindest angedeutet mit der Differenz zwischen *Körperlichkeit* (sie konstituiert den individuellen Tod) und *Leiblichkeit*, die nicht nur die Fähigkeit und Bereitschaft impliziert, sich bewusst zur eigenen Endlichkeit zu verhalten[4], sondern die Grenzen der eigenen Personalität zu überschreiten und sich der Verbundenheit mit den anderen Menschen bewusst zu werden. Dabei ermöglicht die Leiblichkeit nicht nur den selbstreflexiven Bezug, sondern besonders die personale Teilhabe an einfachen wie auch und besonders an „höherstufigen" Formen der Intersubjektivität, bei HUSSERL (ebd. §§ 35-41, 47-50 u. 73) bis hin zur bewussten Integration in die Menschheitsgeschichte (wobei er besonders die europäische Geschichte vor Augen hatte). Insofern ist die Leiblichkeit auch das entscheidende Vermittlungsmedium zwischen der Körperlichkeit und den epochalen Kontexten[5], in die sich die eigene Biographie hineinentwickelt und in die sie gestaltend eingreift[6]. Deshalb ist sie mit dem Alltagsleben der entscheidende Bezugspunkt der Bildungsarbeit, damit auch der Foto-Arbeit mit älteren und alten Menschen.

2.3 Gedächtnisfunktionen und fotografische Visualität

In der Alltagskommunikation wird mit dem Gedächtnis eine „Instanz" verbunden, die wie ein Computer „Daten" mehr oder weniger ungefiltert abspeichert und von wo sie je nach Anforderung genauso unverfälscht wieder abgerufen werden können, wobei dieser Prozess sich (fast) ausschließlich innerhalb des Individuums abspielen soll. Gegen diese Vorstellung von der privatistischen Einschließung der psychischen Entwicklung hatte das Lebensweltkonzept mit seiner Inter-Subjektivitätsperspektive bereits grundsätzliche Einwände angemeldet[7]. Sie werden von der neueren neurowissenschaftlichen Forschung gestützt: Danach bildet das Gehirn komplexe assoziative Verbindungen aus und schafft damit die Möglichkeit zur Aktivierung temporaler und räumlicher Muster des Erinnerns, die sich über viele Gruppen von Neuronen erstrecken (wobei das einzelne Neuron gleichzeitig unterschiedlichen expliziten und impliziten Systemen angehören kann). Zugleich erlaubt das distributive Speicherverfahren nicht nur die Verarbeitung neuer Erlebnisse, sondern auch den beständigen Umbau der bisherigen Erinnerungen (einschließlich der Bewusstmachung verdrängter, unbewusster Prozesse). Insofern verfügt es über zahlreiche Modi des *Erinnerns*, aber auch des Vergessens[8]. Dabei lassen sich unter zeitlichem Aspekt unterscheiden das *Ultrakurzzeitgedächtnis*, das *Kurzzeitgedächtnis* und das *Langzeitgedächtnis* (dieses bildet die Grundlage des biographischen Erinnerns). Für die Foto-Arbeit sind dabei zwei Gedächtnisfunktionen von besonderer Bedeutung:

a) Im Zentrum des *praxeologischen* Gedächtnisses stehen die impliziten Wissensformen, wie sie gerade für das routinisierte Alltagshandeln von Bedeutung sind. Diese Art von Orientierungswissen ist handlungsleitend, inkorporiert, „stillschweigend" und atheoretisch, aber es ist theoretisierbar, also der sprachlichen und schließlich sogar diskursiven Aufklärung zugänglich. Der Widerspruch, dass die Subjekte selber nicht wissen, warum sie was tun, aber nur sie es wissen können, kann auch durch die dialogische Beschäftigung mit der fotografischen Dokumentation dieser Alltagspraxis zu einer Entwicklungsherausforderung werden und zwar dadurch, dass die Spannung zwischen *Lebenswelt* und *Fotowelt* (als Teil der Bilderwelt) entfaltet wird[9]. So kann eine fotografische Begleitung des Alltags deutlich machen, womit ich meine Zeit eigentlich verbringe (also die impliziten Relevanzstrukturen), so können Fotos von wichtigen Handlungsschwerpunkten mir verdeutlichen, mit welcher Anspannung, Freude, manchmal auch Überforderung ich sie vollziehe. So können Fotos meiner Wohnumgebung verdeutlichen, welche Art von gebrauchsästhetischen Vorlieben ich habe oder wie wichtig oder unwichtig es mir ist, ein „gemütliches" Zuhause zu haben. Auch können Fotos von Personengruppen, mit denen ich häufiger oder sogar regelmäßig zusammen bin, ihnen und mir selbst verdeutlichen, wie wir zueinander stehen, welche offenen, aber auch verdeckten Spannungen es gibt, wer sich wann wie fühlt usw. Dabei hat die Interpretation der Fotos nicht nur eine Anregungsfunktion für entsprechende *Gespräche*, sondern sie bringen auch eine dokumentarisch-objektivierende Dimension in diese selbst- und sozialreflexiven Klärungsbemühungen ein, indem sie die Möglichkeit der kritischen Nachfrage zu verbal geäußerten Vermutungen erlauben (ob man sich z. B. in der Wohnung wirklich wohl fühlt, wie belastend man die sozialen Probleme des Stadtteils wirklich findet, wie groß die Geborgenheit in der Gruppe tatsächlich ist usw.).

b) Das *episodal-rekonstruktive* Gedächtnis bildet das Zentrum der biographischen Welt- und Selbstdeutungen indem es die widersprüchliche Vielfalt der personalen, intersubjektiv vermittelten Erlebnisse und Erfahrungen, Deutungen und Erwägungen, Gefühle und Befindlichkeiten, Hoffnungen und Entwürfe zu einem lebensgeschichtlichen „Projekt" verdichtet und auf diese Weise eine Ich-Identität ermöglicht und stiftet. Dabei ist es für die

Wahrscheinlichkeit des Erinnerns von zentraler Bedeutung, wie ein epochal vermittelter situativer Alltagskontext damals emotional erlebt wurde, ob er mit besonders starken Ängsten (z. B. traumatisierenden Kriegs- oder Gewalterfahrungen) oder Glückerlebnissen (z. B. der Erfüllung einer lang ersehnten Liebesbeziehung) verbunden wird. Das kann dann auch zu einer Umdeutung der Situation bzw. Epoche und der dabei erlebten Gefühle im Prozess des Erinnerns führen (also einer Überdramatisierung, einer Verharmlosung, einer „Glorifizierung" oder Harmonisierung usw.), wodurch es zu sehr komplexen Überlagerungen von realistischen und umdeutenden („verfälschenden") Erinnerungen kommt (die ja immer auch Prozesse des Vergessens implizieren!). Diese können wiederum durch die intensive „widerständige" Beschäftigung mit fotografischen Dokumentationen der entsprechenden Situationen den Beteiligten als solche schrittweise zu Bewusstsein kommen. Ob dies zugelassen wird, hängt aber nicht nur von den personalen Bereitschaften und Fähigkeiten ab, sondern auch von den zwischenmenschlichen, sozialen und kulturellen Kontexten des epochalen Erinnerns. Das gilt besonders für die sog. „Erinnerungsgemeinschaften"[10], sei das die eigene Familie, der Freundeskreis, aber auch das (regelmäßige) Treffen ehemaliger ArbeitskollgInnen und/oder Vereinsmitglieder oder die Vereinigung, die sich als eine Gruppe von Zeitzeugen versteht, die historische Erinnerungen bewahren und weitergeben will. In den dort stattfindenden leiblichen, visuellen und verbalen Dialogen wird Vergangenheit quasi hervorgebracht, wird der Prozess des tatsächlich authentischen Erinnerns verbunden mit dem der Ergänzung, des Nachdichtens, des Ausschmückens, manchmal aber auch des positiven und/oder negativen Umdeutens usw. Insofern verknüpft sich das *episodische*, fragmentarische, „zufällige" Erinnern mit Anstrengungen der *rekonstruktiven* individuellen, sozialen, politischen und kulturellen Zusammenhangsdarstellung. Dieses personale Erinnern ist immer nicht nur lebensweltlich vermittelt, sondern darin gehen immer auch die *interaktiven* und *gesellschaftlichen* Bilderwelten (hier speziell: die Fotowelten) als Medien des kollektiven Gedächtnisses von sozialen Gruppen, Milieus oder auch Nationen bzw. „Kulturkreisen" ein. Sie können die Erlebnisse und Erfahrungen ideologisch überformen, aber sie können im günstigen Fall auch dazu beitragen, die eigenen Erlebnisse und Erfahrungen anderen und sich verständlicher zu machen, ja, sie auch wiederum kritisch zu hinterfragen. So können Fotos z. B. aufgrund der positionellen Anordnung auf einem Foto Geschlechterverhältnisse, Mensch-Maschinen-Beziehungen, das Verhältnis zu politischen Symbolen oder auch Statussymbolen (wie z. B. Autos) deutlich machen und damit die Frage aufwerfen, wie ich selber mich zu ihnen biographisch und aktuell verhalte, wo ich heute den Eindruck habe, dass ich mir selbst „fremd" vorkomme oder andere Menschen mir "fremd" erscheinen.

3. Dialogische Foto-Arbeit als alltagsbezogene und biographische Vergegenwärtigung: Exemplarische Projekte

Nachfolgend soll anhand von drei Projekten exemplarisch dargestellt werden, wie eine visuelle Altenbildung mit Hilfe von Fotografien konkret gestaltet werden kann. Dazu wurden bewusst Personen ausgewählt, die *nicht* in irgendeiner Form sozialpädagogisch betreut werden bzw. wurden, um ihr *professionsunabhängiges* Alltagsleben (Kap. 3.1), biographisches Selbstverständnis (Kap. 3.2) und familiäres Erinnerungsvermögen (Kap. 3.3) deutlich werden zu lassen. Dabei kannte bzw. kenne ich Liselotte und Walter Bayer (sie wohnten im gleichen Mietshaus wie meine Frau und ich) und ihre Kinder und Enkel sowie Wolfgang Schultze (er wohnt in dem Häuserblock gegenüber) seit mehr als 10 Jahren; zu Walter Bütow habe ich aus Anlass dieses Beitrages über den Verein der ehemaligen MitarbeiterInnen des Betriebes SKET Kontakt aufgenommen. Alle waren sofort zur Zusammenarbeit bereit. Diese bestand in *dialogischen Fotointerviews*[11] – und vollzog sich in sechs Arbeitsschritten:

- Ansprechen der interessierenden Personen und Erläuterung des unmittelbaren Projektes und des größeren Arbeitszusammenhangs des MASoF an der Hochschule Magdeburg-Stendal;
- vertiefendes Gespräch und erste Sichtung von Fotos, die als Gesprächs- und Dokumentationsgrundlage dienen können bzw. Vereinbarung über Motive, die dann fotografiert wurden[12];
- erste, vorläufig verbindliche Fotoauswahl und erste Bildinterpretation (im Sinne einer Zusammenfassung der bisherigen Gespräche und darauf begründeter Hypothesenbildung);
- ausführliches dialogisches Interview entlang der bisher ausgewählten und interpretierten Fotos (dieses wurde aufgezeichnet, allerdings – aus Kosten- und Zeitgründen – nicht vollständig transkripiert, sondern nur mehrfach abgehört und wichtige Sequenzen als Zitate abgeschrieben; das dürfte auch für die anspruchvolle Altenarbeit die Regel sein);
- Zusammenfassung der wesentlichen Ergebnisse des dialogischen Fotointerviews in einem fortlaufenden Text, der dann auch schon diskursive und ikonologische Interpretationselemente integrierte und den alle InterviewpartnerInnen erhielten;
- endgültige Text-Foto-Fassung unter Einbeziehung der Veränderungswünsche.

3.1 Wolfgang Schultze (geb. 1943): Ein Alltag zwischen Existenzsicherung, gemeinnütziger Tätigkeit und Selbstverteidigungssport[13]

Die Fotos 1-5 (**F1-5**; 1, 2, 4. u. 5 vom November 2009) zeigen Wolfgang Schultze in seiner Wohnung, in der er seit 1982 wohnt (seine Eltern wohnten mit ihm seit 1961 in unmittelbarer Nähe). Die Wohnung hatte er im Tausch mit einer in der Siedlung Reform erhalten und sie vor dem Einzug selber am Feierabend schrittweise saniert und ausgebaut – je nach „Materiallage" (so stammt z. B. der schwere Kronleuchter in **F1** noch aus der Zwischenkriegszeit). Seit seiner Scheidung (1989) und der Auswanderung des Sohnes (*1976) in die USA (2001) lebt er alleine. Das 1923 erbaute Haus gehörte damals der Deutschen Reichsbahn. Das auf **F 1,2** erkennbare Chaos ist das Ergebnis eines langen Streits um den Erhalt seines damals selbstverständlichen, heute sehr günstigen DDR-Mietvertrages: „Die haben das Haus zwischen 2000 und 2006 dreimal verkauft, wo ein Besitzer pleite gegangen ist. Und dann haben die immer ein Stück modernisiert (**F3** von 2003) und wollten mich mit meinem günstigen DDR-Mietvertrag raus haben. Der jetzige Besitzer ist dann richtig rabiat geworden: Die haben nicht nur mein Dachzimmer, das ich selber ausgebaut habe abgerissen und da eine neue Wohnung draus gemacht (**F4**), sondern meine Wohnung wurde auch von der Gas- und Wasserversorgung abgetrennt. Erst als ich ein paar mal und energisch dagegen protestiert habe bekam ich eine Ersatzbautoilette direkt vor der Haustür. Und die Baufirma hat auch mein Dachzimmer aufgebrochen. Ich hatte natürlich Angst, dass die ‚vollendete Tatsachen' schaffen wollten, und deshalb habe ich in der Zeit, so 2006/2007, meine Wohnung fast nicht mehr verlassen und sogar eine ABM (Arbeitsbeschaffungsmaßnahme; d. Verf.) abgelehnt". Neben dem „tatkräftigen" Widerstand hat er von Anfang an auch den Rechtsweg beschritten, verlor den ersten Prozess vor dem Magdeburger Amtsgericht (Anfang 2007), gewann dann aber doch im März 2007 vor dem Landsgericht. „Ich hab da gar nicht mehr mit gerechnet, deshalb hatte ich auch schon alle Möbel rausgeräumt und alles in Bananenkartons verpackt, 400 sind das. Na, in der Zeit haben wir uns ja näher kennen gelernt, denn du warst der einzige, der mir angeboten hat, dass ich eine zeitlang bei ihm wohnen kann – und ich habe viele gefragt, aber alle sagten ‚Das geht bei mir nicht'. Dafür bin ich dir immer noch dankbar". Das „normale" Mietverhältnis ist aber bisher noch nicht wieder hergestellt, denn er hat weiterhin keine Heizung (**F2** zeigt die Heizungsleitungen, die zu den Dachwohnungen führen; er hat die Isolierung geöffnet, um etwas Wärme in seine Wohnung zu bekommen) und er hat auch noch immer nicht die viele Zeit gefunden, alle Zimmer in einen voll bewohnbaren Zustand zu bringen (seine Schreibarbeiten kann er auch weiterhin nicht in seinem Arbeitszimmer (**F2**), sondern nur am Küchentisch (**F5**) erledigen). – Für ihn war dieser „Mietkampf" ein echter „Existenzkampf". Dabei ging es ihm nicht nur um einen bezahlbaren Wohnraum in einem sozialräumlich günstig gelegenen und strukturierten Stadtteil: „Man muss denen auch klar machen, dass man sich nicht alles gefallen lässt, dass die sich an das Mietrecht halten müssen, dass die nicht einfach Wände versetzen können und so Sachen. Und ich kann dir sagen, ich bin in der Zeit so was wie ein Mietrechtsexperte geworden". Obwohl er schließlich gewonnen hat, hat ihn die Auseinandersetzung viel Kraft gekostet („Ich bin da 10 Jahre älter geworden, kein Wunder, dass mich die Frauen nicht ansehen. Na ja, aber jetzt habe ich eine nette Frau kennen gelernt".) – und das bringt **F5** auch formal zum Ausdruck: Er befindet sich nicht nur innerhalb des Fotos am rechten unteren Rand, sondern die gesamte Fotomontage erzeugt (besonders durch die Anordnung der Waage- und Senkrechten) eine „chaotische Schwerkraft", die ihn fast zu erdrücken und weg zu schieben scheint (was durch die Obersicht noch unterstützt wird).

F5 zeigt ihn bei einer anderen Existenzsicherungsaktivität, nämlich bei der Lektüre seiner Arbeitsverträge, um noch ein Jahr Arbeitstätigkeit nachzuweisen: „Ich würde dann statt heute 937 € monatlich 979 € Rente bekommen." Er war nach der Lehrlingsausbildung (1962-1964) bei der „Deutschen Reichs-

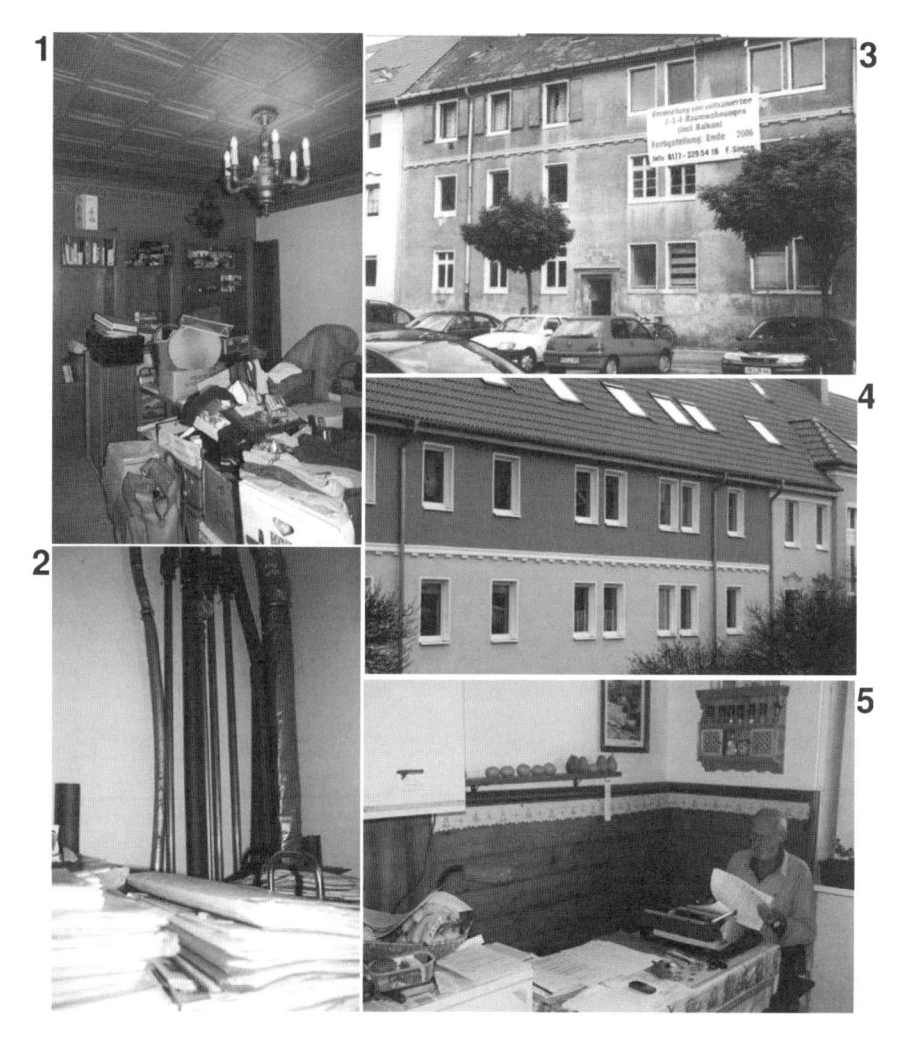

bahn" in Magdeburg dort noch ein Jahr beschäftigt, besuchte dann 1965-1968 die Ingenieurschule für Schwermaschinenbau und war dann von 1968 bis 1982 wieder bei der Reichsbahn tätig (nach dem Fernstudium [1970-1975] an der Technischen Hochschule „Otto v. Guericke" in verschiedenen Positionen der mittleren Leitungsebene. „In dieser Zeit habe ich mich auch viel mit Vorschriften beschäftigen müssen, und das war bei der Mietsache wirklich gut für mich". 1984 wechselte er zum „Schwermaschinenbaukombinat Karl Liebeknecht (SKL)", wo er bis zur „Wende" 1989 beschäftigt war und dann noch bis 1993 beim „SKL Magdeburg Motoren- und Systemtechnik AG". „Ach ja, die Stasi wollte mich auch zweimal als ‚Mitarbeiter' haben, aber ich habe denen ganz ruhig erklärt, warum das nicht geht, warum ich meine Kollegen nicht ausspionieren kann, und dann haben die mich auch in Ruhe gelassen."
Er wurde dann – wie viele andere in der „Stadt des Schwermaschinenbaus" – arbeitslos. „Ich hab' dann 1994/95 eine Weiterbildung zum Baustellenkoordinator gemacht und war dann Projekt- und Maßnahmeleiter, alles ABM's, klar. Seit Sept. 2007 bin ich in Rente."
Wolfgang Schultze hat immer ein Auto gehabt („Aber nie ein fabrikneues!") und er war und ist es auch gewohnt, diese selber zu reparieren. Das macht er in seiner großräumigen Garage, die unmittelbar in der Nähe seiner Wohnung auf einem kleinen Grundstück steht, das ihm gehört (**F6,7**). „Ich habe alle Technik, die man dazu braucht, Bohrmaschinen, autogene Schweißgeräte, Arbeitsgrube, alles was man so braucht. Und klar, bei den alten Autos, da muss man auch sehen, dass man genügend Ersatzteile hat, natürlich gebrauchte (**F8**). So alte Autos, das sind richtige Ersatzteillager. Den einen Mercedes (**F6**; von 2007) habe ich nur zum Ausschlachten gekauft." Wieso gerade Mercedes? „Ach, ich stehe nicht auf die, so wegen Prestige und so, aber die haben langlebige Motoren und noch keine Elektronik, das ist ganz wichtig. Den einen da (**F7**; Nov. 2009), den mach' ich wieder fertig, aber erst kommt meine Wohnung dran, dass ich mal wieder jemanden einladen und eine Feier machen kann."

F9-13 (alle vom Nov. 2009) zeigen Wolfgang Schultze bei einer Tätigkeit, die seinen Tagesablauf in hohem Masse strukturiert, nämlich bei der Fütterung in seinem „privaten" Katzentierheim; er kümmert sich gemeinsam mit 5 anderen „KatzenfreundInnen" um z. Z. 19 Katzen (**F10,13**). Da in den Straßen dieses Stadtteils Blockrandbebauung dominiert, gibt es relativ große Innenhöfe, die nur teilweise von den MieterInnen genutzt werden. „Und da gab es schon immer viele Katzen, wilde oder solche, die ausgesetzt worden sind. Früher hat sich eine ältere, allein stehende Frau um sie gekümmert. Tja, die Katzen, das waren ihre Kinder, und die hat für die z. B. ganze Hühner gekocht, und manchmal hat sie sich am Monatsende das Geld für das Katzenfutter in der Nachbarschaft geliehen. Die ist dann 2004 gestorben, ja und dann musste sich ja jemand um die Katzen kümmern, man konnte die doch nicht verhungern lassen, ja, und dann habe ich das gemacht, zunächst alleine. Später hat Frau Müller vom Tierschutzverein dann in der ‚Magdeburger Volksstimme' einen Aufruf reingesetzt zur Unterstützung, und da haben sich dann auch noch andere Tierfreunde gemeldet. Und nun sind sie so eine Art ‚Asylheim' für die Katzen." Zu ihm gehört (**F9**) eine perfekt und funktional eingerichtete Küche (sie erinnert in ihrer funktionalen Enge ein wenig an die berühmte „Frankfurter Küche" aus den 1920er Jahren), in der das Futter zubereitet (ggf. sogar erwärmt!) wird (**F11**). Darüber hinaus hat jede Katze ihr eigenes Häuschen (**F12**, unterer Teil), welches regelmäßig gesäubert wird. Selbstverständlich muss bei jedem Wetter (jeweils um 9.30h und 17.30h) gefüttert werden (die Fotos entstanden an einem regnerischen und kühlen Novembertag), wobei Wolfgang Schultze die meiste Arbeit übernimmt. Sind die „KatzenfreundInnen" eine „eingeschworene Gemeinschaft"? „Ne, das kann man so nicht sagen, das ist für mich gemeinnützige Tätigkeit. Aber wir treffen uns auch schon mal so, also besonders zu gemeinsamen (Sommer-)Abenden, hier im Gelände. Ja und ich habe eingeführt, dass zum Geburtstag jede(r) eine Karte kriegt, und ein kleines Geschenk. Für den einen, der allein lebt, für den war es das erste mal, dass andere Menschen an seinen Geburtstag gedacht haben, der war richtig gerührt, war er" (**F13**).

Bei **F14/15** (Nov. 2009) handelt es sich um Standbilder aus einem Bericht des Regionalfernsehens über die Jujutsu Seniorensportgruppe des Polizeisportvereins Magdeburg. Hier ist Wolfgang Schultze seit 14 Jahren aktiv; trainiert wird jeden Donnerstag von 18-20 Uhr. „Also, das ist kein Kampfsport, sondern es geht darum, das man im Notfall helfen kann, dass man sich selber wehren kann, wenn man angegriffen wird. Ja, und dass man anderen zeigt, wie man das macht. Ich bin ganz strikt für ein friedliches Zusammenleben der Menschen. Aber in *diesen* Zeiten, mit *der* Kriminalität, da muss man sich schon wehren können, sonst hat man Angst raus zu gehen, gerade am Abend." Beide Fotos zeigen, wie sich Frauen gegen aufdringliche und potenziell gewalttätige Männer ohne Gewalt, aber sehr effektiv wehren können. „Na ja, auf dem einen Foto (**F15**), das ist so nicht ganz richtig gelaufen, denn da greift mich die Frau mehr an, als dass ich ihr ‚zu nahe komme', kann man ja auch gut sehen, sie ist unscharf und ich bin scharf." Das öffentliche Interesse an der Gruppe ist sehr groß und sie ist schon bei vielen Großveranstaltungen aufgetreten und wird z. B. beim Sachsenanhalttag 2010 in Aschersleben wieder „ihren Auftritt" haben.

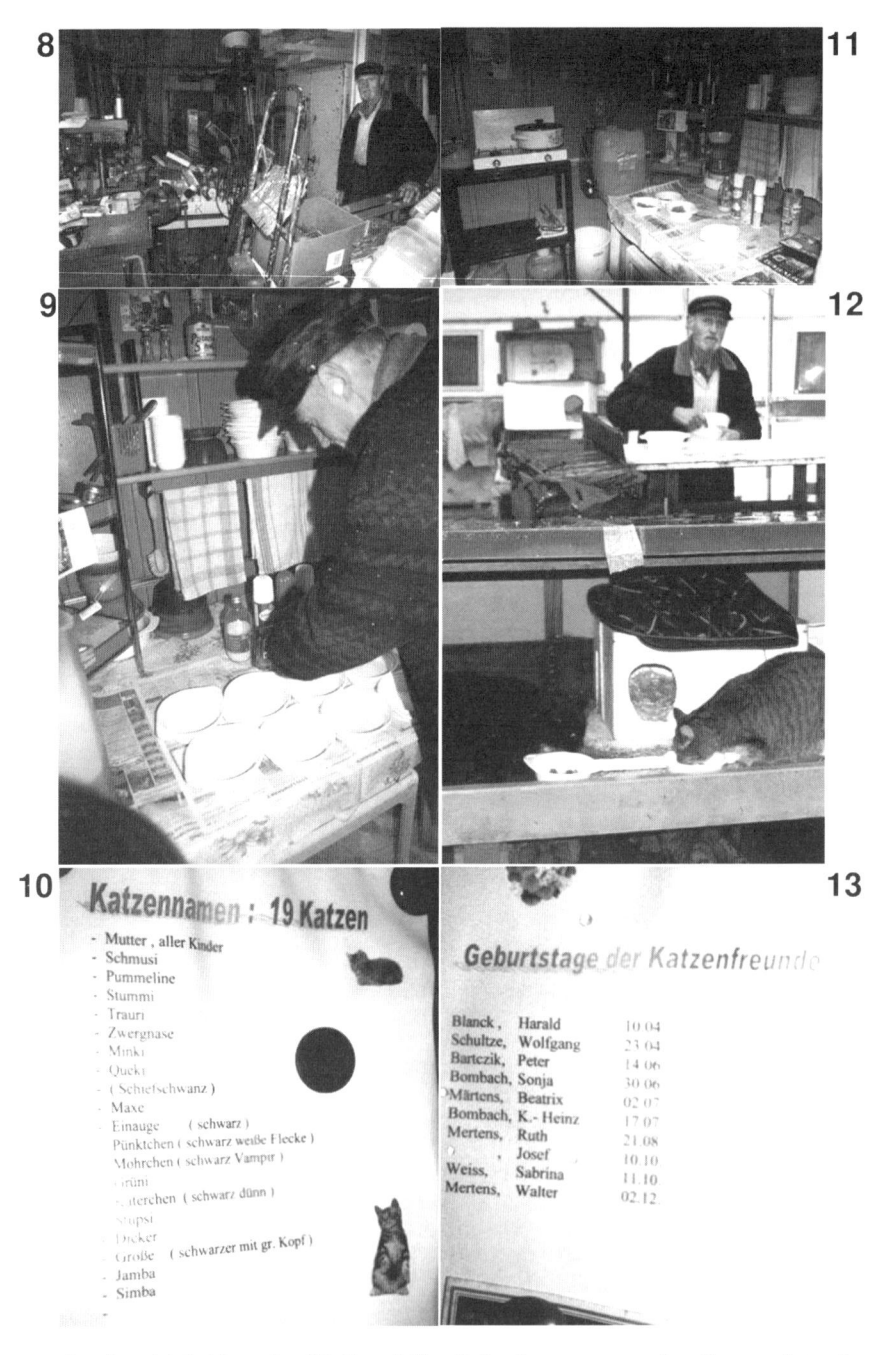

Letzte Frage „Was wäre denn an deinem Alltag anders, wenn es die DDR noch gäbe?" Wolfgang Schultze zögert kurz und antwortet dann: „Das Beste, was mir die Wende gebracht hat, das ist mein Sportverein!" Seine Stimmungslage bewertet er mit der Schulnote „3+ – mit deutlich aufsteigender Tendenz."

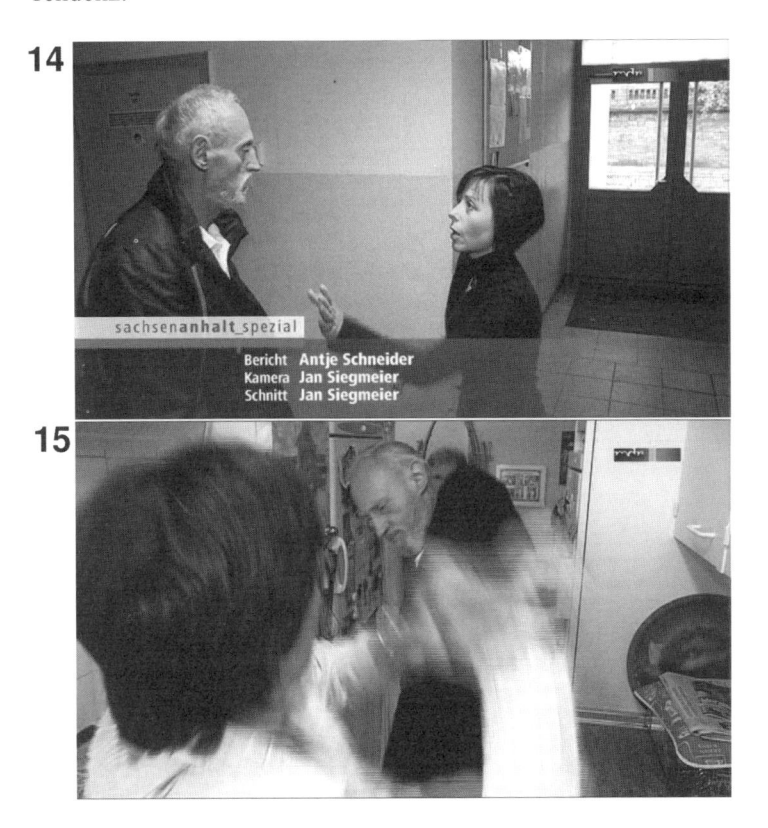

14

15

3.2 Walter Bütow (geb. 1928): Ein politisch bejahtes Arbeitsleben in der Großindustrie [14)]

Walter Bütow wurde am 27.8.1928 in Swierzoskie (Ukraine) geboren. Da seine Familie deutschstämmig war, war sie von der Umsiedlungspolitik „Heim ins Reich" betroffen: Um 2 Uhr morgens des 24.1.1940 begann der abenteuerliche Weg über die Umsiedlungs(zwischen)lager Chelm und Paianca (bei Lodz) in das Beobachtungslager Fischbach (bei Nürnberg), weil die „Rassenzugehörigkeit" unklar war. Nachdem die „Zugehörigkeit zur deutschen Rasse" bestätigt worden war, kehrte die Familie (über das Lager Pabianca/Kirschberg) am 13.12.1940 in die ehemalige Region zurück und wurde in Tocherode, Kreis Jarocin/Wathegar angesiedelt. „Eigentlich wollte ich Schlosser werden, aber die örtliche NSDAP-Leitung zwang mich zur Ausbildung in der Landwirtschaft." – Als Folge des Beginns der Winteroffensive der Roten Armee (12.-15.1.1945) setzte eine allgemeine Fluchtwelle ein. „Für unsere Familie begann sie am 21.1.1945 um 8 Uhr und endete am 19.2.1945 in Querfurt (im Süden von Sachsen-Anhalt; d. Verf.) Dort erlebte ich das Ende des Krieges und der faschistischen Barbarei." Der Einberufung zum Volkssturm konnte er sich durch List und Flucht in letzter Minute noch entziehen. Die Familie erhielt im Rahmen der Bodenreform Land und bewirtschaftete dies. Walter Bütow tritt 1946 der Freien Deutschen Jugend (FDJ) bei. „Damit begann mein soziales und politisches Engagement, und ich bin auch heute noch aktiv, so wie es mein Alter zulässt." – Da der Betrieb die große Familie nicht alle ernähren konnte, musste sich Walter Bütow nach Arbeit umsehen – und fand sie im Ruhrgebiet (Zeche Humboldt/Mühlheim[Ruhr]). „Da habe ich u. a. einen Streik der Jungbergarbeiter organisiert. Die Gewerkschaft, die hat den als „wilden Streik" verurteilt. Die Spaltung Deutschlands habe ich im Westen erlebt, aber ich war für ein ‚einig Vaterland' und auch deshalb bin ich 1950 der Kommunistischen Partei Deutschlands (KPD) beigetreten. Weil ich dann 1951 zur Feier des 75.Geburtstages von Wilhelm Pieck, dem Präsidenten der DDR, nach Berlin (in die ‚Hauptstadt der DDR'; d. Verf.) gefahren bin, habe ich bei meiner Rückkehr die Papiere gekriegt" – er ist also ein früher Fall von „Berufsverbot". Er zieht wieder nach Querfurt und beginnt 1956 mit der Arbeit in der Gießerei des Dimitroff-Werkes in Magdeburg, das 1961 in die damaligen Thälmann-Werke integriert wurde. **F 16** (von 1946; aus Asmus 2009, S. 145) u. **17** (aus dem Jahre 1951) markieren für ihn auch heute noch den *doppelten Neuanfang* in der DDR und in Magdeburg: Einerseits galt es das damals noch Krupp-Gruson genannte Werk des Schwermaschinenbaus (es war bis dahin vorrangig in der Rüstungsproduktion tätig; vgl. Kühling 2001) wieder aufzubauen „aus Ruinen"[15] (es war zu 80% zerstört) – und diesen ökonomischen Neuanfang mit dem politischen zu verknüpfen, nämlich der Überführung des Werkes in Gemeineigentum bzw. sozialistisches Staatseigentum. Deshalb hat er auch die Namensgebung nach

16　　　　　　　　　　　　　　　　　　　　　　　　17

dem am 18.8.1944 im KZ Buchenwald ermordeten KPD-Vorsitzenden Ernst Thälmann genauso begrüßt wie die Grundsatzentscheidung, dass in diesem Werk keine Rüstungsgüter mehr produziert werden sollen.

„Ich hatte ja keine Ausbildung, und ich sprach noch nicht mal richtig deutsch. Aber mein Vorgesetzter sagte zu mir: ,Du bist nicht dumm, du sollst Ingenieur werden.'" Deshalb holt er in Abendkursen der Volkshochschule seinen Volksschulabschluss nach, was die Voraussetzung war für das Direktstudium an der Ingenieursschule „Georg Schwarz" in Leipzig (1960-1963) und er kehrte als „Ingenieur für Gießereitechnik" in die Thälmannwerke zurück und arbeitete dort bis 1990 als verantwortlicher Technologe in der Hauptmetallurgie (er wurde vom Meister zum Obermeister befördert und war dann u. a. verantwortlicher Techniker für Wissenschaftliche Arbeitsorganisation (WAO). **F18** (1963) zeigt einen Ankerkopf des Schwierigkeitsgrades I, der 1.600 kg wog, dessen arbeitsorganisatorische Herstellung sein Diplomthema war. **F20** (von 1972) zeigt einen anderen Produktionsschwerpunkt, nämlich die Herstellung von Kurbelwellen für den Schiffsbau (sie wurden dann im SKL [in dem Wolfgang Schultze beschäftigt war; vgl. Kap. 3.1] in die Schiffsmotoren eingebaut). Das Foto zeigt eine 32.000 Tonnen-Presse – und man könnte die Tatsache, dass der Arbeiter ganz rechts fast völlig verschwindet so deuten, dass die Technik die Menschen beherrscht hat. „Nein, das kann man so nicht sagen. Erst einmal ging es ja um den Grundsatz ,Vom Ich zum Wir'. Und dann brachte diese Technik eine große Arbeitserleichterung, denn so wurde die schwere handwerkliche körperliche Arbeit deutlich geringer." **F19** (von ca. 1985) zeigt einen weiteren Produktionsschwerpunkt, nämlich den von Kränen (dieser wurde für ein Werk in Erfurt hergestellt).

Die Bandbreite der Produktion und der Stand der Technik wird auch an den Ausbildungsberufen des SKET deutlich. Dazu gehörten zum Lehrbeginn 1980 – nach einer Aufstellung von Bütow – Zerspannungsfacharbeiter (Spezialisierungen: Dreher, Fräser, Bohrwerksdreher), Facharbeiter für Gießereitechnik (Spezialisierungen: Hand-/Kernformer), Industrieschmied, Metallurge für Hüttentechnik, Maschinen- und Anlagenmonteur (Spezialisierungen: Maschinenbauer, Stahlbauer), Facharbeiter für Schweißtechnik, Instandhaltungsmechaniker, Maschinist, Installateur, Elektromonteur, Modellbauer, Maler, Maurer, Bautischler, Zimmerer, Dachdecker, Laborant, Wirtschaftskaufmann, Facharbeiter für Schreibtechnik, Maschinenbauzeichner, Koch, Dreher, Gießereifacharbeiter und Wirtschaftspfleger.

Die Serie F21-24 zeigt in gewisser Weise den Werdegang von Bütow, der charakteristisch ist für seine Generation: In **F20** sehen wir ihn bei seinem erwähnten Studium in Leipzig – der ehemalige Bauernsohn und ungelernte Arbeiter wird zum Ingenieur ausgebildet. Das war ein wesentlicher Teil nicht nur des offiziellen Selbstverständnisses der DDR, sondern auch die reale Grundlage der international anerkannten Bildungsexpansion, die bis Mitte/

18 Schwierigkeitsgrad I CO$_2$-Wasserglas-Formverfahren **20**

Bild 6
Ankerkopf   1 600 kg

19

Ende der 1970er Jahre anhielt. Das Foto bringt – das bestätigt er im Interview – etwas rüber von diesem intensiven Lerninteresse, diesem konzentrierten Studieren unter schwierigen Bedingungen und auch – gerade bei Bütow – von der treibenden Motivation, tatsächlich eine neue Gesellschaft mit aufbauen zu wollen.

F22 (ca. 1968) zeigt ihn im Gespräch mit anderen Kollegen im Konstruktionsbüro für metallurgische Kräne. „Konkret ging es darum, die Produktion

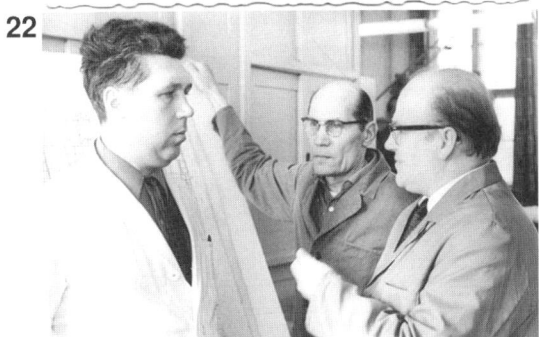

21

22

23

24

für Rundlaufkräne zu planen, die die Kernkraftwerke brauchten, die damals gebaut wurden." Ein solches war auch im nahen Stendal geplant – Auf **F23** (ca. 1975) ist er im Labor im Kreis der Laborantinnen zu erkennen, die mit den Spektrometern die Zusammensetzung der Scharge prüfen. Wenn man das Foto unter dem Aspekt der Geschlechterverhältnisse betrachtet, dann steht es in einem deutlichen Kontrast zu **F17**: Dort ist nur – und das am Rande – eine Frau zu sehen: die Witwe Rosa Thälmann. Die Untersicht unterstreicht die Bedeutung der Situation (Namensgebung) – und die Tatsache, dass Frauen in den obersten Ebenen der Politik und der Betriebsleitungen fast keine Rolle gespielt haben. „Aber auf der mittleren (Betriebs-) Ebene waren sie recht zahlreich vertreten und den Männern (fast) gleichgestellt" – was auch die kollegiale Atmosphäre von **F23** deutlich macht, wo die Blicke der drei vorderen Personen „auf die Sache", das Untersuchungsergebnis gerichtet sind (die linke Kollegin ist die Schichtleiterin). „Im SKET waren zu 30% Frauen beschäftigt und zwar besonders im Labor, in der Konstruktion, als Kranführerinnen, technische Zeichnerinnen und es gab auch ein Sonderstudium ‚Ingenieur-Ökonom' für Frauen."

Etwa 80% der SKET-Produktion ging in die damalige Sowjetunion. Von daher erklärt sich **F24** (ca. 1972), das eine Betriebsbesichtigung der Patenbrigade der Roten Armee dokumentiert (die auf dem Gelände stationiert war, das heute einige Fachbereiche der Hochschule Magdeburg-Stendal beherbergt). „Ich war wegen meiner russischen Sprachkenntnisse bei solchen Veranstaltungen gefragt." Die erstaunlich lockere Haltung der Rotarmisten täuscht allerdings, denn es gab im Alltag einen extremen Drill. „Sie durften auch meistens das Kasernengelände nicht verlassen; ein solcher ‚Ausflug' war eine besondere Auszeichnung."

Kurz vor der „Wende" 1989/90 gehörten zum SKET insgesamt 18 Betriebe mit 32.400 Beschäftigten (davon 12.400 im Magdeburger Stammwerk, wovon ca. 8.500 [in]direkt in der Produktion tätig waren). Es war damit nicht nur der größte Betrieb des Schwermaschinenbaus der DDR, sondern auch einer der größten im „Rat für gegenseitige Wirtschaftshilfe" (RGW). „Mit der Zahlungsunfähigkeit der SU verlor das Kombinat aber seine ökonomische Grundlage"; und die „Wende" führte dann zur Einführung der Markwirtschaft. Es gab eine ganze Reihe von realistischen Plänen, den Gesamtbetrieb in reduzierter Form fortzuführen, und bis 1996 gab es auch regelmäßig politische Aktionen bis hin zu Streiks. „Doch die Politik der Bundesregierung und der Treuhand wollte das SKET zerschlagen, da haben wir eine Niederlage hinnehmen müssen, genauso wie bei unseren Betriebsrenten." Für Walter Bütow bedeutete das Ende des „DDR-Sozialismus" auch das Ende seines Berufslebens. „Ich habe zu dieser Gesellschaft gestanden, ich habe zu SKET gestanden. Ich habe das Ende psychisch nur schwer verkraftet." Er ging 1990 in die Invalidenrente. „Aber mein politisches Leben war damit nicht been-

25 120 Jahre
Ernst Thälmann
dokumentiert von Walter Bütow

det!" Das zeigt **F25**, eine Fotomontage auf dem Deckblatt der von ihm 2006 verfassten Broschüre. Er im Vordergrund mit einer kleinen Thälmann-Statue in der Hand und hinter ihm – überlebensgroß – das Foto der Thälmann-Statue. Sie war zunächst in einer Nacht-und-Nebel-Aktion verschwunden („Die wollten diesen Teil der Geschichte kalt entsorgen!") und für deren Wiederaufstellung hatte er sich jahrelang und schließlich erfolgreich eingesetzt. Sie wirkt in der Montage wie ein großer, mächtiger Schattenmann, der Bütow den Rücken stärkt. „Ja, doch die Tradition von Thälmann, das ist mein soziales und politisches Gewissen immer gewesen, auch wenn man bestimmte Sachen an Thälmann kritisieren muss und heute anders machen müsste". Im Hintergrund sind die SKET-Nachfolgewerke (mit insgesamt ca. 2000 Beschäftigten) zu sehen. Der größte Schornstein, der „Lange Heinrich" aus dem Jahre 1922, wurde am 28.11.2009 gesprengt. Dieses Ereignis markierte das symbolische Ende von Magdeburg als „Stadt des Schwermaschinenbaus" bzw. „der Großindustrie"[16]. „Auch das haben wir nicht verhindern können."
1996 hat Bütow den „Verein der Thälmänner und Freunde e.V." als eine Form von kollegialer, interaktiver Erinnerungsgemeinschaft mit gegründet und ist

ihr Ehrenvorsitzender. „Aber wir haben ihn mit Wirkung vom 31.12.2009 aufgelöst, weil viele Mitglieder gestorben sind und der Kreis auch immer kleiner geworden ist, weil viele sich aus gesundheitlichen Gründen nicht mehr so engagieren können wie früher." Damit aber dieser Teil der Geschichte Magdeburgs nicht verloren geht, hat Walter Bütow dem MASoF sein gesamtes privates Foto- und Textarchiv sowie seltene Bücher und Broschüren zur Verfügung gestellt (sie werden gegenwärtig digitalisiert).

3.3 Familiäre Erinnerungen an Liselotte (1928-2009) und Walter Bayer (1928-2008): Ein konfliktreiches Eheleben in innerer Opposition zur offiziellen Staats- und Kulturpolitik[17]

Viele ältere und besonders alte Menschen stellen sich die gleiche (bange) Frage wie Chateauneuf in A. Lortzings „Zar und Zimmermann" (II. Akt): „Wirst du auch meiner gedenken, der dir gehöret mit Herz und mit Sinn, und eine Träne der Wehmut mir schenken, wenn ich nicht mehr unter Lebenden bin?" Diese Frage hat deshalb an Bedeutung gewonnen, weil eine Szene, die sie **F26** zeigt, immer weniger selbstverständlich ist: Dass es ein Grab als Erinnerungsort gibt[18]. Zu sehen ist links der Grabstein von Liselotte („Lilo") und Walter Bayer; in der Mitte frische Blumen; und im rechten Teil Werner Schoof, der 3. Mann von ihrer Tochter Brigitte Gerecke (ganz rechts). Es ist eine Art „kommunikatives Dreieck" zu erkennen zwischen den Verstorbenen (symbolisiert durch den Grabstein) und den beiden, wobei der Mann auf den Grabstein schaut und der Blick der Frau quasi „zweigleisig" den Grabstein und ihren Mann anschaut. Diese Grabstelle ist für sie also ein interaktiver Erinnerungsort.

F 27/28 sind für die Verstorbenen in mehrfacher Hinsicht typische Fotos: Erstens markieren sie zwei wichtige Etappen des institutionalisierten Lebenslaufs: Einmal ihre Heirat im Jahre 1951; zum anderen die Erstkommunion ihrer Tochter Sigrid im Jahre 1961. Zweitens wurden diese wichtigen Ereignisse (auch) von einer/einem professionellen Fotografen/in dokumentiert. Drittens deutet sich eine traditionelle Geschlechterhierarchie an: Lilo Bayer wie die Kinder in heller Kleidung (bei der Hochzeit in Weiß) und Walter Bayer bei der Hochzeit im „ehrwürdigen" Schwarz und bei der Kommunion im dunkleren Mantel. Zugleich steht er in einer gewissen, gleichwohl deutlichen Distanz zu den Kindern. Viertens wird hier die besondere und auch damals schon in der DDR gar nicht selbstverständliche Bindung an die (katholische) Kirche deutlich. „Opi kam aus dem Sudentenland, da waren alle katholisch, aber in der Familie von Omi war ihre Mutter die erste, die katholisch war, alle anderen waren immer evangelisch gewesen." (S. G.) „Die Kirche war beiden sehr wichtig. Besonders Mutti hat sich da sehr sozial engagiert, besonders bei der Betreuung von Mitgliedern, die alleine lebten, da hat sie den Gemeindebrief

26

27 **28**

hingebracht, sich mit denen unterhalten und so. Überhaupt war die Kirche ein Teil unseres Familienlebens und wir sind da als Kinder so hineingewachsen." (B.G.) „Ja, das wurde uns sozusagen in die Wiege gelegt, die Kirche." (S. G.) Allerdings war sie für alle kein Ort des wie immer gearteten „politischen Widerstands" gegen die Gesellschaftsordnung der DDR, die Kritik daran war davon ganz unabhängig.

F29/30 bestätigen im Grundsatz die Geschlechterhierarchie. **F 29** (ca. 1960) zeigt Lilo am Herd. Ihre dominierende Präsenz – durch die Untersicht noch verstärkt – zeigt sie nicht nur „in ihrem Element", sondern auch in einer „beherrschenden" Situation, die schon über die traditionelle Frauenrolle hinaus-

29   **30**

31

weist, denn sie zog nicht nur ihre eigenen Kinder auf, sondern sie war in den späten 1940er Jahren bei russischen Offizieren als eine Art „Pflegemutter" beschäftigt. „Sie verstand sich gut mit ihnen und ist auch im Urlaub mit denen an die Ostsee gefahren. Und natürlich haben wir da auch Lebensmittel und so Sachen bekommen, die andere nicht hatten." (B.G). "Das war bei Walter ganz anders, der hat die Russen gehasst, weil sie ihn und seine Familie aus dem Sudetenland vertrieben haben. Und die Amerikaner und Engländer mochte er auch überhaupt nicht, da war er kurz in Kriegsgefangenschaft gewesen, nur von den Franzosen, wo er auch bis zu seiner Flucht 1949 war, fühlte er sich ‚menschlich respektiert'." (S. G.) Später hat Lilo Bayer noch die Kinder eines Arztehepaares großgezogen (für 120 Mark im Monat) und hat erst 1973 wie die große Mehrheit der Frauen in der DDR eine „normale" bezahlte Berufstätigkeit (in der Kinderklinik) angenommen und sie bis zur Rente 1986 ausgeübt. Trotzdem hat sich der Mann in der klassischen Rolle als Ernährer gesehen: „Der Grundsatz war: Vati verdient das Geld und Mutti verwaltet es und macht den Haushalt und erzieht die Kinder." (B.G.) – Auf **F 30** (ca. 1970) ist Walter Bayer als Autobesitzer (hier eines Gogomobils) zu erkennen. Der (männliche) Stolz wird dadurch hervorgehoben, dass er das Auto vertikal deutlich überragt und der Blick durch die Linienführung des Feldweges wie der Decken auf ihn gelenkt wird. Zugleich macht die geöffnete Tür das Besitzverhältnis klar. „Opi war ein Autonarr, er war ja schon im NS-Kraftfahrerbund gewesen und hat auch immer ein Auto, zumindest ein Motorrad besessen. Und weil die Mutti von Lilo Westrente bezog, da konnten sie sich auch schon 1985 einen ‚Golf 2' kaufen, über die GEMEX, das war das Unternehmen, was Westwaren gegen West-Geld in der DDR verkaufte."

(S. G.) „Überhaupt ging es uns wegen Omis Rente ganz gut und Vati hat auch ‚zu einem sehr günstigen Kurs' das West- gegen Ost-Geld eingetauscht. Deshalb hat er sich auch immer als etwas Besseres gefühlt – uns hat ja nichts gefehlt." (B. G.)

Walter Bayer hatte aber auch nicht nur eine sehr schöne, sondern auch eine sehr tiefe Bassstimme. (Viele der Seemannslieder, die er sang, wurden für ihn eine Oktave nach unten transponiert, damit er sie voll zur Geltung bringen konnte). Und er hatte bei seinen recht zahlreichen öffentlichen Auftritten in den Jahren 1959/60 auch erheblichen Erfolg, wie auf **F32/33** zu erkennen ist. „Oh, ich war mächtig stolz auf meinen Vati!" (B.G.) Allerdings bringt **F33** eine besondere Ambivalenz zum Ausdruck: Walter Bayer dominiert durch seine schwarze Kleidung und die Körperhaltung den entscheidenden, mittleren Teil des Fotos; und im Hintergrund erkennt man nicht nur die begleitende Band, sondern auch – aber schon deutlich abgeschwächt! – die Plakate, die auf den Konzertanlass verweisen, nämlich den 10. Jahrestag der DDR 1959. Er hat *in* der DDR gesungen, aber er hat *nicht für* die herrschende Gesellschaftsordnung gesungen. Als er aufgefordert wurde in die SED einzutreten, damit er auch ins Ausland fahren könne (er sollte u. a. beim Sender Freies Berlin in Berlin/West singen), hat er seine Gesangskarriere beendet. „Klar, Vati wäre nie im Leben in die Partei eingetreten. Aber er war auch ein Familienmensch und als er gesungen hat, da war er fast überhaupt nicht mehr zu Hause, das fanden wir alle nicht gut." Wie wichtig ihm die Familie war, ist auch später noch mal klar geworden: „Er sollte mal eine Prämie als ‚Aktivist der sozialistischen Arbeit' bekommen. Das hat er abgelehnt: ‚Ich arbeite nicht für den Sozialismus, sondern für meine Familie.'"(B.G.) Diese Ambivalenz spitzte sich zu als die Staatssicherheit ihn als informellen Mitarbeiter (IM) „gewinnen" wollte: „Vati war ja wegen seiner Kinderlähmung schon früh Invalidenrentner, obwohl er immer gearbeitet hat, und deshalb durfte er in den Westen reisen – mit den anderen ‚Mumien', wie er immer gesagt hat. Ja und wir bekamen ja auch viele Pakete aus dem Westen, das wusste die Stasi natürlich, ja, und da sollte er auf seinen Westreisen eben für die arbeiten. Aber da hat er im Polizeipräsidium hier in Magdeburg einen richtigen Wutanfall bekommen, so war er halt. Und ab dann durfte er nicht mehr in den Westen und unsere Pakete und Briefe wurden aufgemacht, die Kaffeetüten durchgestochen und alles solche Sachen." (B. G.) Ob in der Familie darüber diskutiert wurde „abzuhauen"? „Doch, klar, Walter wollte rüber, aber Mutti nicht, die hatte hier ihre ganze Familie und die hat immer gesagt: ‚Es wird alles besser'. Ich wollte auch rüber, wir hatten so 1986 den Plan, einer von uns geht rüber und holt dann die Familie nach. Ich hatte schon einen Arbeitsplatz und eine Wohnung in West-Berlin, und bin dann doch zurückgekommen, weil Anja (ihre Tochter; d. Verf.) noch zu jung war." (B. G.) „Bei mir gingen die politischen Konflikte so 1987/88 los und ich wollte, wenn ich 18 bin, in jedem Fall einen Ausreiseantrag stellen, also so illegal rüber, das wollte ich nicht. Na, dann kam ja die Wende." (S. G.)

F34 (ca. 1976) zeigt Walter Bayer im Kreise seiner ArbeitskollegInnen in der Magdeburger Medizinischen Akademie. Nach Tätigkeiten als Kraftfahrer, Telefonist, Dreher (und Sänger) war er seit 1961 bis zu seiner Rente 1984 dort als Elektromechaniker beschäftigt. "Walter war ein richtiger Tüftler. Der hat irgendwelche technische Apparate im Westen gesehen oder auf Fotos und so, und dann hat er die nachgebaut. So einen konnten die natürlich brauchen." (B.G.) Im vorderen Bildteil ist eine Essensrunde zu erkennen, die eine große Ruhe und Gemütlichkeit ausstrahlt; im Hintergrund sind einige Arbeitsplätze zu erkennen (in der hinteren Mitte der von Walter Bayer). Damit kommt was grundsätzliches zum Ausdruck: In der Arbeitsgesellschaft der DDR war der Arbeitsplatz nicht nur Ort der Arbeit, sondern über ihn und um ihn herum wurde auch die Freizeit der Arbeitskollektive organisiert – im ganz unmittelbaren Sinne die Pausen (wie hier zu sehen), im weiteren Sinne aber auch die Ausflüge, Vergnügungsfahrten und die Ferienreisen usw. Viele dieser ehemaligen Arbeitskollektive treffen sich auch heute noch zu bestimmten Anlässen (z. B. Geburtstagen oder in der Vorweihnachtszeit); Walter Bayer hat sich dem allerdings seit seiner Rente trotz vieler persönlicher Einladungen regelmäßig entzogen, obwohl er sich immer sehr gefreut hat, wenn die ehemaligen KollegInnen *ihn* besuchten. – Ein anderer Widerspruch ist auffällig: Obwohl die Arbeit gesellschaftlich eine so zentrale Rolle spielte, gibt es dennoch in den privaten Fotoalben (und -kartons) – auch der Familie Bayer – nur wenige

34 **35**

Fotos von den Arbeitsplätzen bzw. Betrieben (die entsprechenden Fotos von Walter Bütow sind weitgehend von professionellen Fotografen und im Auftrag der Betriebsleitung gemacht worden).
F31 (ca. 1978) zeigt das Ehepaar Bayer mit Sören Gerecke („Das war wunderbar mit Omi und Opi, die haben viel mit mir unternommen, ich habe mich da sauwohl gefühlt". [S. G.] „Ich glaube, das war die beste Zeit in der Ehe von den beiden." [B. G.]) und **F35** mit der Nordkoreanerin Kim Yonk Suk, die sie seit 1957 kannten (sie machte ihre Ausbildung in Magdeburg) und die 1998 zu Besuch aus Nordkorea gekommen war (sie haben sie bis zum Schluss finanziell unterstützt). Die fotografische Situation ist charakteristisch: Zwar umfasst Walter Bayer Kim Yong Suk, aber diese schaut Lilo Bayer an, denn sie war es, die bis zuletzt die sozialen Beziehungen gepflegt und immer wieder belebt hat.
Zwei letzte Fragen: Haben beide an die Auferstehung geglaubt? „Oh ja, das haben sie, das ist ja der Kern des katholischen Glaubens." (S. G.) „In jedem Fall. Und das war auch für sie sehr wichtig, als ihre Tochter Sigrid, die war da 43, 1995 gestorben ist, da hat ihnen dieser starke Glaube sehr geholfen." (B. G.) – Was bleibt von ihnen im Gedächtnis der Familie? „Lilo war eine richtig tolle Omi, mit allen Macken, die dazu gehören; und Walter, der war so richtig authentisch, der hat gesagt, was er gedacht hat und der hat auch zu den Konsequenzen gestanden. Da ist er ein Vorbild für mich." (S. G.) „Ich hatte mit den beiden eine schöne Kindheit. Und später, als ich erwachsen war, und bei meinen Ehekrisen, da haben sie mir wirklich immer geholfen. Die Jugendzeit aber, die war die Hölle." (B. G.)

4. Ausblick: Visuelle Altenbildung als Beitrag zu einer rekonstruktiven Sozialen Arbeit

Bisher wurde das narrative Fotointerview vorrangig als *Handlungsmethode* der Altenbildung dargestellt. Es hat aber auch eine Bedeutung für die *wissenschaftliche* Rekonstruktion lebensweltlicher Entwicklungen. In diesem Zusammenhang können regionale „Archive für Sozialfotografie" (wie das eingangs erwähnte MASoF)[19] eine wichtige Funktion übernehmen, indem sie unterschiedliche Methoden der visuellen Altenarbeit gemeinsam mit PraktikerInnen entwickeln und erproben, deren aktive Aneignung durch andere Gruppen innerhalb und außerhalb der Sozialen Arbeit anregen und unterstützen und die Ergebnisse in Form von Fotos und Texten (wie den hier vorgestellten) sammeln, als empirisches Material dokumentieren und theoriegeleitet auswerten. Damit schließt die rekonstruktive Soziale Arbeit an die Traditionen der Handlungsforschung an[20]. Bezogen auf die visuelle Altenarbeit – oder weiter gefasst: die Begründung einer visuellen Praxis und Wissenschaft der Sozialen Arbeit – können diese Aufgaben und Erkenntnisprozesse zusammenfassend so beschrieben werden: Entgegen der alltäglichen Gewohnheit, Fotos nur sehr flüchtig zu betrachten (dies ist quasi der routinierte Ausdruck des Zweifels am Dokumentations- und Aufklärungsgehalt von Fotos) erschließt sich deren sozialer Inhalt nur durch eine eingehende Interpretation, die in ihrer Intensität der Textinterpretation nicht nachsteht[21]. Es lassen sich drei Bedeutungsebenen unterscheiden:

a) Zunächst einmal die „grammatische", auch *vorikonografisch* genannte Ebene, die sich mit einem konzentrierten, „gedehnten", ruhigen Blick schon den alltäglichen Sehgewohnheiten relativ gut erschließt (so erkennt man auch ohne besondere hermeneutische Kompetenzen, dass z. B. von den Heizungsrohren in **F2** die Verkleidung entfernt wurde, in **F8** was ein „Schrauber" und Tüftler „so alles gebrauchen kann" und überrascht die „Lockerheit" der Rotarmisten in **F24**).

b) Die *unmittelbar lebensweltliche* oder *ikonografisch-dialogische* Bedeutungsschicht fragt nach dem Selbstverständnis der Fotografierten und der FotografInnen, also was *wie* gesehen und ausgedrückt wurde. Hier muss in jedem Interpretationsschritt sowohl der *inhaltliche Gegenstandsbezug* wie auch der *formale Ausdruckscharakter* des zu interpretierenden Fotos beachtet und beides aufeinander bezogen werden. So bringt z. B. **F17** die politische Bedeutung der Situation durch die „Erhabenheit" der Darstellung zum Ausdruck und dokumentieren **F18/20** den „Produzentenstolz" der klassischen Industriearbeiter, während auf **F27/28** bereits die Farbgebung die Geschlechterhierarchie zum Ausdruck bringt.

c) Die Analyse des *ikonologischen* und *diskursiven* Gehalts sowohl des Fotos wie auch des Interviews zielt auf die darin dokumentierten *epochalen* Kontexte[22]. So verweisen z. B. **F1-5** und die entsprechenden Interviewteile auf die Vermarktung des Wohnraums und die damit verbundene Verstärkung der sozialen Existenzrisiken in der Nachwendezeit; **F18-20** auf die nun zu Ende gegangene Epoche der klassischen Industriegesellschaft; **F24** sowohl auf die Beziehungen zwischen der DDR und der SU wie auch auf die Tatsache, dass Magdeburg über 200 Jahre eine Garnisonsstadt war;

F17 zeigt, das das politische System der DDR von Anfang an patriarchalisch war – und zugleich steht „Thälmann" als Symbol nicht nur für die kommunistische Arbeiterbewegung, sondern darüber hinaus für die klassische Arbeiterbewegung (und deren Spaltungen), die sich (zumindest in Westeuropa) seit den 1980er Jahren aufgelöst hat – und zwar im Kontext der Erosion der Industriegesellschaft (diesen Zusammenhang bringt **F25** zum Ausdruck); in **F33** ist mit Hammer und Sichel das Symbol einer Gesellschaft zu erkennen, die es nicht mehr gibt und deren Charakter Gegenstand intensiver wissenschaftlicher Debatten ist[23] und auch von den Interviewten sehr unterschiedlich eingeschätzt wird; und **F9-13**, aber auch **F14/15** und **F25** bringen verschiedene Formen des bürgerschaftlichen Engagements zum Ausdruck.

Aufgabe der „Archive für Sozialfotografie" ist es u. a. solche individuell-kollektiven Interpretationsprozesse anzuregen, zu fördern und systematisch auszuwerten. Dadurch kann im günstigen Fall ein historisch-kultureller Akkumulationsprozess der Sozialfotografie initiiert und stabilisiert werden, der dem Muster der hermeneutischen Spirale folgt, also der immer genaueren Dokumentation der sozialen Probleme und der immer prägnanteren Darstellung ihrer objektiven Ursachen und subjektiven Gründe.

Anmerkungen

[1] Vgl. z. B. GUDJONS u. a. 2008 (z. B. S. 50 ff. u. 59 f.), HÖLZLE/JANSEN (2009, z. B, S. 18 f., 34, 81 u. 175 ff.), RUHE (2009, z. B. S. 35, 52, 55, 122 u. 125) und SAUTTER u. a. (2004, z. B. S. 38 ff.).

[2] www.masof.de; masof@sgw.hs-magdeburg.de.

[3] In dem neuesten Film von Wim Wenders, „Palermo shooting" (2008; auf DVD erhältlich mit Audiokommentar und einem Film über die Filmproduktion) gibt es gegen Schluss (auf der DVD Kap. 10) einen langen Monolog des Todes (gespielt von Denis Hopper), in dem er deutlich macht, dass er nicht der Feind, sondern der *Freund* der Menschen ist. Denn – anders gewendet – nichts wäre schwerer zu ertragen als Unsterblichkeit, denn dann könnte ich als Individuum jede beliebige Handlung zu jeder beliebigen Zeit nachholen, womit mein ganzes Leben beliebig und damit langweilig würde und stets unerfüllt bliebe. Es ist das unausweichliche psychodynamische Problem aller Jenseitsreligionen, dass sie diese Spannung und Herausforderung der ontogenetischen Sinnentfaltung mindern; dass dies nicht zwingend mit religiösen Selbst- und Weltdeutungen verbunden ist, kann man bereits dem mesopotamischen Gilgamesch-Epos entnehmen (vollständige Fassung von ca. 1100 v. Chr.), wo es in „Gilgamesch und Huwawa A" heißt: „Nachdem ein Mensch sein Leben nicht über dessen Lebensende hinaus führen kann, will ich ins Bergland hineinziehen, will ich dort meinen Namen setzen!" (zit. nach SALLABERGER, 2008, S. 115)

[4] Die daraus resultierende „Logik" der Ontogenese ist in der phänomenologischen Tradition besonders von LANDGREBE (z. B. 1977, S. 78 ff.) herausgearbeitet worden.

[5] Die Analyse dieses Zusammenhanges macht einen wesentlichen Teil der phänomenolo-

gischen Theorieentwicklung nach HUSSERL aus; wichtige Beiträge haben dazu u. a. geliefert BLUMENBERG (2001, Zweiter Teil, Kap. II u. XI-IV; 2006, Erster Teil), MEYER-DRAWE (1984, Kap. IV/V) und WALDENFELS (2000, Kap. V-VIII).

[6] So verstanden ist das phänomenologische Konzept der *Leiblichkeit* auch die Alternative zum strukturalistisch-anthropologischen Konzept des *Habitus*, wie es MICHEL (2006) – im Anschluss an BOURDIEU – in die Fotoanalyse eingeführt hat.

[7] Hier ist natürlich besonders auf die phänomenologische Gedächtnistheorie von Maurice HALBWACHS (1877-1945) zu verweisen, besonders seine 1925 erstmals erschienene Studie (vgl. HALBWACHS 1985, bes. 2.-4. Kap.).

[8] Vgl. dazu MARKOWITSCH (2009, Kap. 3/4), WELZER (2008, Kap. IV u. VIII-X) sowie die kompakte und komplexe Übersicht in PETHES/RUCHATZ (2001).

[9] Beide Aspekte hatte schon HUSSERL (2006) im Blick, wenn er in seinen Vorlesungen im Wintersemester 1904/05 mit explizitem Bezug auch auf das Bild in der Fotografie (vgl. besonders den ergänzenden Teil aus dem Jahre 1912 in ebd., S. 188 ff.) ausführte:„Drei Objekte haben wir: 1) das physische Bild, das Ding aus Leinwand, aus Marmor usw. 2) Das repräsentierende oder abbildende Objekt, und 3) das repräsentierte oder abgebildete Objekt. Für das letztere wollen wir am liebsten einfach *Bildsujet* sagen. Für das erste das physische Bild, für das zweite das repräsentierende Bild oder Bildobjekt. (…) Die Differenzen zwischen repräsentierendem Bild und Bildsujet, zwischen dem eigentlich erscheinenden und dem dadurch dargestellten und gemeinten Objekt, sind von Fall zu Fall und sind vor allem je nach den Abbildungsarten sehr verschieden und wechselnd. Immer aber sind solche Differenzen vorhanden. Wäre das erscheinende Bild phänomenal absolut identisch mit dem gemeinten Objekt, oder besser, unterschiede sich die Bilderscheinung in nichts von der Wahrnehmungserscheinung des Gegenstandes selbst, so könnte es kaum noch zu einem Bildlichkeitsbewusstsein kommen. Sicher: Ein Bewusstsein von Differenz muss vorhanden sein, obschon das Sujet im eigentlichen Sinn nicht erscheint. Es gilt eben das erscheinende Objekt nicht nur für sich, sondern als Repräsentant für ein anderes, ihm gleiches oder ähnliches." (ebd, § 9 [S. 21 f.]) Dabei betonte er schon, dass es nicht nur darum geht, was dargestellt wird, sondern auch *wie* das geschieht: Von den „*Bildern*, die als *Symbole* fungieren, und von dem Bildbewusstsein, das in der symbolischen Funktion des Bildes vollzogen wird, haben wir zu unterscheiden das intuitive Bildbewusstsein, das Bewusstsein der immanenten Bildlichkeit. Dieses allein spielt für die *ästhetische Bildbetrachtung* seine Rolle. Wir schauen uns dabei in das Bild hinein, ihm gehört unser Interesse, in ihm schauen wir das Sujet; nicht hat etwa das Bild die blosse Funktion, eine ihm äußerliche Vorstellung von dem Gegenstand, eine neue Anschauung oder gar nur eine begriffliche Vorstellung zu erwecken. (…) Wo das Bild ästhetisch wirkt, da mag es ja sein, dass eine neue Vorstellung das Sujet oder irgendwelche Bestandstücke desselben zu einer volleren Anschauung bringt, etwa zu einer angemesseneren Farbigkeit. Überhaupt mag das Spiel der Phantasie sie in Bewegung gesetzt werden, so dass wir uns in die Welt des Sujets hineinleben … (…) Aber wie wesentlich am Interesse das Bildobjekt beteiligt ist, zeigt sich darin, dass die Phantasie nicht diesen neuen Vorstellungen nachgeht, sondern das Interesse immerfort zum Bildobjekt zurückkehrt und innerlich an ihm hängt, in der *Weise* seiner Verbildlichung den Genuss findend." (ebd.: §17 [S. 38 f.])

[10] Diesen Begriff hat HALBWACHS (1985, 5. Kap.) eingeführt und er ist ein wichtiger Bezugspunkt für die verschiedenen Ansätze einer öffentlichen Thematisierung lebensgeschichtlicher Erfahrungen (vgl. z. B. NEGT/KLUGE, 1972, Kap. 1, 2 u. 6) oder die erfahrungsfundierten Reflexionen historischer Prozesse (wie sie von den verschiedenen Ansätzen der "Oral History" entwickelt worden sind; vgl. NIETHAMMER 1980).

[11] Dabei wurden die unterschiedlichen Verfahrenselemente (Erzählung, Beschreibung

und Argumentation) des narrativen Interviews (vgl. zusammenfassend GLINKA 2009, Kap. 3-6 und KÜSTERS 2009, Kap. 3 u. 4) und des Foto-Interviews (vgl. KULCKE 2009, Kap. 4 u. 6) entsprechend den dialogischen Projekterfordernissen miteinander verschränkt und dabei auch Anregungen aus dem Projekt „Biographien schreiben" (vgl. AMELUNG 2010, Kap. 6-8) aufgenommen.

[12] Die Fotos Nr. 1, 2, 4, 5, 7, 8-13 u. 26 wurden von mir im Oktober/November 2009 mit einer Canon EOS 450D und Sigma-Objektiven aufgenommen; die Fotos Nr. 3, 6, 14,15, 17-25 u. 27-35 stammen aus den Privatarchiven der Interviewten (wobei es typisch ist, dass der Zeitpunkt der Fotos meist nicht vermerkt ist und häufig nur geschätzt werden konnte).

[13] Das Vorbereitungsgespräch fand am 20.11.2009 und das Interview am 3.12.2009 statt.

[14] Das Vorbereitungsgespräch fand am 10.12.2009 und das Interview am 15.1.2010 statt.

[15] Vgl. zur Geschichte dieses Industriekonzerns ausführlich die Werkmonografie von KRETSCHMANN (2007); nach seiner weitgehenden Vernichtung im Dreißigjährigen Krieg (am 10.5.1631 durch die Truppen Tillys) wurde Magdeburg durch den Alliierten Bombenangriff auf eines der Zentren der Rüstungsproduktion am 16.1.1945 wiederum zu knapp 90% zerstört.

[16] Vgl. dazu die Fotoreportage in BRAUN/ELZE (2010); vgl. zur Geschichte Magdeburgs als Industriestadt ASMUS (2008, S. 252-291 u. 568-597; 2009, S.230-255 u. 344-393) und zur Deindustrialisierung und (sehr) begrenzten Neoindustrialisierung ASMUS (2009, S. 492-500).

[17] Das Vorbereitungsgespräch fand am 3.12.2009 und das Interview am 16.1.2010 statt; daran nahmen teil ihre Tochter Brigitte Gerecke (im weiteren abgekürzt: B.G. und deren Sohn aus 1. Ehe, Sören Gerecke (im weiteren: S. G.).

[18] Vgl. zu den neueren Trends der Bestattungskultur ERICHSEN (2009) und FISCHER u. a. (2003, Kap. 9/10).

[19] Diese nehmen in spezifischer Weise das Konzept der *Bildpädagogik* und die Organisationsform des *Gesellschafts- und Wirtschaftsmuseums* bzw. des *Sozialmuseums* (als zeitgemäßer, moderner Form des Museums) auf, dass Otto Neurath (1882-1945) ab Mitte der 1920er Jahren entwickelt und realisiert hatte. Das Museum hatte folgende Abteilungen: I. Arbeit und Organisation; II. Siedlung und Städtebau; III. Sozialhygiene und Sozialversicherung; und IV. Geistesleben und Schule (vgl. Neurath 1991, S. 89). Und das von ihm so genannte „*Archiv für bildhafte Pädagogik*" sollte folgende Schwerpunkte umfassen: 1. Kartografie und Weltbild; 2. Technik und Architektur; 3. Biologie und Hygiene; 4. Psychologie und Psychotechnik; 5. Soziologie und Nationalökonomie; 6. Physik, Chemie, Mathematik, Logik; 7. Ausstellungs- und Museumswesen; 8. Kinderbücher; 9. Zeichnungen der Primitiven und Kinderzeichnungen; 10. Raum, Licht und Bewegung (vgl. ebd., S. 161).

[20] Vgl. dazu BOCK/MIETHE (2010, Teil III-IV), ECARIUS/SCHÄFFER (2010) und GIEBELER u. a. (2007); dabei gibt es interessante Überschneidungen mit den angloamerikanischen Debatten zur Begründung einer *narrativen Psychologie* (vgl. STRAUB, 1998, Teil I); darüber hinaus können die visuellen Forschungsverfahren auch als ein Beitrag zur kritisch-konstruktiven Tiefenhermeneutik verstanden werden (vgl. BRAUN 2010).

[21] Ein entsprechender Leitfaden der sozialdokumentarischen Fotointerpretation und -gestaltung findet sich bei BRAUN/WETZEL (2010: Kap. 4). Bei einer *pragmatischen* Sozialreportage, wie der in Kap. 3 dieses Betrages, gehen die Ergebnisse der Fotointerpretation in die Auswahl und Anordnung ein und werden wichtige Einzelergebnisse benannt; bei einer *wissenschaftlichen* Sozialreportage müssen die einzelnen Interpretationsschritte und -ergebnisse offen gelegt werden.

[22] In diesem Beitrag sind die Fotos vorrangig additiv angeordnet worden; für die Weiterentwicklung der fotografischen Deutungs- und Darstellungsmöglichkeiten sollte der Versuch unternommen werden, das von Heinrich VOGELER (1872-1942) für die bildende Kunst entwickelte Konzept der *Komplexbilder* (vgl. HUNDT 1992) für die epochaltypische fotografische Darstellung sozialer Probleme aufzunehmen.
[23] Vgl. zum Stand der Debatte BAHNERS/CAMMANN (2009).

Literatur

AMELUNG, Ch.-M.: Spannende Biographien schreiben! Steinhagen (Westf.) 2010.

ASMUS, H.: 1200 Jahre Magdeburg. Bd. 3: Die Jahre 1848 bis 1945. Magdeburg 2008.

ASMUS, H.: 1200 Jahre Magdeburg. Bd. 4: Die Jahre 1945 bis 2005. Magdeburg.

BAHNERS, P./CAMMANN, A. (Hg.): Bundesrepublik und DDR. Die Debatte um Hans-Ulrich Wehlers „Deutsche Gesellschaftsgeschichte". München 2009.

BLUMENBERG, H.: Lebenszeit und Weltzeit. Frankfurt am Main 2001.

BLUMENBERG, H.: Beschreibung des Menschen. Frankfurt am Main 2006.

BOCK, K./MIETHE, I. (Hg.): Handbuch Qualitative Methoden in der Sozialen Arbeit, Opladen/Farmington Hills 2010.

BOHNSACK, R.: Qualitative Bild- und Videointerpretation. Opladen/Farmington Hills 2009.

BRAUN, K.-H.: Lebensführung in der „zweiten Moderne". In: neue praxis (33. Jg), 2003, H. 5, S. 401-421.

BRAUN, K.-H.: Tiefenhermeneutik. In: BOCK, K./MIETHE, I. (Hg.): Handbuch Qualitative Methoden in der Sozialen Arbeit, Opladen/Farmington Hills 2010, S. 214-222.

BRAUN, K.-H./ELZE, M.: Regionale Archive für Sozialfotografie. In: SOZIAL EXTRA, 2010 H.1/2, S. 14-19.

BRAUN, K.-H./WETZEL, K.: Sozialreportage. Eine Einführung in eine Handlungs- und Forschungsmethode der Sozialen Arbeit. Wiesbaden 2010.

ECARIUS, J./SCHÄFFER, B. (Hg.): Typenbildung und Theoriegenerierung. Opladen/Farmington Hills 2010.

ERICHSEN, K.: Unsere Lieben, vom Winde verweht. In: FRANKFURTER ALLGEMEINE v. 19.11.2009.

FISCHER, N. u. a.: Raum für Tote. Braunschweig 2003.

GIEBELER, C. u. a. (Hg.): Fallverstehen und Fallstudien. Opladen/Farmington Hills 2007.

GLINKA, H.-J.: Das narrative Interview. Weinheim/München 2009.

GUDJONS, H. u. a.: Auf meinen Spuren. Bad Heilbrunn 2008.

HALBWACHS, M.: Das Gedächtnis und seine sozialen Bedingungen. Frankfurt am Main 1985.

HÖLZLE, Ch./JANSEN, I. (Hg.): Ressourcenorientierte Biographiearbeit. Wiesbaden 2009.

HUNDT, W. D.: Heinrich Vogeler Hamburger Werftarbeiter. Frankfurt am Main 1992.

HUSSERL, E.: Die Krisis der europäischen Wissenschaften und die transzendentale Phänomenologie. Gesammelte Schriften Bd. 8. Hamburg 1992.

HUSSERL, E.: Phantasie und Bildbewusstsein. Hamburg 2006.

KARL, F.: Einführung in die Generationen- und Altenarbeit. Opladen/Farmington Hills 2009.

KRAUL, M./MAROTZKI, W. (Hg.): Biographische Arbeit. Opladen 2002.

KÜHLING. A.: Krupp Grusonwerk. Panzer aus Magdeburg 1933-1945. Magdeburg 2001.

KÜSTER, I.: Narrative Interviews. Wiesbaden.

KULCKE, G.: Identitätsbildungen älterer Migrantinnen. Die Fotografie als Ausdrucksmittel und Erkenntnisquelle. Wiesbaden 2009.

KRETSCHMANN, Ch.: Vom Grusonwerk zum SKET. Magdeburg.

LANDGREBE, L.: Das Problem der Teleologie und der Leiblichkeit in der Phänomenologie und im Marxismus. In: WALDENFELS, B. u. a. (Hg.): Phänomenologie und Marxismus. Bd. 1: Konzepte und Methoden. Frankfurt am Main 1977, S. 71-104.

MICHEL, B.: Bild und Habitus. Wiesbaden 2006.

NEGT, O./KLUGE, A.: Öffentlichkeit und Erfahrung. Frankfurt am Main 1972.

NEURATH, O.: Gesammelte bildpädagogische Schriften. Wien 1991.

NIETHAMMER, L. (Hg.): Lebenserfahrung und kollektives Gedächtnis. Die Praxis der „Oral History". Frankfurt am Main 1980.

LIPPITZ, W.: Phänomenologische Studien in der Pädagogik. Weinheim 1993.

MARKOWITSCH, H. J.: Das Gedächtnis. München 2009.

MERLAU-PONTY, M.: Das Primat der Wahrnehmung. Frankfurt am Main.

MEYER-DRAWE, K.: Leiblichkeit und Sozialität. München 1984.

PETHES, N./RUCHATZ, J. (Hg.): Gedächtnis und Erinnerung. Reinbek bei Hamburg.

RUHE, H. G.: Methoden der Biographiearbeit. Weinheim/München 2009.

SALLABERGER, W.: Das Gilgamesch-Epos. München 2008.

SAUTTER, S. (Hg.): Leben erinnern. Neu-Ulm 2004.

SENECA: Vom glückseligen Leben und andere Schriften (darin 1984a: Von der Gemütsruhe, S. 30-63; 1984b: Aus den Briefen an Lucilius, S. 134-159). Stuttgart 1984.

STRAUB, J. (Hg.): Erzählung, Identität und historisches Bewusstsein. Frankfurt am Main 1998.

TOMASELLO, M.: Die Ursprünge der menschlichen Kommunikation. Frankfurt am Main 2009.

WALDENFELS, B.: Das leibliche Selbst. Frankfurt am Main 2000.

V. ALTERN UND SOZIALE LEBENSLAGEN

Barbara Hönig

ALTERN UND GESCHLECHT

1. Einleitung: Fragestellung

Der vorliegende Beitrag geht einem doppelten Anliegen nach: Auf Ebene der Theoriebildung befassen wir uns zunächst mit der Frage, wie Ansätze der Geschlechterforschung zur Erforschung der Lebenssituation alter Frauen und Männer fruchtbar gemacht werden können. Ausgangspunkt ist dabei die Überlegung, dass sich die Alter(n)sforschung unter anderem mit dem Spannungsverhältnis von biologischem und sozialem Alter befasst, in Analogie zum biologischen und sozialen Geschlecht. In diesem Sinn ist Alter wie auch Geschlecht nicht nur etwas, was man „hat", sondern vielmehr etwas sozialkulturell und historisch „Gemachtes" und als Resultat von Lebenslauf und Lebenslage zu betrachten. Zweitens: Auf Ebene der empirischen Untersuchung der Situation Älterer liefern wir geschlechtssensible Daten zur Analyse des Status-Quo geschlechtlicher Differenzen und sozialer Ungleichheiten zwischen älteren Frauen und Männern in Kärnten. Denn trotz der im letzten Jahrzehnt institutionell forcierten Orientierung an der Strategie „Gender Mainstreaming" ist eine Gender-Analyse sozialwissenschaftlicher Daten noch keineswegs eine Selbstverständlichkeit. Vom Standpunkt der Sozialwissenschaft ist das Bereitstellen geschlechtsdifferenzierter empirischer Daten jedoch unverzichtbar, wenn das Geschlechterverhältnis als gesellschaftlich verfasstes in den Blick kommen soll und Ursachen, Bedingungen und Auswirkungen geschlechtspezifischer Ungleichheiten im Alter zur Diskussion stehen.

Im Folgenden geben wir zuerst einen kurzen Überblick über den aktuellen Forschungsstand zum Zusammenhang von Alter und Geschlecht und stellen einige konzeptuelle Überlegungen dazu an. Darauf folgend werden ausgewählte Ergebnisse einer empirischen Untersuchung zur Lebenssituation von Frauen und Männern ab 60 Jahren vorgestellt, die 2006 in einer Kärntner Kleinstadt umgesetzt wurde. Abschließende Überlegungen beabsichtigen eine Integration empirischer Ergebnisse und theoretischer Überlegungen zum Gegenstand unseres Interesses.

2. Forschungsstand

Über lange Zeit war die Altersforschung stillschweigend an einem verallgemeinerten männlichen Modell des Alterns orientiert, das vor allem das Ausscheiden aus dem Erwerbsleben und dessen Folgen zum Ausgangspunkt der Auseinandersetzung nahm (vgl. BACKES 2004, S. 395; SICKENDIEK

1999): Männer wurden betrachtet, als käme ihnen als das „allgemein-menschliche" Geschlecht kein „besonderes" Geschlecht zu, Frauen hingegen wurden qua ihrer Geschlechtszugehörigkeit ausgeblendet. Obwohl sich eine Pionierin der Frauenbewegung bereits detailliert mit dem Thema Alter und Geschlecht auseinandergesetzt hat (vgl. BEAUVOIR 1951, 1972), blieben zusätzlich in der Frauen- und Geschlechterforschung das Alter(n) und die geschlechtsdifferente Sicht darauf lange Zeit ausgespart.
Ältere als vergeschlechtlichte Frauen und Männer tauchen in der deutschsprachigen Altersforschung etwa ab den 1980er Jahren auf (vgl. BACKES 1983). Der Zusammenhang von Alter und Geschlecht wurde kürzlich auch aus zeit- und sozialgeschichtlicher sowie kulturvergleichender (vgl. ROSENMAYR 2007, S. 190 ff.) und symbolisch-kultureller (vgl. HARTUNG 2005) Perspektive betrachtet. Gelegentlich rückten auch sozialmedizinische Aspekte des Geschlechterunterschieds im Alter in den Blickpunkt des Interesses (vgl. RIEDER 2003) oder es wurde der Stellenwert der Kategorie Gender in Palliative Care herausgearbeitet (vgl. BEYER 2008). Die Auseinandersetzung mit dem „anderen" Altern von Männern hat in jüngster Zeit auch die Männerforschung beschäftigt (vgl. z. B. BACKES et al. 2006, REIMANN et al. 2006, HAMMER 2008). Allgemein gesprochen, öffnen gesellschaftstheoretische Zugänge zur Altersforschung (vgl. BACKES 2000, 2002, BACKES et al. 2006) den Blick auch hin zur Frage der Geschlechtsdifferenz im Alter, wie zum Teil auch in einer feministischen Auseinandersetzung mit den Sozial- und Rentensystemen (vgl. ALLMENDINGER et al. 1992, MEYER/ PFAU-EFFINGER 2008, BEISHEIM et al. 2009). Dem Konnex von Alter(n) und Geschlecht wurde erst kürzlich wieder mehr Aufmerksamkeit im Rahmen der Alterssoziologie und der Reflexion sozialer Ungleichheit zuteil (vgl. z. B. SICKENDIEK 1999, BACKES 2004, KOHLI/KÜNDEMUND 2005, KÜNDEMUND/SCHROETER 2008).
Im englischsprachigen Raum wird der Nexus von Geschlecht und Alter seit längerem aus einer gesellschaftstheoretisch informierten und kritischen Perspektive diskutiert (vgl. ARBER/GINN 1991, HAGESTADT 1992, GANNON 1999), unter anderem auch in Auseinandersetzung mit sozialpolitischen Fragen (vgl. CASEY 2002). So wird von GINN und ARBER (1995) eine Verkürzung der Repräsentation von Geschlecht in der Altersforschung kritisiert, ohne den theoretischen Konnex von Geschlechterbeziehungen und Alter als fundamentales Strukturierungsprinzip sozialer Organisation gesellschaftstheoretisch in den Blick zu nehmen. Umgekehrt könne auf Seiten der Genderforschung, die sich mit sozialer Benachteiligung von Frauen im privaten und öffentlichen Leben auseinandersetzt, allerdings selten Alter(n) berücksichtigte, eine beträchtliche theoretische Vernachlässigung des Alter(n)s festgestellt werden. Diese gewissermaßen doppelte Einbahnstrasse charakterisieren die AutorInnen folgendermassen: „Like dinners at separate tables, ageing theorists and feminist

sociologists have been exchanging some meaningful glances but without pooling their conceptual resources" (GINN und ARBER 1995, S. 2).

Im Folgenden wird der Versuch unternommen, von konzeptuellen Neuerungen in der Geschlechterforschung ausgehend das Potential einer systematischen wechselseitigen Wahrnehmung der theoretischen Ressourcen von Alters- und Genderforschung stärker in den Mittelpunkt des Interesses zu stellen. Denn schon auf den ersten Blick drängen sich gewisse Ähnlichkeiten der beiden sozialen Kategorien auf: Alter und Geschlecht sind beide biologisch gegeben und auch in der gesellschaftlichen Zuschreibung und Zuordnung in sozialen Interaktionen hochbedeutsam; zusätzlich handelt es sich um zwei zentrale Dimensionen sozial-struktureller Ungleichheit und Diskriminierung in modernen Gesellschaften. Dabei werden die sozialen Merkmale des Alter(n)s und Geschlechts gesellschaftspolitisch häufig in einem Ausmaß als „Achsen der Ungleichheit" (KLINGER/KNAPP/SAUER 2007) akzentuiert und perpetuiert, die biologisch keineswegs gerechtfertigt erscheinen. „Die Teilung der Gesellschaft in Alt und Jung und in Frau und Mann, wie sie in der Sozialisation, der sozialen Allokation mit geschlechts- und altersspezifischen Rollen- und Arbeitsteilungen und der Zuteilung von Chancen praktiziert wird, überlagert die realen (geringen) biologisch-psychologischen Unterschiede durch Attributionen, Stereotype, Normalitätsstandards und sanftere bis härtere Abweichungssanktionen bis fast zur Unkenntlichkeit" (SICKENDIEK 1999, S. 149).

Entgegen dieser dualistischen Sichtweise werden in der Fachliteratur unterschiedliche Kategorien gebraucht, um Ältere zu benennen, die viel stärker den sozialen als den chronologischen Aspekt des Alter(n)s berücksichtigen: so bezieht man sich etwa auf aktive SeniorInnen, junge Alte und Hochbetagte (vgl. FÜRSTENBERG 2000). Die Kategorie des Alters wird in der Altersforschung als sozial, historisch und kulturell konstruiert und mithin auch als veränderbar aufgefasst.

Doch auch Geschlecht als soziale Kategorie wird innerhalb der sozialwissenschaftlichen Frauen- und Genderforschung sehr unterschiedlich interpretiert. Der Begriff der Geschlechterverhältnisse (vgl. BECKER-SCHMIDT/KNAPP 2000, S. 39) bezeichnet die Beziehung zwischen Frauen und Männern als in Relation stehende soziale Genusgruppen; zudem geht es um die Kontexte, innerhalb derer diese Gruppen, sofern sie nicht gleichgestellt sind, in ein Wechselverhältnis der Auf- und Abwertung geraten. Zudem kann Geschlecht in vielfältiger Weise aufgefasst werden, wobei diese Bedeutungen durch Entwicklungen in der Geschlechterforschung markiert sind: a) als Variable und soziale Rolle im Strukturfunktionalismus, b) als soziale Konstruktion in der Ethnomethodologie, c) als sozialer Strukturzusammenhang, und d) als performative Inszenierung bei Judith BUTLER. Diesen Bestimmungen des Geschlechts wenden wir uns Schritt für Schritt zu.

Was können uns diese Geschlechts-Bedeutungen im Hinblick auf die soziale Kategorie des Alter(n)s sagen? Die folgende Diskussion intendiert Anregungen dafür zu geben, dass jede dieser Gebrauchsweisen der sozialen Kategorie Geschlecht konzeptuell auch mit der sozialen Kategorie des Alter(n)s verknüpft werden kann und diesbezüglich Einsichten in ein systematisches theoretisches Zusammendenken von Alter und Geschlecht zu ermöglichen vermag. Zudem eröffnet uns die bunte Vielfalt konzeptueller Perspektiven auch eine Sichtweise auf Alter und Altern als Prozess der sozialen Konstruktion. Das ermöglicht dann theoretisch wie auch empirisch zu untersuchen, wie Alter(n) als soziales Phänomen und als Institution erzeugt und erhalten, perpetuiert und transformiert wird, wie Annahmen und Glaubensbestände über das Alter(n) und besondere Alterskategorien durch Status, Normen und soziale Strukturen verstärkt werden, und wie Alter das Leben und die Erfahrung des/der Einzelnen strukturiert (vgl. LAZ 1998, S. 90).

3. Konzeptuelle Überlegungen

3.1 Geschlecht und Alter als Variable und soziale Rolle

Geschlecht als Variable und soziale Rolle zu interpretieren ist vor allem für die gängige Praxis der quantifizierenden Sozialforschung, aber auch für das strukturfunktionalistische Modell von Geschlechtsrollen charakteristisch. In der Sozialforschung finden wir Geschlecht (und Alter) am ehesten als Variable in Betracht gezogen; als Kategorie wird Geschlecht meist im Sinn eines individuellen Persönlichkeitsmerkmales und irgendwie verhaltensprägenden Attributes, also tendenziell als Zuschreibung einer verinnerlichten Individualeigenschaft interpretiert. Wie Kritikerinnen des Ansatzes betonen (vgl. STACEY/THORNE 1985, SAUER 1995, BERNARD 1998), steht dieses forschungspraktische Verständnis der Entwicklung einer theoretischen Auseinandersetzung im Wege, das zum Verständnis des Ganzen des sozialen Lebens beitragen könnte: Ohne eine gleichzeitige kritische Reflexion der theoretisch-begrifflichen Prämissen der Forschung führt das Erheben von Geschlecht als Merkmal und Variable letztlich zur Naturalisierung der sozialen Klassifikation. Das gilt auch in der empirischen Altersforschung: Selbst wenn, analog zum Geschlecht, Alter als Variable in Betracht gezogen und gewissermaßen einfach hinzu addiert wird, bleibt die Reflexion der sozialen Beziehungen im Alter als fundamentale Ordnungsprinzipien der Vergesellschaftung auf einer theoretisch-konzeptuellen Ebene eher unterentwickelt (vgl. GINN/ARBER 1995, S. 2).

In der disziplinären Entwicklung der Soziologie geht das Geschlechtsrollen-Modell auf Talcott PARSONS' Arbeiten über familiäre Sozialisation zurück (vgl. PARSONS/BALES 1955). Gemäß ihrer antizipierten Funktionalität für das Familiensystem ordnete PARSONS Rollenerwartungen und Beziehungsstrukturen eindeutig den beiden Geschlechtern zu und bestimmt diese als „instrumentelle" Orientierung an „familienexternen" Bezügen (Vaterrolle) versus „expressiver, familieninterner" Orientierung (Mutterrolle).

Feministisch inspirierte Kritik an diesem Modell (vgl. EICHLER 1980, S. 20 ff., CONNELL 1987, S. 47 ff.) wendet ein, dass dabei eine geschlechtlich bestimmte Differenz und gleichzeitig als „funktional" apostrophierte Komplementarität der Lebensentwürfe von Frauen und Männern unterstellt wird, wobei die synchrone Konzeptualisierung von Handlungs- und Geschlechtermodell entlang gängiger Stereotypien verläuft und ihnen wenig Überraschendes hinzufügt. Problematisch ist an dem Modell zusätzlich, dass es jederzeit zur Betonung und Rechtfertigung von Geschlechterdifferenzen herangezogen werden kann, ohne das Verhältnis als eines sozialer Ungleichheit zu fassen, also nicht das Element der systematischen Hierarchie und Machtasymmetrie in den Geschlechterbeziehungen reflektiert.

Man mag einwenden, dass gerade diese „Polarisierung der Geschlechtscharaktere" (HAUSEN 1977) mit zunehmendem Alter verschwindet, im Sinne der These einer „Feminisierung des Alters" (vgl. KOHLI 1990), die spätestens dann eintritt, wenn Erwerbstätigkeit für Männer in ihrem Alltag nicht mehr dominant ist und sie sich mithin weiblichen Formen von Vergesellschaftung im familiären und häuslichen Kontext annähern. Ebenso wie das strukturfunktionalistische Modell setzt sich die Feminisierungsthese jedoch der Kritik aus, die geschlechtsspezifische Verteilung von Lebenslagen und Lebenschancen als eine Form der sozialen Ungleichheit und Hierarchie zwischen den Geschlechtern weniger in den Blick zu nehmen (BACKES 2004, S. 397 f.). Die Diskussion einer entweder behaupteten stärkeren Angleichung oder vielmehr komplementären Differenz vergeschlechtlichter Lebensläufe von Männern und Frauen im Alter werden wir zu einem späteren Zeitpunkt erneut aufnehmen.

3.2 Geschlecht und Alter als interaktive Konstruktion

Mikrotheoretische Ansätze, die sich vor allem an die Ethnomethodologie anlehnen, haben sich detailliert mit den Prozessen der interaktiven Konstruktion von Geschlecht bzw. des „doing gender" (vgl. KESSLER/ MCKENNA 1978, WEST/ZIMMERMANN 1987) auseinandergesetzt, den subtilen Einzelheiten der sozialen Konstruktion der Differenz von „männlich" und „weiblich": Ins Blickfeld dieser Ansätze gelangen die diffizilen Prozesse der sozialen Konstruktion der Zweigeschlechtlichkeit selbst (vgl. GILDEMEISTER/WETTERER 1992, LORBER/ FARRELL 1991, LORBER 1999). Der zentrale Erkenntnisgewinn dieser theoretischen Analyse von Geschlecht liegt darin, Geschlecht als Funktion der Mikroebene sozialen Handelns erforschbar zu machen. Grundlegende Einwände wurden gegen einen auf Interaktion reduzierten Begriff sozialer Praxis formuliert, der soziale Realität gesellschafts- wie subjekttheoretisch zu verkürzen droht; zudem unterstelle der Ansatz, das Geschlechterverhältnis spiele sich ausschließlich auf symbolisch-kultureller Ebene ab (vgl. z. B. KNAPP 1995, S. 189).

Analog zum „doing gender" Ansatz wurde Alter(n) in der Altersforschung nicht nur als biologische Tatsache, sondern vielmehr als soziales Konstrukt aufgefasst, das durch Interaktionen in sozialen Gruppen definiert und gleichsam erst erzeugt wird. Unter dem Motto des „act your age" (LAZ 1998) wird darauf hingewiesen, dass soziales Alter(n) Teil von wechselseitigen Zuschreibungsprozessen ist und sowohl den Prozess wie auch das Resultat einer permanenten Interaktion und Performanz erzeugt und verhandelt, modifiziert und perpetuiert. In dieser Perspektive sind es die sozialen AkteurInnen selbst, die ihren Altersressourcen Sinn und Bedeutung zuschreiben, sowohl ihrem Körperbewußtsein wie auch zwischenmenschlichen Beziehungen. Zudem wird darauf hingewiesen, dass auch kulturelle Institutionen aus Medien, Werbung, Bildung, Recht, Medizin, Arbeitsmarkt und Wirtschaft sehr verschiedene Vorstellungen und Bilder des Alter(n)s aktiv vermitteln.

Empirisch wurde diese Perspektive von Alter als sozialer Konstruktion vor allen in der Organisation von Arbeit beobachtet (vgl. AINSWORTH 2002, BEISHEIM et al. 2009). So wiesen BEISHEIM et al. darauf hin, dass Frauen am Arbeitsplatz einer paradoxen Situation der Benachteiligung unterliegen, die mit einem Hinweis auf ihr Alter je nach Bedarf willkürlich legitimiert wird: „What is noticeable, however, is that a woman's age is always held against her: A woman is too young for leadership, too unreliable (in terms of a possible pregnancy) to be promoted, too old to be retained in the company's work force" (BEISHEIM et al. 2009, S. 10). AINSWORTH 2002 untersuchte, wie „ältere ArbeitnehmerInnen" an ihrem Arbeitsplatz einerseits als solche erst definiert und konstruiert, andererseits speziell Frauen darunter nicht mehr wahrgenommen und buchstäblich unsichtbar (gemacht) werden. Ihre soziale Unsichtbarkeit wird vor allem als das Resultat eines zentralen diskursiven Kampfes von älteren männlichen Arbeitnehmern um Anerkennung interpretiert, die am Arbeitsmarkt im Vergleich zu ihren jüngeren Kollegen benachteiligt sind (vgl. AINSWORTH 2002).

Dass es sich bei „hegemonialer Männlichkeit" (CONNELL 2006), als einer Variante prinzipiell vielfältiger Männlichkeits-Konstruktionen, um ein nur temporäres Lebensskript handelt, das in der westlichen Kultur wesentlich an eine bestimmte Lebensphase gebunden ist (vgl. SPECTOR-MERSEL 2006), wird auch von der Gender- und Altersforschung selten bemerkt. Die Ursache dafür dürfte darin liegen, dass Ältere häufig als geschlechtslos dargestellt oder wahrgenommen werden: Ein „echter Mann" zu sein, verträgt sich dann schlecht damit, „älter zu sein". Bei der Konstruktion älterer Männer handelt es sich insofern um eine paradoxe soziale Kategorie, die eine inverse Korrelation zwischen Maskulinität und Alter indiziert und häufig selbst in der Altersforschung zu konzeptuellen Blindflecken führt (vgl. SPECTOR-MERSEL 2006).

3.3 Geschlecht und Alter als sozialer Strukturzusammenhang

Unter anderem aus der Kritik an den Ansätzen des Strukturfunktionalismus und der mikrosoziologischen Ethnomethodologie hat sich schließlich eine theoretische Perspektive entwickelt, die das Geschlechterverhältnis als sozialen Strukturzusammenhang thematisiert (vgl. etwa BECKER-SCHMIDT 1985, BEER 1990, BECKER-SCHMIDT/KNAPP 1995). Denn der soziale Konstruktivismus hat die Frage nach sozialen Strukturen und Strukturbildungsprozessen keineswegs obsolet gemacht, nach jenen sozialen Kontexten und Institutionen, die als Rahmenbedingungen für die Struktur sozialer Interaktion bedeutsam bleiben und deren Grenzen umschreiben. Analytisch wird damit das gesamte Gefüge gesellschaftlicher Regelungen und Machtverhältnisse in Politik und Wirtschaft, Staat und Öffentlichkeit in den Blick genommen, denen jeweils bestimmte Beziehungen zwischen Frauen und Männern als Genus-Gruppen (vgl. BECKER-SCHMIDT/KNAPP 1995, S. 16 ff.) zugrundeliegen und die im kulturellen und historischen Zusammenhang variieren. So wird untersucht, wie Frauen und Männer in den Hierarchien solcher Regelsysteme verortet sind und welche Legitimationsmuster es für geschlechtliche Rangordnungen gibt. Geschlechterverhältnisse in diesem Sinn sind also Herrschafts- und Machtzusammenhänge, in denen die soziale Stellung der Genus-Gruppen institutionell verankert und reproduziert wird.
In der neueren Forschung zum Zusammenhang von Geschlecht und Alter(n) können wir ein ähnliches Paradigma identifizieren, das mit dem Konzept sozialer Lebenslagen und institutionalisierter Lebensläufe von Frauen und Männern verknüpft ist (vgl. z. B. BACKES et al. 2006). Eine Stärke dieses Ansatzes besteht in der betonten Verschränkung von empirisch-deskriptiver Forschung und analytischer Kompetenz auf der Ebene der gesellschafts- wie auch handlungstheoretisch informierten Theoriebildung. Einerseits werden soziale Strukturen und gesellschaftliche Ungleichheit im Alter im Hinblick auf die empirischen Dimensionen der geschlechtsspezifischen Arbeitsteilung, materiellen Situation, Erwerbstätigkeit, sozialen Netzwerke und Gesundheit von Frauen und Männern empirisch untersucht. Andererseits wird auf konzeptuell-theoretischer Ebene ihre Relation zu anderen Dimensionen sozialer Differenzierung wie Klasse und Schicht, Religion oder Ethnizität problematisiert. Dabei wird sichtbar, dass die Gefahren, Risiken und sozialen Probleme, die strukturell mit dem Altern verknüpft sind, wie etwa prekäre soziale Sicherung und Versorgung, Isolation, Armut und Abhängigkeit, zu einem wesentlich

größeren Anteil alte Frauen betreffen und für diese häufiger zu einer Situation kumulativer Benachteiligung führen (vgl. BACKES et al. 2006, S. 32). Diese treffen etwa Frauen, die aus niedrigen sozialen Schichten stammen, aufgrund diskontinuierlicher oder schlecht qualifizierter Erwerbstätigkeit keinen sozialen Aufstieg erfuhren, die in infrastrukturell benachteiligten Regionen leben und über ungenügende Ressourcen für Gesundheit, soziale Kontakte und finanzielle Absicherung verfügen (vgl. BACKES et al. 2006, S. 32).

3.4 Geschlecht und Alter als performative Inszenierung

Anfang der 1990er Jahre hat ein weiterer Ansatz die Genderforschung stark polarisiert, insofern die bislang übliche Unterscheidung zwischen biologischem Geschlecht (sex) und sozialem Geschlecht (gender) auf den Kopf gestellt und die dekonstruktive Kritik der Zweigeschlechtlichkeit radikalisiert wurde. Judith BUTLER behauptet die performative Inszenierung von Geschlechtlichkeit und Geschlechtsidentität, die sich durch diese Äußerungen und Inszenierungen erst als solche aktiv konstituiert (vgl. BUTLER 1991). Sie kritisiert mithin humanistische Konzepte, welche die psychologische Person und Geschlechtsidentität als etwas Substanzielles auffassen, was den Handlungen der Menschen vorausgeht und sich in ihnen nur äußert. Ihre Parteinahme gilt all jenen, die im Zuge der kulturellen Normierung von Genus-Gruppen als nicht normal ausgegrenzt werden.

Spricht BUTLER von der „definitorischen Unvollständigkeit der Kategorie Frau" (BUTLER 1991, S. 35), wendet sie ihre theoretische Aufmerksamkeit den Kämpfen um Bedeutungen wie Rasse, Klasse, Ethnie, Sexualität, aber auch Alter zu. BUTLERs theoretischer Ansatz mag uns darüber hinaus Anregungen zur Reflexion des Konnexes von Altern und Geschlecht liefern, und dies sowohl auf der symbolischen Ebene gesellschaftlicher Diskurse wie auch in der Reflexion der sozialen Bedeutung von Körpern und Körperlichkeit. Auf der diskursiven Ebene nehmen ältere Menschen generell eine symbolische Position ein, die man üblicherweise Frauen zuweist. Während „Jugend" häufig mit Attributen wie „Tatendrang, Stärke, Energie" assoziiert wird, die gesellschaftlich vor allem Männern zugeschrieben werden, wird das „Alter" mit „Schwäche, Abhängigkeit, Passivität" in Zusammenhang gebracht, die das gängige Weiblichkeitsstereotyp charakterisieren (vgl. GRAMSHAMMER-HOHL 2002, S. 264). Auf der Ebene der Körperlichkeit bedeutet der Prozess des Alterns für Männer und Frauen gleichermaßen eine krisenhafte Erfahrung, diese stellt sich jedoch geschlechtstypisch verschieden dar. Erleben Männer im Alter vor allem einen Verlust ihrer Leistungsfähigkeit, ist für die Geschlechtsidentität von Frauen weniger Leistungsfähigkeit denn erotische Anziehungskraft gesellschaftlich bedeutsam. Ein Verlust dieser mag dann für ihr Selbstverständnis als Frau prekär sein, kann aber individuell auch als Befreiung von sozialen Normen und Rollen der Weiblichkeit erlebt werden (vgl. GRAMSHAMMER-HOHL 2002, S. 267).

Mit GRAMSHAMMER-HOHL (2002, S. 272 f.) mag man behaupten, dass „(d)as Alter ein Ort (ist), wo dieser Kampf um die Bedeutung von Frausein besonders heftig, allerdings nicht immer offen ausgetragen wird. Ältere und alte Frauen werden mit ihren Anliegen oft einfach stillschweigend ausgeblendet, wenn von Weiblichkeit und Frausein die Rede ist – und dies selbst und gerade von Feministinnen." Zudem eröffnet uns das Zusammenwirken von gelebter Alters- und Geschlechtsidentität die grundsätzlich bunte Vielfalt möglicher Lebens- und Identitäts-Entwürfe, wobei diese durch sozialen Wandel immer seltener traditionellen geschlechtstypischen Rollen und eindeutig abgegrenzten Identitäten entsprechen: „Das Alter unterminiert gewissermaßen die Geschlechternormalität, ebenso wie Gender die Normalität des Alters unterläuft. Die Analyse des Wechselspiels von ‚Alter' und ‚Geschlecht' offenbart somit, wie sehr sich diese Kategorien weniger von ihrem komplementären Anderen als von sich selbst unterscheiden" (GRAMSHAMMER-HOHL 2002, S. 273).

4. Feminisierung des Alters oder kumulative Altersrisiken?

Seit etwa zwei Jahrzehnten wird die These von der „Feminisierung des Alters" in der Altersforschung diskutiert; diese hat dabei sowohl eine quantitative wie auch eine qualitative Komponente. Quantitativ oder auch demographisch wird die Tatsache ins Licht gerückt, dass der Anteil der Frauen an älteren Personen größer ist als jener der Männer: je höher das Lebensalter, desto größer ist auch der Frauenanteil (bezogen auf die hier vorgestellte Untersuchung vgl. hierzu etwa Tabelle 1). Diese demographische Feminisierung, vor allem durch eine höhere Lebenserwartung von Frauen bedingt, bedeutet, dass Frauen zunehmend in Kreis von gleichaltrigen Frauen älter werden und dass sich weibliche Lebensstile in diesem Sinne verstärken. Auf einer qualitativen Dimension wird zusätzlich argumentiert, dass eine Angleichung von Männern an weibliche Vergesellschaftsformen stattfindet, da die typische männliche Vergesellschaftsform über die Erwerbsarbeit im Alter beendet sei (vgl. KOHLI 1990). Nicht nur gehen damit Rollen- und Prestigeverlust in der öffentlichen Sphäre einher, zudem findet sich der männliche Pensionist in „weiblichen" Alltagsstrukturen wie dem häuslichen und familiären Umfeld wieder, seine Lebensumstände „verweiblichen" buchstäblich.

Während die These von der Feminisierung des Alters also die tendenzielle Angleichung, zunehmende Gleichheit und Ent-Hierarchisierung der Lebenssituation von Männer und Frauen im Alter behauptet, betonen kritische Stimmen hingegen das Moment der Differenz und die darin zugleich inkorporierte Dimension von geschlechtsspezifischer Hierarchie im Sinne einer Kumulation von Altersrisiken und Benachteiligungen je nach dem Geschlecht. So wird bemerkt (vgl. BACKES 2004, BACKES et al. 2006), dass Frauen und Männer sich in ihren Lebenslagen und Lebensstilen auch im Alter stark voneinander unterscheiden: „Die ‚weiblichen' und ‚männlichen' Lebensläufe und Vergesellschaftungsweisen finden offensichtlich im Alter ihre Fortsetzung, wenn auch auf anderem Niveau. Erkennbar wird dies etwa daran, dass Männer häufiger in nachberuflichen Tätigkeiten eine modifizierte Fortsetzung ihres Berufs anstreben, während Frauen sich eher auf Haus- und Familienarbeit konzentrieren, außerdem daran, dass Männer besser eigenständig sozial gesichert sind als die meisten Frauen" (BACKES 2004, S. 397). Soziale Geschlechterunterschiede im Alter umfassen dabei ein höheres Risiko von Frauen, von sozialen Problemlagen betroffen zu sein: von prekärer materieller und immaterieller Absicherung, der Notwendigkeit familiäre Leistungen zu erbringen, die ihrer gesundheitlichen Situation nicht angemessen sind, von häufigeren chronischen Erkrankungen bei gleichzeitig längerer Lebensdauer, was in eine stärkere Abhängigkeit von institutioneller Hilfe etwa durch Alten- und Pflegeheime resultiert (vgl. BACKES 2004, S. 397). Zugleich aber sind die geschlechtstypischen Lebensläufe von Frauen auch durch Vorzüge geprägt, die ihre Kompetenzen zu einer häufigen Umstellung und Vereinbarung von Widersprüchen gestärkt haben, sodass sie oft auch besser als Männer in der Lage sind, Veränderungen und Verluste zu bewältigen: Da Frauen im Unterschied zu Männern weitaus seltener eine „Normalbiographie" vorweisen können, wird ihnen „im Alter besonders ausgeprägte Pluralität, Heterogenität und Differenzierung von Lebenslagen, Lebensstilen und Umgangsformen mit dem Alter(n)" (BACKES 2004, S. 397) attestiert.

Das Hauptargument einer Kritik an der These der Feminisierung des Alters betrifft deren theoretische Vernachlässigung sowohl der Komplementarität wie auch der Hierarchie, die in typische vergeschlechtlichte Lebensläufe von Frauen und Männern strukturell eingebaut sind: Die im Alter durch Pensionierung veränderte Vergesellschaftung von Männern sei bereits in der biographischen Perspektive ihrer „Normalbiographie" enthalten und statte sie daher auch mit mehr materiellen und sozialen Ressourcen aus, mit dieser Umstellung umzugehen (vgl. BACKES 2004, S. 398). Sichtbar sei dies etwa daran, dass eine Orientierung an nachberuflichen Tätigkeiten seltener mit familialen Verpflichtungen einhergeht; dass sich Männer im hohen Alter seltener mit dem Status des Alleinstehenden beispielsweise in einem Pflegeheim auseinandersetzen müssen; und dass speziell Männer mit kontinuierlich hoch qualifizierter Erwerbstätigkeit auch im Alter über entsprechendes Einkommen, Prestige und Einfluss verfügen, die sich üblicherweise positiv auf ihre Lebenslage auswirken (vgl. BACKES 2004, S. 398).

Die bisherigen konzeptuellen Überlegungen beabsichtigten die bestehende Vielfalt theoretischer Ansätze der Geschlechterforschung sichtbar zu machen, die für die Reflexion des Konnexes von Alter(n) und Geschlecht nutzbar gemacht werden könnten. Zusätzlich liefert speziell das vorgestellte Modell sozialer Lebenslagen einen theoretisch informierten Ausgangspunkt, um der geschlechtsspezifisch unterschiedlich verfassten Situation im Alter auch empirisch nachzugehen, wenn Dimensionen von Einkommen, Bildung und Beruf, Familienstand und Haushaltsformen wie auch gesellschaftlicher Partizipation älterer Frauen und Männer untersucht werden.

5. Forschungsdesign

Im Folgenden sollen Ergebnisse einer empirischen Untersuchung zur Lebenssituation von Frauen und Männern vorgestellt werden, die 2006 in Feldkirchen in Kärnten umgesetzt wurde (vgl. SCHEU et al. 2006). Ziel der Befragung war die Erhebung von Lebens- und Wohnformen Älterer, ihre Versorgung, Erwerbstätigkeit und Einkommen, die intergenerative Struktur, Mobilität und Nutzung von Verkehrsmitteln, ihre Nutzung von Freizeitangeboten, die Mitarbeit und das Engagement Älterer in der Zivilgesellschaft sowie ihre Beziehung zu den Nachbarländern Italien und Slowenien.

Die Vorteile einer quantifizierenden Methodologie bzw. des Einsatzes eines Fragebogens zur schriftlichen standardisierten Befragung von AkteurInnen werden nicht nur technisch-ökonomisch, sondern auch methodisch und inhaltlich begründet: Mittels schriftlicher Befragungen würden Interviewfehler vermieden, zugesicherte Anonymität sei glaubwürdiger, und Antworten seien als „ehrlicher und überlegter" zu interpretieren, da der Beantwortungszeitpunkt von den Befragten selbst bestimmbar ist und ein möglicher Einfluss seitens InterviewerInnen wegfällt (vgl. SCHNELL/HILL/ESSER 2005, S. 359).

Befragt wurden Frauen und Männer ab 60 Jahren, unabhängig von ihrem Erwerbs- oder Pensionsstatus oder ihrer Zugehörigkeit zu einer sonstigen sozialen Gruppe. In der vorliegenden Untersuchung wurde Verallgemeinerbarkeit bezogen auf die Zugehörigkeit der Befragten zu einer bestimmten Alterskohorte und der Geschlechtszugehörigkeit gewährleistet. Das heißt, die Teilerhebung der Männer und Frauen ab 60 Jahren war sowohl nach dem Geschlecht wie auch in den einzelnen Alterskohorten repräsentativ (vgl. Tab. 1).

Die standardisierte quantitative Befragung älterer Menschen ab 60 Jahren wurde anhand eines schriftlichen Fragebogens mit geschlossenen Antwortkategorien umgesetzt, wobei n=509 Personen in der Stadtgemeinde Feldkirchen in Kärnten, die im Stadtkern oder in einer der 85 Ortschaften des Umlandes leben, an der Befragung teilgenommen hatten. Die Teilerhebung fand in zwei Phasen im Winter 2006 statt und betraf etwa 20 Prozent der Feldkirchner Bevölkerung über 60 Jahren (N=2859). Die Fragebögen wurden aufgrund einer vorhergehenden Stichprobendefinition gemäß der Volkszählungsdaten 2001 der Statistik Austria und eigenen Berechnungen in die Auswertung aufgenommen. Das Skalenniveau war nominal. Korrelationen der Ergebnisse mit demographischen Merkmalen wurden mittels Chi-Quadrat-Test auf ihre statistische Signifikanz geprüft (asymptotische Signifikanz im Chi-Quadrat-Test jeweils 0,000). Missing data wurden in der Darstellung der Ergebnisse nicht berücksichtigt.

Tab. 1: Merkmale der Grundgesamtheit und Stichprobendefinition.

Merkmale	Grundgesamtheit in Prozent			Grundgesamtheit in Absolutzahlen (N=2859)			Stichprobe in Absolutzahlen (n=509)		
M/F/S	M	F	S	M	F	S	M	F	S
Gesamt	48,8	51,2	100	6.847	7.183	14.030	248	261	509
60+gesamt	40,3	59,7	100	1.152	1.707	2.859	205	304	509
60-64 Jahre	47,2	52,8	25,0	341	381	722	60	67	127
65-69 J.	43,3	56,7	18,6	231	303	534	41	54	95
70-74 J.	42,7	57,3	21,0	257	344	601	46	61	107
75-79 J.	38,2	61,8	16,2	175	283	458	32	51	83
80 J. und älter	27,2	72,8	19,1	148	396	544	26	71	97

Quelle: Grundgesamtheit in Absolutzahlen vgl. Statistik Austria Volkszählungsdaten 2001 und eigene Berechnungen. M=männlich, F=weiblich; S=Summe.

Laut Statistik Austria betrug nach der Volkszählung vom 15.5.2001 die Wohnbevölkerung in der Stadtgemeinde Feldkirchen 14.030 Personen, wobei 48,8% davon männlichen und 51,2% weiblichen Geschlechts waren. Der Anteil der ab 60-Jährigen an der Gesamtbevölkerung betrug 20,4%, wobei 40,3% davon Männer und 59,7% davon Frauen waren. Mit zunehmendem Alter steigt auch der Frauenanteil deutlich an: Belief sich der Frauenanteil unter den 60- bis 64-Jährigen in Feldkirchen noch etwa 52%, so trifft dies in der Altersgruppe der ab 85-Jährigen bereits auf 77% zu. Diese quantitative Bedeutsamkeit des Weiblichen im Alter beruht vor allem auf einer höheren durchschnittlichen Lebenserwartung von Frauen in Österreich: Derzeit liegt für Frauen mit 82 Jahren diese Lebenserwartung um sechs Jahre höher als für Männer (vgl. BMSG 2004, S. 11).

6. Empirische Ergebnisse[1)]

In der Untersuchung wurde die Situation von Frauen und Männern ab 60 Jahren entlang folgender Dimensionen untersucht, die als empirische Aspekte ihrer geschlechtsspezifischen Lebenslagen aufgefasst wurden: Familienstand und Lebensform, Bildung und Arbeit, Einkommen und finanzielle Situation, Mobilität, Nutzung von Freizeitangeboten, gesellschaftliche Partizipation.

6.1 Familienstand und Lebensform

Betrachten wir zunächst die Geschlechterverteilung Älterer im Hinblick auf Familienstand und Haushalts- bzw. Lebensform, überrascht es nicht, dass mit dem Alter die statistisch signifikante Wahrscheinlichkeit einer Verwitwung ansteigt: Personen ab 70 Jahren und älter sind am häufigsten verwitwet; aufgrund ihrer durchschnittlich höheren Lebenserwartung betrifft dies vor allem Frauen. Bei Männern finden wir hingegen einen statistisch signifikant höheren Anteil Verheirateter. Dies wird auch deutlich, wenn man nach dem Zusammenleben alter Leute fragt: Frauen geben mehrheitlich an, allein zu leben, bei den Männern sind mit 77,2% diejenigen überproportional vertreten, die mit einer Partnerin zusammenleben; der Anteil der Frauen an den Alleinlebenden ist hingegen etwa doppelt so groß wie der Anteil alleinlebender Männer. Frauen wiederum leben mit 96% wesentlich stärker in Formen betreuten Wohnens oder in Alten- und Pflegeheimen mit anderen Personen zusammen. Mit dem Alter steigt der Anteil der Alleinlebenden auf 53% aller ab 80-Jährigen an. Immerhin 21,5% der Befragten ab 80 Jahren wohnen mit ihren Kindern zusammen, was unter anderem an der ländlich geprägten wirtschaftlichen und sozialen Struktur des Erhebungsraumes Feldkirchen liegen mag.

6.2 Bildung und Arbeit

Zwar ziehen Frauen seit den 1970er Jahren bis heute in den Bildungsabschlüssen nach, doch heute alte Frauen haben immer noch weitaus häufiger einen niedrigeren Bildungsabschluss als Männer erworben. Wie die Ergebnisse zeigen, sind Frauen in höheren Bildungsklassen unterrepräsentiert, und diese Unterrepräsentation verschärft sich häufig noch mit dem Älterwerden: So sind jene Personen, die gar keinen Schulabschluss erworben haben, fast ausschließlich Frauen, Personen mit Volksschulabschluss und Hauptschulabschluss als höchstem Bildungsabschluss sind häufiger Frauen, stattdessen sind bei den höheren Bildungsabschlüssen Männer überrepräsentiert.

Obwohl das rechtlich festgelegte Personeneintrittsalter für Frauen gegenwärtig bei 60 Jahren und für Männer bei 65 Jahren liegt, beträgt das faktische Pensionsantrittsalter in Österreich für beide Geschlechter durchschnittlich 58 Jahre (vgl. BMSG 2004, S. 11). Die derzeitige Erwerbstätigkeit bei den Befragten betrug nur 3,9%, womit davon ausgegangen werden konnte, dass der Großteil der Befragten seinen Lebensunterhalt aus Leistungen der Pensionsversicherung bezieht. Die Tatsache, früher erwerbstätig gewesen zu sein, ist stark von der Geschlechtszugehörigkeit abhängig. Zu den früher Nicht-Erwerbstätigen zählten nur vereinzelt Männer (5% aller Nichterwerbstätigen), das bedeutet, dass der hohe Anteil der Älteren unter den früher Nicht-Erwerbstätigen vor allem auf nicht-erwerbstätige Frauen zurückzuführen ist. Dennoch ist bemerkenswert, dass in den vergangenen Jahrzehnten die Frauen-Erwerbstätigkeit allgemein viel selbstverständlicher geworden ist, vor allem unter den jungen Alten.

6.3 Einkommen und finanzielle Situation

Beim Einkommen handelt es sich um eine Größe, die statistisch signifikant geschlechtsspezifisch verteilt ist. Eine geschlechtsspezifische Lohndiskriminierung auf Kosten von Frauen finden wir in Österreich zwar auch schon unter den jüngeren Bevölkerungsgruppen und Berufstätigen (vgl. HÖNIG/KREIMER 2005). Aufgrund des in Österreich bestehenden Systems, das Pensionen relativ zum vorher erzielten Einkommen auszahlt, setzt sich diese Ungleichheit im Alter dann weiter fort und verschärft sich in vielen Fällen auch: je höher die Einkommensklasse, desto höher der Männeranteil. In der höchsten Einkommensklasse von 1500 Euro monatlich und mehr pro Kopf finden sich fast doppelt so viele Männer wie Frauen, in der niedrigsten Einkommensklasse bis 699 Euro monatlich pro Kopf beträgt der Frauenanteil hingegen 87,7%. Zudem hängt die Verfügbarkeit monatlichen Einkommens vor allem mit der Lebensform zusammen: In der niedrigsten Einkommensklasse bis 699 Euro monatlich sind 64,1% alleinstehend, in der höchsten Einkommensklasse hingegen leben Männer und Frauen überwiegend in einer Partnerschaft (79,3%). Dies bedeutet, dass Frauen ein erhöhtes Armutsrisiko im Alter haben, und dieses Armutsrisiko trifft sie besonders dann, wenn sie alleinstehend sind.

6.4 Mobilität

Zudem wurden die Bedürfnisse und Bedarfe älterer Menschen in ihren Alltagsbewegungen bzw. ihrer Mobilität im Sozialraum untersucht. Dabei zeigt sich, dass das Mobilitätsverhalten stark von der Geschlechtszugehörigkeit beeinflusst ist: 79% aller befragten Männer nutzen regelmäßig den Privat-PKW, jedoch nur 53,4% aller Frauen nutzen denselben. Stattdessen benützen Frauen zu 17,1% wesentlich häufiger als Männer zu 4,8% öffentliche Verkehrsmittel. Ebenso ist die Nutzung von Mitfahrgelegenheiten unter Frauen (18,1%) häufiger als unter Männern (10,2%).

6.5 Nutzung von und Bedarf an Freizeitangeboten

Bei der Nutzung von Freizeitangeboten ist kaum ein Zusammenhang mit dem Alter festzustellen, wogegen die 60- bis 64-Jährigen um etwa ein Fünftel häufiger Bildungs- und Kulturangebote in Anspruch nehmen als die noch Älteren. Bemerkenswert ist, dass Männer um etwa 20% häufiger angeben, Gaststätten und Geschäfte zu nutzen als Frauen. Allerdings war kaum ein Geschlechterunterschied in der quantitativen Nutzung von Freizeitangeboten in den Bereichen Sport, Bildung, Kultur und Familie zu bemerken. Auch hinsichtlich des Interesses und Bedarfs an weiteren Freizeit-Angeboten konnte kaum ein Zusammenhang mit der Geschlechtszugehörigkeit der Befragten festgestellt werden. Allerdings interessieren sich Frauen signifikant häufiger für Angebote an Bildung und Kultur, seltener als Männer jedoch für den Sport. Männer hingegen interessieren sich gleich stark für jegliche Bereiche des öffentlichen Lebens.

6.6 Gesellschaftliche Partizipation und Auseinandersetzung mit Lebensbereichen

Zwischen den Geschlechtern lassen sich kaum geschlechtsspezifische Differenzen hinsichtlich der Bereiche sozialen und bürgerschaftlichen Engagements bemerken. Bei beiden Geschlechtern überwiegt das Engagement im Sozial- und Vereinsleben mit jeweils etwa 40%, in Bildung und Kultur arbeiten jeweils etwa ein Viertel der befragten Frauen und Männer mit. Unter Männern sind dagegen Sport, Politik und Medien als klassische Bereiche gesellschaftspolitischen Gestaltens mit jeweils etwa 20% stärker vertreten als unter Frauen.

Zusätzlich wurden Ältere befragt, wie sie sich mit Lebensbereichen wie ihrer Biographie, dem Älterwerden oder auch Anliegen ihrer Generation auseinandersetzen. Geschlechtsspezifische Unterschiede spielen insofern eine Rolle, als Frauen etwas seltener angeben, sich mit Politik und Gesellschaft auseinander zu setzen als Männer, dagegen spielt das Befassen mit der eigenen Lebensgeschichte und dem Älterwerden für Frauen häufiger eine Rolle als für Männer. Männer sind dagegen gerade diese Bereiche sowie die SeniorInnenangebote Feldkirchens wichtiger als die Reflexion der eigenen Lebensgeschichte, der eigenen Generation und des Älterwerdens.

7. Zusammenfassung

Die Darstellung empirischer Ergebnisse zum sozialen Zusammenhang von Alter(n) und Geschlecht orientierte sich an einer 2006 umgesetzten standardisierten schriftlichen Befragung zur Lebenssituation von älteren Frauen und Männern ab 60 Jahren in Kärnten (vgl. SCHEU et al. 2006). Der Anteil der Frauen an der repräsentativen Stichprobe betrug etwa zwei Drittel, was vor allem auf ihre höhere Lebenserwartung zurückzuführen ist. Zudem waren Frauen auch auf relevanten Dimensionen sozialer Ungleichheit überproportional vertreten, etwa unter den Verwitweten und Alleinlebenden, den schlecht Qualifizierten mit niedrigen Bildungsabschlüssen und den vormals nicht Erwerbstätigen. Bemerkenswert war die stark geschlechtsspezifische Verteilung von Einkommen, wobei speziell alleinstehende Frauen einem erhöhten Armutsrisiko im Alter unterliegen. Auch das Mobilitätsverhalten unterscheidet sich nach der Geschlechtszugehörigkeit, wobei Männer häufiger private PKWs und Frauen häufiger öffentliche Verkehrsmittel nutzen. Kein Zusammenhang mit dem Geschlecht ist in der quantitativen Nutzung von Freizeitangeboten und in der subjektiven Bedeutsamkeit von gesellschaftlicher Partizipation am öffentlichen Leben festzustellen.

Entlang dieser genannten Dimensionen bestätigt unsere empirische Untersuchung weitgehend jene idealtypische Charakterisierung älterer Frauen, wie wir sie in der Fachliteratur finden: „Die ‚Durchschnittsfrau' im Alter ist eine alleinlebende (verwitwete) Frau Mitte 70, mit eher niedriger Schulbildung, ... im Westen mit niedrigerer früherer Berufsbeteiligung, mit schmalem bis mittlerem Einkommen, mit geringen Chancen auf eine partnerschaftliche Beziehung mit Zärtlichkeit und Sexualität sowie ohne nennenswerten gesellschaftlichen Einfluß" (SICKENDIEK 1999, S. 172).

Doch neben diesen Beschränkungen verfügen ältere Frauen auch über Ressourcen „wie soziale Beziehungen in Familie, Freundeskreis, Nachbarn, auch Erfahrung in der Pflege von Beziehungen, Improvisationsvermögen auch in materiellen Notsituationen, sie sind routinisiert darin Veränderungen zu bewältigen und mit widersprüchlichen und wechselhaften Anforderungen an weibliche Rollen zurecht zu kommen, hatten im Laufe eines Lebens auch öfter ihre Rolle zu revidieren als dies typischerweise auf Männer zutrifft" (SICKENDIEK 1999, S. 173).

Der vorliegende Beitrag hat zudem konzeptuelle Zusammenhänge von Alter(n) und Geschlecht nicht nur auf Ebene der empirischen Sozialforschung, sondern auch hinsichtlich verschiedener theoretischer Modelle von Geschlecht als Variable und Rolle, als interaktivem Konstrukt, als sozialem Strukturzusammenhang und als performativer Inszenierung untersucht. Dabei war beabsichtigt, mittels der Diskussion unterschiedlicher sozialwissenschaftlicher Ansätze auch Impulse zu einer Weiterentwicklung der theoretischen Reflexion des Konnexes von Alter(n) und Geschlecht zu liefern. Zudem wurde der Frage nachgegangen, ob es sich bei der Situation von Frauen und Männern im Alter um eine tendenzielle Angleichung der Lebensläufe handelt, wie es die These von der Feminisierung des Alters betont (vgl. KOHLI 1990), oder wir vielmehr von einer Komplementarität von Lebenslagen ausgehen müssen, die häufig auch in kumulative Benachteiligung von Frauen im Alter resultiert (vgl. BACKES 2004, EGGER DE CAMPO/POSCH 2005). Auch wenn letztere Behauptung nicht auf allen Dimensionen der Untersuchung empirisch untermauert werden kann, so wurde deutlich, dass sich geschlechtsspezifische soziale Ungleichheit, Benachteiligungen und Risiken in den Lebensläufen und Lebenslagen von Frauen und Männern mit zunehmendem Alter weitgehend zu Lasten der Frauen verschärfen.

Anmerkungen

[1] Eine detaillierte Darstellung der Ergebnisse findet sich in SCHEU et al. 2006.

Literatur

AINSWORTH, S.: The 'Feminine Advantage: A Discursive Analysis of the Invisibility of Older Women Workers. In: GENDER, WORK AND ORGANIZATION. Bd. 9, Nr. 5, November 2002, S. 579-601.

ALLMENDINGER, J./BRÜCKNER, E./BRÜCKNER, H.: Gendered Retirement: The Limitations of Individual Level Analyses. In: HEINZ, W. R. (Hg.): INSTITUTIONS AND GATEKEEPING IN THE LIFE COURSE. Weinheim 1992, S. 187-216.

ARBER, S./GINN, J.: Gender and Later Life. A Sociological Analysis of Resources and Constraints. London 1991.

BACKES, G. M.: Frauen im Alter. Ihre besondere Benachteiligung als Resultat lebenslanger Unterprivilegierung. Bielefeld 1983.

BACKES, G. M. (Hg.): Soziologie und Alter(n). Neue Konzepte für Forschung und Theorieentwicklung. Opladen 2000.

BACKES, G. M.: Alter(n)sforschung und Gesellschaftsanalyse – konzeptionelle Überlegungen. In: DALLINGER, U./SCHROETER, K. R. (Hg.): Theoretische Beiträge zur Alternssoziologie. Opladen 2002, S. 61-78.

BACKES; G. M.: Alter(n): Ein kaum entdecktes Arbeitsfeld der Frauen- und Geschlechterforschung. In: BECKER, R./KORTENDIEK, B. (Hg.): Handbuch Frauen- und Geschlechterforschung: Theorie, Methoden, Empirie. Wiesbaden 2004, S. 395-401.

BACKES, G. M./AMRHEIN, L./LASCH, V./REIMANN, K.: Gendered Life Course and Ageing – Implications on ‚Lebenslagen' of Ageing Women and Men. In: BACKES, G. M./LASCH, V./, REIMANN, K. (Hg.): Gender, Health and Ageing: European Perspectives on Life Course. Health Issues and Social Challenges, Wiesbaden 2006, S. 29-56.

BEAUVOIR, DE, S.: Das andere Geschlecht. Sitte und Sexus der Frau. Reinbek bei Hamburg 1951.

BEAUVOIR, DE, S.: Das Alter. Reinbek bei Hamburg 1972.

BECKER-SCHMIDT, R.: Die doppelte Vergesellschaftung – die doppelte Unterdrückung. Besonderheiten der Frauenforschung in den Sozialwissenschaften. In: UNTERKIRCHNER, L./WAGNER, I. (Hg.): Die andere Hälfte der Gesellschaft. Wien 1985, S. 10-25.

BECKER-SCHMIDT, R./KNAPP, G. A. (Hg.): Feministische Theorien zur Einführung. Hamburg 2000.

BECKER-SCHMIDT, R./KNAPP, G. A.: Das Geschlechterverhältnis als Gegenstand der Sozialwissenschaften. Frankfurt/New York 1995.

BEER, U.: Geschlecht, Struktur, Geschichte. Soziale Konstituierung des Geschlechterverhältnisses. Frankfurt/New York 1990.

BEISHEIM, M./MAIER, F./KREIL; L./GUSENBAUER, B. (Hg.): Constructions of Women's Age at the Workplace. Frankfurt am Main 2009.

BERNARD, J.: My Four Revolutions. An Autobiographical History of the ASA. In: MYERS, K. et al. (Hg.): Feminist Foundations: Towards Transforming Sociology. Thousand Oaks 1998, S. 3-20.

BEYER, S.: Frauen im Sterben. Gender und Palliative Care. Freiburg im Breisgau 2008.

BMSG Bundesministerium für Soziale Sicherheit, Generationen und Konsumentenschutz: Bericht über die Soziale Lage 2003-2004. Ressortaktivitäten und Analysen. Wien 2004.

BUTLER, J.: Das Unbehagen der Geschlechter. Frankfurt am Main 1991.

CASEY, B./YAMADA, A.: Getting Older, Getting Poorer? A Study of the Earnings, Pensions, Assets and Living Arrangements of Older People in Nine Countries, Labour Market and Social Policy Occasional Papers No.60, Directorate for Education, Employment, Labour and Social Affairs, Paris 2002.

CONNELL, R.: Der gemachte Mann: Konstruktion und Krise von Männlichkeiten. Opladen 2006.

CONNELL, R.: Gender & Power: Society, the Person and Sexual Politics. Oxford/Cambridge 1987.

EGGER DE CAMPO, M./POSCH, K. (Hg.): Strategien gegen soziale Ausgrenzung alter Menschen. Tagungsband. Graz 2005.

EICHLER, M.: The Double Standard: A Feminist Critique of Feminist Social Science. London 1980.

FÜRSTENBERG, F.: Handlungskompetenz im Prozess des Alterns. Ein soziologisches Forschungsfeld. In: BACKES, G. (Hg.): Soziologie und Alter(n). Neue Konzepte für Forschung und Theorieentwicklung. Opladen, S. 193-200.

GANNON, L. R.: Women and Aging: Transcending the Myths. London 1999.

GILDEMEISTER, R./WETTERER, A.: Wie Geschlechter gemacht werden. Die soziale Konstruktion der Zweigeschlechtlichkeit und ihre Reifizierung in der Frauenforschung. In: KNAPP, G. A./WETTERER, A. (Hg.): Traditionen Brüche. Entwicklungen feministischer Theorie. Freiburg im Breisgau 1992, S. 201-254.

GINN, J./ARBER, S.: Only Connect. Gender Relations and Aging. In: ARBER, S./GINN, J. (Hg.): Connecting Gender and Ageing. A sociological approach. Philadelphia 1995, S. 1-14.

GRAMSHAMMER-HOHL, D.: Zur Wechselbeziehung der Kategorien „Alter" und „Geschlecht". In: CHEAURE, E./HEYDER, C. (Hg.): Russische Kultur und Gender studies. Berlin 2002, S. 259-276.

HAGESTADT, G.: Assigning Rights and Duties: Age, Duration, And Gender in Social Institutions. In: HEINZ, W. R.(Hg.): Institutions and Gatekeeping in the Life Course. Weinheim 1992, S. 261-280.

HAMMER, E.: Männer altern anders. Eine Gebrauchsanweisung. Freiburg/Basel/Wien 2008.

HARTUNG, H. (Hg.): Alter und Geschlecht. Repräsentationen, Geschichten und Theorien des Alter(n)s. Bielefeld 2005.

HAUSEN, K.: Die Polarisierung der „Geschlechtscharaktere". Eine Spiegelung der Dissoziation von Erwerbs- und Familienlieben. In: CONZE, W. (Hg.): Sozialgeschichte der Familie in der Neuzeit Europas. Stuttgart 1977, S. 363-393.

HÖNIG, B./KREIMER, M.: Konstellationen und Mechanismen geschlechtlicher Lohndiskriminierung in Österreich. In: ÖSTERREICHISCHE ZEITSCHRIFT FÜR SOZIOLOGIE, 30. Jg., Heft 1, 2005, S. 44-66.

KESSLER, S./MCKENNA, W.: Gender: An Ethnomethodological Approach. Chicago 1978.

KLINGER, C./KNAPP, G.-A./SAUER, B.: Achsen der Ungleichheit. Frankfurt am Main/New York 2007.

KNAPP, G. A.: Unterschiede machen. Zur Sozialpsychologie der Hierarchisierung im Geschlechterverhältnis. In: BECKER-SCHMIDT, R./KNAPP, G. A. (Hg.): Das Geschlechterverhältnis als Gegenstand der Sozialwissenschaften. Frankfurt am Main/New York 1995, S. 163-195.

KOHLI, M.: Das Alter als Herausforderung für die Theorie sozialer Ungleichheit. In: BERGER, P./HRADIL, S. (Hg.): Lebenslage, Lebensläufe, Lebensstile. Göttingen 1990, S. 387-406.

KOHLI, M./KÜNEMUND, H. (Hg.): Die zweite Lebenshälfte. Gesellschaftliche Lage und Partizipation im Spiegel des Alters-Survey. Wiesbaden 2005.

KÜNEMUND, H./SCHROETER, K. R. (Hg.): Soziale Ungleichheiten und kulturelle Unterschiede in Lebenslauf und Alter. Fakten, Prognosen und Visionen, Wiesbaden 2008.

LAZ, C.: Act Your Age. In: Sociological Forum, Bd. 13, Nr. 1, 1998, S. 85-113.

LORBER, J.: Gender-Paradoxien. Opladen 1999.

LORBER, J./FARRELL, S. A.: The Social Construction of Gender. London 1991.

MEYER, T./PFAU-EFFINGER, B.: Die Geschlechter-Dimension in der Restrukturierung von Rentensystemen – Deutschland und Großbritannien im Vergleich. In: KÜNEMUND, H./SCHROETER, K. R. (Hg.): Soziale Ungleichheiten und kulturelle Unterschiede in Lebenslauf und Alter. Fakten, Prognosen und Visionen. Wiesbaden 2008, S. 105-126.

PARSONS, T./BALES, R. F.: Family, Socialization and Interaction Process. New York 1955.

REIMANN, K./BACKES, G. M.: Men in Later Life: Perspectives on Gender, Health, and Embodiment. In: BACKES, G. M./LASCH, V./REIMANN, K. (Hg.): Gender, Health and Ageing: European Perspectives on Life Curse, Health Issues and Social Challenges. Wiesbaden 2006, S. 57-70.

RIEDER, A.: Sozialmedizinische Aspekte des Alterns von Männern und Frauen. In: ROSENMAYR, L./BÖHMER, F. (Hg.): Hoffnung Alter. Forschung, Theorie, Praxis. Wien 2003, S. 79-93.

ROSENMAYR, L.: Schöpferisch altern. Eine Philosophie des Lebens. Wien 2007.

ROSENMAYR, L./BÖHME, F (Hg.): Hoffnung Alter. Forschung, Theorie, Praxis. Wien 2003.

SAUER, B.: Geschlecht als Variable oder Strukturkategorie? ‚Political Culture' revisited. In: KREISKY, E./SAUER, B. (Hg.): Feministische Standpunkte in der Politikwissenschaft. Eine Einführung. Frankfurt am Main/New York, S. 161-202.

SCHEU, B./AUTRATA, O./HÖNIG, B.: Altenstudie 2006 Feldkirchen. Feldkirchen in Kärnten 2006.

SCHNELL, R./HILL, P. B./ESSER, E.: Methoden der empirischen Sozialforschung. München/Wien 2005.

SICKENDIEK, U.: Frauen im Alter. In: LENZ, K. (Hg.): Die alternde Gesellschaft: Problemfelder gesellschaftlichen Umfangs mit Altern und Alter. Weinheim/München 1999, S. 149-173.

SPECTOR-MERSEL, G.: Never-aging Stories: Western Hegemonic Masculinity Scripts. In: JOURNAL OF GENDER STUDIES, Bd. 15, Nr. 1, March 2006, S. 67-82.

STACEY, J./THORNE, B.: The Missing Feminist Revolution in Sociology. In: SOCIAL PROBLEMS, Bd. 32, Nr.4, S. 301-316.

WEST, C./ZIMMERMANN, D. H.: Doing Gender. In: GENDER & SOCIETY, Bd.1, Nr.2, 1987, S. 125-151.

Gerald Knapp

ALTERN, ARMUT UND SOZIALE UNGLEICHHEIT

1. Problemaufriss

Österreich ist im internationalen Vergleich ein reiches Land, in dem der erwirtschaftete Reichtum sowie das private Vermögen kontinuierlich angestiegen sind. Das Einkommen und der Wohlstand sind aber in der österreichischen Gesellschaft höchst ungleich verteilt (vgl. 2. ARMUTS- UND REICHTUMSBERICHT FÜR ÖSTERREICH 2008). Obwohl sich im Allgemeinen die materiellen Lebensbedingungen der Menschen in Österreich in den letzten Jahrzehnten verbesserten haben, weiten sich gleichzeitig die wirtschaftlichen und sozialen Notlagen einzelner Bevölkerungsgruppen aus (vgl. KNAPP/ PICHLER 2008).

Diese Ambivalenz spiegelt sich auch in der Lebenslage alter Menschen in Österreich wider. Die Mehrheit der alten Menschen hat an der Entwicklung des allgemeinen Wohlstands teilgenommen, lebt im Vergleich zu früheren Generationen in relativ gesicherten Lebensverhältnissen und verfügt sogar über hohe Pensionen, Vermögen und Besitz. Gleichzeitig ist ein wachsender Anteil von alten Menschen von Armut und prekären Lebenslagen betroffen (vgl. DIETHART 2008, S. 568 ff., KNAPP/ KOPLENIG 2008, S. 385 ff.). Im Rahmen dieses Beitrages soll daher der Zusammenhang zwischen Altern, Armut und sozialer Ungleichheit aufgezeigt werden.

Ausgehend vom Armutsbegriff und den unterschiedlichen Armutskonzepten werden die Entstehungsbedingungen von Altersarmut im Kontext der krisenhaften Arbeitsmarktentwicklung aufgezeigt. Vor diesem Hintergrund werden einige neuere empirische Befunde zur Armutsgefährdung im Alter sowie Altersarmut im ländlichen Raum als Form von „versteckter" Armut dargestellt. Im Zusammenhang damit werden die Auswirkungen der Altersarmut beispielhaft beleuchtet und schließlich einige sozialpolitische Ansatzpunkte zur Bekämpfung der Altersarmut diskutiert, wobei das Augenmerk vor allem auf den Abbau sozialer Ungleichheit und gesellschaftlicher Diskriminierungsprozesse zwischen Männern und Frauen im Alter gelenkt wird.

2. Zum Armutsbegriff und den Armutskonzepten

In Österreich wird Armut meistens nicht als „absolute Armut", das heißt als Fehlen des zum Überleben Notwendigen gesehen, sondern als „relative Armut" verstanden. Diese Orientierung des Armutsbegriffs an dem „gesellschaftlichen Durchschnitt" steht im Zusammenhang mit der Vorstellung, dass allen gesell-

schaftlichen Gruppen die gleichen Lebenschancen einzuräumen sind. Bei der Feststellung von „Armut", insbesonders auch bei alten Menschen, handelt es sich also vielfach um eine sozioökonomische Ungleichheit, die aber nicht immer mit einer existenzbedrohenden Lebenslage verbunden ist.
In der sozialwissenschaftlichen „Armutsforschung" gibt es eine Fülle von Versuchen, „Armut" zu definieren (vgl. BRENTANO 1978, HAUSER et al. 1981, SCHÄUBLE 1984, HARTMANN 1985, GLATZER et al. 1990, PIACHAUD 1992 u. a.).
„Armut" wird vielfach als ein multidimensionales Konstrukt verstanden, welches sowohl materielle und immaterielle als auch objektive, subjektive und soziale Aspekte beinhaltet. Das Phänomen der „Armut" ist aber immer auch ein Mangel an Mitteln und Möglichkeiten, welcher die Absicherung von Lebensbedürfnissen nicht gewährleistet. Der Lebensbedarf wird freilich durch die geschichtlich entwickelten sozialen und kulturellen Standards des jeweiligen Gesellschaftssystems beeinflusst. Das Unterschreiten jener geltenden gesellschaftlichen Standards, die immer nur normativ bestimmt werden können, wird dabei als *„Armutsgrenze"* angesehen. Wählt man die dauerhafte physische Existenzsicherung als Standard, spricht man von *„absoluter Armut"*. Hingegen spricht man von *„relativer Armut"*, wenn ein Standard gewählt wird, der über der absoluten Armut liegt und soziale Ausgrenzung aus wichtigen Lebensbereichen zur Folge hat. Der Begriff der „absoluten Armut" orientiert sich daher am physischen Existenzminimum, während sich „relative Armut" an gesellschaftlichen Mindeststandards orientiert (vgl. NEUMANN 1999, S. 28).
Im Kontext der Armutsforschung wird meistens zwischen einem „Ressourcen" und einem „Lebenslagen" orientierten Ansatz unterschieden. Der Ressourcenansatz geht von den wirtschaftlichen Mitteln, die den Menschen zur Verfügung stehen, und ihrer Versorgungslage aus. Monetäre Mittel, insbesondere Einkommen, Vermögensverhältnisse, private Übertragungen, Unterstützungen sowie staatliche Transferleistungen (z. B. Familienbeihilfe) werden dabei als „Ressourcen" aufgefasst. Für die Betrachtung von Armut sind in diesem Ansatz nur die verfügbaren Einkommensverhältnisse bedeutsam (vgl. BECKER/ HAUSER 1997). Zu berücksichtigen ist dabei, dass es sich um das Einkommen handelt, das um Steuern, Sozialabgaben und um private Transferleistungen (z. B. Unterhaltszahlungen für Kinder und Frau) vermindert ist. „Armut" ist in diesem Ansatz also durch den Mangel an Ressourcen (= verfügbarem Einkommen) gekennzeichnet, welche für das Erreichen des „soziokulturellen Existenzminimums" erforderlich sind. Die Fragwürdigkeit dieser Armutsdefinition besteht darin, dass ein ausreichendes Einkommen genügt, um die individuellen Lebenschancen zu sichern und um alle relevanten Bedürfnisse in einem solchen Ausmaß zu befriedigen, dass die betreffenden Personen

oder Haushalte nicht mehr als arm bezeichnet werden können (HAUSER/ CREMER-SCHÄFER/ NOUVERTNÈ 1981, S. 26, KNAPP 2004, S. 75).

Der Lebenslagenansatz erweitert den Ressourcenansatz und orientiert sich bei der Analyse von Armut (auch bei alten Menschen) neben dem Einkommen auch an Faktoren wie der Versorgung mit Wohnraum, Bildungsmöglichkeiten, soziale Beziehungen, Gesundheit, Freizeitgestaltung sowie den kulturellen und politischen Teilhabechancen (vgl. ANDRETTA 1991, NEUMANN 1999, S. 26, KNAPP 2004, S. 72 f.).

Im Rahmen dieser Armutskonzepte werden aber unterschiedliche Kriterien zur Messung und Beschreibung von „Armut" herangezogen, die sich in unterschiedlichen Begriffen wie „Einkommensarmut", „Wohnungsarmut", „Ausstattungsarmut" „verdeckte Armut" usw. ausdrücken (vgl. SENIORENBERICHT 2000, S. 188 ff.).

Diese Begriffsvielfalt macht deutlich, dass Armut unterschiedlicher Bevölkerungsgruppen (z. B. von Kindern, Jugendlichen, alten Menschen) immer nur im jeweiligen Kontext analysiert, interpretiert und gedeutet werden kann.

3. Entstehungsbedingungen von Altersarmut

Die Entstehung von Armut im Alter ist nur zu verstehen, wenn man die Lebenslage alter Menschen mit den Entwicklungen am Arbeitsmarkt und der Erwerbsbiographie in Zusammenhang bringt.

Die Wurzeln der Altersarmut und den zusammenhängenden Belastungen und Risiken liegen vorwiegend in der vorausgehenden Erwerbsbiographie, der Berufsposition und der sozialen Stellung des einzelnen Menschen im System gesellschaftlicher Arbeit. Die Lebens- und Teilhabechancen werden von diesen Voraussetzungen vorstrukturiert. Diese Faktoren beeinflussen letztlich die Höhe des Pensionseinkommens.

Menschen, die durch krisenhafte Arbeitsmarktentwicklungen (z. B. Arbeitslosigkeit, atypische Beschäftigung, Teilzeit- und geringfügige Erwerbstätigkeit) betroffen sind und dadurch nicht die notwendigen Versicherungszeiten für eine angemessene Pension erwerben konnten, werden auch im Alter eine Einschränkung gesellschaftlicher Teilhabechancen vorfinden.

Die gegenwärtige Finanz- und Wirtschaftskrise erzeugt vor dem Hintergrund der Globalisierungstendenzen (vgl. BECK 2007) eine gesellschaftliche Dynamik, die durch tiefgreifende Umstrukturierungen und Rationalisierungsmaßnahmen gekennzeichnet ist und nicht nur in Österreich, sondern in allen europäischen Staaten zu einer strukturellen, dauerhaften und steigenden Erwerbslosigkeit und damit verbunden zu prekären Lebensbedingungen und wachsender Armut(sgefährdung) führen (vgl. KNAPP/PICHLER 2008, KNAPP 2008, S. 324 ff.).

Diese gesellschaftlichen Voraussetzungen führen auch immer mehr zur Gefahr einer zunehmenden Altersarmut, weil die Erwerbsbiographien brüchiger und dadurch die Teilhabechancen und Lebensperspektiven im Alter eingeschränkt werden. Immer mehr Menschen in Österreich rutschen trotz Erwerbsarbeit in die Armutsfalle, die sich im Alter fortsetzt.

Die Schere zwischen Armut und Reichtum klafft immer weiter auseinander und führt zu einer gesellschaftlichen Spaltung und Polarisierung, die soziale Konflikte produzieren (z. B. zwischen den Generationen) und den sozialen Frieden gefährden können.

Die gegenwärtige Finanz- und Wirtschaftskrise hat die Erwerbslosigkeit in Österreich, aber auch in den anderen europäischen Ländern, rasant anwachsen lassen. Insgesamt stieg die Arbeitslosigkeit im Jahr 2009 um 57.842 Personen oder 23,7% auf 301.695 Betroffene an. Dazu kommen noch 57.983 Personen, die sich im Rahmen des Arbeitsmarktservices in Schulung befinden. Es wird deutlich, dass unter den alarmierend gestiegenen „Arbeitslosenzahlen" besonders die explosionsartig angestiegene Arbeitslosigkeit bei jungen Menschen zwischen 15 und 24 Jahren hervorsticht. Bei dieser Bevölkerungsgruppe kam es im Februar 2009 im Vergleich zum Vergleichszeitraum 2008 zu einem Zuwachs von 35,9%. 47.428 junge Menschen waren auf der Suche nach einer sinnstiftenden Erwerbsarbeit, um sich eine Lebensperspektive (z. B.: Familiengründung, Wohnung, Bildung, Freizeitgestaltung) aufzubauen.

Der enorme Anstieg bei den Jugendlichen unter 25 Jahren ist darauf zurückzuführen, dass besonders viele unter 25 Jahren in prekären Arbeitsverhältnissen (z. B. Leiharbeiter) tätig sind und in einer Wirtschaftskrise als erster abgebaut werden.

Die Entlassungswellen bei jungen Menschen treffen aber alle Berufs- und Ausbildungsschichten. In Zeiten der Wirtschaftskrise trennen sich Firmen zunächst von den unerfahrenen jungen Mitarbeitern, wobei die Gruppe der Lehrlinge besonders bedroht ist. Viele kleinere und mittlere Betriebe nehmen in wirtschaftlichen Krisenzeiten gar keine Lehrlinge mehr auf, obwohl die neu gewählte Bundesregierung in Österreich eine Ausbildungsgarantie für Jugendliche versprochen hat.

Die gegenwärtige soziale Situation macht deutlich, dass sich auch in Österreich die Lage am Arbeitsmarkt, insbesondere im Bereich der Lehrstellen dramatisch zuspitzt und für einen beträchtlichen Teil der jungen Generation die Integration in den Arbeitsmarkt kaum mehr möglich und mit belastenden psychosozialen Folgen verbunden ist.

Hinzu kommt, dass Erwerbsarbeit alleine immer weniger vor Armut schützt. In Österreich sind ungefähr 253.000 Menschen trotz Arbeit als „arm" zu bezeichnen. Der Anteil der Bevölkerung, der in Armut lebt bzw. armutsgefährdet ist, steigt kontinuierlich an. Es sind vorwiegend Frauen und Männer, die

NiedriglohnverdienerInnen sind. Sie verdienen im Monat unter € 1.090,- brutto und erhalten einen Nettolohn von ca. € 890,- im Monat.
Mit diesem Einkommen müssen zunächst einmal die lebensnotwendigen Bedürfnisse (z. B. Miete, Lebensmittel, Kleidung) befriedigt werden. In den meisten Fällen bleibt für Sonderwünsche kaum mehr etwas übrig.
Die NiedriglohnbezieherInnen finden sich vorwiegend in den Dienstleistungsbranchen (vgl. TILL-TENTSCHERT/LAMAI/HEUBERGER 2006, S. 45, PICHLER 2008, S. 367 ff.).
Dazu kommen dann noch atypische Beschäftigungsverhältnisse, die man als „prekäre Arbeitsverhältnisse" bezeichnet. Darunter versteht man die stetige Zunahme der Zahl von Arbeitsplätzen mit geringer Arbeitsplatzsicherheit, niedrigem Lohn, Teilzeitbeschäftigung, befristeten Verträgen und mangelndem Kündigungsschutz (vgl. GSTÖTTNER-HOFER/KAISER u. a. 1997, S. 17, VERHOVSEK 2003, S. 23 ff.).
Prekärisierung beschreibt den Prozess der relativen Zunahme von schlecht bezahlten und unsicheren Arbeitsverhältnissen in der nicht selbstständigen Erwerbsarbeit (vgl. dazu DÖRRE 2006, S 181 ff., PERNICKA/STADLER 2006, S. 3 ff., GUGGENBERGER 2008, S 181 f.).
In Österreich arbeiten ungefähr 1 Million Menschen meistens ungewollt in ungeregelten Arbeitsbeziehungen und die Tendenz ist steigend. Der Grund dafür liegt darin, dass immer mehr Betriebe aufgrund der wirtschaftlichen Krisensituation Kosten bei ihren Beschäftigten einsparen, indem sie atypische Arbeitsverträge abschließen. Zu den atypischen Beschäftigungsverhältnissen gehören beispielsweise freie Dienstverträge, Werkverträge, befristete Dienstverträge, LeiharbeiterInnen sowie Teilzeit- oder geringfügig Beschäftigte. Vor allem die „freien DienstnehmerInnen" oder „neuen Selbstständigen" sind arbeitsrechtlich noch nicht in der Arbeitslosenversicherung integriert.
Für diese Gruppen gibt es keinen Rechtsanspruch auf Urlaub, Weihnachts- oder Urlaubsgeld. Sie sind auch vom Kollektivvertrag ausgenommen und bei Krankheit, falls sie keine Verdienstausfallsversicherung abgeschossen haben, vor einer existenziellen Bedrohung nicht geschützt (vgl. PICHLER 2008, S. 373 ff.).
Auch die Teilzeit- und geringfügigen Beschäftigungsverhältnisse sind in Österreich in den letzten Jahren kontinuierlich gestiegen, und vor allem in ländlichen Gebieten gibt es vielfach keine Wahlmöglichkeiten zwischen Voll- und Teilzeitarbeit mehr. Besonders schwierig ist in Österreich auch der Umstieg von Teilzeit- auf Vollzeitarbeit. Betroffen davon sind überwiegend Frauen.
Da die Berechnung der Pensionshöhe in Zukunft in der Pensionsversicherung von der lebenslangen Durchrechnung abhängig ist (Pensionsreform 2003), werden vor allem die Frauen die Verliererinnen im Alter sein.
Diese kurz skizzierte Arbeitsmarktentwicklung der steigenden Erwerbslosigkeit und atypischen Arbeitsverhältnisse wirkt sich im Alter aus. Da immer

mehr Menschen in Österreich, insbesonders auch Jugendliche keine Arbeit bekommen, keine durchgängige Erwerbsbiographie aufweisen oder in prekären Arbeitsverhältnissen sind, steigt die Gefahr im Alter in die Armut abzurutschen, da ihnen die Versicherungs- und Beitragsjahre in der Pensionsversicherung fehlen.

4. Einige empirische Befunde zur Armutsgefährdung im Alter

Vor dem Hintergrund der Entstehungsbedingungen der Altersarmut soll anhand neuer empirischer Befunde aus der Studie „Armut und Reichtum in Kärnten", die von der Österreichischen Gesellschaft für Politikberatung und Politikentwicklung im Auftrag der Grünen Kärntens durchgeführt wurde, jene Aspekte herausgegriffen und dargestellt werden, welche die Armutsgefährdung im Alter widerspiegeln.

Dabei soll deutlich werden, dass die Unterschiede und die soziale Ungleichheit in der Erwerbsbiographie, der sozialen Stellung im Beruf und im Einkommen aus dem aktiven Erwerbsleben sich in der Pension fortsetzen.

Die Ergebnisse der Studie „Armut und Reichtum in Kärnten" zeigen hinsichtlich der PensionistInnen folgendes Bild (vgl. HÖFERL/HAUENSCHILD/ HALMER 2008, S. 12 ff.):

Während die durchschnittliche Pension eines Arbeitnehmers in Kärnten im Jahr 2007 jährlich 17.577 Euro netto (Österreich: 18.552) betrug (= ca. 1.256,- x 14), betrug die durchschnittliche Pension einer Arbeitnehmerin in Kärnten im Jahr 2007 nur 12.034 Euro netto (= ca. 860,- x 14) (Österreich: 12.748). Die durchschnittlichen Pensionen lagen damit in Kärnten bei Frauen um ca. 6% und bei Männern um 5% unter dem österreichischen Durchschnitt.

Dieser Durchschnitt spiegelt allerdings nicht die große Bandbreite und Unterschiede der Pensionshöhen wieder. Der Hauptverband der Sozialversicherungen weist für 2007 die durchschnittliche monatliche Pension bei ArbeiterInnen in Österreich mit 995 Euro für Männer und 567 Euro für Frauen aus, bei Angestellten mit 1.736 Euro für Männer und 1.016 Euro für Frauen, bei Gewerbetreibenden mit 1.461 Euro für Männer und 913 Euro für Frauen und bei Bauern mit 958 Euro für Männer und 491 Euro für Frauen. Invaliditäts-, Berufs- und Erwerbsunfähigkeitspensionen hatten eine durchschnittliche Höhe von 863 Euro, Witwenpensionen von 575 Euro. Und die Lohnsteuerstatistik 2007 weist die durchschnittliche monatliche Nettopension von BeamtInnen für Männer mit 1.873 Euro und für Frauen mit 1.554 Euro aus, von Vertragsbediensteten für Männer mit 1.093 Euro und für Frauen mit 760 Euro.

Im Dezember 2007 hatten 18,8% der PensionistInnen in Kärnten (24.114 Personen) eine so niedrige Eigenpension, dass sie eine Ausgleichszulage (in einer durchschnittlichen Höhe von 262 Euro pro Monat) bekamen. Die Höhe des Ausgleichszulagenrichtsatzes (für Einzelpersonen) betrug 2007 726 Euro für Alleinstehende und 1.091 Euro für Ehepaare monatlich, 2008 747 Euro für Einzelpersonen und 1.120 Euro für Ehepaare, was allerdings nur den Armutsgefährdungsschwellen der Jahre 2004 und 2005 entsprach. Die Höhe dieser Pensionen mitsamt der Ausgleichszulage lag und liegt damit unter der Armutsgefährdungsschwelle des Jahres 2006 – bei Einzelpersonen etwa um 39 Euro monatlich, bei Paaren um etwa 57 Euro pro Monat. Mit anderen Worten: 2007 waren immer noch 24.114 AusgleichszulagenbezieherInnen in Kärnten armutsgefährdet. Frauen waren hiervon stärker betroffen: 68% der Ausgleichszulagenbezieher waren Frauen.

Stark armutsgefährdet sind generell in Österreich und auch in Kärnten alleinstehende Frauen. 28% aller alleinstehenden Pensionistinnen sind armutsgefährdet, aber auch 22% aller alleinstehenden Frauen im erwerbsfähigen Alter. Haushalte von Alleinerzieherinnen (im Jahr 2007 etwa 258.000 in Österreich) und alleinstehenden Frauen (im Jahr 2006 etwa 431.000 in Österreich) sowie Pensionistinnen (etwa 408.000 in Österreich im Jahr 2007) stehen am unteren Ende der Einkommensskala in Österreich. In Kärnten waren 2001 über 67.000 erwachsene Frauen unverheiratet, weitere 54.500 geschieden oder verwitwet. Etwa 44.600 Kärntnerinnen lebten im Jahr 2007 allein, 20.600 sind Alleinerzieherinnen.

Die Einkommensunterschiede zwischen Männern und Frauen verstärken sich im Alter: In Kärnten hatten 2007 Arbeitnehmer eine um durchschnittlich 46% höhere Pension als Arbeitnehmerinnen. Erhielten die Frauen ganzjährig Bezüge, so betrug ihre durchschnittliche Nettojahrespension 12.410 Euro (886 Euro monatlich x 14). Verfügten sie jedoch über nicht ganzjährige Bezüge, dann betrug ihre Pension nur 5.366 Euro, womit sie deutlich unter der Armutsgrenze lagen. Das bedeutet, dass nicht ganzjährige Bezüge schon im Erwerbsleben und noch mehr in der Pension für Frauen das Armutsrisiko deutlich erhöht. 34% (etwa 21.800) der 64.900 Pensionistinnen in Kärnten hatten (2001) keine Eigenpension, sondern ausschließlich eine Hinterbliebenenpension. Dagegen hatten praktisch alle Männer eine Eigenpension, was die Rollenverteilung vergangener Zeiten widerspiegelt.

Ein erhöhtes Armutsrisiko steht auch im Zusammenhang mit dem Pflegebedarf oder der Betreuung von behinderten Menschen in der Familie.

Haushalte mit pflegebedürftigen oder Personen mit besonderen Bedürfnissen haben ein erhöhtes Armutsrisiko von 16%, selbst wenn Leistungsbezüge in Form von Pflegegeld oder einer erhöhten Familienbeihilfe zur Verfügung stehen und in Anspruch genommen werden. Seit 1993 wird in Österreich je nach Grad der Pflegebedürftigkeit ein Pflegegeld gewährt, mit dem Pflegeleistungen abgegolten werden sollen. Doch übersteigt die erbrachte Pflegeleistung wertmäßig oft weit das Pflegegeld. Die Armutsgefährdungsquote erhöht sich weiter (auf 20%), wenn solche Leistungen nicht zur Verfügung stehen oder nicht ausreichen, um den Betreuungs- und Pflegeaufwand zu bezahlen, was nach Aussage des Sozialberichts 2003/04 bei Haushalten mit zusammen 236.000 Menschen in Österreich der Fall ist, in denen zumindest eine Person mit besonderen Bedürfnissen lebte, die keinen oder einen nicht ausreichenden Leistungsbezug hatte. Im Fall dieser Gruppe wird die Bedeutung von ausreichenden Sozial- und Sozialversicherungsleistungen zur Verringerung von Armutsgefährdung besonders deutlich (vgl. HÖFERL/HAUENSCHILD/HALMER 2008, S. 14).

Die empirischen Befunde der Studie zeigen im Gesamten, dass in Österreich und speziell in Kärnten, die Einkommensarmut unter den PensionistInnen noch lange nicht beseitigt ist.

Vor allem die immer noch hohe und in der Tendenz steigende Zahl von AusgleichszulagenbezieherInnen ist besorgniserregend. Von Einkommensarmut sind vor allem viele (alleinstehende) ältere Frauen betroffen und auch die Benachteiligung älterer Frauen gegenüber älteren Männern besteht weiterhin.

Diese soziale Ungleichheit der Frauen im Alter liegt unter anderem in folgenden Ursachen begründet: Viele Frauen, die heute in der Pension sind, gingen nur zu einem geringen Teil einer Berufstätigkeit nach, weil sie entweder die Kinder, die alten und kranken Eltern oder den eigenen Ehepartner versorgten. Aufgrund der geringen Erwerbsbeteiligung stellt daher für einen großen Teil der Frauen die Witwenpension die einzig Einkommensquelle im Alter dar. Diese beträgt im Durchschnitt nur 60% des Einkommens des Ehemannes. Frauen können daher bedingt durch Mutterschaft, Kindererziehung und Pflegearbeit, im Vergleich zu Männern kaum eine kontinuierliche Erwerbsbiographie aufweisen. Erwerbsunterbrechungen sind aufgrund der schwierigen Vereinbarkeit von Familie und Beruf und den ungenügenden oder fehlenden Kinderbetreuungsangeboten nicht selten der Fall.

Die Frauen sind dadurch nicht nur in ihrer Berufs- und Karrierechance beeinträchtigt, sondern müssen aufgrund ihrer geringeren Versicherungszeiten auch im Alter geringere Pensionen in Kauf nehmen, da Familien-, Erziehungs- und Pflegearbeit gesellschaftlich wenig anerkannt und im Pensionsversicherungssystem nicht ausreichend berücksichtigt wird (vgl. auch DIETHART 2008, S. 572).

Für eine eigenständige Alterssicherung können daher nur geringfügige Leistungen aufgebaut werden (vgl. auch CHASSÉ 1996, S. 82, SCHULTE 1995, S. 178, SCHOIBL 2002, S. 184). Dies zeigt sich auch daran, dass doppelt so viele Frauen in Österreich auf die Sozialhilfe („Mindestsicherung") angewiesen sind als Männer. Frauen sind daher vielfach an den Wohlstand ihres „Familienernährers" gekoppelt (vgl. CYBA 1988, S. 117 ff.). Prekär kann die Situation dann werden, wenn die knappe Witwenpension – die keine eigenständige Alterssicherung darstellt – auf den Sozialhilfebezug („Mindestsicherung") verweist. Versorgungssysteme wie die Witwen- bzw. Witwerpension erscheinen daher aufgrund der individuellen Lebensstile als überholt und auf Dauer nicht existenzsichernd.

Die wichtigsten Ursachen für die niedrigen Pensionen der Frauen sind aber vor allem niedrige Berufsqualifikationen und -positionen, die geringere Beteiligung am Erwerbsleben und die Benachteiligung der Frauen durch das Pensionsversicherungssystem.

Die Studie zeigt aber auch, dass ein beträchtlicher Anteil der alten Menschen auch im 21. Jahrhundert in seinem Pensionseinkommen unter dem durchschnittlichen Wohlfahrtsstandard der Gesellschaft liegt. Die Teilhabechancen entsprechen nur bei einem kleinen Teil der alten Menschen, beispielsweise bei Beamten und höheren Angestellten, den in der Öffentlichkeit dargestellten Bild der „gutsituierten" und „aktiven Alten", die selbstbestimmt ihr Leben gestalten können. Zwar wird das Pensionseinkommen für den überwiegenden Teil der alten Menschen ausreichen, um sich das Notwendigste für ihr Leben (z. B. Miete, Nahrung, Kleidung) leisten zu können, aber die Befriedigung zusätzlicher Bedürfnisse (z. B. Reisen, Theaterbesuche, Bildungsangebote) werden nur in einem eingeschränkten Maße möglich sein.

5. Altersarmut im ländlichen Raum

In Österreich leben fast die Hälfte aller Armutsgefährdeten und von Armut betroffenen in ländlichen Gemeinden (vgl. WIESINGER 2000, S. 59) oder wie ROSENMAYR (1988, S. 89) sich ausdrückt: „Altersarmut trägt ländliche Züge". Jeder fünfte Pensionist ist in Landgemeinden armutsgefährdet. Diese Entwicklung beobachtet auch die CARITAS (2005, S. 7). Eine Untersuchung im Bezirk Spittal (Kärnten) hat gezeigt, dass der Anteil an Sozialhilfebeziehern gegenüber der Gesamtbevölkerung nur 0,8% beträgt (vgl. KNAPP/KOPLENIG 2008, S. 385 ff.).

Es kann daher angenommen werden, dass ein großer Teil der Bevölkerung in „versteckter" Armut lebt, wenn man die Armutsgefährdungsrate für Österreich (13,2%) als Grundlage nimmt. Die tatsächliche gesellschaftliche Breite der Betroffenheit von Armut entzieht sich der öffentlichen Aufmerksamkeit. Sie findet sich im Privaten, verborgen vor den Augen der Nachbarn und Gesellschaft. „Um Armut vor dem kritischen Blick der Öffentlichkeit zu verstecken, kann dies so weit gehen, dass Armut zu Bescheidenheit bzw. zu einer Tugend umdefiniert wird – solange es niemand merkt" (SCHOIBL 2002, S. 130).

Die STATISTIK AUSTRIA (2005, S. 38) hat erhoben, dass die Einkommensarmut im ländlichen Bereich mit 64% weniger bedrückend empfunden wurde, als im städtischen mit 82%.

Arm sein ist immer noch behaftet mit dem Gefühl der „Schande", der „Peinlichkeit", der „Unehrenhaftigkeit". Diese Stigmatisierung führt zu einer privatisierten Form von „verschämter" oder „versteckter" Armut. Unter den Sozialhilfebeziehern, beispielsweise im Bezirk Spittal, sind in der Altersgruppe 60plus die Frauen mit 68% stark überrepräsentiert. Niedriges Einkommen und Armut sind Voraussetzungen, über die „man nicht spricht" oder „die man für sich behält". Vielen fällt es schwer, ihr Recht auf Unterstützung in prekären Lebenssituationen in Form von Sozialhilfe zu beantragen. Der schlechte Ruf, welcher der Sozialhilfe anhaftet und die Angst, im sozialen Umfeld stigmatisiert zu werden, führen dazu, dass die Barrieren am Land wesentlich höher sind als in der Stadt. Unklarheit der Regelungen, Unwissenheit über die Existenz von Leistungen, fehlende Initiative der Anspruchsberechtigten, der Umgang des Verwaltungspersonals mit den Betroffenen oder negative Einstellung gegenüber gesellschaftlicher Abhängigkeit, dürften weitere Gründe für die Nicht-Inanspruchnahme sein. „Unter alten Menschen ist mit einer Dunkelziffer von etwa 50% zu rechnen" (LEIBFRIED et al. 1995, S. 282 f., BREITFUSS et al. 2005, S. 76). Die Bereitschaft, sich aktiv um Hilfeleistungen zu bemühen, hängt also nicht nur von der Problembewertung des Betroffenen ab, sondern auch von der Reaktion, die ihm Ämter und das soziale Umfeld entgegenbringen. Es wäre daher wichtig, ein positives Bild dieser Leistungen zu vermitteln, damit der Weg zum Sozialamt nicht zu einem „Zwangskontakt" wird. Es sollte möglich werden, Hilfen anzunehmen, bevor die Probleme ein Ausmaß erreichen, dass ihre Bearbeitung unmöglich gemacht oder wesentlich erschwert wird.

Für die Armutsgefährdung im ländlichen Raum sind im besonderen Maße die mangelnde individuelle Mobilität, eine zu geringe Anzahl leistbarer Wohnungen, unzureichende Altersversorgung, Angst vor Stigmatisierung aufgrund fehlender Anonymität, zuwenig Arbeitsplätze für die Jugend und mangelhafte bis fehlende öffentliche Infrastrukturen verantwortlich. Fehlende Arbeitsplätze für die Jugend bedeutet gleichzeitig, dass die Jugend aus den ländlichen Regionen abwandert, was wiederum die Versorgung der „Alten" gefährdet. Gerade die Mobilität ist in unserer Gesellschaft eine entscheidende Trennlinie geworden – zwischen jenen Teilen der Bevölkerung, die die Vorzüge der Flexibilität und Mobilität nutzen können und jenen, denen aus welchen Gründen auch immer – z. B. durch das Alter – diese Mobilität erschwert wird (vgl. WIESINGER 2000, S. 62 f.).

6. Einige Auswirkungen der Altersarmut

Die aufgezeigten Entstehungsbedingungen und empirischen Befunde der Altersarmut in Österreich zeigen, dass Menschen, die keine durchgängige Erwerbsbiografie aufweisen und das betrifft vor allem Frauen mit Kindern, auch im Alter von den Auswirkungen sozialer Ungleichheit und den Benachteiligungen im Kontext ihrer Erwerbsbiografie betroffen sind. Sie werden nur im beschränkten Maße an sozialen Teilhabechancen in unterschiedlichen

Lebensbereichen (z. B. Wohnen, Gesundheit, Freizeitgestaltung, Bildung, kulturellem Leben) partizipieren können. Dabei besteht die Gefahr sozialer Ausgrenzungen, weil sie aufgrund der Einschränkung ihrer materiellen und immateriellen Lebensbedingungen geringere Handlungs- und Aktivitätsspielräume vorfinden.

Altersarmut ist in unserer Gesellschaft aber immer auch mit sozialen und psychischen Folgewirkungen verbunden. Armut im Alter bedeutet eben nicht nur weniger Kaufkraft und geringere Möglichkeiten des materiellen Konsums, sondern schränkt darüber hinaus den gesamten Lebenszusammenhang und die Möglichkeiten zu einer selbstbestimmten Lebensführung ein. Beispielsweise hängt die Chance ein selbstbestimmtes Leben im Alter zu führen von der Wohnungsqualität und der Wohnumgebung ab und trägt wesentlich zum psychischen Wohlbefinden bei. Einkommensschwache alte Menschen werden in den meisten Fällen in schlecht ausgestatteten Wohnungen leben müssen, kaum finanzielle Mittel zur Verfügung haben, um ihre Wohnung alten- und behindertengerecht auszustatten und haben daher auch geringere Chancen der Bewältigung altersspezifischer Belastungen.

Aus diesen Gründen sind arme ältere Menschen nicht selten auch früher und häufiger gezwungen in Alten- und Pflegeheimen zu übersiedeln. Dabei müssen sie sich vielfach mit billigeren und schlechter ausgestatteten Alten- und Pflegeheimen begnügen, da Einrichtungen mit besserer Ausstattungs- und Versorgungsqualität für sie kaum leistbar sind.

Einkommensschwache alte Menschen sind vielfach aus dem gesellschaftlichen Leben ausgeschlossen. Der Aufbau und die Pflege sozialer Kontakte und Beziehungen ist aufgrund der geringen finanziellen Möglichkeiten von vornherein eingeschränkt, weil sie kaum Bekannte oder Freunde (z. B. zu einer Geburtstagsfeier) einladen können oder sich „schämen", ihre schlecht ausgestattete Wohnung herzuzeigen, aus Angst vor Stigmatisierung.

Darüber hinaus sind auch die Freizeit- und Urlaubsmöglichkeiten, aber auch die Bildungsmöglichkeiten und kulturellen Aktivitäten (z. B. Kino- oder Theaterbesuch) begrenzt. Diese Voraussetzungen führen nicht selten zur sozialen Isolation und Gefühlen der Einsamkeit, die resignative Lebenseinstellungen und Altersdepressionen entstehen lassen können. Aufgrund der sozialen Isolation werden ärmere ältere Menschen im Krankheitsfall auch kaum auf die Unterstützung und Hilfeleistung durch Nachbarn und Freunde zählen können, weil sie nicht in der Lage waren, ein soziales Netzwerk aufzubauen. Diese Lebensvoraussetzungen können im gesamten das psychische Wohlbefinden der alten Menschen negativ beeinflussen und das Selbstbewusstsein und Selbstwertgefühl schmälern.

7. Sozialpolitische Ansatzpunkte zur Bekämpfung der Altersarmut

Die zukünftig notwendigen Reformen des sozialen Sicherungssystems in Österreich haben sich nicht nur mit dem Problem der Finanzierbarkeit zu beschäftigen – so wichtig diese Frage im Gesamtzusammenhang auch ist –, sondern auch auf den Abbau sozialer Ungleichheit und gesellschaftlicher Diskriminierungsprozesse, die zwischen Männern und Frauen bestehen und die sich bis ins Alter auswirken, zu beziehen. Es ist mit einer gesellschaftspolitischen Auffassung sozialer Integration auf die Dauer unvereinbar, dass sich soziale Ungleichheiten und Benachteiligungen aus dem Erwerbsleben bis ins Alter fortsetzen und verschärfen. In einer Zeit des raschen gesellschaftlichen Wandels braucht es dringend sozialpolitische Instrumente, um bedeutsame Entwicklungen zu verfolgen, neue Problemlagen frühzeitig erkennen zu können, um entsprechende Maßnahmen und Strategien zur Bekämpfung der Armut, insbesonders der Armutsgefährdung im Alter, zu entwickeln.

Es sind daher Systeme der Grundsicherung zu entwickeln, die zum einen alle Formen von Erwerbsarbeit und zum anderen die Zeiten der Kindererziehung, der Familienhospize und Pflege von Angehörigen in das Arbeits- und Sozialrecht einbeziehen.

Eine präventive Sozialpolitik des Alters darf nicht erst im Alter ansetzen, sondern sollte sich an den Ursachen der Entstehung von Altersarmut orientieren. Nachdem Altersarmut vor allem Frauen betrifft, wie die empirischen Befunde zeigen, wäre das Ziel einer präventiven Sozialpolitik des Alters unter anderem der Abbau der sozialen Ungleichheit und Benachteiligung der Frauen. Dabei müssen alle gesellschaftlichen Bereiche, insbesonders die Erziehung und Bildung, die Arbeitsmarktentwicklung und das Pensionssicherungssystem mit einbezogen werden. Zum einen sollte die gesellschaftliche Stellung der Frau im Beruf und am Arbeitsmarkt verbessert werden, indem die Ungleichheit der Entlohnung bei gleicher Arbeit beseitigt wird, zum anderen müssen die Zugangsvoraussetzungen zu qualifizierten Berufspositionen verbessert werden. Um Frauen eine entsprechende Erwerbsbiographie zu ermöglichen, müssen ausreichende quantitativ und qualitative Kinderbetreuungseinrichtungen (z. B. Kinderkrippen, Kindergärten) zur Verfügung stehen, um die Vereinbarkeit von Beruf und Familie zu gewährleisten.

Darüber hinaus bedarf es aber auch einer familienfreundlicheren Gestaltung der Arbeitswelt, insbesondere für Familien mit kleinen Kindern. Die Flexibilisierung der Arbeitszeiten (z. B. gleitende Arbeitszeiten) können beispielsweise viel dazu beitragen, die Vereinbarkeit von Beruf und Familie besser zu verwirklichen und die Doppelbelastung von Frauen zu entschärfen.

In diesem Zusammenhang wäre auch eine gesetzliche Gleichstellung aller ArbeitnehmerInnen in Zeiten der Erwerbslosigkeit oder im Krankheitsfall wichtig. Die Einführung eines Generalkollektivvertrags, der atypische Beschäftigungsverhältnisse nicht schlechter stellt als Angestellte sowie die Ausweitung des Geltungsbereiches in den einzelnen Branchenkollektivverträgen, ist schon lange eine gewerkschaftliche Forderung, die einen Beitrag zur Bekämpfung der Altersarmut leisten kann. Schließlich ist der Ausbau einer aktiven Arbeitsmarktpolitik notwendig, um die Erwerbslosigkeit bei Frauen und Männern zu vermindern, um eine durchgehende Erwerbsbiographie zu ermöglichen, die im Alter nicht in eine Armutsfalle führt.

Besonders wichtig wäre eine Reform des Pensionsversicherungssystems, welche die noch immer bestehende pensionsrechtliche Ungleichheit und Benachteiligung der Frauen beseitigt. Zwar wurde ein erster wichtiger Schritt im Jahre 2004 durch die teilweise Anrechnung der Kindererziehungszeiten und der begünstigten Weiterversicherung und ab Jänner 2006 die begünstigte Selbstversicherung für pflegende Angehörige gesetzt, aber diese Maßnahmen reichen noch nicht aus, um der pensionsrechtlichen Benachteiligung und damit der Gefahr einer Altersarmut von Frauen entgegenzuwirken. Es bedarf der Einführung einer vom Familienstand unabhängigen und eigenständigen Alterssicherung für Frauen.

Aufgrund des gesellschaftlichen Wandels der Familienformen im Sinne der Pluralisierung familiärer Lebensformen (z. B. nichteheliche Lebensgemeinschaften, Einelternfamilien, kinderlose Paare, gleichgeschlechtliche Lebensgemeinschaften, Singles usw.) verliert die Ehe als gesellschaftliche Institution und damit im Zusammenhang die Witwenpension für die ökonomische Absicherung der Frauen im Alter immer mehr an Bedeutung. Die Einführung einer eigenständigen Alterssicherung für Frauen, insbesonders für ledige, geschiedene und alleinerziehende Mütter (z. B. „Mindestpension") ist nicht nur äußerst notwendig, sondern eine wichtige Maßnahme zur Bekämpfung der Altersarmut. Dadurch kann verhindert werden, dass Frauen, die keine Absicherung über die institutionelle Lebensform der Ehe und keine eigene oder nur unzureichende Erwerbsbiographie mit entsprechenden Einkommen aufweisen können, im Alter unter die Armutsgrenze fallen und auf die Unterstützung der Sozialhilfe („Mindestsicherung") angewiesen sind.

Ob sich die aufgezeigten Maßnahmen zur präventiven Bekämpfung von Altersarmut angesichts der gegenwärtigen Finanz- und Wirtschaftskrise politisch durchsetzen lassen (z. B. von Gewerkschaften und politischen Parteien) bleibt äußerst fragwürdig.

Eine konsequente Informations- und Aufklärungsarbeit in der Öffentlichkeit, die mehr gesellschaftliche Transparenz schafft, stellt zumindest eine wichtige Voraussetzung zur Bekämpfung der Armut in Österreich dar. Die Bemühungen der „Österreichischen Armutskonferenz" und der regionalen Netzwerke gegen Armut und soziale Ausgrenzung (z. B. in Salzburg, Wien, Kärnten) sind in diesem Zusammenhang äußerst wichtig, weil sie versuchen, Armut in der Wohlstandsgesellschaft in all ihren Dimensionen, insbesonders auch im Alter zu enttabuisieren und zu entstigmatisieren sowie ihre Ursachen und Wechselwirkungen aufzuzeigen.

Literatur

ANDRETTA, G.: Zur konzeptionellen Standortbestimmung von Sozialpolitik als Lebenslagenpolitik. Regensburg 1991.

BECK, U.: Was ist Globalisierung? Frankfurt am Main 2007.

BECKER, J./HAUSER, R. (Hg.): Einkommensverteilung und Armut. Deutschland auf dem Weg zur Vierfünftel-Gesellschaft? Frankfurt/New York 1997.

BREITFUSS, A. et al: Städtestrategien gegen Armut und soziale Ausgrenzung. Herausforderungen für eine sozialverträgliche Stadterneuerungs- und Stadtentwicklungspolitik. Kammer für Arbeiter und Angestellte Wien. Wien 2005.

BRENTANO, D.: Zur Problematik der Armutsforschung. Konzepte und Auswirkungen. Berlin 1978.

BUNDESMINISTERIUM FÜR SOZIALE SICHERHEIT UND GENERATIONEN (Hg.): Ältere Menschen – Neue Perspektiven. Seniorenbericht 2000: Zur Lebenssituation älterer Menschen in Österreich. Wien 2000.

CHASSÉ, K. A.: Ländliche Armut im Umbruch. Lebenslagen und Lebensbewältigung. Opladen 1996.

CYBA, E.: Die Individualisierung kollektiver Schicksale. Auswirkungen der Strategien des Spaltens und Splitterns auf Frauen in Österreich. In: NATTER, E./RIEDELSBERGER, A. (Hg.): Zweidrittelgesellschaft. Spalten, splittern – oder solidarisieren. Wien/Zürich 1988, S. 105-124.

DIETHART, M.: Armut im Alter. In: KNAPP, G./PICHLER, H. (Hg.): Armut, Gesellschaft und Soziale Arbeit. Perspektiven gegen Armut und soziale Ausgrenzung in Österreich. Klagenfurt/Ljubljana/Wien 2008, S. 568-583.

DÖRRE, K.: Prekärität – Die soziale Frage am Beginn des 21. Jahrhunderts und Möglichkeiten zu ihrer Politisierung. In: KULTURRISSE, Zeitschrift für radikal-demokratische Kulturpolitik, 4/2006, S. 3-8.

GLATZER, W./HÜBINGER, W.: Lebenslage und Armut. In: DÖRING, D./HANESCH, W./HUSTER, E.-U. (Hg.): Armut im Wohlstand. Frankfurt am Main 1990, S. 31-55.

GSTÖTTNER-HOFER, G./KAISER, E./WALL-STRASSER, S./GREIF, W.: Die neuen Arbeitsverhältnisse: Grauzonenabhängiger Erwerbsarbeit. In: GSTÖTTNER-HOFER, G./KAISER, E./WALL-STRASSER, S./GREIF, W. (Hg.): Was ist morgen noch normal? Gewerkschaften und atypische Arbeitsverhältnisse. Wien 1997, S. 13-34.

GUGGENBERGER, H.: Arbeit und Gesellschaft. Ein wenig Grundsätzliches und einige aktuelle Tendenzen. In: KNAPP, G./PICHLER, H. (Hg.): Armut, Gesellschaft und Soziale Arbeit. Perspektiven gegen Armut und soziale Ausgrenzung in Österreich. Klagenfurt/Ljubljana/Wien 2008, S. 160-191.

HARTMANN, H.: Armut in der Bundesrepublik Deutschland. Definition, Indikatoren und aktuelle Erscheinungsformen. In: SOZIALWISSENSCHAFTLICHE INFORMATIONEN FÜR UNTERRICHT UND STUDIUM. Heft 3, 1985, S. 169-176.

HAUSER, R./CREMER-SCHÄFER, H./NOUVERTNÈ, U.: Armut, Niedrigeinkommen und Unterversorgung in der Bundesrepublik Deutschland. Bestandsaufnahme und sozialpolitische Perspektiven. Frankfurt am Main/New York 1981.

HÖFERL, A./HAUENSCHILD, B./HALMER, S.: Armut und Reichtum in Kärnten. Studie im Auftrag der Grünen. Wien 2008.

KNAPP, G.: Armut im Sozialstaat Österreich. In: KNAPP, G. (Hg.): Soziale Arbeit und Gesellschaft. Entwicklungen und Perspektiven in Österreich. Klagenfurt/Ljubljana/Wien 2004, S. 66-92.

KNAPP, G./PICHLER, H. (Hg.): Armut, Gesellschaft und Soziale Arbeit. Perspektiven gegen Armut und soziale Ausgrenzung in Österreich. Klagenfurt/Ljubljana/Wien 2008.

KNAPP, G./KOPLENIG, D.: Altersarmut im ländlichen Raum. Eine empirische Studie zur Lebenssituation alter Menschen. In: KNAPP, G./PICHLER, H. (Hg.): Armut, Gesellschaft und Soziale Arbeit. Perspektiven gegen Armut und soziale Ausgrenzung in Österreich. Klagenfurt/Ljubljana/Wien 2008, S. 385-418.

KNAPP, G.: Arbeit, Erwerbslosigkeit und Armut. In: KNAPP, G./PICHLER, H. (Hg.): Armut, Gesellschaft und Soziale Arbeit. Perspektiven gegen Armut und soziale Ausgrenzung in Österreich. Klagenfurt/Ljubljana/Wien 2008, S. 324-354.

LEIBFRIED, S./LEISERUNG, L./BUHR, P./LUDWIG, M./MÄDJE, E./OLK, T./VOGES, W./ZWICK, M.: Zeit der Armut. Lebensläufe im Sozialstaat. Frankfurt am Main 1995.

NEUMANN, U.: Struktur und Dynamik von Armut. Freiburg im Breisgau 1999.

ÖSTERREICHISCHE GESELLSCHAFT FÜR POLITIKBERATUNG UND POLITIKENTWICKLUNG (Hg.): 2. Armuts- und Reichtumsbericht für Österreich. Wien 2008.

PERNICKA, S./STADLER, B.: Atypische Beschäftigung – Frauensache? Formen, Verbreitung, Bestimmungsfaktoren flexibler Arbeit. In: ÖZS, Österreichische Zeitschrift für Soziologie, 3/2006, S. 3-21.

PIACHAUD, D.: Wie misst man Armut? In: LEIBFRIED, S./VOGES, W. (Hg.): Armut im modernen Wohlfahrtsstaat. Sonderheft 32 der Kölner Zeitschrift für Soziologie und Sozialpsychologie. Opladen 1992, S. 63-87.

PICHLER, H.: Armut trotz Erwerbstätigkeit. In: KNAPP, G./PICHLER, H. (Hg.): Armut, Gesellschaft und Soziale Arbeit. Perspektiven gegen Armut und soziale Ausgrenzung in Österreich. Klagenfurt/Ljubljana/Wien 2008, S. 355-384.

ROSENMAYR, L.: Älterwerden als Erlebnis. Herausforderung und Erfüllung. Wien 1988.

SCHÄUBLE, G.: Theorien, Definitionen und Beurteilung der Armut. Sozialpolitische Schriften. Heft 523, Berlin 1984.

SCHOIBL, H.: Armut im Wohlstand ist verdeckte Armut. Regionaler Armutsbericht für das Bundesland Salzburg. Kammer für Arbeiter und Angestellte (Hg.). Salzburg 2000.

SCHULTE, B.: Reformperspektiven der Sozialhilfe. In: HANESCH, W. (Hg.): Sozialpolitische Strategien gegen Armut. Opladen 1995, S. 176-194.

STATISTIK AUSTRIA (Hg.): Einkommen, Armut und Lebensbedingungen. Ergebnisse aus EU-SILC aus 2003 in Österreich. Wien 2005.

TILL-TENTSCHERT, U./LAMAI, N./HEUBERGER, R.: Einkommen, Armut und Lebenslagen. Herausgegeben von STATISTIK AUSTRIA. Wien 2006.

VERHOVSEK, J.: Prekäre Arbeitswelten. In: KATSCHNIG-FASCH, E. (Hg.): Das ganz alltägliche Elend. Begegnungen im Schatten des Neoliberalismus. Wien. 2003, S. 23-30.

Cornelia Kössldorfer/Kerstin Zlender

ALTERN, FRAUEN UND ARMUT
„Frau-Sein" als armutsgefährdender Faktor

1. Einleitung

Dieser Text entstand aus der Zusammenarbeit des Referats für Frauen und Gleichbehandlung, Amt der Kärntner Landesregierung, mit dem „Kärntner Netzwerk gegen Armut und soziale Ausgrenzung".
Jedem System liegt ein Ideal zu Grunde. Der „Ideal-Mensch", auf den das österreichische Sozialsystem ausgerichtet ist, hat eine Berufsausbildung, eine österreichische Staatsbürgerschaft, geht einer Erwerbstätigkeit im Ausmaß von 40 Stunden nach, hat nicht mehr als idealerweise zwei Kinder, weist keine Behinderungen oder Krankheiten auf und hat im besten Fall keine Brüche im Lebenslauf durch Kindererziehung, durch die Betreuung älterer oder kranker Angehöriger oder durch Arbeitslosigkeit. Wenn alle diese Kriterien zutreffen, ist die Armutsgefährdung in Österreich praktisch null und es ist die Wahrscheinlichkeit sehr hoch, dass es sich bei Einhaltung aller Kriterien um einen Mann handelt.
Wer alt ist, oder weiblich, ausländischer Herkunft, ohne Berufsausbildung, mehr als zwei Kinder hat, wer krank ist oder arbeitslos oder „behindert", der hat das Nachsehen.
Dieser Beitrag widmet sich denen, auf die die Attribute weiblich und alt zutreffen. Zwei Eigenschaften, die nicht veränderbar sind – ersteres erwirbt man qua Geburt, zweiteres ist die Folge vom Verlauf der Zeit – biologische Determinanten, die das Armutsgefährdungsrisiko bestimmen.
Weiblichkeit – also soziales Geschlecht bringt andere Chancen und Risiken im Leben mit sich, als Männlichkeit. Deshalb beschäftigt sich dieser Artikel auch mit den Auswirkungen des so genannten sozialen Geschlechts in Kombination mit Lebensalter.

2. Weibliche Armut oder Armut durch Weiblichkeit?

„Armut ist weiblich" – eine Aussage, die es notwendig macht, Armut und Alter bei Frauen gemeinsam in den Blick zu nehmen und mögliche Ursachen offen zu legen.
Die EU-SILC (Erhebung der Europäischen Union zu Einkommen und Lebensbedingungen) 2008 präsentiert uns dahingehend auch die neuesten Zahlen:
Insgesamt liegt die derzeitige Armutsgefährdung bei 12,4% in Österreich,

was hochgerechnet einem Bevölkerungsanteil von 940.000 bis 1,1 Millionen Menschen entspricht (vgl. BMASK 2008, S. 28).
In diesem Teil werden wir uns ausschließlich auf die Situation von Frauen konzentrieren, die aufgrund von Benachteiligungen ein besonders großes Risiko der Armutsgefährdung aufweisen.
Sieht man sich die Ergebnisse der EU-SILC 2008 genauer an, wird schon aufgrund soziodemographischer Merkmale deutlich, dass Frauen häufiger von einer Armutsgefährdung betroffen sind:

- Ein-Eltern-Haushalte, die größtenteils von alleinerziehenden Frauen geführt werden, sind mit 29% überdurchschnittlich hoch armutsgefährdet,
- alleinlebende Frauen mit Pension sind mit 24% ebenfalls über dem Durchschnitt präsent,
- die Quote von alleinlebenden Frauen ohne Pension liegt mit 20% über der durchschnittlichen Armutsgefährdung von 12% (vgl. BMASK 2008, S. 54).

Wie bereits aus vielen Studien bekannt wurde, ist die Erwerbstätigkeit ein bedeutender Faktor, der die Armutsgefährdung deutlich reduzieren kann. Hier spielt vor allem „die Entlohnung und die Kontinuität der Arbeit sowie die Zusammensetzung des Haushalts – besonders das Ausmaß der Erwerbsintensität im Haushalt" (BMASK 2008, S. 57) eine zentrale Rolle.
Der bedeutende Faktor der Erwerbstätigkeit für ein geringeres Risiko, armutsgefährdet zu sein, zeigt ein ungleich verteiltes Bild zwischen den Geschlechtern. „Durchschnittlich verdienen Arbeitnehmerinnen brutto monatlich 66% des Medianeinkommens der Männer (…) Gründe dafür sind unter anderem Unterschiede im Einkommensniveau und in der Einkommensstruktur verschiedener Wirtschaftsbereiche sowie das Beschäftigungsausmaß" (BMASK 2008, S. 62).
83% der derzeitig Teilzeitbeschäftigten (weniger als 35h/Woche) sind Frauen. Diese niedrigere Intensität von Erwerbsarbeit ist mit der Anzahl und dem Alter der vorhandenen Kinder erklärbar. Die Reproduktionsarbeit spiegelt sich in der brüchigen bzw. niedrigen Erwerbsbeteiligung von Frauen eindeutig wider. Während 68% der Frauen, die keine Kinder haben, erwerbstätig sind, sinkt der Prozentsatz bei Haushalten mit drei oder mehr Kindern auf 39% (vgl. BMASK 2008, S. 64 f.). Unterbrochene Erwerbsbiographien aufgrund von Pflegearbeit (vgl. KNAPP/KÖSSLDORFER in diesem Band) werden dabei nicht berücksichtigt.
Gesamt betrachtet liegt auch eine höhere Armutsgefährdung bei Frauen, die alleine leben, vor. Frauen sind hier zu 22%, im Gegensatz dazu die Männer mit 16%, armutsgefährdet. Nimmt man den Pensionsbezug mit in den Blick, so wird die Benachteiligung mit 24% zu 16% noch deutlicher.
Staatliche Sozialleistungen reduzieren zwar die Gefahr, in die Armutsfalle zu

geraten, sind aber oft nicht ausreichend. Gerade bei Ein-Eltern-Haushalten zeigt sich eine Abhängigkeit von Sozialleistungen im hohen Ausmaß. Gäbe es diese Leistungen nicht, so wäre die Zahl (29% Armutsgefährdung) der Betroffenen doppelt so hoch.

Geht man nun weiter und nimmt nicht die Armutsgefährdung, sondern die Zahlen jener Menschen, die von manifester („sowohl armutsgefährdet, als auch finanziell depriviert" (BMASK 2008, S. 87)) Armut betroffen sind in den Blick, zeigt sich ein ähnliches Bild. Finanzielle Deprivation erschwert die Teilhabemöglichkeiten erheblich. Insgesamt sind Frauen davon etwas häufiger betroffen als Männer:

- 20% der Ein-Eltern-Haushalte,
- 13% alleinlebende PensionistInnen und
- 11% alleinlebende Frauen ohne Pension

weisen ein Risiko der manifesten Armut auf bzw. „sind überdurchschnittlich oft manifest arm" (BMASK 2008, S. 68 ff.).

Aus den vorliegenden Zahlen wird die Brisanz der Thematik deutlich. Man darf jedoch nicht vergessen, dass Armut durch ein System wie das unseres österreichischen „Sozialstaats" nicht nur gemildert, sondern gleichzeitig auch reproduziert wird (vgl. z. B. KULAWIK 2005).

3. Das „männliche Pensionssystem" – Familienernährermodell

Wer sein Pensionsalter erreicht hat, geht in den „Unruhestand" und führt ein schönes, ruhiges Leben, geht seinen Hobbys nach, reist mit PensionistInnengruppen um die Welt, züchtet Rosen und wird von den Enkelkindern besucht. Das ist das Bild von Alt-Sein, das uns die Werbung suggeriert.

Verwitwet in einer Substandardwohnung, mit Ausgleichszulage und Wohnbeihilfe, kaum über die Runden kommend – Geburtstage der Enkelkinder reißen ein Loch in die Brieftasche. Die Kleidung wird aufgetragen, denn „es zahlt sich in meinem Alter eh nicht mehr aus, was Neues zu kaufen". Das ist für viele Frauen jedoch die Normalität.

Das Pensionssystem stammt aus einer Zeit, in der das angestrebte Ideal die bürgerliche Familie war, der Mann geht einer Erwerbstätigkeit nach, die Frau widmet sich den häuslichen Aufgaben. Es stammt aus einer Zeit, in der Politik fast ausschließlich von Männern bestimmt war, und determinierte mit dieser Grundvorstellung die Unterschiedlichkeit der zwei Geschlechter. Da Männer in diesem System vielfach die Gewinner sind – sie haben im Alter soziale Sicherheit, unabhängig von ihrem Familienstand – kann man ohne weiteres von einem patriachalen System sprechen.

Die Anrechenbarkeit des Präsenzdienstes für Pensionszeiten war immer selbstverständlich, während Kinderbetreuungszeiten erst nach langer Diskussion denselben Stellenwert erhalten haben. Pflege von Angehörigen wird heute dann zu den Pensionszeiten gezählt, wenn sich die pflegende Person freiwillig versichert. Rückwirkend ist dies nicht möglich, viele der heutigen Pensionistinnen sind von dieser Regelung also ausgeschlossen.

Das österreichische Pensionssystem geht davon aus, dass ein Normalbürger/eine Normalbürgerin 40 Jahre Vollzeit beschäftigt im Berufsleben steht. Weniger Sozialversicherungsjahre zu haben heißt, weniger Pension zu erhalten. Frauen sind in diesem System durch ihre überproportionale Teilnahme an unbezahlter Arbeit benachteiligt. Die ursprüngliche Überlegung war die Teilung der Aufgaben innerhalb einer bürgerlichen Ehe. Damit wäre die Versorgung der Frau durch den Mann bzw. durch seine Pension gewährleistet. Eine äußerst idealtypische Annahme, die Frauen in massive Abhängigkeiten bringt.

Frauen, die nicht heiraten, arbeiten 40 Jahre und erwerben somit einen eigenen Pensionsanspruch. Dass auch in diesem Fall Frauenpensionen häufiger als Männerpensionen ein Armutsrisiko darstellen, liegt an der schlechteren Stellung von Frauen am Arbeitsmarkt. Die Ursachen hierfür liegen in einem stark geschlechtsspezifisch segmentierten Arbeitsmarkt, typische Frauenberufe sind im Niedriglohnsektor angesiedelt, bieten häufig weniger Aufstiegschancen. Bei den heutigen PensionistInnen spielt der Unterschied in der Bildung noch eine wesentliche Rolle, Frauen haben durchschnittlich geringere Bildungsabschlüsse als Männer. Strukturelle Ungleichheiten, wie unterschiedliche Kollektivverträge für Männer und Frauen derselben Branche und Arbeitsleistung sind inzwischen ausgelaufen, wirken sich aber auf die Pensionsleistungen der jetzigen PensionsbezieherInnen aus.

Oben genannte Faktoren würden bedeuten, dass in zukünftigen Altengenerationen Frauen weniger von Armut belastet wären. Durch den starken Anstieg an Teilzeitarbeit, geringfügigen Beschäftigungen und ähnlichen prekären Arbeitsverhältnissen (siehe Kapitel 2), die einen Großteil des Anstiegs der Frauenbeschäftigung der letzten Jahre ausmachen, kann man aber von einer Verschärfung der Situation ausgehen. So werden künftige Pensionistinnen ebenso mit einem erhöhten Armutsrisiko konfrontiert sein. Ebenso wenig ist gegenwärtig das Problem des geschlechtersegmentierten Arbeitsmarktes gelöst. Frauen- und Mädchenförderprojekte gehen in die Richtung gendersensibler Berufsorientierung.

4. Das Leitmotiv „Arbeit"

Kaum ein Begriff ist so ambivalent wie jener der „Arbeit". „Seit der Antike bis in die Moderne hinein bedeutet er Mühsal und Disziplinierung, aber auch Möglichkeit der Selbsterhaltung und Selbstbestätigung; mit ihm wird sozialer Zwang, aber auch Wohlfahrt assoziiert" (BECKER-SCHMIDT/KRÜGER 2009, S. 13 f.). Auch FÜLLSACK betont die Ambivalenz: „Der Umstand, dass Arbeit nicht nur Mühe bereitet, sondern auch bleibende Werte erzeugt, hat also weitragende Bedeutung – vor allem für die Arbeit selbst" (FÜLLSACK 2009, S. 10).

Arbeit im historischen Kontext beinhaltete alle Formen von Aktivitäten, die einerseits zu persönlicher Lebensqualität, andererseits zu einem Gemeinschaftsgefühl und Vermögen in der Gesellschaft beisteuerten. Mit Beginn des Bürgertums und der Verknüpfung von Arbeit und Wirtschaft begann sich der Arbeitsbegriff zu verändern. Arbeit wird zu einer abhängigen Variable, die zu Wohlstand führen soll – Arbeit wird zunehmend mit Erwerbsarbeit gleichgesetzt. Tätigkeiten wie Haushaltung, Pflege und Versorgung von Angehörigen sowie auch Erziehung fanden im Kontext Arbeit immer weniger an Beachtung. Mit der Tendenz, die bürgerliche Familie als private Instanz zu betrachten, änderte sich auch der Blickwinkel auf die Reproduktionsarbeit – diese Arbeiten „gelten als private Verpflichtungen, die zwar in der Familie ihre Anerkennung finden sollen, nicht aber von öffentlichen Belang sind" (SCHMIDT/ KRÜGER 2009, S. 16). Welche Bedeutung die verschiedenen „Arbeiten" erlangen, ist nicht eine subjektive oder kollektive Entscheidung derer, die sie verrichten, sondern jener, die über „Machtmittel" verfügen, einen Gewinn daraus zu erzielen (vgl. SCHMIDT/KRÜGER 2009, S. 16 f.). Die Trennung von öffentlichem und privatem Leben, von Produktion und Reproduktion, führt zu einer besonders klaren Geschlechterteilung. Während sich das „männliche Sozialsystem" bzw. die „männliche Normbiographie" zu bilden beginnt, leisten die Frauen die wichtige Reproduktionsarbeit.

In der Literatur wird der Zusammenhang von Produktion und Reproduktion jedoch immer wieder verdeutlicht und aktuell zur Diskussion um „bezahlte" und „unbezahlte" Arbeit gestellt. Die strikte Trennung verleiht der Erwerbsarbeit einen höheren Status. Demnach wird auch deutlich, warum neben der Haushaltung auch die ehrenamtliche Arbeit eher im Unsichtbaren bleibt.

Erwerbsarbeit hat in unserer Gesellschaft, wie schon erwähnt, einen zentralen Platz eingenommen, von der Teilnahme am Erwerbsleben hängt die soziale Absicherung ab.

Durch den Einstieg in die Erwerbsarbeit, werden Frauen nach BECKER-SCHMIDT doppelt vergesellschaftet. Sie leisten nach wie vor einen Großteil der Reproduktionsarbeit und erbringen zusätzlich Lohnarbeit, die, gerade bei Teilzeitbeschäftigungen, häufig nicht zum Leben reicht. „Diese doppelte Einbindung in das Sozialgefüge bringt der weiblichen Genus-Gruppe keine Vorteile ein. Im Gegenteil: Die Vergesellschaftung über zwei Arbeitsformen impliziert doppelte Diskriminierung. Frauen werden zur unbezahlten Hausarbeit verpflichtet, was zudem ihre gleichberechtigte Integration in das Beschäftigungssystem erschwert. Und marktvermittelte Frauenarbeit wird schlechter bewertet als männliche. Es ist ein Dilemma: Wie immer Frauen sich entschei-

den – für Familie und gegen den Beruf oder für beides – in jedem Fall haben sie etwas zu verlieren" (BECKER-SCHMIDT 2003, S. 15)
Für die Pension heißt das, in zwei Sphären Arbeit geleistet zu haben, durch geringe Sozialversicherungsbeiträge, unterbrochene Lebensverläufe oder einen Arbeitsplatz im Niedriglohnsektor oder in Teilzeitarbeit aber eine geringe Pension zu erhalten.
Kritiker dieser Einengung des Begriffs der Arbeit sehen ihn als Bestandteil des Lebens und somit kann Arbeit nur im sozialen und gesellschaftlichen Kontext diskutiert werden. „So schafft das private Leben einerseits die Voraussetzung dafür, dass die Beschäftigten überhaupt einer Erwerbsarbeit nachgehen können (Regeneration und Reproduktion). Zugleich ist der Arbeitsalltag in vielerlei Hinsicht dadurch geprägt, welcher Takt durch den ‚Rest des Lebens' vorgegeben wird" (LEPPERHOFF 2005, S. 253). Auch die Autorin JURCZYK äußert sich dazu folgend: „Es ist also nicht damit getan zu sagen, dass es auch Familienarbeit und ehrenamtliche Arbeit und andere Arbeiten gibt, sondern es geht um das Verständnis, wie diese zusammengehören (…) Dass die meisten Individuen nicht allein lebende Individuen und ‚Arbeitsnomaden' sind und dass alle erwerbstätigen Individuen gleichzeitig auf die Arbeit der Reproduktion angewiesen sind, in welcher Form auch immer" (JURCZYK 2006, S. 259 f.).
Neben dieser Argumentation ist es ebenfalls von Belang, dass die verrichteten unbezahlten Arbeiten für den Sozialstaat von unschätzbarem monetärem Wert sind. Gerade aus diesem Grund wird nicht selten genau mit diesem Argument begründet, warum diese Arbeiten dennoch keine „bezahlte Arbeit" darstellen können. Die Autorin NOTZ schreibt dazu: „Immer wieder wird von PolitikerInnen aller Couleur darauf hingewiesen, dass es in der Familie, bei der Erziehung der Kinder, bei der Organisation des Haushaltes und bei der Pflege älterer Angehöriger sowie in der Selbsthilfe und im Ehrenamt gesellschaftlich wichtige Aufgaben gebe, und dass diese Arbeiten so wertvoll sind, dass sie gar nicht mit Geld bezahlt werden können. Die Unmöglichkeit der materiellen Vergütung wird wiederum damit begründet, dass vor allem Frauen diese Arbeiten zufriedenstellend verrichten können (…)" (NOTZ 2008, S. 236). Eben in der unterschiedlichen Verteilung der Arbeitsarten unter den Geschlechtern liegt aber der Schlüssel der sozialen Ungleichheit: „Bei Österreichs Frauen beträgt die wöchentliche Arbeitsbelastung durch Erwerbsarbeit, Haushalt und Kinderbetreuung im Schnitt 45,2 Stunden. Davon entfallen fast zwei Drittel – nämlich 61,6% – auf Haushalt und Kinderbetreuung. Bei Österreichs Männern liegt die Gesamtbelastung im Schnitt nur bei 35,1 Stunden. (...) Bei den Männern entfällt nur ein Fünftel – nämlich 20,5% der Gesamtarbeitsleistung auf Haushalt und Kinderbetreuung (...)" (BMSSGK 2003, S. 20).
Anders gesagt: „Bei erwerbstätigen Frauen entfallen im Durchschnitt auf jede entlohnte Arbeitsstunde 51 Minuten an unbezahlter Arbeit in Haushalt und Familie. Bei erwerbstätigen Männern kommen dagegen auf jede entlohnte

Arbeitsstunde nur 11 Minuten an unbezahlter Hausarbeit und Kinderbetreuung" (ebd.). Ein anderer Teilaspekt ist die Pflege hiifsbedürftiger Angehöriger. Während 8,5% der Frauen Pflegeleistungen erbringen, sind es nur 4,7% der Männer. Die wöchentliche Arbeitsleistung der Betroffenen beträgt durchschnittlich 9 Stunden für Männer, und 11,4 Stunden für Frauen (ebd. S. 44 ff.). Auch dieser Vergleich zeigt, dass Frauen für unbezahlte Arbeit mehr Zeit investieren als Männer.

Die Ausweitung des Dienstleistungssektors mit den üblichen „weiblichen Beschäftigungen", so gesehen bezahlte Reproduktionsarbeit, ließ die Zahl der erwerbstätigen Frauen deutlich steigen. „Damit einher geht jedoch auch der Prozess der „Defamilialisierung": Weibliche Tätigkeit wird zur Ware am Arbeitsmarkt – gleichzeitig jedoch, je größer die soziale Ungleichheit, werden gerade diese „Fürsorgeleistungen" durch Hausangestellte wieder in die wohlhabenden Familien geholt" (vgl. SENGHAAS-KNOBLOCH 2005, S. 63).

Am Beispiel der Pflege zeigt sich eindrucksvoll wie Arbeitskontexte austauschbar werden: „Fähigkeiten, die sich in der häuslichen Versorgung ausbilden, werden von dort abgegriffen und im personenbezogenen Dienstleistungssektor kommerzialisiert. Und umgekehrt: Aufgaben der öffentlichen Hand – Krankenpflege, Kinder- und Altenbetreuung – werden an private Haushalte delegiert, um Kosten zu sparen" (BECKER-SCHMIDT/KRÜGER 2009, S. 38). Die Zahl der weiblich Erwerbstätigen schwankt jedoch, so konnten wir schon in der Einleitung darlegen, im Zusammenhang mit der Vereinbarung von Familie und Beruf, was sich an der Quantität von Frauen, in Abhängigkeit von der Anzahl und dem Alter der Kinder, in Erwerbstätigkeit zeigt. Daraus geht eindeutig hervor, dass die Arbeit im privaten Bereich nach wie vor hauptsächlich Aufgabe der Frauen ist.

Die soziale Sicherheit wird damit jedoch zum großen Problem. Heutige Tendenzen zeigen weiters, dass die Bedeutung der Erwerbsarbeit quantitativ stark zugenommen hat. „Trotz des abnehmenden Erwerbsvolumens steigt die Zahl der Menschen, deren Existenz von der Erwerbsarbeit abhängig ist. (…) Zum anderen wächst auch kognitiv die Bedeutung von Erwerbsarbeit gerade dann, wenn das Erwerbsarbeitsvolumen knapper wird (‚Hauptsache Arbeit')" (KRATZER/SAUER 2007, S. 235). Durch die steigende Zahl derer, die „Hauptsache" einer Arbeit nachgehen wollen, kommt es zur problematischen Prekarisierung. SAUER beschreibt eine aktuell instabile Situation, die mit steigenden Ungleichheiten einhergeht. Einerseits, abhängig vom jeweiligen Arbeitssektor, wird von Arbeitnehmern eine immer längere Arbeitszeit verlangt, während die andere Gruppe zunehmend mit prekären Beschäftigungsverhältnissen zu kämpfen hat. Diese Ungleichverteilung zeigt sich entlang der Kategorien des „Geschlechts" und des „Qualifikationsniveaus". Eine große Gruppe von Menschen bleibt aber außerhalb am Rand – ohne Arbeit. Durch die Betonung der Erwerbsarbeit kommt es jedoch auch, und dieser Aspekt sollte nicht unbeachtet bleiben, zu einer Umstrukturierung der „nicht-erwerbstätigen" Arbeit in anderen gesellschaftlichen Bereichen. SAUER nennt diesen Formwandel die „Ökonomisierung der Gesellschaft"(vgl. SAUER 2006, S. 243 ff.).

4.1 Gebraucht – Verbraucht?

Aus dem bereits Angesprochenen wird deutlich, dass die Bedeutung der beruflichen Arbeitsteilung einen hohen Stellenwert in unserer Gesellschaft einnimmt. Der Beruf an sich wird damit zu einem beachtlichen Faktor für den sozialen Status. Die soziale Wertschätzung, die man über seinen Beruf erhält, stärkt den Selbstwert und das Gefühl gebraucht zu werden eines jeden Einzelnen erheblich. Damit treten wiederum Ungleichheiten durch die Kategorie des Geschlechtes auf.
MIKL-HORKE spricht in diesem Kontext davon, dass aufgrund des raschen technologischen Wandels nicht nur geschlechtsspezifische Ungleichheiten deutlich hervortreten, sondern besonders auch zwischen jungen und alten Arbeitnehmern – „so dass ältere Arbeitnehmer in vielen Berufen nicht nur geringe Arbeitsmarktchancen, sondern auch ein geringeres Ansehen haben" (MIKL-HORKE 2007, S. 233). FÜLLSACK betont in diesem Zusammenhang die Problematik einer „neuen Armut". Betroffen sind nicht mehr nur Arbeitslose, Frauen und Familien mit mehr Kindern, sondern vor allem auch die sogenannte „Generation 50 plus". Sie müssen erfahren, „dass sich Erwerbsarbeitsmöglichkeiten heute bereits vielfach schneller verändern, als durchschnittliche Erwerbsbiographien dauern. Von der Kurzlebigkeit der Arbeitsnachfragen ist dabei oftmals die Qualifikation betroffen..." (FÜLLSACK 2009, S. 94).
Die Zunahme des Drucks, am gesellschaftlich anerkannten Leben durch Erwerbsarbeit teilzuhaben, hat sich demnach auf die Generation zwischen 40 und 50 Jahren verschoben. Aber was passiert danach? Besonders die bevorstehende Kostenexplosion aufgrund demographischer Entwicklungen gibt der Thematik Aktualität. Neben der Debatte um eine Verlängerung der Erwerbstätigkeit wird auch zunehmend über das „Altern" als Problem diskutiert. Begriffe wie „Neue Ehrenamtlichkeit", „bürgerschaftliches Engagement" oder „Bürgerarbeit" bestätigen die Gegenwärtigkeit. „Ehrenamtliches Engagement wird mit Erwartungen verknüpft wie der finanziellen Entlastung eines vorgeblich unbezahlbar gewordenen sozialen Sicherungssystems oder der Effizienzsteigerung sozialer Einrichtungen" (KRÜGER 2009, S. 194). Das Ziel ist es, den Arbeitsbegriff zu erweitern, unbezahlte Arbeit in den Arbeitsbegriff mit einzubeziehen. Problematisch ist jedoch, dass Frauen dabei sehr schnell wieder in den Bereich der unbezahlten Arbeit verwiesen werden könnten. Auch in ehrenamtlichen Tätigkeiten zeigt sich die Differenzierung nach dem

Geschlecht – „Organisieren, repräsentieren, führen bzw. Helfen, Betreuen, Beraten" (PICOT/GENSICKE 2006 zit. n. KRÜGER 2009, S. 197). Die ehrenamtliche Tätigkeit dient aufgrund mangelnder Ressourcen am Arbeitsplatz als Ersatz. Der Erwerbstätigkeit wird damit jedoch implizit mehr Bedeutung zugeschrieben. Dazu kommt, dass durch die Zuschreibung auf gewisse Tätigkeiten aufgrund der Kategorie Geschlecht zusätzliche Benachteiligung entsteht. 43% der ÖsterreicherInnen leisten formelle oder informelle Freiwilligenarbeit (BMASK 2009, S. 51). Ohne diese freiwilligen Leistungen wäre das gesellschaftliche System, wie wir es kennen, nicht vorstellbar. Man unterteilt die Freiwilligenarbeit in formelle und informelle Tätigkeiten – so ist Nachbarschaftshilfe informelle Arbeit, während die aktive Mitgliedschaft bei einer Freiwilligen Feuerwehr formelle Arbeit darstellt. Während 33% der Männer formelle Freiwilligenarbeit leisten, sind es bei den Frauen nur 23,2% (BMASK 2009, S. 56). Bei der informellen Freiwilligenarbeit liegen die Frauen um 1% vor den Männern (28 zu 27%) (BMASK 2009, S. 96).

Formelle Freiwilligenarbeit ist der Bereich der unbezahlten Arbeit, in dem die Männer vorne sind. Schaut man sich die sozialen Stellungen in diesen Organisationen an, sitzen Männer in den oberen Reihen, Frauen arbeiten oft im Hintergrund. Formale Freiwilligenarbeit geschieht im öffentlichen Raum. Das heißt, es ist eine Art von Tätigkeit, die von anderen gesehen und bewertet wird. Als Feuerwehrhauptmann erhält man gesellschaftliche Anerkennung, hat eine bestimmte soziale Position durch seine freiwillige Leistung. Der alten Nachbarin beim Einkaufen zur Hand zu gehen, ist menschlich genauso wesentlich und wichtig, öffentliche Anerkennung gibt es dafür jedoch nicht.

Frauen und Männer leisten unbezahlte Arbeit, der wesentliche Unterschied im Engagement liegt in der Frage nach der Anerkennung. Frauenarbeit liegt im Hintergrund, meist im privaten Rahmen, unsichtbar. Männerarbeit findet im öffentlichen Raum statt, sichtbar und reflektierbar für das Umfeld.

Die Diskussion über ehrenamtliches Engagement betrifft nicht nur die Menschen, die erwerbslos sind, sondern auch die so genannten „Jungen Alten" bzw. die „Aktiven Alten".

Der Ruhestand wird zunehmend zu einer eigenständigen Lebensphase, abgegrenzt vom Erwerbsleben. Die Frage, wie sich die ältere Bevölkerung am gesellschaftlichen Leben beteiligen kann, ist zentral. Vor allem die soziale Integration, die größtenteils über das Erwerbsleben geprägt war, ist nun abhängig von Faktoren und Gegebenheiten von Familie, Freizeit und Konsum (vgl. CLEMENS 2004, S. 88 ff.). Darüber hinaus ist auch die Lebensqualität im Alter grundlegend von der Erwerbsbiographie abhängig: „Erwerbstätigkeit und Arbeitslosigkeit im mittleren und höheren Erwachsenenalter haben eine hohe Relevanz für das Altersleben und die Wahrnehmung von Potenzialen und Barrieren eines mitverantwortlichen Lebens" (CLEMENS 2004, S. 97).

Bezieht man sich vor allem auf die ‚aktiven Alten', kann verdeutlicht werden, dass ältere Menschen über Ressourcen und Kompetenzen verfügen, die, gesellschaftlich gesehen, besonders wertvoll sein können. Angefangen vom Wissen und der Erfahrung aus ihrer Lebenswelt, besitzen viele Kompetenzen wie Solidarität, Gemeinschaft, Toleranz bis hin zu politischen Überzeugungen. Im Sinne des „aktivierenden" Staats sollen diese Potenziale in Form von „Selbsthilfe" oder auch „bürgerlichem Engagement" genutzt werden. Gerade für Frauen bedeutet dies jedoch, dass es vorwiegend ihre Tätigkeitsbereiche sind, die zunehmend reprivatisiert werden. NOTZ kritisiert diese Tendenz indem sie folgert: „Staatlichen Kürzungen zum Opfer fallende soziale Einrichtungen werden der privaten Wohlfahrt überantwortet bzw. der ehrenamtlichen Arbeit und Selbsthilfe übergeben – und all dies wird mit dem ideologischen Mäntelchen des Vorteils menschlicher Wärme in kleinen sozialen Netzwerken im Vergleich zur Kälte der professionellen Hilfeexperten in den Betreuungseinrichtungen gnädig zugedeckt" (NOTZ 2008, S. 235). Die neue Zielgruppe für diese Tätigkeiten stellen auch die „aktiven Alten" dar, die dabei helfen sollen, die Renovierung des Sozialstaates in Angriff zu nehmen. Aus Untersuchungen dazu geht hervor, dass nur dann Effizienz aus bürgerlichem Engagement möglich ist, wenn professionelle Versorgungssysteme sichergestellt sind und die ehrenamtlichen Arbeiten aufgrund des freien Willens angenommen werden – „das heißt, wenn die eigenständige Existenzsicherung der Helfenden und Versorgenden gewährleistet ist" (NOTZ 2008, S. 236).

Die gesellschaftliche Bedeutung der Erwerbsarbeit zeigt sich im Ruhestand in vielfältiger Weise. Sie ist nicht nur ausschlaggebend für die soziale Sicherung, für die soziale Integration, sondern hat auch moralischen Wert. EKERDT schreibt hierzu: „So wie es eine Arbeitsethik gibt, zu deren Tugenden Fleiß und Eigenständigkeit zählen, existiert im Ruhestand eine busy ethic, eine ‚Ethik des Beschäftigtseins', deren Maxime ein aktives Leben ist. Darin spiegelt sich das Bemühen der Menschen wider, den Ruhestand zu rechtfertigen und mit ihren über Jahrzehnte gewachsenen Überzeugungen und Werten in Einklang zu bringen" (EKERDT 2009, S. 69). Das Bemühen, sich auch im Alter Anerkennung zu schaffen, ergibt sich aus der allgemeinen Bedeutung von Arbeit und Produktivität. Die Vorstellung, wie ein Leben im Ruhestand aussehen sollte, ergibt sich aus den Haltungen und Werten die sich im Laufe der Erwerbsbiographie gebildet haben. Sie werden demnach dem „Arbeitsleben" angepasst und in den neuen Lebensabschnitt integriert. „Die Ethik des Beschäftigtseins dient mehreren Zwecken: Sie legitimiert die freie Zeit des Ruhestands, sie gibt Menschen im Ruhestand Rückhalt gegen die Unterstellung überflüssig zu sein, sie verleiht der Rentnerrolle ein Profil, und sie domestiziert das Leben im Ruhestand, indem sie es an herrschende soziale Normen anpasst" (EKERDT 2009, S. 73).

5. Ausblick

Arbeit ist das Schlüsselmoment. Die Definition von Arbeit, der Stellenwert von Erwerbs-, Freiwilligen- und Reproduktionsarbeit und die Verortung der Geschlechter innerhalb dieser Aufteilung zeigen uns folgendes Bild: Frauen sind primär in Reproduktionsarbeit verortet, ihre Erwerbstätigkeit ist auch heute noch größtenteils ein Zuverdienst, ihre freiwillige Arbeit häufig informell und im formellen Bereich im Hintergrund. „Die Armut bzw. Armutsgefährdung von Frauen wird kaum als sozialpolitisches Problem wahrgenommen, denn sie werden in erster Linie als Teil der ‚Familie' gesehen, ihre materielle und soziale Absicherung erfolgt vielfach über den Ehe- bzw. Lebenspartner" (MAIRHUBER 2000, S. 8).

Europa erlebt steigende Arbeitslosenzahlen, Frau-Sein ist ein Armutsrisiko, Kinder zu haben ein Armutspotential. Frauenförderprojekte schaffen es nicht, dieses System grundlegend zu verändern, können also nur Verbesserungen, nie wirkliche Gleichheit schaffen. Denn sie arbeiten an und in einem System – was also bedeutet, dass auch sie ihren Teil zum Systemerhalt leisten.

Es wäre an der Zeit, das System zu hinterfragen. Warum Familienförderung, wenn Menschen doch individuell sind? Wenn Frauen keine Notstandshilfe erhalten, weil der Ehemann erwerbstätig ist, wird die Frau für ihren Lebensentwurf bestraft. Wenn die Mitversicherung von Angehörigen ein Leichtes ist, wird das Hausfrauendasein gefördert, damit aber gleichzeitig der Grundstein für Altersarmut von Frauen gelegt.

Würden Frauen ein Pensionssystem erfinden, wäre es ebenso an ihre Lebensumstände geknüpft, wie das derzeitige an die Lebensumstände der Männer, die sich für seine Einführung verantwortlich zeichnen. Das Ziel sollte es sein, ein System zu etablieren, dass beide Geschlechter zu GewinnerInnen macht, das Netz der sozialen Absicherung also enger zieht als bisher.

Ziele eines Umbaus aus unserer Sicht sollten demnach sein:

- eine Arbeitszeitverkürzung, die wieder mehr Menschen am Arbeitsmarkt teilhaben lässt,
- die mittlerweile wohlbekannte Forderung nach flexibleren und flächendeckenden Kinderbetreuungseinrichtungen,
- eine Individualisierung des Wohlfahrtsstaates, die Frauen nicht nur als Teil einer Familie sehen, sondern als Menschen, die eine eigenständige Existenzsicherung verdienen, sowie
- eine verpflichtende Teilhabe von Männern an Reproduktionsarbeit und Kinderbetreuung.

Die Verankerung der staatlichen Verpflichtung zur Gleichstellung von Frauen und Männern in der Österreichischen Bundesverfassung, den Gleichbehandlungsgesetzen und die Selbstverpflichtung aller europäischen Mitgliedsstaaten zur Anwendung der Strategie des Gender Mainstreaming sind rechtliche

Rahmenbedingungen zur tatsächlichen Gleichstellung von Frauen und Männern. Darüber hinaus wird eine generelle zivilgesellschaftliche Überlegung zur Neubewertung von Erwerbs-, Freiwilligen- und Reproduktionsarbeit notwendig sein, um aufzuzeigen, was „wertvoll" für eine Gesellschaft sein kann. Gender-Mainstreaming ist eine wichtige Strategie, um vorhandene Systeme für Frauen und Männer gerechter zu gestalten. Zur Bekämpfung weiblicher Benachteiligung bedarf es eines neuen Systems, das sich sowohl an weiblicher als auch an männlicher Lebensrealität orientiert.

Die Herstellung der gleichen Teilhabe von Frauen am gesellschaftlichen Leben beinhaltet neben der existenziellen Gleichstellung auch die gleichwertige Mitwirkung an den richtungweisenden Entscheidungen für die Zukunft der Gesellschaft. Dies ist aufgrund der gegebenen rechtlichen Verpflichtungen nicht nur vom Gesetzgeber gefördert, sondern aus gesellschaftlichem Interesse von hoher Priorität.

Literatur
BECKER-SCHMIDT, R./KRÜGER, H.: Krisenherde in gegenwärtigen Sozialgefügen: Asymmetrische Arbeits- und Geschlechterverhältnisse – vernachlässigte Sphären gesellschaftlicher Reproduktion. In: AULENBACH, B./WETTERER, A. (Hg.): Arbeit. Perspektiven und Diagnosen der Geschlechterforschung. Münster 2009, S. 12-42.
BECKER-SCHMIDT, R.: Zur doppelten Vergesellschaftung von Frauen. Soziologische Grundlegung, empirische Rekonstruktion. 2003. In: gender…politik… online http://web.fu-berlin.de/gpo/becker_schmidt. htm. 06.07.2010.
BUNDESMINISTERIUM FÜR ARBEIT, SOZIALES UND KONSUMENTENSCHUTZ: Armutsgefährdung in Österreich. EU-SILC 2008, Eingliederungsindikatoren. Wien 2009.
BUNDESMINISTERIUM FÜR ARBEIT, SOZIALES UND KONSUMENTENSCHUTZ: Freiwilliges Engagement in Österreich. 1. Freiwilligenbericht. Wien 2009.
BUNDESMINISTERIUM FÜR SOZIALE SICHERHEIT, GENERATIONEN UND KONSUMENTENSCHUTZ: Haushaltsführung, Kinderbetreuung, Pflege, Ergebnisse des Mikrozensus September 2002. Wien 2003.
CLEMENS, W.: Arbeit und Alter(n) – neue Aspekte eines alten Themas. In: BÜHLER, S./STOSBERG, M (Hg.): Neue Vergesellschaftungsformen des Alter(n)s. Wiesbaden 2004, S. 87-101.
EKERDT, D. J.: Die Ethik des Beschäftigtseins: Zur moralischen Kontinuität zwischen Arbeitsleben und Ruhestand. In: VAN DYK, S./LESSENICH, St. (Hg.): Die jungen Alten. Analysen einer neuen Sozialfigur. Frankfurt am Main 2009, S. 69-85.
FÜLLSACK, M.: Arbeit. Wien 2009.
JURCZYK, K.: Produktion, Reproduktion, Gender. In: DUNKEL, W./ SAUER,

D. (Hg.): Von der Allgegenwart der verschwindenden Arbeit. Neue Herausforderungen für die Arbeitsforschung. Berlin 2006, S. 259-265.

KRATZER, N./SAUER, D.: Entgrenzte Arbeit – gefährdete Reproduktion. Genderfragen in der Arbeitsforschung. In: AULENBACHER, B./FUNDER, M./JACOBSEN, H./VÖLKER, S. (Hg.): Arbeit und Geschlecht im Umbruch der modernen Gesellschaft. Forschung im Dialog. Wiesbaden 2007, S. 235-250.

KRÜGER, P.: Geschlecht und ehrenamtliches Engagement: Altbekanntes oder neue Tendenzen? In: AULENBACH, B./WETTERER, A. (Hg.): Arbeit. Perspektiven und Diagnosen der Geschlechterforschung. Münster 2009, S. 193-212.

KULAWIK, T.: Wohlfahrtsstaaten und Geschlechterregime im internationalen Vergleich. In: gender...politik...online. 2005. http://web.fu-berlin.de/gpo/ teresa_kulawik.htm. 06.07.2010.

LEPPERHOFF, J.: Gleichberechtigt ungleich – ungleich gleichberechtigt. Geschlechter-Wissen und berufliche Entwicklung in der öffentlichen Verwaltung. In: KURZ-SCHERF, I./CORRELL, L./JANCZYK, St. (Hg.): In Arbeit: Zukunft. Die Zukunft der Arbeit und der Arbeitsforschung liegt im Wandel. Münster 2005, S. 241-258.

MAIRHUBER, I: Frauenarmut – ein sozialpolitisches Problem?!. FORBA Schriftreihe 3/2000. Wien 2000.

MIKL-HORKE, G.: Industrie- und Arbeitssoziologie München/Wien 2007.

NEUMAYER, M./MORE-HOLLERWEGER, E.: Freiwilliges Engagement und Gender. In: BMASK: Freiwilliges Engagement in Österreich. 1. Freiwilligenbericht, Wien 2009, S. 90-103.

NOTZ, G.: Engagement (-politik) für ältere Menschen aus Geschlechterperspektive. In: ANER, K./KARL, U. (Hg.): Lebensalter und Soziale Arbeit. Ältere und alte Menschen (Band 6). Baltmannsweiler 2008, S. 231-244.

SAUER, D.: Arbeit im Übergang. Gesellschaftliche Produktivkraft zwischen Zerstörung und Entfaltung. In: DUNKEL, W./SAUER, D. (Hg.): Von der Allgegenwart der verschwindenden Arbeit. Neue Herausforderungen für die Arbeitsforschung. Berlin 2006, S. 241-259.

SENGHAAS-KNOBLOCH, E.: Fürsorgliche Praxis und die Debatte um einen erweiterten Arbeitsbegriff in der Arbeitsforschung. In: KURZ-SCHERF, I./CORRELL, L./JANCZYK, St. (Hg.): In Arbeit: Zukunft. Die Zukunft der Arbeit und der Arbeitsforschung liegt im Wandel. Münster 2005, S. 54-69.

Barbara Hardt-Stremayr

ALTERN MIT BEHINDERUNG

1. Einleitung

„Altern" ist ein Entwicklungsvorgang im Lebensverlauf aller Menschen bzw. Lebewesen, der grundsätzlich als normal und unvermeidbar bezeichnet werden kann. Es ist sekundär, ob der Mensch eine körperliche Funktionsbeeinträchtigung hat oder nicht.

Dennoch gibt es große Unterschiede, wie Menschen altern, wie sie sich auf das Alter vorbereiten, wie sie Altern erleben, welche Bedürfnisse und Erwartungen sich aus dem Alterungsprozess ergeben und welchen hemmenden und stimulierenden Faktoren Menschen ausgesetzt sind. Wie der Mensch die Veränderungen und Herausforderungen des Alterns bewältigt, hängt wesentlich mit seinen im Laufe des Lebens erworbenen Kompetenzen und seiner individuellen Lebensgeschichte ab. Eine Behinderung stellt eine nicht vernachlässigbare Größe dar, die einen bedeutenden Einfluss auf den Verlauf des Alternsprozesses hat und sich je nach Behinderungsform und Ausmaß auf die Lebenserwartung auswirkt (vgl. SCHULTZ-NIESWANDT 2006, S. 149).

Wie es Menschen mit einer lebenslangen sogenannten „geistigen" Behinderung geht, welchen Herausforderungen sie sich stellen müssen und mit welchen Veränderungen sie im Alter konfrontiert werden, ist Gegenstand dieses Beitrages, unter besonderer Berücksichtigung der Situation im Bundesland Kärnten.

Zunächst gilt es zu klären, was Altern ist bzw. was unter einer Behinderung verstanden werden kann.

2. Alter(n)

Eine allgemein gültige Definition was Alter(n) ist, gibt es nicht. Die Zahl der Theorien, die sich mit den Veränderungen und Prozessen des Alterns beschäftigt ist endlos scheinend. So versucht jede wissenschaftliche Disziplin sich ihre eigenen Perspektiven zurechtzulegen, gekoppelt an die geschichtlichen Entwicklungen kann der Überblick mitunter schon verloren gehen. An dieser Stelle sollen ein paar wenige Betrachtungsweisen beleuchtet werden um einen Einblick zu geben und um die komplexe Situation vom Menschen mit Behinderungen im Alter verständlich zu machen.

Biologisch betrachtet ist der Vorgang des Alterns nicht endgültig entschlüsselt, auch hier gibt es zahlreiche Theorien und Ansätze. Sicher scheint, dass jede normale Zelle eine limitierte Lebensdauer hat, und eine beschränkte

Zellteilung dem Alterungsprozess zugrunde liegt. Was den Verlauf initiiert, beschleunigt, hinauszögert oder gar unterbindet kann heute noch nicht mit absoluter Sicherheit gesagt werden. Man scheint sich allerdings einig zu sein, dass es sich beim Altern um einen „multifaktoriellen Prozess" handelt (vgl. DANNER/SCHRÖDER 1994, S. 117 ff.). Wenngleich von einem auf biologischen Mechanismen beruhenden Abbauprozess gesprochen werden kann, gibt es doch eine wesentliche individuelle Komponente, die sich auf das Ausmaß und den Zeitpunkt des Verlaufes bezieht (vgl. WEINERT 1994, S. 180).
Frühzeitiges Altern bei Menschen mit spezifischen Behinderungsformen, z. B. Down Syndrom, wird einer genetischen Veranlagung zugeschrieben. Die Vermutung, dass Alterungsprozesse genetisch verankert sind und sich in Form von Abnahme der Zellaktivität oder fehlerhafter zellulärer Abläufe äußert, liegt nahe (vgl. SKIBA 2006, S. 56 f.).
Hat man sich zu Beginn der ersten psychologischen Untersuchungen sehr an die biologischen Theorien des Alterns angelehnt und das Alter als rein defizitäre Entwicklung verstanden (vgl. LEHR 2003, S. 47), wurden in den vergangenen 50 Jahren die Theorien und Modelle immer komplexer und umfassender. Heute weiß man, dass Langlebigkeit und Wohlbefinden im Alter an eine Reihe von interagierenden Faktoren gekoppelt ist (vgl. LEHR 2003, S. 72), und nur im Kontext der individuellen Lebensgeschichte einer Person betrachtet werden kann. Die positive Einschätzung des Gesundheitszustandes aus subjektiver Sicht, soziale Kontakte und Beziehungen sowie positive Coping-Strategien im situations-annehmenden Kontext werden in zahlreichen Studien als Variablen mit besonderer Bedeutung genannt (vgl. LEHR 2003, S. 73 ff.). BALTES bezeichnet Altern als Entwicklung, wobei sowohl positive als auch negative Veränderungen im Sinn von Gewinn und Verlust von Gelegenheiten zu Erlebnis und Erkenntnis gemeint sind (vgl. WEINERT 1994, S. 182 f.).
Aus soziologischer Perspektive liegt der Fokus der meisten Staaten mit kapitalistischer Orientierung in der Arbeit als Grundwert, Weltbild und erstebenswertes Ideal, sowohl gesellschaftlich-kulturell als auch individuell. Die Mitglieder einer Gesellschaft definieren und identifizieren sich anhand der Zugehörigkeit zur Gruppe jener, die einer Erwerbstätigkeit nachgehen. Die Stellung der Alten innerhalb des gesellschaftlichen Rahmens scheint noch nicht festgelegt, hierarchisch betrachtet sind sie, nach den Vorstellungen der Modernisierungstheorie, aber insbesondere in fortschrittlichen und industrialisierten Gesellschaften eher am unteren Ende angesiedelt. Dadurch werden Ältere an den gesellschaftlichen Rand gestellt, ihr Stellenwert herabgesetzt und der Stigmatisierung die Türe geöffnet (vgl. KOHLI 1994, S. 236 f.).
Die Geragogik als Kombination von Erziehungswissenschaft und Alternswissenschaft hat sich zu einer wissenschaftlichen Disziplin entwickelt. Sie befasst sich mit dem Lernen, der Bildungsfähigkeiten und -möglichkeiten im Alter (vgl. SKIBA 2006, S. 187 ff.). Allein der Umstand, dass es zu einer

eigenen Fachrichtung gekommen ist beweist, dass Bildung und Alter keinen Widerspruch darstellen.
Unterstützung, Assistenz, Förderung und Gestaltung des Alters sind zentrale Themenbereiche, die aber auch von anderen Disziplinen wie z. B. Pflegewissenschaft, Soziale Arbeit und Ergotherapie aufgerollt werden (vgl. SKIBA 2006, S. 187 ff.). Menschen, die im Alter eine Beeinträchtigung erfahren oder eine lebenslange Behinderung haben, sollen mithilfe der integrativen Geragogik ihre Selbststeuerungsfähigkeit erhalten oder wiedererlangen. Dabei wird die Orientierung an KlientInnen, Umwelt, Nachbarwissenschaften und Dienstleistungen berücksichtigt und mittels selbst- und fremdbestimmten Lernens umgesetzt (vgl. SKIBA 2006, S. 197).

3. Behinderung

Im Behindertenkonzept der österreichischen Bundesregierung aus dem Jahr 1992 wird Behinderung in folgenden zwei Definitionen festgelegt:
„Behinderte Menschen sind Personen jeglichen Alters, die in einem lebenswichtigen sozialen Beziehungsfeld körperlich, geistig oder seelisch dauernd und wesentlich beeinträchtigt sind. Ihnen stehen jene Personen gleich, denen eine solche Beeinträchtigung in absehbarer Zeit droht" (BUNDESMINISTERIUM FÜR ARBEIT UND SOZIALES 1992, S. 8). Unter sozialen Beziehungsfeldern sind die „Bereiche Erziehung, schulische Bildung, Erwerbstätigkeit, Beschäftigung, Kommunikation, Wohnen und Freizeitgestaltung" (BUNDESMINISTERIUM FÜR ARBEIT UND SOZIALES 1992, S. 9) zu verstehen.

„Behindert sind jene Menschen, denen es ohne Hilfe nicht möglich ist,
- geregelte soziale Beziehungen zu pflegen,
- sinnvolle Beschäftigung zu erlangen und auszuüben und
- angemessenes und ausreichendes Einkommen zu erzielen" (BUNDESMINISTERIUM FÜR ARBEIT UND SOZIALES 1992, S. 9).

Rund zehn Jahre später, im europäischen Jahr der Menschen mit Behinderungen, findet sich diese Definition im selben Wortlaut wieder. Im Bericht der Bundesregierung über die Lage der behinderten Menschen in Österreich, werden die Unterschiedlichkeit von Behinderung und die daraus folgenden alltäglichen Herausforderungen und Schwierigkeiten hervorgehoben. Eine einheitliche Definition zu finden, die allen gesetzlichen Anforderungen entsprechen kann, scheint unmöglich zu sein (vgl. BUNDESMINISTERIUM FÜR SOZIALE SICHERHEIT, GENERATIONEN UND KONSUMENTENSCHUTZ 2003, S. 9).
Die ständige Weiterentwicklung des Behinderungsbegriffes und des zunehmenden Interesses an einer politisch korrekten Benennung, sowie darüber

hinaus die Berücksichtigung der gewünschten Bezeichnung aus Sicht der betroffenen Personen, macht eine Neuformulierung notwendig.
Im kürzlich erschienenen Bericht der Bundesregierung über die Lage von Menschen mit Behinderungen ist klar zu erkennen, dass insbesondere in den vergangenen Jahren bei der Verabschiedung von Landesgesetzen auf eine sensiblere und respektvollere Terminologie geachtet wurde (vgl. BUNDESMINISTERIUM FÜR SOZIALES UND KONSUMENTENSCHUTZ 2008, S. 13).
Zudem legt die Gruppe der Menschen mit einer umgangssprachlich genannten geistigen Behinderung Wert auf die neutrale und von ihnen befürwortete Bezeichnung als Menschen mit Lernschwierigkeiten (vgl. ERLINGER 2004, S. 11 f.). Diesem Anspruch ist man auf der Ebene der Gesetzgebung allerdings noch nicht nachgekommen (vgl. BUNDESMINISTERIUM FÜR SOZIALES UND KONSUMENTENSCHUTZ 2008, S. 13).
Der „Geist" des Menschen ist mitunter gar nicht von Behinderung betroffen, beispielsweise bei Menschen mit Down Syndrom, sondern die intellektuellen Fähigkeiten, wie beispielsweise kognitives oder abstraktes Denken (vgl. WEBER 2007, S. 79) entsprechen nicht den durchschnittlichen Ergebnissen der Gesamtbevölkerung. Nun kann man unter dem neuen und doch alten Begriff „Lernschwierigkeit" auch viel mehr verstehen, beispielsweise eine zeitlich begrenzte Entwicklungsstörung. In diesem Beitrag wird die Bezeichnung Menschen mit Lernschwierigkeiten synonym für Menschen mit intellektueller oder kognitiver Behinderung verwendet.
Wie in vielen gesundheitsrelevanten Angelegenheiten versucht man auch bei Menschen mit Behinderungen zum Zweck der besseren Vergleichbarkeit internationale Klassifizierungssysteme zu entwickeln. Behinderung wird als allgemeiner Überbegriff verwendet für Beeinträchtigungen der Funktionsfähigkeiten. Das Klassifizierungssystem vermeidet negative und defizitorientierte Bezeichnungen zugunsten einer positiven, fähigkeitsorientierten Terminologie. Dem Konzept der „Internationalen Klassifikation der Funktionsfähigkeit, Behinderung und Gesundheit" (ICF) liegt das bio-psycho-soziale Modell von Gesundheit zugrunde und konzentriert sich auf die Bereiche Körperfunktionen und -strukturen, Aktivitäten sowie Partizipation. Darüber hinaus werden auch umwelt- und personenbezogene Faktoren mitberücksichtigt, die in Wechselwirkung zu den genannten Bereichen stehen (vgl. DEUTSCHES INSTITUT FÜR MEDIZINISCHE DOKUMENTATION UND INFORMATION 2005, S. 4 f., S. 23 ff.). Wenn eine Person ein dauerhaftes gesundheitliches Problem in Form einer Gesundheitsstörung oder einer Fähigkeitseinschränkung hat, dann hat dies nicht nur Auswirkungen auf Körperstrukturen und Körperfunktionen, sondern auch auf sämtliche Aktivitäten der Person und ihre Partizipationsmöglichkeit in der Gesellschaft. Umweltbezogene und personenbezogenen Faktoren haben Einfluss auf das Ausmaß der Aktivität und der Partizipation.

Ungleich der bisherigen Annahme, dass Behinderung eine ausschließliche individuelle Größe darstellt, geht man nunmehr von einer mehrdimensionalen Größe aus. Einerseits gibt es die körperliche Komponente, auf biologischer oder psychologischer Ebene, und andererseits die soziale bzw. Umweltkomponente. Folglich ist der Mensch nicht behindert, sondern er wird behindert.

4. Lage in Österreich

Menschen mit Behinderungen stellen eine sehr heterogene Gruppe dar. Man unterscheidet im Wesentlichen zwischen Menschen mit Körperbehinderungen, Sinnesbehinderungen, psychischen Behinderungen und so genannten geistigen Behinderungen, wobei auch eine Kombination mehrerer Behinderungsformen möglich ist. Durch individuelle Ausprägung und Ausmaß der Behinderung kommt es zu vielseitigen Dimensionen einer Behinderung.

Dieser Umstand ist ein wesentlicher Grund dafür, warum es keine genauen Zahlen über die Häufigkeit von Menschen mit Behinderungen in Österreich gibt. Vorhandenes Datenmaterial bezieht sich z. T. auf einzelne Behinderungsarten und überschneidet sich durch Mehrfachbehinderungen (vgl. BUNDESMINISTERIUM FÜR SOZIALES UND KONSUMENTENSCHUTZ 2008, S. 14).

In Europa wird der Anteil von Menschen mit Behinderungen auf rund zehn Prozent geschätzt (vgl. BUNDESMINISTERIUM FÜR SOZIALE SICHERHEIT, GENERATIONEN UND KONSUMENTENSCHUTZ 2003, S. 10). Das ergibt für Österreich, nach dem Bevölkerungstand 2007 eine Zahl von etwa 829.900 betroffenen Personen (vgl. STATISTIK AUSTRIA 2007, S. 9). Darüber hinaus gibt es zwar einzelne Erhebungen, die aber in den meisten Fällen Hochrechnungen bzw. Teilerfassungen, subjektiven Beurteilungen und wohnformbezogenen Einschränkungen unterliegen, sodass eine zahlenmäßige Darstellung unmöglich ist. Die Ergebnisse der 2007/2008 durchgeführten Mikrozensus-Erhebung sollen an dieser Stelle nur kurz erwähnt werden, sie haben aufgrund zahlreicher genannter Einschränkungen keine besondere Aussagekraft: Geschätzte 13% der Bevölkerung Österreichs weisen eine Bewegungseinschränkung auf. Rund 2,5% der Bevölkerung ist hörbeeinträchtigt und etwa 3,9% der Bevölkerung ist sehbeeinträchtigt. Angaben zu Menschen mit psychischer und so genannter geistiger Behinderung sind kaum vorhanden. Es wird geschätzt, dass ca. 2,5% der Bevölkerung eine psychische Behinderung und rund 1% eine geistige Behinderung aufweisen (vgl. BUNDESMINISTERIUM FÜR SOZIALES UND KONSUMENTENSCHUTZ 2008, S. 18 f.).

Das vorhandene Datenmaterial lässt erkennen, welche gesellschaftspolitische Bedeutung dieser Personengruppe beigemessen wird. Insbesondere die differenzierte Betrachtung aus der Versorgungsperspektive, also die Behindertenhilfe, die Altenhilfe, die Versorgung in privaten Haushalten ohne Unterstützung, der Bereich Rehabilitation, etc. zeigen die systemorientierte Struktur unseres Staates auf. Die Individualität der Menschen, mit ihren Bedürfnissen und Bedarfen über die Lebensphasen hinweg, also die lebensgeschichtliche Orientierung, steht im Hintergrund. Zuständigkeiten und Voraussetzungen zur Leistungsinanspruchnahme werden so verschleiert und die Zugangsschwelle hoch gehalten.

Aus der sozialpolitischen Perspektive ist es hingegen einfach darzustellen wie viel der Staat für die Leistungen in den einzelnen Bereichen bezahlt – also eine wichtige Zahl zur Bestätigung der Politik und Aufrechterhaltung des Systems.

5. Menschen mit intellektueller Behinderung – Menschen mit Lernschwierigkeiten

5.1 Was ist eine intellektuelle Behinderung?

Das internationale Kategorisierungssystem ICF (Internationale Klassifikation der Funktionsfähigkeit, Behinderung und Gesundheit) definiert eine intellektuelle Behinderung auf Grundlage des bio-psycho-sozialen Modells, und bezieht sich auf die Gesichtspunkte Körperfunktionen und -strukturen, Aktivitäten und Partizipation.

Die Schädigung der Körperfunktion wird zwischen globalen und spezifischen mentalen Funktionen, z. B. Gehirnfunktionen wie Bewusstsein, Orientierung, Intelligenz, Aufmerksamkeit, emotionale Funktionen, Gedächtnisfunktionen, Funktionen des Denkens und Wahrnehmens, höhere kognitive Funktionen differenziert (vgl. DEUTSCHES INSTITUT FÜR MEDIZINISCHE DOKUMENTATION UND INFORMATION 2005, S. 5). Die Körperfunktionen werden nach dem Grad der Ausprägung beurteilt, d. h. zwischen nicht vorhanden, leicht, mäßig, erheblich und voll ausgeprägt kann unterschieden werden (vgl. DEUTSCHES INSTITUT FÜR MEDIZINISCHE DOKUMENTATION UND INFORMATION 2005, S. 51 ff.). Durch diese Form der Beurteilung können die Schädigungen der Körperfunktionen einer Person individuell definiert werden. Zudem werden soziale Benachteiligungen und Umweltfaktoren mitberücksichtigt und heben die sozial-gesellschaftliche Komponente hervor (vgl. DEUTSCHES INSTITUT FÜR MEDIZINISCHE DOKUMENTATION UND INFORMATION 2005, S. 5).

Die ICD-10 ist ein internationales Klassifizierungssystem für Diagnosen in seiner zehnten überarbeiteten Ausgabe. Hier wird in der Kategorie psychische und Verhaltensstörungen zwischen verschiedenen Ausprägungsarten von Intelligenzstörungen (F70-79) unterschieden. Man spricht von einem „Zustand von verzögerter oder unvollständiger Entwicklung der geistigen Fähigkeiten [...], wie Kognition, Sprache, motorische und soziale Fähigkeiten" (BUNDESMINISTERIUM FÜR SOZIALES UND GENERATIONEN 2001, S. 235). Es wird unterschieden zwischen leichter, mittelgradiger, schwerer und schwerster Intelligenzminderung, wobei diese mittels standardisiertem Test geprüft und in IQ-Wertbereichen dargestellt werden. Eine leichte Intelligenzminderung liegt zwischen 50-69 IQ und wird bei einer erwachsenen Person mit einem Intelligenzalter von neun bis zwölf Jahren festgelegt. Bei einer mittelgradigen Intelligenzminderung wird der IQ-Bereich mit 35-49 bestimmt, bei erwachsenen Personen wird von einem Intelligenzalter von sechs bis neun Jahren ausgegangen. Menschen mit einem IQ im Bereich von 20-34 haben als erwachsene Person ein Intelligenzalter von drei bis sechs Jahren. Eine schwerste Intelligenzminderung liegt vor, wenn ein IQ bis 20 erreicht wird. Erwachsene Personen dieser Kategorie haben ein Intelligenzalter von bis zu drei Jahren (vgl. BUNDESMINISTERIUM FÜR SOZIALES UND GENERATIONEN 2001, 235 f.).

5.2 Menschen mit Lernschwierigkeiten werden älter

Menschen mit intellektueller Behinderung werden älter und erreichen die höchste Stufe der Entwicklung in einem Menschenleben. Dieser Fortschritt soll Anlass sein dieses Thema auch auf philosophischer Ebene zu behandeln. BREITENBACH meint „They (Menschen mit intellektueller Behinderung, Anm. d. Verfasserin) now have years enough to grow grey hair and to take on the image of wisdom that goes with silvered temples" (BREITENBACH 2000, S. 74). Damit ist gemeint, dass Menschen mit Lernschwierigkeiten durch den Gewinn an Lebensjahren das Alter erreichen, in dem nicht nur Haare ergrauen, sondern auch Erfahrungen des Lebens zu Weisheiten wandeln und ihnen damit einhergehend gesellschaftliche Anerkennung und Wertschätzung zuteil wird. Sie hebt weiter hervor, dass Menschen mit intellektueller Behinderung genügend Zeit haben um Fähigkeiten und Fertigkeiten zu erlernen, sich in der Gesellschaft zu orientieren, und ausreichend Lebenserfahrungen sammeln zu können, um eigenständige und reife Entscheidungen zu treffen.

Die heute Alten mögen zwar gegenüber der jüngeren Generation ein fremdbestimmteres Leben geführt und viel weniger Entwicklungschancen gehabt haben, dass sie deshalb nicht entwicklungsfähig sind, trifft aber nicht zu. Den eigenen Willen aussprechen zu können, muss erlernt werden, so braucht ein älterer Mensch dazu Unterstützung, ein anderer aber weiß genau was er will (vgl. BREITENBACH 2000, S. 74 f.).

Es ist unsere gesellschaftliche Pflicht, diesen Menschen eine Entwicklungsperspektive zu bieten und ein Altern in Würde zu ermöglichen.

5.3 Datenmaterial und Populationsgröße

Der durchschnittliche Anteil von Menschen mit Lernschwierigkeiten an der Gesamtbevölkerung wird von WEBER mit 0,5% beziffert (vgl. WEBER 2007, S. 79). Das sind rund 42.500 Personen in ganz Österreich und nach den aktuellen Bevölkerungszahlen aus dem Jahr 2007 (vgl. STATISTIK AUSTRIA 2007, S. 28) wären in Kärnten demnach rund 2.800 Personen betroffen. Insgesamt beziehen 1.187 Personen Leistungen der Behindertenhilfe Kärnten, lediglich 114 davon sind zwischen 45-60 Jahre und 24 sind über 60 Jahre alt (vgl. AMT DER KÄRNTNER LANDESREGIERUNG 2007, S. 58).
Die Zahl jener Personen, die eine vollinterne Begleitung in Anspruch nehmen liegt in der Gruppe der 45-60-jährigen bei 104 Personen, bei den über 60-jährigen sind es 21 SeniorInnen (vgl. AMT DER KÄRNTNER LANDESREGIERUNG 2007, S. 61).
Diese Zahlen beziehen sich ausschließlich auf Personen, die im Rahmen der Behindertenhilfe Leistungen in Anspruch nehmen. Jener Anteil, der nach wie vor zu Hause von Eltern oder Familienangehörigen versorgt und betreut wird, bzw. die Personen die durch die Altenhilfe Unterstützung erfahren, werden in dieser Erhebung nicht berücksichtigt.
In den kommenden Jahren ist mit einem Anstieg des Versorgungsbedarfs zu rechnen, insbesondere aus jener Personengruppe, die bisher keine professionelle Wohnhilfe in Anspruch genommen hat. Die Betreuenden – in vielen Fällen die Eltern – werden selbst pflegebedürftig und/oder sind nicht mehr in der Lage, die Versorgung ihrer alternden Kinder aufrecht zu erhalten (vgl. WEBER 2007, S. 84).
Aus dem Bereich der Altenhilfe liegen keine Daten zu Charakteristika des Klientels vor, hier wird lediglich eine Kategorisierung nach Pflegegeldstufen vorgenommen (vgl. ÖSTERREICHISCHES BUNDESINSTITUT FÜR GESUNDHEITSWESEN 2008, S. 5, S. 25).
Die Zahl jener Personen, die zu Hause versorgt werden ist nicht bekannt. Der Paragraf 22 des Kärntner Mindestsicherungsgesetzes Abs.1 bezieht sich auf die Abstimmung geeigneter und notwendiger Maßnahmen zur Früherkennung, Prävention und Behandlung sowie Beseitigung von Behinderung, jedoch nicht auf die zahlenmäßige Erfassung für die Berechnung von Versorgungsbedarfen (vgl. KÄRNTNER-LGBl. Nr.15/2007). Daraus ist zu schließen, dass dem Gesetzgeber der Schutz der Personen vor möglicher Stigmatisierung oder Verwendung der Daten zum Nachteil der Betroffenen wichtiger ist als die adäquate Vorbereitung auf die zukünftige Nachfrage.
Die überraschend kleine Anzahl von älteren Menschen mit Lernschwierigkeiten kann auf den Umstand zurückgeführt werden, dass Menschen mit Behinderung während der Zeit des Nationalsozialismus und den vorherrschenden Ideen und Vorstellungen der Eugenik, die bereits in den Zwanziger-Jahren des

vergangenen Jahrhunderts breite Unterstützung fanden, als „lebensunwürdiges Leben" verstanden, und in hoher Zahl vernichtet wurden (vgl. WEBER 2007, S. 83, ausführlich CONCANNON 2005, S. 16 ff.).
Alte Menschen mit Behinderung hat es bislang in Österreich nur in sehr geringer Zahl gegeben, sodass kein besonderes Augenmerk auf sie gerichtet wurde. Menschen mit einer sehr schweren intellektuellen Behinderung haben in der Vergangenheit kein hohes Alter erreicht (vgl. DEPARTMENT OF HEALTH 2001, S. 103). Daraus lässt sich schließen, dass die heute alten Menschen mit intellektueller Behinderung einen geringeren Grad der Beeinträchtigung aufweisen.
Dank des medizinischen Fortschritts und den verbesserten Lebensbedingungen steigt die durchschnittliche Lebenserwartung von Menschen mit Lernschwierigkeiten stetig an und ist mit jener der Gesamtbevölkerung vergleichbar. Es ist damit zu rechnen, dass zukünftig die Gruppe der Menschen mit schwerer kognitiver Behinderung im Alter stärker ansteigen wird, als die Gruppe der Menschen mit leichter intellektueller Behinderung (vgl. SCHMID 2008, S. 543).
WEBER führt dazu weiter aus, dass Menschen mit intellektueller Behinderung, die heute bereits ein hohes Alter erreicht haben, erwarten können, noch ein bis eineinhalb Jahre länger zu leben, als ihre nicht behinderte Kohorte. Das hängt mit dem Versorgungsstandard einerseits und mit dem (institutionellen) Schutz vor gesundheitsschädlichen Noxen wie beispielsweise Nikotin, Alkohol und Distress andererseits zusammen (vgl. WEBER 2007, S. 83).
Resümierend kann also gesagt werden, dass in Kärnten rund 138 ältere und alte Menschen mit kognitiver Behinderung durch die Behindertenhilfe versorgt werden. Es fehlen Erhebungen, welche die Gesamtheit der Personengruppe über die Versorgungsformen hinweg wiedergeben. Weder in der Altenhilfe noch in der familiären Versorgung lassen sich Menschen mit intellektueller Behinderung in Zahlen ausdrücken. Das hat zur Folge, dass es neben Schätzwerten keine verlässlichen Prognosen über den zukünftigen Versorgungsbedarf gibt. Das wiederum bedeutet, dass die zukünftigen sozialpolitischen Maßnahmen und notwendigen Vorkehrungen nicht im gewünschten Ausmaß untermauert werden können, Entscheidungen hinausgezögert und mögliche Versorgungsengpässe riskiert werden.
In der Praxis begnügt man sich vorerst noch mit einfachen Anpassungen und Einzellösungen. Der Ruf nach neuen Modellen und Konzepten ist Zeichen einer langsam beginnenden Phase der Umorientierung.

5.4 Lebenslagen

Das mehrheitlich in Anspruch genommene Leistungsangebot in Kärnten ist mit 125 NutzerInnen in den beiden Altersgruppen ab 45 Jahren die „all-inclusive" Versorgung, d.h. sowohl Unterkunft als auch Beschäftigungsangebot werden von einem Dienstleistungsanbieter erbracht. Lediglich 13 Personen aus diesen beiden Altersgruppen nehmen andere Leistungen der Behindertenhilfe in Anspruch, beispielsweise eine Tagesstätte (vgl. AMT DER KÄRNTNER LANDESREGIERUNG 2007, S. 60, S. 68). Nicht dokumentiert ist die Gesamtzahl der angebotenen Dienstleistungen in quantitativer und qualitativer Hinsicht. Das vollinterne Versorgungsangebot stellt die traditionelle und nach wie vor überwiegende Betreuungsform dar.

Der geplante und teils in Umsetzung befindliche Ausbau der ambulanten Dienstleistungsstruktur nützt überwiegend Menschen, die im Familienverbund leben oder im Begriff sind diesen zu verlassen. Neben der entlastenden Wirkung für Familienangehörige wird die Teilhabe und Integration in die Gesellschaft gefördert und eine selbstbestimmte sowie fähigkeitsorientierte Gestaltung der Freizeit und Beschäftigung angestrebt (vgl. AMT DER KÄRNTNER LANDESREGIERUNG 2007, S. 88 f.). Das bedeutet gleichzeitig, dass überwiegend jüngere Menschen mit Behinderungen in den Genuss dieser Leistungsangebote kommen. Menschen, die bereits in Einrichtungen der Behindertenhilfe versorgt werden, wird dadurch, wenngleich vermutlich nur die doppelgleisige Finanzierung verhindert werden soll, die Möglichkeit zur Veränderung ihrer Lebenssituation wesentlich erschwert (vgl. AMT DER KÄRNTNER LANDESREGIERUNG 2007, S. 89). Der Trend des Verbleibs der älteren Menschen mit Behinderungen in großen Wohneinrichtungen zeigt sich auch in anderen Ländern. Die erneute Isolierung und Sonderbehandlung könnte sowohl der Behinderung, als auch dem Alter zugeschrieben werden (vgl. DEGEN 2006, S. 21). Menschen mit einer geringen Selbständigkeit traut man nicht zu, in einer anderen Wohnform zurechtzukommen. Die im Alter zu erwartende, steigende Unselbständigkeit verstärkt diese Meinung und führt dazu, dass Menschen mit erhöhtem Unterstützungsbedarf in Wohnheimen zurückbleiben bzw. eher in solche aufgenommen werden (vgl. HARDT-STREMAYR 2007, S. 62 f.).

5.5 Wohnen

Menschen mit kognitiver Behinderung haben neben dem meist zeitlich begrenzten Verbleib im Familienverband mehrere Möglichkeiten zu wohnen. Die häufigste Wohnform in Kärnten ist die altersheterogene Wohngruppe bis zehn Personen gefolgt von der altersheterogenen Großgruppe mit mehr als zehn Personen. Altershomogene Kleingruppen von fünf Personen oder weniger werden eher selten angeboten (vgl. HARDT-STREMAYR 2007, S. 51). Möglichkeiten attraktiver Wohnformen bieten sich viele, für die Versorgung älterer Menschen werden besonders homogene Kleingruppen in der Nähe bzw. integriert in einer gemeindenahen Wohnform, Kleingruppen mit Berufstätigen, sowie Gruppen mit einem Pflegefokus in gemeindenahen Wohnformen oder Alten- und Pflegeheimen empfohlen (vgl. WACKER 2001, S. 85, KRÄLING 1995, S. 154). Die Wohneinheiten sollten bewusst klein gehalten werden, damit die Heterogenität ihrer Mitglieder der Gemeinschaft einen förderlichen familienähnlichen Charakter verleihen. Großgruppen sind längst nicht mehr zeitgemäße, belastende und auffälligkeitsfördernde (vgl. BRUCK-MÜLLER 2003, S. 8) Unterbringungsstätten, die Lärm, Unruhe und folglich beschränkte Selbstbestimmung mit sich bringen. Ein gemeinsames und für alle Beteiligten zufriedenstellendes Miteinander ist nur möglich, wenn ihre Mitglieder ein großes Maß an Verständnis, Rücksichtnahme und Mitmenschlichkeit aufbringen können (vgl. ARNDT 1992, S. 60). Inwieweit die Mitglieder einer Gruppe in der Lage sind diesen Anforderungen nachzukommen, zeigt sich im individuellen Fähigkeitspotential, der lebensgeschichtlichen Prägung und den sozialen Kompetenzen.

Besonders im Alter steigt das Bedürfnis nach Ruhe und Entschleunigung des Alltags, sowohl für den Bereich Wohnen als auch in der Alltagsgestaltung. Gefühle von Sicherheit und Dazugehörigkeit, Geborgenheit und Respekt sind neben der Akzeptanz des „Soseins" nur ein paar wenige Bedürfnisse, die mit zunehmendem Alter eine Rolle spielen können. Die Betreuung an sich kann auch als intensiver erlebt werden (vgl. BLEEKSMA 1998, S. 19, S. 27).

Die Bedürfnisse von älteren Menschen mit Lernschwierigkeiten sind individuell unterschiedlich und sollten meiner Ansicht nach jeweils im Kontext der Lebensgeschichte betrachtet werden. Die Beurteilung der gegenwärtigen Wohnform unter Berücksichtigung von Selbstbestimmung und persönlichem Willen der Person erfolgt in einer gemeinschaftlichen Auseinandersetzung mit den wichtigsten Promotoren.

Das Behindertenkonzept der Österreichischen Bundesregierung aus dem Jahr 1992 empfiehlt den Ländern die Integration von Menschen mit Behinderungen in das Gemeinwesen, nach den Grundsätzen der Normalisierung umzusetzen (vgl. BUNDESMINISTERIUM FÜR ARBEIT UND SOZIALES 1992, S.49 f.). Für Menschen mit intellektueller Behinderung ist der „Aufbau adäquater Versorgungsstrukturen" (BUNDESMINISTERIUM FÜR ARBEIT UND SOZIALES 1992, S. 45) geplant. Die Erhebung im Jahr 2006 hat gezeigt, dass dies noch nicht flächendeckend umgesetzt wurde (vgl. HARDT-STREMAYR 2007, S. 51). Insbesondere die Integration der Menschen mit Behinderungen, die bereits in stationären Unterbringungsformen wohnen sowie jene, die einen geringeren Selbständigkeitsgrad vorweisen, wird nicht umgesetzt. Einerseits werden gemeindenahe Wohnformen nur für Menschen mit geringem Unterstützungsbedarf angeboten, andererseits werden persönliche bzw. zusätzliche Assistenz und Begleitung im Transformationsprozess nicht bereitgestellt. Die Betreuungspersonen, die ja ArbeitnehmerInnen in einer Trägereinrichtung sind, können meines Erachtens wohl kaum Transformationsprozesse begleiten, ohne dem Vorwurf unternehmensschädigenden Verhaltens ausgesetzt zu sein, selbst wenn die Verbesserung der Lebensqualität ihrer zu betreuenden Personen eine begrüßenswerte Grundhaltung darstellt. Wer soll sich also für die Interessen der Menschen mit Behinderungen einsetzen? In erster Linie sind es die Menschen mit Behinderungen selber, dazu sind in den letzten Jahren Selbstvertretergruppierungen entstanden. Deren Arbeit wird wohl erst nach einigen Jahren spürbar werden, wenn es gelungen ist, ein gewerkschaftsähnliches Netz aufzubauen und sich durch die kollektive Größe Gehör verschaffen zu können.

Ein breites Angebot an Wohnformen, aus denen die LeistungsnehmerInnen wählen können, bietet die Möglichkeit nach individuellen Bedürfnissen eine Entscheidung zu fällen. Wenn die Maßnahmen des Empowerments und der Selbstbestimmung der Menschen mit Behinderungen die Nachfrage nach mehr individuellem Wohnen ansteigen lässt, kann dies im Sinne des marktwirtschaftlichen Prinzips von Angebot und Nachfrage zu einer Bereinigung der traditionellen Wohnformen führen. Dieser Gedanke ist angesichts des nach dem Wohlfahrtsprinzip gesteuerten Sozialstaates Österreich vielleicht etwas befremdlich, letztlich führt er aber zur Reduktion einer wesentlichen Benachteiligung von Menschen mit Behinderungen: die freie Wahl von Wohnort und Wohnart als allgemeingültiges Menschenrecht, das im UN-Menschenrechtsübereinkommen über die Rechte von Menschen mit Behinderung im Artikel 19 festgehalten ist (vgl. UN-ÜBEREINKOMMEN ÜBER DIE RECHTE DER MENSCHEN MIT BEHINDERUNGEN 17.07.2008, S. 19).

Die Leistungsanbieter in Kärnten unterscheiden in der Versorgung von Menschen mit kognitiven Behinderungen nicht hinsichtlich des Alters, solange die Person keinen Pflegebedarf aufweist. Kommt es jedoch zu einem pflegerischen Unterstützungsbedarf, hängt es von der jeweiligen Einrichtung ab, ob eine sichere Versorgung bezüglich der personellen und räumlichen Rahmenbedingungen möglich ist, oder gegebenenfalls eine Verlegung in ein Alten- und Pflegeheim notwendig wird. Die Möglichkeit der Inspruchnahme von mobilen Pflegehilfen kann älteren Menschen mit Behinderung den Wunsch des Verbleibs in der Wohneinrichtung zumindest vorübergehend ermöglichen und Versorgungsengpässe seitens des Personals ausgleichen.

Mangels alternativer Versorgungsangebote bei erhöhtem Pflegebedarf bleibt der Weg ins Pflegeheim meist die einzige Möglichkeit eine sichere Pflegeversorgung zu gewährleisten. Die Eignung von Alten- und Pflegeheimen zur Versorgung von Menschen mit kognitiven Behinderungen wird allerdings in Frage gestellt. Zum einen ist das Personal selten mit sonderpädagogischen Qualifikationen ausgestattet, zum anderen werden die Menschen mit intellektueller Behinderung von den übrigen BewohnerInnen häufig nicht als gleichwertig betrachtet. Konkurrierendes Verhalten und Ausgrenzung sind die Folge (vgl. HARDT-STREMAYR 2007, S. 25). Jene Generation, die jetzt die Alten- und Pflegeheime belegt, ist gleichzeitig die, die in der Zeit nach dem Zweiten

Weltkrieg für die Isolation und Ausgrenzung von Menschen mit Behinderungen mitverantwortlich gemacht werden kann. Bevor es zu großen Umsiedelungsaktionen kommt sollte die Entwicklung und Realisierung von geeigneten Konzepten zur langfristigen Versorgung forciert werden, die gleichzeitig der Wiederholung dieser geschichtlichen Fehlentwicklung auf institutioneller Ebene vorbeugt.

Ziel jedes Leistungsanbieters im Bereich Wohnen muss es daher sein, sich für die Versorgung der Menschen mit Behinderung bis zum Tod verantwortlich zu fühlen und diese auch umzusetzen. Insbesondere die letzte Phase des Lebens erfordert, nicht nur aus ethischen Gründen ein vertrautes Umfeld in räumlicher, struktureller und personeller Hinsicht.

Kooperationen und Vernetzungen mit anderen Anbietern über die Grenzen des Leistungsträgers hinaus können Qualitäts- und Sicherheitsfragen lösen (vgl. WACKER 2001, S. 85 ff.). Zudem verbindet der Gedanke des Gemeinsamen, haben doch alle allgemeinen Einrichtungsträger der Langzeitversorgung mit dem Älterwerden ihres Klientels zu tun, so kann durch Austausch und Orientierung ein positiver Impuls für längerfristige Zusammenarbeit initiiert werden.

Ungeachtet der Bereitstellung der räumlichen, strukturellen und personellen Erfordernisse für den Verbleib in einer Einrichtung muss es jedoch der betroffenen Person freigestellt sein, selbstbestimmt zu entscheiden, wo sie/er leben möchte. Das Recht auf Selbstbestimmung ist auch hinsichtlich der gewünschten Wohnform als Grundrecht anzusehen (vgl. UN-ÜBEREINKOMMEN ÜBER DIE RECHTE DER MENSCHEN MIT BEHINDERUNGEN 17.07.2008, S. 15) wobei die Qualität der Entscheidung wesentlich von den angebotenen Optionen abhängig ist. Eine echte Wahlmöglichkeit setzt eine Auseinandersetzung der Person mit den Möglichkeiten voraus, die man Alternativen nennt, damit sichergestellt ist, dass die Person ein Gefühl für die Konsequenz ihrer Entscheidung entwickeln kann. Die Möglichkeit des aktiven Erlebens einer Wohnform könnte beispielsweise einer selbstbestimmten Entscheidung vorausgehen. In Anbetracht früher oder später zu erwartender gesundheitlich-pflegerischer Probleme im Alter sollte dieser Prozess rechtzeitig eingeleitet werden.

Eine Studie von MINTON et al. hat ergeben, dass ältere Menschen mit intellektueller Behinderung mit einer vielfach höheren Wahrscheinlichkeit in einer großen Institution untergebracht sind und dort bleiben, als jüngere Menschen (vgl. MINTON et al. 2002, S. 166). Das heißt jüngere Menschen mit intellektueller Behinderung haben eine größere Chance in gemeindenahe, kleine Wohnformen umzusiedeln als ältere. Mit anderen Worten handelt es sich hier um eine Benachteiligung innerhalb der Menschen mit kognitiver Behinderung. Die Diskriminierung äußert sich in zweifacher Hinsicht, aufgrund des Alters und aufgrund der intellektuellen Behinderung (vgl. MINTON et al. 2002, S. 168).

MICHNA et al. kommen zu einem ähnlichen Ergebnis. Jungen Menschen mit intellektueller Behinderung wird versucht eine ambulant betreute Wohnform anzubieten, in den größeren Einrichtungen hingegen kommt es zu kollektivem Altern. Es bleiben Menschen mit schwerer Behinderung und alte Menschen mit Behinderung in den Heimen zurück. Jene, die außerhalb der professionellen Hilfe versorgt werden, z. B. in ihren Herkunftsfamilien, brauchen im Alter früher oder später auch eine neue Unterkunft (vgl. MICHNA et al. 2007, S. 14 f.).

WEBER berichtet von einer Studie, in der über 55-jährige Menschen mit Behinderung befragt wurden, die einen Wohnungswechsel vorgenommen haben. 70% von ihnen sind aufgrund einer Notsituation gesiedelt, d. h. durch Tod oder Erkrankung eines Angehörigen. Lediglich 15% sind auf eigenen Wunsch umgezogen (vgl. WEBER 2007, S. 84), folglich überwiegt die Fremdbestimmung.

5.6 Beschäftigung und Freizeit

Der Großteil der älteren Menschen mit intellektueller Behinderung wird tagsüber in Einrichtungen der Beschäftigungstherapie, Werkstätten für Menschen mit Behinderungen genannt, betreut und begleitet (vgl. AMT DER KÄRNTNER LANDESREGIERUNG 2007, S. 72). Die Beschäftigung im ersten Arbeitsmarkt ist, abgesehen von der Anlehre zur beruflichen Eingliederung und der Vorstellung des Projektes Chancenforum, nicht weiter dokumentiert (vgl. AMT DER KÄRNTNER LANDESREGIERUNG 2007, S. 74, S. 87).

In den Beschäftigungswerkstätten werden einerseits Auftragsarbeiten aus der Wirtschaft angenommen, andererseits und zu einem wesentlich größeren Anteil steht die Beschäftigung an sich im Vordergrund (vgl. HARDT-STREMAYR 2007, S. 33). Die Produktion von Gütern, die der Gesellschaft zugeführt werden können und einem bestimmten Nutzen dienen, ist aus meiner Sicht zweitrangig. Der Verkauf dieser Güter wird in seltenen Fällen über einrichtungsinterne Läden, vielmehr aber durch Basare im Rahmen von Festveranstaltungen und Ereignisse im kirchlichen Jahreskreis organisiert.

Die Beschäftigungsmöglichkeiten sind breit gestreut, beginnend beim künstlerisch-kreativen Bereich Malerei, Töpferei bis zu den Bereichen Textiles, Holz über hauswirtschaftliche Tätigkeiten und Gartenarbeiten bis hin zu basalen Angeboten, Rhythmik und Bewegung (vgl. KLISCH 2000, S. 160). Das Beschäftigungsangebot unterscheidet nicht zwischen jüngeren und älteren NutzerInnen (vgl. HARDT-STREMAYR 2007, S. 58). Mit zunehmendem Alter ist jedoch der Druck nach Leistung in der Beschäftigung nicht mehr angebracht. Vielmehr steht die sinnvolle Betätigung, insbesondere aus der Sicht der betroffenen Person, im Vordergrund.

Älteren Menschen mit Behinderungen bietet die Tagesstrukturierung die Möglichkeit, auf verändernde Bedürfnisse, die das Alter mit sich bringen kann, zu reagieren. Beispielsweise kann eine Veränderung des Ausdauervermögens und der Konzentrationsfähigkeit oder einem erhöhten Erholungsbedürfnis mit geeigneten Maßnahmen begegnet werden.

Diese könnten sich auf der Ebene Arbeitszeitreduktion, Pausenverlängerung, Vereinfachung des Aufgaben- und Tätigkeitsbereiches bis zur Errichtung einer SeniorInnengruppe bewegen (vgl. z. B. BUNDESVEREINIGUNG LEBENSHILFE 1994, S. 6 f.). Die Planung und Umsetzung der Maßnahmen sind freilich im Einklang mit der betroffenen Person, ihrer Leistungsfähigkeit und ihren gesundheitlichen Bedürfnissen zu entscheiden (vgl. KRÄLING 1995, S. 156).

Neben dem Bereich Wohnen zeigt sich im Bereich Beschäftigung eine wesentlich höhere Benachteiligung der Menschen mit Behinderungen gegenüber den Menschen ohne Behinderung. Aufgrund ihrer Fähigkeitseinschränkungen bleibt ihnen der erste Arbeitsmarkt verwehrt. Abgesehen von der dadurch versagten Aussicht auf ein autonomes Leben im Sinne von Selbsterhaltung oder teilweiser Selbsterhaltung entgeht den Menschen mit kognitiver Behinderung das essentielle Gefühl des „Gebrauchtwerdens" und der Übernahme einer gesellschaftlich geschätzten Rolle.

Im Alter scheint sich dieser Nachteil zu potenzieren, einerseits werden und wurden für Menschen, die in beschäftigungstherapeutischen Werkstätten arbeiten, keine Beiträge in das Pensionsversicherungssystem eingezahlt, und somit haben sie auch keinen Leistungsanspruch. Die Abhängigkeit vom Sozialsystem zieht sich weiter fort (vgl. KAMMER FÜR ARBEITER UND ANGESTELLTE 2003, S. 202), und durch die Zuständigkeiten der Länder kommt es innerhalb Österreichs zu einer weiteren Ungleichheit (vgl. WEBER 2007, S. 80). Andererseits fällt durch einen Austritt aus der Beschäftigungswerkstätte nicht nur das bescheidene Taschengeld als Entlohnung weg, was an sich ja schon eine Doppeldiskriminierung darstellt, sondern meist auch die einzige Lebensrolle und der wichtigste Anker im Leben dieser Menschen.

Vergleicht man die Phase der Beschäftigung bzw. Erwerbstätigkeit von Menschen mit intellektueller Behinderung mit jenen Menschen ohne Behinderung, so stellt man fest, dass Erstere durchschnittlich länger arbeiten (vgl. MAIR/ROTERS-MÖLLER 2007, S. 215). MAIR stellt fest, dass aufgrund fehlender Zukunftsperspektiven die Menschen mit Behinderung bis ins hohe Alter in den Beschäftigungswerkstätten arbeiten. Die Rolle, die ein Mensch in der Werkstätte einnimmt, ist individuell von besonderer Bedeutung, zumal es kaum andere Rollen gibt, die soziale und gesellschaftliche Anerkennung ihrer Person und ihrer Leistungen bringen. Dem Bedürfnis der Anerkennung und Wertschätzung zu entsprechen soll möglichst lange nachgekommen werden.

Der Staat und die dienstleistungsanbietenden Organisationen sind, um langfristig den veränderten Ansprüchen zu entsprechen, gefordert, den alternden Menschen ein bedarfsorientiertes Angebot bereitzustellen. Dies wird eher

zögerlich umgesetzt, nachdem die strukturellen Rahmenbedingungen in den vollinternen Einrichtungen erweitert werden müssten und die individuumsbezogene Orientierung mit finanziellem bzw. personellem Mehraufwand verbunden wäre (vgl. HARDT-STREMAYR 2007, S. 62).
Folglich gibt es neben den Werkstätten selten alternative Angebots- und Beschäftigungsformen für SeniorInnen. Zudem ist der bedeutende Aspekt des drohenden Rollenverlustes ein willkommenes Argument, Veränderungen hinauszuzögern. An dieser Stelle soll die Bedeutung der Vernetzung von Leistungsanbietern in der Tagesbetreuung, -begleitung, und -beschäftigung nochmals hervorgehoben werden. Neben der Möglichkeit das Beschäftigungsangebot zu erweitern ist die Basis für soziale Kontakte, die durch die gegebenen Versorgungsstrukturen eher als begrenzt und eingeschränkt bezeichnet werden können, zur Bereicherung des alltäglichen Lebens gegeben.

5.7 Übergang in das dritte Alter

Das dritte Lebensalter, damit ist jene Lebenszeit gemeint, die der Mensch nach dem Ausscheiden aus der Erwerbstätigkeit bei relativ guter Gesundheit erlebt (vgl. LASLETT 1995, S. 34 f.), ist für Menschen mit Behinderung gegenwärtig kaum eine Realität, zukünftig aber ein Zeitraum, der besondere Beachtung erfordert und gestaltet werden will. Vor allem mit zunehmender Zahl an älteren Menschen mit intellektueller Behinderung soll diese Lebensphase weder ignoriert noch unvorbereitet begonnen werden. Daraus ergibt sich folglich ein Planungs- und Vorbereitungsauftrag (vgl. MAIR/ROTERS-MÖLLER 2007, S. 218), der in Zusammenarbeit aller Beteiligten ausgearbeitet werden sollte. Rechtliche Grundlage bietet die UN-Menschenrechtskonvention für die Menschen mit Behinderungen in seiner Forderung nach Chancengleichheit und Gleichberechtigung (vgl. UN-ÜBEREINKOMMEN ÜBER DIE RECHTE DER MENSCHEN MIT BEHINDERUNGEN 17. 07. 2008, S. 6 f.). Der berechtigte Anspruch der Menschen mit intellektueller Behinderung auf die Möglichkeit des Rückzuges aus der Beschäftigungswerkstätte und damit der Arbeit bedarf entsprechender Vorbereitung und Aufklärung, die mit einem weiteren Schritt in Richtung Normalisierung und Akzeptanz des Lebensabschnitts Alter einhergeht. Die Lebensphase Alter ist Bestandteil des Lebens und macht in individuell unterschiedlichem Ausmaß einen größeren oder kleineren Anteil des gesamten Lebens aus.
Menschen, die in Beschäftigungswerkstätten und Wohneinrichtungen leben und arbeiten scheinen, unter bestimmten Aspekten „kein Alter" zu haben, und werden mitunter so behandelt (vgl. KULIG/THEUNISSEN 1999, S. 265). Für die Menschen mit intellektueller Behinderung selbst, sowie für die Einrichtungen, die ihre Versorgung hinsichtlich Wohnen und Beschäftigung übernommen haben, ist die Bedeutung des Lebensalters folglich eine unwesentliche

(vgl. KULIG 2005, S. 142), vermutlich bis zu jenem Zeitpunkt, an dem pflegerische und medizinische Bedarfe eine Anpassung unumgänglich machen.
Die Vorbereitung der Menschen mit Behinderungen auf das Alter beinhaltet auch einen Bildungs- und Aufklärungsauftrag. Hierfür gibt es bereits eine breite Palette an Möglichkeiten, die in den Veröffentlichungen der letzten Jahrzehnte zu finden sind. Beispielsweise sei das „later-life training"-Programm von HELLER et al. genannt, das sich auf die Wissensdefizite von „Vor-RuheständlerInnen" bezieht und mit altersbezogenen Faktoren wie Gesundheit, Rollenveränderungen, Ruhestand und Entscheidungsfindung für Themen im späteren Leben befasst (vgl. HELLER et al. 2000, S. 395). Dazu zählen gegenwärtige und zukünftige Wohnsettings, Arbeits- und Beschäftigungsmodelle, Wellness, Freizeit und Erholung, Service- und Unterstützungsleistungen, Formulierung von Zielen und Perspektiven sowie die Gestaltung eines Aktivitätenplanes (vgl. HELLER et al. 2000, S. 396). Erst wenn das Wissen um die Lebensphase Alter den betroffenen Personen bewusst ist, können Alternativen und Optionen als solche wahrgenommen und beansprucht werden.
Die Rolle der Freizeitgestaltung wird mit zunehmendem Alter eine immer bedeutendere, so bedarf es auch hier einer rechtzeitigen Vorbereitung und Planung. Eine sinnstiftende Aktivität, die sich an den individuellen Fähigkeiten und Vorstellungen der Person orientiert, bleibt auch außerhalb der Beschäftigungswerkstätte erklärtes Ziel. Die Begegnung mit anderen Menschen, die Möglichkeit gemeinsam Aktivitäten zu erleben und soziale Kontakte auf- und auszubauen bzw. zu intensivieren, gewinnt in dieser Phase eine wesentliche Bedeutung, nachdem sich die sozialen Beziehungen durch den Austritt aus der Werkstätte reduzieren (vgl. HAVEMAN 2000, S. 165 ff.). Zudem bieten Kontakte in der Nachbarschaft, auch einrichtungsübergreifende Programme, die Einbindung in das öffentliche Leben und die Inanspruchnahme von SeniorInnenangeboten ein abwechslungsreiches Angebot.
Es ist durchaus sinnvoll, den Austritt aus der Werkstätte nicht mit einem Datum zu fixieren, sondern eine langsame Übertrittsphase festzulegen, vielleicht über einen mehrere Jahre dauernden zeitlichen Rahmen (vgl. MAIR/ROTERS-MÖLLER 2007, S. 218). In dieser Phase ließe sich beispielsweise eine entsprechende Schulung und Vorbereitung durchführen. Die flexible Berücksichtigung von individuellen physischen und psychischen Bedürfnissen wird dadurch ermöglicht.
Wie bei Menschen ohne Behinderung der Übergang in den Ruhestand verschiedene Modelle und Versionen anbietet, soll es auch hier optionale Wege geben. Die gesetzliche Vorgabe des Pensionsantrittsalters hat sich in den letzten Jahren mehr und mehr zu einer elastischen Größe entwickelt, die je nach Beschäftigungsverhältnis individuelle Bedürfnisse berücksichtigt.
Der vierte Abschnitt des Kärntner Mindestsicherungsgesetzes zielt auf die Eingliederung und gesellschaftliche Teilhabe von Menschen mit Behinde-

rung ab und setzt die Rehabilitationsfähigkeit und Rehabilitationswilligkeit als Grundbedingung voraus (vgl. KÄRNTNER-LGBl 15/2007, § 21 Abs. 4a). Die Rehabilitation strebt, nach der Definition der WHO, die (Wieder-) Herstellung von Leistungsfähigkeit zur Reintegration in die Gesellschaft an (vgl. BUNDESMINISTERIUM FÜR SOZIALES UND KONSUMENTENSCHUTZ 2007, S. 7). Bei älteren Menschen mit Behinderung kann das unter Umständen nur erschwert, teilweise oder mitunter gar nicht erreicht werden. Damit greift die Sicherung der Versorgung von Menschen mit Behinderung im Alter durch das Mindestsicherungsgesetz zu kurz.

Die Ausrichtung nach bedürfnisorientierten, selbstbestimmten Leistungen sollte gesetzlich verankert werden und den Menschen mit Behinderungen im dritten und vierten Alter Lebensqualität verbessern und Individualität sichern. Die finanzielle Sicherung im Alter durch Pensionsbeitragsleistungen während der Beschäftigungsjahre, auch in sogenannten Werkstätten, muss diskutiert und zukünftig gesetzlich sichergestellt werden.

Wenn man überlegt, dass von jedem Menschen ungeachtet einer Behinderung erwartet wird, dass er oder sie einen Beitrag zum Gesellschaftssystem leistet, so erfolgt das auch immer in Abstimmung seiner/ihrer psychischen und physischen Fähigkeiten. Nicht jeder Mensch hat die Voraussetzungen Präsident zu werden, also heißt das auch, dass es nicht von allen verlangt werden kann. Sehrwohl kann erwartet werden, dass jeder Mensch nach seinen Möglichkeiten und Fähigkeiten einen Beitrag leistet. Dazu ist es aber notwendig Voraussetzungen zu schaffen. Eine davon ist die Beseitigung von Vorurteilen der Menschen ohne Behinderung gegenüber jenen mit Behinderung, die verhindern, dass Menschen mit Behinderungen die Chance kriegen zu zeigen was sie in der Lage sind zu leisten. Dieser Anspruch ist ein sehr großer, jedoch kann Inklusion und echte Teilhabe nur langfristig über mühsame Prozesse und praktische Überzeugungsarbeit gelingen.

Wenngleich seitens der Versorgung von Menschen ohne Behinderung die wachsende Sorge der Finanzierbarkeit der sich ständig verlängernden Phase des dritten Alters breit macht, scheint es bei Menschen mit Behinderungen, im besonderen Maße bei intellektuellen Behinderungen keine Option zu sein, diese Phase überhaupt antreten zu können. Die Phase des zweiten Alters, also jene Zeit, die Menschen einer Erwerbstätigkeit nachgehen bzw. in den Beschäftigungswerkstätten dem Fähigkeitspotential entsprechende Arbeiten ausführen, scheint sich bis ins hohe Alter auszudehnen. Ein Austritt aus der Werkstätte wird in den meisten Fällen erst sehr spät und dann bereits mit medizinischen und pflegerischen Erfordernissen begründet. Menschen mit Behinderung sollten auf das Alter vorbereitet werden, damit sie den Übergang in den Ruhestand nicht nur selbst sondern auch so wählen können, dass sie auch noch dazu in der Lage sind die Situation zu bewältigen und neue Perspektiven noch Sinn machen (vgl. MAIR/ROTERS-MÖLLER 2007, S. 218 f.).

Man kann durchaus davon ausgehen, dass der momentane Umgang mit dieser Frage keine Gleichbehandlung im Sinne des Österreichischen Bundesverfassungsgesetzes, Artikel 7 (vgl. BGBl.1/1930, BGBl. 100/ 2003), darstellt. Vielmehr macht es den Eindruck, als versucht man die institutionsbezogene Orientierung der Angebotsstruktur für die Versorgung von älteren und alten Menschen mit Lernschwierigkeiten aufrechtzuerhalten.
Es gibt keine rechtliche Grundlage, wie etwa eine Altersgrenze oder eine maximale Arbeitszeit in Jahren, die ein Ausscheiden aus der Beschäftigungswerkstätte vorgibt (vgl. KÄRNTNER-LGBl 15/2007, § 29).
Die Mindestsicherung zur Eingliederung von Menschen mit Behinderung endet, im Lebensverlauf gesehen, mit dem Erreichen eines geschützten Arbeitsplatzes, Werkstattplatzes oder den Eintritt in die Beschäftigungstherapie. Das Alter findet im Kärntner Mindestsicherungsgesetz keine Berücksichtigung. Es scheint sich die bereits erwähnte „Alterslosigkeit" bei Menschen mit Behinderung zu bestätigen.

5.8 Gesundheit

Gesundheit kann wohl als höchstes Gut jedes Menschen bezeichnet werden. Gesundheit zu erhalten sollte nicht erst in den Vordergrund gestellt werden, wenn erste Anzeichen einer Veränderung oder Erkrankung bemerkbar werden, sondern Bestandteil des Lebensgrundsatzes sein und im alltäglichen Leben Berücksichtigung finden.
Menschen mit kognitiver Behinderung sind zu einer Vielzahl gleichzeitig von einer weiteren Behinderung, einer sogenannten Mehrfachbehinderung betroffen. Mit zunehmendem Alter steigt das Risiko neben der lebenslangen Behinderung eine zusätzliche gesundheitliche Beeinträchtigung zu erwerben, beispielsweise durch eine chronische Erkrankung oder als Folge von körperlichen Abnützungserscheinungen. Daraus wiederum resultiert eine größere Abhängigkeit von Hilfeleistungen (vgl. MICHNA et al. 2007, S. 13).
Altern mit einer Krankheit gleichzusetzen wäre ebenso falsch wie die Behauptung, das Alter würde die Krankheit bedingen. Es lassen sich aber allgemeine körperliche Veränderungen feststellen, die dem Alterungsprozess zuzuschreiben sind, nicht aber per se als Krankheit eingestuft werden können (vgl. SKIBA 2006, S. 53 f.). Exemplarisch können Veränderungen der Sinnesorgane, des Herz-Kreislauf-Systems, des Nervensystems, des Bewegungsapparates sowie der Respirations- und Stoffwechselorgane genannt werden, die in weiterer Folge zu Erkrankungen führen können (vgl. SKIBA 2006, S. 54 f., WALTER et al. 1999, S. 233 f.).
Grundsätzlich verlaufen Erkrankungen, die im Alter vermehrt auftreten können, nicht anders als bei Menschen ohne Behinderung. Jedoch hängt die Bewältigung und der Umgang von Erkrankungen, also die Coping-Strategie

wesentlich mit den im Lebensverlauf erworbenen Kompetenzen und Fähigkeiten ab (vgl. MICHNA et al. 2007, S. 20 f.). MAIR spricht von einer erhöhten Bedarfslage medizinisch-therapeutischer Leistungen bei Menschen mit Behinderung über 65 Jahren und führt es auf vermehrte gesundheitliche Probleme und Erkrankungen zurück (vgl. MAIR/ROTERS-MÖLLER 2007, S. 216).

Die 2006 durchgeführte Befragung von Mitarbeitenden in Einrichtungen der Behindertenhilfe in Kärnten hat ergeben, dass der medizinisch-pflegerische Aufwand bei den älteren KlientInnen zunimmt und zusehends die Freizeitgestaltung verdrängt (vgl. HARDT-STREMAYR 2007, S. 57 f.).

Erkrankungen, die Menschen mit Behinderung mit fortgeschrittenem Alter ereilen können, sind beispielsweise Sinnesbeeinträchtigungen, Zahnprobleme, Epilepsie, Herzerkrankungen, Bluthochdruck und Osteoporose (vgl. FENDER et al. 2007, S. 223, VAN SCHROJENSTEIN LANTMAN-DE VALK et al. 2000, S. 407, CASSIDY et al. 2002, S. 124 zit. nach BARR et al. 1999, COOPER 1999, EVENHUIS 1997, KERR et al. 2003, VAN SCHROJENSTEIN LANTMAN-DE VALK 1997). Auf der einen Seite scheint es Erkrankungen zu geben, die einen starken Zusammenhang mit intellektueller Behinderung aufweisen, auf der anderen Seite werden aber Zustände festgestellt, die eher auf externe Bedingungen zurückgeführt werden können. Dazu zählen fehlende Information und ungenügende Kommunikation, zu geringe Bewegung, schlechte Mobilität, schlechte Essensgewohnheiten und Polypharmazie, die wiederum auf das Appetit- und Hungergefühl wirkt und zu Übergewicht und Adipositas führen können (vgl. VAN SCHROJENSTEIN LANTMAN-DE VALK et al. 2000, S. 407).

Eine 2000 in den Niederlanden durchgeführte Studie ergab eine mehr als zweifach höhere Rate an Gesundheitsproblemen bei Menschen mit kognitiver Behinderung im Vergleich zu Menschen ohne Behinderung (vgl. VAN SCHROJENSTEIN LANTMAN-DE VALK et al. 2000, S. 405). Dieses Faktum ist Grund genug, um die Gesundheit der Menschen mit Behinderungen ernst zu nehmen und präventive Maßnahmen mehr in den Mittelpunkt zu stellen.

Die Ergebnisse einer Studie in Irland zeigen, dass viele gesundheitlichen Bedürfnisse nicht erfüllt werden und Gesundheitseinrichtungen und präventive Maßnahmen seltener in Anspruch genommen werden als von Menschen ohne Behinderung (vgl. SOWNEY/BARR 2004, S. 248 zit. nach ESPIE/BROWN 1998, ROYAL COLLEGE OF NURSING 1998, STANLEY 1999, TWYCROSS et al. 1999). Darüber hinaus spielt auch der Zeitfaktor eine Rolle, der die Auseinandersetzung mit Gesundheitsbedürfnissen von Menschen mit Behinderung zu kurz kommen lässt (vgl. CASSIDY et al. 2002, S. 124).

Eine weitere Barriere ist vermutlich das mangelnde Wissen in Gesundheitsberufen über Menschen mit interkultureller Behinderung im Allgemeinen und ihren Gesundheitsbedürfnissen im Besonderen. Eingeschränkte Kommunikationsmöglichkeiten und negative Stereotype der Menschen mit intellektueller Behinderung scheinen dies noch zu verstärken (vgl. SOWNEY/BARR 2004, S. 248 zit. nach BARR et al. 1999, NUMAS 1998, STANLEY 1999). Diese Faktoren können dazu führen, dass gesundheitliche Beschwerden der intellektuellen Behinderung zugeschrieben werden und die Diagnose verspätet erfolgt, oder Probleme bei der Zustimmung zur Behandlung entstehen (vgl. TUFFREY-WIJNE 2003, S. 56). Zudem wird auch bei Versorgungsschnittstellen mangelnde Kooperationsbereitschaft vermutet, die sich nachteilig auswirkt (vgl. CASSIDY 2002, S. 124 zit. nach KERR et al. 1996, RODGERS 1993, SINGH 1997, SIMPSON 1995, DEPARTMENT OF HEALTH 1998). Keine dieser Studien wurde in Österreich durchgeführt. Der Vergleich mit anderen europäischen und angloamerikanischen Staaten ist zum Teil schwierig, liegen den Untersuchungen doch andere Gesundheits- und Versorgungssysteme zugrunde. Diese Untersuchungen regen nicht nur dazu an, die Situation in Österreich zu beforschen, sondern geben Anlass darüber nachzudenken, im Bildungszweig der Gesundheits- und Krankenpflege eine Spezialisierung für den Bereich „kognitive Behinderungen" anzubieten.

Die Zusatzausbildung zur „Learning Disability Nurse" ist bestimmt ein guter Weg das notwendige Wissen und die Kompetenz für den Fachbereich zu erwerben (vgl. ROTHE/SÜß 2000, S. 529).

Die Bereiche Gesundheit und Pflege im Zusammenhang mit schlechteren Lebensbedingungen, infolge lebenslanger Institutionalisierung sind kaum erforscht, auch Auswirkungen und Konsequenzen für die Lebensphase Alter liegen nicht vor (vgl. MICHNA et al. 2007, S. 21). Die gegenwärtige Situation gibt demnach Anlass, sich mit diesen Faktoren auf wissenschaftlicher Ebene zu befassen.

Die zunehmend in den Vordergrund rückenden gesundheitlichen und pflegerischen Versorgungsbedarfe sowohl auf individueller als auch institutioneller Ebene stellen andere Interessen in den Hintergrund und beanspruchen mehr und mehr Personalressourcen. Die Aufrechterhaltung anderer Aktivitäten kann nur bei steigendem Personalstand gewährleistet werden (vgl. MAIR/ROTERS-MÖLLER 2007, S. 216).

Das Personal in Kärntens vollinternen Wohnhäusern besteht zum überwiegenden Teil aus Berufsgruppen mit pädagogischem Schwerpunkt. Pflegefachkräfte sind mit einem Anteil von knapp 30% sehr niedrig. Diplomiertes Gesundheits- und Krankenpflegepersonal ist zu teuer, um es für mehr als zur Abdeckung des gesetzlich vorbehaltenen Tätigkeitsbereiches einzusetzen. So bleibt die Übernahme pflegerischer Tätigkeiten dem pädagogischen Personal, das in ihrer Kernkompetenz nicht ausreichend dafür geschult ist (vgl. HARDT-STREMAYR 2007, S. 75, S. 80). Die Qualität der Pflege wird den Mitarbeitenden in die Hände gelegt und von deren Verantwortungs- und Sorgfaltsbewusstsein sowie deren Verständnis abhängig gemacht. Pädagogisch geschultes Personal hat keinen pflegerischen Berufskodex. Somit besteht bei pflegerischem Versorgungsbedarf in Einrichtungen der Behindertenhilfe eine Benachteiligung gegenüber Menschen ohne Behinderung in Einrichtungen der Altenhilfe, hinsichtlich der Sicherung der Pflege durch professionell geschultes Personal.

Menschen mit intellektueller Behinderung haben zu einem überwiegenden Teil kein eigenes Einkommen, das sie für ihre persönlichen Bedürfnisse einsetzen können. Das wenige Taschengeld, als Lohn ihrer Arbeit, und die geringe staatliche Unterstützung für den persönlichen Bedarf reichen kaum den alltäglichen Bedarf und die notwendigen Anschaffungen, beispielsweise Kleidung, Schuhe, Hygieneartikel, etc. zu decken, für gesundheitsfördernde Leistungen reicht es meist nicht aus (vgl. KÄRNTNER-LGBl 15/2007, §27 Abs. 6).

Die Inanspruchnahme von präventiven Maßnahmen zur Erhaltung und Förderung von Gesundheit hängt wesentlich von den Leistungen der Sozialversicherungsträgern, der Sorgsamkeit der Einrichtungen beziehungsweise den finanziellen Möglichkeiten der Familie ab (vgl. MICHNA et al. 2007, S. 18). Sie sind einmal mehr in einer Abhängigkeitssituation, die angesichts der prekären Lage der österreichischen Sozialversicherungsträger nicht gerade auf großzügige Handhabe hoffen lässt, und damit gegenüber Menschen ohne Behinderung neuerlich benachteiligt.

Ein weiterer Bereich des Gesundheitssystems wird zunehmend mit dem Klientel Menschen mit intellektueller Behinderung in Kontakt kommen: die Hospiz- und Palliativversorgung. In Österreich liegen diesbezüglich keine Erkenntnisse auf empirisch-wissenschaftlicher Ebene vor. In anderen europäischen und angloamerikanischen Ländern setzt man sich mit diesem Thema schon längere Zeit auseinander und ist bemüht, den Zugang zu diesen Leistungen für alle Menschen die sie brauchen, gleichermaßen zu ermöglichen (vgl. TUFFREY-WIJNE et al. 2008, S. 281).

Von dem in einer Studie befragten Personal auf Palliativ-Stationen haben rund zwei Drittel Erfahrungen mit Menschen mit kognitiver Behinderung gemacht, wenngleich in sehr geringer Anzahl. Die größten Probleme während der Behandlung, im Zusammenhang mit der Behinderung, zeigten sich bei der Kommunikation, dem Verständnis der PatientInnen für die Erkrankung und Behandlung, beim Umgang mit dem Schmerz- und Symptomassessment und dem zeitlichen Aufwand Vertrauen zu erhalten. Dazu besonders interessant ist die Beantwortung der Frage nach dem Bildungsausmaß der Berufsgruppen über intellektuelle Behinderung. 58% der 60 befragten Ärzte gaben an, keine Bildung darüber erhalten zu haben, von den 129 befragten Stationsschwestern waren 38% geschult. „Health Care Assistants", die etwa mit einem Pflegehelfer vergleichbar sind, und laut der Studie die meiste Zeit mit den PatientInnen verbrachten, wiesen in 87% der 69 befragten Personen ebenfalls eine Wissenslücke auf (vgl. TUFFREY-WIJNE et al. 2008, S. 283 f., S. 288).

Abgesehen von der stationären Palliativ- und Hospiz-Versorgung ist würdevolles Sterben in der Einrichtung, wo die Person sich zu Hause fühlt, als Teil des Leistungsangebotes zu betrachten, denn der Tod gehört zum Leben dazu. Zudem kann es als ethisch begründete Verpflichtung der Leistungsanbieter, im Sinne einer menschenwürdigen Gestaltung des letzten Lebensabschnittes, betrachtet werden. Eine Möglichkeit zur Erbringung und Unterstützung dieser Leistung ist die Begleitung durch das in Kärnten bestehende mobile Hospiz-Versorgungsnetz.

Der Großteil der befragten Mitarbeitenden in Kärnten äußerte sich zur lebenslangen Versorgung in der Einrichtung positiv und stellt selbige als optimal dar. Umgesetzt wird sie allerdings nur in knapp 55% der befragten Wohnhäuser, vielfach aufgrund räumlich-struktureller und personeller Bedingungen (vgl. HARDT-STREMAYR 2007, S. 55). Beispielsweise zeigt die Befragung, dass lediglich rund 30% der Interviewpersonen mit ihren Teams Schulungen für den Umgang mit Sterben und Tod erhalten haben (vgl. HARDT-STREMAYR 2007, S. 77 f.).

Neben der Betroffenheit durch das eigene Sterben sind Menschen mit intellektueller Behinderung zunehmend in der Situation, durch den Tod nahestehende Familienangehörige und Freunde zu verlieren. Der Umgang mit Sterben und Tod, die positive Verarbeitung von Verlust und Trauer ist an verschiedene Faktoren gebunden.

Grundsätzlich kann davon ausgegangen werden, dass Trauer bei Menschen mit intellektueller Behinderung dieselben emotionellen Reaktionen hervorruft wie bei anderen Menschen auch. Emotionen zu artikulieren und diese Gefühle zu erkennen sowie damit umzugehen fällt ihnen weitaus schwerer als Menschen ohne Behinderung. Das Verständnis für den Trauerprozess und den Ablauf bei Menschen mit kognitiver Behinderung ist wesentliche Voraussetzung für die erfolgreiche Begleitung und Betreuung durch die Mitarbeitenden (vgl. MURRAY et al. 2000, S. 80). Ein weiterer wesentlicher Faktor ist das Verständnis von Menschen mit intellektueller Behinderung über den Tod. In einer Studie von MURRAY et al. wurde erhoben, dass das befragte Personal (106 Personen) zu über 90% der Meinung waren, dass ihr Klientel das Konzept des Todes nicht versteht (vgl. MURRAY et al. 2000, S. 82). Das Thema der letzten Lebensphase hat durchaus Potential behandelt zu werden.

Bei dem Versuch die Lage der Menschen mit intellektueller Behinderung im Alter in Kärnten darzustellen kann zusammengefasst gesagt werden, dass die angebotenen Wohn-, Lebens- und Versorgungsformen den Bedürfnissen im Alter nur bedingt gerecht werden und die betroffenen Personen kaum Alternativen zur Wahl haben (vgl. HARDT-STREMAYR 2007, S. 100).

Für Menschen mit lebenslanger Behinderung fehlt eine gesetzliche Grundlage zur Sicherung humaner Lebensbedingungen und Standards im Alter (vgl. KÄRNTNER MINDESTSSICHERUNGSGESETZ 2007). Menschen mit Behinderungen brauchen, unabhängig von ihrem Alter, eine Chance, um ihre gesellschaftlich vorgegebene Laufbahn als passive Empfänger von Leistungen (vgl. MAIR/ROTERS-MÖLLER 2007, S. 223), ohne echte Wahlmöglichkeit, verlassen und ihre tatsächlichen Fähigkeiten (er-)leben zu können.

Das Gesundheitssystem orientiert sich primär an den Bedürfnissen von Menschen ohne lebenslange Behinderung und richtet ihre Schwerpunktaktionen darauf aus. Menschen mit Behinderung erleben insofern nicht nur eine Benachteiligung in der Inanspruchnahme von Leistungen, beispielsweise Präventions- und Vorsorgeprogramme (vgl. SOWNEY/BARR 2004, S. 248, ROYAL COLLEGE OF NURSING 1998, STANLEY 1999, TWYCROSS et al. 1999), sondern sind auch in der Vermittlung und im Verständnis für therapeutische Maßnahmen benachteiligt und auf das Einfühlungsvermögen der Gesundheitsprofessionen im besonderen Maß angewiesen (vgl. CASSIDY et al. 2002, S. 124). Zudem werden Veränderungen durch das Altern sowie gesundheitsbezogene Anliegen von Menschen mit Behinderung in der wissenschaftlichen Forschung noch zu wenig fokussiert.

Im Bereich Beschäftigung und Freizeit ist der Raum für individuell abgestimmte und langfristige Lösungen begrenzt, Einrichtungen überbrücken kurzfristig mit strukturellen Änderungen bei Tagesrhythmus und Beschäftigungsprogramm (vgl. MAIR/ROTERS-MÖLLER 2007, S. 231), langfristig sollte der individuelle Wille der Person in Beschäftigung und Freizeit mehr Einfluss erhalten.

5.9 Entwicklungsperspektiven

Zukünftige Aufgaben und Herausforderungen lassen sich von der Mikro- bis zur Makroebene zu Aufgabenpaketen zusammenfassen:

Gesamtgesellschaftlich betrachtet liegt die zentrale Aufgabe in der Anerkennung und Wertschätzung der Andersartigkeit und der Verschiedenheit der Menschen insgesamt, sodass eine soziale bzw. umfeldbezogene Behinderung praktisch nicht mehr zustande kommt. Echte Gleichberechtigung geht mit einem gesellschaftlichen wie auch persönlichen Mehrwert einher.

Die Bedeutung von ehrenamtlich tätigen BürgerInnen für die Gesellschaft kommt insbesondere bei der Überbrückung von Ressentiments und Vorurteilen im Aufeinander zugehen, aber auch beim Füreinander dasein zum Tragen. Das dritte Alter hat durch den frühen Eintritt ins Rentenalter und dem steigenden Gesundheitsbewusstsein der BürgerInnen im Allgemeinen ein recht hohes Ressourcenpotential, das bislang nicht für das soziale Engagement ausgeschöpft wurde. Die gewonnene freie Zeit ermöglicht, sich auf unterschiedlichsten Ebenen zu engagieren und für die Gesellschaft einzusetzen (vgl. MAIR/ROTERS-MÖLLER 2007, S. 235). Dieses Potential wird bislang im Zusammenhang für Menschen mit Behinderung zu wenig genützt.

Auf staatlicher Ebene liegt das Aufgabenpaket für die Zukunft in der Sicherung der Rechte von Menschen mit Behinderung im Alter, unabhängig von der Behinderungsursache. Zudem hat der Staat die Aufgabe, die Versorgungslücke zu schließen und das Angebot so zu gestalten, dass es für Menschen wirklich möglich ist zu wählen. Ziel muss es sein, eine Struktur zu schaffen, in der eine körperbezogene Funktionsbeeinträchtigung zu keiner Behinderung führt.

Hinsichtlich der Ehrenamtlichkeit können Anreize sowie Sicherheiten geschaffen werden, die zu sozialem Engagement motivieren und zwischenmenschliche Zugangsbarrieren abbauen.

Die Curricula der Bildungsangebote im Gesundheitsbereich bedürfen einer eingehenden Prüfung auf die thematische Auseinandersetzung mit lebenslanger Behinderung und einer entsprechenden Überarbeitung.

Bezüglich der Sozialbetreuungsberufe hat es im Jahr 2007 eine Neuregelung des Berufsbildes gegeben, die sich auf die Berufsgruppen Behindertenarbeit, -begleitung, Altenarbeit und Familienarbeit bis zur Diplomebene konzentriert hat (vgl. KÄRNTNTER-LGBl. 53/2007 §1). Die Auswirkungen dieser Veränderung werden erst in den kommenden Jahren in der Praxis spürbar werden. Die Bemühungen zur Abstimmung des Berufsbildes mit den Anforderungen in der Praxis dürfen an dieser Stelle nicht zum Stillstand kommen, vielmehr sollte die Weiterentwicklung der Sozialbetreuungsberufe vorangetrieben und die Durchlässigkeit zum tertiären Bildungssektor forciert werden.

Die Inklusion der Menschen mit Lernschwierigkeiten in Entscheidungsprozesse, die ihre eigene Zukunft betreffen, sollte beispielsweise durch das Instrument der personenzentrierten Zukunftsplanung standardisiert werden. Zudem aber ist es notwendig, die Entwicklung und den partnerschaftlichen Umgang zwischen Behörden, Betroffenen und Organisationen, wie sie in den Nachbar- bzw. EU-Staaten (bspw. DEPARTMENT OF HEALTH 2001, S. 106) bereits zu beobachten sind, auch in Österreich umzusetzen: Inklusion der Menschen mit kognitiver Behinderung in alle für ihre Lebenswelt betreffenden Entscheidungen auf institutioneller, regionaler, nationaler und internationaler Ebene.

Die zukünftigen Maßnahmen auf Organisations- und Institutionsebene können auf zwei wesentliche Bereiche zusammengefasst werden. Einerseits strukturelle Maßnahmen, welche den lebenslangen Verbleib in Einrichtungen der Behindertenhilfe ermöglichen und andererseits die Forcierung interdisziplinär ausgelegter personeller Arrangements, die durch ihre Spezialisierungen den Bedürfnissen der Menschen mit Behinderung in allen Lebensaltern gerecht werden können.

Die Umsetzung dieser Aktivitäten, unter partnerschaftlicher Einbeziehung der betroffenen Menschen selbst, soll zur Selbstverständlichkeit werden und damit die Qualität der Lebenswelten von Menschen mit Behinderungen erhöhen.

Überdies sind die organisationsübergreifende Vernetzung und Abstimmung der Dienstleistungsangebote zwischen den regionalen Anbietern richtungsweisend. Es bietet Menschen mit Behinderungen mehr Freiheiten in der Wahl ihrer Wohn- und Beschäftigungsform und fördert den zwischenmenschlichen Austausch und Kontakt unter ihresgleichen. Freundschaften und Beziehungen können entstehen und gepflegt werden.

Das individuelle Aufgabenpaket ist vorwiegend geschnürt mit dem Willen und den Bedürfnissen und Interessen der Person, die den Prinzipien der Selbstbestimmung und dem Empowerment unterliegen. Dies können auf der einen Seite Entwicklungsaufgaben und der Erwerb von Kompetenzen sein, die dem Menschen in seiner bisherigen Lebensgeschichte versagt blieben, aus seiner Sicht aber eine bestimmte Bedeutung und einen Sinn haben.

Auf der anderen Seite kann es aber auch die passive Teilnahme am Leben durch Beobachtung Anderer, durch Fernsehen, Radio und Träumereien sein, die „als Fenster zur Welt" (MAIR/ROTERS-MÖLLER 2007, S. 222) dienen und den Menschen erfüllen.

Der oberste und wichtigste Grundsatz in der Gestaltung der Zukunft des Alterns ist die Orientierung an der Perspektive des Menschen. Die Frage muss also lauten: „Wie möchten Sie alt werden?" und danach hat sich die Gestaltung auszurichten. Es geht also um mehr als um den Versorgungsaspekt, mehr als die Freizeit zu gestalten und mögliche altersbedingte Funktionseinschränkungen auszugleichen (vgl. METZLER 2002, S. 8), es geht um erfülltes individuelles Leben.

In einer partnerschaftlichen Auseinandersetzung mit den für die Betroffenen wichtigen Fragen und der Bildung zukunftsfähiger Pläne steht das – dem Menschen so eigene – „Mehr-desselben-Rezept" (WATZLAWICK 2004, S. 30) als kein geeigneter Ansatz zur Entwicklung bzw. Lösung der Anliegen für die Zukunft (vgl. MAIR/ROTERS-MÖLLER 2007, S. 232) im Mittelpunkt. Die perspektivische Erweiterung des Entwicklungsteams soll neue maßgeschneiderte Optionen des Dienstleistungsangebots bringen, insbesondere unter Berücksichtigung der Instrumente „personenbezogene Zukunftsplanung" und „regionsbezogene Teilhabeplanung".

Auf allen genannten Ebenen gilt es die Stärken herauszufiltern und zu nützen, um die Schwächen (auf anderer Ebene) zu stützen.

Literatur

AMT DER KÄRNTNER LANDESREGIERUNG (Hg.): Eine echte Stütze! Der Bedarfs- und Entwicklungsplan der Behindertenhilfe. o.O. 2007.

ARNDT, I.: Die altersgerechte Wohngruppe. In: LANDSCHAFTSVERBAND RHEINLAND, ABTEILUNG HAUPTFÜRSORGE/SOZIALHILFE (Hg.):

Geistig Behinderte im Alter. Auf der Suche nach geeigneten Wohn- und Betreuungsformen. Köln 1992, S. 57-64.

BARR, O./GILGUNN, J./KANE, T./MOORE, G.: Health Screening for People with Learning Disabilities by a Community Learning Disability Service in Northern Ireland. In: JOURNAL OF ADVANCED NURSING, 29/1999, S. 1482-1491.

BUNDESGESETZBLATT (BGBl.) 1/1930 FÜR DIE REPUBLIK ÖSTERREICH: Bundesverfassungsgesetz Art .7. 1930, S. 1-27.

BUNDESGESETZBLATT (BGBl.) 100/2003 FÜR DIE REPUBLIK ÖSTERREICH: Bundesverfassungsgesetz Art. 7. 2003, S. 1471-1487.

BLEEKSMA, M.: Mit geistiger Behinderung alt werden. Weinheim/München 2004.

BREITENBACH, N.: Aging. Achieving a Broader View. In: JANICKI, M./ ANSELLO, E. (Hg.): Community Supports for Aging Adults with Lifelong Disabilities. Baltimore, London, Toronto, Sydney 2000, S. 71-75.

BRUCKMÜLLER, M.: In Würde alt werden. Altern mit geistiger Behinderung. Beitrag zur Tagung „Altwerden mit geistiger Behinderung", veranstaltet durch die Landesregierung Kärnten, Abteilung 13 Soziales, Jugend, Familie und Frau. 2003.

BUNDESMINISTERIUM FÜR ARBEIT UND SOZIALES (Hg.): Das Behindertenkonzept der österreichischen Bundesregierung. Wien 1992.

BUNDESMINISTERIUM FÜR SOZIALE SICHERHEIT GENERATIONEN UND KONSUMENTENSCHUTZ (Hg.): Bericht der Bundesregierung über die Lage der behinderten Menschen in Österreich. Wien 2003.

BUNDESMINISTERIUM FÜR SOZIALES UND GENERATIONEN (Hg.): Diagnosenschlüssel. Internationale statistische Klassifikation der Krankheiten und verwandter Gesundheitsprobleme. 10 Revision, BMSG-Version. Wien 2001.

BUNDESMINISTERIUM FÜR SOZIALES UND KONSUMENTENSCHUTZ (Hg.): Rehabilitation. Orientierungshilfe zum Thema Behinderungen. Wien 2007.

BUNDESMINISTERIUM FÜR SOZIALES UND KONSUMENTENSCHUTZ (Hg.): Bericht der Bundesregierung über die Lage von Menschen mit Behinderungen in Österreich. Wien 2008.

BUNDESVEREINIGUNG LEBENSHILFE FÜR GEISTIG BEHINDERTE (Hg.): Wohnen. Altwerden mit geistiger Behinderung. Marburg 1994.

CASSIDY, G./MARTIN, D./MARTIN, G./ROY, A.: Health Checks for People with Learning Disabilities: Community Learning Disability Teams Working with General Practitioners and Primary Health Care Teams. In: JOURNAL OF INTELLECTUAL DISABILITIES 2002/6, S. 123-136.

CONCANNON, L.: Planning fo Life. Involving adults with learning disabilities in service planning. London/New York 2005.

COOPER, S.-A.: The Relationship between Psychiatric and Physical Health in

Elderly People with Intellectual Disability. In: JOURNAL OF INTELLECUTAL DISABILITY RESEARCH, 45/1999, S. 54-60.

DANNER, D./SCHRÖDER, H.: Biologie des Alterns (Ontogenese und Evolution). In: BALTES, P./MITTELSTRASS, J./STAUDINGER, U. (Hg.): Alter und Altern: Ein interdisziplinärer Studientext zur Gerontologie. Berlin/New York 1994, S. 95-123.

DEGEN, J.: Gemeinsam älter werden – möglichst unbehindert. In: KRUEGER, F./DEGEN, J. (Hg.): Das Alter behinderter Menschen. Freiburg im Breisgau 2006, S. 13-25.

DEPARTMENT OF HEALTH: Signposts for Success in Commissioning and Providing Health Services for People with Learning Disabilities. London 1998.

DEPARTMENT OF HEALTH: Valuing People. A New Strategy for People with Learning Disability for the 21st Century. A White Paper. o.O. 2001.

DEUTSCHES INSTITUT FÜR MEDIZINISCHE DOKUMENTATION UND INFORMATION (DIMDI) (Hg.): ICF – Internationale Klassifikation der Funktionsfähigkeit, Behinderung und Gesundheit. o.O. 2005.

ERLINGER, G.: Selbstbestimmung und Selbstvertretung von Menschen mit Lernschwierigkeiten 2004 URL:http://bidok.uibk.ac.at/library/erlinger-selbstbestimmung.html#id3440516 (21.02.2009)

ESPIE, C. A./BROWN, T.: Health Needs and Learning Disabilities: An Overview. In: HEALTH BULLETIN 56/2/1998, S. 503-611.

EVENHUIS, H. M.: Medical Aspects of Ageing in a Population with Intellectual Disability. In: JOURNAL OF INTELLECUTAL DISABILITY RESEARCH, 41/1997, S. 8-18.

FENDER, A./MARSDEN, L./STARR, J.: Assessing the health of older adults with intellectual disabilities: A user-led approach. In: JOURNAL OF INTELLECTUAL DISABILITIES 2007/11, S. 223-239.

HARDT-STREMAYR, B: Geistige Behinderung und Alter. Eine Ist-Analyse der Versorgung von älter werdenden und alten Menschen mit geistiger Behinderung im Bundesland Kärnten. Neckenmarkt 2007.

HAVEMAN, M.: Freizeit im Alter. In: BUNDESVEREINIGUNG LEBENSHILFE FÜR MENSCHEN MIT BEHINDERUNG E.V. (Hg.): Persönlichkeit und Hilfe im Alter. Zum Alterungsprozess bei Menschen mit geistiger Behinderung. Marburg 2000, S. 164-179.

HELLER, T./MILLER, A./HSIEH, K./STERNS, H.: Later-Life Planning: Promoting Knowledge of Options and Choice Making. In: MENTAL RETARDATION 2000/5, S. 395-406.

KAMMER FÜR ARBEITER UND ANGESTELLTE (Hg.): Sozialleistungen im Überblick. Lexikon der Ansprüche und Leistungen. Wien 2003.

KÄRNTNER LGBl 15/2007: Kärntner Mindestsicherungsgesetz (K-MSG) URL:http://ris2.bka.gv.at (07.05.2008)

KÄRNTNER LGBl 53/2007: Kärntner Sozialbetreuungsberufegesetz (K-SBBG) 2007, S. 215-226.

KERR, M. P./FRASER, W. I./FELCE, D.: Primary Health Care for People with

Learning Disabilities. In: BRITISH JOURNAL OF LEARNING DISABILITIES, 24/1996, S. 2-8.
KERR, A. M./MCCULLOCH, D./OLIVER, K. et al: Medical Needs of People with Intellectual Disability Require Regular Reassessment, and the Provison of Client- and Carer-Held Reports. In: JOURNAL OF INTELLECUTAL DISABILITY RESEARCH, 47/2003, S. 134-145.
KLISCH, B.: Arbeit im Alter... in der Lebenshilfe Vorarlberg (Österreich). In: BUNDESVEREINIGUNG LEBENSHILFE FÜR MENSCHEN MIT GEISTIGER BEHINDERUNG (Hg.): Persönlichkeit und Hilfe im Alter. Zum Alterungsprozess bei Menschen mit geistiger Behinderung. Marburg 2000, S. 156-163.
KOHLI, M.: Altern in soziologischer Perspektive. In: BALTES, P./MITTELSTRASS, J./STAUDINGER, U. (Hg.): Alter und Altern: Ein interdisziplinärer Studientext zur Gerontologie. Berlin/New York 1994, S. 231-259.
KRÄLING, K.: Alt und geistig behindert. In: BUNDESVEREINIGUNG LEBENSHILFE FÜR GEISTIG BEHINDERTE (Hg.): Wohnen heißt zu Hause sein. Handbuch für die Praxis gemeindenahen Wohnens von Menschen mit geistiger Behinderung. Marburg 1995, S. 151-162.
KULIG, W./THEUNISSEN, G.: Alte Menschen mit geistiger Behinderung in Wohneinrichtungen Sachsen-Anhalts – Ergebnisse eines Forschungsprojektes. In: THEUNISSEN, G./LINGG, A. (Hg.): Wohnen und Leben nach der Enthospitalisierung. Bad Heilbrunn 1999, S. 263-294.
KULIG, W.: Menschen mit Behinderung im Alter. In: OPP, G./KULIG, W./PUHR, K.: Einführung in die Sonderpädagogik. Einführungstexte Erziehungswissenschaft. Band 5. Wiesbaden 2005, S. 139-142.
LASLETT, P.: Das Dritte Alter. Historische Soziologie des Alterns. Weinheim/München 1995.
LEHR, U.: Psychologie des Alterns. Wiebelsheim 2003.
MAIR, H./ROTERS-MÖLLER, S.: Den Ruhestand gestalten lernen – Menschen mit Behinderung in einer alternden Gesellschaft. In: CLOERKES, G./ KASTL, J.(Hg.): Leben und Arbeiten unter erschwerten Bedingungen. Menschen mit Behinderungen im Netz der Institutionen. Heidelberg 2007, S. 214-140.
METZLER, H.: Gegenwärtige Diskussion zur Rehabilitation und Teilhabe älterer behinderter Menschen am Leben in der Gesellschaft und die Perspektive der weiteren Entwicklung. In: DEUTSCHER VEREIN FÜR ÖFFENTLICHE UND PRIVATE FÜRSORGE: Lebenswelten älterer Menschen mit Behinderung. Frankfurt am Main 2002, S. 5-13.
MICHNA, H./PETERS, C./SCHÖNFELDER, F./WACKER, E./ZALFEN, B: KompAs – Kompetentes Altern sichern. Gesundheitliche Prävention für Menschen mit Behinderung im späten Erwachsenenalter. Marburg 2007.
MINTON, C./FULLERTON, A./MURRAY B./DODDER, R.: The Wishes of People with Developmental Disability by Residential Placement and Age: A Panel Study. In: JOURNAL OF DISABILITY POLICY STUDIES 2002/13, S. 163-170.

MURRAY, G./MCKENZIE, K./QUIGLEY, A.: An Examination of the Knowledge and Understanding of Health and Social Care Staff about the Grieving Process in Individuals with a Learning Disability. In: JOURNAL OF INTELLECTUAL DISABILITIES. 2000/4, S. 77-90.

NUMAS, R.: Learning Disabilities in Later Life. In: NURSING TIMES, 94/45/1998, S.56-57.

ÖSTERREICHISCHES BUNDESINSTITUT FÜR GESUNDHEIT: Evaluierung und Fortschreibung und Ortsbeschreibung des Bedarfs- und Entwicklungsplanes für stationäre, teilstationäre und mobile soziale Dienste in Kärnten. Wien 2008.

RODGERS, J.: Primary Health Care Provision for People with Learning Difficulties. In: HEALTH AND SOCIAL CARE, 2/1993, S. 11-17.

ROTHE, S./SÜSS, M.: Pflege in der Arbeit mit behinderten Menschen. In: RENNEN-ALLTHOFF, B./SCHAEFFER, D. (Hg.): Handbuch Pflegewissenschaft. Weinheim/München 2000, S. 507-533.

ROYAL COLLEGE OF NURSING: Two percent of the Nation: A Health Strategy for People with Learning Disabilities in Scotland. Edinburgh 1998.

SCHMID, T.: Armut und Behinderung. In: KNAPP, G./ PICHLER H. (Hg.): Armut, Gesellschaft und Soziale Arbeit. Perspektiven gegen Armut und soziale Ausgrenzung in Österreich. Klagenfurt/Ljubljana/Wien 2008, S. 536-554.

SCHULTZ-NIESWANDT, F.: Alternsformen, Lebenserwartung und Altersstruktur behinderter Menschen unter besonderer Berücksichtigung angeborener Formen geistiger Behinderung. In: KRUEGER, F./DEGEN, J. (Hg.): Das Alter behinderter Menschen. Freiburg im Breisgau 2006, S. 147-200.

SIMPSON, N.: Bridging Primary and Secondary are for People with Learning Disabilities. In: ADVANCES IN PSYCHATRIC TREATMENT, 1/1995, S. 207-213.

SINGH, P.: Prescription for Change. London 1997.

SKIBA, A: Geistige Behinderung und Altern. Norderstedt 2006.

SOWNEY, M./BARR, O.: Equity of Access to Health Care for People with Learning Disabilities: A concept analysis. In: JOURNAL OF LEARNING DISABILITIES 2004/8, S. 247-265.

STANLEY, R.: Learning Disabilities: Supporting Nurses in Delivering Primary Care. In: BRITISH JOURNAL OF NURSING, 8/13/ 1999, S. 866- 870.

STATISTIK AUSTRIA (Hg.): Bevölkerungsstand 2007. Wien 2007

THEUNISSEN, G./LINGG, A. (Hg.): Wohnen und Leben nach der Enthospitalisierung. Bad Heilbrunn 1999, S. 263-294.

TUFFREY-WIJNE, I./WHELTON, R./CURFS, L./HOLLINS, S.: Palliative care provision for people with intellectual disabilities: a questionnaire survey of specialist palliative care professionals. In: PALLIATIVE MEDICINE 2008/22, S. 281-290.

TUFFREY-WIJNE, I.: The palliative care needs of people with intellectual disabilities: a literature review. In: PALLIATIVE MEDICINE 2003/17, S. 55-62.

TWYCROSS, A./MAYFIELD, C./SAVORY, J.: Pain Management for children with Special Needs: A Neglected Area. In: PAEDIATRIC NURSING, 11/4/1999, S. 43-45.

UN-ÜBEREINKOMMEN ÜBER DIE RECHTE DER MENSCHEN MIT BEHINDERUNGEN. o.A., o.O. URL:http://www.parlament.gv.at/PG/DE/XXIII/I/I_00564/imfname_113868.pdf (17.07.2008)

VAN SCHROJENSTEIN LANTMAN-DE VALK, H. M./VAN DEN AKKER, M./MAASKANT, M. A./HAVEMAN, M. J./URLINGS, H. F./KESSELS, A. G./CREBOLDER, H. F.: Prevalence and Incidence of Health Problems in People with Intellectual Disability. In: JOURNAL OF INTELLECUTAL DISABILITY RESEARCH, 41/1997, S. 42-51.

VAN SCHROJENSTEIN LANTMAN-DE VALK H./METSEMAKERS, J./ HAVEMAN, M./CREBOLDER, H.: Health problems in people with intellectual disability in general practice: a comparative study. In: FAMILY PRACTICE 2000/17, S. 405-407.

WACKER, E.: Wohn- Förder- und Versorgungskonzepte für ältere Menschen mit geistiger Behinderung – ein kompetenz- und lebensqualitätsorientierter Ansatz. In: DEUTSCHES ZENTRUM FÜR ALTERSFRAGEN (Hg.): Versorgung und Förderung älterer Menschen mit geistiger Behinderung. Expertisen zum dritten Altenbericht der Bundesregierung. Band 5. Opladen 2001, S. 45-121.

WALTER, U./SCHWARTZ, F./SEIDLER, A.: Sozialmedizin. In: JANSEN, B./ FRED K./RADEBOLD, H./SCHMITZ-SCHERZER, R. (Hg.): Soziale Gerontologie. Weinheim/Basel 1999, S. 230-255.

WATZLAWICK, P.: Anleitung zum Unglücklichsein. München 2004.

WEBER, G.: Alt sein mit intellektueller Behinderung – (k)eine Chance für mehr Chancengleichheit? In: ÖSTERREICHISCHES KOMITEE FÜR SOZIALE ARBEIT (Hg.): Alt sein 2030 in Österreich. Wege zu einem kreativen, selbstbestimmten und sinnerfüllten Leben. Wien 2007, S. 79-88.

WEINERT, F.: Altern in psychologischer Perspektive. In: BALTES, P./MITTELSTRASS, J./STAUDINGER, U. (Hg.): Alter und Altern: Ein interdisziplinärer Studientext zur Gerontologie. Berlin/New York 1994. S. 180-203.

Gertrud Simon

LEBENSBEDÜRFNISSE HOCHALTRIGER

1. Einleitung

„Je höher das Lebensalter untersuchter Bevölkerungsgruppen, umso unklarer sind die Vorstellungen darüber, wie beschaffen deren Lebensqualität sei und wodurch diese bestimmt wird" (AMANN 2009, S. 203). Generell gäbe es noch wenig auf Österreich bezogenes, empirisch gesichertes Wissen über die Lebensbedingungen, Potenziale und Risiken sehr alter Menschen (vgl. AMANN 2009). Auch in Ländern vergleichbarer wirtschaftlicher Entwicklung und sozialer Strukturen gibt es zum Teil sehr unterschiedliche rechtliche Rahmenbedingungen, die sich auf das Leben alter Menschen und ihrer Angehörigen auswirken (vgl. KITTL-SATRAN/SIMON 2010), so dass viele im folgenden Beitrag angesprochene grundsätzliche Tendenzen und Überlegungen spezifisch für Österreich noch untersucht werden müssten.

2. Alter – doppeldeutig, unklar und differenziert

Der Begriff „Alter" ist in unserer Sprache doppeldeutig. Einerseits wird er verwendet, um völlig neutral ein bestimmtes kalendarisches Lebensalter zu bezeichnen, andererseits wird damit ein Abschnitt in der 2. Lebenshälfte gemeint, über dessen Beginn es keinen Konsens gibt. Ab wann ist man alt? Warum ist ein älterer Mensch weniger alt als ein alter? Auf dem Hintergrund der demographischen Entwicklung mit der ständigen Verlängerung des durchschnittlichen Lebensalters (insbesondere seit 1970) erweist sich eine Differenzierung des Lebensabschnitts Alter als sinnvoll. In der Gerontologie begann man vom „Dritten" und „Vierten" Lebensalter" oder „jungen Alten" und „Betagten" zu sprechen und hier noch einmal zwischen „Hochaltrigen" und den „Langlebigen" zu unterscheiden. Eine genaue chronologische Grenze bleibt problematisch. Dabei wird der Beginn der hohen Alters heute im Allgemeinen bei 80 bis 85 Jahren angesetzt. Die verschiedenen Differenzierungen sollen berücksichtigen, dass sich die Chancen, Beeinträchtigungen und Risiken der verschiedenen Altersgruppen doch deutlich voneinander unterscheiden.

3. Altern und Alter – ein Janusgesicht

Nicht nur der Begriff Alter ist doppeldeutig, auch das Bild des Alters hat zwei Seiten. Während viele heute eher auf das jüngere Alter blicken, die positiven Möglichkeiten des Alters hervorheben und die negativen Seiten ausklammern, sehen andere vorwiegend die Probleme des hohen Lebensalters, fokussieren eher die negativen Aspekte: Demenz, Multimorbidität und Pflegebedürftigkeit. „Ein großer Teil der Altersbilder kreist um diese beiden Konstellationen, sodass insgesamt und gerade für das hohe Alter, viel Ambivalenz mitschwingt" (AMANN 2009, S. 201). Auch im öffentliche Diskurs zeigt sich der Januskopf des Alters: Einerseits treten heute in allen Medien erfolgreiche, wohlhabende und jugendliche Senioren auf, von der Wirtschaft als Silver Surfers oder Best Agers umworben. Andererseits macht das Thema Alter überwiegend negative Schlagzeilen, wenn von Pensionsdefizit, Generationenkonflikt, Überalterung, Kostenexplosion des Gesundheitswesens und Pflegenotstand die Rede ist. Durch die Polarisierung werden jüngere Alte grundsätzlich als gesund und kompetent, ältere als krank, dement, inkompetent und inkontinent angesehen. Das so genannte Dritte oder auch Junge Alter stand in den letzten Jahrzehnten vermehrt im Blickfeld der Forschung. Man hatte erkannt, dass frühere Sichtweisen vom Alter als einer Phase, die nur von Verlusten und Rückzug gekennzeichnet sei, nicht haltbar sind. Etwa seit den 1970er Jahren stellten im deutschsprachigen Raum Gerontologen wie Hans THOMAE, Leopold ROSENMAYR, Ursula LEHR, Paul und Margret BALTES die Alternstheorien vom Defizit und Disengagement in Frage. Sie zeigten durch ihre Forschungen und Publikationen, welche Potentiale in älteren Menschen in sich tragen, zu welchen Aktivitäten sie fähig sind, dass ihre Entwicklung noch nicht abgeschlossen ist, und sie auch noch Neues lernen können. Das große Interesse am Dritten Lebensalter hält an, da durchschnittlich gesündere, besser gebildete Menschen heute die nachberufliche Lebensphase erreichen.

4. Erfolgreiches Altern?

Paul BALTES, Entwicklungspsychologe an der University of Michigan, der Pennsylvania State University und von 1980 bis zu seinem Tod 2006 (im Alter von 67 Jahren) am Max-Planck-Institut für Bildungsforschung in Berlin, hatte sich die zentrale Frage gestellt, wie Menschen im fortgeschrittenen Lebenslauf mit Verlusten umgehen. Gemeinsam mit seiner ebenfalls früh verstorbenen Frau Margret BALTES entwickelte er den Begriff vom „Erfolgreichen Altern". In einem von ihm entwickelten Modell beschreibt er, wie dies gelingen kann: durch „selektive Optimierung mit Kompensation". Damit ist gemeint, dass der Mensch grundsätzlich die Fähigkeit besitzt, Verluste auszugleichen, nämlich durch Vermeidung schwieriger, Übung und Optimierung möglicher und Kompensation nicht mehr möglicher Verhaltensweisen. Als Nestor der Forschungsrichtung „Entwicklung über die Lebensspanne" war BALTES lange Zeit davon überzeugt, dass diese Kompensationsfähigkeit uneingeschränkt auch für das hohe Alter gelte. Im Zusammenhang mit späteren Forschungsarbeiten, besonders den Ergebnissen der Berliner Altersstudie (MAYER/BAL-

TES 1996), korrigierte er seine Sichtweise allerdings und meinte in einem Interview: „Bis Anfang der 1990er Jahre habe ich wie ein Wilder nach der Plastizität im Alter gesucht. Dann habe ich – nicht ohne innere Widerstände – realisiert, dass man Entwicklungsprozesse nicht immer weiter fortschreiben kann" (BALTES zit. nach SCHÄFER 2007, S. 44). Später bezeichnet er Altern und Alter auch als Balanceakt (vgl. BALTES 2007).

5. Heterogenität des Alters

Hochaltrig werden zu können war in der Vergangenheit nur wenigen Menschen beschieden. Heute können 71% aller Frauen und 52% aller Männer in Österreich das Alter von 80 Jahren erreichen. Von allen 80jährigen werden 42% der Frauen und 32% der Männer 90 Jahre alt (vgl. ROTT 2009). Derzeit leben in Österreich 10.000 Menschen, die 95 Jahre oder älter sind. Die Zahl wird sich – voraussichtlich – bis 2040 verdreifachen, bis 2050 vervierfachen (vgl. KYTIR 2009, S. 52). Hochaltrige (ab 80) sind die gegenwärtig durch das Nachrücken der beiden Babyboomer Generationen (1939/43 und 1960/64) die am stärksten wachsende Gruppe (vgl. AMANN 2009, S. 210).
Für alle Abschnitte des Alters, auch für das hohe Alter, gilt grundsätzlich das Prinzip der Heterogenität oder der Diversität und das der Plastizität (mit Grenzen). Mit anderen Worten: Alter hat viele Gesichter, Menschen gleichen Alters sind sehr unterschiedlich. Die 1989 von BALTES und SCHMID konstatierten Trends der Heterogenität und der Plastizität des Alterns und ihrer Grenzen bestätigten sich in einer späteren Metastudie (vgl. WAHL/KRUSE 1999, S. 467). Obwohl im Alter über 80 insgesamt mehr Einschränkungen auftreten und Diagnosen gestellt werden, gibt es doch große individuelle Unterschiede. Es wäre nicht zulässig, jungen Alten grundsätzlich Gesundheit und Kompetenz, Hochaltrigen Krankheit und Demenz zuzuschreiben. Aber: Obgleich die Heterogenität des Alters an sich jede stereotype Aussage in starkem Maß relativiert, spricht doch vieles dafür, dass es sich beim Dritten und Vierten Alter um qualitativ verschiedene Phasen des Lebens handelt (vgl. WAHL/KRUSE 1999, S. 467).
Altern ist ein lebenslanger, bio-psycho-sozialer Prozess. Wie jemand altert, wie er das Alter erlebt (subjektiv) und welche Bedürfnisse er/sie daraus entwickelt, hängt von einer Vielzahl von Faktoren ab, z. B. vom Gesundheitszustand (körperlich und psychisch), vom sozio-ökonomischen Status, vom Geschlecht, vom Familienstand, vom Bildungsniveau, vom ausgeübten Beruf, von biographischen Ereignissen, vom Wohnort, dem kulturellen und zeitgeschichtlichen Kontext, von den persönlichen Bewältigungsstrategien. Dabei scheinen die Faktoren *Einkommen, Gesundheit, Mobilität, Handlungsfähigkeit, soziale Netze und Infrastruktur der Umwelt* besonders wichtig zu sein (vgl. AMANN 2009, S. 206). Auch die Bewältigungsmechanismen, d. h. die

Möglichkeit, sich durch psychische Strategien anzupassen und damit subjektives Wohlbefinden und positive Emotionen trotz schwerwiegender Einbußen aufrechtzuerhalten, sind individuell sehr unterschiedlich (s. u.).

6. Problemfelder bei Hochaltrigkeit

Trotz deutlicher Diversität unter hochaltrigen Menschen kann man davon ausgehen, dass ein großer Teil von zentralen Fragen und ähnlichen Problemen berührt ist, wenn auch in unterschiedlichem Ausmaß. Der Bericht „Hochaltrigkeit in Österreich – eine Bestandsaufnahme" (BUNDESMINISTERIUM FÜR ARBEIT, SOZIALES UND KONSUMENTENSCHUTZ 2009) geht von Problemfeldern aus und behandelt auf dem Hintergrund der demographischen Entwicklung zwanzig Themenbereiche, die für diese Altersgruppe von besonderer Bedeutung sind und hier genannt werden sollen, um die Breite der Thematik zu zeigen:
Wohnsituation und Wohnformen, die Ökologie der Wohnumgebung und Versorgungsmöglichkeiten mit Gütern und Dienstleistungen, die ökonomische Situation, Alltagsaktivitäten mit Freizeitgestaltung, Kultur-, Bildungs- und Lernangeboten, Ehrenamt und religiösen Aktivitäten, Sicherheit, Sturzgefährdung und Sturzprävention, Mobilität, Lebensqualität und Lebenszufriedenheit, Generationenbeziehungen und -konflikte, hochaltrige Menschen mit Behinderungen und MigrantInnen. Der Bericht behandelt weiter die Themen Einsamkeit und Isolation, die gesundheitliche Situation, Möglichkeiten der Gesundheitsförderung und -prävention, Pflege und Betreuung, mobile Dienste und ambulante Pflege, gemeinschaftliches Wohnen, Gewalt und Kriminalität im häuslichen und stationären Bereich, rechtliche Aspekte und schließlich Palliativ Care und Hospizarbeit.

7. Bedürfnisse und Wünsche alter Menschen

Trotz der Breite der Problemfelder scheint es zentrale Bedürfnisse zu geben. Zu den häufig geäußerten Wünschen älterer Menschen gehören nach meiner Erfahrung folgende: Im persönlichen Umfeld einigermaßen mobil sein zu können, möglichst lang in der eigenen Wohnung zu bleiben, finanziell abgesichert zu sein, ausreichend medizinisch versorgt und bei Bedarf gepflegt zu werden, lebendige Beziehungen (zur Familie, zur FreundInnen) zu haben, einen möglichst großen Grad von Selbständigkeit/Autonomie erhalten zu können und einen Menschen des Vertrauens zu haben, der einem in Notfällen zur Seite steht.
Die größte Sorge älterer Menschen ist die, im Alter abhängig zu sein: abhängig vom „Schicksal", das man nicht beeinflussen kann, abhängig von anderen:

Angehörigen, ÄrztInnen, Pflegende. Mit dem oft geäußerten Wunsch nach möglichst großer Selbstbestimmung oder Autonomie im täglichen Leben ist nicht unbedingt Selbständigkeit gemeint. Er bedeutet vielmehr, auch in Situationen, in denen Hilfe in Anspruch genommen werden muss, selbst noch eine gewisse Kontrolle behalten zu können und nicht völlig von anderen bestimmt zu werden Für den subjektiven Gesundheitszustand scheint die Überzeugung der internalen Kontrolle eine wichtige Rolle zu spielen (vgl. LEHR 2007, S. 149-152).

8. Besondere Bedürfnisse in Übergangssituationen

Im gesamten Lebenslauf gibt es Übergänge, die mit Abschied und Neuanfang verbunden sind, die eine spezielle Neuorientierung verlangen und manchmal mit persönlichen Krisen verbunden sind. Für viele Menschen im Dritten Lebensalter stellt die Pensionierung eine solche Zäsur dar. Auch im späteren Lebenslauf gibt es typische Übergangssituationen, die krisenhaft erlebt werden können:

- Eintritt von Pflegebedürftigkeit des Partners/der Partnerin,
- Diagnose einer Demenz,
- Tod eines nahestehenden Menschen, besonders des Partners/der Partnerin,
- Eintritt von eigener Hilfs- und Pflegebedürftigkeit,
- Aufnahme in ein Krankenhaus,
- Entlassung nach einem Krankenhausaufenthalt,
- Einzug in eine stationäre Pflegeeinrichtung.

In solchen Lebenssituationen, die Wendepunkte darstellen, kann es durch eine Häufung von praktischen, psychischen, körperlichen und sozialen Problemen zu deutlichen Überlastungen kommen. Beispielsweise sind Pflegebedürftigkeit und Verwitwung einschneidende biographische Ereignisse, die das gesamte Leben der Betroffenen verändern und oft massive psychische, soziale und finanzielle Risiken mit sich bringen können. Besonders davon betroffen sind verwitwete Frauen mit niedrigem Einkommen.

9. Lebensqualität und Lebenszufriedenheit

Im achten Kapitel des oben zitierten Hochaltrigenberichts wird das Thema Lebensqualität und Lebenszufriedenheit behandelt. AMANN (2009, S. 203) unterscheidet objektive Lagebedingungen (wie zum Beispiel die ökonomische Lage) und subjektives Wohlbefinden. Er betont, dass beide Faktoren gemeinsam Lebensqualität ausmachen und in unterschiedlichen Kombinationen auftreten. Das Zusammenfallen von guten Lagebedingungen und positivem Wohlbefinden werde in der englischsprachigen Literatur als „Well-Being" bezeichnet. „Deprivation" werde eine Konstellation von schlechten Lagebedingungen und negativem Wohlbefinden, „Dissonanz" eine widersprüchliche Kombination genannt. Besonders interessant sei dabei die Erscheinung der „Adaption", nämlich die Verbindung von schlechten Lebensbedingungen und Zufriedenheit (vgl. AMANN 2009, S. 204). Tatsächlich scheint es jeweils spezifische Formen des Umgangs mit dem eigenen Lebensschicksal und damit im Zusammen nur eine Minderheit von Menschen zu geben, die trotz starker Belastung große Lebenszufriedenheit (vgl. THOMAE 1983 in LEHR 2007) bzw. die Fähigkeit zur psychischen Widerstandsfähigkeit, zur „Resilienz" zeigen; Menschen, die auch im hohen Alter und unter schwierigen Umständen Kräfte mobilisieren, ihr subjektives Wohlbefinden relativ konstant erhalten und keinen Anstieg an Depressivität zeigen. Vielfache Befunde der Psychologischen Gerontologie zeigen die Möglichkeit, durch psychische Strategien wie etwa „coping" sich anzupassen und damit subjektives Wohlbefinden und positive Emotionen trotz schwerwiegender Einbußen aufrechtzuerhalten (vgl. WAHL/KRUSE 1999, S. 467).[1)]

AMANN (2009) meint, hohes Selbstwertgefühl, individuelle Bewältigungsstile und soziale Stützsysteme seien Ressourcen, die Belastungen mildern können, sie hätten aber auch ihre Grenzen bei fortschreitenden Erkrankungen.

Ein solches Stützsystem stellen Kontakte und regelmäßige Besuche dar. Sie sind ein wesentlicher Faktor für physisches und psychisches Wohlbefinden alter Menschen. Studien wie die Käferbergstudie (vgl. ALBRECHT/OPPIKOFER 2000) oder die Grazer Besucherstudie (vgl. HUBER/PRETTERER 2002) belegen auch bei dementen Menschen diesen Zusammenhang. In der Grazer Besucherstudie konnten Besuchsdienste durch Freiwillige bzw. ehrenamtliche BesucherInnen das Bedürfnis nach Kontakt befriedigen und damit zwar nicht, wie in der Käferbergstudie, das objektive, aber das subjektive Wohlbefinden signifikant verbessern.

10. Forderungen an Politik und Forschung

Der oben genannte Bericht „Hochaltrigkeit in Österreich" schließt mit zusammenfassenden Forderungen ab. Es werden politische Maßnahmen empfohlen, die zu einer Verbesserung der Integration und Lebensqualität Hochaltriger führen sollen, andererseits Informations- und Forschungsdefizite aufgezeigt. Für das Thema Lebensqualität und Lebenszufriedenheit werden noch einmal die empirischen Lücken angesprochen und ein systematisches Monitoring der Gruppe Hochaltriger gefordert (vgl. HÖRL/KOLLAND/MAJCE 2009).

Es werden also in erster Linie Politik und Wissenschaft angesprochen. Ohne strukturelle Veränderungen, ohne Forschungsinteresse und Forschungsförderung wird man die Anforderungen der nächsten Jahrzehnte mit der am schnellsten wachsenden Bevölkerungsgruppe nicht bewältigen können.

11. Individuelle und soziale Verantwortung

Neben der wichtigen Ebene der Verantwortung von Politik und Wissenschaft ist jedoch auch die Ebene der persönlichen Verantwortung und Möglichkeiten zu beachten. Auf dieser Ebene geht es um das Verhalten der Betroffenen und ihrer sozialen Umwelt. Angesprochen sind also sowohl die alternden und alten Menschen selbst als auch ihre Angehörigen und diejenigen, die privat oder im Beruf (Pflege, Medizin, Sozialarbeit, Therapie, Gerontologie) mit ihnen in Beziehung stehen und damit zu dieser sozialen Umwelt zählen. Es geht um die Frage, wie im Sinne der Heterogenität die je *individuellen* Bedürfnisse Hochaltriger geklärt werden können und wie man sie *situativ* und im *Rahmen der Möglichkeiten* berücksichtigt.

Ich möchte sechs Haltungen ansprechen bzw. Kompetenzen vorschlagen, die geeignet erscheinen, einerseits im Prozess des Alterns die eigenen Lebensbedürfnisse zu klären, andererseits die der Hochaltrigen, mit denen man im Beruf oder in der Familie befasst ist, besser zu verstehen und zu unterstützen. Ziel dabei ist sowohl das (relative) Wohlbefinden des alten Menschen als auch die Lebensqualität derer, die sie begleiten. Besonders die Betreuung und Pflege von Angehörigen stellt häufig eine extreme Belastung dar.

Antizipation versuchen

Eine der wichtigsten Fähigkeiten im Hinblick auf das hohe Alter ist die, sich auf die Zukunft einzustellen und zu antizipieren, wie man sich fühlen wird, wenn man diese und jene Einschränkung erleiden oder Veränderung vornehmen muss. Viele ältere Menschen verweigern sich dieser notwendigen Konfrontation. Ein Problem dabei ist, dass man praktische Vorkehrungen für das Alter treffen muss, aber das Lebensgefühl und die differenzierten Lebensbedürfnisse der Zukunft schwer vorhersehbar sind.

Selbstreflexion üben

AMANN (2009) skizziert eine Neukonzeption der Lebensqualität im Alter durch „Selbstaufmerksamkeit". Er schlägt vor, über sich selbst, über die eigene Biographie, Krisen und Wendepunkte, über nicht erfüllte Wünsche, über wichtige Beziehungen usw. nachzudenken (AMANN 2009, S. 213). Diese Fähigkeit, über das ganze Leben geübt, kann im Alter besonders wichtig werden.

Autonomie bewahren

Jeder alte Mensch hat eine eigene Lebensgeschichte und demnach sehr individuelle Bedürfnisse und Reaktionen. Auch hier ist „Selbstaufmerksamkeit" gefragt, durch die Jeder/Jede selbst die eigenen Bedürfnisse wahrnehmen und vertreten kann. Oft ist aber durch Krankheit und Schwäche diese Fähigkeit eingeschränkt. Dann ist es umso wichtiger, dass im Zuge von Beratung, Behandlung, Betreuung und Pflege die Individualität des/der Einzelnen unter Wahrung seiner bzw. ihrer Autonomie und möglichen Ressourcen beachtet wird.

Kommunikation aufrecht erhalten

Hochaltrige sollten in diesem Sinn von ihrer Umwelt ermutigt werden, ihre ganz persönlichen Wünsche auszudrücken. Wenn sie sich selbst nicht mehr leicht verständlich machen können, ist es notwendig, dass jüngere und vertraute Personen (Familienangehörige, Pflegende, Freunde) die Äußerungen Hochaltriger ‚dekodieren'. Notwendig dafür sind Empathie, Erfahrung und Entschleunigung, also die Möglichkeit und Bereitschaft sich Zeit zu nehmen, zuzuhören und die Anliegen ernst zu nehmen.

Beziehung pflegen

Funktionierende Beziehungen zwischen den Generationen und Freundschaften haben einen wesentlichen Einfluss auf die subjektive und die objektive Lebensqualität. Das Fehlen von Beziehungen wirkt sich umgekehrt negativ auf Gesundheit und Wohlbefinden aus. Wo familiäre und freundschaftliche Beziehungen fehlen, können aber, wie sich zeigte, auch andere regelmäßige diese Funktion erfüllen.

Begleitung anbieten

Altersmedizin und die Pflegewissenschaft entwickelten sich in den vergangenen Jahrzehnten sehr schnell weiter. Es gelingt heute, viele Krankheiten auch im hohen Alter noch zu behandeln. Der Mensch zwischen Diagnostik, Behandlung und Pflege braucht aber zusätzlich zu Diagnoseverfahren, Medikamenten und moderner Pflege die persönliche Begleitung durch einen Menschen, zu dem er oder sie Beziehung hat. Im optimalen Fall kann diese Begleitung Brücken bauen: Nonverbale Äußerungen übersetzen, Bedürfnisse stellvertretend ausdrücken, Fragen stellen und Informationen geben.

Offenheit wagen

Der Tod sei, so betonen die Wiener Geriater BÖHMER und FRÜHWALD, in der Altersmedizin nicht als der absolute Gegner zu sehen, der ein Versagen ärztlicher und pflegerischer Bemühung signalisiert. „Die Herausforderung bei der Betreuung dieser Patienten am Ende des Lebens ist, sie nicht nur institutionell zu verwahren, sondern ihnen die Möglichkeit zu geben, in ihrer letzten Lebensphase auch positive Qualitäten zu erfahren" (BÖHMER/FRÜHWALD 2010, S. 308). Offenheit gegenüber den Angehörigen, der PatientIn und gegenüber den Möglichkeiten der Palliativmedizin kann die letzte Lebensphase für alle Beteiligten ganz wesentlich entspannen und positiv beeinflussen.

Es scheinen im Grunde Kompetenzen der individuellen und sozialen Reife zu sein, die, im gesamten Lebenslauf gegenüber uns selbst und anderen Menschen geübt, den Prozess des Alterns begleiten können. Im hohen Alter werden sie besonders wichtig. Vielleicht – so hoffen wir – können sie auch das subjektive Befinden am Lebensende unterstützen.
Der Psychoanalytiker und Psychologe Erik ERIKSON gliedert den Lebenslauf in acht Stufen und ordnet jeder Stufe bestimmte „Aufgaben" zu, die seiner Ansicht nach bewältigt werden müssen, um als Persönlichkeit zu reifen. Für ERIKSON besteht die Aufgabe der achten Lebensstufe darin, Integrität gegen Verzweiflung und Ekel zu entwickeln. Antizipation, Selbstreflexion, Autonomie, Kommunikation, Beziehung, Begleitung und Offenheit können dazu beitragen.

Anmerkungen

[1] Eine sehr übersichtliche, differenzierte Zusammenfassung der Theorien des Alterns bei LEHR 2007, S. 46-72.

Literatur

ALBRECHT, K./OPPIKOFER, S.: Die Käferberg-Besucher-Studie: Wohlbefinden und soziale Unterstützung bei dementen Heimbewohnern und Heimbewohnerinnen. Zürich: Psychologisches Institut der Universität Zürich, 2000. Unveröffentlichte Lizentiatsarbeit.
AMANN, A.: Lebensqualität und Lebenszufriedenheit. In: BUNDESMINISTERIUM FÜR ARBEIT, SOZIALES UND KONSUMENTENSCHUTZ (Hg.): Hochaltrigkeit in Österreich. Eine Bestandsaufnahme. Wien 2009, S. 201-217.
BALTES, P. B.: Altern als Balanceakt. Im Schnittpunkt von Forschung und Würde. In: GRUSS, P. (Hg.): Die Zukunft des Alter(n)s. München 2007, S. 15-34.
BÖHMER, F./FRÜHWALD, T.: Gesundheitliche Aspekte im Alter. In: BUNDESMINISTERIUM FÜR ARBEIT, SOZIALES UND KONSUMENTENSCHUTZ (Hg.): Hochaltrigkeit in Österreich. Eine Bestandsaufnahme. Wien 2009, S. 309-325.
BUNDESMINISTERIUM FÜR ARBEIT, SOZIALES UND KONSUMENTENSCHUTZ (Hg.): Hochaltrigkeit in Österreich. Eine Bestandsaufnahme. Wien 2009.
ERIKSON, E.: Identität und Lebenszyklus. Frankfurt am Main 1996.
HÖRL, J. /KOLLAND, F./MAJCE, G.: Handlungs- und Forschungsempfehlungen. In: BUNDESMINISTERIUM FÜR ARBEIT, SOZIALES UND KONSUMENTENSCHUTZ (Hg.): Hochaltrigkeit in Österreich. Eine Bestandsaufnahme. Wien 2009, S. 503-523.

HUBER, E./PRETTERER, A.: Grazer Besucherstudie. Eine Replikation der Käferberg-Besucherstudie. Unveröffentlichte Diplomarbeit an der Karl-Franzens-Universität Graz 2002.

KITTL-SATRAN, H./SIMON, G.: Soziale Arbeit für ältere Menschen in Österreich. In: ANER, K./KARL, U. (Hg.): Handbuch Soziale Arbeit und Alter. Wiesbaden, S. 223-234.

KYTIR, J.: Demographische Entwicklung. In: BUNDESMINISTERIUM FÜR ARBEIT, SOZIALES UND KONSUMENTENSCHUTZ (Hg.): Hochaltrigkeit in Österreich. Eine Bestandsaufnahme. Wien 2009, S. 45-72.

LEHR, U.: Psychologie des Alterns. Wiesbaden: In: MAYER, K. U./BALTES, P. B. (Hg.): Die Berliner Altersstudie. Berlin 1996.

MAYER, K. U./BALTES, P. B. (Hg.): Die Berliner Altersstudie. Berlin 1996.

ROTT, C.: Vortrag bei der Tagung „Hochaltrigkeit", veranstaltet vom Universitätslehrgang Interdisziplinäre Gerontologie, Karl-Franzens-Universität Graz 2009.

SCHÄFER, A.: „Sehr alt zu werden ist kein Zuckerschlecken." Das Portrait Paul Baltes. In: ZEITSCHRIFT PSYCHOLOGIE HEUTE. H. 2, 2007, S. 38-45.

WAHL, H.-W./KRUSE, A.: Aufgaben, Belastungen und Grenzsituationen im Alter IV. In: ZEITSCHRIFT FÜR GERONTOLOGIE UND GERIATRIE, Bd. 32, H. 6, 1999, S. 456-472.

VI. ALTERN, SOZIALE BEZIEHUNGEN, GESUNDHEIT UND TOD

Eva Maria Deutsch

ALTERN, PARNERSCHAFT UND SEXUALITÄT

1. Problemaufriss

In Anbetracht des fortschreitenden demographischen Wandels und unter Einbeziehung des Altersstrukturwandels tritt der Bevölkerungsanteil der älteren Menschen intensiviert in den Fokus der Gesamtgesellschaft. Diesbezüglich kann die Population der alten Menschen nicht länger mehr als eine Randgruppe betrachtet werden, sondern wird zu einem tragenden und bedeutsamen Teil der Gesamtgesellschaft (vgl. FRANK 2004a, S. 18).
Aus diesem Sachverhalt heraus ergeben sich vielerlei Aspekte, welche das Leben im Alter mitbestimmen und konfrontieren. Unter anderem rückt die Thematik der Sexualität im Alter in das Alltagsleben der älteren Generation. Nichts desto trotz erhalten Partnerschaften, Sexualität, Erotik und Liebe im Alter nach wie vor wenig Toleranz und Akzeptanz zugesprochen. Die Tabuisierung von jenen Bereichen lassen sich durch individuell lebensgeschichtliche Erfahrungen, gesellschaftliche Negativbewertungen, Zwänge und Alterstereotypen, sowie durch determinierte Selbstbilder älterer Menschen wesentlich begründen (vgl. FRANK 2004b, S. 79 f., THIELE 2001, S. 113). Überdies hinaus ist die Auslebung sexueller Wünsche und Fantasien von älteren Männern und Frauen von der subjektiv erlebten Erziehung, von der Bedürfnisentwicklung, von der Beziehungsbiographie, von dem soziokulturellen Kontext und von den aktuellen Lebensumständen eines Menschen abhängig (vgl. GROND 2001, S. 5).
Das folgende Kapitel konzentriert sich auf Ursachen der Tabuisierung der Alterssexualität, auf sexuelle Veränderungen im Alter und Einflussfaktoren bezüglich Alterssexualität, auf Ausprägungsmöglichkeiten sexueller Verhaltensweisen, auf Partnerschaften im Alter, auf Alterssexualität in stationären Einrichtungen, sowie auf zukünftige Entwicklungs- und Veränderungschancen, um einer weiter anhaltenden Tabuisierung der Sexualität, Erotik, Partnerschaft und Liebe im Alter entgegen zu wirken.

2. Ursachen der Tabuisierung der Alterssexualität

Fundamental zählt Sexualität zu einem Grundbedürfnis der Menschheit und kann nicht mit einer bestimmten Altersgruppe in Verbindung gesetzt werden, beziehungsweise nur einer bestimmten Altersklasse zugesprochen werden. Sexualität begleitet das Leben der Menschen von Kindheit an bis ins hohe Alter und schlussendlich bis zum Tod. Weiters involviert Sexualität eine breit-

gefächerte Spannbreite von mannigfachen Auslebungsvarianten und ist somit keinesfalls ausschließlich auf den koitalen Akt zu beschränken (vgl. THIELE 2001, S. 114 f.).
Trotz dieser Erkenntnisse wird Sexualität im Alter von vielen Menschen verneint und/oder verpönt. Diese Tatsache kann auf vielerlei unterschiedliche Gründe zurückgeführt werden.

2.1 Tabuisierung der Alterssexualität aufgrund frühkindlicher Sozialisation

Hauptsächlich Kindern und alten Menschen werden sexuelle Bedürfnisse nach wie vor nicht oder lediglich teilweise zugestanden. Dennoch besteht eine intensive Verbindung zwischen frühkindlichen sexuellen Erfahrungen und der Alterssexualität. Demzufolge wirken sich kindliche Sozialisationserfahrungen seitens Familie, Schule, Freundeskreis und Beruf auf eine erfüllte, beziehungsweise nicht erfüllte Alterssexualität aus. Heutzutage zeigt sich Alterssexualität noch immer in Form eines beibehaltenden Konservatismus, wodurch sexuelles Ausleben in der Kindheit und im Alter mit Verschwiegenheit und Schamgefühl einhergeht. Jene Menschen, welche in einem sozialen Umfeld aufwachsen, in der Sexualität als reines Fortpflanzungsinstrument angesehen wird, haben gravierende Schwierigkeiten zu ihrer Sexualität zu stehen und darüber zu kommunizieren. Wird im Laufe der kindlichen Sozialisation das Thema Sexualität fortwährend verdrängt, und wird seitens der Eltern jegliche Form frühkindlicher sexueller Ausprägung eingeschränkt, kontrolliert oder negativ sanktioniert kann dies zur Folge haben, dass ältere Menschen sich mit großen Schuldgefühlen bei der Auslebung von sexuellen Bedürfnissen konfrontiert sehen. Das Dilemma aus diesen moralischen Sozialisationserfahrungen erfolgt daraus, dass die persönlichen Erfahrungen entsprechend der Sexualität letztlich wiederum auf die nachkommenden Generationen übertragen werden, sodass sich ein Umdenken determinierter sexueller Vorstellungen äußerst problematisch gestaltet (vgl. FRANK 2004b, S. 79 f., THIELE 2001, S. 116 f.).
Für eine befriedigende Sexualität im Alter nehmen die Bejahung des eigenen Geschlechts, ein verantwortungsvoller Umgang mit dem persönlichen Geschlecht und den subjektiven Körperlichkeiten, sowie Sozialisationserfahrungen, welche durch Eltern, LehrerInnen und Vorgesetzte erworben wurden, einen prägenden Stellenwert ein. Überdies hinaus bringt das Unterlassen von tradierten Rollenbildern und Vorurteilen, der offene Umgang mit Konflikten und Problemen und deren Bewältigung, das Gebrauchen und Einsetzen einer geeigneten Ausdrucksform und Sprache hinsichtlich der Sexualität und das rücksichtvolle Verstehen der Partner positive Wirkungen auf den Umgang mit der persönlichen Sexualität der Kinder und Jugendlichen mit sich (vgl. FRANK 2004b, S. 80 f.).

2.2 Tabuisierung der Alterssexualität aufgrund gesellschaftlicher Normen- und Wertevorstellungen

Sexualität wird in erster Linie mit Jugendlichkeit, Schönheit, Ästhetik und Fortpflanzung in Verbindung gesetzt. Bei all diesen Attributen kann jedoch die ältere Generation nur schwer oder mit einem hohen Preis, welche die Anti-Aging Kampagne impliziert, mithalten. Daraus resultiert, dass Sexualität im Alter als eher unangepasst und ungeeignet seitens gesellschaftlicher Norm- und Wertevorstellungen betrachtet wird (vgl. ROSENMAYR 1995, S. 111).
Darüber hinaus wirken Medien, welche Alterssexualität beinahe vollkommen ausgrenzen, belastend auf eine nicht gelebte, beziehungsweise nicht befriedigende Alterssexualität mit ein. Faktum ist, dass Alterssexualität den älteren Menschen nicht zugestanden wird und somit die ältere Generation als „asexuell" stigmatisiert wird. Diese Thematik verstärkt sich gesondert nochmals für Frauen, da das Vorurteil besteht, dass die weibliche Sexualität mit dem Klimakterium endet. Diese Ansicht entspringt vor allem aus der Gegebenheit, dass die weibliche Fertilität ein Leben lang mit Pflichterfüllungen und nicht mit Lusterfüllung assoziiert wird. Die Problematik aus diesen Norm- und Wertehaltungen entsteht daraus, dass alte Menschen sich oftmals nicht im Stande sehen, gegen diese gesellschaftlichen Standarisierungen entgegenzutreten und folglich sich mit den gesellschaftlich determinierten Altersbildern der Alterssexualität abfinden. Dadurch werden wiederum die gesellschaftlichen Norm- und Wertehaltungen intensiviert (vgl. FRANK 2004b, S. 82 ff., THIELE 2001, S. 117).
Letztlich beeinflussen nicht bloß gesellschaftlich formulierte Stereotypen von alten Menschen eine Tabuisierung von Alterssexualität, sondern ebenso negative Selbstbilder der älteren Menschen (siehe 1.4) (vgl. THIELE 2001, S. 114).

2.3 Tabuisierung der Alterssexualität aufgrund Eltern-Kind-Beziehungen

Generell ist es vielfach eine prekäre Situation mit den eigenen Eltern über sexuelle Wünsche und Bedürfnisse zu sprechen. Zudem ist es häufig nicht vorstellbar, den eigenen Eltern ein Sexualleben zuzugestehen (vgl. KIPP/JÜNGLING 2000, S. 68). Aus diesem Grund ist die Sexualität der Eltern für die eigenen Kinder fortwährend ein Faktor, welcher mit Verdrängung, Abwehr und Verleugnung verknüpft wird. Diesbezüglich spielt das Alter der Kinder keine ausschlaggebende Rolle, denn selbst wenn die Kinder erwachsen sind und Sexualitäten in jeglicher Art ausleben, bleibt die Sexualität der Eltern ein gern verdrängtes Thema. Die Vorstellung seitens der Kinder, dass die Eltern eine erfüllte Sexualität ausleben, wird in den meisten Fällen mit Ekelgefühlen verknüpft (vgl. ROSENMAYR 1995, S. 113).

Diese Form der Tabuisierung von Alterssexualität brachte der Komödiant Sam Levinson mit folgender Phrase auf den Punkt „When I first found out how babies were born, I couldn't believe it. To think that my mother and father could do such a thing." Then after a moment's reflection: „My father – maybe: but my mother – never!" (vgl. ZANK 2000, S. 153 zit. nach O' DONOHUE, 1987, p. 69). Anhand dieses Zitates wird die Abneigung gegenüber der Sexualität der Eltern abermals verstärkt dargestellt. Eltern hingegen zeigen nicht in solch einem Ausmaß eine Abneigung gegenüber dem Sexualleben der eigenen Kinder. Sigmund Freud führt dieses Verhalten der Kinder auf unbewusste Ängste zurück, deren Ursprung im Kindesalter zu suchen sind. Diese Ängste implizieren verdrängte Inzestwünsche, wie den Ödipus- und Elektrakomplex seitens der Kinder gegenüber ihren Eltern (vgl. ROSENMAYR 1995, S. 113). Eine weitere Reaktion auf die elterliche Sexualität stellt das Belächeln und als absurd Abstempeln der Alterssexualität dar, besonders wenn die erwachsenen Kinder sexuelle Aktivitäten der Eltern bewusst wahrnehmen (vgl. STOLZ 2002, S. 16).

Aus der Konstellation der Eltern-Kind-Beziehung ergibt sich noch ein weiterer Faktor, welcher sich auf die wissenschaftliche Auseinandersetzung mit dem Thema Alterssexualität konzentriert. Grundsätzlich besteht die Annahme, dass sich viele Wissenschaftlicher und Forscher nicht mit der Sexualität im Alter auseinandersetzen, da sie dadurch unbewusst mit der eigenen elterlichen Sexualität konfrontiert würden. Folglich müssen Menschen erst lernen gegenüber der Sexualität der Eltern und eventuell Großeltern toleranter zu sein, um sich einerseits wissenschaftlich damit auseinandersetzen zu können und andererseits die Sexualität älterer Menschen nicht als unwürdig und falsch abzuwerten (vgl. ZANK 2000, S. 153, KIPP/JÜNGLING 2000, S. 69).

2.4 Tabuisierung der Alterssexualität aufgrund negativer Selbstbilder

Negative Stereotypen sowie Norm- und Wertevorstellungen der Gesellschaft (siehe 2.2) bewirken in vielen Fällen ein negatives Selbstbild älterer Menschen, besonders bezüglich ihrer sexuellen Wünsche und Auslebungen. Begründen lässt sich dies dadurch, weil viele ältere Menschen sich den Erwartungen der Gesellschaft nicht widersetzen möchten und sie insofern gesellschaftliche Erwartungen zu den ihren transformieren. Demgemäß kann konstatiert werden, dass ältere Menschen sexuelle Bedürfnisse anlässlich gesellschaftlicher Vorstellungen verneinen und somit ein negatives Selbstbild gegenüber der Alterssexualität entwickeln (vgl. ROSENMAYR 1995, S. 111).

Negative Selbstbilder im Alter stehen nicht nur im Wechselspiel zur Gesellschaft, sondern können sich auch durch biologische Veränderungen ergeben, wobei diesbezüglich vorwiegend Frauen betroffen sind. Besonders nach der

Menopause kann es vorkommen, dass sich körperlich Proportionen verändern. Unter anderem kann es zu Gewichtszunahmen an Bauch, Hüfte, Gesäß und Brüsten kommen. Diese körperlichen Änderungen können von vielen Frauen nicht akzeptiert werden. Sie bringen diese Veränderungen mit dem Verlust des Schönheitsideals in Verbindung und verspüren einen Attraktivitätsverlust, welcher sich in einem negativen Selbstbild bemerkbar macht. Diese neue Selbstwahrnehmung führt nicht selten zu einer Tabuierung der Sexualität, sowie zu einer Abnahme, beziehungsweise zu einem Verlust von Alterssexualität (vgl. BEIER/LOEWIT 2005, S. 640).

Für eine positivere Bewertung von Selbstbildern bezüglich der Alterssexualität ist die Entwicklung neuer Lebensstile mit veränderten Norm- und Wertehaltungen seitens der älteren Generation notwendig. Mit Hilfe jener Fortschritte könnte eventuell eine positive Bewegung bei der jüngeren Generation gegenüber der Bewertung von Sexualität im Alter in Bewegung kommen und somit vielleicht eine Öffnung entsprechend gesellschaftlicher Norm- und Wertehaltungen gegenüber der Alterssexualität bewirkt werden. Letztlich könnte dieser Prozess zu positiveren Selbstbildern führen, da die ältere Generation nicht länger unter einem gesellschaftlichen Druck hinsichtlich ihrer sexuellen Wünsche stehen müsste (vgl. THIELE 2001, S. 114).

2.5 Tabuisierung der Alterssexualität aufgrund geriatrischer Einrichtungen

Sexualität im Alter wird nicht lediglich von den eigenen Kindern, der Gesellschaft, sondern vielmals auch vom Betreuungs- und Pflegepersonal als ekelhaft empfunden. Aus diesem Grund wird sexuelles Verhalten in Altenheimen und Pflegeeinrichtungen nur akzeptiert, solange sich die Sexualität zweier Menschen auf „Händchenhalten" und einen geistigen Austausch reduziert (vgl. STANJEK 2001, S. 77). Zudem schließen institutionelle Rahmenbedingungen sexuelle Befriedigung in geriatrischen Einrichtungen beinahe vollkommen aus. Dies bezieht sich nicht nur auf die taktile und genitale Sexualität, sondern desgleichen auf die Geschlechtsidentität. Infolgedessen kann beobachtet werden, dass das Betreuungs- und Pflegepersonal über Kleidungsstil und vernachlässigte Körperpflege bestimmt. Außerdem tragen eine infantilisierende Anrede, welche gewissermaßen einer Gleichstellung mit Kindern entspricht, maßgeblich zu einer Desexualisierung älterer Menschen bei. Zusätzliche Faktoren, welche sexuelle Bedürfnisse einschränken, stellen mangelnde räumliche und organisatorische Strukturen dar, zum Beispiel das Schlafen in Mehrbettzimmern, die kaum oder gar nicht vorhandenen Privatsphären und ähnliches (vgl. SCHROETER/PRAHL 1999, S. 154 ff.). In vielen Fällen wird eine Privatsphäre kaum akzeptiert, um sexuelle und erotische Kontakte möglichst zu vermeiden. Kommt es zu sexuellen Aktivitäten werden diese vom Personal mit Unverständnis, Ignoranz und Zurückweisung sanktioniert. Sehr oft handelt es sich bei diesen Verhaltensweisen um Überforderungen seitens des Betreuungs- und Pflegepersonals anlässlich einer nicht ausreichenden Ausbildung und Konfrontation in Bezug auf die Alterssexualität (vgl. THIELE 2001, S. 120 f.).

3. Sexuelle Veränderung im Alter

Elementar kann Sexualität als ein System dargestellt werden, welches sich aus angeeigneten Verhaltensweisen, Lebenserfahrungen, Bewertungen und Aktivitäten zusammenfügt. Allerdings kommt es ein Leben lang zu sexuellen Veränderungen und Entwicklungen, so auch im Alter (vgl. STANJEK 2001, S. 76, THIELE 2001, S. 115). Es sollte fortwährend beachtet werden, das Älterwerden ein individueller und gradueller Prozess ist, welcher sich keinesfalls verallgemeinern lässt. Speziell trifft dies auf sexuelle Modifikationen im Alter zu. Aus dieser Gegebenheit heraus kann bei manchen Frauen die Menopause bereits mit 40 Jahren und bei anderen erst mit 55 Jahren einsetzen. Dasselbe gilt für Männer, welche bereits mit 50 Jahren Veränderungen ihrer Erektionsfähigkeit feststellen, andere wiederum erst mit 80 Jahren. Prinzipiell kann jedoch die These formuliert werden, dass Veränderungen im Alter in Bezug auf einen normalen Alterungsprozess bei denjenigen weniger intensiv auftreten, die sexuell aktiv bleiben, beziehungsweise einen allgemein guten Gesundheitszustand vorweisen. Speziell Menschen, welche sexuell aktiv bleiben, werden anhand des Phänomens „Use-it-or-lose-it" beschrieben (vgl. ZEISS 2002, S. 197-201).

Trotzdem gilt es mit zunehmendem Alter, sich an viele alterbedingte Veränderungen anzupassen. Diese Änderungen implizieren den körperlichen, seelisch-geistigen und den sozialen Bereich und wirken sich auf die Sexualität, Erotik, Partnerschaft und Liebe im Alter aus. Obwohl es im Alter zu Veränderungen des Sexuallebens kommt, kann nicht von einem Verlust der Sexualität, beziehungsweise einer Asexualität gesprochen werden. Am häufigsten werden biologische Ursachen als Auslöser für Veränderungen im Sexualverhalten angesehen (vgl. ZANK 2000, S. 154). Generell kommt es mit zunehmendem Alter zu einer Verlangsamung der sexuellen Reaktionen, sowohl bei Männern, als auch bei Frauen. Beide Geschlechter sind durch diese Verlangsamung teilweise irritiert. Die Folge ist die Entstehung von Unsicherheiten und Ängsten. Ängste hemmen jedoch zusätzlich die sexuelle Reaktionsfähigkeit, woraus sich letztendlich ein Teufelskreis entwickeln kann (vgl. KIPP/JÜNGLING 2000, S. 67).

Im Alter kann es neben den natürlichen Veränderungsprozessen zu mehrfachen Krankheitsbildern kommen, welche die Alterssexualität einschränken können. Diesbezüglich wird von Komorbidität gesprochen. Im Falle von ko-

morbiden Krankheitsbildern wird die Sexualität älterer Menschen zusätzlich belastet (vgl. BEIER/LOEWIT 2005, S. 639).
Ältere Menschen nehmen jegliche Änderung hinsichtlich Intensität und Erregungsphase des Sexualverhaltens bewusst war. Diese Tatsache führt bei vielen Menschen dennoch nicht zu einer verminderten Lust an Geschlechtsakten. Dementsprechend sollte betont werden, dass sexueller Austausch im Alter nicht bloß aufrecht bleibt, sondern sehr oft intensiver und beglückender wirkt als in jungen Jahren. Ein Grund dafür stellt eine gereiftere und meist reflektiertere Persönlichkeit dar (vgl. FRANK 2004b, S. 86 f.).
Sexuelle Veränderungen im Alter konzentrieren sich einerseits auf die Reaktionskapazitäten älterer Menschen, andererseits sollten altersbedingte und chronische Erkrankungen, welche sich indirekt oder direkt auf das Sexualverhalten auswirken können, nicht außer Betracht gelassen werden (vgl. ZANK 2000, S. 154).

3.1 Sexuelle Veränderungen bei Männern

Grundsätzlich verlangsamt sich beim Mann die sexuelle Reaktionsfähigkeit, die Menge der Samenflüssigkeit nimmt ab und die Ejakulationsbereitschaft verringert sich hinsichtlich der Intensität des Erlebens. Trotzdem verringern sich nicht die sexuelle Appetenz und sexuelle Fantasien im Alter (vgl. VETTER 2007, S. 52 f.).
Erektionen können teilweise nur noch anhand von intensiver und direkter Stimulation zustande kommen, jedoch ebenfalls in einen Erektionsverlust übergehen. Dies kann auf eine verminderte Rigidität des Penis zurückgeführt werden. Andererseits können schwächere Erektionen länger aufrecht erhalten bleiben. Dies wiederum kann zu einem intensiveren Geschlechtsakt führen, da die Ejakulation eher kontrollierbar ist. Weiters verspüren Männer keinen intensiven Drang mehr, möglichst schnell einen Orgasmus zu erlangen. Während des Koitus erreichen Männer seltener eine Ejakulation, jedoch wird der Koitus durchaus als befriedigend erlebt. Hinsichtlich der Refraktärzeiten[1]) zwischen den einzelnen Ejakulationen können sich längere Wartezeiten ergeben, welche ein Zeitausmaß von mehreren Stunden bis Tagen umfassen können. Prinzipiell gilt jedoch, dass vitale und gesunde Männer im Alter nicht zwingend die Erektionsfähigkeit verlieren (vgl. BEIER/LOEWIT 2005, S. 640, VETTER 2007, S. 52 f., ZANK 2000, S. 154).

3.2 Sexuelle Veränderungen bei Frauen

Bei Frauen wird die sexuelle Veränderung im Alter durch die Menopause zeitlich festgelegt. Durch die hormonelle Umstellung im Zuge des Klimakteriums erfolgt der endgültige Verlust der Fruchtbarkeit einer Frau. Da das Verlangen,

sowie die Erregungs- und Orgasmusfähigkeit weitgehend hormonabhängig sind können sie durch die Hormonumstellung im Körper partiell in Mitleidenschaft gezogen werden (vgl. BEIER/LOEWIT 2005, S. 639). Trotz allem ergeben wissenschaftliche Studien, dass sich rund drei Viertel aller Frauen nach den Wechseljahren gesund und leistungsstark fühlen, zum Teil gesünder und glücklicher als je zuvor (vgl. HEUFT/KRUSE/RADEBOLD 2006, S. 167).
Generell kann es nach der Menopause zu einer erhöhten Verletzlichkeit infolge einer verminderten Elastizität des Gewebes und einer eventuell auftretenden Trockenheit der Schleimhaut und Scheide kommen. Zugleich können die dünner gewordenen Vaginalwände sich nicht mehr so leicht vor Reizung durch den Penis schützen. Dies kann wiederum zu einer Reizblase, zu Harninkontinenz oder zum Harndrang während des Koitus führen. Zusammenfassend kann konstatiert werden, dass die Vagina mehr Zeit benötigt, um die Lubrikationsflüssigkeit erzeugen zu können. Demgemäß gilt es, bei Geschlechtsakten die nötige Zeit aufzubringen, sodass der Körper den notwendigen physiologischen Funktionen nachkommen kann (vgl. BEIER/LOEWIT 2005, S. 639 f., FRANK 2004b, S. 88 f.).
Laut statistischen Durchschnittsberechnungen können außerdem zwischen dem 60 und 70 Lebensjahr die kleinen Schamlippen leicht schrumpfen. Dadurch erhält die Klitoris einen geringeren Schutz und wird leichter reizbar und schmerzempfindlicher (vgl. VETTER 2007, S. 52 f.).
Die Orgasmusphase verkürzt sich bei Frauen wie bei Männern, allerdings bleibt die sexuelle Sensibilität erhalten. Insgesamt gilt jedoch, dass der Koitus umso unproblematischer und schmerzfreier vollzogen werden kann, desto öfter sexuelle Verlangen befriedigt werden (vgl. VETTER 2007, S. 53).

3.3 Veränderung der Sexualität aufgrund von Erkrankungen und chemischer Wirkstoffe

Besonders im Alter können körperliche Erkrankungen, pharmakologische Wirkstoffe, Alkohol und Drogen, operative Eingriffe, sowie körperliche und geistige Beeinträchtigungen die sexuelle Funktionsfähigkeit stören. Zu den Erkrankungen, welche die Alterssexualität beeinflussen können zählen internistische und endokrine Erkrankungen (Diabetis mellitus, Nieren-, Leber und Lungenerkrankungen, sowie Schilddrüsen- und Hypophysenstörungen), kardiovaskuläre Erkrankungen (Infarkte, Schlaganfälle, Menschen nach Bypass-Operationen), neurologische Erkrankungen (Querschnittslähmung, multiple Sklerose, Parkinson, Schädel-Hirn-Trauma) und urogenitale Erkrankungen (jegliche Erkrankungen im gynäkologischen Bereich) (vgl. VETTER 2007, S. 72-78).
Ferner haben Medikamente, hierbei primär Psychopharmaka, Einfluss auf ein verringertes Sexualleben im Alter. Desgleichen kann es durch die Einnahme

von legalen und illegalen Drogen zu Störungen im Sexualverhalten älterer Menschen kommen. Insbesondere Männer sind von Suchtproblematiken betroffen, wobei es häufig zu Störungen der Erektionsfähigkeit und der sexuellen Appetenz, sowie zu einer reduzierten Orgasmusfähigkeit kommt. Vor allem führen ebenso psychische Erkrankungen (Depressionen, Demenz, Schizophrenie) zu einem verminderten Sexualverhalten im Alter (vgl. VETTER 2007, S. 79-83, ZANK 2000, S. 154).
Im Hinblick auf Behandlungen und Beratungen sexueller Veränderungen und sexueller Funktionsstörungen im Alter ist große Vorsicht geboten. In erster Linie ist es wichtig abzuwiegen, inwiefern Menschen mit Schamgefühl umgehen und ein tolerantes Normen- und Wertesystem vertreten, um unnötige soziale Verletzungen und ein zu nahe treten zu vermeiden. Nach wie vor werden professionelle Beratungsstellen und Psychotherapeuten eher von den jüngeren Generationen aufgesucht. Aus diesem Grund gilt es sich vorsichtig an die Probleme ältere Menschen anzutasten und eine qualifizierte Ausbildung für den geriatrischen Bereich hinsichtlich des Sexualverhaltens älterer Menschen zu installieren, um effizient und qualifiziert mit der Thematik der Alterssexualität agieren zu können (vgl. ZANK 2000, S. 155 f.).

4. Funktionen der Alterssexualität

Dass sexuelle Verhaltensweisen und Intimität im Alter erhalten bleiben, wenn nicht sogar intensiviert werden können, kann nicht bestritten werden. Immerhin steht die Alterssexualität in einer engen Korrelation zu Gefühlen, Wohlbefinden, Geborgenheit und Liebe, und bringt somit unterschiedliche Funktionen mit sich (vgl. SCHROETER/PRAHL 1999, S. 153 f., STOLZ 2002, S. 16).
Besonders für ältere, eventuell verwitwete, alleinstehende oder erkrankte Menschen steht die Befriedigung sozialer Grundbedürfnisse im Zentrum ihres Lebens. Diesbezüglich nimmt die Sexualität im Alter die Funktion an, menschliche Grundbedürfnisse zu befriedigen, wobei ausdrücklich die Lustfunktion und die Sozialfunktion in das Zentrum des alltäglichen Lebens rücken. Gleichwohl nimmt die Fortpflanzungsfunktion im Alter weiterhin einen Stellenwert ein (vgl. BEIER/LOEWIT 2005, S. 638).

4.1 Die Lustfunktion

Die Lustfunktion dient in erster Linie zur Befriedigung menschlicher Bedürfnisse. Schon von Kleinkind an verspürt der Mensch das Anliegen, seine individuellen Bedürfnisse zu stillen. Zum Beispiel anhand des Saugens an der Brust der Mutter. Der Wunsch nach Lustbefriedigung begleitet den Menschen ein Leben lang. Prinzipiell können Menschen ihre Lustbefriedigung durch sich selbst, der sogenannten Autoerotik oder im gemeinsamen Austausch mit einem Partner erlangen (vgl. STANJEK 2001, S. 76 f.). Im Alter tritt zunehmend die Auslebungsmöglichkeit der Autoerotik, besonders bei Frauen in das Zentrum der Lustbefriedigung. Dies ist auf die Feminisierung zurückzuführen. Im Durchschnitt erreichen doppelt so viele Frauen als Männer das 65. Lebensjahr. Bei den 90ig Jährigen kristallisiert sich ein durchschnittliches Ergebnis heraus, wonach auf einen Mann drei Frauen kommen. Andererseits steht die Singularisierung im Mittelpunkt, welche sowohl Männer als auch Frauen betrifft. Jedoch sind Frauen vermehrt von dem Phänomen der Singularisierung betroffen (vgl. SCHROETER/PRAHL 1999, S. 152 f.).

4.2 Die Sozialfunktion

Fundamental strebt jeder Mensch jeder Altersklasse nach Gemeinsamkeit und Zweisamkeit. Unter anderem ermöglichen verschiedenste sexuelle Ausdrucksformen (siehe 5.) somit eine Befriedigung der Sozialfunktion (vgl. STANJEK 2001, S. 76 f.). Insbesondere impliziert die Sozialfunktion eine Kommunikationskomponente, wobei in Bezug auf die Alterssexualität vor allem die Körpersprache in den Fokus rückt. Körpersprache bezüglich sexueller Begegnungen ermöglicht einen zwischenmenschlichen Austausch, welcher von Zärtlichkeiten bis zum Koitus reicht und letztlich in einer Befriedigung der Sozialfunktion resultiert. Die Kommunikationsvarianten als Befriedigung der Sozialfunktion bringen darüber hinaus basale Voraussetzungen für ein positives Miteinander und Zusammenleben mit sich, wie beispielsweise Selbstachtung, Steigerung des Selbstwertgefühls, Sinnfindung und Lebensfreude (vgl. BEIER/LOEWIT 2005, S. 637 f.).

4.3 Die Fortpflanzungsfunktion

Heutzutage sollte Sexualität, Partnerschaft und Fortpflanzung fundamental voneinander differenziert betrachtet werden. Trotzdem wird Sexualität stets in Verbindung mit Fortpflanzung und Zeugung von Nachkommen gebracht. Hinter dem Fortpflanzungsgedanken steht die Idee in den eigenen Kindern in einer gewissen Art und Weise weiterleben zu können. Im Alter rückt jedoch der Fortpflanzungsgedanke in den Hintergrund. Vor allem bei Frauen erregt dieses Thema nach der Menopause kein Aufsehen mehr. Das Ausbleiben der Möglichkeit sich fortzupflanzen kann sich sowohl negativ, als auch positiv auswirken. Viele Frauen fühlen sich ohne die Möglichkeit Nachkommen zu zeugen weniger wert, beziehungsweise vermissen eine wesentliche Funktion ihres Körperbewusstseins. Auf der anderen Seite kann nach der Menopause der Koitus ohne Gedanken an Verhütung viel entspannter, spontaner und in einer befriedigenderen Atmosphäre erlebt werden (vgl. GROND 2001, S. 53, STANJEK 2001, S. 76 f.).

5. Sexuelle Ausdrucksformen im Alter

Sexualität im Alter, wie ihre Ausdrucksform, ist vielmals abhängig von dem in der Vergangenheit gelebten und erlebten Sexualverhaltensweisen. Diesbezüglich sollte speziell im Alter die Kontinuitätshypothese Berücksichtigung finden. Die Kontinuitätshypothese besagt, dass in den ersten Jahren einer Partnerschaft bestimmte partnerschaftliche und sexuelle Verhaltensweisen angeeignet werden, welche die Sexualität im Alter beeinflussen und mitbestimmen. Infolgedessen kann konstatiert werden, dass sexuelle Erfahrungen und Verhaltensweisen, welche in jungen Jahren erworben wurden für die Alterssexualität entscheidend mitwirken. Selbstverständlich kann nicht von einem determinierten Sexualverhalten im Alter, aufgrund zuvor erworbener Verhaltensweisen gesprochen werden. Vielmehr ist die Alterssexualität durch eine Fortführung bereits angeeigneter Interessen und Vorlieben geprägt (vgl. SCHROETER/ PRAHL 1999, S. 152 f.). Aus diesen Erkenntnissen lässt sich schließen, dass erfüllte und befriedigende sexuelle Beziehungen in der Vergangenheit desgleichen im Alter weitergeführt und ausgebaut werden können und somit die Entfaltung von Persönlichkeitsmerkmalen unterstützen und fördern. Hingegen wirken starre und blockierte sexuelle Beziehungen in der Vergangenheit sich im Alter negativ auf die Persönlichkeit von Menschen und auf ein erfülltes Sexualleben aus (vgl. THIELE 2001, S. 116).

Im Hinblick auf das Sexualverhalten im Alter ist zu betonen, dass Sexualität, unabhängig in welcher Lebenslage sie praktiziert wird, nie alleine auf den Koitus zu beschränken ist. Diese Tatsache bezieht sich im Speziellen auf die Alterssexualität, welche sich durch mannigfachste Varianten zum Ausdruck bringen lässt (siehe 5.2) (vgl. THIELE 2001, S. 115 f.).

5.1 Häufigkeit der Sexualität im Alter

Tendenziell wird davon ausgegangen, dass Sexualität im Alter bei Männern einen höheren Stellenwert einnimmt, als bei Frauen. Nichts desto trotz lässt sich bei Frauen ebenso ein Anstieg sexueller Interessen im Alter beobachten (vgl. SCHROETER/PRAHL 1999, S. 154).

Unter Anbetracht des Altersstrukturwandels, und unter Einbeziehung der Feminisierung und Singularisierung kann festgestellt werden, dass sexuelle Ausprägungsformen im Alter erhalten beziehungsweise erhöht werden, solange dies aufgrund von psychologischen, biologischen, medikamentösen und sozialen Faktoren möglich ist. Grundsätzlich ergeben Studien, dass rund 66% der Frauen und 85% der Männer im Alter zwischen 60 und 69 Jahre wöchentlich sexuellen Aktivitäten nachgehen. Bei den über 80ig Jährigen sind es noch 10% der Frauen und 22% der Männer, welche regelmäßig dem Geschlechtsakt nachkommen. Obwohl Partnerschaften und sexuelle Befriedigungen im Alter mit neuen Herausforderungen einhergehen, wie Rückzug aus den Berufsleben, Erkrankungen, Gebrechlichkeiten, Verwitwung erlöschen keinesfalls sexuelle Fantasien, Wünsche, Empfindungen und Auslebungen (vgl. BEIER/LOEWIT 2005, S. 639). Trotzdem werden sexuelle Interessen im Alter oft nicht immer aktiv ausgelebt. Allerdings kann sexuelle Inaktivität nicht mit sexuellem Desinteresse gleichgestellt werden (vgl. SCHROETER/ PRAHL 1999, S. 154).

5.2 Möglichkeiten sexueller Ausdrucksformen

Prinzipiell tritt im Alter nicht der Koitus als Ausdruck von Liebe in das Zentrum älterer Menschen, obwohl der direkte Geschlechtsakt für viele Menschen weiterhin zum Leben dazugehört. Eher gewinnen Sympathie zum geliebten Menschen, Kameradschaft und Freundschaft, um die Einsamkeit zu überwinden, Würde und Anerkennung, das Gefühl noch geliebt zu werden, Gefühle von Behaglichkeit und Geborgenheit, Nähe zu wichtigen Menschen, das Vertrautsein zueinander hinsichtlich Handeln und Denken, gegenseitige Hilfe und Aufmerksamkeit und das Füreinander-Dasein großen und bedeutenden Stellenwert (vgl. GROND 2001, S. 31, STOLZ 2002, S. 17 f.). Sexualität im Alter steht in einem engen Kontext zu Gefühlen und tiefsinniger Liebe. Elementar sollte der Standpunkt beachtet werden, dass der Koitus selbst auch lediglich als eine Ausdrucksform sexueller Befriedigung gilt (vgl. SCHROETER/ PRAHL 1999, S. 153). Konkret wird im Alter der Austausch von Zärtlichkeiten durch Streicheln, Küssen und Hautkontakte zunehmend bedeutsamer und intensiver. Weitere sexuelle Ausdrucksformen integrieren die Autoerotik, die Beschäftigung mit erotischen Inhalten, wie beispielsweise Bücher, Zeitschriften und Filme, Flirten oder andere stellvertretende sexuelle Befriedigungen, wie der Voyeurismus[2] und der Kontakt zu heterosexuellen, beziehungsweise homosexuellen Gesprächspartnern. Ferner stellt die sexuelle Abstinenz eine Form sexueller Ausdrucksweise dar, welche im Alter gewollt oder ungewollt Anwendung findet (vgl. SCHROETER/PRAHL 1999, S. 153 f.).

Insbesondere bei Erkrankungen und sexuellen Funktionsstörungen von älteren Männern und Frauen werden sexuelle Kontakte nicht mehr in den Mittelpunkt gestellt. In solchen Fällen entwickeln Menschen meist kreative Ideen, um so körperliche und sexuelle Begierden befriedigen zu können (vgl. STOLZ 2002, S. 18).

Ein stets mehr verbreitetes Phänomen bei älteren Menschen stellen homosexuelle Beziehungen dar. Überwiegend Frauen tauschen zunehmend mit gleichgeschlechtlich orientierten Menschen sexuelle Phantasien, Wünsche und Bedürfnisse aus. Diese Tatsache kann abermals auf die Singularisierung und Feminisierung zurückgeführt werden (vgl. THIELE 2001, S. 115).

Grundsätzlich besteht eine Diskrepanz zwischen Aktivität und Interesse entsprechend der Ausdrucksformen der Alterssexualität, welche sehr verschiedenartig sein können. Wird sexuelles Interesse und Aktivität separat von einander betrachtet ergeben sich vier einzelne Subgruppen. Die erste Subgruppe inkludiert ältere Menschen ohne sexuelles Interesse und ohne sexuelle Aktivität. Die zweite Gruppe konzentriert sich auf sexuelles Interesse und sexuelle Aktivität. Die dritte Subkruppe impliziert sexuelles Interesse ohne sexuelle Aktivität und die vierte Gruppe umfasst kein sexuelles Interesse, jedoch sexuelle Aktivität. Unter Berücksichtigung der Lebenszufriedenheit fühlen sich vor allem die erste und zweite Subgruppe am glücklichsten, weil sich ihr Interesse und ihre Aktivität gleichförmig gestalten. Zusammenfassend kann festgestellt werden, dass es nicht davon abhängig ist, wie sexuelle Vorlieben im Alter zum Ausdruck gebracht werden, sondern inwiefern sexuelle Wünsche und Aktivität gemeinsam harmonieren (vgl. HEUFT/KRUSE/RADEBOLD 2006, S. 167).

5.3. Fördernde Faktoren der Alterssexualität

In erster Linie hängt eine geglückte Alterssexualität vom jeweiligen sozialen Umfeld und dessen Akzeptanz gegenüber sexuellen Austausch im Alter, sowie von den individuellen Persönlichkeitsstrukturen und dem körperlichen Befinden ab. Generell können eine befriedigende Sexualität und variable sexuelle Lebenswelten im Alter nur durch gesellschaftliche Toleranz sich entfalten und entwickeln (vgl. ZANK 2000, S. 156).

Wie offen und transparent ältere Menschen selbst mit ihrer Sexualität und sexuellen Bedürfnissen in der Öffentlichkeit umgehen ist vermehrt vom jeweiligen Bildungsstand der Betroffenen abhängig. So konnte in Studien festgestellt werden, dass jene Menschen, welche eine höhere Schulbildung absolviert haben und selbst aktiv und partizipierend sind, viel entspannter mit persönlichen intimen Verhaltensweisen umgehen können, als geringer gebildete Menschen. Menschen mit einem geringeren Bildungsniveau reagieren auf ihre sexuellen Bedürfnisse eher mit Bescheidenheit und Zurückgezogenheit (vgl. THIELE 2001, S. 114).

Ferner gilt die „duale Reifung", beziehungsweise die „geglückte Dualität" als eine wichtige und fördernde Variante für die Alterssexualität. Bei einer „geglückten Dualität" innerhalb einer Partnerschaft werden die schönen Momente des Lebens und die Liebe betont. Grundlegende Bedürfnisse wie Zuneigung, Zärtlichkeit, Gemeinsamkeit und Genuss werden so oft wie möglich ausgelebt und in den Alltag der Menschen integriert. Zu diesem Prinzip zählt jedoch zugleich das Wegschieben und Verdrängen von unangenehmen Situationen und Konflikten. Menschen, welche nach diesem Prinzip leben, neigen zur Ansicht, dass unangenehme Situationen keinen Platz im Alter hätten. Solange eine Partnerschaft in einem ausgewogenen Verhältnis zu einer dualen Reifung steht kann diese sehr positiv auf die Alterssexualität wirken (vgl. THIELE 2001, S. 118).

5.4 Defizitäre Faktoren einer nicht ausgelebten Alterssexualität

In anerkannten Studien konnte bewiesen werden, dass ein Mangel an menschlicher Nähe, Einsamkeit und soziale Introversion sich generell negativ auswirken und unterschiedlichste Krankheitsbilder hervorrufen können. Des Weiteren kann bemerkt werden, dass vornehmlich im Alter Menschen von Einsamkeit, sozialem Rückzug und Isolation betroffen sind. Umso wichtiger erscheint es, jenen Menschen Zugang zu den sozialen Grundbedürfnissen eines Menschen zu ermöglichen (vgl. BEIER/ LOEWIT 2005, S. 638).

Außerdem kristallisieren sich im Alter noch weitere Probleme heraus, welche einer geglückten Alterssexualität im Wege stehen können. Zu diesen Problemfeldern zählen Existenzängste durch finanzielle Probleme, gesundheitliche Aspekte, wie Erkrankungen und Potenzprobleme, Beziehungsprobleme, psychische Probleme wie beispielsweise kulturelle Klischeevorstellungen und intrapsychische Probleme, Trauer und Kummer, Partnerverlust und zutiefst menschlich-soziale Gedanken und Fragen, wie die Frage nach dem Sinn des Lebens, nach dem Tod und Versagensängste hinsichtlich sexueller Aktivitäten. All jene Faktoren können nicht bloß zu einem verringerten Sexualverhalten führen, sondern ebenso zum vollkommenen Verlust der Alterssexualität (vgl. FRANK 2004b, S. 84, THIELE 2001, S. 115, ZEISS 2002, S. 206 f.).

Überdies hinaus können Überforderungen im Alltag und allgemeine Alltagsprobleme, negative sexuelle Erlebnisse in der Vergangenheit, Missbrauchserfahrungen und Traumata zu einem verringerten Sexualleben im Alter führen. All jene erwähnten Ängste und negativen Erfahrungen können zur Folge haben, dass die ältere Generation schlussendlich die Alterssexualität aus ihren Leben verdrängt oder tabuisiert (vgl. FRANK 2004b, S. 84 ff.). Werden sexuelle Bedürfnisse älterer Menschen unterdrückt, kann es zu anzüglichen Bemerkungen, unangenehmen Berührungen, auf das Fixieren von Ausscheidungen oder enthemmte sexuelle Verhaltensweisen, zum Beispiel Aggressionen kommen (vgl. FRANK 2004b, S. 81).

Eine weitere Variante, welche sich nicht fördernd auf die Alterssexualität auswirkt, geht von älteren Paaren selbst aus und wird als Triangularisierung bezeichnet. Bei dieser Form einer Dreiecksbildung wird eine dritte Person, vorwiegend Kinder, Enkel oder pflegebedürftige Personen, zwischen die jeweiligen Lebenspartner geschoben. Ziel ist es, die dritte Person so stark zwischen die eigene Beziehung zu drängen, um jeglichen sexuellen Kontakten aus dem Weg zugehen. Gründe für diese Abwehrhaltung können all jene sein, welche im oberen Abschnitt dieses Punktes geschildert wurden. Die Triangularisierung kann so weit reichen, dass es zu einer vollständigen Einstellung von sexuellen Begegnungen zwischen einem Paar kommt (vgl. THIELE 2001, S. 117).

6. Soziale Beziehungen und Partnerschaften im Alter

Soziale Beziehungen und Partnerschaften ergeben sich aus wechselseitigen Interaktionen zwischen zwei oder mehreren Menschen. Besonders im Alter nehmen soziale Beziehungen und Partnerschaft einen hohen Stellenwert ein. Oft kommt es jedoch zum Verlust von sozialen Beziehungen und Partnerschaften, zum Beispiel durch Verwitwung, Kinderlosigkeit, Scheidung oder Heimaufenthalt (vgl. MARESCH 2006, S. 32-36). Infolgedessen wird Alter als eine fortschreitende Einschränkung der Möglichkeiten von sexuellen Begegnungen beschrieben. Der Verlust eines Partners geht oftmals mit einer nur erschwerten Möglichkeit, einen neuen Partner zu finden, einher, und der Herausforderung sich auf den neuen Lebenspartner einzulassen. Folglich wird das Ausleben sexueller Wünsche mit einem adäquaten Partner stark eingeschränkt (vgl. KIPP/JÜNGLING 2000, S. 66).

Grundsätzlich kann festgestellt werden, dass das Zusammensein in einer Partnerschaft oder ferner in sozialen Beziehungen, das Geliebt werden und Vertrauen können, das Kommunizieren und Austauschen zu den wichtigsten Gütern von Menschen und insbesondere von alten Menschen zählt (vgl. VOGT 2001, S. 29). Kommt es zum Verlust von sozialen Beziehungen und vor allem von partnerschaftlichen Bindungen, kann dies gravierende Folgen mit sich bringen. Der Verlust von sexuellen Begegnungen kann letztendlich zu einem Rückgriff auf kindliche Verhaltensweisen und Befriedigungsformen, der sogenannten Regression führen (vgl. KIPP/JÜNGLING 2000, S. 67).

6.1 Soziale Beziehungen im Alter

Typische soziale Beziehungskonstellationen im Alter sind Beziehungen zu den eigenen Kindern und eventuellen Enkelkindern, Beziehungen zu den Schwiegersöhnen und Schwiegertöchtern, Beziehungen zu anderen Familienangehörigen, wie beispielsweise Geschwistern und Beziehungen zu langjährigen FreundInnen und neu gewonnen FreundInnen. (vgl. VOGT 2001, S. 32). Für partnerschaftliche Beziehungen spielen vorwiegend freundschaftliche Beziehungen im Alter eine wesentliche Rolle. Bei Verlust des Partners werden in vielen Fällen vorerst freundschaftliche Beziehungen zu intimen und sexuellen Beziehungen erweitert und ausgebaut.

Zusammengefasst kann gesagt werden, dass ein erfülltes Alter soziale Netzwerke und Beziehungen benötigt. Soziale Beziehungen dienen folglich als eine der wichtigsten Ressourcen, sollte es zu Verlusten von partnerschaftlichen Beziehungen kommen (vgl. MARESCH 2006, S. 126).

6.2 Partnerschaften im Alter

Gründe für Paarbeziehungen im Alter sind vornehmlich der Wunsch nicht alleine zu sein, sowie das Bedürfnis nach Liebe, Zuneigung und das Sorgen für den Partner und Umsorgtwerden seitens des Partners (vgl. GROND 2001, S. 12).
Eine geglückte Paarbeziehung im Alter ist von der Einstellung zu den individuellen Körperlichkeiten, vom Erleben der Sexualität in der Vergangenheit und von der Fähigkeit des Paares, Konfliktsituationen zu bewältigen, abhängig (vgl. GROND 2001, S. 64).
Prinzipiell bringen Veränderung im Rahmen des Alterungsprozesses unmittel- und mittelbare Umgestaltungen in Partnerschaften mit sich. Speziell Partnerschaften im Alter sind vielen positiven, aber ebenfalls negativen Wandlungen unterworfen (vgl. VOGT 2001, S. 29). Primär stellt der Austritt aus dem Erwerbsleben für viele Menschen eine neue Herausforderung in partnerschaftlichen Beziehungen dar. Vielmals wissen Paare erstmals nichts mit der neu gewonnen Zeit anzufangen. Nach der Entwicklung neuer Tagesstrukturen und neuer partnerschaftlichen Rollenverteilung kann genauso die Sexualität wieder einen höhern Stellenwert erlangen, aufgrund neugewonnener Freizeiten (vgl. VOGT 2001, S. 54 f.). Demzufolge erhalten alternde Paare durch mehr Freizeit die Gelegenheit, ihre Intimität und Sexualität vertiefter auszuleben. Zusätzlich ermöglichen langjährige und vertraute Beziehungen neue Variationen sexueller Stimulationen (vgl. GROND 2001, S. 12).
Im Hinblick auf negative Wandlungen stehen Modifikationen im Rollensystem im Zentrum sexueller Aktivitäten. Kommt es zum Beispiel zu einer Verschlechterung des Gesundheitszustandes eines Partners oder übernimmt ein Partner die Rolle des Betreuers und Pflegers für den anderen Partner, kann dies problematisch werden (vgl. ZEISS 2002, S. 209). Probleme diesbezüglich beinhalten einerseits Schuldgefühle seitens des zu Pflegenden, da aufgrund gesundheitlicher Umstände sexuellen Wünschen des Partners nicht mehr, beziehungsweise nur noch partiell nachgegangen werden kann. Andererseits können sich Vorwürfe seitens des betreuenden Partners ergeben, wenn er/sie zu wenig Rücksicht auf die zu pflegende Person nimmt betreffend der subjektiven sexuellen Wünsche (vgl. GROND 2001, S. 64).
Sobald in einer Partnerschaft über einen längeren Zeitraum hinweg sexuelle Kontakte ausgegrenzt werden, kann es zu einem Verlust der Sexualität kommen, weil Sexualität in dieser Paarbeziehung nicht mehr als zentrales Mittel eingesetzt wird (vgl. HEUFT/KRUSE/RADEBOLD 2006, S. 170). Allgemein kann festgehalten werden, dass divergierende Lebensverläufe, eine fehlende Pflege und vernachlässigte Weiterentwicklung einer Beziehung, wie auch keine oder nicht bewährende gemeinsame Lebensfundamente sich ungünstig auf eine Paarbeziehung im Alter auswirken (vgl. THIELE 2001, S. 119).

Faktum ist, dass ausschließlich anhand der Annahmen und des Akzeptierens der normalen, aber ebenso krankhaften und körperlichen Veränderungen im Alter, das Eingehen auf den Partner und das Gewähren von Zeit eine sexuell zufriedenstellende Befriedigung mit sich bringen kann (vgl. FRANK 2004b, S. 89). Abschließend kann resümiert werden, dass sexuelle Verhaltensweisen sehr vielfältig und in unterschiedlicher Intensität im Alter ausgelebt werden. Dennoch kann ein zuviel oder ein zuwenig an sexuellen Kontakten langfristig (Beziehungs-)Probleme hervorrufen (vgl. KIPP/JÜNGLING 2000, S. 66).

7. Partnerschaft und Sexualität in stationären Einrichtungen

Partnerschaften, Sexualität, Intimität und Erotik im Alter werden nicht bloß von der Gesellschaft als ein Tabuthema betrachtet, über welches kaum transparent kommuniziert wird, sondern ebenfalls von Tätigen in Alten- und Pflegeheimen. Bis zu drei Viertel der BetreuerInnen in stationären Einrichtungen geben zu, Probleme mit der Alterssexualität zu haben (vgl. GROND 2001, S. 76, THIELE 2001, S. 113). Generell besteht in stationären Alteneinrichtungen eine Diskrepanz bezüglich weiter bestehender sexueller Fantasien und Wünsche einerseits, und den (Un-) Möglichkeiten der Realisierung dieser Wünsche andererseits, welche sehr belastend auf die betroffenen Personen wirken kann (vgl. BEIER/LOEWIT 2005, S. 641). Es sollte stets beachtet werden, dass sexuelle Fantasien, Wünsche und dergleichen nicht vor den Türen von Alteneinrichtungen abgelegt werden. Vielmehr existieren natürliche Attribute der Alterssexualität weiter, beziehungsweise können sich neu entfalten und entwickeln (vgl. THIELE 2001, S. 120). Anerkannte Studien in Alteneinrichtungen belegen die Tatsache, dass das individuelle Wohlbefinden und die Zufriedenheit älterer Menschen positiv mit einer sexuellen Zufriedenheit und einer innerlichen Balance korrelieren. Tatsache ist, dass alte Menschen in stationären Einrichtungen viel mehr Lebensfreude zeigen, aktiver sind, selbstbewusst und entspannter durch den Alltag schreiten, sich intensiver pflegen und ähnliches, solange positiv verlaufende Beziehungen aufrecht erhalten bleiben oder wenn sich Menschen im Alter nochmals verlieben, beziehungsweise einen neuen Partner für die Befriedigung von menschlichen Grundbedürfnissen finden (vgl. BEIER/LOEWIT 2005, S. 641).

Vielfach wird jedoch in Alten- und Pflegeeinrichtungen kein Platz für Partnerschaften, Liebe, Erotik, Intimitäten und Sexualität eingeräumt. Auf institutioneller Ebene wird mit Schweigen und Verleugnen den Themenbereichen der Alterssexualität gegenüber getreten. Grundlegend muss immer davon ausgegangen werden, dass es sich bei Einrichtungen für alte Menschen um keinen sexualfreien Raum handelt. Trotzdem können diese Einrichtungen in vielen Beispielen als ein sexualfeindlicher Ort angesehen werden (vgl. THIELE 2001, S. 120).

7.1 Folgen einer nicht gelebten Sexualität in stationären Einrichtungen

Das Empfinden von Ekel aus diversen Gründen in unterschiedlichster Intensität ist ein Phänomen, welches Menschen ein Leben lang begleitet. Ekelgefühle ergeben sich aus der Tatsache, dass die Sexualität eng mit Ekel verbunden ist. Genitalien haben nicht rein die Funktion der Lustbefriedigung, sondern dienen ebenso als Ausscheidungsorgan. Aus dieser Realität heraus entwickeln sich speziell bei Pflegeverhältnissen große Irritationen, Abneigungen und Ekelgefühle gegenüber den sexuellen Bedürfnissen den zu pflegenden Menschen (vgl. RINGEL 2000, S. 34 f.).
Insbesondere in Alten- und Pflegebereichen erlangt das Gefühl von Ekel in Bezug auf die Alterssexualität seitens des Personals eine hohe Präsenz. Um Alterssexualität möglichst zu entgehen, werden strukturelle und organisatorische Rahmenbedingungen geschaffen. Dadurch versucht das Betreuungs- und Pflegepersonal sich dem Tabuthema Sexualität im Alter zu entziehen (vgl. FRANK 2004b, S. 89, SCHROETER/PRAHL 1999, S. 155). Das natürliche Ausleben von Sexualität, Erotik und Intimität wird meist unmöglich gemacht, beziehungsweise in vielfacher Art und Weise erschwert. Diesbezüglich tragen unter anderem festgelegte Tagesstrukturen bei, welche wenig Platz für Freiräume und individuelle Aktivitäten lassen. Weiters verhindern Mehrbettzimmer, bei denen die meiste Zeit die Türe offen steht oder das Eintreten in die Zimmer ohne Voranmeldung erfolgt, keine Möglichkeit für die Auslebung eines individuellen Sexuallebens (vgl. STANJEK 2001, S. 77). Demgemäß bestehen kaum Rückzugsmöglichkeiten für Menschen mit sexuellen Bedürfnissen. Von Seiten der jeweiligen Alteneinrichtungen werden äußerst enge Grenzen gesetzt, um möglichst sexuelle Kontakte zu vermeiden. Jedenfalls können vielmals die sexuellen Bedürfnisse nach Liebe, Zuneigung, Körperkontakt, Erotik und Intimität älterer Menschen durch verschiedenste Grenzziehungen nicht vermieden werden. Ältere Menschen bringen ihre Bedürfnisse zum Ausdruck, wobei das Personal oftmals mit Zurückweisung, Unverständnis, Ignoranz und Hilflosigkeit diese Bedürfnisse erwidert. Die Situation wird nochmals verstärkt durch negative Haltungen, sobald das Personal entweder Zeuge einer sexuellen Aktivität wird oder selbst als Stimulierungshilfe sexueller Befriedigung herangezogen wird (vgl. SCHROETER/PRAHL 1999, S. 155).
Aus dem vielfachen Fehlverhalten seitens des Personals entwickeln viele Menschen mannigfaltigste Bewältigungsstrategien, um aus ihrer unbefriedigten Situation zu flüchten. Dementsprechend kristallisieren sich zwei Hauptgruppen heraus. Einerseits können Menschen durch körperliche Übergriffe, wie zum Beispiel das Einholen von Berührungen von Busen oder Genitalien, unerwünschte Küsse und dergleichen gegenüber dem Betreuungs- und Pflegepersonal reagieren. Eine weitere Variante stellen verbale Äußerungen, wie

Aufforderungen zum Sexualkontakt, anzügliche Bemerkungen und sexuelle Witze dar. In manchen Fällen kommt es auch zum Ausnutzen pflegerischer Tätigkeiten, welche als sexuelle Stimulation angesehen werden. Aus diesem Grunde äußern ältere Menschen manchmal den Wunsch im Genitalbereich besonders intensiv gewaschen zu werden. Ferner kann es zu exhibitionistischen[3)] Verhaltensweisen und dem Spielen mit Ausscheidungen kommen. All diesen Handlungsstrategien liegt keine Bösartigkeit zu Grunde. Vielmehr handelt es sich dabei um ein Alarmsignal, mit welchen die Menschen ihren natürlichen sexuellen Bedürfnissen Ausdruck verleihen möchten, welche jedoch seitens des Personals zu gerne ignoriert und teilweise sogar sanktioniert werden (vgl. FRANK 2004b, S. 89, ROSENMAYR 1999, S. 121, SCHROETER/PRAHL 1999, S. 155).

Die zweite Variante im Hinblick auf die Reaktion älterer Menschen auf abwertende Haltungen des Personals gegenüber Alterssexualität führt eher zu einer Desexualisierung der Menschen. Diesbezüglich findet eine infantile Anrede der Menschen häufige Anwendung. Ältere Menschen werden mit „Mütterchen", „Opi", „du", „wir" wieder in das Zeitalter der Kindheit zurückversetzt. Folglich fühlen sich die Betroffenen nicht mehr als selbstbestimmende und selbstständige Menschen, da sie vom Personal eine Ausgrenzung aus der autonomen Gesellschaft verspüren, welche so weit geht, dass ihre geschlechtliche Identität negiert wird. In weiterer Folge kann sich eine nicht geduldete Sexualität in stationären Einrichtungen zu einer kompensatorischen Sexualität umgestalten. Durch die Form der kompensatorischen Sexualität werden natürliche sexuelle Bedürfnisse durch ungeeignete und ungewöhnliche Verhaltensweisen befriedigt. Typische Verhaltensweisen dafür stellen das übermäßige Verschlingen von Süßigkeiten, der übermäßige Genuss von Alkohol und das Ausleben von Aggressionen dar. Speziell Männer sind von der Problematik des übermäßigen Alkoholgenusses betroffen, welcher als eine resignative Auffangstelle dient. Hingegen greifen Frauen vermehrt zu aggressiven Verhaltensweisen (vgl. ROSENMAYR 1995, S. 121, THIELE 2001, S. 121).

7.2 Fördernde Bedingungen für die Alterssexualität in stationären Einrichtungen

In erster Linie benötigt Sexualität Intimität. Diese Intimität kann nur geboten werden, wenn bestimmte förderliche Faktoren in Einrichtungen für alte Menschen Beachtung und Anwendung finden (vgl. STANJEK 2001, S. 77). Um Offenheit und Toleranz gegenüber Alterssexualität zu schaffen, ist es unerlässlich räumliche Bedingungen und Organisationsstrukturen zu modernisieren. Zu einer Modernisierung dieser zwei Faktoren gehört in erster Linie die Möglichkeit der Nutzung von Einbettzimmer bzw. Zweitbettzimmern für Paare. Das Eintreten in die persönliche Privatsphäre, in das Zimmer, sollte aus-

schließlich nach einer ausdrücklichen Aufforderung gestattet sein. Es müssten Freiräume für subjektive und unbeobachtete Aktivitäten installiert werden. Körperliche Nähe und Zuwendung sollten Anerkennung und Unterstützung seitens des Betreuungs- und Pflegepersonals erfahren. Im Allgemeinen sollten jegliche Äußerungen von sexuellen Aktivitäten nicht belächelt oder mit Entrüstung gegenüber getreten, sondern mit Akzeptanz angenommen werden (vgl. FRANK 2004b, S. 91, STANJEK 2001, S. 77).
Zusätzlich zu den räumlichen und organisatorischen Umstrukturierungen müsste ein multiprofessionelles Team eingesetzt werden, welches auf die individuellen Wünsche hinsichtlich der Alterssexualität zu reagieren in der Lage ist. Darüber hinaus ist ein offenes und miteinander kommunizierendes Team eine weitere basale Voraussetzung für einen transparenten Umgang bezüglich subjektiver Gefühle wie Scham, Ekel, Hilflosigkeit gegenüber der Alterssexualität. Ein Team in solcher Konstellation ermöglicht es über Schwierigkeiten und Probleme zu reden, sowie die Möglichkeit einer Intervision zu nutzen (vgl. FRANK 2004b, S. 91).
Eine weitere wichtige Bedingung für ein multiprofessionelles Team ist der persönliche Umgang mit der eigenen Sexualität. Denn jene Menschen, welche selbst frei und angstfrei mit der individuellen Sexualität umzugehen wissen, können Toleranz gegenüber anderen Menschen aufbringen. Hinsichtlich dieser Tatsache ist es eine Voraussetzung für ein Mitglied des Teams, die persönlichen Körpersignale wahrzunehmen, Konflikten und Problemen gegenüber zu treten, sie zur Sprache zu bringen, die eigene Identität anzunehmen, sowie ein sicheres Körpergefühl zu besitzen. Nur mit Hilfe jener Fähigkeiten kann es dem BetreuernInnen gelingen, die Bedürfnisse, Fantasien und Wünsche der Alterssexualität von alten Menschen in Einrichtungen anzunehmen und die damit in Zusammenhang stehenden Probleme einer für alle Seiten befriedigenden Lösung zuzuführen (vgl. THIELE 2001, S. 121).

7.3 Umgang mit Alterssexualität in stationären Einrichtungen

Vorwiegend Altenpflegekräfte werden mit erotischen Gedanken, Fantasien und Wünschen seitens der BewohnerInnen konfrontiert. Im Sinne eines ganzheitlichen Betreuungs- und Pflegeverständnisses sollte das gesamte Leben eines älteren Menschen inkludiert werden, somit auch die Sexualität (vgl. RINGEL 2000, S. 35 f.). Prinzipiell ist es keine Schande, wenn das Personal auf sexuelle Kontakte zwischen den BewohnernInnen mit Ekelgefühlen oder einer Abwehrhaltung reagiert (vgl. FRANK 2004b, S. 90 f.).
Dessen ungeachtet muss stets die Grundhaltung der Wertschätzung gegenüber den älteren Menschen aufrecht erhalten bleiben. Folglich ist es von großer Bedeutung, Akzeptanz zu zeigen und nicht eine demütigende Haltung zu erweisen (vgl. FRANK 2004b, S. 90 f.).

Im Falle, dass das Personal als sexuelles Objekt der Begierde benutzt wird sollte eine klare Grenzziehung erfolgen. Natürlich hat jede Pflegekraft das Recht seine/ihre individuelle Intimitätssphäre zu bewahren. Möglichkeiten für eine transparente Grenzziehung bieten unter anderem ein offenes Gespräch mit den BewohnernInnen, das Heranziehen eines/einer zweiten KollegenIn bei Waschvorgängen oder das unmissverständliche Kommunizieren von Konfliktlagen mit KollegenInnen, welche eventuell hilfreich Ratschläge erteilen können (vgl. STANJEK 2001, S. 78). Allgemein gilt jedoch je routinierter und selbstverständlicher tägliche Vorgänge erfüllt werden, desto seltner kommt es zu unerwünschten sexuellen Übergriffen. Diese Aussage steht in enger Korrelation zu Akzeptanz und Toleranz seitens des Personals gegenüber der Alterssexualität (vgl. STANJEK 2001, S. 78).

Eine weitere Variante für die Befriedigung der Alterssexualität in Einrichtungen stellen sogenannte Liebeszimmer und Körperkontaktservicestellen dar. Bei den Liebeszimmern handelt es sich um separate Räume, welche von BewohnernInnen für einige Stunden genutzt werden können, um ihren sexuellen Bedürfnissen nachzukommen. Körperkontaktservicestellen bieten ebenfalls sexuelle Befriedigungen, jedoch gegen ein entsprechendes Honorar. Bei dieser Möglichkeit muss beachtet werden, dass diese stundenweise Lustbefriedigung von den restlichen BewohnernInnen und vom Personal stark beobachtet wird. Speziell das Personal antwortet auf diese Methoden mit Mitleid, Unverständnis und Missbilligung. Grundlegend können Liebeszimmer und Körperkontaktservicestellen eine kurzfristige Hilfestellung bei einer unmittelbaren sexuellen Bedürfnisbefriedigung darstellen. Dennoch tragen Körperkontaktservicestelle nicht zu einer längerfristigen und regelmäßigen Befriedigung der Alterssexualität bei, welche sich nicht ausschließlich auf den Koitus beschränkt. Desgleichen wird die sexualfeindliche Haltung in vielen stationären Alteneinrichtungen nicht behoben, sondern eher intensiviert (vgl. SCHROETER/PRAHL 1999, S. 156).

8. Praxisbezogene Strategien im Umgang mit Alterssexualität

Der Großteil der älteren Menschen ist nicht vertraut mit den möglichen Folgen eines natürlichen Alterungsprozesses im Hinblick auf die Sexualität eines gesunden und vitalen Menschen. Auf der einen Seite stehen Informationen betreffend der Veränderung sexueller Funktionen in vielen Bereichen begrenzt zur Verfügung. Zum anderen stellt Alterssexualität eine Thematik dar, welche von vielen Personen als unangenehm empfunden wird. Umfragen bei älteren Menschen ergaben, dass sie kaum Informationen entsprechend sexueller Veränderungen im Alter seitens Medien, medizinischen Vorsorgeeinrichtungen, Familiensystemen oder Gleichaltrigen erhalten. Zum ersten Mal wurde die Thematik der sexuellen Funktionsveränderungen durch die Einführung des

Medikamentes Viagra 1998 in den Mittelpunkt der Medien gerückt. Fortan wurde die Alterssexualität medizinisiert, jedoch erfolgte kaum ein erweiterteres Wissen allgemeiner Änderungen im Alter. Alterssexualität wird nach wie vor als Synonym für die medikamentöse Behandlung von Erektionsproblemen angesehen. Dementsprechend werden überwiegend medizinische und physiologische Aspekte der Funktionsveränderung betrachtet. Infolgedessen werden emotionale und zwischenmenschliche Faktoren großteils ausgeblendet, obwohl sie ebenfalls einen Stellenwert betreffend der Funktionsveränderung einnehmen. Insbesondere die Konzentration auf mögliche Einflussfaktoren muss in praxisbezogenen Strategien Berücksichtigung finden (vgl. ZEISS 2002, S. 196 f.).
Weiters wird nicht allein das soziale Umfeld mit der Thematik von sexuellen Funktionsveränderungen und der Alterssexualität konfrontiert, sondern ebenso das Personal in Alteneinrichtungen. Entweder werden sie selbst als Sexualobjekt herangezogen oder es werden Beobachtungen verschiedenster sexueller Aktivitäten zwischen den alten Menschen gemacht. Aufgrund der Tabuisierung der Alterssexualität kommt es häufig zu Rat- und Hilflosigkeit seitens des Personals (vgl. FRANK 2004b, S. 92). Um jedoch mögliche Lösungsansätze in der Praxis effektiv umsetzten zu können, muss in erster Linie ein gesellschaftlicher Wandel in Bezug auf eine Liberalisierung der Alterssexualität eingeleitet werden. Nur mit Hilfe von mehr Toleranz gegenüber Liebschaften im Alter, Homosexualität, und Ausübung des natürlichen Koitus zwischen zwei Menschen können sich neue sexuelle und transparente Lebenswelten für die ältere Generation heraus kristallisieren. (vgl. ZANK 2000, S. 156). Ein erster konkreter Schritt in diese Richtung ist, Sexualität im Alter nicht lediglich in deren vielfältige Auslebungsweisen zu akzeptieren, sondern jene als Realität anzuerkennen. Demzufolge müssen sexuell aktive, wie auch sexuell inaktive Menschen und alle möglichen Zwischenformen als „normal" und ohne jegliche abwertende Haltung angesehen werden (vgl. STOLZ 2002, S. 19).
In weiterer Folge können Menschen durch mehr Offenheit in entsprechenden Alteneinrichtungen mit dem Thema Alterssexualität autonomer hantieren und praxisbezogene Strategien haben die Chance nachhaltige Wirkung zu erlangen (vgl. ZANK 2000, S. 156).

8.1 Lösungsansätze innerhalb der personellen Strukturen

In Betreuungs- und Pflegeverhältnissen mit alten Menschen sollten bestimmte Vorgehensweisen entsprechend der Alterssexualität Beachtung finden.
Im Falle von sexuellen Annäherungsversuchen seitens der zu betreuenden Person gegenüber dem Personal sollte das Personal mit Transparenz reagieren. Diese Transparenz könnte in Form von klarem und verständlichem Ansprechen der jeweiligen Person durchgeführt werden. Ferner ist es von großer

Bedeutung für das Betreuer- und Pflegeteam klare Grenzen zu setzen, welche persönliche Freiräume nicht überschreiten. Aus diesem Grunde ist es keine Schande, sondern vielmehr verantwortungsvolles Handeln, ein klares „nein" in unangenehmen Situationen in Bezug, auf sexuelle Anspielungen älterer Personen zu artikulieren. Zusätzlich stellen Vernetzungen innerhalb des Betreuungsteams und die Rücksprache mit vertrauenswürdigen Personen eine wichtige Ressource beim Umgang mit Alterssexualität dar. Eine basale Funktion bei der Thematik Alterssexualität nimmt darüber hinaus die jeweilige Leitung ein. Die Leitung hat bestimmte Handlungsmuster vorzugeben, welche einerseits die Alterssexualität in der jeweiligen Einrichtung akzeptiert, toleriert und integriert. Anderseits muss die Leitung bei eindeutigen Überschreitungen, welche zum Beispiel unsittliche Berührungen seitens sexuell bedürftiger Menschen beinhalten, eingreifen und stets Partei für die belästigte Person ergreifen. Im Kontext zu dieser Ausführung sollte fortwährend eine empathische und wertschätzende Haltung gegenüber alten Menschen aufgebracht werden. Immerhin handelt es sich bei den meisten sexuellen Überschreitungen nicht um böswillige Taten, sondern um Hilfeschreie für eine dementsprechende Befriedigung ihrer Fantasien, Wünsche und Gefühle. Nichts desto trotz kann es keinesfalls zulässig sein, dass das Betreuungs- und Pflegepersonal als sexuelles Lustobjekt missbraucht wird (vgl. FRANK 2004b, S. 92 f.).
Weiters sollte die Aus-, Fort- und Weiterbildung des Personals stets Berücksichtigung finden. Bis dato gibt es in betreuenden und pflegerischen Bereichen ein Manko in Bezug auf den Umgang mit Alterssexualität. Anhand von dementsprechenden Ausbildungsangeboten kann in erster Linie basales Fachwissen erweitert werden, welches wiederum den Umgang mit der Alterssexualität erleichtern kann. Anderseits könnten mit Hilfe der Installation von sogenannten Pflegeausschüssen, Diskussions- und Austauschrunden bestimmte Gesprächsformen entstehen, welche sich über den Umgang mit sexuellen Bedürfnissen von BewohnernInnen austauschen und gegenseitig informieren. Außerdem könnten im Rahmen von Supervisionen persönliche Wertesysteme, Machtgefühle, Ängste, Scham und Hilflosigkeit reflektiert werden. Mit Hilfe dieser Reflexionen könnten Projektionen der eigenen Bedürfnisse bewusst aufgezeigt werden, um im praktischen Handeln mögliche Auslöser für unangenehme Situationen zu vermeiden (vgl. GROND 2001, S. 77).

8.2 Das Plissit Modell

Eine äußerst bewährte Methode betreffs des Umgangs mit Alterssexualität stellt das von Jack ANNON im Jahre 1976 erstelle Plissit Modell dar. Mit Hilfe dieses Konzeptmodells kann auf individuelle sexuelle Fragestellungen und Anliegen in Betreuungs- und Pflegesituationen eingegangen werden. Ziel dieses Modells ist es, in einer professionellen Art und Weise die Thematik der

Sexualität im Alter aufzugreifen und die Möglichkeit zu nutzen, klare, jedoch nicht entwürdigende Grenzen bei möglichen Überschreitungen zu setzen. Das Modell interveniert in vier konkreten Schritten, welche wie folgt aufgegliedert sind.

- Permission
- Limited Information
- Specific Suggestions
- Intensive Therapy (vgl. FRANK 2004b, S. 93).

Permission

Permission inkludiert die Erlaubnis und die Duldung von Alterssexualität. Ferner bedeutet dies, dass Alterssexualität nicht verdrängt, sondern aufgegriffen und angesprochen werden sollte. Diese Technik kann älteren Menschen ermöglichen mit der individuellen Geschlechtlichkeit entspannter umzugehen und folglich die subjektiven Bedürfnisse ohne Schuldgefühle zu befriedigen. Jener Schritt des Modells muss nicht verbal zum Ausdruck gebracht werden. Ebenso können eindeutige Gesten ausreichen, wie beispielsweise die Duldung der Intimsphäre und Freiräumen oder das Anklopfen bei Zimmertüren vor dem Eintreten. Jedoch ist der direkte verbale Austausch ebenfalls eine Variante mit der Thematik umzugehen. Diesbezüglich ist es von Vorteil, wenn das Personal auf betroffene Personen zugeht, da diese vielfach nicht den Mut aufbringen und mit zuviel Schamgefühl behaftet sind, um den ersten Schritt zu wagen. Durch die verbale Kommunikation, mit dem betreuenden Personal können Unterstützungsangebote, wie zum Beispiel medizinische Angebote oder Sexualberatungsstellen und Therapien den Leuten offeriert werden (vgl. FRANK 2004b, S. 93 f., BEIER/LEOWIT 2005, S. 642).

Limited Information

Limitited Information beinhaltet vorwiegend eine angemessene und begrenzte Information der Körperfunktionen von alten Menschen. Wenn ältere Menschen ein realistisches Bild vor Augen haben, im Bezug auf die Veränderung ihrer Körperfunktionen im Zuge des Alters, können somit Erwartungshaltungen subjektiv gestaltet und unnötige Ängste abgebaut werden. Sobald ältere Menschen sich über anatomische, psychologische und physiologische Änderungen im Alter bewusst sind, sowie über sexuelle Veränderungen und Möglichkeiten der Alterssexualität Bescheid wissen, können vielerlei Missverständnisse beseitigt werden. Daraus kann ein angstfreier und befriedigender Umgang mit der Alterssexualität erfolgen (vgl. FRANK 2004b, S. 94, ZEISS 2002, S. 218 f.).

Specific Suggestions

Im Hinblick auf Specific Suggestions werden alten Menschen direkte Informationen und Hilfeangebote genannt, bei denen sie Hilfe für ihre subjektiven Problemlagen finden. Dieser Teil der Methode inkludiert die Empfehlung von Ärzten, welche sich beispielsweise auf die Behandlung sexueller Funktionsstörungen spezialisiert haben. Ebenso stellt die Sexualberatung für viele Menschen eine hilfreiche Stütze dar, besonders wenn es sich um keine chronifizierten Problemlagen handelt. Zu den typischen Themen im Rahmen einer Sexualberatung zählen Aufklärung von Fragen, welche die natürliche Sexualität betreffen, Probleme im Umgang mit sexueller Orientierungen, Auswirkung körperlicher Erkrankungen, Information über Therapiemöglichkeiten und ähnliches. Zudem reichen oft schon kleine Ratschläge für eine geglückte Sexualität, wie das Einnehmen von neuen Positionen beim Koitus. Dementsprechend müssen beim dritten Schritt noch keine intensiven Interventionen eingeleitet werden (vgl. VETTER 2007, S. 156, ZEISS 2002, S. 219).

Intensive Therapy
Bei schwerwiegenden sexuellen Störungen, wie Traumata, sozialen Ängsten, vorhergehende Missbrauchserfahrungen und weiterem ist eine gezielte therapeutische Intervention angebracht. In Betreuungs- und Pflegeeinrichtungen erhält das Personal die Aufgabe, den älteren Personen entsprechende Kontaktadressen für Sexualtherapien und Psychotherapien weiter zu vermitteln. Für Menschen mit belastenden Ereignissen eignet sich die Psychotherapie in Form von Einzeltherapie oder Sexualtherapie, welche entweder in Form von Paar-, Team- oder einer Intensivtherapie stattfinden kann. Die Paartherapie konzentriert sich dabei auf ein Paar, wo zum Beispiel ein Partner unter sexuellen Funktionsstörungen leidet und gemeinsam eine Lösung erarbeitet wird. Die Variante der Teamtherapie ist auf dem gleichen Prinzip wie die Paartherapie aufgebaut, nur dass beiden Beteiligten ein gleichgeschlechtlicher Therapeut zur Seite gestellt wird, um geschlechtliche Hürden zu umgehen. Die Intensivtherapie hingegen spezialisiert sich auf einen sehr engen Zeitraum von etwa zwei bis drei Wochen, in dem Paar- und Sexualprobleme mit Hilfe von Therapeuten erfasst und erarbeitet werden (vgl. FRANK 2004b, S. 95, Vetter 2007, S. 157 ff.).

8.3 Autonomie im Alter

Autonomie im Alter stellt ein menschliches Grundbedürfnis dar, welches durch ein gewisses Maß an Wohlbefinden und Zufriedenheit erreicht wird. Speziell in stationären Einrichtungen oder bei pflegerischen Tätigkeiten seitens Familienangehöriger sollte Autonomie gegenüber den älteren Menschen stets gewährleistet werden. Durch das Beibehalten von Autonomie bleibt die Selbstständigkeit, Selbstbestimmung und Individualität von alten Menschen erhalten (vgl. HUBER/SIEGEL/WÄCHTER/ u. a. 2005, S. 41 ff.). Autonomie in Anbetracht auf ein individuelles und selbstbestimmtes Sexualverhalten und Ausleben von alten Menschen sollte wesentliche Punkte respektieren und fördern. Zu den fördernden Utensilien und Verhaltensweisen zählen die Möglichkeiten der Eigenmöblierung, da in vielen Fällen bestimmte Möbelstücke und Gegenstände eine bestimmte Wirkung auf sexuelle Aktivitäten haben, Selbstbestimmung bei der Zimmerbelegung mit welcher Person ein Zimmer geteilt werden möchte oder nicht, ein eigenes Telefon und ein eigener Zimmerschlüssel, um die Privatsphäre zu schützen, selbstbestimmte Weck- und Schlafenszeiten, um keine zeitliche Begrenzung für private Auslebungen zu haben, die Möglichkeit Besucher jederzeit zu empfangen, auch über die Nacht und ähnliches (vgl. HUBER/SIEGEL/ WÄCHTER/u. a. 2005, S. 54). Unter Beachtung und Berücksichtigung der Autonomie älterer Menschen kann ein individuelles Leben im Alter beibehalten werden, welches große Vorteile für ein erfülltes und befriedigendes Sexualleben mit sich bringt.

9. Resümee

Faktum ist, dass Sexualität ein Lebensausdruck ist. Sie ist, wie jegliche andere Lebensform subjektiv geprägt und will individuell, der jeweiligen Altersgruppe und den wechselnden Bedürfnissen entsprechend gelebt und verwirklicht werden (vgl. FRANK 2004b, S. 95).
Heutzutage kann nicht mehr von einem standarisierten Alter gesprochen werden. Alter ist plural geworden, in jeglicher Hinsicht, welche auch die Alterssexualität impliziert. Die pluralen, gestaltungsnotwendigen und gestaltbaren Lebensentwürfe im Alter, welche sich ebenfalls auf die Sexualität beziehen ermöglichen eine Weiterführung der individuellen Lebensgeschichte, jedoch ebenso eine Entfaltung von neuen und nicht tradierten Verhaltensweisen. In Bereichen wie Pflege, Betreuung, Beratung aus medizinischer, psychologischer und sozialpädagogischer Sicht sollte das höchste Ziel sein, ältere Menschen bei ihrer individuellen Lebensgestaltung zu begleiten und sie bei der Bewältigung von damit verbundenen lebenszyklischen Ambivalenzen zu unterstützen (vgl. SCHWEPPE 2005, S. 41).
Eine Forderung ist es, dass jeder Mensch, unabhängig vom Alter, unabhängig vom Betreuungs- und Pflegestatus und unabhängig von jeglichen Tabuisierungsvorstellungen über seine sexuellen Wünsche und Auslebung selbst und autonom bestimmen darf und dementsprechend die Gelegenheit erhält, so zu leben, wie es für ihn oder sie als angemessen erscheint.

Anmerkungen

[1] Der Begriff Refraktärzeit beschreibt eine Phase sexueller Reizunempfindlichkeit. Während dieser Zeit ist keine Reaktion hinsichtlich sexueller Reize vorhanden und es kann zu keiner neuen Erektion oder einem weiteren Orgasmus kommen (vgl. VETTER 2007, S. 52).

[2] Der Begriff Voyeurismus stammt von dem französischen Wort voir (=sehen, schauen) ab. Der Voyeurismus beginnt ab dem Zeitpunkt, ab dem eine Person (Voyeur) andere Personen wohlüberlegt beim Nacktsein, Ausziehen oder beim Geschlechtsakt wiederholt beobachtet. Bei diesen Handlungen steht das Zusehen im Fokus der sexuellen Stimulation. Der Kontakt zu den beobachteten Personen wird generell nicht gesucht (vgl. FIEDLER 2004, S. 224).

[3] Exhibitionismus kommt vom Wort exhibere und beschreibt das Zeigen von Etwas. Beim Exhibitionismus steht das konkrete Zeigen und Präsentieren der einigen Genitalien der fremden Öffentlichkeit (vorwiegend Frauen und Kinder), um eine sexuelle Stimulation und Befriedigung zu erlangen im Zentrum der Bedürfnisbefriedigung. In manchen Fällen kommt es dazu, dass die Exhibitionisten direkt in der Öffentlichkeit masturbieren (vgl. FIEDLER 2004, S. 227 f.).

Literatur

BEIER, K./LOEWIT, K.: Partnerschaft und Sexualität im Alter. In: RAEM, A./ FENGER, H./KOLB, G./u. a. (Hg.): Handbuch Geriatrie. Lehrbuch für Praxis und Klinik. Düsseldorf 2005, S. 637-643.
FIEDLER, P.: Sexuelle Orientierung und sexuelle Abweichung. Heterosexualität – Homosexualität – Transgenderismus und Paraphilien – sexueller Missbrauch – sexuelle Gewalt. Weinheim/Basel 2004.
FRANK, M.: Sexualität im Alter – ein Tabu?. In: ÖSTERREICHISCHE PFLEGEZEITSCHRIFT 11/2004a, S. 18-22.
FRANK, M.: Sexualität im Alter – ein Tabu?. In: THÜR, G. (Hg.): Professionelle Altenpflege. Ein praxisorientiertes Handbuch. Wien 2004b, S. 79-95.
GROND, E.: Sexualität im Alter (K) ein Tabu in der Pflege. Hagen 2001.
HEUFT, G./KRUSE, A./RADEBOLD, H.: Lehrbuch der Gerontopsychosomatik und Alterspsychotherapie. München 2006.
HUBER, M./SIEGEL, S./WÄCHTER, C./u. a.: Autonomie im Alter. Leben und Altwerden im Pflegeheim – Wie Pflegende die Autonomie von alten und pflegebedürftigen Menschen fördern. Hannover 2005.
KIPP, J./JÜNGLING, G.: Einführung in die praktische Gerontopsychiatrie. Zum verstehenden Umgang mit alten Menschen. Aufl. München 2000.
MARESCH, M.: Erfolgreiches Alter(n) als Lebensaufgabe. Linz 2006.
O' DONOHUE, W.: The sexual behavior and problems of the elderly. In: CARSTENSEN, L./EDELSTEIN, B (Hg.): Handbook of clinical gerontology. New York/Oxford 1987, S. 66-75.
RINGEL, D.: Ekel in der Pflege – eine „gewaltige" Emotion. Frankfurt am Main 2000.
ROSENMAYR, L.: Die Kräfte des Alterns. Wien 1995.

SCHROETER, K./PRAHL, H.: Soziologisches Grundwissen für Altenhilfeberufe. Ein Lehrbuch für die Fach(hoch)schule. Weinheim 1999.
SCHWEPPE, C.: Alter und Sozialpädagogik. In: SCHWEPPE, C. (Hg.): Alter und Soziale Arbeit. Theoretische Zusammenhänge, Aufgaben- und Arbeitsfelder. Baltmannsweiler 2005, S. 32-46.
STANJEK, K.: Sozialwissenschaften. Altenpflege konkret. München 2001.
STOLZ, H.: Alte Liebe rostet nicht. Liebe, Sex und Partnerschaft im Alter. In: PFLEGE AKTUELL 1/2002, S. 16-19.
THIELE, G.: Soziale Arbeit mit alten Menschen. Grundlagenwissen für Studium und Praxis. Köln 2001.
VETTER, B.: Sexualität: Störungen, Abweichungen, Transsexualität. Stuttgart 2007.
VOGT, M.: Partnerschaft im Alter als neues Arbeitsfeld psychosozialer Beratung. Neue Aufgabenprofile der Ehe-, Familien- und Lebensberatungsstellen. Freiburg im Breisgau 2001.
ZANK, S.: Sexualität. In: WAHL, H./TESCH-RÖMER, C. (Hg.): Angewandte Gerontologie in Schlüsselbegriffen. Stuttgart 2000, S. 153-157.
ZEISS, A.: Sexuelle Dysfunktionen. In: MAERCKER, A. (Hg.): Alterspsychotherapie und klinische Gerontopsychologie. Berlin 2002, S. 195-227.

Josef Hörl

GEWALT GEGEN ÄLTERE MENSCHEN IN DER FAMILIE

1. Gewalt als gesellschaftliches Grundphänomen

Das Diktum Ossip FLECHTHEIMS (1972, S. 300) „Durch die Geschichte aller Hochkulturen und Gesellschaften zieht sich wie ein roter Faden die Gewaltanwendung hindurch..." lässt sich angesichts einer ununterbrochenen Abfolge von kriegerischen Auseinandersetzungen kaum bestreiten. Seine Feststellung gilt aber ebenso für den persönlichen Nahraum der Menschen. So wurde zum Beispiel über Jahrtausende hinweg die körperliche Züchtigung, wenn nicht sogar die Tötung von Kindern und Frauen als das selbstverständliche Recht des Familienoberhaupts angesehen (vgl. DE MAUSE 1980, GODENZI 1994).[1] Auch der Beziehung zu den eigenen Eltern wohnte die Neigung zu grobem Fehlverhalten wohl immer schon inne, wie beim Lesen der biblischen Vergeltungsdrohungen nachfühlbar wird: „Wer seinen Vater oder seine Mutter schlägt, der soll des Todes sterben" (2. Buch Moses, Kap. 21, Vers 15) oder „Wer seinem Vater oder seiner Mutter flucht, ist des Todes" (ebenda, Vers 17).

Freilich ist zuzugeben, dass in vielen modernen Weltgesellschaften ein Bewusstseinswandel eingetreten ist und die direkte körperliche Gewaltanwendung inzwischen als legitime Bestrafungsform oder Methode der Austragung von Streitigkeiten weitgehend verpönt ist, innerhalb und außerhalb von Verwandtschaft und Familie. Dieser Wandel drückt sich beispielsweise in der Ächtung der Folter aus. Trotzdem muss man der unangenehmen Tatsache ins Auge blicken, dass der Mensch ein ungeheures, nicht auf bestimmte Reize oder Ereignisse eingrenzbares und grundsätzlich stets abrufbares Aggressionspotenzial in sich trägt, eine Erkenntnis, die Heinrich POPITZ (1992, 50 f.) so umschreibt: „Der Mensch muss nie, kann aber immer gewaltsam handeln, er muss nie, kann aber immer töten – einzeln oder kollektiv – gemeinsam oder arbeitsteilig – in allen Situationen, kämpfend oder Feste feiernd – in verschiedenen Gemütszuständen, im Zorn, ohne Zorn, mit Lust, ohne Lust, schreiend oder schweigend (in Todesstille) – für alle denkbaren Zwecke – jedermann. Gewaltvorstellungen sind besonders obsessiv und durchdringend ... An irgendwelchen Bewusstseinsrändern scheint Gewalt permanent präsent zu sein. Sie kann ungerufen jederzeit vorstellungsgegenwärtig werden."

An die Oberfläche tritt die dunkle Seite des menschlichen Wesens namentlich beim Umgang mit den Schwachen in der Gesellschaft, bei den Kindern und den Frauen – die hohe Frequenz von Einrichtungen wie Kinderschutzzentren, Frauenhäuser, Opferhilfestellen usw. spricht hier eine unmissverständliche Sprache. Aber auch die alten Menschen, und zwar insbesondere dann, wenn sie krank und pflegebedürftig werden, zählen zu den verletzlichen Gesellschaftsmitgliedern. Dieser Umstand ist vielleicht noch nicht so stark ins öffentliche Bewusstsein eingedrungen, obgleich etwa in der Charta der Grundrechte der Europäischen Union ausdrücklich gesagt wird, dass die alten Menschen zu den gefährdeten und daher besonders zu schützenden gesellschaftlichen Gruppierungen gehören.[2]

Es wäre naiv, sähe man Misshandlungen, Missbräuche, Übergriffe in den verschiedensten Formen und sozialen Situationen bloß als Betriebsunfälle an, deren Vorkommen zwar bedauerlich, aber nicht bestimmend für das Menschentum sei und man muss sich davor hüten, die scheinbare Abwendung von der Gewaltanwendung vorschnell als eine ungetrübte Entwicklung zu mehr Humanität zu interpretieren.

Allerdings – die tragischen und gefährlichen Grenzsituationen, in welche Menschen geraten können, entsprechen sozusagen dem jeweiligen Stand der sozialen Entwicklung. Zur Illustration dieses Gedankens sei der folgende historische Vergleich über die Situation der Menschen am Lebensende gezogen: Aus den alten Bauerngesellschaften sind uns die bitteren Erfahrungen der alten, arbeitsunfähig gewordenen Knechte überliefert, die von einem Hof zum anderen weitergereicht wurden, dort für kurze Zeit spärlichste Verpflegung erhielten, nicht mit den anderen Haushaltsmitgliedern am gemeinsamen Tisch essen durften und ihren Schlafplatz in einer Ecke des Stalls zugewiesen bekamen (BORSCHEID 1992, S. 51 f.).

Es steht außer Zweifel, so eine Behandlung erschiene uns heute als in geradezu unglaublicher Weise unmenschlich.

Doch hat die Entwürdigung im Alter nicht auch ein modernes Gesicht? Wird nicht ein pflegebedürftiger und vielleicht demenzkranker Mensch, der zum Zwecke seiner Sicherung stundenlang ans Bett gefesselt wird und dem möglicherweise keine zureichende Behandlung seiner Druckgeschwüre zuteil wird, seine Existenz nicht wahrscheinlich ebenfalls als erbärmlich empfinden, obschon es ihm an Nahrung oder Zimmerwärme keineswegs mangeln mag?

2. Gewalt im Alter und soziale Situationen

Im Weiteren wird sich diese Abhandlung auf die Familienbeziehungen konzentrieren. Diese sind durch zwei Merkmale gekennzeichnet: es herrscht eine elementare Vertrauensbeziehung bzw. sollte eine solche herrschen und darüber hinaus gibt es zumeist langjährige Abhängigkeits- bzw. Austauschverhältnisse. Bei der Analyse von „Gewaltbeziehungen" muss diese besondere Qualität berücksichtigt werden.

Bevor darauf näher eingegangen wird, soll der Vollständigkeit halber nicht unerwähnt bleiben, dass es eine Reihe von weiteren sozialen Situationen gibt, in denen alte Menschen ebenfalls gefährdet sind.

Zunächst ist es die „gewöhnliche" Kriminalität, gekennzeichnet vor allem dadurch, dass es vor dem Delikt i.d.R. keine Täter-Opfer-Beziehung gibt. Nun zeigt zwar die Kriminalstatistik, dass ältere Menschen seltener als jüngere von kriminellen Handlungen betroffen sind (vgl. HÖRL 2008a), doch ist zu bedenken, dass die Folgen für alte Opfer besonders schwer wiegen, weil bei ihnen die Heilungsprozesse verzögert sind und eher Dauerschäden (z. B. nach Knochenbrüchen) zurückbleiben. Auch leiden sie nach Übergriffen mehr als jüngere Opfer unter ständiger Angst und Gefühlen der Missachtung und Erniedrigung und sind für sie die bei Raub oder Diebstahl entwendeten Gegenstände häufiger mit einem hohen Erinnerungs- und Gefühlswert verbunden.

Als weiterer Bereich sind die Institutionen der Altenhilfe (Heime und Krankenhäuser) zu nennen. Bei den dortigen Vorkommnissen stehen neben den eindeutig als Missbrauch zu qualifizierenden Handlungen psychischer (z. B. Beschimpfungen) und körperlicher (z. B. absichtlich schmerzhaft übertriebene Pflege) Art bzw. der pflegerischen Vernachlässigung die freiheitsbeschränkenden Maßnahmen im Mittelpunkt der Diskussion. Darunter fallen einerseits die Gaben von sedierenden Medikamenten und andererseits die Fixierungen von Patienten und Patientinnen durch Bettgitter, Bauchgurte, Fesselungen usw. Über die medizinisch-pflegerische Notwendigkeit und Nützlichkeit dieser Maßnahmen besteht in der Fachwelt Uneinigkeit, sie werden jedoch zunehmend skeptisch beurteilt (vgl. HAMERS/HUIZING 2005).

Ein eigenes Diskussionsfeld ist die sogenannte strukturelle Gewalt. Nach der Auffassung von Johan GALTUNG (1975) liegt diese dann vor, wenn Menschen in eine Lage geraten, in der ihre aktuelle somatische und geistige Verwirklichung geringer ist als ihre potenzielle Verwirklichung. Gewalt wird hier im Unterschied zwischen dem Potenziellen und dem Aktuellen gesehen, zwischen dem, was hätte sein können und dem was ist. Als Beispiel für strukturelle Gewalt kann der Fall angeführt werden, dass jemand im Pflegeheim aus organisatorischen Gründen gezwungen wird, mit fremden Menschen ein Mehrbettzimmer zu teilen.

Schließlich gibt es Phänomene kultureller und symbolischer Gewalt, welche insbesondere als „*ageism*" (BUTLER 1969) auftreten. Darunter wird verstanden die soziale Diskriminierung und negative Wahrnehmung des Alters und die damit zusammenhängende Stigmatisierung und das Verächtlichmachen einer ganzen Bevölkerungsgruppe, wie dies etwa häufig bei der Berichterstattung in den Medien der Fall ist (wenn beispielsweise der demographische Wandel polemisch und irreführend als „Vergreisung" oder „Überalterung" Europas bezeichnet wird).

3. Subjektive und objektive Gewaltdefinitionen

Jede wissenschaftliche Forschung ist selbstverständlich bestrebt, gültige und objektive – d. h. für andere Wissenschaftler und Wissenschaftlerinnen nachvollziehbare – Resultate zu erzielen. Zu den methodologischen Grundvoraussetzungen gehört die Verwendung möglichst präziser und plausibler Begriffsdefinitionen.

Freilich wird man bald mit der Erkenntnis konfrontiert, dass der Versuch, zu objektiven Erkenntnissen zu gelangen, in diesem sensiblen Bereich ein besonders schwieriges Unterfangen darstellt. Wenn man nämlich mit alten Menschen explorative Interviews oder andere Formen offener Gespräche führt, bei denen kein vorweg standardisiertes Fragenprogramm verwendet wird, stellt sich rasch heraus, dass deren subjektive Empfindungen und das, was als objektiv gesicherter Gewalttatbestand gelten kann, teilweise dramatisch auseinanderlaufen.

Einerseits ist es so, dass der von den alten Menschen subjektiv im gesellschaftlichen Alltag als „Gewalt" erlebte und berichtete Bereich wesentlich breiter und umfassender ist, als er in einer auf Objektivität und Begriffsklarheit bedachten, wissenschaftlichen Untersuchung sein kann. Auf der anderen Seite und im Gegensatz dazu werden in Bezug auf den persönlichen Nahraum bestimmte Gegebenheiten ausgeblendet und es ist äußerst schwierig, überhaupt konkrete und verlässliche Aussagen über Vorfälle in der eigenen Familie und Verwandtschaft zu erlangen.

Zunächst soll anhand einiger Beispiele demonstriert werden, wie alte Menschen ihren sozialen Status und ihre generelle Behandlung in der Gesellschaft wahrnehmen, wofür eine Analyse von Gruppendiskussionen als empirische Grundlage dient (vgl. HÖRL 2008c).

Es zeigt sich, dass die alten Menschen mit einer großen Selbstverständlichkeit davon ausgehen, im öffentlichen Raum diskriminiert zu werden, wozu auch der als schmerzlich empfundene Mangel an Respekt gezählt wird. Trivialereignisse, wie unachtsames oder unhöfliches Verhalten, z. B. jemandem den Sitzplatz im öffentlichen Verkehrsmittel nicht zu überlassen oder die Tür vor der Nase zuzuschlagen, werden als gewalthaft erlebt. Die älteren Menschen geraten nach eigener Wahrnehmung immer wieder in solche Situationen, in denen sie sich zutiefst missachtet, seelisch gröblich verletzt, ignoriert, der Verachtung preisgegeben fühlen. Es ist bemerkenswert, wie nachdrücklich sich die zahlreichen Unfreundlichkeiten, Lieblosigkeiten, kleinen Bosheiten einprägen, welche in einem fast endlosen Strom in unzähligen Variationen präsentiert werden. Zusätzlich hervorgehoben wird häufig die Geringschätzung, Infantilisierung und Stereotypisierung als „geistig zurückgeblieben" jener Menschen, die bloß nicht mehr im Vollbesitz ihrer körperlichen Kräfte sind. Sich gegen diese empfundene Alltagsgewalt zur Wehr setzen zu wollen wird in der Regel als vergebliche Anstrengung angesehen. Diese Gefühle werden manchmal auf konkrete, benennbare Personen oder Institutionen bezogen, viel häufiger jedoch als das mehr oder weniger diffuse Empfinden eines generellen „Unerwüscht-Seins" beschrieben. Dieser Zustand wird gleichsam als integraler Bestandteil der Sozialstruktur betrachtet, verursacht durch die Generationengegensätze und durch die modernen „westlichen" Entfremdungsphänomene, wie soziale Kälte, Genusssucht usw.

Die Extensivität des wahrgenommenen Gewalterlebens lässt sich wahrscheinlich zumindest teilweise dadurch erklären, dass in Ermangelung anderer Begriffe die Unzufriedenheit mit der gesellschaftlichen Entwicklung als Gewalt umgedeutet wird.

Die Auffassung scheint nicht unberechtigt zu sein, dass die geschilderten und teils überaus banalen Vorkommnisse keine Substanz aufweisen, die den Ansprüchen an eine objektive und möglichst präzise Gewaltdefinition gerecht wird. Ließe man solche ausufernden Definitionen zu, so führte das konsequenterweise dazu, die gesamte soziale Welt als permanent von manifester Gewalt durchzogen interpretieren zu müssen, was zweifellos einer differenzierten Sichtweise nicht gerecht würde.

Es ist mithin zusammenfassend festzuhalten, dass die subjektiven Gewaltkonstruktionen der älteren Menschen in Bezug auf den öffentlichen Raum sich in ihren Grundmustern doch erheblich von dem unterscheiden, was etwa im Zentrum der wissenschaftlichen Forschung zu diesem Thema steht. Bestimmte „Gewaltformen" laufen offensichtlich unter der Wahrnehmungsschwelle der jüngeren Mitmenschen ab. Wenngleich daraus nicht abgeleitet werden darf, dass präzise Begriffsdefinitionen verzichtbar wären, ist es doch eine Einsicht, die insbesondere für die helfenden und beratenden Berufe durchaus praxisrelevant sein wird.

In Bezug auf den persönlichen Nahraum von Familie und Verwandtschaft stellen sich Gewaltfrage und Gewaltdefinition hingegen aus subjektiver Sicht durchaus anders dar als in Bezug auf die Gesellschaft im Allgemeinen, worauf im Folgenden noch näher einzugehen sein wird.

4. Vielfalt der Dimensionen und Formen von Gewalt im persönlichen Nahraum

Zunächst sind die Gewaltdimensionen genauer zu benennen, denn die Phänomene des Missbrauchs und der Misshandlung treten in einer großen Bandbreite auf. Grundlegend ist zunächst die Unterscheidung zwischen Gewalt durch aktives Tun einerseits und durch unterlassene Handlungen andererseits, eine Differenzierung, die in dieser Form bei anderen Opfergruppen nicht immer sinnvoll vorzunehmen ist. Bereits aus dieser Aufstellung wird auch der später

noch näher zu diskutierende Umstand erkennbar, dass in vielen Fällen Gewalt in einem Zusammenhang mit Pflege und Betreuung steht.
Gewalt durch aktives Tun:
- körperliche Misshandlung: z. B. Schlagen; Stoßen; Festbinden an Möbelstücken; Verabreichung von überdosierten Medikamenten;
- sexueller Missbrauch: z. B. Vergewaltigung; Exhibitionismus;
- verbal-psychische Misshandlung: z. B. Beschimpfungen; Verunglimpfungen; Einschüchterungen; Drohungen; Ausdrücken von Verachtung;
- finanzielle Ausbeutung: Entwendung von Geld oder Vermögen; Unterbindung der Verfügungsmacht; Pressionen zur Eigentumsübertragung;
- Einschränkung des freien Willens: z. B. Abschiebung ins Heim; Zwang zu Verhaltensweisen, etwa zu einer bestimmten Bekleidung.

Vernachlässigung durch Unterlassung von Handlungen:
- passive Vernachlässigung: z. B. Mangelernährung; Zulassung von Dehydration oder der Entwicklung von Druckgeschwüren;
- aktive Vernachlässigung: z. B. keine Reinigung des Bettes; Verweigerung hinreichender Pflege, des Waschens, der Versorgung mit Essen;
- psychische Vernachlässigung: z. B. Alleinlassen, Isolierung; beharrliches Schweigen.

Zusätzlich ist noch die Selbstvernachlässigung (vielfach infolge einer demenziellen Erkrankung) zu berücksichtigen, welche im Extremfall zur Verwahrlosung führt. Freilich liegt auch dieser ein Versagen der sozialen Umgebung zu Grunde und liege es nur darin, dass Angehörige, Nachbarschaft und Behörden die Tatsache von (unfreiwillig) isoliert lebenden und dabei abgleitenden Menschen zulassen.

5. Wie häufig ist Gewalt gegen alte Menschen in der Familie?

Ein Überblick über die Häufigkeit von familialer Gewalt, gegliedert nach den einzelnen Missbrauchsformen, ergibt nach den vorliegenden Ergebnisse aus internationalen Surveys folgendes Bild (Tabelle 1), wobei nur solche Studien berücksichtigt wurden, die auf gesamtstaatlichen, repräsentativen Stichproben älterer Menschen in Privathaushalten beruhten und sich inhaltlich nicht nur auf einzelne Dimensionen beschränkten.[3)]
Augenscheinlich ist die sehr große Spannweite in den empirischen Daten. Zurückzuführen sind diese Diskrepanzen nicht nur auf länder- bzw. kulturspezifische Verhaltensdifferenzen und die Tatsache, dass sich die Erhebungszeitpunkte über nahezu zwei Jahrzehnte erstrecken, sondern vermutlich zumindest ebenso auf unterschiedliche Strategien in den methodischen Designs der Studien. Das betrifft die Definition von Gewalt, die Bestimmung der Grundgesamtheit (welche Altersabgrenzungen werden verwendet, sind chronisch

Tab. 1: Prävalenz* von Missbrauch an älteren Menschen in der Familie (in %)

	Körperlich	Verbal-psychisch	Finanziell	Vernachlässigung
Australien (KURRLE u. a. 1992)	2,1	2,5	1,1	1,4
Deutschland (WETZELS/ GREVE 1996)	3,4	0,8	1,3	2,7
Israel (EISIKOVITS u. a. 2004)	2,0	8,0	6,6	18,0
Kanada (PODNIEKS 1992)	0,5	1,4	2,5	0,4
Spanien (IBORRA 2008)	0,2	0,3	0,2	0,3
Vereinigte Staaten (LAUMANN u. a. 2008)	0,2	9,0	3,5	k. A.
Vereinigtes Königreich (O'KEEFFE u. a. 2007)	0,4	0,4	0,7	1,1

* Vorkommen des Ereignisses der Gewaltanwendung innerhalb eines Zeitraums von 12 Monaten vor der Erhebung (Befragung).

bzw. demenziell Erkrankte enthalten usw.) und deren Ausschöpfungsrate, die Versuche, das Dunkelfeld aufzuhellen[4] und natürlich die operationelle Gestaltung des Fragebogeninstruments selbst.
Besonders auffällig ist die niedrige spanische Prävalenzrate von insgesamt nur rund 1%, was darauf zurückgeführt wird, dass in Spanien die alten Menschen darauf bedacht sind, den Eindruck von Familienharmonie (convivencia) unter allen Umständen nach außen hin aufrecht zu halten; diese Erklärung wird durch den Umstand gestützt, dass sich unter den ebenfalls befragten Familienangehörigen nach deren eigenen Angaben ein weitaus höherer Anteil von Gewalt Anwendenden befindet (vgl. IBORRA 2008, S. 46). Auf der anderen Seite finden wir in Israel extrem hohe Raten, insbesondere bei der Vernachlässigung mit 18%, was mit hoher Wahrscheinlichkeit auf entsprechend breit formulierte Fragestellungen zurückzuführen ist.
Aus den in Tabelle 1 referierten Studien sowie auf Basis der Übersichtsarbeit von COOPER u. a. (2008) – welche 49 Untersuchungen einschließt, die zum Teil freilich nur für spezielle Gruppen, wie Demenzkranke und/oder für nichtfamiliale Missbrauchsformen Gültigkeit beanspruchen bzw. sich auf kleinere oder regionale Stichproben beschränken und von denen manche auf der Befragung von pflegenden Angehörigen oder professionellen Helferinnen beruhen – lässt sich eine Reihe von Schlussfolgerungen ziehen:
Zwar sind aus den genannten Gründen die Ergebnisse nur bedingt vergleichbar und es gibt Ausreißer nach unten und nach oben, doch wird man mit aller

Vorsicht und unter Verwendung einer eher engen operationellen Definition von „Gewalt" sagen können, dass in den westlichen Industriestaaten insgesamt zwischen mindestens 1% und höchstens 10% aller alten Menschen (definiert als 65- und Mehrjährige) innerhalb eines Jahres ein oder mehrere Missbrauchserlebnisse in der Familie haben, wobei der wahrscheinlichste Wert zwischen 4% und 6% liegen dürfte.

Dieser vielleicht als relativ niedrig erscheinende Wert vergrößert sich erheblich, wenn man bestimmte Subpopulationen ins Auge fasst. In Bezug auf die Gruppe der betreuungsbedürftigen alten Menschen resümieren COOPER u. a. (2008, S. 158), dass fast ein Viertel psychisch missbraucht und ein Fünftel vernachlässigt wird. Umgekehrt sagt mehr als ein Drittel der pflegenden Angehörigen von sich selbst, dass sie schon Gewalt angewendet hätten. Unstrittig ist weiters, dass demenziell erkrankte Menschen einem besonders erhöhten Gewaltrisiko ausgesetzt sind.

Insgesamt dürften die rein körperlichen Misshandlungen (die vielfach im Mittelpunkt des Interesses der auf Sensationsberichterstattung ausgerichteten Medien stehen) weniger häufig sein als andere Formen, wie verbale Aggressionen, beispielsweise Drohungen (etwa mit dem Abschieben in ein Heim) oder auch die Vernachlässigung (z. B. Mangelernährung oder auch die totale Isolierung) und die finanzielle Ausbeutung.

Ebenfalls einigermaßen sicher ist, dass Frauen eher Opfer von verbalen Aggressionen und Vernachlässigung werden und Männer eher Opfer in materieller Hinsicht. Bei den verübten Tatbeständen neigen Frauen eher zu psychischen, Männer eher zu körperlichen Misshandlungen.

Bei Betrachtung der verwandtschaftlichen Beziehungen ergibt sich, dass einerseits Ehepartner/Ehepartnerinnen und andererseits Kinder (einschließlich Enkelkindern) etwa gleich häufig als Verursacher in Erscheinung treten; es gibt Hinweise, dass Geschwister eine unterschätzte Rolle spielen, insbesondere bei der finanziellen Ausbeutung.

Schließlich ist es so, dass die überwiegende Zahl der Täter und Täterinnen mit dem Opfer zusammenlebt. Zu einem guten Teil hängt das Zusammenwohnen mit der Notwendigkeit von Pflege zusammen, woraus – wie bereits betont – unter bestimmten Umständen Gewalt erwachsen kann. Darauf wird noch zurückzukommen sein.

6. Risikokonstellationen für Gewalt in der Familie

Es gibt in der Familie drei Konstellationen – die durchaus kumulativ auftreten können –, von denen man aufgrund der vorliegenden wissenschaftlichen Evidenz behaupten kann, dass sie Misshandlung, Missbrauch, Vernachlässigung von alten Menschen begünstigen: zwangsweise Abhängigkeiten, eine ungünstige familienbiographische Vorgeschichte, Verwahrlosungsphänomene.

6.1 Abhängigkeitsverhältnisse

Das wohlfahrtsstaatliche System und die günstige ökonomische Entwicklung haben dazu geführt, dass die älteren Menschen heute finanziell weitgehend unabhängig von ihren Nachkommen sind und auch das erzwungene engste Zusammenleben wegen Wohnraummangels eher der Vergangenheit angehört. Grundsätzlich werden dadurch familiale Konflikte abgeschwächt und die Solidarität gestärkt (vgl. KOHLI/KÜNEMUND 2000). Neue Konflikte können allenfalls dadurch entstehen, dass Vermögen und Besitz alter Menschen zukünftig noch stärker zur Finanzierung der von ihnen in Anspruch genommenen Betreuungsleistungen durch professionelle Dienste herangezogen werden wird, wodurch die Möglichkeiten von Geldzuwendungen an die Nachkommen und letztlich das Erbe geschmälert würden.
Der wichtigste Fall von Abhängigkeit im Alter tritt heute dann ein, wenn Menschen pflegebedürftig werden.

6.1.1 Pflege und Betreuung

Zunächst ist auf die bekannte Tatsache hinzuweisen, dass die Betreuung und die Pflege von erwachsenen Angehörigen durchaus nicht selten sind. Nach den Ergebnissen des Mikrozensus ist im Alter zwischen 45 und 79 Jahren in Österreich jede zehnte Person dauernd informell pflegend oder betreuend tätig, selbst unter den 80- und Mehrjährigen gibt es noch eine substanzielle Zahl von betreuenden Personen. Insgesamt pflegen zwei Drittel die Eltern oder einen Elternteil bzw. die Schwiegereltern, ein Drittel pflegt jemanden aus der gleichen Generation, zumeist den Partner bzw. die Partnerin, seltener Geschwister. Rund drei Viertel der Pflegenden sind weiblich (vgl. HÖRL 2008b).
Von der Motivationsseite her wird die Pflege der eigenen Angehörigen grundsätzlich nach wie vor als eine selbstverständliche Verpflichtung innerhalb der Familie angesehen und nicht von vornherein eine Auslagerung an externe Dienstleistungssysteme als selbstverständlich angesehen. Gleichwohl gibt es für die Übernahme bzw. die Aufrechterhaltung von Betreuungsaufgaben fördernde und hemmende Faktoren. Stichwortartig sind als *fördernde Faktoren* zu nennen: Liebe und affektive Zuwendung, Lebensaufgabe, Gefühle der Dankbarkeit, Verantwortlichkeitsnormen, soziale Kontrolle, materielle Anreize; die wichtigsten *hemmenden Faktoren* sind: hohe Belastungs- und Überlastungsgefühle, eigenständige Frauenerwerbstätigkeit, Freizeit-, Konsum-, Mobilitätsansprüche, „postmoderne" Werte.
In Pflegesituationen bilden diese widerstrebenden Faktoren den Hintergrund für ein hohes Maß an Ambivalenz, was sozusagen den Boden für Gewalt aufbereitet, wenngleich immer zu betonen ist, dass sie letztlich nur in seltenen Fällen manifest wird. Es ist außerdem erwiesen, dass bei der Pflege von rein

körperlich behinderten alten Menschen das Gefahrenpotenzial ungleich niedriger ist als bei der Pflege von Demenzkranken, weil diese weitaus häufiger aggressive und widersprüchlich-sprunghafte Verhaltensformen zeigen und auch die seelisch-nervliche Belastung der Angehörigen aufgrund des demenziellen Krankheitsbilds viel gravierender ist (vgl. LACHS/PILLEMER 2004, S. 1265).

Die ursprünglichen Formulierungen, welche Gewaltentstehung in diesem Zusammenhang zu erklären suchen, stammen von Susan STEINMETZ (1988, 1993) und sind als „Caregiver-overload"-These bekannt geworden.

Demnach gehen Pflegebeziehungen mit einer Vielzahl an Anforderungen und Frustrationen einher und die Wahrscheinlichkeit von Misshandlung bzw. Vernachlässigung nimmt mit dem Ausmaß der Pflegebelastung zu. Der Ursprung von Überforderung liegt häufig in der Diskrepanz zwischen den Erwartungen und der Realität. Viele Pflegende erwarten am Anfang, die Kontrolle über die Pflege zu behalten. Diese Erwartung wird jedoch oft enttäuscht, weil die zeitlichen und die seelisch-emotionalen Anforderungen unterschätzt werden. Die Anwendung von Gewalt ist dann primär eine Reaktion auf die entstandene Stresssituation, die gleichzeitig als unfair und unentrinnbar wahrgenommen wird.

Zudem kann das Schwanken zwischen der Sorge um den Angehörigen und dem Gefühl des Selbst-zu-kurz-Kommens in unheilvoller Weise Schuldgefühle hervorrufen, die vom alten Menschen leicht verstärkt werden können, man denke nur an den Vorwurf: „Ihr wollt mich ja doch ins Heim abschieben." Die Vermeidung des Vorwurfs, den alten Angehörigen „abgeschoben" zu haben, ist ein häufiges Motiv zur Fortsetzung der Pflege. Schuldgefühle können die Pflegenden in tiefe emotionale Abhängigkeiten verstricken, die in Grenzsituationen zur Gewaltanwendung führen können, was wiederum Schuldgefühle auslöst und die Lage letztlich als hoffnungslos erscheinen lässt. Verschärfend wirken wechselseitige Abhängigkeitsverhältnisse. Wenn z. B. eine Tochter von ihrer pflegebedürftigen Mutter finanziell abhängig ist und sich daraus ein bitteres Gefühl der Unfreiheit entwickelt, so ist bei der gleichzeitigen Verpflichtung zur Pflege die Wahrscheinlichkeit nicht gering, dass sie sich auf „kompensierende" Weise gewalttätig verhält.

Unter den konkreten Stressfaktoren sind insbesondere folgende zu nennen, wobei allerdings stets das erlebte Belastungsgefühl der entscheidende Anstoß für eine Gewaltentwicklung ist und nicht so sehr das objektive Belastungsausmaß:

- Mehrarbeit (besonders ästhetisch unangenehme Arbeiten und die damit zusammenhängende seelische Belastung, z. B. bei Inkontinenz);
- Verzichte in der Lebensqualität (z. B. mangelnde Freizeit, kein Urlaub);
- Omnipräsenz der Pflegebedürftigen bzw. Abhängigkeit von deren Aktivi-

tätsrhythmus (die Angebundenheit im Haushalt, keine Privatheit, dauernder Schlafentzug);
- Kommunikationsschwierigkeiten (wenn beispielsweise aufgrund von Schwerhörigkeit Gespräche nur mehr unter größten Schwierigkeiten möglich sind);
- Widersprüchliche, nörgelnde, sprunghafte und aggressive Verhaltensweisen des alten Menschen, die zwar Krankheitssymptome sind, aber dennoch schwer erträglich;
- Leiden und Hoffnungslosigkeit angesichts des hilflosen Erlebens von Krankheit und kommendem Tod, trotz des erheblichen persönlichen Einsatzes.

Festzuhalten ist, dass das Bild eines eindeutigen Täter-Opfer-Antagonismus die Situation in Familien mit pflegebedürftigen alten Menschen nur sehr unzureichend trifft. Es zeigen so gut wie alle Untersuchungen, dass sich die Mehrzahl der pflegenden Angehörigen, welche Gewalt anwenden, letzten Endes ausweglos überfordert fühlt. Insofern sind die Täter und Täterinnen gleichzeitig Opfer ihrer Überforderungssituation, was sich auch darin zeigt, dass sie überdurchschnittlich häufig von Depressionen, psychosomatischen Beschwerden und Alkoholmissbrauch betroffen sind (vgl. LACHS/PILLEMER 2004).

6.2 Familienbiographische Vorgeschichte

In vielen Fällen hat Gewalt im Alter eine lange Vorgeschichte, die in die frühen und mittleren Lebensjahre zurückreicht. Die Beziehungen zwischen den erwachsenen Kindern und ihren Eltern und Schwiegereltern sind mehr als jede andere soziale Beziehung durch die gesamte Biographie geprägt. So wird ein Familienstil, der schon immer durch Aggressionen gekennzeichnet war, vermutlich im Alter weitergeführt werden.
Es ist auch der Fall denkbar, dass nicht thematisierte und lange schwelende Konflikte zwischen Eltern und Kindern durch verschiedene Belastungen und durch die Umkehrung der Macht- und Abhängigkeitsverhältnisse aktualisiert werden und zum Ausbruch kommen. Die Formen der Unterwerfung können sich freilich wandeln. Beispielsweise kann sich die Familiendominanz umkehren, etwa zugunsten einer Schwiegertochter, die von ihrer Schwiegermutter über viele Jahre gedemütigt worden war. Die Schwiegertochter kann später an der (nunmehr vielleicht hilfebedürftigen) Schwiegermutter für die erlittenen Beleidigungen und Erniedrigungen mehr oder weniger subtile Vergeltung üben.
Aber nicht nur die intergenerationelle Gewalt, sondern auch jene zwischen den Ehepartnern im Alter muss selbstverständlich vor dem Hintergrund einer

Fortführung von wahrscheinlich lang bestehenden problematischen Beziehungen interpretiert werden. Man schätzt, dass in rund 5% aller alten Ehen körperliche Gewalt eine Rolle spielt (vgl. COOPER u. a. 2008, S. 158). Hier kann es durchaus ebenfalls zu Umkehrungen in der Machtbalance kommen, wenn etwa der autoritäre Ehemann nicht mehr in der Lage ist, seine Ansprüche mit physischer Gewalt durchzusetzen.

Die Tatsache der langfristigen Nachwirkung von biographischen Ereignissen im familialen Kontext hat die Idee eines möglichen „intergenerationellen Gewaltkreislauf" entstehen lassen, wo – in Analogie zum Erklärungsmodell für die Entstehung von Kindesmisshandlungen – angenommen wird, dass erwachsene Kinder, die ihre alten Eltern misshandeln, früher selbst von diesen misshandelt worden waren. Allerdings besteht insofern ein wesentlicher Unterschied, dass die Übergriffe des erwachsenen Kindes – im Gegensatz zur Misshandlung von Kindern – gegen den ehemaligen Aggressor gerichtet sind, also – wie oben bereits erwähnt – eine Umkehrung der Macht- und Gewaltverhältnisse stattfindet, d. h. Vergeltung wie auch Imitation von Verhalten eine Rolle spielen. Insgesamt erscheint die empirische Basis bisher nicht ausreichend, um die Gewaltkreislauf-These für das höhere Alter als verifiziert ansehen zu können (BERGSTERMANN/CARELL 1998).

6.3 Problemfamilien

Eine abweichende Ausgangslage finden wir bei den sogenannten „Problemfamilien" mit Verwahrlosungstendenzen vor, wo – bisweilen über alle Generationen hinweg – der gewohnheitsmäßige Missbrauch von Alkohol, Tabletten oder Suchtgift vielfach der entscheidende Faktor ist. Alkoholmissbrauch und körperliche Misshandlungen sind eng verbundene Phänomene. Für einen Suchtkranken kann die Pension des alten Angehörigen die wichtigste permanente Geldquelle sein. Ebenso problematisch sind jene Fälle, in denen Beschäftigungslose ohne Erwerbschance und/oder Erwerbsabsicht von den finanziellen Ressourcen des alten Menschen partizipieren, den sie gleichzeitig vernachlässigen. In solchen Situationen vereinen sich häufig finanzielle Ausbeutung, Drohungen, soziale Isolierung und direkte physische Gewalt.

Die allenfalls verständigten Sozialdienste können oft nur aufklärend oder durch das Angebot von Hilfen wirken; eine juristische Folge – sei es eine polizeiliche Verfolgung oder gar ein Gerichtsverfahren – ist nur in extremen Fällen zu beobachten.

Dieser Erklärungsstrang wird in der „Problem-relative"-These (vgl. PILLEMER/FINKELHOR 1989) zusammengefasst, der zufolge verhaltensgestörte und deviante Angehörige, die außerdem häufig vom alten Menschen in finanzieller und/oder sonstiger Hinsicht abhängig sind, ihre aggressiven Handlungstendenzen eben auch in der Pflegebeziehung ausleben.

7. Gefühlsdynamik als zentrales Merkmal von Familienbeziehungen

Wie immer Familienbeziehungen konkret ausgestaltet sein mögen, stets ein wichtiges, wenn nicht das herausragende Merkmal ist ihre besondere Gefühlsdynamik. Diese hat auch für den Fall von Gewaltbeziehungen schwerwiegende Konsequenzen, welche in dieser Form bei kriminellen Handlungen oder auch bei Übergriffen in Institutionen nicht auftreten.

Erneut wird hier das Problem der Subjektivität der Wahrnehmung und Definition von Gewalt berührt. Während jedoch in Bezug auf die Stellung der alten Menschen in der Gesellschaft im Allgemeinen Gewalt subjektiv extensiv ausgelegt wird, ist im Familienzusammenhang das Verständnis ein anderes. Jeder Mensch bewertet die Beziehungen zu seinen Familienmitgliedern keineswegs ausschließlich nach den vorgegebenen (Rechts-)Normen, sondern es herrschen private Standards und Verständnisweisen vor, die sowohl von den sozialen und allenfalls auch ethnischen Milieus als auch von der jeweiligen besonderen Familiengeschichte beeinflusst sind. Darüber hinaus gilt das Familienleben nachgerade als das Sinnbild für eine selbstbestimmte Sphäre, in die Außenstehende keinen Einblick haben und schon gar nicht eingreifen dürfen.

Das Streben nach Privatautonomie führt zusammen mit der Gefühlsdynamik und der Bedeutung der Familiengeschichte dazu, dass sowohl die Untersuchung von als auch die Hilfestellung bei vermuteter Gewalt im persönlichen Nahbereich besonders schwierig sind. Es gibt fließende Grenzen zwischen „Normalität" und Gewalt, und die Widersprüche zwischen den objektiven Urteilen – soweit diese überhaupt möglich sind – und den subjektiven Bewertungen der Beteiligten sind schwer aufzulösen.

Deshalb ist die Frage nach der Überschreitung der Gewaltschwelle oftmals heikel, wie an Beispielen gezeigt werden kann: Wo ist die Grenze zu ziehen zwischen gern gegebenen großzügigen finanziellen Gaben der Großmutter an die Kinder und Enkel und den Fällen ihrer eindeutigen finanziellen Ausbeutung durch die Angehörigen? Ist die Drohung von erwachsenen Kindern gegenüber ihrem alternden Vater, die Kommunikation mit ihm abzubrechen, wenn er sich gegen ihren Willen an eine neue Lebenspartnerin bindet, nur als banale Familiendiskussion zu qualifizieren oder bereits terroristische Erpressung? Ist es eine verständliche wenn nicht sogar verpflichtende Pflegehandlung oder bereits Missbrauch, wenn der mental eingeschränkten Pflegebedürftigen ärztlich verschriebene Tabletten trotz Gegenwehr in den Mund geschoben werden? Darf eine Tochter ihren unter der Alzheimer-Krankheit leidenden Vater legitimer Weise für ein paar Stunden in der gemeinsamen Wohnung einsperren, um ein bisschen Distanz zu gewinnen, oder übt sie Gewalt aus und macht sich vielleicht sogar strafbar?

Fraglos wird es in diesen und ähnlich gelagerten Fällen zu Diskrepanzen zwischen objektiver und subjektiver Beurteilung kommen, so dass vom sogenannten „unwissenden Opfer" bzw. vom „unwissenden Täter" und der „unwissenden Täterin" gesprochen werden kann. Wenn für die Negativität einer Handlung kein Bewusstsein besteht, dann wird es schwierig, erfolgreich Hilfe anzubieten, und die allfällige Androhung von Strafmaßnahmen wird auf völliges Unverständnis stoßen.

Während auf der einen Seite reale Gewalt ausgeblendet wird, ist auf der anderen Seite zu sehen, dass scheinbar triviale Anlässe schwerwiegende Folgen haben können. Zur Illustration möge folgendes Beispiel dienen: Es ist in der Literatur unumstritten, dass Haustiere für ältere Menschen einen besonders hohen Stellenwert als Gefährten und Bestandteil des sozialen Netzwerks einnehmen und sie zu ihnen eine starke emotionale Bindung haben (BMFSFJ 2002, S. 216 ff.); wenn nun der durchaus nicht realitätsferne Fall eintritt, dass ein Geld fordernder Angehöriger dies mit der Drohung verbindet, bei Nichterfüllung seines Wunsches dem geliebten Haustier des alten Menschen (sei es Hund, Katze oder Wellensittich) etwas anzutun, so wird man zweifellos auch aus objektiver Sicht von Gewaltausübung sprechen können. Freilich wird die Ahndung der erpresserischen Drohung bzw. die tatsächliche Quälerei oder die Tötung des Tieres rein juristisch gesehen ein bestimmtes Strafausmaß nicht überschreiten können, sofern die Angelegenheit überhaupt nach außen offenbar wird. Das heißt, die objektive Beurteilung des Falles wird der vom alten Menschen empfundenen Katastrophe in keiner Weise gerecht werden können.

Ungeachtet oder gerade wegen dieser schwierigen Ausgangslage kann es keinem Zweifel unterliegen, dass die Analyse der Dyade von Gewalt ausübender bzw. erleidender Person eine wichtige Forschungsaufgabe ist, wobei die Erfassung der wechselseitigen Sinnzusammenhänge das wesentliche theoretische und methodologische Problem darstellt. Es ist weder ausreichend, die Handlungen des „Täters" oder der „Täterin" zu verstehen, noch ausreichend, sich in die Welt des „Opfers" zu versetzen, sondern es ist eben die Reziprozität der Sinnorientierungen zu berücksichtigen.

7.1 Familienbeziehungen im Dunkelfeld

Durch das Zusammenwirken von Wahrnehmungsmängeln und -diskrepanzen und den Vorstellungen der unbedingt zu wahrenden Selbstbestimmung im Familienkreis wird ein kaum zu durchdringendes Dunkelfeld erzeugt. Die Bestrebungen nach informeller Konfliktregelung sind bei engen sozialen Bindungen und/oder voneinander Abhängigen extrem stark und es ist schwierig bis unmöglich, verwerfliche Handlungen öffentlich zu machen und sie anzuklagen. Es gibt immer wieder Fälle, in denen die Opfer als Zeugen ausfallen, weil sie trotz eindeutiger Faktenlage ihren Opferstatus bis zuletzt konsequent

abstreiten oder nicht hinreichend klar artikulieren können. Die emotionalen Bindungen vermögen jede andere Reaktion zu überwältigen.
Infolge von Gefühlen der Scham seitens der Opfer, nicht zuletzt deswegen, weil man z. B. als Elternteil oder Ehepartner versagt hat, werden Probleme verdeckt, verdrängt und/oder geleugnet. Privatsphäre bedeutet auch weitgehende Zugangskontrolle bzw. Verweigerung des Zugangs durch den/die Täter/in und oft auch durch den alten Menschen selbst. So kann der Missbrauch alter Menschen, die oft zurückgezogen leben und grundsätzlich als erwachsene und mündige Bürger in ihrer Eigenverantwortlichkeit respektiert werden müssen, jahrelang oder sogar bis zu ihrem Tode unentdeckt bleiben.
Es darf vermutet werden, dass wegen der Dunkelfeldproblematik die Opfergruppe „alte Menschen" insgesamt unterschätzt und zumindest teilweise auch aus dem Selbstverständnis von an sich zuständigen Institutionen (z. B. Sozialämter, Polizei) ausgeblendet wird.
Es gibt in Bezug auf das Dunkelfeld natürlich bestimmte Parallelitäten zu den beiden anderen wichtigen Opfergruppen in der Familie, den Frauen und Kindern. Allerdings ist die Wahrscheinlichkeit, dass Misshandlungen an alten Menschen aufgedeckt werden, noch geringer als etwa bei der Kindesmisshandlung. Anders als alte Menschen geraten Kinder nämlich üblicherweise in absehbarer Zeit ins Blickfeld einer pädagogischen Institution – z. B. der Impfstelle, des Kindergartens, spätestens aber der Schule. Die Chance ist hoch, dass einer dort tätigen Person die Spuren oder die psychischen Auswirkungen von Misshandlungen auffallen. Darüber hinaus lösen alte Menschen bei Beobachtern keine unmittelbar emotional wirksamen Erschütterungen und Schutzreaktionen im Sinne des „Kindchenschemas" aus. Schließlich erhält die Aufdeckung von Fällen von Kindesmisshandlung quantitativ und qualitativ mehr mediale Aufmerksamkeit als entsprechende Fälle von Altenmisshandlung.

7.2 „Nebenfolgen" der Opferwerdung

Eine nicht immer gebührend in den Blick genommene Tatsache sind die gravierenden „Nebenfolgen" einer Opferwerdung des alten Menschen, die als schlimmer empfunden werden können als die Tat selbst. Der alte Mensch als Opfer will häufig schwerwiegende Nachteile für den Täter oder die Täterin vermeiden, weil er deren Zuwendung trotz allem nicht verlieren will und weil er mit ihr oft auch ökonomisch (z. B. durch einen gemeinsamen Haushalt) eng verbunden ist. Wird die Gewalt ausübende Person „entdeckt", dann ist damit der Fortbestand der bisherigen Beziehung gefährdet und es kann der Verlust der sozialen Unterstützung und der Betreuung durch diese Person eintreten. Deswegen bleibt das Opfer stumm, wobei natürlich auch Zwang oder Nötigung bzw. die Furcht vor Revancheakten und Repressalien durch den Täter eine Rolle spielen können.

Die Gewalt Ausübenden sitzen so am längeren Ast, denn den missbrauchten alten Menschen stünden als wenig verlockende Alternativen nur die soziale Isolation oder der Heimeintritt zur Verfügung. Konsequenterweise wählen viele Opfer daher nicht den Weg, Hilfe von außen zu suchen, sondern sie wirken nicht selten sogar mit bei der Leugnung und der Verschleierung der an ihnen begangenen Taten. Insofern gehen manche Bestimmungen des derzeitigen Gewaltschutzgesetzes (insbesondere die Wegweisung und das Betretungsverbot nach § 38a des Sicherheitspolizeigesetzes) an der Lebensrealität von alten Opfern vorbei und werden in der Praxis auch kaum angewendet.

8. Beratung und Hilfe bei Gewalt im Alter

8.1 Empirische Ergebnisse zur Situation in Österreich

In Österreich existiert – im Gegensatz zu anderen Ländern (u. a. Deutschland, England, Finnland, Frankreich, Irland, den Niederlanden, der Tschechischen Republik, den Vereinigten Staaten) – keine auf alte Menschen spezialisierte Opferberatung. Es gibt jedoch eine beträchtliche Anzahl von Notrufen, Beschwerde- und Interventionsstellen, allgemeinen Gewaltschutzzentren bzw. Einrichtungen zur psycho-sozialen Krisenbekämpfung. Es wäre gewiss wünschenswert, entweder eine eigene Einrichtung gegen Gewalt im Alter zu schaffen oder die Aktivitäten der bestehenden Stellen zu koordinieren. Der Sensibilisierungsgrad zu dieser Problematik ist bei den vorhandenen Einrichtungen durchaus unterschiedlich ausgeprägt.

Um das Wissen über den gegenwärtigen Stand der Beratungs- und Hilfesituation zur Gewalt im Alter auf eine gesicherte Basis zu stellen, wurde auf Initiative des Bundesministeriums für Arbeit, Soziales und Konsumentenschutz in allen österreichischen Bundesländern eine empirische Untersuchung durchgeführt, um Aufschluss darüber zu erhalten, in welchem Ausmaß und auf welchen Gebieten jetzt schon von Organisationen und Institutionen entsprechende Erfahrungen gesammelt worden sind. Unter den insgesamt 247 Befragten befanden sich Vertreter und Vertreterinnen eines weiten Kreises von Einrichtungen, wobei nicht nur solche einbezogen wurden, die sich explizit mit Gewalt und Missbrauch oder mit Seniorenberatung beschäftigen. Die Stichprobe umfasste Expertinnen und Experten in Behörden und Ämtern, Familien- und Frauenberatungsstellen, Selbsthilfegruppen, Opferberatungsstellen, Wohlfahrtsorganisationen, Beschwerdestellen, Interessensvertretungen und medizinischen Einrichtungen (vgl. HÖRL 2009).

Wenn man zwischen jenen vier sozialen Situationen unterscheidet, in denen Gewalthandlungen und Übergriffe gegen ältere Menschen auftreten und ein Beratungs- und Hilfebedarf erzeugt werden kann – nämlich der Kriminalität (durch fremde Personen), den Institutionen der Heilung und Pflege (Heime und Krankenhäuser), dem privaten Nahbereich von Familie und Nachbarschaft, sowie dem öffentliche Raum (z. B. Ämter, Verkehrsmittel, Massenmedien) – so zeigt sich, dass die weitaus meisten Beschwerden, Klagen, Missstände und negativen Erfahrungen aus dem privaten Nahbereich von Familie und Nachbarschaft stammen. Diese bilden mehr als doppelt so oft den Beratungshintergrund als Vorkommnisse in den Institutionen[5] bzw. in der Öffentlichkeit; am seltensten ist die Befassung mit den Folgen krimineller Handlungen (meist im Zusammenhang mit finanzieller Übervorteilung und Betrug).

Wenngleich vom Vorhandensein eines bestimmten Ausmaßes an entsprechenden Informations-, Beratungs- und Hilfeleistungen nicht direkt auf die Prävalenz von Missbrauch und Gewalt geschlossen werden darf, so ist das Ergebnis doch plausibel, dass der persönliche Nahbereich die relativ größte Gefahr einer Opferwerdung von älteren Menschen in sich birgt (wie das im Übrigen auch bei der Gewalt gegen Frauen und Kinder der Fall ist.) Nur jede zehnte befragte Stelle ist mit Vorkommnissen aus dem Familienbereich überhaupt nicht befasst. Im Einzelnen am häufigsten angeführt werden Probleme in Bezug auf die finanzielle Ausbeutung, fast ebenso oft kommen grobe Beschimpfungen und Drohungen vor, gefolgt von Missständen im Sinne von Verwahrlosung.

Auf einer anderen Ebene liegend (weil nicht notwendigerweise mit Gewalt verbunden), sind die Beratungs- und Hilfeleistungen für pflegende Angehörige bei nicht bewältigtem Stress und Überforderung. Mit dieser Aufgabe sehen sich 85% der befragten Einrichtungen konfrontiert, die Hälfte davon sogar sehr häufig.

Eine große Mehrheit der Befragten gibt an, dass bei Problemen im privaten Nahbereich (aber auch in den Institutionen) eine gewisse „Mitbeteiligung" der älteren Menschen (etwa in Form von aggressivem Verhalten) zu beobachten ist, wenn es zu negativen Erscheinungen kommt. Obwohl zu betonen ist, dass damit selbstverständlich keine Schuldzuweisung verbunden sein darf, zeigt dieses Ergebnis doch sehr deutlich, dass der Problemkreis von familialer Gewalt stets in seinen systemischen Wechselwirkungen zu betrachten ist und die Annahme einer schlichten Täter-Opfer-Konstellation nicht zutrifft. Ebenfalls sehr häufig wird (speziell von medizinischen Einrichtungen) angegeben, dass viele Klagen übertrieben werden, was wiederum auf die bereits ausführlich diskutierte Diskrepanz zwischen subjektiven und objektiven Beurteilungen verweist.

Insgesamt zeigen die empirischen Ergebnisse, dass die Konstellationen, in denen Missstände, Misshandlungen, Aggressionen und Übergriffe gegen ältere Menschen auftreten und zur Sprache gebracht werden, höchst unterschiedlich strukturiert sind und die Orte und Formen der Gewalterfahrungen sich doch sehr stark von denen jüngerer Menschen unterscheiden. Wir finden ein breites Spektrum vor, das von der Gewalt in Pflegebeziehungen zu Hause über kriminelle Handlungen bis zur Freiheitseinschränkung in Institutionen und zur Diskriminierung und verächtlichen Worten im öffentlichen Raum reicht. Entsprechend dieser Streuung wenden sich die Beratung und Hilfe suchenden Menschen – seien es die älteren Betroffenen selbst oder Angehörige oder andere Personen – an sehr unterschiedliche Einrichtungen, wobei keineswegs immer jene Einrichtungen zuvorderst aufgesucht werden, die explizit unter dem Titel „Opferberatung" auftreten. Gerade Mitarbeiterinnen und Mitarbeiter in den sozialen und medizinischen Berufen werden nicht selten auch zu solchen Vorfällen ins Vertrauen gezogen, die in Bereiche fallen, die nicht zu ihren jeweiligen beruflichen Kernaufgaben gehören.

8.2 Möglichkeiten von Vorbeugung und Intervention

Wichtig ist die Erkenntnis, dass der „niederschwellige", unkomplizierte und offene Zugang zu Beratungsstellen ein primäres Kriterium für deren Nutzung darstellt. Das zeigt sich beispielsweise auch darin, dass der vielfach eher zwanglose Kontakt im Rahmen der Senioreninteressensvertretungen für das Vorbringen von Beschwerden aus den unterschiedlichsten Bereichen genutzt wird. Eine offene, thematisch nicht sofort eng eingeschränkte Beratung im Rahmen einer persönlichen Vertrauenssituation scheint somit am besten geeignet zu sein, dass auch Fragen des Missbrauchs ohne Scheu thematisiert werden und Hilfe gesucht wird. Plakative „Gewalt"-Titel schrecken hingegen sowohl die alten Menschen selbst als auch betroffene Angehörige eher vom Besuch von Veranstaltungen oder Beratungsinstitutionen ab.
Im Umfeld von Pflegebeziehungen bestehen einige Möglichkeiten, um die Gewalt fördernden Auswirkungen von Stress und Ausbrennen vermeiden zu helfen.
Im günstigen Fall ist bereits vor der Pflegeübernahme, aber auch noch während der Pflege eine Vorbereitung und Beratung durch praktische Information (z. B. über die Verbesserung der Wohnungsausstattung) und Aufklärung über die möglichen psychisch-seelischen Folgen zu leisten. Daran anschließen sollte „Hilfe zur Selbsthilfe" durch unkompliziert zugängliche Angebote wie Selbsthilfegruppen, Pflegekurse, die beispielsweise auf die Problematik der hirnorganischen Veränderungen bei alten Menschen oder auf Methoden von Aggressionsabbau eingehen; in einer dritten Stufe ist direkte Hilfe anzubieten, einerseits durch ambulante Dienste, andererseits durch das Schaffen einer Gelegenheit zur Distanz, z. B. in Form eines Urlaubs, eines temporären Heimaufenthalts des Betreuten oder der Bereitstellung einer Kurzzeitpflegemöglichkeit.
Für die Prävention wichtig erscheint, den Angehörigen die Zeitperspektive überschaubar zu machen. Zum Beispiel kann von vornherein festgelegt wer-

den, dass bei über bestimmte Grade der Hilflosigkeit hinausgehenden Schwierigkeiten eine neue Lösung, z. B. eine Heimübersiedlung, ins Auge gefasst wird.

Auch wenn der Gewaltfall eingetreten ist, ist ein vertrauensbildendes Vorgehen notwendig – im Sinne des Grundsatzes „Hilfe vor Strafe" –, um die mögliche Lösung der Situation, wo eine Pflegende Gewalt anwendet, nicht von vornherein mit Schuldzuweisungen zu blockieren. Rechtliche Maßnahmen allein sind nicht geeignet, präventiv zu wirken. Das gilt auch für Gewaltsituationen ohne Pflegehintergrund, wo versucht werden sollte, Täter, Täterinnen und Opfer aus den bestehenden Abhängigkeiten bzw. ihrer sozialen Isolation zu lösen.

Erfreulicherweise ist die gesellschaftliche Tabuisierung der Gewaltproblematik in der Familie schwächer geworden. Nur durch Thematisierung lässt sich dieses unerwünschte soziokulturelle Phänomen bekämpfen. Das vorhandene Gewaltpotenzial wird zwar niemals durch bloße Bewusstseinsarbeit beseitigt werden können; die Idee einer die Generationen übergreifenden Solidarität und einer neuen Ethik kann jedoch unter Hinweis auf das zukünftig noch rasant zunehmende Altern der Gesellschaft mit vernünftigen Argumenten propagiert werden. Gleichzeitig ist bewusst zu machen: wenn die Familie als Institution für Pflege und Fürsorge weiterhin bedenkenlos ausgebeutet wird, werden unweigerlich unerwünschte Nebenfolgen im Sinne von Gewalt- oder Desintegrationsphänomenen eintreten.

Anmerkungen

[1] Es sei darauf hingewiesen, dass die Vergewaltigung in der Ehe über lange Zeiten nicht als Straftatbestand angesehen und in Österreich erst 1989 als Delikt im Strafgesetzbuch verankert wurde.

[2] Im Kapitel III, Artikel 21 (1) veröffentlicht im Amtsblatt der Europäischen Gemeinschaften, 2000/C 364/01, vom 18.12.2000; (1) heißt es: „Diskriminierungen, insbesondere wegen des Geschlechts, der Rasse, der Hautfarbe, der ethnischen oder sozialen Herkunft, der genetischen Merkmale, der Sprache, der Religion oder der Weltanschauung, der politischen oder sonstigen Anschauung, der Zugehörigkeit zu einer nationalen Minderheit, des Vermögens, der Geburt, einer Behinderung, des Alters oder der sexuellen Ausrichtung, sind verboten."

[3] Der sexuelle Missbrauch und die Einschränkungen des freien Willens wurden in den meisten Studien nicht explizit erhoben bzw. nicht als eigene Kategorien ausgewiesen.

[4] Das in der Kriminologie und in der Gewaltforschung besonders virulente Problem des Dunkelfelds, d. h. dass Informationen lediglich in Bezug auf die bekannt gewordenen Fälle verarbeitet werden, kann hier nicht behandelt werden (vgl. z. B. LEDER 1998).

[5] Im institutionellen Bereich beziehen sich die häufigsten Beschwerden auf strukturelle Probleme in den Heimen und Krankenhäusern (zu wenig Personal, mangelnde Privatsphäre usw.) und nicht auf Vorkommnisse, die individuell bestimmten Personen im Rahmen ihrer Pflege- und Behandlungstätigkeiten zuzurechnen wären.

Literatur

BERGSTERMANN, A./CARELL, A.: Gewalt und Zwang in der familiären Pflege. In: DE VRIES, B./TELAAR, K. (Hg.): Gewalt im höheren Lebensalter. Castrop-Rauxel 1998, S. 170-207.

BUNDESMINISTERIUM FÜR FAMILIE, SENIOREN, FRAUEN UND JUGEND (BMFSFJ): Vierter Altenbericht zur Lage der älteren Generation in der Bundesrepublik Deutschland: Risiken, Lebensqualität und Versorgung Hochaltriger – unter besonderer Berücksichtigung demenzieller Erkrankungen. Berlin 2002.

BORSCHEID, P.: Der alte Mensch in der Vergangenheit. In: BALTES, P. B./ MITTELSTRASS, J. (Hg.): Zukunft des Alterns und gesellschaftliche Entwicklung. Berlin 1992, S. 35-61.

BUTLER, R. N.: Ageism: Another form of bigotry. In: THE GERONTOLOGIST, 9/1969, S. 243-246.

COOPER, C./SELWOOD, A./LIVINGSTON, G.: The prevalence of elder abuse and neglect: a systematic review. In: AGE AND AGEING, 37/2008, S. 151-160.

DE MAUSE, L. (Hg.): Hört ihr die Kinder weinen. Frankfurt am Main 1980.

EISIKOVITS, Z./WINTERSTEIN, T./LOWENSTEIN, A.: The National Survey on Elder Abuse and Neglect in Israel. Haifa 2004.

FLECHTHEIM, O. K.: Gewalt und Gewaltfreiheit. In: BERNSDORF, W. (Hg.): Wörterbuch der Soziologie. Frankfurt am Main 1972, S. 300-304.

GALTUNG, J.: Strukturelle Gewalt. Reinbek 1975.

GODENZI, A.: Gewalt im sozialen Nahraum. Basel 1994.

HAMERS, J. P. H./HUIZING, A. R.: Why do we use physical restraints in the elderly? In: ZEITSCHRIFT FÜR GERONTOLOGIE UND GERIATRIE, 38/2005, S. 19-25.

HÖRL, J.: Gewalt und Kriminalität. In: HÖRL, J./KOLLAND, F./MAJCE, G. (Hg.): Hochaltrigkeit in Österreich. Eine Bestandsaufnahme. Wien 2008a, S. 413-426.

HÖRL, J.: Pflege und Betreuung, I: Informelle Pflege. In: HÖRL, J./KOLLAND, F./MAJCE, G. (Hg.): Hochaltrigkeit in Österreich. Eine Bestandsaufnahme. Wien 2008b, S. 351-372.

HÖRL, J.: Wirklichkeitskonstruktionen – Tatsachen und Trugbilder zur Gewalt im Alter. In: AMANN A./KOLLAND, F. (Hg.): Das erzwungene Paradies des Alters? Fragen an eine kritische Gerontologie. Wiesbaden 2008c, S. 121-136.

HÖRL, J.: Übergriffe, Gewalt und Aggression gegen ältere Menschen. Erfahrungen von Experten und Expertinnen in österreichischen Beratungs- und Hilfseinrichtungen. Wien 2009.

IBORRA, I.: Elder Abuse in the Family in Spain. Valencia 2008.

KOHLI, M./KÜNEMUND, H.: Bewertung und Ausblick. In: KOHLI, M./KÜNEMUND, H. (Hg.): Die zweite Lebenshälfte. Gesellschaftliche Lage und Partizipation im Spiegel des Alters-Survey. Opladen 2000, S. 337-342.

KURRLE, S. E./SADLER, P. M./CAMERON, I. D.: Patterns of elder abuse. In: MEDICAL JOURNAL OF AUSTRALIA, 157/1992, S. 673-676.

LACHS, M. S./PILLEMER, K.: Elder abuse. In: LANCET, 364/2004, S. 1263-1272.

LAUMANN, E. O./LEITSCH, S. A./WAITE, L. J.: Elder mistreatment in the United States: Prevalence estimates from a nationally representative study. In: JOURNAL OF GERONTOLOGY: SOCIAL SCIENCES, 3B/2008, S. 248-254.

LEDER, H.-C.: Dunkelfeld. Frankfurt am Main 1998.

O'KEEFFE, M./HILLS, A./DOYLE, M./MCCREADIE, C./SCHOLES, S./ CONSTANTINE, R./TINKER, A./MANTHORPE, J./BIGGS, S./ERENS, B.: UK Study of Abuse and Neglect of Older People. London 2007.

PILLEMER K./FINKELHOR D.: Causes of elder abuse: caregiver stress versus problem relatives. In: AMERICAN JOURNAL OF ORTHOPSYCHIATRY, 59/1989, S. 179-187.

PODNIEKS E.: National survey on abuse of the elderly in Canada. In: JOURNAL OF ELDER ABUSE AND NEGLECT, 4/1992, S. 5-58.

POPITZ, H.: Phänomene der Macht. Tübingen 1992.

STEINMETZ, S. K.: Duty bound: Elder abuse and family care. Beverly Hills 1988.

STEINMETZ, S. K.: The abused elderly are dependent. Abuse is caused by the perception of stress associated with providing care. In: GELLES, R. J./LOSEKE, D. R. (Hg.): Current Controversies on Family Violence. Newbury Park, CA 1993, S. 222-236.

WETZELS, P./GREVE, W.: Alte Menschen als Opfer innerfamiliärer Gewalt. In: ZEITSCHRIFT FÜR GERONTOLOGIE UND GERIATRIE, 29/1996, S. 191-200.

Hans Günther Homfeldt

ALTERN UND GESUNDHEIT

1. Einleitung

Alternsprozesse sind nicht krankhaft, sondern haben ihren Ablauf, erhöhen aber in der Regel „die Vulnerabilität des Organismus und seine Empfänglichkeit für Krankheitsprozesse" (vgl. DING-GREINER/LANG 2004, S. 185). Gesundheitsförderliche und präventive Aktivitäten können den Ausbruch von Krankheiten im Alter hinausschieben, aber letztlich nicht verhindern.
Eine Erörterung von Gesundheit im Alter ist deshalb zu verknüpfen mit einer Erörterung von Krankheit im Alter. Die Kontakthäufigkeit mit dem medizinischen Versorgungssystem und die mit ihr verbundenen Kosten wachsen bei Personen jenseits der 60 im ambulanten wie stationären Bereich und sind inzwischen zu einer Dauerherausforderung für die Gesundheitsversorgung geworden. Entsprechend geht es einer umfassenden Gesundheitsförderung darum, Krankheitsbelastungen zu senken und Ressourcen zu stärken.
Hier kann Sozialer Arbeit in intersektoraler Kooperation mit anderen Professionen eine wichtige Aufgabe zukommen, etwa im Sozialdienst im Krankenhaus, in Settingarbeit in Stadtteilen, in Kooperation mit der Gesundheitshilfe. Grundsätzlich ist Soziale Arbeit im Kontext von Alter und Gesundheit vielfach eingebunden: in der Sozialen Arbeit im Gesundheitswesen, z. B. in der Geriatrie, im Altenpflegeheim und vor allem auch in der Hospizarbeit/ palliative care (vgl. STUDENT/MÜHLUM/ STUDENT 2004), aber auch in der Gesundheitsarbeit im Sozialwesen, z. B. in der Altenhilfe und Altenarbeit.

2. Ausgewählte Eckdaten zu Gesundheit/Morbidität/Mortalität im Alter

Wichtige Eckdaten zum Gesundheitsstand der Bevölkerung sind die Hinweise zur Verbreitung von Krankheiten, zum Krankheitsspektrum, zur Lebenserwartung und zur Sterblichkeit (vgl. BÄCKER 2008, S. 94). Beträgt die mittlere Lebenserwartung eines männlichen Neugeborenen (2003/2005) 76,2 Jahre, so liegt sie für weibliche Neugeborene entsprechend bei 81,8 Jahren in Deutschland. Weltweit hat Deutschland den dritthöchsten Anteil an Über-60-Jährigen und nimmt den vierten Platz in Bezug auf das Durchschnittsalter der Bevölkerung ein. Besonders die Zahl der Über-80-Jährigen nimmt stark zu (vgl. WINTER/KUHLMEY/ MAAZ/NORDHEIM/HOFMANN 2005, S. 71).

In Österreich betrug die Lebenserwartung (bei Geburt) im Jahr 2006 bei Männern 77,1 Jahre, bei Frauen 82,7 Jahre (vgl. BUNDESMINISTERIUM FÜR GESUNDHEIT, FAMILIE UND JUGEND 2007, S. 14). Im Durchschnitt der Jahre 1991 bis 2006 steigt der jährliche Zugewinn für Frauen um 0,25 Jahre, bei Männern um 0,32 Jahre.

Bevölkerungsvorausberechnungen gehen nach einer mittleren Annahme für 2050 in Deutschland von einer Lebenserwartung ab Geburt für Mädchen von 88 Jahren und für Jungen von 83,5 Jahren aus. Für 60-Jährige wird eine weitere Lebenserwartung von 25,3 Jahren (Männer) und 29,1 Jahren (Frauen) erwartet (vgl. WALTER/SCHNEIDER 2008, S. 287). Derzeit ist ein Fünftel der rund 8,1 Millionen Österreicher und Österreicherinnen über 60 Jahre alt. Dieser Anteil wird bis zum Jahr 2030 voraussichtlich auf ein Drittel steigen.

In den zurückliegenden Jahrzehnten hat sich das Krankheitsspektrum erheblich gewandelt. Chronische Erkrankungen sind an die Stelle akuter Krankheiten getreten und haben bei alten Menschen einen erhöhten Pflegebedarf hervorgerufen. So konstatierte das Deutsche Institut für Wirtschaftsforschung 1999, dass 2020 die Zahl der 60-jährigen und älteren Pflegebedürftigen auf 2,25 Millionen und im Jahre 2050 auf 3,88 Millionen steigen werde (vgl. GESUNDHEITSBERICHTERSTATTUNG DES BUNDES 2002, S. 17). Steigende Lebenserwartung bei gleichzeitig nicht ansteigender Kinderzahl führt dazu, dass in den nächsten Jahrzehnten in Deutschland jede zehnte Person hochaltrig sein wird. Dabei stellt sich die Frage, ob eine wachsende Lebenserwartung auch mit einem Zugewinn an gesunder Lebenszeit einhergeht. Registrierbar ist neben einem Ansteigen chronischer Erkrankungen auch ein gehäuftes Auftreten von Multimorbidität. Nicht selten mündet sie in Pflegebedürftigkeit. Die Pflegebedürftigkeit wächst bei Männern und Frauen sprunghaft jenseits des 80. Lebensjahres (vgl. GESUNDHEITSBERICHTERSTATTUNG DES BUNDES 2006, S. 65). Die mit der Pflegebedürftigkeit bei akuten und chronischen Erkrankungen verbundenen Aufgaben werden überwiegend in der Familie bewältigt. Beträgt die Zahl der Pflegebedürftigen 2008 in Deutschland 2,1 Millionen Personen (mit der Prognose eines Anstiegs, laut Statistischem Bundesamt, auf 3,4 Millionen in 2030), so sind dies in Österreich 2008 540 Tausend Personen, mit der Prognose eines Anstiegs auf 800 Tausend im Jahr 2011 (vgl. BUNDESARBEITSGEMEINSCHAFT FREIE WOHLFAHRT 2008, S. 2).

Die Zahl der ambulant Versorgten in Deutschland ist in den zurückliegenden Jahren zunehmend geringer geworden (1999: 71,6%; gegenwärtig 68%). Hoch ist das Pflegerisiko bei den Hochbetagten. Es liegt in Deutschland für Frauen über 90 Jahre bei 65,1%, bei Männern bei 39,7% (vgl. GESUNDHEITSBERICHTERSTATTUNG DES BUNDES 2006, S. 65).

Welche Sichtweisen für Morbidität und Mortalität sind zur Erklärung der gestiegenen Lebenserwartung vorherrschend? BÄCKER nennt drei (2008, S. 98):

- Die Kompressionsthese geht von der Annahme aus, dass sich mit der Verbesserung der Lebensbedingungen insgesamt und dem medizinisch technischen Fortschritt auch der Gesundheitszustand verbessert und schwere Krankheiten sowie Pflegebedürftigkeit erst in der allerletzten Lebensphase auftreten. Zur Kompressionsthese passt das Frailty-Konzept (vgl. DINGGREINER/LANG 2004, S. 200 ff.). Zumeist Hochbetagte verwenden ihre Energien zur Aufrechterhaltung der Lebensfunktionen und zum Erhalt eines leicht störbaren Gleichgewichts.
- Die Medikalisierungsthese geht von der Annahme aus, dass zunehmend mehr Menschen ein Alter erreichen, das zu einem Auftreten gravierender chronischer Krankheiten mit hohem Behandlungs- und Pflegebedarf führt.
- Das bipolare Kombinationsmodell geht von der Verbesserung des Gesundheitszustandes und der gleichzeitigen Zunahme Behandlungs- und Pflegebedürftiger aus. Gleichzeitig unterscheidet dieses Modell die Bevölkerung nach sozioökonomischer Lage.

3. Sozial bedingte gesundheitliche Ungleichheiten

Der Ottawa-Charta der Weltgesundheitsorganisation (WHO) von 1986 folgend, ist eine selbstständige, selbstverantwortliche sowie eine sinnerfüllte Lebensführung im Alltag ein wichtiges Kennzeichen von Gesundheit im Alter. Zur sinnerfüllten Lebensführung gehört die gekonnte Bewältigung von Belastungen, von gesundheitlichen Problemen und der Fähigkeit, mit einer Erkrankung leben zu können.

Die Sozialepidemiologie hat bereits seit Jahrzehnten ermittelt, dass es erhebliche Unterschiede in der Lebenserwartung wie auch den Morbiditäten zwischen verschiedenen Bevölkerungsgruppen gibt, nicht nur in einem Land, sondern auch zwischen den Ländern (vgl. SIEGRIST/ MARMOT 2008, 15 f.). So schreibt MARMOT (2005, S. 1099) in der renommierten Zeitschrift The Lancet: "The gross inequalities in health that we see within and between countries present a challenge to the world. That there should be a spread of life expectancy of 48 years among countries and 20 years or more within countries is not inevitable. A burgeoning volume of research identifies social factors at the root of much of these inequalities in health. (...) Health status, therefore, should be of concern to policy makers in every sector, not solely those involved in health policy." Entsprechend hat die WHO eine COMMISSION ON SOCIAL DETERMINANTS OF HEALTH, u. a. mit M. MARMOT, ins Leben gerufen, die insgesamt zehn Facetten sozialer Determinanten für Gesundheit herausgearbeitet hat. Neben Ernährung, sozialer Unterstützung, Stress, sozialer Exklusion, Arbeit, Arbeitslosigkeit, Gewalt, Verkehr und dem sozialen Gradienten wird auch die frühe Kindheit genannt.

Sozial bedingte gesundheitliche Unterschiede finden sich in allen Lebensaltern. Besonders stark ausgeprägt sind diese aber in der frühen Kindheit und im mittleren Erwachsenenalter, weniger stark in der Jugend und im höheren Alter (vgl. SIEGRIST/MARMOT 2008, S. 17, vgl. auch VON DEM KNESEBECK 2008, S. 129). Der Einfluss der sozialen Lage auf die gesundheitliche Situation im Alter wird in den Sozialwissenschaften aber recht unterschiedlich eingeschätzt. So stellen BACKES und AMRHEIN fest, dass die Möglichkeiten zu einer sinnerfüllten Lebensführung auch im Alter weiterhin sozial ungleich bleiben, gewissermaßen als Resultat lebensverlaufsbezogener Differenzierung (BACKES/AMRHEIN 2008, S. 72).

Hervorzuheben ist andererseits die Berliner Altersstudie, die bezogen auf Westberlin Anfang der 90er Jahre ermittelt hat, dass Bildung und früherer Beruf auf die körperliche Ausprägung von Gesundheit bei 70-jährigen und Älteren keinen großen Einfluss mehr aufweisen. Tendenziell bestätigt werden diese Ergebnisse sowohl bei Männern wie bei Frauen, bei den 70-jährigen und älteren, durch die Daten des telefonischen Gesundheitssurveys von 2003 (vgl. LAMPERT/ZIESE o. J., S. 186 f.). Zwar verlören soziale Gradienten offenbar an Bedeutung in der Auftretenswahrscheinlichkeit von chronischen Krankheiten bei 70-jährigen und Älteren, hervorzuheben sei jedoch, dass eine genaue Prognose zur Abschwächung sozialer Gradienten für gesundheitliche Lebenschancen im Alter zum gegenwärtigen Zeitpunkt noch nicht möglich sei – so BAUER (2008, S. 23), denn bei besonders belasteten Gruppen (allein lebenden alten Frauen, älteren Personen aus niedrigem sozioökonomischen Herkunftsmilieu, alten Personen mit Migrationshintergrund) schwäche sich der soziale Gradient gesundheitlicher Lebenschancen nicht ab. Morbiditäts- und Mortalitätsunterschiede blieben stabil oder nähmen sogar noch zu. Es ist zu unterstellen, dass die für andere Staaten beschriebenen Gegebenheiten sozialer Ungleichheit und nachfolgender gesundheitlicher Ungleichheit auch für Österreich gelten (vgl. BUNDESMINISTERIUM FÜR GESUNDHEIT, FAMILIE UND JUGEND 2002, S. III).

Um Unterschiede in Bezug auf Verwirklichungschancen und mit ihnen auch die Gestaltbarkeit von Wohlergehen im höheren Alter zu erklären, ist es nicht mehr hinreichend, die üblichen sozioökonomischen Indikatoren heranzuziehen, es sind auch die Ressourcen Hauseigentum und Wohlstand und im nichtmateriellen Bereich „Aspekte sozialer Positionierung einschließlich des Prestiges und des Zugangs zu nicht-öffentlichen Netzwerken und zu Kreisen, die sozialen Rückhalt gewähren" (SIEGRIST/MARMOT 2008, S. 36, vgl. SVR 2007, S. 689) heranzuziehen.

Im Sinne von SEN geht es um Gestaltungsmöglichkeiten von Lebenssituationen, um das capability set, das Handlungsspielräume für die Lebensführung erfasst. So verweisen SIEGRIST und MARMOT darauf, Alten im Sinne der Kontinuitätstheorie die Möglichkeit zu bieten, in ihrer nachberuflichen Lebensphase produktiv tätig zu bleiben. Sozial produktive Ältere weisen nicht nur eine bessere Gesundheit auf, sondern lebten im Durchschnitt auch länger (vgl. SIEGRIST/MARMOT 2008, S. 37). Hinzu kommt jedoch zumindest ein Weiteres: Mit der graduellen Abnahme der Bedeutung sozialer Ungleichheit richtet sich der Blick auf genetische Dispositionen, auf genetische Schutzfaktoren, vor allem in der Altersphase der Hochaltrigen („Überleben der Resistenten").

3.1 Sozial ungleiche und zielgruppenbezogene gesundheitliche Versorgung im Alter

Eine Ungleichheit gesundheitsbezogener Versorgung im Alter resultiert aus ungeübter Nutzungskompetenz wie auch mangelnder Zugänglichkeit bei sozial wie gesundheitlich benachteiligten Bevölkerungsgruppen bei gleichzeitig geforderter Selbst- und Eigenverantwortung in der Gesundheitsversorgung. Eine wenig gestellte Frage, aber eine von hoher Relevanz ist, „inwieweit sozial bedingte Morbiditäts- und Mortalitätsdifferenzen auch auf Unterschiede in der gesundheitlichen Versorgung zurückzuführen sind" (VON DEM KNESEBECK/ MIELCK 2009, S. 135). In ihrer empirischen Studie gelangen beide Autoren, basierend auf Daten von 1921 Befragten im Alter von 50 Jahren und mehr, allerdings zu keinem konsistenten Ergebnis, ob Unterschiede in Mortalität und Morbidität auf gesundheitliche Versorgung zurückzuführen sind (S. 146 f.). Zumindest besteht aber eine recht hohe Wahrscheinlichkeit, dass sich die Versorgungssituation, speziell in der Pflege, für bestimmte Gruppen und Milieus als sehr prekär darstellt (BAUER/BÜSCHER 2008, S. 33). Entsprechend entsteht die Forderung nach einer zielgruppenspezifischen Versorgung im Alter vor allem für die, „die nach dem sozialen Gradienten gesundheitlicher Lebenschancen ein erhöhtes Risiko der Versorgungsabhängigkeit und damit häufig auch der Pflegebedürftigkeit haben" (BAUER/BÜSCHER 2008, S. 33). Zielgruppenspezifische Überlegungen resultieren aus der Verbindung von sozialem Geschlecht/Alter/Pflegebedürftigkeit. Die Herstellung von sozialem Geschlecht als ein lebenslanger Prozess geht in die Pflege alter Menschen, aber auch in deren Pflegebedürftigkeit als unterschiedliche Risiken von Männern und Frauen, nicht zuletzt auch wegen geschlechtsspezifischer Zuschreibungen, ein. Die häusliche Pflege und damit auch die mit ihr verbundenen gesundheits-, nicht selten auch Trauma bezogenen Risiken übernehmen nach wie vor überwiegend die Frauen (73%) (vgl. BACKES/WOLFINGER/AMRHEIN 2008, S. 133), wenngleich die Zahl pflegender Männer in den zurückliegenden beiden Jahrzehnten ständig zugenommen hat. Trauma bezogene Risiken können entstehen durch die Konfrontation mit dem nahenden Tod eines Elternteils und der eigenen Sterblichkeit, z. T. auch durch die Verkehrung jahrzehntelang eingeübter Eltern-Kind-Rollen (vgl. DEUTEMEYER 2008, S.

S. 259-281). Besonders dramatische Formen kann dies bei einer demenziellen Erkrankung annehmen.
Das gegenwärtig noch vorhandene Pflegeungleichgewicht bleibt nach wie vor erklärbar mit der männlichen Normalerwerbsbiographie und der brüchigeren weiblichen Erwerbsbiographie (BACKES/WOLFINGER/AMRHEIN 2008, S. 138). Noch deutlicher zeigt sich das Ungleichgewicht in der Pflegebedürftigkeit aufgrund oftmals fehlender eigenständiger Alterssicherung. Alten pflegebedürftigen Männern ist aufgrund einer besseren materiellen Ausstattung ein längerer Verbleib im häuslichen Umfeld – aufgrund der besseren Einkaufsvoraussetzungen von Pflegedienstleistungen – möglich. Andererseits büßen Männer nach ihrer Entberuflichung oftmals ihre durch den Beruf erzeugten Vergesellschaftungsformen ein, so dass zwar „die hierarchisch komplementären und über Geschlecht vermittelten Machtstrukturen (...) im Alter und bis in die Pflegebedürftigkeit erhalten (bleiben), möglicherweise aber mit abgesenkten oder modifizierten Bedeutungsgehalten" (BACKES/WOLFINGER/AMRHEIN 2008, S. 140).

3.2. Caregiver Burden Effekte

Da von der Annahme auszugehen ist, dass sich gesundheitliche Ungleichheit im Alter nicht grundlegend nivelliert, d. h. Krankheitsrisiken nach wie vor verstärkt bei sozioökonomisch benachteiligten alten Menschen auftreten (z. B. bei chronischen Erkrankungen) und auch die häusliche Pflege soziale Ungleichheit reproduziert, stellt sich neben der Frage nach der Versorgungssituation im Alter auch die nach den Belastungen und möglichen psychischen Folgen der Pflegenden, zumeist der Töchter wie auch der pflegenden Partner. Aufgrund besonders starken Engagements sind ihre Belastungen im Vergleich zu anderen Gruppen oftmals am stärksten (vgl. BALCK/TCHITCHEKIAN/BERTH 2008, S. 68 f.). 64% der Hauptpflegepersonen stehen rund um die Uhr zur Verfügung. Sie wenden im Schnitt für Pflege, Hilfe und Betreuung 36,6 Stunden pro Woche auf. Entsprechend bewerten über 80% ihre Belastung als sehr stark bzw. eher stark (vgl. GESUNDHEITSBERICHTERSTATTUNG DES BUNDES 2006, S. 65). Nur ein geringer Anteil der privat Pflegenden greift auf Beratungs- und Unterstützungsangebote zurück. Entsprechend erhöhen Pflegebelastungen – so genannte caregiver burden Effekte – die Mortalität und Morbidität der pflegenden Angehörigen. Diese verteilen sich ungleich über die gesellschaftlichen Gruppen. Unter besonders starken gesundheitlichen Belastungen leiden Pflegende mit einem niedrigen Sozialstatus. Ein weiterer Risikofaktor für die Pflegenden sind belastende Lebensereignisse (vgl. SCHULZE/DREWES 2005, S. 290 f.).
Die Pflege von Eltern wird von den eigenen Kindern häufig ambivalent erlebt: zum einen wegen der Unkündbarkeit der Aufgabe und zum zweiten wegen

der moralischen Verpflichtung und dem Wunsch nach individueller Entfaltung (vgl. PETERS 2008, S. 101). Besonders gravierend wird die Ambivalenzerfahrung bei demenziell erkrankten Eltern. Ausreichende Toleranz und Zuwendungsmöglichkeiten hängen ab von verinnerlichten Beziehungsmustern. Lebensgeschichtlich zurückreichende Kränkungen können in belastungsreichen Situationen unvermittelt hervorbrechen. Nicht nur Mutter-Tochter-Beziehungen können von Ambivalenzen geprägt sein, sondern auch Pflegeaufgaben von Ehepartnern (vgl. PETERS 2008, S. 102). Ambivalenzerfahrungen in der Pflege sind häufige Anlässe für Beratungen. Massiven gesundheitlichen, vor allem psychophysischen Belastungen und Risiken sind auch die Mitarbeiter und Mitarbeiterinnen in der stationären Altenpflege ausgesetzt. Oftmals kombinieren sich die Belastungen mit ungünstigen Arbeitsbedingungen. Vielfach anzutreffen sind Rückenleiden, psychosomatische Beschwerden und Burnout-Erscheinungen. Nicht zuletzt deshalb sind in den zurückliegenden Jahren Gesundheitsförderungsprogramme entwickelt worden (vgl. ZIMBER 2001, S. 213-230).

In der Tabuzone ambulanter wie stationärer Altenpflege liegen nach wie vor Gewalt und Misshandlungen gegenüber Personen höheren Lebensalters. Auslöser können die Pflegesituationen, beengte Wohnverhältnisse und eine mangelhafte soziale Einbindung sein (vgl. FIEGUTH 2008, S. 206). Entlastungen in häuslicher Pflege können soziale Netzwerke schaffen.

3.3 Alter und Gesundheit: Migranten und Migrantinnen

Erhebungen zur gesundheitlichen Lage von Migranten und Migrantinnen sind oftmals schwierig, weil die Definitionen von Gesundheit und Krankheit, ebenso von Gefährdungen und Beeinträchtigungen, kulturspezifisch geprägt sind. Überdies ist zumeist die Familiengeschichte als potentieller Risikofaktor nur schwer zu rekonstruieren. Erfassen lässt sich, dass 40% der Arbeitsmigranten und -migrantinnen wegen auftretender Erkrankungen inzwischen Frührentner bzw. Frührentnerinnen werden. Es liegen auch Einschätzungen von Migranten und Migrantinnen zu ihrer Gesundheit vor.

Während 1997 noch 45% der mindestens 65-jährigen Ausländer in Deutschland ihren Gesundheitszustand als nicht gut einschätzten, stieg diese Zahl 2002 auf 50%. Im Vergleich zu befragten Deutschen sind Migranten und Migrantinnen mit ihrem Gesundheitszustand weniger zufrieden (vgl. FÜNFTER ALTENBERICHT 2005, S. 424). In regionalen Studien weichen die Ergebnisse z. T. allerdings erheblich ab (vgl. GESUNDHEITSAMT BREMEN 2004, S. 33). Gleiches gilt insgesamt auch für Österreich.

Zwar waren die Arbeitsmigranten und -migrantinnen, die nach Deutschland kamen, wegen der Auswahleffekte zunächst gesünder als die Deutschen („Healthy-Migrant-Effekt"), diese Tendenz kehrte sich im Verlauf des

Arbeitslebens jedoch um (vgl. GESUNDHEITSBERICHTERSTATTUNG DES BUNDES/RKI 2008, S. 100). Erklärbar sind erhöhte Morbiditätsrisiken älterer Arbeitsmigranten mit langfristig wirksamen gesundheitsgefährdenden Belastungen durch meist schwere körperliche und gesundheitsschädigende Arbeiten, aber auch durch geringere Regenerationsmöglichkeiten (BUNDESMINISTERIUM FÜR FAMILIE, SENIOREN, FRAUEN UND JUGEND 2000, S. 195). Die gesundheitlichen Beeinträchtigungen sind offenbar zwischen Männern und Frauen unterschiedlich. Während ältere Migranten überdurchschnittlich hohe Diabetes-Prävalenzraten und eine erhebliche Zunahme der Tuberkuloseinzidenzien aufweisen, werden bei den älteren Migrantinnen häufiger psychische Erkrankungen und Erkrankungen des Bewegungsapparates festgestellt (vgl. GÖRRES/HASSELER 2008, S. 182).

Die Vorstellungen älterer Menschen mit Migrationshintergrund zu ihrer Versorgung im Alter unterscheiden sich nur ein wenig von denen der Deutschen. Vor allem wird Hilfe von dem Partner/der Partnerin oder den Kindern erwartet. Zunehmend setzt sich jedoch auch die Erwartung durch, dass die Kinder die Versorgung nicht allein leisten können (BUNDESMINISTERIUM FÜR FAMILIE, SENIOREN, FRAUEN UND JUGEND 2000, S. 102 f.). Eine Nutzung deutscher ambulanter, teilstationärer wie stationärer Altenpflege ist oft erschwert wegen fehlender Kenntnis über die Systeme und ihre Möglichkeiten. Aus diesem Grunde förderte das Bundesministerium für Gesundheit (BMG) Modellprojekte zur Verbesserung der Versorgung pflegebedürftiger Migranten und Migrantinnen (S. 103). Ähnliche Initiativen und Ansätze und Bemühungen finden sich auch in Österreich (vgl. PFABIGAN 2007).

Insgesamt ist registrierbar, dass das Thema Gesundheit alter Migranten und Migrantinnen inzwischen in den Blick fachlicher und politischer Öffentlichkeit gelangt ist. Dies belegt u. a. der IKOM-Newsletter der Kontaktstelle für die Arbeit mit älteren Migrantinnen (vgl. z. B. IKoM- Newsletter 6/08). Er gibt einen Überblick zur Vielfalt der Angebote, vor allem auch zu gesundheitsrelevanten Themenstellungen. Zu konstatieren ist jedoch, dass es in Deutschland nach wie vor einen „Mangel an repräsentativen und aussagekräftigen Daten zur Situation, Morbiditätsentwicklung und Inanspruchnahme gesundheitlicher und pflegerischer Leistungen älterer Migranten" (GÖRRES/ HASSELER 2008, S. 181) gibt.

3.4 Alter und Gesundheit: Frauen

Traditionelle soziale Ungleichheiten würden im Alter von geschlechtsspezifischen und kohortentypischen Ungleichheiten überlagert – so BACKES und AMRHEIN (2008, S. 73), so dass, bezogen auf diese Merkmale, von einem „negativen Alter" gesprochen werden könne. Mit wachsendem Verarmungsrisiko seien davon vor allem Frauen mittlerer Altersgruppen (wegen unzureichender Alterversorgung) und Hochaltrige, vor allem hochaltrige Frauen, betroffen. „Traditionelle soziale Ungleichheiten werden im Alter durch geschlechtsspezifische und kohortentypische Ungleichheiten überlagert, wobei sich Kumulationseffekte problematischer Lebenslagen ergeben" (CLEMENS/ NAEGELE 2004, S. 400). Nach CLEMENS und NAEGELE (2004, S. 400) gibt es Hinweise auf eine Ausweitung des negativen Alters.

Nach der Österreichischen Gesundheitsbefragung von 2006/2007 sinkt der Anteil derjenigen Personen im Alter ab 75 Jahre, die ihre Gesundheit als sehr gut und gut einschätzen, auf 38% (Männer 44% und Frauen 35%). In dieser Alterskohorte sind die Einschätzungsunterschiede zwischen Männern und Frauen am höchsten (vgl. BUNDESMINISTERIUM FÜR GESUNDHEIT, FAMILIE UND JUGEND 2007, S. 14). Dem Bundesgesundheitssurvey von 2002 in Deutschland zufolge sind 50% der 70- bis 79-jährigen Männer und 44% der gleichaltrigen Frauen mit ihrer Gesundheit sehr zufrieden (vgl. WINTER/KUHLMEY/MAAZ/NORDHEIM/HOFMANN 2005, S. 71). Im Altersurvey von 1996 bewerten knapp 38% der 70-85-Jährigen ihre Gesundheit mit gut oder noch besser (vgl. KÜNEMUND 2000, S. 109). In Bezug auf subjektive Bewertungen ist einschränkend festzustellen: Subjektive Einschätzungen von Gesundheit im Alter haben oftmals andere Ausrichtungen als solche in früheren Lebensphasen. Z.T. werden sie überlagert von krankheitsbezogenen Entwicklungen (z. B. chronisch sich entwickelnden Krankheiten), die dann neue von außen schwer einschätzbare Handlungsspielräume erzeugen, die aber in die Bewertungen einfließen (vgl. CLEMENS/NAEGELE. 2004, S. 389).

4. Gesundheit im Alter – Ergebnisse aus der lebensverlaufsbezogenen Epidemiologie

Die lebensverlaufsbezogene Epidemiologie untersucht die prägende gesundheitsbezogene Bedeutung von Kindheit und Jugend für das Erwachsenenalter bis ins hohe Lebensalter. Ausgegangen wird von der Annahme, dass die Gesundheit bzw. die gesundheitsbezogenen Belastungen bereits im vorgeburtlichen Lebensabschnitt für die späteren Lebensphasen hochbedeutsam sind und sich eine „soziale Ungleichverteilung von Risikofaktoren in verschiedenen Lebensabschnitten" mit der Folge gesundheitlicher Ungleichheit durch Längsschnittstudien aufweisen lassen (POWER/KUH 2008, S. 48) und „prinzipiell eine weit reichende Vorhersage der Gesundheitsdynamik im Lebensverlauf" (ERHART/WILLE/RAVENS-SIEBERER 2008, S. 331) möglich wird. Ein Schwerpunkt der lebensverlaufsbezogenen Epidemiologie ist die pränatale Lebensphase und hier vor allem die (Unter-)Versorgung des ungeborenen Kindes. Befunde zeigen, dass Kinder mit schlechtem gesundheitlichen Allge-

meinbefinden auch als Erwachsene und im höheren Lebensalter ein schlechteres gesundheitliches Befinden aufweisen. Verknüpft wurden Ergebnisse mit Risiken sozial ungünstiger Lebensbedingungen.
BEN-SHLOMO und KUH (2002, S. 285-293) gehen von zwei Erklärungsansätzen aus:

- Nach dem Modell der Akkumulation von Risiken schichten sich schädigende Einflüsse im Lebensverlauf so auf, dass sich daraus erhöhte Krankheitsrisiken ergeben.
- Nach dem Modell kritischer Perioden gibt es spezifische Lebensabschnitte, in denen schädigende Einflüsse besonders negative Wirkungen entfalten (z. B. Rauchen und Drogenkonsum der Mutter während der Schwangerschaft).

Grundsätzlich kann die lebensverlaufsbezogene Epidemiologie die zeitliche Stabilität von Gesundheits- und Krankheitsdeterminanten, beginnend mit der pränatalen Lebensphase, aufzeigen.

5. Seelische Gesundheit und psychische Störungen im Alter

Seelische Gesundheit unterliegt der Fähigkeit, internen und externen Anforderungen zu entsprechen. Diese Fähigkeit schwindet offenbar bei älteren Arbeitnehmern, insbesondere Arbeitsnehmerinnen (vgl. FÜNFTER BERICHT ZUR LAGE DER ÄLTEREN GENERATION IN DER BUNDESREPUBLIK DEUTSCHLAND 2005). Psychische Erkrankungsbilder, „vor allem affektive Störungen wie Depressionen sowie neurotische Belastungs- und somatoforme Störungen (u. a. Phobien und andere Angststörungen), auf die 2002 etwa ein knappes Viertel der Frühverrentungen entfiel, mit wiederum deutlich höheren Anteilen bei Frauen" (2005, S. 78), sind von wachsender Bedeutung.

Die Berliner Altersstudie ermittelt für die 70- bis über 100-Jährigen eine Erkrankungshäufigkeit von 13,9% an Demenz und 9,1% an einer depressiven Störung. Demenz steigt exponentiell im Alter an. So beträgt der Anteil bei den 90-Jährigen und Älteren bereits 40%. Im fortgeschrittenen Alter sind Demenzerkrankungen als „Bestehen einer erworbenen und länger andauernden Beeinträchtigung der geistigen Leistungsfähigkeit, die mehrere kognitive Domänen, z. B. Gedächtnis, Aufmerksamkeit und Abstraktionsfähigkeit, umfasst" (RIEPE 2008, S. 97).

Aufschlussreich sind Ergebnisse und Prognosen des Ludwig Boltzmann Instituts für Altersforschung in Wien (Prof. Dr. Karl Heinz TRAGL) in der VITA-Längsschnittstudie (Vienna Transdanube Aging). Das Ziel dieses interdisziplinär arbeitenden Forschungsprojekts ist die Früherkennung von Alzheimer Demenz sowie die Erfassung der Risikofaktoren dieser Erkrankung mit Hilfe einer Verlaufsbeobachtung. In Bezug auf die österreichische Altensituation konnte ein erheblicher Anstieg von Demenz und Depressionen nach dem 75. Lebensjahr ermittelt werden, die bei zwei Drittel der Betroffenen offenbar unbehandelt sind und somit noch schneller Abhängigkeit und Hilfsbedürftigkeit erzeugen können. Wie in Deutschland wird sich auch in Österreich aufgrund steigender Lebenserwartung und dem Anstieg des Anteils älterer Menschen an der Gesamtbevölkerung (der Anteil der über 60-Jährigen wird im Jahr 2030 auf ein Drittel prognostiziert) die Anzahl der psychischen Störungen im hohen Alter (vor allem Demenzerkrankungen und Depressionen) massiv erhöhen, so dass dieses aufgrund der gesundheitlichen Veränderungen und der mit ihnen verknüpften Merkmale als eigener Lebensabschnitt verstanden wird (vgl. SCHMIDT 2008, S. 127).

6. Selbstständige Lebensführung und gesundes Altern

In den zurückliegenden Jahrzehnten sind die Bilder zur Lebensphase Alter mehrfach umgedeutet worden (vgl. KARL 2006, S. 301-319): vom aktiven Alter, dann dem erfolgreichen Alter (vgl. KRUSE 2008, S. 15 f.) in der Zeitspanne zwischen 60 und 80 Jahren bis zum produktiven Alter der 1990er Jahre. Zwar sind die Zielsetzungen der Altersbilder z. T. unterschiedlich, gemeinsam ist ihnen jedoch der Erhalt und die Förderung der Selbstständigkeit. Und diese sollte mit Selbstbestimmung verknüpft sein. Die vorherrschende Sozialpolitik sowohl in Deutschland wie auch in Österreich folgt im Jahr 2009 der Leitidee eines aktiven Älterwerdens. Ziel sei stets die gewollte und gezielte Gestaltung der Lebenslagen verschiedener Gruppen bzw. die soziale Gestaltung der Rahmenbedingungen ihrer individuellen Lebenssituation – so NAEGELE (2008, S. 50).
Wie PERRIG-CHIELLO (1997, S. 12) gehe ich auch davon aus, „dass ein gesundes, glückliches Altern eine biographische Verankerung hat und ein Ergebnis lebenslanger Wechselwirkungen zwischen biologischen, psychischen und sozioökonomischen Faktoren ist". Die selbstständige Lebensführung Älterer ist gewissermaßen das Gegenbild zum negativen Alter(n)sbild. Im Zuge der Bevölkerungsalterung wird sich vermutlich die Aufmerksamkeit noch verstärkter auf Möglichkeiten selbstständiger Lebensführung im Alter richten. Hier kommt dann der Gesundheitsförderung und der Prävention für alte Menschen eine richtungweisende Unterstützung zu (zur Gesundheitsförderung und Prävention im allgemeinen HOMFELDT/STING 2006, in Bezug auf das Alter WALTHER 2008, S. 245-262).
Gegenwärtig kann in Deutschland noch nicht von einer Stärkung der Prävention – als vierter Säule im Gesundheitswesen – die Rede sein, trotz vielfältiger Strategiepapiere und Expertisen zu ihrer Notwendigkeit (z. B. die Expertise von A. KRUSE zu Strategien der Prävention und Gesundheitsförderung im Alter 2002; siehe auch die Hinweise im 3. Altenbericht). Impulsgeber für

die Expertise von KRUSE (2002) war der Weltgesundheitstag 1999 „Aktiv leben – gesund alt werden". In der Expertise werden Ideen und Strategien zur Prävention und Gesundheitsförderung im Alter entwickelt und Anregungen für Maßnahmen auf unterschiedlichen Ebenen geliefert, u. a. für eine ausgewogene Ernährung und Bewegung, Förderung einer aktivierenden wie auch rehabilitativen Pflege und auch Übermittlung eines positiven Altersbildes. Es wird heraus gearbeitet, dass auch im Alter eine positive Änderung des Lebensstils krankheitsabwehrend sein kann. Viele Hinweise liefern die Beiträge des Wiener Alter(n)sforschers ROSENMAYR. Er verdeutlicht in seinen vielfältigen Beiträgen, dass Alter als sehr heterogen komponiert und als durch Lernen gestaltbarer Prozess zu sehen ist. Dies zeigt er nachdrücklich z. B. in einem Beitrag mit dem markanten Titel „Was Hänschen nicht lernt, kann ein alter Hans immer noch lernen" (2000, S. 445-456).

Ein Bereich produktiven Alter(n)s jenseits der Erwerbsarbeit liegt in informeller Arbeit. Beispiele dafür können zwei Modellprojekte des Fonds Gesundes Österreich liefern. Das Projekt „Plan60 – Gesundheitsförderung für Ältere im urbanen Setting" (Laufzeit vom Dezember 2002 bis Oktober 2005, vom Forschungsinstitut des Wiener Roten Kreuzes entwickelt) hatte sich die Aufgabe gesetzt, die soziale Gesundheit älterer Menschen in Wien durch die Entwicklung sozialer Kontakte und sinnstiftender Tätigkeiten zu erhöhen. Primäre Zielgruppen des Modellprojektes waren nicht erwerbstätige, aktive Wiener und Wienerinnen, die bereit waren, eine verantwortliche Funktion zu übernehmen bzw. in einer Initiative mitarbeiten wollten. Dabei setzte das Projekt im Sinne des Setting-Ansatzes der WHO (Ottawa-Charta von 1986) an der unmittelbaren Lebenswelt der Senioren und Seniorinnen an, indem gleichzeitig der Anspruch verfolgt wurde, die gesellschaftliche Integration der Zielgruppe zu fördern durch Anschluss an bestehende Settings (wie Büchereien, Wohnheime und Museen) (vgl. zu den Ergebnissen der Abschlussbericht des Modellprojekts durch das Forschungsinstitut des Wiener Roten Kreuzes).

Ein weiteres Projekt ist „Lebenswerte Lebenswelten für ältere Menschen" (Projektleiter: Mag. K. REIS-KLINGSPIEGL und Prof. Dr. R. NOACK; Zeitdauer des Projektes von März 2003 bis März 2006). In 13 Gemeinden der beiden steirischen Bezirke Voitsberg und Graz-Umgebung wurden bestehende Angebote von Organisationen und Vereinen so ausgebaut, dass sie mit den Interessen und Bedürfnissen von Senioren und Seniorinnen kompatibel waren durch Förderung ihres Wohlbefindens und ihrer Lebensqualität. Übergeordnetes Ziel war, in Gemeinden auf diesem Weg eine andere Kultur des Alterns durch Bildung sozialer Netze, durch Begegnen, durch Ermutigen, durch Sinnstiften und durch Chancen schaffen zu entwickeln.

Einen etwas anderen Akzent hat das bemerkenswerte Präventionsprogramm „Aktive Gesundheitsförderung im Alter – Planung, Durchführung und Erfolg gesundheitsfördernder Maßnahmen für ältere Menschen am Albertinen-Haus Hamburg" gesetzt (vgl. DAPP/ANDERS/MEIER-BAUMGARTNER 2004). Ziel des Projektes war die Vorbeugung einer Neuentstehung von Krankheit und Behinderung im Alter, um langfristig Pflegebedürftigkeit zu vermeiden bzw. hinaus zu zögern (S. 16 f.). Die Mehrzahl der am Programm im Albertinen-Haus mitwirkenden alten Menschen war aufgrund ihrer Beeinträchtigungen nicht mehr in der Lage, Empfehlungen für Gesundheitsförderung selbständig durchzuführen. Insofern ging es darum, bestehende Beeinträchtigungen durch Veranstaltungen im Geriatrischen Zentrum zu kompensieren. Entwickelt wurde dazu ein multidimensionaler Ansatz mit den Schwerpunkten der Intervention in Ernährung, Bewegung und Soziales. Gearbeitet wurde in einem interprofessionellen Team (Physiotherapeut, Ökotrophologin, Sozialpädagogin). Außerdem wurde am Ausbau eines Netzwerkes für die Älteren in Hamburg gearbeitet (z. B. Intensivierung von Kooperation zwischen Hausarztpraxis, Altenhilfestrukturen und Geriatrischem Zentrum). Das Projekt erbrachte insgesamt eine sehr positive Resonanz, so dass es sich anbietet, es in verschiedenen Regionen gemäß der jeweiligen Situation zu entwickeln (vgl. DAPP/ANDERS/MEIER-BAUMGARTNER 2004).

7. Aufgaben der Sozialen Arbeit

7.1 Gesundheitsförderung und Prävention

Ihre Bedeutung wird im Gesundheitsbericht 2006 der österreichischen Bundesministerin für Gesundheit und Frauen (2006, S. 18) hervorgehoben, „wobei in den nächsten Jahren die Umsetzung der Gesundheitsreform 2005 und die damit einhergehende verstärkte Verankerung von Gesundheitsförderung und Vorsorge im österreichischen Gesundheitswesen eine wichtige Rolle spielen werden". Im Vergleich dazu fehlt es nach wie vor an einer Verankerung von Gesundheitsförderung und Prävention auf Bundesebene in Deutschland.
Vorrangiges Ziel von Prävention im Alter ist der Erhalt der funktionellen wie auch mentalen Gesundheit, die Aufrechterhaltung von Selbstständigkeit, die Vermeidung von Pflegebedürftigkeit sowie Behinderungen und auch die Aufrechterhaltung der Unterstützungssysteme. Die funktionelle Gesundheit ist ein wichtiger Indikator für die Lebensqualität und erfasst, wie und wieweit ein älterer Mensch trotz möglicher Einschränkungen (etwa chronischer Erkrankungen) seine alltäglichen Aufgaben bewältigen und am gesellschaftlichen Leben teilhaben kann. Hilfreich zur Erfassung möglicher Einschränkungen können präventive Hausbesuche sein, die potentielle Versorgungslücken frühzeitig wahrnehmen. Zielgrößen sind Senkung von Mortalität und Morbidität, Vermeidung und Verzögerung des Eintritts von Pflegebedürftigkeit und

stationären Aufenthalten im Krankenhaus und die Verbesserung des funktionalen und psychosozialen Status (vgl. BRANDES/WALTER 2007, S. 222). Die Evidenz und auch der Nutzen in Bezug auf Kosteneinsparungen sei in Deutschland noch nicht abschließend geklärt – so BRANDES und WALTER (2007, S. 222).
In einer bevölkerungsrepräsentativen Erhebung von 2002 mit dem SF-36 (Short-Form-36-Questionnaire) fanden GUNZELMANN/ALBANI/BEUTEL/BRÄHLER (2007, S. 109-119) heraus, dass sich bei sozialen Rollenfunktionen und psychischem Wohlbefinden keine Alterseffekte ergäben (S. 116). Das empirisch ermittelte Ergebnis lasse sich mit der Annahme psychischer Anpassungsleistungen des alternden Selbst an die Belastungen und Veränderungen des Alternsprozesses verstehen. Es gelinge älteren Menschen trotz krankheitsbedingter Beeinträchtigungen, u. a. Personen ab 80, „durch akkomodative Reaktionen subjektive Zufriedenheit zu bewahren, indem etwa die Bewertung des Bereiches körperlicher Funktionen oder der Gesundheit verändert wird, kompensatorische Hilfsmaßnahmen" (S. 116) zu nutzen und die verbliebenen Ressourcen auf persönlich wichtige Lebensbereiche zu konzentrieren (z. B. soziale Kontakte). Ein solches Leitbild von Altern findet sich in der Beschreibung von Szenarien einer alternden Gesellschaft als „Kompression der Morbidität" (BACKES/AMRHEIN 2008, S. 77). Morbidität wird auf eine möglichst begrenzte Zeit zum Ende des Lebens hin konzentriert. Nötig ist dafür aber die Nutzung von Ressourcen der Gesundheitsförderung.
Die Modifizierbarkeit des Kohärenzgefühls aktiver älterer Menschen (N=58, mittleres Alter von 66,3 Jahren, 65,5% Frauen) bestätigt auch eine empirische Studie von WIESMANN/RÖLKER/ILG/HIRTZ/HANNICH (2006, S. 90-99). Gleichwohl finden die Potentiale und Ressourcen im hohen Alter ihre Grenzen in irreversiblen Belastungen und Funktionseinbußen. Gesundheitsförderung und Prävention können diese jedoch hinaus schieben.
Die wichtigsten drei Ansätze zu Prävention und Gesundheitsförderung im Alter sind der risikobezogene, der versorgungsbezogene sowie der lebensweltbezogene Ansatz (vgl. WALTER/SCHNEIDER 2008, S. 292 f.): Geht es dem ersten Ansatz um eine Optimierung von Gesundheitsverhalten, dem zweiten Ansatz um die Verknüpfung von Prävention mit kurativer, rehabilitativer und pflegerischer Versorgung, so ist der lebensweltorientierte Ansatz vor allem settingbezogen ausgerichtet, z. B. im Stadtteil, aber auch im Krankenhaus und Pflegeheim. Ist im ersten Ansatz vor allem Niederschwelligkeit bedeutsam, im zweiten Koordination, u. a. in Form Integrierter Versorgung, so kann im lebensweltorientierten Ansatz die Unterstützung im Aufbau sozialer Netzwerke mit dem Ziel sozialer Unterstützung wichtig sein, um alten Menschen, die über geringe Reservekapazitäten verfügen und erhöht vulnerabel sind, zu ermöglichen, in ihrem vertrauten Sozialraum leben zu können.

7.2 Zielgruppenspezifische Förderung protektiver Kräfte

Die grundlegendste Möglichkeit zielgruppenspezifischer Förderung ist gegeben durch die Differenzierung nach Geschlecht und Alter (beide sind nicht veränderbar). Anders sieht es aus bei sozial benachteiligten Bevölkerungsgruppen im Alter. Überwiegend richten sich settingbezogene Ansätze von Gesundheitsförderung an jüngere Zielgruppen, kaum jedoch bislang an alte Menschen (vgl. ALTGELD 2008, S. 524). Besonders schwer erreichbar sind hier ältere Migranten und Migrantinnen, sozial benachteiligte alte Männer, alleinstehende Ältere, pflegebedürftige Ältere. Gute Ansatzpunkte können Settingbezogene Projekte in Stadtteilen mit besonderem Erneuerungsbedarf sein (vgl. ALTGELD 2008, S. 525). Dafür ist dann eine Mitwirkung weiterer Akteure, wie soziale Dienste, Bildungseinrichtungen, Gesundheitsdienste, vonnöten. Geeignete Koordinierungshelfer können örtliche Gesundheitskonferenzen, örtliche Pflegekonferenzen (vgl. NAEGELE 2004, S. 27), aber auch Mehrgenerationenhäuser sein. Ziel eines Setting bezogenen Ansatzes ist es, soziale Räume zu schaffen, zu fördern und auf diesem Wege neue Lebensbezüge herzustellen.

Zielgruppenbezogene Gesundheitsförderung für das Alter allgemein ist nicht sinnvoll, weil die reflexive Modernisierung auch das Alter – wie die Jugend und die Phase des dem Alter vorangehenden Erwachsenenalters – längst erreicht hat und sich durch Pluralisierung von Lebenslagen sowie Loslösung aus festen Lebensentwürfen eine Vielfalt an Tätigkeiten in der nachberuflichen Zeit, z. B. in mannigfachen Formen der Freizeitgestaltung, zeigt (vgl. SCHWEPPE 1996, S. 15, SCHWEPPE 1999, S. 333). Im VIERTEN ALTENBERICHT DER BUNDESREGIERUNG (2002) wird diese Entwicklung ebenfalls an verschiedenen Stellen angesprochen. So heißt es, kaum eine Altersgruppe sei so im Umbruch begriffen wie die der Älteren: in der (Wieder-) Entdeckung von Gestaltungskompetenzen, in der Problembewältigung und in der Aufrechterhaltung von Autonomie. Gleichwohl geht es immer auch um eine professionelle, gezielte Stärkung protektiver Kräfte, der Förderung der Ressourcen und einer grundlegenden Kompetenzsteigerung. Unerlässlich dafür ist eine biographieorientierte Gesundheitsförderung, die Zugang zu dem von älteren Menschen individuell erzeugten Lebenssinn, ihren Deutungs- und Handlungsmustern, ihrem Eigensinn (vgl. SCHWEPPE 1996, S. 255) zu finden sucht.

7.3 Zwei weitere Aufgabenfelder Sozialer Arbeit

- Eine wichtige Aufgabe Sozialer Arbeit liegt in der Betreuung pflegender Angehöriger. Ihre Belastung wächst in dem Umfang, wie die Lebenserwartung ansteigt. Hervorzuheben ist hier insbesondere die Belastung durch demenziell erkrankte Angehörige. Nicht selten gestaltet sich der Alltag pflegender

Angehöriger nach den Betreuungsbedürfnissen der Pflegebedürftigen so (vgl. KOLIP/LADEMANN 2006, S. 645), dass die mit der Pflege einhergehende Belastung zu physischen, oftmals auch psychischen Morbiditäten führt.
- Eine weitere Facette Sozialer Arbeit im Handlungsfeld Gesundheit und Alter liegt in der interprofessionellen Kooperation Sozialer Arbeit. Die Wichtigkeit interprofessioneller Kooperation wächst mit der steigenden Komplexität menschlicher Gesundheitsprobleme. Interprofessionelle Kooperation ist nicht voraussetzbar, sondern mit großem Aufwand zu lernen. Soziale Arbeit kann die Aufgabe der Koordination (z. B. im Bereich der Integrierten Versorgung, vgl. GREUEL/MENNEMANN 2006) und Moderation übernehmen.

8. Der sozialpädagogische Blick auf Altenpflege und stationäre Altenhilfe

Nach der Einführung der Pflegeversicherung 1995 in Deutschland haben sich die wichtigsten Akteure von Dienstleistungen gewandelt. War die Altenpflege vorher relativ breit konzipiert, so reorganisierte sich diese – ambulant wie stationär – im Sinne einer körperorientierten Pflege (vgl. HOMFELDT S. 94). Eine körperorientierte Versorgungsleistung wird den Bedürfnissen der Bewohner und Bewohnerinnen von Altenpflegeheimen nicht gerecht, denn „altersgerechte Versorgungsgestaltung bedeutet (...), alten Menschen ein Höchstmaß an Lebensqualität und Autonomie zu sichern" (GARMS-HOMOLOVA/ SCHAEFFER 2000, S. 545).

In der ambulanten Versorgung findet sich die Soziale Arbeit recht selten. In Pflegeheimen in Deutschland hat jedoch mehr als jede zweite Einrichtung Mitarbeiter aus der Berufsgruppe der Sozialen Arbeit (vgl. SCHMIDT 2008, S. 125). Welche Entwicklung die Soziale Arbeit in der Langzeitpflege durchlaufen wird, hängt von ihrer Profilentwicklung ab. Es kann nicht davon ausgegangen werden, dass vor Einführung der Pflegeversicherung 1995 in Deutschland alte Menschen zu den großen Arbeitsfeldern Sozialer Arbeit gehörten, aber ein bis zur Einführung der Pflegeversicherung entwickeltes Potential zur Aufwertung der Sozialen Arbeit in der Altenhilfe wurde brüchig aufgrund der einnahmeorientierten Ausgabenpolitik (vgl. HÜNERSDORF 2005, S. 109). HÜNERSDORF (2005, S. 111) plädiert deshalb für einen spezifisch disziplinären Beitrag der Sozialen Arbeit für die stationäre Altenhilfe, „der einerseits eine spezifische Sicht auf die Organisationsentwicklung ermöglicht und andererseits einen spezifischen Beitrag zur Ausbildung der Altenpflege leistet".

In Österreich gibt es seit 1993 ein einheitliches Pflegeversorgungssystem in Gestalt eines gestuften Pflegegeldes. Ähnlich wie in der deutschen Pflegeversicherung hat das Pflegegeld in Österreich eine finanziell ergänzende Funktion und soll dazu beitragen, dass Pflegebedürftige so lange wie möglich zu Hause leben können. Das staatliche Pflegegeld, das durch eine private Pflegeversicherung ergänzt werden kann, wird unabhängig vom jeweiligen Einkommen gezahlt. Ähnlich wie in Deutschland wird die Pflegebedürftigkeit – insgesamt gibt es sieben Stufen – von einem ärztlichen Sachverständigen ermittelt.

9. Ausgewählte Forschungsfelder für die Soziale Arbeit

Wie in Bezug auf Gesundheit allgemein wird Soziale Arbeit als forschende Disziplin auch nicht zu Gesundheit im Alter von anderen Disziplinen zur Kenntnis genommen, allenfalls als „etc.-Disziplin" (KUHLMEY/SCHAEFFER 2008, S. 10). Dies sei nicht bejammert, sondern bietet Anlass, ein eigenes Forschungsprofil noch weiter zu schärfen.

Die nachfolgenden Skizzen ausgewählter Forschungsfelder orientieren sich deshalb an wesentlichen Eckpunkten professioneller Ausrichtung Sozialer Arbeit, wie Biographieorientierung, Subjektbezug, Kontextualität, Körperbewusstsein und Genderbezug.

- Ein wichtiges Forschungsfeld bilden biographische Übergänge alter Menschen: Weitgehend bezieht sich die Übergangsforschung auf Übergänge im jüngeren Lebensalter (z. B. von der Jugend zum jungen Erwachsenenalter, vgl. POHL/STAUBER/WALTHER 2007, S. 227-250). Die Entstandardisierung von Lebensläufen und Übergängen ist aber auch bei Älteren registrierbar (etwa im Bereich des Übergangs vom Beruf in die Verrentung und in der eigenen Gestaltbarkeit der Lebensführung bei entstehender Pflegebedürftigkeit). Auch im Alter ist die Gestaltung der Lebensführung abhängig von Wahlmöglichkeiten. Sie ist verknüpft mit massiven Ungewissheiten und in der Folge von Anforderungen und Zumutungen, für Männer und Frauen oftmals unterschiedlich.

  Eine subjektorientierte Übergangsforschung „fragt nicht nur nach der Bewältigung von schwierigen Übergängen, sondern nach den biographischen Kompetenzen, die für eine subjektiv sinnvolle und systematisch tragfähige Gestaltung dieser Übergänge sinnvoll sind" (POHL/STAUBER/WALTHER 2007, S. 230). Erkenntnisse subjektiver Übergangsforschung schaffen Wissen zur Unterstützung alter Menschen, in ihren Sozialräumen biographisch kompetent zu interagieren und informelle Bildungspotentiale zu entdecken, so dass sie ihre Handlungsspielräume erweitern und auf diesem Wege einen positiven Einfluss auf ihr Wohlergehen nehmen können.

- Wenig im Blick der Sozialen Arbeit ist immer noch der Körper als soziale Realität. Dies gilt zum einen grundsätzlich für die Soziale Arbeit (vgl. HOMFELDT/RITTER 2005, STING, S. 2007, S. 102-112), aber auch für eine Soziale Arbeit mit Alten (vgl. OTTO 2008, S. 200). Arbeiten zum Kör-

perbewusstsein alternder Menschen, zu ihren Selbstdeutungen wie auch Identitätskonzepten, sind von großer Relevanz für die Altenhilfe und Altenarbeit. Dabei ist der kranke Körper nur eine Variante körperbezogener Realität.
- Nötig sind weitere Arbeiten zur Verknüpfung von Gesundheitsförderung und Prävention in der ambulanten, stationären, kurativen wie auch rehabilitativen und pflegerischen Versorgung. Mit der Verknüpfung ist ein interprofessionelles Wissen aufzubauen.
- Auszubauen ist das Wissen über die Art und Weise und vor allem auch den Wandel der Versorgung alter Menschen durch informelle Netze (z. B. durch nachbarschaftliche Beziehungen) und Selbsthilfe (vgl. ZEMAN. 2008, S. 297). Vor allem sind Konzepte zu schaffen, in denen Selbsthilfe und informelle Netze durch soziale Dienste des öffentlichen Sektors flankierend unterstützt werden.
- Vonnöten sind Arbeiten zu sozialer Pflegeungleichheit und Entwicklung von Konzepten zu einer geschlechtsspezifischen Altenpflege. Hier sind Ansätze zu entwickeln, die Soziales (zu mobilisierende soziale Ressourcen), Geschlechterbezogenes mit Pflege wie Pflegebedürftigkeit verbinden. Nötig erscheint für Forschungsvorhaben in diesem Feld eine interdisziplinäre Kooperation.
- Ferner sind Arbeiten wichtig, die Ergebnisse aus der lebensverlaufsbezogenen Epidemiologie für eine gesundheitsbezogene Biographiearbeit mit dem Ziel einer Modifikation des Kohärenzgefühls im Alter bereitstellen. Hier könnte es z. B. darum gehen, Unterstützung bei der Sinnfindung im Alter zu geben, aber auch Grenzen zu akzeptieren und Möglichkeiten einer biomedizinisch fundierten Gesundheitsversorgung in den psychosozialen Bereich umzulenken (vgl. BACKES/AMRHEIN 2008, S. 78).
- Es fehlt nach wie vor an kultursensiblen Konzepten zu einem gesunden Altern. Wenn Ernähren (dazu ist auch Essen als die sinnliche Tätigkeit einzubeziehen) und Bewegen zentrale Handlungsfacetten für ein gesundes Altern sind, dann ist zu überlegen, wie ältere Migranten und Migrantinnen durch zielgruppenbezogene Ansätze erreicht werden können.
- Schließlich fehlt es an Konzepten zu einer interdisziplinären Kooperation, wie sie in Ansätzen vor mehr als zehn Jahren in dem Band von MÜHLUM/ BARTHOLOMEYCZIK/GÖPEL (1997) zwischen Sozialarbeitswissenschaft, Gesundheitswissenschaft und Pflegewissenschaft angedacht worden sind. Der Sozialen Arbeit als Disziplin ist es nach wie vor nicht gelungen, in der interdisziplinären Kooperation und in der (inter-)disziplinären Selbstbeschreibung als wichtige Partnerin wahrgenommen zu werden. Mögliche Ansätze könnten Konzepte von Lebensweltorientierung, Netzwerk- und Unterstützungsperspektive, Biographieorientierung, Gemeinwesenausrichtung und Agencykonzepte (vgl. HOMFELDT/SCHRÖER/SCHWEPPE 2008) sein.

Literatur

ALTGELD, T.: Gesundheitsfördernde Settingarbeit als Schlüsselstrategie zur Reduktion von gesundheitlichen Ungleichheiten. In: BAUER, U./ BITTLINGMAYER,U. H./ RICHTER, M. (Hg.): Health Inequalities. Wiesbaden 2008, S. 511-529.

BACKES, G. M./WOLFINGER, M./AMRHEIN, L.: Geschlechterungleichheiten in der Pflege. In: BAUER, U./BÜSCHER, A. (Hg.): Soziale Ungleichheit und Pflege. Wiesbaden 2008, S. 132- 153.

BACKES, G. M./AMRHEIN, L.: Potenziale und Ressourcen des Alter(n)s im Kontext von sozialer Ungleichheit und Langlebigkeit. In: KÜNEMUND, H./ SCHRÖTER, K. R. (Hg.): Soziale Ungleichheiten und kulturelle Unterschiede in Lebenslauf und Alter. Wiesbaden 2008, S. 71-84.

BÄCKER, G. et al. (Hg.): Sozialpolitik und soziale Lage in Deutschland. Bd. 2: Gesundheit, Familie, Alter und soziale Dienste. Wiesbaden 2008.

BALCK, F./TCHITCHEKIAN, G./BERTH, H.: Bewältigungsstrategien von Angehörigen schwer körperlich Erkrankter. In: BALS, T./HANSES, A./ MELZER, W. (Hg.): Gesundheitsförderung in pädagogischen Settings. Weinheim/ München 2008, S. 65-78.

BAUER, U./BÜSCHER, A.: Soziale Ungleichheit in der pflegerischen Versorgung – ein Bezugsrahmen. In: BAUER, U./BÜSCHER, A. (Hg.): Soziale Ungleichheit und Pflege. Wiesbaden 2008, S. 7-45.

BEN-SHLOMO, Y./KUH, D.: A life course approach to chronic disease epidemiology: conceptual models, empirical challenges and interdisciplinary perspectives. In: JOURNAL OF EPIDEMIOLOGY, Vol 31, S. 285-293.

BRANDES, I./WALTER, U.: Gesundheit im Alter. Krankheitskosten und Kosteneffektivität von Prävention. In: ZEITSCHRIFT FÜR GEREONTOLOGIE UND GERIATRIE, 40/2007, S. 217-225.

BUNDESARBEITSGEMEINSCHAFT FREIE WOHLFAHRT (BAG): Positionspapier der BAG. Gesundheits- und Pflegevorsorge in Österreich. Wien 2008.

BUNDESMINISTERIUM FÜR FAMILIE, SENIOREN, FRAUEN UND JUGEND: Sechster Familienbericht. Familien ausländischer Herkunft in Deutschland. Deutscher Bundestag, Drucksache 14/4357. Berlin 2000.

BUNDESMINISTERIUM FÜR FAMILIE, SENIOREN, FRAUEN UND JUGEND: Vierter Bericht zur Lage der älteren Generation in Deutschland. Risiken, Lebensqualität und Versorgung Hochaltriger. Berlin 2002.

BUNDESMINISTERIUM FÜR FAMILIE, SENIOREN, FRAUEN UND JUGEND: Fünfter Bericht zur Lage der älteren Generation in der Bundesrepublik Deutschland. Potentiale des Alters in Wirtschaft und Gesellschaft. Der Beitrag älterer Menschen zum Zusammenhalt der Generationen. Berlin 2005.

BUNDESMINISTERIUM FÜR GESUNDHEIT, FAMILIE UND JUGEND: Soziale Ungleichheit und Gesundheit. Wien 2002.

BUNDESMINISTERIUM FÜR GESUNDHEIT UND FRAUEN: Gesundheitsbericht 2006. Wien 2006.

BUNDESMINISTERIUM FÜR GESUNDHEIT, FAMILIE UND JUGEND: Österreichische Gesundheitsbefragung 2006/2007. Wien 2007.
CLEMENS, W./NAEGELE, G.: Lebenslagen im Alter. In: KRUSE, A./MARTIN, M. (Hg.): Enzyklopädie der Gerontologie. Bern 2004, S. 387-402.
DAPP, U./ANDERS, J./MEIER- BAUMGARTNER, H. P.: Aktive Gesundheitsförderung im Alter. Ein neuartiges Präventionsprogramm im Alter. Stuttgart 2004.
DEUTEMEYER, M.: Traumatisierungspotentiale in der häuslichen Elternpflege – Indizien für geschlechtstypische Ungleichheit? In: BAUER, U./BÜSCHER, A. (Hg.): Soziale Ungleichheit und Pflege. Wiesbaden 2008, S. 259-281.
DING-GREINER, C./LANG, E.: Alternsprozesse und Krankheitsprozesse – Grundlagen. In: KRUSE, A./MARTIN, M (Hg.): Enzyklopädie der Gerontologie. Bern 2004, S. 182-206.
ERHART, M./WILLE, N./RAVENS-SIEBERER, U.: In die Wiege gelegt? Gesundheit im Kindes- und Jugendalter als Beginn einer lebenslangen Problematik. In: BAUER, U./BITTLINGMAYER, U. H./RICHTER, M. (Hg.): Health Inequalities. Wiesbaden 2008, S. 331-358.
FIEGUTH, A.: Gewalt und Misshandlung im höheren Lebensalter. In: LOB, G./RICHTER, M./PÜHLHOFER, F./SIEGRIST, J. (Hg.): Prävention von Verletzungen. Stuttgart/New York 2008, S. 197-204.
FORSCHUNGSINSTITUT DES WIENER ROTEN KREUZES: Abschlussbericht des Modellprojekts Plan60. Gesundheitsförderung für Ältere im urbanen Setting. Wien 2006.
GARMS-HOMOLOVA, V./SCHAEFFER, D: Ältere und Alte. In: SCHWARTZ, F. W./BADURA, B./BUSSE, R./LEIDL; R./RASPE, H./ SIEGRIST, J. (Hg.): Das Public-Health Buch. Gesundheit und Gesundheitswesen. München/Jena 2002, S. 536-549.
GESUNDHEITBERICHTERSTATTUNG DES BUNDES/ROBERT KOCH INSTITUT: Gesundheit im Alter. Heft 10. Berlin 2002.
GESUNDHEITSBERICHTERSTATTUNG DES BUNDES/RKI in Zusammenarbeit mit dem STATISTISCHEN BUNDESAMT: Schwerpunktbericht Migration und Gesundheit. Berlin 2008.
GESUNDHEITSAMT BREMEN: Ältere Migrantinnen und Migranten in Bremen. Bremen 2004.
GESUNDHEITSBERICHTERSTATTUNG DES BUNDES: Gesundheit in Deutschland. Berlin 2006.
GÖRRES, S./HASSELER, M.: Gesundheit und Krankheit vulnerabler älterer Bevölkerungsgruppen. In KUHLMEY, A./SCHAEFFER, D. (Hg.): Alter, Gesundheit. Bern, Jahr fehlt S. 1745-189.
GREUEL, M./MENNEMANN, H.: Soziale Arbeit in der Integrierten Versorgung. München 2006.
GUNZELMANN, T./ALBANI, C./BEUTEL, M./BRÄHLER, E.: Die subjektive Gesundheit älterer Menschen im Spiegel der SF-36. Normwerte aus einer bevölkerungsrepräsentativen Erhebung. In: ZEITSCHRIFT FÜR GERONTOLOGIE UND GERIATRIE, 39/2006, S. 109-119.

HOMFELDT, H. G.: Gesund Altern – Aufgaben Sozialer Arbeit. In: SCHWEPPE, C. (Hg.): Alter und Soziale Arbeit. Theoretische Zusammenhänge, Aufgaben und Arbeitsfelder. Baltmannsweiler 2005, S. 87-108.

HOMFELDT, H. G./RITTER, A.: Das dicke Kind. Baltmannsweiler 2005.

HOMFELDT, H. G./STING, S.: Soziale Arbeit und Gesundheit – eine Einführung. München 2006.

HOMFELDT, H. G./SCHRÖER, W./SCHWEPPE, C. (Hg.): Vom Adressaten zum Akteur. Soziale Arbeit und Agency. Opladen/Farmington Hills 2008.

HÜNERSDORF, B.: Der sozialpädagogische Blick auf die Altenpflege. In: SCHWEPPE, C. (Hg.): Alter und Soziale Arbeit. Theoretische Zusammenhänge, Aufgaben- und Arbeitsfelder. Baltmannsweiler 2005, S. 109-130.

KARL, U.: Soziale Altenarbeit und Altenbildungsarbeit – vom aktiven zum profilierten, unternehmerischen Selbst? In: WEBER, S./MAURER, S. (Hg.): Gouvernementalität und Erziehungswissenschaft. Wiesbaden 2006, S. 301-319.

KOLIP, P./LADEMANN, J.: Familie und Gesundheit. In: HURRELMANN, K./ LAASER, U./RAZUM, O. (Hg.): Handbuch Gesundheitswissenschaften. Weinheim/München 2006, S. 625-652.

KUHLMEY, A./SCHAEFFER, D.: Vorwort. In: ALTER, GESUNDHEIT UND KRANKHEIT. Bern 2008, S. 9-11.

KRUSE, A.: Gesund Altern. Stand der Prävention und Entwicklung ergänzender Präventionsstrategien. Heidelberg 2002.

KRUSE, A.: Psychologische Veränderungen im Alter. In: KUHLMEY, A./ SCHAEFFER, D. (Hg.): Alter, Gesundheit und Krankheit. Bern 2008, S. 15-32.

KÜNEMUND, H.: Gesundheit. In: KOHLI, M./KÜNEMUND, H. (Hg.): Die zweite Lebenshälfte. Opladen 2000, S. 102-123.

LAMPERT, T./ZIESE, T.: Armut, soziale Ungleichheit und Gesundheit. Expertise des Robert Koch Instituts zum 2. Armuts- und Reichtumsbericht der Bundesregierung. Berlin o. J.

MAYER, K. U./BALTES, P. B.: Lebenslagen und soziale Ungleichheiten im hohen Alter. In: MAYER, K. U./BALTES, P. B. (Hg.): Die Berliner Altersstudie. Berlin 1996, S. 251- 275.

MARMOT, M.: Social determinants of health inequalities. In: THE LANCET, 365/2005, S. 1099.

MÜHLUM, A./BARTHOLOMEYCZYK, S./GÖPEL, E.: Sozialarbeitswissenschaft, Pflegewissenschaft, Gesundheitswissenschaft. Freiburg 1997.

NAEGELE, G.: Gesundheitsförderung und Prävention für das höhere Alter – ein neues Handlungsfeld für die Sozialpolitik. In: THEORIE UND PRAXIS DER SOZIALEN ARBEIT, 4/2004, S. 20-28.

NAEGELE, G.: Sozial- und Gesundheitspolitik für ältere Menschen. In: KUHLMEY, A./SCHAEFFER, D. (Hg.): Alter, Gesundheit und Krankheit. Bern 2008, S. 46-63:

OTTO, U.: Alter/alte Menschen. In: HOMFELDT, H. G./HANSES, A. (Hg.): Lebensalter und Soziale Arbeit – Eine Einführung. Bd.1. Baltmannsweiler 2008, S. 192-209.

PERRIG-CHIELLO, P.: Wohlbefinden im Alter. Weinheim/München 1997.
PETERS, M.: Beratung älterer Menschen und ihrer pflegenden Angehörigen. In: ANER, K./Karl, U. (Hg.): Lebensalter und Soziale Arbeit. Ältere und alte Menschen. Baltmannsweiler 2008, S. 94-108.
PFABIGAN, D.: Kultursensible Pflege und Betreuung – methodische Ermutigungen für die Aus- und Weiterbildung. Wien: Ausbildungszentrum des Wiener Roten Kreuzes 2007.
POHL, A./STAUBER, B./WALTHER, A.: Sozialpädagogik des Übergangs und Integrierte Übergangspolitik. In: STAUBER, B./POHL, A./WALTHER, A. (Hg.): Subjektorientierte Übergangsforschung. Weinheim/München 2007, S. 227-250.
POWER, C./KUH, D.: Die Entwicklung gesundheitlicher Ungleichheiten im Lebenslauf. In SIEGRIST, J./MARMOT, M. (Hg.): Soziale Ungleichheit und Gesundheit. Bern 2008, S. 45-76.
RIEPE, M: W.: Psychische Störungen und Krankheiten im Alter. In: KUHLMEY, A./SCHAEFFER, D. (Hg.): Alter, Gesundheit und Krankheit. Bern 2008, S. 97-106.
ROSENMAYR, L.: Was Hänschen nicht lernt, kann ein alter Hans immer noch lernen. In: BECKER, S./VEELKEN, L./WALLRAVEN, K.-P. (Hg.): Handbuch Altenbildung. Theorien und Konzepte für Gegenwart und Zukunft. Opladen 2000, S. 445-456.
SACHVERSTÄNDIGENRAT (SVR) ZUR BEGUTACHTUNG DER ENTWICKLUNG IM GESUNDHEITSWESEN: Kooperation und Verantwortung. Voraussetzungen einer zielorientierten Gesundheitsversorgung. Gutachten. Berlin 2007.
SCHMIDT, R.: Soziale Arbeit in der Langzeitpflege. In: ANER, K./KARL, U. (Hg.): Lebensalter und Soziale Arbeit – Ältere und alte Menschen. Baltmannsweiler 2008, S. 123-137.
SCHULZE, E./DREWES, J.: Die gesundheitliche Situation von Pflegenden. In: GÄRTNER, K./GRÜNHEID, E./LUY, M. (Hg.): Lebensstile, Lebensphasen, Lebensqualität – Interdisziplinäre Analysen von Gesundheit und Sterblichkeit aus dem Lebenserwartungssurvey des BiB. Wiesbaden 2005, S. 269-292.
SCHWEPPE, C.: Alter(n) im Strukturwandel der Moderne. In: SCHWEPPE, C. (Hg.): Soziale Altenarbeit. Weinheim/München 1996, S. 11-32.
SCHWEPPE, C.: Biographieforschung und Altersforschung. In: KRÜGER, H.-H./MAROTZKI, W. (Hg.): Handbuch erziehungswissenschaftliche Biographieforschung. Opladen 1999, S. 325- 343.
SIEGRIST, J./MARMOT, M.: Einleitung. In: SIEGRIST, J./MARMOT, M. (Hg.): Soziale Ungleichheit und Gesundheit. Bern 2008, S. 15-44.
STING, S.: Der Körper als Bildungsthema. In: HOMFELDT, H. G. (Hg.): Soziale Arbeit im Aufschwung zu neuen Möglichkeiten. Baltmannsweiler 2007, S. 102-112.
STUDENT, J.-C./MÜIILUM, A./STUDENT, U.: Soziale Arbeit in Hospiz und Palliative Care. München 2004.

VON DEM KNESEBECK, O.: Soziale Ungleichheit, Gesundheit und Krankheit im Alter. In: KUHLMEY, A./SCHAEFFER, D. (Hg.): Alter, Gesundheit und Krankheit. Bern 2008, S. 120-130.

VON DEM KNESEBECK, O./MIELCK, A.: Soziale Ungleichheit und gesundheitliche Versorgung im höheren Lebensalter. In: BÖRSCH-SUPAN, A./ HANK, K./JÜRGES, H./SCHRÖDER, M. (Hg.): 50plus in Deutschland. Wiesbaden 2009, S. 135-147.

WALTHER, U.: Möglichkeiten der Gesundheitsförderung und Prävention im Alter. In: KUHLMEY, A./SCHAEFFER, D. (Hg.): Alter, Gesundheit und Krankheit. Bern 2008, S. 245-262.

WALTER, U./SCHNEIDER, N.: Gesundheitsförderung und Prävention im Alter. Realität und professionelle Anforderung. In: HENSEN, G./HENSEN, P. (Hg.): Gesundheitswesen und Sozialstaat. Wiesbaden 2008, S. 87-299.

WIESMANN, U./RÖLKER, S./ILG, H./HIRTZ, P./HANNICH, H.-J.: Zur Stabilität und Modifizierbarkeit des Kohärenzgefühls aktiver älterer Menschen. In: ZEITSCHRIFT FÜR GERONTOLOGIE UND GERIATRIE, 39/2006, S. 90-99.

WINTER, M. H.-J./KUHLMEY, A./MAAZ, A./NORDHEIM, J./HOFMANN. J. W.: Gesundheitliche Versorgung bei chronischer Krankheit im Alter. In: BADURA, B./ISERINGHAUSEN, O. (Hg.): Wege aus der Krise der Versorgungssituation. Bern 2005, S. 71-81.

ZEMAN. P.: Informelle Netze und Selbsthilfe und ihr Beitrag zur Versorgung alter Menschen. In: KUHLMEY, A./SCHAEFFER, D. (Hg.): Alter, Gesundheit und Krankheit. Bern 2008, S. 297-307.

ZIMBER, A.: Gesundheitsförderung in der stationären Altenpflege: Effekte eines Qualifizierungsprogramms für Mitarbeiter und Leitungskräfte. In: BADURA, B./LITSCH, M./VETTER, C. (Hg.): Fehlzeitenreport. Berlin/ Heidelberg 2001, S. 213-230.

Helmut Spitzer

ALTERN, STERBEN UND TOD
Vom schwierigen Umgang mit der fast vollendeten Biographie

1. Einleitung

Der Tod gehört zum Leben, und am Ende sterben wir alle. Diese anthropologische Grundfeststellung ruft bei vielen Menschen unangenehme Assoziationen hervor und macht ihnen Angst. Andere wiederum versuchen, die einzige Gewissheit ihres Lebens, nämlich jene, dass sie eines Tages sterben werden, abzuspalten und möglichst von sich fern zu halten. In einem Seminar über den Umgang mit Altern, Sterben und Tod in unserer Gesellschaft meinte eine Studierende einmal: „Nur wenn man den Tod verdrängt, kann man bewusst leben." Ich hielt dem eine Aussage des Religionsphilosophen Romano GUARDINI gegenüber: „Altwerden heißt, dem Tod nahe kommen; je älter, desto näher" (zit. nach BADRY 1991, S. 116). Es gibt kein Entkommen, niemand kann sich entziehen, spätestens in der Erfahrung des eigenen Alterns werden Sterben und Tod früher oder später existentiell konkret. Die Auseinandersetzung mit der Endlichkeit und Vergänglichkeit des Lebens, mit Fragen des Alterns, des Sterbens und des Todes kann eine Chance sein, sich darauf vorzubereiten und besser gewappnet zu sein – dies ist die Grundthese dieses Beitrages. Es geht darum, Sterben und Tod zu „normalisieren", in den Alltag und in das Leben zurückzuholen, als unabdingbaren und wichtigen Teil der menschlichen Biographie und der gesellschaftlichen Realität anzuerkennen.

Ich gehe in diesem Beitrag zuerst auf einige Merkmale des gegenwärtigen gesellschaftlichen Umgangs mit Sterben und Tod ein (Kap. 2). Danach wird in Grundzügen die Hospizbewegung als ein Gegenentwurf zur Institutionalisierung und Ausgrenzung des Sterbens vorgestellt (Kap. 3). Schließlich wird die Soziale Arbeit nach ihren Kompetenzen und Möglichkeiten in diesem Handlungsfeld angefragt (Kap. 4). Dabei wird deutlich, dass es vielfältige Herausforderungen und Aufgabenbereiche gibt, wo sich die Soziale Arbeit im Bereich des Gesundheitswesens und in der Altenarbeit, aber auch in einem breiten Verständnis von Bildungsarbeit positionieren kann.

2. Sterben und Tod in der heutigen Gesellschaft

Modernisierungs- und Individualisierungsprozesse in den industriekapitalistischen Gesellschaften wirken sich auch auf den öffentlichen wie individuellen Umgang mit Sterben und Tod aus. Phillipe ARIÈS hat in seiner „Geschichte des Todes" (1982) darauf aufmerksam gemacht, dass die Institutionalisierung des Todes, sprich seine allmähliche Verlagerung vom Rahmen der familiären Versorgung und Begleitung Sterbender in den medizinischen Kontext des Krankenhauses, Anfang des 20. Jahrhunderts ihren historischen Anfang nahm. ARIÈS spricht von einem „Triumph der Medikalisierung" (S. 747) und beschreibt diesen Prozess so: „Die physiologischen Begleiterscheinungen des menschlichen Lebens sind aus der Alltagswirklichkeit ausgebürgert und in die aseptische Welt der Hygiene, der Medizin und der Sittlichkeit verwiesen worden" (ebd., S. 730). Während das Sterben und der Tod in früheren Epochen gemeinschaftlich eingebettet und „öffentlich" waren, vollzieht sich das Sterben heute zunehmend isoliert, entzieht sich den Blicken der Allgemeinheit, wird „privatisiert". Mit Blick auf aktuelle statistische Angaben zu Sterbeorten zeigt sich folgendes Bild: Im Jahr 2005 starben 55% der ÖsterreicherInnen im Krankenhaus, 27% an der Wohnadresse, 13% in Pflegeheimen und 5% an einem sonstigem Ort (z. B. auf dem Transport). Dabei liegt der Anteil jener, die in einer Krankenanstalt sterben, bei der Altersgruppe der 65-75jährigen mit 62,1% am höchsten (vgl. PLESCHBERGER 2009, S. 471). Je älter die Menschen werden, desto mehr verlagert sich das Sterben dann weg von den Krankenhäusern hin in die Alten- und Pflegeheime (vgl. HELLER 2000, PLESCHBERGER 2009). Diese sind aber in der Regel nur unzulänglich darauf vorbereitet.

Die veränderten Einstellungen und Umgangsformen gegenüber Sterben und Tod gehen mit einem gesamtgesellschaftlichen Wandel einher (Wandel der Familienstrukturen, der Geschlechter- und Generationenverhältnisse, der Arbeitswelt, Pluralisierung der Lebensformen usw.). Der Zwang zur beruflichen Mobilität, zur Freizeitgestaltung und Mehrfachbelastung in Beruf und Familie lassen den Menschen wenig Raum und Zeit, die für ein würdevolles Sterben und ein angemessenes Trauern nötig wären. Eine allgemeine Säkularisierung der Gesellschaft, im Zuge derer sich die Einstellungen zum Tod und zu einem möglichen Leben jenseits des irdischen Daseins veränderten, spielt ebenso eine große Rolle. Religiöse Wert-, Deutungs- und Schutzsysteme sowie traditionelle Zeremonien und Riten traten im letzten Jahrhundert immer mehr in den Hintergrund. Dadurch wird der individuelle Charakter des Sterbens offen gelegt, gleichzeitig wird das Sterben verdrängt und tabuisiert (vgl. HERRLEIN 2003, S. 144). Das gilt auch für die Trauer. ARIÈS (1982, S. 787) analysiert diesen Prozess dahingehend, dass die Gemeinschaft sich am Tod eines ihrer Mitglieder immer weniger beteiligt fühlt. Im Zuge des technologischen Fortschritts wurde das Solidaritätsgefühl immer weiter erodiert und die Verantwortung für den Umgang mit sterbenden Menschen an die Medizin übertragen. In der heutigen Gesellschaft ist von einer zunehmenden Zahl alter Menschen auszugehen, deren Sterben und Tod von niemandem mehr mit Betroffenheit und Anteilnahme begleitet oder zur Kenntnis genommen wird (vgl. KOLLAND 2000, S. 578).

Franco REST (1998) geht davon aus, dass die Todesleugnung und Todesverdrängung in unserer fast ausschließlich an Produktivität, Leistung und Fortschritt orientierten Gesellschaft bis in die 1970er-Jahre andauerte. Danach wurde die mentale und lebensweltliche Verdrängung und Tabuisierung des Todes allmählich von einer langsamen Öffnung für die Brisanz dieser Thematik abgelöst, und es entstand ein neues Todesbewusstsein und eine vermehrte Integration des Todes ins Leben. „Die Entpersönlichung und Sprachlosigkeit angesichts von Sterben und Tod kommen langsam an ihr Ende" (REST 1998, S. 27). Dabei spielen die Medien sicherlich eine bedeutende Rolle. REST spricht von einer „Todespornographie" in den Sensationsmeldungen der Massenmedien und in Spielfilmen, die in den 70er-Jahren des letzten Jahrhunderts einsetzte und die quasi die Bestätigung einer Verdrängung und eines Tabus durch deren lustvolle, spekulative Aufbereitung und Abwertung zum Konsumobjekt darstellt (vgl. REST 1998, S. 26). Verschiedene AutorInnen haben auf eine eigentümliche Diskrepanz im Umgang mit Sterben und Tod in der Spätmoderne hingewiesen: Es haben menschheitsgeschichtlich noch nie so viele Menschen so viele Tote und Todesarten gesehen (im Fernsehen, in den Printmedien, im Internet, vermittelt durch digitale Spiele), aber gleichzeitig gab es noch nie so wenige Menschen, die persönlich Berührung und Erfahrungen mit Sterbenden oder einem Leichnam haben (vgl. STUDENT/MÜHLUM/STUDENT 2004, GRONEMEYER 2007).
David KESSLER, ein Schüler und langjähriger Mitarbeiter der berühmten Sterbeforscherin Elisabeth KÜBLER-ROSS, formulierte einmal folgenden Satz: „Um ein Leben abgeschlossen zu machen, sind nur zwei Dinge nötig: Geburt und Tod" (KESSLER 2003, S. 158). Nicht von ungefähr stellen diese beiden elementaren Eckpunkte am Anfang und am Ende des menschlichen Lebens ethische und sozialpolitische Brennpunkte der Diskussion in unserer modernen Gesellschaft dar. Fragen der pränatalen Diagnostik, heftige Debatten über Abtreibung und gentechnologische Eingriffe der Medizin, Abwägungen aktiver und passiver Sterbehilfe, juristische Verfügungsmöglichkeiten über den Verzicht medizinischer Anstrengungen bei unheilbarer Krankheit (Stichwort Patientenverfügung) – all das sind Indizien für einen gesellschaftlichen Diskussionsprozess, der sich immer stärker um die Grundlagen der menschlichen Existenz dreht (vgl. HELLER/HELLER 2003).
Gegenwärtig kursiert die öffentliche Debatte mit großer Intensität um die Gruppe der hochaltrigen Menschen in unserer Gesellschaft. Die mit dem Erreichen eines hohen Alters einhergehenden Risiken von Multimorbidität, Demenz und Pflegebedürftigkeit führen zu medial und politisch immer heftiger diskutierten Fragen der volkswirtschaftlichen Kosten der Betreuung und Pflege alter Menschen. Wenn in der Folge das Sterben im hohen Alter nur mehr in ökonomischen und medizinisch-technischen Kategorien erfasst und gedacht wird, läuft es Gefahr, weiter entwertet und ins Abseits gedrängt zu werden.

Alte Menschen, die an Demenz und anderen Krankheiten leiden, sind in ihren Selbstbestimmungsmöglichkeiten oft sehr eingeschränkt. Entkoppelt von ihrem Familiensystem, fehlt eine soziale Unterstützung oft völlig oder ist zumindest stark reduziert. Alte Menschen finden sich in der letzten Phase ihres Lebens in Pflegeheimen und Spitälern wieder und sind trotz professioneller medizinischer und pflegerischer Maßnahmen isoliert und vereinsamt. Das institutionalisierte Sterben bedeutet für die Betroffenen vielfach den „sozialen Tod". Das Konzept des sozialen Todes bedeutet, dass sich Sterbende in einer *Lebens*situation befinden, die von einer Verringerung der Privatsphäre, einer starken Abnahme von Sozialkontakten sowie einer zum Teil dramatischen Reduzierung von Kommunikation und Aktivitäten gekennzeichnet ist (vgl. SCHMITZ-SCHERZER 1999, S. 388 f.). Ein Mensch kann lange vor seinem physischen Tod sozial sterben. Wer einmal den Tagesablauf von schwer dementen Menschen in einem durchschnittlichen österreichischen Pflegeheim mit den üblichen Personal- und Kapazitätsproblemen erlebt oder beobachtet hat, weiß, wie unwürdig und trostlos sich dieser soziale Sterbeprozess gestalten kann. Damit hat wohl auch eine der großen Paradoxien unserer modernen Gesellschaft zu tun: Die Menschen wünschen sich, alt zu werden, das auch noch möglichst gesund und aktiv, sie fürchten sich aber davor, alt zu *sein*. Diese Angst liegt vielleicht darin begründet, dass mit der Vorstellung eines Lebens im hohen Alter ein langer, hinausgezögerter, womöglich qualvoller und sozial isolierter Sterbeprozess assoziiert wird. Nicht von ungefähr wünschen sich – im Widerspruch zur empirisch belegbaren Institutionalisierung des Sterbens – 90% aller Menschen, ihr Leben zu Hause und in einer vertrauten Umgebung beenden zu können (vgl. ebd., S. 384).

In der heutigen Zeit scheint der Tod überwiegend als ein exklusives Problem alter Menschen wahrgenommen zu werden (vgl. GUDJONS 1996). Doch der Tod ist allgegenwärtig und betrifft alle Altersgruppen, vom Säugling, der unmittelbar nach der Geburt verstirbt, über den 14jährigen, der sich zum Entsetzen seiner Familie suizidiert, bis zum Familienvater, der nach Dienstschluss auf der Straße verunglückt und nie wieder zu seinen Kindern nach Hause kommen wird, oder die junge Frau, die bei einer Routineuntersuchung mit einer Verdachtsdiagnose auf Krebs konfrontiert wird und binnen weniger Monate stirbt. Eine offene und produktive Auseinandersetzung mit Sterben und Tod ist eine zentrale Herausforderung für unsere Gesellschaft. Das gilt sicherlich im Hinblick auf ein menschenwürdiges Sterben alter und hochbetagter Menschen. Es ist aber auch eine gesamtgesellschaftliche Aufgabe, um der „Unpopularität des Todes" (GUDJONS 1996, S. 7) und den damit verknüpften Verdrängungsbemühungen, Ängsten und rationalen Umgangsformen eine andere Kultur der Auseinandersetzung und der Praxis des Sterbens entgegenzuhalten. Die moderne Hospizbewegung hat dazu maßgebliche Impulse gesetzt und wichtige gesellschaftspolitische Entwicklungen forciert.

3. Die Hospizbewegung

3.1 Entstehungsgeschichte

Die Idee des Hospizwesens hat weitreichende historische Wurzeln. Der Begriff „Hospiz" leitet sich vom Lateinischen „hospitium" her und bedeutet ursprünglich Gastfreundschaft und Herberge. Bereits im Römischen Reich und später im Mittelalter gab es Hospize, die Reisenden, Bedürftigen, Kranken und Sterbenden Schutz und Hilfe anboten. Als Wegbereiterin der modernen Hospizbewegung gilt Cicely SAUNDERS, eine Krankenschwester, Sozialarbeiterin und später Medizinerin, die 1967 in London das *St. Christopher's* als erstes stationäres Hospiz gründete, um an diese Tradition anknüpfend sterbenden Menschen in ihrer letzten Lebensphase Begleitung anzubieten (vgl. HÖFLER 2001, STUDENT/MÜHLUM/STUDENT 2004). Das *St. Christopher's Hospice* gilt als „Keimzelle der globalen Hospizbewegung" (HÖFLER 2001, S. 4), von dort aus entstand, zunächst in den Vereinigten Staaten und Nordeuropa, später auf der ganzen Welt, eine große, rapide wachsende Zahl von Initiativen und Einrichtungen, die sich dem Ziel verschrieben haben, das Sterben wieder in das Leben zu integrieren und einen angemessenen gesellschaftlichen Umgang mit Sterben, Tod und Trauern zu fördern. Dabei muss festgehalten werden, dass der Hospizgedanke und hospizliches Handeln nicht auf ein rein stationäres Angebot im Sinne eines „Sterbehauses" oder einer Palliativstation reduziert werden. Die Hospizbewegung will eine Institutionalisierung eher vermeiden und begreift sich als einen Beitrag zu einer umfassenden Rehumanisierung und Resolidarisierung des Sterbens, die sowohl für den Einzelnen als auch für die Gesellschaft von fundamentaler Bedeutung sind. Der Kerngedanke der hospizlichen Philosophie ist es, das Sterben in das Leben einzubeziehen und in den Alltag zurückzuholen (vgl. STUDENT/MÜHLUM/STUDENT 2004, S. 15 f.). Entsprechend gestalten sich die Organisationsformen hospizlicher Arbeit sehr vielschichtig und reichen von autonomen, stationäre und ambulante Angebotsformen kombinierenden Hospizdiensten über in das medizinische Versorgungssystem integrierte hospizliche Einheiten bis zu rein ambulant arbeitenden Teams und Beratungsteams, die nach den Grundsätzen der Hospizbewegung ausgerichtet sind (vgl. ebd., S. 34).
Aus der Hospizbewegung, und zum Teil aus der Palliativmedizin, ist der Ansatz des Palliative Care entstanden. Hospizarbeit und Palliative Care sind eng miteinander verzahnt und werden heute vielfach in einem Atemzug genannt (vgl. STUDENT/MÜHLUM/STUDENT 2004). Palliative Care kann als Theorie und Praxis der Versorgung schwerkranker und sterbender Menschen verstanden werden. Dabei bedeutet das englische *Care* mehr als Pflege. Bei dem Konzept geht es im weitesten Sinne um eine umfassende Versorgung von Menschen, die sich in der letzten Lebensphase befinden und deren Lebenssi-

tuation nicht mehr durch kurative Behandlungen verbessert werden kann (vgl. HELLER 2000, S. 12). Die etymologische Bedeutung dieses ganzheitlichen Konzepts hat eine große Symbolkraft: „palliare" aus dem Lateinischen bedeutet „mit einem Mantel umhüllen".

Der Beginn des modernen Hospizgedankens fällt mit der Erforschung und einem tieferen wissenschaftlichen Verständnis des Sterbens zusammen. Dabei hat die Schweizer Psychiaterin Elisabeth KÜBLER-ROSS richtungsweisende Arbeiten vorlegt (vgl. STUDENT/MÜHLUM/STUDENT 2004). International bekannt geworden ist sie, als sie 1969 ihr Buch „On death and dying" – deutsch: „Interviews mit Sterbenden" (KÜBLER-ROSS 2001) – vorstellte. Darin hat sie ein Phasenmodell entworfen, in dem die psychische Situation und die Bewältigungsmechanismen sterbender Menschen dargestellt werden. Die Hospizarbeit wurde stark von den Arbeiten von KÜBLER-ROSS beeinflusst. Parallel zur sich verbreitenden Hospizbewegung begann die Herausbildung einer eigenen wissenschaftlichen Disziplin, die Thanatologie (vom Griechischen „thanatos", der Tod) als die Wissenschaft vom Sterben und vom Tod (vgl. SCHMITZ-SCHERZER 1999).

3.2 Das Hospizwesen in Österreich

In Österreich konnte die Hospizbewegung erst etwas zeitverzögert Fuß fassen. Bis gegen Ende der 1980er-Jahre waren es nur wenige engagierte Einzelpersonen aus unterschiedlichen Arbeitsfeldern, die mit unterschiedlichsten Motiven den Hospizgedanken ins Bewusstsein der Öffentlichkeit und der Fachdisziplinen rückten (für eine ausführliche Darstellung der Geschichte der Hospizbewegung in Österreich vgl. HÖFLER 2001). Obwohl Hospize grundsätzlich auf überkonfessioneller Basis arbeiten, waren es in Österreich auf institutioneller Ebene zunächst verschiedene kirchliche Einrichtungen, die sich für die Verbreitung der Hospizidee einsetzten. Seit 1993 gibt es „Hospiz Österreich" als überparteilichen und überkonfessionellen Dachverband von Palliativ- und Hospizeinrichtungen. Inzwischen sind mehr als 200 ambulante und stationäre Hospizdienste in allen Bundesländern Österreichs im Rahmen dieses Dachverbandes organisiert (vgl. KRATSCHMAR/TEUSCHL 2008; Homepage: www.hospiz.at). Für die öffentliche Thematisierung hospizlicher Konzepte waren auch die Ereignisse im Krankenhaus Lainz im Jahre 1988 mit ausschlaggebend. Die Tötung schwerkranker alter Menschen durch Pflegepersonal löste in einer breiten Öffentlichkeit eine Diskussion über die Pflegebedingungen sowohl für Betroffene als auch für Pflegekräfte aus (vgl. GRONEMEYER/FINK/GLOBISCH/SCHUMANN 2004, S. 234).

2004 wurde im Auftrag des Bundesministeriums für Gesundheit und Frauen von einer Expertengruppe das Konzept einer „Abgestuften Hospiz- und Palliativversorgung" erarbeitet. In diesem Konzept ist ein System von „Bausteinen" vorgesehen, das sich in eine palliative Grundversorgung und in eine spezialisierte Hospiz- und Palliativversorgung gliedert (vgl. ÖBIG 2004). Die palliative Grundversorgung soll in den bestehenden Einrichtungen des Gesundheits- und Sozialwesens erfolgen. Mit Blick auf alte, sterbende Menschen sind damit vor allem die Krankenhäuser, speziell der Akutbereich, die Alten- und Pflegeheime im Langzeitbereich sowie im häuslichen Kontext niedergelassene Ärzte, mobile Dienste sowie unterschiedliche Therapieangebote gemeint. Die spezielleren Angebotsformen setzen sich aus folgenden Bausteinen zusammen: Palliativstationen (als eigenständige Stationen innerhalb von bzw. im Verbund mit einem Akutkrankenhaus) übernehmen die Versorgung in besonders komplexen Situationen, die durch andere Einrichtungen oder Dienste nicht bewältigt werden und die durch die Notwendigkeit von besonderer ärztlicher Expertise gekennzeichnet sind. Stationäre Hospize übernehmen die stationäre Versorgung, wenn ein größerer Bedarf an pflegerischer und psychosozialer Betreuung gegeben ist. Es werden PalliativpatientInnen in der letzten Lebensphase betreut, bei denen eine Behandlung im Akutkrankenhaus nicht erforderlich und eine Betreuung zu Hause oder in einem Pflegeheim nicht mehr möglich ist. Tageshospize verschaffen jenen, die die Nacht in ihrer gewohnten Umgebung verbringen können, durch Behandlung, Beratung und Begleitung eine Entlastungsmöglichkeit während des Tages. Palliativkonsiliardienste bieten im Krankenhaussetting spezielle fachliche Beratung für ärztliches Personal und Pflegefachkräfte, mobile Palliativteams bieten dasselbe für Betreuende zu Hause und in Heimen. Schließlich bieten Hospizteams, bestehend aus qualifizierten ehrenamtlichen HospizbegleiterInnen und mindestens einer hauptamtlich koordinierenden Fachkraft, schwerkranken und sterbenden Menschen und ihren Angehörigen Begleitung und Beratung in der Zeit der Krankheit, des Schmerzes, des Abschieds und der Trauer. Das Hospizteam kann in allen Versorgungskontexten – zu Hause, im Heim oder im Krankenhaus – tätig sein. Dadurch trägt es bei, die Übergänge flüssiger zu gestalten und die Kontinuität in der Betreuung zu sichern (ebd.).

Ein großes Problem stellt allerdings die Finanzierung von Hospiz-Leistungen dar. Das österreichische Finanzierungssystem unterscheidet zwischen Pflege- und Behandlungsfällen. Für alte Menschen, die als „Pflegefall" eingestuft sind, bedeutet das, dass die Kosten für hospizliche Tätigkeiten aus eigenen Mitteln (unter Heranziehung des Pflegegeldes) getragen werden müssen. Dies widerspricht dem international geltenden Grundsatz der Unentgeltlichkeit der Hospizbetreuung und erschwert den Betroffenen den Zugang zu adäquaten Versorgungsleistungen (vgl. HÖFLER 2001, S. 17). Während die Finanzierungsfrage im Bereich des Krankenhauswesens weitgehend geklärt zu sein scheint, operieren hospizliche Träger außerhalb des Gesundheitssystems überwiegend auf Basis von Spendengeldern und öffentlichen Zuschüssen sowie eines nicht zu unterschätzenden Leistungspotenzials von ehrenamtlichen MitarbeiterInnen (österreichweit sind knapp 3000 ehrenamtliche HospizhelferInnen im Einsatz; vgl. KRATSCHMAR/TEUSCHL 2008). Obwohl die Österreichische Bundesregierung zum Ausbau von Hospizarbeit und Palliative Care ein klares Bekenntnis abgelegt hat, wird die Kostenfrage für ein menschenwürdiges Sterben zwischen den Sozialversicherungsträgern und dem Gesundheitsbereich einerseits sowie zwischen politischen Entscheidungsträgern auf Bundes- und Landesebene andererseits weiterhin hin- und hergeschoben.

Dabei steckt in dieser Frage die große Chance, dass eine Gesellschaft durch den Umgang mit ihren sterbenden Mitgliedern ihre Humanität unter Beweis stellt. Das gilt ganz besonders für alte Menschen in ihrer letzten Lebensphase. In der internationalen Fachdiskussion hat im Kontext von Palliative Care eine konzeptuelle Erweiterung stattgefunden, indem sich über den Kreis von onkologisch erkrankten Menschen hinausgehend ein Fokus auf alte Menschen zunehmend durchgesetzt hat (vgl. PLESCHBERGER 2009, S. 478). Neben guten Konzepten bedarf es allerdings auch eines politischen Willens, um diese auf eine solide Basis zu stellen und in die Praxis umsetzen zu können. Eine Studie, die Fragen nach einem würdigen Sterben alter Menschen behandelt, trägt den Titel „Wenn nichts mehr zu machen ist, ist noch viel zu tun" (HELLER/HEIMERL/HUSEBÖ 2007). Diese Aufforderung gilt für die Gesellschaft als Ganzes, aber auch für die einzelnen Disziplinen und Berufsgruppen, die angesichts der Versorgung von hochbetagten, multimorbiden, chronisch kranken, dementiell beeinträchtigten, sterbenden Menschen vor großen Herausforderungen stehen. Auch die Soziale Arbeit ist hier gefordert. Ihr Beitrag soll in den folgenden Abschnitten dargestellt werden.

4. Rolle und Aufgabenbereiche der Sozialen Arbeit

Auf den ersten Blick scheint die Soziale Arbeit (verstanden als Sozialarbeit und Sozialpädagogik) im Bezug auf das Thema des vorliegenden Beitrags durch eine doppelte Distanzierung gekennzeichnet zu sein: Zum einen ist ihre Beschäftigung mit alten Menschen noch recht jungen Datums (vgl. SPITZER in diesem Band), zum anderen gibt es trotz einer zunehmenden Konfrontation der Profession mit Sterben und Tod in unterschiedlichen Handlungsfeldern so gut wie keine diesbezügliche theoretische Auseinandersetzung aus sozialpädagogischer Perspektive (vgl. MENNEMANN 2005). Immerhin haben einige AutorInnen das Kompetenzprofil und die Handlungsmöglichkeiten der Sozialen Arbeit in den Bereichen Sterbebegleitung, Hospiz und Palliative Care aufgegriffen und dargestellt (vgl. MENNEMANN 1998, BUSCHE/STREGE 1999, STUDENT/MÜHLUM/STUDENT 2004, MENNEMANN 2005, RÖTTGER 2006, MÜHLUM 2007). Während in der angelsächsischen Hospizarbeit der spezifische Beitrag der Profession durch die Etablierung eines „professionellen Dreiecks", bestehend aus Pflege, Medizin und Sozialarbeit, deutlich erkennbar ist (vgl. STUDENT/MÜHLUM/STUDENT 2004, S. 98), fehlt hierzulande eine entsprechende Konturierung. Der Dachverband „Hospiz Österreich" hat die Soziale Arbeit zwar schon vor ein paar Jahren konzeptuell aufgenommen und sowohl ein eigenes „Berufsprofil für die Sozialarbeit im Rahmen von Hospiz und Palliative Care" verabschiedet als auch „Standards für Sozialarbeit im Bereich Palliative Care" formuliert (vgl. HOSPIZ ÖSTERREICH 2002 und 2003). In der Praxis der österreichischen Hospiz- und Palliative Care-Arbeit scheint die Profession allerdings stark unterrepräsentiert zu sein. Speziell im Hinblick auf den Themenkomplex Altern, Sterben und Tod sind weder eine professionelle Expertise in der Berufspraxis noch ein ausgeprägtes Interesse im Wissenschaftsbetrieb der Sozialen Arbeit erkennbar. Zudem fristen diese Themen auch im Ausbildungsbereich ein großes Schattendasein.

Dennoch: Von ihrem gesellschaftlichen Auftrag, professionellen Selbstverständnis, methodischen Rüstzeug und multiperspektivischen Zugang her scheint die Soziale Arbeit geradezu prädestiniert dafür zu sein, sich um die Belange und Bedürfnisse sterbender und trauernder Menschen und ihrer besonderen Lebenslagen zu kümmern (vgl. STUDENT/MÜHLUM/STUDENT 2004, S. 20 ff.). Soziale Arbeit kann Hilfen zur Lebensbewältigung in schwierigen Lebenssituationen, bei sozialen Problemlagen und strukturellen Benachteiligungen bereitstellen. Sie orientiert sich an den Lebenswelten ihrer AdressatInnen und versucht, zu einem gelingenderen Alltag der Menschen beizutragen (vgl. THIERSCH 2005). Sie interveniert an der Schnittstelle zwischen Individuum und Gesellschaft, wo das psychosoziale Gleichgewicht von Menschen gefährdet ist und es darum geht, die subjektive Handlungsfähigkeit zu stärken und gleichzeitig sozialintegrativ zu wirken, d. h. realisierbaren sozialen Anschluss und Anerkennung zu erreichen (vgl. BÖHNISCH 2005). Sie hat es in ihren breiten Handlungskontexten in vielfältiger Weise mit kritischen Lebensereignissen und Verlusterfahrungen zu tun. Im Zusammenhang mit einschneidenden Lebensveränderungen, biographischen Umbrüchen und verstörenden, zum Teil traumatisierenden Erlebnissen kann Soziale Arbeit auch als Verlustarbeit gesehen werden (vgl. STUDENT/MÜHLUM/STUDENT 2004). All diese Dimensionen weisen eindeutige Bezugspunkte zu Sterben und Trauer sowohl in individuell-biographischer als auch sozial-struktureller Hinsicht auf. MENNEMANN (2005) weist darauf hin, dass Sterben der Sozialen Arbeit begrifflich-theoretisch als Krisenerleben und damit als psychosozialer Verarbeitungsprozess zugänglich ist.

Vor dem Hintergrund dieser Ausführungen werden im Folgenden drei ausgewählte Felder vorgestellt, die eine Verknüpfung Sozialer Arbeit mit Altern, Sterben und Tod verdeutlichen. Es geht um die Lebensbegleitung alter Menschen in der letzten Lebensphase, um Angehörigenarbeit und Trauerbegleitung sowie um die Auseinandersetzung mit Sterben und Tod als sozialpädagogische und biographische Bildungsherausforderung.

4.1 Sterbebegleitung als Lebensbegleitung

Die Begleitung alter Menschen in ihrer letzten Lebensphase stellt eine besondere Herausforderung für die in diesem Prozess beteiligten Professionen dar. KRUSE (2007) hat eindrucksvoll dargelegt, dass die individuellen Veränderungsprozesse im letzten Lebensjahr eines alten Menschen sehr heterogen sind und sich letztlich Verallgemeinerungs- und Vereinheitlichungsversuchen entziehen. Vonseiten derjenigen, die in dem Begleitungsprozess involviert sind, ist daher ein größtmögliches Maß an Flexibilität und Offenheit gefordert. Auch die Kommunikation mit Sterbenden stellt an die HelferInnen besondere Anforderungen, da einerseits immer auch Fragen angesprochen sind, auf die der Helfer keine Antwort weiß, andererseits mit heftigen emotionalen Reaktionen des Sterbenden wie auch mit Situationen umgegangen werden muss, in denen Gefühle verborgen bleiben oder nicht ausgedrückt werden (vgl. ebd., S. 108). Vielfach wird die letzte Lebensphase sowohl von den Betroffenen als auch von Angehörigen und Fachkräften als Vorstufe zum Tod wahrgenommen – mit all den Implikationen, die sich in dieser sensiblen und einzigartigen Lebensspanne möglicherweise als negativ erweisen könnten. Das offene Geplauder zweier Pflegekräfte am Bett eines alten, dementen Menschen über dessen kognitiven und körperlichen Zustand und sein baldiges Ableben und die damit verknüpfte völlige Ignoranz seiner Anwesenheit, seiner Wahrnehmungen und Bedürfnisse seien dafür beispielhaft genannt. Sterbebegleitung von alten Menschen ist in erster Linie Lebensbegleitung. Solange ein Mensch stirbt, lebt er noch. Sterben ist Teil des Lebens, das Leben endet erst mit dem Tod. Diese berufsethische und professionstheoretische Auffassung, gekoppelt mit der Anerkennung der Einzigartigkeit und Unverwechselbarkeit der Biographie des alten Menschen, stellt eine wichtige Basis für die Soziale Arbeit dar, sich in diesem Aufgabenfeld zu positionieren. Damit ist letztlich auch eine konsequente Abgrenzung zu den unterschiedlichen Variationen von Sterbehilfe gegeben. Während Sterbehilfe als „Hilfe zum Sterben" bezeichnet werden kann, so bedeutet Sterbebegleitung oder auch Sterbebeistand „Hilfe beim Sterben bzw. für den Sterbenden" und zielt also auf den Menschen als Mittelpunkt des Bemühens ab (vgl. REST 1998, S. 18). Die Begleitung und Betreuung alter Menschen in ihrer letzten Lebensphase wird somit zur Lebensbegleitung im Prozess des Sterbens.

Die Soziale Arbeit kann durch Beratung, Begleitung, Krisenintervention und Klärungshilfe in allen weiter oben skizzierten Versorgungskontexten (im häuslichen Umfeld, in der Heimsituation und im geriatrischen Krankenhaussetting) tätig werden und ihren spezifischen Fachbeitrag in der multiprofessionellen

Versorgung sterbender alter Menschen leisten. Mit ihrem ganzheitlichen Ansatz ist sie geeignet, in enger Zusammenarbeit mit den anderen Berufsgruppen den physischen, psychischen, sozialen und spirituellen Bedürfnissen der Betroffenen zu begegnen. Als Kommunikations- und Netzwerkspezialisten können SozialarbeiterInnen und SozialpädagogInnen wichtige Koordinationstätigkeiten übernehmen, Übergänge zwischen den beteiligten Versorgungssystemen professionell gestalten und soziale Unterstützungsnetzwerke, die gerade in der letzten Lebensphase von entscheidender Bedeutung sein können, aktivieren und fördern. Elisabeth KÜBLER-ROSS hat in ihren Arbeiten öfters von den „unerledigten Geschäften" geschrieben, die sich bei Menschen in ihrem Sterbeprozess immer mehr in den Vordergrund drängen. Damit ist der Wunsch gemeint, vor dem eigenen Tod noch gewisse Dinge regeln oder abschließen zu können. In der praktischen Arbeit mit alten sterbenden Menschen wird deutlich, dass es dabei in den seltensten Fällen um materielle Angelegenheiten, sondern fast immer um ungeklärte Beziehungskonflikte geht, die erst in der Kenntnis der Biographie verstehbar und damit bearbeitbar werden. Hier kann die Soziale Arbeit einen wichtigen Beitrag leisten, indem sie sich diesen unerledigten Geschäften, die manchmal höchst widerspruchsvoll, mit Schuld- und Schamgefühlen behaftet und vielleicht nicht mehr konkret erfüllbar sind, öffnet. Das erfordert Zeit, Empathie, Geduld, kommunikative Kompetenzen, Offenheit und schließlich Frustrationstoleranz, wenn jemand stirbt und das subjektive Gefühl zurückbleibt, diesem letzten Wunsch nicht mehr entsprechen zu können.

Ein weiterer Beitrag der Sozialen Arbeit in der Lebensbegleitung sterbender alter Menschen kann darin liegen, in den Familien, in den Einrichtungen der Altenhilfe und im geriatrischen Gesundheitsbereich die Gestaltung einer würdevollen „Sterbekultur" zu fördern. Dazu gehört ein offener und authentischer Umgang mit Sterben und Tod, eine transparente Kommunikation mit den Betroffenen und Angehörigen, aber auch innerhalb der beteiligten Professionen, sowie die Schaffung institutioneller und/oder lebensweltlicher Rahmenbedingungen, die ein Sterben in Würde erst ermöglichen. Die Orientierung nach hospizlichen Prinzipien ist hierfür sicherlich sehr geeignet. Einen weiteren Rahmen könnten die „Rechte des Sterbenden" bieten, wie sie von KESSLER (2003) vorgelegt wurden. Obwohl diese Rechte nicht explizit für die Situation alter Menschen formuliert wurden, sind sie gerade für diesen speziellen Arbeitskontext aufschlussreich und anknüpfungsfähig. Ich gebe hier auszugsweise ein paar der darin formulierten Rechte wieder:

- „Das Recht, als lebender Mensch behandelt zu werden.
- Das Recht, sich ein Gefühl der Hoffnung zu bewahren, wie subjektiv es auch sein mag.

- Das Recht, von Menschen gepflegt zu werden, die das Gefühl der Hoffnung bewahren, auch wenn es subjektiv sein mag.
- Das Recht, auf alle Fragen eine ehrliche und vollständige Antwort zu bekommen.
- Das Recht, in Frieden und Würde zu sterben." (KESSLER 2003)

4.2 Angehörigenarbeit und Trauerbegleitung

Familienmitglieder, FreundInnen und andere nahestehende Menschen als wichtigste Bezugspersonen sterbender alter Menschen spielen in der hospizlichen Sozialen Arbeit eine große Rolle. Sie sind vom Sterben eines nahestehenden Menschen in mehrfacher Hinsicht betroffen: Sie leiden mit dem Sterbenden, antizipieren den Verlust, werden mit der eigenen Sterblichkeit und allen damit verbundenen Unsicherheiten und Ängsten konfrontiert und befinden sich zumeist in einer Lebenssituation, wo sie selbst Unterstützung benötigen (vgl. STUDENT/MÜHLUM/STUDENT 2004, S. 53). Die Angehörigenarbeit und Trauerbegleitung hat einen prozesshaften Charakter und endet in den allermeisten Fällen nicht mit dem Ableben des nahen Anverwandten, sondern bekommt ab diesem Zeitpunkt eine neue Ausrichtung. Speziell wenn der oder die Verstorbene schon sehr alt war, sehen sich manche Hinterbliebenen mit gutgemeinten Aussagen wie „Er hat sein Leben gelebt" oder „Jetzt geht es ihr besser" konfrontiert, die in der konkreten Belastungssituation nicht hilfreich sind. Hinzu kommt, dass Trauer in der heutigen Zeit, wie die Auseinandersetzung mit Sterben und Tod, zu einer individuell zu bewältigenden Lebensaufgabe geworden ist. Therapeutische Elemente, die in Riten, Sitten und Gebräuchen innewohnten, sind verlustig gegangen (vgl. SCHMITZ-SCHERZER 1999), und die Betroffenen fühlen sich in ihrem Schmerz und ihrer Überforderung oft völlig allein gelassen.

Zu den speziellen Kompetenzen in diesem Arbeitsfeld gehört die Kenntnis über Trauerphasen und Trauerreaktionen. Es ist für die Praxis bedeutsam, zwischen normalen Trauerreaktionen und eventuellen komplizierten oder pathologischen Trauerformen zu unterscheiden (vgl. WORDEN 1999). Bei der Gestaltung eines Trauerprozesses scheinen zwei Schritte von elementarer Bedeutung zu sein. Zum einen ist es das Ringen um die Endgültigkeit des Abschieds. Der Mensch muss begreifen, dass es den anderen nie wieder geben wird. Er muss sich der Herausforderung stellen, nicht mehr festzuhalten, sondern innerlich loszulassen. Dies ist die Voraussetzung für den zweiten Schritt, bei dem es zu begreifen gilt, dass man jetzt ohne den Verstorbenen weiterleben wird (vgl. GUDJONS 1996, S. 12). Für professionelles Handeln ist es ausschlaggebend, sich von normierten und alltagstheoretischen Vorstellungen im Umgang mit Verlust und Trauer zu distanzieren. Wie die Ausein-

andersetzung mit Sterben und Tod sind auch die Bewältigungsmechanismen und Trauerreaktionen bei Verlusterlebnissen höchst individuell. Was die Frage nach dem Ende eines Trauerprozesses betrifft (die manchen Menschen in der Familie, im Alltag und im Berufsleben einen immensen zusätzlichen Bewältigungsdruck auferlegt), so gibt es dazu keine allgemeingültige Antwort. WORDEN hat sie mit einer anderen Frage verglichen – wie hoch ist oben? Das Trauern ist dann zu Ende, wenn die Traueraufgaben bewältigt sind, und dies kann Wochen, Monate oder Jahre dauern (vgl. WORDEN 1999, S. 26).
Neben den nötigen Beratungs- und Kommunikationskompetenzen sollten SozialarbeiterInnen und SozialpädagogInnen in diesem Feld auch mit relevanten juristischen Aspekten vertraut sein, z. B. mit Besonderheiten der Pflegegeldregelung, der Patientenverfügung oder Leistungen der Familienhospizkarenz (die es in Österreich seit 2002 gibt). Beim Pflegegeld zeigt sich oft die Problematik, dass gerade am Lebensende die Aufwendungen für Betreuung und Pflege drastisch zunehmen, die Verfahren zu einer höheren Pflegegeldeinstufung aber lange Zeit in Anspruch nehmen (vgl. PLESCHBERGER 2009, S. 488). Die psychosoziale Belastung im Prozess der Sterbebegleitung verhindert es oft, dass sich die Angehörigen mit Formalitäten und Fristen beschäftigen und zu ihren Ansprüchen kommen. Hier bedarf es professioneller Unterstützung und Beratung, um z. B. einen Pflegegeldvorschuss in Anspruch nehmen zu können, um Anträge rechtzeitig einzureichen, oder um überhaupt über bestimmte Unterstützungsmöglichkeiten und Rechtsansprüche Bescheid zu wissen.
Wie bereits aufgezeigt wurde, zählt der professionelle Umgang mit Trauer, Verlust und Krisen zum Querschnittsrepertoire Sozialer Arbeit. Quer durch alle Handlungsfelder können SozialarbeiterInnen und SozialpädagogInnen auf Menschen treffen, die ihren Job, ihre Wohnung, eine Beziehung, soziale Anerkennung oder einen geliebten Menschen verloren haben. Die Soziale Arbeit hätte im hospizlich-geriatrischen Bereich – sei es mobil, ambulant oder stationär – das nötige Kompetenzspektrum, um sich diesem wichtigen, aber auch schwierigen Aufgabenfeld zu widmen. Wie in fast allen anderen bisher skizzierten Bereichen müssen aber erst die entsprechenden legislativen und finanziellen Rahmenbedingungen geschaffen werden, damit die Profession im Konzert der anderen Berufsgruppen ihren Platz finden und ihren Qualitätsbeitrag leisten kann.

4.3 Auseinandersetzung mit Sterben und Tod als Bildungsaufgabe

Abschließend wird hier die gesellschaftliche und individuelle Auseinandersetzung mit Altern, Sterben und Tod in einen Bildungszusammenhang gestellt. Bildung als eine zentrale Kategorie der Sozialen Arbeit erfährt ja oft sowohl in der Theorie als auch in der Praxis eine sträfliche Vernachlässigung. Vielleicht stellt sich gerade in der Arbeit mit alten, sterbenden Menschen die Frage, was

das mit Bildung zu tun haben soll. GUDJONS (1996) hat darauf aufmerksam gemacht, dass der Tod in der Pädagogik eher Tabu als Thema ist, aber gleichzeitig hat er festgestellt, dass der Tod pädagogisch ist. Die Beschäftigung mit Sterben und Tod zielt letztlich auf ein sinnerfülltes Leben und wird damit zu einem zutiefst pädagogischen Anliegen. „Wenn der Tod und die Auseinandersetzung mit unserer Sterblichkeit in die Frage nach einem sinnerfüllten Leben münden, dann ist dies die Kernfrage aller Pädagogik: Wie helfen wir den Jungen, den Sinn ihres Lebens zu gewinnen? Es geht damit um das Leben vor dem Tod" (ebd., S. 7). In einem solchen Verständnis liegt es auf der Hand, wohin die brennenden Fragen des Alterns, des Sterbens und des Todes gehören: in die schulische wie außerschulische Kinder- und Jugendarbeit. Dort – und selbstverständlich auch in den Familien – liegt die Chance, dass sich Menschen bereits im jungen Alter den zentralen Fragen ihrer Existenz nähern und offen damit umzugehen lernen. Beim Schreiben dieser Zeilen muss ich an eine unvergessliche Anekdote in einer mir bekannten Familie denken. Der etwa neunjährige Sohn hatte einen Kanarienvogel, der plötzlich über Nacht das Zeitliche segnete. Während der Junge in der Schule war, eilten die Eltern zum nächstgelegenen Tierhandel, um einen zumindest äußerlich völlig identischen Vogel zu kaufen. Dieser erwartete den nichtsahnenden (und um eine wertvolle Erfahrung betrogenen) Jungen überaus lebendig in seinem Käfig. Dieses Procedere wiederholte sich später noch mindestens ein weiteres Mal, so dass es dem Jungen eigentlich eines Tages dämmern musste, dass sein Kanarienvogel in der zweiten oder dritten Generation ein Ersatz für das tabuisierte Ableben des jeweiligen Vorgängers ist. Das Beispiel mag banal sein, es findet aber nicht selten seine Fortsetzung, wenn dasselbe Kind beim familiären Umgang mit dem Sterben eines Großelternteils von sämtlichen Kontakten und später vom Begräbnis ferngehalten wird, wenn in der Schule ein Mitschüler verstirbt und die Lehrer im Lehrplan weitermachen, als ob nichts geschehen wäre (weil sie selbst mit der Situation überfordert sind), oder wenn sich in der Nachbarschaft ein alter Mensch suizidiert, niemand darüber spricht und die Kinder ohne Reflexionsmöglichkeit ihren Phantasien, Projektionen und Ängsten überlassen bleiben.
Von Elisabeth KÜBLER-ROSS stammt folgender Satz: „Wir sollten ab und zu an Tod und Sterben denken, ehe uns das Leben damit konfrontiert und eine Krebsdiagnose in der Familie uns brutal an die eigene Sterblichkeit erinnert" (KÜBLER-ROSS 2001, S. 50). Für SozialarbeiterInnen, SozialpädagogInnen, VertreterInnen pflegerischer und therapeutischer Berufe sowie Ehrenamtliche, die mit Sterben und Tod zu tun haben, ist die selbstreflexive Auseinandersetzung mit dem eigenen Leben, dem persönlichen Zugang zu existenziellen Fragen des Sterbens sowie gegebenenfalls spirituellen Aspekten unabdingbar. Die Arbeit mit sterbenden Menschen ist somit auch immer Arbeit an sich selbst. Eine entsprechende Qualifikation, Supervision und Weiterbildung ist immens wichtig, um die eigene Handlungsfähigkeit zu bewahren und den täg-

lichen Balanceakt zwischen einfühlendem Sich-Einlassen und erforderlichem Distanzieren im Umgang mit Sterbe-, Verlust- und Trauerprozessen zu erleichtern. In der Arbeit mit Studierenden der Sozialen Arbeit an der Fachhochschule bzw. der Sozialpädagogik an der Universität erlebe ich seit Jahren, dass die Auseinandersetzung mit Altern, Sterben und Tod in der Regel auf eine sehr positive Resonanz stößt. Die Beschäftigung mit eigenen biographischen Anteilen, die Reflexion persönlicher Erfahrungen und die Überprüfung subjektiver Abwehrhaltungen sind für manche StudentInnen zwar schmerzhaft, aber Teil eines notwendigen Entwicklungs- und Bildungsprozesses, um später im Berufsleben reflektierter und professioneller mit Themen wie Verlust, Trauer, Sterben und Tod umgehen zu können.

Die Auseinandersetzung mit dem eigenen Altern und der eigenen Endlichkeit sind zentrale Herausforderungen des Menschen, die spätestens am Lebensende virulent werden. In der retrospektiven Schau auf das eigene Leben, der Perspektive der Lebensbilanz, stellt sich dem alten und sterbenden Menschen unter dem Aspekt seiner „fast vollendeten Biographie" (BADRY 1991) die Herausforderung der buchstäblichen Voll-endung seines Lebens, indem er versuchen muss, in seinem Leben rückblickend einen Sinn und Zusammenhang zu erkennen. „[D]ie ‚Gesamtrevision' läßt sich nicht mehr hinausschieben; das nicht Verkraftete und Geklärte drängt sich dermaßen vor, daß es die ganze innere Aufmerksamkeit beansprucht und die noch vorhandenen Kräfte lähmen kann. Hier stellt sich die Bildungsaufgabe, die den ersten humanen Grundbezug, das Verhältnis des Menschen zu sich selbst, betrifft" (BADRY 1991, S. 117). Es geht um das letzte Ringen um Integrität, das, sollte es misslingen, in der bestürzenden Vorstellung dessen münden kann, was ERIKSON (2003) als „Lebensekel" bezeichnet hat. Wenn das eigene Leben als Trümmerhaufen interpretiert wird, sind Verzweiflung und eine gesteigerte Angst vor dem Tod die Folge. Die überproportional große Suizidhäufigkeit bei alten Menschen, speziell Männern, mag in Kombination mit anderen Faktoren zumindest teilweise darauf zurückzuführen sein (vgl. SCHMITZ-SCHERZER 1999, S. 393 ff.).

Auch Erich FROMM hat sich mit dieser Thematik beschäftigt und die Frage gestellt, ob die Angst des Menschen, das Leben zu verlieren, überwindbar sei. Die Angst vor dem Sterben ist in der „Existenzweise des Habens" insofern erklärbar, als dass das Leben als ein Besitz erlebt wird. Der Mensch hat demzufolge nicht vor dem Sterben selbst Angst, sondern davor, zu verlieren, was er hat: „seinen Körper, sein Ego, seine Besitztümer und seine Identität, die Angst, in den Abgrund der Nichtidentität zu blicken, ‚verloren' zu sein" (FROMM 2001, S. 123). Im Gegenentwurf der „Existenzweise des Seins" liegt laut FROMM ein Schlüssel zur Überwindung der Sterbensangst, indem der Mensch sich einem ständigen Bemühen hingibt, „das Haben zu verringern und im Sein zu wachsen" (ebd., S. 124). Es geht also um die Kunst des Loslassens, die spätestens beim letzten Atemzug praktiziert werden muss. „In der

Todesstunde verdichtet sich die Lebensgrundhaltung. Man stirbt, wie man gelebt hat: Im Anhaften oder in Freiheit" (GUDJONS 1996, S. 11). Diese Aussage kann als Orientierung für einen alltäglichen Lebensvollzug dienlich sein, der sich der Dialektik von Leben und Tod nicht verschließt.

Literatur

ARIÈS, P.: Geschichte des Todes. München 1982.
BADRY, E.: „Altenbildung" oder „Lebenslanges Lernen". Zur Aufgabe des Sozialpädagogen in der „Bildungsarbeit mit alten Menschen". In: TRAPMANN, H./ HOFMANN, W./SCHAEFER-HAGENMAIER, T./SIEMES, H. (Hg.): Das Alter. Grundfragen – Einzelprobleme – Handlungsansätze. Dortmund 1991, S. 96-124.
BÖHNISCH, L.: Sozialpädagogik der Lebensalter. Eine Einführung. Weinheim/ München 2005.
BUSCHE, A./STREGE, M.-A.: Die Rolle der Sozialarbeiterin. In: STUDENT, J.-C. (Hg.): Das Hospiz-Buch. Freiburg im Breisgau 1999, S. 129-139.
ERIKSON, E. H.: Identität und Lebenszyklus. Frankfurt am Main 2003.
FROMM, E.: Haben oder Sein. Die seelischen Grundlagen einer neuen Gesellschaft. München 2001.
GRONEMEYER, R.: Sterben in Deutschland. Wie wir dem Tod wieder einen Platz in unserem Leben einräumen können. Frankfurt am Main 2007.
GRONEMEYER, R./FINK, M./GLOBISCH, M./SCHUMANN, F.: Helfen am Ende des Lebens. Hospizarbeit und Palliative Care in Europa. Wuppertal 2004.
GUDJONS, H.: Der Verlust des Todes in der modernen Gesellschaft. In: PÄDAGOGIK 9, 1996, S. 5-13.
HELLER, A.: Die Einmaligkeit von Menschen verstehen und bis zuletzt bedienen. Palliative Versorgung und ihre Prinzipien. In: HELLER, A./HEIMERL, K./HUSEBÖ, S. (Hg.): Wenn nichts mehr zu machen ist, ist noch viel zu tun. Wie alte Menschen würdig sterben können. Freiburg im Breisgau 2000, S. 9-24.
HELLER, B./HELLER, A.: Sterben ist mehr als Organversagen. Spiritualität und Palliative Care. In: HELLER, B. (Hg.): Aller Einkehr ist der Tod. Interreligiöse Zugänge zu Sterben, Trauer und Tod. Freiburg im Breisgau 2003, S. 7-21.
HELLER, A./HEIMERL, K./HUSEBÖ, S. (Hg.): Wenn nichts mehr zu machen ist, ist noch viel zu tun. Wie alte Menschen würdig sterben können. Freiburg im Breisgau 2000.
HÖFLER, A. E.: Die Geschichte der Hospizbewegung in Österreich. Zukunft braucht Vergangenheit. kursbuch palliative care 2/2001. Wien 2001.
HERRLEIN, P.: Sterben und Tod in der modernen Gesellschaft. In: DROLSHAGEN, C. (Hg.): Lexikon Hospiz. Gütersloh 2003, S. 143-144.
HOSPIZ ÖSTERREICH: Berufsprofil für die Sozialarbeit im Rahmen von Hospiz und Palliative Care. Verabschiedet am 11.11.2002. http://www.hospiz.at/ pdf_dl/berufsprofil_sozialarb.pdf, Zugriff 3.6.2010.

HOSPIZ ÖSTERREICH: Standards „Sozialarbeit im Bereich Palliative Care". Beschlossen am 29. 01.2003. http://www.hospiz.at/pdf_dl/std_soz_arb.pdf, Zugriff 3.6.2010.

KESSLER, D.: In Würde. Die Rechte des Sterbenden. Stuttgart/Zürich 2003.

KOLLAND, F.: Kultur des Alters und Altersbilder. In: BUNDESMINISTERIUM FÜR ARBEIT, SOZIALES UND KONSUMENTENSCHUTZ (Hg.): Seniorenbericht 2000 – Bericht zur Lebenssituation älterer Menschen in Österreich. Wien 2000, S. 532-584.

KRATSCHMAR, A./TEUSCHL, H.: Hospiz- und Palliativführer Österreich. Selbstbestimmt leben. Bis zuletzt. Wien 2008.

KRUSE, A.: Das letzte Lebensjahr. Zur körperlichen, psychischen und sozialen Situation des alten Menschen am Ende seines Lebens. Stuttgart 2007.

KÜBLER-ROSS, E.: Interviews mit Sterbenden. München 2001.

MENNEMANN, H.: Sterben lernen heißt leben lernen. Sterbebegleitung aus sozialpädagogischer Perspektive. Münster 1998.

MENNEMANN, H.: Sterbebegleitung. In: OTTO, H.-U./THIERSCH, H. (Hg.): Handbuch Sozialarbeit/Sozialpädagogik. München/Basel 2005, S. 1834-1841.

MÜHLUM, A.: Machtlos mächtig – Soziale Arbeit in Grenzsituationen des Lebens (am Beispiel Hospiz und Palliative Care). In: KRAUS, B./KRIEGER, W. (Hg.): Macht in der Sozialen Arbeit. Interaktionsverhältnisse zwischen Kontrolle, Partizipation und Freisetzung. Lage 2007, S. 389-410.

ÖSTERREICHISCHES BUNDESINSTITUT FÜR GESUNDHEITSWESEN (ÖBIG): Abgestufte Hospiz- und Palliativversorgung in Österreich. Wien 2004.

PLESCHBERGER, S.: Leben und Sterben in Würde. Palliative Care und Hospizarbeit. In: BUNDESMINISTERIUM FÜR ARBEIT, SOZIALES UND KONSUMENTENSCHUTZ (Hg.): Hochaltrigkeit in Österreich. Eine Bestandsaufnahme. Wien 2009, S. 465-499.

REST, F.: Sterbebeistand, Sterbebegleitung, Sterbegeleit. Handbuch für Pflegekräfte, Ärzte, Seelsorger, Hospizhelfer, stationäre und ambulante Begleiter. 4., überarb. Aufl. Stuttgart/Berlin/Köln 1998.

RÖTTGER, K.: Sozialarbeit in der Palliativmedizin. In: KOCH, U./LANG, K./ MEHNERT, A./SCHMELING-KLUDAS, C. (Hg.): Die Begleitung schwer kranker und sterbender Menschen. Grundlagen und Anwendungshilfen für Berufsgruppen in der Palliativversorgung. Stuttgart/New York 2006, S. 134-145.

SCHMITZ-SCHERZER, R.: Thanatologie. In: JANSEN, B./KARL, F./RADEBOLD H./SCHMITZ-SCHERZER, R. (Hg.): Soziale Gerontologie. Ein Handbuch für Lehre und Praxis. Weinheim/Basel 1999, S. 383-396.

STUDENT, J.-C./MÜHLUM, A./STUDENT, U.: Soziale Arbeit in Hospiz und Palliative Care. München 2004.

THIERSCH, H.: Lebensweltorientierung. In: OTTO, H.-U./THIERSCH, H. (Hg.): Handbuch Sozialarbeit/Sozialpädagogik. München/Basel 2005, S. 1136-1148.

WORDEN, J. W.: Beratung und Therapie in Trauerfällen. Ein Handbuch. 2., erweiterte Aufl. Bern/Göttingen/Toronto/Seattle 1999.

VII. PERSPEKTIVEN: ALTERN UND SOZIALE ARBEIT

Ulrich Otto

ALTERN UND LEBENSWELTORIENTIERTE SOZIALE ARBEIT – AKTUELLE HERAUSFORDERUNGEN

1. Versatzstücke einer Selbstvergewisserung lebensweltorientierter sozialer Altenarbeit

Systematisch macht es Sinn, sich bei der Klärung komplexer alter(n)sbezogener Fragen nicht nur in disziplinär-„einheimischen" Diskursen zu orientieren. So steht als Ausgangspunkt auch dieses Aufsatzes ein Blick über den einzeldisziplinären Tellerrand – ein kleiner aber durchaus programmatischer Akt. Ein Akt zudem, der sich bei einem multidimensionalem Themengebiet wie dem Alter(n) allgemein nahelegt (KARL 2009, S. 189ff.). Ein Akt darüber hinaus, der sich gerade bei einem Thematisierungszuschnitt nahelegt, der in solcher Weise in analytischer wie konzeptioneller und praktisch-angewandter Hinsicht „ganzheitlich" angelegt ist wie die Lebensweltorientierung. Der Aufsatz entfaltet die Grundlinien der Lebensweltorientierung nicht neu sondern akzentuiert ausgewählte Aspekte. Zu den Grundlagen verweist er u. a. auf eigene einschlägige Texte (OTTO/BAUER 2008 sowie OTTO 2005) und dort angegebene weitere Literatur mit unterschiedlichem Disziplinbezug.

1.1 Frühe Thematisierungslinien der Grundelemente lebensweltorienterter Sozialer Arbeit

Die meisten ProtagonistInnen einer lebensweltbezogenen Altenarbeit bzw. -hilfe wissen gar nicht um ausgesprochen *frühe einschlägige Thematisierungs- und Begründungslinien* schon bei einem der Väter der modernen deutschsprachigen Gerontologie. Ein zentraler Aspekt lebensweltorientierter Konzepte ist diesem damals neuen Wissenschaftsfeld spätestens seit Hans THOMAES Schrift „das Individuum und seine Welt", mithin seit über vier Jahrzehnten, alles andere als fremd. THOMAE entwirft darin eine Theorie der Individualität menschlichen Erlebens und Verhaltens. Dabei sind „Erleben und Verhalten auf den ‚Lebensraum' bezogen, den er (…) als ‚die Gesamtheit der in einem bestimmten Augenblick aktualisierten kognitiven Repräsentationen eines Individuums' (THOMAE 1996, S. 29) definiert. Der Lebensraum ist nach THOMAE immer auch als ein subjektiv bedeutungshaltiger psychologischer Raum zu verstehen" (KRUSE 2005, S. 17). Nicht zuletzt deshalb spricht THOMAE ausdrücklich vom „subjektiven Lebensraum".

Mit dem persönlichkeitstheoretischen Zuschnitt dieser basalen gerontologischen Überlegungen wird zwar nur ein Teilaspekt einer sozialpädagogischen

Lebensweltorientierung zum Thema. Dieser aber ist auch für letztere zentral. Das Augenmerk liegt – nicht zuletzt bei der Untersuchung der daseinsthematischen Struktur – auf dem Aufweis biographisch angelegter (und entsprechend zu untersuchender) Fundamente für die alltägliche Lebensführung. Diese Fundamente sind sowohl für die in der sozialen Gerontologie immer wieder aufgezeigten Merkmale einer hohen Kontinuität im Lebenslauf wie auch für Umstrukturierungs- und Anpassungs- oder Neugestaltungsversuche gleichermaßen zentral.

1.2 Traditionsreiche Anschlussstellen neu akzentuiert

Aus THOMAES früher Thematisierung greife ich hier nur einige wenige Aspekte als Anschlusspunkte für diesen Beitrag heraus: Nicht zuletzt mit Blick auf generationsbezogene und gerontologische Forschung ist die *Perspektive auf die subjektiven Deutungen*, auf die Selbstsichten der Individuen und mithin ihre eigenen Konstruktionsleistungen (AMRHEIN 2008, SCHROETER 2008) bis heute – mehr noch: seit einiger Zeit immer stärker – ein herausforderndes Merkmal, das etwa auch in der Lesart des Lebensweltkonzeptes von Hans THIERSCH (z. B. THIERSCH 2008, FÜSSENHÄUSER/THIERSCH 2001, GRUNWALD/THIERSCH 2008, 2008a) fundamental angelegt ist. Es ist anschlussfähig an – bzw. befruchtend für – viele der Forschungen, die zwar im weiteren Feld der sozial(wissenschaftlich)en Gerontologie stark diskutiert werden, die aber erst ansatzweise auch in interventionsgerontologischer Perspektive fruchtbar gemacht werden. Für die Theorie-, Konzept- und Praxisentwicklung im engeren Feld sozial(pädagogisch)er Altenarbeit gilt dies noch verstärkt. Beispiele hierfür könnten – als wichtige Platzhalter – die gerontologischen Diskurse um Quality of life, um subjektive Alter(n)sbilder oder jene um eine Soziologie des Körpers sein.

Die genannte Perspektive ist bedeutungsvoll mit Blick auf die gerontologisch so bedeutsame Einsicht in die auch im mittleren, hohen und selbst höchsten Alter vorhandene *„Plastizität"*. Sie steht in der Gerontopsychologie für intraindividuelle Veränderungspotenziale, welche sich unter optimierten Entwicklungsbedingungen herbeiführen und erkennen lassen. Auch vielfältige andere Konzepte thematisieren diesen Aspekt der Entwicklungs- und Veränderungspotenziale – im erziehungswissenschaftlichen resp. sozialarbeiterischen Feld etwa Konzepte der Bildung sowie unterschiedliche Entwicklungskonzepte. Damit tragen sie nicht zuletzt bei zu dem seit einigen Jahren verstärkten Augenmerk auf Ressourcen und Potenziale des Alter(n)s – einer Perspektive, die angesichts der Beharrungskraft defizitorientierter Altersbilder in der Öffentlichkeit, aber nach wie vor auch bei Teilen der Fachkräfte unterschiedlicher Disziplinen in Politik, Verwaltung, Gesundheitswesen, Sozialwesen usw., noch längst nicht als angemessen durchgesetzt gelten kann.

Ein kritischer Punkt soll hier angemerkt werden: Insofern Plastizität ein Schlüsselkonzept einer interventionistisch akzentuierten Gerontologie bildet, kann Lebensweltorientierung als wichtiges Korrektiv gegenüber *technologischen Interventionsverständnissen* fungieren. Aus dieser Perspektive ist nicht nur allgemein über das strukturelle Technologiedefizit zu diskutieren, sondern mit mehrfacher kritischer Emphase. Das Konzept Lebensweltorientierung insistiert auf der Frage nach den „Ansprüchen von Menschen auf Hilfe in ihren konkreten Lebensverhältnissen, nach Ansprüchen gegenüber ökonomisch und global strukturierten Arbeits- und Lebensverhältnissen, nach den Potenzialen – und auch Widerständigkeiten – in verwaltungstechnisch bestimmten Umstrukturierungen in der Sozialen Arbeit, in deren technischen Problemen sich die Frage nach den Aufgaben verlieren kann" (GRUNWALD/THIERSCH 2001, S. 1138). Auch hier steht die erziehungswissenschaftliche und sozialarbeitsbezogene Diskussion nicht allein. Es ließe sich ebenfalls eine analoge psychologische Perspektive finden, wenn beispielsweise von KAISER (1989, S. 28 ff., vgl. auch KAISER 2007) die Frage der Angemessenheit technologischen, methodisierbaren Wissens und seiner Relationierung zu subjektiven Einschätzungs- und Sinngebungsprozessen bei allen Beteiligten problematisiert wird. Immerhin: Entwicklung im Alter wird vor diesen Hintergründen als ein in bestimmten Grenzen beeinflussbares Geschehen verstanden. Dabei aber wird einerseits methodisch dem Anknüpfen an eigene Bedürfnisartikulation (ggf. auch unter Zuhilfenahme hermeneutischer interpretativer Brücken) und subjektive Relevanzstrukturen der Älteren hohe Priorität eingeräumt. Andrerseits entspricht ihr eine potenzialorientierte Sicht auf Ressourcen und Möglichkeiten, die nicht zuletzt mit Blick auf objektivierende empirische Information widerständig gegen negativ gefärbte oder gar fatalistische Sichtweisen auf Alter(n)sprozesse ist und auf damit zusammenhängende Versuche altersdiskriminierender Vorenthaltung von Möglichkeiten (ROTHERMUND/MAYER 2009) – sei dies in Gestalt der Rationierung im Gesundheitswesen, verkannter Chancen der Rehabilitation u. a.

Das unbedingte Anknüpfen an den subjektiven Lebensraum wurde als ein zentraler Hintergrund für eine aus unterschiedlichen Gründen konstatierbare Modernität der Lebensweltorientierung für eine soziale Altenarbeit (OTTO/ BAUER 2008, S. 197) benannt. Sie bedingt einen *Verzicht auf generalisierende Alterns- und Altersnormen* (vgl. ZEMAN 1996, S. 35 ff.). Aber auch im Kontext einer Debatte über tendenziell an Prägekraft verlierende und immer uneindeutiger werdende Altersnormen werden die durchschnittlich wachsenden individuellen Gestaltungsspielräume in lebensweltlicher Perspektive dennoch in bezug auf ihre gesellschaftlichen Bedingungsfaktoren und auf entsprechende Verantwortlichkeiten dimensioniert.

Lebensweltorientierung steht so – erneut: analytisch wie konzeptionell – für *Normalisierung und Pluralisierung*. Hinsichtlich interventiven Handelns steht sie für eine kasuistische Orientierung mit starkem Bezug auf relevante – individuelle und strukturelle – Umweltfaktoren. In lebensweltlicher Perspektive kann so auf Unterschiedlichkeiten zwischen den Kohorten und Generationen angemessen eingegangen werden – ohne auf der einen Seite auf eine Segregation der Älteren zu zielen noch auf der anderen Seite Altersgruppenunterschiede einzuebnen (OTTO/BAUER 2008, S. 197). Denn natürlich haben unterschiedliche Erziehungserfahrungen, Sozialisationsbedingungen, Zeitgeisteffekte und sonstige kohortenbezogene gemeinsame Prägungen „Spuren hinterlassen, die auch aktuelle Bedürfnisse und Erlebnisweisen in einer Weise beeinflussen, dass es sich lohnen kann, hier den Ausgangspunkt für soziale Arbeit zu suchen" (ZEMAN 1996, S. 38).

Soziale Netzwerke – zur unveränderten Aktualität einer theorie- und handlungsbezogenen Perspektive: Die Netzwerkperspektive gilt als Brückenkonzept zwischen institutionellen und weiteren gesellschaftlichen Rahmenbedingungen und individuellem Handeln (OTTO 2010). Dies macht sie für Sozial- und Gesellschaftswissenschaften attraktiv, gerade bei Themenstellungen, die sich auf den vielgestaltigen „Raum" zwischen Individuum und Gesellschaft richten. Hier liegt – am Beispiel der Soziologie – einer der Gründe dafür, dass ihre mit ihr verbindbare „universelle Anwendbarkeit der Begrifflichkeit (…) sich darin nieder (schlägt; U. O.), dass beinahe alle soziologischen Theorien etwas zum Thema Netzwerke beizutragen haben" (HOLZER 2006, S. 7), mehr noch: „kaum eine soziologische Theorie kann es sich mehr leisten, das Thema zu ignorieren" (HOLZER 2006, S. 7). Auch die Lebensweltorientierung kommt ohne solche Brückenkonzepte nicht aus, die Netzwerkperspektive scheint als ein zentrales Fundament für eine Reihe von Lebensweltaspekten unverzichtbar zu sein (GRUNWALD/THIERSCH 2008, S. 34 f.).

Die Netzwerktheorie erlaubt es, die professionellen Systeme und die in ihnen ablaufenden Dienstleistungsbeziehungen zu den Problemen, Fähigkeiten und Bedürfnissen der Menschen in ihrer Lebenswelt in Beziehung zu setzen einschließlich der „EndadressatInnen" selbst (OTTO 2010a). Sie erlaubt es, in einem integrierten und den individuellen und auch familialen Raum überschreitenden Konzept der Frage nachzugehen, welche Schutz-, Bewältigungs- und Unterstützungsfunktionen verschiedene Netzwerktypen mit Bezug auf eine breitbandige Kasuistik unterschiedlicher Lebenslagen erfüllen können – unter Einschluss der interaktiven Beziehungen zwischen den unterschiedlichen Netzwerkzonen.

Für die damit knapp umrissene Perspektive hat KEUPP im deutschen Sprachraum die Formel des „Unterstützungsnetzwerkes" geprägt (anglo-amerikanisch: „Social Support Networks"; vgl. WHITTACKER/GARBARINO 1983). Hier liegt auch die Attraktivität netzwerkbezogener Konzepte für public health (vgl. WEITKUNAT u. a. 1997) und Pflege(-wissenschaft), sowohl was Primärprävention, Ressourcenstärkung, Gesundheitsförderung als auch

die Krankenversorgung betrifft (OTTO 2008a), hier liegen die Anschlusspunkte an Konzepte des Empowerment, der Partizipation sowie der Koproduktion (vgl. bspw. die Beiträge in HUNTER/RITCHIE 2007) oder der im Kontext von Care-Konzepten eingeforderten „öffentlichen Kultur des Sorgens" (BRÜCKNER 2009, S. 46f.) – egal, ob sie im Bereich der Gesundheits-, Alterns- oder Pflegewissenschaften (z. B. GARMS-HOMOLOVÁ 2008) oder in der Sozialpädagogik und Sozialarbeit (OTTO 2010) diskutiert werden.
Damit werden soziale Netzwerk- und Unterstützungstheorien für die Praxis angeeignet (vgl. die anschaulichen Fallstudien in SONG 2009, Bd. 2). Lebensweltorientierung geht es zuallererst um die Stützung all jener Ressourcen in direkter und indirekter Arbeit, die als zentrale Voraussetzungen kompetenten, unabhängigen Lebens auch im höheren Alter gelten – von sozialen Netzwerken und durch sie ermöglichter sozialer Unterstützung über Wohnumfeld- und Gemeinwesenqualität bis zu Möglichkeiten lebenslangen Lernens. Und sie sensibilisiert zugleich für die sehr unterschiedlich verteilten Grenzen dieser Ressourcen ebenso wie beispielsweise für negative, normierende, kontrollierende und behindernde Strukturen und Wirkungen lebensweltlicher Einbindung.
In dieser Lesart ist dann auch die Rolle professioneller Dienste klarer formatierbar. Dabei wird „nicht einer substitutiven Logik zwischen den beiden Hilfesphären das Wort geredet, vielmehr wird die Funktion sozialer Dienste komplementär entworfen: als Auffangnetz, Stresspuffer und Kooperationsressource, die sich um der Funktionsfähigkeit der informellen Sphäre willen zentral auf deren Rationalität einlassen muss. Dass selbst eine solche lebensweltorientierte Pflege (OTTO 2008a) sich nicht darauf verlassen kann, auf vorhandene Ressourcen zu treffen, die es nur in Anspruch zu nehmen gilt, erweitert den Anspruch noch deutlich: es kann im Interesse der Wiederherstellung eines verlässlichen Lebensraums auch nötig sein, in Kooperation mit anderen Sozial- und Gesundheitsdiensten verschüttete oder ganz neu erschließbare Ressourcen ausfindig zu machen und/oder neu aufzubauen. Lebensweltorientierung hat sich hier als Netzwerkstiftung bzw. -förderung zu bewähren" (OTTO/ BAUER 2008, S. 202).
Die damit bereits in einer Weise angesprochenen – nicht zuletzt gesellschaftlichen, politischen, sozialökonomischen und infrastrukturellen – „Strukturen" sollen am Ende dieses wesentlich subjektorientierten Abschnitts explizit hervorgehoben werden. Trotz und angesichts vielfältiger und immer wieder erhobener *Individualisierungsvorwürfe* (etwa in Gestalten von Depolitisierungs-, Psychologisierungs, Pädagogisierungs- und weiterer Vorwürfe) ist darauf zu insistieren, dass diese beim hier zugrundegelegten Lebensweltverständnis ins Leere laufen. Allerdings kann die Perspektive auf Zurechtkommen, auf pragmatisches Bewältigen des Alltagslebens diese Vorwürfe durchaus nähren: In der Erfahrung einer konkreten Wirklichkeit werden Menschen gesehen in ih-

rer „pragmatischen Anstrengung, die Vielfältigkeit der in der Lebenswelt miteinander verbundenen Aufgaben zu bewältigen" (GRUNWALD/THIERSCH 2001, S. 1139).
Aber mit dieser pragmatischen Anstrengung ist potenziell ein widerständiges und auf bessere, ermöglichendere Strukturen gerichtetes Element verbunden. Die Menschen erscheinen als „bestimmt und als fähig, sich anpassend, akzentuierend, verändernd mit den Strukturen auseinanderzusetzen und sie zu verändern. Lebenswelt (...) betont die pragmatische Fähigkeit und Großzügigkeit des Sich-arrangierens im Überleben, jenseits von Stringenz, Prinzipien oder in sich konsistenten Begründungen. Es akzentuiert ebenso die Anstrengungen, sich in diesen Verhältnissen behaupten zu müssen (...; einschließlich; U. O.) der Kompensation, Überanpassung oder des Stigmamanagements" (GRUNWALD/ THIERSCH 2001, S. 1139).
Nicht zuletzt Hans THIERSCH hat in vielfältigen Beiträgen sehr deutlich herausgearbeitet, wie viele Bezugspunkte die Lebensweltorientierung für den politik- und strukturbezogenen Einsatz für gute Lebensbedingungen, für soziale Assistenz, für gerechte Chancenverteilung usw. erschließt – angefangen von ihrem profunden Wissen um Belastungs-Bewältigungs-Zusammenhänge, über die erfahrungsgesättigten tiefen Einblicke in die Förderbarkeit von Bewältigungshandeln oder in die hochgradig gesellschaftlich (und professionell) mit-gestaltbaren Bedingungen für Fluchtpunkte von Autonomie bis zu Zufriedenheit. Nur auf den ersten Blick kommt er diesbezüglich unscheinbar und substanzlos daher – der letztlich zentrale Fluchtpunkt des „gelingenderen Alltags". Wer sich die Mühe macht, ihn mit den Menschen, um die es geht, hinsichtlich eminent struktureller Handlungsanforderungen auszudeuten, wird *starke Impulse für strukturbezogenes Handeln* freilegen. Indem es dabei um Rahmenbedingungen des subjektiven Lebensraumes geht, gehören dabei zentral jene des objektiven Raumes – nicht minder traditionshaltig etwa mit dem Konzept des pädagogischen Ortes verbunden – dazu.

2. Die nicht überwundene Randstellung sozialer Altenarbeit

Mit den bis hier ausgewählten Stücken einer Selbstvergewisserung sind bereits vielfältige Argumente für ein hohes Potenzial der Lebensweltorientierung in der Arbeit mit älteren Menschen vorgestellt. An der Oberfläche scheint es in vielen Gebietskörperschaften bereits so zu sein, dass zumindest von den politischen Vorgaben, den Leitideen usw. ein starkes Fundament dafür besteht, lebensweltorientierte soziale Altenarbeit prominent zur Gestaltung älterwerdender Gesellschaften einzusetzen. Ein genauerer Blick allerdings zeigt, dass diese sich aber im finanz- und professionspolitisch hoch umkämpften Feld keineswegs so eindeutig positionieren kann (als Arbeitsfeldüberblick vgl. KARL 2009, S. 175 ff., 201 ff.).

Von den theoretischen und praktischen Bezügen her „hätte Lebensweltorientierung in der Arbeit mit Älteren durchaus das Zeug dazu, eine übergreifende Perspektive eines Begriffs sozialer ganzheitlicher Arbeit mit Älteren jenseits disziplinärer oder berufsständischer Verengungen abzugeben, multiperspektivisches Arbeiten unterschiedlicher Berufe und Ausbildungen in konkret-direkten aber auch konzipierenden und planenden und verwaltenden Funktionen ebenso zu befördern wie multiperspektivisches Zusammenwirken der unterschiedlichen spezialisierten Fachdisziplinen innerhalb der Gerontologie unter Einschluss von Pflegewissenschaft, Gesundheitswissenschaft, Sozialpädagogik und weiteren – in vernetzten und sozialräumlich integrierteren Vollzügen voranzubringen. Allerdings – und das haben die aufgeführten Bezüge auch verdeutlicht – stehen dem einerseits bei allen inhaltlichen Konvergenzen gerade in der sozialwissenschaftlichen Gerontologie mächtige Begriffstraditionen sowie eine immer wieder vorgebrachte Kritik an der mangelnden Konturiertheit des Lebensweltkonzepts entgegen, andererseits die deutliche Schwäche der sozialpflegerischen und sozialarbeiterischen Orientierungen und Berufe in sehr vielen auf Ältere bezogenen Arbeitsfeldern" (OTTO/BAUER 2008, S. 208 f.).[1]

Das knüpft an einen noch älteren Befund an: Aus mehreren Gründen fiele, so schrieb ich zusammen mit Cornelia SCHWEPPE vor eineinhalb Jahrzehnten mit Blick auf die deutsche Situation, eine Verständigung über soziale Altenarbeit momentan besonders schwer. „Gehen wir zunächst aus von einem Begriff sozialer Altenarbeit als Arbeit sozialpädagogischer Fachkräfte (in der Arbeit) mit älteren Menschen. Sie steht in der Tradition sozialhilfenaher Altenhilfe und -fürsorge. Als sozialpädagogisches Arbeitsfeld hat sie nicht annähernd eine Identität und ein fachliches Selbstverständnis entwickelt wie bspw. die Arbeit mit Behinderten oder die Arbeit in vielen Feldern der Jugendhilfe. Indem sie sich bislang im wesentlichen auf das abhängige Alter beschränkt, sieht sie sich auf die Randbereiche eines sozialen Sektors verwiesen, der fest im Einflußbereich medizinischer und pflegerischer Berufe und deren Deutungsmuster und Klientelverständnisse ist. Im Arbeitsmarkt dieses großen Segments besetzt sie so nur sehr wenige Stellen, daneben findet sie sich abgedrängt in abgeschottete Segmente von Freizeit- oder Begegnungsarbeit" (OTTO/SCHWEPPE 1996, S. 53).

Der Versuch einer aktualisierenden Standortbestimmung ist dabei durchaus ernüchternd, Abschwächungs- und Verstärkungsbefunde halten sich wohl die Waage. Einerseits ist der oben angesprochene intensive Versuch in den unterschiedlichen Arenen der Fachdebatte, die Defizitorientierung nachhaltig zu überwinden und – am anderen Pol – eine klare Perspektive auf Potenziale des Alterns freizulegen und zu verankern, nicht ohne Wirkung geblieben. Dazu gehören auch einige kommunale Aktivitäten einer systematischeren lebensweltlichen und sozialräumlichen Neukonzeption von Altenhilfe und -arbeit vor Ort, dazu gehören benachbarte teilweise auch große Programme, die wichtige Schnittfelder für lebensweltorientierte soziale Altenarbeit bedeuten (wie in Deutschland beispielsweise das Programm Mehrgenerationenhäuser), dazu gehören schließlich auch einige Reformen im Bereich der Gesundheits-, Pflege- bzw. Sozialpolitik (wiederum in Deutschland beispielsweise die jüngsten Reformen im Rahmen der gesetzlichen Pflegepflichtversicherung). In der Gesamtschau aber bedeuten diese keinen Durchbruch für bezahlt-berufliche Aktivitäten im Sinne eines konturierten sozialpädagogischen Arbeitsfeldes Öffnen wir also – erneut anknüpfend an den o. g. Beitrag von vor fast eineinhalb Jahrzehnten – das Verständnis sozialer Altenarbeit. Es wäre, so schrieben wir damals – „als zweiter Strang – eine übergreifende Perspektive eines Begriffs sozialer Altenarbeit zu entwickeln. Jenseits disziplinärer oder berufsständischer Verengung wäre sie *Arbeitsbegriff und Leitziel einer ganzheitlichen Arbeit mit Älteren*" (OTTO/SCHWEPPE 1996, S. 54). Auch hier findet sich eine Situation voller widersprüchlicher Tendenzen und voller Ungleichzeitigkeiten. In mehreren Dimensionen sind Akteure der Sozialen Arbeit an zentralen Positionen mit dabei, im öffentlichen und fachlichen Diskurs solche Themenzuschnitte und Aktivitätsfelder zu befördern, die potenziell dabei helfen könnten, aus der oben beschriebenen Residualposition heraus zu finden. Sie treffen zusammen mit Aktivitäten vieler anderer Berufsgruppen, aber auch weiterer gesellschaftlicher Anspruchsgruppen. In dieser Perspektive, die die Präsenz sozialpädagogischer und lebensweltorientierter Alter(n)s(arbeits) zugänge nicht in erster Linie gemäß Arbeitsfeldern, Stellenbeschreibungen, Refinanzierungsregeln oder durchgesetzten Professionsprofilen formatiert, findet sich eine ausgesprochen dynamische Situation, die jedenfalls einige der wichtigsten fachlichen Anliegen lebensweltorientierter Altenarbeit ausgesprochen chancenreich positioniert sieht.

Mit Blick auf beide Zugänge zur sozialen Altenarbeit in Lebensweltorientierung soll diese Einschätzung anhand problemorientiert ausgewählter Aspekte verdeutlicht werden. Zugleich soll damit der o. g. doppelte Fokus auf eine moderne sozialpädagogische Altenarbeit aktualisiert und bekräftigt werden. Dies erfolgt in ebenfalls doppelter Hinsicht: Es lohnt sich – *erstens* –, so das vorweggenommene Credo, wenn eine entschiedene Orientierung an der Lebenswelt älterer Menschen durchgehalten wird, wenn damit gegen expertokratische und letztlich entmündigende Arbeitsansätze ebenso wie gegen versäulte und zu wenig passförmige Hilfen angegangen wird. Es ist dies aber – *zweitens* – berufspolitisch ein schwerer und ungemein anspruchsvoller Weg voller Widerstände. Es ist zudem ein Weg, der sich im vielbesprochenen „professional war", in dem es um Arbeitsmarkt- und Verdienstchancen, um kompetitive Anerkennung sowie um Durchsetzungsmacht in verschiedener Hinsicht geht, möglicherweise – weiterhin – nicht auf breiter Front auszahlt.

3. Die Aktualität der Lebensweltperspektive angesichts laufender Debatten

Im folgenden sollen nur drei nicht etwa systematisch, sondern absichtlich unter dem Gesichtspunkt der Heterogenität problemorientiert ausgewählte Aspekte dazu ganz knapp beleuchtet werden, die einerseits als Belege für eine weiter steigende Aktualität der Lebensweltperspektive gelesen werden können. Andererseits sind es wesentliche Elemente für die Theorie- und Konzeptionsentwicklung gerade in dem Themenfeld, das im vierten Kapitel zur Markierung aktueller Herausforderungen und Möglichkeiten einer systematischen Lebensweltorientierung genauer beleuchtet wird: Mit „kontextuiertem Wohnen" und „ambient assisted living" wird es dabei um Ausformungen des vordergründig „objektiven Lebensraums" gehen, die allerdings in lebensweltorientierter Perspektive auch gewissermaßen in einigen ihrer darunter verborgenen „Tiefenschichten" in den Blick geraten, bspw. hinsichtlich der Aneignung von Veränderung.[2]

Erstens: Ein kaum zu unterschätzender Befund ist die *fach- und politikbezogene Aufwertung der Kommune bzw. des Quartiers* als *dem* Erfahrungs- und Lebensraum älter werdender Menschen (OTTO 2008, SONG 2009, mehrere Bände, aktuell z. B. das ZGerontolGeriat-Sonderheft „Alter und Kommune", H. 4/2010), als ernster genommener zentraler Ansatzpunkt für Präventions- (KÜMPERS/ROSENBROCK 2010, S. 296 ff.) und Versorgungspolitik. Diese Aufwertung speist sich aus vielen Quellen, wird aber – als deutsches Beispiel – machtvoll auch von identifizierbaren Einzelakteuren befördert.[3] Die vielerorts beobachtbare Anstrengung, diesbezüglich versäulte Ressortpolitiken neu zu integrieren bspw. im Sinne einer Generationenpolitik (s. u.) vor Ort oder einer kommunalen SeniorInnenpolitik (BERTELSMANN STIFTUNG 2006, 2009) können zwar als Chance zu einer Aufwertung lebensweltorientierter Handlungsansätze gesehen werden, sie könnten auch in der konkreten Ausgestaltung entsprechend akzentuiert werden – per se aber liefern sie ganz offensichtlich überhaupt nicht Rückenwind überhaupt für soziale Altenarbeit, noch spezieller für eine lebensweltorientierte Variante. Immerhin sind sie aber in den dynamischeren Umsetzungsversuchen nicht zu unterschätzende Lernfelder für das Eindringen von Teilelementen lebensweltorientierter Altenarbeit vor Ort.

Zweitens: Der Aktivitätsdiskurs im Lichte der Lebensweltorientierung: Eine Leitidee bzw. Aufgabe moderner Altenarbeit im Horizont von Lebensweltorientierung wäre ein *Aktivitätskonzept*, das weniger anfällig dafür ist, durch seine – wie immer gut gemeinte Ressourcen- und Präventionsorientierung – zumindest für diejenigen älteren Menschen stigmatisierend zu wirken, die von Einschränkungen betroffen sind. Dieser Vorwurf träfe moderne Aktivitätsauffassungen insofern bzw. dann nicht, wenn „nationale und kulturelle Besonder-

heiten ausdrücklich respektiert werden und davon ausgegangen wird, dass es eine optimale Aktivität nicht gibt" (SCHMITT 2004, S. 281). Wie schwierig dies ist, soll durch den kurzen Verweis auf drei Etappen aus der schon lange zurückreichenden gerontologischen Tradition der Thematisierung von Aktivität verdeutlicht werden.
(1) Aktivitäts- und Aktivierungskonzepte können ihre Wurzeln aus der Renaissance dieser Orientierung in den 80er Jahren nicht verleugnen oder einfach ablegen (LESSENICH/OTTO 2008, LESSENICH/VAN DYK 2009). Vor allem in den Vereinigten Staaten war dies zuallererst eine Produktivitätsdebatte (WALKER 2002). (2) Insbesondere mit der Akzentuierung von Aspekten wie der sozialen Partizipation und Integration älterer Menschen konnte sich ein breiteres Verständnis von Produktivität entwickeln. Dabei spielte die Weltgesundheitsorganisation (WHO) mit ihrer Orientierung an einer Gesellschaft für alle Lebensalter eine nicht zu unterschätzende Rolle. (3) Erst neuere Forschungen schließlich stellen „die Frage nach den subjektiv erlebten Potenzialen und Barrieren einer mitverantwortlichen Lebensführung bei vorliegenden Leistungseinbußen" (SCHMITT 2004, S. 281). Dabei nehmen sie Bezug auf neuere Definitionen von Produktivität, „denen zufolge Individuen selbst bei vorliegender Pflegebedürftigkeit noch Handlungsoptionen zur Verfügung haben, die sie im Interesse der Gemeinschaft einsetzen können" (SCHMITT 2004, S. 281). Es sind solche Aktivitätsverständnisse, die mit lebensweltorientierten Ansätzen einerseits kompatibel sind, die andererseits von lebensweltorientierter Theorie- und Konzeptentwicklung befördert werden können.
Drittens: Die erhöhte Aufmerksamkeit für Generationenthemen birgt vermutlich ebenfalls gute Anknüpfungs- und Weiterentwicklungschancen für alter(n)sbezogene Lebensweltkonzepte. Mit Bezug auf den vorstehenden Absatz formuliert NAEGELE nachgerade das verbindende Argument: Gerade in der Gerontologie und insbesondere auch vor dem Hintergrund des demographischen Wandels darf Politikberatung nicht kurzfristig, sondern muss nachhaltig ausgerichtet sein. Darunter ist auch zu verstehen, stets die Interessen und Bedarfe der verschiedenen Generationen zu beachten. So gesehen, „darf Gerontologie nicht einseitig oder gar ‚parteiisch' sein, sondern muss stets um den sozialen Ausgleich zwischen den Generationen bemüht sein (…). Denn die zweifellos vorhandenen Belastungen und Kosten des kollektiven Alterns sind nur gemeinsam unter Beteiligten der Älteren zu tragen. Empirische Forschungsergebnisse bestätigen, dass die Älteren durchaus bereit sind, an der Aufrechterhaltung der Stabilität des großen Generationenvertrags selbst aktiv mitzuwirken. Dies sollte auch auf örtlicher Ebene Berücksichtigung finden, das Konzept des ‚active ageing' bietet auch dazu wichtige Anknüpfungspunkte" (NAEGELE 2010a, S. 102)
Paradigmatisch für die sich abzeichnende erhöhte Aufmerksamkeit stehen so unterschiedliche Entwicklungen wie – modellprojektbezogen – in Deutsch-

land die „Mehrgenerationenhäuser", in der Schweiz – forschungsbezogen – die schon etwas zurückliegende Lancierung eines großangelegten nationalen Generationen-Forschungsprogramms (NFP 52, PERRIG-CHIELLO/HÖPF-LINGER/SUTER 2008) und eine verstärkte Kongress- und Publikationstätigkeit (nur als Bsp. ETTE/RUCKDESCHEL/UNGER 2010) sowie – im politischen und gesellschaftlichen Raum umsetzungs- und implementationsbezogen – eine ganze Reihe daran anknüpfender Aktivitäten, die über das i. e. S. wissenschaftliche und wissenschaftspolitische Feld teilweise deutlich hinausweisen. Dazu zählen bspw. das Netzwerk Generationenbeziehungen der Schweizerischen Akademie der Geistes- und Sozialwissenschaften (SAGW) oder der Entscheid, dass der seit 1990 alle vier Jahre erscheinende Schweizer Sozialbericht 2012 mit Schwerpunktthema als Generationenbericht erstattet wird.

Auch in der sozialarbeiterischen und erziehungswissenschaftlichen Fachdebatte – in Disziplin und Profession – mehren sich Hinweise für generationsbezogene Themenrenaissancen mit deutlichen theorie- und empiriebezogenen Weiterentwicklungen. Beispielhaft sei nur ein Beitrag von MEYER zitiert, der einige wichtige Aspekte klar benennt: „Soziale Arbeit, bisher bevorzugt verantwortlich für das Aufwachsen von Kindern und Jugendlichen und ihr Hineinwachsen in gesellschaftliche Zusammenhänge, wird mit dem Anstieg der Lebenserwartung mehr als zuvor für Aufwachs- und Lebensbedingungen von Kindern und Jugendlichen verantwortlich sein, die diese befähigen, ein durchschnittlich 100 Jahre andauerndes Leben bewältigen und gestalten zu können. Es werden Kompetenzen notwendig, die eine lebenslange Entwicklung ermöglichen und garantieren und so stellt sich die Frage, welche Fähigkeiten und welches Wissen eigentlich notwendig sind für solch ein langes Leben. Darüber hinaus stellt sich die Frage nach der Bedeutung der Kinder- und Jugendphase in einer vergreisenden und gleichzeitig schrumpfenden Gesellschaft neu. Die Verhältnismäßigkeiten zwischen jungen und alten Menschen verschieben sich" (MEYER 2008, S. 269). Fred KARL (2009) hat kürzlich einen ambitionierten Vorschlag veröffentlicht, dessen Programmatik schon im Titel anklingt „Einführung in die Generationen- und Altenarbeit", der darin u. a. systematisch das Feld Altenarbeit umzuformatieren versucht unter dem dynamisierenden Gesichtspunkt der Generationenperspektive.

Die Schnittfelder zu den Diskursen zur Lebenslaufperspektive in der Gerontologie (MORTIMER/SHANAHAN 2003) und entsprechenden Regulierungen in der Wohlfahrtspolitik (NAEGELE 2010), zur verstärkten Thematisierung von Übergängen in unterschiedlichen wissenschaftlichen Disziplinen, aber auch in der Erziehungswissenschaft und wissenschaftlichen Sozialen Arbeit (vgl. div. Beiträge in BEHNKEN/MIKOTA 2009) u. a. m. verleihen der Dynamisierung bislang oft abgeschottet diskutierter „Altersfragen" – nun generations- und/oder lebenslaufbezogen formatiert – zusätzliche nachhaltige Impulse.

4. Kontextorientierte Wohnkonzepte als bzw. in Lebensweltorientierung

Im folgenden wird an die bis hier benannten Thematisierungslinien angeknüpft, die hinsichtlich ihrer theorie- und konzeptionsbezogenen Implikationen als herausfordernd und chancenreich herausgegriffen, andererseits als Belege für eine tendenziell weiter steigende Aktualität der Lebensweltorientierung auch im Feld der Arbeit mit älteren Menschen angeführt wurden. Es fällt auf, dass in beiden ausgewählten Bereichen selbst spezifische Formatierungen raum- und sozialbezogener „Lebenswelt" verhandelt werden. Zum zweiten fällt auf – und dies ist ebenso wenig ein Zufall –, dass in beiden Bereichen der systematische bzw. ganz konkrete „Ort" für Soziale Arbeit als professioneller Handlungsvollzug keineswegs klar auf der Hand liegt.

Ein erster Aspekt akzentuiert Wohnen als zentrales Politikfeld und als Ankerpunkt unterschiedlichster interventionsgerontologischer Dienstleistungen. In einem genuin lebensweltorientierten Verständnis wird die Perspektive auf „*kontextuiertes Wohnen*" gelegt. Und gerade in diesem Verständnis scheint ein besonders dynamisches Wechselverhältnis zwischen entsprechenden Ansätzen Sozialer Arbeit und der sozialpolitischen bzw. gerontologischen Wohndebatte entstehen zu können – worauf eine Reihe theoretischer Überlegungen ebenso hinweisen wie vielfache empirische Beobachtungen.

Verbunden mit dem Thema Wohnen ist sowohl in theoretischen Zugängen als auch in sehr unterschiedlichen praxisorientierten Konzepten und Arbeitsansätzen der Versuch, ein *Paradigma der Assistenz* zu stärken. Im vorliegenden Aufsatz soll dieser Ansatz aus mehreren Gründen aufgenommen werden: Erstens aufgrund der seit wenigen Jahren angelaufenen mächtigen technikbezogenen Thematisierungswelle: Assistenzmodell im Sinne von *Ambient assisted living* (AAL). An dieser führt auch für soziale Gerontologie und Soziale (Alten-) Arbeit schon aufgrund ihrer schieren finanziellen und organisationellen Mächtigkeit kein Weg vorbei. Im Hinblick auf die technische Unterstützung spricht man in der amerikanischen Literatur (VERZA et al. 2006) auch häufig von „Assistiven Technologien" und schließt dabei sowohl low-tech Hilfsmittel (Gehhilfen, Vergrößerungsgläser etc.) wie auch high-tech Hilfsmittel (PDA, implantierbare Systeme, Sensornetzwerke etc) ein.[4)] In weiter gefassten Begriffsverständnissen werden umfassende Begriffe der Umwelt bzw. der Umgebung der Menschen gemeint, zudem geht es in einem großen Teil der AAL-Entwicklungen um Anwendungen in enger Verbindung mit Wohnen.

Komplementär gesellt sich auch in der fortschrittlichen Sozialgerontologie ein „*soziales ‚Assistenz'-paradigma*" neben ältere „Hilfe"- oder „Betreuungs"-konzepte (STEFFEN/FRITZ 2006) und ist durchaus in der Lage, diese – gerade mit Bezug auf lebensweltliche Perspektiven – auf die Definitionsmacht der Subjekte an einigen Stellen kritisch zu hinterfragen. Die meisten Aspekte

dieser Anschlussstelle beider Assistenzformen sind unter dem Gesichtspunkt der Verschränkung technischer und sozialer Systeme noch nicht einmal ansatzweise systematisch ausbuchstabiert.
Nicht zuletzt um eine negative Stigmatisierung des Themas AAL im Hinblick auf Pflegebedürftigkeit zu vermeiden, wird in den letzten Jahren auch der Begriff *welldoing* in den Vordergrund gestellt (TRÖSTER 2008). Bei diesem Ansatz besteht allerdings die Gefahr, dass der Begriff AAL einerseits eine Beliebigkeit bekommt[5] und damit gerade die gewünschte Schärfung und Fokussierung verlorengeht, dass anderseits tatsächlich bestehende Einschränkungen und gravierende Behinderungen im Alter nicht ausreichend adressiert werden. In einem lebensweltorientierten Verständnis wird die spezifische Leistungsfähigkeit in jeder Lebensphase im Auge behalten, die es durch AAL zu nutzen und zu stärken gilt, um nicht nur eine Teilhabe, sondern möglichst auch eine individual-psychologisch und gesellschaftlich wichtige *Teilgabe* (Klaus DÖRNER) im sozialen Umfeld zu ermöglichen.

4.1 Schnittstelle kontextuiertes Wohnen

Unter den „Top-Themen alternder Gesellschaften" rutscht Wohnen immer weiter nach vorn, wird mehr und mehr auch vor Ort als das Schlüsselthema erkannt! Aus einer lebensweltorientierten Perspektive ist dies eine sehr chancenreiche Fokussierung öffentlicher und fachlicher Debatten im Kontext der demographischen Herausforderung gerade dann, wenn damit kontextuiertes Wohnen gemeint ist (vgl. die berechtigte Kritik von BRECH 2004, S. 42). Im Wohnen in der Kommune respektive im sozialen Raum stellen sich substanziell die Fragen nach sozialer und generationeller Integration und Vernetzung. Wesentlich hier müssen sich ressourcenförderliche Umwelten konkretisieren (BERTELSMANN STIFTUNG 2005), nicht zuletzt weil auch mit einem großen Teil der Lebensübergänge und -ereignisse, Belastungen usw. hier zu leben ist. Und dies betrifft Menschen mit sehr unterschiedlicher Ressourcenausstattung in bildungsbezogener und sozialer (BACKES/KRUSE 2008), psychischer (KRUSE/WAHL 2008) und gesundheitlicher Dimension (MEIER-BAUMGARTNER/ROBERTZ-GROSSMANN/STEINHAGEN-THIESSEN 2008).
Hier beim Wohnen in der Kommune eingeschlagene Wege rächen oder lohnen sich oft noch viele Jahrzehnte später: Bauten sind langlebig, stadträumliche Strukturen ebenso, Wohnbindungen sind langlebig und Fehler wie Potenzen wandern mit den Wohn-Kohorten durch die Zeit, wobei sie sich oft verstärken. Insofern gerade ältere Menschen auch den größten Teil der Lebenszeit in ihrer Wohnung verbringen, wirkt für sie Wohnen besonders nachhaltig – in seinen positiven wie negativen konkreten Ausformungen. „Insofern handelt es sich beim Wohnen zweifellos um ‚den' Kontext des Alterns, und dies so-

wohl qualitativ wie quantitativ" (WACKER/WAHL 2008, S. 229). Dabei ist es zugleich ein schwieriges Feld, weil so viele Interessen, Denkweisen, Disziplinen dabei sind. Wir gehen davon aus, dass in diesem Kontext gerade eine interdisziplinär informierte soziale Altenarbeit – und breiter gefasst: eine solche Altenarbeit, die sich als Teil sozialer Gerontologie versteht – ausgesprochen wichtige (Verknüpfungs-)leistungen erbringen kann (OTTO/LANGEN 2009, KODISCH/OTTO/STAMM-TESKE 2008). Erwartbar ist dies aus ihrer ganzheitlichen Perspektive auf den Lebenslauf (OTTO 2008), aus der lebensweltorientierten Sicht auf die eigensinnigen Bedürfnisse, Wünsche und Bewertungen der alltäglichen Lebensverhältnisse und aus der daraus detailreich erschließbaren kolossalen Vielgestaltigkeit des Alterns auch hinsichtlich des Wohnens (STEFFEN/WEEBER/BAUMANN/TURAN 2010).

Die Ausbildung einer positiven Wohn- und Lebensatmosphäre – ob in konventionellen Einzelwohnungen oder in mehr oder weniger „neuen" Wohnformen – ist niemals von räumlichen Faktoren allein abhängig. Vielmehr spielen insbesondere die soziokulturellen Qualitäten eine große Rolle. In den allermeisten gerade der neueren „Projekte" wird „'Wohnen' als ein umfassender Begriff verstanden (...), der die bauliche Ausprägung der Wohnung bzw. Wohnanlage und die Infrastruktur des Wohnumfeldes genauso umfasst wie die sozialen Handlungsmöglichkeiten und Lebensbedingungen der Bewohner" (EBNER 2006, S. 20).

Im Kontext der gerontologischen Debatte wird ein solches Verständnis unter der fundamentalen Perspektive auf das allgemeinere Konzept „altersfreundliche und ressourcenförderliche Umwelten" (WACKER/ WAHL 2008) thematisiert und mit Bezug auf LAWTON mehrdimensional verankert: Umwelten können (a) „Unterstützung bieten, indem sie ausgefallene Funktionen kompensieren. Diese prothetische Funktion entfaltet sich vor allem in der ganzen Bandbreite des barrierefreien bzw. -armen Bauens, der entsprechenden Wohnraumanpassungen bzw. der Gestaltung von außerhäuslicher Umwelt, aber auch bei Benutzeroberflächen oder Produkten (...). Umwelten können (b) auch eine Vielzahl von Anregungen bieten. Sie können zu Handlungen einladen, aber auch demotivierend wirken, können Sozialkontakte und Teilhabe erleichtern oder erschweren, ,Möglichkeitsräume' zur Entfaltung von Eigeninitiativen bereitstellen oder eher Unselbständigkeit und Angewiesensein auf Hilfe fördern. (c) Schließlich können Umwelten Aufrechterhaltung gewährleisten, Raum für Lebenskontinuität und eigene Entwicklung bereitstellen in einem breit verstandenen, existenziellen Sinn" (WACKER/WAHL 2008, S. 222).

Es wird deutlich, wie anschlussfähig diese Perspektive mit Blick auf Lebensweltorientierung ist. Sie akzentuiert Umweltgestaltung als ganz wesentlichen Aspekt lebensweltorientierter Sozialer Arbeit. Entsprechende Formen von Umweltgestaltung sind umzusetzen in Kontexten der Mitgestaltung kommunaler Politik, in Sozialberichterstattung und Planung. Wo es multiprofessionelle Kooperationsforen u. ä. gibt, wo das Postulat der notwendigen gebietsbezogenen Zusammenarbeit der Akteure (BÖHME/FRANKE 2010, S. 89) praktiziert wird, kann Soziale Arbeit ebenso eine entsprechende Perspektive einbringen und nachhaltig zu verankern suchen wie dort, wo Soziale Arbeit in Projekten bzw. Entwicklungen beteiligt ist, die eine relevante Schnittstelle zum Wohnen haben. Beispiele hierfür sind in vielen – und oft den interessantesten – Fällen nicht unbedingt speziell alternsbezogene Aktivitäten. Vielmehr ist etwa – mit Beispielen aus Deutschland – an Programme Bürgerschaftlichen Engagements oder Innovationsversuche wie die deutschen Mehrgenerationenhäuser oder das vor über zehn Jahren aufgelegte Programm „Soziale Stadt" (BÖHME/FRANKE 2010) zu denken.

Das Postulat der Durchmischung der Quartiere wird dabei gegenwärtig in immer mehr Dimensionen ausbuchstabiert – und ausprobiert. Es wird absichtsvoll zu verankern versucht im Sinne der Verhinderung von Segregation, mit Blick auf austausch- und unterstützungsförderliche generationelle und sozioökonomische wie sozialkulturelle (auch ethnienbezogene) Durchmischung.

Dabei sind – teilweise miteinander verbunden – unterschiedliche Paradigmen handlungsleitend, zwischen Universal Design[6], Familien- und Altersgerechtigkeit (BMVBS/BBR 2007) oder einem Konzept der „Generationenkommune" (VON BLANCKENBURG/PAUL 2008, S. 9 ff.). Aus einer lebenslaufbezogenen gerontologischen Perspektive und hier der Person-Umwelt-Perspektive müsste es „letztlich (…) um die ressourcenförderliche Gestaltung unserer Alltagswelt gehen, in der sich alle Lebensalter und gesellschaftlichen Gruppen einschließlich der Älteren und der Menschen mit Behinderung in ihrer Vielfalt widerspiegeln sollen" (WACKER/WAHL 2008, S. 218).

Wie genau die Leitorientierungen analysiert werden müssen, zeigt sich sinnfällig, wenn selbst für das Konzept „Pensionopolis" in einer verblüffend-verkehrenden Lesart des Universal-design-Postulats reklamiert wird, dass „eine Stadt der dritten Generation (…) auch Vorteile für Familien und Jugend haben (kann; U.O.), z.B. indem über den regelmäßigen verlässlichen Konsum (beispielsweise von Kultur) auch eine feste Basis für ein Angebot geschaffen wird, das dann partiell auch von den Jüngeren wahrgenommen wird" (VON BLANCKENBURG/PAUL 2008, S. 6).

Nicht nur die Tiefenbindung der Leitideen ist ganz offensichtlich oft noch unklar. „Ist es doch nur Etikettenpolitik? Nur Marketing? Und kann es sein, dass die ja längst überfällige Generationenbrille uns noch blinder für die subtilen und manifesten sozialen Ungleichheiten macht? Wie wird das Ziel der Generationenfreundlichkeit im sozialräumlich genaueren Blick eingelöst: in Segregationsgestalten oder in generationsintegrierter Stadtbewohnung? So

wären die konkreten Dimensionierungen des Projekts Generationenfreundlichkeit gründlich genauer zu befragen, etwa danach: welche Netzwerkvorstellung steht dahinter? Was fehlt? Z. B. in Sachen dynamischer zivilgesellschaftlicher Entwicklung und Bürgerschaftlichen Engagements? Hinsichtlich der Mentalitäten der Bevölkerung, des Meinungsbildungsprozesses, der Leitbildentwicklung? Und atmet hier nicht doch die Altenhilfelogik, welche Rolle spielt demgegenüber die Idee des ‚sozialen universal design', ‚das Normale' senioren- bzw. demographiefest zu machen – also die Arbeit mit allen ‚Normalinstanzen'" (OTTO 2008b)?
Darüberhinaus wird – freilich allzu häufig nur auf der Ebene rhetorischer Zustimmung und politischer Lippenbekenntnisse – auch die Variante substanzieller Nutzungsmischung in einigen Orten gefördert und ebenfalls schon seit Jahren ausprobiert. So wichtig und chancenreich die Durchmischungsmodelle – trotz nicht wegzuwischender auch problematischer Varianten und Erfahrungen – sind, so wenig reichen sie hin zur Flankierung altersgerechten Wohnens im Quartier.
Die hier bestehenden Handlungsmöglichkeiten sind u. a. „hindernisfreie und gebrauchstaugliche öffentliche Räume und öffentliche Gebäude und ein breites Spektrum an Plätzen im Quartier, die Schaffung räumlicher Voraussetzungen für eine gute Nahversorgung und ein vielfältiges Angebot an Dienstleistern, niederschwellige, leicht zugängliche Orte und Räume für Aktivität und Begegnung, multifunktionale Einrichtungen mit Ausstrahlung auf den Stadtteil, die Verbindung von Wohnen und Dienstleistungen, vor Ort präsente Anlaufstellen, orientierende Beratungsangebote und mobile Dienste, städtebauliche Integration statt Isolation und der Erhalt ‚lebenswichtiger' Funktionen im Quartier statt Auslagerung" (STEFFEN/BAUMANN/FRITZ 2007, S. 1).
Viel mehr als im Modell des Gewährleistungsstaats ist in der Perspektive des Hervorbringungsstaats hier eine bedeutsame Gestaltungsaufgabe gerade für die Kommunen gegeben. Viele empirische Erfahrungen zeigen, wie sehr sie – als Beispiel für ein oft unterschätztes Gestaltungsfeld – mit der Unterstützung und Förderung neuer Wohnmodelle eine zentrale „katalysierende" Rolle spielen können (LANGEN/OTTO 2009), gerade, wenn sich die „Visionen, die sich mit neuen Wohnformen für Ältere und für Mischmodelle aus Personen mit und ohne Unterstützungsbedarf bzw. mit verschiedenen Kompetenzen verbinden, über den Wohnraum und sein Umfeld hinausgehen. Denn in diesen neuen Konzepten liegen räumlich-infrastrukturell-soziale Potenziale für zukunftsweisende kleinräumige Versorgungsmodelle, für neue Formen der Solidarität zwischen den Generationen und ‚verletzlichen' Gruppen unserer Gesellschaft und für neue Formen bürgerschaftlichen Engagements" (WACKER/WAHL 2008, S. 231 f.).
Gerade weil die Bandbreite der hier thematisch werdenden Gestaltungsaufgaben so groß ist, kann Lebensweltorientierte Soziale Arbeit im Feld ungemein

viel einbringen: das beginnt bei der partizipativen Gestaltung öffentlicher und halböffentlicher Räume, geht über die Moderation zivilgesellschaftlicher Mitgestaltungsräume und geht weiter mit den Erfahrungen bei der Kultivierung einer sozialräumlich erfahr- und nutzbaren Dienstleistungslandschaft mit hochflexiblen integrierten sozialen Diensten (bei WENDT 2010, S. 29 ff. unter dem Begriff „Arrangements") – aber systematisch auf der Basis der koproduktiven Verantwortung aller wichtigen Instanzen im welfare mix. Und es endet noch längst nicht mit der Fähigkeit, die unterschiedlichen Anspruchsgruppen – nicht zuletzt auch die unterschiedlichen beruflichen und Professionsgruppen – bei gemeinsamen nachhaltigen Lernprozessen zu unterstützen – wesentlich im Horizont multiprofessioneller aber partizipationsoffener Kooperation. Das „kann einbringen" ist freilich nur die kompetenz- und erfahrungsbezogene Seite der Medaille, die andere Seite wird hier nur angedeutet und offengelassen: Erneut ist der konkrete Ort für dieses Einbringen-können nur prekär gegeben, er muss vielerorts neu oder immer wieder neu erkämpft und erobert werden, er hat keine klar institutionalisierte home-base, keine gesicherten Domänen.

Damit gehen wir zum zweiten Anwendungsfeld in diesem Abschnitt: Wie sinnvoll und nötig es wäre, die technisch dominierte Diskussion über Ambient Assisted Living (AAL) sozial anzureichern – mit Blick auf subjektive Relevanzen, auf Qualitäten hinsichtlich sozialer Vernetzung usw. –, wurde bereits oben als Herausforderung benannt.[7] Im Folgenden werden diesbezüglich lediglich einige ausgewählte Aspekte aus lebensweltorientierter und sozialgerontologischer Perspektive angeschnitten, die diesbezügliche Fragen deutlicher herausarbeiten.

4.2 Schnittstelle Soziale Aneignung assistiver Technik, sozial und technikunterstütztes autonomes Wohnen

Im folgenden werden einige Bemerkungen zu Aspekten der Individualisierung, der genauen lebensweltlichen Bedürfnisgerechtigkeit sowie der Einbindung in sozial-kommunikativ-assistive Prozesse und Interventionen gemacht. Sie erfolgen vor dem Hintergrund dessen, dass sehr viele Ambient Assisted Living (AAL)-Anwendungen derzeit extrem einseitig Technik-getrieben – und in naher Zukunft wohl zunehmend mehr ebenso einseitig Markt-getrieben – erfolgen (werden). Hier könnte die Konfrontation mit der aus der Sozialen Arbeit kommenden Lebensweltperspektive ungemein fruchtbar gemacht werden, so ratlos wie die Markt- und Technikakteure angesichts einer einfach wirkenden Anforderung scheinen, die in AAL-Diskursen auffällig oft auffällig hölzern und blutleer daher kommt: „Technik darf allerdings nie Selbstzweck sein, sondern muss immer in seiner Funktion als Mittel zum Zweck betrachtet

werden" (WOLTER 2007, S. 92). Ganz offensichtlich fangen hier – aus Sicht der Menschen jedenfalls – die eigentlichen Fragen erst an.
Angesichts der deutlichen diskursiven Austauschgrenzen wird in diesem Aufsatz dafür plädiert, dass es eine aktiv gestaltende Aufgabe der Sozialwissenschaften sowie der Sozialen Arbeit sein müsste, nicht nur Kritik an technischen Entwicklungen, Systemen und ihren Folgen zu üben, sondern sich integrierend und konstruktiv mit Konzepten und Praktiken an der Entwicklung und Einbettung der technischen Systeme zu beteiligen (vgl. RAMMERT 2003). Wie sehr sie hier hoch relevante Wissensbestände und Handlungskompetenzen einbringen können, davon sollte einiges am Ende der folgenden Ausführungen deutlicher geworden sein.
Während unter dem Einfluss von Industrie und Dienstleistungsunternehmen, der beteiligten Disziplinen sowie der Struktur der AAL-Finanzierungsprogramme sowohl in den gängigen technikorientierten als auch in den dienstleistungsorientierten AAL-Modellen letztlich fast ausschließlich produktorientierte und/oder auf professionellen Dienstleistungen basierte Lösungen entwickelt und erprobt werden, könnten Modelle eines spezifisch sozial akzentuierten AAL-Ansatzes hier einen deutlichen Schritt weiter gehen. Bisherige Lücken, die zwischen der grundsätzlichen Akzeptanz von durchaus als hilfreich beurteilter Technik und dem letztendlichen praktischen (Nicht-)Gebrauch dieser im Alltag bestehen, könnten so geschlossen und das Ziel der Erhaltung und Förderung von Lebensqualität erreicht werden.
Einleitend soll der technikgestützte Assistenzaspekt zunächst an ein prominentes gerontologisches Grundlagenmodell im Kontext der individuellen alternsbezogenen Anpassungsprozesse angeschlossen werden, das SOC-Modell (BALTES/BALTES 1990). Die „Forderung nach einem hohen Individualisierungsgrad unterstützender Technologie entspricht der Beobachtung, dass die konkreten Ausformungen von Selektion, Optimierung und Kompensation (engl.: SOC; U. O.) sowie deren Kombination von Person zu Person stark variieren. Ein hoher Individualisierungsgrad dürfte deswegen in vielen Fällen eine Voraussetzung für die positive Veränderung der Ressourcenbilanz darstellen" (LINDENBERGER 2007, S. 227).
Die Umsetzung dieser Einsicht ist freilich alles andere als trivial. Sie bezieht sich auf Anforderungen der Produkt- und Dienstleistungen ebenso wie auf den Entwicklungs-, Erprobungs- und Evaluierungsprozess. Hier könnte sich lebensweltorientierte soziale Arbeit schon in der Entwicklungsphase in Sachen genauer Bedürfnis- und Bedarfsgerechtigkeit in Subjekt- und Kontextperspektive bei der Abschätzung und Optimierung von Usability einbringen. User-Participation ist hierfür das Schlüsselkonzept – entsprechende Ansätze adressieren die Forderung des 2nd AAL-Europe-call 2009: "it must be recognised that end-users should be the drivers in the development and practical application of these advancements". Freilich scheinen viele der darauf ge-

richteten eher standardisierten Modelle etwa aus dem Gerontotechnik-bereich hier an sehr enge Grenzen zu stoßen. Das Einbringen der Lebensweltperspektive könnte – weiter – beitragen zu einem sensiblen anwendungsbezogenen Assessment – wiederum: mit Blick auf genaue Bedürfnis- und Bedarfsgerechtigkeit und mit einem wachen Blick für eine positive Ressourcenbilanz, z. B. durch die Verhinderung autonomie- und selbsthilfegefährdender assistenzbezogener Überausstattung.

Vor dem Hintergrund dessen, dass es also keineswegs naturwüchsig oder durch hergebrachte Marktprozesse nicht nur zu einer bedürfnisangemessenen Entwicklung, sondern auch zu einer passgenauen Allokation sinnvoller Techniken kommt – insbesondere bei spezifischeren Anwendungssituationen und möglicherweise schwacher Technikaffinität – gewinnt die systematische Ausrichtung auf die Lebenswelt der Älteren hohe Relevanz. Vielfache Forschungsergebnisse stützen in diesem Zusammenhang die hier vertretene These der „Notwendigkeit sozialer Einbettung", wenn der Einsatz assistierender Technik sinnvoll und die Anwendung von Technik im Alltag von SeniorInnen erfolgreich gelingen soll. Wie JAKOBS et al. (2008) deutlich gemacht haben, ist der letztendliche aktive Einsatz von Technik im Alltag von SeniorInnen u. a. ganz entscheidend davon abhängig, inwiefern Familienmitglieder zur Anleitung und zum „Training" zur Verfügung stehen. Vor dem Hintergrund der zunehmenden Singularisierung unserer Gesellschaft und der vielen alleinstehenden alten Menschen darf jedoch nicht ausschließlich auf den familiären Rahmen rekurriert werden, wenn sich nicht – zusätzlich zur sozio-ökonomischen Imbalance – eine gesellschaftlich-technische entwickeln soll. Vor diesem Hintergrund muss über gesellschaftlich implementierte Unterstützungskonzepte nachgedacht werden, die auch diesen Menschen die Chancen und Potenziale technischer Lösungen zur Erhaltung ihrer Selbständigkeit im Alltag ermöglichen.

Dies bezieht sich nicht zuletzt auf unterschiedliche Ausprägungen im Feld zwischen Kundenorientierung, Nutzerpartizipation und Ko-produktion, wenn so unscheinbar ausgesagt wird, dass die End-User-Perspektive schon in der Definition von Produktqualitäten und partizipativen Entwicklungsverfahren im Mittelpunkt stehen müsse, sodann in Use Cases. Entsprechende Versuche sind einerseits erst ganz in den Anfängen. Ausnahmen davon gibt es lediglich beispielsweise im Kontext von präventiven, gemeinwesenbezogenen, empowermentbezogenen oder zugehenden Programmen. Ausnahmen könnten darüberhinaus in Zukunft dort häufiger werden, wo als Teil eines koproduktiven Handlungsverständnisses professioneller Sozialer Dienstleistungen bereits das Stadium der Problemdefinition systematisch zum Thema eines Elements der Koproduktion wird: des „co-designs" – „identifying the kinds of problem to which a service responds, rather than just giving people a say in the answers to pre-defined problems" (BRADWELL/MARR 2008).

Andererseits finden hier lebensweltorientierte Perspektiven durchaus inzwischen Anknüpfungspunkte durch konzeptionelle Arbeiten auch innerhalb der AAL-Szene. Ein Schlüsselkonzept aus lebensweltorientierter Perspektive könnte derzeit die Ausdifferenzierung des End-User-Begriffs sein. Als End-User werden dabei – in Übereinstimmung mit den aktuellsten AAL-Standards – etwa im 2nd AAL-Call neben den eigentlichen AnwenderInnen systematisch auch die „secondary end-user" (insbesondere bspw. Angehörige sowie sonstige soziale Netzwerkpersonen) als auch „tertiary end-user" (z. B. Akteure aus hauswirtschaftlichen oder Pflegediensten, sozialen Trägern oder Wohnungsgesellschaften) einbezogen

Im Kontext der Gerontotechnik- und AAL-Debatte sind der an diese Differenzierung anschlussfähige systematische Einbezug lebensweltlicher und zivilgesellschaftlicher Ressourcen sowie diesbezüglich gerade „indirekte" netzwerk- und sozialraumorientierte Interventionsformen eine klare methodische Innovation. Umgekehrt ist im benachbarten Diskurs über assistenzgestütztes Verbleiben im häuslichen Umfeld seitens der sozialen und pflegerischen Disziplinen und Professionen der stärkere Einbezug vieler Techniken bislang noch vergleichsweise fremd und fern. Diese doppelte Feststellung gilt zumindest ebenso für das deutschsprachige Ausland ungeschmälert. Dies hat ebenso Folgen für die Entwicklung und Gestaltung von Innovationen. Mit entsprechenden Ansätzen könnte es gelingen, besonders lebenswelt-, milieu- und biographieangemessen soziale Netzwerk- und Unterstützungsprozesse einerseits und den besser balancierten – und damit potenziell wirksameren – Technikeinsatz zu befördern.

Als Beispiel könnte die explizite Verschränkung des Technikeinsatzes mit sozialer Unterstützung durch „organisierte Netzwerkpersonen" als secondary end-user in Gestalt von MentorInnenmodellen o. ä. gelten. Eine solche Verschränkung könnte eine bedeutsame Brücke dafür sein, die sich wandelnden Eigenschaften, Vorlieben und Unterstützungsansprüche der Älteren wahrnehmbar sowie mit Bezug auf Einkauf bzw. Einsatz technischer Lösungen übersetzbar zu machen. Die von der AKADEMIENGRUPPE ALTERN IN DEUTSCHLAND (2009, S. 75) akzentuierte hohe individualisierbare Anpassbarkeit der Technik sowie möglichst frühe Anwendung technischer Hilfsmittel greift demgegenüber einerseits deutlich zu kurz, kann andererseits in beiden Belangen durch eine bewusste soziale netzwerkbezogene Flankierung in ihrer Durchsetzbarkeit und Anwendung deutlich gestärkt werden.

Beim Aufbau und der Erprobung unterschiedlicher Formen „sozial einbettenden Supports" der primary end-user durch secondary und tertiary end-user kommen sehr unterschiedliche Modelle bzw. Ansätze in Frage, die an eine Fülle von Erfahrungen lebensweltlich orientierter Sozialer Arbeit und entsprechende Kompetenz anknüpfen können. Zu denken wäre an ein Mentoring Netzwerk, welches die Einbindung von engagierten BürgerInnen und ehrenamtlichen (Senior-)ExpertInnen zulässt und fördert, an User-Tandems (ggf. intergenerationell zusammengesetzt) und/oder PatInnen-Modelle, an die Einbindung in organisierte Selbsthilfe- bzw. SeniorexpertInnen-Settings oder an die Einbindung in soziale, Bildungs- oder Freizeitaktivitäten. Damit wird so etwas wie eine „ökosoziale Enduser-Perspektive" erkennbar, die wichtige lebensweltorientierte Elemente transportiert: Entsprechende Settings erlauben es, eben nicht in jedem Fall nur selbstbewusste End-user zu adressieren, sondern auch begleitete bzw. angeleitete End-user. Zum „active end-user involvement" wird zusätzlich systematisch das Wissen und Engagement von sozialen Netzwerkpersonen, Angehörigen usw. mobilisiert.

In der mittlerweile keineswegs mehr jungen Geschichte der Diskussion lebensweltorientierter Sozialer Arbeit hat die Diskussion über problematische – etwa pathologische, kolonialisierende oder entmündigende – Folgen professionellen Handelns/Intervenierens (OTTO 2010b) in letztlich fragilen – eben lebensweltlichen – Räumen als Korrektiv und Selbstbegrenzung seinen festen Platz. Dieser wichtigen Tradition soll auch hier Genüge getan werden in angedeuteten Überlegungen zu einem „Sozialgerontologischen Balance-Postulat": Eine Reihe der bis hier vorgeschlagenen technisch-sozialen Verschränkungselemente zielen disziplinenübergreifend auf die soziale Mit-Gestaltung von gut balanciertem Technikeinbezug. Damit ist u. a. die richtige Balance aus Unterstützung bzw. Entlastung und eigener Anstrengung gemeint, außerdem das o. g. sinnvolle Verhältnis von Ressourcennutzung einerseits sowie Ressourcenschonung andererseits, von solchen Herausforderungen bzw. Ansprüchen an Lernen, Merkfähigkeit, die subjektiv und objektiv auch bewältigt werden können. Dies kann durch sinnvoll assistierte Technikauswahl und den begleiteten Einsatz ebenso geschehen wie durch entsprechende Abstimmungen und Einstellungen, wenn die Technologie dies flexibel ermöglicht.

5. Eine Schlussbemerkung zur lebensweltorientierten Intervention

Damit wäre bereits ein abschließender Gedanke angerissen: Dieses Balance-Postulat ist komplementär nicht nur auf die technischen Assistenzsysteme zu beziehen, sondern konsequenterweise auch auf die hier vorgeschlagene organisierte soziale Netzwerkassistenz zur Einbettung der technischen Assistenz. Und analog gilt es auch beispielsweise hinsichtlich von Formen der auf „Inszenierung von Gemeinschaft(lichkeit)" bezogenen Aktivitäten, wie sie im Kontext innovativer Wohnformen sehr häufig anzutreffen sind. Die „Lebensweltlichkeit" der nicht-beruflich-professionellen Akteure garantiert dies ebensowenig automatisch wie die Lebensweltorientierung professioneller Akteure und schon gar nicht die bedeutsame einschlägige Tradition der Arbeit

mit entsprechenden Inszenierungen in Zentralbereichen der Sozialpädagogik (GÄNGLER 2000).
Bezüglich beider Assistenzformen wird genau Rechenschaft darüber abzulegen sein, inwiefern es gelingt, dass die älteren Menschen aktive Gestalter ihres eigenen Lebens sein können und ihr reiches Wissen über ihre persönlichen Vorlieben, Gewohnheiten und Besonderheiten so weit wie irgend möglich einbringen können. „Lebensweltorientierung betont nicht nur die Vielfalt der im Alltag zu bewältigenden Aufgaben und Probleme, sondern auch die grundsätzliche autonome Zuständigkeit aller Menschen für ihren je eigenen Alltag, unabhängig von ihrer Unterstützungsbedürftigkeit und der Perspektive der Professionellen oder der Institutionen" (GRUNWALD/THIERSCH 2001, S. 1137). Der sich theoretisch ergebende Widerspruch zwischen Autonomieorientierung und Intervention lässt sich nur situationsbezogen balancieren, keineswegs muss Autonomieorientierung gerade im Feld der Arbeit mit Älteren Non-Intervention oder einfaches „Gewährenlassen" bedeuten – schon gar nicht im Feld der Arbeit mit Menschen mit reduzierter Artikulations- und Dialogfähigkeit. Sehr wohl aber sind Zurückhaltung, Takt und situationsangemessene Selbstbegrenzung gefragt. In dieser Zielrichtung können sich auch die aktiven Interventionsformen und teilweise explizit „betroffenenorientierten" Interventionsformen im Kontext von Animation, Empowerment, zugehender Arbeit und Zielgruppenentwicklung auf Autonomieorientierung ausrichten (OTTO/BAUER 2008).
Wenn es stimmt, dass der gesellschaftliche Umgang mit Älteren – und darin auch die sozialpolitisch gerahmten und professionell mitverantworteten und -gestalteten Arbeitsansätze – schon heute bei allen Länder- und Regionsunterschieden vielerorts eine paradigmatische Vorreiterfunktion mit Blick auf viele soziale Felder einnimmt, so steht doch eine Erkenntnis am Schluss dieser Arbeit: „Es wäre ein Paradoxon sozialstaatlicher Steuerung, wenn die von ihr proklamierten Modernisierungsziele einer Aufwertung der lebensweltlichen Sphäre als Versorgungsinstanz dadurch untergraben würden, dass die dafür fundamentale Ausrichtung an kooperativen, koproduktiven und dialogischen Grundhaltungen, an gezieltem und auch finanzierbarem Einsatz kommunikativer Kompetenz im Praxisfeld der sozialen Dienste nicht nur nicht gestützt, sondern behindert wird" (OTTO/BAUER 2008, S. 202). Das Potenzial mit Blick auf hervorbringende, autonomieförderliche, normalisierende Arbeit, auf Beiträge des „enabling" im welfare mix, ist noch längst nicht ausgereizt, weder durch die entsprechenden Angebote, die eine Lebensweltorientierte Soziale Arbeit den alternden Gesellschaften macht, noch umgekehrt von den Anfragen her, die die Gesellschaft an die Soziale Arbeit adressieren könnte. Und sollte.

Anmerkungen

[1] Verstärkt wird die hier stärker berufspolitisch vorgetragene Problematik durch ähnlich gerichtete Prozesse innerhalb der scientific community. KARL (2009, S. 21) macht dies für die Erziehungswissenschaft pointiert deutlich: „Folgt man der alternswissenschaftlichen Geschichtsschreibung, dann ‚trat die Pädagogik auf dem 10. Internationalen Kongress für Gerontologie 1975 aus ihrem Stiefkind-Dasein heraus' (LEHR et al. 1979, S. 9), was die sich als Mutterdisziplin verstehende Gerontologie nicht daran hinderte, der Pädagogik nur die Rolle der Informationsweitergabe an ältere Menschen zuzugestehen, während die Analyse des Alternsprozesses selbst und die Orientierung hin zu einem ‚erfolgreichen Alter' wegen des Forschungsdefizits der Erziehungswissenschaften den Alternswissenschaftlern vorbehalten bleiben sollte".

[2] Wäre das gesamte Spektrum altenhilferelevanter Phänomene unter deutlicherem Einschluss dienstleistungs- und versorgungsorientierter Phänomene hier die Grundlage der Auswahl weniger aktueller Bezugspunkte gewesen, so hätte bspw. der internationale Diskurs über Integrated Care vorrangig mit einbezogen werden müssen (Mac ADAM, 2008).

[3] Wie kontrovers dies etwa am Beispiel der den einschlägigen Diskurs stark prägenden Bertelsmann-Stiftung eingeschätzt wird, zeigt – am einen Pol – die harte Kritik zur „Zivilgesellschaft als Bertelmann-Projekt" von BAUER (2009).

[4] Eine aktuelle Zusammenstellung des Themenfelds assistiver Technologien findet sich bei TOLAR (2008).

[5] AAL-Forum-Wien 2009, Podiumsdiskussion Session 16: AAL as a Chance for Innovation, 30. 09. 2009.

[6] „‚Universal Design' hat viele Gesichter und zeitigt vielmehr eine sublime Herangehensweise an einen Entwurf, vergleichbar mit der Grammatik einer Sprache: Durch die Übereinkunft der Regeln können selbst völlig fremde Menschen miteinander kommunizieren. Der Inhalt und die Wortwahl ihrer Konversation jedoch bleiben ihnen überlassen. Es geht dabei also nicht um standardisierte Lösungen. Im Konzept des ‚Universal Design' wird das Leben als Kontinuum aufgefasst, bei dem alle Lebensphasen fließend ineinander übergehen. Die flexible und vielseitige Nutzung des Wohnumfeldes (…) und von Alltagsgegenständen (…) ist eines der wesentlichen Grundprinzipien" (FEDDERSEN/LÜDTKE 2007, S. 159).

[7] Die Ausführungen zu AAL haben profitiert von fruchtbaren Diskussionen u. a. mit A. Hedtke-Becker (Mannheim), S. Becker (Heidelberg/Bern), C. Kricheldorff, B. Werner (Freiburg/Br.), E. Maier (St. Gallen) sowie den Kollegen des internationalen Projektkonsortiums „ZAFH-AAL" um U. Mescheder (Furtwangen).

Literatur

AKADEMIENGRUPPE ALTERN IN DEUTSCHLAND. Gewonnene Jahre: Empfehlungen der Akademiengruppe Altern in Deutschland (Bd. 9). Stuttgart 2009.

AMRHEIN, L.: Drehbücher des Alter(n)s. Die soziale Konstruktion von Modellen und Formen der Lebensführung und -stilisierung älterer Menschen. Wiesbaden 2008.

BACKES, G. M./KRUSE, A.: Soziale Ressourcen älterer Menschen. In: BERTELSMANN STIFTUNG (Hg.): Alter neu denken. Gesellschaftliches Altern als Chance begreifen. Gütersloh 2008, S. 71-100.

BALTES, P. B./BALTES, M. M.: Psychological perspectives on successful aging: the model of selective optimization with compensation. In: BALTES, P. B./ BALTES, M. M. (eds.): Successful aging: Perspectives from the behavioral sciences. Cambridge 1990, S. 1-34.

BAUER, R.: Bürgergesellschaft als Bertelsmann-Projekt. Ein kritischer Bericht. In: BODE, I./EVERS, A./KLEIN, A. (Hg.): Bürgergesellschaft als Projekt. Eine Bestandsaufnahme zu Entwicklung und Förderung zivilgesellschaftlicher Potenziale in Deutschland. Wiesbaden 2009, S. 265-291. http://medienwatch.wordpress.com/burgergesellschaft-als-bertelsmann-projekt/

BEHNKEN, I. & MIKOTA, J. (Hg.): Sozialisation, Biographie und Lebenslauf. Eine Einführung. Weinheim/München 2009.

BERTELSMANN-STIFTUNG: Positionspapier „Perspektiven für das Wohnen im Alter". Gütersloh 2005 (Internet).

BERTELSMANN-STIFTUNG: Policy Paper Demographischer und Sozialer Wandel: Zentrale Leitlinien für eine gemeinwesenorientierte Altenhilfepolitik und deren Bedeutung für soziale Organisationen. Gütersloh 2006.

BÖHME, C./FRANKE, T.: Soziale Stadt und ältere Menschen. In. ZGERONTOLGERIAT, 43 (2), 2010, S. 86-90.

BRADWELL, P./MARR, S.: Making the most of collaboration: an international survey of public service co-design. London 2008.

BRECH, J.: Wir werden immer älter – sind die richtigen Fragen schon gestellt? In: WÜSTENROT STIFTUNG (Hg.): BauWohnberatung Karlsruhe. Ludwigsburg 2004, S. 38-45.

BRÜCKNER, M.: Die Sorge um die Familie – Care im Kontext Sozialer Arbeit und öffentlicher Wohlfahrt. In: BECKMANN, C. u. a. (Hg.): Neue Familialität als Herausforderung der Jugendhilfe (neue praxis Sonderheft 9) 2009, S. 39-48.

BMVBS/BBR, Bundesministerium für Verkehr, Bau und Stadtentwicklung/ Bundesamt für Bauwesen und Raumordnung (Hg.): Stadtquartiere für Jung und Alt. Das ExWoSt-Forschungsfeld „Innovationen für familien- und altengerechte Stadtquartiere". Berlin/Bonn 2007.

EBNER, P.: Alltagstauglichkeit – was tut die Wissenschaft? In: OBERSTE BAUBEHÖRDE IM BAYRISCHEN STAATSMINISTERIUM DES INNERN: Wohnen im Alter. Visionen, Realitäten, Erfahrungen. München 2006, S. 13-20. Staatsministerium. http://www.verwaltung.bayern.de/Anlage2184366/ WohnenimAlter-Visionen,Realitaeten,Erfahrungen.pdf

ETTE, A./RUCKDESCHEL, K./UNGER, R. (Hg.): Potenziale intergenerationaler Beziehungen. Chancen und Herausforderungen für die Gestaltung des demographischen Wandels. Würzburg 2010.

FÜSSENHÄUSER, C./THIERSCH, H.: Theorien der Sozialen Arbeit. In: OTTO, H.-U./THIERSCH, H. (Hg.): Handbuch Sozialarbeit/Sozialpädagogik. Neuwied 2001, S. 1876-1900.

GÄNGLER, H.: Sozialpädagogisch inszenierte Gemeinschaften. In: HENSELER, J./REYER, J. (Hg.): Sozialpädagogik und Gemeinschaft: historische Beiträge zur Rekonstruktion eines konstitutiven Verhältnisses. Hohengehren 2000, S. 204-216.

GARMS-HOMOLOVÁ, V.: Koproduktion in häuslicher Pflege – informelle Hilfe für Empfänger berufsmäßiger Pflege in elf europäischen Ländern: Die AdHOC-Studie. In: ZANK, S./HEDTKE-BECKER, A. (Hg.): Generationen in Familie und Gesellschaft im demographischen Wandel. Europäische Perspektiven. Stuttgart u. a. 2008, S. 146-164.

GRUNWALD, K./THIERSCH, H.: Lebensweltorientierung. In: OTTO, H.-U./ THIERSCH, H. (Hg.): Handbuch Sozialarbeit/Sozialpädagogik. Darmstadt/ Neuwied 2001, S. 1136-1148.

GRUNWALD, K./THIERSCH, H. (Hg.): Praxis Lebensweltorientierter Sozialer Arbeit: Handlungszugänge und Methoden in unterschiedlichen Arbeitsfeldern. Weinheim/München 2008.

GRUNWALD, K./THIERSCH, H.: Das Konzept lebensweltorientierte Soziale Arbeit – einleitende Bemerkungen. In: GRUNWALD, K./THIERSCH, H. (Hg.): Praxis Lebensweltorientierter Sozialer Arbeit: Handlungszugänge und Methoden in unterschiedlichen Arbeitsfeldern. Weinheim/München 2008a, S. 13-40.

HOLZER, B.: Netzwerke. Bielefeld 2006.

HUNTER, S./RITCHIE, P. (eds.): Co-Production and Personalisation in Social Care. Changing Relationships in the Provision of Social Care. London 2007.

JAKOBS, E. M./LEHNEN K./ZIEFLE, M.: Alter und Technik: Studie zu Technikkonzepten, Techniknutzung und Technikbewertung älterer Menschen. Aachen 2008.

KAISER, H.-J.: Handlungs- und Lebensorientierungen alter Menschen. Entwurf einer interpretativen Gerontopsychologie. Bern u. a. 1989.

KAISER, H.- J.: Alternsforschung als Lebensweltforschung. Ein Vorschlag zur Förderung der Interdisziplinarität in der Alternsforschung. In: WAHL, H.-W./ MOLLENKOPF, H. (Hg.): Alternsforschung am Beginn des 21. Jahrhunderts. Berlin 2007, S. 249-261.

KARL, F.: Einführung in die Generationen- und Altenarbeit. Opladen/Farmington Hills 2009.

KODISCH, C./OTTO, U./STAMM-TESKE, W. (Hg.): Silverhousing. Saalfeld/ Weimar/Jena 2008.

KRUSE, A.: Biographische Aspekte des Alterns – Lebensgeschichte und Diachronizität. In: BIRBAUMER, N/FREY, D./KUHL, J. (Hg.): Enzyklopädie der Psychologie. Entwicklungspsychologie des mittleren und höheren Erwachsenenalters, Bd. 6 . Göttingen/Bern/Toronto/Seattle 2005, S. 3-34.

KRUSE, A./WAHL, H.-W.: Psychische Ressourcen des Alters. In: BERTELSMANN STIFTUNG (Hg.): Alter neu denken. Gesellschaftliches Altern als Chance begreifen. Gütersloh 2008, S. 101-124.

KÜMPERS, S./ROSENBROCK, R.: Gesundheitspolitik für ältere und alte Menschen. In: NAEGELE, G. (Hg.): Soziale Lebenslaufpolitik. Wiesbaden 2010, S. 281-308.

LESSENICH, S./OTTO, U.: Das Alter in der Aktivgesellschaft – eine Skizze und offene Fragen zur Gestalt eines „Programms" und seinen Widersprüchen. In: OTTO, U. (Hg.): Partizipation und Inklusion im Alter: aktuelle Herausforderungen. Jena 2005, S. 5-18. (zugleich Internetpublikation, URL: http://w210. ub.uni-tuebingen. de/dbt/volltexte/2006/2225)

LESSENICH, S./VAN DYK, S. (Hg.): Die jungen Alten. Analysen einer neuen Sozialfigur. Frankfurt am Main 2009.

LINDENBERGER, U.: Technologie im Alter: Chancen aus Sicht der Verhaltenswissenschaften. In: GRUSS, P. (Hg.): Die Zukunft des Alterns. Die Antwort der Wissenschaft. München 2007, S. 220-239.

MAC ADAM, M. Frameworks of Integrated Care for the Elderly: A Systematic Review. CPRN Research Report. Ontario: CPRN 2008. Internet: http://www. cprn.org/documents/49813_EN.pdf

MEIER-BAUMGARTNER, H. P./ROBERTZ-GROSSMANN, B./STEINHAGEN-THIESSEN, E.: Gesundheitliche Ressourcen des Alters. In: BERTELSMANN STIFTUNG (Hg.): Alter neu denken. Gesellschaftliches Altern als Chance begreifen. Gütersloh 2008, S. 125-155.

MEYER, C.: Mit der Zeit kommt das Alter(n) in die Soziale Arbeit. Demographischer Wandel und die Auswirkungen auf Soziale Arbeit. In: NEUE PRAXIS, 38 (3), 2008, S. 268-286.

MORTIMER, J. T./SHANAHAN, M. J. (eds.): Handbook of the Life Course. New York 2003.

NAEGELE, G. (Hg.): Soziale Lebenslaufpolitik. Wiesbaden 2010.

NAEGEL, G.: Kommunen im demographischen Wandel. Thesen zu neuen An- und Herausforderungen für die lokale Alten- und Seniorenpolitik. ZGerontolGeriat, 43 (2), 2010a, S. 98-102.

OTTO, U.: Sozialtheoretische und -interventorische Paradigmen im Licht der sozialen Netzwerk- und Unterstützungsperspektive – Konvergenzen und Herausforderungen. In: OTTO, U./BAUER, P. (Hg.): Mit Netzwerken professionell zusammenarbeiten. Bd. 1: Soziale Netzwerke in Lebenslauf- und Lebenslagenperspektive. Tübingen 2005, S. 85-129.

OTTO, U.: Alter/Alte Menschen. In: HANSES, A./HOMFELDT, H. G. (Hg.): Lebensalter und Soziale Arbeit. (Bd. 6. der Buchreihe Basiswissen Soziale Arbeit) Hohengehren 2008, S. 192-211.

OTTO, U.: Soziale Arbeit im Kontext von Unterstützung, Netzwerken und Pflege. In: ANER, K./KARL, U. (Hg.): Lebensalter und Soziale Arbeit: Ältere und alte Menschen. Baltmannsweiler 2008a, S. 109-122.

OTTO, U.: Sozialräumliche Wohlfahrtsgesellschaft. Fokus Kommune: den demographischen Wandel gemeinsam gestalten – oder: das Zukunftsbild der Altenhilfe. In: SOZIALMAGAZIN, 33 (12), 2008b, S. 12-23.

OTTO, U.: Die sozialen Netzwerke Älterer: Professionelle Interventionsmöglichkeiten zur Förderung sozialer Unterstützung. Wiesbaden 2010.

OTTO, U.: Soziale Netzwerke. In OTTO, H.-U./THIERSCH, H. (Hg.): Handbuch Sozialarbeit/Sozialpädagogik. Wiesbaden 2010a.
OTTO, U.: Soziale Arbeit als „Intervention" – intentionale Wirkungserzielung? In: BENZ, P/MEIER KRESSIG, M/RIEDI, A. M./ZWILLING, M (Hg.): Soziale Arbeit in der Schweiz. Einblicke in Disziplin, Profession und Hochschule. Bern u. a. 2010b, S. 174-185.
OTTO, U./BAUER, P.: Lebensweltorientierte Soziale Arbeit mit älteren Menschen. In: GRUNWALD, K./THIERSCH, H. (Hg.): Praxis Lebensweltorientierter Sozialer Arbeit: Handlungszugänge und Methoden in unterschiedlichen Arbeitsfeldern. Weinheim/München 2008, S. 195-212. (zugleich Internetpublikation, URL: http://w210.ub.uni-tuebingen.de/dbt/volltexte/ 2006/2227/)
OTTO, U./LANGEN, R.: Integrierte Wohnberatung für gemeinschaftliche intergenerationelle Wohnprojekte. In: BLONSKI, H. (Hg.): Die Vielfalt des Wohnens im Alter. Modelle, Erfahrungen, Entscheidungshilfen. Frankfurt am Main 2009, S. 85-122.
OTTO, U./SCHWEPPE, C.: Individualisierung ermöglichen – Individualisierung begrenzen. Soziale Altenarbeit als sozialpädagogischer Beitrag und allgemeine Orientierung. In: SCHWEPPE, C. (Hg.): Soziale Altenarbeit: Pädagogische Arbeitsansätze und die Gestaltung von Lebensentwürfen im Alter. Weinheim/ München 1996, S. 53-74. (zugleich Internetpublikation, URL: http://w210. ub.uni-tuebingen.de/dbt/volltexte/ 2006/2260/)
PERRIG-CHIELLO, P./HÖPFLINGER, F./SUTER, C.: Generationen – Strukturen und Beziehungen. Generationenbericht Schweiz. Zürich 2008.
RAMMERT, W. (Hg.): Technik in Aktion: Verteiltes Handeln in soziotechnischen Konstellationen, Technical University Technology Studies Working Papers. Berlin, Deutschland: TU Berlin, Institut für Soziologie, Fachgebiet Techniksoziologie 2003. www.ssoar.info/ssoar/files/2008/294/tuts_wp_2_ 2003.pdf [15.03.2010].
ROTHERMUND, K./MAYER, A.-K.: Altersdiskriminierung. Erscheinungsformen, Erklärungen und Interventionsansätze. Stuttgart 2009.
SCHMITT, E.: Aktives Altern, Leistungseinbussen, soziale Ungleichheit und Altersbilder – Ein Beitrag zum Verständnis von Resilienz und Vulnerabilität im höheren Erwachsenenalter. In: ZGERONTOLGERIAT, 37, 2004, S. 280-292.
SCHROETER, K. R.: Verwirklichungen des Alterns. In: AMANN, A./KOLLAND, F. (Hg.): Das erzwungene Paradies des Alters. Fragen an eine kritische Gerontologie. Wiesbaden 2008, S. 235-262.
SONG – NETZWERK: SOZIALES NEU GESTALTEN, (Hg.). Zukunft Quartier – Lebensräume zum Älterwerden. Gütersloh 2009.
STEFFEN, G./FRITZ, A.: Wohnformen für alte Menschen mit Unterstützungsbedarf und Menschen mit Behinderung als Antwort auf den demographischen und gesellschaftlichen Wandel (Bauforschung für die Praxis, Band 78 Hg.: WEEBER UND PARTNER, Institut für Stadtplanung und Sozialforschung, Stuttgart/Berlin 2006.
STEFFEN, G./BAUMANN, D./FRITZ, A. (Hg.): Attraktive Stadtquartiere für

das Leben im Alter. Reihe Bauforschung für die Praxis, Band 82, Stuttgart 2007.

STEFFEN, G./WEEBER, R./BAUMANN, D./TURAN, M.: Neue Qualitäten Wohnen 50 plus. Anforderungen – Fakten – Beispiele. Tübingen/Berlin 2010.

THIERSCH, H.: Lebensweltorientierte Soziale Arbeit, 1992. Weinheim/München 2008.

THOMAE, H.: Das Individuum und seine Welt. Göttingen 1996.

TOLAR, M.: „Assistive Technologien": Studie im Auftrag des Bundeskanzleramtes; Endbericht/Institut für Gestaltungs- und Wirkungsforschung. Wien 2008.

TRÖSTER, G.: „Sensors for AAL – what is actually missing", Dagstuhl Seminar proc. 07462, 2008 http://drops.dagstuhl.de/opus/volltexte/2008/1475.

VERZA, R. et al.: "An interdisciplinary approach to evaluating the need for assistive technology reduces equipment abandonment". Multiple Sclerosis, 12 (1), 2006, S. 88-93.

VON BLANCKENBURG, C./PAUL, S.: Handlungskonzepte für die Aktivierung, Beteiligung und Engagementförderung älterer Bürger in Torgelow und Artern. Vorstudie. Berlin 2008. Internet: http://www.nexus-berlin.com/download/Salon_Junge_Alte_Vorstudie.pdf.

WACKER, E./WAHL, H.-W.: Altersfreundliche und ressourcenförderliche Umwelten. In: BERTELSMANN STIFTUNG (Hg.): Alter neu denken. Gesellschaftliches Altern als Chance begreifen. Gütersloh 2008, S. 217-248.

WALKER, A.: The prinicpals and potential of active ageing. In: POHLMANN, S. (ed.): Facing an ageing world – recommendations and perspectives. Regensburg 2002, S. 113-118.

WEITKUNAT, R. u. a. (Hg.): Public Health und Gesundheitspsychologie. Bern 1997.

WENDT, W. R.: Arrangements der Wohlfahrtsproduktion in der sozialwirtschaftlichen Bewerkstelligung von Versorgung. In: WENDT, W. R. (Hg.): Wohlfahrtsarrangements. Neue Wege in der Sozialwirtschaft. Baden-Baden 2010, S. 11-52.

WHITTACKER, J./GARBARINO, J.: Social Support Networks. New York 1983.

WOLTER, F.: Alter und Technik. Eine interdisziplinäre Betrachtung der Chancen und Herausforderungen. Saarbrücken 2007.

ZEMAN, P.: Altersbilder, soziale Arbeit und die Reflexivität des Alters. In: SCHWEPPE, C. (Hg.): Soziale Altenarbeit. Pädagogische Arbeitsansätze und die Gestaltung von Lebensentwürfen im Alter. Weinheim/München 1996, S. 33-52.

Bringfriede Scheu/Otger Autrata

ALTE MENSCHEN UND DIE GESTALTUNG DES SOZIALEN

1. Einleitung

In den achtziger und neunziger Jahren des letzten Jahrhunderts wurden Veränderungen in der Lebenssituation und Lebensweise älterer und alter Menschen in der medialen, aber auch wissenschaftlichen Diskussion konstatiert; das wurde als ein Strukturwandel des Alters charakterisiert. „Die Menschen im dritten Lebensalter, verstanden als Menschen in der Nach-Erwerbs- und Nach-Familienphase, befinden sich in einer historisch neuen Situation, die gekennzeichnet ist durch die zunehmende Größe und Heterogenität dieser Bevölkerungsgruppe. (…) Grundsätzlich kann von einer Ausweitung dieses Altersphase ausgegangen werden, da sich einerseits die Lebensdauer verlängert (Hochaltrigkeit) und andererseits das Berufsaustrittsalter derzeit weiter vorverlegt wird (Entberuflichung)" (FRENZ 1995, S. 136 f.). Anzufügen ist, dass mittlerweile das Berufsaustrittsalter wieder nach oben korrigiert wurde (vgl. WOPP 2005, S. 169 f.); trotzdem bleibt durch die sich verlängernde Lebenserwartung eine bedeutsame Lebensspanne, die nach dem Berufsleben oder der Familienbetreuung angesiedelt ist. Dieser statistischen Analyse demographischer Entwicklungen wurden Zuschreibungen angefügt, die so sicher nicht für alle älteren und alten Menschen gelten: Sie erscheinen jünger, sie seien (relativ) gesund und sie seien finanziell (relativ) gut gestellt. In der Kombination der veränderten demographischen Situation und von Merkmalen, die als allgemein gültig hypostasiert wurden, wurde das Phänomen der ‚neuen Alten' festgestellt.

Im etwa gleichen Zeitraum setzte eine Debatte zum Verhältnis von Staat, Gesellschaft und Individuen ein: Durch wirtschaftliche, aber auch die angesprochenen demographischen Veränderungen bedingt, ließ das Leistungsvermögen der sozialen Sicherungssysteme nach. Auf der einen Seite war es die nicht mehr gegebene Vollbeschäftigung, auf der anderen Seite der Kostendruck hoher und steigender Ausgaben für die Arbeitslosen-, Kranken- und Rentenversicherungen, die die Grenzen des Systems deutlich werden ließen. Auch stellte sich die Frage, ob nicht auch Eigenaktivität von BürgerInnen ein wichtiger, bis dahin oft unterschätzter Faktor bei einer sich ankündigenden Restrukturierung des sozialen Gefüges sein könnte. Das führte zu einer breiten Diskussion über die Bewältigung von sozialen Problemen und den Anteil, den BürgerInnenengagement daran haben könnte.

Beide Diskussionslinien haben einen Fokus im Lebensabschnitt des Alters. Natürlich ist das auch für andere Lebensabschnitte zu verfolgen. Im Bereich des Alters zeigt sich aber die Problemlage von demographischen und sozialen Veränderungen, auf die das lebensweltliche System des Sozialen wie auch soziale Leistungen und Hilfen nur mehr eingeschränkt reagieren kann, in großer Deutlichkeit. Dass eine traditionell angelegte Altenhilfe ein wichtiges, in der Flächigkeit der gesellschaftlichen Veränderungen aber kein ausreichendes Instrument mehr sein kann, ist evident. Die verbale Aufwertung der sozialen Eigenaktivitäten von Älteren und Alten zeigt, dass da schon nach Auswegen aus der Problemlage gesucht wurde. So ist die Frage, wie Alter und Altern unter veränderten sozialen und gesellschaftlichen Bedingungen gestaltet werden könnte, breiter zu diskutieren: Die Forderung nach mehr Sozialleistungen im Alter und besserer Altenhilfe bleibt bedeutsam, bleibt aber auch hinter der Breite und Vielschichtigkeit des Problems zurück. So wird in diesem Beitrag in den ersten Teilen die Konzentration auf die Situation im Alter und die Frage, welche Perspektiven bisher aus den feststellbaren gesellschaftlichen und sozialen Entwicklungen abgeleitet wurden, gerichtet. Das wird dann erweitert um die Dimension, was denn unter dem Gesichtspunkt einer angestrebten ‚Gestaltung des Sozialen' mit und für alte Menschen, die durch die Soziale Arbeit begleitet wird, zu fassen ist.

2. Veränderung des Alters[1]

Die Verlängerung des Alters ist zunächst als demographische Tendenz zu diagnostizieren, die ganz Europa betrifft. Seit mindestens drei Jahrhunderten nimmt in Europa die durchschnittliche Lebensspanne der Bevölkerung zu. Aufgrund gestiegener Lebenserwartung und niedriger Geburtenraten hat diese Tendenz in den vergangenen Jahrzehnten beträchtliche Ausmaße angenommen. Betrug der Anteil der über 65-Jährigen in Europa 1950 etwa noch 8,2% an der Gesamtbevölkerung, war dies bereits das Doppelte des Anteils um die Jahrhundertwende 1900. Um 2000 hatte Europa die höchste Rate an Älteren weltweit. Schätzungsweise 30% der Gesamtbevölkerung werden in Europa im Jahr 2050 über 65 Jahren sein (vgl. UHLENBERG 2005, S. 49, KYTIR 2003, S. 2005). Diese ‚gewonnenen Jahre' bedeuten ein Vielfaches an Mehr, etwa dass plötzlich verschiedene Generationen wesentlich länger zeitlich parallel, gelegentlich miteinander leben und vier einander zeitgenössische Generationen keine Seltenheit werden. Bei dieser demographischen Betrachtung ist allerdings auch zu beachten, dass das Alter der Frauen und Männer bei den Geburten ihrer Kinder steigt, damit die Zeit des Zusammenlebens zwischen den Generationen wiederum eher sinken könnte. Die durch die gestiegene Lebenserwartung gewonnenen Jahre stellen nicht zuletzt neue Herausforderungen für die Soziale Arbeit dar, die sich bislang nicht annähernd mit diesem Ausmaß Älterer konfrontiert sah (vgl. TUGGENER 1996).

Die durchschnittliche Lebenserwartung in Österreich beträgt gegenwärtig für einen heute geborenen Buben 76 Jahre und für ein Mädchen 82 Jahre. Ein heute 60-Jähriger Mann, der die höheren Sterblichkeitsrisiken in den ersten Lebensjahren hinter sich hat, kann durchschnittlich mit weiteren 20 Lebensjahren rechnen, eine Frau mit weiteren 24 Lebensjahren. In Österreich steigt die Lebenserwartung alle fünf Jahre um ein weiteres Jahr. Die Bevölkerungsentwicklung lässt ein kontinuierliches Ansteigen der älteren Personen ab 60 Jahren wie auch des Anteils der Hochbetagten im Vergleich zur Gesamtbevölkerung erwarten. Die Gruppe der über 60-Jährigen hat in Österreich 1920 noch etwa 10% betragen, die Anzahl der Geburten war damals etwa dreimal so hoch. „Ein Ende des Anstiegs der Lebenserwartungen ist nicht abzusehen. Die Hälfte der 1970 und später geborenen Frauen wird voraussichtlich 100 Jahre alt werden. Hochrechnungen haben ergeben, dass der Hundertjährigenstatus für Frauen ab 2070 der Normalfall sein wird" (WOPP 2005, S. 168 f.). Daraus ergibt sich, dass im Jahr 2050 schätzungsweise zwischen 35 und 40% der Gesamtbevölkerung älter als 60 Jahre sein werden, die Anzahl der Geburten beläuft sich dann vermutlich auf einen Anteil zwischen 5 und 10% (vgl. KYTIR 2005, S. 18, KYTIR 2003). Neben dem Trend, dass für Männer und Frauen die Lebenserwartung steigt, ist aber im Alter durch die geschlechtsspezifisch unterschiedlichen Lebenserwartungen auch eine hohe Zahl von Verwitwungen zu finden. Daraus resultieren wiederum bedeutsame individuelle, soziale oder ökonomische Konsequenzen.

Parallel zum Anstieg der Lebenserwartung ist ein zweiter wichtiger demographischer Trend festzuhalten: Die Geburten gehen stark zurück. „Die durchschnittliche Kinderzahl pro Frau (Gesamtfertilitätsrate) veränderte sich seit den 1980er Jahren von 1,53 auf 1,38 Kinder pro Frau im Jahr 2007" (Quelle: STATISTIK AUSTRIA)[2]. Dadurch ändert sich die Bevölkerungsverteilung: Einer zunehmenden Zahl von Älteren steht eine tendenziell kleinere Zahl von Neugeborenen gegenüber. „Zum Stichtag (1.1.2008, d. Verf.) waren rund 1,43 Mio. Menschen im nicht-mehr-erwerbsfähigen Alter (65 Jahre oder älter), was 17% der Gesamtbevölkerung ausmachte. Nach Bundesländern zeigte sich, dass die Anteile älterer Personen im Burgenland (20%), in Kärnten (19%) sowie in Niederösterreich und der Steiermark (jeweils 18%) über dem landesweiten Durchschnitt lagen" (Quelle: STATISTIK AUSTRIA)[3].

Es ist also festzustellen, dass Alter einen neuen gesellschaftlichen Stellenwert erhalten hat: War bisher Alter, definiert als Lebensphase nach Berufstätigkeit oder Familienbetreuung, vergleichsweise kurz, so gestattet die deutlich gestiegene Lebenserwartung eine nunmehr viel ausgedehntere Lebenstätigkeit außerhalb Beruf und/oder Familienbetreuung. Wichtig ist aber auch, dass durch die gleichzeitig sich ereignende Senkung der Geburtenhäufigkeit die Älteren einen auch in der Relation zu den Jüngeren zunehmend größeren Bevölkerungsanteil ausmachen. Prognostisch gesehen, werden die Älteren um das Jahr 2050 ein gutes Drittel der Gesamtbevölkerung ausmachen. Freilich ist diese Einschätzung mit der Einschränkung einer ‚Ceteris-Paribus-Klausel' zu versehen. Eine Veränderung der Zuwanderungspolitik könnte hier eine veränderte Situation schaffen.

Die demographischen Veränderungen in der Bevölkerung sind nicht nur als Änderung statistischer Kennwerte zu betrachten. Sie führen auch zu einer Änderung der Lebensrealität. So beinhaltet die Ausweitung der Lebensphase Alter auch die Frage nach ihrem Inhalt und ihrem subjektiven und gesellschaftlichen Sinn: Das traditionelle Modell von Wohlfahrtsstaaten, das Alter als Phase des abgesicherten und ‚wohl verdienten' Ruhestands sieht, ist auf der einen Seite ökonomisch brüchig, ist auf der anderen Seite aber auch als Konzeption für die Lebensführung fraglich geworden. Eine Einbindung in eigene Familien wird schon deswegen schwieriger, weil immer mehr Alten immer weniger Jüngere gegenüber stehen. Auch ist es so, dass die alten Familienmitglieder durchaus nicht immer in gemeinsamen Haushalten oder mindestens am gleichen Ort wie ihre Nachkommen leben: In einer eigenen regionalen Studie für die Stadt Feldkirchen in Kärnten wurde festgestellt, dass spätestens in der zweiten Generation familiale Mobilität festzustellen ist: Von den Enkeln der Befragten ist nur mehr ein „Fünftel direkt in Feldkirchen wohnhaft. (...) Diesem Ergebnis nach leben also die Älteren Feldkirchens nicht allzu häufig mit jüngeren Generationen tatsächlich zusammen, obwohl eine ländlich strukturierte Wohnumgebung mit einem hohen Teil an Eigenheimen ein häufiges Zusammenleben der Generationen grundsätzlich vermuten lassen würde" (AUTRATA u. a. 2006, S. 28).

Für die soziale Ausformung der Gesellschaft wird problematisch, wenn sich die Alten selbst auch sozial gesehen im ‚Ruhestand befindlich' definieren sollten. So wurden gerade auch unter der angesprochenen Debatte zu bürgerschaftlichem Engagement Fragen aufgeworfen, ob bürgerschaftliches Engagement nicht der ‚Königsweg' für einen Großteil der Probleme des Alters und der Gesellschaft sein könnte: Bürgerschaftliches Engagement könnte für die Alten Lebensinhalt und Aufgabe stiften, die Gesellschaft bekäme kostenlose Unterstützung bei der Lösung ihrer sozialen Schwierigkeiten. Bevor dies weiter betrachtet werden kann, ist erst einmal grundsätzlich die Diskussion zu bürgerschaftlichem Engagement einzuführen.

3. Bürgerschaftliches Engagement und Zivilgesellschaft[4)]

Bürgerschaftliches Engagement, wenn es denn stattfindet beziehungsweise möglich ist, ist ein Eckpfeiler, der Gesellschaft und Individuen verbindet. Die Bedeutung von BürgerInnenengagement ist zweiseitig zu verorten: Einmal ist es in seiner Wertigkeit für Gesellschaft und Staat zu fassen, wie das beispielsweise Wendt tut: „Bürgerengagement ist zu einem programmatischen

Thema der sozialen Demokratie geworden. Was ihre Angehörigen sozial tun oder lassen, gewinnt an Bedeutung für den Sozialstaat, denn er kann ohne die substantielle Mitwirkung der Bürgerinnen und Bürger nicht halten, was er verspricht" (WENDT 1996, S. 15). Sozialstaatlichkeit ist also, wie hier postuliert, nicht ohne Partizipation von BürgerInnen zu erreichen. Doch ist bürgerschaftliches Engagement nicht nur als ergänzendes und ausführendes Instrument zur Sozialstaatlichkeit zu verstehen. Es ist umgekehrt auch notwendiges Äußerungsmittel der BürgerInnen. Wenn ein entschiedenes Eintreten für soziale Ziele und Vorhaben, die man für wichtig und entscheidend hält, nicht stattfindet oder möglich ist, ist auch die Verbundenheit zum Gemeinwesen allenfalls lose.

Es hat sich vor allem bei den freiwillig-unentgeltlichen Tätigkeiten im Bereich des Sozialen in den neunziger Jahren des letzten Jahrhunderts eine neue Auffassung herausgebildet, die sich auf den Begriff des bürgerschaftlichen Engagements stützt. Dies setzt ältere und schon bekannte Formen, die mit dem Begriff der Ehrenamtlichkeit gefasst werden, unter etwas anderen Vorzeichen fort. Die Ehrenamtlichkeit lässt sich definitorisch so fassen: „Ehrenamtlich Tätige sind Bürger, die sich, ohne durch verwandtschaftliche Beziehungen oder ein Amt dazu verpflichtet zu sein, unentgeltlich oder gegen eine geringfügige Entschädigung, die weit unterhalb der tariflichen Vergütung liegt, für Aufgaben in der Sozialen Arbeit zur Verfügung stellen" (DEUTSCHER VEREIN 1993, S. 253). Die hier vorgenommene Begriffsbestimmung der Ehrenamtlichkeit macht deutlich, dass Ehrenamtlichkeit eine nicht-professionelle und nicht-fachliche Tätigkeit im Rahmen der Sozialen Arbeit fasst. Der Verweis auf die in Tarifen fixierte Höhe von Vergütungen, die von ehrenamtlich Tätigen nicht erzielt wird, weist auf das Konfliktfeld zwischen ‚ehrenamtlicher' und professioneller Sozialer Arbeit hin: Aufgaben im Bereich des Sozialen können, so suggeriert die Begriffsbestimmung, von allen BürgerInnen – ohne Ausbildung und ohne Bezahlung – gleich gut wie von ausgebildeten und professionell tätigen MitarbeiterInnen der Sozialen Arbeit erledigt werden. Tendenziell wirkt dieses Verständnis für die Soziale Arbeit dequalifizierend und deprofessionalisierend.

Um dies weiter aufzuklären und dabei auch zu überprüfen, ob und in welchen Bereichen eine freiwillig-unentgeltliche Tätigkeit im Feld des Sozialen sinnvoll und wünschbar sein kann, ist die Entstehung des Begriffs der Ehrenamtlichkeit zu beleuchten. Genuin stammt der Begriff der Ehrenamtlichkeit aus Deutschland. Die Bezeichnung der unentgeltlich-freiwilligen Tätigkeiten im Spektrum der Sozialen Arbeit als ehrenamtliche knüpft an frühere Ausformungen Sozialer Arbeit in Deutschland an, wie sie beispielsweise im Elberfelder System praktiziert wurden. Die Armenordnung von Elberfeld aus dem Jahr 1853 sah vor, dass die Armenpflege der Stadt durch ehrenamtliche Hilfsorgane zu leisten sei (vgl. HERING/MÜNCHMEIER 2003, S. 26 ff.).

Die in dieses Ehrenamt eingesetzten ArmenpflegerInnen hatten auf der einen Seite die Aufgabe, Hilfenotwendigkeiten und Hilfewünsche festzustellen, sie hatten aber auch kontrollierende Funktionen: Sie stellten die Lebensführung der Armen fest und nahmen darauf Einfluss. Die in Elberfeld gefundene Form der Armenbetreuung hatte wiederum Einfluss auf die Entwicklung der Wohlfahrtspflege um die Jahrhundertwende bis in die Zeit nach dem 1. Weltkrieg hinein: Die Armenpflege „... war weitgehend nach dem sogenannten ‚Elberfelder System' organisiert, das die Stadt in verschiedene Armenbezirke, denen ein ehrenamtlicher Bezirksarmenpfleger vorstand, unterteilte. Der Bezirk wiederum war in mehrere Quartiere gegliedert, in denen je ein freiwilliger Quartierpfleger wohnte, der den Bezirksarmenpfleger über die besondere Notlage einzelner Hilfebedürftiger zwecks Festsetzung der kurzfristigen Unterstützungssumme zu informieren hatte" (NOWICKI 1980, S. 76).

Im Gehalt sind freiwillig-unentgeltliche Tätigkeiten im sozialen Kontext heute anders beschaffen und natürlich auch nicht mehr nach den Prinzipien des Elberfelder oder anderer ähnlicher Systeme konstruiert. Erkennbar ist aber an der Bezeichnung ‚Ehrenamt', die sich bis in die Gegenwart hinein gehalten hat, ihre Herkunft aus solchen Systemen der Armenpflege. Die historischen Wurzeln der Ehrenamtlichkeit weisen die Probleme einer solchen freiwilligunentgeltlichen Tätigkeit in der Sozialen Arbeit aus: Sie hat eine ausführende Funktion, hilft mit, Armut zu verwalten; sie ist weiter in Analogie zur Arbeit einer Behörde konstituiert.

Von MÜLLER-KOHLENBERG wird im Vergleich zwischen professionell und nicht professionell im Bereich des Sozialen Tätigen der Begriff der LaienhelferInnen beziehungsweise der Laien und der Laienkompetenz verwendet (vgl. MÜLLER-KOHLENBERG 1996). Sie kritisiert den Begriff Ehrenamt als unbrauchbar: „Er legt nahe, daß für bestimmte Tätigkeiten, wenn schon kein Geld, dann doch wenigstens Ehre zu bekommen sei. Realität ist jedoch, daß im allgemeinen weder das eine noch das andere als Äquivalent für soziales oder gesellschaftliches Engagement geboten wird. Es ist offensichtlich, daß die Nomenklatur hier der Klarsicht hinderlich ist. Der englische Begriff *volunteer* ist weniger beladen mit historischer und normativer Grundmoräne, so daß er sich wesentlich geschmeidiger in unterschiedlichen Zusammenhängen verwenden läßt" (MÜLLER-KOHLENBERG 1996, S. 43, Herv. im Original, d. Verf.). MÜLLER-KOHLENBERG gibt hier den Hinweis auf die englischsprachig geführte Diskussion im internationalen Raum, in dem Ehrenamt als Begriff nicht geläufig ist. So ist also eine international unterschiedliche Entwicklung festzuhalten, die sich nicht nur an unterschiedlichen Begriffsbildungen festmachen lässt: So hat im deutschsprachigen Raum traditionell der Begriff der Ehrenamtlichkeit einen hohen, aber problematischen Stellenwert. International hat der weniger vorbelastete Begriff der Volunteers höheres Gewicht.

Bürgerschaftliches Engagement wiederum korrespondiert mit Ehrenamtlichkeit und Volunteering, ist aber nicht als Äquivalent mit lediglich anderer Begriffsgeschichte aufzufassen. Vor der Nachzeichnung der Geschichte des Konzepts des bürgerschaftlichen Engagements ist auf Begriffsgehalte hinzuweisen, die sich im Ehrenamt und Volunteering nicht finden lassen. Bürgerschaftliches Engagement ist zwar auch freiwillig, muss aber nicht im Bereich der unentgeltlichen oder nichtprofessionellen Tätigkeiten stattfinden. Bürgerschaftliches Engagement kann sich auch aus beruflichem Handeln heraus entwickeln und bezeichnet dann ein außergewöhnlich engagiertes Tätigwerden mit dem Ziel, eigene Ideen im Gemeinwesen zu realisieren. Bürgerschaftliches Engagement versteht sich nicht oder mindestens nicht primär als Hilfeleistung, wie das in den Konzepten der ehrenamtlichen Hilfe oder der Laienhilfe noch angelegt ist, sondern will das Prinzip der Gegenseitigkeit zum Tragen bringen. Bürgerschaftliches Engagement folgt auch nicht den üblichen Organisationsformen der freiwilligen Tätigkeiten in der Sozialen Arbeit: Bürgerschaftliches Engagement gliedert sich meist nicht in staatliche Einrichtungen, vorhandene Verbände oder Vereine ein; in der Regel werden eigene Organisationsformen gefunden, die häufig auch projektartig gedacht sind. Deutlich ist auch die andere Perspektive, die bürgerschaftliches Engagement innehat: Bürgerschaftliches Engagement erledigt nicht Aufgaben in der Art, wie das vom Staat oder anderen Institutionen definiert wird. Bürgerschaftliches Engagement akzentuiert die bürgerschaftliche Verantwortung für die Gesellschaft, damit aber auch die Kompetenz der BürgerInnen für die Gestaltung ihres gesellschaftlichen Umfelds. Der Begriff des Bürgers/der Bürgerin, der hier zu Grunde liegt, hat Nähen zum (englischsprachigen) Citizen oder zum/r (französischsprachigen) Citoyen/ne. Dabei folgt bürgerschaftliches Engagement keiner geschlossenen Theoriebildung, es wird in verschiedenen Projekten realisiert und assoziiert sich in unterschiedlicher Form zu bestimmten gesellschafts- und sozialpolitischen Konzeptionen, wie sie beispielsweise aus dem Kommunitarismus herrühren (vgl. PAULWITZ 1997, S. 176 ff., AUTRATA 1999, S. 92 ff.).

Eine amtlich-politische Sichtweise auf bürgerschaftliches Engagement fällt so aus: „Seine Handlungsfelder, Handlungsziele und -notwendigkeiten werden ... nicht verordnet (vom Staat, den Parteien usw.), sondern vereinbart, zwischen den Bürgern selbst, zwischen staatlichen Institutionen und Bürgern, zwischen Kommunalverwaltungen und Bürgern usw. Anders kann es wohl auch gar nicht zustandekommen oder wäre zur Wirkungslosigkeit verdammt. Bürgerschaftliches Engagement ist hinsichtlich seiner jeweiligen Beweggründe und Motivlagen offen. Es schließt altruistische und pflichtethische Motive nicht notwendig aus (monopolisiert sie andererseits auch nicht), läßt aber auch jeweils andere – möglicherweise wechselnde – Motivlagen durchaus zu (z. B. Eigeninteresse, Selbstbezug, Erlebnisorientierung, Spaß usw.), fordert sie gar heraus" (SOZIALMINISTERIUM BADEN-WÜRTTEMBERG 1996, S. 22

f.). Erkennbar wird damit, dass die Debatte um bürgerschaftliches Engagement auch schon fördernde Institutionen erreicht hat und von ihnen zumindest vorläufige Gegenstandsbestimmungen vorgenommen wurden. Zu erklären ist allerdings noch, wieso es in jüngerer Vergangenheit zu einer solchen Konzeptualisierung freiwilliger Tätigkeiten im Feld des Sozialen kam und wo sie gesellschafts- und sozialpolitisch zuzuordnen ist.

So wird es an dieser Stelle notwendig, auf die geschichtliche Entwicklung hin zum Konzept des bürgerschaftlichen Engagements einzugehen. Der Diskurs um bürgerschaftliches Engagement ist in Europa erst wieder seit zwanzig Jahren feststellbar. Er bezieht sich allerdings in seinem Grundansatz auf deutlich ältere Vorläufer. Zu nennen ist hier das vor allem in den USA stark verbreitete Konzept des Kommunitarismus. Bereits 1835 hat der Franzose TOCQUEVILLE Besonderheiten des Demokratieverständnisses in den USA festgehalten. Er beschreibt von ihm vorgefundene Zusammenschlüsse von BürgerInnen: „Träte die Regierung überall an die Stelle der Vereinigungen, so wäre die sittliche und die geistige Kraft eines demokratischen Volkes nicht weniger gefährdet als sein Handel und sein Gewerbe. Nur durch die gegenseitige Wirkung der Menschen aufeinander erneuern sich die Gefühle und die Ideen, weitet sich das Herz und entfaltet sich der Geist des Menschen" (TOCQUEVILLE 1994, S. 251). TOCQUEVILLE hält gegenüber der Sphäre des Staates die Möglichkeiten der einzelnen BürgerInnen hoch: Nicht ein Sozialstaat, vielmehr der Einsatz und Kräfte der BürgerInnen seien Garant für eine positive gesellschaftliche Entwicklung. Ob TOCQUEVILLE allerdings tatsächlich in den USA des vorletzten Jahrhunderts auf breiter Front ein gesellschaftlich dominantes Bürger-, vielleicht sogar Bürgerinnenengagement vorgefunden hat, scheint historisch fraglich. Die USA zu dieser Zeit waren zu großen Teilen ökonomisch bestimmt durch Sklavenhaltung: SklavInnen wiederum haben keine Bürgerrechte. Ähnlich problematisch war die Situation für die Indianer, die ebenfalls von Bürgerrechten ausgeschlossen waren. Ebenso lud die soziale und ökonomische Situation die IndustriearbeiterInnen im Norden der USA wohl auch nicht zum Bürgerengagement ein. TOCQUEVILLE bezieht sich in seiner Beschreibung von Bürgerengagement empirisch auf den Bereich des gut situierten Bürgertums, das sich auch sozial betätigte.

Die enthusiasmierte Charakterisierung der US-amerikanischen Bürgertugenden, von TOCQUEVILLE auch als 'Habits of the Heart' gefasst, wurde vor allem von SoziologInnen und PhilosophInnen aus den USA – weit nach dem II. Weltkrieg – aufgegriffen und fortgeführt. Unter dem neu gefundenen begrifflichen Etikett des Kommunitarismus wurde dies aktualisiert. Dem lag die Einschätzung zu Grunde, die demokratischen Lebensformen und kommunalen Beteiligungsmodelle, die vor 150 Jahren festgestellt wurden, seien mittlerweile verschwunden und müssten wieder belebt werden. Schuld an diesem Niedergang sei die in sich zerrissene US-Gesellschaft, die Moral und Werte

verloren habe. Solche Appelle zur Stärkung des Miteinanderlebens trugen unter anderen die Soziologen BELLAH und ETZIONI vor: „Die ausschließliche Verfolgung des Privatinteresses zersetzt das Netzwerk sozialer Umfeldbeziehungen, auf die wir alle angewiesen sind, und übt einen zerstörerischen Einfluß auf unser gemeinsames Experiment demokratischer Selbstverwaltung aus. Wir sind deshalb davon überzeugt, daß die Rechte des Individuums ohne kommunitaristische Perspektive nicht länger gewahrt werden können" (ETZIONI 1993, S. 253)[5]. Die richtige Einschätzung des Kommunitarismus, dass eine alleinige Konzentration auf Eigeninteressen und Individualität unter Ausblendung von Gesellschaftlichkeit nicht gangbar ist, wird allerdings durch eine schon gefährliche Beimischung von bekenntnishaften Elementen zu einer zivil-religiösen Bestimmung. Hier ist die deutschsprachige Diskussion den US-amerikanischen Vorgängern im Bereich des Kommunitarismus auch wenig gefolgt. So wurde die nüchternere Vorstellung der Realisierung einer Bürger(Innen)- oder Zivilgesellschaft als gesellschaftspolitische Zielsetzung von bürgerschaftlichem Engagement skizziert. Aber auch diese Wendung ist in der US-amerikanischen Diskussion repräsentiert. So steht beispielsweise WALZER für eine vergesellschaftete Variante der Organisation von Wohlfahrt. Er sieht die Alternative zur Wohlfahrtsstaatlichkeit in der Wohlfahrtsgesellschaft: „Wie würde nun eine Wohlfahrtsgesellschaft aussehen? Der Sozialisierungsprozeß hat zwei Aspekte: Der erste, der in den sechziger Jahren viel diskutiert wurde, beinhaltet eine steigende Beteiligung der Bürger an der Entscheidungsbildung; der zweite umfaßt eine steigende Beteiligung in der tatsächlichen Erbringung von Wohlfahrtsdiensten" (WALZER 1995, S. 52). Und weiter: „Eine lebendige und helfende Wohlfahrtsgesellschaft, die von einem starken Wohlfahrtsstaat unterstützt, aber nicht kontrolliert ist, das würde ... eine fundamentale Änderung in den Beziehungen der Verteilung sozialer Güter darstellen" (WALZER 1995, S. 56).
WALZER setzt also bei seinen Vorstellungen für eine Veränderung der Gesellschaft bei einer Vergesellschaftung der Wohlfahrt ein, das heißt für eine Neukonstruktion der sozialen Sicherung und sozialen Fürsorge, die die Konzentration auf die Staatlichkeit zurücknimmt. Das mündet weiter ein in die grundsätzliche Idee der Stärkung der Bürger und Bürgerinnen, die auch wieder mehr Verantwortung für die Gesellschaft übernehmen und bekommen sollen. WALZER charakterisiert das mit dem Begriff der zivilen Gesellschaft (vgl. WALZER 1992).
Die Diskussion um die Formung einer Zivilgesellschaft wurde auch im deutschsprachigen Raum in den neunziger Jahren des letzten Jahrhunderts aufgenommen. WENDT erinnert in diesem Zusammenhang an die europäische Tradition der Verbindung der BürgerInnen und des Gemeinwesens, die bis ins 18. Jahrhundert Bestand gehabt habe: „*Societas civilis* ist die Bürgergemeinde, die Herr ihrer Angelegenheiten (*res publica*) sein will. Sich darin

engagieren heißt gleichviel wie ein Amt ausüben. Der selbständige Mensch beschränkt sich nicht auf die *res privata*; er weiß sich dem gemeinen Wohl verpflichtet. In einem emphatischen Sinn steht für bürgerschaftliches Engagement der englische Ausdruck ‚*civic engagement*'; er meint mehr als Beteiligung und Einbezogenwerden der Bürger (*citizen involvement*), nämlich ihre im Bewußtsein von Bürgerschaft vollzogene Mitwirkung an demokratischer Lebensgestaltung" (WENDT 1996, S. 21, Herv. i. Orig., d. Verf.).
Die Zivilgesellschaft ist als ein Gefüge von freien Vereinigungen und Zusammenschlüssen von BürgerInnen zu verstehen, die damit auch die vielfältigen Identitäten der Menschen und ihre unterschiedlichen Lebenswelten zusammenbindet. Die Existenz von freien Vereinigungen an sich ist dabei noch nicht hinreichend für die Konstitution der Zivilgesellschaft. Vorstellbar und bekannt sind ja Organisationsformen wie (Wohlfahrts)-Verbände, Vereine und auch die Parteien, die die Realisierung von Mitgliederinteressen nur sehr begrenzt zulassen. Die Zivilgesellschaft will aber eine Partizipation der BürgerInnen sicherstellen, einen konstruktiven Dialog zwischen der Sphäre des Staates und den Vereinigungen der BürgerInnen gewährleisten. Ein wichtiges Movens hierfür ist die Gestaltung des Gesellschaftlichen und damit auch Subjektiven über die Formen des bürgerschaftlichen Engagements. Vice versa hätte, zur Ermöglichung von BürgerInnenpartizipation, der Staat die Aufgabe, solche Engagementformen zu ermöglichen und zu fördern.
Dass sich solche Vorstellungen an gesellschaftlich-staatlicher Realität brechen (können), ist sicher gewärtig. Partizipation von BürgerInnen ist auf der einen Seite eine immer wieder hochgehaltene politische Formel; auf der anderen Seite werden BürgerInnen, die auf der Basis ihres Engagements Vorstellungen vortragen und möglicherweise Veränderungen der Gesellschafts- und Sozialpolitik einfordern, keineswegs immer begrüßt. Ebenso stößt die Idee der Zivilgesellschaft, die nicht in die formalisierten Strukturen der politischen Parteien gezwängt ist, auch von dieser Seite an Kritik. Gerade die etablierten Formen der Sozialpolitik sperren sich gegen eine andere Herangehensweise an das Feld des Sozialen, wie sie das bürgerschaftliche Engagement und die Zivilgesellschaft denkt (vgl. hierzu HUMMEL 1995, S. 26).
Dies ist aber auch der Punkt, an dem die Kritik zum Konzept des bürgerschaftlichen Engagements einsetzt. Eingebundenheit ins Gemeinwesen ist eine Vision, die auch in die Sozialromantik abgleiten kann. Aus dem Faktum, dass menschliches Leben sich wesentlich durch Beteiligung am Gemeinwesen realisiert, wird die Forderung nach dem Einsatz für ein aktuell vorliegendes Gemeinwesen abgeleitet. Die Partizipation am Gemeinwesen verengt sich zur vorbehaltlosen Unterstützung von Zuständen, die vom Individuum weder gewollt noch geplant wurden. Eine Beteiligung von Menschen an der Gestaltung ihres sozialen Lebens ist dringend zu wünschen. Diese Menschen aber für von außen gesetzte Zwecke im Rahmen einer unentgeltlichen Tätigkeit

zu instrumentalisieren, konterkariert die Intentionen des bürgerschaftlichen Engagements: Bürgerschaftliches Engagement ist kein Lückenbüßer für Aufgaben und Funktionen, die der Staat nicht (mehr) erledigt. Bürgerschaftliches Engagement ist auch keine Ressource, die Professionelle und Fachleute ersetzen will oder kann. Bürgerschaftliches Engagement ist eine neue Form, BürgerInnenpartizipation zu formulieren und in Handlungen überzuführen. Ob und inwieweit das für die Lebensphase des Alters zum Tragen kommen kann, ist nun weiter zu verfolgen.

4. Engagement im Alter?

Die Debatte um bürgerschaftliches Engagement und Zivilgesellschaft macht deutlich, dass eine neu dimensionierte Gestaltung des Sozialen durchaus schon diskutiert wird. Weiter ist dann zu fragen, ob dies in besonderer Weise die Älteren betrifft. Es wurde ja schon – zumindest in Frageform – auch wissenschaftlich überdacht, ob die ‚Neuen Alten' nicht die ‚Retter des Sozialen' sein könnten (vgl. ANER u. a. 2007). Neben den demographischen Faktoren – höhere Lebenserwartung, damit mehr Zeit für nachberufliche oder nach-familiale Aktivitäten – werden auch personale Faktoren ins Feld geführt: „Mit den nach 1945 Aufgewachsenen erreichen Menschen mit qualitativ anderen Sozialisationsverläufen als bei den Generationen zuvor die Statuspassage vom Erwerbsleben in die nachberufliche Lebensphase. Vor allem explizite Partizipationserwartungen, höhere Bildungsniveaus und ein besserer Gesundheitszustand charakterisieren die Alten der Zukunft" (ANER u. a. 2007, S. 14).

So ist einmal die Bereitschaft zu Engagement und bestimmten Engagementformen im Alter zu überprüfen: Gibt es Anlass zu vermuten, Ältere hätten nicht nur die Zeit für ein neu definiertes Engagement, sondern hätten auch – in größerem Umfang – die Bereitschaft, solches Engagement auszuüben? Das ist noch einmal an der Dimension der im Alter zur Verfügung stehenden Zeit zu beleuchten. Richtig ist, dass in der Lebensphase des ‚Ruhestands' mehr Zeit zur Verfügung steht: „Denn nach Beendigung des Erwerbslebens haben Rentner und Rentnerinnen objektiv gesehen mindestens 1540 freie Stunden pro Jahr (200 Arbeitstage à 7,7 Stunden) mehr zu ihrer freien Verfügung als sie während ihrer Erwerbstätigkeit hatten" (KÖLLER 2007, S. 127). Das würde dafür sprechen, dass alte Menschen über eine große Menge an freier, vielleicht auch – zur Vermeidung von Langeweile – mit sinnvollen Aufgaben zu füllender Zeit verfügen. Ob ältere und alte Menschen diese Zeit auch für soziales Engagement nutzen (wollen), ist noch zu klären.

Es gibt Engagement und Engagementbereitschaft und das auch im Alter. Allerdings weisen Studien schon seit den neunziger Jahren des letzten Jahrhunderts darauf hin, dass ein quantitativer Zusammenhang zwischen dem Mehr an Freizeit im Alter und höherem Engagement im Bereich der freiwillig-un-

entgeltlichen Tätigkeiten nicht feststellbar ist. So sieht FERBER als stabilen Trend, dass „Engagement in Selbsthilfegruppen, Selbsthilfeinitiativen und Selbsthilfeprojekten, aber auch in ehrenamtlicher Tätigkeit vorzugsweise von Menschen mit höherem Bildungsabschluß, von Frauen und von Personen im erwerbsfähigen Alter getragen werden. Die sogenannten jungen Alten, deren Zeithaushalt und deren ökonomische Unabhängigkeit eher ein Engagement erlauben, verhalten sich demgegenüber zurückhaltend" (FERBER 1993, S. 126).
Die schon etwas ältere Einschätzung von FERBER ist mit aktuelleren Werten zur Verbreitung von Engagement in Österreich zu vergleichen: „Die Ergebnisse der Repräsentativerhebung über ‚Volumen und Struktur der Freiwilligenarbeit in Österreich', die ... 2006 durchgeführt wurde, zeigen ein hohes Maß an Engagement: 43,8% der österreichischen Bevölkerung, das sind knapp über 3 Millionen ÖsterreicherInnen über 15 Jahren, leisten in irgendeiner Form Freiwilligenarbeit. ... 22% der Freiwilligen sind 40 bis 49 Jahre, 19% sind 30 bis 39 Jahre und 16% sind 50 bis 59 Jahre alt" (Quelle: BMASK)[6]. Von den freiwillig Tätigen sind 12,5% 60 bis 69 Jahre alt, 5,3% 70 bis 79 Jahre alt und 2,2% 80 Jahre und mehr. „Anteilsmäßig sind die meisten der in den jeweiligen Bereichen tätigen Freiwilligen 30 bis 59 (vor allem 40 bis 49) Jahre alt" (Quelle: BMASK)[7]. Fast die Hälfte der österreichischen Bevölkerung, so die neuere Studie, leistet Freiwilligenarbeit; allerdings muss auch angemerkt werden, dass diese Feststellung sich auf Freiwilligenarbeit ‚in irgendeiner Form' und zeitlichen Ausdehnung bezieht. Aufzunehmen ist das Ergebnis, dass auch diese Studie den Trend bestätigt, dass Engagement und Freiwilligenarbeit hauptsächlich von Menschen im Erwerbsalter geleistet wird: Der merkliche Rückgang der Freiwilligenarbeit setzt erkennbar ab dem Segment der 60- bis 69-Jährigen ein und wird in höherem Alter noch ausgeprägter. Zeitanalytisch betrachtet lässt sich keineswegs ein Anstieg des Zeitaufwands für bürgerschaftliches Engagement mit dem Alter beobachten: „Ein Anstieg von ehrenamtlichen Tätigkeiten im Sinne bürgerschaftlichen Engagements (im Alter, d. Verf.) ließ sich nicht feststellen" (KÖLLER 2007, S. 133).
Das größere Budget an freier Zeit im Alter führt also nicht zu einer zeitlichen Ausweitung des Engagements. Der abnehmende Umfang des Engagements im höheren und hohen Alter zeigt, dass bei der Gruppe der Alten einschränkende Bedingungen für ein freiwilliges Engagement an Bedeutung hinzugewinnen. Hierzu zählen sicherlich Faktoren wie gesundheitliche Beeinträchtigungen, Einschränkungen der individuellen Mobilität ebenso wie subjektive Faktoren wie fehlendes Selbstvertrauen und Zweifel an den eigenen Kompetenzen (vgl. OLK 2001). Das ist am Kontrast der (körperlichen) Möglichkeiten der Alten und den Anforderungen in bestimmten Segmenten der Freiwilligenarbeit zu illustrieren: Eine aktive Mitarbeit bei Einsätzen der Hilfsdienste wie der Feuerwehr wird mit höherem Alter schwerlich möglich sein.

Wichtig ist weiterhin die Feststellung, in welchen Bereichen sich Ältere vorwiegend freiwillig betätigen: „Im Sozial- und Gesundheitsbereich engagieren sich mit 13,6% der 60- bis 69-Jährigen und 16,1% der 70- bis 79-Jährigen anteilsmäßig mehr als doppelt so viele Menschen wie in allen anderen Altersgruppen (6% der 15- bis 19-Jährigen, 7,4% der 40- bis 49-Jährigen und 5,5% der 50- bis 59-Jährigen)" (Quelle: BMASK)[8]. Im Sozial- und Gesundheitsbereich zeichnet sich eine deutlich höhere Betätigungsquote der Älteren ab. Das repräsentiert eher noch ältere Formen der Freiwilligentätigkeit, in dem (rüstige) Alte weniger Gesunde und Aktive betreuen. Motivational beruht das auf dem Motivkreis des „Pflichtbewusstseins".

In verschiedenen Studien und Veröffentlichungen, die sich wiederum auf die gesamte Bevölkerung bezogen, wurde der (vermutete) Wandel der Motive für ein Engagement untersucht (vgl. BEHER/LIEBIG/RAUSCHENBACH 2000, HEINZE/OLK 1999). Festgestellt wird, dass sich ein Wandel von Motiven aus dem Bereich des ‚Pflichtbewusstseins' hin zu stärker selbstbezogenen Motiven für das Engagement vollzogen habe. Dabei seien altruistische Begründungen und Orientierungen einer Dienst- und Pflichterfüllung in den Hintergrund getreten, während das Engagement zunehmend mit Erwartungen einer Bereicherung der eigenen Lebenserfahrung, einer Erweiterung der individuellen Fähigkeiten und Kompetenzen sowie dem Wunsch einer Mitgestaltung des persönlichen Lebensumfeldes verbunden wird. Dabei beziehen sich die Mitgestaltungsmotive nicht nur auf das eigene Lebensumfeld, sondern auch auf die Mitgestaltung größerer Prozesse und Entscheidungen.

Die Motiviertheit zu Engagement ist auch noch in einer Fallstudie nachzuvollziehen: Im Auftrag des baden-württembergischen Sozialministeriums, das die gesellschaftlichen Bedingungen und Möglichkeiten bürgerschaftlichen Engagements empirisch abklären wollte, wurde 1995 in der Stadt Geislingen eine exemplarische kommunale Fallstudie durchgeführt[9]. 38% der Befragten in der Geislingen-Studie gaben an, sie würden ‚bestimmt' beziehungsweise ‚möglicherweise' bei Projekten aus dem Feld des bürgerschaftlichen Engagements mitmachen. In der Studie wird vorsichtig gewertet, dies bedeute nicht unbedingt, dass tatsächlich alle der hier zustimmend Antwortenden auch tatsächlich umgehend sich an solchen Projekten beteiligen würden: „Die Zahl von 38% zeigt vielmehr, und dies ist wohl das Ermutigende daran, daß ein erheblicher Teil der Bürger (wenn auch noch nicht die Mehrheit) die Idee bürgerschaftlichen Engagements akzeptiert" (SOZIALMINISTERIUM BADEN-WÜRTTEMBERG 1996, S. 86). Diese Engagementbereitschaft betrifft alle Altersgruppen. Die Engagementbereitschaft wird außerdem nicht nur innerhalb der eigenen Generation gesehen: „Mehr als jeder Dritte der Fünfzehn- bis Zwanzigjährigen kann sich vorstellen, bei der Begegnung der Generationen, z. B. in der geplanten Begegnungsstätte im neuen Altenzentrum, aktiv mitzuwirken" (UELTZHÖFFER 1996, S. 121). Die Geislingen-Studie macht auch deutlich, dass die Motivation für den deklarierten Willen zum bürgerschaftlichen Engagement kaum mehr in der traditionellen Motiviertheit zum Ehrenamt zu finden ist. Von den Befragten mit Engagementbereitschaft stimmten nur 14% der Aussage zu, sie würden sich engagieren, ‚weil es Bürgerpflicht ist'. Der Motivkreis ‚Pflichtbewusstsein' war zudem noch altersspezifisch ungleich verteilt und ließ sich am stärksten bei der Gruppe der ‚70-Jährigen und älter' feststellen.

Die Geislingen-Studie als kommunale Fallstudie belegt eine erhebliche Bereitschaft zu (bürgerschaftlichem) Engagement, das sich in seiner Ausformung aber von früheren Engagementformen absetzt. Das traditionelle Engagement in Verein, Verband oder Politik hat an Boden verloren. Es werden nun aufgaben- und auf Projekte bezogene Aktivitäten favorisiert, die mehr Mitbestimmung und -gestaltung zulassen, aber auch die eigene Situation zu verbessern versuchen. Auch sind die altruistisch geprägten Motivlagen nicht oder zumindest weniger ausschlaggebend für eine Engagementbereitschaft. Engagement wird weniger als Hilfe für andere denn als Realisierung eigener Vorstellungen und dabei auch die Überwindung eigener Schwierigkeiten wahrgenommen. Pflichtbewusstsein' bleibt freilich im Alterssegment der über 70-Jährigen als Motivlage noch stärker präsent als in jüngeren Altersgruppen.

Natürlich ist die Gültigkeit von Ergebnissen, die für Geislingen in Deutschland erzielt wurden, sicher nicht uneingeschränkt für Österreich gegeben. Es ergibt sich aber doch im Teilbereich des Engagements im Alter die wichtige Korrespondenz, dass auch in der angeführten aktuellen Studie für Österreich eine höhere Quote von Engagement Älterer in Feldern, die eher dem Motivkreis 'Pflichtbewusstsein' zuzuordnen sind, feststellbar ist (vgl. BMASK[10]). Eine Engagementbereitschaft in anderen Feldern der Freiwilligentätigkeit, vielleicht sogar in Bereichen des bürgerschaftlichen Engagements, wird da weniger realisiert.

Es gibt also Hinweise darauf, dass sich im Alter eher traditionelle Engagementformen (noch) etwas stärker als in anderen Bevölkerungssegmenten gehalten haben. Es gibt allerdings Hinweise darauf, dass sich die Ausübung von Engagement auch bei Älteren schon verändert hat: In (regionalen) Studien wurde festgestellt, dass sich die Zahl der sporadisch Engagierten wesentlich stärker als die der regelmäßig Aktiven erhöht hat Das liefert auch einen Hinweis dafür, dass auch unter den aktiven älteren Menschen ein stärker an Projekten orientiertes Engagement gegenüber dauerhaften Verbindlichkeiten an Attraktivität gewinnt. Dieser Trend hat seine Ursache darin, dass freiwilliges Engagement häufig nicht substitutiv zu anderen Freizeitaktivitäten praktiziert wird, sondern Ältere, die insgesamt eine aktive Freizeitgestaltung haben, sich auch häufiger freiwillig-unentgeltlich engagieren. Dies hat zur Folge, dass 'ehrenamtliche' Aufgaben mit hoher zeitlicher Verpflichtung und lang währender Verbindlichkeit nicht in das Zeitbudget passen und zunehmend als Einengung erfahren werden (vgl. ROHLEDER/BRÖSCHER 2001).

Der Aspekt der notwendigen zeitlichen Passung und Einpassung von Engagement in die momentane Lebensrealität älterer Menschen hat einen neuen Stellenwert bekommen. Während die geläufigen freiwillig-unentgeltlichen Tätigkeiten zumeist für lange Zeiträume des Lebens ausgeübt werden, ist nunmehr beim Engagement dessen zeitliche Befristung ein wichtiges, strukturierendes Element. OLK stellt in der Auswertung von empirischen Ergebnissen fest, dass 7% der befragten älteren Menschen und 11% der 50- bis 59-Jährigen angaben, erst in den letzten 2 Jahren ihr Engagement aufgenommen zu haben. Er stellt weiter fest, dass 10% der Älteren und Alten ihr freiwilliges Engagement erst in den letzten drei bis vier Jahren begonnen haben. Wenn man das summiert, kommt man zum Ergebnis, dass rund ein Viertel der engagierten alten Menschen erst seit maximal 4 Jahren in ihrem jetzigen Engagementbereich tätig sind. Das Engagement im Alter ist also nicht einfach als Fortführung des Engagements, das in früherem Lebensalter ausgeübt wurde, zu denken: Im Alter entwickeln sich teilweise neue Engagementformen. Damit zeigt sich auch, dass Engagementtätigkeiten in Abhängigkeit von biographischen Konstellationen, Familien- und Interessenlagen und sonstigen Verpflichtungen im Verlauf der Lebensgeschichte aufgenommen und wieder beendet werden[11].

Diese Ergebnisse zu Engagement und Engagementbereitschaft im Alter zusammenfassend zeigt sich ein differenziertes Bild: Insgesamt wird Engagement im Alter nicht in dem Umfang ausgeübt, den man angesichts des großen Zeitpotentials im Alter vielleicht annehmen könnte. Das hängt mit eigenen Möglichkeiten, mit dem Zutrauen in die eigenen Möglichkeiten und auch mit Gelegenheiten zusammen. Im Sinne der Interpretation der Ergebnisse empirischer Studien zur Engagementbereitschaft ist zu vermuten, dass hier vorhandene Engagementbereitschaft auch aufgrund fehlender Beteiligungsstrukturen und Formen der Begleitung unterbleibt. Diese Einschätzung stützt sich auch auf Ergebnisse der schon angesprochenen (eigenen) regionalen Studie in Feldkirchen in Kärnten: Da wurde festgestellt, dass auch „unter den bislang nicht ausdrücklich engagierten Älteren ein artikuliertes Interesse und die Bereitschaft bestehen, aktiv engagiert am gesellschaftlichen Leben zu partizipieren" (AUTRATA u. a. 2006, S. 51 f.). Ältere und alte Menschen wären also unter Umständen bereit, sich partizipativ zu betätigen, wenn Strukturen bereit stünden, solch ein Engagement zu binden und aufzunehmen. Neben eher traditionellen Formen des Engagements im Sozial- und Gesundheitsbereich finden sich also auch neue Orientierungen zu Engagement: Motivational gewinnt der Zugewinn an Erfahrung und Kompetenz durch Engagement an Bedeutung, Pflichtbewusstsein verliert an Bedeutung. Engagement wird von älteren und alten Menschen in der Folge häufig eher als befristetes Projekt gesehen, nicht mehr als fast unauflösliche Bindung an eine Institution. Diese komplexen Befunde machen auch deutlich, dass eine genaue Abklärung der lokalen Bedürfnisse und Bedarfe sowie eine Begleitung und Steuerung des Engagements im Alter unausweichlich sein dürften.

Das wird auch von den (potentiellen) Engagierten so gesehen: In der angesprochenen kommunalen Geislingen-Studie wurde auch untersucht, welche Instrumente und Wege der Förderung von Engagement von den Befragten als wichtig angesehen werden. Anerkennung, Sachleistungen und Geld landen weit abgeschlagen auf den Plätzen, als gefragt wurde, was Stadt und Land tun sollten, um die Eigeninitiative der BürgerInnen zu stärken. Erwartet wurde Personal, das den sich anbahnenden Engagementprozess koordinieren und moderieren soll (37%), sowie Schulung für die Engagementwilligen (24%) (alle Zahlen der Studie aus: UELTZHÖFFER 1996).

Die Förderung von Engagement, so ein Ergebnis der Geislingen-Studie, wird kaum von Sachleistungen oder Geld geleistet. Diese Haltung der in der dargestellten Studie zu ihrer Engagementbereitschaft Befragten hat sozial- und gesellschaftspolitisch auch problematische Implikationen, knüpft auch an historisch ältere Schwierigkeiten der freiwillig-unbezahlten Tätigkeiten im Sozialbereich an. Deutlich wird auf der einen Seite, dass Engagementbereitschaft in dieser Ausrichtung sich nicht (mehr) als Ersatz oder Übergang zu aus verschiedenen Gründen nicht möglicher professionell-honorierter Tätigkeit im Sozialbereich (beispielsweise wegen nicht vorhandener Ausbildung, nicht vorhandener Stellen oder wegen zu starker Eingebundenheit in die eigene Familie) versteht, sondern sich einen eigenständigen Wert beimisst. Engagement in dieser Ausformung sieht sich klar als freiwillige Tätigkeit, bei der Vergütung oder Zeitausgleich keine wesentliche Rolle spielen, sondern die Tätigkeit als solche von hoher individueller Bedeutung ist.

Das knüpft an die für den Sozialbereich geläufige Debatte an, ob nicht engagiertes Handeln allzu gern instrumentalisiert wird; dem kommt entgegen, wenn von den Engagiert-Freiwilligen keine finanziell-materiellen Forderungen gestellt werden. So resümieren PAULWITZ u. a. in einer europaweit vergleichenden Studie: „Zum Volunteer-Handeln wird v. a. dort offensiv eingeladen, wo einigermaßen gewährleistet ist, daß die Volunteers möglichst wenig bis keine finanziellen Ressourcen beanspruchen – gegenwärtig z. B. am meisten bei SeniorInnen" (PAULWITZ u. a. 1997, S. 182). Volunteering im Sozialbereich hatte schon bislang eine Lückenbüßerfunktion, musste Aufgaben, die der Staat nicht erfüllen konnte oder wollte, erledigen. Wenn die Aufgabenerledigung vollends noch ohne Anspruch nach Vergütung oder Zeitausgleich geschieht, wird sie politisch eher gefördert. Das hat aber auf der Seite der Professionellen Deprofessionalisierungseffekte. Soziale Arbeit wird den ungleich kostengünstigeren Freiwilligen zugeschoben. Auf der Seite der Engagierten entsteht eine Sogwirkung hin zu staatlich-politisch erwünschten freiwilligen Tätigkeiten: Die engagierten BürgerInnen werden zumindest teilweise in Tätigkeiten eingebunden, die zwar notwendig zu erledigen sind, die aber in ihrer Aufgabenstellung der

Mitbestimmung entzogen sind. In der Folge ist auch hier eine Förderung von bürgerschaftlichem Engagement wichtig, das seine funktionalisierende Vereinnahmung verhindert.

Dabei kann an dem vor allem in der Geislingen-Studie deutlich gewordenen Faktorenbündel angeknüpft werden, das nach Einschätzung der Befragten als förderlich und unterstützend für bürgerschaftliches Engagement gesehen wurde. Gewünscht wurde da sehr stark die Moderierung und Qualifizierung von Engagement. Dieses Ergebnis hat seine Entsprechung in der schon oben angeführten Untersuchung zu Volunteering in Europa: „International werden besonders die Professionellen des Sozialen in Theorie und Praxis als ‚gate keeper' für oder gegen Volunteering gebrandmarkt. Die Eurovol-Studie hat nachgewiesen, daß Volunteers keineswegs mit ihnen in Konkurrenz treten möchten. Sie suchen Teilhabe und Beteiligung durch Geben und Nehmen, durch ‚Dienst und Selbstbezug' ... in ‚gekonnt' abgestimmten Passungsverhältnissen (matching)" (PAULWITZ u. a. 1997, S. 182)[12].

Damit klingen auch Schwierigkeiten des Passungsverhältnisses zwischen Professionellen und Engagierten an: Wenn die gekonnte Abstimmung von den Professionellen der Sozialen Arbeit vorgenommen wird, besteht die Gefahr, dass die bürgerschaftlich Engagierten unter die von Professionellen definierten Zielstellungen subsumiert werden. Modernere Vorstellungen des Umgangs von Professionellen mit Freiwilligen lassen den Eindruck entstehen, die engagierten BürgerInnen werden über geschickte Managementstrategien in die Ausführung der Arbeit von Organisationen im sozialen Bereich eingebunden: Mit der Formulierung von Zielen haben die bürgerschaftlich Engagierten aber wenig zu tun (vgl. OLIVIA 1997, S. 9 ff.).

Ein kurzer Blick ist auch noch auf neue Formen des Engagements zu werfen, das von Älteren und Alten ausgeübt wird: Ein Teil des ausgeübten Engagements vollzieht sich, wie schon angesprochen, in traditionellen Formen des Engagements. Es haben sich aber auch neuere Engagementformen gebildet, die sich spezifisch auf ‚Alter' beziehen. Zu diesen neuen Formen freiwilligen Engagements gehören Selbsthilfegruppen alter Menschen, Alteninitiativen und Altenprojekte, SeniorInnengenossenschaften sowie Erzählcafés, Geschichtswerkstätten und Senior-ExpertInnen-Services. Auch die wachsende Zahl der Seniorenbeiräte dokumentiert erweiterte Partizipationsformen älterer Menschen im unkonventionellen und vorparlamentarischen Raum.

An einem Beispiel sollen die besonderen Weiterentwicklungen des Engagements im Alter etwas näher beleuchtet werden. Das sind die SeniorInnengenossenschaften (vgl. HUMMEL 1995): Sie sind schon an verschiedenen Orten realisiert worden. Die SeniorInnengenossenschaften sehen sich als Zusammenschluss von älteren und alten Menschen, die auf der Basis der Gegenseitigkeit Dienste zur Alltagsbewältigung im Alter erbringen wollen. Wie diese Dienste erbracht werden, hängt von der jeweiligen SeniorInnengenossenschaft

ab. In diesem Kontext wird auf die vorhandenen Ressourcen zurückgegriffen. Gleichzeitig werden – zur Regulierung der Gegenseitigkeit der erbrachten Dienste – modellhaft neue Tauschformen wie die der Zeitgutschriften erprobt. Da besteht die Möglichkeit, über eigene Aktivitäten Punkte zu erwerben, die später für Aktivitäten andere Mitglieder eingetauscht werden können. Dieses genossenschaftliche Prinzip des Aktivitätstauschs ist zwar eine prinzipielle Grundlage, spielt aber keineswegs für alle Mitglieder eine dominante Rolle: „Im übrigen sind ein gutes Drittel der etwa hundert regelmäßig oder gelegentlich tätigen Mitglieder weniger an einem persönlichen Punktekonto als an sinnvoller Tätigkeit interessiert..." (WIECH 1995, S. 198).
Das Modell der SeniorInnengenossenschaft impliziert die Aktivierung von Älteren im eigenen Interesse. Es zeigt, dass sich im Alter durchaus auch neue Formen der freiwilligen Tätigkeiten im sozialen Bereich entwickelt haben. Es hat sich allerdings bei den SeniorInnengenossenschaften auch gezeigt, dass solche Modelle, wenn sie nicht gut und qualifiziert fachlich begleitet werden, häufig bald wieder zusammen fallen. Eine weitere Einschränkung ist zu machen: SeniorInnengenossenschaften beziehen sich wesentlich nur auf Kontakte zwischen alten Menschen, eine Gestaltung des Sozialen in der Gesamtheit des Sozialraums ist bei ihnen nicht angedacht. Was eine breitere Fassung einer Gestaltung des Sozialen von und mit alten Menschen sein könnte, ist noch im Folgenden auszuführen.

5. Gestaltung des Sozialen durch die Soziale Arbeit

Den bisherigen Gang der Argumentation zusammenfassend: Es existiert eine große Zahl alter Menschen, die nach dem Erwerbsleben und/oder der Familienversorgung noch einen beträchtlichen Teil ihrer Lebenszeit für andere Aktivitäten verwenden können. Gleichzeitig ist die traditionell so gedachte Einbettung des Alters in versorgende Familien wie auch die materielle wie soziale Absicherung im Alter durch wohlfahrtsstaatliche Institutionen fraglich geworden. Durchaus gibt es aber bei Teilen der Älteren und Alten die Grundorientierung, durch eigenes Engagement und eigene Betätigung das Leben gestalten zu wollen: Ältere und alte Menschen warten nicht (nur) auf die Einladung zum Altennachmittag, sie haben durchaus komplexe Ideen zum Beitrag Älterer zum gesellschaftlichen Prozess.
Es wurde schon ausgeführt, dass eine undifferenzierte Förderung von Freiwilligenarbeit bei älteren und alten Menschen kein sinnvolles Ziel sein kann: Engagement älterer und alter Menschen darf nicht dafür vereinnahmt werden, im Sozialbereich professionelle und fachliche Dienste zu ersetzen. Deutlich wurde auch in der Debatte um Engagementbereitschaft im Alter, dass sich von Seiten der älteren und alten Menschen Erwartungen und Vorstellungen artikulieren, die nicht einfach in beliebige Sozialdienste übergeführt werden

können. Es muss auch um eine Beteiligung älterer und alter Menschen am gesellschaftlichen Prozess gehen, die für sie partizipative Handlungs- und Entwicklungsmöglichkeiten stiftet.

So wird vorgeschlagen, die Diskussion um Partizipation theoretisch zu vertiefen und sie in den Kontext der Subjektwissenschaft zu stellen, um damit zu einer angemessenen begrifflichen und theoretischen Auffassung zu gelangen (vgl. AUTRATA/SCHEU 2008, S. 174 ff.). Die Subjektwissenschaft, wie sie HOLZKAMP und andere entfaltet haben, sieht als wesentliche Aufgabe, den Zusammenhang zwischen jeweils auftretender Gesellschaftlichkeit und Individualität aufzuklären. Ganz grundsätzlich geht HOLZKAMP dabei von einem Wechselwirkungsverhältnis aus: „Wir haben es auf gesamtgesellschaftlicher Ebene mit einer Art von Wechselprozeß zu tun: einerseits werden von Menschen Lebensbedingungen produziert, und zugleich unterliegen die Menschen diesen Lebensbedingungen" (HOLZKAMP 1997, S. 390). Das Verhältnis des Menschen zur Gesellschaft ist also weder als von der Gesellschaft determiniert und damit unveränderbar noch als völlig davon losgelöst und allein intentional zu verstehen. Lebensbedingungen werden von Menschen mitproduziert und treten ihnen dann (in der nächsten Phase) als gegebene Bedingung entgegen. Wiederum haben sie aber die Möglichkeit, in die Gestaltung der Lebensbedingungen einzugreifen. Es ist also auch die spezifische gesellschaftliche Formierung zu beachten und zu untersuchen, welchen Einfluss sie auf individuelle Existenzen nimmt. Gesellschaft ist wiederum aber nicht unveränderbar in ihrem Zustand, sondern auch von in ihr lebenden Menschen gestaltbar.

Der Prozess der Bezugnahme von Menschen auf ihre Lebensbedingungen ist noch genauer zu beleuchten (vgl. SCHEU 2007, S. 37 ff.): Die Menschen stehen in einem Person-Umwelt-Zusammenhang. Sie können sich bewusst zu ihrer Umwelt verhalten und zu ihr ein spezifisches, gnostisches Verhältnis aufbauen. Das kann für menschliches Handeln grundsätzlich und prinzipiell so formuliert werden. Die Menschen leben in einer für sie spezifischen Lebenssituation, sie setzen sich mit dieser auseinander, bauen zu ihr ein für sie spezifisches Verhältnis auf. Damit fungiert dieses Verhältnis als Vermittlungsebene zwischen den einzelnen Menschen und der Gesellschaft. Diesen Grundgedanken folgend, kann das menschliche Handeln nicht ursächlich auf die jeweiligen Lebensbedingungen zurückgeführt und als bedingt behandelt werden, ohne Berücksichtigung der Subjektseite. Die menschliche Subjektivität muss in die Erklärung von menschlichen Denk- und Handlungsmustern einbezogen sein. So folgt menschliches Handeln nicht bloßen innerpsychischen Prozessen oder gar äußeren Bedingungen, sondern resultiert aus den Handlungsnotwendigkeiten und -aufgaben, die sich aus den gegebenen Umständen ableiten. Zur Bewältigung dieser Notwendigkeiten und Aufgaben stehen dem Menschen unterschiedliche, aber mindestens zwei Handlungsalternativen zur Verfügung.

Am Maßstab seiner Bedürfnisse und Interessen wählt er nun die für ihn funktionale Handlungsalternative aus.
So stehen den Menschen prinzipiell mindestens zwei Handlungsalternativen zur Bewältigung ihrer Handlungsnotwendigkeiten beziehungsweise Lebenssituation zur Verfügung. Zwischen diesen Alternativen müssen sie entscheiden und sie werden jenes Handlungsmuster auswählen, das ihnen Erfolg versprechend erscheint. Erfolg versprechend und Ziel orientiert erscheint eine Handlung dann, wenn damit die eigene Interessen- und Bedürfnislage geklärt und befriedigt sowie die Handlungsnotwendigkeiten bewältigt werden kann. So fungiert die eigene Interessen- und Bedürfnislage als Maßstab, an dem die Funktionalität und Richtigkeit einer Handlung subjektiv gemessen wird. Allerdings, einer solchen Handlung ist ihre subjektive Begründetheit und Funktionalität nicht auf den ersten Blick anzusehen. Daher können die Menschen entweder ein Handlungsmuster wählen, das die einschränkenden und problembehafteten Lebensbedingungen nicht in Frage stellt; sie können sich folglich damit arrangieren und entsprechend der jeweiligen Handlungsnotwendigkeiten reagieren. Solche Handlungsmuster basieren dann auf gegenseitiger Instrumentalisierung zur Erreichung angestrebter Ziele, zugleich behindern und schränken sie die Lebensmöglichkeiten der an dieser Interaktion teilnehmenden Menschen ein (restriktive Handlungsfähigkeit). Die Menschen können aber auch Handlungsmuster wählen, anhand derer die einschränkenden und problembehafteten Lebensbedingungen überwunden und die Verfügung über die eigenen Lebensverhältnisse sowie damit eine Erhöhung der Lebensqualität erreicht werden kann. Sie können sich solcher Handlungsmuster bedienen, die sich gegen Tendenzen des Sich-Einrichtens unter die gegebenen Umstände richten (verallgemeinerte Handlungsfähigkeit).
Hier kommt die ‚doppelte Möglichkeitsbeziehung' der Menschen zu ihrer Umwelt zum Tragen: Der Mensch hat prinzipiell die Möglichkeit, unter gegebenen gesellschaftlichen Bedingungen zu handeln (restriktive Handlungsfähigkeit), er hat aber auch noch eine weitere Möglichkeit, nämlich durch Lebensraum- und Verfügungserweiterung die jeweiligen einschränkenden und behindernden Lebensbedingungen zu verändern (verallgemeinerte Handlungsfähigkeit): „Das Subjekt kann aus den Bedeutungsanordnungen, mit denen es jeweils konfrontiert ist, bestimmte Aspekte als seine Handlungsprämissen abstrahieren, aus denen sich dann gewisse vernünftige (d. h. in seinem Lebensinteresse liegende) Handlungsvorsätze ergeben, die es, soweit dem keine Widerstände/Behinderungen aus der kontingenten Realität entgegenstehen, als Handlungen realisiert" (HOLZKAMP 1995, S. 838).
Diese Mehrwertigkeit ist auch im Feld der Partizipation zu identifizieren. Bürgerschaftliches Engagement als intensive Beteiligung am sozialen Geschehen mit der Blickrichtung auf die Realisierung der BürgerInnenmöglichkeiten der Partizipation am öffentlichen Leben ist in seiner gesellschaftlichen Einge-

bundenheit zu betrachten. Es ist Bestandteil der Möglichkeitsbeziehung des Menschen zu seiner Umwelt: Der Mensch hat die Möglichkeit, sich bewusst zu seinen Umweltbedingungen zu verhalten; er kann bestimmte vorhandene Handlungsalternativen wahrnehmen oder sogar versuchen, durch die Erweiterung des Möglichkeitsraums neue Handlungsalternativen aufzubauen.
Partizipation ist damit einzuordnen als eine besondere Form des Handelns. Sie betont auf der einen Seite den Aspekt des Engagements, also des Handelns mit hoher Intensität und hohem Einsatz für ein bestimmtes Sujet. Das ist auf der anderen Seite die Dimension der Bürgerschaftlichkeit, also der Bezogenheit aus der Position eines Beteiligten auf sein Gemeinwesen. Doch ist die Partizipationsvorstellung, die sich in bürgerschaftlicher Beteiligung realisiert, in der Dichotomisierung zwischen restriktiver und verallgemeinerter Handlungsfähigkeit noch offen: Partizipation kann sowohl restriktives wie verallgemeinertes Handeln sein.
Das Mehr an Partizipation für einen einzelnen Menschen beziehungsweise eine Gruppe von Menschen kann sich durchaus in bestehende Herrschaftsverhältnisse einfügen und ihre Gegebenheiten instrumentell ausnutzen. Im hier vorgetragenen Gang der Argumentation ist Partizipation zu unterstützen und seine Orientierung hin zu verallgemeinerter Handlungsfähigkeit zu fördern.
Aus der Auseinandersetzung mit der Subjektwissenschaft resultiert also eine Qualifizierung der Richtungsbestimmung von Partizipation: Verallgemeinerte Partizipation ist das gemeinsam-solidarische Eintreten für die Verfügung über Lebensbedingungen; das separierte Verfolgen partikularer Interessen unter der Maßgabe, die Einschränkung der Lebensbedingungen anderer in Kauf zu nehmen, entspricht einer restriktiven Partizipation. Die Förderung von Partizipation und letztlich die Zielstellung einer auf verallgemeinerter Partizipation beruhenden Zivilgesellschaft erhält dadurch eine inhaltliche Konturierung, ist nicht nur eine pauschale Unterstützung von BürgerInnenbeteiligung.
Auf eine weitere wichtige Erweiterung der Bestimmung von Partizipation ist noch hinzuweisen: Verallgemeinerte Partizipation ist nicht einfach als konstant gegebene und subjektiv repräsentierte Handlungsweise gegeben, die gegenüber verschiedenen Situationen einfach reproduziert und abgerufen werden könnte. Aus der subjektwissenschaftlichen Theoriebildung leitet sich ab, dass restriktive oder verallgemeinerte Partizipation keine Persönlichkeitsmerkmale sind, die einem Menschen dauernd gegeben sind. Vielmehr ist Handlungsfähigkeit – und damit Partizipation als eine Form von menschlichem Handeln – als Form der Auseinandersetzung mit Möglichkeiten oder in Möglichkeitsräumen gefasst, die sich auch in verschiedenen Situationen unterschiedlich ausprägen kann. Dementsprechend ist auch bürgerschaftliche Partizipation ein Bündel von Handlungsformen, deren Qualität erst (selbst)-reflexiv auszuloten ist.
So stellt sich wiederum die Frage, wie die Entfaltung einer nun theoretisch geklärten verallgemeinerten Partizipation gefördert werden könnte: Solche Be-

gleitung und Unterstützung könnte von einer Sozialen Arbeit kommen, die das Soziale gestaltet. Grundsätzliche Überlegungen dazu, wie Soziale Arbeit sich konzeptionell und in ihrem Grundverständnis so ausweiten könnte, dass sie sozial gestaltend wirkt, sind schon früher vorgetragen worden (vgl. SCHEU/ AUTRATA 2006 sowie AUTRATA/SCHEU 2008). Das ist an dieser Stelle im Abriss zu rekapitulieren: Die Soziale Arbeit setzt in ihrer gebräuchlichen Form mit einem fachlich entwickelten und professionellen Hilfsangebot an. Sie hat Problemlagen typisiert und Strategien entfaltet, wie damit umzugehen ist. Damit kann Soziale Arbeit ein breites Repertoire an Handlungsformen einsetzen, das sich auf individuelle Problemlagen bezieht. Um es am Feld der Jugendwohlfahrt deutlich zu machen: Soziale Arbeit kann hier in Abwägung der Problemlage beispielsweise mit Beratung oder mit Heimerziehung reagieren. Möglicherweise werden diese oder andere Formen der Jugendwohlfahrt auch miteinander kombiniert. Ein entscheidender Nachteil von Sozialer Arbeit, wenn sie ausschließlich so auf Probleme reagiert, ist der, dass sie jeweils erst nach dem Entstehen des Problems ins Spiel kommt. Die Schwierigkeiten eines Kindes oder eines Jugendlichen sind schon soweit gediehen, dass sie weder allein noch mit der Unterstützung ihrer Lebenswelt damit umgehen können. Aufgabe Sozialer Arbeit ist es dann, solche Problemlagen wieder zu beheben. Zu unterstreichen ist, dass eine solche Aufgabenstellung gesellschaftlich und individuell wichtig ist. Es ist eine soziale Errungenschaft, dass bei eintretenden Problemen der Lebensführung neben Sozialer Sicherung auch Soziale Dienste Unterstützung geben.

Es ist aber auch der Nachteil zu beachten, dass soziale und individuelle Probleme erst dann erkannt und bearbeitet werden, wenn sie sich schon ausgebildet haben und auffällig geworden sind. Es wird nicht oder höchstens auf Subjekte bezogen reflektiert, warum bestimmte Probleme entstehen. Es wird nicht darauf abgehoben, den sozialen Kontext ausführlich zu beleuchten, aus dem heraus solche Probleme entstehen. Soziale Arbeit bleibt dann weitgehend reaktiv. Anhand zweier sich ergänzender Merkmale kann Soziale Arbeit sich in eine grundsätzlich andere Position bringen. Einmal ist das die sozialräumliche Gestaltung und zweitens ist das die Förderung von verallgemeinerter Partizipation. Erreicht wird damit ein anderer Zugang zum individuellen und sozialen Leben. Es ist davon auszugehen, gerade auch angesichts krisenhafter gesellschaftlicher Entwicklungen und ihrer Auswirkungen auf individuelle Existenzen, dass die Lebensführung und Lebensbewältigung von Menschen mit Problemen behaftet ist. Die Realität ist weit von sozialen Utopien entfernt. Die Situiertheit des Sozialen ist dazu hin weitgehend einem gestaltenden Verständigungsdiskurs entzogen, ergibt sich als ungeplantes Abfallprodukt anderer gesellschaftlicher Entwicklungen. Konsequenz daraus ist, dem entgegenzusteuern, um eine gesellschaftlich-nachhaltige Entwicklung zu erreichen: Soziale und individuelle Lebensmöglichkeiten sollen einen solchen Status erreichen, dass sowohl aktuell wie auch zukünftig humane Lebensqualität erreicht wird. Nachhaltigkeit und Lebensqualität sind dabei als Begriffe aufzufassen, die nicht abschließend definierbar sind, deren Bedeutung dadurch aber nicht geschmälert ist. Sie verlangen den sozialen Diskurs, um ihre Bedeutung mit Inhalt zu füllen.

Um einer solchen gesellschaftlich-nachhaltigen Entwicklung näher kommen zu können, wird eine Paradigmenerweiterung der Sozialen Arbeit vorgeschlagen. Der erste Ansatzpunkt dabei ist die Gestaltung des Sozialraums. Soziale Arbeit aus dieser Warte beschäftigt sich nicht mit dem Ergebnis von Fehlentwicklungen des Sozialraums, sondern wirkt auf die Entwicklung selbst korrigierend ein. Gegenstände wie Gewalt, Ausgrenzung oder Entwurzelung werden als auf Ursachen basierend aufgefasst. Nicht individuelles Abweichen vom Gesellschaftlich-Normalen bildet den Gegenstand Sozialer Arbeit, vielmehr ist die gesellschaftliche Situiertheit und ihre Auswirkungen auf individuelles Leben insgesamt Thema. Dies wird im Horizont des überschaubaren Sozialraums angegangen, ohne natürlich den Blick auf größere Zusammenhänge zu verlieren. Weitergeführt wird damit die Vorstellung, durch eine Bündelung gesellschaftlicher Kräfte einen gesellschaftlichen Diskurs herzustellen. Die Gestaltung des Sozialraums, wie sie hier vorgeschlagen wird, schöpft wesentlich aus den Quellen der Wissenschaftlichkeit und Fachlichkeit. Aus diesem Grund wird auch der Sozialen Arbeit eine wesentliche Position zugedacht: Sie wird als wichtige Möglichkeit gesehen, sozialwissenschaftlich fundierte Erkenntnisse über den Sozialraum zu gewinnen und den Gestaltungsprozess als Kooperationsvorhaben von Fachleuten und BürgerInnen zu organisieren.

Der zweite Ansatzpunkt ist der über die Förderung von verallgemeinerter Partizipation. Das geht wiederum davon aus, dass menschliches Handeln als sozial und gesellschaftlich zu verstehen ist. Der Ausschluss von der Partizipation am sozialen und gesellschaftlichen Leben führt zu Einbußen an Lebensqualität, häufig auch zu problematischen Reaktionen der Betroffenen. Die Förderung von Partizipation setzt damit an der grundsätzlichen Konstituiertheit individuellen und gesellschaftlichen Lebens an: Der Zusammenhang zwischen Gesellschaftlichkeit und Individualität steht auf dem Prüfstand. Wo dieser Zusammenhang unzureichend ist, eine produktive Bezugnahme von Subjekten auf die Gesellschaft nicht möglich ist, treten Ausschlussprozesse und Probleme auf. Die Förderung von Partizipation greift aber primär nicht entstandene Problemlagen auf, sondern arbeitet an der Passung von Subjekten und Gesellschaft als solcher. Partizipation wird dabei in ihrer theoretisch eingeführten Form der verallgemeinerten Partizipation gemeint (vgl. SCHEU/ AUTRATA 2006, S. 18 ff.): Nicht eine partikulare Partizipationsförderung, die Einzelnen die Durchsetzung ihrer Interessen über die Partizipation an gesellschaftlichen Möglichkeiten gestattet, sondern eine Partizipation, die eine gemeinsame Verbesserung von Lebensqualität anstrebt, wird dabei verfolgt.

Über die Arbeit an den beiden Elementen der sozialräumlichen Gestaltung und der Förderung verallgemeinerter Partizipation verlagert Soziale Arbeit ihren Schwerpunkt. Sie behält den Bereich der Sozialen Arbeit als Unterstützungsleistung, die für die Bearbeitung sozialer Probleme zuständig ist, bei. Sie übernimmt aber auch ein zusätzliches Arbeitsgebiet, auf dem sie dann auch andere Kompetenzen einsetzen muss. Im Bereich der Auseinandersetzung mit der Beschaffenheit des sozialen und gesellschaftlichen Lebens insgesamt wird sie zur erkenntnisvermittelnden und organisierenden Instanz. In der Tendenz rückt sie damit auch von den gesellschaftlichen Rändern, in denen es um Absturz und seine Verhinderung geht, zur gesellschaftlichen Mitte vor, die die Organisation der Zugehörigkeit und ihrer Formen regelt.

Die Auseinandersetzung mit Partizipation betrifft so nicht (mehr) vorwiegend absturzbedrohte Menschen am gesellschaftlichen Rand. Partizipation und ihre Organisation wird zum Thema im gesellschaftlichen Mainstream. Partizipation in enttraditionalisierter Form ist also offener in ihrer Ausformung, eine lebensweltliche Organisation wird dadurch schwieriger: Daraus ergeben sich Notwendigkeiten, diesen Prozess durch eine externe Einrichtung zu begleiten und zu stützen: Wenn die Entfaltung von Partizipation durch die Subjekte allein und auch mit Unterstützung ihrer Lebenswelten nur unzureichend herzustellen ist, werden institutionalisierte Förderformen wichtig.

Auch die sozialräumliche Gestaltungskraft hat nachgelassen (vgl. HÄUSSERMANN, S. 343 ff.). Die Fähigkeit der Sozialräume, sich selbst zu gestalten und mit gesellschaftlichen Veränderungen auseinander zu setzen, ist im Rückgang. Die Bindungskraft traditioneller Organisationen wie der Vereine lässt nach und wenn sie noch Mitglieder haben, sehen die die Organisation eher als Serviceeinrichtung. Sozialräumliche Gestaltung wird auch unter dem Gesichtspunkt der staatlichen Deregulierung sozialer Probleme infolge mangelnder finanzieller Kapazitäten problematisch. Ein sozialpolitischer Gestaltungsanspruch geht ebenso zurück. Vorhandenes BürgerInnenengagement tut sich noch schwer, entsprechende Funktionen zu übernehmen. Auch hier zeichnet sich eine Situation ab, die professionelle Unterstützung, wie sie die Soziale Arbeit anbieten kann.

6. Alte Menschen und die Gestaltung des Sozialen

Die Überlegungen zu einer partizipativen Gestaltung des Sozialen mit Unterstützung durch die Soziale Arbeit sind nun zu fokussieren auf die Situation der alten Menschen: Es gibt da ein Potential an Engagementbereitschaft, das aber offenbar nur teilweise in Handlungen übergeführt werden kann. Gründe dafür sind mangelnde Partizipationserfahrungen, fehlende Angebote und mangelnde Begleitung und Unterstützung. Das Nachlassen sozialräumlicher Gestaltungskraft als rahmende Bedingung ist für das Alter zu unterstreichen:

Die höhere Lebenserwartung, die auf der anderen Seite der Alterspyramide zu findende niedrige Geburtenrate sowie wachsende Mobilität der mittleren Generation konstituieren eine neue sozialräumliche Situation, die es erst einmal auszugestalten gilt. Traditionelle und damit habitualisierte Bewältigungsstrategien kann es da weder individuell noch sozial geben: Damit sind neue Formen notwendig, die im sozialen Diskurs gefunden werden müssen. Zu wiederholen ist auch, dass eine pauschale Forderung an ältere und alte Menschen, sie müssten ihre zeitlichen Ressourcen im Alter in Freiwilligenarbeit für das Gemeinwohl einsetzen, nicht adäquat ist. Partizipation ist eine Aufgabe für Menschen in allen Altersstufen: Partizipation ist in der Zielrichtung ein lebenslanger Prozess. Man kann nicht eine (Alters-)Gruppe isolieren und ihr, da sie angeblich Zeit zur Verfügung hat, die Aufgabe zuschreiben, das soziale Leben zu entwickeln. Teilhabe am gesellschaftlichen-sozialen Leben muss über alle Gruppen hinweg stattfinden, sie kann nicht stellvertretend für andere mit erledigt werden.

Nach der Abgrenzung gegenüber nicht angemessenen Zielstellungen ist nun auch positiv zu umreißen, wie Gestaltung des Sozialen im Kontext von Alter zu konzeptualisieren ist: Für das erweiterte Paradigma Sozialer Arbeit und damit zur Operationalisierung der Idee einer methodisch strukturierten Gestaltung des Sozialen wurde ein dreischrittiges Verfahren entwickelt: Sozialwissenschaftlich-sozialräumliche Analysen, daraus abgeleitete Maßnahmen sowie Evaluation und wissenschaftliche Begleitforschung, um Erfolg und Reichweite der durchgeführten Schritte zu überprüfen.

Einzusetzen ist mit einer sozialwissenschaftlichen, auch sozialräumlichen Analyse, die den Ist-Zustand feststellt. Dass Alter sich verändert hat und die Situation Älterer im Kontext eines Gemeinwesens eine andere geworden ist, ist sozialräumlich zu präzisieren. Die allgemeine gesellschaftliche Analyse ist auf die Gegebenheiten an einem bestimmten Ort hin zu adaptieren. Dabei ist Alter auch als Zusammenhang zwischen Bedingungen und Bedeutungen und ihrer subjektiven Verarbeitung zu verstehen. BALLER prägt dafür den Begriff der Alterskonstellationen: „In den Alterskonstellationen sind also die realen gesellschaftlichen Altersstrukturen als handlungsrelevante Bedingungen präsent, die vom Subjekt zu Prämissen seines individuellen Denkens und Handelns gemacht werden" (BALLER 2001, S. 81). Zu diesen Alterskonstellationen positionieren sich Menschen handelnd. Das „ist als individuelles Verhalten zu den in Alterskonstellationen signalisierten Möglichkeiten und Grenzen zu begreifen" (BALLER 2001, S. 82). Dabei ist aber in der Analyse nicht nur die Dimension der Probleme und des Fehlens traditioneller Strukturen zu untersuchen, sondern auch Stärken sind zu überprüfen. Welche besonderen Potentiale haben alte Menschen in neuen Alterskonstellationen? Wie können ihre Ressourcen und Möglichkeiten, vor allem auch ihre Eigenaktivität in die Gestaltung des Sozialen eingebracht werden? Es gibt sicherlich alte Menschen, die darauf warten, dass sie betreut und

kontaktiert werden; es gibt aber ebenso auf der anderen Seite alte Menschen, die selbst initiativ werden wollen, um soziale Entwicklungen anzustoßen.
Anschließend an die sozialwissenschaftliche Analyse werden die Ergebnisse sozialräumlich rückgekoppelt und diskutiert. Dieser nächste Schritt beinhaltet die Stiftung eines sozialräumlichen Diskurses und die Implementierung kommunikativer Strukturen: Die aus der Studie gewonnenen Einsichten können nun einen begleiteten Diskurs mit Betroffenen und Interessierten initiieren. Der sozialräumliche Diskurs hat die Funktion, den ‚Sozialen Raum' bzw. die Menschen, die dort zusammenkommen, über die Ergebnisse zu informieren. Die Ergebnispräsentation bezieht sich auch auf die Problemlagen, Schwierigkeiten, Defiziten, Schwächen, Behinderungen und Einschränkungen, aber auch auf die Stärken und Möglichkeiten, die der Sozialraum bietet. Der durch die Präsentation initiierte Diskurs hat auch die Funktion, Interessierte zu finden und zu motivieren, an der Überwindung von Defiziten oder Einschränkungen mitzuarbeiten. Zusammen mit den Interessierten werden dann Maßnahmen entwickelt und konzipiert, die eine Überwindung von Defiziten möglich machen; genauso können Maßnahmen vorhandene, vielleicht noch nicht entdeckte Stärken betonen und zum Tragen bringen. Das heißt auch, dass der Diskurs nicht in den Grenzen von Institutionen der Altenhilfe bleiben kann. Alter ist ein Thema des gesamten Sozialraums: Die einen sind schon unmittelbar davon betroffen, den anderen steht das noch bevor. Wie kann man sich das Zusammenspiel von Alter und Sozialraum – unter veränderten demographischen Bedingungen – vorstellen, wie können Menschen aus dem ganzen Sozialraum sein darauf einwirken, dass sich solche Vorstellungen realisieren? Einschränkende Bedingungen müssen erkannt werden, damit sie verändert werden können. Damit dabei nicht nur Wunschvorstellungen artikuliert werden, die nicht weiter verfolgt werden, sind auch kommunikative Strukturen im Sozialraum zu bilden. Die kommunikativen Strukturen werden von der Sozialen Arbeit begleitet und qualifiziert.
Auf lokaler Ebene verlangt das wiederum die Entwicklung von modellhaften Maßnahmen, um dem näher zu kommen. Das geschieht unter Partizipation der daran Interessierten. Die an Maßnahmen Interessierten formieren sich zu einer Projektgruppe. Ziel dieser Projektgruppe ist, eine Maßnahme zu entwickeln und zu konzipieren, die sich auf die Ergebnisse der Studie bezieht. So wird also daran gearbeitet, dass Chancengleichheit und Zugehörigkeit erlebt werden kann, ohne andere zu schädigen oder auszugrenzen. Dabei geht es nicht allein um Eigeninteressen der älteren und alten Menschen, es geht um eine gemeinsame Veränderung des Sozialraums. Das schließt sich an die theoretische Bestimmung einer verallgemeinerten Partizipation an, die zentral auch solidarische Elemente enthält. Im letzten Schritt des erweiterten Paradigmas ist dann wieder eine Evaluation vorzusehen: Es ist natürlich von großer Wichtigkeit festzustellen, ob die anvisierten Ziele durch die Maßnahmen auch erreicht werden.

Auch die Projektgruppen benötigen Fachlichkeit und qualifizierende Begleitung, die anzuschließenden Evaluationsarbeiten müssen von WissenschaftlerInnen mit einschlägiger Expertise erledigt werden. Zu kooperieren ist mit Engagierten, indem sie bei der Vernetzung, Organisation und Planung unterstützt werden. Notwendig ist dabei auch das wichtige Element der Qualifikation: Die Arbeit solcher Projektgruppen ist weiter zu entwickeln und zu entfalten; es kann nicht vorausgesetzt werden, dass die Kompetenz zum partizipativen und sozialräumlich gestaltenden Handeln in solchen Gruppen vorgängig schon vorhanden ist. Das kann eine Soziale Arbeit mit neuer, erweiterter Aufgabenstellung leisten.

Besonders deutlich wird an der Debatte um Alter und die Gestaltung des Sozialen rund um die Generationsgruppe der Alten die Veränderung der Situation und der Sozialen Arbeit: Alter betrifft keineswegs irgendwelche Randgruppen, es ereignet sich in der Mitte der Gesellschaft und ist ein Thema für alle. Die Strategie, bestimmte Gruppen, die der Gesellschaft Probleme bereiten, in die Obhut spezialisierter Institutionen zu geben, kann da nicht mehr greifen. Natürlich wird es weiterhin Krankenhäuser (mit geriatrischem Schwerpunkt) und Pflegeheime geben müssen. Auch sozial eingebundene und engagierte alte Menschen können krank oder pflegebedürftig werden. Möglicherweise gelingt es einer Sozialen Arbeit und dem Prozess einer Gestaltung des Sozialen mit alten Menschen, dies zu vermeiden oder nach hinten zu verschieben: Es gibt viele Hinweise, dass mit sozialem Rückzug die Häufigkeit von Krankheiten und Pflegebedürftigkeit steigt. Wenn es also gelingt, ein aktives und sozial engagiertes Alter zu stiften und zu unterstützen, so ist das eine wichtige Verbesserung des gesellschaftlichen Zustands.

Anmerkungen

[1] vgl. die frühere Darstellung in: AUTRATA u. a. 2006, S. 76 f.
[2] Quelle: http://www.statistik.at/web_de/statistiken/bevoelkerung/geburten/index.html
[3] Quelle: www.statistik.at/web_de/statistiken/bevoelkerung/bevoelkerungsstruktur/ bevoelkerung_nach_alter_geschlecht/index.html
[4] vgl. die frühere, vergriffene Darstellung: AUTRATA 2003, v. a. S. 172 ff.
[5] zit. nach der deutschen Übersetzung in: Sozialministerium Baden-Württemberg (Hg.) 1996, S. 11. Von BELLAH u. a. wurde 1987 ein Buch mit dem Titel ′Gewohnheiten des Herzens′ veröffentlicht.
[6] Quelle: http://www.bmsk.gv.at/cms/site/dokument.html?channel=CH0139&doc=CMS1218445655316
[7] Quelle: http://www.bmsk.gv.at/cms/site/dokument.html?channel=CH0139&doc=CMS1218 445655316
[8] Quelle: http://www.bmsk.gv.at/cms/site/dokument.html?channel=CH0139&doc=CMS1218445655316
[9] vgl. hierzu die frühere Darstellung: AUTRATA/SCHEU 2008, S. 185 ff.

[10] Quelle: http://www.bmsk.gv.at/cms/site/dokument.html?channel=CH0139&doc=CMS1218445655316
[11] alle Zahlen in diesem Abschnitt aus: http://www.inbas-sozialforschung.de/down load/bas-band13-th_olk.pdf
[12] ‚Eurovol-Studie' ist die Kurzformel für die angesprochene Studie zum Volunteering in Europa.

Literatur

AUTRATA, O.: Erziehung zum bürgerschaftlichen Engagement. In: SOLZBACHER, C./FREITAG, Ch. (Hg.): Wege zur Mündigkeit – Herausforderungen pädagogischer Professionalisierung. Osnabrück 1999, S. 92-101.

AUTRATA, O./HÖNIG, B./SCHEU, B.: Altenstudie 2006 Feldkirchen. Feldkirchen 2006.

AUTRATA, O./SCHEU, B. (Hg.): Gestaltung des Sozialen – eine Aufgabe der Sozialen Arbeit. Klagenfurt 2006.

AUTRATA, O./SCHEU, B.: Soziale Arbeit. Eine paradigmatische Bestimmung: Wiesbaden 2008:

ANER, K./KARL, F./ROSENMAYR, L.: ‚Die neuen Alten – Retter des Sozialen?' Anlass und Wandel gesellschaftlicher und gerontologischer Diskurse. In: ANER, K./KARL, F./ROSENMAYR, L. (Hg.): Die neuen Alten – Retter des Sozialen? Wiesbaden 2007, S. 13-35.

BACKES, G. M./CLEMENS, W.: Lebensphase Alter. Eine Einführung in die sozialwissenschaftliche Altersforschung. Weinheim/München 1998:

BALLER, R.: Älterwerden. Subjektwissenschaftliche Annäherung an ein allgemeines Problem. In: FORUM KRITISCHE PSYCHOLOGIE 43, 2001, S. 77-105:

BEHER, K./LIEBIG, R./RAUSCHENBACH, Th.: Strukturwandel des Ehrenamts. Gemeinwohlorientierung im Modernisierungsprozeß. Weinheim/ München 2000:

BELLAH, R. et al.: Habits of the Heart. Berkeley a. o. 1985.

BÖHLE, F.: Motivationswandel des bürgerschaftlichen Engagement, Teil C des Gesamtgutachtens für die Enquete-Kommission des Deutschen Bundestags „Zukunft des bürgerschaftlichen Engagements" „Struktur- und Motivationswandel bürgerschaftlichen Engagements bei Erwerbstätigen und Arbeitslosen unter besonderer Berücksichtigung der gender Perspektive". Augsburg 2001.

BRAUN, J./BISCHOFF, St.: Bürgerschaftliches Engagement älterer Menschen: Motive und Aktivitäten. Engagementförderung in Kommunen – Paradigmenwechsel in der offenen Altenarbeit. Bundesministerium für Familie, Senioren, Frauen und Jugend, Schriftenreihe Bd. 184. Stuttgart 1999.

BRAUN, J./CLAUSSEN, F.: Freiwilliges Engagement im Alter. Nutzer und Leistungen von Seniorenbüros. Bundesministerium für Familie, Senioren, Frauen und Jugend, Schriftenreihe Bd. 142. Stuttgart/Berlin/Köln 1997.

BRENDGENS, U./BRAUN, J.: Freiwilliges Engagement älterer Menschen. In: PICOT, S.: Freiwilliges Engagement in Deutschland – Freiwilligensurvey

1999. Ergebnisse der Repräsentativerhebung zu Ehrenamt, Freiwilligenarbeit und bürgerschaftlichem Engagement. Bundesministerium für Familie, Senioren, Frauen und Jugend, Schriftenreihe Bd. 194.3. Stuttgart/Berlin/ Köln 2000, S. 209-302.

DEUTSCHER VEREIN FÜR ÖFFENTLICHE UND PRIVATE FÜRSORGE (Hg.): Fachlexikon der sozialen Arbeit. Frankfurt 1993.

Enquete-Kommission des Deutschen Bundestages „Zukunft des Bürgerschaftlichen Engagements" (Hg.): Bericht. Bürgerschaftliches Engagement: Auf dem Weg in eine zukunftsfähige Bürgergesellschaft. Schriftenreihe Bd. 4. Opladen 2002.

ETZIONI, A.: The Spirit of Community. London 1993.

FERBER, Ch. von: Freiwilliges soziales Engagement. In: BUNDESMINISTERIUM FÜR FAMILIE UND SENIOREN (Hg.): Lebenszugewandtes Altern. Stuttgart u. a. 1993, S. 126-134.

FRENZ, U.: Die ‚Initiative Drittes Lebensalter' als kommunales und europäisches Modellprojekt. In: HUMMEL, K.: Bürgerengagment. Seniorengenossenschaften, Bürgerbüros und Gemeinschaftsinitiativen. Freiburg 1995, S. 136-155.

GASKIN, K./SMITH, J. D./PAULWITZ, I. u. a.: Ein neues bürgerschaftliches Europa. Eine Untersuchung zur Verbreitung und Rolle von Volunteering in zehn Ländern. Freiburg im Breisgau 1996.

HÄUSSERMANN, H.: Die soziale Stadt im gesellschaftlichen Umbruch. In: HANESCH, W./KRÜGER-CONRAD, K.: Lokale Beschäftigung und Ökonomie. Frankfurt am Main 2004, S. 343-364.

HEINZE, R. G./OLK, Th. (Hg.): Bürgerengagement in Deutschland. Bestandsaufnahmen und Perspektiven. Opladen 2001.

HERING, S./MÜNCHMEIER, R.: Geschichte der Sozialen Arbeit. Weinheim u. a. 2003.

HOLZKAMP, K.: Grundlegung der Psychologie. Frankfurt am Main/New York 1983.

HOLZKAMP, K.: Lernen. Subjektwissenschaftliche Grundlegung. Frankfurt am Main/New York 1993.

HUMMEL, K.: Das bürgerschaftliche Engagement als Lernprojekt des Sozialstaates. In: HUMMEL, K. (Hg.): Bürgerengagement. Seniorengenossenschaften, Bürgerbüros und Gemeinschaftsinitiativen. Freiburg 1995, S. 14-41.

KOHLI, M./KÜNEMUND, H. (Hg.): Die zweite Hälfte – Gesellschaftliche Lage und Partizipation. Ergebnisse des Alters-Survey. Bd. 1. Berlin 1998.

KÖLLER, R.: Zeit im Alter – öffentliche oder persönliche Ressource. In: ANER, K. u. a. 2007, S. 127-142.

KYTIR, J.: Die demographische Revolution und die Langlebigkeit. Zu den Ursachen und Folgen des Altersstrukturwandels. In: ROSENMAYR, L./BÖHMER, F. (Hg.): Hoffnung Alter. Wien 2003, S. 131-144.

KYTIR, J.: Demographische Prognosen über die voraussichtliche Altersverteilung der nächsten Jahre. In: LIKAR et al. (Hg.): Lebensqualität im Alter. Wien/New York 2005, S. 17-20.

MÜLLER-KOHLENBERG, H.: Laienkompetenz im psychosozialen Bereich: Beratung – Erziehung – Therapie. Opladen 1996.
NOWICKI, M.: Zur Geschichte der Sozialarbeit. Historischer Abriß und politischer Stellenwert von Sozialarbeit in einer Geschichte von ‚Klassenkämpfen'. In: HOLLSTEIN, W./MEINHOLD, M. (Hg.): 1980, S. 44-100.
OLIVIA, H.: ‚Die neuen Freiwilligen'. In: QS 15, hg. vom BMFSFJ. Bonn 1997, S. 9-21.
OLK, Th.: Motive, Kompetenzen und Interessen zur politischen Partizipation bei älteren Menschen. In: BUNDESMINISTERIUM FÜR FAMILIE, SENIOREN, FRAUEN UND JUGEND (Hg.): Experten zur Fachtagung „Seniorenvertretungen – Verantwortung für das Gemeinwesen". Bonn 1997.
OLK, Th.: Die Förderung des bürgerschaftlichen Engagements als gesellschaftspolitische Herausforderung. Ausblick auf den Abschlussbericht der Enquete-Kommission „Zukunft des bürgerschaftlichen Engagements". In: FORSCHUNGSJOURNAL NEUE SOZIALE BEWEGUNG. Jg. 14, 2001, H. 3, S. 9-22.
PAULWITZ, I./STEFFEN, G./OTTO, U.: Bürgerschaftliches Engagement – internationale und städtische Perspektiven. In: MÜLLER, S./REINL, H. (Hg.): 1997, S. 176-190.
ROHLEDER, C./BRÖSCHER, P.: Freiwilliges Engagement Älterer in Nordrhein-Westfalen – Potenziale und Entwicklungsmöglichkeiten. Forschungsbericht. Forschungsgesellschaft für Gerontologie. Unveröffentlichter Forschungsbericht. Dortmund 2001.
ROHLEDER, C./BRÖSCHER, P.: Freiwilliges Engagement Älterer – integrativ oder sozial selektiv? In: NAEGELE, G./PETER, G. (Hg.): Arbeit – Alter – Region. Zur Debatte um die Zukunft der Arbeit, um die demographische Entwicklung und die Chancen regionalpolitischer Gestaltung. Münster 2000, S. 93-121.
ROTH, R.: Bürgerschaftliches Engagement – Formen, Bedingungen, Perspektiven. In: ZIMMER, A./NÄHRLICH, St. (Hg.): Engagierte Bürgerschaft – Traditionen und Perspektiven. Opladen 2000, S. 25-48.
SCHEU, B.: Ausgrenzung und Rassismus. Klagenfurt/Wien u. a. 2007.
SOZIALMINISTERIUM BADEN-WÜRTTEMBERG (Hg.): Engagement in der Bürgergesellschaft – Die Geislingen-Studie. Stuttgart 1996.
TEWS, H.-P.: Ältere Menschen und bürgerschaftliches Engagement. In: HUMMEL. (Hg.): Bürgerengagement. Seniorengenossenschaften, Bürgerbüros und Gemeinschaftsinitiativen. Freiburg 1995, S. 80-128.
TOCQUEVILLE, A. de: Über die Demokratie in Amerika. Stuttgart 1994; Erstausgabe: De la Démocratie en Amérique, 2 Bde, 1835.
TUGGENER, H. : Die Zunahme der Lebensspanne seit 300 Jahren. Überlegungen aus der Sicht eines Sozialpädagogen. In: IMHOF, A. (Hg.): Die Zunahme unserer Lebensspanne seit 300 Jahren und ihre Folgen. Stuttgart et al. 1996, S. 189-200.
UELTZHÖFFER, J.: Wege zur Bürgergesellschaft: die Geislingen Studie. In:

WENDT, W. R. u. a.: Zivilgesellschaft und soziales Handeln. Bürgerschaftliches Engagement in eigenen und gemeinschaftlichen Belangen. Freiburg 1996, S. 121-137.

UHLENBERG, P.: Demography of Aging. In: POSTON, D./MICKLIN, M. (eds.): Handbook of Population. New York et al. 2005, S. 143-168.

VORTMANN, M.: Freiwilliges Engagement älterer Menschen als Instrument der gesellschaftlichen Partizipation. Handlungsbedarf und Förderstrategien. Münster 2001.

WALZER, M.: Die Sozialisierung des Wohlfahrtsstaates als Zukunftsperspektive der Wohlfahrt. In: HUMMEL, K. (Hg.): Bürgerengagement. Seniorengenossenschaften, Bürgerbüros und Gemeinschaftsinitiativen. Freiburg 1995, S. 42-56.

WALZER, M.: Zivile Gesellschaft und amerikanische Demokratie. Berlin 1992.

WENDT, W. R.: Bürgerschaft und zivile Gesellschaft. Ihr Herkommen und ihre Perspektiven. In: WENDT, W. R. u. a.: Zivilgesellschaft und soziales Handeln. Bürgerschaftliches Engagement in eigenen und gemeinschaftlichen Belangen. Freiburg 1996, S. 13-77.

WIECH, E.: Aufbau und Entwicklung der Solidargemeinschaft der Generationen Seniorengenossenschaft Wiblingen e.V. als Beispiel eines bürgerschaftlichen, stadtteilbezogenen Selbsthilfemodells. In: HUMMEL, K. 1995, S. 194-199.

WOPP, Ch.: Demographischer Wandel und Freizeitverhalten. In: SCHEU, B. (Hg.): Soziale Arbeit im 21. Jahrhundert. Klagenfurt u. a. 2005, S. 167-178.

Internetquellen:

www.bmsk.gv.at/cms/site/dokument.html?channel=CH0139&doc=CMS1218445655316

www.inbas-sozialforschung.de/download/bas-band13-th_olk.pdf

www.statistik.at/web_de/statistiken/bevoelkerung/bevoelkerungsstruktur/bevoelkerung_nach_alter_geschlecht/index.html

www.statistik.at/web_de/statistiken/bevoelkerung/geburten/index.html

Rosemarie Kurz

PARTIZIPATION ÄLTERER MENSCHEN ZWISCHEN ANSPRUCH UND WIRKLICHKEIT

1. Problemaufriss

„Älter werden heißt: selbst ein neues Geschäft antreten; alle Verhältnisse verändern sich, und man muss entweder zu handeln ganz aufhören oder mit Willen und Bewusstsein das neue Rollenfach übernehmen" (J. W. v. Goethe).
Für das Leben im Alter könnten in Zukunft neue gesellschaftliche Ausrichtungen wesentlich werden, die auf ein höheres Maß an sozialer und politischer Beteiligung gerichtet und mit konkreten Erfahrungen in diesem Bereich verbunden sind. Es ist davon auszugehen, dass die Alten der Zukunft besser vertreten und weniger „privatistisch" sein werden. Sie werden ihre Belange selbst in die Hand nehmen und sich weniger betreuen lassen (vgl. MAYER 1994, S. 537). Diese 1994 erstellte optimistische Prognose hat sich in den vergangenen fünfzehn Jahren nur teilweise zum Besseren gewendet. Die offiziellen Vertretungen der gut organisierten Seniorenorganisationen, die im Vorfeld der politischen Parteien agieren, haben sich auf Grund der steigenden Zahl der PensionistInnen zu einem Machtfaktor entwickelt. Ein Engagement der gesunden, aktiven älteren Menschen insgesamt hält sich jedoch in Grenzen.
Da die Bevölkerungsgruppe der älteren Menschen durch eine besonders ausgeprägte Heterogenität gekennzeichnet ist, stößt die Durchsetzung spezifischer Ansprüche auf große Hindernisse. Denn die scheinbare Homogenität des Konzepts des Alters wird durch eine stärkere Differenzierung des kalendarischen Alters aufgelöst. Demnach wird zwischen „young-old" und „old-old" unterschieden, also werden die rüstigen und selbstständigen von den hoch Betagten, gebrechlichen und hilfsbedürftigen Alten unterschieden – eine Differenzierung, die begriffsmäßig inzwischen von den Kategorien „able-elderly" und „frail-elderly" abgelöst worden ist. In Europa spricht man mittlerweile vom 3. und 4. Lebensalter (vgl. DONICHT-FLUCK 1990, S. 232).
Ältere Frauen und Männer von heute haben ein neues Lebensalter hinzugewonnen. Man spricht daher von der Möglichkeit einer „Dritten Karriere". Die erste ist die Schulzeit, die zweite die Berufs-/Familienzeit und die dritte die nachberufliche Karriere (vgl. KURZ 1996, S. 46-56). Ein wesentlicher Aspekt hinsichtlich der Dritten Karriere wäre die Förderung gesellschaftspolitischer Mitsprache. Inwieweit ältere Frauen und Männer sich engagieren, hängt davon ab, ob die jeweiligen Anliegen aus der eigenen Lebenswelt zu öffentlichen Themen gemacht werden. Die Frage ist, ob gesellschaftliche Mitbetei-

ligung von der Gesellschaft, das heißt von den erwachsenen Erwerbstätigen, als Anspruch der älteren Generation anerkannt wird.
„Man sagt, das Negerproblem sei ein Problem der Weißen, das der Frau ein Problem des Mannes: Doch die Frau ringt um ihre Gleichberechtigung, die Neger kämpfen gegen die Unterdrückung; die Alten aber verfügen über keine einzige Waffe, und ihr Problem ist allein ein Problem der aktiven Erwachsenen. Diese entscheiden nach ihren praktischen und ideologischen Interessen, welche Rolle den Alten zuzuweisen ist" (DE BEAUVOIR 1987, S. 76).
Diese pessimistische Sicht des Status der älteren Generation in ihrem gesellschafts-politischen Umfeld hat sich in den vergangenen Jahren aufgrund der demographischen Entwicklungen in eine positivere Richtung verändert. Frauen und Männer haben, solange sie aktiv ins Leistungsgeschehen und in Entscheidungsgremien eingebunden sind, vielfältige Möglichkeiten, altersrelevante Akzente zu setzen. In ihrer nachberuflichen Lebensphase können sie als wählende Person in Entscheidungsprozesse eingreifen. Ältere Menschen stellen als Wählerpotential eine große Macht dar.
Zurzeit sind unser Wirtschaftssystem und der Sozialstaat für eine wechselseitige Ausgrenzung von Lebenssphären und Lebensabschnitten verantwortlich. Dieser Trend kann jedoch umgekehrt und kurzfristig verändert werden, sofern die Geburtenrate weiterhin auf niedrigem Niveau stagniert. Denn die älteren Menschen, die bisher beinahe in den Pensionsstatus gedrängt wurden, werden gebraucht werden, um das Wirtschaftssystem und den Sozialstaat aufrecht zu erhalten.
Die Menschen erreichen ein immer höheres Alter und dieses kann in den letzten Lebensjahren auch von Multimorbidität gekennzeichnet sein. Die derzeitigen gesellschaftlichen, wirtschaftlichen und sozialen Entwicklungen zeigen, dass das höhere und hohe Alter einen immer problematischer werdenden Lebensabschnitt darstellt. Gesellschaftliche Veränderungen bringen keineswegs automatisch jene Bedingungen hervor, die ein aktives, produktives und sinnvolles Alter unterstützen. Ziel sollte eine menschenwürdige Handhabung sein, wenn Arbeit als befriedigende Tätigkeit und Bildung als zweckfreie Selbstverwirklichung angesehen und in Zukunft als Teilhabe an Kultur und Gesellschaft betrachtet werden (vgl. MAYER 1994).

2. Unterschiedliche Formen gesellschaftlicher Partizipation älterer Menschen

Zunehmend werden Stimmen laut, die partizipatorisches Verhalten der älteren Menschen sogar einfordern und unterschiedliche Wege, die ein Mitgestalten ermöglichen diskutieren. In diesem Zusammenhang ist es von Bedeutung, verschiedene Formen, Initiativen und Modelle bekanntzumachen und voneinander abzugrenzen (vgl. NAEGELE 1994, S. 232 ff.).

Mitwirkung: Unter Mitwirkung versteht man die Nutzung von Freiräumen für öffentliche und politische Beteiligung, die von Dritten (z. B. Österreichischer Seniorenrat) eingeräumt werden. Die Nutzung ist von personellen, situationsbezogenen und institutionellen Vorgaben abhängig. Dadurch kann die Entscheidungskompetenz Dritter beeinflusst werden.

Selbstbestimmung: Diese ist frei von externen Vorgaben Dritter und völlig autonom in der Regelung eigener Angelegenheiten. Entscheidungskompetenz ist gegeben. Diese ist jedoch in den parteinahen Seniorenorganisationen eher nicht gegeben (vgl. KURZ 1999, S. 219). In Deutschland entsprechen diese Vorgaben am ehesten der Organisation „Die Grauen Panther".

Selbstorganisierte und selbstbestimmte Projekte: Diese haben das Ziel und den Charakter der Selbsthilfe auf örtlicher Ebene und treten in der Regel nicht als öffentliche Vertretung älterer Menschen auf. Es geht dabei vorwiegend um die Bereiche Wohnen, Bildung, Gesundheit und Freizeit.

Teilhabe: Teilhabe-Modelle sind Gemeinwesen orientiert und gehen in erster Linie von den Interessen und Anliegen Betroffener selbst aus und spiegeln die Lebenswelt der Betroffenen wider. Die Seniorengenossenschaften in Deutschland sind dafür klassische Beispiele. Sie setzen Ehrenamtlichkeit voraus, bedürfen allerdings professioneller Unterstützung. Die Selbsthilfeprojekte sind den Bereichen Wohnen, Gesundheit, Bildung und Freizeit zuzuordnen.

Produktivitätsprojekte: Diese beinhalten die produktive Nutzung des Erfahrungswissens älterer Menschen im Interesse der Allgemeinheit. Sie vereinen Elemente der Selbsthilfe und Ehrenamtlichkeit. Es handelt sich um Bereitstellung und Produktion von zumeist sozialen Gütern für Dritte, allerdings weitgehend außerhalb des erwerbswirtschaftlichen und marktmäßig bezahlten Sektors.

Politische Partizipation im Sinne einer Wahlbeteiligung: Ältere Menschen können aufgrund ihrer großen Zahl politische Entscheidungen zu ihren Gunsten beeinflussen.

Die öffentliche und gesellschaftspolitische Partizipation älterer Menschen zeigt derzeit in Österreich eine eher geringe Beteiligungsquote. Das mag einerseits kulturell bedingt sein, denn in Österreich hat diese Art des Voluntarismus kaum Tradition. Es liegt andererseits an einem systemimmanenten Widerspruch, denn die Alten werden aus der bezahlten Erwerbsarbeit „freigesetzt", um dann in nicht bezahlten Betätigungsfeldern ihre Produktivität unter Beweis zu stellen (vgl. NAEGELE 1994, S. 234).

In diese Diskussion könnte die ethische Dimension der Dankbarkeit Entschärfung bringen. Die große Zahl der finanziell gut abgesicherten Alten könnte diese neue Ethik übernehmen und nicht nur auf ihre wohl erworbenen Rechte pochen, sondern ihre in einem langen Leben erworbenen Kenntnisse der Allgemeinheit freiwillig zur Verfügung stellen (vgl. WEGART 1998, Experteninterview).

Die „Neuen Alten" sind jüngere Kohorten älterer Menschen, die bereits über mehr Bildung, eine bessere Gesundheit, ein breiteres Interessensspektrum und über mehr Flexibilität verfügen. Trotzdem nehmen in der großen Gruppe der Alten Formen des negativen Alters wie Einschränkungen und finanzielle Nöte zu. Es gilt daher, eine Interessensvertretung durch Dritte auch für diese Gruppe einzufordern. Die Schwerfälligkeit der Durchsetzung von Partizipationsbestrebungen liegt auch daran, dass die Inhalte an den Lebenswelten älterer Menschen vorbeizielen und dass ein Großteil bereits in informellen Netzwerken engagiert ist und dass wenig Freiräume bleiben, zum Beispiel für ältere Frauen, die in Pflege und Betreuung junger und sehr alter Familienangehöriger eingebunden sind (vgl. NAEGELE 1994, S. 234).

Eine lebensweltbezogene Partizipation älterer Menschen kann in erster Linie durch Initiativen und Aktivismus der SeniorInnen selbst entstehen. Eine Politik, die dies ermöglicht, könnte an folgenden Eckpunkten ansetzen:

- Angebot einer transparenten Information älterer Menschen in Angelegenheiten, die sie selbst betreffen,
- Bewusstseins- und Öffentlichkeitsarbeit, um die Potentiale älterer Menschen stärker sichtbar zu machen,
- Veränderung des negativen Altersbildes unter gezielter Einbeziehung älterer Menschen,
- Wiederbelebung und Einbeziehung der Lebenserfahrung älterer Menschen,
- Unterstützung von Initiativen älterer Menschen, die eigenverantwortlich zu ihrer Lebensgestaltung beitragen möchten, d.h. Aktivierung von Selbsthilfepotentialen,
- Förderung von generationsübergreifender Verständigung – jüngere Menschen profitieren vom Erfahrungswissen älterer Menschen, und diese lernen mit neuen Realitäten umzugehen,
- Berücksichtigung der Heterogenität älterer Menschen durch Förderung von Projekten und Initiativen spezifischer Zielgruppen und Themenbereiche,
- Beachtung altersspezifischer Gemeinsamkeiten, um das Bewusstsein älterer Menschen als Gruppe über parteipolitische Grenzen hinweg auszubilden.

Die oben genannten Schwerpunkte sind Teilaspekte, die in einem althergebrachten Verfahren, das in den letzten Jahren unter dem Begriff Lobbyismus Furore gemacht hat, einfließen könnten.

3. Die gesellschaftspolitische Bedeutung von Lobbying im Seniorenbereich

Die Geburtsstätte des Lobbyismus ist Großbritannien. In Österreich sind es unterschiedliche Interessensvertretungen, die wie zum Beispiel die Sozialpartner entscheidenden Einfluss auf die Gestaltung von gesellschaftlichen Rahmenbedingungen und auf die Verteilung öffentlicher Mittel hatten und in manchen Bereichen immer noch haben.

Sofern ältere Menschen unabhängig von ihrem Alter von ihrem Wahlrecht Gebrauch machen, ermächtigen sie in einem demokratieimmanenten Prozess politische Parteien, ihre Interessen zu vertreten. Auf diese Weise kann die Macht der Individuen gebündelt über eine Partei gesellschaftspolitische Ziele der älteren Generationen verfolgen und diese auch zur Durchsetzung bringen. Je größer die politisch privilegierten Gruppen mit gleichen Interessen sind, desto größer ist auch der Einfluss, den man mit geschicktem Lobbyismus erreichen kann:

„Einflussreicher Lobbyismus ist dann gegeben, wenn man auch in die für die Interessen der Gruppe relevanten Entscheidungen permanent mit eingebunden ist und damit agieren statt reagieren kann" (GRABNER 1998, S. 155).

In Österreich haben sich kurz nach dem Ende des Zweiten Weltkrieges parteinahe Seniorenorganisationen gebildet, die auch parteiübergreifend zur Durchsetzung der Interessen älterer Menschen kooperierten. Hauptziel war und ist es, die älteren Generationen vor Benachteiligung zu schützen und einen gerechten Anteil des Volkseinkommens zu sichern. Es gilt, in den in unmittelbarer politischer Verantwortung stehenden MandatarInnen auf Bundes-, Landes- und Gemeindeebene ein Problembewusstsein für die Altersphase zu erzeugen (vgl. GRABNER 1998, S. 158-159).

Zur nachhaltigen Durchsetzung berechtigter Anliegen stehen den SeniorInnen nur begrenzte Mittel zur Verfügung. Über einen starken Lobbyismus und die Ausschöpfung der Möglichkeiten, permanenten politischen Druck auszuüben, können in Zukunft Resultate erzielt werden. Simone de hat das gesellschaftspolitische Dilemma der älteren Menschen, die ihrer Ansicht nach ohne politisches Instrumentarium den aktiven Erwachsenen hilflos ausgeliefert sei, klar erkannt (vgl. DE BEAUVOIR 1987, S. 434).

Es kann festgestellt werden, dass der Lobbyismus für die Probleme der älteren Generationen gute Erfolge erzielt. Es kann jedoch nicht so sein, dass die PensionsbezieherInnen besser behandelt werden als die jüngeren Generationen, die dafür verantwortlich sind, dass ein funktionierendes Wirtschaftssystem die Forderungen der unterschiedlichen gesellschaftlichen Gruppen erfüllt. Der Anteil der älteren Generationen hinsichtlich des Gesamtgefüges der österreichischen Bevölkerung nimmt ständig zu. So ist es klar, dass eine der wichtigsten Forderungen der älteren Menschen wohl die Sicherung des Einkommens im Alter ist. Unterschiedlichste Modelle werden in diesem Zusammenhang skizziert – die meisten von ihnen bergen erhebliche Nachteile für das Gesamtgefüge des Systems. So kann es bei den Durchschnittspensionen nach dem ASVG[1)] für Männer in der Höhe von 1.675,97 Euro und für Frauen in der Höhe von 896,56 Euro bei Anpassung an Versicherungsleistungen zu Benachteiligungen kommen. Die Anhebung der Pensionsbeiträge scheint wirtschaftlich eher unverträglich; eine Wertschöpfungsabgabe wird von den WirtschaftsvertreterInnen vorwiegend abgelehnt; Pensionskassen der Betriebe belasten die Lohnkosten, und eine Privatvorsorge kann nur Besserverdienenden zugemutet werden (vgl. GRABNER 1998, S. 158-159).

Welche Auswege bieten sich an: der Ausbau des Systems der Gleitpension, die Aufhebung von Beschäftigungsverboten, eine Infragestellung von altersmäßigen Vorrückungsmechanismen bei Beamten und Angestellten und eine frühere Eingliederung junger Menschen ins Erwerbssystem bei gleichzeitiger Forcierung einer lebensbegleitenden Weiterbildung. Die Sicherung der Pensionen ist nur ein Segment der Anliegen der älteren Generationen, für die ein effizienter Lobbyismus betrieben werden sollte. Die Belange älterer Menschen sind umfassend und ressortübergreifend. Arbeits-, Sozial-, Kultur-, Gesundheits-, Verkehrs-, Sicherheits- und Wirtschaftspolitik beinhalten Teile einer zu vertretenden lobbyistischen Seniorenpolitik.

Ein wesentliches Kriterium für einen Ziel führenden Lobbyismus ist nach Herbert GRABNER das Aushandeln von fairen Spielregeln, denn bei allen Überlegungen mit dem Ziel, gruppenspezifische Vorteile auszuverhandeln, müssen Auswirkungen auf andere Gruppen geprüft werden. Reiner Gruppenegoismus provoziert naturgemäß immer härtere Auseinandersetzungen und führt zur Entsolidarisierung. Die Gruppe der Personen, die Renten, Pensionen, Frühpensionen und Invaliditätszahlungen bezieht, umfasst 1,897.307 (Statistik Austria, Landesstatistik Steiermark, Stand 01.01. 2009) Da ca. 300.000 Personen Doppel- und Dreifachpensionen beziehen, erhöht sich die Zahl auf über 2 Millionen.

4. Bildung für ein aktives Alter

Die Humboldt'sche Tradition der Bedeutung von Bildung als Ausbildung von Fähigkeiten, die zur Teilhabe an tradierter Kultur, zur Erbringung von Sinn- und Orientierungsleistungen und zur aktiven Auseinandersetzung mit Umwelt und Geschichte führt, sollte für die Alters- und Alternsbildung wiederbelebt werden (vgl. MAYER 1994, S. 525). Menschen, die in früheren Lebensabschnitten besondere Fertigkeiten in einzelnen Wissensgebieten entwickelt haben, verfügen im Alter über ein Expertenwissen (vgl. KRUSE 1994, S. 342). Dieses beschränkt sich nicht nur auf berufliches Wissen, sondern umfasst auch die kompetente Auseinandersetzung mit praktischen Lebensanforderungen.

Ältere Menschen könnten sich eigenverantwortlich und selbsttätig ihren Kompetenzen entsprechende Handlungsfelder in der nachberuflichen Lebensphase aufbauen. Ein Mensch kann bereits vor dem Eintritt in die nachberufliche Lebensphase erste Grundlagen für ein selbstständiges, aufgabenbezogenes und sinnerfülltes Alter schaffen. Es geht um die gedankliche Vorwegnahme der Aufgaben, Möglichkeiten, Risiken und Grenzen der kommenden Lebensjahre und um den Erwerb spezifischer Fertigkeiten, die für eine selbständige Lebensführung im Alter wichtig sind (vgl. KRUSE 1994, S. 351).
Eine Auseinandersetzung mit diesem Leitbild könnte zu einer fruchtbaren Diskussion führen, in der die Generationenbeziehungen, die politische Vertretung älterer Menschen und die Vorbereitung auf das Alter angesprochen und als mögliche Themen der Alten- und Altersbildung ins Auge gefasst werden.

5. Seniorenpolitik in Österreich

Die ÖsterreicherInnen werden immer älter und die Bevölkerungsgruppe der Menschen in der nachberuflichen nachfamiliären Lebensphase nimmt stetig zu. Die Zahl der 60-jährigen und Älteren wird von derzeit 1.897.307 Millionen um mehr als ein Viertel im Jahr 2015 und um knapp drei Viertel auf 2,7 Millionen im Jahr 2030 ansteigen. Der Anteil der über 60-jährigen wird sich damit von 23% auf 33% im Jahr 2030 erhöhen. Für das österreichische Pensionssystem bedeutet das, dass jeder/e dritte EinwohnerIn im Pensionsalter sein wird (vgl. STATISTIK AUSTRIA, LANDESSTATISTIK STEIERMARK, Stand 01.01.2009). Diese Zahlen sind eine Herausforderung für eine aktive Bevölkerungspolitik. Der Anteil der über 70-jährigen wird sich von 11%, das sind 969.065 Personen, auf 22% im Jahr 2030 verdoppeln. Aufgrund der steigenden Lebenserwartung gibt es in Österreich bereits 432.282 Personen, die älter als 80 Jahre alt sind. Somit hat ein 2009 geborenes Mädchen eine Lebenserwartung von 83 Jahren (vgl. STATISTIK AUSTRIA, LANDESSTATISTIK STEIERMARK, Stand 01.01. 2009).
In der Vergangenheit wurde Seniorenpolitik allzu oft auf die Sicherung der Pensionen reduziert. Dahinter stand das wichtige Anliegen, den Menschen im Alter soziale und finanzielle Sicherheit zu garantieren. Seniorenpolitik wurde daher folgerichtig als eine Politik für SeniorInnen und nicht als Politik mit SeniorInnen, in der diese Bevölkerungsgruppe ihre eigenen Interessen selbst wahrnehmen und zum Ausdruck bringen könnte, betrachtet. Mittlerweile hat Seniorenpolitik in Österreich und in anderen europäischen Staaten einen Paradigmenwechsel erfahren. Soziale Sicherheit bleibt nach wie vor ein wichtiges Thema, aber das Bewusstsein für die Notwendigkeit einer umfassenden als Gesellschaftspolitik verstandenen Seniorenpolitik spielt im öffentlichen Verständnis eine entscheidende Rolle. Es müssen die Teilhabechancen älterer Menschen sichergestellt und ihre Bereitschaft zum Aktivsein genützt und

gefördert werden. Ein zentrales Anliegen einer neuen Seniorenpolitik ist die Stärkung der Generationensolidarität. Sie darf aber keine Einbahnstraße werden, in der die junge und mittlere Generation ihren Anteil des Generationenvertrages wahrnimmt, die älteren Menschen jedoch den neuen Gegebenheiten nichts entgegensetzen. Dem bereits vor Jahren prognostizierten Generationenkrieg sind wir nahe, wenn sich die aktuellen VertreterInnen der älteren Generationen nicht eines Besseren besinnen und ihre Klientel positiv darauf einstimmt, dass es um Solidarität zwischen den Generationen geht. Wobei diese sich nicht nur im privaten familiären Bereich manifestieren soll und kann.

Die Generationenproblematik wird in den nächsten Jahrzehnten als Interessenskonflikt wahrgenommen werden, wenn es um gerechte Verteilung der begrenzten finanziellen Ressourcen geht. Interessenskonflikte, Befürchtungen und Entschärfungsstrategien werden wie folgt geäußert: Da die Pensionsbezieher einen Großteil der budgetären Aufwendungen für soziale Leistungen für sich in Anspruch nehmen werden, müssen in Zukunft ein verändertes Bewusstsein und veränderte Umverteilungsstrategien einen Wandel herbeiführen. „Es sind zwei Klassen im Entstehen: Die einen – vor allem ältere Menschen – genießen Konsum und soziale Sicherheit, die anderen – vor allem junge Menschen, oft mit hoch qualifizierter Berufsausbildung – schlagen sich mit ‚Jobs' durchs Leben. Umverteilungsgerechtigkeit wird als Wert eingefordert" (BRAUCHBAR/HEER 1993, S. 140).

Es sind auf der einen Seite die demographischen Entwicklungen – immer mehr ältere Menschen stehen immer weniger Jungen gegenüber – die eine neue Qualität der Senioren- und Generationenpolitik erfordern, auf der anderen Seite zeigt sich eine begrüßenswerte Emanzipation der älteren Generationen, die nicht auf das Abstellgleis geschoben werden, sondern aktiv und selbstbestimmt den dritten Lebensabschnitt gestalten möchten. Dazu gehört auch ein verantwortungsvolles Maß halten und Verständnis für die aktive jüngere Generation und deren Anliegen.

5.1 Spezifische Merkmale österreichischer Seniorenpolitik

Diskussionsforen (vgl. BAHR/LEICHSENRING/STRÜMPEL 1996, S. 188), in denen Mitsprachemöglichkeiten älterer Menschen diskutiert wurden, zeigten offenkundig, dass die meisten SeniorInnen wünschten, von älteren Menschen vertreten zu werden, und dass es einen kontinuierlichen Austausch zwischen der Funktionärsschicht und der Basis gäbe. Dem Wunsch nach öffentlicher Vertretung alter Menschen durch alte Menschen wird in der österreichischen Organisationsstruktur zum Teil Rechnung getragen, zum Teil hinkt dieser Wunsch den modernen Ansprüchen hinterher (vgl. KURZ 1999, S. 219).

In einer dieser Mitspracheforen äußerte sich der damalige Generalsekretär

des Österreichischen Seniorenbundes folgendermaßen: „Es geht weniger um Informationen von oben nach unten. Wir müssen unterscheiden, was die große schweigende, stumme Menge der älteren Menschen, die Hunderttausende, und was die paar Funktionäre betrifft. Da liegen Welten dazwischen. [...] Man muss unterscheiden zwischen dem Funktionärstum und der großen Mitgliederschar, in deren Interesse wir arbeiten" (BAHR/LEICHSENRING/ STRÜMPEL 1996, S. 188).
Die Betroffenen sehen sich zu wenig wahrgenommen, fühlen sich nicht genügend informiert und konstatieren ein mangelndes Generationenbewusstsein. Sie orten auch eine gesellschaftliche Ausgrenzung als KundInnen, bei Behörden und in Altersheimen. Ältere Menschen sehen zudem im vorherrschenden und von den Medien propagierten Jugendkult einen Hemmschuh für eine positive Auseinandersetzung mit der jüngeren Generation.
„Ich möchte eine ehrliche Meinung junger Politiker, junger Menschen in verantwortungsvollen Positionen hören. Ist es nicht genug, dass wir Alten ein gutes „Ausgedinge" haben! Meist ausreichende Pensionen. Wir können uns etwas leisten. Wir sind noch gesund genug, um Reise- und Freizeitangebote zu nutzen und wir genießen eine hervorragende Versorgung bei Krankheit und Pflegebedürftigkeit. Müssen wir auch noch überall mitreden?" (Interview mit einem anonymen Seniorstudenten in Graz 1999, vgl. KURZ 1999, S. 89).
Mitsprache und aktive Teilhabe wird für die älteren Menschen durch individuelle Barrieren schwierig. Gesundheitliche Einschränkungen, plötzliche Krankheiten, Familiendienste, Autoritätsgläubigkeit, mangelnde Eigeninitiative und fehlendes Selbstbewusstsein sowie Angst vor Verantwortung und ein Überangebot an Konsum- und Freizeitangeboten sind dafür verantwortlich, dass gesellschaftspolitisches Engagement eher nicht wahrgenommen wird (vgl. KURZ 1999, S. 56).
Die österreichische Seniorenpolitik ist gekennzeichnet durch einen hohen Organisationsgrad in den organisierten Seniorenorganisationen, die im Vorfeld der politischen Parteien agieren, und einer Diskrepanz zwischen diesem hohen Organisationsgrad und der geringen politischen Sichtbarkeit der Mitglieder bzw. der schweigenden, nicht organisierten Mehrheit der SeniorInnen. Die Mitglieder der parteinahen Seniorenorganisationen werden nicht als politische Basis mobilisiert, sie treten als WählerInnen und OrganisatorInnen von Serviceleistungen in Erscheinung. Eine Seniorenpolitik, die jenseits von Fragen der Pensions- und Gesundheitspolitik agiert, ist erst im Entstehen.
Eine Gesellschaftspolitik, die von engagierten Menschen in der nachberuflichen, nachfamiliären Lebensphase mitgetragen wird, kann sich nur dann herausbilden, wenn die unterschiedlichen Interessenslagen berücksichtigt und ältere Menschen in eine Politik des Ausgleichs unter der Prämisse der aktiven Beteiligung in gesellschaftliche Prozesse mit einbezogen werden.
In Österreich können vier Gruppen älterer Menschen entsprechend ihrer Ein-

bindung in öffentliche Strukturen unterschieden werden (vgl. GRUNDEI 1998, S. 2):

- Seniorengruppen mit parteipolitischer und/oder konfessioneller Orientierung,
- seniorenspezifische Organisationen und Gruppierungen (z. B. SeniorenstudentInnen, Graue Panther, Die Grauen etc.),
- gesetzlich vorgegebene Seniorenvertretungen für Personen, die die Wahrnehmung ihrer Rechte aufgrund von Pflegebedürftigkeit und anderem an Dritte übertragen müssen.

5.2 Österreichische Vertretungsstrukturen für ältere Menschen

Mit dem Bundesseniorengesetz BGBl.Nr.84/1998 vom 21.06.1998 wurde sichergestellt, dass durch die Einrichtung des Bundesseniorenbeirates die Vertretung der Anliegen der älteren Generationen gegenüber den politischen EntscheidungsträgerInnen auf Bundesebene gewährleistet ist. Die im Gesetz festgelegte Allgemeine Seniorenförderung kommt diversen Seniorenorganisationen im Vorfeld politischer Parteien zugute. Damit werden Beratung, Information und Betreuung der Mitglieder finanziert.

Mit Inkrafttreten der Novelle zum Bundesministeriengesetz im Jahr 2000 ist der Bundesseniorenbeirat dem Bundesministerium für Arbeit, Soziales und Konsumentenschutz zugeordnet und wird im Sinne des Gesetzes als aktives Steuerungsinstrument der Senioren- und Generationenpolitik in Österreich eingesetzt. Er dient als Gesprächsforum und dem institutionalisierten Dialog zwischen den politischen EntscheidungsträgerInnen und VertreterInnen der Seniorenorganisationen in seniorenspezifischen Fragen, die von allgemeiner österreichischer Bedeutung sind.

Eine weitere Novellierung im Jahr 2000 forcierte die Einrichtung eines Dachverbandes der parteinahen Seniorenorganisationen als offizielle Vertretung der älteren Menschen. Der Seniorenrat ist in allen Angelegenheiten, welche die Interessen der österreichischen SeniorInnen berühren, den gesetzlichen Interessenvertretungen der Dienstnehmer, der Wirtschaftstreibenden und der Landwirte gleichgestellt. Damit ist die gleichrangige und gleichberechtigte Vertretung der Anliegen älterer Menschen auf Bundesebene sichergestellt.

5.3 Die seniorenpolitische Grundsatzabteilung des Bundesministeriums für Arbeit, Soziales und Konsumentenschutz

Diese wurde 1997 im Bundesministerium für Umwelt, Jugend und Familie eingerichtet und gleichzeitig mit der operativen Umsetzung einer neuen Seniorenpolitik betraut. Die österreichische SeniorInnen- und Freiwilligenpoli-

tik (vgl. http://www.bmsk.gv.at/cms/site vom 19.08.2009) behandelt folgende Ziele und setzt u. a. folgende Maßnahmen:
- Förderung und Sicherung der Teilhabemöglichkeit älterer Menschen am sozialen, politischen, ökonomischen und kulturellen Leben beispielsweise durch das Bundesseniorengesetz, den österreichischen Bundesseniorenbeirat, die Ausarbeitung eines Seniorenplans oder die Förderung von Modellprojekten, wie z. B. Seniorenfreundliche Gemeinden.
- Förderung von Bildungsprogrammen für ein aktives Älterwerden: Umsetzung z. B. durch Unterstützung von Projekten, die zu Prävention, Partizipation, Antidiskriminierung und Chancengleichheit, einem nationalen Qualitätszertifikat für Alten- und Pflegeheime, Maßnahmen zur Förderung und Unterstützung von Ehrenamtlichen bzw. Freiwilligen führen.

6. Mitspracheforen und deren Ergebnisse

6.1 Die Wiener Deklaration

In einer internationalen Fachtagung mit dem Titel „Altern in Europa"[2] wurden Prinzipien einer neuen Senioren- und Bevölkerungspolitik vorgestellt. Demzufolge sei:
- der dritte Lebensabschnitt nicht als „Last", sondern als „Gewinn" zu thematisieren,
- das Bewusstsein des gegenseitigen Aufeinanderangewiesenseins sowohl im ideellen als auch materiellen Transfer zu festigen,
- das gegenseitige Verständnis und die Kooperation durch intergenerationelle Initiativen zu stärken,
- der Wert aller Lebensalter durch eine realistische Darstellung in den Medien zu betonen,
- das Prinzip des lebenslangen Lernens auch für ältere Menschen zur Geltung zu bringen,
- das Ehrenamt aufzuwerten, um Foren der generationenübergreifenden Solidarität außerhalb der Familie zu schaffen,
- die Bedeutung der Familien für die Generationensolidarität zu thematisieren und Maßnahmen zur optimalen Unterstützung pflegender Angehöriger zu entwickeln,
- die Gesundheitsförderung im mittleren und höheren Alter zur Verbesserung der Gesundheit und zur Verkürzung einer Pflegebedürftigkeit auszubauen,
- die Rolle der älteren Menschen als Bewahrer und Überlieferer von kulturellem Erbe, erlebter Geschichte und spezifischer Kenntnisse im Interesse der jüngeren Generation aktiv zu fördern,
- den SeniorInnen die Möglichkeit zu eröffnen, ihre Interessen und Anliegen

im Rahmen neuer Formen der Beteiligung auf allen Ebenen selbstverantwortet wahrzunehmen.
In diesem Zusammenhang wäre zu überlegen, auf welche Weise ältere Menschen, die keiner parteinahen Vorfeldorganisation angehören, und das sind immerhin über eine Million Menschen, in Zukunft in partizipatorische Handlungskonzepte mit eingebunden werden können.

6.2 Das Internationale Jahr der älteren Menschen 1999

Die UNO deklarierte das Jahr 1999 zum „Internationalen Jahr der älteren Menschen". Das Bundesministerium für Umwelt, Jugend und Familie installierte ein Nationalkomitee, das sich mit diversen gesellschaftspolitischen Fragestellungen beschäftigte. Der Arbeitskreis 4 bearbeitete das Thema: „Gesellschaftliche und politische Partizipation älterer Menschen". Die TeilnehmerInnen des Arbeitskreises kritisierten, dass die parteinahen Seniorenorganisationen der Sozialdemokratischen Partei Österreichs, der Österreichischen Volkspartei, der Freiheitlichen Partei Österreichs und die PensionistInnen der Gewerkschaften durch das BSG bevorzugt behandelt würden, dass neue Formen der Beteiligung älterer Menschen durch dieses Gesetz nicht gefördert würden und dass es über die Handlungsweise der mit Seniorenfragen befassten Gremien keine Transparenz nach außen gäbe. Die den Parteien zugeordneten Seniorenorganisationen haben zwar in den Mitspracheforen ein Vertretungsmonopol, sie sind jedoch der „berühmte erste Schritt" für eine verbesserte Vertretung der SeniorInnen. Derselbe oben erwähnte Arbeitskreis stellte Forderungen bezüglich einer gesellschaftlichen und politischen Partizipation älterer Menschen:

- Novellierung des derzeit bestehenden Bundes-Seniorengesetzes §3 Abs. (2) hinsichtlich zugelassener Seniorenorganisationen; §19 hinsichtlich Vergabe von Subventionen, §20 hinsichtlich förderungswürdiger Projektvorhaben und §24 Erweiterung des Dachverbandes,
- Bildung einer starken Lobby mit politischer Durchsetzungskraft,
- Stimmrecht in jenen Gremien, die in seniorenrelevanten Fragestellungen Entscheidungskompetenzen haben, um z. B. Einschränkungen im Gesundheitsbereich zu verhindern,
- Durchsetzung der vom Bundesseniorenbeirat in Form von Vorschlägen eingebrachten Anliegen älterer Menschen,
- Ausweitung des Bundesseniorengesetzes auf Landes- und Gemeindeebene,
- Einrichtung sozialer Netzwerke vor Ort,
- Vertretung von älteren Frauen und Männern in der Sozialpartnerschaft,
- Einrichtung einer Kammer für ältere Menschen,
- mehr Transparenz und Information hinsichtlich seniorenspezifischer Fragestellungen der öffentlichen und privaten Einrichtungen,
- Einbringen von gesellschaftspolitischen Akzenten

6.3 Modell für eine Vertretung älterer Menschen auf Gemeinde- und Landesebene

In der Steiermark wurden unter anderen folgende Forderungen gestellt:
- eine Novellierung des Bundes-Seniorengesetzes hinsichtlich Transparenz und der Vergabe von Förderungen, um seniorenspezifische Projekte, die außerhalb der im Bundesseniorenbeirat eingebundenen parteinahen Seniorenorganisationen liegen, durchführen zu können,
- Nominierung älterer Frauen und Männer an wählbarer Stelle als SeniorenvertreterInnen bei Gemeinderats- und Landtagswahlen,
- Aufstellung älterer Menschen als ErstmandatarInnen ohne Berücksichtigung der Altersklausel
- Öffnung und das Öffentlichmachen sowie eine Erweiterung des Steirischen Seniorenbeirates durch ExpertInnen und BeamtInnen einschlägiger Ressorts, die sich mit der Thematik des Älterwerdens befassen, sowie eine regelmäßige und umfassende Information über die Arbeit des Steirischen Seniorenbeirates und ähnlicher Gremien,
- Einrichtung eines Altenforums unter Einbeziehung sozialer Einrichtungen und Non-Profit-Organisationen, um gemeinsam Vorschläge zu erarbeiten, die den gewählten VertreterInnen als Grundlagen dienen sollen; künftige Hinzuziehung und Zubilligung einer Parteistellung des Altenforums bei allen die Bevölkerung betreffenden Vorhaben,
- Ausarbeitung eines Landes-Seniorengesetzes in Anlehnung an das Bundes-Seniorengesetz durch das Altenforum,
- stärkere Einbindung der älteren Menschen in die politische Geschehnise, wie zum Beispiel durch die Einführung eines Seniorenlandtages,
- Gewährleistung eines Mitspracherechtes in den Gremien der Privat- und Pflichtversicherungen und im gesundheitlichen Bereich,
- Forcierung einer Einrichtung von Bezirks- und Gemeindeinformationsstellen im Sinne von Bürgerbüros, in denen unterschiedliche Institutionen, Organisationen, Vereine und Non-Governmental-Organisationen (NGOs) vertreten sind (vgl. KURZ 1999, S. 229).

6.4 Fragestellungen hinsichtlich einer aktiven Beteiligung älterer Menschen in gesellschaftlichen Prozessen

Wenn ältere Menschen Frauen und Männer in gesellschaftliche Prozesse integriert werden sollen, so wären vorab einige Fragestellungen hinsichtlich einer Beteiligung zu erörtern (vgl. KURZ 1999, S. 99):
- Für welche Bereiche würden sich ältere Frauen, ältere Männer gerne innerhalb und außerhalb von Institutionen engagieren?

- Welche Möglichkeiten der Partizipation sehen ältere Frauen und Männer selbst innerhalb und außerhalb von etablierten Seniorenorganisationen?
- Gibt es bei den jüngeren Mitgliedern der Partei-nahen Seniorenorganisationen Hinweise darauf, dass sich Verhaltensweisen hinsichtlich eines Engagements innerhalb der Seniorenorganisationen ändern?
- Welche Bedeutung hat das gesunde „Dritte Lebensalter" zwischen Pensionierung und dem Status der Hochbetagten für die Betroffenen selbst und für die Seniorenorganisationen?
- Inwieweit kann eine latente Bereitschaft zur Partizipation über Bildungsangebote der politischen Bildung gefördert werden?
- Wie sieht Bildung aus, die zur gesellschaftlichen Partizipation führt?
- Inwieweit kann über eine Förderung der Eigeninitiative, über Abbau von Vorurteilen hinsichtlich des Älterwerdens und durch Vermittlung eines positiven Selbstwertgefühles gesellschaftspolitisches Engagement gestärkt werden?

7. Mitsprache in Seniorenorganisationen im Vorfeld politischer Parteien zwischen Anspruch und Wirklichkeit

Von den Strukturen her gesehen, wären die Seniorenorganisationen durchaus in der Lage, ihren Mitgliedern Mitsprache im Sinne von aktiver Teilhabe und Teilnahme von selbstinitiierten und selbstgetragenen Projekten zuzugestehen, diese zu unterstützen und zu fördern. Funktionäre betonten in Experteninterviews immer wieder, dass Mitsprachemöglichkeiten auf allen Ebenen gegeben seien. Sie artikulierten jedoch gleichzeitig ihr Unverständnis gegenüber einer Kritik durch die Öffentlichkeit hinsichtlich derzeitiger Mitsprachegegebenheiten. Dies lässt den Schluss zu, dass die Funktionäre einerseits und ältere Menschen, die diesen Organisationen nicht angehören, andererseits völlig unterschiedliche Auffassungen und Sichtweisen haben, was eine fundierte Mitsprache und Partizipation betrifft. Die Seniorenorganisationen im Vorfeld politischer Parteien verstehen darunter eine straff geführte Organisation, die über vorgegebene Strukturen Meinungen und Wünsche der Mitglieder über Abstimmungsmodalitäten kanalisieren und diese dann nach oben weitergeben. Dass auf diesem Weg von der Basis bis zum Bundesseniorenbeirat hin einiges verloren geht, wird von den Funktionären als demokratischer Reibungsverlust hingenommen (vgl. KURZ 1999, S. 219).

Das 1998 eingeführte Bundesseniorengesetz (BSG) ist eine konsequente Weiterführung der Politik der etablierten Seniorenorganisationen, die dank ihrer Nähe zu den politischen Parteien und der großen Zahl ihrer Mitglieder für sich ein Vertretungsmonopol aus verhandeln konnten. Es ist jedoch zu beachten, dass in Österreich nur ca. 30% der laut BSG definierten SeniorInnen Mitglie-

der in den parteinahen Seniorenorganisationen sind. Es erhebt sich die Frage, ob deren Programme in der derzeitigen Form den Interessen und Forderungen der älteren Menschen in genügendem Ausmaß entsprechen, denn 70% dieser Personengruppe bilden die sogenannte „schweigende Mehrheit".
Menschen, die die Schwierigkeiten der ersten Republik, das Nationalsozialistische Regime und die Nachkriegszeit hautnah mit ihren kontroversen und parteipolitischen Machenschaften miterlebten, zeigen offensichtlich eher wenig Interesse, sich gesellschaftspolitisch zu engagieren. Ihre Möglichkeiten der Mitsprache beschränken sie bewusst auf das Wahlrecht, das eher als Wahlpflicht empfunden wird. Frei nach dem Kabarettisten Helmut Qualtinger „Der Papa wird's schon richten" hat der Wohlfahrtsstaat zudem den BürgerInnen das Gefühl vermittelt, dass der Staat die wichtigen Belange des Lebens regelt. Diese Einstellung, gekoppelt mit Politikverdrossenheit und einer biographisch bedingten Autoritätsgläubigkeit, sind wesentliche Hemmschwellen für einen Großteil der älteren Menschen, sich für Mitsprache zu erwärmen. Allerdings ist davon auszugehen, dass die jüngeren Kohorten der Alten sich in Zukunft anders verhalten werden.

8. Schlussfolgerungen

Partizipation älterer Menschen in gesellschaftlichen Prozessen ist gebunden an Selbstorganisation und der Nutzung von Strukturen, die eine Umsetzung ihrer Wünsche, Ideen und Visionen ermöglichen. Sofern sich ältere Frauen und Männer für ihre eigenen Belange selbst einsetzen und von Seniorenorganisationen hinsichtlich spezifischer Information und finanzieller Förderung unterstützt werden, bietet sich ihnen ein weites Feld der Betätigungen an wie zum Beispiel Planung von Siedlungen und Wohnprojekten. Sie könnten auf behindertengerechte Einrichtungen oder Sicherheitsaspekte Bedacht nehmen und sich dafür einsetzen, dass auch in Zukunft durch infrastrukturelle Gegebenheiten die Versorgung sehr alter Menschen auch im ländlichem Raum gewährleistet ist.
Parteiunabhängige Einrichtungen für ältere Menschen, die aus einer aktuellen Bedarfssituation in den 1990er Jahren und später entstanden sind und sich keiner politischen Partei zugehörig fühlen und/oder von diesen in irgendeiner Form abhängig sind, können die unterschiedlichsten Problemlagen der Lebenswelten der älteren Menschen stärker artikulieren. Sie haben jedoch hinsichtlich ihrer Position innerhalb des Gesellschaftssystems meist weniger Chancen, gehört zu werden.
Etablierte Seniorenorganisationen können auf zwei unterschiedlichen Ebenen hinsichtlich Partizipation Erfolge erzielen. So besteht einerseits für die Zukunft der Wunsch, dass gewählte ältere Menschen Mandatare auf Gemeinde-, Landes- und Bundesebene die Anliegen der älteren Menschen vertreten soll-

ten. Dadurch wäre eine Seniorenpolitik für und durch SeniorInnen gewährleistet. Andererseits versprechen sich die Seniorenorganisationen von der bisherigen Praxis des politischen Lobbyismus für die älteren Menschen innerhalb der vorgegebenen Parteistrukturen Effizienz und Erfolge.
Unabhängig von allen Forderungen für eine partizipatorische Seniorenpolitik wäre es anzustreben, die Belange der älteren Generation offen, konstruktiv und parteiübergreifend zu behandeln. Das Zusammenwirken von politischen Institutionen, der Familie, des Arbeitsmarktes, des Gesundheitssystems und anderer gesellschaftlicher Strukturen, in die das individuelle Leben eingebettet ist, sind Garanten für eine höhere Qualität des Lebens. Wünschenswert wäre es, die vorherrschenden starren Altersstrukturen durchlässiger zu gestalten, die es den Menschen ermöglichen, Perioden der Bildung, Arbeit und Freizeit frei zu wählen und miteinander abzuwechseln.
Wenn solche Optionen gegeben sind, werden einige ältere Menschen dafür optieren, weiterhin am Erwerbsleben teilzunehmen. Andere ältere Menschen werden sich dagegen für Sport und Reisen entscheiden oder ihre freie Zeit den EnkelInnen widmen. Wieder andere werden ehrenamtliche Aufgaben übernehmen. Die Bedürfnisse und Möglichkeiten sind also sehr unterschiedlich und es ist für eine moderne Gesellschaft insgesamt von Vorteil, den älteren Menschen eine große Rollenvielfalt anzubieten.
Eine humane Gesellschaft kann den Menschen und insbesondere den Kindern und Alten nur gerecht werden, wenn Rücksicht auf die Zusammenhänge zwischen Körper, Geist und Emotionen genommen wird, also ein ganzheitliches Menschenbild in Betracht gezogen wird. Die gesellschaftliche Stellung alter Menschen ist ein Gradmesser für die Humanität einer Epoche und einer Gesellschaft.
„Der Alte ist nicht, wie bei den Menschenaffen, ein Wesen, das nicht mehr kämpfen kann, sondern er kann nicht mehr arbeiten und ist damit ein unnützer Esser geworden. Niemals hängt seine Stellung nur von den biologischen Bedingungen ab: kulturelle Faktoren fallen ins Gewicht" (DE BEAUVOIR 1987, S. 35).
Simone DE BEAUVOIR meint, dass die erwerbstätigen Erwachsenen dafür verantwortlich sind, welcher Platz den Alten innerhalb einer Gesellschaft zugewiesen wird. Diese Zuweisung erfolgt in einem System von Altersstufen, das abhängig von ökonomischen und demographischen Bedingungen die individuellen Lebenszyklen beeinflusst und normiert. Für die Gegenwart bedeutet das, dass durch Pensionierungen und Frühpensionierungen jüngeren Arbeitskräften Platz geschaffen wird und das Wissen, die Erfahrung und Fertigkeiten der älteren Menschen in diskriminierender Form abgewertet erscheinen. Gleichzeitig wird politisch-medial die Alterslast im Sinne von hohen öffentlichen Ausgaben für Alterspensionen in den Vordergrund gestellt und der Aspekt des „Alterskapitals" – die materielle und ideelle Unterstützung jüngerer

bzw. alter Familienmitglieder – vernachlässigt. Dieses „Alterskapital" kann nur dann für ein Gemeinwesen konstruktiv genutzt werden, wenn die älteren Menschen nach Maßgabe ihrer Möglichkeiten in relevante gesellschaftliche Bereiche integriert werden.

Anmerkungen

[1] ohne zwischenstaatliche Teilleistung mit Zuschüssen oder Ausgleichszahlungen, Stand Dez. 2008, lt. telefonischer Auskunft bei der Pensionsversicherungsanstalt Wien im August 2009.

[2] „Die Wiener Deklaration – Altern in Europa: Herausforderungen und Chancen für die europäische Politik" ist das Ergebnis der internationalen Fachtagung „Altern in Europa: Generationensolidarität – eine Basis des sozialen Zusammenhalts" anlässlich der österreichischen EU-Präsidentschaft, Wien am 16.11.1998.

Literatur

BAHR, C./LEICHSENRING, K./STRÜMPEL, C.: Bedarfsfelder für politische Mitsprache älterer Menschen in Österreich, Europäisches Zentrum. Wien 1996, S. 188.

BEAUVOIR DE, S.: Das Alter (La Vieillesse). Hamburg 1989.

BRAUCHBAR, M./HEER, H.: Zukunft Alter. Herausforderung und Wagnis. München 1993.

DONICHT-FLUCK, B.: Neue Alte in den USA. In: KNOPF, D. et.al. Beiträge zur Gerontologie und Altenarbeit, Bd. 75. Berlin 1990, S. 232.

GRABNER, H.: Lobbyismus für die ältere Generation. In: SCHEFF, J./GUTSCHELHOFER, A. (Hg.): Lobby Management, Management Perspektiven, Bd. 4. Wien 1998, S. 155.

GRUNDEI, F.: Resuméeprotokoll des Arbeitskreises 4, Gesellschaftliche und politische Partizipation älterer Menschen, BMUJF. Graz 1998.

KRUSE, A.: Alter im Lebenslauf. In: GRUYTER de, W.: Alter und Altern. Berlin/New York 1994, S. 331-355.

KURZ, R.: Chancen und Möglichkeiten gesellschaftspolitischer Partizipation älterer Frauen und Männer in steirischen Seniorenorganisationen zwischen Anspruch und Wirklichkeit. Dissertation an der Karl-Franzens-Universität Graz 1999.

KURZ, R.: Mitbestimmen, Mitgestalten und sich dabei selbst entfalten. In: BRUGGER, E/CZERWENKA-WENKSTETTEN, G./FOLKES, E. (Hg.): Die 3. Karriere – Ideen zur Gestaltung der reifen Jahre. Wien 1996, S. 46-56.

MAYER, K. U.: Bildung und Arbeit in einer alternden Bevölkerung. In: GRUYTER de, W. (Hg.): Alter und Altern. Berlin/New York 1994, S. 518-543.

NAEGELE, G.: Zur Forderung nach mehr Beteiligung älterer Menschen. In: SOZIALER FORTSCHRITT. Unabhängige Zeitschrift f. Sozialpolitik Jg. 43 (10), 1994, S. 232 ff.

WEGART, F.: Landesobmann des Steirischen Seniorenbundes, Experteninterview. Graz am 6.4.1998. In: KURZ, R.: Chancen und Möglichkeiten gesellschaftspolitischer Partizipation älterer Frauen und Männer in steirischen Seniorenorganisationen zwischen Anspruch und Wirklichkeit. Dissertation an der Karl-Franzens-Universität. Graz 1999.

Anton Amann/Gerald Knapp/Helmut Spitzer

ALTERNSFORSCHUNG UND SOZIALE ARBEIT IN ÖSTERREICH

1. Einleitung

In diesem Beitrag werden Möglichkeiten angesprochen, die Alternsforschung in Österreich in ihrem Bezug zur Sozialen Arbeit zu beurteilen und zu stimulieren. Dabei geht es nicht so sehr um die Skizzierung eines Forschungsprogramms, sondern mehr um den Versuch, einen Beitrag zu einer erst noch zu führenden Diskussion vorzuschlagen. Wir nähern uns der Thematik in mehreren Schritten. Eingangs (Kap. 2) werden Überlegungen zur gegenwärtigen Forschungslage angestellt, wobei sowohl auf die Forschungsstränge der Alternsforschung als auch auf den Bereich der „Sozialarbeitsforschung" eingegangen wird. Wir verwenden hier zuweilen auch das Synonym „sozialpädagogische Forschung" – die Frage nach wissenschaftstheoretischen Differenzen und dem damit im Zusammenhang stehenden Diskurs, der auf mögliche Diskrepanzen und Spannungsfelder zwischen universitärer und fachhochschulbezogener Forschung abzielt, interessiert an dieser Stelle nicht. Es kann davon ausgegangen werden, dass sich der Oberbegriff einer „Forschung in der Sozialen Arbeit" zumindest langfristig für beide Kontexte als anknüpfungsfähig erweisen wird, und es ist für die wissenschaftliche Weiterentwicklung in der Sozialen Arbeit zweifellos bedeutsamer, dass vielfältige empirische Forschungen durchgeführt werden, die ausgewiesenen wissenschaftlichen und methodischen Standards folgen (vgl. OTTO/OELERICH/ MICHEEL 2003). Die Konstituierung einer wissenschaftlich eigenständigen Forschungslandschaft stellt die entscheidende Grundlage für die Entwicklung disziplinärer Strukturen des Fachgebiets der Sozialen Arbeit (Sozialpädagogik und Sozialarbeit) dar (vgl. RAUSCHENBACH/ THOLE 1998). Ungeachtet dieser Positionierung wird sehr wohl auf die unterschiedlichen *Forschungsbedingungen* an Österreichs Universitäten (Kap. 3) und Fachhochschulen (Kap. 4) Bezug genommen. Für die Verortung und Selbstvergewisserung wissenschaftlicher Forschung sind auch Nutzen- und Legitimierungsfragen in Betracht zu ziehen – darauf wird in Kap. 5 eingegangen. Schließlich werden in Kap. 6 ausgewählte Forschungszugänge und Forschungsfragen der Sozialen Arbeit mit Bezug auf das Alter skizziert sowie abschließend (Kap. 7) Perspektiven einer sozialpädagogischen Alternsforschung angedacht.

2. Überlegungen zur gegenwärtigen Forschungslage

Die Konturen der Sozialarbeitsforschung in Österreich sind undeutlich, jene der Alternsforschung relativ klar ausgeprägt. Mehr noch als für Deutschland kann für Österreich festgehalten werden, dass in der sozialpädagogischen Forschung kaum eine systematische Verhältnisbestimmung gerontologischer Forschungsperspektiven, sozialpolitischer Lebenslagenforschung und sozialpädagogischer Theoriebildung stattfindet (vgl. KARL/SCHRÖER 2008, S. 257). Nun gibt es mehrere Möglichkeiten, eine gedankliche Verbindung zwischen den beiden Bereichen herzustellen. Zwei davon werden hier kurz angemerkt. Aus einer a) pragmatischen Perspektive bietet sich an zu fragen, für welche Zielgruppen der praktischen Sozialen Arbeit die Alternsforschung anbindungsfähige Ergebnisse liefern könnte. Hier wäre von einem sozialpolitischen Ansatz zu sprechen, der theoretisch begründet werden kann. In dieser Hinsicht gibt es eine Vielzahl von Untersuchungen, die im Sinne allgemeiner oder auch detaillierter Lagebeschreibungen der Gruppe der Älteren, ihrer Angehörigen und sozialen Netze Grundinformationen liefern. Insbesondere gilt dies für jene Analysen, die sich den Risiko- und Benachteiligungssituationen widmen, da sich in ihnen vor allem jene Gruppen finden, die Adressaten praktischer Sozialer Arbeit werden können. Die Wirkung einer solcherart verstandenen Forschung kann als *heteronome Artikulation* bezeichnet werden, womit gemeint ist, dass Forschungsergebnisse dazu beitragen können, die soziale, kulturelle oder wirtschaftliche Lage und die Interessen von Minderheiten, von marginalisierten Bevölkerungsgruppen oder Sondersituationen gesellschaftlich sichtbar zu machen. Mit Blick auf das Alter könnten dies zum Bespiel einkommensschwache FrühpensionistInnen, sozial isolierte und vereinsamte ältere Frauen und Männer, älter werdende MigrantInnen, pflegebedürftige und an Demenz erkrankte alte Menschen und ihre Angehörigen usw. sein (vgl. HÖPFLINGER 2000, S. 206).

Aus einer b) konzeptiven oder theoretischen Sicht ließen sich Forschungszugänge definieren, die wesentlich auf die Situierung der Sozialen Arbeit im Kontext aktuell diskutierter Theoriediskurse zielen. Darunter fallen z. B. Soziale Arbeit als Profession (oder Semi-Profession), differenzierungstheoretische Ansätze zur Inklusionsarbeit gegenüber neomarxistischen Theoriekonzepten und Soziale Arbeit als Soziales Kapital. Zwar zählen diese „Ansätze" samt und sonders zum Diskurs „Theorien der Sozialen Arbeit", wie er sich in den letzten Jahren im deutschsprachigen Raum ausgestaltet hat, es fehlt aber die Koppelung mit alternstheoretischen Konzepten und mit der zugehörigen empirischen Forschung. Aus der Sicht der Alternsforschung wiederum werden die verschiedenen Theoriekonzepte eingesetzt, es fehlt ihnen aber in den allermeisten Fällen der Bezug zum Feld der Sozialen Arbeit. Einer der Gründe liegt mit Sicherheit in einer Entwicklung, die sich folgendermaßen skizzieren lässt.

In Österreich ist eine deutlich wahrzunehmende Distanz der Sozialen Arbeit zur Universität zu konstatieren. Es liegt dies an einer für Österreich typischen Verzahnung Sozialer Arbeit mit der Logik wohlfahrtsstaatlichen Verwaltungshandelns. Es kann geradezu eine akademische oder auch kognitive Simplifizierung Sozialer Arbeit konstatiert werden, die von den viele Jahre wirksamen Definitionsversuchen der Bürokratie ihren Ausgang genommen hat, in deren Kern die Idee der Handlungsanleitung und der Praxisgestaltung dominant gewesen ist. Die universitäre Randständigkeit der Sozialen Arbeit in Österreich ist Folge und Begleiterscheinung dieses Prozesses. Damit stellen sich, als eher strategisch gedachte Wege zur Verbindung von Alternsforschung und Sozialer Arbeit, zwei Perspektiven ein. Zum einen die Akademisierung der einschlägigen Forschung, zum andern die Ausrichtung der Forschungsfragestellungen auf altersrelevante Themen im Einzugsbereich der Problemdefinitionen, wie sie die Soziale Arbeit selbst vornimmt.

Es gibt eine Vielzahl von Möglichkeiten, solche Forschung zu betreiben oder sie zu fördern; die Palette reicht von Privatpersonen, von Förder- und Trägervereinen, von Berufsverbänden und Landesstellen bis zu Instituten an Universitäten und den großen öffentlichen Forschungsförderungseinrichtungen. Zudem ist die Dokumentation durchgeführter Projekte lückenhaft, sodass auch die hier angestellten Überlegungen zum Teil auf persönlichen Sichtweisen fußen. So gibt es zahlreiche Projekte, die erst nach mühsamer Suche bei Verbänden oder über private Kontakte gefunden werden können, weil sie in den großen Datenbanken des SOWIS (Projekt zur Entwicklung eines internetbasierten Wissens- und Informationsmanagement des Caritasverbandes für die Erzdiözese Bamberg) oder der SOWIDOK (Sozialwissenschaftliche Dokumentation der Arbeiterkammer Wien) nicht enthalten sind.

Die Schwerpunkte der Sozialarbeitsforschung sind – die lückenhafte Dokumentation in Rechnung gestellt – sehr unterschiedlich. Die meisten Analysen, so ist zu vermuten, finden sich im Bereich der Zielgruppen der Sozialen Arbeit. Hier gibt es Studien zu Menschen mit Behinderungen, Wohnungslosen, Drogenabhängigen, Straftätern etc. Relativ selten sind Arbeiten über die Situation der SozialarbeiterInnen, ihre Berufseinstiege und Berufsverhalten, ihre Berufsmotivation und soziale Lage; relativ selten sind aber auch Analysen über die Effektivität und Wirkungsweise sozialarbeiterischer Institutionen. Es fehlt hier weithin an Strategien der Evaluation systematischer Intervention. Gerade letzteres Thema wäre von großem Interesse, wenn in Rechnung gestellt wird, dass in den letzten Jahren sehr viele neue Einrichtungen entstanden sind, die Beratungs-, Förderungs- und Informationsfunktionen übernehmen (vgl. nur alle diesbezüglichen Dokumentationen der Soziallandschaft im deutschen Sprachraum, z. B. GSIV – Gesundheits- und Sozialinformation Vorarlberg). Es ist zu vermuten, dass Forschungsvorhaben zur Entwicklung und Wirkung von sozialpädagogischen Methoden noch seltener sind – darunter wäre z. B. die Analyse kurz-, mittel- und langfristiger Nutzen der professionellen Interventionen zu verstehen.

Die Schwerpunktsetzungen der Altersforschung sind leichter nachzuvollziehen. Sie gruppieren sich einerseits um Konzepte der sozialen Lage, der Lebensqualität und des Sozialkapitals, meist in Verbindung mit politisch-praktischen Fragestellungen, und andererseits um eine ganze Anzahl theoretischer Konzeptionen, die, aus soziologischer und psychologischer Tradition gespeist, eher den Grundlagenanalysen zuzurechnen sind.

Aus der bisher geschilderten Situation leiten wir einige Vorschläge ab, die allerdings nicht für die Universitäten allein, sondern für den gesamten Forschungsbereich gelten. Die Vorschläge zielen auf die Möglichkeit ab, einen breiteren Diskurs einzuleiten, der dann folgende Punkte erfasst:

- eine Reorganisation vorhandener Forschungskapazitäten, um deren Effizienzgrad nachhaltig zu steigern und für ihren systematischen Ausbau vorzusorgen,
- eine konzeptive und strategische Koppelung von Altersforschung und sozialpädagogischer Forschung, um die genannte kognitive Simplifizierung zu überwinden,
- eine Bestimmung der erstrangigen methodischen und konzeptuellen Innovationen vorzunehmen und die gegenwärtig verfügbaren Kapazitäten darauf zu konzentrieren,
- soziale Lagen und Gruppen zu identifizieren, auf die in den kommenden Jahren die Aufmerksamkeit mit besonderer Dringlichkeit gerichtet werden sollte.

3. Universitäre Forschungsbedingungen

Die Entwicklung der Altersforschung im Kontext Sozialer Arbeit an österreichischen Universitäten hängt unmittelbar mit den institutionellen Rahmenbedingungen, den personellen Ressourcen und mit der mangelnden Institutionalisierung von Kontakten und Möglichkeiten des Erfahrungsaustausches zusammen.

Die personelle Lage der „Sozialpädagogik als wissenschaftliche Teildisziplin" der Erziehungswissenschaft an österreichischen Universitäten ist angesichts ihrer umfangreichen Aufgaben und gesellschaftspolitischen Herausforderungen unbefriedigend. Da es an österreichischen Universitäten explizit nur an der Klagenfurter und Grazer Universität einen sozialpädagogischen Schwerpunkt gibt, ist die stimulierende und koordinierende Funktion für regionale und gesamtösterreichische Forschungs- und Entwicklungsaufgaben im Bereich der „Altenarbeit" ohne zusätzliche personelle Dotation schwierig zu erfüllen. Die bestehende Zahl der ProfessorInnen, DozentInnen, AssistenzprofessorInnen und AssistentInnen reicht gerade mal zur Aufrechterhaltung des „Institutsbetriebs" aus, das heißt zur Durchführung der Lehrangebote und der Selbstverwaltungsaufgaben (z. B. Abteilungsbesprechungen, Institutskonferenzen, Curricularkommission, „Jour fixe"). Auch dabei bleibt die Arbeit vielfach auf das unbedingt Erforderliche beschränkt. Die Arbeit bleibt aufgrund der umfangreichen Verpflichtungen und der zur Verfügung stehenden Zeitressourcen vor allem hinsichtlich nachstehender Faktoren unbefriedigend: Dementsprechend werden im Bereich gerontologischer Fragestellungen kaum gemeinsame, interdisziplinär orientierte Theorieansätze entwickelt, die gesellschaftstheoretische, sozialökologische und persönlichkeitstheoretische Überlegungen miteinander verbinden und eine entsprechende Forschungsplanung beinhalten. Die VertreterInnen der „Erziehungswissenschaft" bzw. die FachvertreterInnen der Sozialpädagogik besitzen aufgrund ihrer Arbeitskapazität vielfach einen so geringen Handlungsspielraum, dass umfangreiche Theoriediskussionen zur Strukturierung der „Altersforschung" und entsprechende Forschungsplanungsprozesse kaum wahrgenommen werden können. Schließlich fehlt auch zwischen den erziehungswissenschaftlichen Instituten an den österreichischen Universitäten eine gemeinsame Vorgangsweise bei der Vertretung ihrer personellen und fachlichen Interessen und Anliegen (vlg. KNAPP 2008, S. 455 ff.).

Darüber hinaus stehen Universitätsinstituten üblicherweise keine disponiblen Forschungsgelder zur Verfügung, über die sie in freier Themenwahl Projekte definieren und durchführen können. Die vorherrschende Form der Forschungsfinanzierung hat den Weg der Antragsforschung über die großen Förderungseinrichtungen und über diverse andere Auftraggeber in Einzelprojekten zu gehen. Da die Zahl der Universitätsangehörigen, die kontinuierlich an Alters-Themen arbeiten, in Österreich nicht sehr groß ist, die Zahl jener, die an Sozialarbeitsthemen forschen, verschwindend gering, ist auch auf diesem Wege keine rasante Zunahme an Projekteinreichungen zu erwarten. Der Schwachpunkt in Hinsicht auf das hier diskutierte Thema dürfte letztlich sein, dass Altersforschung an der Universität (primär an der Wiener Universität) eine Tradition hat, die Sozialarbeitsforschung aber nicht. Nur vereinzelt werden altersrelevante Themen aus einer sozialpädagogischen Forschungsperspektive empirisch erschlossen (vgl. z. B. KITTL-SATRAN 2008). Dabei kann gerade für die – wenn auch noch ein wenig unkonturierte – Disziplin der Sozialen Arbeit festgehalten werden, dass sie mit ihrem multiperspektivischen Zugang das Potenzial hat, Altersfragen transdisziplinär anzugehen, bzw. dass sie sich in einer Koordinationsfunktion als Schnittstelle und Angelpunkt für Projekte interdisziplinärer Forschungskooperation etablieren kann. Diese Sicht findet ihre Parallele in der Multiperspektivität der Sozialgerontologie.

Ein zweiter Weg, auf dem solche Analysen realisiert werden können, sind Dissertationen und Diplomarbeiten. Auch hier ist das Interesse der Studierenden und die Bereitschaft von Lehrenden zur Betreuung ein gewisses bottleneck. Personen an Universitätsinstituten in Österreich, die kontinuierlich Forschungsprojekte zu Sozialarbeits- und Altersthemen durchführen und Arbeiten Studierender betreuen, sind nach unserer Wahrnehmung buchstäblich an zwei Händen aufzuzählen. Dazu gesellt sich eine eigene Schwierigkeit, die darin liegt, dass es ja kein „Programm" gibt, in dem Themen, Methodiken und Konzepte zentral gebündelt sind und aus dem jene, die Dissertations- und Diplomarbeitsthemen vergeben oder bewilligen, eine möglichst kohärente Orientierung gewinnen können. Ganz zu schweigen von einer zentralen Erfassung all dieser Arbeiten und ihrer Bewertung im Rahmen der Kriterien eines solchen Programms.

Für Fragen der Forschungsstimulation legen sich hier folgende Möglichkeiten nahe. Berufsverbände und Akademien könnten mit diesen Instituten einen Verbund bilden, um altersrelevante Forschungsthemen gemeinsam zu entwickeln, die Antragstellung und Durchführung gemeinsam zu organisieren und Synergieeffekte zu nützen. Weiters könnten Einrichtungen der Sozialen Arbeit Themenkataloge an die Institute weitergeben (ein erster Schritt zum oben genannten „Programm"), die sie für wichtig halten und bei deren Bearbeitung sie bereit wären, DiplomandInnen und DissertantInnen organisatorisch und technisch zu unterstützen.

4. Mögliche Funktionen der Fachhochschulen

In die Fachhochschulen werden heute von verschiedenen Seiten hohe Erwartungen gesetzt. Unter der Forschungsperspektive findet sich hier eine Reihe von Ansatzpunkten, die zu einer Aufgabendefinition führen können. Zu ihnen zählen unter anderem:

- die jeder Neugründung per Gesetz auferlegten Kohärenz- und Bedarfs- und Akzeptanzerhebungen;
- eine gewollt betriebene Forschungsbegleitung für zielgruppenspezifische FH-Studiengänge;
- Berufseinstiegs- und Karrierenanalysen;
- Kooperation mit Universitätseinrichtungen zur Formulierung drängender Forschungsfragen;
- Evaluationsstudien von Kampagnen;
- Verträge zwischen den Fachhochschulen und der Europäischen Kommission zur Hebung der Studierenden- und Lehrendenmobilität mit Evaluierung;
- Ausarbeitung von Forschungsprogrammen für die Soziale Arbeit;
- Beteiligung der Studierenden an Projekten.

Fachhochschulen werden aus Ressourcenmangel viele dieser Projektformen und Aufgaben nicht selbst bewältigen können; sie haben aber eine Chance, durch Kooperationen mit der Universität und außeruniversitären Einrichtungen an der Entwicklung eines zeitgemäßen Forschungssystems mitzuwirken. Die Studiengänge für Soziale Arbeit haben seit ihrem Bestehen schon einige interessante Forschungsakzente gesetzt (vgl. POPP/POSCH/ SCHWAB 2005), auch was die Verknüpfung von Sozialer Arbeit mit Altersfragen betrifft (vgl. EGGER DE CAMPO/POSCH 2005, AUTRATA/HÖNIG/ SCHEU 2006, HÖHN/LOIDL-KEIL 2007). Das große Problem, mit dem das Lehr- und Wissenschaftspersonal im Fachhochschulmilieu zu kämpfen hat, besteht in einem eklatanten Kapazitätsmangel. Auch wenn das Humankapital vorhanden ist – die FH-Strukturen verunmöglichen tendenziell die wissenschaftliche Entfaltung desselben. Gerade die hohe Lehrverpflichtung bei gleichzeitiger organisatorischer Belastung von FH-Lehrenden wird als großer Hemmschuh für eine qualitative und anspruchsvolle Forschungsarbeit angesehen. Daher sind in erster Linie die Fachhochschulträger herausgefordert, eine strukturelle Basis für den nachhaltigen und substantiellen Aufbau von Forschungskompetenzen bereitzustellen und damit einhergehende personelle, zeitliche und strukturelle Ressourcen freizumachen (vgl. NEUHOLD/WINTER 2005).

5. Nutzen- und Legitimierungsfragen

Nachdem die Sozialwissenschaften ab den Sechzigerjahren des 20. Jahrhunderts massiv in Dienst genommen worden sind und sie ihre eigenen Praxisbeziehungen kritisch zu sehen begonnen haben, haben sich auch die Interpretationen ihrer „Funktionen" verändert. Es müssen in einer solchen Zusammenarbeit, wie sie weiter oben skizziert wurde, natürlich auch Positionen wie die folgenden diskutiert werden. Die Wissenschaft

- steht in unauflöslichem Zusammenhang mit ihren Gegenstandsbereichen und gewinnt Erkenntnis über jene und dadurch zugleich über sich selbst;
- sie kann gesellschaftliche Verhältnisse nur beschreiben, indem sie sich selbst beschreibt (die Rolle des Beobachters und des Selbstbeobachters);
- sie interpretiert und erklärt Handlungszusammenhänge nicht unabhängig von den Handelnden;
- sie muss die Bewährung ihrer Modelle und Erklärungen zugleich als Teil ihrer Theorien und Methoden konzipieren;
- sie erkennt an der Ergebniskontrolle nicht nur die Wirkung des politischen Handelns, sondern auch jene des eigenen Tuns;
- und sie bezieht aus ihrer Tätigkeit mit der und für die Praxis Legitimation für sich selbst (vgl. AMANN 2005).

Sozialpädagogische Forschung kann heute, mit anderen Worten, nur angemessen realisiert werden, wenn Soziale Arbeit und die Forschung über sie im gesellschaftlichen Zusammenhang kritisch reflektiert werden. Das ist zwar eine theoretische und ideologiekritische Fragestellung, doch ohne empirische Forschung ist sie nicht zu bewerkstelligen, wie die sozialwissenschaftliche Wirkungsforschung zeigt.

Mit Bezug zur Altersforschung, zumindest in ihrem sozialgerontologischen Zuschnitt im deutschsprachigen Raum gilt, dass sie in den letzten drei Jahrzehnten ein deutliches Anwendungsgewicht erhalten hat und viele Projekte im Auftrag von Kommunen, Ländern und großen Trägern finanziert werden, um Hilfestellung bei praktischen Entscheidungen zu finden. Ein Strang dieser Entwicklung äußert sich erkennbar in der Diskussion über die Rolle der Forschung und ihre Reflexionspflicht, wenn es um Fragen geht, inwieweit in politisch und gesellschaftlich propagierten Entwicklungen die Rolle der Älteren definiert wird, ohne diese selbst zu fragen. So können zahlreiche Programme wie active-aging oder der Ruf nach Freiwilligenarbeit oft ohne Mühe als Versuche bestimmter Akteure eingestuft werden, Potenziale der Älteren zu aktivieren und gleichzeitig die eigenen Interessen zu verfolgen (AMANN/ EHGARTNER/FELDER 2010).

6. Forschungszugänge und Forschungsfragen

Es gibt wohl eine Vielzahl von Forschungsthemen und potenziellen Forschungsfeldern, in denen eine Verknüpfung von Altersfragen mit sozialarbeiterisch bzw. sozialpädagogisch relevanten Fragestellungen angedacht werden kann. Die Diversität von Lebenslagen im Alter erfordert auch von der Sozialen Arbeit, sich in der Forschung der Breite und Differenziertheit der Lebensphase Alter zu öffnen. Allerdings wird sich der Fokus sicherlich auf Bereiche richten, die genuin dem Aufmerksamkeitsspektrum von Sozialarbeit und Sozialpädagogik zuzuordnen sind. Dabei kann sich das sozialpädagogische Konzept der Lebensbewältigung auch für Forschungsfragen und sozialpädagogische Theoriebildung als anknüpfungsfähig erweisen. Das maßgeblich auf BÖHNISCH (2005) zurückgehende Gebilde zielt in einer konzeptuellen Doppelstruktur einerseits auf die Frage der Herstellung biographischer Handlungsfähigkeit, andererseits auf soziale Integration ab. Für sozialpädagogische Forschungskonzepte sind mit diesem Zugang auch Ansätze der Alltags- bzw. Lebensweltorientierung, der sozialen Unterstützungs- und Netzwerkforschung, des Lebenslagenkonzepts sowie mit neueren Ansätzen von Agency-Theorien (Analyse sozialer Konstellationen und sozialer Prozesse unter dem Blickpunkt der Stärkung von Handlungsmächtigkeit bzw. Handlungsbemächtigung) verknüpfbar (vgl. KARL/SCHRÖER 2008).

Zu den risikobehafteten Lebensbereichen, in denen sich älter werdende und alte Menschen typischerweise befinden oder in die sie geraten können und die sie in der Folge zu bewältigen haben, zählen vor allem soziale Exklusion, materielle Benachteiligung samt Verarmungsgefahr, Probleme biographischer kritischer Lebensereignisse, gesellschaftliche Negativbewertung und Diskriminierung. Die Risiken verteilen sich unterschiedlich nach biographischen Phasen, nach Geschlecht, Wohnregion und Verankerung in den unterschiedlichen institutionellen Einrichtungen der Daseinsvorsorge (Pensionsversicherungsträger, Krankenversicherungen etc.) (vgl. AMANN 2009, S. 6). Exklusions-, Marginalisierungs- und Benachteiligungsaspekte und ihre soziodemographischen Hintergrund- und Begleiterscheinungen erschließen somit interessante Zugänge sozialpädagogischer Altersforschung.

Mit der Bewältigung von alterstypischen Problemkonstellationen ist untrennbar die individuelle Biographie verbunden. Das Konzept der Biographie hat sich auch in der sozialen Altenarbeit als maßgebliche Kategorie durchgesetzt (vgl. SCHWEPPE 1996). Wenn die Biographie für die Bewältigung und Gestaltung der Altersphase von zentraler Bedeutung ist und die individualisierte Altersphase einen maßgeblichen Ausgangspunkt für die Praxis darstellt, ergibt sich ein großer Forschungsbedarf zur Erfassung dieser Kategorien. Folgerichtig könnte die Verankerung der Biographieforschung in die Altersforschung hierfür einen wichtigen Beitrag leisten, da sie Individualisierungsprozesse als auch ihre widersprüchlichen Folgen auf der Ebene der Biographie präzise erheben kann (vgl. ebd., S. 252).

Wissenschaftlich-empirische Untersuchungen über das gesellschaftliche Altern dienen dazu, die Lebensbereiche älterer und alter Menschen zu analysieren und anhand objektiver und subjektiver Kriterien Ausmaß und Niveau der Lebensqualität einzelner Gruppen unter den Älteren zu beschreiben. Die Differenzen, die sich aus solchen Analysen ergeben, sind Ausgangsbedingungen für sozial- und altenpolitische Reflexionen, Gesetzgebung und Maßnahmen (vgl. AMANN 2009, S. 6). Hier kann die Soziale Arbeit eine wichtige gesellschaftspolitische Funktion erfüllen, indem sie Erkenntnisse aus Forschung und Theorieentwicklung in einer Weise generiert und kommuniziert, dass sie sowohl für die Praxis der Altenarbeit als auch für die sozialpolitische Realität konkrete Konsequenzen nach sich ziehen.

In diesem Zusammenhang ist auch auf die Bedeutung einer international vergleichenden Altersforschung hinzuweisen. Die folgenreichen Konsequenzen des demographischen Wandels, die neuen Unsicherheiten bei der Gestaltung von Lebensvollzügen im Alter sowie allgemeine Umbruchprozesse der modernen Wohlfahrtsstaaten erfordern den Blick über den eigenen nationalen Tellerrand. Erfahrungen und Informationen aus anderen Ländern können als Mittel der Frühwarnung fungieren, um Entwicklungen, die anderswo bereits Aufmerksamkeit gefunden haben, in den eigenen Horizont zu integrieren, sie können aber auch eine wichtige Ressource darstellen, um bestehendes Erfahrungswissen und übernationale konzeptuelle Diskurse in die hiesige Diskussion in systematischer Weise einzuführen und zum Bestandteil von Verständigungsprozessen im eigenen Land zu machen (vgl. KONDRATOWITZ 2010). Aus gegenwärtiger Sicht lassen sich zumindest einige Fragestellungen aus den aktuellen Entwicklungen der Alternsforschung herausgreifen, die einen Bezug zur Sozialen Arbeit dezidert herstellen lassen, wenn dabei eine Perspektive zugrunde gelegt wird, die auf eine Koppelung von Erkenntnisgewinn und durch ihn angeleitete Intervention ausgerichtet ist. Dabei hängt der Gedanke der Intervention selbstverständlich mit der Vorstellung zusammen, dass die Fragestellungen von gesellschaftlicher und politischer Brisanz sind und ihnen in der Forschung mit angemessenen Konzepten und Methodologien zu begegnen ist. Die folgende Darstellung ist als Aufzählung von Beispielen zu verstehen, ohne dass im einzelnen die dahinter stehenden wissenschaftlichen Konzepte erläutert werden, mit denen sie in der Alternsforschung bereits analysiert werden.

Lebenslage und Lebensqualität älterer Menschen
Aktuell stehen hier die Themen Pflegevorsorge und informelle Betreuung, Belastungen der Beteiligten in Pflege und Betreuung, Zukunftspotenziale (inkl. Migrationsfragen und Gewalt sowie Arbeitsmarkt Pflege) zur Diskussion. Es besteht Bedarf nach Wissen über Modellversuche, good-practice-Dokumentationen, Finanzierbarkeit und Fragen praktischer Umsetzungsmöglichkeiten. Auch im Bereich der Hochaltrigkeit und damit im Zusammenhang stehend der Demenzproblematik zeichnen sich wichtige Forschungsfelder ab (z. B. neue Betreuungskonzepte unter Berücksichtigung sozialpädagogischer Fragestellungen). Vor allem die Demenzproblematik im professionellen und privaten Betreuungsbereich ist von größter Bedeutung und wird für die Zukunft vermehrt der Aufmerksamkeit bedürfen. Genderdifferenzen und geschlechtsabhängige Einschränkungen bzw. Chancen sind das Hauptthema bisher zuwenig vorangetriebener empirischer Erforschung. Alter und Technik (Informationstechnologie, Kommunikation, Notrufsysteme, Mobilitätsunterstützung durch Technologie, Bildung und Umgang mit neuen Medien) stellen ein Feld dar, das in der Alternsforschung immer mehr Aufmerksamkeit gewinnt und dem sich auch die Soziale Arbeit öffnen sollte. Produktivität und Leistungen der Älteren sind ein Thema, das zwar der weiteren Erforschung bedarf, zugleich aber vor allem dessen, was oben als kritische Reflexion bezeichnet worden ist, da der öffentliche Diskurs allzu viele Fehleinschätzungen aufweist.

Familie und Generationen
Generationenbeziehungen und Generationenkonflikte, bei denen Fragen der sozialen Integration, gegenseitiger Unterstützungsleistungen und der Zukunft alleinstehender alter Menschen im Vordergrund stehen, sind ein Bereich, in dem durch empirische Forschung viele Wissenslücken gefüllt werden könn-

ten. Fragen der Familienunterstützung und der Hilfe in Notfällen (das betrifft die Familie als Drehscheibe intergenerationellen Austausches) reichen unmittelbar in die praktische Soziale Arbeit hinein. Auch intergenerationelle Gerechtigkeit und Austausch (dies ist vor allem auch ein Thema, das unter Gesichtspunkten der intergenerationellen Transfers, der Belastung der öffentlichen Hand und der Belastung von Risikogruppen erforscht wird) gehören hierzu.

Wohnen, Umwelt und Infrastruktur im Alter
Alternde Gemeinden und das Phänomen der Abwanderung mit all ihren Folgen der Exklusion und strukturellen Verarmung sind sehr wenig untersucht. Barrierefreies Bauen, Betreutes Wohnen und Seniorenwohnungen (Evaluierung der Programme ist das Hauptthema in vielen Ländern – bisher besteht ein fast aussichtsloser Kampf gegen Wohnformen, die im Alter kontraproduktiv werden) stellen Fragen künftiger Entwicklung dar. Soziale Infrastruktur und Netzwerke (soziale Netzwerke als der wichtigste Aspekt der Integration im Alter) bedürfen einer Erforschung aus transdisziplinärer Perspektive. Alter, Mobilität und Infrastrukturwandel (Sicherung der sozialen und kulturellen Infrastruktur, Sicherung der lokalen Versorgung, Verkehrsteilnahme sind die am häufigsten auftauchenden Themen) stellen weitere Forschungsaufgaben ins Blickfeld.

Sozial- und Pflegebereich
Nach bisheriger Forschungserfahrung bedarf es der Evaluierung von Maßnahmen und der empirischen Unterstützung neuer Programme im gesamten Aus- und Weiterbildungsbereich. Angebots- und Bedarfsanalysen im Zusammenhang mit einer zunehmend stärker werdenden Kritik an einem vorrangig medizinisch gedachten Verrichtungsmodell der Pflege – Stichwort Pflegegeldeinstufung – sowie die systematische Ergänzung der Pflege durch Betreuung machen entsprechende Forschung immer wichtiger. Gerade hier sind Fragen der Sozialen Arbeit im Vergleich zur Pflege auch von neuen Entwicklungen aus zu stellen. Dies ist ein relativ neuer Forschungsbereich, in dem es vor allem um die Entlastung traditioneller Pflege durch Einbindung der Sozialen Arbeit in die psychosoziale Betreuung geht. Durch empirische Forschung kann es der Sozialen Arbeit gelingen, den Bedarf für das eigene professionelle Qualifikations- und Kompetenzprofil zu dokumentieren und den längst überfälligen Schritt in die Praxisfelder der Altenarbeit und Altenhilfe zu bewerkstelligen.

Sozial- und Altenpolitik
Eine Sozial- und Altenpolitik, die sich die Verbesserung der Lebensverhältnisse alter Menschen zum Ziel setzt, braucht für die politischen Entschei-

dungsprozesse fundierte und wissenschaftlich aufbereitete Erkenntnisse über die Lebenslagen alter Menschen. Es braucht Forschungsprojekte, welche die Einkommensverhältnisse, den Gesundheitszustand, die Wohnverhältnisse und die soziale Einbindung alter Menschen untersuchen, Benachteiligungen und soziale Ungleichheiten aufzeigen, sie in einen gesamtgesellschaftlichen Zusammenhang interpretieren sowie Maßnahmen und Strategien zur Beseitigung prekärer Lebenslagen und sozialer Benachteiligungen (z. B. Altersarmut) für die politische Entscheidungsfindung zur Diskussion stellen.

7. Perspektiven der Alternsforschung aus dem Blickwinkel der Sozialen Arbeit

Abschließend werden an dieser Stelle noch einige perspektivische Ansätze vorgestellt, die vielleicht ein wenig visionär anmuten, jedenfalls aber als wichtige Impulse seitens der Sozialen Arbeit zur transdisziplinären Landschaft der Altersforschung in Österreich gedacht sind. Zum einen schwebt uns ein „Forschungsnetzwerk zur sozialen Altenarbeit" vor, in dem regelmäßige kollegiale Arbeitstreffen zum Erfahrungsaustausch im Bereich der Alternsforschung organisiert werden. Zum anderen könnte ein fachspezifisches „DoktorandInnenkolleg" angestrebt werden, das im Verbund der einschlägigen Universitätsabteilungen und der jeweiligen FH-Studiengänge angeboten wird. Diese Vorhaben würden nicht nur zur Internationalisierung und Sicherung der Einbindung der einzelnen Standorte der Sozialen Arbeit in die Scientific Community beitragen, sondern auch die Alternsforschung in Österreich fördern.

Darüber hinaus wäre zu überlegen, eine eigene Organisationseinheit für sozialpädagogische Alternsforschung zu gründen, in der sowohl die einschlägigen Institute der österreichischen Universitäten als auch die einzelnen Studiengänge der Fachhochschulen für Soziale Arbeit vertreten sind. Die Gründung einer solchen Organisation könnte die Institutionalisierung der Kontakte und die Kommunikation zwischen den FachvertreterInnen fördern. Diese Organisation könnte beispielsweise regelmäßige Seminare und/oder Symposien veranstalten, die dem gemeinsamen Gespräch und Erfahrungsaustausch zu theoretischen und aktuellen wissenschaftlichen Fragen und Problemen des Alterns dienen, aber auch Gelegenheit zu Berichten über laufende Forschungs- und Entwicklungsprojekte und zur Verständigung über gesellschaftspolitisch brisante und widersprüchliche Fragestellungen bieten. In diesem Zusammenhang wäre in gemeinsamen Gesprächen vor allem zu klären, welche Vorzüge und Grenzen einzelne Arbeitsmethoden der Altenarbeit im Hinblick auf die differenzierten sozialpädagogischen Handlungsfelder haben und welche angemessene Verknüpfung unterschiedlicher methodischer Ansätze sinnvoll wäre.

Im Gesamten wäre es wichtig, gemeinsame Standpunkte in Bezug auf die Auswahl von Forschungsansätzen zu erarbeiten, welche die Bedürfnisse der sozialpädagogischen Praxis der Altenarbeit mit den Interessen einer Theorie der Sozialen Arbeit verbindet. Als Zukunftsziel wäre im Rahmen der angedachten Organisationseinheit ein umfassendes gesamtösterreichisches Forschungskonzept anzustreben, in das sich einzelne sozialpädagogische Forschungsprojekte im Bereich des Alterns der Universitäten und Fachhochschulstudiengänge der Sozialen Arbeit einordnen lassen und in der Öffentlichkeit vertreten werden kann. Dadurch würde man nicht nur eine stärkere gemeinsame Identität der Altersforschung in Österreich aufbauen, sondern auch die Leistungsfähigkeit sozialpädagogischer Forschung und Entwicklung sowie ihre soziale und gesellschaftspolitische Bedeutung erhöhen.

Schließlich wären alle zwei Jahre eine größere Tagung zur sozialpädagogischen Altersforschung zu organisieren und die wissenschaftlichen Ergebnisse in einer eigenen Reihe bzw. Zeitschrift zu veröffentlichen. Diese institutionalisierte Form der Kommunikation könnte viel zur Entwicklung einer gemeinsamen Identität der „Sozialen Arbeit mit alten Menschen" in Österreich beitragen.

Literatur

AMANN, A.: Praxisbezug in der Soziologie: Außer Kurs geraten? In: AMANN, A./MAJCE, G. (Hg.): Soziologie in interdisziplinären Netzwerken. Wien 2005, S. 119-137.

AMANN, A.: Bundesplan für Seniorinnen und Senioren. St. Pölten 2009 (Forschungsbericht).

AMANN, A./EHGARTNER, G:/FELDER, D: Sozialprodukt des Alters. Über Produktivitätswahn, Alter und Lebensqualität. Wien 2010.

AUTRATA, O./HÖNIG, B./SCHEU, B.: Altenstudie 2006 Feldkirchen. Feldkirchen in Kärnten 2006.

BÖHNISCH, L.: Sozialpädagogik der Lebensalter. Eine Einführung. Weinheim/ München 2005.

EGGER DE CAMPO, M./POSCH, K. (Hg.): Strategien gegen soziale Ausgrenzung alter Menschen. Tagungsband. Graz 2005.

HÖHN, M./LOIDL-KEIL, R.: Alterssozialarbeit und Lebensqualität im Wohn- und Pflegeheim. In: KNAPP, G./STING, S. (Hg.): Soziale Arbeit und Professionalität im Alpen-Adria-Raum. Klagenfurt/Ljubljana/Wien 2007, S. 499-536.

HÖPFLINGER, F.: Altersforschung im Spannungsfeld angewandter und partizipativer Sozialforschung. In: BACKES, G. M. (Hg.): Soziologie und Alter(n). Neue Konzepte für Forschung und Theorieentwicklung. Opladen 2000, S. 201-217.

KARL, U./SCHRÖER, W.: Sozialpädagogische Theoriebildung und Alter(n)sforschung – aktuelle Perspektiven. In: ANER, K./KARL, U. (Hg.): Lebensalter und Soziale Arbeit. Band 6. Ältere und alte Menschen. Baltmannsweiler 2008, S. 257-269.

KITTL-SATRAN, H.: Betreuung alter Menschen in der Familie unter sozialpädagogischer Perspektive. Bedingungen, Leistungen, Belastungen. Saarbrücken 2008.

KNAPP, G.: Sozialpädagogik zwischen Wissenschaft und Praxis. Zur Entwicklungsgeschichte der Sozialpädagogik an der Alpen-Adria-Universität Klagenfurt 1982 bis 2008. Klagenfurt/Ljubjana/Wien 2008.

KONDRATOWITZ, H.-J. von: International vergleichende Alternsforschung: Bedingungen, Ergebnisse und Strategien. In: ANER, K./KARL, U. (Hg.): Handbuch Soziale Arbeit und Alter. Wiesbaden 2010, S. 467-480.

NEUHOLD, A./WINTER, H.: F&E an Österreichs Fachhochschulen aus der Sicht des Fachhochschulrates. In: POPP, R./POSCH, K./SCHWAB, M. (Hg.): Forschung & Soziale Arbeit an Österreichs Fachhochschulen. Wien 2005, S. 5-14.

OTTO, H.-U./OELERICH, G./MICHEEL, H.-G.: Mehr als ein Anfang. Empirische Forschung in der Sozialen Arbeit. In: OTTO, H.-U./OELERICH, G./ MICHEEL (Hg.): Empirische Forschung und Soziale Arbeit. Ein Lehr- und Arbeitsbuch. München/Unterschleißheim 2003, S. 3-12.

POPP, R./POSCH, K./SCHWAB, M. (Hg.): Forschung & Soziale Arbeit an Österreichs Fachhochschulen. Wien 2005.

RAUSCHENBACH, T./THOLE, W.: Sozialpädagogik – ein Fach ohne Forschungskultur? Einleitende Beobachtungen. In: RAUSCHENBACH, T./THOLE, W. (Hg.): Sozialpädagogische Forschung. Gegenstand und Funktionen, Bereiche und Methoden. Weinheim/München 1998, S. 9-28.

SCHWEPPE, C.: ‚Biographie' als Grundkategorie der Theorie und Praxis sozialer Altenarbeit. In: SCHWEPPE, C. (Hg.): Soziale Altenarbeit. Pädagogische Arbeitsansätze und die Gestaltung von Lebensentwürfen im Alter. Weinheim/ München 1996, S. 249-259.

VERZEICHNIS DER AUTORINNEN UND AUTOREN

AMANN, Anton, Mag. Dr., Univ.-Prof. i.R., Institut für Soziologie an der Universität Wien. Geschäftsführer des Paul F. Lazarsfeld Archivs an der Universität Wien. Wissenschaftlicher Leiter am Zentrum für Alternswissenschaften, Gesundheits- und Sozialpolitikforschung (ZENTAS) an der Niederösterreichischen Landesakademie, St. Pölten.

AUTRATA, Otger, Dr. habil., Privatdozent an der Universität Osnabrück und Leiter des Rottenburg-Feldkirchner Forschungsinstituts für Subjektwissenschaftliche Sozialforschung (RISS).

BRAUN, Karl-Heinz, Dr. habil., Professor für Sozialpädagogik/Erziehungswissenschaft am Fachbereich Sozial- und Gesundheitswesen der Hochschule Magdeburg-Stendal. Aktuelle Arbeitsschwerpunkte: Theorie und Praxis der Schulreform, Ganztagsbildung, Sozialreportage und Zeitzeugen in epochalen Umbruchprozessen.

DEUTSCH, Eva Maria, Mag.a (FH), Sozialarbeiterin an der Bezirkshauptmannschaft Klagenfurt, Bereich Jugend und Familie.

GATTERER, Gerald, Dr., klinischer Psychologe, Gesundheitspsychologe, Psychotherapeut. Leitender Psychologe und Vorstand der Abteilung für Psychosoziale Rehabilitation im Geriatriezentrum am Wienerwald.

HARDT-STREMAYR, Barbara, Mag.a (FH), wissenschaftliche Mitarbeiterin an der Fachhochschule Kärnten, Studienbereich Gesundheit und Pflege. Forschungsschwerpunkt: Behinderung und Alter.

HOMFELDT, Hans Günther, Dr. phil., Professor für Sozialpädagogik/ Sozialarbeit an der Universität Trier. Arbeitsschwerpunkte: Gesundheit und Soziale Arbeit, Internationale Soziale Arbeit, Lebensalter und Soziale Arbeit, aktuelle Fragestellungen Sozialer Arbeit.

HÖNIG, Barbara, Mag.a Dr.in, Soziologin, wissenschaftliche Mitarbeiterin an der Fachhochschule Kärnten, Studienbereich Soziales. Arbeitsschwerpunkte: Sozialwissenschaftliche Genderforschung, Wissens- und Wissenschaftssoziologie, Entwicklung der Sozialwissenschaft im europäischen Kontext.

HÖRL, Josef, Dr., Ao. Univ.-Prof., Institut für Soziologie der Universität Wien. Arbeitsschwerpunkte: Sozialgerontologie, Gewaltforschung.

KNAPP, Gerald, Mag. Dr., Ao. Univ.-Prof. am Institut für Erziehungswissenschaft und Bildungsforschung der Alpen-Adria-Universität Klagenfurt, Obmann des Kärntner Netzwerks gegen Armut und soziale Ausgrenzung.

KOLLAND, Franz, Dr. habil., Ao. Univ.-Prof. für Soziologie und Sozialgerontologie an der Universität Wien. Arbeitsschwerpunkte: Tertiärer Bildungssektor, Altersbilder und Generationenbeziehungen.

KÖSSELDORFER, Cornelia, Mag.ᵃ Sozial- und Integrationspädagogin. Koordinatorin und Projektleiterin des Kärntner Netzwerks gegen Armut und soziale Ausgrenzung.

KRALL, Hannes, Mag. Dr., Ao. Univ.-Prof. am Institut für Erziehungswissenschaft und Bildungsforschung der Alpen-Adria-Universität Klagenfurt.

KURZ, Rosemarie, Mag.a Dr.in, Österreichische Hochschülerschaft der Karl-Franzens-Universität Graz. Betreuung des Referates für Generationenfragen mit Beratung älterer Studierender und Forcierung von partizipatorischen und intergenerativen Initiativen.

OTTO, Ulrich, Prof. Dr. habil., bis 2008 Prof. für Sozialmanagement an der Friedrich-Schiller-Universität Jena (D). Seit 2008 Prof. für Sozialpädagogik an der Fachhochschule St. Gallen (CH). Seit 2009 leitet er dort das interdisziplinäre Kompetenzzentrum Generationen (CC). Arbeitsschwerpunkte: Generationen(verhältnisse), (Sozial-)Pädagogik der Lebensalter, Sozialpädagogik der Koproduktion, Alterns- und Lebenslaufforschung, Wohlfahrtspolitik und soziale Dienstleistungen im welfare mix, Hilfetheorien, soziale Unterstützungs- und Netzwerktheorie, Unterstützungs- und Netzwerkförderung.

REINPRECHT, Christoph, Dr., Ao. Univ.-Prof. am Institut für Soziologie der Universität Wien. Forschungsschwerpunkte: Migrationsforschung, Sozialstruktur und soziale Ungleichheit, Politische Soziologie.

ROSENMAYR, Leopold, em. o. Univ.-Prof., Universität Wien. Arbeitsschwerpunkte: Empirische Repräsentativ-Untersuchungen zu Verhaltensänderungen und Zukunftsperspektiven in der Altersgruppe zwischen 50 und 60 Jahren in Österreich, kulturvergleichende Studien zu Alterskreativität und Weisheit, Grundlagenforschung zu einer Philosophie des Alterns.

SCHEU, Bringfriede, Prof.in (FH) Dr.in, Leiterin des Studienbereichs Soziales an der Fachhochschule Kärnten.

SCHWEPPE, Cornelia, Dr.in phil. habil., Dipl.-Päd., Master of Arts (University of Chicago, USA), Professorin für Sozialpädagogik am Institut für Erziehungswissenschaft an der Universität Mainz. Arbeitsschwerpunkte: Transnationalität/Internationalität und Soziale Arbeit, Professionalisierung der Sozialen Arbeit, sozialpädagogische Forschung, Alter und Altenhilfe, Armut.

SIMON, Gertrud, Dr. phil., Universitätsdozentin für Pädagogik. Bis 2004 Ao. Professorin am Institut für Erziehungs- und Bildungswissenschaft der Karl-Franzens-Universität Graz. Schwerpunkte in Lehre und Forschung: Weiterbildung, Bildung im Lebenslauf, Genderforschung, Allgemeine und Historische Pädagogik. Entwicklung und Leitung des Universitätslehrgangs Interdisziplinäre Gerontologie (Alternswissenschaft).

SPITZER, Helmut, Mag. phil. Dr. phil., Professor für Soziale Arbeit am Studienbereich Soziales der Fachhochschule Kärnten; Lehrbeauftragter am Institut für Erziehungswissenschaft und Bildungsforschung sowie am Institut für Psychologie der Alpen-Adria-Universität Klagenfurt. Arbeitsschwerpunkte: Soziale Arbeit mit alten Menschen, Internationale Soziale Arbeit mit dem Schwerpunkt Afrika.

ZLENDER, Kerstin, Mag.[a] Soziologin und Politikwissenschaftlerin, Schwerpunkt: Geschlechter- und Familienforschung. Beschäftigt im Referat für Frauen und Gleichbehandlung des Landes Kärntens, zuständig für Maßnahmen zur geschlechtssensiblen Berufsorientierung und Projektorganisation.

ANHANG

4. Kärntner Armutskonferenz

Altern, Armut und Gesellschaft

gegen armut

in Kooperation mit

www.frauen.ktn.gv.at KÄRNTEN

Frauenreferentin
Landesrätin Dr.in Beate **PRETTNER**

IfEB

Bildungshaus Stift St. Georgen am Längsee
14. und 15. Oktober 2010

Programm

Donnerstag, 14.10.2010

14.00 Uhr bis 15.00 Uhr
Check in

15.00 Uhr bis 16.00 Uhr
Begrüßung und Einleitung
Ao. Univ.-Prof. Mag. Dr. Gerald Knapp (Obmann des Kärntner Netzwerks gegen Armut und soziale Ausgrenzung)

Eröffnung
LHStv. Dr. Peter Kaiser
Dr.^{in} Helga Duffek (Superintendentialkuratorin der Diözese Kärnten/Osttirol)
Kanonikus Msgr. Dr. Engelbert Guggenberger

Grußworte
LR^{in} Dr.^{in} Beate Prettner
DSC Helga Grafschafter (Frauenbeauftragte des Landes Kärnten)

16.00 Uhr bis 16.45 Uhr
Frauen, Alter und Armut
Univ. Doz.^{in} Mag.^{a} Dr.^{in} Eva Cyba (Universität Wien)

16:45 Uhr bis 17:00 Uhr
Pause

17:00 Uhr bis 17:45 Uhr
Altern, Armut und ländlicher Raum
Dr. phil. Heinz Schoibl (Helix- Forschung und Beratung Salzburg)

17:45 Uhr bis 18:15 Uhr
Diskussion

18:30 Uhr
Abendessen

20:00 Uhr
Abendausklang
Friedensschule Klagenfurt
Tatjana Wurzer (Klavier und Gesang)

Freitag, 15.10.2010

09:00 Uhr bis 09:30 Uhr
Begrüßung und Vorstellung der Workshops

09:30 Uhr bis 12:30 Uhr
Workshops

Workshop 1
„Altern, Armut und soziale Ungleichheit"
Dr. Gerald Knapp, Mag.ª Cornelia Kössldorfer

Workshop 2
„Altern, Armut und ländlicher Raum"
Dr. Heinz Schoibl

Workshop 3
„Altern, Armut und Familie"
Dr. Christian Müller, Dr. Gerald Salzmann

Workshop 4
„Altern, Armut und Frauen"
Helga Grafschafter, Mag.ª Sieglinde Trannacher

Workshop 5
„Altern, Armut und Migration"
Mag. Florian Kerschbaumer, Mag. Martin Schenk

<u>Workshop 6</u>
„Altern, Armut, Gesundheit und Pflege"
Dr.in Esther Blassnig, Dr.in Eva Brunner

<u>Workshop 7</u>
„Altern, Armut und Europa"
Mag. Markus Koza, Mag. Walther Schütz

12:30 Uhr bis 14.00 Uhr
    Mittagessen

14:00 Uhr bis 14:45 Uhr
    Kurzpräsentation der Ergebnisse der Workshops

14:45 Uhr bis 15:00 Uhr
    Pause

15:00 Uhr bis 16:15 Uhr
    Podiumsdiskussion:
    „Perspektiven gegen Altersarmut und soziale Ausgrenzung"
    <u>Moderation</u>: Mag. Jochen Bendele
    <u>Diskussionsrunde</u>:
    LHStv. Dr. Peter Kaiser
    Helga Grafschafter (Frauenbeauftragte des Landes Kärnten)
    Mag. Heinz Pichler (AK-Kärnten)
    Hermann Lipitsch (ÖGB)
    Mag. Edwin Dobernigg (AMS Kärnten)
    Mag. Martin Schenk (Sozialexperte der Ö. Armutskonferenz)
    Dr. Gerald Knapp (Obmann des KANW)

15:45 Uhr bis 16:00 Uhr
    Abschluss

PRESSESPIEGEL

KLEINE ZEITUNG
MITTWOCH, 4. AUGUST 2010

LEITARTIKEL

Das große Schweigen über ein Altern in Würde

Ein von Maden zerfressener Körper schockt nur kurz.

CARINA KERSCHBAUMER

Eine absolute Ausnahme und doch auch bezeichnend für Überforderung: der Fall jenes bettlägerigen 61-Jährigen, der letzte Woche in Wien starb und von Maden zerfressen war. Weil die Lebenspartnerin überfordert war. Ein Pflegefall, der geschockt hat. Kurz. Wie auch die Fragen über Pflege immer nur kurz aufflackern, bis sie ebenso schnell wieder zugedeckt werden. Wie jene nach der Finanzierung. Oder jene, wie Menschen, die nicht nur die fachlichen, sondern auch die menschlichen Qualitäten mitbringen, für den Beruf des Pflegers länger gewonnen werden können. Caritas, Diakonie und andere Organisationen werden heute in Wien dafür werben.

Vielleicht werden sie auch darauf hinweisen, dass von der Politik in Sonntagsreden immer wieder ein Altern in Würde versprochen wird, aber das große Schweigen über die Grundvoraussetzung dafür herrscht: über die Absicherung der Pflegekosten, die angesichts des demografischen Doppeltrends von Geburtenlücke und Alterung und der Änderungen der familiären Strukturen explodieren.

Die Zahlen und Hilferufe überschuldeter Gemeinden kennen bis zum Kanzler alle. Auch jene des Rechnungshofes, der in schöner Regelmäßigkeit vorrechnet, dass die Pflegekosten sich verdoppeln werden.

Die nötigen Maßnahmen, um ein Altern in Würde mit gut bezahlten, qualifizierten Pflegern abzusichern, fehlen aber bis heute. Um abzusichern, dass Menschen nicht in billige Verwahrpflege abgeschoben werden. Um abzusichern, dass die Würde im hohen Alter nicht nur am Sonntag als unantastbar bezeichnet wird und montags antastbar wird. Wenn Magensonden angelegt werden, weil das Personal zum Füttern fehlt. Oder verwirrte Menschen fixiert werden, weil es zu wenig Betreuungspersonal gibt. Oder Pflege im Minutentakt angesagt ist, die menschenverachtende Praktiken provozieren muss und Pfleger ins Burn-out treibt.

Fragen, die kein Kanzler, kein Finanzminister stellt. Und die von Betroffenen nicht mehr gestellt werden können. Pflegebedürftige haben keine Lautsprecher. Da wird dann vom Kanzler abwärts lieber weiter der vorgezogene Ruhestand von 57-jährigen Marathonläufern subventioniert. Und hingenommen, dass der Staatszuschuss zu den Pensionen sich 2009/2010 um voraussichtlich 67 Prozent auf 4,43 Milliarden Euro erhöhen wird – statt Schleusen gegen unnötige Subventionierungen zu schließen. Statt jenen Bereich durch neue Finanzierungssysteme abzusichern, der oberste Priorität haben müsste: die Pflege hilfsbedürftiger Menschen.

Sie erreichen die Autorin unter
carina.kerschbaumer@kleinezeitung.at

Kleine Zeitung, 4. August 2010, S. 6

Verzweifelter Hilferuf der Helfer

Der Anteil der Älteren wird in den nächsten Jahrzehnten sprunghaft ansteigen – und damit der Bedarf an Pflegern. Doch davon gibt es viel zu wenige. Hilfsorganisationen machen heute mobil und fordern von der Regierung Taten.

**WOLFGANG RÖSSLER,
EVA WEISSENBERGER**

Bevölkerungspyramide? Das Bild trifft die Wirklichkeit schon lange nicht mehr. Zeichnet man die derzeitige Altersstruktur der österreichischen Gesellschaft nach, erhält man ein ausgebeultes Fünfeck. Noch stellt die Generation der 45-Jährigen den Löwenanteil. Doch bereits in 20 Jahren wird sich das Verhältnis deutlich zugunsten der 60-Jährigen verschieben. 2050 schließlich werden laut Statistik Austria die 80-Jährigen relativ gesehen die größte Bevölkerungsschicht bilden – eine Generation, die auch dann noch erhöhten Pflegebedarf haben wird. Was bedeutet das für die Gesellschaft?

Dazu präsentieren heute die fünf größten Pflegeorganisationen einen Forderungskatalog an die Politik. Die Devise lautet: „Pflege – Die ungenutzte Chance am Arbeitsmarkt." Die katholische Caritas, evangelische Diakonie, die eher rote Volkshilfe, das eher schwarze Hilfswerk und das Rote Kreuz fordern nicht nur mehr Geld, sondern machen ganz konkrete Lösungsvorschläge.

„In Zukunft werden viel weniger Angehörige viel mehr alte Menschen zu betreuen haben", prophezeit etwa Caritas-Präsident Franz Küberl. „Die Schere geht immer stärker auseinander." Pflegeberufe müssten daher „attraktiver" werden – nicht nur bei der Bezahlung. „Bei der Pflege geht es um Fragen von Leben oder Tod. Die körperliche und seelische Belastung ist enorm." Kaum ein anderer Beruf weise derart hohe Burn-out-Raten auf.

Ruf nach Pflegefonds

Mit Bangen verfolgen die Hilfsorganisationen auch die anschwellende Forderung nach einem Berufsheer. Denn mit dem Präsenz- würde auch der Zivildienst abgeschafft werden. Und die vom Staat subventionierten jungen Männer würde die Alten- und Behindertenpflege zusammenbrechen. Rund 20.000 Pflegerinnen und Pfleger kümmern sich derzeit in Österreich um Alte und Gebrechliche. Einen beträchtlichen Anteil stellen dabei ausländische Rund-um-die-Uhr-Betreuer, deren Tätigkeit vor zwei Jahren gesetzlich abgesichert wurde. „Aber mit ausländischen Pflegern alleine werden wir auf Dauer nicht das Auslangen finden", warnt Othmar Karas, Präsident des Hilfswerkes und EU-Abgeordneter für die ÖVP. Wie Küberl fordert er von der Regierung einen mit mehreren Hundert Millionen Euro dotierten „Pflegefonds".

Damit soll nicht nur die Lan[g] zeitbetreuung für ältere Me[n] schen, sondern auch besse[re] Ausbildung, Bezahlung und A[r] beitsbedingungen für Pfleg[e] kräfte gewährleistet werden.

Bei der Verwaltung spare[n]

Der Zeitpunkt für das Vorpr[e] schen der Wohlfahrtsorganis[a] tionen ist bewusst gewählt. [Im] Herbst beginnen erste Verhan[d] lungen zum Finanzausglei[ch] zwischen Bund und Länder[n]. Woher das Geld nehmen? „[Bei] der Verwaltung kann man Mil[li] arden einsparen", heißt es da[zu] beim Hilfswerk. Außerdem l[ei] den die Hilfsorganisationen d[a] runter, dass die Dinge in jede[m] Land anders geregelt werde[n].

Geld allein sei jedenfalls ke[in] Heilmittel, sagt Küberl. Ang[e] sichts der demografischen E[nt] wicklung sei es nun hoch an d[er] Zeit, eine Debatte über den U[m] gang mit Älteren zu führe[n]. „Wir sollten uns endlich d[ie] Frage stellen, was notwend[ig] ist, damit die Umsorgung d[es] Lebens eine menschliche is[t]."

Leitartikel Seite 6

ZIVILDIENER
Zuweisungen von Zivildienern in Österreich

- 6326
- 9596
- 11.675
- 12.80[0]
*nach Aufstockung
2000   2003   2006   20[10]

Größte Organisationen

Organisation	
Rotes Kreuz	3900
A.-Samariter Bund	1130
Lebenshilfe	820
Caritas	540

Kleine Zeitung, 4. August 2010, S. 2

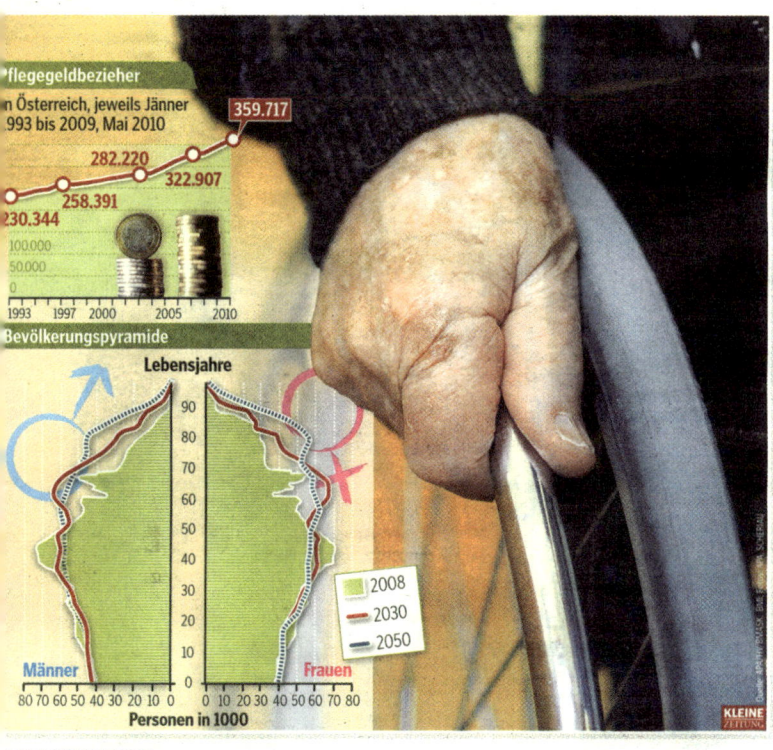

INTERGRUND

Polit-Schubumkehr bei Pflege

Nach dem Machtwechsel im Sozialreferat regiert in Kärnten der Rotstift.

KLAGENFURT. Mit unverhohlenem Neid blickte der damalige Wiener Pflegeombudsmann gen Süden: „Kärnten ist ein Vorbild für ganz Österreich", sagte Werner Vogt euphorisch.

Das war vor mittlerweile vier Jahren. Das Sozialreferat war fest in Hand der streitbaren roten Landeshauptmann-Stellvertreterin Gaby Schaunig, die der orange-freiheitlichen Regierungsfraktion eine umfassende Pflegereform abgerungen hatte. Unter dem lautstarken Protest vieler Heimbetreiber führte Schaunig die österreichweit strengsten Pflegestandards ein: Heime durften maximal 50 Betten haben, Einbettzimmer wurden zur Regel, auf eine diplomierte Betreuungskraft durften nicht mehr als 5 Betreute kommen.

Doch diese Auflagen, über die auch viele SPÖ-Bürgermeister murrten, wurden bald nach der Landtagswahl 2009 gelockert. Nicht zuletzt unter dem Diktat der leeren Kassen beugte sich der neue freiheitliche Soziallandesrat Christian Ragger den Forderungen der Heimbetreiber. Heime können nun wieder bis zu 75 Menschen beherbergen, wer Wert auf ein Einbettzimmer legt, muss nun 150 Euro extra bezahlen. „Das kann sich jeder leisten", glaubt Ragger. Auch die von seiner Vorgängerin nach einer Reihe von Skandalen verbotenen Familienpflegestellen hat er wieder eingeführt. Raggers Argument: „Wir brauchen Möglichkeiten, Menschen mit niedrigen Pflegestufen privat zu betreuen".

Grundsätzlich weht mit dem Wechsel von der prononciert linken Sozialreferentin Schaunig sowie deren Kurzzeit-Nachfolgerin Nicole Cernic hin zum rechtskonservativen Ragger ein anderer Wind in der Sozialabteilung. Ragger macht kein Hehl daraus, dass er der Betreuung durch Angehörige in den eigenen vier Wänden den Vorzug gegenüber der Pflege im Heim gibt.

Da nimmt es wunder, dass der Landesrat gerade bei den für pflegende Angehörige wichtigen mobilen Diensten den Rotstift ansetzt. Bei den zehn Kärntner Diensten will er durch die Bank zehn Prozent einsparen. Anbietern, die sich querlegen, stellt er die Rute ins Fenster: „Wenn die nicht mitspielen, wird pro Bezirk nur noch eine Organisation eingesetzt." **WOLFGANG RÖSSLER**

Kleine Zeitung, 4. August 2010, S. 3

„Das geht sich bald nicht mehr aus"

Die Österreicher werden immer älter – und gehen immer früher in Pension. In fünf Jahren kracht das System, warnen die Experten.

WOLFGANG RÖSSLER

Krise hin oder her: Gemessen am internationalen Schnitt herrscht in Österreich nahezu Vollbeschäftigung. Im Frühjahr ist die Arbeitslosigkeit auf 4,7 Prozent gesunken – kaum mehr als die Hälfte des OECD-Schnitts. Sind wir eine Insel der Seligen?

Kaum. Denn die rosigen Arbeitsmarktzahlen sind teuer erkauft. Rund 750.000 Österreicherinnen und Österreicher im erwerbsfähigen Alter arbeiten nicht mehr, weil sie bereits ihren Ruhestand genießen. Dank Hacklerregelung und Altersteilzeitmodellen warten nur noch sieben von zehn Arbeitnehmer, bis sie das gesetzliche Pensionsalter erreicht haben. Männer gehen statistisch gesehen mit 59 Jahren in Pension, Frauen mit 58. In anderen EU-Ländern wäre das undenkbar.

Christine Mayerhuber, Pensionsexpertin beim Wirtschaftsforschungsinstitut Wifo, bestätigt einen „gewissen Abtauscheffekt": Frühpensionierungen drücken die Arbeitslosenquote. Deutlich schärfer formuliert es Sozialwissenschafter Bernd Marin: „In Folge der Frühpensionitis ist der Arbeitsmarkt für Ältere bereits völlig zusammengebrochen."

Reform griff zu kurz

Doch woher stammt diese unselige österreichische Tradition? „Noch in den 1970er-Jahren, unter Bruno Kreisky, haben die Leute im Schnitt bis 67 gearbeitet", sagt Marin. Der Sündenfall sei rund zehn Jahre später geschehen, ergänzt Mayerhuber: „Während der Verstaatlichten-Krise hat die Politik Frühpensionierungen bewusst eingesetzt." Mit kleinen Ausreißern ist das Pensionsantrittsalter seither kontinuierlich ges[unken]. Auch die vor acht Jah[ren] unter der schwarz-blauen [Re]gierung durchgepeitschten [Re]formen brachten keine Tr[en]dumkehr. „Damals ist nur e[ine] Weichenstellung erfolgt, [mit] der Verlängerung der Hackl[er]regelung hat man den Sch[ritt] aber nicht zu Ende gebrac[ht]", kritisiert Mayerhuber.

Die Folge ist ein Teufelskr[eis.] Weil die Lebenserwartung s[te]tig wächst, klafft die Schere zw[i]schen Arbeitszeit und Ru[he]stand immer weiter auseina[n]der. Im Klartext: Immer we[ni]ger Arbeitnehmer zahlen [für] immer mehr Pensionisten, [de]ren Bezüge weit über d[em] OECD-Schnitt liegen.

Schon jetzt muss die öffe[ntli]che Hand einspringen, w[eil] durch die Beiträge nur noch [ ] Prozent der Pensionsleistung[en] abgedeckt sind. Der Bundesz[u]schuss allein für die ASVG-P[en ...]

PENSIONEN – DIE SCHERE G[EHT AUF]

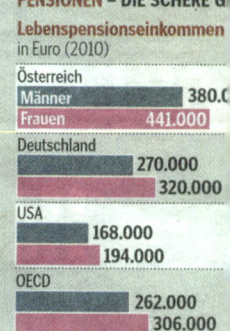

Lebenspensionseinkommen
in Euro (2010)

Österreich
- Männer: 380.0[00]
- Frauen: 441.000

Deutschland
- 270.000
- 320.000

USA
- 168.000
- 194.000

OECD
- 262.000
- 306.000

Pensionsausgaben des Staat[es]
in Prozent des BIP (2005)
- Österreich: 12,6%
- OECD: 7,2%

FÜNF GRÜNDE FÜR DIE PENSIONS-MISERE

1. Immer kürzere Arbeitszeiten

Wer 1970 in Pension ging, blickte im Schnitt auf 43 Arbeitsjahre zurück. Seither ist die Zeit der Erwerbstätigkeit auf durchschnittlich 35 Jahre geschmolzen. Durch längere Ausbildungszeiten verschiebt sich der Eintritt ins Berufsleben nach hinten, der Pensionsantritt erfolgt vier Jahre früher. Auf eine Lebensspanne gesehen, überwiegt die Zeit der Nicht-Erwerbstätigkeit.

2. Pensionsleistungen sind üppiger als andersw[o]

30.600 Euro netto stehen einem durch[schnittlichen] österreichischen Pensio[o]nistenpaar jährlich zur Verfügung. Da[s] ist deutlich mehr als in anderen, vergleichbaren Ländern. Durch die hohe Lebenserwartung steigt auch die Lebens-Pensionssumme: Männer beziehen im Schnitt 380.000 Euro, Frauen 441.000. In Deutschland sind [es] je um über 100.000 Euro weniger.

PENSIONEN IN GEFAHR | 3

IMMER WEITER AUF

Pensionsantrittsalter und Lebenserwartung
1965 bis 2007, 5-Jahres-Durchschnitte
*jeweils bei Pensionsantritt

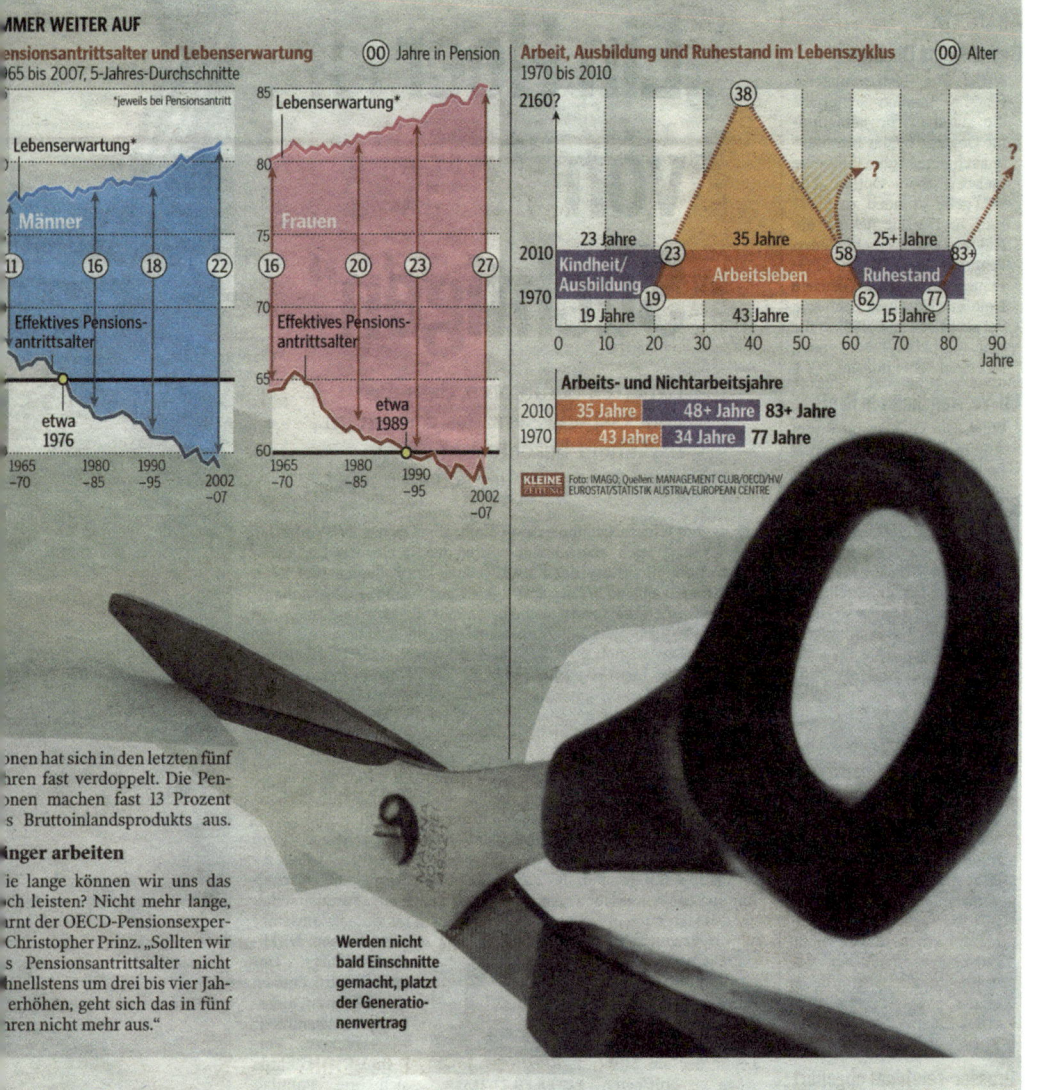

(00) Jahre in Pension

Männer: Lebenserwartung* — 11, 16, 18, 22
Effektives Pensionsantrittsalter — etwa 1976

Frauen: Lebenserwartung* — 16, 20, 23, 27
Effektives Pensionsantrittsalter — etwa 1989

1965–70, 1980–85, 1990–95, 2002–07

Arbeit, Ausbildung und Ruhestand im Lebenszyklus
1970 bis 2010

(00) Alter

2010: Kindheit/Ausbildung 23 Jahre — Arbeitsleben 35 Jahre (23–58) — Ruhestand 25+ Jahre (83+)
1970: 19 Jahre — 43 Jahre (19–62) — 15 Jahre (77)

Arbeits- und Nichtarbeitsjahre
2010: 35 Jahre | 48+ Jahre | 83+ Jahre
1970: 43 Jahre | 34 Jahre | 77 Jahre

Foto: IMAGO; Quellen: MANAGEMENT CLUB/OECD/HV EUROSTAT/STATISTIK AUSTRIA/EUROPEAN CENTRE

...nen hat sich in den letzten fünf ...hren fast verdoppelt. Die Pensionen machen fast 13 Prozent ...s Bruttoinlandsprodukts aus.

...nger arbeiten

...ie lange können wir uns das ...ch leisten? Nicht mehr lange, ...rnt der OECD-Pensionsexperte Christopher Prinz. „Sollten wir ...s Pensionsantrittsalter nicht ...hnellstens um drei bis vier Jahre erhöhen, geht sich das in fünf ...hren nicht mehr aus."

Werden nicht bald Einschnitte gemacht, platzt der Generationenvertrag

3. Sonderpensionen als teure Extrawürste

...ährend die ASVG-Pensionen und jene ...r gewerblichen Wirtschaft hauptsächlich über Beiträge finanziert werden, ...hlt der Staat bei Beamten, Bauern und ...senbahnern den Löwenanteil. Ein teu... Spezifikum sind die üppigen Pensio... der Nationalbank, die nun angeglichen werden sollen. Auch die Pensionen ... Altpolitiker reißen ein Loch in das ...dget: allein heuer 123 Millionen Euro.

4. Der Staat muss das Minus ausgleichen

Laut „Generationenvertrag" sollten die Pensionen aus den Beiträgen der Erwerbstätigen abgedeckt werden. Doch deren Zahl sinkt, während jene der Pensionisten steigt. Daher muss der Staat immer tiefer in die Tasche greifen, um das Pensions-Minus auszugleichen. Insgesamt haben sich diese Bundeszuschüsse seit dem Jahr 2000 von 4,9 Milliarden auf 9,1 Milliarden fast verdoppelt.

5. Schlusslicht bei Gleichbehandlung

Österreich hat sich verpflichtet, spätestens bis zum Jahr 2020 das gesetzliche Pensionsantrittsalter für Frauen an jenes der Männer anzugleichen. Bisher ist das aber nur bei den (Bundes-)Beamten geschehen. Laut Experten lassen sich dadurch bis zu 560 Millionen Euro pro Jahr einsparen. Denn trotz niedrigerer Monatszahlungen bekommen Frauen durch die höhere Lebenserwartung insgesamt deutlich mehr Pensionsleistungen als Männer.

Österreicher legen nicht nur beim Alter zu

Erstmals leben in Österreich mehr als 1000 Menschen, die den Hunderter schon hinter sich haben. Insgesamt werden die Österreicher immer mehr – und immer älter. 2050 wird jeder Dritte über 60 sein.

ÖSTERREICH IN ZAHLEN
Bevölkerungsentwicklung

Kärnten verliert

Es mag weniger Geburten geben – die Zuwanderung sorgt allerdings dafür, dass Österreich wächst: 8,375.290 Menschen lebten mit Stand 1. Jänner 2010 zwischen Neusiedler und Bodensee. Das prozentuell stärkste Wachstum verzeichnete im Vorjahr Wien – einen Bevölkerungsrückgang gab nur in Kärnten. Der Grund: zu wenig Geburten und ein Abwanderungsüberschuss in andere Bundesländer.

Vorarlberg
368.868
+1295 (+0,4%)*

Tirol
706.873
+2401 (+0,3%)*

* Einwohner: Stand 1. 1. 2010, Vergleich zu 1. 1. 2009

BEATE PICHLER

Österreich wächst. Nein, die Landesgrenzen stehen noch – doch mittlerweile leben 8,375 Millionen Menschen zwischen Neusiedler- und Bodensee (Stand 1. Jänner). Und es werden mehr. Nach den Prognosen der Statistik Austria wird Österreich bis zum Jahr 2050 mehr als neun Millionen Einwohner zählen, rechnet Josef Kytir im Gespräch mit der *Kleinen Zeitung* vor – vor allem der Osten wird kräftig zulegen. Wien etwa könnte zwischen 2040 und 2045 „wieder die Zwei-Millionen-Marke" erreichen, so Kytir. Anders der Trend im Süden. Das liege weniger an den Geburten als daran, dass „längerfristig jene Bundesländer wachsen, die Zuwanderung haben". Und da punkten Kärnten und die Steiermark offenbar nicht so stark . . .

Österreich wächst aber nicht nur, die Menschen werden auch immer älter. Erstmals gibt es bei uns mehr als 1000 Frauen und Männer, die den 100. Geburtstag schon hinter sich haben – und der Anteil der über 65-Jährigen liegt schon bei 17,6 Prozent. Tendenz steigend: Wenn Österreich im Jahr 2050 mehr als neun Millionen Einwohner zählen wird, werden voraussichtlich drei Millionen, sprich jeder Dritte, älter als 60 sein, so Kytir. Was nicht ohne Folgen bleiben kann: in der Wirtschaft, bei den Pensionen, im Gesundheits- und Pflegebereich . . .

Das Durchschnittsalter der Österreicher liegt mittlerweile übrigens bei 41,5 Jahren. Und dürfte, so der Fachmann, in den nächsten Jahrzehnten auf rund 46 oder 47 Jahre ansteigen.

Zuwanderer

Mehr Alte heißt aber nicht zwangsläufig weniger Junge: Dank der Zuwanderung ändert sich in der Gruppe der unter 20-Jährigen „relativ wenig". Ganz einfach: „Das Hauptzuwanderungsalter liegt zwischen 15 und 30 Jahren", so Kytir, das sind junge Erwachsene in einem Alter, in dem Familien gegründet werden.

Was dagegen zurückgeht, ist die Zahl der Menschen im Erwerbsalter, mahnt der Statistiker. Das wird Österreich vor allem zu spüren bekommen, wenn sich die Babyboom-Generation in den nächsten Jahr(zehnt)en in d Pension verabschiedet.

Inzwischen sorgen Zuwanderer für Ersatz. Und die komme mittlerweile vorzugsweise a Deutschland – 17.566 waren es i Vorjahr. Die Deutschen stelle mit 138.225 Personen erstma auch die größte Ausländergrupe in Österreich. Allerdings nu wenn man die Nachfolgestaate des ehemaligen Jugoslawie nicht zusammenzählt.

Leitartikel Seite 8

ÖSTERREICH | 13

Oberösterreich
1,411.238
+835 (+0,1%)*

● Linz

Niederösterreich
1,607.976
+2854 (+0,2%)*

St. Pölten ● ● Wien

Österreich
8,375.290
+20.030 (+0,2%)*

Wien
1,698.822
+11.551 (+0,7%)*

● Eisenstadt

zburg

alzburg
529.861
644 (+0,1%)*

Steiermark
1,208.372
+893 (+0,1%)*

● Graz

Burgenland
283.965
+847 (+0,3%)*

ärnten
559.315
1290 (−0,2%)*

● Klagenfurt

Geburten & Hochzeiten

Es fehlt der Nachwuchs

76.344 Babys wurden im Vorjahr in Österreich geboren, 1,8 Prozent weniger als 2008. Damit kommen – statistisch gesehen – 1,39 Kinder auf jede Frau. In keinem einzigen Bundesland gab es ein Geburtenplus, überdurchschnittlich hoch fiel das Minus in Salzburg (minus 4,0 Prozent), aber auch in Kärnten (minus 3,3) aus. Die Steiermark verzeichnete ein Minus von 0,7 Prozent. Das Durchschnittsalter der Mütter betrug 30 Jahre, 39,3 Prozent der Kinder kamen unehelich zur Welt. Apropos Ehe: 35.469 Paare sagten im Vorjahr Ja (plus 0,7 Prozent). Auffallend das Burgenland mit plus 8,1 Prozent bei den Eheschließungen – in Kärnten trauten sich um 4,2, in der Steiermark um 1,5 Prozent mehr Paare.

Zuwanderung

Deutsche zieht's nach Österreich

Von den 8.375.290 Männern, Frauen und Kindern, die mit Stand 1. Jänner 2010 in Österreich lebten, waren 7.480.146 österreichische Staatsbürger, 895.144 – also rund zehn Prozent – nicht. Mit 138.225 Personen stellten die Deutschen erstmals die größte Ausländergruppe im Land, sie reihten sich damit noch vor die Bürger aus Serbien, Montenegro oder dem Kosovo. Dass die Deutschen nach Österreich drängen, beobachten Demografen schon länger: Nicht zuletzt aufgrund der restriktiveren rechtlichen Rahmenbedingungen für Angehörige von Drittstaaten „beobachten wir eine Verschiebung von klassischen Gastarbeitern hin zu Bürgern aus den EU-Staaten und allen voran Deutschland", heißt es. Die Wanderungsbewegungen im Detail: 107.785 Personen kamen im Vorjahr nach Österreich, 87.189 verließen das Land.

Kleine Zeitung, 20. Mai 2010, S. 13

KÄRNTEN-THEMA

Land vergreis[t]

Studie belegt eine dramatische Bevölkerungsentwicklung bis 2031 in Kärnten. Zahl der alten Menschen explodiert und die Zahl junger Menschen nimmt dramatisch ab.

ELISABETH TSCHERNITZ-BERGER

Diese Studie birgt Sprengstoff: Die Abteilung 20 Landesplanung in der Kärntner Landesregierung mit Christian Seidenberger hat gemeinsam mit dem österreichischen Institut für Raumplanung eine Studie über die Bevölkerungsentwicklung bis zum Jahr 2031 erstellt, die nicht nur die Politik das Fürchten lehrt. Demnach steht die Bevölkerungspyramide Kopf.

Bis 2031 werden sich immer mehr ältere Menschen bester Gesundheit erfreuen, weil auch die Lebenserwartung ständig zunimmt. Im Jahr 2031 werden Männer im Schnitt 81,3 Jahre alt sein und Frauen 86,4 Jahre. Eine erfreuliche Situation, würde nicht der Anteil der jungen Menschen gleichzeitig dramatisch zurückgehen. Das heißt, dass immer weniger Menschen in Arbeitsverhältnissen stehen werden.

Für die Wirtschaft, den [Ar]beitsmarkt, Schulen, Sozial[system]ten bedeutet diese Stati[stik] nichts Gutes. Um durchschn[itt]lich 23 Prozent weniger unter [15-]Jährige und um 62 Prozent m[ehr] Menschen zwischen 65 und [84] Jahren könnten zum Prob[lem] werden, wenn nicht rechtze[itig] mit intelligenten Rezepten [ge]gengesteuert wird. Doch der[zeit] herrscht eher der Eindruck, dass solche Zukunftsprogno[sen] nicht ernst genommen werd[en]. Schaut man sich die Zahlen [in] den Kärntner Bezirken an, w[ird] es noch dramatischer: So ge[hen] 2031 im Bezirk Spittal 40 Proz[ent] der Jugendlichen zwischen [15] und 19 Jahren ab, während [die] Zahl an über 85-Jährigen um [...] Prozent zunimmt.

Wo wird die Wirtschaft [in 20] Jahren ihre Arbeitskräfte find[en]? Denn mit dem Problem hat n[icht] nur Kärnten zu kämpfen, s[on]dern ganz Europa.

Dringend gegensteuern

„Der Hut brennt, wir müs[sen] dringend gegensteuern, sonst [be]kommen wir ein massives [Pro]blem", weiß der Chef der Kä[rnt]ner Industriellen, Otmar [Pe]schnig, um die Dramatik der [Si]tuation. Er sieht das Rezept

+62%

Im Jahr 2006 gab es noch 90.000 Menschen zwischen 65 und 84 Jahren in Kärnten. 2031 werden es 131.476 sein – plus 62 Prozent

Die Lebenserwartung steigt und damit die Zahl der älteren Menschen

---

KLAGENFURT STADT

2031: Unter 15: minus 8,4 Prozent
15 bis 19: minus neun Prozent
20 bis 64: minus neun Prozent
65 bis 84: plus 69,3 Prozent
Über 85: plus 91,7 Prozent
Gesamt: 94.545, plus 4,5 Prozent

KLAGENFURT LAND

2031: Unter 15: minus 20,6 Prozent
15 bis 19: minus 25 Prozent
20 bis 64: minus 8,1 Prozent
65 bis 84: plus 83,1 Prozent
Über 85: plus 177,1 Prozent
Gesamt: 58.934, plus 4,3 Prozent

VILLACH STADT

2031: Unter 15: minus 14 Prozent
15 bis 19: minus 14,9 Prozent
20 bis 64: minus sieben Prozent
65 bis 84: plus 73 Prozent
Über 85: plus 93,2 Prozent
Gesamt: 60.453, plus 5,2 Prozent

VILLACH LAND

2031: Unter 15: minus 30 Prozent
15 bis 19: minus 35,3 Prozent
20 bis 64: minus 13,4 Prozent
65 bis 84: plus 59,9 Prozent
Über 85: plus 146,1 Prozent
Gesamt: 62.252, minus 4,1 Prozent

ST. VEIT

2031: Unter 15: minus 32,2 Prozent
15 bis 19: minus 36,1 Prozent
20 bis 64: minus 20,2 Prozent
65 bis 84: plus 46 Prozent
Über 85: plus 123 Prozent
Gesamt: 52.415, minus 10,8 Prozent

BEVÖLKERUNGSENTWICKLUNG | 17

20 Jahren

seits in der „qualifizierten Zuderung" und andererseits in r Rückholaktion der abgederten jungen Menschen Kärnten. „Dafür muss man Standort wesentlich attraktigestalten," ist Petschnig übergt. Er denkt an eine internale Schule für Zuwandererer. Eine Forderung, die im ntner Landesschulrat noch t diskutiert wird. „Wir finmit den bilinguaSchulen das Ausen", sagt Landesalratspräsident ter Ebner, der die l der Schüler und Finanzmittel für Schulen schwinsieht.

s wird einen tbewerb der dorte geben", so chnig. Kärnten e gute Karten, man rechtzeiMaßnahmen erife. Wirtschaftsmerpräsident Franz Pacher roh, dass der Arbeitsmarkt in erreich für EU-Bürger 2013 lich geöffnet wird. „Wir werdie Zuwanderer noch drind brauchen", so Pacher. Er t aber auch eine kaufkräftige re Generation heranreifen, die Wirtschaft beleben könn

te. „Die ältere Generation ist eine ausgabefreudige Käuferschicht," zeigt er die positiven Seiten auf. Einen Ausweg aus dem Arbeitskräftemangel sieht Pacher in der stärkeren Technisierung der Industrie. „Wenn notwendig, sind unsere Nachbarn gerne ins Land gekommen", sieht Pacher Auswege aus der auf den Kopf gestellten Bevölkerungspyramide.

Der stellvertretende Leiter des Kärntner Arbeitsmarktservice, Franz Zewell, hat im Moment andere Sorgen, als 20 Jahre im Voraus zu denken. „Im Moment muss ich die Arbeitslosen am Markt unterbringen." Er setzt auf das Arbeitskräftepotenzial von Frauen – Kärnten hat die geringste Frauenbeschäftigungsquote – und älteren Arbeitnehmern.

„Wir sind auf diese Situation durchaus vorbereitet und treffen bereits Vorsorge", erklärt Sozialreferent Christian Ragger. Denn auf das Sozialressort käme in 20 Jahren wohl die größte Kostenbelastung zu, wenn nicht rechtzeitig Rezepte gefunden werden.

> „Kärnten muss als Heimat für qualifizierte Zuwanderer attraktiv werden. Sonst haben wir ein Problem."
> **Otmar Petschnig**

-23%

126.167 Menschen unter 20 Jahren lebten im Jahr 2006 in Kärnten. 2031 werden es nur noch 97.111 sein. Ein Minus von 23 Prozent

Junge Leute werden in Kärnten in 21 Jahren Mangelware sein   FOTOLIA

DKIRCHEN 
1: Unter 15: minus 30 zent
is 19: minus 30,7 zent
is 64: minus 7,7 Prot
is 84: plus 72 Pro

85: plus 122,1 Pro

amt: 30.167, minus Prozent

HERMAGOR 
2031: Unter 15: minus 39,1 Prozent
15 bis 19: minus 37,3 Prozent
20 bis 64: minus 22,7 Prozent
65 bis 84: plus 35,8 Prozent
Über 85: plus 96,3 Prozent
Gesamt: 16.945, minus 14,2 Prozent

SPITTAL 
2031: Unter 15: minus 40,2 Prozent
15 bis 19: minus 40,9 Prozent
20 bis 64: minus 19,9 Prozent
65 bis 84: plus 55,3 Prozent
Über 85: plus 117,7 Prozent
Gesamt: 72.178, minus 11,8 Prozent

VÖLKERMARKT 
2031: Unter 15: minus 38,3 Prozent
15 bis 19: minus 39,5 Prozent
20 bis 64: minus 18 Prozent
65 bis 84: plus 56,4 Prozent
Über 85: plus 142,2 Prozent
Gesamt: 39.508, minus 9,6 Prozent

WOLFSBERG 
2031: Unter 15: minus 36,4 Prozent
15 bis 19: minus 40,6 Prozent
20 bis 64: minus 21,3 Prozent
65 bis 84: plus 58 Prozent
Über 85: plus 126 Prozent
Gesamt: 50.263, minus 11,3 Prozent

Land verordnet Pflegediensten

Soziallandesrat Ragger setzt Sparstift an: Computer errechnen kürzeste Anfahrtsroute zu Klienten. Die werden dem nächstliegenden Betreuungsdienst zugeordnet. Arge mobile Dienste warnt.

> *Es ist menschenunwürdig, in teils jahrelange Beziehungen zu Klienten einzugreifen.*
> **Sieglinde Trannacher**

ROBERT BENEDIKT, ANDREA BERGMANN

Neun Millionen Kilometer legen die Pflege- und Hilfskräfte der mobilen Pflege- und Betreuungsdienste in Kärnten jährlich zurück, um ihre knapp 8000 Patienten zu versorgen. Dadurch entstehen Fahrtkosten von unglaublichen 3,78 Millionen Euro. Soziallandesrat Christian Ragger (FPK) will nun auch in diesem Sozialbereich den Sparstift ansetzen und die Kosten erheblich einschränken. Zu Hilfe kommt ihm dabei ein Computerprogramm namens „Ilogs", das in Klagenfurt entwickelt wurde. Derzeit wird es im Bezirk Wolfsberg in einem Pilotprojekt erprobt.

„Ilogs" soll künftig dafür sorgen, dass die Pflegekräfte der insgesamt zwölf eingebundenen Organisationen, vom Roten Kreuz über das Hilfswerk bis zum AVS, nicht mehr weite Strecken fahren, um zu ihren Patienten zu gelangen. Künftig soll diejenige Pflegeorganisation die Pflege eines bestimmten Patienten übernehmen, die den kürzesten Anfahrtsweg hat.

Weitere Einsparungen

Dass das in der Realität funktioniert, zeigt sich bei der Erprobung im Bezirk Wolfsberg. Ragger: „Im 1. Quartal des heurigen Jahres haben die Pfleger nur noch 197.000 Kilometer zurückgelegt statt 233.000 im Jahr zuvor. Das bedeutet, dass wir in den letzten drei Monaten 36.000 Fahrt-Kilometer einsparen konnten."

Dadurch wird der Einsatz der mobilen Dienste wesentlich effizienter. Denn im derzeit angewandten „System" sind die hoch qualifizierten Pfleger sehr unwirtschaftlich eingesetzt. Nur 60 Prozent ihrer Arbeitszeit entfallen auf die eigentliche Pflege, die anderen 40 Prozent auf Administration und Fahrtzeit.

Vonseiten der Betreuungsdienste wird unterschiedlich auf den Ragger-Vorstoß reagiert. Sieglinde Trannacher von der Arge mobile Pflege- und Betreuungsdienste, in der sich schon 2001 die zwölf Anbieter zwecks Kooperation und Koordination zusammengeschlossen haben, sieht die Sache differenziert.

„Menschenunwürdig"

Es stimme, dass gerade im ländlichen Raum weitere Einsparungen bei den Kilometern und Wegzeiten möglich seien. „Wir sind alle dazu bereit." Die von Ragger angepeilten zehn Prozent hält sie für unrealistisch, möglich wären zwei bis drei Prozent. Horst Krainz vom Hilfswerk, ebenfalls Mitglied der Arge, hält zehn Prozent Einsparung hingegen für realistisch, weil im Logistischen noch viel möglich sei. Gleich wie Trannacher warnt er allerdings: Man muss beim Spargedanken auch die betreuten Klienten sehen, die über Jahre teils eine enge Beziehung zu den Pflege- und Hilfskräften aufgebaut haben. „Das zu ändern, ist menschenunwürdig", so Trannacher. Zudem gebe es zwischen Klienten und Hilfsdiensten gültige Verträge.

Soziallandesrat Ragger hofft, „Ilogs" noch heuer auch in anderen Bezirken einsetzen zu können. Dabei ist er auf die Kooperation der Hilfsdienste angewiesen. Damit diese an einem Strang ziehen, hat er ihnen die Rute ins Fenster gestellt: „Wenn die nicht mitspielen, werden wir pro Bezirk nur noch eine Organisation einsetzen." Für heuer scheint alles paletti. Trannacher verweist darauf, dass der Vertrag der zwölf Anbieter mit dem Land für 2010 gerade unterschrieben werde.

Für die forcierte Pflege zu Hause gibt das Land 35 Millionen Euro pro Jahr aus. Diplomierte Kräfte kosten je nach Organisation 48 bis 57 Euro pro Stunde, der Pflegling zahlt dafür, je nach Einkommen, 13 bis 36 Euro. Den Rest teilen sich Kommunen und das Land.

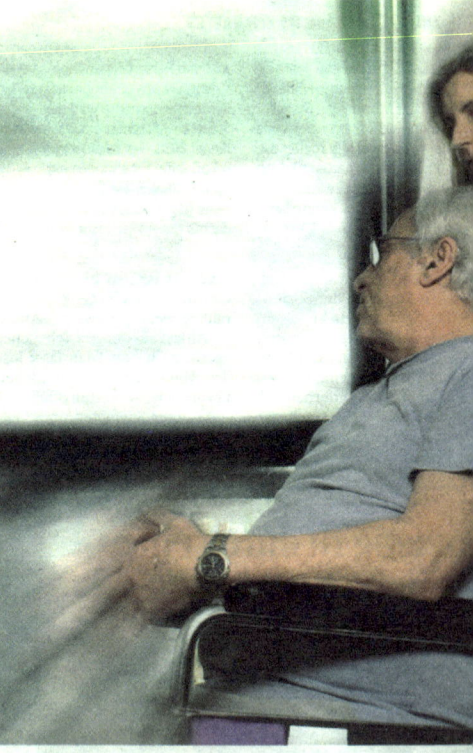

… **Spar-System**

ZAHLEN & FAKTEN

Zwölf Anbieter, vom Roten Kreuz bis zum AVS, haben sich schon 2001 zur Arge mobile Pflege und Betreuungsdienste zusammengeschlossen. Sie haben einen Vertrag mit dem Land.
1600 Mitarbeiter betreuen 8000 Klienten: Die Dienste reichen von der Hilfe im Haushalt über Pflegehilfe bis zur medizinischen Pflege durch diplomierte Kräfte.

Künftig soll laut Ragger jene Organisation die Pflege übernehmen, die den kürzesten Anfahrtsweg hat
FOTOLIA

…hne Bevölkerung

…ls Gehring kärntenspezifisch …um Skandal der Hypo Alpe …dria meinte: „Es wurden in der …ergangenheit Fehler gemacht. …h bin mir nicht ganz sicher, dass …ie Entscheidungen, die jetzt ge-…offen worden sind, die richtigen …nd." Ziel des Kandidaten ist es, …umindest so viele Stimmen zu …rreichen, dass es zu einer Stich-…ahl kommt.

…enn diesen Donnerstag **Heinz Fischer** einen weiteren …ärnten-Wahlkampftag absol-…iert, läuft alles hoch professio-…ell ab. Er startet am Vormittag

Gehring hätte Kärnten-Tag in Miniformat ORF

bei der Landeskonferenz des Pensionistenverbandes in Velden. Neo-Landesrätin **Beate Prettner** wird sich dort vorstellen, der neue Parteichef und Landeshauptmann-Vize **Peter Kaiser** wird Fischer den ganzen Tag über begleiten: Wochenmarkt Klagenfurt, Lehrwerkstätte Krumpendorf, Schlussveranstaltung in der Schleppe Event-Halle.
ANDREA BERGMANN

KÄRNTEN-THEMA

INTERVIEW

„Die Wertschätzung muss deutlich steigen"

Kurt Kurnig, AVS-Psychologe und Psychotherapeut, über den Wert älterer Mitarbeiter für Dienstgeber und junge Kollegen.

Auf dem Arbeitsmarkt gilt man heute bereits ab dem 45. Lebensjahr als alt. Aber zählt man wirklich schon zum alten Eisen?
KURT KURNIG: Grundsätzlich muss man sagen, dass Altern kein defizitärer Prozess ist, sondern eine Veränderung der Lebensressourcen bedeutet. Die Tradition der Pensionierung ist daraus entstanden, dass früher mehr Menschen handwerklich tätig waren und mit 60 bis 65 Jahren nicht mehr viele körperliche Ressourcen hatten. Natürlich entstehen im Alter körperliche Defizite, aber die psychische Leistungsfähigkeit nimmt zum Teil sogar zu. So kann man zum Beispiel bis zum Ende des siebten Lebensjahrzehnts noch sehr gut lernen, vorausgesetzt, dass der Prozess des Lernens nicht für längere Zeit unterbrochen wurde.

Bleibt der Trend der heutigen Zeit bestehen, so werden wir zwar einerseits immer älter, aber andererseits immer früher als inkompetent abgestempelt. Wohin soll das führen?
KURNIG: Hier muss ein Umdenken passieren, denn in vielen Arbeitsbereichen muss man auf die älteren Arbeitnehmer setzen, wenn man bestehen will. Durch geburtenschwache Jahrgänge haben wir einen Verlust beim Nachwuchs. Aufgrund steigender Anforderungen brauchen viele Jüngere relativ lange, um nötige Niveaus zu erreichen. Fehlen in einem Betrieb ältere Arbeitnehmer, so geht Betriebsvermögen in Form von Know-how und Beziehungsressourcen verloren.

Welche Vorteile haben ältere Arbeitnehmer?
KURNIG: Sie gehen mit komplexen Sachverhalten und Gesamtkonzepten besser um. Ihre Toleranz in Bezug auf alternative Handlungsstile ist erhöht. Die Einschätzung eigener Fähigkeiten und Grenzen ist relativ gut. Entscheidungen treffen sie mit Vorsicht und Realismus.

Eine gute Durchmischung von jung und alt am Arbeitsplatz wäre ideal?
KURNIG: Ja, denn ältere Arbeitnehmer vermitteln auch Orientierung, Traditionen und Werte und können gut die Aufgaben von Mentoren oder Coaches übernehmen. Jüngere können Ältere in deren Lernen fördern.

Es heißt aber, dass ältere Arbeitnehmer zu teuer sind.
KURNIG: Es fehlt weitgehend das Bewusstsein, dass man Menschen ab 50 anders fördern und einsetzen muss. Dann sind sie innerbetriebliche Ressourcen für die Zukunft – und damit ihr Geld auch wert.

INTERVIEW: ULRIKE GREINER

Kurt Kurnig von der Arbeitsvereinigung der Sozialhilfe Kärnten

„Ab 40 gehört

Ältere Arbeitnehmer haben oft einen schweren Stand und sind von Kündigung bedroht. Nur in wenigen Unternehmen geschieht bereits ein Umdenken.

ULRIKE GREINER

Mit 56 Jahren wurde ein Klagenfurter arbeitslos, weil seine Firma in den Konkurs schlitterte. Erst mit 58 fand der Mann wieder einen Job. Dazwischen lagen zwei Jahre, in denen sich Schulden anhäuften, weil er die Miete nicht bezahlen konnte, er nach einer Räumungsklage auf der Straße stand, seine Partnerin von ihm trennte und er häufig an Selbstmord dachte.

Das Schicksal dieses Mannes, der durch den Jobverlust rasch unverschuldet in Not geriet, ist symptomatisch für das, was viele ältere Arbeitnehmer erleben müssen. „Wenn man ein bisschen über 40 ist, zählt man schon zu den Alten", bestätigt Jutta Brauhuber, Geschäftsführerin der Gewerkschaft der Privatangestellten (GPA) in Kärnten. Allerdings ortet sie auch ein „leichtes Umdenken, vor allem in größeren Betrieben, wo man die älteren Arbeitnehmer wieder mehr schätzt". Der eine oder andere Betrieb hat erkannt, dass der ältere Dienstnehmer nicht bloß ein Kostenfaktor ist. „Natürlich nicht die Masse der Unternehmen

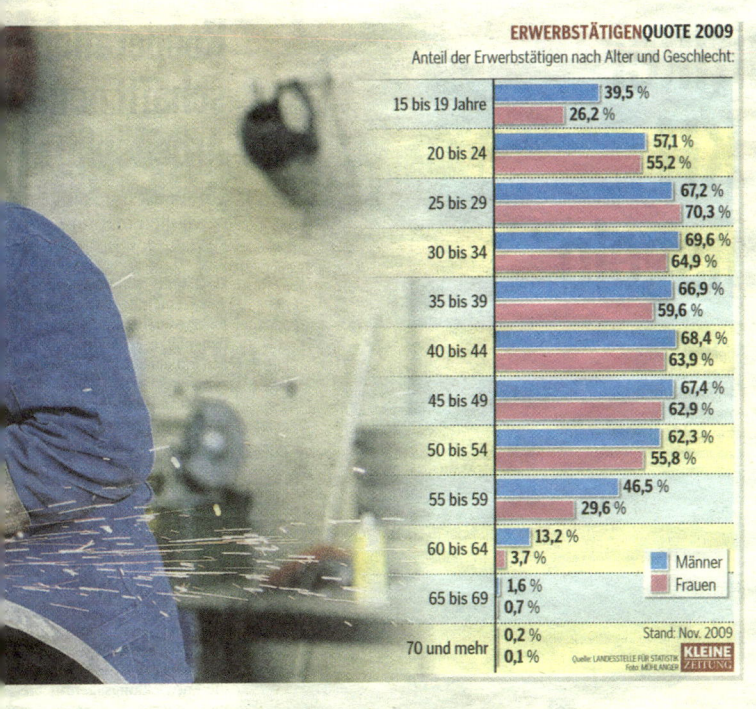

ÄLTERE ARBEITNEHMER | 19

ERWERBSTÄTIGENQUOTE 2009
Anteil der Erwerbstätigen nach Alter und Geschlecht:

Alter	Männer	Frauen
15 bis 19 Jahre	39,5 %	26,2 %
20 bis 24	57,1 %	55,2 %
25 bis 29	67,2 %	70,3 %
30 bis 34	69,6 %	64,9 %
35 bis 39	66,9 %	59,6 %
40 bis 44	68,4 %	63,9 %
45 bis 49	67,4 %	62,9 %
50 bis 54	62,3 %	55,8 %
55 bis 59	46,5 %	29,6 %
60 bis 64	13,2 %	3,7 %
65 bis 69	1,6 %	0,7 %
70 und mehr	0,2 %	0,1 %

Stand: Nov. 2009
Quelle: LANDESSTELLE FÜR STATISTIK Foto: MÜHLANGER

STATISTIK

Im Alter hat nur jeder Vierte einen Job

Zwischen 55 und 64 arbeiten nur mehr 30,9 Prozent der Männer und 17,3 Prozent der Frauen.

Ältere Arbeitnehmer werden oft von jüngeren verdrängt, Frauen sind in der Arbeitswelt gegenüber Männern massiv benachteiligt. Heißt es. Peter Ibounig, Leiter der Landesstelle für Statistik beim Amt der Kärntner Landesregierung, setzt auf Zahlen. Und diese sprechen eine deutliche Sprache, was den altersmäßigen Erwerbstätigenverlauf von Frauen und Männern angeht (siehe Grafik, Stand 30. November 2009).

„So sind zum Beispiel Frauen im Alter zwischen 25 und 29 Jahren zu einem größeren Anteil, nämlich zu 70,3 Prozent, erwerbstätig als ihre gleich alten männlichen Kollegen, die es auf 67,2 Prozent bringen", erläutert Ibounig. In mittleren Jahren scheiden viele Frauen aus dem Erwerbsleben aus: Zwischen dem 30. und 34. Lebensjahr sind 64,9 Prozent der Frauen erwerbstätig, zwischen dem 35. und dem 39. Lebensjahr überhaupt nur 59,6 Prozent. Das erklärt sich durch die Familiengründungen. „Aber ein Teil kehrt nach einigen Jahren wieder in den Erwerbsprozess zurück", weiß Ibounig.

Geringer Anteil

Besonders interessant ist die Erwerbstätigenquote der 55- bis 64-Jährigen. Bei den Männern beträgt sie 30,9 Prozent, bei den Frauen lediglich 17,3 Prozent. „Das heißt, dass in dieser Altersgruppe nur jeder vierte Kärntner und jede vierte Kärntnerin in einem Arbeitsverhältnis steht", sagt Ibounig. Skandinavische Länder erreichen in dieser Altersgruppe Werte um 65 Prozent.

„man zu den Alten"

> „Wir müssen häufig wegen ungerechtfertigter Kündigungen intervenieren. Oft geht sich dann wenigstens ein Vergleich aus"
>
> **Jutta Brandhuber**, Geschäftsführerin GPA Kärnten

...en so weit und natürlich gibt es ...ch immer wieder den krassen ...all, dass man für einen älteren ...itarbeiter zwei junge einstellt. ...ber wenn man wirklich langfristig planen will, muss man den Wert des älteren Arbeitnehmers berücksichtigen", sagt Brandhuber. Er bringt Wissen, Erfahrung und Loyalität ein und kann diese Ressourcen gut an jüngere Kollegen weitergeben.

Zukunftsmusik

Dass solche Modelle Schule machen, ist allerdings, was das Gros der Unternehmen angeht, Zukunftsmusik. Die GPA ist nach wie vor mit zahlreichen Interventionen beschäftigt, wenn es um ungerechtfertigte Kündigungen geht. Und diese betreffen meist ältere Arbeitnehmer. „Oft geht sich wenigstens ein Vergleich aus, bei dem der Betroffene drei oder vier Monatsgehälter bekommt. Das ist aber nur eine finanzielle Überbrückung", erzählt Brandhuber aus Erfahrung.

Was häufig vorkommt, sind Änderungskündigungen: Der Mitarbeiter verzichtet auf 10 bis 20 Prozent seines bisherigen Gehalts, kann aber dafür seinen Job behalten. Nach wie vor ebenfalls gängig sind Altersteilzeit-Modelle. „Diese sind bei den Mitarbeitern selbst sehr beliebt, weil sie darin geschenkte Jahre sehen", sagt Brandhuber. Werden Altersteilzeit oder ein Golden Handshake für den Vorruhestand angeboten, so „geht der überwiegende Teil freiwillig und gerne", weiß Brandhuber.

„Jeder könnte einmal Pflege brauchen!"

Hunderte Betroffene demonstrierten gestern in Klagenfurt bei einer „Betriebsversammlung" für bessere Bezahlung der Mitarbeiter in den Gesundheits- und Sozialberufen. Sie wünschen sich nicht nur mehr Geld, sondern auch höhere Anerkennung in der Öffentlichkeit.

ROBERT BENEDIKT

Die Mitarbeiter im Gesundheits- und Sozialbereich drohen mit einem Arbeitskampf: Weil die Gehaltsverhandlungen mit den privaten Dienstgebern bisher gescheitert sind, haben sie gestern in Klagenfurt eine „öffentliche Betriebsversammlung" durchgeführt. Dabei sind etwa 400 Betroffene quer durch die Stadt gezogen, um die Bevölkerung auf ihre Probleme aufmerksam zu machen und um für mehr Anerkennung für ih[r] Berufe zu werben.

Auch wurde eine Resoluti[on] folgenden Inhalts beschlosse[n]: „Wir fordern von unseren A[r]beitgebern einen Kollektivv[er]trag-Abschluss, der den steige[n]den Anforderungen am Arbei[ts]platz gerecht wird und ander[en] vergleichbaren Kollektivvert[rä]gen entspricht." Das zentrale A[n]liegen, das auch auf Transpare[n]ten zum Ausdruck gebracht w[ur]de, lautet: „Reallohn-Erhöhung[..]

„VIEL ZU SCHLECHT BEZAHLT"

Margot Müller, Hilfswerk: Als Betriebsratsvorsitzende vertrete ich rund 500 Mitarbeiter im Hilfswerk. Sie sind ohne Ausnahme viel zu schlecht bezahlt. Das gilt im Sozialbereich allgemein. Ich finde es ganz richtig, heute auf die Straße zu gehen, sonst tut sich nichts. Wir alle lieben unsere Jobs, genießen aber viel zu wenig Anerkennung. Deshalb beteilige ich mich heute, um für bessere Bedingungen einzutreten.

Alois Tuscher, Job-Coach: Meine Aufgabe ist es, beeinträchtigten Menschen bei der Re-Integration in das Berufsleben behilflich zu sein. Ich bin heute d[abei], weil die Dienstleistung[en] im Sozialbereich nicht so hon[o]riert werden, wie sie es wert w[ä]ren. Das gilt besonders für Ne[u]einsteiger. Außerdem gibt es f[ür] diese Berufe, die so viel Aufo[p]ferung verlangen, zu wenig ö[f]fentliche Anerkennung.

KÄRNTEN | 23

400 Beschäftigte marschierten gestern durch Klagenfurt, um für bessere Gehälter und ein höheres Ansehen der Gesundheits- und Sozialberufe zu demonstrieren
WEICHSELBRAUN (6)

alle Beschäftigten im Gesund[heit]s- und Sozialbereich.

[üb]er 6500 Betroffene

[In] Kärnten haben 6525 Beschäf[tigt]e mit dieser Problematik zu [tun]. Kärntens Gewerkschaftschef [Her]mann Lipitsch zur *Kleinen [Zei]tung*: „Ich bin sehr betroffen [von] der Haltung der Dienstgeber. [D]er sollte daran denken, dass er [a]ber einmal pflegebedürftig [we]rden könnte."

[W]alid Hanuna, Sprecher der [Beru]fsgruppe in der Gewerkschaft, weist darauf hin, dass die Gehälter im Sozial- und Gesundheitsbereich um 20 Prozent unter den Durchschnittseinkommen der übrigen Beschäftigten liegen. Deshalb sei das Angebot der Arbeitgeber, die Löhne um 1,1 Prozent zu erhöhen, inakzeptabel. Denn viele Betroffene könnten von ihrem Gehalt den Lebensunterhalt nicht mehr bestreiten. Der Beweis: „Es gibt Kollegen, die eingetragene Mitglieder in den Sozialmärkten sind."

Die nächste Verhandlungsrunde ist für 21. Jänner angesetzt. Dabei erwartet man sich ein Entgegenkommen der Arbeitgeber. Sollte das nicht der Fall sein, wird es zunächst „Dienst nach Vorschrift" geben, das heißt, es werden keine Überstunden mehr geleistet. Ohne die Klienten zu schädigen, denkt man aber auch an die Organisation von Streiks.

Kämpferisch:
Mehr Fotos von der Protestkundgebung:
www.kleinezeitung.at/kaernten

Nassfeld: 130 cm Pulverschnee!

Perfekte Schneeverhältnisse und das Express-Ski-service direkt an der Piste um 5 Euro (für Skipassbesitzer) sind Grund genug für Sporttage am Nassfeld. Zusätzlich lockt am 16. & 17. 1. die „Rossignol Demo Tour" (am Trögl-Skiplatz), bei der es nicht nur ums Gratis-Testen der neuesten Skimodelle geht. Die Besucher erwartet ein cooler Event: Werfen Sie einen Blick auf die neuesten Fiat-Pkw, probieren Sie aktuelle Notebooks von Hewlett-Packard aus, stärken Sie sich mit Nutella-Produkten, lassen Sie sich von einem Fotografen shooten oder genießen Sie den chilligen Sound in der Lounge!

INFOS: Tel. (04285) 82 41, info@nassfeld.at, www.nassfeld.at

— ANZEIGE - FOTO: KK —

[El]ke Brunner, Pflege[r]in und Altenbe[treu]erin: Ich arbeite [bei]m Hilfswerk in [Wo]lfsberg und [ka]nn nur eines sa[gen]: Kein einziger [Ma]nn würde diesen Job machen, [wei]l er damit keine Familie er[näh]ren kann. Die Arbeit macht [mir] große Freude. Sie wird allerdings nicht angemessen bezahlt. [Jetz]t soll auch noch die Arbeits[zeit] verlängert werden. Das be[deu]tet nichts anderes als eine [ver]steckte Gehaltskürzung.

Sara Jandl, Tagesmutter beim AVS: Ich bin gelernte Kindergärtnerin. Weil ich noch studiere, arbeite ich als Tagesmutter. Dabei kann ich mir die Zeit besser einteilen. Vier Kinder sind in meiner Obhut. Ich beteilige mich an dieser Demonstration, weil uns die Dienstgeber noch größere Flexibilität abverlangen, was in Wirklichkeit eine Streichung der Überstunden bedeutet.

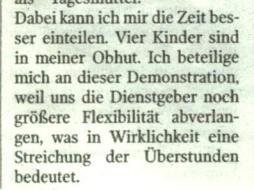

Maria Maier, Rehabilitations-Fachkraft: Ich arbeite im Sozial- und Gesundheitszentrum in Klagenfurt. Dort unterstütze ich körperlich und seelisch beeinträchtigte Personen beim Wiedereinstieg in den Beruf. Die Bezahlung entspricht bei Weitem nicht meiner intensiven und speziellen Ausbildung. Ich gehe nicht nur für mich auf die Straße, sondern auch für meine vielen Kollegen.

THEMA DES TAGES

Alter

Mit der steigenden Lebenserwartung steigt auch die Zahl alter Menschen ständig. Doch für sie wird Lebensbejahung oft zum Lebensüberdruss.

ULRIKE GREINER

Jedes zweite Mädchen, das nach 1977 geboren wurde, hat die Chance, zwischen 90 und 100 Jahre alt zu werden. Für Männer sieht diese Prognose zwar weniger günstig aus, aber auch hier steigt die Lebenserwartung ständig. Doch nicht jeder ist bis ins hohe Alter fit und leistungsfähig. Viele Menschen leiden an Krankheiten, bedürfen einer besonderen Betreuung und verbringen ihren Lebensabend in einem Pflegeheim.

Aber auch unter jenen, die „normal" altern, steigt die soziale Isolation, weicht die Lebensbejahung der Lebensmüdigkeit. Mit

„Im Alter steigen Einsamkeit und soziale Isolation", sagt Thomas Platz
RIEPRESS; PEUTZ

SEMINAR

Studientag. Das Seminar „Vom Geschenk und der Bürde eines langen Lebens" findet am 14. Jänner von 9.30 Uhr bis 16 Uhr im Bildungshaus Sodalitas in Tainach statt. Information und Anmeldung unter 04239/ 26 42. Referenten sind Thomas Platz und Hilarion G. Petzold (Universität Amsterdam).

wird oft zur Belastung

iesem Thema beschäftigt sich in Seminar im Bildungshaus Sodalitas in Tainach am 14. Jänner. iner der Referenten ist der Leiter der Reha-Klinik für seelische Gesundheit in Klagenfurt, Thomas Platz.

„Wir beobachten unter Senioren nicht nur den echten Selbstmord, bei dem man sich aktiv das Leben nimmt, sondern auch den so genannten stillen Suizid. Alte Menschen verweigern Nahrung oder Medikamente und ziehen sich völlig zurück, bis sie für die Außenwelt nur mehr schwer erreichbar sind", sagt Platz. Der stille Suizid ist zwar schwer zu diagnostizieren, vor allem dann, wenn beispielsweise zusätzlich eine Demenzerkrankung vorliegt, andererseits ist die Altersdepression aber auch gut zu behandeln.

„In Pflegeheimen ist natürlich in erster Linie das Personal gefordert. Aber ich orte in diesen Einrichtungen häufig einen Mangel an Angeboten von Physiotherapie, Animation oder Ergotherapie. Auch das Interesse der Pflegenden daran ist gering. So hat etwa pro mente einen speziellen Kurs für psychosoziale Pflege angeboten, der nie zustande gekommen ist, weil es keine Anmeldungen gab", erklärt der Primar. Auch in Validation, einer ausgezeichneten Methode, um vor allem mit dementen Menschen in Kontakt zu treten, sind immer noch zu wenige Pflegende ausgebildet.

Bei Senioren wird gespart

Aber auch außerhalb von Pflegeheimen sind alte Menschen – nicht nur durch das Abkommen der Großfamilie und den Tod gleichaltriger Freunde – zunehmend einsam. Zwar ist die Wertschätzung Senioren gegenüber eine traditionsgebundene Forderung („Ehret das Alter"), in der Realität jedoch funktioniert die soziale Integration nicht ausreichend.

„Es ist offenbar kultur- und gesellschaftsimmanent, dass gerade bei Senioren auch in den Familien gespart wird. In den wenigsten Fällen investiert man beispielsweise im privaten Rahmen in eine Physiotherapie, um die Mobilität möglichst lange zu gewährleisten", sagt Platz. Und der alte Mensch gibt sich loyal – „Ich brauche ja nichts mehr", „Für mich soll kein Geld ausgegeben werden", sind häufig gehörte Sätze –, um nicht zur Last zu fallen und sich einen Rest an Zuwendung zu erhalten.

Platz wünscht sich einen stärkeren Austausch von Jungen und Alten. „Es gibt Modelle eines räumlichen Nebeneinander von Kindergärten und Altenbetreuungsstätten mit gemeinsamen Kommunikationsräumen, ja es gibt sogar ganze Dörfer, in denen Junge und Alte miteinander leben", weiß der Primar. Diese Modelle genießen aber keinen hohen Rang, da sie mit hohen Kosten verbunden sind. Dennoch muss im Umgang mit alten Menschen ein Umdenken stattfinden, damit Lebensqualität so lange wie möglich so hoch wie möglich erhalten bleibt. „Hier ist", so Platz, „auch die Seniorenbewegung gefragt."

N-THEMA

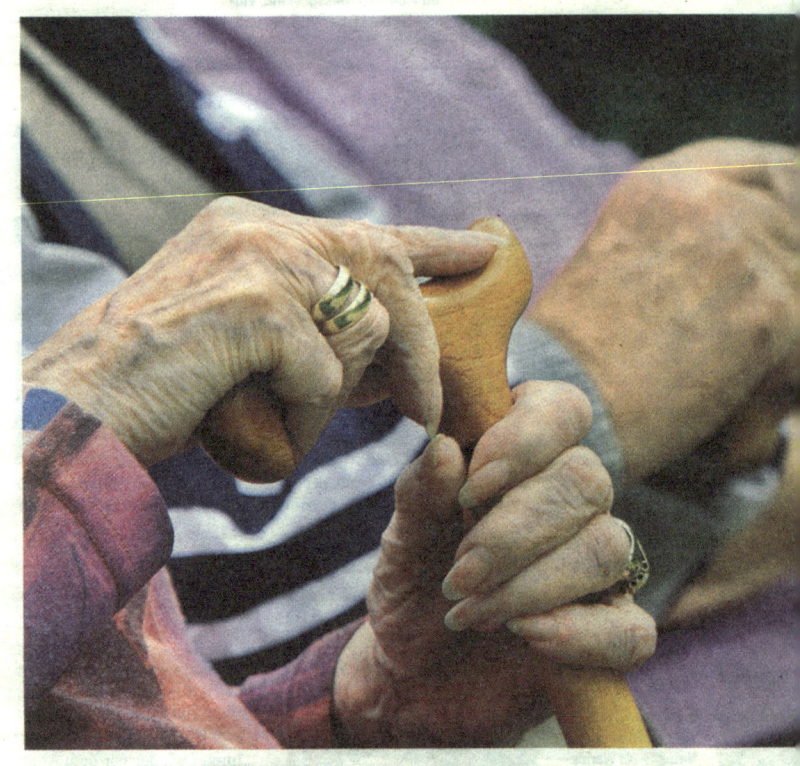

Viele Pflegebedürftige

Menschen mit Pflegestufe eins und zwei haben zukünftig keinen Anspruch mehr auf einen Heimplatz. Das will der Sozialreferent.

ESTHER FARYS, ANDREA BERGMANN

B is jetzt gibt es in Kärnten keine Zugangsbeschränkungen bei Alten- und Pflegeheimen – nächstes Jahr hat das ein Ende. Das Land setzt auch in diesem Bereich im Sozialbudget den Sparstift an. „Ab 1. Jänner 2010 wird es Plätze in Pflegeheimen nur noch ab der Pflegestufe drei geben", sagt Sozialreferent Christian Ragger. „Für Senioren mit Pflegestufe eins und zwei gibt e[s] die Möglichkeit des betreute[n] Wohnens." Hier folgt das Lan[d] der Empfehlung des Rechnungs[]hofes. Auch Oberösterreich un[d] Niederösterreich haben berei[ts] ähnliche Modelle umgesetzt.

In Kärnten leben zurzeit meh[r] als 4000 Senioren in 63 Alten[-] und Pflegeheimen. 1000 von ih[]nen gehören der Pflegestufe ein[s] und zwei an. „Diese Persone[n] wollen oft gar nicht ins Alten[]heim, sind noch sehr mobil, abe[r] können nicht mehr alles selb[st] erledigen", sagt Barbara Berge[r]Malle, Leiterin der Sozialabte[i]lung des Landes. „Sie brauche[n] zum Beispiel Hilfe beim An- un[d] Auskleiden, beim Zubereiten vo[n] Mahlzeiten und beim Einkaufen[."] Das Land kosten die 1000 Senio[]ren laut Ragger 20 Millione[n] Euro. Der Sozialreferent rechne[t] vor, welche Ersparnis Pensionis[-]

EINSTUFUNGEN

Pflegebedarf im Sinne der Pflegegeldgesetze liegt vor, wenn man bei Betreuungsmaßnahmen (Kochen, Essen, Medikamenteneinnahme etc.) und Hilfsverrichtungen wie Reinigung der Wohnung Unterstützung braucht.

Pflegegeld wird in sieben Pflegestufen eingeteilt – je höher die Stufe, desto mehr Geld bekommt man. Der Pflege- und Betreuungsbedarf muss mehr als 50 Stunden pro Monat betragen und mindestens sechs Monate andauern.

KLEINE ZEITUNG
SONNTAG, 29. NOVEMBER 2009

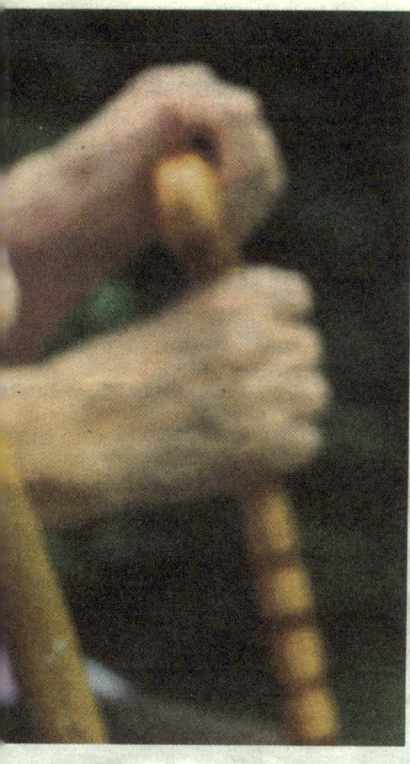

NEU

Neben mobilen Diensten und betreutem Wohnen soll das Angebot an Tagesstätten und für Übergangspflege für Senioren ausgebaut werden APA

sollen zahlen

en, die nicht ins Altenheim gehen, dem Land bringen könnten: „Wenn 200 Leute über mobile Dienste oder betreutes Wohnen betreut werden, ersparen wir uns vier Millionen Euro." Ein Heimplatz koste den Steuerzahler 30.000 Euro im Jahr, schließlich gebe es nur zehn Prozent Selbstzahler. Aber für all jene, die bereits mit Pflegestufe eins und zwei im einem Altenheim wohnen, gibt es Entwarnung: „Sie können dort bleiben."

Betreutes Wohnen

Aus diesem Grund setzt das Land ab nächstem Jahr auf betreutes Wohnen. „500 Plätze sind für 2010 geplant", sagt Ragger. Ein Platz in einer betreuten Wohneinheit nach dem Beispiel der Arbeitsvereinigung der Sozialhilfe koste laut Sozialreferent das Land 2400 Euro. In St. Andrä im Lavanttal wurden dieser Tage die Schlüssel an die zukünftigen Bewohner einer betreuten Wohnanlage überreicht.

Außerdem wolle man Tagesstätten, Übergangspflege und mobile Dienste ausbauen. „Ein Tagesstättenprojekt für Klagenfurt wird im Jänner oder Feber in Betrieb gehen", sagt Berger-Malle. „Das ist ein Angebot für jene, die einen Pflegefall in der Familie haben und ihren Beruf nicht aufgeben wollen." In dieser Tagesstätte werden 15 Personen unter der Woche von 8 bis 16 Uhr betreut.

130 Millionen für Senioren

Das Land gibt für Alten- und Pflegeheime sowie mobile Dienste im Jahr 130 Millionen Euro aus. „2010 werden es wegen der demografischen Entwicklung bereits 140 Millionen Euro sein", sagt Ragger.

Animation als Jungbrunnen? Betreuer sollen die Wohnungsinsassen länger fit halten.

Kärnten

Die alternde Bevölkerung zwingt zum Umdenken: Statt im Heim sollen Personen der Pflegestufen eins und zwei in betreuten Wohneinheiten Platz finden

VON DANIELA GROSS

KLAGENFURT. Kärnten schrumpft – und wird dabei immer älter. Allein in sechs Jahren wird unsere Bevölkerung von rund 561.000 auf 552.000 zurückgegangen sein. Gleichzeitig steigt die Anzahl der Personen über 65 um fast zehn Prozent an, während die Zahl der jungen Kärntner (bis 14 Jahre) rapide sinkt. Mit dieser Prognose schlug die Statistik Austria schon vor längerer Zeit Alarm. Das führt dazu, dass die Ausgaben für die Pflegebetreuung immer mehr z Buche schlagen und de Bedarf an Heimplätzen übe kurz oder lang rapide steig 4200 Personen leben derzeit Kärntner Alters- und Pflege wohnheimen. Zum Vergleich Vor zehn Jahren waren nur 2200, wie aus dem Sozial referat des Landes zu erfah ren ist.

Umschichtung der Bewohner

Rund 1600 Heiminsassen sin in den Pflegestufen eins, zwe und drei. Und genau dies Plätze will LR Christian Rap ger nun Personen mit höhere

Info

Kärntner Zahlen

- **4200 Personen** leben in Kärntner in Alten- und Pflegeheimen. Rund 1600 davon sind in den Pflegestufen eins, zwei oder drei.
- **Ein Bett in einem Pflegeheim** kostet das Land rund 20.000 Euro pro Jahr.
- **Ein Platz** in einer betreuten Wohneinheit soll hingegen auf 580 Euro pro Jahr kommen.
- **Der Bewohner** selbst zahlt dafür 200 Euro im Monat.
- **Probephase:** Seit zwei Monaten laufen die Projekte in Klagenfurt Land, Villach, St. Veit und nun auch in Wolfsberg.

Österreich wird älter

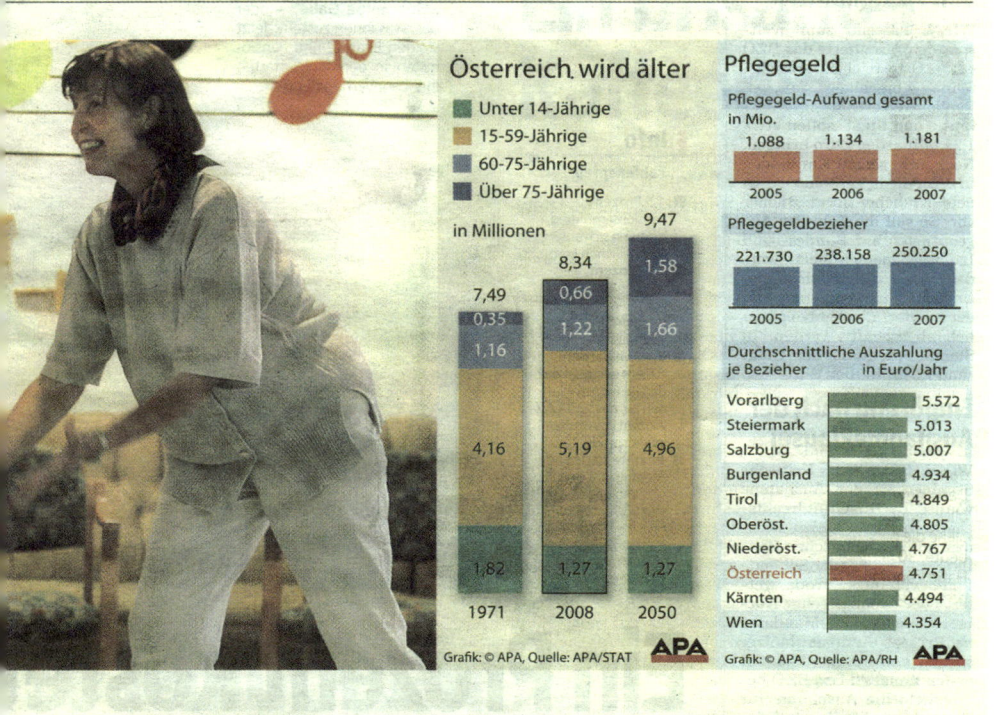

- Unter 14-Jährige
- 15-59-Jährige
- 60-75-Jährige
- Über 75-Jährige

in Millionen

1971: 7,49 (0,35 / 1,16 / 4,16 / 1,82)
2008: 8,34 (0,66 / 1,22 / 5,19 / 1,27)
2050: 9,47 (1,58 / 1,66 / 4,96 / 1,27)

Grafik: © APA, Quelle: APA/STAT

Pflegegeld

Pflegegeld-Aufwand gesamt in Mio.
- 2005: 1.088
- 2006: 1.134
- 2007: 1.181

Pflegegeldbezieher
- 2005: 221.730
- 2006: 238.158
- 2007: 250.250

Durchschnittliche Auszahlung je Bezieher in Euro/Jahr

Land	Euro/Jahr
Vorarlberg	5.572
Steiermark	5.013
Salzburg	5.007
Burgenland	4.934
Tirol	4.849
Oberöst.	4.805
Niederöst.	4.767
Österreich	4.751
Kärnten	4.494
Wien	4.354

Grafik: © APA, Quelle: APA/RH

geht neue Pflege-Wege

egestufen zur Verfügung llen. Soll heißen: Im Zuge r Wohnbaunovelle, die am nstag in die Regierung nmt, sollen Personen der

> Es ist wichtig, dass ältere Personen remobilisiert werden.
> **Peter Kaiser, Gesundheitsreferent**

ten beiden Pflegestufen nftig in betreuten Wohnheiten Platz finden „So rifft auch jene mit der fe drei, sofern keine Denzerkrankung vorliegt",

erklärt Ragger auf Anfrage der KTZ. Das soll aber nur Neuanträge betreffen. „Ich will niemanden aus einem Heim hinausschmeißen", betont der Sozialreferent.

„Entwicklungsverzögerung"

Zudem soll sich das Kärntner Pflegeprojekt positiv auf das Budget auswirken. Ragger spielt auf eine „Entwicklungsverzögerung". Der Hintergrund: „Personen in betreuten Wohneinrichtung bleiben durch Animation oder Turneinheiten viel länger fit", sagt er.

Kostenersparnis

Dem Land erspare das jene 20.000 Euro pro Person im Jahr, die ein Pflegebett koste. Raggers Modell der „Pflege-Zwischenform" komme auf rund 580 Euro. Die Dienstleistungen in den

> Ein Heimplatz sollte das letzte Glied in der Versorgungskette sein.
> **Christian Ragger, Sozialreferent**

Wohneinheiten werden von der Arbeitsvereinigung der Sozialhilfe Kärntens (AVS) für 200 Euro pro Monat zur Verfügung gestellt. Das Konzept ist Teil der Wohnbaunovelle im Pflegebereich, die am Dienstag in die Regierung eingebracht wird. Der Aufnahmestopp in den Heimen werde sodann mit den Betreibern vertraglich abgesichert.

Regierung ist sich mal einig ...

Wie es aussieht, ziehen die Parteien hier ausnahmsweise an einem Strang: „Es muss dahin gehen, dass die Leute sehr lange in ihrem Umfeld bleiben. Der Vorteil an betreutem Wohnen ist, dass die Personen dort so lange wie möglich mit niederschwelliger Hilfestellung leben können", sagt SPÖ-Gesundheitsreferent Peter Kaiser auf Anfrage der KTZ.

In der Reihe „Studien zur Sozialpädagogik" sind bisher erschienen:

Band 1:
Gerald Knapp / Josef Scheipl (Hrsg.)
Jugendwohlfahrt in Bewegung
Reformansätze in Österreich
357 Seiten, 15,5 x 24 cm, gebunden
€ 29,–; ISBN 978-3-85013-818-5

Band 2:
Gerald Knapp (Hrsg.)
Wissenschaftliche Weiterbildung im Aufbruch?
Entwicklungen und Perspektiven
474 Seiten, 15,5 x 24 cm, gebunden
€ 33,–; ISBN 978-3-85013-893-2

Band 3:
K. Lauermann / G. Knapp (Hrsg.)
Sozialpädagogik in Österreich
Perspektiven in Theorie und Praxis
504 Seiten, 15,5 x 24 cm, gebunden
€ 33,–; ISBN 978-3-85013-996-0

Band 4:
Gerald Knapp (Hrsg.)
Soziale Arbeit und Gesellschaft
Entwicklungen und Perspektiven in Österreich
726 Seiten, 15,5 x 24 cm, gebunden
€ 41,–; ISBN 978-3-7086-0102-1

Band 5:
A. Heimgartner/ K. Lauermann (Hrsg.)
Kultur in der Sozialen Arbeit
Festschrift für Univ.-Prof. Dr. Josef Scheipl
482 Seiten, 15,5 x 24 cm, gebunden
€ 28,–; ISBN 978-3-7086-0262-2

Band 6:
Gerald Knapp / Stephan Sting (Hrsg.)
Soziale Arbeit und Professionalität im Alpen-Adria-Raum
574 Seiten, 15,5 x 24 cm, gebunden
€ 36,–; ISBN 978-3-7086-0325-4

Band 7:
Gerald Knapp/Karin Lauermann (Hrsg.)
Schule und Soziale Arbeit
817 Seiten, 15,5 x 24 cm, gebunden
€ 46,–; ISBN 978-3-7086-0338-4

Band 8:
Gerald Knapp/Heinz Pichler (Hrsg.)
Armut, Gesellschaft und Soziale Arbeit
798 Seiten, 15,5 x 24 cm, gebunden
€ 46,–; ISBN 978-3-7086-0362-9

Band 9:
Gerald Knapp
Sozialpädagogik zwischen Wissenschaft und Praxis
549 Seiten, 15,5 x 24 cm, gebunden
€ 39,–; ISBN 978-3-7086-0428-2

Band 10:
Gerald Knapp/Gerald Salzmann (Hrsg.)
Kindheit, Gesellschaft und Soziale Arbeit
640 Seiten, 15,5 x 24 cm, gebunden
€ 43,–; ISBN 978-3-7086-0497-8